本书为2013年度国家社科基金一般项目"江户时代日本人的身份建构研究"(编号：13BSS016）结题成果

江户时代日本人身份建构研究

向卿 著

えどじだい

中国社会科学出版社

图书在版编目（CIP）数据

江户时代日本人身份建构研究/向卿著.—北京：中国社会科学出版社，2022.2
ISBN 978-7-5203-9588-5

Ⅰ.①江… Ⅱ.①向… Ⅲ.①文化史—研究—日本—江户时代　Ⅳ.①K313.36

中国版本图书馆 CIP 数据核字（2022）第 014278 号

出 版 人	赵剑英
责任编辑	周晓慧
责任校对	刘　念
责任印制	戴　宽

出　　版	中国社会科学出版社
社　　址	北京鼓楼西大街甲 158 号
邮　　编	100720
网　　址	http://www.csspw.cn
发 行 部	010-84083685
门 市 部	010-84029450
经　　销	新华书店及其他书店
印　　刷	北京明恒达印务有限公司
装　　订	廊坊市广阳区广增装订厂
版　　次	2022 年 2 月第 1 版
印　　次	2022 年 2 月第 1 次印刷
开　　本	710×1000　1/16
印　　张	47
插　　页	2
字　　数	775 千字
定　　价	268.00 元

凡购买中国社会科学出版社图书，如有质量问题请与本社营销中心联系调换
电话：010-84083683
版权所有　侵权必究

目　录

绪　论 …………………………………………………………… (1)

第一章　江户日本人身份建构的思想根源 ………………………… (75)
　第一节　古典儒教共同体的衰落 ……………………………… (76)
　第二节　神国思想的发展 ……………………………………… (82)
　第三节　日本式情绪的形成与发展 …………………………… (92)
　第四节　空间的均质化 ………………………………………… (100)
　第五节　时间、空间与"我们" ………………………………… (103)

第二章　解构中国和中国文化——发现他者 …………………… (105)
　第一节　江户前期儒者的中国憧憬与"理"的普遍性 ………… (108)
　　一　藤原惺窝的自他认识——"理"的普遍性与基于
　　　　特殊性的自我 …………………………………………… (109)
　　二　林罗山的自他认识——"理"的普遍性与"理当
　　　　心地神道" ………………………………………………… (113)
　　三　中江藤树的自他认识——儒教的普遍性与"太乙
　　　　神之道" …………………………………………………… (119)
　　四　明末遗臣与日本儒者的中国认识 …………………… (123)
　　五　小结 …………………………………………………… (124)
　第二节　海禁时代儒者华夷思想的分化与"中华"的概念化 … (126)
　　一　中华崇拜思想与日本特殊性的构建 ………………… (128)
　　二　日本型华夷思想与日本特殊性的构建 ……………… (159)

第三节　江户后期儒者中国认识的分化与华夷思想的解体 …… （182）
　　一　华夷思想的空洞化与昌平坂学问所儒者的中国认识 …… （188）
　　二　华夷思想的"残辉"——"国体论者"眼中的
　　　　"唐土"与"神州" …………………………………… （203）
　　三　华夷秩序观向强权政治观的转化——"开国论者"
　　　　眼中的东洋与西洋 …………………………………… （213）
　　四　中国蔑视观的起点——从"想象"到"经验" …… （219）
第四节　国学者的中国批判和自我建构 ………………… （226）
　　一　神儒佛三教一致下的中国认识和自我认识 ………… （228）
　　二　国学话语体系的创建与儒佛的排斥 ………………… （241）
　　三　神道的普遍性与儒佛的特殊性 ……………………… （259）
　　四　国学者的中国认识与日本人的身份建构 …………… （277）
第五节　中国的发现与日本人的身份建构 ……………… （283）

第三章　"大和魂"的创建——发现日本 ……………… （289）
第一节　"神道"的创建 …………………………………… （291）
　　一　神道的语义及其发展阶段 …………………………… （293）
　　二　近世以前的神道 ……………………………………… （295）
　　三　神道的自立与近世日本人的身份建构 ……………… （325）
　　四　"神道"的继承和传播 ……………………………… （371）
　　五　小结 …………………………………………………… （394）
第二节　武士道的创建与"武国"的自觉 ……………… （398）
　　一　江户时代以前的"弓矢之道" ……………………… （399）
　　二　江户前期的武士道 …………………………………… （401）
　　三　江户中期的武士道 …………………………………… （429）
　　四　江户后期的武士道 …………………………………… （454）
　　五　江户时代武士道的平民化 …………………………… （478）
　　六　小结 …………………………………………………… （489）
第三节　以"物哀"为基础的主情主义思维的创建 …… （491）
　　一　主情主义思维的产生根源 …………………………… （491）

二　"道"的解构与主情主义的发展 …………………………（493）
　　三　国学与主情主义思维的确立 ……………………………（497）
　　四　主情主义思维的继承与传播 ……………………………（505）
　　五　作为构建日本人同一性的主情主义 ……………………（507）

第四章　"大和魂"象征的创建——以樱花和富士山为例………（511）
　第一节　大和魂与樱花 …………………………………………（512）
　　一　我国古代的樱花及其意象 ………………………………（514）
　　二　江户时代以前日本的樱花认识 …………………………（524）
　　三　作为日本象征的樱花的创建和樱花精神的重构 ………（553）
　　四　小结 ………………………………………………………（622）
　第二节　大和魂与富士山 ………………………………………（623）
　　一　江户以前的富士山——被特殊化的神山、灵峰 ………（624）
　　二　江户时代的富士山——作为日本和大和魂象征的神山…（640）

第五章　作为他者的"西方"与江户日本人的身份建构 …………（695）
　第一节　作为"夷狄""兰学国"的西方与江户前中期
　　　　　日本人的身份建构 ……………………………………（696）
　　一　作为"夷狄"的西方与江户前中期日本人的身份建构…（697）
　　二　作为"兰学国"的西方与江户前中期日本人的身份
　　　　建构 ………………………………………………………（700）
　　三　西方的日本叙述与江户前中期日本人的身份建构 ……（709）
　第二节　西方的多重形象与江户后期日本人的身份建构 ……（714）
　　一　作为"夷狄"和"现实威胁"的西方与江户后期
　　　　日本人的身份建构 ………………………………………（715）
　　二　作为"技术先进国"和"强国"的西方与江户后期
　　　　日本人的身份建构 ………………………………………（723）

结论　江户日本人身份建构的逻辑和性格 ………………………（730）
　第一节　创造与忘记 ……………………………………………（730）
　第二节　自我神圣化与对他者的暴力性 ………………………（738）

第三节　江户日本人身份建构的完成度 ……………………（740）
第四节　"我在故我在"——"自我身份建构"的
　　　　合理性和主体性 ………………………………………（742）

后　记 ……………………………………………………………（744）

绪　　论

一　研究现状

(一) 日本学者的有关研究

日本学者关于江户日本人身份建构的研究大致可分为三个阶段。第一阶段是从明治维新至第二次世界大战结束，第二阶段为战后至20世纪70年代末期，第三阶段为20世纪80年代至今。

1. 第一阶段

继本居宣长后，所谓"日本精神"的再发现或再证明始终是日本学术界自他认识的主流。这一问题的研究始自志贺重昂、三宅雪岭等国粹主义思想家。他们打着"国粹保存"和"国粹彰显"的口号，不仅肯定日本的历史和文化，还借助西方的原理对日本历史和文化尤其是对"江户时代所形成的传统"做了特殊化、正当化和合理化的解释。新渡户稻造的《武士道：日本的灵魂》(1899)、冈仓天心的《日本的觉醒》(1904)和《茶之书》(1906)可谓此时期对"日本的传统"进行发现的代表。此后，上田万年(《国语学史》)、芳贺矢一(《国文学史概论》《国民性十论》)、村冈典嗣(《日本思想史研究》《本居宣长》)、佐佐木信纲(《日本歌学史》《贺茂真渊和本居宣长》《国文学的文献学研究》)、大西克礼(《幽玄与物哀》《风雅论》)、能势朝次(《幽玄论》)、久松潜一(《日本文学批评史》《万叶集的日本精神》《我国风土、国民性和文学》《国学——其成立与国文学的关系》)、津田左右吉(《文学所体现的我国国民思想的研究》《中国思想和日本》)、小林秀雄(《所谓无常》《本居宣长》)、井上哲次郎(《日本精神的本质》《国民道德概论》)、风卷景次郎(《中世的文学传统》)、吉田精一(《源氏物语的世界》)、和辻哲郎（《日本精神史研究》）等沿着这种"发现日本"的民族主义思路，通过对《万叶集》《源氏物语》等日本古典的重新阐释，继续对以"物哀"为基调的日本精神做了文献学的"考古"和正当化的作业，并试图剥离其与中国文化的关联。这种关于"日本精神"的研究立足于民族主义，充满了"忽视甚至贬斥他者"的暴力性，因而难以被称为"学术的证明"。其中，久松潜一更是建立了一种象征日本精神连续性和自足性的"诚或真（上代）→物哀（中古）→幽玄（中世）"的自我价值分析和认识的新范式，并获得普遍认可；新渡户稻造的《武士道：日本的灵魂》、冈仓天心的《茶之书》、内村鉴三的《大和魂的道德特质》等原本都是为了向西方宣扬日本精神而用英文撰写的书籍，不仅建构了西方关于日本历史和文化的基本认识，反过来也促进了日本人的这种自我体认。

与这种以"学术研究"的名义而展开的发现、创造和推广日本精神的研究相比，明治中期以后，一些狂热的右翼学者、军人或组织为了彰显"大和魂"（日本魂或大和心），进而为日本的对外扩张服务，写下了不少极其主观和荒诞的文字。如《日本魂耶稣退治：敬神爱国》（吉田嘉雄，1885）、《日本魂：志士必读》（英立雪，1885）、《朝樱日本魂》（宇田川文海，1886）、《日本魂之事》（川尻宝岑，1895）、《日本魂原解》（山本比吕伎，1899）、《日本魂：精神教育》（军事教育会编，1900）、《大和魂的修养》（野津道贯，1902）、《日本魂第 1 编》（神山荣，1905）、《大和魂》（川合清丸，1907）、《大和魂》（军事教育会编，1910）、《日本魂的新解说》（堀江秀雄，1913）、《精神修养和大和魂》（高木兼宽，1914）、《日本魂与独逸魂：东西魂竞》（东西比较研究学会，1915）、《日本魂》（橘月雪，1921）、《历史上所见的日本国民性》（大森金五郎，1921）、《大和魂的修养》（宇惠健次郎，1924）、《大和魂》（并木重，1926）、《国体精华大和魂》（马场峰月，1929）、《日本魂的真髓》（菊山万次郎，1930）、《日本魂的复活》（尾原一雄，1932）、《大和魂的原理》（寺田虎楠，1933）、《日本精神研究第 1 辑（日本精神论）》（日本文化研究会，1934）、《基于日本魂的论语解释》（伊藤太郎，1934）、《日本精神的发展和教育》（加藤仁平，1934）、《说说皇国日本》（小仓铿尔，1935）、《真正的日本精神》（岸一太，1935）、《日本精神讲座第一卷》（岸一太，1935）、《大和魂和三种神器》（山下清一，1936）、《大和魂》（盐见高男，1937）、《日本魂研究》

（亘理章三郎，1943）等。这些著述大多立足于皇国史观，纯粹是民族主义狂热情绪的宣泄，因而称不上研究，也没有多少学术价值。其少数著作如亘理章三郎的《日本魂研究》，则对日本历史上有关"大和魂"的碎片式论述进行了整理，故有一定的文献学价值；欲融合神、儒、佛三教而创立日本"国教"的思想家兼宗教家川合清丸所著的《大和魂》则多次再版，在近代日本具有广泛而强大的影响力。

与这些综合性的研究相比，这一时期关于武士道、神道等"日本精神"核心构成项目的研究也是汗牛充栋，堪称泛滥。其中既有文献学的整理，也有关于其本质、特征和历史的研究。这些研究绝大多数是基于膨胀的民族主义意识的产物，也几乎是对武士道或神道的再发现和创造，其目的亦都是宣扬武士道精神和忠君爱国精神，是为日本军国主义侵略扩张服务的，故缺乏有学术价值的"良心作品"。即便如此，相关研究却奠定了近代乃至现代日本人自我历史和文化认识的基础。[1]

自《军人敕谕》（1882）、《教育敕语》（1890）等合力塑造的"忠君爱国"观念成为国家意识形态后，武士道便被认为是日本独特的伦理道德，也被认为是军人的精神伦理和国民道德。此后，日本学术界便兴起了一股研究、宣扬武士道的热潮。新渡户稻造面向欧美国家宣扬日本特殊性乃至优越性的《武士道：日本的灵魂》（1899）对武士道进行了极度美化，"制造"了武士道的基本概念、内容和特征，奠定了其后长时间内日本关于武士道研究和认识的基础。此后，有关武士道的论著便如雨后春笋般涌现，主要论述有《日本武士道》（三神家满，1899）、《武士道之日本》（武士道之日本社，1900）、《武士道》《武士道的本质》（井上哲次郎，1901；1942）、《武士道发达史》（足立栗园，1901）、《武士道：精神讲话》（佐藤严英，1902）、《武士道评论》（新渡户稻造，1902）、《人道之制裁：武士道之真髓》（莲池凡儿，1903）、《日本武士道的神髓》（日本武士道研究会编，文昌堂，1904；文阳堂，1906）、《日本武士

---

[1] 例如，关于武士道，唐利国就曾指出："日本在战前所构建的关于武士道的基本观点，直至今日仍然在很大程度上支配着日本人对武士道的认识，它为日本政治保守主义的延续和新民族主义的兴起提供了意识形态上的重要支持。"（《武士道与日本的近代化转型》，北京师范大学出版社2010年版，第256页。）

道论》(河口秋次,1904)、《古今武士道史谭》(久保天随,1905)、《日本武士道史》(蜷川龙夫,1907)、《禅和武士道》(释悟庵,1907)、《赤穂义士:日本武士道》全6编(真龙斋贞水,1909)、《军人武士道论》(东乡吉太郎,1909)、《日本武士道论》(马渊德治,1909)、《日本武士道》(重野安绎等编,1909)、《山樱:武士道之精华》(辻权作,1910)、《武士道精华:精神修养》(渡边操,1911)、《赤穂义士传:武士道典型》(小林莺里,1912)、《武士道和佛教》(中谷渡月,1913)、《禅和武士道》(三浦了觉,1915)、《武士道讲谈集》(中央新闻社编,1917)、《武士道的真髓》(副岛八十六,1931)、《日本武士道史》(永吉二郎,1932)、《武士道概说》(田中义能,1932)、《武士道的复活》(平泉澄,1933)、《日本武士道详论》(矶野清,1934)、《禅与武士道》(横尾贤宗,1934)、《日本精神和武士道》(仁木笑波,1934)、《日本精神研究》第4辑《武士道精神》(日本文化研究会编,1935)、《武士道精神》(伊藤千真三编,1937)、《叶隐武士道》《叶隐武士道精神》(松波治郎,1938;1940)、《武士道宝典》(佐伯有义,1939)、《太平记和武士道》(高木武,1940)、《武士道》(黑岩泪香,1940)、《武士道的神髓》(武士道学会编,1941)、《武士道》(和辻哲郎,1941)、《叶隐武士道精义》(中村常一郎,1942)、《武士道散华》(萩原新生,1942)、《山鹿素行的武士道》(平尾孤城,1942)、《武士道和武士训》(小滝淳,1943)、《武士道死生观》(神永文三,1943)、《武士道和日本民族》(花见朔己,1943)、《叶隐武士道》(知野洁郎,1943)、《元禄的武士道》(松村大三郎,1944)、《日本武士道史的体系研究》(石田文四郎,1944)等。可以说,新渡户稻造、井上哲次郎、山冈铁舟(《武士道》,1902)、桥本实(《武士道历史的研究》,1934;《日本武士道史研究》,1938;《叶隐研究》,1940;《日本武士道史》,1941;《武士道史要》,1943;《武士道精神》,1943)、清原贞雄(《武士道史十讲》,1927;《日本武士道》,1942)、古贺斌(《社会学上所见的武士道的本质》,1940;《武士道论考》,1943)等学者的相关论述构成了近代日本武士道论的基础和谱系,奠定了近代乃至现代日本人关于武士道研究和认识的思维框架和基本范式。这些基于皇国中心主义史观而完全无视"他者"的封闭性叙述构建了充满暴力性的国家意识形态:武士道是自然发生的以天皇为中心的民族固有精神和国民道德，亦是日本民族精神的精髓；武士道的本质是基于"死的觉悟"的"叶隐武士道"的忠君爱国精神；楠木正成、赤穗义士等是武士道的典型形象，等等。少数著作如古贺斌的有关论述运用历史学和社会学的方法对武士道的起源、本质及伦理体系进行了系统的实证主义考察，故有一定的学术价值。

此时期关于武士道值得一看的成果是相关文献的整理和编纂。为了实现自我正当化并宣扬武士道的目的，1905年井上哲次郎与有马祐政合编了《武士道丛书》（上、中、下卷），对日本历史上的武士道论者立传并收录其相关论述，为此后的武士道研究提供了基础性文献，并规定其后武士道研究的方向。此后，《武士道家训集》（博文馆，1906）、《锅岛论语叶隐全集》（佐贺乡友社，1934）、《武士道集（上、中卷）》、《山鹿素行全集（全15卷）》（岩波书店，1940—1942）、《武士道全书（全12卷）》（时代社，1942—1944）等文献相继被编辑出版。虽然这推动了日本学术界对武士道的研究，但是，其文献编纂的意识形态性、目的性和选择性也具有阻碍对武士道进行客观认识和学术研究的可能。

同样，自从《教育敕语》使忠君爱国成为"国体之精华"后，日本学术界便兴起了一股研究并弘扬作为"国体之精华"的神道的高潮，相关书籍亦随之井喷般涌现。有关江户日本人身份建构的主要论述有《日本国体神道说教》（山下宇三郎，1896）、《神道发达史上卷》（足立栗园，1901）、《日本古代史和神道的关系》（久米邦武，警醒社书店，1909；创元社，1939）、《古神道大义》《续古神道大义》（筧克彦，1912；1915）、《我神道和哲学及伦理》（宪堂小田垣彦三郎，1913）、《神道各教派的表里》（藤田香阳，1919）、《神道起源论》（津田敬武，1920）、《日本神道圣典》（久保田运统，1924）、《国体和神道》（宫地严夫，1925）、《神通原理及其应用》（重政春峰等，1927）、《神道批判》（岸一太，1929）、《神道的根本研究：我神典所体现的宗教意义》（原正男，1933）、《教派神道的发生过程》（中山庆一，1933）、《日本精神研究第2辑（神道精神）》（日本文化研究会，1934）、《日本神道史研究》《垂加神道研究》《垂加神道》《复古神道》（小林健三，1934；1940；1942；1945）、《神道伦理学》（清水真澄，1934）、《伊势神宫和日本精神》（一松又治，1934）、《惟神之道、大祓词神道和国民精神》（铃木真道等，1938)、《神道史》(太田亮，1938)、《吉川神道研究》(千叶荣，1939)、《教派神道研究》(鹤藤几太，1939)、《武士团和神道》(奥田真启，1939)、《神道哲学》(田中伊藤次，1940)、《神道大辞典第1—3卷》(平凡社，1940—1941)、《神道论》(石村吉甫，1941)、《神道和国学》(岸本芳雄，1941)、《神道与文学》(臼田甚五郎，1941)、《东洋道德研究》(西晋一郎，1941)、山本信哉的《神道纲要》(1942)和《神道要典国体编》(1942)、《神道思想》(浅野明光，1942)、《神道论考第1卷》(宫地直一，1942)、《神道思想史》(山田孝雄，神祇院，1942；明世堂书店，1943)、《神道思想研究》(梅田义彦，1942)、《神道考古学论考》(大场磐雄，1943)、西田长男的《神道论》(1943)和《神道史研究》(1943)等。这些关于神道的著述可以说都是鼓励对外扩张和宣扬忠君爱国的宣传品，其本身学术价值并不大，然而对于研究神道与军国主义的关系甚至是现代日本人的身份建构，则具有一定的史料价值和参考价值。

这些研究又以田中义能 (1872—1946)[①]、加藤玄智 (1873—1965)[②]、河野省三 (1882—1963)[③]、清原贞雄 (1885—1964)[④] 四位著名学者的研究为最。他们战前都任教于东京大学、国学院大学、广岛文理科大学

[①] 主要论述有《神道本义》(1910；1914)、《神道大意》(1915)、《神道史纲要》(1915)、《神道哲学精义》(1918；1922)、《神道禊教研究》(1932)、《神道修成派的研究》(1932)、《神道原理》(1933)、《神道扶桑教的研究》(1934)、《神道神理教的研究》(1935)、《神道神习教的研究》(1935)、《神道概论》(1936；1942)、《神道大成教的研究》(1936)、《神道御岳教的研究》(1939)、《神道实行教的研究》(1939) 等。

[②] 主要论述有《我国国体与神道》(1919)、《神道的宗教学的新研究》(1922；1934；1935)、《神道的宗教学的考察》(1924)、《神社问题的再探讨：神道本义与我国的教育》(1933)、《神道论》(1934)、《神道的再认识》(1935)、《神道的宗教发达史的研究》(1935)、《神道精义》(1938) 等。

[③] 主要论述有《国民道德要论》(1925)、《神道大纲》(1927)、《神道研究》(1930；1936)、《日本精神发达史》(1932)、《神道学序说》(1934；1940)、《神道与国民生活》(1934；1943)、《神道读本》(1935；1943)、《我国国体与日本精神》(1935)、《神道与日本精神》(1939)、《神道大意》(1940)、《神道文化史》(1940)、《神社神道》(1940)、《神道》(1941)、《国体观念的历史研究》(1942)、《大和心：大国隆正的思想》(1943)、《神道史研究》(1944)、《神道日本》(1944) 等。

[④] 主要论述有《神道沿革史论》(1919)、《神道史》(1932；1941；1943)、《神道与日本文化》(1926；1936)、《国史和日本精神的显现》(1934)、《神道史讲话》(1939) 等。

(现广岛大学的母体)等著名大学,开讲神道学或日本文化,对天皇崇拜及神国思想做了理论化和合法化的诠释。同时,他们的著作亦占据了当时数量庞杂的神道书籍的半壁江山,因而对战时日本的"疯狂化"发挥了极为恶劣的作用,以致清原贞雄在战后曾反省说:"我觉得十分可耻。那些著作若能收集起来,真想把它们全部付之一炬。"[1] 依我们看,虽然日本在战后也曾对战前的学术研究做了反省和批判,然而它们却不会被轻易忘记,反倒又作为新的思想资源或"传统",奠定了此后乃至当今日本人自我历史和文化认识的基础。

与此相比,井上哲次郎(《我国国体与国民道德》,1925;《关于神道的特长》,1933)、柳田国男(《神道与民俗学》,1943)等从哲学或民俗学出发的神道研究,使其对日本历史和文化的论述更有学术的伪装性,也由此对一般民众的神道认识乃至历史认识更有迷惑性。

同样,此时期关于神道研究的成果亦主要是相关文献的整理和编纂。为了实现历史和自我的正当化并弘扬忠君爱国精神,中岛博光、大宫兵马等合编了《神道丛书》(全8卷,1896—1898),主要对江户时代的神道文献做了选择性汇编。此后,日本历史上的"神道文献"开始被纳入各种主题而大量出版,如《日本教育文库第七(宗教篇)》(1911)、《神道丛说》(1911)、《大日本风教丛书(全12辑)》(1917—1921)、《新注皇学丛书第6、10卷》(1927)、《日本宗教大讲座》(全20册,1927—1928)、《神道讲座》(全10册,1929—1931)、《日本国粹全书第2—4、6—12卷》(1928—1930)、《日本思想斗争史料第7卷》(1930)、《国民思想丛书第1、4、8、10卷》(1931)、《平田笃胤全集第7卷》(1931)、《神道集卷第1—10卷》(1934)、《大日本思想全集第6—12卷》(1934)、《大日本文库》(1935—1939)、《日本精神丛书第8卷》(1936)、《日本哲学全书第4、5卷》(1937)、《日本精神文献丛书第7—8卷》(1938)、《神道思想(近世)》(1940)等。与这种历史文献的编纂相比,为了整理当时数量庞大的神道学著作,一些文献目录类的书籍也相继出版。如《神道关系书目(刊本之部)》(1930)、《国学丛书(第1—5辑)》(1931—1933)、《神道概说·诸祭神名总览索引》(1937)、

---

[1] 中野幡能:『清原贞雄博士をしのぶ』、大分县地方史研究会、2011年、110页。

《神道分类总目录》（1937）、《神道书籍目录》（1938）等。不难想象，这些神道历史文献的"轰炸式"出版，不仅会因为文献编纂的意识形态性、目的性和选择性而妨碍日本人对神道进行客观认识的可能，还会导致一种更为可怕且可以持续发生影响的后果：使日本人确信"我们自古以来就是这样的神道国家"。

此时期日本学术界对中国文化及佛教文化几乎采取了否定的态度，不仅否认中国文化对日本文化形成所发挥的积极作用，还有意或无意地将其中的某些元素"据为己有"。例如，日本近代著名历史学家津田左右吉（1873—1961）就极欲撇清日本文化所受中国文化和佛教的深刻影响，他认为"与其说日本人学习了中国思想，倒不如说几乎没有，主要是介于文字和书籍"而获得"断片的知识"[1]，自古以来日本人完全是"依据存在于日本自有知识的事物或观念"来解读文字的意义。他同时认为，日本人对待作为"已经中国化了的佛教思想"的态度也是如此，"大致也停留在将它作为一种被给予的知识而接受的阶段，并没有由此而导引出日本人的思索的方式"[2]。可以说，津田左右吉作为近代日本极具影响力的学者，其"忘记历史"的"断片知识论"只是当时学术界类似言论的一个典型代表，既不是此类言论的起点，也不是其终点。相反它却是江户国学者中国文化否定论的翻版及延续，也构成了此后日本人中国叙事的主流价值观。

此外，这一时期日本学界关于江户日本中国认识的集中论述并不多见，而是散见于有关江户哲学、伦理学、思想史等领域的著述中，主要有井上哲次郎（《日本阳明学派之哲学》，1900；《日本古学派之哲学》，1902；《日本朱子学派之哲学》，1905）、永田广志（《日本哲学思想史》，1938）等相关论述。

总的来说，这时期的相关研究缺乏学术应有的独立性和客观性，基本都是一种自我中心化的幻想和梦语。同时，它不仅缺乏对亚洲文明的客观审视，几乎也完全无视"中国"这个对日本历史来说"不可避免的他者"，故学术价值极为有限。而且，这一时期日本精神及其形式的创建

---

[1] 津田左右吉：『シナ思想と日本』、岩波書店、1938 年、30—31 頁。
[2] 津田左右吉：『シナ思想と日本』、47—48 頁。

和推广是强制性文化灌输和自愿性文化参与的结合,体现了自上而下和自下而上的合力;这种作业也充分利用了历史记忆、文化传统、风土等历史和现实资源来制造日本精神的客观性和必然性,以形成民众对天皇制国家及其文化的自愿服从和认同。可以说,这种基于建构自我充足性价值的研究及其推广以畸形的方式适应了近代日本重塑主体性和同一性的需要,因而成为近代日本乃至现代日本的主流价值。

2. 第二阶段

战后因受西方思想的影响和学术自由气氛的活跃,日本学术界对战前的研究做了一定程度的反省,也使他们对日本历史和文化的客观研究首次成为可能,由此形成了基于保守立场和基于客观自由立场的两种具有明显区别的研究范式和研究成果。然而,由于研究对象本身的制约性,即便是基于自由立场的学术研究也不可避免地具有自我合理化的倾向,有时反比前者更具隐蔽性和迷惑性。

这一时期,日本学术界不仅翻译了汉斯·科恩(Hans Kohn)的《民族的使命》(1953)与《民族主义的世纪》(1968)等西方民族主义著作,还翻译了美国现代最著名的精神分析理论家——爱利克·埃里克森(Erik H. Erikson)有关"同一性"和"认同危机"的著作《同一性:青少年与危机》(岩濑庸理译,1969),以及其他相关的著作,如《领悟与责任》(炉干八郎译,1971)、《少年路德:精神分析和历史的研究》(大沼隆译,1974)、《新的同一性维度》(五十岚武士译,1979)及理查德·埃文斯的《同一性探究:与埃里克森的对话》(冈堂哲雄等译,1973)、彼得·伯格(Peter L. Berger)的《现实的社会构建》(山口节郎译,1977)等。后一类著述将同一性问题与哲学、文学、政治学结合起来,确立了研究民族历史和文化的新范式,因而促进了学术界对于日本人身份建构问题的研究。

此时期,木下半治编写了《现代民族主义辞典》(1951),极大地促进了相关研究的展开。丸山真男则提出所谓"日本思想的原型"(1963),相继发表《日本政治思想史研究》(1952)、《日本的民族主义》(1953)、《日本的思想》(1961)、《历史意识的"古层"》(1972)等著述。他为了论证日本近代化的内源性,尝试对江户日本精神做了"近代性"和"内源性"的阐释和证明。丸山范式实际上也是探讨与中国这个"他者"的差异性，或者更准确地说，是试图以"古层""原型"等概念构建日本人进行自我叙述时避开中国这个"不可避免的他者"的叙事模式，或是以"道的解体"的思维统一考察江户学者的儒教观及中国认识。他的研究开创了相关问题的理论和实践研究的先河，此后，一些学者如盐田良平（《传统主义、日本主义、民族主义的系谱》，载《近代日本文学讲座》第4卷，1952）、木村时夫（《日本民族主义研究》，1966）、吉川幸次郎（《吉川幸次郎全集》第17卷，1969）、落合忠士（《民族主义的理论与展开》，1969）、田村芳郎（《民族主义与日莲主义》，载《讲座日莲4》，1972）、渡部升一（《从日本史看日本人：同一性的日本史》，1973）、井门富二夫（《日本文化的宗教背景：日本人的身份的摸索》，1973）、安丸良夫（《日本近代化与民众思想》，1974）等，基本上都是沿着这一思路展开了日本人身份建构问题的探讨。

随着战后日本民主化程度的提高，武士道开始被认为是具有暴力性、保守性和反动性的东西，几乎成了"学术的禁区"。因此，这一时期关于武士道的研究与此前相比，不仅数量剧减，研究内容和态度也变得更为客观。主要论述有《日本武士道》（藤直干，1956）、《武士道思想及其周边》（古川哲史，1957）、《日本伦理思想史上的王朝憧憬思想和武士道思想》（古川哲史，1962）、《武士道》（相良亨，1968）、《武士道的系谱》（奈良本辰也，1971）等。其中，伦理学者古川哲史（1912—2011）和奈良本辰也（1913—2001）秉着为武士道"正名"而改变其负面形象的意思，尝试对武士道的价值系统进行重构，主导并左右了此时期日本学界的武士道研究。他们批判了那种视武士道为日本固有道德的观点，认为它是历史的产物，不仅在日本历史上的各个时代具有不同的形式和内容，而且其内容也具有美好和丑恶的两面性。与此同时，战前具有一定客观性视角或内容的武士道研究著作如横尾贤宗的《禅与武士道》（丙午出版社，1934；国书刊行会，1978）、古贺斌的《武士道论考》（小学馆，1943；岛津书房，1974）等也相继再版刊行。

与这种学术性研究相对，少数保守派学者也出版了一些非理性的武士道著作。如司马辽太郎的《上方武士道》（1960）、三岛由纪夫的《叶隐入门：武士道依然活着》（1967）、森川哲郎的《日本武士道史：让我们再重新看看日本民族魂之遗产》（1972）等。

另外，此时期还出版了《日本武道全集》（1967）、《日本思想 9》（1969）、《日本教育思想大系 8（近世武家教育思想）》（1979）等有关武士道的历史文献。其中，《日本武道全集》是偏重于武道技艺的文献汇编，《日本思想 9》则是文献和研究的结合，不仅收录了《甲阳军舰》《五轮书》和《叶隐》等资料，还收录了"武士道关系年表"和"参考文献"，并附有相良亨的解说（《武士的思想》）和三岛由纪夫与相良亨关于武士道的"对谈"。

与战前相比，这一时期日本学术界关于神道的研究热情虽有所消退，论著数量亦有所减少，然其关于神道的基本立场和研究范式却没有发生明显的变化，甚至可以说是在战前的基础上对神道所做的进一步自我化和合理化的作业。此时期，不仅战前的著作相继再版[1]，又新增了不少关于神道的博士论文[2]及专门性论述，文献资料的编撰也达到了一个高潮。[3]这些都反映了学术界以神道及天皇构建自我认同的意志及战前天皇制民族主义意识形态对战后日本的深刻影响。

这时期关于神道的研究，其广度和深度都有很大提升，因而为神道自我纯洁化叙述的正当性和合理性提供了貌似更具"学术性"的证明，也因此更具掩盖其与儒释道三教联系的隐蔽性。关于神道理论或概论的研究主要有《神道概论》（座田司氏，1948）、津田左右吉的《日本的神道》（1949；1964）、村冈典嗣的《日本思想史概说》（1949；1975）、星野文彦的《神社神道概说》（1951）、中西旭的《神道理论》（1953；1963）、安津素彦的《神道概论上篇》（1953）、关口野蔷薇的《日本神道神学》（1955）、平田贯一的《神道本义及其展开》（1959）、加藤玄智

---

[1] 如柳田国男的《神道与民俗学》（1946）、筧克彦的《古神道大义》（1958）、臼田甚五郎的《神道与文学》（1965）、村冈典嗣的《日本思想史研究续》（1939；1942；1975）等。

[2] 如岸本芳雄的《近世神道教育史考》（1951）、安津素彦的《神道研究绪论》（1953）、岩本德一的《神道祭祀的研究》（1960）、久保田收的《中世神道研究》（1960）、渡边国雄的《神道思想及其研究者》（1960）等。博士论文层次的研究以"学术证明"的方式为神道的自我化和合理化及日本人的神道历史和文化认识提供了某种程度的保证。

[3] 如《度会神道大成　前篇·后篇》（1955—1957）、国学院大学日本文化研究所编的《神道论文总目录》（1963）、天理图书馆编的《吉田文库神道书目录》（1965）、《大神神社史料全 11 卷》（1967）、佐伯有义编的《神道丛书全 3 卷》（1971）、《神道思想名著集成上中下卷》（1972—1973）、《神道大系》等。

的《神道信仰要系绪论》(1962)、安津素彦和梅田义彦监修的《神道辞典》(1968)、中野裕道的《三个世界：神道的世界观》(1968)、日本思想研究会编的《日本的神道第1—2卷》(1969)、长仓肇的《神社信仰》(1969)、梅田义彦的《神道思想第1—2卷》(1974)、谷省吾的《神道原论》(1971)、吉田智朗的《神道理论导论》(1974)等；关于神道祭祀或仪礼的研究主要有大竹晴园的《神道学绪论》(1960)、岩本德一的《神道祭祀的研究》(1970)、国学院大学日本文化研究所编的《神道要语集祭祀篇1》(1974)等；关于神道历史的研究主要有国民信仰研究所编的《神道史学》(1949)、神道史学会编的《神道史研究》(1953)、村冈典嗣的《日本思想史研究第1卷（神道史）》(1956)、宫地直一的《遗稿集第3—6卷》(1957—1963)、岸本芳雄的《神道的历史：神道和国学》(1963)和《神道入门：神道及其演变》(1972)、近藤喜博的《日本之神：为了神道史学》(1968)、《神道史丛说》(岩桥小弥太，1971)、久保田收的《神道史研究》(1973)、西田长男的《日本神道史研究全10卷》(1978—1979)、高取正男的《神道的成立》(1979)等；关于神道流派或历史人物的研究主要有村冈典嗣的《日本思想史研究　第3卷（宣长与笃胤）》(1948；1975)、平泉澄的《北畠亲房公的研究》(1954)、平重道的《吉川神道的基础研究》(1966)、谷省吾的《铃木重胤的研究》(1968)、三木正太郎的《平田笃胤研究》(1969)、阪本健一的《大国隆正》(1971)、神社本厅编的《本居宣长的神道观》(1973)、《平田笃胤的神道观》(1974)和《国学前期的神道观》(1975)、名越时正的《水户学研究》(1975)、小林健三的《平田神道研究》(1975)、西内雅的《垂加神道的传承》(1978)、近藤启吾的《若林强斋的研究》(1979)等；关于天皇、国家与神道的研究主要有《日本宗教史讲座第1卷（国家和宗教）》(1959；1971)、藤井贞文编的《国体论纂》(1964)、村上重良的《国家神道》(1970)、户顷重基的《天皇制和日本宗教》(1973)、久野收等编的《"天皇制"论集》(1974)等；关于神道教化的研究主要有河野省三的《近世神道教化的研究》(1955)、岸本芳雄的《近世神道教育史：江户期神道的社会教化意识》(1962)等；从民俗学出发的研究主要有《柳田国男集第10卷》(1962；1969)、《折口信夫全集第20卷（神道宗教篇）》(1956；1967；1976)、五来重等编的《讲座日本的民俗宗教1（神道民俗学）》（1979）等。其中，在战前就有巨大影响的津田左右吉、村冈典嗣、宫地直一、西田长男、河野省三、柳田国男、折口信夫及活跃于战后宗教界的谷省吾、久保田收、岸本芳雄等有关神道的论述奠定了此时期神道研究的基础，并规定了神道研究的方向。

这一时期，日本学术界关于江户时代"物哀"观念的研究多见于有关"国民性""日本精神""日本人的心性"或"本居宣长"等名目的著述中，如民主教育协会编的《德川时代人间尊重思想的系谱》（福村书店，1961）、村冈典嗣的《日本思想史研究第5卷（国民性的研究）》（创文社，1962）、唐木顺三的《日本的心性》（筑摩书房，1965）、高坂正显编的《近世日本的人间尊重思想》（福村出版，1968）、田原嗣郎的《本居宣长》（1968）、小林秀雄的《本居宣长》（新潮社，1977）、子安宣邦的《宣长与笃胤的世界》（中央公论社，1977）、相良亨的《本居宣长》（东京大学出版会，1978）等，而直接以"物哀"为题的研究并不多见，亦几乎都是论文形式的成果。如小田切秀雄的《关于物哀论》（《短歌俳句研究》2，1948）、武田宗俊的《关于所谓"物哀"》[《文学》20（11），1952]、大久保正的《物哀论》（《日本文学讲座》第4卷，东京大学出版会，1954）、手塚升的《物哀论》（《二松学舍大学论集》，1960）、国崎望久太郎的《宣长物哀论的结构特质》（《立命馆文学》，1961）、《唐木顺三全集第7卷》（筑摩书房，1967）、重松信弘的《本居宣长的物哀说》（《皇学馆论丛》3（3），1970）和《源氏物语的"哀"与"物哀"》（《国文学研究》6，1970）、鹈川义之助的《歌德象征论与物哀论的比较》（《言语文化研究》3，1977）、池田善昭的《关于物哀的形而上意义》（《日本及日本人》1548，1978）等。

此时期学术界关于江户日本中国观的系统性论述亦几近于无，仅散见于有关江户哲学、伦理学、思想史、外交史等领域的著作及专题中。其中的主要论述有家永三郎的《日本思想史上的宗教自然观的展开》（斋藤书店，1947）、古川哲史的《近世日本思想研究》（小山书店，1948）、相良亨的《近世日本儒教运动的系谱》（弘文堂，1955）、松浦伯夫的《近世日本实学思想研究》（理想社，1963）、奈良本辰也的《近世日本思想史研究》（河出书房新社，1965）、平重道的《近世日本思想史研究》(吉川弘文馆，1969)、麻生义辉的《近世日本哲学史》(宗高书房，1974)、野崎守英的《道：近世日本的思想》(东京大学出版会，1979)等。

总的来说，此时期的研究在深度和广度、立场和方法上都比战前有了显著的进步，然而有些研究如关于神道和江户日本中国认识的研究仍局限于原先的研究范式，整体上也偏重于史料的分析与整理，尚缺乏系统而深入的理论分析，更没有针对江户日本身份建构问题的整体研究。

3. 第三阶段

这一时期，日本学术界迎来了对江户日本同一性问题研究的热潮。他们不仅翻译了大量与同一性紧密相关的西方民族主义重要著作，如安德森的《想象的共同体：民族主义的起源与流布》(白石隆等译，1987)、盖尔纳的《民族与民族主义》(加藤节译，2000)及霍布斯鲍姆的《1780年以来的民族与民族主义》(浜林正夫等译，2001)等，也译介了雅各布森的《自体与客体世界：认同的起源及其展开》(伊藤洸译，1981)、伊万斯的《与埃里克森的对话：认同的心理学》(冈堂哲雄等译，1981)、丹尼尔·帕特里克·莫伊尼汉的《民族与认同》(内山秀夫译，1984)、爱利克·埃里克森的 The Power and Limits of a Vision (福岛章等译，1984)等有关身份认同的著作。由此，民族主义及身份认同理论的介绍和新形势下日本人重构自我身份的需要，就使"日本人的身份认同"逐渐成为一个研究热点，受到此后日本学术界长时间的关注和重视。

19世纪80年代以后，日本学术界不仅对同一性问题展开了理论探讨，如《认同的心理》(中西信男等，有斐阁，1985)、《教育的哲学探求：寻求认同》(林信弘，法律文化社，1986)、《同一性：光与影》(北村昭雄，新风舍，1995)、《同一性·他者性》(细见和之，岩波书店，1999)、《文化与认同的政治学序说》(时安邦治，大阪大学博士论文，1999)、《认同·周边·媒介》(胁田晴子等，吉川弘文馆，2000)、《民族问题与认同》(中央大学人文科学研究所，2001)、《文学理论的实践：物语·认同·越境》(土田知则等，新曜社，2001)、《认同：解体与再构成》(青木保，岩波书店，2002)等，还对日本人尤其是近代日本人的同一性问题展开了理论和实证的研究，如《历史与认同：近代日本的心理·历史研究》(栗原彬，新曜社，1982)、《日本人与同一性：心理疗法家之眼》(河合隼雄,创元社,1984)、《亚洲与日本:寻求近代化的道路与认同》(劲草书房,1985)、《"日本文化论"的变迁:战后日本的文化与认同》(青木保,中央公论社,1990)、《日本国民论:近代日本的身份认同》(尹健次,筑摩书房,1997)、《自他认识的文化基础:日本的自我批判与他者高扬》(唐泽真弓,白百合女子大学博士论文,1998)、《日本的身份:既非西方又非东方的日本》(伊藤宪一监修,日本国际论坛,1999)、《亚洲的身份》(石井米雄,国际文化交流推进协会,2000)、《近代日本思想史上认同问题的综合研究》(津田雅夫,2001)、《日本人的身份:日本文化的构造与日本文明的盛衰》(渡边力藏,文艺社,2002)、《近代日本的认同与政治》(米原谦,Minerva书房,2002)等。面对关于同一性问题的研究热潮,从1995年到2002年炉干八郎等心理学家还编辑、出版了六期《同一性研究的展望1—6》,推动了相关领域研究的深入。

可以说,此时期关于同一性问题的研究不仅在理论上取得了突破,还扩大了研究领域,研究立场也更为客观。在这种情况下,自20世纪90年代末起,以往被忽视的江户日本人的身份建构问题也逐渐受到了关注。不少学者开始在"自他认识"或"身份建构"的新范式下展开江户日本的研究。主要论述有子安宣邦的《汉字论:不可避免的他者》(岩波书店,2003)、《日本民族主义的解读》(白泽社,2007)和《日本人是如何讲述中国的?》(青土社,2012)、桂岛宣弘的《思想史的十九世纪:作为"他者"的德川日本》(Perikan社,1999)、《18—19世纪的东亚思想空间和相互自他认识的研究》(2005)和《自他认识的思想史:日本民族主义的生成与东亚》(有志舍,2008)、吉野耕作的《文化民族主义的社会学:现代日本认同意识的走向》(名古屋大学出版会,1997)、樋口浩造的《民族主义与近世儒教:围绕"自国意识"的日朝比较思想史研究》(1999)、《近世的自国意识与民族主义:围绕"亚洲"的自他认识的变化与展开》(2003)和《"江户"的批判的系谱学:民族主义的思想史》(Perikan社,2009)、李豪润的《近世日韩思想的比较研究:明清交替后东亚自他认识的展开与转变》(2004)、桐原健真的《吉田松阴的思想和行动:幕末日本自他认识的转变》(东北大学出版会,2009)、田中聪的《日本古代的自他认识》(塙书房,2015)等。其中,子安宣邦认为,对日语来说汉字虽然带有他者性,却是形成日本和日语这个"内部"不可缺少的"他者"，肯定了汉字对于自我形成的意义。基于这种思维，他对山田孝雄、时枝诚记的国语言论等做了批判，进而对国语学、伦理学或日本文化论的形成基础进行了批判。桂岛宣弘则认为，华夷思想是导致德川日本塑造自我形象和认识以及产生国境意识而塑造他者认识的根源。在此基础上，他在"东亚的视域"下探究了全球化背景下反而日益高涨的民族主义的源流，并考察了"近代的学术"如何使其制度化的过程，进而为民族主义的起源研究提供了一个东方的范本。樋口浩造引用福柯对于历史学家的批判——"历史学家千方百计想在他们的作品中抹去某些因素，因为这些因素暴露了他们在观察时的地点、时间和立场以及他们不可抗拒的激情"①，声称其对江户日本自他认识的研究乃是基于一种客观的立场，并认为"'理解他者，进而对他者进行叙述'的行为与'置他者于自己语言的支配之下即占有他者'的情形具有同义的侧面"②。其代表作《"江户"的批判的系谱学》对《靖献遗言》被神话化的系谱及武士道话语的系谱做了批判，又以度会延佳和山崎暗斋的神道说为中心对比分析了17世纪亲中国的话语和18世纪强调本国意识的话语，进而对学术界关于思想史研究的方法论问题进行了批判性检讨。可以说，子安宣邦及受其影响的桂岛宣弘、樋口浩造的研究以其研究视角的独到性和立场的客观性极大地推动了同类研究的展开。

与这种基于认同视角的研究相比，此时期日本学术界亦在"华夷秩序"或"华夷思想"的视域下对江户日本的自我认识和中国认识展开了研究。这说明，相关研究已逐渐从丸山真男确立的"解构儒教"的范式过渡到"华夷思想的解构和重构"及"同一性建构"的范式。基于"华夷思想"的相关研究又可以分为从外交史出发的研究和从哲学、思想史出发的研究两类。前者的主要论述有中村荣孝的《大君外交的国际认识：华夷秩序中的日本》（载《日本外交的国际认识：其历史的展开》，有斐阁，1974）、田中健夫的《对外关系与文化交流》（思文阁，1982）、小池喜明的《开国的逻辑与心理：根据华夷思想》（载《日本伦理思想史研

---

① 樋口浩造：『「江戸」の批判の系譜学：ナショナリズムの思想史』、ぺりかん社、2009年、27頁。

② 樋口浩造：『「江戸」の批判の系譜学：ナショナリズムの思想史』、6頁。

究》，Perikan社，1983）、三浦叶的《我国近世华夷论的概观》（载《近世汉文杂考》，1983）、中田易直的《近世对外关系史研究》（吉川弘文馆，1984）、荒野泰典的《日本型华夷秩序的形成》（载《日本社会史》第1卷，岩波书店，1987）、酒寄雅志的《华夷思想的诸相》（载《亚洲中的日本史5（自意识与相互理解）》，东京大学出版会，1993）、荒野泰典的《近世日本与东亚》（东京大学出版会，1988）、真荣平房昭的《近世日本的海禁·华夷秩序论与东亚》（《历史科学》117，1989）、浜下武志的《华夷秩序与日本：18—19世纪的东亚海域世界》（《参考书志研究》45，1995）、纸屋敦之的《大君外交与东亚》（吉川弘文馆，1997）、位田绘美的《近世日本的对外认识：从日本看十七世纪末的世界》（名古屋大学博士论文，2000）、石井正敏的《东亚世界与古代日本》（山川出版社，2003）、吉田忠等的《19世纪东亚国际秩序观的比较研究》（国际高等研究所，2010）等。如果说这种关于中国认识的研究最初局限于东亚或亚洲的视域，那么，自2010年左右起则扩大到世界的领域。其代表性论述是荒野泰典等编的《日本的对外关系6（近世的世界的成熟）》（吉川弘文馆，2010）和《日本的对外关系5（地球的世界的成立）》（吉川弘文馆，2013），分别收录了《历史的展开："华夷变态"后的国际社会》《从性别看近世日本的对外关系》《对外关系的诸相：从"三国"到"五大陆"》《日本型华夷意识与民众》《长崎与广州》《德川政权与东亚国际社会》《海禁·华夷秩序体制的形成》等有影响力的论文。

　　后者的主要论述有《日本人的中国观》（安藤彦太郎，1971）、《近世日本的批判精神》（中村元，1981）、《近世日本社会与宋学》（渡边浩，1985；2010）、《唐心：日本精神的反论》（长谷川三千子，1986）、《近世日本的儒教与文化》（衣笠安喜，1990）、《忠诚与叛逆：转型期日本的精神史位相》（丸山真男，1992）、《近世日本的儒学与兵学》（前田勉，Perikan社，1996）、《宋学的形成与展开》（小岛毅，创文社，1999）、《国家理念与对外认识：17—19世纪》（渡边浩等，庆应义塾大学出版会，2001）、《近世日本社会与儒教》（黑住真，Perikan社，2003）、《近世日本的世界像》（川村博忠，Perikan社，2003）、《兵学与朱子学·兰学·国学：近世日本思想史的构图》（前田勉，平凡社，2006）、《近世日本哲学史：幕末至明治维新的启蒙思想》（麻生义辉，书肆心水，2008)、《18世纪日本的文化状况与国际环境》(笠谷和比古编，思文阁，2011)、《日本的中国观2》(藤田昌志，晃洋书房，2015)、《近世日本的历史叙述与对外意识》(井上泰至编，勉诚出版，2016)等。

20世纪80年代以后，随着日本社会总体呈现出右倾保守化的趋势，武士道亦开始其复活之路。原本被排除在学术研究之外的武士道又开始被认为是"日本人自信和自豪的源泉""日本黎明的起点""日本精神文化的范式转换"或"日本向高次元传统的回归之路"等，受到日本社会和学术界的热切关注，从而形成了新的武士道研究热潮。尤其是2005年11月御茶水女子大学教授藤原正彦出版的《国家的品格》(新潮社)一书，提倡复活武士道精神和物哀意识，恢复日本人对自身文化的信心，"以此增强软实力，再次为世界人民垂范"。该书出版后畅销一时，引起了日本社会的轰动和再次对所谓"大和魂"的关注。

此时期不仅有关武士道的新论不断出笼，原有的一些著作[①]和有关武士道的历史文献[②]也陆续再版。相关论述既有从学术角度出发或以学术为遮掩的为武士道"正名"的研究，也有保守派势力为了弘扬武士道所开展的非理性宣传。前者的主要论述有《关于近世日本武士道关系资料的基础研究》(佐藤正英，1980)、《武士道的历史(全三卷)》(高桥富雄，1986)、《武士之心·日本之心：武士道评论集(上、下卷)》(高桥富雄，1991)、《近世武士道论》(铃木文孝，1991)、《相良亨著作集3》(相良亨，1993)、《日本之心与"武士道"》(佐藤全弘，2001)、《复活的武士道》(菅野觉明，2003)、《武士道》(皇学馆大学出版部，2011)、《日本人之心：武士道入门》(中经出版，2006)、《禅与武士道：从柳生宗矩到山冈铁舟》(渡边诚，2004)、《作为历史的武士道》(小泽富夫，Perikan社，2005)、《近世日本武艺思想研究》(前林清和，人文书院，2006)、《武士道的考察》(中本征利，2006)、《新·武士道论》(俵木浩太郎，2006)、《死

---

① 如《武士道》(光融馆，1902；大东出版社，1938；大东出版社，1939；大东出版社，1940；大东出版社，1944；广池学园事业部，1969；角川书店，1971；大东出版社，1997)或《山冈铁舟的武士道》(角川书店，1999)、平泉澄的《武士道的复活》(国民思想研究所，1933；锦正社，1988；锦正社，2011)、奈良本辰也的《武士道的系谱》(中央公论新社，1971；1975；2004)等。

② 如《武士道全书(全12卷)》、《近世武家教育思想(第1—3卷)》等。

生观：历史的诸相与武士道的立场》（加藤咄堂，2006）、《日本的精神文化：武士道》（宫川真子，2008）、《武士道与日本近代思想形成史》（森田健司，2009）、《武士道的名著：日本人的精神史》（中央公论新社，2013）、《史谈武士道》（藤原稜三，2013）、《武士道：侍社会的文化与伦理》（笠谷和比古，2014）、《幕末武士道》（小池喜明，2015）、《武士道精神史》（笠谷和比古，2017）等；后者的主要论述有《武士道还活着》（佐佐木杜太郎，1981）、《元禄武士道：忠臣藏与人间像》（盐田道夫，1981）、《读〈叶隐〉：武士道式生活方式的推荐》（竹井博友，1983）、《武士道光芒记》（平田弘史，1986）、《忠烈！南朝武士道：南朝忠臣藏》（北影雄幸，白亚书房，2000）、《义烈！忠臣藏武士道：赤穗义士录》（北影雄幸，白亚书房，2000）、《武士道死了吗：山鹿素行武士道哲学的解说》（佐佐木杜太郎，1995）、《美丽的大和心：武士道》（兴云流水，四圣创成科学研究所，1996）、《武士与世间：为什么急于赴死？》（山本博文，中央公论新社，2003）、《武士道的源流：探讨日本人的人生美学》（长尾刚，PHP研究所，2004）、《作为精神的武士道：向高次元传统的回归之路》（内田顺三，2005）、《武士道：日本文化论》（海原峻，梨之木舍，2005）、《武士道的真实》（时野佐一郎，光人社，2008）、《武士道：日本的黎明始自武士道》（一条彻，鸟影社，2009）、《日本精神文化的范式转换：武士道研究序说》（小野寺伸夫，奥州出版，2010）、《武士道会复苏吗：向高次元传统的回归之路》（向田顺一，高木书房，2011）、《武士道的美学》（北影雄幸，勉诚出版，2011）、《樱与武士道》（北影雄幸，勉诚出版，2012）等。

总的来说，前述论著关于武士道的基本观点几乎是日本战前武士道论的翻版，值得重视的客观研究极为有限。应该注意的是，这一时期的武士道研究还具有两个明显的特点。第一，学术界提出了重新评价叶隐和山鹿素行武士道的问题，对"死狂"等问题做了重新诠释，又对前者冠以武士道精神的"神髓""奥秘"或"极致"，对后者冠以武士道精神的"原点"等名称。关于前者的主要论述有《〈叶隐〉的武士道：被误解的"死狂"思想》（山本博文，2001）、《叶隐论考：武士道的诸相》（嘉村孝，2001）、《三岛由纪夫与叶隐武士道》（北影雄幸，2006）、《叶隐：武士道的神髓》（奈良本辰也，2006）、《〈叶隐〉武士的忠节：武士道的极致》（岩上进，2012）、《武士道的奥义：叶隐的原典》（青木照夫，2014）等；关于后者的主要论述有《武士道的原点：山鹿素行的道》（井下香泉，2006）、《武士道的伦理：山鹿素行的情形》（多田显，2006）、《近世武士道论研究：以山鹿素行和大道寺友山为中心》（中嶋英介，2013）等。第二，少数学者亦对作为日本精神之概念的"武士道"进行了批判，认为被冠以"日本人的美德""日本人之魂"或"大和魂"之称的"武士道"不过是明治以后尤其是新渡户稻造发表《武士道》之后被创造的概念，是以"传统"的名义加以幻想和美化的概念。主要论述有《武士道的逆袭：武士道这一幻象》（菅野觉明，讲谈社，2004）、《战场的精神史：武士道这一幻象》（佐伯真一，日本放送出版协会，2004）、《反武士道论》（滋野佐武郎，文艺社，2014）、《武士道的误解：斩断捏造和歪曲的历史》（清水多吉，日本经济新闻出版社，2016）等。

随着20世纪70年代末《神道大系》的陆续出版，日本学术界关于神道的研究亦保持着不亚于以往任何时期的热情。此时期的神道研究基本上沿袭了以前的不少观点，而视神道为"当然的"日本精神的根底，为此，学术界[①]和文部科学省[②]都极为重视对作为"民族宗教信仰"的神

[①] 此时期出现了数量庞大的关于神道的博士论文及同名或近名专著，如《神道集说话的成立》（福田晃，1985）、《神道津和野教学的研究》（加藤隆久，1986）、《神道世界的构造与展开》（平野孝国，1986）、《以阴阳道为媒介的神佛习合：以吉田神道为中心》（高尾义政，1990）、《山王神道的基础研究》（菅原信海，1991）、《教派神道的形成》（井上顺孝，1992）、《教派神道与近代日本：天理教的历史考察》（大谷渡，1992）、《山崎暗斋：日本朱子学和垂加神道》（高岛元洋，1993）、《伊势神道的成立与展开》（高桥美由纪，1994）、《国家神道形成过程的研究》（阪本是丸，1995）、《吉田神道的基础研究》（出村胜明，1996）、《鸟传神道的基础研究》（末永惠子，1998）、《荷田春满的国学和神道史》（松本久史，2005）、《伊势神道思想的形成》（小野善一郎，2007）、《修验与神道之间：木曾御岳信仰的近世·近代》（中山郁，2007）、《垂加神道的人们与日本书纪》（松本丘，2008）、《神道文学的发生研究》（云丹龟五郎，2009）、《国学者的神信仰：基于神道神学的考察》（中野裕三，2009）、《近代日本的宗教言说及其系谱：宗教·国家·神道》（矶前顺一，2010）、《神道教育研究》（中道豪一，2011）、《吉川神道思想研究》（德桥达典，2012）、《〈神道集〉论考：神佛习合思想的接受与展开》（有贺夏纪，2012）等。这些排山倒海般的"学术轰炸"无疑为神道的"民族宗教化"提供了知识和舆论的支持。

[②] 文部科学省对不少有关神道的研究项目予以大力资助，如《日本神道的政治思想史和社会人类学的研究》（川田稔，1989）、《关于近代神道变迁的基础研究》（冈田重精，1990）、《近世神道的伦理思想史的研究》（子安宣邦，1991）、《中世神道思想中的神佛理解的伦理思想史的研究》（窪田高明，1996）、《中世神道与密教异端思想的关系的研究》（伊藤聪，2004）、《为了〈神道集〉校注的基础研究》（大岛由纪夫，2005）、《神道与日本文化的国学性研究·传播基地的形成》（国学院大学，2005）、《近世神道史研究和〈御广间杂记〉的数据库化》（幡镰一弘，2007）等。

道的自我正当化和合理化的"学术研究"。因此，此时期的神道研究呈现出异常"繁荣昌盛"的局面，相关著作可谓汗牛充栋，泛滥成灾。不仅原有的神道著作被不断再版①，相关文献目录也被大量编辑出版②，有关神道的起源、原理、系谱、精神、仪式及教化等各个层面内容的论述也纷纷出笼。

关于神道原理、本质或系谱的论述主要有小笠原春夫的《神道信仰的系谱》（1980；1987）、西田长男等的《神道的宇宙》（1980）、佐藤通次的《神道哲理》（1982）、吾乡清彦等的《神道理论大系》（1984）、山荫基央的《日本神道的秘义》（1984）、菅田正昭的《古神道复活》（1985；1994）、安苏谷正彦的《神道思想的形成》（1985）、《神道的生死观：神道思想与"死"的问题》（1989；1996）和《何谓神道？》（1994）、鸭志田恒世的《幽玄的世界：探求神道的真髓》（1986；2007）、坪井洋文的《神道的神与民俗的神》（1989）、土桥宽的《探求于日语的古代信仰：从物神崇拜到神道》（1990）、菅田正昭的《古神道的系谱》（1990）、樱井胜之进等的《日本神道论》（1990）、宫田登的《民俗神道论：民间神信仰的活力》（1996）、薗田稔的《神道的世界》（1997）和《作为文化的神道续》（2005）、井上顺孝的《神道：日本诞生的宗教系统》（1998）、真弓常忠的《祇园信仰：神道信仰的多样性》（2000）、茂木贞纯的《日语与神道：溯源日语则可知神道》（2003）、镰田纯一的《神道概说》（2007）、神道文化会编的《神道与生命伦理》（2008）、日立道根彦的《神道基础学》（2010）、伊藤聪编的《中世神话

---

① 如《天皇制与日本宗教》（1973；1980；1985）、《日本哲学思想全书第10卷》（1956；1980）、《神道大辞典》（1940；1969；1981；1986）、《神道哲学》（1916；1981）、《神道讲座全5卷》（1929—1931；1981）、《神道论》（1941；1983）、《神道原论》（1971；1984）、《神社神道概说》（1951；1988）、《神道教化概说》（1959；1988）、《中世神道研究》（1959；1989）、《八坂神社研究》（1974；1990）、《平田笃胤研究》（1969；1990）、《浅见絅斋研究》（1970；1990）、《神道丛说》（1911；1993）、《神道的成立》（1979；1993）、《神道的理论》（1953；1963；1995）、《神道的宗教发达史的研究》（1935；1996）、《神道辞典》（1968；1999）、《三个世界：神道的世界观》（1968；2009）、《吉川神道的基础研究》（1966；2013）等。
② 如国学院大学日本文化研究所编的《神道论文总目录》（第一书房，1987）和《神道论文总目录续》（第一书房，1989）、镰田纯一的《神道文献》（神社新报社，1993）、岛薗进等编的《东京帝国大学神道研究室旧藏书目录及解说》（东京堂，1996）等。

与神祇·神道世界》（2011）和《神道的形成与中世神话》（2016）、平泉澄的《平泉澄博士神道论抄》（2014）和《平泉澄博士神道论抄续》（2016）、白山芳太郎的《神道学原论》（2014；2015）等；关于神道"古典"或"教典"的论述主要有《神道圣典》（1983）、池山聪助的《神道古典的研究》（1984）、木村信行的《用神代文字写成的古神道的圣典》（1991）、神道研究会编的《神道教典》（1998）、岛田裕巳的《神道为什么没有教义？》（2013；2016）等；关于神道精神或神道文化的论述主要有片山文彦的《神社神道与日本人的心性》（1983；1996）、安津素彦的《神道与日本人》（1986）、丰田有恒的《神道与日本人：马虎的诸神创造的二千年的行动原理》（1988；1994）、佐伯彰一的《神道之心：探索看不见的神》（1989；1992）、樋口清之等的《从神道看此国之心》（1995；2000）、上田正昭的《神道与东亚世界：日本文化是什么？》（1996）、加藤隆久的《神道文化研究的诸态》（1997）、叶室赖昭的《"神道"之心》（1997）和《神道与日本人》（1999；2013）、吉井贞俊的《日本美与神道》（1998）、白井永二等的《日本人的心性与神道》（1999）、牟礼仁的《中世神道说形成论考》（2000）、本田总一郎的《理解日本神道之书：探求日本人的思考和美意识·伦理的原点》（2002）、渡边胜义的《日本神道的秘仪：日本精神文化的根底有什么》（2003；2012）、《神道与日本文化》（2006）和《神道：日本精神文化的根底有什么》（2009）、镰田东二的《神道的灵性》（2003）、平川祐弘的《西洋人的神道观：向富士山观察日本人灵性的小泉八云和克洛岱尔》（2006）和《西洋人的神道观：寻求日本人的身份》（2013）、阪本是丸的《神道与学问》（2015）、井上宽司的《日本的神社和"神道"》（2006）、安苏谷正彦等的《神道与日本文化》（2006；2009）、白山芳太郎的《神道：日本人的心理行为》（2009）、山村明义的《神道与日本人：探求魂与心的源泉》（2011）等；关于神社、神道祭祀或仪礼的论述主要有真弓常忠的《神道的世界：神社与祭祀》（1984）、《神与祭祀的世界：祭祀的本质与神道》（1985）和《神道祭祀：祭神的意义》（1992）、楠本悦次编的《神社神道的发展历程与信仰》（1989）、渡边胜义的《古神道的秘仪：镇魂与归神的机制》（1993）、沼部春友的《神道仪礼的原点》（2000）、茂木贞纯的《神道与祭祀的传统》（2001）、神道国际学会编的

《神道的祭祀》(2003)、新井大祐等的《言说·仪礼·参拜："场"和"行为"的神道研究》(2009)等；关于神道历史的论述主要有《神道史研究》(1980)、下出积与等的《讲座神道第2卷》(1991)、渡部真弓的《神道与日本佛教》(1991)、菅原信海的《神佛习合思想的展开》(1996)、《神佛习合思想的研究》(2005)和《日本佛教与神祇信仰》(2007)、佐藤弘夫的《天照大神的变形：中世神佛交涉史的视点》(2000)、笘崎博生的《神道史概说》(2000；2001)、薗田稔等编的《神道史大辞典》(2004)、神道国际学会编的《道教与日本文化》(2005)、佐藤直树的《神道与我国佛教的历史》(2006)、久保田收的《神道史的研究遗芳编》(2006)、阪本是丸的《近世·近代神道论考》(2007)、冈田庄司编的《日本神道史》(2010)、伊藤聪的《何谓神道：神与佛的日本史》(2012)、高桥美由纪的《神道思想史研究》(2013)、井上智胜的《吉田神道的四百年：神与葵的近世史》(2013)等；关于神道流派或历史人物的论述主要有土田诚一的《伊势神道与吉川神道》(1980)、近藤启吾的《山崎暗斋研究》(1986)、《山崎暗斋续》(1991)、《山崎暗斋续续》(1995)和《崎门三先生的学问：垂加神道之心》(2006)、镰田纯一的《中世伊势神道研究》(1998)、谷省吾的《垂加神道的成立与展开》(2001)、中村幸弘等的《读〈直毘灵〉：赠给二十一世纪的本居宣长的神道论》(2001)、前田勉的《近世神道与国学》(2002)、矶前顺一等编的《近世朝廷与垂加神道》(2005)、白山芳太郎的《神道说的发生与伊势神道》(2010)、菅原信海的《神与佛的夹缝：家康与天海》(2013)、椙山林继的《近世神道神学的萌芽》(2014)、田尻祐一郎的《文学研究的思想：儒学、神道、国学》(2014)等；关于天皇、国家与神道的论述主要有藤谷俊雄的《神道信仰和民众·天皇制》(1980)、阪本健一的《明治维新与神道》(1981)、安丸良夫的《近代天皇观的形成》(1992)、神道国际学会编的《皇室和伊势神宫》(2003)、新田均的《"现人神"和"国家神道"的幻想：是谁唤出了"绝对神"？》(2014)等；关于神道教化的论述主要有村上重良的《国家神道与民众宗教》(1982；2006)、杉原诚四郎的《日本神道·佛教和政教分离：日本的宗教教育》(1992)、平井直房的《神道与神道教化》(1993；1997)、子安宣邦的《国家与祭祀：国家神道的现在》(2004)等；关于神道功用的论述主要有本田总一郎的《日本神道入门：拯救21世纪危机的被禊的原理》（1985；1986）、石井寿夫的《古代的日本神道与新地球文化》（1989）、上田贤治的《神道的力量》（1995）等；关于民众宗教的论述主要有小泽浩的《民众宗教与国家神道》（2004）、平野荣次的《富士信仰与富士讲》（2004）、桂岛宣弘的《幕末民众思想研究：幕末国学与民众宗教》（2005）、圭室文雄的《日本人的宗教与庶民信仰》（2006）、宫家准的《神道和修验道：民俗宗教思想的展开》（2007）等。

与此前的研究相比，前述的神道研究呈现出两个明显的特点或倾向。第一是使神道成为一个能与佛教、基督教等并立的、具有"普遍性"的宗教信仰，相关的主要论述有南山宗教文化研究所编的《神道与基督教：宗教的普遍和特殊》（1984）、上田贤治的《神道神学》（1986）和《神道神学论考》（1991）、柞木田龙善的《日本神道》（1986）、薗田稔的《神道：日本的民族宗教》（1988）、幸日出男等的《宗教的历史：佛教·基督教·伊斯兰教·神道》（1990）、山田雅晴的《古神道的行法和科学》（1992；1995；2001）、神道国际学会编的《神道：其普遍性》（1996）、久保田展弘的《神之名乃神：犹太教·基督教·伊斯兰教·道教·印度教·泛灵论·佛教·神道》（1996）、薗田稔的《谁都可以参与的神道：宗教的日本的可能性》（1998）、松本敬子的《神道和基督教：呼应的心意构造》（2009）、佐藤一伯的《世界中的神道》（2014）等。第二是以"自然"或"风土"构建神道"自立"的本体依据，相关论述有杨刚的《记神话论和神道论的展开》（1989）、谷省吾的《神道·自然·皇学馆》（1996）、镰田东二的《何谓神道：感受自然的灵性而活》（2000）等。2000年以后，这种所谓日本独特的"自然"或"风土"又被具体化为"海""川""火""土""水""风""铁"[①]等元素。2009年以后这些元素被重新组合，形成了极为荒谬的"自然和神道文化"的

[①] 如神道文化会编的《海与神道文化》（2000）、《川与神道文化》（2002）、《火与神道文化》（2004）、《土与神道文化》（2005）、《水与神道文化》（2006）、《风与神道文化》（2007）、《铁与神道文化》（2008）等。

关系图。①

综合而言，因为受到以神道构建自我身份思维的制约，此时期日本学术界不仅很难对神道展开客观的研究，也缺乏认识神道的外部视角。虽然有少数学者如新田均（《"现人神"和"国家神道"的幻想》，PHP研究所，2003）、井上宽司（《"神道"的虚像和实像》，讲谈社，2011）等学者对神道展开了批判性的理性探讨，但无异于蚍蜉撼树，难改日本社会和主流学术界关于神道的认识和体验。

这一时期，日本学术界关于江户时代以"物哀"为基调的日本精神的研究与前期相比已有明显增多。相关论述不仅见于有关"国民性""日本精神"或"日本人的心性"等名目的著述中，还出现了不少以"物哀"为题或与之直接相关的专著和论文。前者如《本居宣长的思想和心理：身份探求的轨迹》（松本滋，1981）、《"哀"与"物哀"的研究》（山崎良幸，1986）、《内部的宣长》（百川敬仁，1987）、《本居宣长与"自然"》（山下久夫，1988）、《江户文化的变容：十八世纪日本的经验》（百川敬仁等，1994）、大野晋的《源氏物语的物哀》（2001）和《古典基础语的世界：源氏物语的物哀》（2012）、长岛弘明编的《本居宣长的世界：和歌·注释·思想》（森话社，2005）、渡边浩的《日本政治思想史：十七—十九世纪》（东京大学出版会，2010）、荒川善广的《理念与物哀》（文艺社，2011）、竹西宽子的《从"哀"到"物哀"》（岩波书店，2012）、田中康二的《本居宣长的国文学》（Perikan 社，2015）等。后者如阿部秋生的《关于"物哀"论》（《文学·语学》90，1981）、日野龙夫的《宣长以前的物哀》[《国语国文》51（8），1982]、百川敬仁的《作为意识形态的"物哀"》[《思想的科学》7（114），1989]、《武士道与"物哀"：围绕丸山真男的〈忠诚与叛逆〉》[《现代思想》22（1），1994]、《平田笃胤与"物哀"》[EUREKA 26（13），1994]和《"物哀"与情欲：围绕宣长的源氏物语论》[《国文学解释和教材的研究》44（5），1999]、吉田喜久子的《知物哀之道》（《法政大学教养部纪要》82，1992）、高桥俊和的《〈紫文要领〉的成立：作为诗歌论的

---

① 神道文化会编的《自然与神道文化1（海·山·川）》（2009）、《自然与神道文化2（树·火·土）》（2009）、《自然与神道文化3（水·风·铁）》（2010）。

"物哀"》(《铃屋学会报》10，1993)、杉田昌彦的《"知物哀"的意义：关于〈紫文要领〉》[《国语和国文学》72（6），1995]、子安宣邦的《本居宣长·和歌的俗流化和美的自律："物哀"论的成立》(《思想》879，1997)和《知物哀外无他：物语享受者的文学论》(《季刊日本思想史》69，2006)、杉田昌彦的《"知物哀"说的历史特质》[《国文学解释和鉴赏》67（9），2002]、中西进的《物哀和日本文化：无的有效性的发现》(《铃屋学会报》18，2002)、川西元的《从〈本教提纲〉到〈源氏物语评释〉：围绕"物哀"的接受等问题》[《日本文学》52（10），2003]、大石昌史的《日本的美意识与场的逻辑："知物哀之心"的构造》[《美学》57（3），2006]等。

这一阶段的有关研究，虽然在资料占有、成果数量、理论深度及实证分析等方面比以往任何时期都要厚重而深刻，但却对江户日本的自我认识和中国认识之间的内在关联以及以江户日本的身份建构作为一个完整体系而展开的研究，仍有很大不足并缺乏理论的探讨。而且，主体无法摆脱的对待神道或武士道的"信仰的立场"等自身限制[①]也在某种程度上妨碍了他们对这些问题的对象化和客观化，例如日本主流学术界对神道或武士道已经形成了"作为日本固有的民族宗教信仰""作为日本固有的民族道德"的固定意识，这无疑大大制约了日本学术界对江户日本的身份建构这一问题进行学术研究的可能性。

（二）中国学者的有关研究

我国学术界对与江户日本身份建构相关问题的研究虽然起步较早，但在很长一段时间内没有多大进展。到了20世纪90年代以后，相关研究才真正迎来了百花齐放、推陈出新的新格局。概括而言，这类研究可分为三个阶段。

第一阶段是民国时期。此时期，虽然黄遵宪、王朝佑(《我之日本观》，1927)、陈德征(《日本民族性》，1928)、戴季陶(《日本论》，1928)、谢六逸(《日本文学史》，1929)、潘光旦(《日本德意志民族性

---

① 例如，作为职业作家的山村明义就曾明言："神道精神就如同樱花一般，影响了我，也影响了所有的日本人。"参见［日］山村明义《神道与日本人》，尹智慧、汪平译，南京大学出版社2016年版，第202页。

之比较研究》，1930）、缪凤林（《中日民族论》，1933）、姚宝猷（《日本神国思想的形成及其影响》，1935）、周作人（《日本管窥》，1936—1937）、蒋百里（《日本人：一个外国人的研究》，1938）、李毓田（《日本主义批判》，1938）、欧阳祖经（《日本武士考》，1941）、赵如珩（《吉田松阴略传》，1942）、谢光南（《日本主义的没落》，1944）等展开了关于日本和日本人的研究，却基本止步于所谓日本特性的介绍和发现，也因缺乏历史的思维而甚至把它们当作固定不变的"传统"。

第二阶段是新中国成立后至20世纪80年代末期。1949年以后，朱谦之相继出版《日本哲学史》《日本的古学及阳明学》《日本的朱子学》等著作，又组织编辑了《日本哲学史资料选（古代之部和德川时代之部）》，从文献和理论的角度奠定了对与江户日本人身份建构有关的诸多问题的研究基础。

80年代以后，相关研究得到了进一步的发展。张鹤琴、王守华、卞崇道、王家骅、吕万和、高增杰、李甡平、衷尔钜、严邻、华国学等分别从"哲学史""儒学史""江户思想家""近代化""中日儒学比较"等角度，展开了对江户历史和文化的研究。其中，王家骅出版了《日中儒学比较》《儒家思想与日本文化》《儒家思想与日本的现代化》（1995）儒学三部曲，始终贯彻"日本受容中国儒学之际，既有选择，又有变容"[①]的立场，系统地比较了中日两国儒学的异同，并指出，儒学虽然对日本文化及现代化进程产生过深刻而积极的影响，然而"日本儒学并非中国儒学的照相式翻版，而是既影响于日本文化，又经日本文化改造的中国儒学的变形物"，因而要求学术界应"结合日本的独特历史、文化环境去评价日本儒学，而不是生搬硬套有关中国儒学的现成结论"[②]。王守华和卞崇道[③]则以马克思唯物主义为指导，从神儒佛之三者关系的角度对日本古代哲学进行了系统探讨，尤其是对作为历史范畴的神道概念、神道思想的形成、各流派的演变及神道思想的特点进行了开创性的论述。不过，这一时期相关研究虽然有所深入，对江户日本身份建构来说仍属

---

① 王家骅：『日中儒学の比較』、六興出版、1988年、340頁。
② 王家骅：《儒家思想与日本文化》，浙江人民出版社1990年版，第3页。
③ 王守华、卞崇道：《日本哲学史教程》，山东大学出版社1989年版。

间接论述，也基本止步于话语分析的层次。

虽然这一时期直接针对江户日本身份建构的研究极为缺乏，却也出现了针对其某个侧面如神道、武士道的研究。石晓军[①]认为，朱舜水对德川光国尊王思想的形成产生了直接而深刻的影响；魏常海[②]分析了吉田松阴王学思想的内容及特点，认为其对明治维新产生了深远影响；王守华论述了神道思想的形成、发展、内容和特点，指出"神道思想的发生、发展及其哲理，反映了日本民族意识发展的一个重要侧面"[③]。《武士道与中国文化》（林景渊，1989）追溯了作为"日本国民性"的武士道的渊源，并论述了武士道的特性；《论日本武士道》（李泉岳，1987）则探讨了武士道的起源，并重点论述了江户武士道的内容和特点，认为"以儒学思想为理论骨架并以山鹿素行为代表的武士道与以大久保忠教和山本常朝为代表所总结的旧武士道论既相联系又相区别"。

相比较而言，这一时期与江户日本的中国认识有密切联系的研究有米庆余的《近代日本"大陆政策"的起源及其形成期的特征》（《日本史论文集》，1985）、石晓军的《中日两国相互认识变迁史的比较文化学考察》等。前者对江户后期林子平、本多利明、佐藤信渊、会泽正志斋、吉田松阴、岛津齐彬等有关大陆扩张和中国认识的言论进行了系统考察，指出近代日本的"大陆政策"与江户日本的扩张思想有着深刻的关联。后者则基于比较文化的视角对中日两国相互认识的变迁史进行了梳理和考察，认为历史上日本人对中国的认识水平呈现出不断上升的态势，并指出日本认识中国的目的是，"在古代是为了摄取先进的中国文化，近代以后则主要是为对华渗透扩张侵略服务"。其研究提出了自己的见解，然其关于日本对中国认识水平和认识目的的评价仍有一定的片面性和局限性。

第三阶段是20世纪90年代初至今。随着20世纪90年代以来中国社会经济的变化和欧美学术思潮的影响，我国学术界基于历史连续性的

[①] 石晓军：《朱舜水与德川光国的尊王思想》，《浙江学刊》1984年第5期。
[②] 魏常海：《吉田松阴的王学思想》，《延边大学学报》1987年第Z1期。
[③] 王守华：《神道哲学刍议》，《日本学刊》1988年第6期。

思维，认为作为"前近代的"江户日本既是日本近代化的准备阶段，也是奠定近代日本自我认识和中国认识的基础阶段，因而对江户日本的政治、外交、思想文化、教育等表现出高度的关注和研究热情，亦由此对与江户日本身份建构相关的自我认识（发现日本）和中国认识（发现中国）做了不懈的研究和探索。从另一个角度说，这种研究又可归为"关于江户日本自他认识的研究"和"关于江户时期大和魂及其创建的研究"。

1. 关于江户日本自我认识和中国认识的先行研究

20世纪90年代以后，我国学术界兴起了对日研究的热潮，而对江户日本的自我认识和他者认识（主要是"中国认识"）的研究又是其中的一个热点。这些研究大致可分为两个阶段。第一阶段是20世纪90年代，第二阶段是21世纪初至今。

在第一阶段，学术界主要基于"近代化""军国主义或大陆政策的渊源"及"差异化"等视角展开对包括自他认识在内的江户日本历史和文化的研究。这种研究视角在第二阶段也得到了继承和发展，故在此加以一并论述。

因为日本近代化在经济上获得了成功①，所以为了对其精神原动力做出学术性的解释，王家骅（《儒家思想与日本的现代化》，1995）、宋德宣（《日本文化结构演变论》，1993；《中日思维方式演变比较研究》，1993）、吴廷璆（《日本近代化研究》，1997）、李卓（《家族制度与日本的近代化》，1997）、汤重南（《日本文化与现代化》，1999）、刘金才（《町人伦理思想研究：日本近代化动因新论》，2001）、李文（《武士阶级与日本的近代化》，2003）、郑彭年（《日本崛起的历史考察》，2008）等国内学者对儒学思想、家族制度、町人伦理、武士伦理等江户日本思想与近代化的关系等做了系统性考察。这些主要从文化角度审视日本近代化的研究，主要着眼于考察儒学思想、町人伦理等对日本近代化的积极作用，即主要考察了有利于形成"资本主义的"近代日本的内容，对形成"封建的""帝国的（扩张性的）"近代日本的因素则不太关心。从

---

① 在我们看来，现代化归根结底是人的现代化，而近代日本却没有使人成为其自身的目的，因而其近代化不能算是真正的成功。

这种意义上说，它们归根结底是一种东亚视域下的"与他者的差异化"研究，其逻辑基础乃是西方中心论的二元对立思维，因而不免具有使"江户日本思想"近代化和合法化的倾向和嫌疑。

与此相对，这一时期我国学术界为了批判日本军国主义，而基于历史连续性的思维，十分重视从军国主义（或"法西斯"）、大陆政策（或"侵华思想"）或日本近代民族主义渊源的角度看待江户日本，由此做了大量卓有成效的研究。此类研究着眼于分析导致近代日本扩张性的源泉，因而一直是我国学术界的研究重点。

蒋立峰、汤重南主编的《日本军国主义论（上）》从"阶级关系与天皇制""武士道的形成与作用""侵略扩张思想的源流"等几个方面"历时地"考察了日本军国主义的"源流要素"，指出"日本军国主义不是属于特定的历史范畴的事物"[①]。该书不仅是"具有中国研究特色的学术成果"，也是我国目前关于军国主义最系统和最全面的论述。另外，武寅、孙丽华、樊磊、崔新京、涂荣娟也对日本军国主义的社会基础和历史根源等进行了考察。

严绍璗、薛子奇、廖建林、冯玮、蔡尔健、姜长斌、渠长根、苑基荣等则以佐藤信渊、吉田松阴等江户思想家的扩张论为中心考察了日本大陆政策或侵华思想的渊源，认为其体现了江户日本和近代日本之间的连续性。与此同时，罗养毅、张宪生等基于民族主义的视角对江户日本的国体论、国学、扩张论等做了统一的考察，认为"日本近代民族主义思想一出现就表现出三个显著的特征，即浓厚的封建色彩、东西方文明的调和及强烈的对外扩张欲望"[②]，而会泽安《新论》则为"日本近代民族主义的形成提供了核心内容"[③]。

综合来看，我国学界虽然在军国主义史或侵华史研究上取得了不俗的成绩，却偏重于思想或话语层面的研究，对这种思想如何实现民众化

---

① 蒋立峰、汤重南主编：《日本军国主义论》（上册），河北人民出版社2005年版，第2页。
② 罗养毅：《日本近代民族主义思想源流初探》，《山西师大学报》1990年第4期。
③ 张宪生：《论日本近代民族主义的思想起源：读会泽安〈新论〉》，《东南亚研究》2007年第4期。

等问题则关注不够。与此相对，王向远①、李群②等重点考察了江户时代的文学文本，对理解日本军国主义的形成史提供了另一种思路。

与前述两种研究江户日本的视角相比，我国学术界还有另一种十分重要的视角即"差异化的视角"。这种视角以探讨江户时期中日两国政治及思想的差异为目标，实际上既有与前述"近代化的视角"同调的可能性，又有为其背书的可能性，也有从"外部角度"发现或建构江户日本的"主体性价值"的倾向。

李甦平（《石田梅岩》，1998）、杨永良（《日本文化史：日本文化的光与影》，1999）、韩立红（《石田梅岩与陆象山思想比较研究》，1999）、赵刚（《林罗山与日本的儒学》，2006）、龚颖（《"似而非"的日本朱子学：林罗山思想研究》，2008）等基于比较的思维分析了林罗山、海保青陵、石田梅岩、伊藤仁斋、中江藤树等江户学者的儒学思想及其对日本的意义。

郝秉键和严民从宏观和微观的层面比较了18世纪中日政治思想或儒学政治思想的差异，前者指出"18世纪的日本向'人的自觉'迈出了可贵的一步"③，后者则认为"到了德川时代的中后期，重视现实性和社会性的自由主义思想盛行，重视町人阶层和重视经济发展的自由主义主张泛滥"，因而"近代日本和日本社会比中国更早和更容易走出中世纪"④。在我们看来，前述两文一方面有"结果决定论"之嫌，另一方面可能过高地评价了江户日本的"近代性思维"⑤。与此相对，赵德宇、李存朴等通过考察西学东渐时中日两国对西方文化的不同反应，从而说明西学对中日两国近代史所产生的不同影响，则更具有方法论的合理性。

在第二阶段，我国学术界越发重视在东亚或亚洲的视域下看待江户日本，因而与前一阶段的"近代化""差异化"等视角并行，亦形成了几

---

① 王向远：《日本侵华史研究》，宁夏人民出版社2007年版；《江户时代日本民间文人学者的侵华迷梦：以近松门左卫门、佐藤信渊、吉田松阴为例》，《重庆大学学报》2008年第4期。
② 李群：《近松门文学中的武士道和侵华意识》，《日本学刊》2006年第1期。
③ 郝秉键：《18世纪中日政治思想的反差》，《清史研究》1995年第1期。
④ 严民：《17—18世纪中日儒学政治思想比较研究》，《上海交通大学学报》2002年第2期。
⑤ 又如，被日本学术界几乎公认"近代性思维"的"物哀论"实际上是既与儒佛劝惩文艺观相对，又受神道规范主义约束的充斥着暴力性和道德性的思维。

种相互关联的"华夷秩序""本体的自立""身份认同"等审视江户日本的新视角。有些研究甚至同时兼有几种不同的视角。

实际上，我国学术界很早就重视在"东亚的视域"内开展对江户日本历史和文化的研究，代表性的论述如盛邦和的《东亚：走向近代的精神历程》（1995）、黄俊杰等主编的《东亚文化的探索：传统文化的发展》（1996）等。而21世纪以后，"华夷秩序"等研究视角越发受到学术界的重视，而且它们不仅立足于统一的思维——他者理论，还试图消除对江户日本的"情绪化思考"。这对于客观认识和研究江户日本具有重要的意义，其恰如卞崇道先生所言：

> 客观地认识他者，首先要客观地认识自己；自己中包含他者，他者中也包含自己。树立他者意识，站在他者立场，客观地认识、研究日本思想文化，是笔者在本书中试图提示的一种方法论视角。超越中日两国的域界，从东亚视域乃至全球视域来认识日本或中国的思想文化，则是建构21世纪东亚哲学的前提。①

"华夷秩序"及与此密切相关的"朝贡体系"是近代以前以中国为中心的一种东亚国际秩序，是分析东亚国家内部自他关系的观念基础。事实上，自20世纪90年代以来，它也成为我国学术界考察德川日本的重要视角。90年代初，作为"天朝礼治体系研究"系列书籍的上卷，香港浸会大学黄枝连教授出版了《亚洲的华夏秩序：中国与亚洲国家关系形态论》（1992）这一著作，首次提出了"天朝礼治体系"这一关系学概念。作者认为，近代以前东亚的国际体系是以中国为核心的"华夏秩序"，或可称为"大中华圈"。因为东亚国家在历史上一直是中国文明的接受者，因而"朝贡体系"是联系中国及其周边国家的纽带，构成了东亚国际体系的基础。"华夷秩序"及其思维为我国学术界研究江户日本的自他认识提供了一个很好的视角，而此后大量关于江户日本的研究也基于或围绕此问题展开。

---

① 卞崇道：《融合与共生：东亚视域中的日本哲学》，人民出版社2008年版，第3—4页。

郝秉键①、盛邦和②等重点考察了江户时代日本华夷观的变迁，认为"日本型华夷思想"与日后日本海外扩张思想的形成有密切关系，而幕末明治时期日本对它的主动扬弃又造就了有利于日本近代化的因素。与此相对，陈秀武则认为，日本型华夷秩序在江户日本从来就不意味着一种现实的、体系的国际秩序，而只是一种"虚像的存在"③。与"华夷秩序"紧密相关，武心波、郝祥满、付百臣等学者则在东亚朝贡体系下考察了江户日本的自我国际定位及其作用。

葛兆光教授④基于"华夷秩序"的视角考察了中日两国的相互认识，认为江户时代是两国开始疏远的起点，而导致这种情况的直接原因就是明清交替所象征的"华夷变态"。它使江户日本知识界乃至日本社会关于中日两国"华夷地位"的认识发生逆转，从而不仅促使17世纪中叶东亚文化共同体的解体并使"东亚"或"亚洲"这一概念失去意义，还使中日之间逐渐产生陌生感和疏离感，以致"渐行渐远"。葛兆光关于相关问题的理论思考为我们讨论"亚洲"或"亚洲叙述"的可能性提供了新视角，因而受到了我国学术界的重视。

围绕幕末中日两国华夷观的变化，田毅鹏、李存朴、邢永凤、吴占军、郭丽等考察了德川日本的对外认识或世界秩序体认。其中，郭丽的《近代日本的对外认识：以幕末遣欧美使节为中心》以日本幕末遣欧美使节留下的大量日记为依据，剖析了对幕末维新期的日本发挥重要作用的遣欧美使节的精神世界和价值观取向，指出传统华夷思想与近代西方丛林法则的双重性格及其作用构成了近代日本亚洲政策的思想基础，而大国情结则是小国日本对外认知和行动的内在动因。

围绕着华夷秩序，郝秉键、王明星、王青、王屏、翟意安、孟晓旭、杨栋梁、赵德宇、刘岳兵、蓝弘岳等对江户日本的中国观或亚洲观的变

---

① 郝秉键：《江户时代日本人"华夷观"的变迁》，《世界历史》1994年第2期。
② 盛邦和：《中日华夷史观及其演化》，《华东师范大学学报》1996年第2期。
③ 陈秀武：《论日本型华夷秩序的"虚像"》，《东北师大学报》2008年第1期。
④ 其论著主要有《想象的和实际的：谁认同"亚洲"》《渐行渐远：清代中叶朝鲜、日本与中国的陌生感》《从"朝天"到"燕行"：17世纪中叶后东亚文化共同体的解体》《明朝后无中国：再谈十七世纪以来中国、朝鲜与日本的相互认识》《19世纪初叶面对西洋宗教的朝鲜、日本与中国》等。

迁及其机制、内容和特点进行了不懈的研究，成果极为显著。近几年取得的重要成果是杨栋梁教授主编的"近代以来日本的中国观"丛书（共六卷），对我国的相关研究颇有指导意义。第一卷是由杨栋梁教授所著的"总论"，是后五卷展开的基本实证资料，从共时性和历时性的角度系统考察了近代以来日本中国观的演变轨迹及其本质、不同阶段对华观的特征及其变化的深层动因；指出自古以来日本对华观的基调是仰慕和学习，然而，从第一次鸦片战争到甲午战争结束日本的对华观经历了从仰慕到平视、再由平视到蔑视的转变过程。第二卷则是由赵德宇教授等所著的"近世卷"，系统考察了江户儒学、国学和兰学的中国认识话语及其与日本人自我构建之间的关联，指出由三大学问体系所构建的中国认识构成了近代日本人中国观的根脉，也在很大程度上反映了江户日本构建自我身份的实况。第三卷为刘岳兵教授所著，主要考察了1840年至1895年日本人的中国观。该系列书概述了此时期殷鉴论、唇齿论、敌对论、亲善论等日本中国观的几种基本类型，认为其经历了从臆测到实证、从同病相怜到蔑视轻侮以至于兵戎相向的发展过程，并从总体上阐明了近代日本中国认识的原型及其变化机制。与这种"历时性"的研究相对，冯天瑜（《"千岁丸"上海行：日本人一八六二年的中国观察》，2001）、刘建辉（《魔都上海：日本知识人的"近代"体验》，2003）等学者则聚焦幕末日本知识分子对上海的近距离观察与记录，作为研究个案对了解近代日本中国认识的转变具有重要的参考价值。

这一时期，我国学术界亦基于"差异化"的视角对德川日本的历史和文化展开了不懈的研究。其中，王青[1]关于荻生徂徕、郭连友[2]关于吉田松阴、刘晓峰从民俗学角度出发的关于"东亚时间"的研究[3]都代表了国内的最高水平，而陈景彦、王玉强的专著则显示了与王家骅关于日本儒学研究的继承性。其书依据扎实的文献分析，系统考察了江户时代日本六大学派对中国儒学的不同态度及各学派所取得的学术成就，指出正是由于江户日本对儒学的吸收和改造才导致了"明治维新前推动社会变

---

[1] 王青：《日本近世儒学家荻生徂徕研究》，上海古籍出版社2005年版。
[2] 郭连友：《吉田松阴与近代中国》，中国社会科学出版社2007年版。
[3] 刘晓峰：《东亚的时间：岁时文化的比较研究》，中华书局2007年版。

革的思想理论的产生"①。

关于德川日本的研究，在此必须提到韩东育教授和我国台湾学者黄俊杰教授等展开的卓越研究。韩东育教授最早是从"近代化"兼"差异化"的视角展开其对江户日本研究的。早期的重要成果是他于2001年至2007年出版并刊行的系列著作及论文。②其研究认为，日本的现代化是前近代的"新法家"的产物。即是说，以荻生徂徕、太宰春台和海保青陵为系谱的"徂徕派经世学"体现了江户日本"脱儒入法"的思想转型，其标志则是基于彻底的"合理主义"的人情论和历史观的形成和确立，而这恰恰是"明治维新以后日本能够迅速完成社会转型的思想史上的原因之一"③。实际上，这一研究所体现的"本体的自立"问题的讨论明显可以见到"丸山江户思想研究范式（丸山范式）"④的影响，因而不免具有使"江户日本思想"近代化和合法化的嫌疑。当然，韩东育教授始终对"丸山范式"保持着冷静的态度和相当的距离，因而也对其"原型论"或"古层论"展开了批判。他指出，丸山的"原型论"使"丸山的理论开始染上了民族主义色彩，而丸山本人亦露出了国粹主义者的端倪"，"其最直观的后果是，浸润了日本近两千年之久，而且是由事实证明了的在这漫长的历史时期里早已积淀成日本文化真正之基盘的中国学术，开始被流放，被驱逐"⑤；丸山真男的"原型论"试图从"道"的高度为日本思想和文化提取出"可以解答一切问题的方程""恰好为日本文化的

---

① 陈景彦、王玉强：《江户时代日本对中国儒学的吸收与改造》，社会科学文献出版社2014年版，第4页。

② 《日本近世新法家研究》（2003）、《本体的解构与重建：对日本思想史的新诠释》（2005）、《道学的病理》（2007）、《从"脱儒入法"到"脱亚入欧"》、《本体的解构与重建：日本徂徕学的一个解析》《徂徕学派与法家的"人情论"》《江户日本与真正的"儒法之争"》《"仁"在日本近代史观中的非主流地位》《日本"古学"与"国学"的各自分工及学理关联》《"道统"的自立愿望与朱子学在日本的际遇》等。

③ 韩东育：《日本近世新法家研究》，中华书局2003年版，第288页。

④ 依笔者看来，"丸山范式"至少包括了两方面内容：一是基于"（儒）道的分解"的江户日本文化"近代性"的主张，主要讨论"本体自立"的问题；二是以"原型论"为标志的日本文化"连续性"的主张，主要讨论"本体自立"的合法性问题。"丸山范式"对我国学术界的江户日本研究产生了深远的影响，例如陆德阳、孙丽等相关研究即基于此而展开。

⑤ 韩东育：《丸山真男的"原型论"与"日本主义"》，《读书》2002年第10期。

'独自性'赋予了不可研究的'自明性'"[①]。

显然,韩东育教授很早就意识到,从"近代化"或"原型论"的角度讨论"本体的自立"问题具有极大的方法论缺陷,因而自2007年左右起则开始基于"华夷秩序"或"民族主义"的视角来审视江户日本的思想和文化,相继出版或发表了《山鹿素行著作中的实用主义与民族主义关联》《关于东亚近世"华夷观"的非对称畸变》《"华夷秩序"的东亚构架与自解体内情》《两种"实学"的相遇与江户日本的"去中华"由绪》《东亚的礼争》《从"脱儒"到"脱亚":日本近世以来"去中心化"之思想过程研究》《东亚世界的"落差"与"权力":从"华夷秩序"到"条约体系"》《日本对"他者"的处理模式与"第一哲学"缺失》等对我国学术界影响深刻的专著、论文。这些研究以"道统的自立愿望(自中心化)""脱儒(去中国化)"等概念为关键词,对江户日本的自他认识进行了类型化和理论化的处理,奠定了国内相关研究的基础。尤其是近年来,韩东育教授又基于长期对丸山"原型论"的思考和批判,提出了"夏商古道"的假说,认为"夏商古道"作为日本文化的"原型"背后之"原型",或许曾为日本国家的性格塑造赋予过不容忽视的文化规定,或也昭示了中国的商周合璧及其所必需的"中道"原则对矫正日本"固有"价值体系的重大意义。[②] 在我们看来,"夏商古道说"虽然可能具有承认"日本文化原型论"的合法性的嫌疑,同时也具有不堪民族主义力量一击的内部脆弱性,却也显示或提示了对日本历史和文化进行哲学思考的可能性。综合而言,韩东育教授不仅引领了我国关于江户日本自他认识的研究,也开创并影响了新世纪我国日本学研究的"东北学派"[③]。

与大陆学术界的研究相呼应,21世纪初以来,黄俊杰、陈玮芬、张宝三、高明士、张崑将等我国台湾地区的学者亦在"东亚的视域"下围

---

① 韩东育:《丸山真男"原型论"考辨》,《历史研究》2015年第1期。
② 韩东育:《从"请封"到"自封":对日本"自中心化"过程的立体观察》,《北京师范大学学报》2017年第4期。
③ 如宋洪兵的《日本徂徕学派对儒法"人情论"的继承与超越》、王明兵的《林罗山对"朱子学"理论的批判性发挥》和《日本江户初期的"异端"论说与"道统"诉求》等有关江户日本的研究明显受到了韩东育学术思想的深刻影响。

绕儒学及其相关的重要概念,主要基于"本体的自立"和"华夷秩序"的视角,对江户日本儒学经典诠释的脉络、特质及其价值理念做了理论化和类型化的研究,形成了我国江户日本思想研究的另一个重要流派。其代表性论著有黄俊杰教授的《德川日本〈论语〉诠释史论》(2008)及系列论文[①]、中国台湾大学出版中心2006—2008年出版的东亚儒学系列丛书[②]及华东师范大学2008年出版的"儒学与东亚文明研究丛书"[③]。其中,黄俊杰教授提出的儒学经典诠释"脉络性转换"的主张不仅与国内学界倡导的"道统的自立"的看法形成了呼应,也奠定了台湾地区相关研究的基础。黄俊杰教授认为,儒家经典诠释正是东亚近世儒学发展的内在动力,而使其成为可能的则是德川时代日本儒者对儒家经典所作的"脉络性转换"。所谓"脉络性转换"是指将原生于中国文化脉络中的诸多儒学经典的概念或价值观置于日本文化或思想家之思想体系的脉络中进行新的解释。作为对儒教经典重新解释的结果,德川时代的日本儒者构建了适应日本思想风土的"自己的思想体系"[④]。为了对此做出进一步的理论解释,作者又依据"自我"与"他者"、"文化"与"政治"等"四个象限交叉互动"的概念,分析了"自我"与"他者"互动过程所体现的四种类型的紧张关系及其含义,指出对于"自我"的形塑过程来说,文化是最重要、影响最深刻的因素,远超短期的政治之力量。他进而强调说,中日两国之间特殊的"自他关系"由此"强化了双方人士对'自我'的身份认同感,也更鲜明地辨识'他者'与'自我'的同调与异趣"[⑤]。作为前述主张的展开,黄俊杰、张崑将等中国台湾学者还论述

[①] 《从东亚儒家思想史脉络论"经典性"的涵义》《东亚儒家思想传统中的四种"身体":类型与议题》《中日文化交流史中自我与他者的互动:类型及其涵义》《论中国经典中"中国"概念的涵义及其在近世日本与现代台湾的转化》等。

[②] 《东亚朱子学的同调与异趣》《东亚儒学:经典与诠释的辩证》《东亚近世世界观的形成》《德川日本儒学思想的特质:神道、徂徕学与阳明学》等。

[③] 《近代日本汉学的〈关键词〉研究:儒学及相关概念的嬗变》《东亚儒者的〈四书〉诠释》《德川日本"忠"、"孝"概念的形成与发展:以兵学与阳明学为中心》《日本德川时代古学派之王道政治论:以伊藤仁斋、荻生徂徕为中心》《东亚文化圈的形成与发展:儒家思想篇》等。

[④] 黄俊杰:《从中日比较思想史的视野论经典诠释的"脉络性转换"问题》,《台大历史学报》第34号。

[⑤] 黄俊杰:《中日文化交流史中自我与他者的互动:类型及其涵义》,《台湾东亚文明研究学刊》2007年第4卷第2期。

了"中国""忠""孝""王道政治"等儒学核心概念在德川日本的发展演变及其与日本主体性之发展的桴鼓相应的密切关系。

可以说，黄俊杰教授等关注的儒家经典诠释是贯穿东亚国家古代史的一个极其重要的问题，由此亦可对各国儒学进行类型化和特征化的操作，从而辨明自他之间的"同调与异趣"，进而使"东亚儒学"成为可能。但这种作业忽视了一个足以影响其存立的根本因素——民族主义的情绪及力量。因为"儒学"不仅早已被江户乃至近代日本的学者解构得支离破碎，亦不拥有足以抵抗民族主义的力量，因而事实上常常被基于民族主义的日本精神所漠视或吞噬。

前述几种分析德川日本的视角对于理解中日政治和文化差异、江户日本的自他认识等虽具有不可替代的便利性，却对事关江户日本身份建构之根本的自我和他者构建的内容与机制及两者之间的关系等问题缺乏统一而有效的观察视角。因此，21世纪初以来，我国学术界开始重视从"身份认同"（identity）的角度考察德川日本的历史和文化。与前述基于"华夷秩序"的自他认识的研究不同，这类研究实际上是立足于一种（文化）民族主义的视角。因为它真正触及了江户日本身份建构的核心问题，因而不仅奠定了国内相关研究的方法论基础，也越来越受到学术界的关注。[①] 严绍璗（《中日文化的相互认知》)、金香海（《东亚和谐社会的构建与日本的历史认同》)等论著在东亚的视域下分别考察了中日文化的相互认知和东亚国际关系体系，一致认为，构建东亚和谐社会需要发现或认同共同的东亚历史和文化；魏育邻、向卿、牛建科、张小玲等则从"语言民族主义""文化认同""中国观"等角度考察了江户国学者的文化民族主义思想。其中，十分重要的成果当是李卓教授主编的《近代化过程中东亚三国的相互认识》和吴光辉教授的《日本的中国形象》（2010）。前者是2007年9月南开大学和大东文化大学共同主办的同名国际学术研讨会的专题论集，涉及民族主义、亚洲主义、自他认识等诸多重要问题，是我国该领域的扛鼎之作。该书不仅对近代以来东亚三国相

---

① 2004—2009年，学术界出版了《中国与日本的他者认识》（2004）、《东亚共同体与共同文化认知》（2007）、《近代化过程中东亚三国的相互认识》（2009）等相关问题的研究专集，显示出对此问题的极大关注。

互认识的内容及演变过程做了总体把握,还通过对思想、文化、政治、外交等各个领域的具体问题及历史上有代表性人物的实证考察,阐述了近代以来东亚三国的相互认识。后者则指出,对于近代以前的日本而言,中国曾经是一个向自己输出了文章典籍的"文明母国",因而当时日本的中国形象或中国认识是依照中华与夷狄或中央与周边,并谋求自身的独立之地位的逻辑而得以树立起来的。

总的来说,我国学术界已从多个角度对江户日本的身份建构及其相关问题进行了不懈的研究,也取得了一批很有分量的成果。然而,国内学界仍缺乏对江户日本身份建构问题的系统而全面的研究,也很少涉及江户日本自他认识的建构原理和路径、"发现日本"与"发现中国"之间的内在关联等有关江户日本身份建构的核心问题的研究。

2. 关于"日本式情绪"的先行研究

若要讨论学界关于"日本式情绪"的先行研究,首先必须对"日本式情绪""日本精神"等概念做一个明确的界定。关于"日本精神"的范围和定义,国内学界的认识很不一致,甚至有些混乱。例如,卞崇道认为,日本精神的核心是"和魂"(或称"大和魂")和武士道。[①] 依我们看,"日本精神"或"日本民族精神"是一个总体的集合概念,亦可以用"大和魂""大和心"等概念表示,主要包括神道(含天皇制)、武士道和日本式情绪三个方面的内容。"大和魂"一词最早出自日本平安朝文献,然作为构建日本人身份的概念而开始使用,则始自少数江户神道学者和国学者。他们使用"大和魂"(或"大和心""和魂")与"汉意"("汉心")相对立。明治维新以后,"大和魂"才作为日本精神的代名词而被提倡、弘扬,成为一个极具负面形象的概念。战后,日本学术界为了避免因使用"大和魂"而可能导致的负面效应,转而使用"日本精神"来表征日本独特的精神和文化。因此,"日本精神""日本民族精神""日本国民精神""大和魂""日本魂""大和心""和魂"等都是内涵和外延基本一致的同等概念。鉴于此,我们采用"日本式情绪"作为与神道和武士道相区分的概念,并认为它是以"物哀"为基轴的日本民族的独特精神。当然,学术界有时并不完全遵照这样的区分,也经常以"日

[①] 卞崇道:《融合与共生:东亚视域中的日本哲学》,人民出版社2008年版,第16—30页。

本精神"来表达"日本式情绪"的意思。

自罗伯特·克里斯托弗（Robert C. Christopher，1924—1992）的 *The Japanese Mind：The Goliath Explained* [1]被译成中文后，我国社会及学术界都对"日本精神"极为关注，并展开了持续的研究。应注意的是，就相关论著而言，其层次和水准都有极大的差异。有些是学术价值不高的通俗读物，或为感性之作，或为无节制的溢美之品。如王永娟的《樱花的国度：日本文化的面貌与精神》（2006）、李冬君的《落花一瞬：日本人的精神底色》（2007）、李涛的《大和魂：日本的根性窥探》（2007）、李建权的《日本精神》（2007）、胡金良的《日本之道：日本对文明的嫁接》（2008）、赖东明的《我看日本文化精神》（2010）等。其中，李冬君对日本精神不乏溢美之词，认为日本人凡事都讲究"道"，即以"具体入微"之细小而见人生之真谛，如花道、茶道、俳道、武士道等；又强调说，"日本人崇尚落花一瞬的美"，此即为"日本人的精神底色"。该书之说不少是主观臆测或继承了此前学界同仁之说法，而"日本人崇尚落花一瞬的美"之主张则完全是对日本人樱花观的误解。日本人认为凋落的樱花比开放的樱花更美，是因为他们认为"凋落"既体现了人生和世事之无常，又体现了与神道相通的"清净、正直而又干脆"的死亡，而死亡又象征了新生的缘故，而全然不是什么"崇尚落花一瞬的美"的结果。

有些是介于通俗读物和学术研究之间的论著，其代表作有覃启勋的《日本精神》（2000）、李兆忠的《暧昧的日本人》（2005）、周兴旺的《日本人凭什么》（2006）、程麻的《解读"大和魂"："缺德"的日本人》（2012）等。覃著宣称以往学界在谈及日本精神时"往往只强调其派生精神，而忽略其原创精神，故有失其本重其末的缺憾"，因而他是"从正本清源的角度重点探讨日本民族最本质的精神——原创开拓精神"。这种区分原创精神和派生精神的做法虽然值得肯定，然其立论思维实际上却与丸山真男等提倡的"日本文化古层论"并无太大的区别，而且如何区分原创精神和派生精神也是一个高难度的作业。这些都影响了该书的信服

---

[1] 该书先后被译成三个中文版本出版。《日本精神与风习》，吉林人民出版社1986年版；《大和魂》，新华出版社1987年版；《日本精神》，光明日报出版社1988年版。

力和学术价值。程著则从日本人的风土人情和民众生活出发,揭示了学术界所公认的日本人重实物而轻伦理、任性纵欲和就事论事等文化心理特征,强调日本文化推崇实力而忽略道义的本质可以归纳为"缺德"二字,而与学术界开始主张并日渐得到认可的"日本文化缺'仁'说"形成了呼应。

有些则是基于学术视角的论著。主要论述有盛邦和的《东亚:走向近代的精神历程》(1995)和《内核与外缘:中日文化论》(2010),徐远和、卞崇道主编的《风流与和魂》(1997),尚会鹏的《中国人和日本人》(1998),姜文清的《东方古典美:中日传统审美意识比较》(2002),尚会鹏和徐晨阳合著的《中日文化冲突与理解的事例研究》(2004),赵子祥和王铁军编的《文化差异与冲突:中日文化精神与国民性的社会学比较》(2009),王小林的《从汉才到和魂:日本国学思想的形成与发展》(2013)等。这些论述都尝试通过比较的方法而在东亚的视域内界定和认识日本精神,其研究视角和结论对我国的相关研究都有重要的参考价值。《内核与外缘:中日文化论》还试图以"内核"和"外缘"两个关键概念确立起对中日文化及其差异的统一解释,由此提出了"东亚儒家文化区"的概念。该书认为"东亚儒家文化区"是一个同心圆,而中国是这个同心圆的"内核",日本则为"外缘",韩国、朝鲜、越南等则介于中日之间,属"半外缘"文化。王小林则以汉字、名实观、朱子学、疑古思潮作为"汉才"与"和魂"相比较的对象,多角度、多时空地检视了日本国学思想的形成要素和发展流变,为我们全面理解其内在精神结构提供了可能。

与前述相对整体性的论述相比,我国学术界自20世纪90年代左右起也从不同角度和侧面展开了对"日本精神"("民族性"或"国民性")的研究。尚杰、王梦立、武安隆、鲍刚、席佳蓓、李卓、何星亮、舒方鸿、谢建明、李文等概略性地探讨了"日本精神"的基本特征。其中,李卓教授指出,日本的历史发展过程及文化风土造就了日本人实用主义、集团主义及注重等级秩序的国民性特征,从而构成日本人和日本社会的复杂而矛盾的性格。[1] 不过,这些研究大多为静态的描写性研究,虽然对

---

[1] 李卓:《日本国民性的几点特征》,《日语学习与研究》2007年第5期。

整体把握"日本精神"有所帮助，却有可能忽视了"日本精神在不同历史阶段具有不同的内容"这一根本问题。相比较而言，胡稹①、舒方鸿②等展开的对日本精神的历时性考察则可能对认识"大和魂"的真实面貌更有帮助，尤其是前者通过对"大和魂"的文献学和历时性考察，得到了若干值得思考和重视的结论：（1）"大和魂"的起源和发展都融合了部分中国思想，并非纯粹的日本思想；（2）"大和魂"混沌庞杂，概念变动不居，然前、中、后期可用"本土的智慧与能力""民族主义精神"和"超国家主义膨胀意识"来概括，显示出对比、对峙和暴力的一面。

郭秦生、王家骅、陈维新、隽雪艳等考察了儒教、佛教等外来文化对日本精神形成的影响。这类研究对分析日本精神的结构和渊源是必不可少的作业，也由此受到了学界的一贯重视，然而，关于此问题的宏观理论研究和微观细致分析仍属国内学界的薄弱环节。与此相对，梁晓君③、龚道贵④等考察了自然地理环境对日本民族精神形成的作用。这种视角的研究对阐释日本的国民性有一定的意义，也由此一直受到我国学术界的重视，然而，有些研究却有"过于看重地理环境因素之嫌"⑤。需要指出的是，"风土"即地理环境原本就是平安时代尤其是近世以后多数日本学者建构自我同一性的重要理据，如果忽略这点，则有可能对我国的相关研究带来本体论和方法论的障碍。

崔世广、李卓、李泽厚等基于比较的视角论述了中日两国的文化心理或特征。其中，崔世广提出并论证了"中国文化是意的文化，日本文化是情的文化"⑥的观点。它虽然受到一些质疑，然其对中日文化所做的类型化和理论化处理却是抵近问题真相的大道，值得肯定和提倡。著名哲学家李泽厚的《中日文化心理比较试说略稿（1997）》⑦从儒学在中日两国的境遇和实际地位出发，论证了中日文化在对待"忠""孝""生死

---

① 胡稹：《日本精神的实象和虚象："大和魂"的建构》，《外国文学评论》2012年第2期。
② 舒方鸿：《日本樱花象征意义的考察》，《日本学刊》2009年第2期。
③ 梁晓君：《日本国民性之政治地理学解读》，《国际论坛》2005年第6期。
④ 龚道贵：《地理环境与日本民族精神》，《黑河学刊》2008年第5期。
⑤ 张建立：《日本国民性研究的现状与课题》，《日本学刊》2006年第6期。
⑥ 崔世广：《意的文化与情的文化：中日文化的一个比较》，《日本研究》1996年第3期。
⑦ 该文作于1997年，1999年初次收录于《原道五》（贵州人民出版社1999年版），2000年又刊于《华文文学》2010年第5期。

观"等问题上的不同,指出"自日本儒学古学派山鹿素行,特别是国学派本居宣长等人贬斥儒、佛,大倡神道以来,无思想可言、无道理可讲的独断的神道——天皇信仰,在近代一脉相承,愈演愈盛",从而使近代日本走上了一条"神秘主义和经验论(非理性与重实用)"携手同行的道路,以致中日两国"渐行渐远"。此文关于中日两国文化心理和情理结构的理论化和类型化分析对于认识日本精神的真实面貌具有重要意义,也对我国学界产生了较大影响。

近几年来,我国关于江户日本"大和魂"的研究也取得了重要的突破。其中,胡稷的《大和魂史的初步研究(上、下)》(中国社会科学出版社 2017 年版)和蒋春红的《和魂·汉意——江户时代国儒论争》(北京出版社 2013 年版)代表了从历时和共时角度展开的大和魂研究的最高水平。前者着眼于"大和魂"建构的历史过程,从概念史的角度对"大和魂"的起源、形成、发展、高潮、一度隐匿、再次泛起等做了历时性考察,并阐明了它在不同历史阶段的不同内涵、内容及其联系,为我国的相关研究奠定了坚实的文献基础和理论基础。后者以江户时代国儒论争的论点为中心,系统考察了江户国学者所构建的"大和魂"的内容和实质,不仅构成了大和魂研究史的一环,亦作为个案研究而为国内的大和魂研究提供了借鉴。

综上可见,我国学界在日本精神或国民性的研究方面已取得不少成果,而张建立研究员的相关研究更是发挥了引领和"拨乱反正"的重要作用。自 2006 年后,他先后发表《日本国民性研究的现状与课题》等论著,指出"先行研究忽略了与在文化渊源上关联很深的亚洲国家的比较""不少研究乃是缺乏主体性的对日本文化的礼赞性描述""关注的问题过于狭窄,导致对社会方面的交换维度、心理方面的情感和自我认知维度的研究成果非常欠缺""不少研究是对美日学者关于日本国民性研究成果的复述,缺乏理论性的独创成果"[①] 等研究视角、方法和目的方面的问题,同时也对国民性做了一个明确的界定:"(国民性)主要是由心理方面的情感和自我认知以及社会方面的交换和集团这样四个维度构成的统合体。它是一个人的系统,类似于一种文化基因,不会轻易改变。心理

[①] 张建立:《中国的日本国民性研究现状与课题》,《日本学刊》2011 年第 1 期。

文化学称之为'基本人际状态'。"① 他由此提倡"一种文化的交换模式、情感模式、思维方式、自我认知特点等皆为国民性研究领域的重点关注问题"。

与前述关于日本精神的概略性研究相比，我国学术界也对作为其核心理念和基轴的"物哀观念"进行了多维度的研究。姜文清、周建萍等比较了中日两种审美范畴"物哀"与"物感"的异同；佟君、叶渭渠、尤忠民、方爱萍等论述了作为文学理念的"物哀"的特征及其文学表现；蒋春红、胡稷、雷晓敏、史少博等重点对本居宣长的物哀思想做了系统考察。其中，王向远、蒋春红、雷晓敏等学者的相关研究代表了目前学界的最高水平。王向远教授不仅编译出版了《日本物哀》②（2010）、《日本幽玄》（2011）、《日本风雅》（2012）、《日本古典文论选译（古代卷和近代卷）》（2012）和《日本古代诗学汇译（上、下卷）》（2014）等有关"物哀""幽玄"和"寂"的历史文献和近代日本学者（能势朝次、大西克礼）的相关论述，为我国的相关研究提供了重要的文献资料，还以相关论述汇成了《日本之文与日本之美》③的恢宏之作，全面系统地考察了作为日本精神重要概念的"物哀""幽玄"和"寂"的生成、含义和本质及其对日本文学主体性和独特性确立的意义。蒋春红则从概念史的角度对"物哀"的萌芽、确立、扩张和来源及与其相关的重要问题进行了系统而深入的考察，强调说，我们在研究尤其是汉译"物哀"时应该区分作为文学文本的"物哀"和作为文艺理论的"物哀"。雷晓敏则指出，本居宣长拼凑而成的"物哀论"至少存在"忽物偏心的日本主体意识""蔑视文学伦理的滥情思想""皇国神道至上原教旨主义邪念"三个误区④，因而是一株有毒的"罂粟花"，即播下了"二百多年来日本的大和独优论和军国主义侵略说辞"的邪恶种子。可以说，雷文在某种程度上纠正了我国学界关于"物哀论"的某些错误认识。

总的来说，我国学术界关于日本精神的研究近几年来已取得不俗的

---

① 张建立：《日本国民性研究》，《日本学刊》2015 年第 S1 期，第 84 页。
② 该书主要收录了体现本居宣长"物哀论"的《紫文要领》《石上私淑言》《初山踏》和《玉胜间》四部著作及作者的"代译序"和"译后记"。
③ 王向远：《日本之文与日本之美》，新星出版社 2013 年版。
④ 雷晓敏：《本居宣长"物哀"论的三个误区》，《外国文学研究》2014 年第 6 期。

成绩,而且随着《日本古典文论选译》等原典的翻译出版,必将极大地促进相关研究的进一步深化。但与此同时,加强此类研究的本土意识和理论创新并引入新的视角如身份建构的视角,则显得越发重要。

3. 关于武士道的先行研究

我国学术界基于批判日本军国主义和客观认识日本的需要,20 世纪 90 年代以后就一直对武士道保持着很高的研究热情,也取得了极为丰硕的成果。[①] 1990 年,我国台湾学者林景渊继《武士道与中国文化》后又出版了《武士道与日本传统精神:日本武士道之研究》,对武士道的定义、渊源、德目等进行了系统的梳理和考察,堪称此领域的奠基、开拓之作。对这部作品,我国著名学者万峰刊文予以高度评价,并提示性地指出武士道研究的"关键"在于把握好三点:武士道有其辩证的历史演变过程;要用"两点论"和"一分为二"的方法看待武士道;要科学地、辩证地对待日本的民族精神传统和文化遗产问题。该文还指出,日本的武士道经历了四个发展阶段,即作为其正宗和本原的"中世纪的武士道"、逐渐成为全民道德的"近代武士道"、本质是军国主义法西斯武士道的"现代武士道"和作为日本民族精神、文化传统要素的诸德目的"战后武士道";武士道具有双刃剑的作用,连"单纯的武士道各德目亦无不具有正反两面的东西";武士道至今对日本民族精神、民族文化有不可忽视的影响和作用,等等。[②] 这些论述奠定了我国武士道研究的基础,亦规定了此后相关研究的方向。

以林景渊和万峰的相关论述为基础,宋成有[③]、娄贵书、杨绍先、王志、唐利国、周颂伦、韩东育等我国学者对江户时代武士道的起源和渊源、精神实质、德目、历史演变、主要倡导者的相关思想、武士道的全民化、武士道的评价等问题进行了全方位的考察。施超伦、李文等概述

[①] 有关武士道的硕士论文亦呈爆发式的增长态势,这说明了我国知识界对武士道问题的关注,也显示了对武士道进行多维度研究的可能性。然而,学术经验的不足、研究立场的局限性等因素也导致此类研究有着不少问题:相关论述不仅缺乏武士道研究应有的"主体性",亦大体局限于"描写"的研究方法上。

[②] 万峰:《台湾学者的日本武士道观:评介林景渊著〈武士道与日本传统精神〉》,《世界历史》1994 年第 3 期。

[③] 宋成有:《江户明治时代武士道异同刍议》,载《周一良先生八十生日纪念论文集》,中国社会科学出版社 1993 年版。

了江户日本武士阶级价值观念的基本内容,其中李文认为,应该从"协调阶级内部关系的价值伦理"和"为统治阶级协调与其他阶级相互关系的价值伦理"①两个方面认识江户日本武士阶级的价值观;陈景彦、王志等从中日知识分子关于"文"和"武"看法的差异方面论证了日本武士阶级的"尚武"等思想。郝祥满、王炜、闫志章等重点考察了江户武士道的生死观,而韩东育②则从文化角度检视了武士道的死亡价值观,指出武士的"奉公"理念及其同心圆式的扩张作为"死的觉悟"的核心支持理念,为武士"死的觉悟"的价值观及行为提供了所谓的"正义性"和"正当性"。可以说,韩文构建了关于江户武士道研究的一种新范式,对我国的武士道研究具有重要的指导意义。张玲玲、王志等考察了江户武士的忠诚观念,其中王志等指出:"江户时代以后随着儒家大义名分论的宣传和民族危机的加深,武士的忠诚观念由多元化转变为一元化,对此吉田松阴的尊皇武士道思想发挥了重要作用。"③赵宝煦、高长峰、王志、史少博、张俊波、李海春等考察了儒教对武士道的影响或神道与武士道的关系。洪伟民、许介鳞、周颂伦、朱坤容、韦立新、姜明、张晓明、唐利国、王志等对山鹿素行、吉田松阴及《叶隐》的"武士道"思想进行了考察,或比较了其思想的异同。高小岩、王志、李海涛、邹萍、王强等探讨了武士道的演变轨迹或其阶段特征。其中,王志指出:"经过山鹿素行等儒学家的理论改造,最初只是以武士生活习惯为基础的行为准则在江户时代发展成为理论化、系统化的士道,并成为武士阶级的主要生活指导原理。"④李海涛则依据文化形成与发展的一般规则,认为日本武士道大体经历了行动的武士道、观念的武士道、精神的武士道的形成和发展过程。⑤李文的主张虽然可能存在对武士道史简单化和线条化处理的问题,却为武士道的研究提供了一个新的视角。向卿⑥讨论了国内学界所忽视的江户时代武士道的平民化问题,认为民众的主体性活动、通俗

---

① 李文:《日本武士阶级价值观念的基本层面》,《日本学刊》2000年第5期。
② 韩东育:《关于"武士道"死亡价值观的文化检视》,《历史研究》2009年第4期。
③ 王志、王晓峰:《日本近世武士的忠诚观念及其演变》,《史学集刊》2015年第1期。
④ 王志:《日本武士道的演变及其理论化》,《东北师大学报》2007年第4期。
⑤ 李海涛:《对日本武士道的文化诠释》,《东疆学刊》2008年第1期。
⑥ 向卿:《试论江户时代武士道的平民化》,《日本学刊》2004年第5期。

文艺形式的发达和教育的普及等导致了江户时代各阶层之间一定程度的"文化的共享",使武士道逐渐为平民所想象、消费,从而奠定了它成为全民的道德和日本民族精神核心的基础。李群则聚焦近松门文学所体现的侵华意识,指出近松门左卫门借助文学反映武士道精神既是对日本文学传统的承接与延续,也反映了当时日本民众的侵华迷梦和幻想,从而演示了武士道外化为侵略形态时的一种更为隐蔽的侵略形式——文化侵略。①

前述基于多种视角的武士道研究不仅对于认识江户武士道具有重要意义,也体现了我国学术界开始关注武士道的合法性或正义性、武士道的泛化等问题的新动向。

以 2000 年左右为界,我国学术界开始从关于武士道的零碎的、断片的思考或宏观把握逐渐过渡到关于武士道的全面性和体系性省察,形成了一批以专著或博士论文为主的重要学术成果。在 21 世纪的前十年,娄贵书的《"日本"刀刃上的文化:武士与武士道》(2002)、李文的《武士阶级与日本的近代化》(2003)、蒋立峰和汤重南合编的《日本军国主义史论》(2005)、王志的《武士道及其全民化的历史过程》(南开大学博士论文,2006)、王炜的《日本武士名誉观》(2008)等都属当时的突出成果。

娄贵书以系列论文为基础,于 2002 年出版的《"日本"刀刃上的文化:武士与武士道》,阐述了武士及武士道的起源、德目及渊源、武士道与军国主义及现代化的关系,剖析了作为日本独有的"双刃剑文化"的武士道的双重标准和两面性:既是日本侵略战争的灵魂和军国主义的温床,也是日本现代化发展的精神推动力。稍后,他又参加了蒋立峰、汤重南主持的日本军国主义史研究课题组,撰写了《日本军国主义论》的第二章"武士道的形成与作用",再次从"物质载体""历史轨迹""思想渊源""精神德目""军国遗产"等方面对武士道做了系统总结,推动了我国相关领域的研究。稍后,汤重南研究员发表了《日本军国主义思想是庞杂的精神糟粕》这一论文,明确指出武士道是日本军国主义的思想渊源和精神支柱,同时针对学界过去对武士道认识的模糊情况,对它

---

① 李群:《武士道与文化侵略》,《东疆学刊》2005 年第 4 期。

重新做了一个明确而完整的定义：

> 武士道，即武士精神，它既是日本武士的人生观和世界观，又是武士应尽的义务和职责，包括效忠君主、崇尚武艺、忠勇义烈和绝对服从等讲究"信义"、"廉耻"等封建道德规范及行为准则。导源于神道、佛教、儒学及皇国迷信的日本武士道，经历了三大发展阶段，即江户时代前的旧型武士道，江户时代的新型武士道和明治维新后转化为近代军人精神及国民精神的武士道。①

此定义明确了武士道的本质、渊源、内容及不同历史发展阶段的不同特征，是对万峰先生关于日本武士道定义的进一步完善，亦对我国此后的武士道研究产生了引领作用。

2010年前后，我国学术界更加重视并深化了关于武士道的理论研究和实证研究，亦加强了对武士道的客观认识和科学批判，取得了不少厚重的成果。韩东育和唐利国的研究代表了迄今我国武士道研究的最高水平。韩东育从宏大的文化视域检讨了日本学界对武士道死亡价值观的各种看法，指出了"死的觉悟"的武士道向"奉公"武士道的扩张轨迹，由此解释了二战后日本学界的史学研究对近现代武士道与传统武士道所进行的有意切断和不自觉链接行为的原因，探讨了近现代东亚兵燹之所以发生的思想逻辑根据。② 可以说，其文奠定了我国学术界对武士道开展理论研究的基础，拓展了武士道研究的方向和可能性。唐利国的《武士道与日本的近代化转型》（2010）由其2004年的博士论文《江户时代山鹿素行和吉田松阴武士道论研究》修改而成。正如作者所声称的那样，他力图摆脱"为了解释近代而去研究近世"③的思考路径，并超越新渡户稻造、井上哲次郎等日本学者所建立的关于武士道认识的研究范式，显示了关于武士道研究的极强的主体性和客观性。该书基于文献考据和历史分析的方法，深入而系统地考察了与"死的觉悟"的武士道相对

---

① 汤重南：《日本军国主义思想是庞杂的思想糟粕》，《日本学刊》2005年第4期。
② 韩东育：《关于"武士道"死亡价值观的文化检视》，《历史研究》2009年第4期。
③ 唐利国：《武士道与日本的近代化转型》，北京师范大学出版社2010年版，第14页。

的山鹿素行和吉田松阴武士道论的思想特质及其关联,由此论证了其在近代如何被系谱化及如何被纳入近代日本国家主义意识形态体系的大致过程,讨论了素行和松阴的武士道论对日本近代体制的形成以及促使江户武士道成为一种国民道德所发挥的作用。从这点上说,该书为我国的江户武士道研究提供了一个典型的样本,也为话语如何被政治化和意识形态化研究提供了一个参考范例。近年来,唐利国又从武士道论的角度对中国儒学进行了审视。[①] 他以"近世—转型期—近代"三个历史时期的代表性武士道论者(山鹿素行、吉田松阴和井上哲次郎)为例,考察了他们在展开旨在构建本民族自我认同的武士道的历史叙事时如何处理儒学这一来自中国的"他者"的重大理论问题。他指出,日本武士道论者为了建构武士道的普遍性,对儒学采取了先利用、后抛弃的态度,这不仅使武士道丧失了普遍主义精神而成为特殊的价值,也使儒学被解构得面目全非,即他们对"自我"和"他者"的建构最终都演变为"虚构"。

对于新渡户稻造在近代重现发现并塑造为战前国家意识形态和日本精神,又在战后尤其是19世纪80年代以后作为"日本精神"而被继承的"武士道",我国武士道研究专家娄贵书给予了强烈的批判。他在2010—2013年相继发表《日本武士道和军国主义的辩护词》《日本武士道的伦理道德、战争精神和统治思想》《日本武士道世俗化的历史考析》等系列文章,不仅对这种"虚构的武士道"做了学术批判,还对自己长期的武士道研究进行了理论审视。作为其结果,他先后推出两部"有很多闪光的亮点"的著作——《日本武士兴亡史》(2013)和《武士道与日本现代社会的价值理想》(2014)。前者继承了他关于武士道的一贯思考,又进一步对武士道的起源、历史发展和影响及其名称、类别、德目及理想价值等做了全面而系统的考察,既有宏观把握,也有具体分析。该书尤其强调并进一步论证了作为日本"双刃剑文化"和作为"战后日本传统民族文化"的武士道的两重性,认为其对日本现代社会仍保持着巨大而深刻的影响。对这部"在我国武士、武士道学术研究方面具有奠基、开拓作用"的著作,汤重南先生作序予以很高的评价,并对与武士

---

① 唐利国:《日本武士道论视野中的中国儒学》,《世界历史》2014年第1期。

道研究相关的若干重大问题进行了思考,尤其指出了武士道与传统文化的关联:"武士虽在明治维新后作为一个阶级已不复存在,但武士道文化和武士精神却有了更大的扩散、普及和提升。随着日本近代军国主义的形成、发展和对外扩张的升级,武士道转化为传统文化的重要组成部分",因而对我国的武士道研究具有很强的指导意义。后者是娄贵书对武士道进一步理论化思考的产物。该书将武士道及其研究纳入日本社会道德体系、价值理想和民族精神确立的宏大叙事之内,考察了武士道作为"日本传统民族文化"的确立过程及其内外有别的双重标准等特性,为我国认识和研究日本社会的道德体系及日本国民性格提供了有益的参考。

与此前描写性倾向的武士道研究不同,邱小松的论述则显示了对武士道的历史和本质等进行理论研究的另一种可能性。[①] 其文既是对2012年7月中国社会科学院日本研究所主办的"武士道与日本文化"学术研讨会的回应,又明显受到韩东育有关江户日本的思考尤其是《"仁"在日本近代史观中的非主流地位》(2005)一文的影响。作者指出,日本武士道虽然受到儒教伦理的影响,但其伦理、道德体系却显现出"仁"的失落,即形成了对"仁"的异化和反动,具体表现为:"仁"之内涵与对人的道德要求发生变异;"仁"在整个"武士道"精神体系中的地位下降;武士嗜杀的行为显现出对"仁"的反动。换言之,"所谓'仁',连同武士道精神的其他要素,不过都是维护现实天皇和父权政治的意识形态工具"。这种武士道精神体现在武士的日常行为上,则是崇尚暴力、好勇斗狠的嗜杀性。邱文对于武士道"崇武尚勇"的特性及近代日本军人的"兽性"具有很强的解释力,是对现有武士道研究的学术范式的一个突破,并提示了武士道研究的一种新路径。

总的来说,在包括概念建构和方法创新在内的武士道研究上,我国学术界的研究主体性和理论性总体上仍略显不足,亦对同样作为日本文化符号的天皇制、神道及其具体象征的樱花等缺乏统一的有机审视。同时,学术界对于江户时代的武士道亦缺少从身份建构角度出发的研究。这些因素都制约了我国对武士道开展创新性科学研究的可能。

---

① 邱小松:《"仁"的失落:"武士道"精神的伦理、道德批判》,《东北师大学报》2015年第4期。

4. 关于神道的先行研究

与对武士道的研究相似，我国学术界基于批判近代天皇制和客观认识日本的需要，20 世纪 90 年代以后尤其是村上重良的《国家神道》(1990) 被翻译出版后就一直对日本神道保持着高度的研究热情，对神道的渊源、历史发展、内容、流派、作用及其与天皇制的关系等问题展开了持续的研究。只是相比于武士道，不少关于神道的论述不仅缺乏研究应有的主体性，也基本局限于描写的研究方法上，更为严重的是还预设了"神道始终被奉为日本民族精神之主体与灵魂"[①] 或"神道自古就是日本精神的根本和象征"的前提，即视其为"日本固有的民族宗教信仰"或"一成不变的概念"而认识和研究神道。有些学者甚至错误地认为："神道教是日本的传统民族宗教，是日本的'本土文化'。在古代的几乎全封闭的日本，神道教的产生和自我发展几乎没有受到外界的影响，因此完全能够反映当时的日本人的世界观、价值观和社会思想。"[②] 显然，有关神道研究的认识论和方法论的局限性极大地妨碍了学术界对神道的科学研究。因此，对既有的神道研究有必要区分"好的研究"和"恶劣的研究"。

牛建科、范景武、唐永亮等分别围绕正义观、生死观、时空观念论述了神道的本质；葛兆光、牛建科、张谷、孙亦平、史少博等分析了儒学、道教等中国思想对日本神道的意义和影响，而李甡平、任婷婷则对中国道教和日本神道教的核心范畴做了对比分析。其中，葛兆光教授[③]分析了日本学术界关于道教与神道教、天皇制之关系的争论：神道教和天皇制是否受到了道教的影响；如果是，那它们受到了多大程度的影响。依笔者看，关于日本神道本质及其渊源的"历时性"研究还值得做进一步的探讨，因为我们很难想象脱离了道教又剥离了"天皇神话"和"神国神话"后的"神道教"究竟是什么样子的。

廖枫模、刘金才、苑爽、牟成文、牛建科、王青、周永生等分析了

---

① 盛晓明：《神道与日本政治》，《浙江大学学报》（人文社会科学版）1997 年第 1 期。
② 傅紫琼：《神道教与日本民族性》，《河北理工大学学报》2009 年第 1 期。
③ 葛兆光：《国家与历史之间：日本关于道教、神道教与天皇制度关系的争论》，《中国社会科学》2009 年第 5 期。

神道教的功能、历史作用或神道教对日本民族性格形成的影响。其中，刘金才教授指出，日本神道信仰具有"多神信仰""氏神信仰""活神信仰"、重祭祀行为和重现世主义五大性质，而它们对日本人民族心理（多元的思维和价值观模式、集团性、现世主义和不分是非的相对性义理原则等）的形成产生了深刻影响。① 刘文的结论振聋发聩，对于帮助我们理解神道的本质及其民族性格颇有指导意义。

王晓峰、王金林、王维先、牛建科、范景武、吴春燕、周颂伦、赵德宇等重点考察了山崎暗斋、林罗山、二宫尊德的神道观及复古神道、儒学神道等神道学说的思想特点和意义。其中，周颂伦和赵德宇所开展的基于民族主义的神道研究显示了对江户及其前后的各种神道论进行"串合并联"②统一研究的可能性，对目前的相关研究很有指导和引领作用。前者指出，中世日本的伊势神道和江户国学在"对外来文化的无情排斥和对自我文化的放纵自赞"的国粹主义立场上体现了高度的一致性；后者则对复古神道的他者认识做了重点考察，认为江户中后期日本国学者所创立的复古神道是意图剥离并贬斥既有神道的所有外来文化要素，由此形成严重背离传统融合精神的"扭曲神道"。作为具有浓烈的文化民族主义色彩的产物，它设计了主张对外侵略扩张的暴力民族主义的历史文本，亦成为明治维新后煽动、蛊惑暴力民族主义的精神发动机，并被运用于发动对外侵略战争的行动。③

武寅、施超伦、牛建科、于海君、罗时光、武心波、王琪、管一颖等考察了神道与天皇制（尊皇、皇道等）的关系。其中，武心波指出，祭祀性、象征性与身份认同性是古代天皇制诸多社会功能中的几大基本功能，发挥了维系日本社会的作用。与此同时，天皇不变的"氏神"地位经历史积淀已演变成一大传统的政治资源，因而常被后来的统治者所利用。④

综上可见，我国学界关于江户神道的研究也已取得丰硕成果。山东

---

① 刘金才：《论日本神道信仰的性质和特征》，《日语学习与研究》2004年第4期。
② 周颂伦、李小白：《伊势神道与江户国学：国粹主义的放纵自赞》，《深圳大学学报》2013年第2期。
③ 赵德宇：《日本"扭曲神道"与极端民族主义》，《日本学刊》2014年第4期。
④ 武心波：《日本古代"天皇制"的象征意义及其批判》，《国际观察》2006年第6期。

大学牛建科教授可谓我国关于日本神道研究的重要代表,其研究涉及了神道的本质、渊源、功能及复古神道等诸多重要问题,而且不少论述皆是该领域和方向的奠基之作;周颂伦、李小白及赵德宇的神道研究则引领相关研究的新方向;青年学者任婷婷[1]、唐永亮[2]等有关神道的论述则是继李甡平之后直追神道本原的研究,或可为我国的日本神道研究提供新的视角。

不过,前述从不同角度展开的日本神道研究虽然可以描绘神道的大致面貌,却有着"一叶障目,不见森林"的方法论弊端,或可导致"神道"的历史性被忽视等问题,而最终妨碍对"神道"的界定和客观认识。因此,20世纪90年代中期以后,学术界开始重视对日本神道的系统性和整体性研究。刘立善、刘毅和色音先后出版《没有经卷的宗教:日本神道》(1996)、《高天原浮世绘:日本神话》(1996)、《日本神道教与文化》(1999)等著作,开创了相关研究的先河。刘立善对神道的缘起、流派与变迁、特性、祭祀等基本问题做了概括、总结,有开创之功。然而,该书不仅视神道为一个不言自明的"固定"概念,还因缺乏研究的主体性和对神道本质及内容的历时性把握,而常常不加批判地直引日本学者如村冈典嗣、真弓常忠的论述,以为自己论述的标准,由此产生了一些关于神道的认识偏差:"神道作为日本国民独有的宗教信仰,宛如一径源源不竭的文化河流,在时代气候的影响下,时而泛滥成灾,时而温顺,跌宕起伏地贯通在日本民族精神的底层,屡屡左右着人们面对自然、社会乃至人生所秉持的自我意识或自我感觉。"[3] 刘毅则对包含创世神话、天皇神话在内的日本神话进行了考察,指出日本神话具有多神信仰与太阳神崇拜、有性创生、受到中国文化的影响等特点。色音则强调"神道不仅在学术上,就是作为社会一般概念,也是极其含糊不清的",指出神道概念包括了神社神道、皇室神道、学派神道、教派神道和民间神道五个主要构成因素,而神社神道始终是神道的主体和核心。基于这种认识,该书对日本神道与政治文化、神话传说、儒释道三教关系等基本问题也

---

[1] 任婷婷:《中国道教与日本神道教"神人关系"比较》,《日本研究》2010年第4期。
[2] 唐永亮:《试析日本神道中的时空观念》,《日本学刊》2011年第3期。
[3] 刘立善:《没有经卷的宗教:日本神道》,辽宁大学出版社1996年版,第200页。

进行了考察。

2000年以后，我国学术界对于神道的研究不仅朝着更系统化、理论化和专门化的方向前进，也尝试着摆脱日本学者所构建的"神道话语"的约束。不仅出现了独具一格的概论性著作和论著选集，如范景武的《神道文化与思想研究》（2002），王宝平主编的《神道与日本文化》（2003），王金林的《日本人的原始信仰》（2005），王勇主编的《中国における神道研究》（2009），王守华、王蓉合著的《神道与中日文化交流》（2010），崔世广主编的《神道与日本文化》（2012），刘岳兵主编的《日本的宗教与历史思想：以神道为中心》（2015）等；还涌现了不少厚重的专门性论述，如王金林的《日本天皇制及其精神结构》（2001）和《日本神道研究》（2007），牛建科的《日本神道哲学研究》（2002）和《复古神道哲学思想研究》（2005），王维先的《日本垂加神道哲学思想研究》（2004），张谷的《道家思想对日本近世文化的影响》（博士学位论文，武汉大学，2006），解晓东的《日本天皇制研究》（博士学位论文，吉林大学，2009），刘琳琳的《日本江户时代庶民伊势信仰研究》（2009），戴文捷的《江户时代的日本儒学、神道和兵学思想之关系》[①]（2017）等。

《日本神道研究》重点研究了日本各个历史时期神道思想的内容及其特点，也涉及了中国思想对各个时期神道的影响。该书的主题更准确地说应是"神道思想史的研究"，因此作为对各时期神道话语的系统研究而有开创之功。同属思想史研究的《日本的宗教与历史思想：以神道为中心》则是包括神道与日本的宗教思想与文化、神道的概念与原典、皇权神授思想、神道思想史论等内容的论著选集，亦可谓该领域的翘楚之作。

《日本垂加神道哲学思想研究》和《复古神道哲学思想研究》可以说代表了我国关于神道流派或学说研究的最高水平。前者如作者自己所言，是为了"深入此民族精神框架的内部，把握其民族文化的底蕴"，进而分析并发现"日本思想文化和民族精神的独特性"。该书运用实证研究和逻辑分析相结合的方法，以垂加神道与朱熹学说的思想关联为切入点，对

[①] 该书以其博士学位论文《近世日本思想における儒学・神道・兵学の関係》（一桥大学，2008）修改而成。

垂加神道哲学思想的历史渊源、理据、本质及其流变过程做了理性分析，强调垂加神道的本质是一种政治哲学，即"以一种婉转的理论形式来论证天皇统治的合理性"①。后者则运用"纵横交错"及实证研究和理性分析相结合的方法，对复古神道的成立过程及各阶段的思想特征、哲学理据等做了全面、系统而深入的研究，并阐明了复古神道的理论意义与实践意义及其与国家神道、教派神道的渊源关系。该书还区分了国学和复古神道两个相互关联的概念，并给复古神道下了一个明确而完整的定义：

> 复古神道是产生于近世国学内部，以荷田春满、贺茂真渊、本居宣长、平田笃胤为代表的，排斥儒佛等外来思想解释神道，主张通过日本的古典，尤其是《古事记》和《日本书纪》等来阐明和恢复日本的古道、日本精神的学派神道（理论神道）。它由荷田春满、贺茂真渊确立，由本居宣长集大成，由平田笃胤进一步发展。②

毋庸置疑，这两部著作无论是方法论还是本体论都处于我国神道研究的前沿，也由此引领了我国相关问题的研究。与前述关注神道学说的研究相比，《日本江户时代庶民伊势信仰研究》则从另一个角度对江户神道观念的形成尤其是传播和扩散进行了深入考察，因而对理解作为被不断发现的传统的"神道"的全民化具有重要意义。该书概括了江户时代庶民伊势信仰的组织形式、行为形态和思想内涵三个特点，强调庶民伊势信仰的思想特点是重视"既是保佑现世功利之神，又是民族神"的天照大神而轻视丰受大神，故其最终归宿是以"天照大神信仰和尊皇意识"③为核心的民族自我意识。

总之，"神道"作为一种宗教，从来就是一个历史的范畴。"神道"从日本人最初的原始朴素的信仰演变成当今大多数日本人所理解的"日本固有的民族宗教"，是不断被发现和创造的结果。这点往往被我国学术界所忽视，从而导致不少研究缺少了对"神道"的历时性理论审视或作

---

① 王维先：《日本垂加神道哲学思想研究》，山东人民出版社2004年版，第2页。
② 牛建科：《复古神道哲学思想研究》，齐鲁书社2005年版，第22页。
③ 刘琳琳：《日本江户时代庶民伊势信仰研究》，世界知识出版社2009年版，第208页。

为中国学者应有的研究主体性。

（三）欧美学者的有关研究

欧美学者直接针对江户日本人身份建构的研究为数不多，尚缺乏系统而全面的研究，不过也为我们的进一步研究提供了可贵的借鉴。受新渡户稻造、冈苍天心等向西方介绍日本论著的影响，欧美学者对与日本人身份建构相关的武士道、神道等问题的研究极感兴趣，也出版了大量论著。这些对日本进行标签化和特征化的论著大都对武士道、神道等持肯定和赞美态度，虽然学术价值不高，却受到欲以它们建立民族身份的日本社会的热烈欢迎，而被纷纷译为日语出版。

自从江户时代赴日的欧美学者菲歇尔（1800—1848）、西博尔德（1796—1866）刊行《日本风俗备考》（原著名为 *Bijdrage tot de Kennis van het Japansche Rijk*，1833）、《日本》（全七卷，1832年开始刊行）以介绍日本的宗教风俗、地理人情等情况后，欧美学者就对日本抱有极大的兴趣和好感。可以说，他们建立了战前欧美社会乃至学术界"美化日本及日本文化"的传统。稍后，后改名为"小泉八云"并加入日本国籍的爱尔兰裔作家拉夫卡迪奥·赫恩（1850—1904）作为来自西方的"东方的解释者"，相继写下了《陌生日本的一瞥》（*Glimpses of Unfamiliar Japan*，1894）、《来自东方》（*Out of the East*，1895）、《心》（*Kokoro*，1896）、《异国风物及回想》（*Exotics and Retrospectives*，1898）、《在灵的日本》（*In Ghostly Japan*，1899）、《日本杂记》（*A Japanese Miscellany*，1901）、《骨董》（*Kotto*，1902）、《怪谈》（*Kwaidan*，1904）、《日本：一个解释的尝试》（*Japan: An Attempt at Interpretation*，1904）等盛赞日本精神和文物的著作。这些著作对增强近代日本的文化自信无疑发挥了重要的作用，因而，随后被落合贞三郎等编辑为《小泉八云全集》（全17卷·别卷1卷，第一书房，1926—1928）、《小泉八云作品集》（全12卷，恒文社，1964—1967），有些论述又被编译为《日本及日本人》（落合贞三郎编，北星堂书店，1928）、《神国日本》（户川明三译，第一书房，1932）、《日本の心》（讲谈社，1949）、《日本：一つの試論》（平井呈一译，恒文社，1976）、《日本瞥见记》（平井呈一译，恒文社，1987）等。此外，关于日本精神的主要论述还有沃尔特（Dening Walter，1846—1913）的《宗教と日本魂》（河田鳞也译，博闻社，1886）、亚儿撒·丈西的《日

本魂：古代日本の精神》（东邦协会译，精华堂，1895）、本尼迪克特的《菊と刀》（1946）、埃德温·赖肖尔（Edwin Oldfather Reischauer，1910—1990）的《日本人》（1977）、马克·梅利（Mark Meli）的《「物のあはれ」とは何なのか》（《日文研论坛》第132回，2001）等。

关于武士道的研究主要有Ligneul的《文明之武士》（前田长太译，1901）、Banks Louis Albert的《二十世紀の武士道》（内外出版协会译，1907；1965）或《理想の紳士》（畔上贤造译，内外出版协会，1907）、埃尔温·贝尔兹的《武士道の眞髓》（道本清一郎译，天理时报社，1942）、丽月塔的《紳士道と武士道：日英比較文化論》（Simul 出版会，1973；1983）、《日本武道のこころ：伝統と新しい時代精神》（板仓正明译，Simul 出版会，1993）和《紳士道と武士道：コモンセンスの思想、サムライの伝統》（大藏雄之助译，丽泽大学出版会，2003）、史蒂芬·纳什（Stephen Nash）的《日本人と武士道》（西部迈译，1997；2004）、Alexander Bennett 的《「武士道」の定義の追求》（博士学位论文，京都大学，2001）等。

关于神道的研究主要有威廉·乔治·阿斯顿（William George Aston）的《日本神道论》（补永茂助等译，明治书院，1922）和《神道：日本の古代宗教》（白石喜之助等译，新生堂，1930）或《神道》（安田一郎译，青土社，1988；1992；2001）、J. W. T. Mason 的《神ながらの道》（今冈信一良译，富山房，1933）和《神道神話の精神》（今冈信一良译，富山房，1940）、Daniel Clarence Holtom（1884—1962）的《日本と天皇と神道》（深泽长太郎译，逍遥书院，1950）和 *The Political Philosophy of Modern Shintō: A Study of the State Religion on Japan*（AMS Press, 1984）、让·埃贝尔（Jean Herbert，1897—1980）的《神道：日本の源泉》（神社本厅译，1970）、Aleksandr Borisovich Spevakovskii 的《神道と戦争》（狮狮堀猛译，1995）、奥东·瓦莱（Odon Vallet）的《神はなぜ生まれたか》（远藤 Yukari 译，创元社，2000）和《中国と日本の神：佛教、道教、儒教、神道》（远藤 Yukari 译，创元社，2000）、保罗·哈兹（Paula Hartz）的《神道》（山内春光译，青土社，2004）、Thomas P. Kasulis 的《神道》（衣笠正晃译，筑摩书房，2014）等。其中，阿斯顿和 Daniel Clarence Holtom 的成果在日本产生了很大的影响，也屡被日本学

术界提及。如提及前者的主要论述有岛本昌一的《アストンの日本固有信仰論》(1985)、楠家重敏的《W. G. アストン：日本と朝鮮を結ぶ学者外交官》(雄松堂出版，2005)等，提及后者的主要论述有平井直房的《カミ（神）の語原と意味：D. C. ホルトム博士の所説をめぐって》(国学院杂志 60 (8)，1959)、菅浩二的《D. C. ホルトムの日本宗教研究の性格について》(国学院大学研究开发推进中心研究纪要 3，2009)和《D. C. ホルトムの見た「国家神道」とは》(明治圣德纪念学会纪要 51，2014)等。

关于江户宗教和思想的研究，欧美学者也取得了不少创新性的成果，如罗伯特·贝拉（Robert N. Bellah）的《德川宗教：现代日本的文化渊源》(*Tokugawa Religion*: *The Cultural Roots of Modern Japan*, Free Press, 1957)和 *Imagining Japan*: *The Japanese Tradition and Its Modern Interpretation* (University of California Press, 2003)、J. Victor Koschmann 的《水户意识形态》(*The Mito Ideology*, University of California Press, 1987)、威廉·E. 迪尔（William E. Deal）的《探寻中世和近世日本文明》(*Handbook to Life in Medieval and Early Modern Japan*, Facts on File, 2005)等。贝拉显然是受到马克斯·韦伯《新教伦理与资本主义精神》的影响，因而将与新教伦理相似的德川宗教、武士道精神等解释为日本经济现代化的动力，并认为日本在德川初期就已存在"中心价值系统"[①]，而这正是日本近代化获得成功的因素。虽然这一论述带有"事后证明"的色彩，但其对相关问题及现象的类型化处理及方法却有着独特而创新的价值。

关于日本身份建构和民族主义问题的研究主要有约翰·奈斯比特（John Naisbitt）和木村尚三郎合编的《日本という存在：ジャパンズ・アイデンティティ》(长井京子译，日本经济新闻社，1992)、德尔默·M. 布朗（Delmer M. Brown）的《日本民族主义：历史分析》(*Nationalism in Japan*: *Historical Analysis*, University of California Press, 1995)、Yumiko Iida 的 *Sources of Japanese Identity*: *Modernity、Nationalism and World Hegemony* (1999)、Timothy Brook 主编的 *Nation Work*: *Asian Elites and National*

---

① ［美］罗伯特·贝拉：《德川宗教：现代日本的文化渊源》，王小山等译，生活·读书·新知三联书店 1998 年版，第 215 页。

Identities（2000）、威尔森（Sandra Wilson）编的 *Nation and Nationalism in Japan*（2002）、Ian Neary 的 *The State and Politics in Japan*（2002）、布莱恩·麦克维的 *Nationalisms of Japan: Managing and Mystifying Identity*（2004）等。其中，布朗是最早对此展开研究的西方学者，其所著的《日本的民族主义》较为详尽地记载了日本民族主义意识形态的产生和扩展，是西方同类研究的代表性成果。

二 本书的研究目的与方法

（一）概念的界定

文化民族主义（cultural nationalism） 它是指表现于文化领域的民族主义，即对民族国家文化的强烈认同情感或运动。它强调共同的民族感情、民族精神（如语言、宗教等）或民族意识是民族主义构成的基础。郑师渠指出："所谓文化民族主义，实为民族主义在文化问题上的集中表现。它坚信民族固有文化的优越性，认同文化传统，并要求从文化上将民族统一起来。"[①] 吉野耕作则从认同的角度定义它："所谓文化民族主义是指民族的文化认同（cultural identity）缺乏、不稳定或受到威胁时，通过文化认同的创造、维持和强化，获取民族共同体再生的活动。"[②] 钱雪梅对其基本内容做了较为全面的概括：第一，文化是区分不同民族国家的本质特征；第二，文化民族主义是处理不同文化之间相互关系的原则；第三，文化民族主义把文化作为民族和国家认同的核心依据，目标是保留、复兴和壮大自己的民族主义。[③]

民族认同的依据首先是本民族的语言、风俗、习惯等文化传统，而民族共同体亦以文化共同体的创建和形成为基础。盖尔纳指出："民族主义是一个政治原则，它主张文化的近似性（similarity）是最基本的社会纽带。"[④] 文化作为联结"我们"的纽带，具有区别"我们"和"他者"（the other），进而统合本国民众的重要功能。因此，王逸舟说："这种

[①] 郑师渠：《近代中国的文化民族主义》，载《知识分子立场：民族主义与转型期中国的命运》，时代文艺出版社2000年版，第261页。
[②] 吉野耕作：『文化ナショナリズムの社会学』、名古屋大学出版会、1997年、11頁。
[③] 钱雪梅：《文化民族主义刍论》，《世界民族》2000年第4期，第4页。
[④] 转引自钱雪梅《文化民族主义刍论》，《世界民族》2000年第4期。

'文化民族主义',第一层含义是指以文化整合,以文化标识(例如语言、艺术、文学等)的民族主义。"①

文化民族主义与政治民族主义(political nationalism)、经济民族主义(economical nationalism)一样都是民族主义的主要表现形式。通常所说的"民族主义"一般是指政治民族主义。文化民族主义可以同国家脱钩,即与对民族国家的政治认同分离。一个政治民族主义者,他可以否定或拒绝对民族文化的认同,却并不妨碍他对国家的认同。不过,两者经常是重叠的。

政治民族主义源于法国大革命,强调按人民主权原则建设现代民族国家;文化民族主义起源于德国,是对法国文化入侵的逆反,强调保持民族精神和文化传统。18世纪以后,面对法国文化的冲击与入侵,德国文化精英开始发明、创建"民族精神",主张本国文化的独特性和优越性,奠定了文化民族主义的理论基础。这是一种有别于法国启蒙思想家所表达的近代民族主义的另一类型。据此,20世纪初,海斯就称18世纪日耳曼民族的浪漫主义为"文化民族主义",科恩也称受其影响下的19世纪中东欧的民族主义为"文化民族主义"。

关于文化民族主义的性质,科恩于20世纪40年代就给它定下了"保守、落后、非理性"的基调,视之为西欧民族主义的对立物、现代化的拒斥和反动。他认为,西方的民族主义是政治的、理性的,与之相反,东方国家的民族主义是文化的、神秘的,是对"西方理性主义文化的效仿式回应",是后进社会在面对科学上更先进的文化时用以弥补心理上的自卑和落后感的武器;文化民族主义宣扬建立封闭社会,是"最保守和反自由的民族主义形式"②。盖尔纳、史密斯及艾恺也持类似看法,认为文化民族主义是后进社会知识分子的创造,是文明进步和现代化的障碍。胡适也曾涉及文化民族主义的消极面:"民族主义有三个方面,最浅的是排外;其次是拥护本国固有的文化;最高又最艰难的是努力建设一个民族的国家。因为最后一步是艰难的,所以一切民族主义运动往往最容易

---

① 王逸舟:《当代国际政治析论》,上海人民出版社1995年版,第117页。
② 转引自钱雪梅《文化民族主义刍论》,《世界民族》2000年第4期。

先走上前面的两步。"① 显然，文化民族主义采取的是一种"文化保守主义"或"文化相对主义"的立场。它并没有固定的政治性格，可以与任何一种近代意识形态和政治体制，如自由主义、社会主义、专制主义、保守主义等结合。

在日本江户初期就已兴起了以排斥中国和中国文化（发现他者）和创造日本"传统"（发现日本）为特征的文化民族主义思潮。这一思潮是对中华文化和中国型华夷秩序的逆反，是一种"原型的民族主义"（proto-nationalism），即传统的民族主义。如美国学者艾恺所说"在十八世纪以前，整个世界，一般人效忠的不是国家，而是各种不同的政治组织、社会权威和意理结社，如氏族、家庭、教会、城邦、封建主、及其他集团——这些集团严格说来常常不是'政治性'的"②，与近代民族主义（modern nationalism）相比，它的最大问题是没有"民族国家"意识。

确如胡适所言，江户日本的民族主义也主要以排儒和复古（"传统文化"的发明和创建）的形式表现出来。基于其"传统创建"的性格，有人称之为"创造型的文化民族主义"。对江户日本的身份建构来说，中国和中国文化是其无法避免的巨大他者——"中华帝国是一个日本想否定其价值却又否定不了的、不能忘记的他者"③。一方面，山鹿素行等自称日本为"中国""中华"，构建了日本型华夷秩序观；荻生徂徕则从逻辑上对儒家物理与道理合一的"道"的连续性进行分解，使之成为相对化的"制作之道"。国学者继承了这种理念，而通过复古的方法以"古道"取代了儒家之道，并使它取得对儒道的优越性，确立了排外的、非理性的"日本主义"。另一方面，伴随着排外和复古的过程，武士道得到进一步发展、完善和普及，神国观念和思想④及"物哀"等作为传统也被创造出来。随着近世文化主体的扩大，这种文化逐渐向下渗透，至幕末形成

---

① 胡适：《个人自由与社会进步：再谈五四》，载《独立评论》1935 年 5 月 12 日第 150 号。
② ［美］艾恺：《世界范围内的反现代化思潮：论文化守成主义》，贵州人民出版社 1991 年版，第 17 页。
③ 三谷博：『明治維新とナショナリズム』、山川出版社、1997 年、22 頁。
④ 应指出的是，在江户时代，"神国观念和思想"及"天皇"对民众而言仍是空洞的存在，取而代之的是民众的"神社一体意识"，而近世全国性的"御荫参"和"讲"则更是强化了这种文化同质性意识。

了以武士道、神国思想和物哀为支柱的大和魂文化共同体，借此江户日本基本完成了文化上的同质性建构。这种文化共同体意识不仅为明治政府的民众统合提供了基础，也定下了日本近代民族主义的非理性侧面和性格。

认同（identity）与民族认同（national identity） identity 源自拉丁文 idem，为"同样"之意。它原为哲学、心理学和精神分析用语，指与变化或差异有别的同样性。它主要用于以下两个问题的讨论：第一是"个人同一性"，即回答"什么是我"的问题。人作为社会存在，总是在其中寻求自身存在的意义，也对自己与世界的关系做出各种解释。同一性是差异中的同样性，个人总是要通过"我"与自己以外的"他者"的整体相互关系，寻求和确定自己的位置，进行身份确认。第二是"共相"，指在各种不同环境中所具有的同一性质或关系，也即"集团的同一性"或"类型的同一性"，是指许多事物共同享有的同样性。就人类社会而言，是指某个人类集团中的同一性质或关系，即"我"属于"我们"，是因为拥有同一的性质。总之，同一性问题的根源在于人有进行身份确认和确立归属的心理和社会需求。同一性是通过相对于"他者"的差异性而被特征化和类型化的，始终以与他者的差异意识为前提，以排斥和压迫他者为逻辑基础，因为"他们"被当作了"我们"的独特价值和文化的潜在破坏者。

Identity 也意味着一种过程，一种进行身份确认的自我定义过程，也即同一化或同质化的过程。20世纪70年代，随着欧洲"新社会运动"的兴起，identity 成为叙述该运动的核心思想，遂成为民族学、政治学和社会学的重要概念，有"同一性""认同"或"身份"之意。

national identity 作为近代意义上民族的 identity，包括"民族认同"和"民族身份建构"的双重含义。民族认同即国民对民族国家的归属意识或认同感，意味着社会成员以"民族"互相认同并以"民族"结成共同体。民族认同也是国民在认识、文化和感情上的同质化过程。建立一致的民族认同即国民同一性的获得，最终是通过国家和知识分子进行的"民族身份建构"来完成的。这种"身份建构"是指：（1）国家和文化精英通过 nationality 或 nationness（民族属性）的发现乃至创造，维持和强化国民的文化同质性意识，使之产生宿命如此的"同胞"意识。也即民族认同首先是一种文化认同（cultural identity），为"我们"的共同性提供担保的是所谓的民族性，① 即语言、宗教、习惯、传统、记忆、经验等本民族的共同遗产。这种民族同一性的发现通常都是自上而下和自下而上的结合。国家通过有意识地发明民族精神并采取诸如人口普查、义务教育、官方日历等国家的部署来塑造民族共同体，而文化精英不仅参与这种民族精神的创建和推广，还动员民众参与其中。这种民族精神一旦被"发明"出来，即会被贴上本民族"独特的""自然的"或"原生的"标识，从而具有对他者的绝对优势地位；它经过主体、时间和空间的共同作用又会演变为"传统"，从而作为民族共同的"文化记忆"而对国民具有内在的指导性和规范性。（2）民族国家通过国籍的建立、国旗、国歌、公共纪念建筑物等国民象征物的创建以及国家意识形态（价值、伦理观）的创建等，为国民提供身份确认，实现国民与国家的同一性。

主体性（subjectivity）**与同一性**（identity） 主体性和同一性是有着密切联系的不同范畴的概念。"同一性"是"认同""身份"或"身份认同"的另一种表述方式，是指"我（们）"之所以是"我（们）"而不是"他者"的独特性质。同一性既强调"我们"之间的共同性，又强调自他之间的差异性即自我与他者的区别性特征。主体性（subjectivity）也称自我意识，是指能够自觉、主动地认识和调控自己的心理和行为。它是基于主客体对立的二元论的概念，强调作为主体的"自我"的独立性即特殊性、纯洁性、个体性、单一性、唯我性、自为性、排他性等。也就是说，主体性强调和关注的是，自我是不是能够自我决定、自我定义、自我设计和自我调控的独立存在。它的表现就是自我是否拥有"自我充足的"文化和价值体系，并依据这种文化和价值体系来决定和定义自我。简单来说，同一性主要是说明"我是什么样的人"，而主体性则主要表示"我是不是独立的人"。

主体性和同一性又是一组相互支持、相互作用的关系概念。没有同

---

① 所谓传统或民族性即"我们是什么样的人"，意味着与他民族相对而言的差异性和本民族的独特性，极易发展为"本民族优越论"。任何时候使用民族性的概念都有"我们"与"他们"之分。

一性，就没有"鲜明的"主体性，主体也就难以成为不依附于他者的独立存在；没有主体性，同一性就会失去根基，就会成为虚幻的"空中楼阁"。因此，对一个民族的身份建构来说，既需要构建民族的主体性，又需要构建民族的同一性。

众所周知，日本文化深受中国文化的影响，甚至可以说中国文化的价值体系构成了古代日本"文化自我"的根基。这意味着中国文化的价值体系构成了日本人思维方式的基础，他们无法避开中国和中国文化来讨论自我身份，即他们不能根据自我而要根据与中国的相关性来定义自我，进行自我审查和认识。所以，对江户日本的身份建构来说，"中国"是日本必须面对的一个"特殊的"他者；江户日本的身份建构实际上包含了两个方面的内容，一是主体性的建立，即构建"自足的"日本价值；二是同质性的建立，即构建可以使日本人彼此互相认同的"同质化"的价值。

自我（Self）与他者（the other） "自我"与"他者"是二元对立结构下一组相对的概念。"自我"是指主体对自己的身份及地位等自身存在状态的认知，主要是指主体对自身与周围世界关系的认识。"他者"则是指一切外在于"自我"的存在，不管它以什么形式出现，可看见还是不可看见，可感知还是不可感知。[①] 它们经常与民族、性别、阶级等维度相联系，因而是分析民族身份构建的重要概念。

"他者"概念的哲学渊源可以追溯到柏拉图，而黑格尔（1770—1831）则以"主奴辩证法"的图式使"他者"成为一个彻底化的哲学概念。黑格尔通过对主奴关系的分析，指出如果没有对他者的承认，人类不可能认识到自身。奴隶主与奴隶是可以互为定义的两个角色，奴隶主身份的获得取决于奴隶对他的承认，其自我意识的获得需要依靠奴隶的存在；没有奴隶，也就无所谓奴隶主，反之亦然。显然，"自我意识"预设了"他者"，即强调他者是自我意识的前提，自我的形成和意义取决于自我与他者的关系。自我意识源自"他者"的"承认"，没有他者的存在，主体就不可能进行自我认识和确认；"他者"是主体建构自我不可或缺的要素，它赋予并突显了主体的意义，目的在于帮助或强迫主体选择

---

① 张剑：《他者》，《外国文学》2011年第1期。

一种特殊的世界观并确定其位置。①

黑格尔的自他观念实际上代表了自笛卡尔（1596—1650）以来欧洲学术界逐渐形成的"自我"对外在于自我的"他者"占据支配地位的自我中心主义思想，奠定了此后学术界关于自他认识的基础。与此相对，存在主义大师萨特（1905—1980）则基于对笛卡尔、胡塞尔、黑格尔、海德格尔等哲学家的批判性继承，提出了"注视"（或"凝视"）的概念，对他者对自我形成的作用做了进一步论证，指出"我们对于自我的感觉取决于我们作为另一个人所凝视的目标的存在"，因而"人的身份本身就是凝视的产物"②。这一主张被认为提高了他者的地位，"他者的凝视也从根本上剥夺了我们关于自主权和控制权的真实的感受"③，从而形成了一种"自我破碎、他者抢位的他者中心主义"的自他关系类型。

其后，经过列维纳斯（1906—1995）、拉康（1901—1981）、波伏娃（1908—1986）、克里斯蒂娃（1941— ）等关于自他关系的进一步阐释，学术界关于"自我"与"他者"关系的思辨形成了三种倾向或类型："自我主体性类型""他者主体性类型"和"伦理他者类型"④。第一种类型以自我为中心，他者处于被遗忘或被忽视的从属地位。这种不对等的关系导致自我与他者之间形成了一种操纵与被操纵、支配和被支配的工具性关系："自我"经常利用文化、语言、意识形态、人种等手段对"他者"进行排挤、支配和压迫，"他者"则往往由于各种历史和现实的原因而被边缘化、属下化甚至被同化，失去话语权和主体性。第二种类型以他者为中心，自我则往往由于各种原因而成为依附于他者的存在。自我与他者之间也形成了另一种类型的不平等关系：自我形成的前提条件是他者的存在，并完全取决于他者的观念、话语。⑤ 第三种类型是一种"自我"与"他者"相互尊重、互为中心、互为道德主体的自他关系类型。

---

① ［英］丹尼·卡瓦拉罗：《文化理论关键词》，张卫东等译，江苏人民出版社2006年版，第117—118页。
② ［英］丹尼·卡瓦拉罗：《文化理论关键词》，张卫东等译，第131页。
③ ［英］丹尼·卡瓦拉罗：《文化理论关键词》，张卫东等译，第118页。
④ 陈莹盈、林德荣：《旅游活动中的主客互动研究：自我与他者关系类型及其行为方式》，《旅游科学》2015年第2期。
⑤ 陈莹盈、林德荣：《旅游活动中的主客互动研究：自我与他者关系类型及其行为方式》，《旅游科学》2015年第2期。

此时，两者是平等的伦理关系，彼此平等地承认对方的存在价值和意义，而不再是操纵与被操纵、支配与被支配的关系。

显然，第一种和第二种类型的自他关系是一种操纵与被操纵的不平等关系，可认为是两种极端的自他关系，因而并不是一种平衡和稳定的结构，具有易被破坏的动能和可能性。江户日本的身份建构即自我主体性和同一性的建立从自他关系的角度说可以认为是从"他者主体性类型"向"自我主体性类型"的转变及其过程。对江户日本来说，中国始终是其无法避免的一个巨大他者，因而其身份建构也主要是重构与中国的关系问题。

众所周知，在中国文化传入日本后，其价值体系构成了日本人"文化自我"的根基。可以说，中国及中国文化是江户日本开展"自他认识"（Self-Other Cognition）的根本前提。对江户日本来说，作为"他者"的中国就是日本的绝对和唯一的参照，是一个类似于"绝对他者"（the Absolute Other）的他者；"自我"并不是一个以自身为目的的完满状态的"自足的"概念，而建立这样的"自我"是江户日本身份建构的主要目标。这种规定性决定了江户日本身份建构的性格和内容。一方面，中国文化的观念构成了江户学者关于自他认识的思维方式的根基，他们不是根据自我而是根据与中国的相关性来定义自我，进行自我审查和认识；另一方面，对他们来说，中国既是主体又是客体，既是自我又是他者，从而导致他们的自他认识呈现出既统一又分裂的尴尬，也呈现出对主体与客体既区分又联系的复杂途径。

从这种意义上说，"发现日本（自我中心化）"和"发现中国（他者的相对化乃至矮小化）"构成江户日本身份建构的两个基本侧面。而使身份构建的作业成为可能的是"我们认为"这种主观的自我认定和被认为具有自然正当性的"风土""传统"等"内部之存在"的重新发现；而构建中国这一他者的策略基本上是依靠文本及其解读，因而极有可能导致"发现中国"的失真或虚假性叙述，然而它却可以依赖"我们认为"和"风土的发现"获得自我自足性的补足和合法性，从而为"自我想象"和"自我证明"提供最大限度的自由和可能性。

"我们认为"（we believe that）与"风土"（climate） "我们认为"和"风土"是一个民族构建自我身份的常用方式。"我们认为"是主体的意思表示，也即"自我认定和评价"这种以主观形态存在的"主体精神"的言语表达形式，因而对民族身份建构来说是一种最重要且必需的方式。"风土"则是一个地方或民族特有的自然地理环境（土地、山川、气候、物产等）、风俗、习惯的总称，并不必然是所有民族进行自我身份建构的依据。风土是一个地域性、物质性和与风俗相关的概念。第一，物质性是风土的首要属性。风土是指某个地区的自然地理环境，其核心是土壤、地势和气候。或者说，它是风、水、山川、物产等具象性存在的总称。因为这点，风土不仅具有客观性和形象性的特征，还具有易被认识和认同的特点。第二，地域性是风土的另一重要属性。这也是风土本身的规定性，因为地域不同，风土也不可能完全相同。在古代中国，风土基本是一个地区性的概念，而没有形成现代意义上的"民族"或"国家"层面的风土概念，这点也由《风土记》（晋周处，宜兴风物志）、《岳阳风土记》（宋范致明）等文献所证实。第三，风土还是一个与风俗人情密切相关的概念。我国古代的风土范式预设了这样一个前提：不同的地区和风土必然会孕育不同的风俗、习惯；这种风俗、习惯通常也是具体的，是可以被轻松地体验和认知的，因而对构建共同体来说具有吸引其成员之全身心参与的无法比拟的优点。可见，"风土"的地域性被超越后，它就十分适合成为一个表征和叙述自我的概念。

对一个民族来说，"我们认为"之所以重要，是因为它本身就是自我主体性的外在表现形式。它具有"自我规定性""由己性""自足性"等特征：自我是自由的，既不受他者的限制，也可以忽视他者的存在甚至不需要他者的承认，而是自我限制自我，自我决定自我；它是由自我出发而不是由他者出发去处理自他的关系；自我可以自行赋予"我们"以"自足的"意义和价值；"我们认为"所指涉的有关"他者"的内容可以与"他者"的真实情况无关。

不难看出，依据"我们认为"所构建的自我价值和意义不可避免地具有主观化的偏向和臆测的缺陷，因而有时需要借助一些客观的存在以增强其信服力和合法性。"风土"则是其中一个十分重要的可选项，也经常被用作主张自我主体性或民族独特性的依据，因为它不仅包含自然地理环境的意思，也包含了主体生存和活动（历史和文化）背景的意思。因此，自古希腊起，希波克拉底（《论空气、水和环境》）、亚里士多德

(《政治学》)、让·博丹（Jean Bodin，1530—1596，《共和国》）、孟德斯鸠（1689—1755，《论法的精神》）等不少欧洲思想家就十分重视"风土"对主体形成的重要作用，由此对它与民族性、国家、政治形态等要素的关联进行了考察。而对"风土论"进行体系化的则是18世纪末德国著名思想家赫尔德（1744—1803）。他提出了一个包括"我们"和"我们的生活和思考方式"在内的"大环境"的风土概念，即"土地的高低、性质、产业、食物、娱乐、衣服等都是风土所绘之物"，认为它对民族精神的形成具有"不可或缺"的重要意义。他认为，任何民族的发展和性格的形成都是由自然环境和历史所塑造的，"民族的古老性格源于家族的特性，源于气候，源于生活方式和所接受的教育，源于他们独有的事件和行为。父辈的惯例深深扎根在种族中，并成为这个民族内在的原型"[①]。以犹太民族为例，"无论在他们祖先的土地上，还是在异民族中间，他们始终保持着自己的本色；即便与其他民族混合，他们也可以在几代之内使他们与别的民族区别开来"[②]。显然，赫尔德的民族文化有机观使"风土"和"历史（传统）"成为决定民族文化特色的两大核心要素："每一民族的表象方式都有深刻的特色，因为它的特色，是与其风土关系密切的、从其生活方式产生的，是由其祖先那里继承来的。在外人看来惊讶万分的，它都认为可以极清晰地把握；外人觉得可笑的，它却对此异常认真。"[③] 这意味着"不同民族的自然环境造就了民族差异，通过历史流变，这些差异逐渐演化成独特的民族单元，形成独特的民族结构，反映了民族性格和民族精神"，因为"没有两个民族会共享一样的环境、一样的历史"，故"没有两个民族会有一样的性格"[④]。可见，赫尔德的民族文化有机观避免了单纯的地理环境决定论的弊端，而是以人文科学的角度论证了"风土"与民族文化的关联，对其后亚历山大·冯·洪堡

[①] 威尔森：《赫尔德：民俗学与浪漫民族主义》，冯文开译，载《民族文学研究》2008年第3期。

[②] 赫尔德：《人类历史哲学观念》，载何兆武主编《历史理论与史学理论》，商务印书馆1999年版，第179—180页。

[③] 转引自李秋零《德国哲人视野中的历史》，中国人民大学出版社1994年版，第150页。

[④] 威尔森：《赫尔德：民俗学与浪漫民族主义》，冯文开译，载《民族文学研究》2008年第3期。

(1769—1859)、卡尔·李特尔（Carl Ritter，1779—1859）、弗里德里希·拉采尔（Friedrich Ratzel，1844—1904）等学者的地理学思想乃至"环境决定论"产生了深刻的影响。

就日本而言，气候多变、景观多样、"日出最早"的"岛国"构成其不同于东亚国家的独特的自然地理环境。可以说，以"变幻无常"的自然和"岛国"为最大特色的独特风土也造就了日本民族性格的独特的一面。例如，在佛教无常观传入日本后，日本人也基于独特的风土逐渐形成了"自然乃至人生皆是变幻无常"的特别认识。在进入江户时代后，随着民族自觉意识的提高，日本知识界不仅出版了《日本水土考》（西川如见，1700）、《人国记》（1701）等专门论述日本风土与民族性格的论著，不少学者如贝原益轩、熊泽蕃山、三宅观澜、西川如见、山鹿素行、山崎暗斋、吉川惟足、贺茂真渊、平田笃胤、伊藤东涯、中村元恒等亦纷纷肯定日本风土的独特性和优越性，并以此主张日本人种、日本精神和政治制度的优越性。

明治维新后，由于受到西方学术界"风土观"的影响，"风土"开始被认为是探讨日本人生活和思考方式的原点之一，因而受到日本学术界的高度重视，亦由此出现了不少从"风土"即地理环境的角度探讨日本国民性及其成因的论著。比如，内村鉴三的《地理学考》（1894，两年后改名为《地人论》）、志贺重昂的《日本风景论》（1894）、《日本人》杂志刊载的两篇未署名文章《关于岛国根性》（1901）和《岛国根性与海国思想》（1902）、《从自然环境看国民性》（1921）、和辻哲郎的《风土》（1935）、久松潜一的《我国风土、国民性与文学》（1938）、梅掉忠夫的《文明的生态史观》（1967）、上山春平主编的《照叶树林文化》（1969）等。毫无疑问，这些论述不可避免地具有"地理环境决定论"的方法论缺陷[①]，却以所谓"学术研究"的形式确认了日本风土的独特性和优越性，并以此重构了日本精神的独特性乃至优越性的合法性基础。由是，这些被发现的"日本精神"就具备了所谓"作为科学"的正当性和力量，不仅为近代日本排斥或吞噬外来文化提供了依据，也为这种精神的普及

---

① 例如，志贺重昂的《日本风景论》几乎只强调了地理环境对民族性格的影响，而忽视了历史（传统）对国民性的影响。

提供了理据。

毋庸置疑，以"风土"构建民族的独特性确实具有一定的合理性①，然以此主张民族的优越性则显得极为荒谬，因为导致这种情况的根本原因正是具有复杂关系和作用的（文化）民族主义思维。在日本，自江户时代起，以"风土"主张日本优越性的学者和言论亦比比皆是、层出不穷。依此构建的话语体系虽然有时显得荒诞不经，却可以通过"我们认为"的形式得到"合法性"和"正当性"的补足。可以说，"我们认为"与"风土"的结合具有令人难以想象的强大力量和作用，即可以使依此构建的民族精神获得客观性或合法性的依据和能量。

"文化的故乡"（hometown of culture）**与"风土的故乡"**（the customs and manners of hometown） "故乡"是一个可以引发我们的"乡愁"（nostaghia）的崇高之地，而这种"乡愁"又恰如近代文化民族主义的鼻祖赫尔德所说"乡愁是一种最高贵的痛苦"（《我在1769年的游记》）。显然，这里所说的"故乡"是"风土的故乡"，即我们生于斯长于斯的身体和心灵的故乡。它具有"无法选择性""具体性""绝对性"等特征：它是一个个人无法选择的、自然的文化地理共同体，与家族、个人的集体记忆有关；它是五感六觉所感受到的故乡，其对象乃非常具体的大山河川、衣食住行、风土人情；它是具有不证自明的先验优越性的故乡，具有永远值得我们不懈提倡的绝对价值。从这种意义上说，基于"风土故乡"的"乡愁"实际上是一种时间（历史）和空间（自然地理环境）的隔离感，它所导致的痛苦和自我焦虑皆是源自对民族特有精神的崇高的怀念，因此任何时候、任何个人对于精神家园的需求总是合乎情理的。

与此相对的是"文化的故乡"，是指一种外来文化构成了本土文化的根基，而该文化及其所在的国家则被本土国家当成是"故乡"或事实上成为该国的"故乡"。与"风土的故乡"相比，"文化的故乡"则具有"可选择性""相对性""暂时性"等特征。它虽然也会使本土民族形成

---

① 例如，我国学者周作人也认为"风土"与作为"地之子"的住民、文艺等有着密切的联系，"我们说到地方，并不以籍贯为原则，只是说风土的影响，推重那培养个性的土之力"（周作人：《地方与文艺》，载《周作人自编文集·谈龙集》，河北教育出版社2002年版，第12页），指出"人总是'地之子'，不能离地而生活，所以忠于地可以说是人生的正当的道路"。以浙江文艺而言，它就具有一种"飘逸与深刻"的独特性质。

对该文化的"乡愁",却隐含了其自身无法解决的矛盾——"文化自我"与"本土自我"之间的紧张和分裂关系。

对于一个民族来说,如果外来文化始终占据着本民族文化的主流,则必然使我们产生紧张和焦虑,甚至使我们的精神和身体走向消亡。"如果民族文化发展的基础不是自己的,而是外来的,那就意味着割断自己和过去历史的连续性和分裂民族的有机统一。这样做的后果是本土文化能力的丧失,最终导致民族的死亡。"① 因此,这种紧张关系必须消除,而这恰恰成为那些民族主义者"崇高而神圣"的工作。这种工作也通常以对外来文化既肯定又否定的"扬弃"或完全否定的"抛弃"的形式来完成。从这种意义上说,外来文化的坎坷命运已然注定:不是被本土文化罔顾事实地"吞没"或"占有",就是被本土文化所彻底否定。

对日本来说,中国文化传入日本才导致了日本的文明开化,而其价值体系亦构成了日本人"文化自我"的根基。关于这点,包括荻生徂徕②在内的不少江户儒者都予以承认。因此可以肯定,中国及中国文化事实上构成了日本的"文化的故乡"。然而,江户时代以后,随着日本民族自我意识的提高,知识精英就对中国文化采取了"扬弃"和"抛弃"的既联系又有区别的两种态度。主流的儒者基于"中日两国文化风土不同,社会人情互异"的思维而对中国文化采取了既肯定又否定的立场和态度,也即黄俊杰教授所说的"重新解释中国儒家经典以适应日本思想风土的'脉络性转换'的工作""将原生于中国文化脉络的诸多儒学经典中的概念或价值观,置于日本文化或思想家之思想体系的脉络而进行新的解释"③。与此相对,作为激进的民族主义者,以本居宣长为代表的江户国学者则对中国文化采取了完全否定的态度,因而掀起了一场对"古道和原乡(nostalgia)的探求"④ 的思想和运动,走上了一条极端排斥儒佛等

---

① 威尔森:《赫尔德:民俗学与浪漫民族主义》,冯文开译,载《民族文学研究》2008年第3期。
② 例如,荻生徂徕曾说,"昔在邃古,吾东方之国泯泯乎罔知觉。有王仁氏而后民始识字,有黄备氏而后经艺始传,有菅原氏而后文史可诵,有惺窝氏而后人人知称天语圣。四君子者,虽世尸祝乎学宫可也"(『与都三近』、『徂徕集』卷27),承认中国文化对日本文化的奠基作用。
③ 黄俊杰:《德川日本〈论语〉诠释史论》,上海古籍出版社2008年版,第36页。
④ P・ノスコ:『江戸社会と国学:原郷への回帰』、小島康敬訳、ぺりかん社、1999年、17頁。

外来文化的极端日本主义道路。

综上可见,"风土的故乡"及基于此的本土文化在任何时候都具有第一位的价值,不论它们是暂时处于"隐性"的阶段,还是"显性"的阶段。从这个角度来说,江户日本依据"风土"进行自我身份的建构,自然具有一定的合理性。不过,这种作业所构建的以天皇神话和神国神话为基础的神道、武士道等民族精神的主要项目及其罔顾历史事实的做法也显示了江户日本身份建构的非人性、暴力性和非历史的特征。

(二)研究方法与理论运用

本书旨在充分吸取前人所取得的成果,基于已有的研究,以马克思历史唯物论为指导,主要运用政治学、历史学的相关理论,力求理论分析与实证分析、历史的方法与逻辑的方法、宏观的视角与微观的视角实现有机结合,深入探究有关江户日本身份建构的基本问题及其对近代日本的积极意义和消极作用。既揭示身份建构问题的一般规律,又强调江户日本的特殊性。主要运用安德森的民族主义起源理论和霍布斯鲍姆"传统的创造"的观点,通过分析与综合,演绎与归纳,廓清各种概念范畴和关系(如本书首次提出的"我们认为"与"风土""文化的故乡"与"风土的故乡"等概念),揭示江户日本身份建构的基本过程及其意义。

关于"民族主义的起源",当代重要的民族主义理论家安德森提出了一种"历史的"解释,认为,民族是一种"想象的共同体",而使这种想象成为可能的是认识论上的先决条件,即民族主义产生的文化根源是中世纪以来人们理解世界的方式发生了根本的变化。它的表现是基督教神圣共同体、王朝以及神谕式时间的没落。[1] 江户日本知识精英所展开的身份建构论述也有类似的思想根源,即源自东亚时间和空间环境的变化及由此导致的日本人关于时空态度的转变。具体来说,它主要表现为古典儒教共同体的衰落(包含"华夷秩序和思想的转变"等内容)、日本特殊性思维的形成(神国思想和日本式情绪)与空间的均质化三方面的内容。

江户日本的身份建构是一种自我主体性和同一性的建构,按照霍布

---

[1] [美]本尼迪克特·安德森:《想象的共同体》,吴叡人译,上海人民出版社2003年版,第11—45页。

斯鲍姆的说法,它实际上就是"传统的发明或创造"。当今日本所谓的"武士道""物哀"等日本自古就有的"传统"几乎都是在江户时代及其后的时代被创造和发现的产物,并非千古不变或先民千年必须遵从的"民族精神"。当然,传统之所以被不断"发现",是因为日本知识精英需要在急剧变化的东亚世界中重新定位和认识自己,而这就必须通过"发明传统"来确立自己与历史和他者的关系,从而建立具有历史连续性的"主体性自我"。

就江户日本来说,中国始终是其无法避免的"巨大的他者",因此"自我的发现"也就意味着"中国的发现"。江户日本的身份建构不仅体现了依赖"风土"而构建自我的思维,也体现了依赖"人情"而构建自我的与中国相区分的思维。

本书拟兼采上述两种理论和方法考察江户日本身份建构的思想根源、江户日本自他认识的转变过程及其内容、"大和魂"的创建及其内容以及江户日本身份建构的原理和性格。

(三) 内容与结构

本书采用一条主线——江户日本"自他认识"的变化过程及其特征,两条辅线——发现中国和发现日本,力求从文化民族主义的角度把握江户日本身份建构的历史过程、逻辑原理和性格,从而为不平衡自他关系下自我身份建构的类型或模式提供一个东方的样本。

本书由绪论、正文五章和结论组成。绪论概述了国内外关于本书研究的现状,进而对"身份建构"等基本概念进行界定,提出本书的研究思路与方法。

第一章从儒教共同体的演变、日本式情绪的形成与发展、神国思想的发展和空间的均质化等方面,探讨江户日本进行身份建构的思想根源。

与近代日本以"文明与野蛮"认识中国而建立日本人同一性的图式不同,江户日本的中国认识呈现出更为复杂的形态。第二章通过德川初期、海禁时代和德川后期三个阶段考察江户日本解构儒教及中国(发现他者)的历史过程及其特征。随着华夷秩序的解体、日本精神的确立等话语体系及其环境的转变,中国逐渐从以前被日本所崇敬的"他者"被建构为一个"值得声讨和蔑视的他者"。

与"发现中国"的作业相呼应,江户日本亦开始了"大和魂"的创建(发现日本)。其核心内容则是神道、武士道和以"物哀"为基调的日本式情绪的创建。它们不仅被建构为可以表征自我的"自足"的价值体系,而且被建构为可以体现日本优越性的意义体系。随着日本精神的发现,江户日本亦形成了有利于"大和魂"流布的各种因素(如共享的文化活动等)。这些是第三章的主要内容。

第四章以樱花和富士山这两种十分突出的民族外在标志为例,探讨江户日本"樱花为日本独有"的各种话语和意识形态的形成、樱花作为大和魂象征的成立过程及其意义、富士山作为大和魂象征的成立过程及其意义,进而把握它们与江户日本身份建构的关联。

第五章论述了在江户时代尤其是江户后期,西方作为他者,不仅促进了日本人向内部的凝聚(同一性),其思维方式还成为解构中国而确立自我同一性的依据。

结论部分对江户日本的身份建构进行评价或总结,考察其原理、性格及对近代日本身份建构的影响,进而探讨身份建构的一般原理和机制。

第一章

江户日本人身份建构的思想根源

"我是谁?"人类一直都向自己发出这样的追问。归属于集团,即需先确定"我们是谁?"这样才能回答"我是谁?"才能把人类生命的偶然性和不确定性转化为连续性和确定性。"对共同体的追寻"——寻找认同(identity)与故乡、确定身份与归属(identity)——是"人类境况"本然的一部分。所谓儒教、佛教、基督教和伊斯兰教等,它们的意义在于,为将宿命转化为生命的连续性提供了可能。民族主义作为一种意识形态,也具有上述确定身份的功能,而且,它是以一种世俗的形式,将宿命转化为连续,将偶然性转化为确定性。

身份建构源自身份被意识到之后,其根源在于自我意识的成长及有利于这种意识成长的时空条件的变化。这种意识在民族或国家的层面就表现为民族自我意识,按现代的话说就是民族主义。从这种意义上说,民族身份构建的思想根源也就是民族主义的思想根源。如安德森所说,若要考察民族主义的文化根源,"我们应该将民族主义和一些大的文化体系,而不是被有意识信奉的各种政治意识形态,联系在一起来理解"[①]。因为这些先于民族主义出现的文化体系,在日后既孕育了民族主义,同时也变成民族主义形成的背景。在日本民族主义产生之前,东亚形成了儒教的文化体系。古典儒教共同体(如果有的话)的衰落,便为日本民族主义的出现创造了一个可能的条件。这是与西欧民族主义类似的地方,因为它的产生在很大程度上得益于神圣的基督教共同体的衰退。不过,

---

[①] [美]本尼迪克特·安德森:《想象的共同体》,吴叡人译,上海人民出版社2003年版,第13页。

在东亚，民族主义的形成还有着特殊的原因。第一，华夷观念和华夷秩序是其中的一个因素。虽然传统的华夷观念与民族主义并无本质的关系，相反，还是民族主义形成的桎梏，然而，江户初期东亚"华夷体系"本身的变化却为日本民族主义的形成提供了契机。第二，神国思想的兴起也是其中的一个因素。这是日本与西欧最大的不同点。如果说西欧民族主义是以基督教共同体的衰败为前提，那么日本正好是以发现和创建神国思想，进而挑战华夷观念为条件的。其目标是建立足以与外来文化对抗的"自足的"思想体系，完成日本人的文化同一性建构。第三，基于独特的自然和地理环境与长期的生活实践，日本人亦形成了独特的精神文化和历史传统。即便它在江户以前没有被充分的民族化，却也为江户日本重构自我主体性和同一性奠定了物质的基础和可供挖掘的历史资源。第四，随着江户统一国家的建立及锁国体制的确立，日本内部空间实现均质化，也是江户日本文化民族主义兴起并开始构建自我身份的一个重要条件。

第一节 古典儒教共同体的衰落

古代是日本全面吸收儒教文化的时代。3世纪左右，汉字传入日本，使原先口头传承的日语拥有了书写的文字。9世纪前后，以汉字为基础，假名被创造出来，从此形成两者并用的局面。文字作为一种符号，具有人赋予的价值和意义，创造了一个符号——而非声音——的共同体。这种由神圣文字结合起来的古典的共同体，系于符号的文化性这种理念。然而，符号的任意性却造成了口语（日语）与汉字之间的割裂，为后来日本民族主义的兴起准备了土壤，以至于日本要"复古"至汉字或汉籍传来之前的语言文化系统。

6、7世纪，日本出现了吸收中国文化的高潮，以此确立了统一的律令制国家。至此东亚形成了古典的儒教共同体（Classical Confucian Community）。这个共同体共有的关于世界的概念，就是华夷思想。[①] 华夷思

[①] 本书所用的华夷思想，既指以"礼"划分的尊卑内外的思想观念，又指华夷秩序观，即指作为一种世界秩序观而被系统化了的思想体系，具有文化的、政治的、种族的等复杂的构成内容。

想发轫于上古时代，经春秋战国、秦的发展，至两汉基本定型。这是一种中国中心主义的世界秩序观，"礼"是其判断标准。这种观念认为，中国是礼乐刑政备至、文明高度发达的"天朝上邦"，为"华夏""中华"；中国之外的民族或国家则是野蛮落后、不知人伦、几近禽兽的"化外蛮夷"，为"夷狄"。"华"专指中国，是文化或道德正统性的代名词。"夷狄"同时被实体化，于是有"东夷"（日本）"西戎""南蛮""北狄"之称。在华夷秩序观下，中国被认为是世界乃至宇宙的中心，是世界万国的宗主国，与其他民族或国家形成了一种不对等的朝贡关系。

古代日本接受了中国的华夷思想，到7、8世纪，也形成了自己的华夷观念。607年，遣隋使小野妹子所持国书称"日出处天子，致书日没处天子"，表现出寻求与中国对等地位的强烈愿望。701年颁布的《大宝律令》置天皇于国家政权的最高统治者地位，并依天皇的"教化"所及与否，将世界划分为"化内"与"化外"。这表明华夷观念作为一种政治思想被贯彻到了律令制的法律体系中。712年完成的《古事记》，视神话传说的"苇原中国"为丰饶而适合于天孙降临的"中国"，而以现实的"大八洲"为世界的中心。于是，《古事记》第一次从哲理层面赋予以日本为中心的华夷世界秩序观以正当性。[①] 不过，古代日本的华夷思想根本不足以与中国的华夷观念相抗衡。这主要是因为中国文化构成了日本文化和政治体系的根基，日本人无法据此实现自己的同一性。简单来说，日本人不能依据一种外来的语言、文化来确定自己的身份，他们暂时还摆脱不了古典儒教共同体的强大影响。

12世纪末武士政权的建立，标志着律令制的解体。镰仓武士团作为律令制结构的否定者，自其诞生之日起就与中国文化的价值体系相疏离。于是，儒教共同体不可避免地迎来它的衰退，日本的古代华夷观念也逐渐淡薄。关于武士政权之于日本的意义，石母田正指出：

> 中世纪历史的最大成就就是从中国文化中解放出来。……从奈良时代到平安前期贵族文化的特征当然是中国的大陆文化，它对古

---

① 酒寄雅志：『華夷思想の諸相』、載『アジアのなかの日本史』5（自意識と相互理解）、東京大学出版会、1993年、41頁。

代来说不仅是外来文化，而且构成了古代文化的本质之一。……与平安贵族没能否定律令法一样，对中国的学问艺术也是无法否定的，这一点只要贵族社会延续就无法避免。从中国文化中真正独立出来不是由贵族本身而是由其外部的新势力来完成的，事例之一就是针对律令法出现的贞永式目……①

内藤湖南也认为，在应仁之乱以前，"日本已经开始脱下来自中国文化这套衣服，但尚未脱光"，主张应该在"日本几乎完全丧失奈良朝、平安朝时代从中国人接受的文化、又没有德川时代那样中国文化重新输入的时代之前，日本陷入战乱、黑暗的足利时代，特别是应仁、文明以后那个时代"寻找日本国民的文化素质。② 前述主张虽有因拔高民族主体性的局限性而过高评价武士政权的缺陷，却也共同指出了这样一个问题，即自镰仓政权建立后日本逐步走向了"脱离古典儒教"的路径，尝试开始独立的文化和制度体系的创建。

儒教共同体虽然在中世呈衰落之势，然而日本并没有完全形成导致民族主义产生的历史条件。这既有内部的因素，也有外部的因素。首先，日本人赖以实现同一性的独自的历史文化，尤其是神国思想等，本身的发展仍不够成熟，即日本人对"自我"仍缺乏明确的认识。而且，中世日本一直处于国内政治与经济的动荡时期，除了元军征日时期外，国内问题始终压倒了对外的问题。其次，对日本而言，还缺少一个或几个明确的"他者"，如果说中国算是此时期日本的"他者"，那么，日本仍缺乏对中国这个他者的足够认识。

在进入江户时代后，儒教共同体不仅保持着自中世以来稳定的衰退局面，而且出现了严重破坏这种共同体的神圣性的三个因素。第一，16世纪中期以后，天主教的传来急遽扩大了日本人文化和地理的视野，也扩充了他们关于人类可能的生活形式的概念。耶稣会士传入的西方文化，

---

① 转引自［日］富永健一《日本的现代化与社会变迁》，李国庆等译，商务印书馆2004年版，第95页。

② ［日］内藤湖南：《日本文化史研究》，储元熹等译，商务印书馆1997年版，第186—187页。

是一种迥异于东方的异质文化，而日本人对它则是趋之若鹜。天主教传来不久，信徒就急剧上升，据一般估计，最多时达到了75万人。信徒从大名以至乞丐，波及了社会的各个阶层；它的影响南起种子岛北至北海道，遍及日本全域，而且非天主教徒也卷入了"南蛮风潮"①。于是，16世纪后期"南蛮文化"迅速占据了广大日本人的精神世界，构成了对现存统治秩序的严重威胁，天主教也由此招致了统治者的嫉恨和禁止。日本为"神国"，是丰臣秀吉和德川家康禁教的依据。他们已自觉或不自觉地进行着"神国日本"的想象。1587年丰臣秀吉颁布"驱逐传教士令"，曰："（1）日本乃神国，由天主教国传来邪教，不成体统。（2）彼等使诸国郡为门徒，捣毁神社佛阁，为前代所未闻。"德川家康于1613年12月颁布"伴天连驱逐书"，说："夫日本者元是神国也。阴阳不测名之谓神云云，又称佛国云云。……日本者神国佛国而尊神敬佛，专仁义之道，匡善恶之法。"②

上述记载最引人注意的不是其禁教的坚决，而是他们的态度和语言。他们不自觉地使用了"吾朝""日本"与"彼等""尔"这类字眼，要求严格区分"我们的"与"他们的"，产生了明确的"自他"意识。他们又使用了"神国""神道"这类字眼，开始把"日本"与"神国""神道"联系在一起加以想象，这不仅深化了对于"我们"的认识，实际上也预示了日后民族主义者的语言：我们的"民族"是最好的。不过，他们的论述也说明，直至近世初期，日本主流知识界仍处在以佛教为中心的神儒佛三教一致的阶段，而且神道还没有摆脱对儒佛的依附地位。

天主教传入的地理知识也有助于日本人进行"神国"的想象。地图是人们进行"民族"想象的重要方式，其意义在于建构世界，而非复制世界。1590年，天正少年西游使团归国时，向丰臣秀吉进献了一部当时最新的分页世界地图集。秀吉对之爱不释手，命画师绘一图于屏风，又连自己的扇子也绘上了远东地区的地图。以至于有日本学者认为，秀吉

---

① 赵德宇：《西学东渐与中日两国的对应》，世界知识出版社2001年版，第14页。
② 转引自村冈典嗣『日本思想研究』4（日本思想史概说）、創文社、1956年、593—594頁。

的扩张野心很可能是受到了新的地理知识的刺激和影响。① 1603 年，深田正室完成了第一次由日本人绘制的世界地图。这也说明，至少到了 16 世纪末期，日本人已自觉地进行着"神国"的想象，也预示了作为神国思想支柱的神道的独立已为期不远。

第二，朱子学被定为德川幕府的官学意识形态，不仅没有强化古典的儒教共同体，相反却加速了它的衰落和解体。德川政权独尊朱子学，主要是为了增强统治的合法性并解决中世以来的道德颓废问题。然而，朱子学毕竟只是对中国古代"圣人之学"的一种解释，它同时表明日本儒者对圣人之学的解释也是自由的。这是朱子学自身无法克服的致命缺陷。随着对朱子学及自我认识的加深，日本的知识层逐渐对它产生怀疑，认为它歪曲了古代的圣人之学，而要求"复古"以寻求真正的"孔孟之道"。于是，不仅朱子学内部出现了分化，与朱子学对立的古学及阳明学也应运而生。例如，日本朱子学的奠基人藤原惺窝（1561—1615），以对"体任自得"之学问方法的强调，开创了"将宋明儒学相对化而接受的道路"②。在江户初期，这种"自得"的学问方法亦是普遍的。因为这种相对化的立场，江户学者对宋明儒学常持批判的视角。佑生木庵（1614—1683）所著《中庸异见》（1668 年）就很有代表性，该书记载："屡读屡惑，自以为有疑，乃思己之愚昧而不能彻先贤之精微。常不敢忘记，犹如有所失。一日间暇，虚心皆舍章句之意，直依经文。乃豁然自信，贯通自如也。"作为古学的先导者，山鹿素行（1622—1685）也自述了提倡古学的动机："宽文之初，我等读汉唐宋明学者之书，不解其意，乃直阅周公、孔子之书。以此为基准，正学问之血脉。自此一般不用后世书物，昼夜埋头于圣人之书。"③ 他激烈反对宋儒，就是认为"圣人之道"自孔子之后已消失殆尽，汉唐宋明之徒"其实竟不知圣人之要道"，到了宋儒就"口唱异教"，实为"异端"了。"自夫子没至今，既向二千余岁，三变来，周孔之道陷意见，诬世惑民，口唱圣教，其所志，颜子之乐处，

---

① 转引自赵德宇《西学东渐与中日两国的对应》，世界知识出版社 2001 年版，第 47 页。
② 柴田純：『宋明学の受容と日本型中華意識』、載『思想史における近世』、思文閣、1991 年、257 頁。
③ 山鹿素行：『配所残筆』、『日本思想大系』32（山鹿素行）、岩波書店、1970 年、335 頁。

曾点之气象也，习来世久，呜呼命哉！"

通过求诸孔孟古典而解惑释疑，是江户学者几乎共通的方法论。它最终导致学者对"孔孟之道""圣人之教"也产生了疑问，从而进行儒教古典的批判。有"惺窝门四天王"之誉的那波活所（1595—1648）1633年就说："《孟子》七篇，余断然以为，乃其门人所著。七篇犹如后世诸儒之语录。诸儒岂能自纂语录耶？况孟子乎？"① 这种对古代儒教的怀疑，虽然暂时不能颠覆古典的儒教共同体，比如蕃山、素行的日本中心主义仍以古代的"圣人之道"为基础。作为它的逻辑结果，必然产生两个不同的发展方向：一是对"圣人之道"进行根本改造（徂徕的立场），二是完全抛弃"圣人之道"（国学者的立场）。无论哪个方向，都预示着古典儒教共同体的解体。

第三，1645年清朝攻入北京，取替明朝而入主中原。这使日本人的对华观发生了巨大转变。日本人始视明清更替为"华夷变态"，认为中国已转为"夷狄"，日本才是真正的"中华"。1674年林春胜（1618—1680）、林信笃父子著《华夷变态》，其序有云："崇祯登天，弘光陷虏，唐鲁才保南隅，而鞑虏横行中原，是华变于夷之态也。"② 不仅如此，清朝的出现还唤起了日本人对"元寇"的记忆，进一步促使日本人民族意识的自觉。

"华夷变态"的提出，表明以儒教为基础的东亚秩序的传统认同开始瓦解，日本需要重新在东亚世界里确定自己的位置。例如，滨下武志认为，"华夷变态"可以引申为表现东亚历史中地缘政治与权力政治、地域与国家相互依存关系的关键概念——"华"尝试着转换为民族主义，"夷"则以转变为国家的方式与"华"对抗；"华夷变态"是亚洲地域所潜藏的历史能源。③ 17世纪遂成为东亚世界一个巨大的转变期，日本认为自身争取成为"中华"的契机已然到来，而以汉唐正统自居，开始以中国为"他者"进行东亚中心的自我想象，从而建构以日本为中心的华夷

---

① 柴田純：『宋明学の受容と日本型中華意識』、載『思想史における近世』、249—250頁。
② 『華夷変態序』、『華夷変態』卷1（上）、国立公文書館デジタルアーカイブ、No. 002。
③ 转引自孙歌《亚洲意味着什么？》，《读书》1996年第5期，第5—6页。

秩序。德川家康在致明朝的国书里就吹嘘日本已非昔日之日本,"其教化所及之处,朝鲜入贡,琉球称臣,安南、交趾、占城、吕宋、西洋、柬埔寨等蛮夷之君长酋师,无不分别上书输贡"①,俨然建立了一个与中华相抗衡的日本世界。17 世纪 30 年代,幕府据此建立起与中国、荷兰通商,与朝鲜、琉球、阿伊奴"通信"的"大君型华夷体制";知识阶层则以"复古"之名,从根本上改造与否定两个方向对儒教进行彻底化操作,意图颠覆古典的儒教共同体。随即,"中华=神国"即"日本为中华"的意识便与"日本为神国"的思想合流,奠定了日本人建构民族自我身份的基础,形成了 18 世纪从文化上对抗乃至压迫中国的民族主义思潮。

古典儒教共同体的衰落,从内部产生出填补这个真空的新的意识形态需求。此时,日本知识精英逐渐认识到独立之神道的重要性并开始了这种建设,同时又使其与神国思想相结合,从而奠定了江户日本文化民族主义的基础。

第二节　神国思想的发展

自儒教传入日本后,它的价值体系便构成了日本人"文化自我"的根基。这导致了日本人"政治的自我"与"文化的自我"的分裂乃至紧张关系。对日本来说,儒教经典是他们文化的"故国";毕竟他们身处日本,中国又是他们政治上的"异乡"②。这种状况的长期存在,造成了日本人自卑的心理和极其强烈的"危机感"。这种危机必须得到解决。于是,神国思想作为对此的补充,可以带给日本人以自傲和自负的心理。这种心理即神国的优越意识,自然成为日本民族主义的精神起源。正如历史学家米歇尔所说:"日本的民族主义原就坚信日本具有神圣的使命,又由于它把新近学到的西方技术和精心保存下来的传统文化巧妙地结合起来而感到理所当然的自豪,因此,这种民族主义就更加增长起来""国

---

① 转引自刘景华《东方的"西方":日本国起落兴衰的历程》,中国文史出版社 1999 年版,第 142 页。

② 黄俊杰:《从中日比较思想史的视野论经典诠释的"脉络性转换"问题》,《台大历史学报》第 34 期。

教神道教的教义告诉人们,日本帝国的神圣起源是'天照大神'"①。这番话指出神国思想是日本的传统,然而,实际上任何"传统"都是被创造的产物,只是随着历史的沉淀它才成了传统。

神国思想在一定程度上是对以中国为中心的华夷秩序的反动,因而具有强烈的"被创造"的痕迹和性格。由此可见,日本的神国化也即意味着日本的"神圣化"和"自我中心化"。从这种意义上说,它的不断发展过程在一定程度上亦体现了古典儒教共同体不断衰落的过程,两者呈现出一定的此消彼长的关系。到了神国思想作为完整的文化体系发展成熟,日本人已能够(即便是"想象的可能")依此实现同一性,则必然会兴起排斥外来文化的风潮。或者说,他者意识是神国思想产生和发展的一个重要契机。这意味着中国及中国文化始终是神国思想的一个参照系,即便它们亦曾是其所依赖的理论依据。

神国思想源于日本古代被"创造"的神话,而且是随着天皇中央集权体制的创建而被创造出来的神话。因而,其中的一个首要环节就是天皇及其地位的神圣化,即天皇被塑造为永恒统治日本的"现御神"。在圣德太子(574—621)主政期间,日本致隋朝的国书声称"日出处天子,致书日没处天子",后又改为"东天皇敬白西皇帝",谋求与隋朝的对等关系。可见,日本创造出"天皇"之称谓,在一定意义上是为了谋求与中国的平等对话地位,从而建立以日本为中心的天皇世界秩序。

与大化改新后中央集权体制的建设相适应,天皇神圣化的作业得到了继续推进。万叶宫廷诗人柿本人麻吕就曾赋诗盛赞天皇的神格性:"大君本是神,天云雷上庐。"(《万叶集》卷三·235);文武天皇在697年即位时,其诏书则采取了"神宣"的形式,"现御神与大八岛国所知(按:统治)天皇大命诏"②,它亦成为此后天皇即位时的固定化表达。在文武天皇时期,日本亦以"圣朝"自居,以"华夷之礼"对待虾夷、隼人、新罗③等周边国家,显示了建立日本型华夷秩序的意识:"大宝元年(按:

---

① [法]亨利·米歇尔:《第二次世界大战史》(上册),商务印书馆1980年版,第355、357页。
② 『続日本紀』、『国史大系』第2卷、経済雑誌社、1897年、1頁。
③ 《续日本纪》"大宝三年闰四月辛丑"条关于"新罗"记载说,"朕思:其藩君虽居异域,至于覆育,允同爱子"(『続日本紀』、『国史大系』第2卷、27—28頁)。

701年）正月朔日，天皇御大极殿受朝。其仪于正门树乌形幢，左日像、青龙、朱雀幡，右月像、玄武、白虎幡。蕃夷使者陈列左右。文物之仪，于是备矣。"①

随后的《古事记》(712年)和《日本书纪》(720年)则通过对神祇的序列化和神话故事的重构建立了体系化的宏伟神话叙事，奠定了天皇的神圣统治和"日本是神国"的基础。《古事记》说，日本是天照大神统治的"神国"，而天皇则是天照大神的子孙，形成了永恒的皇统；《日本书纪》神功皇后9年十月条，借新罗王之口说："吾闻东有神国，谓日本；亦有圣王，谓天皇。必其国之神兵也，岂可举兵以距乎？"在此，日本人自诩为神国，又自认为得到了儒教文化的真传，以"圣朝""圣王"自居，显示出"神国"与"圣王"并列是日本进行"自我中心化"的两大依据。《日本书纪》还以此主张神功皇后"平定三韩"的正当性，而这亦经常被后来的日本民族主义者所征引，以为侵略和统治朝鲜的依据。

在此后很长一段时间里，日本的正史书籍都没有出现"神国"这一字眼，直到901年编纂的《日本三代实录》。该书记载说，清和天皇（858—876年在位）时期新罗的"贼船"屡屡来犯筑前（按：福冈县），故天皇遣使至石清水神社奉币祭告曰：

> 彼新罗人与我日本国长久以来相互敌对。而今入来境内，夺取调物，无惧沮之气。量其意况，兵寇之萌，自此而生焉。我朝久无军旅，专忘警备，兵乱之事尤可慎恐。然我日本朝，所谓神明之国也。神明之护赐，何兵寇可近来。况令人敢不敬畏之皇太神，御坐于我朝之大祖也，而护赐、护赐食国（按：平安以前日本对贡献海产品等食物于自己的国家的称呼）之天下。……畏我朝神国而悍来。②

这一文字构建了"天皇统治日本""日本是神明所护佑的国家"和"日本护佑周边之食国"的神国观念，也表明当时的"神国"主要是一个

---

① 『続日本紀』、『国史大系』第2卷、13頁。
② 『日本三代実録』、『国史大系』第4卷、経済雑誌社、1897年、299頁。

对外的概念。而且，自《日本书纪》到清和天皇时期官方史书所载"神国"的次数之少，不仅说明"重视神祇信仰的风仪与神国思想仍处于乖离"的状态，还说明"即便是从朝廷层面倡导，神国的国土观、国家论及作为其基础的历史观依然没有定型"①。

而自宇多天皇（887—897年在位）时期开始，神国思想开始与神祇信仰形成了"不即不离"的关系。《宇多天皇御记》记载说："我国者神国也，因每朝敬拜四方、大中小天神地祇。敬拜之事始自今，后一日无怠云云。"② 在此，"日本是神国"被当成了天皇每日敬拜神祇的所以然，而不是相反。这无疑增强了日本作为神国的本原性。这种神国观念与神祇信仰的关系形成了古代日本不含或是排除了佛教要素的"日本是神国"的神国思想，不仅促使了神国思想在贵族间的传播，也打开了它进一步发展的空间。因此，"自院政时期（1086—1185）起，以日本为神国的表述开始急剧增加"，而且其记述也不再仅局限于"正史及天皇、贵族的日记等统治阶层的记录，而是开始广泛而频繁地见于各种各样的媒体"③。例如，"大凡我朝者神国也，大小神祇、部类及眷族、权化之道，感应遍通者也"④"日本国者神国也，利生竭焉在。神达不知几百柱"⑤ 等。不难看出，这些论述在"承认日本是神佑之国""开始染上佛教色彩"等方面具有相同点，却未必都承认和坚持以天照大神为顶点的古代神祇观念和神国观念，有些甚至是对这一观念的"反叛"。

因此，与不含佛教因素的神国思想相对，随着平安中后期本地垂迹说在日本的展开，一种基于佛和佛教原理的神国思想自中世后便盛行起来。依据本地垂迹说，佛或菩萨是本或本地，而神道的诸神是佛或菩萨为应机说法而显现的化身或垂迹。按照这一学说，神佛虽然本质上是同一的存在，然神的存在合法性却源自于佛，"日本原为神国，故于各国诸里，镇守明神并井垣，显鸟居。其数，依《延喜式》所定则3122社，另

---

① 鍛代敏雄：『神国論の系譜』、法蔵館、2006年、11頁。
② 『宸記集』上卷、列聖全集編纂会、1917年、7頁。
③ 参见佐藤弘夫『神国日本』、筑摩書房、2006年、99頁。
④ 『古今著聞集』、『国史大系』第15卷、経済雑誌社、1901年、158頁。
⑤ 住信：『私聚百因縁集』、載『大日本仏教全書』第148卷、仏書刊行会、1922年、160頁。

亦有13700余社之说。即便不可知其确数，然诸神之本地皆乃前世之如来、菩萨"①。这意味着"神皆是根据佛救济众生的意思而出现于这个世界的存在"②，它们自身并不被认为是一个"自足的"独立存在。由是，基于这一原理的中世神国思想也具有表明日本"既是神国，又是佛国"的双重含义，这点亦可从不少中世文献中得到证实。有学者据此认为，中世日本"既以彼岸和此岸这种二重结构的世界观为前提，又是遥远的他界之佛作为神而垂迹之地，所以才是神国"③，甚至是"佛作为神而垂迹的末法边土之地"④。这一逻辑正是中世神国思想的特色，故它具有"既有对国土特殊性的关心，又有对普遍世界的强烈憧憬"⑤ 的两面性。

可见，即便中世占主流的神国思想具有普遍性的志向，却不可否认它仍有强调日本特殊性和优越性的侧面；而且，这种神国思想虽然在某种程度上可能削弱了神祇及神国思想的内源权威性，而恰恰又因为它的合法性乃是源自佛及佛教，事实上也使神国思想随着佛教的普及而得到了最大限度的普及。

与中世佛教界或思想界深受佛教影响的神国思想相比，中世武士政权的政治和对外思维及实践却推动了主张日本特殊性和优越性的神国思想的发展。12世纪末建立的镰仓幕府（1192—1338）虽然有可能对日本人的尊皇观念造成影响，却不能认为它就是对神国思想发展的阻碍，因为幕府统治的合法性基础仍然是源自"神授"即天皇的授予。以镰仓幕府的开创者源赖朝而言，敬神不仅是他个人的信仰，也是幕府的基本政策。因为源氏的起源乃是降下臣籍的皇族，皇祖神也即源氏的祖先神，所以源赖朝对伊势神宫、神事等尤其尊崇，也曾遣使赴伊势神宫敬奉所谓神宝："神事如在奉崇，正法遗风令继。纵虽平家，虽源氏，罚不义而赏赐忠臣。兼又，访古今之例，二宫申立新加之御领。……皇太神令照纳此状，上始自政王，下迄百司、民庶，安稳泰平，令施惠护。更至赖

---

① 『耀天記』、載塙保己一編：『続群書類従』巻48、続群書類従完成会、1943年。
② 佐藤弘夫：『神国日本』、78頁。
③ 佐藤弘夫：『神国日本』、105頁。
④ 佐藤弘夫：『神国日本』、119頁。
⑤ 佐藤弘夫：『神国日本』、198頁。

朝之家臣，夜守日守护幸。惶恐，惶恐！"① 他也是秉持优先神事而不是佛事的立场："一、诸社事。我朝者神国也，往古神领无相违。其外，今度始又可被新加欤？……若有破坏、颠倒诸社之事者，随功劳之程度，可被唤至'召次所'。功作之后，可被御裁许。神事恒例，守式目，无懈怠。可令勤行由，殊可有御处置矣。一、佛寺间事（后略）。"② 可见，源赖朝严格区分了神和佛、神事和佛事；又因神国思想而极为尊重神事，不仅给予社领特权，还保护神社、神事。

镰仓幕府的神道政策不仅有利于神国思想的发展，其对元外交政策和两次与元朝的战争也极大地促进了日本对神国思想的自我认识及其普及。据记载，1269年7月，高丽王派金有成携"蒙古中书省谕日本牒状"赴日。而天皇朝廷作成《赠蒙古国中书省牒》以答，写道："凡自天照皇大神耀天统，至日本今皇帝受日嗣，圣明所覃，莫不属左庙右稷之灵。得一无二之盟，百王之镇护孔昭，四夷之修靖无恙。故以皇土永号神国，非可以智竞，非可以力争，难以一二，乞也思量。"此牒状是日本第一次向中国自称为"神国"的正式文书，虽因幕府当时认为没有必要向蒙古回书而被搁置，却也反映了幕府对于"神国"的自觉。与此相对，朝廷得知幕府不让作复并拒退使者，就遣人到伊势神宫和京都附近的22个神社和寺庙祈祷"异国之降伏"，更显示了以神和神国为依赖的倾向。

随后，元朝在1274年和1281年发动的两次征日战争，也意外地促进了神国思想在日本的发展和普及。日本人认为，致使元军惨败的台风是"神风""八幡宫镝矢西风"等，是"神明显威，现形防之""神明之灵威，非人力之所及"③。于是，通过"他者"的介入，日本人得以以"神国"进行自我想象，神国意识也就逐渐普及开来。

在中世神国思想的发展上，具有决定性的理论成果是《神皇正统记》。镰仓幕府垮台后，日本短暂地出现了南朝和北朝并立的政权。北畠亲房（1293—1354）继承并发展了"记纪"的神国思想，1339年完成《神皇正统记》，秉着证明南朝正统性的目的，对基于"记纪神话"的神

---

① 『吾妻鏡』、『続国史大系』第4卷、経済雑誌社、1905年、75頁。
② 『吾妻鏡』、『続国史大系』第4卷、98—99頁。
③ 转引自汪向荣等《中世纪的中日关系》，中国青年出版社2001年版，第54页。

国思想进行了系统重构。"大日本者神国也。天祖始创基,日神永传统。唯我国有此事,异朝无此类,此故曰神国也。"认为日本是神所创,乃是传统神国观的主张。以天照大神的血脉与神意的继承为正统的根本,却是亲房的发展。他认为,自开辟以来,日本一直秉承日嗣,是真正的万世一系,不仅在世界上是独一无二的,亦优于常有易姓革命的中国与印度。他还以所谓"神器授受"的标准来强调南朝的正统性:"三种神器之传于世,宛如日月星之在天空中。镜者,日之体;玉者,月之精;剑者,星之气。"天孙掌天照大神所赐之三种神器,统治"苇原中国",宝祚之隆,当与天壤无穷;只有拥有代表正直、慈悲和智慧三种美德的神器,才是正统的"天孙",才能统治神国。可见,该书的意义不仅在于为南朝正统提供理论依据,同时也明确地使神道与天皇统治联系起来。更为重要的是,它通过对"神器授受"的强调,使神国思想在一定程度上由虚在变成了实在,因而为日本人的"神国想象"提供了较切实的凭借;也开创了以"神创之国"和"国体的万世一系"主张日本对外优越性的先河,为所谓"神国国体论"乃至皇室中心主义奠定了基础。它在中世被改编为多种版本,近世则受到了水户学的极力褒赞,说它"扬神统于已微,以明神器之有归。其明微扶正,诚有合于春秋遗旨云"[①]。

北畠亲房的神国思想既是对慈遍神国观的回应,又作为吉田神道所主张的神国观的先行,促使排除了佛教或以神道为根本的神国思想在日本的形成及成熟。

在室町时代以后,神国思想三次大规模的运用是怀良亲王对明太祖华夷秩序的抵制、足利义持拒绝向明朝称臣及丰臣秀吉两次侵略朝鲜。1368 年,明太祖朱元璋在金陵登基,认为已恢复华夏正统,便晓谕四方,欲恢复元朝所破坏的华夷世界秩序。次年遣使日本,要求"奉表来庭"。时为"征西将军"的怀良亲王拒绝奉命,并斩杀明使 5 人。这是明朝华夷思想与神国思想的第一次正面冲突,显然日本略占上风,因之被后世日本人称为"千古之快事"[②]。后来倭寇不断升级,经多次交涉未果,1381 年朱元璋再次致国书于日本,对此加以严厉指责。据《明史·日本

[①] 『「神皇正統記」解説』、載『日本古典文学大系』87、岩波書店、1965 年、24 頁。
[②] 田中健夫:『中世対外関係史』、東京大学出版会、1975 年、54 頁。

传》记载，怀良亲王的回书曰："臣闻三皇立极，五帝禅宗，惟中华之有主，岂夷狄而无君。乾坤浩荡，非一主之独权；宇宙宽洪，作诸邦以分守。盖天下者，乃天下之天下，非一人之天下也。"这封回书是对以中国为中心的华夷秩序的反叛乃至否定。不过，怀良亲王挑战华夷秩序，依赖的仍是儒教的天下理念，所以御敌的仍是"孔孟之道德文章"和"孙吴之韬略兵法"，而不是由"日本的根本文化独立出来的结果"。

朱元璋去世后，足利义满为开展与明朝的朝贡贸易，主动以日本国王的名义称臣入贡，明确承认并加入了明朝的华夷秩序。这一做法无论在当时还是后世都遭到了十分强烈的责难。它被民族观念强烈的日本人认为是屈辱卖国之举，又被认为给日本历史留下了未曾有的污点。因此，在义满去世后，其子足利义持便拒绝朝贡称臣。据《善邻国宝记》记载，义持绝贡、绝使的依据正是神国思想："本国开辟以来，百皆听诸神，神所不许，虽云细事而不敢自施行也。顷年，我先君惑于左右，不详肥富口辩之愆，猥通外国船信之问。自后，神人不和，雨阳失序，先君寻亦殂落。其易篑之际，以册书誓诸神，永绝外国之通向。""当是也，是神托人谓曰，我国家自古不向外邦称臣。……昔元兵再来，舟师百万，皆无功而溺于海。所以者何，非唯人力，实神兵阴助以防御也。"① 义持认为，日本是由神所统治的国家，故自古以来就没有"向外邦称臣"的历史和道理，其父称臣纳贡乃是"惑于左右"，非其本意。为说明神灵的巨大威力，他还举出两个为日本人深信不疑的例子作为日本为神国的表现：义满得病，是由于向明称臣而致使"诸神为祟"的结果；元军侵日失败，也是因为"神灵验赫"。可以认为，此时期"神国"意识虽然缺乏神道的理论支持，却越来越成为中世日本一种具有重要影响力的世界观，影响着日本人的对外认识和自我认识。

随后，丰臣秀吉则使神国思想发展到了一个新的高度。他禁止天主教的依据，就是日本为神国的思想。他甚至编造出自己出生的神话，称自己为照临万物的太阳。1593年，他致书台湾高山国，说："夫日轮所照临，至海岳、山川、草木、禽虫，皆莫不受之恩光也。予际处慈母胎中之时日没，然有瑞梦，其夜已日光满室，室中如画，诸人不胜惊恐。……生

---

① 转引自汪向荣编《〈明史·日本传〉笺证》，巴蜀书社1988年版，第208—209页。

长万物者日也，杜渴万物者亦日也。"① 依他看，日本既是日嗣统治的神国，而自己又为太阳之后，那就应该负有统治"日轮所照临"之地的使命，可以使万物生，又可以使万物亡。他由此抛弃了自古以来试图同中国采取对等外交的传统，意图建立一个以日本为中心的"大日本"帝国。他所构想的"天朝上国"是首先征服朝鲜，然后占领中国，进而征服东南亚和天竺。为此，他制订了极为周详的侵略计划，② 分别于 1592 年和 1597 年发动了两次侵朝战争。由于中朝联合抵抗日本侵略军，最终使他的"大日本"帝国计划胎死腹中。这两次战争是日本第一次以"神国"之名进行的对外扩张，对后世的影响极为深远。"丰臣秀吉这个人，可以被视为日本帝国主义的祖师爷——或者说，第一代日本帝国主义、军国分子中之佼佼者"，他建立了"一个帝国主义的传统，让二十世纪的军国主义都成为他的忠实继承人"③。

直到江户初期，神国观念仍处于相对独立发展的阶段，并没有实现与"神道"的真正结合，因而难以与民间的神道信仰发生直接的联系。中世盛行的伊势和吉田神道倡导"神道最高，儒、佛次之"，虽有助于神道的普及，却由于它们本身缺乏本体论的依据，亦难以促进神国思想与神道的结合。然而，16 世纪左右天主教对神道的猛烈攻击，则成为促使神国思想发展及它与神道结合的外部契机。耶稣会士以一神教的立场，斥责神道多神教、现世教的性质，又以西方科学的历史观斥责日本神代传说的信仰。他们认为，神道的开辟说到神社所祭祀的神话时代的诸神、神武天皇、家康等伟人信仰，以至动物、山岳等自然崇拜及天皇崇拜，都是一种"偶像的迷信"，极其荒诞。成书于 1605 年的《妙贞问答》是当时攻击神道最有名的著作。该书以妙秀、幽贞两僧人问答的形式，驳斥了佛教、神道教和儒教，论述了基督教的教理。作者不干·巴鼻庵（Fucan Fabian，1565—1621）为日本人，后成为耶稣会士，曾与林罗山就此展开过激烈辩论。巴鼻庵对神道的攻击可谓针针见血：（1）他攻击神道的开辟说，指出"天地不是由国常立君所开辟，而是由已开辟之天

---

① 转引自郑樑生『明・日関係史の研究』、雄山閣、1985 年、463 頁。
② 参见郑樑生『明・日関係史の研究』、533 頁。
③ 黄枝连：《亚洲的华夏秩序》，中国人民大学出版社 1992 年版，第 352、391 页。

地生出国常立君"。(2) 神道认为开辟说有意义,他认为,这一主张是将儒教的阴阳之理极端浅薄化的结果,盖神道之秘密,唯在于极尽夫妇交怀之阴阳道,故神道的开辟说不过为原始的生殖神话。(3) 神代文献之所传,皆是不可信的荒唐无稽之记事,神代文字亦不可信。因日月无情无心,而日食、月食也是明显的自然现象,故连神道的最高神——天照大神——也是非生物的虚空之物。即从文明史的通则来看,日本这样的岛国应该看作由邻国居民迁徙而成,从这点上说,当时所传之吴太伯苗裔说倒更为可信。(4) 人代之后所祭祀之诸神,如八幡、天满天神之类,皆是以人为神,并非真正的神。因此即便祭拜上述诸神,也不能成就现世安稳、后生善所之愿望。[①] 如果说巴鼻庵颠覆了神道的理论依据,1619年来日的西班牙传教士狄亚哥·柯拉多(Diego Collado,？—1638)则在实际生活中禁止教徒举行祭神仪式或向神祈愿。

可见,传教士对神道的攻击,招招击中要害,有倾覆神道和神国思想的致命危险。巴鼻庵作为一个接受了天主教的日本人,也激烈地攻击作为"民族宗教"的神道,更说明了事态的严重性。天主教作为外部的刺激即江户初期日本的"他者",使日本人意识到发展并完善神道的理论已是当务之急。于是,日本首先出现了"排耶"的高潮,并于17世纪30年代建立了锁国体制。在完成锁国后,"排耶"运动亦大体宣告结束。此时,知识阶层逐渐认识到,要建立完整的神道理论体系,必须使神道从儒教中独立出来,而这时恰好古典的儒教共同体也近于解体,这就为儒教的客体化乃至"排儒"的民族主义的产生创造了充分的历史条件。因此,那些认为儒教文化长期压抑了自我的日本民族主义者就以中国为"他者",开始进行文化的发明或创造,以期完成文化同质性的建构。

毋庸置疑,江户以前神国思想的不断建构和发展不仅是日本自我特征化的重要环节,也可以为日本人提供"同质化的时空"之感,因而此前神国思想的建构原理和内容为江户日本的自我身份建构奠定了基础。然而,在江户以前,神国思想的理论化、纯洁化和普及化都尚未完结,而这些工作则最终由江户幕府、知识阶层和民众所共同完成。尤其是江

---

① 『妙貞問答』、『日本思想大系』25（キリシタン書・排耶書）、岩波書店、1970 年、129—143 頁。

户日本还需要"剔除"神国思想所含的佛教乃至儒教因素，使其成为一个"干净的"自我表征体系。

第三节　日本式情绪的形成与发展

按照18世纪德国著名思想家赫尔德的观点，任何民族的性格都是由其自然地理环境和历史传统所塑造，而且在很大程度上是由该民族所处的自然地理环境所决定。

日本是一个地理环境极其特殊的国家，是亚洲大陆东缘、太平洋西北部的一个群岛国家——孤悬岛国。日本东西狭窄，南北跨度很大，气象变化十分复杂，四季分明；日本又是一个多山的国家，沟壑纵横，森林覆盖率极高，国土绿意盎然；湖泊众多，湿度极大；四面环海，景色秀美……这样的地理环境形成了日本极具特色的变化莫测、优雅美好和秀丽的自然风光，也让日本人深切地感受到自然的鬼斧神工和美好。例如，成书于712年的《古事记》收录了一首盛赞日本自然美景的和歌："大和之国甲天下，山峦层叠如青垣。隐于青翠群山间，锦绣河山大和国"[1]，显示了日本人对本国秀丽景色的自觉和自豪。同时，日本群岛又位于欧亚大陆和太平洋交界的环太平洋火山地震带，经常会遭遇地震、火山、海啸、飓风、泥石流等自然灾害，在给日本人带来沉重灾难的同时，也让他们深刻地意识到自然的可怕和恐怖。这种自然环境的共同主题就是"变化（莫测）"和"神秘（莫测）"，而它恰恰被认为是一种非人力所能测知和支配的力量，这也正如古代日本人对富士山"既憧憬又恐惧"的印象。这导致古代日本人"在憧憬和恐惧之间"[2]形成了自己独特的心性，既对自然之美表现出热情、期待和崇拜之情，又对自然之恶表现出恐惧、无奈和敬畏之心，并最终形成一种相对的善恶观、美丑观及基于其上的既矛盾又联系、既对立又统一的民族心性。从这种意义上说，日本人心性的原初形成并不主要取决于人与人的关

---

[1] 『古事记』中卷、柏悦堂、1870年、48页。
[2] 和田律子：《平安时代的富士山：在憧憬和恐惧之间》，载青弓社编辑部编《富士山与日本人》，社会科学文献出版社2010年版，第144—158页。

系，因而并不强调和重视伦理观和价值观；它在很大程度上取决于人与自然的关系，因而强调和重视人对自然的感性、人之真情的自然流露等。

显然，日本人性格的形成与其特殊的地理环境有着十分紧密的联系，而基于这种独特"风土"的原初特性又经过"历史""人文""风土"的塑造和扩大化解释，最终在江户时期形成了日本人"自觉的"独特民族性格和民族精神。其标志则是本居宣长所发现和发展的"物哀"观念，即基于自我中心化和与中国相区分的思维而对"日本式情绪"所做的重新阐释。

尽管在近现代被公认为"日本式情绪"的东西是被不断发现和塑造的产物，却难以认为它在江户时代以前就作为"日本的意识"被充分意识到。换句话说，此前即便有所谓的"日本式情绪"的东西，也极少有人对它有作为日本民族精神的自觉。因为塑造古代日本人心性的历史和人文传统不仅有日本本土的历史和文化因素，还有中国文化和佛教的因素。这三种因素在很大程度上规定了江户以前日本的历史和传统，因而是形成古代"日本式情绪"的重要背景和依靠。

在江户时代以前，作为表征"日本式情绪"的三个一级审美概念——物哀、幽玄和寂（或"闲寂"）①——就已形成或正在形成中。其中，"物哀"可以说代表了日本式情绪的审美价值取向，"幽玄"和"寂"则是其十分重要的审美标准。它们的共同点是体现了一种重主观情绪、重感觉和感受、重宣泄苦闷悲哀的"主情主义"的思维倾向，而以"人情"的自然流露为立足点和目标。这种情绪的形成或许可以追溯到日本无文字的上古时代，而其有文字可考的确凿文献只可能是《万叶集》，此后又经过《古今和歌集》《枕草子》《源氏物语》、西行、世阿弥等作品或作家的阐发。可以说，"幽玄"的概念形成于江户时代以前，而"物哀"和"寂"的观念则形成于江户时代。前者作为独立的文学概念最后由本居宣长所发现和规范，后者作为美学理念获得独立性则"是经由西行、慈圆、宗祇的努力，最后由芭蕉完成的"②。

---

① 王向远：《日本之文与日本之美》，新星出版社2013年版，第168页。
② 叶渭渠、唐月梅：《日本文学史》近古卷，昆仑出版社2004年版，第442页。

以《万叶集》为例，该诗集虽然从内容和形式上都"深深地打上了中国文学影响的痕迹"①，然而其主导倾向却是"以诗言情"和"借物言情"，吟叹人生的苦闷悲哀，抒发诗人对外在事物尤其是自然景物的细腻的主观感觉和感受。这种重视人情的基调与我国传统诗歌"以诗言情"和"以诗言志、以诗明理"并重的倾向形成了鲜明的对比。而且，其对人情的特别思考也体现了此后日本诗歌乃至日本文学的一贯底色。其一，《万叶集》的视野大都局限于个人的情感和情绪，很少有对整个国家、社会和时代命运的关注。这恰如王家骅先生所言"诗歌的题材以恋爱为主，拘泥于个人的感情世界"②。其二，《万叶集》重视人情，追求的是个人朴素而纤细情感的"自然"流露。这是一种完全超越理性和道德的纯粹感情和情绪。因此，其诗歌大都不以伦理和道德为约束，亦不以"明理言志"为追求。可以说，《万叶集》的抒情诗大体都体现了这种个体性和情绪性的"自然的人情"，它也构成了万叶诗歌的主流。如"青青柳芽萌，渡口把哥等。清水尚未汲，立处已踩平"（卷14·3546）；"去岁银河渡，今来已变迁。夜深寻旧路，踏遍此河边"（卷10·2018）；"方世临空月，云遮有苦时。相逢今夜念，此恨了无期"（卷10·2025）；"年年相待苦，待得此秋来。我等缘何事，不将纽解开"（卷10·2036）；"恋情相待苦，岁月亦悠哉。今夜相逢夜，君偏又不来"（卷10·2039）；"秋花所染衣，水溅花衣湿。手挽系船绳，留君情太急"（卷15·3656），等等。毋庸置疑，这种对人情的特别思考也使万叶诗人经常以一种"消极的"态度来把握美、爱恋、相逢等所有"美好"和"积极"的事物和现象，进而形成一种以"哀愁与感伤"为基调的主情主义思想。从这种意义上说，《万叶集》初步奠定了日本诗歌乃至日本文学重主观情绪而轻伦理、重感受而轻思辨、重具体而轻抽象的审美基调。

稍后，《古今和歌集》的主要编者纪贯之基于自我意识的觉醒，从和歌的本质、功用和起源等角度论述了其作为日本固有诗歌的精神特征。他认为，和歌是"肇始于天地初判"的"阴神、阳神相契之歌"，因而"和歌通情"，以心的自然流露为根基："夫和歌者，其托根于心地，而发

---

① 王家骅：《儒家思想与日本文化》，浙江人民出版社1990年版，第357页。
② 王家骅：《儒家思想与日本文化》，第357—358页。

华于词林也。人生在世，不能无为。或为人、事、业之所感，以其心思所至，喻于见闻万物，而吟形于言也。"更具体地说，即是"爱花、羡鸟、哀霞、悲露之心，托以千辞，而化万态"。正因如此，基于人情的和歌也才"自然"具有了"不假外力"而"可动天地、感鬼神、和夫妇、慰武士"的独特功能。他进而认为，因为汉字传入日本和对汉诗的模仿，导致绝大多数日本诗人背离了人情，进而造成所谓"古风衰微"与"和歌衰落""自大津皇子之初作诗赋，词人才子慕风继尘，移彼汉家之字，化我日域之俗。民业一改，和歌渐衰"。作为这种思考的结果，纪贯之尝试做了自我特征化的各种实践。例如，他特意用假名与和文体完成了《土佐日记》的写作，以期发现"舳公所不解的物哀"之情。因为这点，他受到了江户尤其是近现代日本学者的大力推崇。然而，在我们看来，在江户时代以前极少有日本文人对"重情"或"重心"的思维有作为日本独特精神的自觉，纪贯之可以说是其中极为另类的存在。不过，这种极少数的自他区分的思维也构成了形成"日本式情绪"的历史和传统，并预示了日本精神被建构的方向和内容特征。

尤其是平安中期以后，随着宫廷女性作家的活跃，"自然的人情"得到了更进一步的阐发和拓展。女性作家们基于生活无忧而对政治不甚关心的社会属性和主观感性的生理属性，描述了一个个人生与自然相互映射的极为细腻的情感世界。以《枕草子》为例，清少纳言借此文提出了可以被进一步概念化的"哀（aware）"和"可笑（okashi）"[①]等审美意识倾向，表现了独具特色的"女性的优婉纤细的情趣"。对她来说，"夕日照耀，近映山际，乌鸦返巢，三只、四只，两只地飞过"为"伤感"（aware）之事，而"昏暗之夜，萤虫纷飞，发出点点微光""雁影小小，列队飞过远空"等则为"极美"（okashi）之事。以《源氏物语》为例，紫式部以无意政治的主人公光源氏的情感为中心，描写了"苦涩、悲伤、怨悱、愤怒、有趣、欣喜"等诸种人生情状皆可显现的恋情之主题。该

[①] 据阮彬对《世说新语》所见"可笑"一词的考释，"可"当理解为褒义形容词，为"善、好"之意，而"笑"也极可能是"秀"的假借字，因此"可笑"应当是"优美出众的"意思（参见阮彬〈《世说新语》中疑难词"可笑"考释〉，《文学教育》2015年第7期）。笔者对此说甚是赞同，亦认为清少纳言所言的"okashi"当是"极美"之意。

书共计使用"哀"千余次，使用"物哀"16 次，显示出紫式部以此统摄这一主题的倾向。同时代的一些作品也出现了有着类似意思的"物哀"，如"春唯花偏开，物哀秋乃胜"（《拾遗和歌集》·511）等。这些都说明作为表现平安贵族审美意识和情感趣味的"物哀"概念正在形成或趋向定型。

虽然"物哀"或"知物哀"被本居宣长乃至近现代日本的主流学者认为是独特的日本式情绪，然而紫式部却基于以中国学问为标准的时代拘束和自身的女性自卑情结，并没有对"物哀"产生作为"日本精神"的自觉。这点从该书第 21 卷"少女"的相关论述中就可以明确看出。第一，在紫式部看来，"大和魂当以'中国学问'[①] 为基础，其被运用于世方可更强"[②]。在此，"大和魂"明显是指文人所从事的学问（汉学）以外的"能用于交游的"[③] 日本式才能、知识和情绪，它不是主流的价值，亦必须以文才为前提方可得到世间的认可。结合大江匡衡（952—1012）及其妻赤卫染门关于招聘乳母的和歌唱和[④]，亦可知"大和魂（心）"在当时则是指"汉学"以外的"日本式才能和情绪"。可见，即便紫式部、赤卫染门等已开始使用"大和魂"这一概念，却并没有指出其与"物哀"之间的明确关联。在笔者看来，这可能与"大和魂"和"物哀"的意义都十分模糊，尚未完全定型有关。第二，在紫式部看来，无论是"文才"，还是"琴笛"等各种技艺，在当时都不被认为是女性"所当为"之事。这不免也使紫式部自身染上了作为女性的自卑心理，也由此对女性的感性情绪缺乏主体的自信。例如，博士、大臣们作诗，是"女人不

---

① 对于"中国学问"这一名称，紫式部有时单以"才"表示，有时以"文才"或"学问"表示，也即她所说的"艰苦之路"。

② 尾上八郎等：『校註日本文学大系』第六卷（源氏物语上卷）、国民图书株式会社、1926 年、505 頁。

③ 尾上八郎等：『校註日本文学大系』第六卷（源氏物语上卷）、536 頁。

④ 按照当时的惯例，大江匡衡作为汉学大家自然要招聘一个知识丰富、乳房丰满的乳母，因而嘲讽妻子招来一位乳房扁平的乳母，说"思虑欠周矣，无乳之乳母，何可入得博士家"（《后拾遗和歌集》·1219），赤卫染门则反驳道"即便若如是，大和心兮倘若贤，细乳（按：日语'乳'和'知'发音相同，故'乳'又意指'学问''知识'）亦何妨"（《后拾遗和歌集》·1220），认为作为乳母汉才不够也没关系。这也说明，平安时代日本文士以我国学问为主，"大和心"则是相对于汉才之外的日本式才能和知识。

可知之事"①；女性弹琵琶，亦"让人看不顺眼"②。第三，对紫式部来说，"哀"或"物哀"的思想不仅可见于中国诗文的描述，也可以被包摄于佛教无常观之内，因而应该是人类自然具有的普遍情感。

由上可见，即便《源氏物语》通篇都散发着纤细、伤感的"物哀"之美，却并不能断言紫式部对此就有充分的自觉和自信。从这种意义上说，在江户时代以前所谓"日本式情绪"的形成和发展并不取决于与中国的对抗意识，而是呈现出一种"自然发生和发展"的历史轨迹。平安末期著名诗人西行（1118—1190）追求主体和客体同一的审美意识就是此类典型。西行出身于一个富裕而无忧的武士之家，很早就显示出创作和歌的天赋，故深得鸟羽院的信任。23岁时，正值年轻有为、前途无量的他却突然抛弃世俗的一切羁绊，走向了一条出家隐遁的佛教之路，终老于大自然。这如西行自己所咏"我身明明皆舍去，何故樱花染我心"③，对于已经放弃了自我（我身和我心）、放弃了执着、放弃了世俗而走向佛教之路的他来说，原本所有的一切都应已然放下，然而原已超脱了的"我心"仍唯独被樱花"所染"，最终成为西行终生唯一的身心依托。在此，主体和客体已经彻底融为一体。显然，西行的所为和所思不仅使"无常观"脱离了佛教的射程而转移到樱花，从而提升了花开和花落的哲理性和美学价值，也使樱花对日本人来说成为一个超越了"精神"的问题，并最终确立了樱花的开放凋零与无常的人生相互重叠的美学图式。西行与大自然的朝夕相伴和对话（和歌）所体现的身心与大自然的一体化融合及其所发现的"哀""闲寂"的美，契合了日本特殊的自然环境及日本人与大自然融合的独特心理。由此，自然的周期性就成为人生循环往复的比照和依据。可以说，大自然成就了西行的和歌，而西行的和歌则完成了"无常观"的日本式转换，并由此确立了以日出日息、月圆月缺、潮起潮落、云卷云舒、雁来雁往、烟笼烟散、四季更迭等自然现象来比照人生的日本式情绪的美学基础和统一性，进而为基于"哀"（a-ware）的独特情绪的民族化奠定了逻辑基础。

---

① 尾上八郎等：『校註日本文学大系』第六卷（源氏物语上卷）、508頁。
② 尾上八郎等：『校註日本文学大系』第六卷（源氏物语上卷）、513頁。
③ 佐佐木信綱校訂：『山家集』、岩波書店、1957年、31頁。

中世著名诗人兼随笔家吉田兼好（1180—1239）也可以说是西行的同道者。他本名卜部兼好，出身神官世家，50岁时因失意而出家，由此对"无常观"及其与"物哀"的联系作出了与西行既相通又稍有不同的理解。

  无常野之露长不消，鸟部山之烟终不灭，而物皆常在，则何感物之哀（mononoaware）也哉！世间万物无定，是妙矣！泛览有生之物，人寿为最。至于其短也，蜉蝣不待朝夕，夏蝉不知春秋。闲送一岁亦为悠久，长贪生而不餍足，则经千岁亦唯如一宵之梦耳，终亦死矣！徒得丑耄将何如？寿则多辱。虽得寿当可不及四十，死亦甚佳矣。过之以往，不羞其老丑，唯欲与人周旋。夕阳爱子孙，尚望视其成长之荣华。一味贪图世俗名利，而于物哀则一无所知，实可悲可叹也！（《徒然草》第七段）

不难看出，兼好接受了佛教无常观和中国文化的某些思想[①]，认为人的生命和自然万物都遵循相同的自然规律——无常而短暂。在他看来，若人生无限、万物常在，则就没有了"物哀"；世间万物正是因为"无定（无常）"方为"妙"（imizi），人生亦是因为无常才充满了"生"的趣味和美好。由此可见，兼好不仅使"物哀"与"无常"紧密地联系起来，还以"妙"的概念从积极的意义上把握和理解"无常"。它不仅与西行所展现的原本"陷入空虚"之境的我心仍被樱花所"染"的无常观构成了日本式无常观的底色，亦显示了他们对无常所象征的佛教文化和中国文化的某种超越性，也为"物哀"等所谓日本式情绪的概念化和民族化奠定了新的理论基础。

相对而言，与西行、吉田兼好等在无常观的思维下着力于"物哀""闲寂"等审美概念的思维相比，藤原俊成等基于主情思维的"物哀的发现"及藤原俊成、藤原定家、雅长明等基于佛教哲理的"幽玄的发现"亦代表和反映了这一时期日本式情绪的形成过程和内容。就前者而言，

---

  ① 例如，该文提到的"夕阳爱子孙"乃是对白居易"朝露贪名利，夕阳忧子孙"（《秦中吟》）的借用。

第一章 江户日本人身份建构的思想根源 / 99

藤原俊成继承了《源氏物语》等平安文献所展现的"物哀"之美学趣味，并认为，恋爱出于心，倘若没有恋爱，就不可能对物哀的真义有所理解。"若不恋爱人无心，物哀由此方可知。"(《长秋咏藻》·352）就后者而言，藤原基俊、藤原俊成、藤原定家等歌人提倡"幽玄"的审美理念并奠定了其语义基础，雅长明、正彻、心敬等则对"幽玄"作出了系统的阐释，二条良基和世阿弥则分别在连歌和能乐领域全面提倡"幽玄"，而使其语义被一定程度地宽泛化、广义化。①

总的来说，作为被认为最能体现"日本式情绪"的"物哀""幽玄""闲寂"三大审美概念，在江户时代以前"幽玄"作为概念的自觉程度比较高，其渗透度和普及度也更大②，而"物哀"和"闲寂"仍尚未被充分概念化。不仅如此，江户以前的日本学者也几乎没有对它们有作为日本独特情绪的自觉。其中最重要的原因是这些审美范畴无论是从本体论还是方法论上都受到了中国文化和佛教文化的深刻影响。一方面，"物哀""幽玄""闲寂"等概念或用语都可以在中国古代诗文里找到相应的用例（有时甚至是大量的用例），因而很容易被认为是一种人类共同的情感。以"哀"来说，《左传》有"恶物，哀也"（《左传·昭公二十五年》）之说，其与《枕草子》的"哀れなり"在形式上有高度的一致性，而《文心雕龙》则有"因哀而为文也"的审美起源论。以"幽玄"为例，我国古代诗文则有相当的用例，如"自言少小慕幽玄，只言容易得神仙"（唐骆宾王《代女道士王灵妃赠道士李荣》）；"还丹诀，九九最幽玄"（唐吕岩《忆江南》）；"昙远昔经始，于兹閟幽玄"（唐韦应物《春月观省属城，始憩东西林精舍》）；"自伤魂惨沮，何暇思幽玄"（唐元稹《献荥阳公诗五十韵》）；"外景自隐隐，潜虚固幽玄"（唐谭铢《题九华山》）；"研文较幽玄，呼博骋雄快"（唐韩愈《雨中寄孟刑部几道联句》）；"夫传奇者，唐元微之所述也。以不载于本集而出于小说，或疑其非是。今观其词，自非大手笔孰能与于此。至今士大夫极谈幽玄，访奇述异，无不举此以为美话"[宋赵令《蝶恋花（商调十二首之一）》]，等等。以"闲寂"为例，我国古代诗文亦有相当的用例，如"兹地信闲寂，

---

① 王向远：《日本之文与日本之美》，新星出版社2013年版，第110—113页。
② 王向远：《日本之文与日本之美》，第112页。

清旷惟道场"（梁萧统《开善寺法会》）；"愈闻道无疑滞，行止系缚，苟非所恋著，则山林闲寂与城郭无异"（唐韩愈《与大颠师书》）；"幽人不耐烦，振衣步闲寂"（唐刘希夷《秋日题汝阳潭壁》）；"物情趋势利，吾道贵闲寂"（唐孟浩然《山中逢道士云公》）；"唯此闲寂境，慁我幽独情"（唐白居易《北亭卧》）；"五谷口不尝，比僧更闲寂。我今暂得安，自谓脱幽戚"（唐姚合《秋中寄崔道士》）；"山林闲寂归虽早，齿髮衰残病已迟"（宋陆游《出游》），等等。

另一方面，这些审美概念所体现的"日本式情绪"也以"调和中庸"①和"无常观"为理论基础，这实际上也是所谓日本文化的两面性或矛盾性实现统一的决定性因素。可以说，这种源自中国文化或佛教文化的思维不仅契合了日本独特的风土，而其与日本风土的结合恰恰孕育了日本人看待善恶、美丑时的相对化思维，也即对充满两面性的自然和人生的"宿命"的全盘接受和理解。

综上而言，在江户时代以前"物哀""幽玄"等所表征的"日本式情绪"正在形成，尚没有实现民族化即被自觉为日本独特的精神和文化。即便如此，它也为江户学者"发现日本"即重构自我的主体性和同一性奠定了物质的基础。

第四节 空间的均质化

通过与"他者"及其性格的对比而确定"我们"的身份，产生并强化"自我"意识，是人类所有组织的存在原理。"我们"与"他者"的差别，也是民族主义的基本思维之一。只不过民族主义是以国家为单位来区分彼此，划分归属。在日本，近世初期的幕藩国家已创造出形成民族主义的社会结构条件，即空间的均质化：一是内外空间的分割，二是内部空间的均质化。后者是决定民族主义形成的重要因素，前者是对后者的强化。

通常，前近代国家的王国体系与其支配下的土地、住民没有直接的

---

① 关于"调和中庸"对日本精神形成的影响，可参见《物哀与幽玄》（叶渭渠、唐月梅著，广西师范大学出版社2002年版，第11—16页）等论述。

密切联系。这与排他地支配土地和住民的近代民族国家形成了鲜明的对照。中世日本是典型的农业社会，国家也是典型的前近代国家。第一，当时的国家呈现出一种多元及多重的结构。王权不仅由武家所掌控，也为寺社、公家所分享，这些中央权力又组织着各种各样的下位权力。第二，地方权力的独立性较强，中央权力反而无力化、空洞化。第三，日本社会深深地卷入了东亚的世界，故"日本"内外的国境并不十分明确。例如，当时存在着由日本人、朝鲜人、中国人等渔民参加的"倭寇"这种超国家的地域性权力；室町幕府甚至一度不发行货币，而以宋钱作为标准的通货。这些都说明中世的国家结构不具备形成民族主义的基本条件，反而是国家与土地、住民直接结合的最大阻碍。

中世末期战国大名的出现，首先打破了这种现状。这些"大名"克服了以往多元的权力支配，创造出军人与非军人、家臣团与被统治集团这种二分化的单纯的统治结构，形成了所谓的"领域国家"。三谷博等认为，当时这些被称为"国家"的组织，除了身份构造之外，是十分接近于近代国家存在的。[①] 此时，日本列岛大部分地区都充斥着由世俗军事权力排他地支配土地和住民的各种大大小小的"领域国家群"。

随后丰臣秀吉统一了日本，建立了强有力的中央政权。他一方面承认大名在领域内的统治，另一方面又通过对诸大名之间境界的支配和管理来树立中央政权的权威。就后者而言，他规定大名之间的战争为私事而加以严厉禁止，将他们之间的领土纷争的裁断权全部收归中央。这种政策不仅限于国内，也在与"异国"的境界上发挥着效用。1588年他颁布"海贼禁止令"，要求诸国大名对渔民悉数进行调查，对允许海盗行为的大名进行处罚。这样，"日本"的中央权力不仅畅通于国内，它的有效支配也波及外部的境界，推进了国内外空间的分离。

德川幕府则把这种内外空间的分离推到了极致。德川家康为了禁止天主教，严厉限制日本人的海外往来和天主教国家船只来日；强迫天主教信徒改宗，镇压教徒。宽永年间，幕府先后发布五次锁国令，形成了只与中国、荷兰通商，与朝鲜、琉球、阿伊奴"通信"的锁国体制。由此幕府掌握了对"日本"全国武士和人民的控制权。这种体制首先造成

[①] 三谷博：『明治維新とナショナリズム』、12頁。

了内外空间的分割，而空间的分割又促使了日本人"自他意识"的勃发；其次，如三谷博所言，近世国家通过国境来割断和管理市场，即以经济锁国这种极端形式，创造出追求国内均质化的"国民经济"①。

与此同时，幕府又通过制度和社会的装置来实现国内空间的均质化。丰臣秀吉统一后的日本，仍保留着中世社会的一些面貌，尤其是混杂着异质的空间。由于德川幕府取得了对朝廷、大名、寺院等各种政治势力的压倒性地位，因此它通过强有力的统合政策及对市场的渗透，使这种多元性和异质性逐渐平均化。首先是"神圣空间"的解体，即近世国家通过弱化"圣"与"俗"的区分，而使中世存在的宗教的空间全部变成了从属于世俗权力的同质空间。② 因为受到战国大名和江户权力的压制与镇压，过去曾与武家竞争的宗教权力，丧失了作为领主的特征，转变成大名统治下的各种团体。其次是近世国家为了统治全境，制定了各种超地域的共同尺度或措施。除采用国郡制、官位等古代国家的制度外，幕府还导入了新的"石高制"，并将全国的矿山、主要城市归于直辖，垄断了全国货币的铸造权，并试图实现度量衡的统一。最后是幕府对大名的严厉统制政策促使了统治阶层基于身份的一体化。尤其是"参觐交代"的实施，使大名及其家臣团产生出超藩的"日本人"的意识。这有点类似于安德森所说的"官吏的朝圣之旅"，而它被认为是"民族主义形成的重要条件"。"参觐交代"带来的"自我"意识，又与日本为"神国""神州"的神国思想交织在一起，促使统治阶层把"日本"作为一个整体来想象，从而为日本人文化同质性的实现创造了条件。

内外空间的分割和国内空间的均质化，为民族主义的形成奠定了结构上的条件。不过，这种空间的均质化是极不彻底的，能够对这种空间乃至国内形势的变化有所反应而产生民族自我意识的，仍只限于少数的知识精英。因为幕藩体制是国家与民众内在结合的根本桎梏，所以在江户时代民众不可能成为民族主义或建设日本人同一性的主体，他们与统

---

① 三谷博：『明治維新とナショナリズム』、15頁。
② 在中世，山、海、渡口、河滩及在此建立的集市、一向宗的"寺内"等，通常被认为是"神圣的空间"，因而由不同于世俗的规范所支配。例如，犯罪者一旦逃入"寺内"，那么世俗的权力就不能逮捕他，解除债务的"德政令"在此也无效。

治者和文化精英所共有的，主要是文化的传统。

第五节 时间、空间与"我们"

可以说，身份建构的思想根源是时间和空间的变化及其作用下主体的主体化意识倾向。或者说，身份建构的需求是三者共同作用的结果。后者也可以被认为是主体对这种时空的主体化解释。在时间和空间被充分意识到之前，它既可以形成同一（"自我"的历史和地理的同一），也可以造就疏离（"自我"的历史和地理的疏离）。而这种时空所造成的"同疏"的不和谐与矛盾可以通过主体对主体性的自觉和建设予以自由地消除。

第一，"时空"可以形成"我们的"历史和传统，即便它可能在特定的时空内没有被充分认识到。"我们的"历史和传统可以说是基于地理环境和历史传统的"我们的"同一性。在日本江户时代以前，在自他的界限并没有被完全意识到的情况下，相对于中国和印度，日本逐渐形成了神国意识、日本式情绪等独特的民族思维，为其后日本对它们的进一步发现并以此建构同一性提供了思想基础。

第二，"时空"也可以形成构建"我们的"历史和传统的条件。时空可以制造相同（同一），也可以制造相异（分化）。而原来的相同必然会依时空的变化而转化为相异。换句话说，相异是相同的必然结果。一方面，在江户时代以前或更早时期的东亚，已形成了以中国为中心的政治经济文化圈。对这种一体化的人类文化圈，我们可以暂时称之为"古典的儒教共同体"。而随着时空的变化，则必然出现"我们"对于这一文化圈的疏离，对日本而言也就是古代日本所体现的"古典儒教共同体的衰落"。另一方面，时空所导致的政治和文化状态的改变也会制造出"我们"与"他者"之间的壁垒，并在这一壁垒内再制造出形成"我们"所需要的"同时空"的文化体验及社会结构条件。无论如何，这两方面都为"我们"及"我们的历史和传统"的形成提供了必要的条件。

第三，在特定时空内的"我们"在达到一定阶段后必然产生对"我们"作为存在而不同于"他者"的独特性和同一性的认识。这种现象可以称为"主体的主体化意识倾向"。而导致这种现象的是"对共同体的追寻"这一人类自然的情感需求,即"寻找认同与故乡""确定身份与归属"是人类境况本然的一部分。在日本,正是从江户时代起,因为国内外形势的变化,所以日本知识阶层才普遍地对自我产生明确的自觉,由此才相对于他者而展开了主体性和自我同一性的建设。

综上所述,江户时代前后时间和空间的变化及与其相关的这一时空内日本人的主体化意识倾向是江户日本进行身份建构的思想根源。当然,不管这一作业的内容及对他者的态度是否具有先进性和正义性,其本身就是一种具有历史合理性和正当性的作业。

第二章

解构中国和中国文化——发现他者

中国文化传入日本后，它的价值体系构成了古代日本"文化自我"的根本基础。可以说，中国文化体系是江户日本知识分子展开"自他认识"（Self-Other Cognition）的首要前提，或者说，解构中国和中国文化是江户日本构建主体性和同一性的必需任务。对江户知识分子来说，作为"他者"（the Other）的中国长期以来是日本的绝对和唯一的参照，是一个类似于"绝对他者"（the Absolute Other）的他者。一方面，中国文化的价值体系构成了他们的中国认识的思维方式根基，他们不仅无法避开中国和中国文化来讨论自我身份，而且要根据与中国的相关性来定义自我，进行自我审查和调整；另一方面，对他们来说，中国既是主体又是客体，既是自我又是他者，从而导致他们的中国认识和自我认识呈现出既统一又分裂的尴尬。可以说，他们的中国认识和自我认识明显受到时间、空间、中国思维的规定性和主体的主体化意识四个因素的制约。这归根结底都体现了"日本的"知识分子在普遍（儒道）与特殊（神道）、他者性与主体性之间的两难。

首先，虽然是大陆文化的传入才导致日本的文明开化，然而，至江户时代，日本人的自我意识明显增强，并表现出强烈的主体自立的愿望。作为其最重要的象征，"神道"开始成为一个与神国思想、天皇神话密不可分的明确概念[①]，而且开始谋求自身的独立化和纯洁化。这意味着"神道"从此成为一个可以表达自我历史和独特性的概念，具备了区分彼此的意义。例如，江户初期的朱子学者林罗山就多次强调，"夫本朝者神国

[①] 井上寛司：『日本の神社と「神道」』、校倉書房、2006年、56—57頁。

也，神武帝继天建极以来，相续相承，皇绪不绝，王道惟弘，是我天神之所授道也"①，极力主张日本作为神国的特殊性，并以此与中国相对。显然，即便是笃信儒学的儒者，对本国独特性的自觉和尊重，也有可能使他们对中国甚至儒教采取"相对化""他者化"的立场和态度，甚至展开日本优越性的历史叙述。这种关系构成了江户日本"发现中国"和"发现自我"的一体化联系的根本。也即是说，它们是江户日本身份建构这一相同问题的不同侧面。

其次，"儒者"和"日本人"本身就是一对矛盾的概念，这说明江户大多数知识分子的"文化的自我（文化身份）"与"政治的自我（政治身份）"始终处于一种紧张和分裂的关系中。对他们来说，中国是他们文化的"故国"；毕竟他们身处日本，中国又是他们政治上的"异乡"②。这种无法消除的内在矛盾决定了他们必须面对已然意识到或没有意识到的身份认同的紧张和分裂，而它同样也造成了他们的自他认识的尴尬。

再次，日本知识分子的自他认识还受到华夷思想和秩序的影响。在江户时代以前，东亚就形成了以中国为中心的中华世界体系，而华夷思想则是支持这一秩序的意识形态。这种观念认为，中国是位于天下中央、实行王道政治的文明国家——中华，日本、朝鲜、越南等国家则是野蛮未开化的"夷狄"，是依赖中国"礼乐"的输入才开始"文明化"的。在这一观念下，日本、朝鲜等国家都被定位为"东夷"。"中国""中华"等概念预设了以华夷之辨为中心的东亚政治秩序及其文明体系。可以说，华夷思想是儒教本身的规定性，它因借助儒教的普遍性和先进性而具有某种意义上的强制性，因而也广泛流布于日本、朝鲜等国家和地区。因此，对信仰儒教的江户儒者来说，他们关于华夷思想的解释以及由此引发的关于日本的定位问题，都直接影响着他们对于中国和自我的认识。

复次，江户知识分子的实用主义倾向和"西学"在日传播也是影响其自他认识的一个重要因素。在江户时代，儒学自其一开始就表现出轻

---

① 林羅山：『神社考序二篇』、『羅山林先生文集』卷二（卷48）、平安考古学会、1918年、118頁。
② 黄俊杰：《从中日比较思想史的视野论经典诠释的"脉络性转换"问题》，《台大历史学报》2004年第34期，第385页。

思辨而重实用的实学倾向。这不仅意味着他们对中国文化的吸取或解释具有选择性，还意味着他们更少受到严密的儒教形而上体系的束缚，进而为他们以实用主义为武器转向对儒教及中国的批判并建构自我提供了可能。同时，在江户时代以前就传入日本的西方科学知识尤其是天文地理学知识在江户时代以后日渐扩大其影响力，不仅为日本知识分子批判儒教及中国，进而解构他们历来信奉的以中国为世界中心的世界观和价值观提供了可能，也为他们建构自我身份提供了一种外部依据。

最后，江户知识界的自他认识又是一个历史的、动态的概念，还受到日本社会结构条件、国际情势等要素的影响。以儒者关于华夷思想的解释和认识为标准，其自他认识大体可分为三个阶段。第一阶段为17世纪中叶以前的江户初期。在此阶段，一方面，儒者们坚信儒教是普遍的价值体系，承认中国是日本文化的"故乡"，因而主要是通过谋求日本与中国的"同一化"而确立其自他认识的；绝大多数儒者接受了儒教的华夷思想，基于"中华"与"东夷"、"大国"与"小国"等图式展开有关日本和中国的认识和叙述。另一方面，儒者如林罗山也非常注重日本特殊性甚至优越性的"发现"，基本都对中国采取了相对化、他者化的立场和态度。可以说，这种自他认识的视角是江户儒者、兰学者和国学者所共通的方法论。第二阶段大致为17世纪中叶到18世纪末期。这一时期，随着海禁体制、明清交替（所谓"华夷变态"）、大陆文化的大规模流入等国内外情势的变化，儒者的自他认识发生分裂，形成了"礼·文中华主义""日本型华夷思想""日本中华主义"等不同类型。第三阶段则是从18世纪末到明治政府建立之前。这一阶段，在反儒教思维的兴盛、西学的传播、西方作为他者介入东亚、中国情势的变化等因素的综合作用下，华夷思想渐次发生解体，儒者的自他认识不仅逐渐摆脱华夷观念的束缚，还进一步分化，不仅对中国及儒教呈现出思慕、批判、蔑视等不同类型，其自我构建也逐渐从依据中国文化范式向依据本土范式乃至西洋文明范式转变：有些儒者如水户学者则逐渐向国学者靠拢，不仅强调日本作为"神国""神州"的本原中心性和特殊性，也以此主张对中国的先验优越性；有些儒者则摒弃了传统的华夷观念，坚信西洋比日本和中国都要优越，由此展开了以"西方文明范式"为标准的中国叙事和自我叙事。总的来说，江户儒者的自他认识在某种意义上实际就是中国被彻底的他者化和自我被特征化、合法化的过程。随着这一过程的展开，他们眼中的中国形象大体经历了"作为日本文化的故乡""作为他者的普遍文化的发源地""与日本相似的东洋国家"等变化，其关于本国的认识也大致经历了"东夷最优国"或"东方君子国""中华""神国"等变化。这种演变蕴含着德川日本"去中国化"的思想和逻辑，也反映了华夷思想在日本的解体过程及江户日本身份建构的大致过程和原理。

总之，因为主体性（神道）与普遍性（儒道）之间的内在悖论，江户日本知识界的"中国认识"呈现出"理想化"和"歪曲化"、"主观性"和"客观性"相互交织和缠绕的特征，而自我认识则呈现出对于本国及本国文化的"普遍化"和"神圣化"、"连续性"和"创造性"相互交织的特征。而且，随着时代的演进，这种认识总体上又呈现出"去中国化"的趋势，即弱化乃至否认中国文化对于日本文化的影响，从而强调日本历史和文化的独自性和本原性。不过，在江户时代，无论是儒者，还是欲彻底否定中国及中国文化的国学者，他们都还没有也无法形成解构儒教及中国文化的"内部的"或是"理性的"力量。因此，基于中国文明而形成的中国形象始终是"贯穿德川时代儒者最为基本的思想"[①]，而这种中国认识亦始终影响着江户日本的自我认识和身份建构。

第一节 江户前期儒者的中国憧憬与"理"的普遍性

德川幕府的建立，标志着日本历史进入了一个巨大的转变期。这种变化不仅体现在政治经济方面，而且体现在思想文化领域。首先，16、17世纪左右，随着神国观念的高涨、空间的均质化、经济发展所导致的文化主导权的转移、学问的普及和发达所导致的复古和批判风格的思想倾向、对外的新接触等社会结构条件的变化[②]，为确定自我同一性和主体性，日本出现了"文化向内部收敛"的自主化倾向。这不仅意味着日本

[①] 桂島宣弘：『思想史の十九世紀：「他者」としての徳川日本』、ぺりかん社、1999年、167頁。

[②] 向卿：《日本近代民族主义》，社会科学文献出版社2007年版，第52—69页。

人对文化的兴趣"面向了内部",还意味着"日本文化开始实现独自的内在的发酵"①。显然,主体意识的成长对中世的世界观提出了变革的要求,并为它提供了内在的动力。

其次,德川幕府的政治、经济体制和道德规范也迫切要求一种等级化的意识形态。中世以佛教为主的世界观和价值观显然已不能担此重任。因此,对转型期的日本知识精英来说,无论是民族意识的成长,还是为幕府提供一种统治的意识形态,首先就必须摆脱佛教世界观的束缚。作为反佛的思想利器,原本为五山禅僧之教养的宋学,开始作为一种"先进的"、使社会秩序化的思想学说和道德规范而受到重视。由此,作为近世朱子学的开创者,原为僧侣的藤原惺窝和林罗山完成了由佛向儒的转变。他们接受了宋学以"理"为世界本原的合理主义思想体系,不仅由此展开了对佛教的激烈批判,而且用宋学理论解释神道,提出神儒合一的思想,并以此建构日本人新的文化认同。

因此,江户前期的儒者如林罗山、中江藤树等,便依据宋学或孔孟之学的形而上体系来建构其世界观和自他认识。他们更是接受了以"礼"区分中国与周边国家尊卑的华夷思想,承认中国为世界文明和地理的中心——"中华",并自认为是"东夷"。儒家思想在日本的升级换代,也提高了德川初期朱子学的地位,客观上形成了他们以中国政治为榜样,视儒家思想为偶像的意识。这种意识尤其在居统治地位的武士阶层根深蒂固:"这个时代武士的基本教养是儒教,这意味着在国学和兰学出现之前,对他们来说儒教不是多元文化之一,而是文化就等于儒教。"② 可见,此时期作为中国文化根基的儒教规范着日本上层社会的价值观念。与此同时,自我意识的成长又使他们对中国采取了他者化和相对化的立场,而以主张"东夷"特殊性乃至对中国优越性的方式来构建日本人的主体性和同一性。

一 藤原惺窝的自他认识——"理"的普遍性与基于特殊性的自我

中世后期,自我意识的成长和对佛教世界观的反思,必然对盛行于

---

① 岩崎允胤:『日本近世思想史序説』上、新日本出版社、1997 年、319 頁。
② 小島晋治:『日本人の中国観の変化:幕末、維新期を中心に』、載神奈川大学人文研究所編:『日中文化論集』、勁草書房、2002 年。

中世的以佛教为主的"三教一致说"造成冲击，并导致这种思维范式发生转换。宋学的传入和传播恰恰是促使其发生转变的一个重要契机；中世末期，政治和经济的统一和发展，也为其转换提供了土壤和动力。这一倾向进一步促使日本知识界的自我认识，也促使他们对儒教及中国进行重新认识和定位。

藤原惺窝（1561—1619）脱离禅门转向儒学（朱子学），是这一思维范式发生转换的开始。他以儒教而不是佛教的原理来统一把握和解释世界。[1] 这种立足于"理"的普遍性的统一性思维，不仅为神道及日本的儒教走向独立奠定了基础，也拉开了江户日本儒者基于"理"的普遍性而重新认识儒教中国和日本的序幕。

他秉承朱熹哲学体系，主张理（天道）是宇宙的本原和唯一根源，认为各国虽然语言风俗不同，其"至公、至大、至正、至明"且"无私"的天赋之理，却"未尝不同"："理之在也，如天之无不帱，似地之无不载。此邦亦然，朝鲜亦然，安南亦然，中国亦然。东海之东，西海之西，此言合，此理同也。南北亦若然。"[2] 由此，他就以儒学为基础对神佛儒做了统一的解释。他认为，"日本之神道，亦以正我心、怜万民、施慈悲为奥秘，尧舜之道，亦以此为奥秘也。唐土曰儒道，日本曰神道，名变而心一也"[3]，故神道与儒教具有根本的一致性，佛教则不过是"绝仁种、灭义理"的"异域"之异端邪说。这种崇神儒而斥佛的立场和态度揭开了近世儒者排斥佛教的序幕，并确立了他们排斥佛教的基本理念和方法。从这种意义上说，近世日本儒者的排佛论基本上与他们的中国认识无关。

惺窝由此以"理"的普遍性来建构其世界观和自他认识。就是说，他关于中国和日本的认识，是以儒教这种"普遍的文化"为标准的。对他来说，朱子学无疑是当时最先进的学问，而传承孔孟之道的中国自然就是最先进的文明国家——中华。因此，他对产生儒教的中国怀有深厚的思慕之情。1593 年，他与明朝讲和使谢用梓、徐一贯的会见笔录就充

---

[1] 在惺窝以前，日本的儒学还停留在汉唐训诂的阶段，甚至是佛教的附庸。惺窝依据程颢、程颐和朱熹对儒家经典的新注研究并宣扬宋学，为日本儒教摆脱佛教立下了基础。
[2] 『羅山林先生文集』、『日本思想大系』28、岩波書店、1975 年、227 頁。
[3] 『仮名性理』、『日本思想大系』28、248—249 頁。

分体现了他对日本作为"小国"的自我体认①及对圣贤辈出的大国——明朝的憧憬和崇敬:"本朝者小国,而大明者大国也。其势似不可敌。……大明者,昔日圣贤所出国也。以予想象之,文武兼备、智勇双全矣。朝鲜亦慕其风、奉其命之国也。"② 作为这种情感的自然流露,他感叹道:"呜呼,不生于中国,亦不生于我国之上代,而生于当代,可谓生不逢时。"③

对惺窝来说,中国即是日本在文化上的"故乡",因此他对中国的思慕更是一种确认自我身份的需要。1596 年,这种日益加深的对中国的热爱和思慕,自然驱使他"欲渡大明国"求学。对这点,其门人林罗山曾记叙道:"先生常慕中华之风,欲见其文物。"④ 虽然惺窝因在乘船途中遭遇疾风而没有到达大明朝,却因与朝鲜朱子学者——姜沆的相遇和密切交往,而加深了对中国、儒教和圣贤的敬仰和热爱之情。他很是推崇孔孟及宋儒,"宋儒之高明,诚吾道之日月也"⑤,认为"读圣贤书,信而不疑"⑥。在姜沆的帮助下,他开始依据朱子新注对四书五经进行训点,相继刊行《四书五经倭训》《文章达德纲领》《寸铁录》《假名性理》等著作,又广收门徒,在日本大力宣扬"忠孝仁义""天人一理"的思想。这不仅促使作为五山禅僧"教养"的中世儒学向体系化的近世儒学转变,也使儒学的一般化成为可能。这促使近世日本一种典型的儒者形象及以儒教世界观为基准而开展自他认识的思维范式的诞生。

显然,惺窝对中国的敬慕和对儒教的绝对信奉,乃源自他所坚信的理的普遍性。对他来说,儒教所讲的道理是一种"绝对的存在"⑦,是超国家的普遍真理。在"理"面前,世界上所有国家都是对等的,即所谓

---

① 在中国面前,日本人无论其思想立场和教养程度如何不同,一般都以日本为"小国",这在江户时代是极其普遍的现象。不仅熊泽蕃山、山鹿素行、佐久间象山等儒者,甚至本居宣长等国学者,都持这一立场。这种自我认识体现了日本人一种奇特的自卑感。参见渡边浩《中国与日本人的"日本观"》,《日本学刊》2002 年第 6 期。
② 『明国講和使に対する質疑草稿』、『藤原惺窩集』卷下、思文閣、1978 年、367 頁。
③ 『惺窩答問』、『日本思想大系』28、198 頁。
④ 『惺窩先生行状』、『藤原惺窩集』卷上、思文閣、1978 年、6 頁。
⑤ 『惺窩先生文集』卷十一、『藤原惺窩集』卷上、153 頁。
⑥ 『惺窩先生行状』、『藤原惺窩集』卷上、8 頁。
⑦ 太田兵三郎:『藤原惺窩集卷下解題』、『藤原惺窩集』卷下、29 頁。

"四海一家"①；各国由于国土、文物和制度的不同，因而导致了相互之间的差别。他由此批评了因语言风俗的差异而导致轻蔑他国的情形："异域之于我国，风俗言语虽异，其天赋之理，未尝不同。忘其同，怪其异，莫少欺诈谩骂，彼且虽不知之，我岂不知之哉?"② 可见，对"同"的强调，显示出一种超越彼此之别的人类同胞式的关爱和志向，也说明惺窝只是漠然地接受了称呼中国的"中华"概念。他所理解的"理"的观念是一种具有国际主义性格的平等原理，不同于林罗山等据此确定国家之差别、优劣的"理"③。从这种意义上说，他并不像后来的多数儒者那般受到以"礼"来区分国家尊卑的华夷思想的拘束，这也就使他所强调的日本的"异（特殊性）"具有了相当程度的合法性。

拿中国和日本来说，儒道与神道虽然名称不同，却都是理的表现形式，所以两国本质上并不存在尊卑和优劣之别。在惺窝看来，神道与儒道本质一致，两者之间并不存在"特殊"与"普遍"、"本土"与"异域"之间的对立和冲突，故中日两国亦只存在"文物"（风俗、语言、衣服等）上的差异。在这种意义上，他盛赞古代日本文物之优美，强调其特殊性："本邦居东海之表，太阳之地，朝暾晨霞之所辉焕，洪涛层澜之所荡潏。其清明纯粹之气，钟以成人才。故昔气运隆盛之日，文物伟器，与中华抗衡。"④ 可见，"道同"而"物异"，是惺窝关于日本和中国认识的基调。这种认识不仅是近世初期儒者自他认识的一种代表类型，也影响了后来儒者对于中国和日本的认识。

不可否认，无论是惺窝基于区分"道"与"物"的日本特殊性的主张，还是他关于神道的解释⑤，都隐含了一种"发现日本"的日本主义倾向。而且，他的"神儒一致论"虽然有利于儒学在日本的传播和受容，即便他没有意识到，却要以否认"本土"与"异域"之间的潜在冲突为

---

① 『惺窝先生文集』卷三、『藤原惺窝集』卷上、63页。
② 『惺窝先生文集』卷九、『藤原惺窝集』卷上、126页。
③ 源了圆：『近世初期实学思想の研究』、创文社、1980年、171—172页。
④ 『惺窝先生文集』卷十、『藤原惺窝集』卷上、138页。
⑤ 除主张"神儒一致"外，他还依据儒学之道理对神道的历史进行了正当化的处理。比如，他多次强调说，"天照大神，日本之主也"（『仮名性理』、『日本思想大系』28、245页），并主张"伊势天照太神可信，则天理也，合道之神也"（『天下国家之要录』、『藤原惺窝集』卷下、420页），从而提出了"天理即天照太神"的尊皇论。

代价。因而，作为一个"日本的"儒者，即便是绝对信仰儒教，毕竟无法避免"政治的自我"（中国作为日本的"异乡"）与"文化的自我"（中国作为日本文化的"故乡"）之间的分裂和紧张。这是江户日本儒者乃至知识阶层都无法避免的宿命，不仅可能使他们陷入中国认识的困境，也可能造成他们自我认识的两难。

二 林罗山的自他认识——"理"的普遍性与"理当心地神道"

虽然都是由佛转儒，与"仍处室町时代五山禅僧儒佛调和论的延长线"[①] 上的惺窝相比，很早就离开建仁寺而很少受到佛教影响的林罗山（1583—1657）不仅继承了其师推进神儒佛分离的工作，还对佛教展开了更为激烈的批判，同时又全面发展了儒学，促使作为"思想的儒学"完成了向适应幕藩体制要求的"政治哲学"的转变，并依据神儒一致的原理提出了"理当心地神道"。这种思维范式的转换，深刻地体现了林罗山关于日本和中国认识的转变，也影响了其后文人对于中国和日本的认识。从此，朱子学占据了幕府意识形态的统治地位，并贯穿了德川幕府的始终，成为幕府的统治原则。

林罗山秉承朱熹道统，接受了朱子学以太极和阴阳作为哲学基本概念的思想，认为太极（理）是贯穿天地万物的本原和所以然。这意味着朱子哲学是林罗山世界观和中国认识的出发点和基础。对他来说，中国无疑是世界文明和地理的中心——中华，儒教自然就是通行于世界的普遍的、最高的文化，儒教圣贤就是人类至德的代表。例如，他对遵循儒教伦理规范的明朝甚是崇敬和羡慕，曾对"方今大明亦有道耶，卿以为如何"的问题回答说："有之。吾虽目未见之，于书知之。夫道者非窃窃冥冥而在君臣、父子、男女、长幼、交友之间，今也大明自闾巷、自郡县至州府，无处处不有学校，皆所以教人伦，而以正人心、善风俗为要，然则果有道乎？"[②] 他也极为尊重儒教文化，曾赋诗曰："草木欣荣绕圣

[①] 石田一良：『前期幕藩体制のイデオロギーと朱子学派の思想』、『日本思想大系』28、421 頁。

[②] 林羅山：『対幕府問』、『羅山林先生文集』卷一（卷31）、平安考古学会、1918 年、341 頁。

宫，白樱独秀一春中。中华礼乐花开遍，元气吹嘘日本樱。"① 他亦甚是崇拜儒教圣贤，承认孔子是人类"光明"的使者："天不生仲尼，万古如长夜。日月代明然，古言今不讶。"② 显然，对中国的敬仰和对儒教的尊重与热爱，乃是出于他对儒教作为普遍文明的信仰。

与惺窝不同，林罗山不仅基于儒教（理）的普遍性而崇敬中国，还接受了它关于国家间关系的规定性——华夷秩序，并以此展开其自他认识的叙事。他自认日本为"东夷"的"蕞尔小国"，承认中国是文化和地理上都"能守中"的文明大国："万乘之多，五等之列，九州之地，何外求哉？中国之为中国也。"③ 在他看来，日本与明朝之间就是一种"夷狄"与"中华"、"小国"与"大国"的关系。正因如此，为重开与明朝的朝贡贸易——勘合贸易，林罗山代表德川幕府致信福建都督，表达了日本"以小事大"的意愿，"大明无私，远照扶桑日出之域。本国为善，久追中华风化之踪。我既有事大畏天之心，人岂无亲仁善邻之好"④，而迫切期望明朝展开"以大事小"的仁道外交，"中华以大事小之意，想其不废乎？然则来岁所以请颁符使来，则海东之幸，而黎庶之所仰望也"⑤。

作为这种自他认识的结果之一，他承继南北朝临济宗僧侣中岩圆月（1300—1375）的"吴太伯后裔说"，赞同天皇祖先乃是出自中国吴越地区让国的至德圣贤——太伯。

> 余窃惟圆月之意，按诸书以日本为吴太伯之后。夫太伯逃荆蛮，断发文身，与交龙共居。其子孙来于筑紫，想必时人以为神，是天孙降于日向高千穗峰之谓乎？当时国人疑而拒之者，或有之欤。是大己贵神不顺服之谓乎？……以其三以天下让，故遂以三让两字，揭于伊势皇太神宫乎？其牵合附会虽如此，而似有其理。……我邦

---

① 林羅山：『大成殿桜三首』、『羅山林先生詩集』卷二（卷52）、平安考古学会、1921年、132頁。
② 林羅山：『圣像六首』、『羅山林先生詩集』卷二（卷67）、257頁。
③ 林羅山：『過明論』、『羅山林先生文集』卷一（卷24）、276頁。
④ 林羅山：『答大明福建都督』、『羅山林先生文集』卷一（卷12）、136頁。
⑤ 林羅山：『遣大明国』、『羅山林先生文集』卷一（卷12）、131頁。

之宝祚与天地无穷，余于是愈信太伯之为至德也。①

他后来在受命编纂《本朝通鉴》时又明确指出："大和民族者，吴太伯末裔也。"该说虽然遭到德川光国指责而遭删除，却充分体现了林罗山的中华崇拜情结。不可否认，林罗山虽然承认日本对中国的劣势，却也隐藏了欲借中国而使日本的建国传说正统化，进而弱化日本的劣势或证明日本不是"单纯的夷狄"的意图。②这种小中华的思想也隐含地证明了日本是"东方君子国"、十分优秀的"东夷"（朝鲜、琉球、日本）国家的意图。

不过，这种基于华夷思想的日本优越性主张，恰恰体现了一个"日本的"儒者在普遍与特殊、他者性与主体性之间的两难。儒者身份的规定性决定了他们无论多么羡慕中国文化，对异国圣贤取代日本开国始祖这种大事，难免会产生抵触情绪，因为它会导致日本主体性的丧失而成为中国文化的附庸。所以，他对"吴太伯后裔说"又抱怀疑的态度，不仅强调儒道与神道之间的对立，甚至主张神道的优越性："闻太伯可谓至德，则仲尼之语也。后世执简者，以本邦为其苗裔，俗所称东海姬氏国之类，何其诞哉！本邦元是灵神之国也，何故妄取彼而为祖乎？"③可见，这种关于神儒既统一又对立的自他认识体现了其中国观的内在悖论。这种紧张关系不仅是近世日本儒者无法逃避的命运④，也是其后同样肯定"吴太伯后裔说"的熊泽蕃山、林鹅峰、中江藤树、木下顺庵等儒者所要面对的共同问题。

显然，林罗山的儒教及中国认识虽然也基于理的普遍性，却隐秘地体现了中国与日本（神国）、儒道与神道、中国文化与日本文化之间的对立。这种中国认识是他构建自我身份的基础，也反映了他对本国历史和传统的自觉。

首先，基于"神儒同理"的思想，他一方面以"理"论证神道的普

---

① 林羅山：『神武天皇論』，『羅山林先生文集』卷一（卷25）、280—281頁。
② 渡辺浩：『宋学と近世日本社会』、東京大学出版会、1987年、50頁。
③ 林羅山：『太伯』，『羅山林先生文集』卷一（卷36）、408頁。
④ 当然，对于只承认文物层面的对立或否认神道作为日本精神的独立价值的儒者来说，这种紧张关系降到了最低。前者如藤原惺窝，后者如太宰春台。

遍性，另一方面又以"理"论证神道的特殊性，展开了神道对儒道的优越性论述。他依据"理一分殊"的思想，主要从理（道）、德、心等方面说明神儒的一致性。他认为，"神儒同理"或"神儒同道"，它们都是作为普遍真理的"理（道）"的表现形式，仅名称不同而已。按照这种思维，他就以"神"来比附或替换"理"，对神道及其历史进行了正统化、合法化的处理。他认为，"无形而有灵""无音无臭无始无终"[①] 的神等同于"理""气"，具有本体意义上的内在规定性："神乃天地之根、万物之体也。无神，万物不生，天地亦灭。……似空而不空，虽虚而有灵。"[②] 依据《日本书纪》等"古书"的记载，包含阴阳的"国常立尊"就是"诸神之根本"，即诸神和世界万物的创造者。"此一神千变万化，成世上所有之神。一气分阴阳，阴阳分五行，五行相克相生而生万物之理也。"[③] 显然，通过这一作业，他就为神道的普遍性提供了本土语境下的依据。因为神是世界的本原和所以然，所以"神道"也就是超时空的普遍真理。

按照这种逻辑，林罗山在本土语境下展开了"理当心地神道"的论述。他认为，神道"是天照大神以来相传、神武以来代代帝王一人统治之事也"[④]，这一特性就连中国都不能及："神武以来，皇统一种，百世绵绵，虽中华及异域，未有如此之悠久矣，美哉。"[⑤] 显然，无论是以皇统的万世一系主张对中国的优越性，还是在本土语境下对神道及其历史所展开的合法化的作业，都反映了林罗山在"东夷"与"中华"这种自他认识下的紧张心态。

其次，他一方面在华夷思想的框架下承认日本为"东夷"，另一方面又强调日本作为神国的独特性乃至对中国的优越性。林罗山虽然接受了"东夷"的自我定位，然而，这却与他的主体意识相冲突。作为其补救措施，他便极力搜寻证明"东夷"优越性的事项，谋求日本地位的抬升。日本为神国，便是他主张日本独特性的重要内容。

---

① 林羅山：『神道伝授』、載『神道大系』論説編20、神道大系編纂会、1988年、359頁。
② 林羅山：『神道伝授』、載『神道大系』論説編20、386頁。
③ 林羅山：『神道秘伝折中俗解』、載『神道大系』論説編20、435頁。
④ 林羅山：『神道伝授』、載『神道大系』論説編20、343—344頁。
⑤ 林羅山：『本朝王代系図跋』、『羅山林先生文集』卷二（卷55）、206頁。

在中世，神国思想曾受"日本为佛国"观念的制约，并以其为依据。林罗山依据宋学理论，不仅对此做了进一步的论证和诠释，还对它进行了纯洁化的处理。他认为，日本的起源和历史说表明，日本是由神创造的国家，"神灵之所挺生而复栖舍也，故推称神国"，所以日本的一切皆与神相关，"其宝号神器，守其大宝则曰神皇，其征伐则曰神兵，其所由行则曰神道"①。日本历史的延续也是出自神的意志和安排，"夫本朝者神国也，神武帝继天建极以来，相续相承，皇绪不绝，王道惟弘，是我天神之所授道也。"而且，在他看来，这点也并非凭空杜撰，而是有确实证据的："神也者，既记于国史，载于延喜，则其所由来久远，而有福于社稷，必不可诬，则不可不敬，不可不崇。呜呼，神之德之功共天地俱不穷，神之威名与山岳齐高大者耶。"② 从现实政治和生活的角度来说，神无时无处不在，它的力量无时无处不显，"心清明""行迹正""政行""国治"等都是神的"作为"。林罗山的神国观表明，即便是遵奉宋学合理主义体系的儒者，为了不丧失自我主体性，也会朝向内部的，即便是荒唐的历史和文化。于是，"神国"就成为日本与中国相对的依据，也成为他们构建自我身份的依据。

在他看来，日本作为神国，其一切都与神相关，所以在很多方面就与"中华"呈现出显著的差异。例如，他曾以"社稷"和"神器"为例，说明中日两国的不同，甚至主张日本的优越性。

在日本云社稷，乃拥护朝廷、国家之神也。在中华，称土神为后土，以祭地为社。稷乃云祭五谷之神也。是日本、中华之不同也。③

中华历代帝王所传授之宝器，皆有始作之时代，可谓人作也。三种神器乃始自神代之宝，本来自然之器也。既名神器，宜知非人作也。④

---

① 林羅山：『神祇宝典序』，『羅山林先生文集』卷二（卷48）、114頁。
② 林羅山：『越後国伊夜比古神廟記』，『羅山林先生文集』卷一（卷15）、172—173頁。
③ 林羅山：『神道秘伝折中俗解』，載『神道大系』論説編20、442頁。
④ 林羅山：『神道秘伝折中俗解』，載『神道大系』論説編20、444頁。

显然，对中日两国的差异性乃至日本独特性的强调，不仅体现了林罗山对本朝特殊性的自觉和尊重，还隐藏了欲弱化日本对中国的劣势地位的意图。

最后，他一方面极为尊重中国的儒教文化，另一方面又强调日本文物的特殊性乃至优越性。林罗山的"神儒一致说"虽是儒本神从的合一论，然因受到主体意识的影响，他又对宋学采取了他者化或相对化的立场和态度："佛法本是西天之法，儒教亦是东鲁之教。若论远近，五十步百步之别。其非本朝神敕也。"① 再如，他的笔下常使用问句，这既表示他对先儒的尊重，也说明他对宋学的解释是灵活的、自由的。这意味着他继承了藤原惺窝"将宋明儒学相对化而接受的道路"②。这种立场不仅成为其后儒者共通的方法论，也使他们对儒学的批判甚至以神道对抗儒学提供了可能，也为他们从内部"自由地"构建自我提供了可能。

因此，林罗山极力强调日本精神和风物的独特性乃至优越性。对独特的"本朝精神"的强调，通常见于林罗山的排佛论。他认为，佛教传入日本后，不仅造成了对神及本朝风俗的污染，还导致了神道的衰微，"夫本朝者神国也，神武帝继天建极以来，相续相承，皇绪不绝，王道惟弘，是我天神之所授道也。中世寝微，佛氏乘隙，移彼西天之法，变吾东域之俗。王道既衰，神道渐废，而以其异端离我而难立"③，因而呼吁"国家复上古之淳直，民俗致内外之清净，不亦可乎？"④ 显然，这种关于日本"上古遗风余烈"的主张，虽然不是与儒教文化直接相对，却蕴含了两者相对的逻辑。

他在庆长17年（1612年）作《倭赋》，全面称赞相对于中国乃至世界各国的日本之美："惟吾邦之灵秀兮，神圣之所挺生；环以太洋海兮，耀旸谷之明明；名兹曰日本兮，固自然之嘉名；或谓君子居之兮，宜风俗之淳直。"⑤ 他亦进一步论证日本的"风物"不逊于中国："日本与中

---

① 林羅山:『弁正録』、載鷲尾順敬編『日本思想闘諍史料』第一卷、名著刊行会、1969年、360頁。
② 柴田純:『宋明学の受容と日本型中華意識』、載『思想史における近世』、257頁。
③ 林羅山:『神社考序』、『羅山林先生文集』卷二（卷48）、118頁。
④ 林羅山:『本朝神社考』、載『神道大系』論説編20、32頁。
⑤ 林羅山:『倭賦』、『羅山林先生文集』卷一（卷1）、1頁。

华虽殊域，然在大瀛海上，而朝暾旭辉之所焕耀，洪波层澜之所涨激，五行之秀，山川之灵，钟于人物，故号曰'君子之国'。昔治教清明之世，才子智人辈出于间气，岂让异域乎？"① 显然，对林罗山来说，这种源于日本的先天性的感情、风俗才具有值得不懈提倡的意义和价值，因为它才是构成日本人"文化认同"的根基。

由上可知，林罗山拉开了近世日本儒者在华夷思想框架下重新认识中国和日本的序幕，并确立了一种"中华"与"东夷"、"大国"与"小国"相对的典型的自他认识。虽然这种自他认识与其后旨在强调自他差异性的日本主义相比，首先仍是宣扬基于"同理""同道"的共通性，却也隐藏了"异域"与"本土"、"普遍"与"特殊"之间的紧张。因此，林罗山的神儒一致说所隐藏的"中国他者化"的思维和日本独特性的论述，不仅说明他开始着力发现"日本的""内部的"风物，也为其后儒家神道"发现日本"的日本主义思潮奠定了本体论和方法论的基础，甚至成为绝对强调本国独特性的复古神道的先驱。② 同时，它还为其后知识界"发现中国"的日本主义思潮奠定了方法论的基础，即开创了江户知识界为展现主体性而以"神"对抗"人"的思维方式。

林罗山自认日本为夷，尊奉朱子学并使之成为官学，从逻辑上也孕育了其反对面。例如，他所主张的"吴太伯后裔说"当时就招致德川光国的严厉批评，以致他要设立史局，究明日本的历史，从而抹杀有可能证明日本曾依附于中国的言论和可能性。这些都对其后儒者的中国认识和自我认识产生了影响。

三　中江藤树的自他认识——儒教的普遍性与"太乙神之道"

中江藤树（1608—1648）是江户日本一个比较特殊的儒者。这不仅在于他的日本阳明学创立者的身份，还在于他尝试使儒教成为一种宗教的思想和实践。他早年笃信朱子学，却因对官学林氏学的不满和自身的特殊经历，而在30岁左右逐渐为阳明学所倾倒，开创了独特的日本阳明

---

① 林羅山:『随筆九』、『羅山林先生文集』卷二（卷73）、470頁。
② 石田一良:『前期幕藩体制のイデオロギーと朱子学派の思想』、載『日本思想大系』28、447頁。

学,并由此展开了独特的世界观和自他认识的叙述。

与江户初期诸多日本儒者无异,曾被称为"直儒"①的藤树也是一位忠实的儒教文化信徒,坚信儒教是世界的普遍真理,并以此建构其世界观。不同的是,他以"现实"的太乙神作为世界的本体、终极依据和价值源泉,取代了他们所尊奉的"理"这种抽象的概念。关于太乙神,他解释说:"大乙尊神者,《尚书》所谓皇上帝是也。夫皇上帝者,大乙之神灵,天地万物之君亲,而六合微尘,千古瞬息,无所不照临。"②藤树所说的"太乙神"(太乙尊神或大乙神)别名"天帝""皇上帝"或"太虚皇上帝",原是道教之神,不仅以《尚书》等儒教经典为依据,亦直接源自明儒唐枢提出的"太乙元神"。由此,通过对理或太虚的神秘化作业,藤树提升了儒教的宗教性,认为它不仅是一个伦理的体系,而且是一个宗教的体系即"伦理的宗教"。对他来说,儒教因为合乎太乙神及其道(天道),所以才是不为某个民族或国家所独有的、具有普遍价值和意义的先进文化体系。"教与学皆以天道为根本标准,故无论唐土抑或夷国,世界之内所教和所学之道,以符合天道之神理者为真正之道、真正之学问,名儒教,曰儒学也。"③正是在这种意义上他认为,儒教及其学问即是道德和学问的代名词和标准,或是一种"主体的真理"④,必为日本所遵守:"圣贤之心即为我心,我心即不违圣贤之心。心不违圣贤之心,故言行即不背圣贤时中之言行,斯学乃云真正之学问。"⑤周公、孔子等圣贤也是天然完全自足之存在,必为日本人所尊奉:"圣人与天同体,至诚无息,不凝滞于物,不拘于形迹,独往独来,活泼泼地,所行悉恰好合乎天道。"⑥显然,这种世界观规定了藤树对儒教及圣贤的崇敬是一种源自内心的自发情感,维系着他作为"儒者"的牢固的身份认同。这还意味着他的思维结构及学问体系无不以儒教的原理为基础和依据。

---

① 深河元偶:『文武問答序』、『中江藤樹文集』、有朋堂、1926 年、401 頁。
② 中江藤樹:『大上天尊大乙神經序』、載『日本の陽明学』上、明德出版社、1972 年、522 頁。
③ 中江藤樹:『翁問答』、『日本思想大系』29、岩波書店、1974 年、50 頁。
④ 源了圓:『近世初期実学思想の研究』、創文社、1989 年、345 頁。
⑤ 中江藤樹:『翁問答』、『日本思想大系』29、52—53 頁。
⑥ 中江藤樹:『翁問答』、『日本思想大系』29、136 頁。

藤树不仅对儒教及其圣贤极为推崇，对孕育它们的中国也甚是崇敬。对他来说，中国是"圣人之国"，故是日本应该模仿和学习的先进国家。相比而言，日本、天竺等都是"圣人不作"之国，因而才导致俗儒、佛教等虚妄之学在日本日新月盛、交互竞起。① 显然，"圣人"的有无是藤树展开其自他叙述的一个前提和基准。结合"四夷""天竺为戎国"② 等言论看，他关于中国和日本的认识明显受到了儒教华夷思想的影响。因此，就武士（samurai）来说，藤树认为，受真儒熏陶的中国武士文武兼备，远胜于日本："大唐诸士，无艺文盲者百人亦鲜有一人。故立大功之大将军及强悍的武将皆具艺能。日本诸士，大都为无艺文盲者。"③ 他同时赞成"吴太伯后裔说"，认为"云本朝为后稷之裔，此说诚有意义也"④。尽管藤树总体上抱有以中国为中华的意识倾向，却对不同时期的中国有着不同的认识。他认为，"大唐亦于战国之后由于气运否塞而圣人大贤不出"⑤，因而与日本一样，才导致老庄、墨家、佛教等迷惑人心的"狂者之教"肆虐横行。中国自春秋战国之后再无圣人，代表了江户初期日本儒者中国认识的一种基本类型。它不仅体现了藤树对宋学甚至"圣贤之遗法"的怀疑，甚至暗含着他并没有意识到的儒教相对化的思维和逻辑。

由上可见，中江藤树对儒教和中国的崇敬，是由他所信奉的以太乙神信仰为基础的世界观所决定的。这种自发的内在情感不仅是对藤树中国认识的强大拘束，也几乎是近世日本儒者共同的"宿命"。然而，与江户初期的儒者不同，藤树的太乙神信仰本身恰恰隐含了宋儒相对化和中国他者化的逻辑。因为它为儒教设置了超越儒教的最高本体——实在的太乙神，不仅破坏了儒学合理主义的神观念，还危及了儒教本身的根基。

首先，在藤树那里，儒教的普遍性乃取决于是否符合太乙神之道，不再是源自其自身的合理性和先进性，而被降格为与"神道"同等的宗教和伦理体系。"国家、世界之差别虽各种各样，原本均为在太虚神道之

---

① 中江藤樹：『林氏剃髪受位弁』、『日本思想大系』29、16頁。
② 中江藤樹：『翁問答』、『日本思想大系』29、118頁。
③ 中江藤樹：『翁問答』、『日本思想大系』29、91頁。
④ 中江藤樹：『翁問答』、『日本思想大系』29、143頁。
⑤ 中江藤樹：『翁問答』、『日本思想大系』29、118頁。

中开辟的国土,故神道虽有千万,世界却只是一个。故虽说各国国土相隔而语言、风俗各异,其心都依本来同一体的神道,无论唐土、天竺、我朝及此外的所有国土,没有丝毫不同。"① 在这种意义上他认为,儒教即"神道","神道"即儒教。儒教的本质是"信仰神明"的"太虚之神道"②,"神道"则是儒教的别名,"人们畏敬大始祖皇上帝、大父母天神地祇之命,钦崇并接受其神道而命名孝行,又命名至德要道,亦命名儒教"③。显然,与林罗山以"神"附会"理"而使神道正当化的简单作业相比,虽然藤树并没有意识到他的工作实际上不仅危及了儒教的存立依据,还为"神道"获得与儒教的平等地位准备了基础,但是,只要按照他的这种逻辑,通过神明的置换,就可以完成"神道"普遍化和自立化的作业。实际上,他的思想历程也体现出转向本土神明的倾向。据记载,藤树33岁以前是"欲一遵守圣贤之遗法""远离鬼神,除其祖先外,一切祠庙皆不拜诣",但在33岁读《性理会通》后,则规定自己每月一日斋戒祭拜太乙神,到34岁以后更是"大彻大悟",开始参拜伊势大神宫,并尊奉其为"天地开辟之祖"④。

其次,藤树的世界观还体现了他作为日本人的自觉及明显的中国他者化的立场。基于这种世界观的自他意识也贯穿着他的思维和实践。以太乙神创世观为例,它虽然重在强调世界万国的共通性,却预设了日本与中国平等地位的理论基础。在34岁时藤树参拜伊势大神宫的所作所为,就体现了他作为日本人的高度自觉。"前此曾以为,神明无上至尊也。身为贱士若近贵人,恐驯至渎之,况神明也。是以终不诣拜。其后,学日日入精微,故以为士庶人亦有祭神之礼。是则神不可不诣,且大神宫,吾朝开辟之元祖也,生为日本之人,不可不拜,于是诣之。"⑤ 这一言论清晰地表明了藤树重视主体价值的文化民族主义立场。他亦赋诗颂赞天照大神的丰功伟绩,"光华孝德续无穷,正与羲皇业亦同。默祷圣人神道教,照临六合太神宫"。显然,通过太乙神和天照大神的置换,藤树

---

① 中江藤樹:『翁問答』、『日本思想大系』29、120頁。
② 中江藤樹:『翁問答』、『日本思想大系』29、141—143頁。
③ 中江藤樹:『翁問答』、『日本思想大系』29、124頁。
④ 『藤樹先生年譜』、『藤樹先生全集』第5冊、岩波書店、1940年、20—21頁。
⑤ 『藤樹先生年譜』、『藤樹先生全集』第5冊、22—23頁。

的太乙神信仰不仅显示出转向自我的倾向，"使个人的孝发展成对天皇国家的孝"①，"亦宣告日本神国与中国羲皇之业是基于平等地位，特别突显出日本的主体性"②。

藤树的世界观和自他认识虽然隐含了危害儒教和德川幕府体制的要素，却止步于此，没有被真正继承下来。不过，其所体现的中国相对化的思维却被其弟子熊泽蕃山所继承和推进，发展出极力颂扬日本优越性的"日本主义"思想。

四 明末遗臣与日本儒者的中国认识

由于中国明清交替，一批中国文人留居日本，其学问和人格颇受日本知识界的尊重，从而树立了中国文人的君子形象。其中，对当时日本社会影响最大的当属被称为"畸儒"的朱舜水。朱舜水（1600—1682）于1659年定居长崎（此前曾六次到过日本），并终老于日本。他尊实学，践实事，曾在《答安东守约问八条》里明确表示："学问之道，贵在实行。……岂非圣贤之道，俱在践履。"③ 朱舜水也殚精竭虑地将所学所思传授给邻国知己，"日本所谓'水户学'者，所得于舜水精神者至多"④。朱舜水还与日本政界、学术界交往密切，弟子众多，被日本知识层称为"如七十子之服孔子"："德川光国尊朱舜水为师，在从其学习中国优秀传统文化的同时，还经常询问有关国家施政大计、礼乐典章制度以及学术文化问题。"⑤ 例如，主张对朱子学采取扬弃态度的安东省庵、反对坐而论道的木下顺庵、古学派的山鹿素行、伊藤仁斋等都从不同层次吸收了朱舜水的实学思想，从而促使江户日本的儒学研究进入新的阶段。梁启超曾言："德川日本二百年，日本整个变成儒教的国民，最大的动力实在舜水。"⑥ 水户学者不仅从朱舜水那里领受了中国儒学思想，亦体认了中

---

① 柳町達也：『解説（中江藤樹）』、载『日本の陽明学』上、47頁。
② 张崑将：《德川日本"忠""孝"概念的形成与发展》，华东师范大学出版社2008年版，第80页。
③ 朱谦之整理：《朱舜水集》上册，中华书局1981年版，第369页。
④ 梁容若：《中日文化交流史稿》，商务印书馆1985年版，第213页。
⑤ 覃启勋：《朱舜水东瀛授业研究》，人民出版社2005年版，第7—8页。
⑥ 梁启超：《中国近三百年学术史》，东方出版社1996年版，第101页。

国文人的学识风骨，从而对中国儒学和儒者尊重有加。这种尊重几乎是江户初期日本知识界对华认识的共识。

尽管朱舜水作为硕儒吸引了日本思想界对中国的尊重和憧憬，然而他作为"乞师者"的本来身份及其活动却蕴藏了足以摧毁这种中国憧憬的力量。据统计，明清交替之际，包括朱舜水、崔芝、郑成功等官方或私人的行动在内，明朝遗民共向日本"乞师"17次。[①] 他们对日本的"称臣自小""卑辞厚礼""睦邻友好"等态度及对日本所做的前所未有的道德褒奖，不仅给日本社会造成了日本并非夷狄的"公开暗示"，从而为日本成为"中华"甚至超越"中华"的"神圣之国"（神国）提供了信心和合法性，还直接影响了江户日本人对中国的认识和感受。从这点上说，朱舜水对江户日本思想史又具有特殊的意义。他的"民族气节"与"仇夷心态"成为帮助日本摆脱夷狄身份的重要推动力，并开启了江户儒者中国认识的转型，加速了华夷秩序思想在日本的变形。由此可见，包括朱舜水在内，明末遗臣的在日活动不仅为日本知识界自他认识的转变提供了某种合法性，其本身也成为促使这种转变的一个重要契机。

五 小结

对江户初期的日本儒者来说，儒教是具有普遍性和先进性的客观真理，是一切价值的源泉，中国则是日本文化的"故国"乃至世界文化和地理的中心——中华。这意味着即便是作为"日本的"儒者，都面临着无法使儒教相对化而认识儒教和中国的可能。这恰恰又是他们不得不面对和接受的儒教的规定性。可以说，这种规定性是江户时代所有日本儒者的"宿命"，是他们认识中国和日本的重要约束之一。

因为儒教暂时无法被相对化，所以江户初期的儒者几乎都成为儒教及其文化体系的忠实信徒，对中国的认识也立足于"理"的普遍性，而对中国充满着一种文化故乡的"乡愁"，或是一种内在的"崇高"的憧憬和向往。除中江藤树等极少数儒者对宋儒有所怀疑外，绝大多数儒者如林罗山、谷时中（1598—1649）、小仓三省（1604—1654）、野中兼山（1605—1663）等对待程朱几乎就像对待圣人一样皈依不二，都"只是朱

---

① 韩东育：《"华夷秩序"的东亚构架与自解体内情》，《东北师大学报》2008年第1期。

子的精神奴隶"①或其学说的"顽固的信奉者"②，或是坚定的慕华主义者。

尽管多数儒者对孔孟儒学及其圣贤近乎膜拜，却也表现出破坏这种认识结构的几大要素。第一，虽然他们对儒教及孔孟等圣贤无法相对化，却从方法论和本体论两个方向对宋儒及其儒学展开了相对化的作业。前者如藤原惺窝、林罗山、佑生木庵（1614—1683）等，他们以"体任自得"的学问方法对宋明儒学展开了相对化的作业；③后者如中江藤树，明确指出中国自战国之后就无圣人，表现出对宋学合法性的强烈质疑。据研究，这种宋明儒学相对化的思维，自江户初期起就几乎成为日本儒者共同的方法论。显然，作为它的逻辑结果，必然导致江户儒者对"圣人之道"的怀疑和相对化，从而危及儒教的根本，进而影响其关于儒教和中国的认识。

第二，林罗山、中江藤树等江户初期最具影响力的儒者虽然自认东夷，承认中国的"中华"地位，却也开始了中国他者化和相对化的认识和叙述。这种方法论和日益生成的自我意识的结合，不仅成为此后知识分子重新认识中国和日本的历史前提，也预示了其中国观的分裂和多样化以及自我身份建构的多种路径。

第三，江户初期日本儒者的中国认识不仅受到儒教本身规定性的约束，还明显受到时间和空间的制约。他们几乎都没有来过中国，因而其所认识的中国只是"文本""风闻"或"历史"的中国。这种认识对象的局限性严重影响着他们对于中国的认识态度和方法。因此，儒者笔下的"中国"往往是他们所发现的"另一个中国"，所以他们所树立的中国形象就存在理解与误解、真理与错误并存的逻辑缺陷。首先，他们的中国认识起源于对儒教或其经典（文本）的认识，因而儒教、孔孟圣贤和宋儒就是他们展开中国认识时的内在约束。反过来说，这种认识结构的瓦解同样可以依赖对圣贤和经典的批判进行。因为这种依靠文本的中国

---

① 井上哲次郎：『日本朱子学派之哲学』、富山房、1905年、598頁。
② 朱谦之：《日本的朱子学》，人民出版社2000年版，第281页。
③ 柴田純：『宋明学の受容と日本型中華意識』、載『思想史における近世』、256—257頁。

认识具有很强的理想化和理论化色彩，所以不少儒者又通过明朝遗臣或来往于长崎的中国商人"道听途说地"认识、了解中国。稍后的儒者贝原益轩通过向中国商人何清甫求证，错误地认为樱花为日本所独有，就是"风闻"中国的典型事例。很明显，这种认识中国的方式很容易造成关于中国信息的失真，因而导致儒者难以实现对"现实的"中国的真正认知。其次，儒者几乎是将中国作为一个整体——历史的连续体——来看待的。在他们眼中，中国自伏羲创始文明以来一直就是依儒教统治的文明国家，是先进文化的发源地和维护者。例如，中江藤树就明确指出"真正之学问乃伏羲始教之儒道也"①。显然，这种认识中国的视角容易走向两个不同的极端，即对中国历史文化的全面肯定和全面否定，同样难以形成对中国的客观认识。总之，这种认识论的局限性是认识主体自身无法解决的难题，不仅普遍见于儒者，也见于国学者的中国叙述。

这种基于文本和历史连续性的中国认识范式也影响着江户知识分子的自我认识和身份建构。他们既可以基于对日本经典的发现而自由地建构自我，也可以通过一种历史连续性的构建而构建自我的连续性和合法性，而无须受到"真实的历史"的束缚。例如，江户日本重构"神道"的意义和价值体系就是明显的例证。

综上而言，江户初期儒者的中国认识开创了"既崇华又强调自我特殊性"的传统，同时也埋下了多元化的种子，随着17世纪中期日本海禁体制的建立、明清交替等国内外形势的变化，他们的中国认识不可避免地走向了分裂，同时他们的自我认识和身份建构也展现出多样化的路径。

第二节　海禁时代儒者华夷思想的分化与"中华"的概念化

17世纪中叶至18世纪末是日本相对封闭和稳定的时期。随着幕藩国家和海禁体制的确立，幕府的政治、经济和社会文化相对稳定，维持着朱子学占统治地位的意识形态，确定了江户儒者慕华主义主流价值观的基调。与此同时，围绕儒教及中国的知识活动却异常活跃，尤其是随着

---

① 中江藤樹：『翁問答』、『日本思想大系』29、49頁。

明清交替（华夷变态）、海禁体制的确立、町人文化兴起等国内外情况的变化，儒者的华夷秩序观发生分裂，形成了礼·文中华主义、日本型华夷思想、日本中华主义等不同类型的中国认识模式。① 显然，贯穿其中的两大主题是儒者对本国文化的自觉和对华夷秩序规定下的自他关系的反思及重新定位。作为对日本的自觉，此时期的儒者或是偏向了内部的传统，或是借助西学将中国相对化，由此强调日本的特殊性乃至优越性，展现出脱离华夷思想的不同路径。因此，他们不仅继续推进中国相对化的作业，还开始了对儒教的相对化和他者化的尝试。有些儒者还对"中国"或"中华"一词进行意义的重构，或是从根本上追问儒道的意义及其普遍性，试图掌握儒教道统的解释权。

对海禁时代的儒者来说，尽管同时期的兰学和国学的某种思维可能会对他们的自他意识产生影响，然而中国文化却依然是他们重构自我及自他认识的主要标准。可以说，基于"天"或"理"的自他普遍性的宣扬而形成的自他认识（作为"中华"的中国和作为"东夷"的日本），仍构成了德川日本自他认识的基本类型。② 不过，随着18世纪末期俄罗斯的接近和反儒教话语的兴盛，这种状况已难以维持。前者表明，对日本来说原本无关痛痒的西方作为一个他者，在19世纪以后开始成为现实的威胁，从而迫使儒者对东亚视域内的中国和日本进行重新思考和定位；针对各种反朱子学乃至反儒话语的"宽政异学之禁"则表明，慕华主义的主流价值观不仅受到儒教内部的严重挑战，还受到了所谓国学和兰学这种"日本的"和"外部的"意识的严重威胁。这些事件共同指向了一

---

① 桂岛宣弘认为，17、18世纪日本华夷思想的形态可归为三种类型：第一种是"礼·文中华主义"，其特征是基于礼仪或文明承认中国为"中华"，视日本为"东夷"，从而强调基于同一之理的自他一致性。17世纪的儒者如藤原惺窝、林罗山、木下顺庵等，大体都属这种类型；18世纪前期出现了认为华夷可变而将华夷秩序相对化的思想，主要人物有荻生徂徕和雨森芳洲。第二种类型是视明清交替为"华夷变态"，因而产生了"内部"自觉的"日本型华夷思想"，以蕃山、素行、暗斋和絅斋为代表。他们从文物制度、自然和地形等方面来把握"华夷"思想，开始发现并主张"内部的"优越性。第三种是以谷秦山为顶点的"日本中华主义"，以18世纪中叶以后的垂家神道思想为著，代表人物有迹部良显、伴部安崇、若林强斋。与日本型华夷思想相比，日本中华主义更加明确了"清朝＝夷狄""日本＝中华"的认识，而展开了对中国历史和文化的全面批判，并据此构建和实践关于"自我"与"他者"的认识（『思想史の十九世纪』、ぺりかん社、1999年、167—172頁）。

② 参见桂岛宣弘『雨森芳洲再考』、『立命館文学』551号、1997年。

个对日本儒者的中国认识和自我认识影响至深的命题，即华夷思想的解体。这意味着思维范式和文化价值体系的转换，而它对于"自足的"日本文化体系的创建及基于此的日本人的身份建构具有奠基性的作用。

一　中华崇拜思想与日本特殊性的构建

在海禁时代，慕华主义仍是儒者最重要的思想。不过，这种中国崇拜的背后也隐含着他们对本国精神和风物优越性的自豪感。或者说，随着对本国文化的自觉，多数儒者也极力主张自我的特殊性乃至相对于中国的某些方面的优越性。

围绕华夷思想（"儒教的"自他认识）的解释，此时期儒者的自他认识又表现出几种不同的类型。第一，在华夷思想的框架下主张日本特殊性的话语。这种类型可以说是江户初期儒者自他认识的延伸，代表了海禁时代儒者自他认识的基本形态，而以木下顺庵、佐藤直方、贝原益轩、林鹅峰为代表。第二，具有西洋视角的日本特殊性话语。以西川如见和新井白石为代表的少数儒者借助兰学的某些知识，在对儒教进行重新解释的基础上重构其地理观和世界观，进而重新认识中国和日本，亦以此主张日本的特殊性或优越性。第三，将华夷思想相对化的日本特殊性话语。以徂徕学派为代表的儒者基于华夷可变的认识，从对儒教经典的重新解释出发，重新阐释日本和中国的关系，并以此主张日本的主体性或特殊性。第四，基于"华夷之辨无用论"的日本特殊性话语。以伊藤仁斋和伊藤东涯为代表的儒者试图摒弃束缚日本的"华夷之辨"的观念，意图为日本主体性的建设扫除哲理障碍。总之，儒者关于中国和日本的认识尚未脱离"儒教的"自他认识的框架，故仍以"颂华"为第一要义。尽管如此，他们的中国论也隐藏了将儒教及华夷思想相对化的思维和逻辑，展现出脱离华夷思想的不同路径。

（一）基于华夷思想的日本特殊性话语

对儒学和中国的崇拜代表了此时期儒者的主流意识。这类儒者以朱子学者居多，在近现代被日本主流学界评论为朱子学的"精神奴隶"或"忠实介绍者"。因为对程朱及其学问的尊崇，日本朱子学各派的代表人物如木下顺庵、林鹅峰、室鸠巢、安东省庵、贝原益轩、谷时中、佐藤直方、中井竹山、富永仲基、山片蟠桃等，无不对中国文物制度推崇备至，承认中国文化为日本文化的源泉和母胎，共同推进并维护着作为思想、意识形态和民族文化心态的慕华主义。他们以中国文化为绝对的标准，或承认日本人为中国人的后裔，或反神道，或自认东夷小国，或以中国为师国，基于"中国—东夷"的华夷图式建立起有关中国和自我的认识、叙述。

忠实地继承林罗山学说的林鹅峰（1618—1680）、木下顺庵（1621—1698）、林凤冈（1645—1732）及藤原贞干（1732—1797）等朱子学者，完全或有限地承认日本皇统是吴泰伯之后。例如，林鹅峰在回顾日本和朝鲜的源起时曾说："就想泰伯至德而基我王迹，箕子有仁以开彼（朝鲜）土地，均是先圣之所称也，共曰东方君子国者，不亦宜乎！中华姑舍是，六合之内，守纲常之道，仰文物之化，未闻如本国及朝鲜者，岂非泰伯箕子之遗风哉！"① 随后，他又于《拟对策文》中对"泰伯皇祖说"做了详细论述。当然，以日本建国的来源诉诸中国，一方面体现了儒者的中华崇拜思想，另一方面也体现了他们借此证明日本及其文明的正统性和普遍性的功利主义思想。因为"泰伯皇祖说"毕竟不利于日本人的自立，因此与林罗山无异，鹅峰对该说也持矛盾的态度，而认为它或为某种需要的结果，相反，主张日本皇统万世一系，更显合理性。"我国开辟以来一姓也，非至治之国乎。彼勾践至夫差，而无噍类，则泰伯不血食，纵虽为至德，虽为文王伯父，不及我皇统之久远，所以宋太宗称叹之也。由是观之我邦上古灵神，实自有在焉，何取彼哉！古云，君择斯二者，惟君所行也。"② 尽管功利主义思维与所谓"皇统万世一系"这种被创造的话语的结合，可能成为"泰伯皇祖说"被否定的终极力量③，却并不妨碍它成为维系日本人中国崇拜情结的重要纽带。

无论如何，"泰伯皇祖说"作为儒者崇华心态的极端表现，反映了日本人长期以中国文明为标准、以中国为师的民族文化心理。对他们来说，

---

① 林鵞峰：『東国通鑑序』、載『東国通鑑』、出雲寺松柏堂、1883年、5—6頁。
② 转引自朱谦之《日本的朱子学》，人民出版社2000年版，第197—198页。
③ 当然，反对"泰伯皇祖说"的学者也为数不少。大致可以分为三派：一派以一条兼良（1402—1482）为首，认为日本人都是天皇的后裔，泰伯皇祖说根本就是无稽之谈；一派以新井白石为代表，认为泰伯及其子孙可能来日，却不是天皇的祖先；一派以雨森芳洲和神泽杜口（1710—1795）为代表，认为《史记》已写明"泰伯无子"，说明日本人不可能为其后。

只有中国才出尧舜、孔孟等圣人，才是圣人之国，无疑就是日本的"师国"。例如，作为海西朱子学派的巨擘，贝原益轩（1630—1714）就认为，正是圣学才导致了日本的文明开化，才帮助日本摆脱了"娶姐妹、尚异教、信怪诞"①等夷狄之风俗，因而公开尊奉中国为"师国"：

> 本邦风气淳美，可为善国也，称为君子国，不亦宜乎。然上世草昧之时，礼法未备，无衣冠之制，被发左衽、娶姊妹姨侄为婚之类，不可枚举。迨中叶屡通聘于中华，有所视效，而变其旧俗者多矣。其载国史者，可看也。然则本邦古来虽独立不臣服于中华，然资用于中华之风教者多矣，可谓师国。不可不知其所本可贵，不可轻慢。②

对益轩来说，儒教便是学问的全部，尊圣人及圣人之教也就成为自觉的情感，"孔子之后，传圣人之教，而学到至处者，特孟子一人而已矣。……故孟子之后，程朱之功甚高矣，而朱子之功最大矣。然则孔孟之后，惟此二子诚可以为知道之人，学者之所当为宗师也"③。基于这种思维，他依据儒教的原理对神道和武道进行解释，表现出儒主神从的思想倾向。关于神道，他依据"天地之间，道一而已"的道理，认为"神道则天道，则人道也"④，极力批驳了当时"（学神者）以谓儒教是外国之事，非我邦之道，不可行也。学儒者以我邦神教之法有殊于中国者，并诽其道，称之为异端之说，更互相为讥议喧逐"⑤的观点，提倡"神儒并行而不相悖，不亦善乎"。可以说，作为与罗山、白石相颉颃的有影响力的儒者，贝原益轩的中国认识和自我认识代表了海禁时代儒者自他认识的典型类型，因而又构成了主流的慕华意识形态的重要环节。

与尊崇中国及儒教的心理相适应，室鸠巢、三宅尚斋、太宰春台、

---

① 貝原益軒：『格物餘話』、『益軒全集』卷二、益軒全集刊行部、1911年、329頁。
② 貝原益軒：『慎思録』、載井上哲次郎編『日本倫理彙編』卷八、75頁。
③ 貝原益軒：『大疑録』、『日本思想大系』34、岩波書店、1970年、389頁。
④ 貝原益軒：『神祇訓』、『益軒全集』卷三、益軒全集刊行部、1911年、650頁。
⑤ 貝原益軒：『神儒並行不相悖論』、載西村天囚『日本宋学史』、杉本梁江堂、1909年、13頁。

中井履轩、山片蟠桃等或坚持用儒教的原理解释神道，或以儒道反神道，进而反对神道作为独立宗教或日本精神之表现的特殊价值和地位。室鸠巢（1658—1734）是江户朱子学十分忠实的信徒之一，曾誓言以"孔孟之道、程朱之学"终其一生，故其学问体系也被认为"一步也没有超出朱子学者一般的思维类型"①。他认为，所谓"道"即圣人之道："天地之道即尧舜之道，尧舜之道即孔孟之道，孔孟之道即程朱之道。舍程朱之道则不可至孔孟之道，舍孔孟之道则不可至尧舜之道，舍尧舜之道则不可至天地之道。"② 依室鸠巢，不仅形而上的圣人之道才是世间唯一、普遍的标准，不合乎此者，无论神道或佛教"则是异端也"，就连形而下的天文历法、卜筮、医药兵术等，"凡资民生而不可无者，亦莫不待中国圣人之法"③。因此，针对当时山崎暗斋等儒者及神道学者欲使神道凌驾于儒教并"以为我国之至贵"，从而提出神道"独不由中国之传而先得之""不由圣人""不杂儒家之言"等各种排儒言论，室鸠巢依据"人无异道，道无二称"的原理对其逐一做了驳斥，并认为神道同圣人之道之间存在着不可调和的矛盾。他指出，"（神道）其书多幽隐之言，而少明白之训，进神气之说，而退理气之论"④，不仅无法与圣人之道两立于天地间，还应遭到排斥："为吾儒者，当力辨其异而排之，不使人有他歧之惑，不当苟有所阿附，以为我国之道。使其合于圣人之道，则神道亦儒也，其称为道者，犹曰尧舜之道、文武之道云尔。为吾儒者，当引而进之，以归诸儒，而明道一统之理，不当与儒并称而左右之。"在他看来，暗斋等主张的神道优越论归根结底只是"不知道者"对不合儒教的日本文物"珍异而张大之"的民族偏狭心理作怪的结果。即以神道者常引以为豪的所谓"皇统万世一系论"为例，他也依据"凡物有始有终，此天地之常理也"⑤的唯物式原则对它做了根本性的否定，认为它虽然可以被认作"我国风化之所致"，却绝不能"夸此为盛德之报、至道之应"，更

---

① 荒木見悟：『室鳩巣の思想』、『日本思想大系』34、516頁。
② 室鳩巣：『駿臺雜話』、誠之堂書店、1902年、2頁。
③ 室鳩巣：『室直清議神道書』、『日本思想大系』34、411頁。
④ 室鳩巣：『室直清議神道書』、『日本思想大系』34、412頁。
⑤ 室鳩巣：『室直清議神道書』、『日本思想大系』34、413頁。

不能成为主张日本优越性而"抗衡中国"①的论据。

作为崎门三杰之一的三宅尚斋（1662—1741）也是一个朱子学的忠实信徒和极端的中国崇拜者。与以神道主张日本优越性的山崎暗斋相比，他坚持儒教的正统性和唯一性，并由此展开了对神道的激烈批判。

  道之在天下，东南西北无适而不有，但其土地广狭厚薄之不同，而其人之为风亦不一，人人所见亦不觉陷一偏矣。伏羲以来所开之邦，中于天下，而其广阔厚润亦非外国之比也。而圣人尚恐其失中和之气也，于是乐以通八风之气，而令天下无偏风矣。近世谈神道者不知此义，动必曰"是我邦之道"，甚则曰"孔孟所言，亦汉土之教也耳，不合我邦之风"。居偏而守偏，终不知求中和之道，呜呼可叹哉！②

在他看来，只有儒教才是中和之道，才是普遍的道理，而神道不过是"居偏而守偏"之道，与儒道有着深刻的矛盾。近来日本学者所强调的国体优越性，终究不过是因"偏国"所导致的"偏长"，根本无法与中国相比。"我邦君臣之义，其明过于万国，虾夷夫妇之别，其正亦非他国所及，此皆偏国之所致。狐能使己神，萤能自照，人反不可及。盖失中和者，反一路明，有偏长者。"③ 他进而依据"变革乃天地之常"的原理，肯定汤武放伐的意义，大力驳斥了"邦异则道亦自不同""我邦是位于东方，犹日未中，汉则位于中，而犹日之中将西斜。故我邦贤于万国，而其道亦尊，是以百王不易姓，自无放伐之事。汤武放伐，汉则以为顺天应人，我邦则不以为是""三种神器，是常人不可窥，皇统不绝，绵绵无穷，实在于此矣。此是我邦神之道，所谓所胜于万国也"④ 等论调，反对以神道及"皇统不绝"主张日本优越性的观点。

综上而言，室鸠巢和三宅尚斋的反神道思想，无论从理论依据和思

---

① 室鸠巢：『室直清議神道書』、『日本思想大系』34、412頁。
② 三宅尚斋：『黙識録』、載井上哲次郎編『日本倫理彙編』卷七、487—488頁。
③ 三宅尚斋：『黙識録』、載井上哲次郎編『日本倫理彙編』卷七、506頁。
④ 三宅尚斋：『黙識録』、載井上哲次郎編『日本倫理彙編』卷七、513頁。

维方式来看都相差无几。他们或作为德川中期有影响力的幕府儒官，或作为十分活跃的朱子学者，构成了崇敬中国并维护这种崇敬的儒者群体。他们的反神道论作为反暗斋学和反古学的重要环节，不仅发挥了捍卫朱子学作为德川意识形态地位的作用，甚至还构成了维系主流的慕华民族文化心态的重要纽带。

与他们并不完全否定神道的立场相比，深受西洋学术影响的怀德堂朱子学者则以神道为宗教迷信，而从无神论的合理主义角度对其进行了批判。作为18世纪后期朱子学重镇的怀德堂学派，既尊信朱子学，又对朱子学做了人本主义的解释和改造。例如，中井竹山（1730—1804）虽然肯定朱子学所谓"道"的普遍性和唯一性，却从实用主义的角度批评了它的教条主义和形而上的倾向，认为道即是人伦日用之道：

> 吾儒之道即圣人之道也，圣人之道即人之道也，人之道即天地之道也。四海万国一日亦不可离者，无此道则国恒亡，异端者亦无容此之余地。故尊而无对，大而无外，小而无内，格致诚正戒惧慎独，自一心之微至治国平天下，天地位而万物育，一续也。列而为五伦，分而为四民，布而为礼乐刑政。冠婚、丧祭、朝聘、田猎、耕织、财鬻、币帛、饔餐，莫非道之用，日月、风云、山川、草木、禽兽、虫豸，莫非道之发现，是皆吾儒中之道也。①

该学派的另一个核心人物中井履轩（1732—1817）则肯定了"情"的自然性和普遍性，宣扬"人之情，万里同风"②"尽人之理，而合乎人之性情，斯谓之道也"③等观点，批判了程朱理学关于天理和人欲对立的命题。可以说，正是这种合理主义和人本主义的所谓"近代的"思维，促使怀德堂的儒者对神道做了釜底抽薪式的批判。例如，履轩强烈批评了当时以神道为豪的神道学者和儒者，指出其所谓的"神道"不过是

---

① 中井竹山：『草茅危言』、载鹫尾顺敬『日本思想闘诤史料』第六卷、524页。
② 中井履轩：『水哉子』、载関儀一郎编『続日本儒林叢書』第1书目（随筆部）、東洋図書刊行会、1930年、19页。
③ 中井履轩：『孟子逢原』、载関儀一郎编『日本名家四书註釈全書』孟子部2、東洋図書刊行会、1925年、446页。

"巫祝禊禳之方"①，其所谓"洁清正直"的"神道的"精神也不为日本所独有：

> 世所谓神道者，古亡之也。盖巫祝祠官之等，钦羡于浮屠之荣显势利，附会古事而创之，以白炫鬻已。亦有数家，而要归于《中臣祓》云。然《中臣祓》无何也，只是禊禳之祝文，止于悔过悛恶，洁清正直祷于神，以求福厌不祥而已矣。凡事鬼神，致其洁清正直，何特我邦。……故《中臣祓》，以为巫祝禊禳之方则可，以为道术则大戻。吾上古神圣，岂造是愦愦之道，以迷后人乎哉！②

山片蟠桃（1746—1821）不仅继承了履轩关于神道的看法，认为日本本无"神道之教"，指出当时学者以为治国平天下之道的"神道"不过是"唯敬奉鬼神之祭祀"的巫祝之术，还由此反对将日本说成是"神国"③。

富永仲基（1715—1746）则从道的时效性角度对神道进行了批判。他认为，道并不是亘古不变的真理，乃因地域、时代而变化④，其根本乃出自于"所行"，所以无法实行的道就不是"诚之道"。神儒佛三教皆因时代不同而不同，因而都不是"当今之日本所当行之道"⑤。他进而指责说，当今之神道皆"神事"或"神事之游戏"⑥，其所癖唯在于"神秘、

---

① 直到近代，仍有学者持类似观点。例如，久米邦武（1839—1931）曾发表《神道乃祭天之古俗》（1891）的论文，指出"神道并非宗教，不过是东亚祭天古俗之一"，公开反对作为意识形态的"神道"的功能及其作用。
② 中井履軒：『水哉子』、載関儀一郎編『続日本儒林叢書』第1書目（随筆部）、21—22頁。
③ 山片蟠桃：『夢の代』、『日本思想大系』43、岩波書店、1973年、481、513頁。
④ 他也由此认为，佛教是印度的"道"，儒学是中国的"道"，因而都违背了日本当时的实际情况，故不宜行于日本："夫言有物，道因此而分；国有俗，道为之异。儒之教且在此方则泥，何况佛之教在西方之西方乎。故佛之所淫在幻，儒之所淫在文，舍此则几于道矣。"（『出定後語』、載『日本思想闘諍史料』第三卷、名著刊行会、1969年、225頁。）他进而批评了日本儒者"言必称中国，凡事照搬中国"的做法和倾向，表现出超越中国及中国文化的自我叙事的重建心态。
⑤ 富永仲基：『翁の文』、載関儀一郎編『日本儒林叢書』第2書目（解説部）、鳳出版、1971年、4—5頁。
⑥ 富永仲基：『翁の文』、載関儀一郎編『日本儒林叢書』第2書目（解説部）、4頁。

秘传、传授"，且诸事又以古代之事为模范而只做妖怪之事，故不能成为日本当时的"道"。可见，作为活跃在18世纪商业资本中心的儒者，怀德堂学派合理主义的神道论抽取了"日本为神国"这一话语体系的内核，因而可视为对以神国为基础的日本优越论话语的否定。从这种意义上说，它无疑发挥了阻止神道优越论进一步泛滥，进而维系日本人慕华心理的重要作用。这也说明，以"神国"或"神道"构建日本人同一性的思想并非就是一种被普遍认可的绝对思想。

中华崇拜论的最高峰，便是佐藤直方（1650—1719）的"中国夷狄论"。作为崎门学派的重要学者，与同派学者几乎都坚持日本主义的立场相比，直方是一个特别的存在。他所活跃的17世纪后期，从神道学者到儒者，知识界开始形成一种日本主义的强大思潮。对这种从文化和地理上否定中国作为世界中心地位的思维，佐藤直方做了彻底的否定和批判，并在崎门学派内部掀起了激烈的"中国夷狄论争"。他认为，"归根结底，定中国夷狄，以地形云，而不以风俗善恶云"[1]，也就是说，"中国夷狄之分"与"道行"还是"道不行"这种文化要素无关，"中国"自古以来就由"地形"所决定，因而是固定不变的，更不用说"所谓中国夷狄，根本即是圣人之立言"[2]。在他看来，中国就是中国，夷狄就是夷狄，这是不容置疑的真理和事实，因而作为儒者就应该毫无折扣地接受儒教及其关于华夷的思想，"孔子已不生于日本而生于中国，故当从其教，以中国为中国，以夷狄为夷狄"[3]。他由此驳斥了自《元亨释书》（1322）以来日本知识界逐渐形成的"以日本为世界之最上国，比唐、天竺还要优越"的观点，认为它只是基于民族偏狭心理的"小知之妄说"[4]；他同时肯定"汤武放伐论"，主张若有背义之天皇就可以蹴杀，由此提出了天皇兄弟间的同姓相残比中国天子的异姓革命"更甚"，"女性为天皇"违背了"圣人之道"等否定当时流行的天皇万世一系的观点，极力反对以神国或神道主张"日本优于万国"的思想。

---

[1] 佐藤直方：『中国論集』、『日本思想大系』31、岩波書店、1980年、424頁。
[2] 佐藤直方：『中国論集』、『日本思想大系』31、421頁。
[3] 佐藤直方：『韞蔵録』、『佐藤直方全集』巻一、ぺりかん社、1979年、553頁。
[4] 佐藤直方：『中国論集』、『日本思想大系』31、421頁。

可见，直方对中国及儒教抱有一种绝对的崇拜心态，虽然这在当今看来十分过激，在当时却可能是比较正常的思维。因为它不仅反映了当时盛行于日本的慕华主义的主流意识形态和民族心理，还准确地反映了离开中国和中国文化日本就无法完成自我叙事和认识的历史事实。不过，这种自他认识因为抹杀了日本的主体性，而在日本人自我意识日益成长的时代，仅仅因为这一点，就遭到了当时不少神道学者和儒者的批评。这又意味着在日本知识界慕华观的土壤已发生根本松动的背景下，极端的中国崇拜论更易招致其反对面——极端的中国否定论。

当然，这种极端的中国崇拜论在当时并不是一种普遍的存在，更多的儒者呈现出一种既崇拜中国又主张日本特殊性的心理。这种心理既是江户初期儒者自他认识的延伸，又构成了德川中期儒者自他认识的主流和基础。因此，江户时期的中国崇拜论都具有这样的特点：他们一方面尊崇中国及其文化而自认为东夷，另一方面又以仅次于中国的国家（如"东方君子国"）自居，在华夷思想的范畴内以神道、武国或风土等主张日本对万国乃至中国的优越性。这意味着日本要通过与中国的同质化而凸显与其他周边国家的差异，从而提高日本相对于世界万国的地位。因此，在承认中华世界优越性的前提下，贝原益轩、熊泽蕃山、伊藤仁斋等依据儒教经典赋予"夷"以"最接近中华文明"[①]的特别意义。例如，益轩通过对《说文解字》和孔子学说的解释，论证了夷与蛮、狄、羌（戎）的差异，即"唯有夷从人，蛮、狄、羌（戎）都从虫或兽"[②]，所以日本作为"有人道之国""东方不死之国""君子国""善国""丰收秋津"，拥有"时气正""穀食美""器服备""民俗淳""法律严""无外侮""通文字"七种优处，除仅"学问一事不及中国"[③]外，有着几乎与中华同等的特殊地位，因而理应"胜于其他各国"。可见，益轩所努力发现的日本的优越性，原本只是相对于"他国"才有意义，然而，因为它不是以"他国"而是以中国为参照标准，所以又具有了"相对于中国"

---

① 塚本学：『江戸時代における「夷」観念について』、『日本歴史』371号、1979年、4頁。
② 貝原益軒：『五常訓』、『日本思想大系』34、岩波書店、1970年、83頁。
③ 貝原益軒：『五常訓』、『日本思想大系』34、83頁。

的意义和价值。这种认识中国的方式不仅为日本优越性提供了合法性，还可以消除因中国崇拜而导致的自我紧张和分裂，所以构成了自林罗山以来中国崇拜论者的基本思维。

基于这种逻辑，贝原益轩、富永仲基等不同时期的儒者便展开了相对于中国的日本优越性构建。作为活跃在江户前中期的代表人物，益轩承继了林罗山关于自他认识的思维，而从国俗、樱花等方面主张日本对中国的优越性。在风俗方面，他认为"本邦风俗本自淳美，超轶华夏者亦多矣"①：以"穀食美"而言，中国的稻米酒醴不如日本之最醇厚而芳美，"故本邦之佳穀良醴，可为宇宙第一"；以"风俗美"而言，"（日本）可谓风俗淳美之国也。称之为君子国，不亦宜乎？且皇统历百世而不绝于上，神器到后代而不移于下。其君臣有义如此，是吾邦之所以长，而虽华夏所不及也"②；以"无外侮"而言，中国虽然强大却历代有外患，而"吾邦之骁武雄伟，逾于诸夷，而所以无外患也"；以"仁"而言，日本人虽饿死不吃人肉，而"中夏之人比之吾邦不仁。好食人肉者，古来多矣"③；在物产方面，他认为"日本樱花"不见于中国，而是日本独特的风物。④

总的来说，贝原益轩等展开的"同道而异俗"⑤的自他认识代表了17世纪和18世纪前半期儒者中国认识的典型思维。这种思维的前提和标准是儒道的普遍性，然而，因为它不利于日本人主体性和同一性的确立，且后来又受到"异学"和洋学思考方式的影响，所以18世纪中期以后基于这种思维的中国崇拜论开始发生动摇。活跃在18世纪后半期的怀德堂朱子学者便是其典型。虽然他们都以儒学为价值判断的基准，却同时富

---

① 貝原益軒：『国俗論』、『益軒全集』卷二、204頁。
② 貝原益軒：『本邦七美説』、『益軒全集』卷二、203頁。
③ 貝原益軒：『格物餘話』、『益軒全集』卷二、341頁。
④ 1698年他写成《花谱》，说"《文选》诗曰，山樱乃果名，花朱，色似火，非日本樱花也。中国文章未见似日本樱花者。在长崎，曾问中国人，亦回答说没有"（『花譜』、『益軒全集』卷一、益軒全集刊行部、1910年、145頁）。随后的《大和本草》（1809）也记述了他特意赴长崎，向中国商人何清甫确认"中华无日本樱花"之事。可见，樱花论体现了益轩以樱花确认自我的强烈的民族意识，也由此成为日后盛行的"樱花为日本所独有"这一虚构性话语的肇始。
⑤ 貝原益軒：『神儒並行不相悖論』、載西村天囚『日本宋学史』、12頁。

有批判精神和人本主义乃至唯物主义的思想倾向，由此对基于华夷思想的中国优势论展开了尖锐批判。五井兰洲（1697—1762）依据《天经或问》的地球说，否定了以中国和印度为世界地理中心的观点："汉人曰，嵩山当天地之中；南州志曰，天竺，地方三万里，天地之中也。是皆中其中也，非公论矣。……故以国之在南北极下者为中，犹之可。……又以二极为两端，其中则赤道也。……其他称天地之中，皆无征之说，不足信。"① 他由此批评了以中国为中心的华夷思想及信奉它的日本儒者，认为"中国""中华""中夏"等不过是中国人自我褒扬的称呼，并不具有被世界各国所承认的正当性："汉土以王者更姓易统也，其国号不一。中国、中夏，乃汉人对四夷自称已，非通称。西域人谓之震旦，我邦人谓之汉，以汉时始通也。又谓之唐，以唐时修聘频也。近世文人乃称为中国、中华，是甘以夷狄自处也。"② 依他看，既然"夷狄之分"乃中国人的"井蛙之见"，天下万国则必有在土地、风俗等方面优于中国的国家，"宇宙广大，万国棋布，何知土地、风俗，不有胜汉者乎？儒者多党于汉，不可信矣"③。可见，这种对华夷论和中国优势论的批判，不仅显示了与17世纪后期"具有西洋视角的日本特殊性话语"的某种承继性，亦预示了主流儒者的中国崇拜论基于日本主义和洋学思维的结合而被解体的可能性。

总之，从江户初期以中国为唯一标准的中国崇拜论到18世纪后半期的中国优势批判论，主流儒者的中国认识发生了明显的变化，即由最初的崇华意识向疑华乃至排华意识转变。这种转变反映了日本人为确立自主性和同一性而重建自他认识的迫切愿望，并揭示了日本儒者的华夷观及基于此的中国形象从内部和外部被解体的路径和可能性。

（二）具有西洋视角的日本特殊性话语

天主教自15世纪传入日本后便获得急剧发展，到16世纪后期"南蛮文化"迅速占据广大日本人的精神世界，构成了对现存统治秩序的严

---

① 五井蘭洲：『瑣語』、載関儀一郎編『日本儒林叢書』第1書目（随筆部）、東洋図書刊行会、1927年、1頁。
② 五井蘭洲：『瑣語』、載関儀一郎編『日本儒林叢書』第1書目（随筆部）、44頁。
③ 五井蘭洲：『瑣語』、載関儀一郎編『日本儒林叢書』第1書目（随筆部）、11頁。

重威胁。虽然天主教因此遭到统治势力的驱逐和禁止，然而作为"异族"的南蛮自身及其传入的天文地理学不仅急剧扩大了日本文化和地理的视野，也对传统的三国世界观造成了冲击。不仅如此，即便在德川幕府海禁体制确立后，西洋书籍（主要是汉译书籍）也通过中国、朝鲜等地的商船不断流入日本，而1720年以后随着洋书输入禁令的缓和，与基督教无关的自然科学、武器、药学等书籍更是被准许输入日本。西洋及其文化的持续性发酵，不仅改变了日本人关于世界的想象，也对以中国为中心的传统华夷观念提出了挑战，并促使儒教的、佛教的世界观趋向瓦解。这种世界图像的瓦解就成为日本重新建构新的政治和文化地图的契机。这以西川如见的《华夷通商考》（1695年）、新井白石的《西洋纪闻》（1708年）及《采览异言》（1712年）和寺岛良安的《和汉三才图会》（1713年）为代表。他们所构建的世界图像不仅使日本人意识到万国的存在，从而推进了华夷思想的相对化，也为华夷思想的解体准备了"外部的"路径，进而为重构自我准备了思想条件。尤其是新井白石，他关于"东洋"和"西洋"的区分等思想不仅对以中国为中心的传统天下观造成了巨大冲击，也以一种接近日本型华夷思想论者的立场而为日本中心主义世界观的构建奠定了基础。

西川如见（1648—1724）出身于长崎的天文历算世家，20多岁随木下顺庵门下重视实学的南部草寿学习程朱之学，奠定了其世界观的基础。后随小林义信学习天文历学和地理，形成了以中国天文学为主、具有西洋天文学色彩的独特学说。1719年应将军德川吉宗之邀赴江户从事天文咨询工作。著有《增补华夷通商考》（1708）、《天文义论》（1712）、《町人囊》（1719）、《日本水土考》（1720）等有关天文、历学、地理的书籍。这种独特的生活经验和学问体系，使他形成了与排斥南蛮学的主流儒者相异的世界观和自他认识。

依据儒教和阴阳五行的原理并立足于西洋的实证主义思维方法，他构建了普遍性的"天""天学""天道"等概念，而对儒教的世界观做了重新解释。他认为，由"命理之天"和"形气之天"构成的"天"是一种普遍的存在，因而"天学"和"天道"也是万国所必然信奉的普遍原理，它们共同规定了世界万国的一体性和历史性，"夫天地，乃一圆浑然之体，其动静、始终非一时而不可有"①。尽管他承认五大洲各国作为整体世界的有效成分，却并不认为它们具有完全对等的价值。他指出，主导宇宙生成的"气"及其运动造成了世界万国在水土（风土）、文化、政道等方面的差异（个性或特殊性）。因为"天地万物当以中正之气为尊"②，所以国家之贵贱也取决于是否受到"中正之气"的眷顾，而不受开辟之先后、国土之大小等因素的影响。以水土为例，他论证说，世界由亚细亚、欧罗巴和利未亚（非洲）三大界组成，"水土之正"以第一界之三大洲的亚细亚为最优，而震旦位于亚洲之中央，故为中国、中华。③显然，水土论不仅为中国及其文化的正当性提供了证据，更重要的是也为日本的特殊性乃至优越性提供了"合理"的依据。

于是，依据"气"的理论，如见重建了国家的序列和世界秩序，即基于水土论和实证主义立场的以中国为中心的世界观。1708年他写成《增补华夷通商考》，认为当时的世界各国可分为"中华（中国）""外国""外夷"三类。"中华"是世界地理、文化和政治的核心和模范，"外国"主要是"从中华之命、用中华之文字而三教通达"的东亚各国，如朝鲜、琉球等。"外夷"则是汉字文化圈以外的国家，主要指东南亚、欧洲各国。④该书以中国为叙述重心，表明中国及其文物是其划分世界的主要标准，却也隐秘地以日本及其文物为世界论述和认识的标准和参照。他所构建的世界图像虽然肯定了中国作为"世界第一上国"的地位，又使日本超然于"外国"之外，成为可与"中华"并立的椭圆世界的又一中心。

因此，如见的世界观和自他认识虽然维持了中国作为世界中心的地位，却极大地提高了日本的地位，而在华夷思想的框架下最大限度地推进了中国及华夷思想的相对化。第一，与传统的华夷秩序观和三国世界观相比，他对世界的认识已从东亚扩展到世界万国。在他看来，无论中国，还是日本，五大洲各国都是整体世界的一部分。因此，他明确指出：

---

① 西川如见:『町人囊底拂』下、『町人囊』（西川如见遗书第七编）、求林堂、1898年、10页。
② 西川如见:『町人囊底拂』下、『町人囊』（西川如见遗书第七编）、11页。
③ 西川如见:『日本水土考』（西川如见遗书第九编）、求林堂、1898年、2页。
④ 西川如见:『增補华夷通商考』卷三（西川如见遗书第四编）、求林堂、1899年、1页。

"相对于天地万国，唐土亦不及百分之一矣！"① 这种关于世界和中国的认识表明，曾被日本奉为价值源泉的中国已在很大程度上被相对化和他者化。

第二，明清交替作为17世纪东亚世界的重大事件，也促使如见重新追问中国所以为中华的意味，并由此极大地推进了华夷思想的相对化。例如，他对当时被主流儒者奉为圭臬的儒学提出质疑，说儒教典籍皆为修身齐家治国平天下之用，至宋、明学术大成以至完备，俨然"世界第一之上国之学术"②，却无助于中国免除蒙古和北狄之祸，不禁感叹"其德用何在哉？"亦由此得出结论："田舍有京，京有田舍；中华有夷狄，夷狄有中华。"③ 这种意图超越中国中心论的思想到其晚年则表现得更为明显。他的后期作品多用"唐土""震旦"等指称中国；批评汉字烦琐、晦涩，"唐土之文字，其数多、笔画多而极难，为世界第一。外国之文字亦通达人用万事，无不足"④；称赞朝鲜保留了中国业已断绝的儒教古法，"尊儒道而胜于中华"，是"人种质朴而长寿"⑤ 之国。这些论述不仅挑战了中国所以为中华的合法性，还暗示了18世纪以后"中华"从一个专指中国的实体概念向抽象概念的转化。

第三，如见认为，传统以中国、印度和日本为尊的观念是"故乡自大"这种"我族中心主义"意识的产物。因为它是"私称之仪"，所述既不是事实，也无法得到世界各国的承认。

> 天竺乃佛国，自诩唯我独尊之大国，此外诸国栗散国也；唐土乃圣人之国，天地之中国也，自夸万国第一仁义之国，日月星辰亦最先照临此国；又日本神国也，居世界之东乃日轮始照之国，地灵且人神也，自诩万国第一国也，金银亦多，或曰丰秋之国，或曰中津国，或曰浦安国。此三国，各国皆有自夸。依自夸而立其国之作

---

① 西川如见：『水土解弁』（西川如见遗书第十二编）、求林堂、1900年、1页。
② 西川如见：『町人囊底拂』下、『町人囊』（西川如见遗书第七编）、9页。
③ 西川如见：『长崎夜话草』二（西川如见遗书第六编）、求林堂、1899年、16页。
④ 西川如见：『町人囊底拂』下、『町人囊』（西川如见遗书第七编）、12页。
⑤ 西川如见：『增補华夷通商考』卷3（西川如见遗书第四编）、3页。

法、政道。①

可见，这种思维不仅使儒教的世界观、佛教的世界观（日本被定位为"粟散边土国"）和日本的神国观都被相对化，也使它们的有效性和合法性遭到严重质疑。这一作业抽取了华夷思想的文化内核，蕴藏了破坏当时盛行的中华崇拜思想的强大能量。

第四，为破除传统世界观对日本地位的拘束，如见极力主张日本作为神国和武国的"世界第一国"的地位，展开了相对于中国乃至世界万国的自我中心主义叙述。在他看来，重建有关日本和世界秩序的叙述，必须依据公认的世界地图和水土论（风土论）这种普遍的原理，以避免"故乡自大"情结的偏狭性。"浑地万国图者，异邦之所著，而地理之学不可不凭之以察其水土也。盖万国各无不以自国为上国，而用自国之说断自国之美者，未脱有私称之偏。故今从异邦之所图，以察此国之美，则非私称之仪，而实知此国为上国之理矣。"② 基于这种考量，他便动员水土说、阴阳五行说等各种可能的学说，着力于发现和论证日本胜于万国的特殊性：日本居第一界之"良位"和亚细亚之"正东卯位"，中央之处乃北辰出地，其形势有游龙绕首之貌，是"自然之风水"；日本在万国之东头，朝阳始照之地，阳气发生之最初，震雷奋起之元土也，故日本人多仁爱之心，专勇武之意，爱清净、洁白而乐质素、朴实，是"自然之民情"；日本清阳中正、阴阳中和之水土，四时中正之国也。民者神明之孙裔，此道者神明之遗训也，故此国为神国之义，是"水土自然之理"；比之印度、中国，日本虽小却为世界第一大岛，以日本东西之经度比较世界之经度，日本亦大国也，故"何谓小岛哉""岂得号粟散国哉"；中国虽为圣国、大国，却动辄有皇统变乱而难久治，相反，日本之限度不广亦非狭，其人事、风俗、民情相齐混一而易治。是故皇统自开辟至今而无变者，万国中唯日本而已，是"水土之神妙也"；日本以武勇为本、文笔为末，武德长久而与天地无穷。日本风水要害之好，为万国最上，乃百世不易、难攻不落之国，故无屈于大国之患，是"自

---

① 西川如见：『町人囊』卷2（西川如见遗书第七编）、7頁。
② 西川如见：『日本水土考序』、『日本水土考』（西川如见遗书第九编）、求林堂、1898年。

然之神德也"①……显然，神国、武国、中正之国和万国之东（生命发祥之地）等构成了如见所主张的日本优越论的核心内容，不仅勾勒出江户日本主张对中国优越性的多种路径，还承前启后②，提供了江户日本自我中心主义想象的多维度视角。

总之，西川如见的世界观虽以承认中国中心论和中国文化的中正性为前提，却也从水土论等角度培育了解构这种世界观的思维和途径。它反映了如见在普遍（儒学）和特殊（自我）之间的紧张和动摇以及突破传统儒教世界观的尝试，即便其方法论未能摆脱儒学的框架，在本质上亦仍属于"以儒学的华夷思想为前提的叙述之一"③。

与同样对西洋学术持开放态度的如见相比，出身武士家庭的新井白石（1657—1725）在儒学的发展上并没有什么理论建树。他崇信朱子学，尊其为形而上之道，由此依据儒教的原理建构其世界观和自他认识。尽管如此，他的世界认识、关于洋学的二分法等思维已显示出超越华夷秩序的倾向，尤其是作为幕府六代将军的重臣，他为维护"大君外交体制"所做的各种工作不仅极大地推进了中国和华夷思想的相对化，还试图以此与中国分庭抗礼，甚至确立日本对中国的优势地位。

第一，与崇拜中国的多数儒者不同，新井白石的世界认识突破了以往以中国为中心或以华夷为标准的话语体系，形成了世界一体统一的地理图像："大地海水相连，其形圆，若球体。……其地分，成五大洲。一曰欧洲，二曰非洲，三曰亚洲，四曰北美洲，五曰南美洲。"④ 同时，与如见的亚洲中心论不同，白石是以亚洲和欧洲为中心展开其世界论述的，表现出"东洋"和"西洋"对立的叙述模式。例如，主要体现其世界认识的《采览异言》（1713）就大幅缩减了有关中国的内容，增加了关于欧美的内容。显然，这种思维模式和叙述方式的转换不仅构成了对传统华

---

① 西川如见：『日本水土考』（西川如见遗书第九编）、2—6 页；西川如见：『町人囊底拂』下、『町人囊』（西川如见遗书第七编）、9 页。

② 例如，水户学者会泽正志斋继承了如见关于"万国之东"的看法，认为日本"位于东方，朝阳所向之地"，故优于万国，赋予"东"以特别的意义。

③ 桂岛宣弘：『思想史の十九世纪：「他者」としての德川日本』、ぺりかん社、1999 年、172 页。

④ 新井白石：『西洋纪闻』、『日本思想大系』35、岩波书店、1975 年、27 页。

夷思想的实质性否定，也隐含了解构中国中心论的新思维和力量。

不仅白石关于世界的叙述重心逐渐移到了欧美，其二分法的西洋学问观也为知识界重新审视中国和日本提供了新路径。与以往以南蛮学为整体而加以排斥的儒者不同，他区分了基督教和西洋学术，一方面认为前者不过是佛教的"亚流""荒诞浅陋，不足为辨"①，另一方面又承认"彼方之学唯精于形与器"②，而对"形而下"的西洋学术采取了肯定的态度。显然，学术与宗教的分离，不仅使禁教政策与引进西方科学技术的并存成为可能，而且，更重要的是提供了一种评判中国及儒教的外部性力量和视角。这一作业对18世纪以后的知识界影响甚大，尤其为洋学者的中国批判提供了新的逻辑和路径，也间接为知识界建构新的自我提供了可能性。

第二，为维护"大君外交体制"，作为幕府重要政治家的新井白石展开了解构传统华夷秩序观的理论探讨和政治实践。大君外交体制原本只是一种避开中国中心论的"小中华主义"，却被白石赋予新的政治和文化意义：不承认中国在政治上的优越性和东亚的领导地位。为达此目标，他认为最重要的应当是摧毁华夷思想的合法性和正当性。他明确指出，所谓"华夷之辨"乃是"私事"，并不是普遍有效的规范：

> 无论如何，尊其国，虽为私事，却为所谓公共之私，自当无可厚非。三代、汉唐以来之人们，以其国为"华"，称他国为"夷"，此亦无可厚非。乃如鹦鹉学舌，本朝自古以来以本朝为"天"，而称他国为"蕃夷"，此亦公共之私，当无可厚非。然彼方之人以夷而贱我，自以为华，而此方之人背叛本朝，尊奉外国为华，实有悖于古圣贤之道。③

依他看，中国自称为"华"就如日本自称为"天"一样，都是本国

---

① 新井白石：『西洋紀聞』、『日本思想大系』35、78頁。
② 新井白石：『西洋紀聞』、『日本思想大系』35、19頁。
③ 新井白石：『唐金梅所宛書簡』、載岩橋小彌太『新井白石の詩論』、『歷史と地理』第15号、1925年。

的习惯，虽无可厚非，却不应具有跨文化交际学和政治学的意义。这就是说，在对外交往上日本完全没有必要遵循中国的标准。这种对华夷思想的否定性思维不仅使中国作为世界中心的地位被相对化，也为白石所极力构建的日本主义准备了理论基础。

基于这种日本主义的思维，他展开了削弱中国地位及对东亚影响力的作业。其一，他认为，"中国""中华"等词只是中国人对自己国家的称呼，并不代表日本人的中国认识。因此，他尽量避免称呼中国为"中国"，而多用"大明""大清""中土""异国""异朝"等词来表示。不仅如此，在《西洋纪闻》《采览异言》《琉球国事略》等著作里，他还采用古印度和西方称呼中国的"支那"一词来指称中国，成为江户时代用"支那"称呼中国的肇始。这一称呼因为避开了中国中心论的障碍，因而受到其后中国批判论者和日本民族主义者的追捧，以致最终成为近代日本人对中国的蔑称。

其二，白石对曾促使日本文明开化而被日本人崇拜的汉字采取了相对化的立场，不仅认为日语优于汉字，还展开了对汉字的批判。一方面，他认为西方的表音文字优于中国的表意文字，"字母仅廿余字，贯一切音，文省义广，其妙天下无遗音。据西多蒂说，中国之文字万有余，非强识之人，不能背诵；且犹有有声无字者，虽云多，有不可尽所，徒费其心力云云"[1]，从实用主义的角度严厉指责了汉字的不是。另一方面，他认为日本"居万国之先，开声气之元"，故日语"不待文字而能尽言语之变"，可以"达五方之言、通五方之欲"[2]。他进而批评日本人过分使用汉字，不仅令汉字、和字主客颠倒，还造成日本自古就有的古语、古义及风俗的衰败，从而认定汉字是妨碍日本独立性的重要原因。显然，与如见不同，白石开创了从实用性和政治性的角度评判汉字的思维，因而构成了江户日本解构中国中心论的重要环节，亦由此对其后中国批判论者尤其是国学者的汉字观产生了重要影响。同时，他的日语优越性论述也是江户日本构建自我独立性和同一性的重要环节。

其三，新井白石认为，为了谋求与中国的对等地位，日本首先至少

---

[1] 新井白石：『西洋紀聞』、『日本思想大系』35、39—40頁。
[2] 新井白石：『東雅』、『日本思想大系』35、107頁。

要保证对朝鲜的优越地位。当时,中国的明清交替被日本和朝鲜理解为"华夷变态",因而朝鲜即以中国文化的正统继承者自居,自认比日本先进,开始构建自己的"小中华主义"思想和秩序。针对这种情况,白石主导了接待朝鲜通信使的聘礼改革,不仅简化了接待仪式并降低接待规格,还要求朝鲜更改对幕府将军的"大君"之称呼,以确保日本对朝鲜的优越地位。依他看,大君"在彼国乃授其臣子之称号"①,容易造成日本是朝鲜臣子的危险;且大君为天子异称,易与日本天皇相混淆,故要求恢复"日本国王"的称号。由此,朝鲜国王与幕府将军形成对等关系,因将军以上还有天皇,故日本自然就居于朝鲜之上。同时,他一方面通过与朝鲜通信使的诗文唱和等文化交流,以与中国文化的联系而证明日本文化的正统性,主张"三代之礼遗于我国者不少"②;另一方面又以武国等特性主张日本对朝鲜的优越性,宣称"我国优于万国,自古号称尚武"③。可见,白石的对朝态度和思维体现了其重构中国认识(弱化中国优势地位)和自我认识的两难:一方面不得不立足于中国文明来主张自我的合法性,另一方面又依据日本特殊性来主张自我的独立性和优越性。

其四,为建立并迫使中国承认以日本为中心的东亚国际秩序,新井白石还主持修订了中日民间贸易的规则,对中国商人坚决实施所谓"信牌"的贸易制度。他坚信,"信牌"就如明日贸易的"堪合"那样对中日两国关系具有特别的意义,即它是中国顺从日本、遵照日本法律及其主导的东亚国际秩序的象征。尽管信牌制度一度造成了两国私人贸易的中断或艰难,可是因为当时的中日两国并没有正式的外交和贸易关系,所以最终只是被清廷看成"商人间的记号而已"④,既无关"正朔",对两国的关系也"毫无大碍"。显然,清廷关于信牌制度的处置说明,白石所极力构建的日本型华夷秩序不过是一种单方面的"臆想"和"虚构"。尽管如此,围绕私人贸易展开的中日政府间的对弈却可能造成"中国承认日本的优越地位"的错觉,从而成为助长日本人自我中心主义意识膨

---

① 『朝鮮国信書の式の事』、『新井白石全集』第四卷、国書刊行会、1977 年、671 頁。
② 『古史通或問』、『新井白石全集』第三卷、国書刊行会、1977 年、392 頁。
③ 新井白石:《折焚柴记》,周一良译,北京大学出版社 1998 年版,第 173 页。
④ 『康熙起居注』、載大庭修『徳川吉宗と康熙帝:鎖国下での日中交流』、大修館書店、1999 年、156 頁。

胀的契机。

第三，在弱化中国优势地位的同时，白石也建构着与中国中心论相抗衡的日本主义思想。与如见无异，"东方"也被白石赋予特别的意义，成为其日本优越论的理论基础之一。他们都试图以作为地理概念的"东方"取代作为文化和地理概念的"中华"，从而超越华夷思想而确立日本的优势地位。白石指出："观其国（荷兰）所镂万国地形圆球、半球等图，略闻其说，我在东方，则大地上下之极际……古人以为天地之奥藏是已。美窃以为是，则阴阳昼夜之所分，而衣被日月之精华，最为万国之先。《易》曰：元者善之长也，天地之至美，必其在乎此。"①按白石之意，日本作为"大地上下之极际""天地之奥藏"，最受"日月之精华"，故居于"万国之先"的地位。不仅如此，为避免"私见"之嫌，他还借助意大利传教士西多蒂的话来印证西洋人也有同样的认识：

> 大凡论其国，不应以其地之大小、远近，万国之中土地辽阔者莫过于鞑靼、土耳其，然其人不如禽兽。……像我罗马，方圆不过十八里，然我国教所到之处，莫不受到西南诸国的尊敬。此好比头虽小却在四肢之上。然观世事，无一不是以初始为善。天地之气，时日之运，万物之生，无一不是始于东方。万国之中，国立于东方者，皆优于万国之事实，毋庸赘言。②

显然，这番话不仅使日本免除了作为"边土小国"而无法自处的尴尬和自卑③，还使日本的"东方优越论"具备了毋庸置疑的合法性。

对新井白石来说，日本为武国、天皇即真天子等，便是日本优越论

---

① 新井白石：『白石先生手简』、『新井白石全集』第五卷、国書刊行会、1977 年、476 頁。
② 新井白石：『西洋紀聞』、『日本思想大系』35、65 頁。
③ "小国意识"是日本人长期面对强大的中国而形成的自我认识，是其自卑感的重要表现。对于知识精英来说，消除这种意识是确立日本自主性乃至优越性无法避免的课题。因此，对洋学持开放态度的如见和白石依据天文地理学的知识，强调所谓"国之尊卑不由国土之大小所决定"，便是出于这种考虑。

的重要表现。这些主张都是他在接待朝鲜通信使时为了证明日本优越性而提出的。面对朝鲜以儒教文化正统继承者自任而对强调武力的日本加以轻视的情形，他一方面强调武威乃是日本优越性的证据，不仅主张"我国优于万国，自古号称尚武"的历史优越性，亦认为将军以"武威"君临天下乃是"神灵的作用"，从而主张尚武和武家政治的神圣性。另一方面，他又以中国文化的正统继承者自居，认为日本的皇统万世一系，优于中国的"易姓"，故可以保存中国的礼乐典章，"天朝与天为始，天宗与天不坠，天皇即真天子。非若西土历朝之君，以人继天易姓代立者。是故礼乐典章，万世一制，若彼三大礼乐，亦有其足征者，何其隋唐以后之谓哉"①。当朝鲜通信使对此反问说"有礼如此，有乐如此，乃不一变至华耶"时，白石却无话可答，甚是尴尬。当然，这种尴尬不仅体现了日本儒者欲摆脱中国标准的迫切愿望，也体现了他们重建新标准的分裂和紧张。无论如何，尽管这种日本优越论大多是针对朝鲜而言，却无不以破除中国中心论为其目标。

综上所述，虽然新井白石的中国认识仍以儒教的思维和文化为根基，却也展开了对中国中心论的解构及日本型华夷秩序的自我叙述和论证。同时，他基于西洋学术所建构的世界认识和学问观也提供了后世学者超越或摆脱华夷思想的新思维和新路径，为日本人主体性和同一性的构建提供了新的依据。

（三）华夷思想相对化的日本特殊性话语

荻生徂徕及该派学者属于江户中期中国崇拜论者的重要阵营。他们尽管对朱子学呈质疑和批判的态度，却并非对儒学的背叛，恰恰相反，他们要纯洁孔孟之道，因而不仅仍以圣人及圣人之道为普遍的标准，对中国也抱有一种作为日本文化"故乡"的憧憬。例如，荻生徂徕（1666—1728）不仅对中国前儒家（Pre-Confucian）的圣人和圣人之道极端崇拜和憧憬，也以彻底的中国趣味的日常生活为豪。他坦言："昔在邃古，吾东方之国，泯泯乎罔知觉。有王仁氏而后民始识字，有黄备氏（吉备真备）而后经艺始传，有菅原氏而后文史可诵，有惺窝氏而后人人

---

① 新井白石：『座間筆語』、『新井白石全集』第四卷、724頁。

言则称天语圣。斯四君子者，虽尸祝乎学宫可也。"① 依徂徕，正是包括汉字、书籍和学问在内的中国文明传至日本，才导致了日本的文明开化，因此自古"朝廷礼乐制度，皆唐朝之法也"②。按他之意，作为人类法则制定者的圣人只能出自中国，故只有中国才是文明之国；日本和西洋不出圣人③，都是夷狄之域，因而与中国相比"吾国小国，且不文之国"。因为中国曾有圣人和圣人之道，故在哲学、文物、风景、文学和语言等方面都要优于日本。中国是文明的发祥地和中心，"中国者，人之人也；夷狄者，人之物也。物不能思，唯人能思。中国为礼乐之邦，是其能思之故也"④。拿儒道和武士道来说，它们的本质相同，而日本偏向于后者，恰恰是日本的不足："儒道勿论亦是侍道，中华出圣人，日本因是无圣人之国，故其侍道偏向于武的一方。"在他看来，世称"武士道"者不过是"战国之风俗"⑤，而圣人之道之外别无与国土相应的武士道，日本武道发达乃"不文之过"，故武士当学经书、文艺，以中国的士大夫为做人的楷模。就两国语言来说，他认为汉语比日语优越，也是由于中国有圣人之故，"中国之词乃文，夷乃质，中国之词乃密，夷乃疏"，所以"唐土名文物国，又因文华之义理而名中华，此道理也。又唐土出圣人，乃是细密之国之故也"⑥。在文物方面，徂徕极其钟爱中华之物，相信"凡百工之巧，中华为精"⑦，甚至到了非有唐纸、唐笔不能成书的程度。他关于书画的评价亦以对"中国风"的接近度为基准。他也对中国的风景十分憧憬和向往，尤其以风光明媚的西湖及其遗迹为天下第一的景观。此外，他甚至分别称京都、东海道为洛阳、长安道⑧，显示出对中国的无限倾慕

---

① 荻生徂徕：『徂徕集』、载平石直昭编『近世儒家文集集成』第三卷、ぺりかん社、1985年、287頁。
② 荻生徂徕：『太平策』、『日本思想大系』36、岩波書店、1973年、452頁。
③ 荻生徂徕：『学則』、『日本思想大系』36、256頁。
④ 荻生徂徕：『蘐園隨筆』、『荻生徂徕全集』第1卷、河出書房、1973年、185頁。
⑤ 荻生徂徕：『太平策』、『日本思想大系』36、453頁。
⑥ 荻生徂徕：『訓訳示蒙』、『荻生徂徕全集』第2卷、みすず書房、1974年、438頁。徂徕也对"文"作过解释："古者道谓之文，礼乐之谓也，物相杂曰文……夫文者文王之文也。"（『弁道』、『日本思想大系』36、205頁。）
⑦ 『徂徕集』、载平石直昭编『近世儒家文集集成』第三卷、ぺりかん社、1985年、156頁。
⑧ 小島晋治：『日本人の中国観の変化：幕末、維新期を中心に』、载神奈川大学人文研究所编『日中文化論集』、勁草書房、2002年。

之情。

作为徂徕的高徒，太宰春台（1680—1747）比其师更崇拜中国、圣人及圣人之道。他对圣人有着近似膜拜的虔诚，盛赞其"以聪明睿智而知天地万物之理，为天下开创常行不易之道"①。同时，他尊奉作为"人道"的先王之道为绝对的真理，认为它是天地自然之道、大中至正之道，从修身齐家到治国平天下无所不至、无所不备，因而又是"通行于天下万世之道"。在他看来，正是儒道传入日本，才帮助日本摆脱了野蛮的状态："其间与异国通路，中华圣人之道行于此国，天下万事皆学中华。自此，此国人知礼仪，觉悟人伦之道而不为禽兽之行，见背礼仪者甚至今世之贱事，则以为畜类，非圣人之教所不能及也。"② 由此，他强烈批判了以神道为日本之道而使其与儒佛鼎立的观点，指出日本原本无道，真正的神道当是圣人之神道，"本在圣人之道之中"，除此之外并没有一个能与儒教并立的"神道"。他认为，当世神道家所谓的"神道"不过是真言宗传入日本后"被创造出来的配剂了七八分佛法和二三分儒教的一种道"③，归根结底只是"巫祝之所传，乃极小之道"，因而与"专治心法"的佛教一样都不能成为"治国之道"。

当然，徂徕和春台对神道和武士道的批判以及对中国的热烈崇拜，却意外地引起了神道家和民族主义者的激愤，不仅导致国学者与儒者之间关于"真道"问题的大辩论，还"刺激了对于日本古道的研究，促进了古道主义——复古神道的兴起"④。"国儒论争"实际上反映了日本人主体意识与中国崇拜意识之间的矛盾和紧张，因而作为18世纪中期的重大历史事件，不仅对此后知识阶层的中国认识产生了深刻的影响，也说明日本儒者的崇华论面临着严重的"外部危机"。

尽管两者的崇华论否定了神道、武士道等日本特殊价值的合法性，他们所展开的华夷思想相对化和中国他者化的作业却蕴含着危及这种话语体系的根本因素。对他们来说，"中华"和"夷狄"的区分不是依靠地

---

① 太宰純：『辯道書』、載鷲尾順敬編『日本思想闘諍史料』第三卷、56頁。
② 太宰純：『辯道書』、載鷲尾順敬編『日本思想闘諍史料』第三卷、66頁。
③ 太宰純：『辯道書』、載鷲尾順敬編『日本思想闘諍史料』第三卷、46頁。
④ ［日］永田广志：《日本哲学思想史》，姜晚成等译，商务印书馆1983年版，第149页。

理和种族，仅仅与"礼乐"这种文化的指标相关。这意味着"中华"就被限定于一个文化的概念，因而与中国的分离也成为可能。只要礼乐发生变化，"华夷"的关系就可以发生转变。例如，徂徕认为："春秋戎狄之国，错处侯甸之间，是不以地也；有姬姓、姜姓之戎，是不以种类也。盖谓诸侯不闲礼乐者焉耳。夷进于夏则夏之，夏退于夷则夷之，可以见焉。"① 春台同样认为："称四夷为狄，比于中华而贱之，无礼仪之故也。中华之人若无礼仪，亦与夷狄同，四夷之人若有礼仪，则与中华之人无异。"② 显然，这种"华夷可变"的思想虽然仍以中华文明为基准，却超越了地理、民族等固有规定的约束，撕裂了文化、地理和政治相结合的"中华"概念，而使已明显受到"华夷变态"思维影响的儒者的崇华思维结构发生根本性的动摇。因此，日本中华论者自不待言，就连对"圣人时代"顶礼膜拜的徂徕也对现实中国的"中华性"产生了巨大的疑问。他本人依据舜、文王等圣人的出身自称"日本国夷人物茂卿"，不仅以其继任者自居，还认为孟子以后的儒者因为不识古文辞，故不能读六经而知圣人之道，因而作为先王之道的"诗书礼乐"经过"秦汉一变也，唐再变也，明三变也"③ 后已经衰落、消亡。"秦汉而下，以郡县代封建，以法律代礼乐。其言吏治者，亦孰不援经术。而郡县之治，凡百制度，不与古同，而先王之道不可用，故亦仅用以缘饰吏术云尔。岂能法先王哉。"④《诗经》三百篇"温柔敦厚"的风格，自苏东坡以后亦是日趋衰落，最后变得"破醇就漓"；古乐在中国也早已失传，仅遗存于日本，"其谱（猗兰琴谱），与明朝之琴谱大异。乃知古乐在中国业已失传，而独我邦有之"⑤。所以当今的中国虽名为"中华"，也由此丧失了对日本的优越性。"三代而后，虽中华，亦戎狄猾之，非古中华也。故徒慕中华之名者，亦非也。"⑥ 反过来说，只有日本继承了中国古代的先王之道，

---

① 『蘐園一筆』、載関儀一郎編『続日本儒林叢書』第 1 書目（随筆部）、6 頁。
② 太宰春台：『経済録』、載滝本誠一編『日本経済大典』第 9 巻、明治文献、1967 年、432 頁。
③ 『蘐園一筆』、載関儀一郎編『続日本儒林叢書』第 1 書目（随筆部）、6 頁。
④ 荻生徂徕：『徂徕集』、『日本思想大系』36、512 頁。
⑤ 转引自吉川幸次郎『民族主義者としての徂徕』、『吉川幸次郎全集』第 23 巻、筑摩書房、1976 年、411 頁。
⑥ 荻生徂徕：『徂徕集』、『日本思想大系』36、516 頁。

因而在某些方面要胜于中国。显然，这种试图使普遍性的"儒教理念从中国社会彻底割裂开来"①的中国观就为其日本特殊性的自我叙述提供了可能。

因此，徂徕在崇拜中国及中国文物的同时，又作为一个"民族主义者"，对中国产生了作为"异国"的明确意识，而提出了谋求与中国的平等地位乃至发现自我优越性的问题。他晚年所著的《明律国字解》改原书的"大明律"为"明律"，就是明显的例证。关于其理由，他自述道："当今，日本不是服从于明朝的国家。尤其是异国，现在朝代更替，变成清朝，所以称当代为大清，却不称明为大明。何况在日本，更无称为'大明'之道理，故今刊行时删除了大字。"② 这说明，对于中国，徂徕是作为与日本对等的"异国"来对待的。另外，他的诗文大量使用"皇和"的说法，以为日本美称，也是这个道理。有学者就此评价道："仿照皇宋、皇元、皇明之例，称吾国为皇和。自古未曾听说此称呼，乃近年始见于茂卿之文章。"③ 不但如此，他还认为，先王之道虽在中国已经消亡，却由日本所继承，所以日本文明不仅可以与中国文明并立，甚至有超越中国的诸多元素。日本独特的富士山、琵琶湖等就是其外在表现。例如，他曾致信黄檗宗的住持——悦峰道章，说："秋色将欲尽，芙蓉峰上雪，寒色照人来。不知中华有此好孱颜否？"④ 其逻辑是，富士山作为世界第一的山，连世界文明中心的中国都没有，所以日本应当胜于世界万国。与山鹿素行向抽象的士道寻求日本优越性的做法相比，徂徕开创了向实在的富士山等求证日本优越性的先河，而它们作为人人可见的具体存在，在激发日本人的民族自豪感和构建自我身份方面的意义反而更为重大。随后的国学者大肆宣扬"樱花"为日本所独有，也是这个道理。同时，徂徕也使自己的思考与日本的传统联系起来，以论证日本的优越性。比如，他认为《伊势物语》等文学作品的虚构方法，继承了先王的

---

① 佐藤誠三郎：『幕末・明治初期における対外意識の諸類型』，载佐藤誠三郎等编『近代日本の対外態度』，東京大学出版会、1974 年、8 頁。

② 荻生徂徕：『定本明律国字解：律例対照』、創文社、1966 年、3 頁。

③ 荻生徂徕：『訳文筌蹄初編』、『荻生徂徠全集』第 2 卷、みすず書房、1974 年、38—39 頁。

④ 转引自吉川幸次郎『民族主義者としての徂徠』、『吉川幸次郎全集』第 23 卷、364 頁。

诗文传统，证明"本邦之人之聪慧，常外国所不可及也"；《源氏物语》无论是作为小说的价值还是出现年代，都比《水浒传》要高出一截。由上可知，即便作为极端崇拜中国的儒者，徂徕也开始从精神和存在的不同层面来构建日本人的同一性，而这种归属感同时也促使他努力寻找摆脱对中国的劣等感的途径。从这种意义上说，无论是崇拜中国的儒者，还是排斥中国的国学者，其中国认识具有共同的认知基础——文化民族主义。这也说明，18世纪以后独特的"日本文物"的发现和标签不仅成为江户日本的重要思潮，也成为日本知识阶层形成其中国认识和自我认识的一个基本前提。

不仅如此，徂徕关于"道"①的解释也从根本上动摇了儒道合理主义的根基，破坏了儒者中国崇拜意识的深层结构，甚至自觉或不自觉地为国学者对儒教价值体系的解构乃至排斥做了理论的准备。一方面，徂徕等古学派儒者对朱子学的质疑和批判，原本就极大地促使了儒教的他者化和相对化。这不仅意味着他们开始了对中国文化的批判，还在很大程度上削弱了日本人长期形成的关于中国的美好形象。另一方面，徂徕否定了道的先验性和绝对性，认为道是先王所"制作"的道，实际上就是礼乐刑政等规范。这种作业切断了天地自然之理与人类原理之间的连续性，瓦解了宋学以理为最高哲学范畴的合理主义思维方法。它不仅消除了天理与人欲的对立，而使人欲的自然性得到了彻底承认，还以敬天和敬鬼神建立起了天地之理与神道之间的连续性，使"神道"获得绝对的性格。就前者而言，徂徕学的人情论不仅为人的内部世界多样化的形成提供了极大的可能性，也为国学主情主义的人学论提供了重要的理论依据，而为日本人主体地位的确立奠定了学理的基础。就后者而言，虽然徂徕承认"神道"源自"夏商古道"，却以"吾邦为主、夏商为从"展开了日本人的主体性论述："若夫吾邦之美，外此有在，何必傅会《论

---

① "道"在中国古代是指"路"，引申为宇宙田野之究竟规律，或万有万物之统摄、起源和究竟所待（本根），或天下之所以然和所以生之理。朱子学的"道"是它的进一步理论化、体系化。"理"是朱子学逻辑结构的最高范畴，又曰"道""太极""天理"等。理为世界的本原，为先验的超感觉和时空的绝对，既是道德的规则（礼、道理、规范、当然），又是自然之规律（物理、自然）。天与人、自然法则与人性都完全连续着，尤其是三纲五常这种应该实现的规范（应然）被当成了"自然"（本然），借助"理"获得了绝对性。

语》妄作无稽之言乎？夫配祖于天，以神道设教，刑政爵赏，降自庙社，三代皆尔，是吾邦之道，即夏商古道也。因儒者所传，独详周道，遽见其与周殊，而谓非中华圣人之道，亦不深思耳。"① 他进而认为，绝对的"天"是先王之道的根本和前提，它的具体表现就是先王所践行的"祭政一致"，即"以神道设教"。"盖我东方，世世奉神道云。……是故，道也者先王所为道也，祀先王配诸天，后王乃奉天道以行之，爵禄刑赏，降于鬼神，所以一其本也。"② 依据这一原则，他批判了仁斋仅以"君臣相传，绵绵不绝，尊之如天，敬之如神"的政治连续性主张日本对中国优越性的观点，认为日本是一个优秀的国家，正是由于"祭政一致"，而非其他。如此，徂徕解构了宋学以理为最高范畴的连续性思想，却又使"天"与神道乃至天皇联系起来，并赋予它们以绝对的性格。

虽然徂徕所说的"神道"并不完全同于近世一般意义上的神道，然而他对"祭政一致"和天照大神等本土神的强调，却表明徂徕在摧毁了外来的"理"的哲学体系后，已将目光转向了日本内部的历史和传统。"我国之神道，乃中华之道也。昔天照大神之御灵，在于大殿，云无神宫、皇房之差别。……异国、本朝神灵之道，同一揆也。"③ 显然，通过这样的逻辑转换，神道不仅作为政治思想被单独抽取出来，又借助天和鬼神的不可知性和绝对性，获得了自然性和绝对性。这种神道观是徂徕学与宣长学、水户学存在内在联系的一个表现。尾藤正英由此认为，徂徕学在近代日本的国家体制及国家意识的形成中发挥了重要的作用，"是支撑近代日本天皇制国家的意识形态的巨大源泉"④，而称徂徕为日本"国家主义的祖型"。可见，徂徕学的一个重要意义在于，为神道摆脱宋学的逻辑束缚及国学者排斥儒教提供了学术理性的支持。

综上所述，即便作为一个中国文化的崇拜者，徂徕的自他认识及其关于"道"的解释却隐藏了破坏日本人崇华思维结构的根本元素和巨大

---

① 转引自朱谦之《日本的古学及阳明学》，人民出版社2000年版，第158页。
② 转引自朱谦之《日本的古学及阳明学》，第160页。
③ 转引自吉川幸次郎『日本的思想家としての徂徕』、『吉川幸次郎全集』第23卷、451頁。
④ 尾藤正英：『国家主義の祖型としての徂徠』、『日本の名著』16、中央公論社、1974年、55頁。

能量，同时也对其后的日本人产生了巨大影响。① 当然，对徂徕来说，价值的判断标准仍是他视为世界文明的中心——中国，因而他不仅缺乏对日本为"中华"的自信，在"发现日本"及其特殊性方面也超不出同时代的山鹿素行的水平。

（四）基于"华夷之辨无用论"的日本特殊性话语

作为与徂徕学派并立的古义学派，伊藤仁斋和伊藤东涯也是18世纪中叶以前中国崇拜论者的重要人物。他们的思想和学问虽然以作为对朱子学反动的面貌出现，却以复古孔孟儒学为目标，并由此展开对它的重新解释，以为其世界观和自他认识的基础。

与江户时期尊崇理学或先王之道的大多数儒者不同，仁斋和东涯独尊孔孟，以《论语》和《孟子》为基础建设其哲学世界观。伊藤仁斋（1627—1705）认为，《论语》和《孟子》"实包括天下古今道理尽矣"②，应为后世学者所必须遵循的"最上至极"的规矩准则。又以孔孟之道比喻"食中之嘉谷"，认为它是"施之四海而有准，传之万世而无弊"③的大中至正之道。作为仁斋思想的忠实继承者，伊藤东涯（1670—1736）同样认为孔孟之道是"达于天下，准于万世，凡为人者之所由焉而行者"④的中正之道。出于尊重孔孟的立场，他们认为，正是中国制度和文化的传入才导致了日本的文明开化："夫圣人之大经大法，或袭或革，传至吾国，以逮今日，岂谓之异方之宜，上世之事，可不务讲究其所由焉哉！"⑤ 显然，对他们来说，孔孟之道当是普世的价值标准，中国则是日本文明的源泉和"故乡"。

作为孔孟之道的继承者，仁斋父子尽管对古代中国十分憧憬和崇敬，然他们关于孔孟儒学的解读、对中国历史和现实的分裂性认识以及有关"华夷之辨"的否定性叙述等却蕴藏了解构这种中国认识的元素和力量。

---

① 关于徂徕学的影响，那波鲁堂曾说："徂徕之学，享保中年后风靡一世""世人喜其说，习信如狂。……中叶以来多少考索之书，经书、语录、诗文类等，徂徕一言其非，即无人问津，几同烂堆故纸。"参见那波鲁堂『学問源流』，转引自韩东育《从"脱儒入法"到"脱亚入欧"》，《读书》2001年第3期。
② 『仁斋日札』、載井上哲次郎編『日本倫理彙編』卷五、育成会、1901年、169頁。
③ 『童子問』、載井上哲次郎編『日本倫理彙編』卷五、77頁。
④ 『辨疑録』、載『続々日本儒林叢書』第一册、東洋図書刊行会、1935年、7頁。
⑤ 伊藤東涯：『制度通』、施政堂、1797年、5—6頁。

这同时也为他们构建自我的特殊性提供了可能。

第一，他们虽然信奉孔孟之道，却对它做了唯物主义和实用主义的解释，因而为主体性日益增强的日本提供了摆脱宋明理学乃至中国文化的路径，本身也成为江户日本"去中国化"思维的重要环节。仁斋明确区分了天道、（人）道、天命、理、仁义礼智、性等诸如此类的概念，否定了宋儒主张的物理、天道、（人）道相统一的思维。"圣人曰天道，曰人道，未尝以理字命之。《易》曰：穷理尽性以至于命。盖穷理以物言，尽性以人言，至命以天言。自物至人而天，其措词自有次序。可见以理字属之于事物，而不系之天与人。"① 在此，道被限定为人伦日用之道，是"人情之至"②，同时"仁义礼智"也被当成"德之名"而丧失了道德本体的意义和价值。作为这种思维的结果，人欲便摆脱了规范的制约，其自然性得到了承认："盖穷天理之极，非人人所能也。无丝毫人欲之私，亦具形骸、有人情者非所能也""苟有以礼义裁之，则情即是道，欲即是义，此有何恶哉！"③ 显然，这种关于儒学的解读不仅动摇了朱子学天人合一的合理主义思维的根基，还为国学者以主情主义对抗儒教提供了可能和路径。也即是说，他们重构儒学的思维却隐含了儒学被解构的逻辑，而这又为"本体的自立"提供了支持。不仅如此，这种对儒教的解读也普遍见于荻生徂徕、山鹿素行等儒学的复古者，这不仅说明在某种程度上儒学的解构也就意味着"自我的重构"，而且这种作业具有一定的普遍性。

第二，仁斋和东涯虽然尊崇孔孟儒学，却又依据它否定了"华夷之辨"的观念，因而不仅打开了一个客观认识中国的视角，也为日本摆脱华夷思想的束缚而确立自我同一性提供了新路径。仁斋反对当时盛行于儒者之间的"华夷之辨"，认为"甚严华夷之辨，大失圣人之旨矣"④。东涯则十分明确地指出，圣人并没有以华夷区分国家高下的主张，所谓"华夷之辨"只是后世诸儒的偏见、谬说。进一步而言，若依华夷之辨，

---

① 伊藤仁斋：『語孟字義』、『日本思想大系』33、岩波書店、1971年、124頁。
② 伊藤仁齋：『論語古義』、載関儀一郎編『日本名家四書註釈全書』、東洋図書刊行会、1922年、197頁。
③ 伊藤仁斋：『童子問』、載『日本古典文学大系』97、岩波書店、1966年、103、106頁。
④ 伊藤仁齋：『論語古義』、載関儀一郎編『日本名家四書註釈全書』、32頁。

中国则是"已开之蛮夷",蛮夷则是"未开之中国"①。由此,他便基于"尚德"和"尚才"的标准否定了当时盛行于日本的华夷之辨观念。

当然,在他们那里,"华夷之辨无用论"并不意味着对中国中心论的单纯否定,而是有着双刃剑的威力。一方面,它是对当时流行的"日本型华夷思想"的否定和批判。例如,东涯明确批评了当时以日本为中华的儒者,说:

> 有人认为,圣人之道乃上古之事、异国之风,故不合今日日本之俗……全然不知其因古今、水土之异而有变通,如此思惑也。所谓道者,本非圣人以心思、智慧而制作,天地自然之道也。……所谓圣人之道,乃基于此而立节文、条目者,即天地之间之道也,以为圣人之所为、中国之风俗,愚也。②

依东涯,道并非"圣人之所为、中国之风俗",而是普遍的天地自然之道,由此否定了对"道"进行相对化处理的日本型华夷思想。从这种意义上说,东涯是一个与日本型华夷思想论者相对的儒者。但它实际上又隐含了中国和中华文明相对化的思维,具有解构中国和儒教的潜在力量。例如,对于中华文明,东涯认为,应当斟酌损益,选择其适合于日本的内容:"其礼仪风俗之异,不仅上世之事、异邦之所为,就连十年、二十年前之事,也有不合今日之风俗者……更何况,异国千年、两千年前之事,不可全用于日本。"③ 因此,他批判了对儒教采取全面排斥或肯定的极端立场,既承认日本文物制度受到中国文明的影响,又强调自我主体性的发挥:"儒者诵法圣人之道,以倡当世之人。谓儒者之道上世之事、异方之习,而非我邦今日之宜也;而或者则谓中夏文明之地、礼乐之所在,而本邦偏处夷服,简陋无文,不足与言也。此两者皆失之矣。"④ 显然,相对于日本型华夷思想,这种基于"华夷之辨无用论"的中国相

---

① 伊藤東涯:『経史博論』、载『続日本儒林叢書』第二書目(解説部)、東洋図書刊行会、1931年、40頁。
② 伊藤東涯:『訓幼字義』、载井上哲次郎编『日本倫理彙編』卷五、349—350頁。
③ 伊藤東涯:『訓幼字義』、载井上哲次郎编『日本倫理彙編』卷五、351頁。
④ 伊藤東涯:『制度通』、施政堂、1797年、1頁。

对化思维更具解构中华文明的理性力量,并使日本主体性的构建获得学理的支持。

显然,这种"华夷之辨无用论"并不是对华夷思想的彻底否定,因而与徂徕的"华夷相对论"在本质上并无二致。例如,仁斋曾对《论语》中"子欲居九夷"作出重新诠释,认定日本就是孔子欲居之地,因而日本即便作为"东夷"亦不逊色于中国:

> 夫天之所覆,地之所载,均是人也。苟有礼义,则夷即华也;无礼义,则虽华不免为夷。舜生于东夷,文王生于西夷,无嫌其为夷也。九夷虽远,固不外乎天地,亦皆有秉彝之性,况朴则必忠,华则多伪,宜夫子之欲居之也。吾太祖开国元年,实丁周惠王十七年。到今君臣相传,绵绵不绝。尊之如天,敬之如神,实中国之所不及。夫子之欲去华而居夷,亦有由也。今去圣人既有二千余岁,吾日东国人,不问有学无学,皆能尊吾夫子之号,而宗吾夫子之道,则岂可不谓圣人之道包乎四海而不弃,又能先知千岁之后乎哉!①

在此,与徂徕无异,仁斋以"礼文"(文化)之有无,重新厘定华夷之区分,从而解构了以地理疆域作为华夷之分的中国传统说法。②他由此转向内部的历史和传统(神皇),意图全面确立日本对中国的优越性:"神皇正统亿万岁,一姓相传日月光。市井小臣尝窃祝,愿教文教胜虞唐。"③

第三,仁斋、徂徕等古学派儒者对朱子学和孔孟儒学的不同态度显示,他们割裂了历史和现实的联系,形成了对中国的分裂性或断代性认识。这意味着他们的中华崇拜论基于对《论语》《孟子》等经典文本及其时代的演绎,不仅缺乏对现实中国的关注而显示出理想化和想象的色彩,还缺乏针对现实中国的有效性评价。相反,他们对朱子学的批判和否定

---

① 伊藤仁齋:『論語古義』、載関儀一郎編『日本名家四書註釈全書』、137—138頁。
② 黄俊杰:《中日文化交流史中自我与他者的互动:类型及其涵义》,《台湾东亚文明研究学刊》2007年12月第4卷第2期。
③ 加藤仁平:『伊藤仁齋の学問と教育』、第一書房、1979年、1頁。

所引发的对中国文化的否定,却具有不受时空限制的意义。因此,这种认识结构的缺陷也设下了中国文化易被全面否定的陷阱。

综上而言,包括徂徕学派在内,仁斋学派在客观化中国的同时,又不约而同地面向神秘主义的内部传统(神皇)。所以说,江户日本围绕"华夷思想"的各种话语都无法真正实现对中国和自我的客观化,因而其自他认识"明显地反映出江户日本人对自身东夷身份的解脱愿望和与中国分庭抗礼的情绪"① 而表现出非理性主义的民族主义特点。这意味着宣长学才是其中国认识和自我认识的逻辑终点。正是古学派立足于人情论对朱子学的否定,再加上山崎暗斋等神秘主义的神道思想,"才使宣长国学神道论的确立不但获得了民族主义的基础,还获得了学术理性的支持"②。

二　日本型华夷思想与日本特殊性的构建

16、17 世纪是东亚世界的巨大转变期。在日本,随着主体意识的成长、丰臣秀吉政权对华夷秩序的挑战、空间的均质化、对外新接触等社会结构条件的变化,不仅传统的三国世界观和东亚朝贡体系开始走向衰落,日本文化也开始面向神国、武士道等所谓的"内部的传统",并为此提供了变革的原动力。它同时为日本摆脱传统华夷秩序下的夷狄身份和重建东亚秩序提供了可能。

17 世纪初的明清交替是促使东亚传统国际关系(朝贡体系)发生动摇的主要契机。它被当时的日本解读为"华夷变态",而为中日两国关系的逆转提供了可能性。《华夷变态》(1674)最典型地反映了日本知识界有关中国的形象从美好走向崩溃的心理。其序云:"崇祯殡天,弘光陷虏,唐鲁才保南隅,而鞑虏横行中原,是华变于夷之态也。"③ 不但日本知识界接受了"华夷变态"的思维,17 世纪中叶以后,随着"乞师者"来日及在日活动、幕府关于中国政策的调整、"鞑靼乃夷狄"的舆

---

① 韩东育:《"华夷秩序"的东亚构架与自解体内情》,《东北师大学报》2008 年第 1 期。
② 韩东育:《"道统"的自立愿望与朱子学在日本的际遇》,《中国社会科学》2006 年第 3 期。
③ 林春勝、林信篤編:『華夷変態』上、東洋文庫、1958 年、1 頁。

论宣传①等日本社会形势的变化,"清即夷狄"的新的对华观也逐渐扩展到社会的各个阶层。可以说,"明清鼎革"不仅对江户日本人的对华观和世界观产生了巨大影响,还被提炼为文化符号而唤起了日本人对蒙古的记忆,进一步促使了日本人民族意识的自觉。

"华夷变态"的提出,表明以儒教华夷观为基础的东亚秩序的传统认同开始瓦解,而日本则需要重新确定自己在东亚世界中的位置。因为"华夷秩序"本身所带有的"自我中心性"和"文化优越感"激发了日本试图自我构建同样体系的强烈冲动②,所以面对"华夷变态"这一东亚政治的巨变,17世纪以后日本认为争取成为"中华"的契机已然来到,而开始以中国为"他者"进行东亚中心的自我想象,即从"国家意识"和"文化意识"的不同层面③展开对中国"华夷秩序"的模仿和复制,从而建构以日本为中心的华夷秩序。

1610年由林罗山起草而以德川家康名义写给明朝福建总督的国书,就是这种思维的典型反映。该国书吹嘘日本已非昔日之日本,经德川家康统一后,"其化之所及,朝鲜入贡,琉球称臣,安南、交趾、占城、吕宋、西洋、柬埔寨等蛮夷之君长酋帅,无不分别上书输贡"④,俨然建立了一个与中华抗衡的日本世界。⑤ 作为这种与中国并立思维的延伸,17世纪30年代,幕府通过废止对朝鲜外交文书的明朝年号,要求朝鲜改变对德川将军的称呼等举措,建立起与中国、荷兰通商,与朝鲜、琉球、阿伊奴"通信"的"大君外交体制"。严格地说,这种体制原本属于小中华主义的范畴,即它最初是以对明朝及此前的中国这个"巨大的他者"及

---

① 例如,赞颂郑成功击败"清朝"的《国姓爷合战》就在日本社会造成了十分重大的影响。该剧一方面以明朝为尊孔孟之教和五常之道的正统国家,斥责清朝为"无道无法"的"畜类同然的北狄,俗称畜生国"(『日本古典文学大系』50、岩波書店、1959年、230頁),另一方面又突出强调郑成功的日本人身份,以武国和神国观宣扬日本的优越性,而对中国却极度鄙视。据载,该剧自1715年在大阪初演后,曾长年公演,观者甚众,因其直观性而发挥了比儒者的华夷意识更显著的作用。

② 转引自韩东育《"华夷秩序"的东亚构架与自解体内情》,《东北师大学报》2008年第1期。

③ 荒野泰典:『近世日本と東アジア』、東京大学出版会、1988年、56頁。

④ 林羅山:『遺大明国』、『羅山林先生文集』卷一(卷12)、130頁。

⑤ 该国书又明确要求明朝"以大事小",故也反映了日本确立"追三代之迹"的小中华主义秩序的意图。

其意识为前提,既反映了日本在面对中国文化时的自卑情绪(劣等感),也反映了日本欲与中国分庭抗礼的愿望。因此,在明清交替后,幕府便采取对赴日之中国人"以夷相待"①、调整对清贸易政策等措施,着手构建相对于中国的日本优势地位。1715年幕府颁布《正德新例》,意图以"信牌"贸易的方式迫使清廷承认日本的"中华"地位。虽然幕府的信牌只是被清廷看成"商人间的记号而已",而这种贸易的展开却可能造成中国承认日本所主张的"日本型华夷秩序"的错觉,从而成为助长日本人自以为东亚中心的民族主义意识膨胀的契机。

与幕府建立"日本型华夷秩序"的国家意识相对应,17世纪到18世纪前期日本知识界虽然接受了儒教的世界观(华夷思想),却也对"中国=中华"的华夷固定图式提出了疑问,从而形成了中华崇拜论、华夷可变论、日本型华夷思想等不同的解读方式。虽然这些话语关于自他认识的定位不尽相同,却表现出共同的民族主义属性,即以中国为参照体系而谋求日本地位的提高。

从民族主义的角度说,日本型华夷思想无疑是此时期各种华夷论的极端表现。持这种观点的主要儒者包括熊泽蕃山、雨森芳洲、山崎暗斋、山鹿素行等。他们相信,"明清交替"已使中国丧失"中华"地位,因而也就使中日两国"华夷关系"的逆转及其标准的重新设定成为可能。一方面,中国已失儒教礼仪,而唯独由日本继承,故清为"夷狄",日本为"中华";另一方面,相对于中国,日本是神国,且日本人尚武,故中国为"夷狄",日本为"中华"。显然,日本型华夷思想具有多元的基准。以山鹿素行为顶点,他们关于"华夷"的判断标准也逐步从儒教转向了神国或武士道等内部的文化传统,从而表现出"彻底的日本中心主义"叙事的倾向,也指向了中国文明被彻底否定乃至排斥的道路和命运。

不过,日本型华夷思想论者并没有彻底抛弃有关自他认识的儒教标准,因为对18世纪以前的日本知识阶层来说,中国文明依然是"上位的文化"。也即是说,无论他们如何主张自我,其话语依然归属在"中国文

---

① 荒野泰典:『近世日本と東アジア』,37頁。

明的伞下"①。

（一）熊泽蕃山、雨森芳洲的自他认识——"礼乐"的普遍性与自我特殊性的构建

与中华崇拜论者无异，熊泽蕃山和雨森芳洲的自他认识仍以"天"或"理"的普遍性为学理基础，即根植于"以礼·文中华主义为基础的华夷思想"②。不同的是，他们的自他认识抽取了华夷之辨的地理内核，仅以"礼乐""风俗"这种普遍性的文化作为区分华夷的标准，同时又基于对明清交替的"华夷变态"式解读，使其标准进一步被限定为"现实的道德性"③。按照这种原理，他们以圣人之道的正统继承者自居，展开了异于中华崇拜论者的"日本型华夷思想"的叙述。

作为幕府早期重要的阳明学者、政治家和武士，熊泽蕃山（1619—1691）以天或理为最高的哲学范畴，并基于理的普遍性建构其世界观和自他认识："推天理一源之真而及人时，中国、本朝无异。"④ 按照"理无二致"的思维，他主张神道与儒教同一，认为可以用儒学的概念解释神道。他以所谓的三种神器（玉、镜、剑）比附儒教的智、仁、勇三德，说日本上古无书无文字，三种神器就是日本的神书，是儒教智、仁、勇三德的表象。所以，中国的圣人即是日本的"神人"，其德同一，其道不二；无论圣人之道，还是日本的"神人之道"，都是"天地之神道"⑤。显然，就"神儒同理"的主张及其理论依据而言，蕃山与江户初期的林罗山等并没有本质的区别。

按照"圣人之道"的标准，蕃山认为，中国是世界文明和地理的中心，风俗人情亦最良。"中夏为四海之师国""中夏为圣贤之国，文明之邦"⑥；"中夏为天地之中国，位于四海之中心"⑦；"中国乃大国，天地之中国

---

① 塚本学：『江戸時代における「夷」観念について』、『日本歴史』371号、1979年、10頁。
② 参见桂島宣弘『雨森芳洲再考』、『立命館文学』551号、1997年。
③ 渡辺浩：『宋学と近世日本社会』、東京大学出版会、1987年、50頁。
④ 熊沢蕃山：『集義和書』、『日本思想大系』30、岩波書店、1971年、183頁。
⑤ 熊沢蕃山：『大学或問』、『日本思想大系』30、449頁。
⑥ 熊沢蕃山：『大学或問』、『日本思想大系』30、449、445頁。
⑦ 熊沢蕃山：『集義和書』、『日本思想大系』30、148頁。

也，故天气明地气厚。五行至宝聚集，故人情厚"①。相比而言，日本受到了中国文化的全面熏陶，天皇又是泰伯的后裔，"古来日本所用之礼乐、官位，以至衣服之制，皆为遣唐使自唐土习来为圣代之遗法，此即儒法也"②，所以日本人也是"尧舜之民"，日本虽为夷③却是仅次于中国的"东方君子国"。"虽生于此远方之小国（日本），而学圣人之道德而不陷于异端……心善无恶，虽生于今世，亦为尧舜之民也。"④"中夏之外、四海之内没有能及日本之国"⑤。同时，为了使这种自我认识摆脱"私见"之嫌疑，蕃山还借助中国人之口来印证："唐土亦表扬日本为君子国。因为在唐土之外，东西南北再没有像日本这样礼乐之道中正的风流国家。"⑥ 在这种意义上蕃山承认，"中华对日本有大功"⑦。综上来说，蕃山的自他认识仍是以叙述自我与中国文化的关联而谋求日本地位的提高，或者说，日本正是作为中国文明的继承者才获得了作为"九夷最优国"的合法性。因而它本质上仍属于传统华夷思想的范畴。

尽管熊泽蕃山仍以"中国—东夷"的华夷结构为基轴建构其自他认识，却因"明清交替"等国内外形势的转变，一方面提出"北狄"的问题，担心清朝会像元朝那般再度侵日，"北狄取中国后，曾屡次来日本，而今已取中国。侥幸盼望其不来，殊非武备之道"⑧，而以圣学正脉自负；另一方面又对区分"华夷之辨"的中国文明本身产生怀疑，不仅由此展开了"去中国化"的思想作业，而且展开了依据自我的历史和传统重构"华夷之辨"标准的作业。这种作业实际上是一种建立日本型华夷思想的自我叙事。

---

① 熊沢蕃山：『集義外書』、載井上哲次郎編『日本倫理彙編』卷二、育成会、1901年、316頁。
② 熊沢蕃山：『集義和書』、『日本思想大系』30、岩波書店、1971年、78—79頁。
③ 与贝原益轩、伊藤仁斋等儒者无异，蕃山也对"夷"做了重新解释。比如他说，因为"夷"字隐藏有"人"字，所以作为东夷的日本是世界上仅次于中国的国家。这些围绕"夷"的各种解释充分反映了江户初期日本知识界既想依据中国文化，又想摆脱之而确立自我的尴尬境地。
④ 熊沢蕃山：『集義和書』、『日本思想大系』30、179頁。
⑤ 熊沢蕃山：『集義和書』、『日本思想大系』30、149頁。
⑥ 熊沢蕃山：『集義和書』、『日本思想大系』30、151頁。
⑦ 熊沢蕃山：『集義外書』、載井上哲次郎編『日本倫理彙編』卷二、34頁。
⑧ 熊沢蕃山：『大学或問』、『日本思想大系』30、425頁。

第一，蕃山对中国的崇敬只限于"圣贤之代"的中国及圣贤之法，因而对中国和儒教都采取了相对化和他者化的立场。比如他认为，孔孟时代的中国开始出现"异端之萌芽"①，至大明更是迎来了"文过武骄""国无三年之蓄"的末代，远非万邦来朝、繁荣昌盛的圣代可比。"中华之国，圣代武威之强，至末代而衰，何故？因为圣贤之代，文明武备，故称臣来朝。末代文过武骄。"② 依他看，这不仅导致中国被北狄所犯，也使中国丧失了作为"中华"的正当性，自然不足为日本的表率。同时，他不仅反对宋明儒学，严厉批评他们"立我而不取人之善""耻下问而不好问""好儒好佛好神"③ 三大弊端，直言求道于古之圣人，"愚不取朱子，亦无取于阳明，只取于古之圣人耳"④，还以"道"和"法"的区分对儒教进行了彻底相对化的作业。比如，他认为作为"三纲五常"的"道"是天地自然之道，在无道德之名和无圣人之教时就已行于天地、太虚之间，而"法"则是"应时、处、位而制作"⑤ 的圣人之教，应随着人情、事变等因素的变化而改变。毫无疑问，这种中国和儒教相对化的思维为他重新建构"华夷之辨"的标准提供了可能。

第二，对中国文明的怀疑也促使蕃山转向内部的历史和传统，由此发现和重建华夷之辨的"日本式标准"，从而尽可能消除日本对于中国的劣等感。在蕃山那里，神道、武国等日本的传统既有在中国文明语境下的普遍价值，也有在独特语境下的特殊意义。这种特殊价值的有效性依赖于他提出的基于时、处、位的水土（风土）论。他认为，任何理念都应随着时（时间）、处（空间）、位（情况）的不同而变化，普遍性的"道"亦是如此，它根据地理条件和民族特点的不同，又各具特色。根据这种转换，神道、武国、"日出之国"等独特性价值就获得了突显日本主体性和优越性的合法性。

熊泽蕃山认为，神道是依于日本水土的"大道"，"天地之神道而云大道。我国有依于日本水土之神道。大道虽无名，因是我国之道，若不

---

① 熊沢蕃山：『集義和書』、『日本思想大系』30、143頁。
② 熊沢蕃山：『集義和書』、『日本思想大系』30、17頁。
③ 熊沢蕃山：『大学或問』、『日本思想大系』30、450頁。
④ 熊沢蕃山：『集義和書』、『日本思想大系』30、141頁。
⑤ 熊沢蕃山：『集義和書（補）』、『日本思想大系』30、380頁。

得已而取名，宜取神道"①。因此，无论唐土抑或印度，神道既不能借，亦不能贷；依于唐土水土的圣人之教，日本不能借，亦不能贷；依于戎国人心的佛教亦然。神道不仅是日本固有的道，还以三种神器为"经典"而具有自足的正当性，因为三种神器"至易、至简，道德、学术之渊源也。高明、广大、深远、神妙、幽玄、悠久，无所不备。心法、政教，勿求其他而足"。他还假设说，即便中国的圣人来到日本，"儒道之名、圣学之语，也都不会被敬仰。他们（中国的圣人）是直接崇日本之神道、尊王法，明已废，兴已绝，再度回到神代之风"②。因此，在他看来，神道不仅"应当确立"③为日本当行之道，还充分证明了日本的优越性：以三种神器为象征的皇统绵绵不绝，因而"天照大神、神武天皇的御德"不仅证明"日本是中国之外最优秀的国家"④，还使日本人"知人人心中有神明而兴礼义之风俗"⑤；日本是神国，具有"国土灵而人心通明""古时礼仪虽未备，而神之德威严厉"等特性⑥，故优于四海万国；因为"雅乐之音通天地神明"，所以"在中国，筝、琵琶、笙、笛之乐，代代作而失传，已无古乐。况琴乎？古乐唯残留于日本"⑦，等等。

他同时认为，日本是"日出之国"，故在道德、风俗等方面胜于世界万国。他说，日本虽为边土，却是太阳所出之国，故"人的气质尤灵。……灵故薄欲而有仁"⑧，因而在"明于仁德之心"⑨方面与中国相同，可谓"仁国也"⑩；日本因是仁国，薄欲而执着不深，故"日本上国也，小国也"⑪；日本用文字写成"日之本"，故"日本，阳国也。……故此国之人悦多而哀少"⑫；日本虽为小国，却是因为"阳国"之故，因为"阳之

---

① 熊沢蕃山：『集義外書』、載井上哲次郎編『日本倫理彙編』卷二、129頁。
② 熊沢蕃山：『集義外書』、載井上哲次郎編『日本倫理彙編』卷二、61頁。
③ 熊沢蕃山：『集義外書』、載井上哲次郎編『日本倫理彙編』卷二、319頁。
④ 熊沢蕃山：『集義和書』、『日本思想大系』30、149頁。
⑤ 熊沢蕃山：『三輪物語』卷第七、『蕃山全集』第五冊、厚德社、1942年、273頁。
⑥ 熊沢蕃山：『集義和書』、『日本思想大系』30、42頁。
⑦ 熊沢蕃山：『集義外書』、載井上哲次郎編『日本倫理彙編』卷二、288頁。
⑧ 熊沢蕃山：『集義外書』、載井上哲次郎編『日本倫理彙編』卷二、92頁。
⑨ 熊沢蕃山：『集義外書』、載井上哲次郎編『日本倫理彙編』卷二、96頁。
⑩ 熊沢蕃山：『集義和書』、『日本思想大系』30、54、179頁。
⑪ 熊沢蕃山：『集義外書』、載井上哲次郎編『日本倫理彙編』卷二、317頁。
⑫ 熊沢蕃山：『集義外書』、載井上哲次郎編『日本倫理彙編』卷二、328頁。

始为稚"①，等等。

蕃山还认为，日本是"文武兼备"的真正"武国"，因"仁"故"武"，因"武勇"故讲"德义"，不仅胜于武艺衰败的旧日中国，而且优于"不仁而近禽兽"的清朝类"勇国"②。因此，为了彰显日本的这种特性并防备清朝的进攻，他在江户时期最早提出恢复"兵农合一"的政策，主张"若农兵制得到实行，日本之武勇将分外增强，宜将符合真正武国之名"③。

基于这种日本特殊性和优越性的主张，他认为，佛教和儒教不仅不适合日本的水土④，还对原本"仁而无欲"的太平日本造成了危害："故神人之御代，其治至清，民人至敦，上仁而下不欲，故不治而平也，不教而有诚。儒佛之法不可借。不但佛教对此国有害，儒法亦有害。"⑤"儒教有害论"的提出，说明蕃山作为一个儒者，已在很大程度上接近国学者排斥儒教的日本主义立场。不过，文明判断标准的多重化及其矛盾，仍规定了他自身无法逃脱的慕华主义者和不彻底的日本主义者的双重身份。

综上所述，熊泽蕃山由儒教标准向内部标准的转化，说明他的神儒观与林罗山等中华崇拜论者的神儒同一论开始具有了本质的区别。这种基于水土论的神儒论以跨文化的适应问题为力量，不仅使神道从理论上摆脱了佛教的束缚，实际上也巧妙地抽掉了传统华夷秩序的内核，为随后兴起的日本主义思潮提供了本体论和方法论的基础。正因如此，蕃山的思想对后代学者和政治家产生了深刻影响，在幕末亦被藤田东湖、吉田松阴等儒者所倾倒而成为倒幕的原动力之一，也正是在这种意义上他本人亦被称为"穿着儒服的英雄"。

稍晚于蕃山却又与他拥有近似中国认识的儒者——雨森芳洲（1668—1755）是另一个典型。他出身于木下顺庵门下，接受了儒学的良好训练，与新井白石、室鸠巢等并称"木门五先生"。1689年他被其师推

---

① 熊沢蕃山：『集義外書』、載井上哲次郎編『日本倫理彙編』卷二、315頁。
② 熊沢蕃山：『集義和書』、『日本思想大系』30、179—180頁。
③ 熊沢蕃山：『集義和書』、『日本思想大系』30、443頁。
④ 熊沢蕃山：『集義外書』、載井上哲次郎編『日本倫理彙編』卷二、317—318頁。
⑤ 熊沢蕃山：『集義外書』、載井上哲次郎編『日本倫理彙編』卷二、315—316頁。

荐至对马藩，掌文教，任幕府负责朝鲜外交事务的官吏。这种独特的经历使他能经常接触到朝鲜通信使、清朝漂流民等人员，获得有关中国的信息，从而确立了不同于室鸠巢等中国崇拜论者的自他认识。

对于精通儒学、通晓汉语的芳洲来说，"天惟一道，理无二致"① 的三教一致论是其世界观的基础。这意味着他仍是以中国及其文化为确立自他认识的前提和标准："此国人心素直，近夏商之风"②"此国之样貌，近于周之封建"③。因此，他不但承认日本的典章文物源于中国，还依据其原理确定日本作为"东方君子国"的特殊地位。

> 夫我之为国也，太阳之所由始而在于地之东。或曰君子之国，言其仁也；或曰东方之寿域，言其龄也。仁者，天地生生之理也，在方则为东，在时则为春。我在于地之东而当于春，此其所以仁也欤？典章文物让于中原，中原其犹夏乎？……然则，我东之典章文物让于中原，宜贺不当慨也。夫上下欢洽，甘其食，美其服，乐其俗，安其居，世无刻薄之风，人有慈悯之心，国之为形屹然立于瀛海之中，未尝受干戈于外国。皇皇如熙熙，如举域之民相安于无事之境，安有中道夭折之患。嗟乎，仁而寿者，非君子之国其能然乎？……神胤圣孙蛰蛰绳绳与生生之理无穷于霄壤，可不卜而知也。④

这一言论表明，尽管芳洲对中国和儒教文化仍抱有相当程度的崇敬之情和亲近感，却仅限于唐虞三代及三代之风。在他看来，中国自周以后背弃了圣人之训，以致"政刑风俗日趋于塞，使天下之民悴悴焉，无所措其手足。一变而为是非火坑，再变而为犬羊（西方国家）战区"⑤。与此相反，只有日本才是中国文化的真正传承者，甚至远胜于中国。"惟

---

① 雨森芳洲：『橘窓茶話』卷中、載『日本随筆大成』第 2 期第 7 卷、吉川弘文館、1974年、349 頁。
② 雨森芳洲：『たはれぐさ』、載武笠三編『名家随筆集』下、有朋堂、1917 年、5 頁。
③ 雨森芳洲：『たはれぐさ』、載武笠三編『名家随筆集』下、49 頁。
④ 雨森芳洲：『橘窓文集』、『雨森芳洲全書』二、関西大学東西学術研究所、1981 年、12—13 頁。
⑤ 雨森芳洲：『橘窓文集』、『雨森芳洲全書』二、12—13 頁。

我国前有七圣，后有五圣，积德累善，率真为治，以清净之心行和煦之政。巍巍乎，荡荡乎，养成一国万世仁寿忠质之俗。……故入人也深，远超三代，蔑视汉唐，实有非天壤间万国之所能仿佛者。"① 不仅如此，他还以"孔子之欲居九夷"和对"夷"字的重新解释②为依据，宣扬日本作为"神圣建都之地、君子国之名"③ 的合法性。

与尊奉中国的情感相对，对"现实的"中国的否定性论述反映了芳洲华夷相对化的思维。他说："苟有都市，若无乡下，则其国难立。同理，苟有中国，若无夷狄，则生育之道亦难行矣。"④ 由此他批评那种认为"唐土是世界中仁义礼乐兴盛的圣人之国，故云中国"⑤ 等观点，指出国家的尊卑并非由华夷观念所支配，只是取决于该国的道德："国家之尊卑，君子、小人之多少，唯因风俗之善恶。虽生于中国，当不宜为夸。虽生于夷狄，亦不宜为耻。"按照这种思维，对于明清鼎革，芳洲也以"华夷变态"对待，认为清朝"以夷变华"⑥，完全丧失了儒教文化的正统性："余曾在长崎见清国人，悉皆剃头，毫无中华体态，当一叹矣。"⑦不仅如此，他也提出了与蕃山"时、处、位"水土论相类似的理论，对中国进行了相对化的处理。以音乐为例，他认为音乐应随着时（时间）、处（处所）等条件的不同而变化，因而对日本而言中国音乐作为"异国的"音乐"不可用也"⑧。显然，这种中国论以盛行于当时儒者之间的"华夷可变论"为依据，不仅积累了解构日本人的传统中国形象及华夷思想的巨大能量，还为芳洲转向内部的历史传统并重建政治文化的标准提供了可能。

基于"事理"的标准⑨，芳洲极力颂扬以三种神器为象征的"日本

---

① 雨森芳洲：『橘窓文集』、『雨森芳洲全書』二、12頁。
② 雨森芳洲：『橘窓文集』、『雨森芳洲全書』二、14頁。
③ 雨森芳洲：『橘窓文集』、『雨森芳洲全書』二、23頁。
④ 雨森芳洲：『たはれぐさ』、載武笠三編『名家随筆集』下、8頁。
⑤ 雨森芳洲：『たはれぐさ』、載武笠三編『名家随筆集』下、7頁。
⑥ 雨森芳洲：『続縞紵風雅集』、『雨森芳洲全書』一、関西大学東西学術研究所、1979年、260頁。
⑦ 雨森芳洲：『続縞紵風雅集』、『雨森芳洲全書』一、259頁。
⑧ 雨森芳洲：『たはれぐさ』、載武笠三編『名家随筆集』下、35頁。
⑨ 参見桂島宣弘『雨森芳洲再考』、『立命館文学』551号、1997年。

精神",展开了"日本型华夷思想"的自我叙事。他认为日本什么都胜过中国。"天下人心唯我国为淳厚近古,以今日视之,唐之与韩有所不如,岂非神圣之遗泽也哉"①;日本拥有"玺、剑、镜"三宝,故是世界上唯一的"仁、武、明"的国家,不仅"尊卑欢心、远迩和洽"②,皇祚之长也与天地同久;文武并重是天地之大经、圣门之学,相比中国"文之太过"而有"夷狄之祸"③,日本则是三种神器所象征的"仁、武、明"全备之国;"唐土、朝鲜及我国俗,为之三国众。言三国之智,惟我国为最胜"④,等等。不仅如此,他甚至以儒教为神道的注脚,表现出欲彻底摆脱儒教束缚的日本主义倾向:

神道者:一曰神玺,仁也;二曰宝剑,武也;三曰镜,明也。我东尚质,未有以文之者。虽然深信笃行而有得焉,则何必言语文章之为哉?或不得已而欲求其说,则求之孔门六艺之学可也。所谓三器者,本经也;邹鲁(孔孟)之所述者,注脚也。人或杂以释、老异端之学者,其去神道也远矣。⑤

从这种意义上说,与暗斋学派一样,芳洲已最大限度地接近了国学者以神道彻底排斥儒教的立场。

总之,对蕃山和芳洲来说,他们关于自我和他者的叙述并没有脱离中国文化的作用领域,因而在这种意义上他们的中国论与中华崇拜论者在本质上并无二致。与此相反,他们又面向了日本内部的历史和传统,或主张儒教不适合日本,或以儒教为神道的注脚,展开了"自我充足"⑥的日本主义叙事。从这种意义上说,他们的中国论又与国学者具有共通的内容。综合这种矛盾的立场,可以说他们的自我中心论仍处于日本型华夷思想的起步阶段。

---

① 雨森芳洲:『橘窓茶話』卷中、載『日本随筆大成』第 2 期第 7 卷、420 頁。
② 雨森芳洲:『橘窓文集』、『雨森芳洲全書』二、14 頁。
③ 雨森芳洲:『橘窓文集』、『雨森芳洲全書』二、16 頁。
④ 雨森芳洲:『橘窓茶話』卷中、載『日本随筆大成』第 2 期第 7 卷、413 頁。
⑤ 雨森芳洲:『橘窓茶話』卷中、載『日本随筆大成』第 2 期第 7 卷、378 頁。
⑥ 桂島宣弘:『雨森芳洲再考』、『立命館文学』551 号、1997 年。

(二)"神儒合一"与暗斋学派的自他认识

与蕃山和芳洲拥有近似中国观,却又比他们更加强调日本主体性的儒者,由山崎暗斋开创的崎门学派堪为代表。日本朱子学在近世前期就分裂为倾向于唯物主义和唯心主义的两派。崎门学派儒者是后者的典型。受《神皇正统记》以后日益发达的国体论和历史观的影响,又以中国发生所谓"华夷变态"等国内外情势的变化为契机,江户不少儒者尤其是崎门学派这种唯心主义派别的学者,形成了一种强烈的日本民族意识,从而基于儒学的理论对神道做了神秘化的解释,试图通过对"内部的"文物的发现和重建,确立一种"自足的"主体价值乃至相对于中国的日本优越性。尽管他们的自他认识以"神儒合一"为出发点,继山崎暗斋后,经浅见絅斋、谷秦山等儒者的发展,却最终走向了极端的神道化,不仅形成了与林家朱子学相对抗的势力,还成为江户时代日本型华夷思想的重要环节。这种以尊皇论为基调的日本主义思维蕴藏着解构日本人传统中国形象及华夷观念的若干因素,因而对其后日本人的国体论和中国认识影响甚深。

在江户时代,无论是作为日本朱子学重要流派的开创者,还是作为垂加神道的创立者,山崎暗斋(1618—1682)都是一个特别的存在。就是说,无论是尊奉孔孟儒教,还是强调主体的价值,他都达到了同时代儒者的一个高峰。暗斋幼年时曾削发为僧,后师从南学派的谷时中(1598—1649)、野中兼山(1615—1663)等儒者,养成了自己的儒学素养,并受其影响归儒还俗。中年以后又受到神道家吉川惟足(1616—1694)的影响,学习了吉田神道和伊势神道的理论,完成《神代卷讲义》《垂加社语》《风水草》等神道著作,并以儒学理论为依据创建了象征主体性的垂加神道。

因此,强调儒学和神道折中的"神儒合一"思想是暗斋建构其世界观和自他认识的基础和出发点。"年谱"提到他关于神儒的态度说:"先生崇其道(神道)特甚,其意以为:本邦与支那,虽异域殊俗,而其道无二致焉。抑我神代之古也,犹彼三皇之世也。我神武之皇图也,犹彼唐尧之放勋也。曾言宇宙唯一理,神圣之生,虽东西异域,万里悬隔,而其道自有妙契者存焉。是吾人所当敬信也。"[①] 依暗斋,因为"宇宙唯

---

① 『山崎闇斎先生年譜』、『山崎闇斎全集』第四卷、ぺりかん社、1978 年、399—400 頁。

一理"，所以道无二致，儒道（王道）和神道自然有"妙契"之处。显然，这种与林罗山相近似的"神儒合一"思想虽然终究是以儒教的原理来确立神道的合法性，却绝不主张神道是儒学的附庸。这导致了暗斋学看似矛盾却又合情合理的儒教及中国认识。一方面，他如宗教般崇奉孔孟儒学，不仅坚信"朱子之学居敬穷理，即祖述孔子而不差者"①，还模仿朱子"述而不作"的为学态度，并对门人说："故学朱子而谬，与朱子共谬也，何遗憾之有？"② 另一方面，他又基于强烈的民族意识而对儒教采取了相对化的立场，以"异国"对待中国。他的一番自问自答的"孔孟论"可谓最佳注脚："问：方今彼邦以孔子为大将、孟子为副将，率骑数万来攻我邦。则吾党学孔孟之道者，如何为之？……答曰：不幸若逢此厄，则吾党身披甲，手执锐，与之一战，擒孔孟以报国恩，此即孔孟之道也。"③ 显然，在暗斋那里，自我才具有最高的价值，因而任何崇高的文化都必须服从于日本民族这个狭隘的、具体的观念。不但如此，"明清交替"更让他相信，日本应是比中国更优越的国家。在他看来，中国经过"华夷变态"已为夷狄，丧失了圣学"正统"④，唯日本才是公认的"中国"。"太宗谓中国唐季之乱，岂惟唐季哉，秦汉已下皆然也。……且中国之名，各国自言，则我是中而四外夷也，是故我曰丰苇原中国，亦非有我之得私也。"⑤

显然，尽管暗斋的神道论同样立足于"神儒合一"思想，它以日本为"中国"的思维却使它与江户初期林罗山等倡导的神道论划清了界限。他认为，日本要成为名实相副的"中国"，不能依靠一种"外来"的观念体系来确定自我，因为日本"宝祚天壤无穷之神敕万万历历"⑥，所以他并不满足于用儒学的原理附会和解释日本的神代史，而是意图创建具有

---

① 『山崎闇斎先生年譜』、『山崎闇斎全集』第四卷、410頁。
② 『山崎闇斎先生年譜』、『山崎闇斎全集』第四卷、410—411頁。
③ 源了円等校注：『先哲叢談』卷之三、平凡社、1994年、118頁。
④ 这里的"正统"是指文化或道德的"正统"，照丸山真男的说法，就是"O正统"，即是以教养、世界观为核心的正统性（orthodoxy）问题；与此相对的是丸山所说的"L正统"，即以统治者或统治体系为主体的正统性问题（参见丸山真男『闇斎学と闇斎学派』、『日本思想大系』31、619頁）。
⑤ 『文會筆録』、『山崎闇斎全集』第一卷、ぺりかん社、1978年、373頁。
⑥ 『文會筆録』、『山崎闇斎全集』第一卷、373頁。

"自足价值"的神道。这便是以强调尊皇之大义及宣扬日本主体性为主旨的垂加神道。

这种神道论以"宇宙唯一理"这种正统性的思考为哲学基础，展现出超越儒教原理的迫切愿望。暗斋主张东西神圣自有妙契之处。"斯道也，朝鲜之所宜传，而李退溪叹失其传也。我倭开国之古，伊奘诺尊、伊奘册尊，奉天神卜合之教，顺阴阳之理，正彝伦之始。盖宇宙唯一理，则神圣之生，虽日出处日没处之异。然其道自有妙契者存焉。是我人所当敬以致思也。"① 按照此意，朱子学与神道的妙契之处在于：理产生神，神体现理；理学有道统，神代有神统；天皇的祖先是天照大神，人代就有皇统。"妙契论"同时又是一种纯粹神道和纯粹儒教的立场，意味着神道是在独立地叙述着日本独自的道，儒教的经典则是独立地叙述着中国的道。作为其逻辑结果，一是纯粹儒教与纯粹神道的对等和并立，因中国已失圣人之道，这种倾向事实上已不可能；二是纯粹神道优于纯粹儒教，据此产生日本优于中国的观念。这预示着暗斋及其继承者终究会转向日本的历史和风土而解决正统性及自我主体性问题。

暗斋认为，天皇秉承神的意志，其统治万世一系，绵绵不绝，因而日本才是真正的、正统的"中国"，也因此比易姓革命、汤武放伐的中国更加优越。

> 自有天地则有我神国，而伊奘诺尊、伊奘册尊继神建国，中柱为大八洲，任诸子各有其境，谓之浦安国，以四海安靖也。又谓细戈千足国，以军器具足也。又谓矶轮上秀国，以秀出万土也。逮生天照皇太神，授以天上之事。太神以皇孙琼琼杵尊为此国之主，称曰丰苇原中国。丰苇原者，苇牙发生之盛也；中国者，当天地之中，日月照正直之顶也。又呼曰千五百秋瑞穗国。瑞穗是养人之物，千五百秋，则祝言之也。②

---

① 山崎闇齋：『垂加草』、『山崎闇齋全集』第一卷、73—74頁。
② 山崎嘉：『会津風土記序』、載源正之編『会津風土記』上、早稻田大學圖書館古典籍総合データベース、1b—2b頁。

这一叙述否定了妨碍日本人自立的皇祖泰伯说、皇祖大日如来说，说明暗斋开始了"自我充足的"价值体系的重建，而它的极端化（如本居宣长）则必然导致对中国文化的全面否定。按照这种思维，他不仅反对儒教"有德者王"的思想而提倡极端的忠君报国主义，还要求确立日本对中国的主体地位。

山崎暗斋受到吉田、伊势神道论的影响而提出的"天人唯一"观念，则是他转向"内部的"传统的又一重要表现。"天人唯一"观念与朱子学的"天人合一"思想有着本质区别。"天人合一"说的是天道、物理与人道（规范）的一致，天与人本身并不相连。"天人唯一"是指，天人之间唯有一个真理，即在天地人之间贯穿着根本的"理"，这个理是通过未生与已生、造化与人事表现出来的神的意志。天与人通过"神"而得到统一，神既是造化之神，又是人神。"二尊立于大浮桥上，至磤驭卢屿，此言天之阴阳和合之道也。二神降居彼岛而下，此言人之男女和合之道也。或以未生言已生，或以已生言未生，皆所以明天人唯一之理也。"① 即天地的生成之道与人类的男女和合之道是一致的，是所谓"道贯天人，是为唯一"。这样，历史和信仰就被统一起来，理气阴阳变化的自然世界也就转化为神生万物的神道世界。同时，暗斋又将"以天言人，以人言天"思想运用于对神代的解释，促使对历史的真实性认识转化为主体对客体的意向性把握，即主体赋予自身随意解释客体的权利。② 这意味着作为意志自由的主体就可以全凭自己的意志去解释世界和历史，而为日本从逻辑上摆脱儒教思维的束缚提供了可能。关于此点，有学者评价道："很明显，天人唯一出自宋学极为重视的天人合一观念。……一旦把视野转换到《神代卷》上来，天人唯一观念的展开就表现为神的世界，即高天原的世界，与汉土的天是不同的，它是我们血脉上的父祖的世界。这就是暗斋用天人唯一的观念表现我国历史的真实用意。"③ 从这种意义上说，山崎暗斋比山鹿素行更接近国学者所提倡的复古神道的立场。

由上可见，即使高度尊奉儒学，山崎暗斋也是以尊皇（神道的神圣

---

① 山崎闇齋：『垂加社語』、『日本思想大系』39、岩波書店、1977 年、124 頁。
② 王维先等：《从天人合一到天人唯一》，《山东大学学报》2003 年第 5 期。
③ 转引自王维先等《从天人合一到天人唯一》，《山东大学学报》2003 年第 5 期。

性）和爱国（日本的主体性）为最高的价值，亦以宗教性的态度对待神道，因而至其晚年，神道思想在其学问体系里所占的比例也越来越重。可以说，暗斋的日本主义思想不仅隐含了破坏儒教及日本人传统中国观的元素，还提示了一个具有高度儒学情结的儒者因民族主义情绪而转向自我价值体系创建的可能性和路径。正是在这种意义上，暗斋学才被浅见絅斋、谷秦山等门人所继承、发展，才在民族主义当道、天皇崇拜盛行的近代被日本政府和知识界所发掘、颂扬。

作为"崎门三杰"之一的浅见絅斋（1652—1711）是暗斋学的忠实继承者，不仅继续以明清交替为前提展开"日本即中国"的自我中心主义叙事，还特别展开了超越华夷观念的"自国即中国"的自我普遍化叙述，从而掀起了崎门学派内部的"夷狄中国"的大争论，极大地推进了江户时代神道优于儒教、日本优于中国的话语体系的形成。与暗斋不同的是，浅见絅斋更加明确了日本对中国的优越地位，其学问体系也更偏重"正统"的神道。

第一，他继续沿用暗斋的"清朝夷狄论"，批判了华夷之辨是"圣人之立言""圣人之成说"等"华夷不变"的观点，以此展开了"自我中国化"的论述。他认为清朝已失"春秋之道"，自然已成"夷狄"，而日本因为知"春秋之道""则吾国即主也"①。显然，知"春秋之道"，是絅斋论证日本不是"夷狄"的基础。这种以"中国的"文化和道德判定华夷的论述方式构成了江户日本华夷观和自他认识的普遍类型，而与山鹿素行基于"日本的"文化和地理（日本"得其中"而为"中国"）的论证方式相对。

第二，他意图通过超越神道和儒教的对立而从天或道的普遍性解构中国的"中华"地位，并"基于先验的内外论的华夷论"②展开其"日本即中国"的叙事。他认为，依据"天地之道"的普遍性原理，"道无主客彼此之别"③，各国亦无尊卑贵贱之区别："夫天包地之外，地往往无所不顶天。然则，各其土地风俗之所限，乃各一分之天下，互无尊卑贵贱

---

① 浅见絅斋：『中国辨』、『日本思想大系』31、418 页。
② 桂岛宣弘：『思想史の十九世紀：「他者」としての徳川日本』、170 页。
③ 浅见絅斋：『中国辨』、『日本思想大系』31、417 页。

之差别。"① 在絅斋看来，"各国以自国为主、他国为客"的做法只是每个国家"所立之称呼"，不仅不为各国所承认，也不具有约束国际关系的强制力量。譬如，"中国夷狄之名，抑或由唐土所取之名也；以其名而称吾国，抑或唐之效颦也。惟以吾国为内、异国为外。若明内外、宾主之辨，称吾国、云异国，无论何时皆不违道理"②。尽管絅斋的"自国中国论"体现了普遍主义和特殊主义的奇妙结合，归根结底却是为确立"君臣之大义"这种特殊价值服务的。他强调说，生于吾国者，就不能忘记吾国之道，日本人应该以日本为主（中国），而以异国为客，否则就是"背弃大义者也"③。他由此否定了"中国为大国、日本为小国""中国为世界地理的中心"等各种他认为是"偏私"的观点，极力强调日本相对于中国的优越性：日本自开辟以来，正统绵绵不绝，万世之君臣大义不变；日本人武毅刚强，廉耻正直之风俗乃扎根天性，等等。显然，这种试图抛弃华夷之辨的"自国中心论"思维说明，絅斋的自他认识已极度地接近了国学者的立场。

与暗斋一样，絅斋也绝对地否定"汤武放伐"的思想，并由此说明日本皇统的正统性和相对于中国的优越性。他先后完成《靖献遗言》（1684）、《箚录》（1706）等著作，极力颂赞日本万世一系的国体论，认为日本的政治传统远胜于中国。他批评作为官学的朱子学的所谓正统（L正统），只是承认统治者的既成事实，不符合日本国体万世一系的根本原则。唐高祖是隋臣，宋太祖是后周之臣，都是乱臣篡夺天下，不能算作正统，而伯夷、叔齐才值得大力称赞，不食周粟而饿死首阳山，是使后人知大义名分不可侵犯的典范。他认为，保元平治以来天皇朝廷日渐衰微，全是由于对"大义名分重视不够"，因而要求重君臣之大义、赤心报国，以"至忠"为第一位，孝则次之。即便如此，他认为天皇万世一系，因而无论是 O 正统还是 L 正统，日本都远优于中国。显然，这种使自我价值绝对化的尊皇观念，不仅提供了颠覆日本人儒教思维和传统中国形象的逻辑和原动力，还对幕末志士及近代日本人的尊皇论及其行动产生

---

① 浅見絅斎：『中国辨』、『日本思想大系』31、416頁。
② 浅見絅斎：『中国辨』、『日本思想大系』31、419頁。
③ 浅見絅斎：『中国辨』、『日本思想大系』31、416頁。

深刻影响。

作为暗斋及絅斋学问体系的继承者，江户中期的儒者和神道家——谷秦山（1663—1718）是一个特别的存在。他一方面继承了他们"以自国为中国"的思维，强烈批判了他认为是"俗儒"的日本主流儒者的中国崇拜情绪：

> 俗间之儒云我日本为东夷。今按之，非也。孔子春秋之时，以唐土为中国，而以唐土之政不及之国为夷狄。是万世之教也。以我国为内、他国为外，天理之自然也。然俗儒误解此意，认为唐土以其外各国皆为夷狄。熟读春秋之人，非如此也。当解为以我国为中国，而以我国政化不整之国为夷狄。由是，《日本书纪》记载以我日本为中国、以三韩为夷或西羌，又对外国人称我使节为皇华之使，我国之人为王人。……我国之人当笃信《日本书纪》，勿因他人而被欺。……俗间之儒亦云唐土为中华。今按之，非也。……我日本对诸夷而云中国，称华夏，《日本书纪》及《令》可见也。①

不但如此，他对这种批判似乎还不满意，因而又抬出其师为例，声称"俗儒以西土称中华，称中国，垂加翁晚年谓决非是"②，而对"《垂加遗草》亦不及更正"这一称呼，感到"尤可恨也"。另一方面他又超越了他们"以清为夷狄"的论调，以一种"接近于'以中国为夷狄'"③的彻底的日本主义立场展开了对中国历史文化的全面批判和否定。如他自己所言"我国之道由（《日本书纪》）神代二卷或三卷所成，无所不至，无所不尽"④，谷秦山归依了彻底的神道主义和日本主义。"天地之正统则君臣之正统，君臣之正统即天地之正统也。本朝君臣之正统正，故天地

---

① 谷秦山：『俗説贅辨』、載井泽蟠竜：『広益俗説弁』、国民文库刊行会、1912年、591—592頁。
② 谷重遠：『秦山集』禮（卷十五）、谷干城、1910年、2b頁。
③ 桂島宣弘：『思想史の十九世紀：「他者」としての德川日本』、172頁。
④ 转引自岩橋遵成『大日本倫理思想発達史』上、目黑書店、1915年、448頁。

之正统正。西土君臣之正统不立，故虽有天地正统却不立。"① 显然，与暗斋和絅斋以"宇宙唯一理""天地之道"确立自他认识的做法不同，谷秦山几乎是以所谓"君臣之正统"这种"内部的"标准来建构其自他认识，而它必然会导致对儒教的激烈批判乃至全面否定。由上可见，由"清＝夷狄"论到"唐土＝夷狄"论是江户时代儒者自他认识的一次重要转换。它表明，尽管江户儒者的自他认识还受到华夷观念的影响，然而，在具有强烈民族主义意识的儒者的推动下，一种从儒教出发或基于中国文化范式的日本的"自足的"价值体系的构建也近乎完成，同时使他们对中国和儒教展开"无禁区"的批判成为可能。在这种意义上，这种认识中国的思维模式被一些日本学者称为"日本中华主义"②。持这种立场的儒者，大多是兼有儒者和神道家双重身份的暗斋学派学者，如迹部良显（1659—1729）、伴部安崇（1667—1740）、若林强斋（1679—1732）等。当然，尽管在海禁时代这种类型的自他认识仍属于特殊的存在，却也对日本主流儒者的中国崇拜及其华夷观造成了巨大冲击。

综上而言，因为门人与暗斋人格及思想的高度同一性（佐藤直方和三宅尚斋除外），自暗斋起，经浅见絅斋，到谷秦山等，暗斋学逐渐从"妙契论"的神道相对主义转变为彻底的日本主义，其学问体系越来越窄，最终以神道为归宿，而与国学者纯粹神道的日本主义合流。正因如此，暗斋学派的思想对幕末尊皇思想及近代日本国体论的形成发挥了重要作用："暗斋学派与水户学、国学相并列，成为我国德川时代国体思想的三大主流，对明治维新贡献极大。而且，从一定意义上说，暗斋学派是其他两派的思想源泉。"③ 当然，以尊皇论为基调的绝对日本主义也即意味着对日本儒者所一直尊奉的中国及其文化体系的否定。

（三）山鹿素行的"中国"论与自他认识

山鹿素行（1622—1685）是与熊泽蕃山几乎同时出现的儒者、兵法家。作为日本型华夷论者，山鹿素行比蕃山更为激进，不仅对儒教的

---

① 谷秦山：『秦山先生手簡』卷上、转引自桂島宣弘『思想史の十九世紀：「他者」としての徳川日本』、171 頁。
② 桂島宣弘：『思想史の十九世紀：「他者」としての徳川日本』、171—172 頁。
③ 子安宣邦：『方法としての江戸』、ぺりかん社、2000 年、140—141 頁。

"理"进行了重新解释,还抛弃旧的华夷观而确立了新的日本型华夷观念的基础。

尽管与蕃山一样,山鹿素行也是以儒教的"理"为建立其世界观和自他认识的基础,然而却对它做了日用性和实践性的解释,使它更有助于日本主体性的确立。他一方面承认儒教的普遍性和绝对价值,认为"圣人之道者人道也,通古今,亘上下,可以由行也"①。另一方面又主张"道之准则,事物之礼节,乃圣人所立之教,故近于是外也",认为"礼"(圣人之道或规范)是外部的、客观性的东西,由此意图割断规范与自然的连续性。同时,他极为强调人欲的自然性,主张"人物之情欲,各不得已也。无气禀形质,则情欲无可发。先儒以无欲论之,夫差谬之甚也"②,认为天理与人欲之间并不存在深刻的对立,从而以情欲为一切行为的基础。"人之知及万物,故其利心、欲心亦尽万物。故好色而求天下之美人,好声而求天下之美声。不得美之至极不止。是乃人性之本,知识秀于万物之故也。"③显然,素行关于规范、情欲的理解说明他对圣人之道采取了相对化和他者化的立场。这不仅体现了他对儒学的质疑态度,事实上也对儒教形而上的合理主义思维结构造成了巨大冲击,同时为其后学者以主情主义主张日本的主体性乃至优越性开拓了路径。

山鹿素行不仅对儒教做了有利于确立其日本主义思想的解释,还以"华夷变态"对待中国发生的明清鼎革。他认为,圣人之道自孔子之后已消失殆尽,汉唐宋明之徒皆未得圣人之道,宋儒提倡的则实为"异端"。清朝的建立说明中国已"以夷变华",彻底失去圣人之道的传统,因而唯有日本才确实可称为"中国""中华""中朝"。在此,"中国"等概念已经虚化,不再是国家实体的名称,而是文化正统性和优越性的代名词。通过这样的逻辑转换,他完成了中日两国华夷关系的逆转。按照这一逻辑,他自己也完成了由"慕华主义者"向"日本主义者"的转变。《配所残笔》(1675)记述了他克服"慕华意识"而达到日本主义的过程:

---

① 山鹿素行:『聖教要録』、『日本思想大系』32、岩波書店、1970年、343頁。
② 山鹿素行:『山鹿語類』卷三十三、『日本思想大系』32、362頁。
③ 转引自[日]丸山真男《日本政治思想史研究》,王中江译,生活·读书·新知三联书店2000年版,第29—30页。

"我等以前喜读异朝①书籍……依之，不觉间以异朝诸事为好，本国系小国，以为万事均不及异朝，且圣人亦只能出自异朝。此种情况不仅限于我等，古今之学者皆然，羡慕并学习异朝。近来始有人以此为错误。信耳而不信目，舍近而求远，不及是非，实学者之大病也。"② 此番言论说明，山鹿素行已转向了"内部的"历史和传统，以此建设日本的主体性并展开了对儒教和中国的批判。

由是，神道、武国等所谓日本的价值便成为他建构日本主义思维的必然基础，而圣人之道则被当成了神道的辅翼。为此，他提出了复古和纯洁神道的方法和主张。首先，他要求日本复古至汉籍传来之前，以明"神灵之教"。他认为，自神功皇后亲征三韩，三韩朝贡献聘后，日本始知汉字，凡中国之圣人与日本往古之神圣，其理一也，"故读其书则其义通，无所间隔，其趋向犹合符节，采挹斟酌则又以足补助，王化矣"。他由此批判了当时盲目的慕夏思想，认为在汉籍传来之前，日本已是无不兼备的"中国"，只是因为"神教"与"圣教"道理同一，所以日本才"摘其经典，便其文字，以为今日之补拾也"③。其次，他要求排除佛教、耶稣教等外来宗教对神道的影响，从而纯洁神道。"盖三韩来服之后，外朝之典籍相通……神圣之道竟杂而不纯。今祖述往古之神敕宪章、人皇之圣教，唯悬象中华文物，与天地参非，万邦可并比而已。"显然，这一主张隐含了从方法论和本体论上都可以解构儒教和日本人传统中国观的思维，因而十分接近国学者的立场。他们的区别仅在于，素行并不完全拒绝圣人之道，国学者则彻底否定之。

《谪居童问》（1668）、《中朝事实》（1669）等著作是素行确立日本主义思想的标志，也是他展开全面的中国历史和文化批判的象征。他反对以岛夷自居的民族自卑心态，以主观唯心主义的立场赞美日本的一切，认为日本在任何方面都优于中国、朝鲜。《中朝事实》自序云："夫中国之水土，卓尔于万邦，而人物精秀于八纮，故神明之洋洋，圣治之绵绵，

---

① 他通常称中国为"异朝""外朝"。这种称呼本身就体现了强烈的民族自我意识和对中国的他者化立场。
② 山鹿素行：『配所残筆』、『日本思想大系』32、333 页。
③ 山鹿素行：『中朝事実』、『山鹿素行全集』第 13 卷、岩波书店、1940 年、265—266 页。

焕乎文物，赫乎武德，以可比天壤也。"① 可见，他主要是从开辟、水土、皇统无穷和武德四个角度来阐述他的日本主义思想。他论证日本是"中国"的依据，则是日本在文化、政治和地理上"得其中"。

第一，他认为，有关日本生成的"伊奘诺尊、伊奘册尊以磤驭卢屿为国中之柱，乃生大日本丰秋津洲"的传说，早已表明日本是名副其实的"中国"。"磤驭卢屿（Onogorojima）者，言独立而不倚之称也。……国中者，中国也；柱者，建而不拔之称，恒久而不变也。大者，无相对；日者，阳之精，明而不惑之称；本者，深根固蒂也。丰者，盛大之称；秋津者，象其形也。"如此，天地之所运，四时之所交，得其中，则风雨寒暑不会偏。故水土沃而人物精，是乃可称"中国"，"则本朝之为中国，天地自然之势也"②。基于创始说，他认为，日本是在孔孟之道大行于世之前就践行着人伦之道的国家，因而远胜于中国。与此相比，中国只是"中央之国日本"的"通信"之邻国，朝鲜则为"向本朝贡赋"之国，是日本的"藩国""属国"，都无法与日本比肩。

第二，他又以水土论的地理史观，确认日本为实实在在的"中国"。"独本朝中天之正道，得地之中国，正南面之位，背北阴之险。上西下东，前拥数州，而利河海；后据绝峭而望大洋，每州悉有运漕之用。故四海之广，犹一家之约；万国之化育，同天地之正位，竟无长城之劳，无戎狄之膺。"③ 与此相比，中国则有"封疆太广，连续四夷""易被夷狄侵犯""数易其姓"等五失，不如日本完美，更不用论朝鲜这样的卑贱小国了。

第三，他从对"柱"的解释得出皇统万世无穷的结论，以此证明日本的"中国"地位。他认为"夫外朝易姓，殆三十姓，戎狄入王者数世"，正统性难以延续；朝鲜是易姓四氏，两度亡国；日本则是"自人皇迄于今日，过二千三百年，而天神之皇统竟不违"。而且，因为日本已建立并实行着宗庙之统、后妃之道、建立之法的三纲，"故皇统一立而万世世袭不变，天下皆受正朝而不贰其时，万国禀王命而不异其俗。……异

---

① 山鹿素行：『中朝事实』、『山鹿素行全集』第 13 卷、226 页。
② 山鹿素行：『中朝事实』、『山鹿素行全集』第 13 卷、234 页。
③ 山鹿素行：『中朝事实』、『山鹿素行全集』第 13 卷、226、235 页。

域之外国岂可企望焉乎?"不仅如此,他还认为,这种具有先验优越性的皇统构成了日本政治和文化尤其是武统的根本。"朝廷者禁里也,承天照大神之苗裔,万万世之垂统也。故武将虽掌权,司四海之政务、文事、武事,尚是代朝廷管领万机之事,此理也。"在他看来,"君臣之礼"具有自然、绝对的性格,因而"保持君臣上下之仪,即是保持武家之大礼大义",亦是"本朝之风俗人物胜于异域之要道"。这种尊皇武士道已根本不同于近世初期只强调对藩主尽忠的士道论,也不同于儒教的忠孝道德。从此,以天皇为特定对象的"忠"观念被贴上了武士道的标签,开始获得"日本的""传统的"性格。

第四,从武士道的立场出发,认为日本自始就是"武功之国",因而比中国优越。"凡开辟以来,神器灵物甚多,而以天琼矛为初,是乃尊武德以表雄义也。"这是一种最荒谬的非合理主义逻辑。素行仅以一根所谓神赐的"琼矛"就使日本赢得了"武德"的优越性,从而获得了"夷化四海"的合法性。他认为任那前来朝贡,是"外夷投化之始";景行天皇征伐东夷,"自是虾夷朝贡不息,教化大行于东方,绵绵以至今日";神功皇后亲征西戎,三韩面缚服从,悉为我属国;神功皇后随后又平定南方七国,"中国之武德至此大盛矣"。按照这种循环逻辑,素行得出结论:"中朝之文物,更不愧于外朝,如其威武,外朝亦不可比伦。"《武家事纪》(1673)又将丰臣秀吉作为神功皇后"武威"的继承者加以赞扬:"及秀吉晚年,征伐朝鲜。其勇敢胆略,冠于古今。……显示本朝武威于异域者,神功皇后之后即在秀吉统治之时。"① 显然,视虾夷、朝鲜等为日本的附庸,是素行日本型华夷秩序的基本结构。他又奉应神天皇为"武神",以此证明日本的"中国"地位和用武力实现该秩序的合理性。"应神帝生备圣武之形,奉谥八幡,为天下之武神,以其祭祀事之犹伊势御神,武家殊崇敬之。"② 显然,山鹿的思想是一种"武力日本主义",因而在"近代以后,素行首先是以武士道论者,其次是国体论者、日本

---

① [日]信夫清三郎:《日本政治史》第一卷,周启乾译,上海译文出版社1982年版,第51页。
② 山鹿素行:『中朝事实』、『山鹿素行全集』第13卷、251页。

主义者而重新受到关注的"①。

以与中国异质的尚武精神来确定自我,并主张日本"中华"地位的武力日本主义思想,不仅是当时武士道论者的基本理念,也是近世日本人较为普遍的认识。② 山鹿素行较系统地提出了建立日本型华夷秩序的构想,又鼓吹用武力实现这一秩序。他通过与中国的对比所得出的日本优越之处即所谓国粹,成为当时日本人实现民族认同的重要依据,奠定了江户日本文化民族主义的基础。"武力日本主义"可以说是对中国文化的逆反,因而在实现近世日本人的同一性方面,还是发挥了一定作用的。同时,它又是一种以"德"为"武"正名的思想,隐藏着扩张的内在冲动,为后来日本的历史走向埋下了祸根。

第三节 江户后期儒者中国认识的分化与华夷思想的解体

自 18 世纪末期以后日本进入了一个政治不稳、经济动荡和思想多元的重要转变期。至明治政府建立前,这一时期的主题是"民族观念的成长""华夷思想的解体"和"异质他者的介入"。这种日本国内外情势的变化促使儒者的中国认识逐渐摆脱华夷观念的束缚,并进一步分化,形成了慕华、联华、蔑华等几种不同类型。

首先,18 世纪中期以后,朱子学不仅遭到来自儒学内部(例如"暗斋学")的质疑和批判,还受到了所谓日本的思维(如"国学")和外部

---

① 田原嗣郎:『山鹿素行における思想の基本的構成』、載『日本思想大系』32、454 頁。
② 新井白石也有类似见解。由于中国发生"华夷变态",朝鲜和日本都出现了建立本国型华夷秩序的倾向。白石在接待朝鲜通信使时认识到,朝鲜的中华认识以儒教文化的正统性为基础,日本的则以"武威"为基础。"我国优于万国,自古号称尚武。"(《折焚柴记》,周一良译,北京大学出版社 1998 年版,第 173 页)为确立武力日本主义的基础,他要求改以往国书的"大君"称号为"日本国王"。因为依他看,"日本国王"之称虽因足利义满向明称臣而带有负面影响,与此相比,大君"在彼国乃授其臣子之称号",更易造成日本是朝鲜臣子的危险;同时,"大君为天子异称,见于中国书籍,易与我朝天子相混淆"。就此,他与雨森芳洲发生争论。"公家方面系以天字,称日本天皇;武家方面系以国字,称日本国王,犹如天之与地自然不可易其位。"他的目的是建立起"清朝皇帝=天皇""朝鲜国王=将军"的日本型华夷秩序,使将军兼有"武"和"威"而君临天下,成为名副其实的"国王"。

思维（如"洋学"）的否定和围剿，因而作为官方意识形态遭遇了严重的合法化危机。幕府实施独尊朱子学而排斥异学的"宽政异学之禁"就充分证明了这点。这些对朱子学或儒学的批判者几乎都是修读儒学出身，他们一旦接受"异学"再来对付儒学，对它就极具破坏力。可以说，他们对儒学展开的多角度和多层次的攻击作为来自内部的冲击，给此前曾是日本社会价值源泉的儒教世界观造成了致命的影响，也严重打击了中国和中国文化优越论的合法性基础。

获生徂徕、山鹿素行等儒者通过对圣人之道的普遍化作业，使它褪去了作为"中国的"文化的意义和色彩，即他们虽然承认儒教古典（圣人之道）的普遍性，却由此完成了使它与"古典以后的中国"的分离。这种作业不仅使中国从"日本文化的故乡"降格为作为"他者"的普遍文化的发源地（相对的和历时的存在）成为可能，还使"中华"从一个专指中国的实体概念转化为一个只是表示文化正统性和优越性的抽象概念。这意味着原来被日本人敬仰的儒教国家丧失了作为"中国""中华"的合法性，成为一个具体的、特殊的概念——位于日本西面的亚洲大陆的一个大国。由此，原本作为西洋人和日本洋学者称呼"中国"的概念——"支那"便获得了新的存在空间和意义，即它不仅象征了德川日本"去中国化"思维的加速演进，还提供了日本人在"日本—支那—西洋"的新的世界图像下判定彼此优劣的可能。也正是在这种意义上，至德川后期"支那"逐渐成为日本知识界称呼"中国"的通用名词。当然，随着幕末维新期日本国内外形势的变化，"支那"又逐渐被贴上了落后、野蛮等标签，最终成为近代日本人对中国的蔑称。

国学者则以尊皇的国体论为最高价值，不仅欲彻底否定儒教的价值体系和有关中国中心论的各种言论，甚至意图全盘否定日本曾受益于中国文化的事实。这种"反儒教"和"反中国"的话语是一种日本中心主义的极端表达，因而在民族主义情绪高涨的幕末受到尊皇主义者的热烈追捧，并日益扩大其影响力。例如，幕末的著名国学者橘守部（1781—1849）违背历史事实，辩称儒教和佛教原是日本文化外流大陆的产物，而对中日两国文化的相互作用做了完全相反的解释："彼唐土赞为圣人、天竺尊为佛之类所谓的极贤之人，皆为创国之大国主命、少彦名命。其于神代之昔去往彼地，经营而成其国……分别创立适合其国家特性之教。"① 显然，这种有关中国和儒教的认识结构虽然有明显的非理性成分，却依据民族主义的巨大能量，同时借助幕末日渐被认为是合理、先进的西洋思维，孕育了彻底颠覆儒教价值体系的思维和力量。

洋学者也借助西洋的天文地理学、医学等知识，严厉指责和批评了基于华夷观念的"中国＝中华"的意识形态，形成了对儒教的"洋学思考"的冲击："腐儒、庸医从支那之书，以其国为中土。夫地者一大球也，万国配居于此，所居皆中也。何国为中土耶？支那亦东海一隅之小国也。"② "妄相眩惑于支那之诸说，仿彼唱中国，或称中华之道，误也。"③ 这种对"中国中心论"的批判虽然仍无法彻底摆脱传统儒教的夷狄观，却体现了超越华夷观念并由此"脱离中华文明圈的自立志向"④。因此，杉田玄白、大搥玄泽等洋学者试图提出与原有儒教世界图像截然不同的新世界图像和价值体系。这就是以"天地之道"或"人伦之道"为价值标准的自他认识："道者，非支那圣人之所立，天地之道也。日月之所照，霜露之所下，有国有人有道。何谓道邪？去恶进善也。去恶进善，则人伦之道明也。"⑤ 可见，这种自他认识尽管受到儒教思维的影响，却以改变或取代原有的基于儒教的自他认识为目的，因而对18世纪末期以后儒者的中国认识和自我认识影响颇深。

由上可见，18世纪中期以后日本各种"反儒教"和"反中国"话语的出现和发达，实际上意味着对此前盛行于日本的儒学思维的否定和背弃，甚至是对儒者的中国崇拜情结及支撑这种情结的华夷观念的否定。这说明，包括儒者在内的日本知识界产生了摆脱传统的华夷思想而重新定位自他关系（中国和日本）的强烈意愿。

其次，以儒学的危机为表现的"发现中国"也意味着日本主体性和同一性的建构即"发现日本"。或者说，无论是依据中国文化范式或具有

---

① 橘守部：『神道弁』、『橘守部全集』第2巻、国書刊行会、1921年、373頁。
② 杉田玄白：『狂医之言』、『日本思想大系』64、岩波書店、1976年、230頁。
③ 大槻玄沢：『蘭学階梯』、『日本思想大系』64、339頁。
④ 桂島宣弘：『自他認識の思想史：日本ナショナリズムの生成と東アジア』、有志社、2008年、26頁。
⑤ 杉田玄白：『狂医之言』、『日本思想大系』64、229—230頁。

"洋学思考"的中国文化范式,还是依据正在确立途中的日本文化范式,江户学者重构其中国认识的作业都意味着相对于中国的自我独立性乃至优越性的构建。这种作业所构建的知识虽然还较零碎,却旨在构建一种"自足的"文化价值体系,也体现了江户日本民族意识的普遍增长。不仅是国学者,江户中期以后强调自我独立性和优越性的观点也开始普遍地见于儒者的相关论述。例如,江户中期的汉儒大田锦城(1765—1825)作为考证学派的先导者,与山鹿素行等一样不仅驳斥"灭人欲"为"异端之极"的"僻事"而强调人欲的自然性,"此欲是天地之正理、生民之大道也"①,而且强调日本相对于中国的治世优越性及文化优越性:"昔王朝之盛时……仁厚之政,非汉唐、宋明所可企及。今又自德川家统治天下,二百年无干戈兵乱之患,是亦非三代圣人之治所可及。故我邦在于郡县比汉土能治,在于封建亦比汉土能治之国风也。是故,第一则是人情风俗为纯朴忠厚也。"② 可以说,江户中期以后民族观念的发达不仅成为促使江户学者重构自我及自他认识的内在动力,也为他们对作为儒教之规定性,又对作为"外来思想"的华夷思想的解释、批判乃至否定提供了可能性和自由。而且,这种日益高涨的自我意识以基于"记纪神话"的传统、日本独特风土和洋学知识为合法性依据,又以神道、武士道、万世一系的皇统和以"物哀"观为基础的独特文学感受为具体表现,以樱花、富士山等"日本的"风物为具体象征,逐渐被建构为一个从理据到表现、从抽象到形象的有实际意义和说服力的价值集合体,而为江户日本文化身份的构建及其普及奠定了基础。

最后,西方国家作为"异质他者"对日本的冲击、幕藩体制自身的危机、中国于鸦片战争的失败等国内外环境的转变,向日本提出了政治变革的要求并提供了变革的动力,促使日本人民族观念的形成与发展。18 世纪末期以后,日本开始面临来自西方国家的实质性冲击。初始,俄罗斯为侵入太平洋而南下探险,成为海禁体制下日本最初的威胁。19 世纪初,继俄国之后英美也开始向日本实行商品扩张。这样,对日本来说西方势力的迫近就成为一个迫在眉睫的问题。这也意味着西方作为一个

---

① 大田锦城:『梧窓漫筆』卷上、载『名家随筆集』上、有朋堂書店、1926 年、379 頁。
② 大田锦城:『梧窓漫筆』卷上、载『名家随筆集』上、446—447 頁。

"有意义"的他者开始对江户日本的身份建构发挥更大的作用。

随着西欧冲击的加剧,幕藩体制所导致而自身又无法解决的结构性矛盾迅速激化,不仅造成了幕府本身的严重危机,也使武士进一步贫困化而陷入了"人在旅途"的境遇。天明(1781—1788)以后,饥馑接连不断,农民更加贫困,暴动此起彼伏,更是加重了社会结构的危机。这样,国内积累的矛盾也开始爆发,德川幕府的统治开始动摇,日本陷入了"内忧外患"的境地。这种状况正如会泽正志斋所言"夫外寇与内患必相因者,古今之常势也"①。

严重的内外危机促使日本人的觉醒及向内部的凝聚,并使知识阶层转向本国的历史传统寻求存立的精神支柱,从而形成以"神州意识"或"皇国观念"为理论基础的"尊皇攘夷"思想。这种转变不仅产生了"与华夷思想的自他认识明显异质的、由于俄罗斯和国境相隔导致的'日本国家'"②这种近代的话语,还使原本盛行于国学者之间、只为部分儒者所承认的神州意识(神国意识)上升为最高的规范,成为主流知识界的一般价值观。因此,神州既作为"自足的"价值又作为最高的价值,就成为此时期主流儒者建构其中国观的前提和标准。或者说,19世纪以后儒者的中国认识受到了"尊皇攘夷"这种新的思维范式的拘束。

在这种背景下,儒者的中国观便在"日本—中国—西洋"的自他框架下展开,不仅形成了关于中国的错综复杂的多维度认识,还分化为三种类型。第一种类型以古贺精里、佐藤一斋、赖山阳等与昌平坂学问所有关的儒者为代表,可以认为是海禁时代中华崇拜论者的延续。尽管他们仍尊奉儒教价值观,却随着尊皇论的泛滥而逐渐成为少数,因而最终或是日益失去其话语权和影响力,或是转向日本内部的历史和传统。第二种类型以吉田松阴、佐藤信渊、会泽正志斋、藤田东湖、大桥讷庵为代表。一方面,他们的自他认识虽然受到儒教观念的影响,却刻意剥离了儒学与普遍性之间的关系,而以普遍性的"天(道)"或"人伦之道"作为哲学依据,显示出与杉田玄白、渡边华山等洋学者相近的立场。这种观念虽然也强调日本与中国的共通性,却使儒教降格为与佛教、神道

---

① 会沢正志斎:『新論』、『日本思想大系』53(水戸学)、岩波書店、1973年、404頁。
② 桂島宣弘:『自他認識の思想史:日本ナショナリズムの生成と東アジア』、28頁。

并立的、受最高规范的"天（道）"所制约的"异国的"道德规范，因而不仅与江户初期儒者通过寻求日本与中国的"同一化"而确立自我认识的做法有着本质区别，也与海禁时代荻生徂徕等儒者使圣人之道摆脱"民族的"（中国的）色彩的做法有着显著差异。另一方面，这种自他认识又以神州意识为根本，强调神国日本相对于包括中国在内的世界万国的优越性，而显示出与本居宣长等国学者相近的立场。第三种类型以佐久间象山、桥本左内、横井小楠为代表，可以认为是第二种类型的转化。随着幕末国内外环境的转变，儒者们最终彻底摒弃了传统的华夷观念，形成了"长期以来所信奉的理想的儒学统治实际上在西洋已经实现"[①] 的认识。按照这种认识，他们坚信，西洋比日本和中国都要优越，应当成为新的自他认识的判断标准，并由此展开了以"洋才"为标准的中国叙事。综上而言，视西方国家为夷狄并强调日本与中国的相似性（东洋的共性），是第一和第二种中国观所共通的内容，显示出与洋学者关于中日两国认识的一致性以及与近代日本"东洋—西洋"这种自他认识结构之间的关联。与此相对，第三种类型的中国观则显示出与近代日本"文明—非文明"这种自他认识结构之间的关联。

  总之，德川时代后期儒者中国观的发展和演变揭示了传统华夷秩序观在日本的解体过程和路径。随着华夷观念的解体，他们所建构的中国形象也进一步分化：绝大多数儒者的自他认识作为日本摆脱对中国的劣等感和摆脱殖民地危机的历史叙事，几乎都可以见到对儒教和中国的批判倾向，因而又隐藏了"侵华、贬华、蔑华"与"崇华、联华"这种看似矛盾而又合理的思维。它所体现的"极其脆弱的"日本自我中心化思维在一定程度上又消除了日本人对中国及中国文化的自卑，因而对江户日本的身份建构具有重要意义。不仅如此，随着清末中国的衰落和日本明治维新的成功，前者所代表的中国观不仅获得了历史的合法性，还获得了现实的可能性。

  一方面，随着江户学者中国认识的转变和华夷思想的解体，他们的世界观及基于此的自他认识也逐渐向基于"文明范式"的强权政治观转变，并在鸦片战争以后逐渐形成"蔑视"中国和中国文化的思维结构；

[①] 渡辺浩：『日本政治思想史』、東京大学出版会、2010 年、360 頁。

另一方面，明治以后的日本国体论及昭和时期的大东亚共荣圈论等作为对日本周边民族和国家序列化的"皇国中心论"，既显示了对华夷思想的超越，又体现了与"华夷思想"之间的关联。

一　华夷思想的空洞化与昌平坂学问所儒者的中国认识

昌平坂学问所是"宽政异学之禁"（1790 年）的产物。它源自林罗山开办的私塾，后来逐步官学化，事实上掌握了幕府文教。宽政改革（1787—1793）后更为现名，又称昌平黉，正式成为幕府对幕臣灌输朱子学的官方学校。教学内容包括四书、五经、三礼、历史、诗文，教材以朱熹的著述为主。可见，学问所是幕府卫护并弘扬朱子学、实施思想文化统制的教学机关，官学（正学）、官校、官儒是其内在的身份规定。它不仅主导了德川后期幕府的学问和教育，还参与外交决策，因而作为幕末的政教中心对日本人的知识活动和对外观产生了重要影响。

昌平坂学问所及其相关儒者是江户后期比较特别的儒者群体：作为儒者和儒官，他们承担了捍卫朱子学作为"正学"和国家意识形态的重任。这种"朱子学卫道者"的身份决定了他们理应亲近中国和中国文化的立场和态度。这种文化责任和亲中国的态度确实在初代儒官身上表现得较为突出。正如"宽政异学之禁"的目的在于倡导正学、排斥"异学"一般，学问所创立之初的儒官如柴野栗山（1736—1807）、冈田寒泉（1740—1816）、尾藤二洲（1745—1814）、古贺精里（1750—1817）、赖春水（1746—1816）等，几乎都是"主倡纯粹朱子学"[①] 的儒者，因而不仅仍以儒教的原理为其世界观的前提和标准，还对中国保持了作为世界文明的源流甚至是日本文化故乡的亲近感和憧憬之情。

尽管如此，他们的自他认识也明显受到当时各种批儒或反儒话语的影响，加之主体意识的日益觉醒，他们对中国也产生了作为"异国"的自觉认知，即他们所想象的中国已彻底转化为一个与日本对等的、历史的和相对的存在。从这种意义上说，他们与异学倡导者在推进中国的相对化方面又保持着高度一致性。不过，与海禁时代仍拘泥于华夷思想的儒者相比，学问所的儒者则展开了对"儒教式的自他认识（华夷思想）"

[①] 眞壁仁：『德川後期の学問と政治』、名古屋大学出版会、2007 年、20 頁。

的相对化乃至否定。尾藤二洲有关日本与中国的论述就是极好的证明。

> 文士有谓汉为中国者，有谓为华夏者，有谓为西夷者，其说如何？曰：以彼为中者，则以我为外者也。我自建国不假彼封，自有纪号，不奉彼之正朔，安有谓彼为中之理哉。以其大谓之夏，以其文谓之华，是彼之实也。我因呼曰华曰夏，固无不可，自存国体，而不为其臣属可也。称人没其实，则非公平之道也。至谓为西夷者，是神学者流之言，井蛙唯知井耳，不必辨可也。①

按照他的意思，日本不能称中国为"中"，因为它违背了"天地之公"，即所谓"自我言之，我中彼外；自彼言之，彼中我外。各从所居而为言，无不可也。中无定体，非若大小之分不可易也"②。日本同样不能像神学者或国学者那样称中国为"西夷"，因为"华夏"以"文"（文化）而言，是中国的专有称呼，所以"汉之为国，本不与诸国同。称之呼之，宜有斟酌，不可概曰夷蛮"。在这种意义上他认为，日本虽然可以称中国为"华夏"，却必须"存国体"，确保日本与中国的平等地位。不难看出，作为德川后期儒学的主流，学问所的儒者已意识到中日两国之间的差异，并由此展开了超越华夷观念并通过新的价值体系的重建而确立其新的中国认识的尝试。作为这种尝试的重要表现，他们几乎都自觉或不自觉地放弃了此前儒者称呼中国的"中华""中国""华夏"等称呼，而是采用不含国家优劣性判断的"齐州""汉"等名称来指称中国。例如，古贺精里曾说"我邦最重阀阅，王朝缙绅率出门族。虽有明经、文章、法律之科以登崇畯良，而国体事情与齐州自别"③，以"齐州"作为中国的名称。

学问所的初代儒者对自我与他者的关系已表现出强烈的自觉，而它正是促使华夷观念在幕末日本迅速解体的内在推动力。因此，随着异质

---

① 尾藤二洲：『冬読書余』、载『日本儒林叢書』第2書目（随筆部）、鳳出版、1971年、7頁。
② 尾藤二洲：『冬読書余』、载『日本儒林叢書』第2書目（随筆部）、8頁。
③ 古賀精里：『贈大槻生序』、1810年、早稲田大学図書館（大槻文庫）。

他者的介入和批儒风潮在知识分子间的扩大，第二代儒官虽然还恪守着对中国经典的崇敬、阅读、研习和教授，却从不同角度展开了对儒教（朱子学）和中国的他者化处置和批判，进而抽取了华夷思想之规定性和强制性的地理和文化理据，而使它成为一个无所凭借且无法发挥效力的"空洞的概念"。也即是说，对日本来说，华夷成为一个不再对日本有约束力而其思维却可以为日本模仿的概念。与此同时，他们对中国和自我的认识也发生了变化，分裂为两种基本类型。第一种是尊皇并慕华的类型，以佐藤一斋和赖山阳为代表。第二种是尊皇并批华的类型，以古贺侗庵为代表。

（一）古贺侗庵的"圣人论"与中国批判

古贺侗庵（1788—1847）出身于儒官家庭，自幼受教于其父古贺精里（1750—1817），后又师从柴野粟山（1736—1807）学习朱子学。1809年成为昌平黉儒官，其后长期在此研习并教授朱子学。对他来说，朱子学既是家学，又是正学，当是他所信奉的对象，这种思维范式也理应对他有内在的制约。不过，在信奉朱子学的同时，他对西洋事情、海防等时势问题亦十分关注。这种知识素养、经世之志和民族主义意识反倒造就了他事实上的"朱子学的离经叛道者"的身份和立场，同时也使他以一种既想超越华夷观念，又不得不受其制约的"类似近代"的视角来构建其世界观和自他认识。其最集中表现就是对中国历史和文化进行全面批判和否定的《殷鉴论》（1813）。

第一，与以往儒者大多从特殊论的角度（只有中国才有圣人或圣人之道；只有日本才继承了圣人之道）承认圣人及圣人之道的普遍性的思维不同，从普遍性的角度承认圣人的普遍性，是侗庵政治哲学和自他认识的基础。这种普遍性就是不为人之意志所左右的公正的、绝对的"天"。侗庵认为，人类皆是公正的"天"所赋予的万物之灵，生而平等，原本没有华夷、尊卑之分："原夫天之所覆焘、地之所持载、日月之所临照、霜露风雨之所沾被，凡夫含齿而戴发、圆颅而方趾，谁非万物之灵？谁非天心之所仁爱？华夏戎狄均是人也、类也。庸讵可以自尊而相卑耶？"[①] 同样，因为公正的天既不会"私爱"于中国，也不会独宠于日

---

① 古賀侗庵：『殷鑑論』（天香楼叢書四）、竹中邦香、1882 年、1a 頁。

第二章　解构中国和中国文化——发现他者　/　191

本、西洋，故"承天而行"的圣人也不只是中国才有——"岂得齐州（按：中国）独有圣人哉"①，而是"然则齐州有圣人，万国亦有圣人。其圣也无别乎。曰：其圣则一也"②。所谓"万国无圣人"，只是中国的一家之私言，"其不足据信明矣"；中国的华夷观念也不过是夜郎自大的独善主义。可见，基于"天"的人类平等论和圣人论显示出了"近代的"思维方式的倾向，也因此从根本上打击了原来的华夷观念的合法性。然这并不意味着侗庵就否定华夷之辨，因为他未能摆脱华夷之辨的思维约束，所以他又重构了华夷之辨的概念领域和范畴，尤其是改变了这一思维的理据和规定性。首先，人类之平等是绝对的、先验的，而华夷之辨是相对的、流动的。这意味着华夷之辨不依地理而定，就如中国曾为"中国""非以其居中州之地也"；华夷之辨是圣人"因时而发"③的产物，故各国都有成为"华"的可能性。其次，他区分了"文"和"德"这两个概念，重建了判定圣人的标准。他认为，圣人不取决于外在的"文"（文教），而是取决于内在的"德"（圣德）："吾意，圣人之所以为圣，顾其德如何耳。岂必以外之文，断之优劣哉。"④ 显然，这种圣人相对化的思维使中国圣人及儒教降为圣人和礼仪道德之一种，不仅从根本上打击了以往日本儒者所信奉的"不变的中国圣人"的合法性，也摧毁了基于儒教圣人观的华夷观念的基础。由上可知，侗庵虽然还没有放弃以礼乐文物来判定华夷的思维，却从普遍性的视角批判了儒教的圣人及基于此的固定的华夷观念。这不仅为侗庵对中国及中国文化的批判提供了思想基础和可能，也为他据此构建日本文化的独自性乃至优越性提供了基础和可能。

　　第二，在重构圣人论和华夷论的同时，基于这种政治哲学观，侗庵展开了对中国历史和文化的全面批判。与此前日本儒者公认的"只有中国才有圣人"的观点相反，他认为，中国经常发生"谋朝篡位"的易姓革命，恰恰说明"齐州少圣人"。这是其中国和中国文化批判的出发点和

---

① 古贺侗庵：『殷鑑論』（天香楼叢書四）、3b 頁。
② 古贺侗庵：『殷鑑論』（天香楼叢書四）、4a 頁。
③ 古贺侗庵：『殷鑑論』（天香楼叢書四）、2a 頁。
④ 古贺侗庵：『殷鑑論』（天香楼叢書四）、4a—4b 頁。

核心理据。他认为,中国历史几乎就是一部谋朝篡位史。

> 呜呼!齐州易姓之屡,国祚之短,尚忍言之哉。其载籍可考者,包牺以来而已。包牺氏没,神农代之,神农氏衰,轩辕代之,尧禅舜,舜授禹,汤放桀而夏亡,武王诛纣而殷亡,秦昭迁赧而周亡,汉高克秦,而中圮于王莽……凡易姓者三十有余,以迄今日,此其大较也。……呜呼!两间立国者,不知其几,从未有国祚之短促若齐州者也,又未有篡弑杀戮之惨,如齐州者也。①

因而勉强可算圣人者仅尧舜等极少数人。相比而言,日本和西洋或是皇统万世一系,或是选贤为君,在政治体制上远胜于中国:

> 我神武开天辟地,垂万世之丕基;安宁懿德诸帝,无为之治、不宰之功;崇神德威光被,远夷宾服;仁德劳来辅翼,无一物不获其所;天智经文纬武,同符神武。皆古圣人也。……不独本邦为然,夫尧舜禅代,唐人嗟称,以为亘古无匹者。虞夏之后,莫能踵行。踵行者,不过莽操懿(指司马懿)裕(指刘裕)逆篡之徒,假以济其奸而已。而西洋意大里亚等国,自古皆就欧逻巴洲,遴选贤者,立以为君,然而祸乱不作,篡夺不萌,斯其美,比之尧舜不多让焉,断非唐人所能翘企万一也。呜呼,万国大矣,吾不能一一周知,即此一事,吾更有以知他国多圣人,而齐州少圣人矣。②

在侗庵看来,"此一事"恰恰是中国和中国文化不及日本和西洋的逻辑根由和必然。即以儒者奉为理想政治的"三代之治"来说,"其在三代,业已民风浇漓、谲诈滋生,治之非易,观于春秋战国可见已……夫风俗之薄恶,加之施设之乖方,无惑乎其乱之坏极矣。唐人称颂三代不容口,非独佞谀所生之邦,亦其泥于古而然也"③。而且,在他看来,中

---

① 古贺侗庵:『殷鑑論』(天香楼叢書四)、5a—6a頁。
② 古贺侗庵:『殷鑑論』(天香楼叢書四)、4b—5a頁。
③ 古贺侗庵:『殷鑑論』(天香楼叢書四)、9a頁。

国自三代以后就再无圣人,"三代以还,绝无圣人者,非独气运之衰、人才之日污,亦时俗使之然也。古昔风俗仁厚,好成人之美,故圣者相踵;末俗憸忮(按:强直刚戾)苛酷,吹毛摘瑕,不一毫假借,故世无完人,欲圣者之出难矣。王充曰:使尧舜更生,恐无圣名也。洵为不易确论"①。他认为,即便是中国学者都承认的这种"历史事实"造就了中国政治和文化的全方位"劣势"和"缺陷",而且随着历史的演进越发糟糕:"盖无论秦汉以降,齐州人心世道,污下溷浊,远不及外国";"唐人不义无道,可恶可畏,万万不及本邦君臣上下仁而有礼也"②;"唐人识见窄狭,夜郎自大,以为宇宙之际,决无强大富赡若我齐州者;又未始知圣人夷夏之辨因时而发,是以抑外国太过,不比为人类,多见其自陷于夏虫坎蛙之见也。……若夫秦汉而还,则伦理之悖、侵代之繁,无以异于戎狄;习俗之浇、刑法之惨,翻有甚于戎狄。犹哓哓然,以中国礼仪之邦自居,非颜之厚而何也"③;"唐人拘于末节,而不明于天下之体;墨守陈编,而不达时之宜。是以一旦管大任、临大节,鲜不败事"④;"唐人有华而无实,饰外而不修内,多虚喝夸诞之意,而乏忠厚敦笃之心"⑤;"夫两间建国者,几千万矣。曾有困于外国如齐州之甚者乎?曾有兵力之孱弱如齐州之甚者乎?"⑥"呜呼,齐州历代之女祸,可谓烈哉"⑦,等等。到《海防臆测》(1838—1840年成书)时,他对此做了总结:"支那虽大邦而其弇陋(按:浅薄、浅陋)最乎六大洲。专夸诩己国,视他邦,与禽兽虫豸无异。"⑧ 显然,在他看来,中国非但没有资格成为"中华",反而三代以后的中国无异于戎狄,甚至不如戎狄,而作为戎狄的清朝能够取代明朝就是它的最好说明。它也进一步说明了中国文化的逻辑缺陷和"不足取"。

---

① 古贺侗庵:『侗庵笔记』、载関儀一郎『続日本儒林叢書』第1书目(随笔部第一)、26页。
② 古贺侗庵:『殷鉴论』(天香楼丛书四)、7a页。
③ 古贺侗庵:『殷鉴论』(天香楼丛书四)、2a—2b页。
④ 古贺侗庵:『殷鉴论』(天香楼丛书四)、14b页。
⑤ 古贺侗庵:『殷鉴论』(天香楼丛书四)、17a页。
⑥ 古贺侗庵:『殷鉴论』(天香楼丛书四)、19b页。
⑦ 古贺侗庵:『殷鉴论』(天香楼丛书四)、21b页。
⑧ 古贺侗庵:『殷鉴论』(天香楼丛书四)、21b页。

齐州习俗浇漓，有言无行，将士疏隔而情不通，约束细苛而不合于要。加之生平，沦陷于财利酒色之间，勇熸智竭，远不及戎狄悍鸷之俗、易简之法。以是敌彼，其不能抗也则宜。唯清有天下百六十载于兹，虽多酷虐之政，国势盛疆，封域廓大，大胜于汉唐。盖出于戎狄固能然，宜非唐人之所及也。唐人之贱戎狄，至明尤甚，若不齿为人者。今清自满州入代明，举齐州之地，莫不辫发而左衽，乃唐人求媚，动称以为五帝三王所不及。虽出于畏死而不得已，其无特操甚矣。虽然使唐人帝齐州，其治效决不及戎狄，则唯当妥尾帖耳，以媚事满虏可也。奚必以变于夷为恨哉。①

可以说，以易姓革命主张日本对中国的优越性、认为三代以后中国就已衰落等，这是江户不少儒者的一致看法，而将它们与"中国少圣人"联系起来叙述，则是古贺侗庵的首创。② 这不仅以抽取华夷观念之内核的形式构成了对华夷观念之合法性的严重打击，也使得他对中国和中国文化的某些批判具有了逻辑乃至现实的依据和有效性。

基于这种政治哲学观，古贺侗庵不断更改着对中国的称呼③，通过使用符号摆脱了华夷观念的中立名称——西土，而从内容和形式上证明对华夷观念的克服。自江户时代起，这一源自《日本书纪》的名称才开始被谷秦山、小山田与清、中村中倧、藤田幽谷、会泽正志斋等具有强烈民族意识的学者所广泛使用，成为他们构建日本独立性和同一性的一个

---

① 古賀侗庵：『海防臆測』坤（其五十一）、日高誠実、1880年、23b頁。

② 例如，兰学者大槻玄泽就高度评价侗庵的圣人论为"古来儒家者流之所未言及者也"："盤水先生（指大槻玄泽）曰，《殷鉴论》中，圣人之说当谓古今未曾有之高论。翁博涉支那之经史。虽甚浅陋，尝所思，高论之如也。圣人傲称己所居为中华，而贱四面为四夷八蛮，井蛙之见也。"参见古賀侗庵『俄羅斯情形臆度』、宮内庁書陵部、新日本古典籍総合データベース、No. 079。

③ 虽然他最初（1809年以前）是以"中华"称中国，后来意识到不妥，在《与长兄毂堂先生书》（1810）一文里开始使用"齐州"来称呼中国。稍后的《殷鉴论》也大量使用了这一名称。如晋郭璞对"岠齐州以南"（《尔雅》卷七）所作注释"齐，中也"，侗庵后又认识到"齐州"也是对中国的尊称，因而在1820年对《侗庵初集》进行改正时，用红笔将以前的"中华"和"齐州"全部改成了"西土"。而在1831年以后则开始使用具有批评意味的"支那"来指称中国，到了《海防臆測》则成为固定之称呼。参见前田勉『近世日本の儒学と兵学』、ぺりかん社、1996年、402—403、406—407頁。

第二章　解构中国和中国文化——发现他者　/　195

重要支撑。与此同时，侗庵也由此对日本儒者崇儒崇华的思想和行为做了严厉批判。

> 予所最虑者，世之儒先，自幼迄老，沈酣唐人之书，阿其所好而不觉其弊。政出于此，卑以为不足视；事出于彼，则叹以为不可及，幸不遭时耳。使之异日得志，以平日之所学、所志，施于有政，不察时势，不审事宜，欲以唐人文具无实之治，治当今浮薄之俗，是以水济水，助桀为虐也。即不得志播扬其说，以诲人道世，其流祸何所不至，此可惧也。①

这些论述同样因为其圣人论对日本儒者有很强的警示和反省作用，而对改变当时日本社会"凡百事物，过半莫不仿唐山式样""奈我邦儒先依然守唐山旧说，不知所取舍，并其敝风陋俗，亦尊崇过当，贻害弗少"的自他认识发挥了作用。

第三，古贺侗庵在解构华夷观和批判中国文化的同时，也自觉地构建着日本和日本文化的主体性。而且，他有意使它成为自我同一性构建的合法性基础。在统治形式上，他认为日本皇统万世一系，"本邦神圣继承，政俗大度越齐州"②。在"政化民风"上，他认为"邦人质，政从而质；唐人文，政从而文。文之弊也伪，质之弊也俚。文弊而至于伪可忧，伪之更弊，弊不可救也"③。在风俗上，"本邦风习之懿，万万度越支那"④"本邦不唯士风之虓勇，民性之纯厖，度越万邦"⑤，等等。总之，日本的"政化民风"整个就是一块"无瑕之玉"⑥，具有已被"历史所证实"的相对于世界万国的优越性。

可以说，古贺侗庵的自他认识是江户后期一种有代表性的认识。这种认识及其理论依据在一定程度上显示了与具有近代思维倾向的兰学者

---

① 古賀侗庵：『殷鑑論序』、『殷鑑論』（天香楼叢書四）、1b 頁。
② 古賀侗庵：『殷鑑論』（天香楼叢書四）、1b 頁。
③ 古賀侗庵：『殷鑑論序』、『殷鑑論』（天香楼叢書四）、1a 頁。
④ 古賀侗庵：『海防臆測』乾（其二十三）、日高誠実、1880 年、17b—18a 頁。
⑤ 古賀侗庵：『海防臆測』坤（其四十九）、21b 頁。
⑥ 古賀侗庵：『海防臆測』坤（其四十九）、22a 頁。

的共同之处，而构成了对华夷思想之合法性的严重打击。因而，他的自他认识不仅对昌平坂学问所儒者有较大影响，也与兰学者的自他认识形成了呼应并相互影响。

(二) 佐藤一斋和赖山阳眼中的"天"及其中国认识

与古贺侗庵相比，同为昌平黉儒官的佐藤一斋或出身于儒官之家的赖山阳则是依据儒家的理念来建构其世界观和自他认识。他们虽然着力建设一个"尊皇"的日本，却对中国和中国文化保持着尊崇之情。不过，他们的思想和行为同时也发挥了消除或淡化华夷观念对日本之影响的作用。

佐藤一斋（1772—1859）出身于美浓国岩村藩的世代儒官之家，与侗庵一样自幼研习朱子学。宽政年间游学于阳明学大本营的关西，虽然随中井竹山学习朱子学，却由此确立了终生信奉并践行阳明学的志向。稍后东归，先后师从幕府官学教头林敬信、林述斋，34岁时成为林家"塾头"，70岁成为昌平黉大学头，执掌幕府文教二十载。一斋是江户后期兼采朱子学和阳明学的第一人，被称为"阳朱阴王""公朱私王"或"白天讲朱子学、夜晚教阳明学"的海内宗师。著书颇多，以《言志四录》《爱日楼文诗》为代表。与熊泽蕃山等受到打压的阳明学者不同，一斋长期是幕府官学的最高权威，并利用这个有利身份倡导、传播阳明学。据说门下弟子三千，涉及各个阶层而又跨越政治、军事、教育等诸多领域，其中不乏佐久间象山、渡边华山、横井小楠、大桥讷庵等幕末思想领袖、爱国志士。而且，在幕末明治期，即便没有直接受过一斋之教，却受其学问感化的仁人志士亦不计其数。可以说，他影响了幕末日本的思想潮流和时代风气，对当时的文教政策和人才培养发挥了巨大作用。

一斋虽然兼采朱子学和阳明学，然"其学根自阳明子，而不争门户"①。这意味着他对学问采取了包容的态度，而阳明学则是他构建世界观和自他认识的基础。"心即理""致良知"和"知行合一"是阳明学的三大理论原则，而"心""良知"和"行动"则是支撑一斋理论体系的三大概念。这些概念提示了"主体把握""平等""实践"的原则，实际上突出了个体及个体行为的意义和价值，是对强调等级秩序思想和自我

---

① 西鄉隆盛：『西鄉南洲遺訓』、岩波書店、1911年、69頁。

压制的儒学程朱范式的补充或反动，并蕴藏着突破这一范式及基于此得到强化的华夷观念的能量。可以说，阳明学本身就是一种重自我和重实践的学问体系，不仅很少受到华夷观念的影响，也不以支持和强化华夷观念为目标。在江户后期，日本民族危机的加重，促使知识分子特别重视自我重构的问题，也进一步使两种层面的自我（一是民族的独立性和同一性，二是个体的主体性和能动性）实现紧密结合。与此同时，它也使原本就具有传统克里斯玛式权威的天皇作为可以迅速凝聚人心的民族统合象征而被发现、重视。这就导致了江户后期尤其是幕末具有"民族主义"和"天皇主义"倾向的日本阳明学的兴盛，而它实际上也造成了中国华夷观念的空洞化。佐藤一斋正是基于这一理念构建其世界观和自他认识的。

第一，"天"是佐藤一斋哲学世界观的本体依据。他认为，"天"是不以人的意志为转移的先验存在，它确立了自然和人事的"定数"："凡天地间事，古往今来，阴阳昼夜，日月代明，四时错行，其数皆前定。至于人富贵贫贱，死生寿夭，利害荣辱，聚散离合，莫非一定之数，殊未之前知耳。"[1] 与此同时，他又主张"吾心即天"[2] 或"宇宙不外我心"[3]，确立了个人命运与天完全一致的"定命论"：一是天定的个人尊严和职分，"天何故生出我身，使我果供何用？我既天物，必有天役。天役弗共，天咎必至"[4]；二是天定的君臣关系，"天尊地卑，乾坤定矣。君臣之分，已属天定，各尽其职而已"[5]。这种机械主义的定命论不仅事实上形成了对以"武士敬大名、大名敬将军、将军敬天皇"为基础的幕府等级制的严重打击，构成了此后吉田松阴提倡的"一君万民"思想的源泉，也为当时日益高涨的"尊皇"思潮提供了一种先验的依据。而且，如其弟子源纲条所言："吾观世之号称好学者，或驰虚文，而无实得；或流功利，而失正路。其于国家也，果何益？"[6] 以"定命论"为基础的一

---

[1] 佐藤一斎：『言志録』、『日本思想大系』46、岩波書店、1980年、219頁。
[2] 佐藤一斎：『言志録』、『日本思想大系』46、232頁。
[3] 佐藤一斎：『言志後録』、『日本思想大系』46、238頁。
[4] 佐藤一斎：『言志録』、『日本思想大系』46、219頁。
[5] 佐藤一斎：『言志録』、『日本思想大系』46、221頁。
[6] 佐藤一斎：『言志録』、『日本思想大系』46、236頁。

斋学问以是否对国家有用为宗旨，因而又促使自我与国家、天皇的紧密结合，进而使"天定君臣论"下的个人主体性和能动性（以尊皇爱国为前提和基础的主体性）被推到了极致。这就是说，佐藤一斋建立了一种既将万世一系的皇统绝对化，又能发挥臣民之能动性的尊皇论，而这也构成其自我认识的核心内容。不但如此，他还以尚武为日本的特色，并认为它符合《周易》之理："帝出于震，日出之方也，故东方之人有义勇。震发之气居多，乃可赖也……易理如此。"① 由此，他批判了室鸠巢、山崎暗斋等认为"武者之风阻碍吾道"的观点，而是主张"武气为义勇之所生，何害乎道？本邦人长于武事，是外番之所以不能觊觎。今欲黜之，并可谓庸儒之见"②，认为武道正是助道、护国的日本独特性之表现。显然，一斋提倡的"爱国""尚武""尊皇"的思想其实就是"大和魂"的体现，因为适应了时局动荡的幕末形势，所以成为此后具有广泛影响力的思想形态，亦成为各地、各阶层武士和多数儒者的普遍信仰。

第二，与中江藤树、熊泽蕃山等阳明学者以"时、处、位"的经权思想对华夷观念做相对化处理的思维不同，佐藤一斋则基于对"天"或"人心"的普遍性认识而不承认华夷之辨及其合理性，而这也是其自他论述的基础。

> 茫茫宇宙，此道只是一贯。从人视之，有中国，有夷狄。从天视之，无中国，无夷狄。中国有秉彝之性，夷狄亦有秉彝之性；中国有恻隐、羞恶、辞让、是非之情，夷狄亦有恻隐、羞恶、辞让、是非之情；中国有父子、君臣、夫妇、长幼、朋友之伦，夷狄亦有父子、君臣、夫妇、长幼、朋友之伦。天宁有厚薄爱憎于其间？所以此道只是一贯。但汉土古圣人发挥此道者独先，又独精，故其言语文字足以兴起人心，而其实则道在于人心，非言语文字之所能尽。若谓道独在于汉土文字，则试思之，六合内同文之域凡有几？而犹有治乱。其余横文之俗，亦能性其性，无所不足，伦其伦，无所不具，以养其生，以送其死，然则道岂独在于汉土文字已乎？天果有

---

① 佐藤一斋：『言志耋録』、『日本思想大系』46、285 頁。
② 佐藤一斋：『言志晚録』、『日本思想大系』46、272 頁。

厚薄爱憎之殊云乎？①

在他看来，华夷之辨乃是人之私言，不是公正的天所立。真实情况是因为"道在于人心"，不为中国所独占，所以各国并没有华夷贵贱之别。显然，佐藤一斋以"天"的普遍性解构了"中国"一词的特殊意义，而使以往日本儒者纠结或受其拘束的"华夷之辨"完全成为一个"无用的"空洞概念。换句话说，这使日本人得以跳出夷夏之辨的束缚而重构他们的自我认识和中国认识。佐藤一斋实际上也是这样处理对中国的认识问题的。一方面，《言志四录》谈及夷夏之辨的文字总共只有1处（《言志四录》第131条），且始终是以"汉土"这一中立称呼来指称中国。另一方面，他在摆脱了华夷之辨的束缚后也毫不掩饰地表达了对中国和中国文化的崇敬之情："孔孟，是百世不迁之祖也；周程，是中兴之祖；朱陆，是继述之祖；薛王，是兄长之相友爱者。"②"西洋穷理，形而下之数理；周易穷理，形而上之道理。道理，譬则根株也；数理，譬则枝叶也。枝叶自根株生，能得其根株"③，等等。

可以说，在将中国和中国文化相对化的基础上，佐藤一斋建立了一种超越华夷之辨而又在中国思维范式下尊华的中国认识，而这不仅有利于确立日本的独立性和同一性④，也有利于日本对东西方优秀文化和技术的吸收，从而促进日本的近代化转型，并最终形成基于这种思维结构的日本人的身份认同。

与佐藤一斋无异，赖山阳（1780—1832）也是江户后期依靠儒学思想来建构其世界观和自他认识的风云人物。虽然当今学术界对是否判定他为"朱子学者"意见相左，却并不妨碍他们在尊皇、慕华、不受夷夏之辨的束缚等方面的一致性。赖山阳出身于朱子学世家，其父赖春水（学问所儒官）、叔父赖杏坪皆一时名士，故深受家学之影响。他自幼饱

---

① 佐藤一斋：『言志録』、『日本思想大系』46、227頁。
② 佐藤一斋：『言志晩録』、『日本思想大系』46、255頁。
③ 佐藤一斋：『言志耋録』、『日本思想大系』46、284頁。
④ 他多次强调说："我邦独立，不仰异域，海外人皆知之"（『言志晩録』、『日本思想大系』46、260頁），"而封建之邦，唯我为然。又独立自足，无仰异域……我幸生此土"（『言志晩録』、『日本思想大系』46、261頁）等，对日本的独立性和独特性感到自豪。

读经史，又先后师从尾藤二洲、服部栗斋等幕府儒官，虽为"在野儒者"，却与幕府教育体系有着密切关系，因而得以发挥其思想的影响力。他诗文书画俱佳，被认为"隐然执文坛牛耳者数十年，莫敢或争"。其代表作有《日本乐府》（1828）、《山阳诗抄》（1833）、《山阳遗稿》（1841）等，而影响最广的则是他的通俗史学著作——《日本外史》（1826年成稿）和《日本政记》（1832），是当时日本知识分子和志士的必读物，对幕末的尊皇攘夷与倒幕维新发挥了重要作用。

"天（道）"或"道"的普遍性是赖山阳哲学世界观和自他认识的基础。这就是说，儒学思想是赖山阳思想的理论基础。在他看来，道既是天道，又是忠孝仁义之道（先王之道或唐虞三代之道），源自普遍的、先验的"天"，故是"非人作"的自然之道，也是唯一之道、普遍之道，而无古今、中日之差别。

> 道一而已矣。道之在天下也，犹日月也。日月者，天下之日月也，非一国所私有也。道亦然。父子、君臣、夫妇，无国无之，而慈孝忠义，有别不杂，皆存于自然，非有待于人作也。我邦列圣，保民如子，不让尧舜禹汤。其风俗尊君亲上，相爱相养。又有唐虞三代之民，则虽无经籍，其道固俱在。特未有名而教之，曰仁曰义者耳。……今天下之仁义也。儒者指而私之曰，是汉之道也；有称国学者，斥而外之曰，是非我之道也。皆非也，道岂有彼此。……夫道一也，则学亦一也。宁有所谓国云者乎？陋哉！且夫先王已取而用之，著为令典矣。而敢非议之，是议先王之典者矣，而幸免于诛也。[①]

这一思维结构决定了赖山阳既尊华又尊己的自他认识。

第一，赖山阳的思想虽然本于儒家理念，却又基于"天"的普遍性重构了儒教的普遍性和规范性，这不仅促使了中国和中国文化的相对化，还使他得以以一种既根植于中国文化范式又超然于这一范式的立场来构建其中国认识。其一，他以一种"历时"和实用主义的视角看待以儒教

[①] 賴山陽：『日本政記』卷一、『日本思想大系』49（賴山陽）、岩波書店、1977年、467頁。

为代表的中国文化。一方面，他尊崇中国古代儒学（君子儒），以其为自己所构建的历史哲学的基础①，并承认"儒学叙人伦，平易无可喜，其文虽外来，而其实固在我"②；另一方面，他又受到其父"本天道，主人伦，本末兼备，传之无弊"和荻生徂徕"理无形，故无准，其以为中庸为当行之理者，乃其人所见耳。所见人人殊，人人各以其心谓是中庸也，是当行也。若是而已矣。人间北看成南，亦何所准哉！又如天理人欲之说，可谓精微已，然亦无准也……故先王孔子皆无是言，宋儒造之，无用之辨也"③等已经过改造的儒学观点的影响，不仅弃用了"（天）理"这一"宋儒所造"的"无准"之概念，而且从这一角度对宋儒做了严厉批判："宋儒之学纲维森严，自不可紊，其病在造立名目，而挽圣言合之而已。如此大体，匪缪于道。"④可见，"非制作论"不仅打击了程朱理学体系的合法性基础，还与反抗儒学之森严秩序的佐藤一斋的思想形成了呼应，为其后日本人基于尊皇爱国的主体性发挥提供了一个依据。其二，赖山阳虽以儒学为学问的基础和标准，却同时抽取其关于国际关系的准则和内核——夷夏之辨，也因此促进了对中国和中国文化的相对化。例如，他不用"中华""中国"等名称，而是用传统的"汉"来称呼中国；如"鸿荒之事，和汉同然"⑤"我朝之有国司，犹汉之有二千大石也"⑥等所示，他是在对等的立场上展开其关于中日两国的叙事。由此可见，赖山阳的思想既源自儒教，又对其有所超越。这种中国认识也构成了赖山阳构建日本独立性和同一性的重要前提和参照。

第二，赖山阳同样基于"天"的普遍性确立了日本主体性和同一性

---

① 其所述"夫谈性命、辨天下，儒之君子者也，而徒谈性命、辨天下，而遗日用之务，亦无用之物耳。研训诂、究章句，儒之君子者也，而徒研训诂、究章句，而瞎其神明，亦卑猥之业耳。述五帝三王之道，经纶天下国家，儒之君子者也，而徒称述帝王之道，而不知通诸今日，徒知经纶天下国家，而不知正其身以正人，亦迂腐浮夸之谈耳……我将以君子之道，治我国人，庶几免乎？"（『君子儒論』、『山陽文稿』卷上、和田茂十郎、1878 年、6b—7b 頁）显示了复古主义、历史主义和实用主义相结合的儒学观。
② 賴山陽：『日本政記』卷二、『日本思想大系』49（賴山陽）、476 頁。
③ 荻生徂徠：『弁道』、『日本思想大系』36、岩波書店、1973 年、205—206 頁。
④ 『賴山陽文集・外集』、『賴山陽全書』第三卷、賴山陽先生遺跡顯彰会、1932 年、665 頁。
⑤ 賴山陽：『日本政記』卷一、『日本思想大系』49（賴山陽）、462 頁。
⑥ 賴山陽：『日本政記』卷五、『日本思想大系』49（賴山陽）、504 頁。

的合法性，尤其是天皇统治的合法性。他认为，天皇的统治源自先验的、绝对的"天"，故具有不证自明的绝对性和自然性："此瑞穗之国，我祖宗之所受于天……奉三种神器于正殿。曰剑，曰镜，曰玺。"① 也因为如此，他认为皇统"垂统千叶，一姓不替"，亦具有"永恒不变"的特性和对他国的优越性，"盖大日灵贵（按：天照大神）之德，虽不可窥测，征之神器，如有可得而言焉。……故以遗子孙曰，视此犹视我，国祚之隆，当与天壤无穷"②。这就是说，即便政权会随"势"发生更替，而天皇及其统治则是"永恒的存在"。他认为，这体现了日本相对于中国乃至世界各国的本原优越性，"我王国之成基，可谓深且远欤！自神武以前，莫得而知焉。盖以神明之胤，累叶积德，虽在西偏，遐迩属望，而发之于此尔。抑当草昧之世，雄长棋峙之时，能一举而定海内，海内帖然，以开千万年之业。自非天赐勇智，首出群伦，乌能如此？谥曰神武，允矣"③，而且这也足以让日本人颂赞并引以为豪："日出处、日没处，两头天子皆天署。扶桑鸡号朝已盈，长安洛阳天未曙。嬴颠刘蹶趁日没，东海一轮依旧出。"④ 不但如此，因为日本"受知于天深""故受知于天深者，久而不绝；故受知于天浅者，未久而断。彼我皆然。如我王家，深之至者也"⑤，所以不仅皇统能够"万世一系"，在政治制度、伦理道德、文化风俗、物产等方面也具有相对于万国的先验优越性：日本的君臣讲大义名分，故"我邦君臣之义，度越万国"。日本政治具有并维持着"固有之美""国朝之建，创于神武……大凡国朝，以简质治民，上下同心，国如一人，是国势所以威四外也。及通隋氏，变质为文，殆失其故。及至天智（指天智天皇），百度大定，后世莫改。大抵取于李唐之制，而所以胜于唐氏者。曰，立吏简，取民廉，是不失我邦固有之美也"⑥。日本自古就是"礼文备具"⑦ 的"兴隆之国"，"我邦先王常自俭，以抚其民，抚

---

① 頼山陽：『日本政記』卷一、『日本思想大系』49（頼山陽）、459頁。
② 頼山陽：『日本政記』卷一、『日本思想大系』49（頼山陽）、462—463頁。
③ 頼山陽：『日本政記』卷一、『日本思想大系』49（頼山陽）、460頁。
④ 頼山陽：『日本楽府』、文学書院、1910年、1頁。
⑤ 頼山陽：『日本政記』卷一、『日本思想大系』49（頼山陽）、617—618頁。
⑥ 頼山陽：『日本政記』卷三、『日本思想大系』49（頼山陽）、480頁。
⑦ 他关于"礼文"在日本的起源、存在形态和意义的看法说明，其他认识也有着作为"儒者"的他自身无法克服的矛盾性。这或许是江户日本知识分子都无法避免的宿命。

其民,所以丰其食,其食丰,故兵强,以威制海外诸国,是王政所以兴隆,礼文所以备具也"①;日本物产丰富,"富庶过绝外国"②。显然,依据"天"的普遍性和"受知于天深"的特殊性,赖山阳构建了日本独特国体和文化的自足性与正当性,代表了一种基于"道义"的自我构建类型,而与江户其他学者基于神秘的"记纪神话"③的神道而构建自我的做法形成了鲜明的对比。因此,它不仅为"天皇万世一系的统治"及"天皇亲政"提供了貌似合理的解释,也为日本主体性乃至优越性构建提供了东亚知识范式下的合理性。这或许就是赖山阳的《日本外史》等著述受到其后日本人所追捧而产生巨大影响的原因。

综上可见,以古贺侗庵、佐藤一斋、赖山阳为代表的学问所二代儒者虽然仍是在儒教思维范式下建构其世界观和自他认识,却从不同角度推进了儒教和中国的对象化、相对化,甚至展开了对中国和中国文化的"有效性"批判。而且,他们都抛弃了夷夏之辨的观念,因而为摆脱这一思维对日本自主性的束缚奠定了基础,也为日本的"轻装近代化"创造了条件。在此基础上,他们构建了象征着主体性和同一性的以尊皇为核心的"日本价值"及其合法性。他们的思想因为其主流儒者或儒官的身份,又因为适应了幕末以"尊皇"为表现的政治集中的时代要求,而在幕末维新期产生了巨大的影响。即便如此,他们的思想也并不意味着从"中国相对化"到"中国批判和否定",再到"中国蔑视"的直线进程或方向,而是蕴藏了"亲近中国""否定中国"或"蔑视中国"等多种可能性。

二 华夷思想的"残辉"——"国体论者"眼中的"唐土"与"神州"

华夷思想与日本的"自民族中心主义"(self-orientated nationalism)的结合就是江户后期一度盛行并有很大影响的"国体民族主义"。这种思想实际上是华夷思想的"变形",或者说是增加了西洋这个他者而基于

---

① 赖山阳:『日本政记』卷十、『日本思想大系』49(赖山阳)、563页。
② 赖山阳:『日本政记』卷七、『日本思想大系』49(赖山阳)、521页。
③ 他虽然主张日本皇统万世一系,其理论基础却是我国古代儒教的"神道观"。他并不赞同当时国学者或神道学者所提倡的基于"记纪神话"的神道观,甚至认为神道与皇道是相冲突、相对立的存在。参见赖山阳『日本政记』卷一、『日本思想大系』49(赖山阳)、463页。

"天道观"的另一种"日本型华夷思想"。这种思维的核心是在儒教之上建立一个普遍的"(天)道"的概念，重构华夷之辨的判断标准。在这种思维结构下，日本被定义为世界的中心——"神州"，中国则被相对化和客体化为"唐土"或"汉土"，西洋则被定义为"夷狄"。

首先，因为日本是最受"天（道）"钟爱的国家，所以具有独特而优越的国体或风土，故日本是可被称为"神州"的世界上最优秀的国家，同时这点也是先验的、绝对的、不容置疑的"事实"。这一主张因为是基于普遍的天道观，所以与以往的"日本型华夷思想"相比，能够避免日本自称为"神州"或"神国"的狭隘性。

其次，这种思维造成儒教被定位为"天（道）"的下位概念，即它通过"仁义礼智信"与儒教价值体系的剥离而实际上剥夺了儒教的绝对普遍性和我国的"中华性"。这不仅为日本学者从形式上摆脱他们（例如前期水户学者）很早就意识到的不利于日本主体性和同一性构建的中国思维提供了可能，而使他们以"汉土""唐土"来称呼我国，还可以既借用"华夷思想"的逻辑却又以超越它的形式确立日本对中国的优势地位。它甚至还为一些学者（如吉田松阴）在东亚内部构建一种打破"华夷之辨"的思维提供了可能。不过，它与江户国学者不同的是他们仍有自身无法或不愿消除的慕华意识或中日一体意识，故仍可认为是在中国思维范式下重新定位日本与中国、日本与世界之关系的尝试。也正是因为这点，随着近代文明范式在日本的影响日益加深，这种思维范式因越发受到挤压而失去其"生存空间"，并由此结束其短暂的命运。从这种意义上说，这种思维又可称为是"华夷思想的残辉"。

最后，基于天道观，他们视西洋国家为"夷狄"，欲在"神州—夷狄"的图式下构建自我认识和西洋认识的正当性和合法性，并在幕末云谲波诡的国际形势下提倡"攘夷"，竭力维护日本的国体和民族的独立。

显然，"(天)道""国体""神州""唐土""夷狄"是理解这种华夷思想的关键词。它的主要提倡者是以会泽正志斋、藤田东湖为代表的后期水户学派和以吉田松阴为代表的佐藤一斋系儒者。

（一）后期水户学者的自他认识——"天道"与"汉土""神州"

后期水户学派是江户后期很有影响力的学者群体，尤其是对幕末尊攘运动产生了很大影响。这是因为即便其自他认识的哲学基础并不彻底且存在矛盾,也不是立足于一种"纯粹日本的"思维,却进一步推进了中国的相对化,也在尊皇和"夷狄化西洋"方面做到了极致。

"天地之道"即"(天)道"的自然性、绝对性和普遍性是后期水户学派构建自他认识的哲学基础。会泽正志斋(1782—1863)认为,道是"天之所建"的大道,即一种非人力所能左右、非人力所能制作的自然之道,也即"非一有所娇柔造设"的"至易至简,易知易从"之道。因为它是一种先验的、自然的、绝对的大道,故是人类必须遵守的普遍之道。"五品"或"五典"(即"天叙天秩")作为道的具体表现,同样拥有先验的、自然的、绝对的性格:"故天之所叙其品五,曰父子、君臣、夫妇、长幼、朋友,则必有亲、义、别、序、信五者而存焉。"[①] 他认为,日本最完美地体现了道。日本因为"在昔天祖垂统,天孙嗣位,授以三神器。誓曰,宝祚之隆当与天壤无穷而传之千万世"[②],所以自古就有大道,只是"大道行于不言,百姓日用而不知";同样,作为"道"之表现的"五品"也即儒教所说的"五伦",也只是"有实而无名"[③]。实际上,关于"日本原有之大道",他在此前的《迪彝篇》(1833)里已做了介绍:"所谓惟神,是指随神之道而亦自有神之道,乃云'随神而神道自行具备'之义也。故非以丝毫暧昧之臆度而使造化之道,故就事、就物,虽众人亦可得知之天然大道也。"[④] 这里,他虽然没有明确断言"大道"就是日本的神道,却有了这一层意思。这意味着不仅日本是胜于万国的"神州",而且这一属性也是先验的、绝对的。也正是因为这点,日本才要借用儒教"以修道":"后世渐文,则不可不设教以修道,乃取尧舜孔子所为教者,而用之于民。"[⑤] 显然,这种"天道观"确立了"神道"的绝对地位,又使儒教降到"大道之后",即"后世渐文"后才出现的教,

---

① 会泽正志斋:『下学迩言』、载『水户学集成』2(水户学精髓)、国书刊行会、1941年、566页。

② 会泽正志斋:『下学迩言』、载『水户学集成』2(水户学精髓)、569页。

③ 他曾说:"如前所云,神州虽有五伦之实,然无其名。无名之弊,致使人或失其实。故依尧舜所立之名,而得知神州原本所有之自然之实,即'辅赞皇猷'也。"参见会泽正志斋『退食间话』、『日本思想大系』53(水户学)、242页。

④ 会泽正志斋:『迪彝篇』、载『水户学集成』2(水户学精髓)、523页。

⑤ 会泽正志斋:『下学迩言』、载『水户学集成』2(水户学精髓)、569页。

而且它也是因为符合"大道"的要求才具有普遍的价值和意义:"尧舜之道在于征五典,而祖述之,亦唯惇天所叙者而已。"① 这样,他就从原理上建立了"神道"相对于儒教的绝对优位:神道才具有绝对的、始源的价值,而儒教只有相对的、后发的价值。

基于这种世界观,他认为,日本在道、国体、地理等方面具有相对于世界万国的绝对优越性,是不折不扣的"大地之元首"——"神州"。"神州者太阳之所出,元气之所始,天日之嗣,世御宸极,终古不易。固大地之元首,而万国之纲纪也。诚宜照临宇内,皇化所暨,无有远迩矣。"②

> 一君二民者,天地之道也。四海之大,万国之多,而其至尊者,不宜有二焉。东方神明之舍,太阳之所生,元气之所发,于时为春万物之所始也。而神州居大地之首,宜其首出万国而君临四方也,故皇统绵绵,而君臣之分一定而不变,自太初以至今日,天位之尊自若也,此万国所未尝有。……余谓神州万国之元首。……苟知一君二民之义,则知万国之元首不宜有二,而万民奉一君之邦,不得有二,亦知天胤之必不可移,而万国之不能无易姓,即是天地之道,而势之所不得不然也。③

按照这一逻辑,因为日本是先验的"万国唯一之元首",所以不仅具有相对于世界各国的"不证自明的"绝对优越性,还应该统治整个世界。可以说,这种自我崇高化和神圣化的思维与作业不仅建立了日本历史和文化的合法性,也为天皇的复活提供了理论依据,还为对中国和中国文化的相对化作业提供了理据。

基于独特的"天道观"和国体论,会泽正志斋一方面承认中日两国在价值观念上的共性,另一方面也对儒教和中国采取了相对化和客体化的处置。在他看来,中国和日本在文化和地理上相似、相通、相近。儒

---

① 会沢正志斎:『下學邇言』、載『水戸学集成』2(水戸学精髓)、569頁。
② 会沢正志斎:『新論』、『日本思想大系』53(水戸学)、381頁。
③ 会沢正志斎:『下學邇言』、載『水戸学集成』2(水戸学精髓)、572—574頁。

教所讲的"五伦"因为符合大道的要求，所以不仅是一种普遍的价值，还是一种与日本相通的价值。因此，他对竭力诋毁中国思想的本居宣长等国学者做了批评：

> 《直毗灵》所论，说皇统之正胜于万国，虽至为卓见、正论，然诽谤圣人之道，另以私见而创立一个道，实惋惜也！人伦之道乃天地自然，为人者一日不可离者大道也，故尧舜以来，圣人立五典、五教之名而为教。于天道人情无丝毫之过差，为人人所践行，与天朝自上古以来之道暗合。①

而且，他也认为，"神州与汉土，均乃朝东之地势，故受朝阳之正气，风土宜且人心正，故其五典之教亦自然适合人情，又符合天祖忠孝之教"②，故主张"神州与汉土风气相同，而其事暗合"③。因为中日两国在文化和地理上的相通性，所以他主张两国结盟而共同面对西夷的冲击："若夫未尝沾染于回回（指伊斯兰教）、逻马（指基督教）之法者，则神州之外，独有清朝。是以与神州相为唇齿者，清也。"④ 与此相对，这种有条件或儒教得到有限承认（儒教符合大道）的"两国文化相通论"也包含了从历史主义和相对主义的角度看待和认识儒教及中国的思维。对会泽正志斋来说，作为"神州"的日本及其国体是绝对的，而中国及儒教则是相对的；两国联盟共同抵御西方，也必须以日本为中心或盟主，这也是日本作为"大地之元首"的先验优越性所决定的。因此，他不仅坚持认为"西夷"会危及日本"国体"的神圣与"纯洁"，而且严厉批评"近世陋儒俗学……昧于名义，称明清为华夏中国，以污辱国体"⑤ 的"任意谈说"，因而采用"汉土"等中立名称来称呼我国。他同时也认为，日本天皇"万世一系"，皇统延绵，因而这种国体不仅远远胜过"放伐"

---

① 会沢正志斎：『読直毘霊』、载『日本思想闘諍史料』第七卷、名著刊行会、1969 年、155 頁。
② 会沢正志斎：『迪彝篇』、载『水戸学集成』2（水戸学精髄）、539 頁。
③ 会沢正志斎：『新論』、『日本思想大系』53（水戸学）、418 頁。
④ 会沢正志斎：『新論』、『日本思想大系』53（水戸学）、398 頁。
⑤ 会沢正志斎：『新論』、『日本思想大系』53（水戸学）、388 頁。

不断的中国，也是万国最优。

由上可见，会泽正志斋的自他认识是一种基于绝对日本中心主义的自他定义。它既含有"东方"对"西方"的思维，又含有"神州（日本）"对"非神州"的思维，从而构建了日本及其国体的绝对优越地位、中国的相对地位和西方国家的"夷狄"地位；它虽然借用了华夷之辨的思维，却通过"天道""神道""神州"等概念重构了华夷之辨的判断标准，因而可以说是"华夷思想的变形"，也可以说是一种超越了华夷之辨的日本中心主义思想或被解释为与华夷之辨无关的日本主义思想，如在幕末具有巨大影响力的"尊皇攘夷"及作为它在近代之变形的"忠君爱国"。

作为水户学的最后一个代表人物，藤田东湖（1806—1855）构建自他认识的原理和思维与会泽正志斋并无显著的差别，只是在"道"与"神道"之关系的判定上前者比后者更为明确。首先，藤田东湖同样认为，道是绝对的、先验的、普遍的道："道者何？天地之大经，而生民不可须臾离者也。"[①] 其次，他认为，道原本是无名的"纯一"之道。一方面，道因为"纯一"所以"无名"，后来为了与"异国之教"相区分才"不得不设名以分于彼"，才被称为"神道""古道""上古圣王之迹"等；另一方面，道是纯洁的道，"绝无异端邪说间之"。最后，道是本原的道，远比"教"高级。以儒教来说，它因为尤其重视"我（指日本）所固有"的"亲义别序信"五典，所以才有相对的价值和意义即"特资彼文物以推弘之"。显然，与会泽正志斋相比，藤田东湖建立了"道即日本神道"的明确概念，不仅使神道成为"无可争议的"绝对的、始源的道，也使尊皇的日本国体和"亲义别序信"所象征的日本文化成为一种"不容置疑的"绝对的"冠绝万国的"存在。因此，他得出结论说："绝海远洋之外，蛮夷戎狄之乡，亦将无不慕我德辉，仰我余光者，岂不盛哉！"[②] 同时，他也明确地构建了"神道"相对于儒教、佛法、基督教等"异国之教"的绝对优越地位、日本相对于包含中国在内的世界万国的绝对优越地位。基于这种认识，他同样从称谓和历史的角度对中国和中国

---

① 藤田東湖：『弘道館記述義』、『日本思想大系』53（水戶学）、422頁。
② 藤田東湖：『弘道館記述義』、『日本思想大系』53（水戶学）、424頁。

文化采取了相对化和他者化的处置，不仅称呼中国为"汉土"，也只承认儒教作为"神道之资助"的相对价值。

总的来说，后期水户学派的自他认识对江户日本的身份建构具有重要的象征意义和转折意义。第一，他们所构建的"天道"价值体系不仅可以使包括"神道"在内的日本文化获得正当性和合法性。即是说，它可以使山崎暗斋、吉川惟足、中村中倧等所鼓吹的日本优越性主张——"赫赫大八洲，基于磤驭卢岛。磤驭卢之岛，实成于天琼矛，国威之所由来远矣。嘉谷丰饶，于是有千五百秋瑞穗之称。武备充足，于是有细戈千足之名。至若曰浦安国，曰玉垣内国，曰矶轮上秀真国，未始不由土壤灵秀、风气淳美之故也。……夫日出之乡，阳气所发，地杰人灵，食饶兵足，上之人以好生爱民为德，下之人以一意奉上为心。至于其勇武则皆根诸天性，此国体之所以尊严也……非海外异邦所企及"①——之类的特殊价值获得普遍性和合法性，还可以最大限度地囊括日本优越性的各种主张。第二，后期水户学派借用了华夷之辨的思维，虽然意味着他们并不否定华夷思想，却自行准备了超越华夷之辨的原理和路径。一方面它可以因为是"东方的"思维而避免自我中心主义的狭隘性，另一方面又可以被解释为超越华夷之辨的思维，从而为日本摆脱中国文化的束缚而构建主体性和同一性提供理论依据。第三，后期水户学派承认儒教的相对价值，更符合日本历史和文化受到中国文化影响的事实，因而与竭力诋毁中国思想的国学家相比不仅增强了其学说的合理性，也更容易受到日本学者的认可。因为这些原因，后期水户学派被认为既有助于日本"排除"被认为妨碍其主体性和同一性建构的外来文化因素，又有助于日本主体性和同一性的确立，所以在幕末其思想不仅受到了武士和知识分子的追捧，其诸多内容也为近代日本所继承，尤其是其国体观念更是成为明治天皇制国家的思想支柱和日本优越论的重要渊源。

（二）吉田松阴的自他认识——"道"与儒教、神道

对"道"的不同看法，是体现江户日本学者所构建的自他认识的内容和方式的根本指标。在江户前中期，日本主流知识界基本上是以"道即圣人之道"之"圣人之道"为标准来建立自己的自他认识，从而形成

---

① 藤田東湖：『弘道館記述義』、『日本思想大系』53（水戶学）、425—426頁。

了"中国型华夷思想""日本型华夷思想"（中国已为"夷狄"，而唯独日本继承了"圣人之道"）等不同类型。至江户后期，学者们关于"道"的看法出现明显的分歧，而这影响了他们构建自我的内容和方式。一是后期水户学派、赖山阳等从"道即神道"的普遍性角度构建神道相对于儒教、日本相对于中国的绝对优越性的观点，再就是佐藤一斋、吉田松阴等以"天（道）"的普遍性解构儒教及华夷之辨，从而以"国体"的特殊性来构建自我的观点。

吉田松阴（1830—1859）既是江户后期系统阐述日本的独特国体因而对幕末维新产生最大影响，又有着政治家、教育家、改革家和志士等多重身份的思想家。自幼学习儒学和兵学的吉田松阴是一位"儒教的"思想家，基于儒教思维的"道"及其普遍性是其世界观和自他认识的基础。他认为，"道"是"天下公共之道"，故是"最高的、普遍的，因而也是唯一的、绝对的道"①，而国体作为"一国之道"在该国也是普遍的、具有规范意义的道：

> 道者，天下公共之道，所谓同也。国体者，一国之体，所谓独也。君臣父子夫妇长幼朋友，五者天下同也。如皇朝，君臣之义卓越于万国者，一国之独也。……然，道者总名也，故大小精粗皆云是道。然国体亦道也。……然如一老先生（按：山县太华）之说云，道者天地之间一理也，其大原出自天，无我与人之差，无我国与他国之别。皇国之君臣与汉土之君臣论为同一，余所万万不服也。……大抵五大洲有公共之道，各一洲有公共之道，皇国、汉土、诸属国有公共之道，六十六国（按：日本诸藩国）有公共之道，皆所谓同也。至其独，则一家之道异于邻家也，一村一郡之道异于邻村邻郡也，一国之道有异于邻国者。故于一家则守庭训，于一村一郡则存村郡之古风，于一国则奉国法。居皇国则仰皇国之体，然后可学汉土圣人之道，可问天竺释氏之教，皇国之事自勿论也。②

---

① 唐利国：《日本武士道论视野中的中国儒学》，《世界历史》2014年第1期。
② 吉田松陰：『講孟餘話』、『吉田松陰全集』第2卷、岩波書店、1934年、480頁。

显然，这种关于"道"的论述是既承认共性（普遍性）又承认差异性（独特性），既承认普世价值又承认相对价值的思维。在这种思维下，"君臣父子夫妇长幼朋友"并不独属于儒教，而是作为"道"具有绝对的价值；日本独特的国体（皇国之体）则只属于日本，虽然它只有相对的价值，然对日本来说又有"绝对的"价值；儒教因为属于中国，虽然也只有相对的价值，然对中国来说又有"绝对的"价值。可见，与水户学派竭力证明"神道"或"日本国体"的绝对性和普遍性的思维不同，吉田松阴以牺牲日本国体的普适性为代价，反而以更符合历史和逻辑的方式构建了它作为"一国之道"的绝对性、正当性和合理性。这种相对主义的思维虽然使神道、儒教都降为特殊性的价值，但对日本的主体性和同一性建构来说却具有十分重要的意义。因为它从根本上打击或瓦解了儒教（圣人之道）的普遍适用性，从而为日本摆脱华夷之辨的束缚和中国文化的影响，进而自由地进行民族同一性的建构奠定了逻辑基础。

按照这种"道"的"同独关系论"，每个国家都有自己独特的国体，而日本必然有日本独特的国体，它在日本就是一种"绝对的"价值。这就如同孟子"羊枣和脍炙、姓和名，一同，一独也。食同而不食独，讳独而不讳同"所言，任何事物都有普遍性和特殊性的侧面，国家亦是如此。如此，立足于"天下公共之道"，吉田松阴更合理地重构了日本"皇国之体"的正当性和合法性。按照"身生皇国，而不知皇国之为皇国，何以立于天地？故先读《日本书纪》三十卷，继之以《续日本纪》四十卷。其间有古昔慑服四夷之术，可法于后世者，必抄出录之，名为皇国雄略"① 的解释，这种国体实际上就是根据"记纪神话"所构建的以天皇神话为核心的"皇道"或"神州之道"："皇统绵绵，传于千万世而不变易，绝非偶然，即皇道之基本亦在于此也。盖天照大神传神器于天孙琼琼杵尊焉，有'宝祚之隆，与天壤无穷'之誓。吾虽不知汉土、天竺之臣道，然在皇国，宝祚素无穷，故臣道亦无穷也。"②"谨按，我大八州者，皇祖所肇，而传万世子孙，与天壤无穷者，非他人可觊觎焉。其为一人之天下亦明矣。……虽然普天率土之民，皆以天下为己任，尽死以

---

① 吉田松阴：『睡余事録』、『吉田松陰全集』第 7 卷、岩波書店、1935 年、283 頁。
② 吉田松阴：『坐獄日録』、『吉田松陰全集』第 4 卷、岩波書店、1934 年、459 頁。

事天子，不以贵贱尊卑为之隔限，是则神州之道也。"① 这些论述表明，日本的国体不仅是一种"纯洁的"日本之道，还是一种"优于世界万国"的神州之道。

按照吉田松阴的"道"论，"仁义礼智信"等都是超越儒教的普遍价值，并不是独属于儒教和中国的价值。相比而言，中国和儒教都只有相对的价值。因此，在他看来，中国没有道理被日本人称为"中国""中华"，也不应该是日本必须崇敬的对象；儒教也只是适合于中国的道，也不应该是日本必须遵奉的道，同样夷夏之辨也不应该成为约束日本的国际关系准则。按照这一逻辑，他不再用"中华""中国"等名称，而初始用传统的"汉土"这一称呼，后来又用"支那"这种稍带蔑视的名称来称呼中国。同时，这种超越华夷之辨的思维也为他自由地展开关于中国或中日两国的叙事提供了可能。比如，他可以不受拘束地承认中日两国"风气相近，道亦大同"②，也可以自由地批判甚至贬低中国：

> 支那人常自尊为中华，贱外国为犬羊，而一变为蒙古，再变为满洲，所谓中华之人，盖不能平矣。然其俗以统一为大，丕炎（按：曹丕和司马炎）以下，大义所不容，明教所不恕者，至于其统一寰区，则举以为天子不疑，况乃疑于蒙古与满洲乎？……忠孝之训，虽载诸空言，不能施于实事。③

由上可见，吉田松阴关于"道"的论述既为日本及其价值体系摆脱儒教和佛教的束缚提供了可能，也提供了一种从东亚内部突破"华夷之辨"观念的路径和原理，并埋下了承认西洋价值的种子。在某种意义上这也意味着华夷观念在日本的解体。这或许是基于这一原理的吉田松阴的"皇国史观"被幕末知识分子和志士们"前赴后继"地继承、消费、实践、传播，又在近代成为天皇制绝对主义意识形态精神支柱的重要原因之一。

---

① 吉田松陰：『丙辰幽室文稿』、『吉田松陰全集』第 3 巻、岩波書店、1935 年、31 頁。
② 吉田松陰：『講孟餘話』、『吉田松陰全集』第 2 巻、480 頁。
③ 吉田松陰：『野山獄文稿』、『吉田松陰全集』第 2 巻、10 頁。

三 华夷秩序观向强权政治观的转化——"开国论者"眼中的东洋与西洋

江户后期主流学者的"（天）道"论从哲理上构成了对"华夷之辨"及作为其支撑体系的儒教思维之合法性的严重打击，甚至在东亚内部形成了摆脱华夷之辨的思维（如吉田松阴）。他们虽然"暂时"借用华夷之辨的思维和形式构建了"神州"对"汉土""西洋"的自他认识图式，然而，随着鸦片战争后中国屡败于西方列强、日本的对外危机日益加深，一些学者开始转向承认西洋在政治、道德等方面的"先进性"，甚至产生了向其学习、模仿的思想动向。他们在接受西方价值观的同时，也逐渐接受了当时西方处理国际关系的准则——强权政治观。这不仅说明了"华夷观念"在日本的解体，也说明日本从这种价值观向强权政治观的转变。

这种价值观转变的根底是江户日本自他认识的转变，尤其是中国认识和西洋认识的转变。实际上最早产生这种认识转变的是18世纪末期的兰学者。随着西学的传播，兰学者逐步接受了"地圆说"等西方天文地理学知识，不仅承认西方在技术、艺术乃至道德上的"先进性"，也对传统的华夷观和日本学者的慕华意识做了批判。例如，杉田玄白（1734—1817）指出，"地者，一大球也，万国分布，所属皆中，任何一国皆可为中土，支那亦东海一隅之小国也"，批评了中国自称为"中土"的狭隘性；渡边华山（1793—1841）认为，西洋各国"艺术之精博，教政之羽翼鼓舞，似为唐山（指中国）所不及"，强调必须改变人们对于西洋的认识，"定唐土一国为中华，置眼于国之古代记述，乃邹衍驾迁之说，山海妄诞之论也，诚如春柯一梦也。依之，若不能平心待之，去偏见，一洗旧习，则无益处矣！"[①] 大槻玄泽（1757—1827）则从文化上批判华夷观念，"（腐儒庸医）不知天地世界之大，妄自眩惑支那诸说，谬称'中国'或'中国之道'。……支那之处，皆目之蛮夷而不论及，其学问何其粗浅狭隘哉！"等等。虽然他们的中国认识和西洋认识对传统的华夷观造成了很大的冲击，然却不能断言它就是幕末日本价值观发生转变的根由。

---

① 渡边崋山：『再稿西洋事情書』、『日本思想大系』55、岩波書店、1971年、45頁。

因为从完成这种转换的主要代表——佐久间象山和横井小楠的思想历程看,可以认为,促使他们实现从华夷观向强权政治观转变的主要原因应是作为"强国"的西洋对中日两国所造成的"现实威胁"。之所以这样说,是因为他们在早期都曾是儒学的信奉者和"攘夷论"的提倡者,只是在意识到了危机和西洋的强盛后才转向了承认西洋价值观的"开国论者"。这种转变的象征便是1862年底佐久间象山要求明确取消对西洋的"夷狄"之称呼。

佐久间象山(1811—1864)曾是诚笃的朱子学者,对后期水户学也十分景仰,早期亦是基于"东方的思维"来看待西洋。不过,因为目睹清朝于鸦片战争的失败、日本被迫开国等国内外形势,他开始承认西方国家在艺术、技术、文物等方面的优越性。在他看来,清朝衰败的主要原因在于墨守华夷观念和技术上的落后,"唯知本国之善,视外国为贱物,侮为夷狄蛮貊,而不知彼之熟练于实事,兴国利,盛兵力,妙火技,巧航海,遥出己国之上"[1],而这足以成为日本的龟鉴。他由此得出结论说,"方今之世,仅以和汉之学识,远为不足,非有总括五大洲之大经纶不可",遂提出"东洋道德,西洋艺术"的主张,即"不遗精粗"地吸收西方物质层面的先进技术,以补东洋道德之不足。这里所说的"道德",并非仅指伦理道德,也指政治和制度。稍后,1857年,桥本左内也提出"取彼之器械艺术,存我之仁义忠孝"的主张。总的来说,他们吸取西洋技术仍是为了攘夷,即"以夷之术防夷",进而维护"东洋道德"的纯洁性和主体性,照桥本的说法就是"补助我义理纯明之学"[2];他们对西洋的承认也只是一种"有限的承认",并不认为西方国家的道德和政治具有日本必须采纳的普遍意义。不过,这也显示了他们虽然受限于华夷观念,却欲摆脱这一观念之束缚的价值取向。

因此,在目睹了清朝第二次鸦片战争的失败后,他对华夷观的合理性等根本问题做了进一步的反省。他认为,中国传统的华夷观"斥东西

---

[1] 佐久間象山:『ハルマ出版に関する藩主宛上書』(1849年2月)、『日本思想大系』55、284頁。

[2] 山口宗之:『橋本左内』、吉川弘文館、1974年、75頁。

洋之大国而贱其为夷狄",只是"此国的无礼之举"①,因而上书幕府建议取消对外国的"戎狄、夷狄"之称,而改称为"蕃"或"外蕃":

> 凡戎狄、夷狄之称,都是汉土中国指称四边外邦之辞,就如本邦,历代之历史皆收于东夷传。……然本邦又仿效汉人的错误,只管贬外邦他国,亦称学问和品行、技巧、制度、文物比本邦完备的有力之大国为戎狄、夷狄,甚无理矣。……于本邦可称"夷"者,除"虾夷"外无他,其他皆被称为"蕃"矣。②

显然,佐久间象山抛弃了日本仿效中国的华夷观并基于此视西洋为夷狄的传统外交观,而使"国力之强弱"成为判断国家优劣的标准。作为这种西洋认识的表现,就是他此前提出的"东洋道德,西洋艺术"的东西洋折中、互补调和的主张。这也就是其"幕府上书"所说的"道德、仁义、孝悌、忠信等道德之教,尽从汉土圣人之教,天文、地理、航海、测量、万物穷理、炮兵之术、商法、医术、器械、工作等皆以西洋为主,集五世界之所长而成皇国之大学问"。不难看出,这虽然是一种保守主义的思想,却体现了积极进取的态度③;它虽然还有"华夷秩序观"的影子,却显示了强烈的强权崇拜的倾向。这一立场和观点后来受到其门人胜海州、坂本龙马、桥本左内、西村茂盛等幕末风云人物的继承,对幕末维新期的日本确立强权政治观产生了很大影响。

与此相比,与佐久间象山齐名的横井小楠(1809—1869)的自他认识则显得更为"矛盾",即一方面更加保守和亲近古代中国,另一方面又更加开放。说他更保守,是因为其价值观和西洋认识的标准乃是"唐虞三代之治"。直到晚年,他还坚持这一看待西洋的标准:"若让尧舜生于当世,西洋之炮舰与器械、百工之精、技术之功,则疾尽其功用,经纶

---

① 佐久間象山:『時政に関する幕府宛上書稿』(1862年9月)、『日本思想大系』55、315頁。
② 佐久間象山:『時政に関する幕府宛上書稿』(1862年9月)、『日本思想大系』55、314頁。
③ 王屏:《近代日本的亚细亚主义》,商务印书馆2004年版,第5页。

当世而广布天工者，非西洋所可及。"① 在他看来，"三代之治道"是"大道"，也即人类社会理想的政教形态，然因为受到宋儒"专在性之上、命之上、道理之上讲天人关系"而"误会了大道之本意，唯以读书、作诗文为学问"②之影响的缘故，它在中国和日本都没有得到很好的传承。这说明他虽然恪守"三代之治道"的东方主义立场，却也隐含了对中日两国未能实行"三代治道"之现状的担忧和对西方技术的赞美。事实上，早在1855年他读了魏源的《海国图志》后，就表示出对欧美各国政治制度的赞赏："美利坚华盛顿以来，立三大规模……曰全国大总统之权柄，让贤不传子，废君臣之义，专以公共和平为务""于英吉利也，政体一秉民情，官无论大小，必尽依民议，随其所便而不强其所恶"③。同年，他费力研究欧美各国的情况后，也极度赞赏西洋的宗教："西洋有正教（洋人自称正教），其教以上帝为本。以戒律导人，劝善惩恶，上下信奉之。因教而立法制，治教不分，以此激励诸人。"④ 可见，他对西洋的赞美是一种横跨技术、政治、宗教等层面的全方位赞美，而且这种赞美也是因为它们"符合三代之治教"。例如，他自述说，西洋人对中国古代经典的研究都证明"三代之教"与天主教"完全若合符节"：

  此度专门研究"圣经（按：圣人所著经书，即四书五经）"，翻译《书经》、《诗经》、《论语》之三部为其国文字。其带回国都，交于其大学研究、推敲，深为其规模之广大、经纶之明齐、修己治人而政教一致所惊骇。于三千年之古，成如此之明道——尧舜之圣德，诚为奇异之思，故论定它与其所奉之天主教完全若合符节。⑤

综上可见，横井小楠的自他认识虽然坚持东方标准，却提示了东西方文化史上的一个重大问题，即东西方在政治、宗教等方面具有统一和普遍的标准。这种从特殊出发的普遍主义立场不仅为他对"三代之后"

---

① 横井小楠：『沼山闲话』（1865年）、『日本思想大系』55、513頁。
② 横井小楠：『村田氏寿宛』（1856年12月）、『日本思想大系』55、481頁。
③ ［日］横井小楠：《国是三论》（1860年），中国物资出版社2000年版，第42页。
④ 山崎正董编：『沼山闲居雑詩十首』、『横井小楠遺稿』、日新書院、1942年、881頁。
⑤ 横井小楠：『村田氏寿宛』（1856年12月）、『日本思想大系』55、480—481頁。

的中国和日本批判提供了合理性——"（三代之）道乃天地之道也，非独云我国与外国。虽为外夷，因其乃道之所在，中华也。如为无道，虽我国、中国，亦夷也。非自始即称中华、称夷也。国学者流之见解甚谬。中国与我国已成愚昧之国，远劣于西洋"①，还为他全面接受包含强权政治观在内的一切西洋事物扫除了逻辑障碍和心理障碍。可以说，这种自他认识在幕末维新期的日本具有象征的意义。因为它不仅从原理上对传统的华夷观念进行了彻底否定，还为日本接受西方价值观乃至强权政治观彻底扫除了障碍。

可以说，佐久间象山和横井小楠从不同方面展开的对华夷思想的批判或否定，促使基于这种观念的日本对外观（如"尊皇攘夷"）迅速解体。19 世纪 60 年代左右，"彼有大舰，我亦造之；彼有巨炮，我亦造之"② 这种"尚力"的思想显示了知识阶层向强权政治观的普遍转变。大桥讷庵呼吁："今日之西洋，吞噬蚕食诸邦，与豺狼同性，久蓄觊觎邪念之贼也。怀觊觎邪念之贼，即国家之大敌也。""若要防止西洋之贼，只管模仿它便可。为人者，欲与狗斗，我亦非学狗咬不可也！"③ 这番话明确预示了华夷观的归结和权力政治观的形成。同时，这种转变还以中国于鸦片战争的惨败为重要契机，促使日本学术界形成对中国的嘲讽乃至蔑视。横井小楠说：

> 宜鉴支那。彼为亚西亚之大邦，往古大圣相继勃兴，文物先于万国开放……（今之清朝）……海外诸国往往穷理开智，施仁崇义，国富兵强，不知诸夏之落伍，仍待之以昔日夷狄，蔑视等于禽兽，终于道光年间，因鸦片之乱而为英国所挫，不得已而立和亲条约。然朝野之习气，骄傲侮慢，守约不坚，条约数变。

不难看出，这番论述不仅体现了对华夷观念的清算，而且奠定了幕

---

① 山崎正董编：『横井小楠伝』上卷、日新書院、1942 年、290 頁。
② 佐久间象山：『小寺常之助宛書簡』、『日本思想大系』55、347 頁。
③ 大橋訥菴：『闢邪小言』、載『明治文化全集・』第 15 卷（思想篇）、日本評論社、1929 年、73 頁。

末乃至明治日本"中国蔑视观"的基调;为了避免重蹈清朝"覆辙",不少日本人开始以西方列强为学习的榜样,并认识到国际关系就是凭力量说话的"弱肉强食"。

与此同时,早先的尊攘论者也相继完成了向权力政治观的转变,确立了其扩张主义的价值取向。五代友厚(1836—1885)鉴于萨英战争的教训认识到,"五洲乱如麻,和则缔盟约,通贸易,不和则相互交兵,攻伐侵吞"是"地球上一般之风俗""天然之理"。1866年,中冈慎太郎写出《秘示知己论》和《愚论秘示知己之人》,要求日本效仿"英法等国方兴未盛之时",高举"攘夷"之旗帜,"上下一致,励学术,养兵力,早立攘夷之大法,一新诸港之条约,甚而征服远海之各国"①。上述主张体现了知识阶层对外观的普遍转变,即由华夷秩序观转向强权政治的国际观。

1862年出访欧洲的使节,根据实地考察,也形成了对西欧国家秩序下强权政治的认识,并在回国后向幕府提出五项国策,其中两项是:"第二,希望不仅同欧洲,而且同宇内一切独立国家缔结友好条约,以为必要之时伐谋伐交之方略;第三,海陆两军之方法自不待言,即使治国经济之道,亦宜取西洋之所长,故应派遣留学生前往学习……"这种"伐谋伐交之方略"不仅宣告了幕府向强权政治观的转变,也奠定了明治政府自我身份建构和对外政策的基础。

在幕末维新期的日本,国家平等的观念并非没有,而是昙花一现,或者说根本不占主流。"在近代日本,国家平等的观念并没有牢固扎下根来,而是弱肉强食或权力政治的国际观根深蒂固地存在着",于是,作为对"华夷"观念的否定而产生的权力政治观,"不仅妨碍了对华夷思想的完全克服,也使对外膨胀的态度变得异常肥大化"②。可以说,这种认识转变不仅为日本提供了"西洋化"的身份建构的新路径,也为随后对中国文化的"清算"提供了所谓的合理性和合法性。

---

① 转引自[日]信夫清三郎《日本政治史》第二卷,周启乾译,上海译文出版社1982年版,第103页。
② 植手通有:『対外観の転回』、載『近代日本思想史大系』3(近代日本政治思想史1)、有斐閣、1971年、34頁。

四　中国蔑视观的起点——从"想象"到"经验"

江户时代是日本学者崇华意识和贬华意识并存的时代。这一命题包含了两个层面的意思。第一，崇华一直是日本学术界和日本社会的主流。在江户前期，绝大多数学者对中国充满了憧憬和崇敬；在江户中期，除了本居宣长等国学者开展了对儒教和中国的非理性贬斥外，主流学术界仍维持着对中国的崇敬；在江户后期，随着洋学在日本的受容及发酵，日本人自我认识的深入，西洋作为"现实威胁"介入东方世界等国内外形势的变化，日本知识界虽然保持了"崇华"的一贯态势，然他们的中国认识也开始出现较大的分化，一些知识分子开始构建日本对中国的优越性，甚至少数人还形成了"贬华"乃至"蔑华"的思维倾向。第二，"贬华"是江户日本为了摆脱作为"巨大的他者"的中国及其价值体系之束缚的自我特征化作业的产物，实际上是日本人民族自卑意识的重要表现。或者说，虽然可以认为它是对崇华意识的逆反，在一定程度上也可以说是"崇华意识"的另一种表达形式。同时，江户日本的"崇华"和"贬华"大体都是一种"观念的"纸上作业，并不是一种"实际的"处置。在江户后期，以鸦片战争为界，即便日本人的"贬华意识"体现了从"想象"到"经验"的转变，仍然还没有达到"实际如此处置"的程度。

在江户后期，为了推进日本主体性和同一性的建设，更多的学者加入了构建日本对中国优越性的行列。他们或基于本国的历史传统、风土，或基于洋学思维展开了对儒教和中国的批判。这一谱系的中国认识又经历了"神国优越观"和鸦片战争后逐渐形成的"中国形象崩溃论"两个阶段。当然，这种区分不是绝对的，因为直到甲午战争前，日本还存在较强烈的崇华意识。在前阶段，中国之于日本，更多的是日本实现文化同一性的"他者"。即是说，一些被称为"早期民族主义者"的文人重构绝对主义的国体、大和魂等日本优越性，主要仍是为了在文化或道德上与中国对抗，因而是对"中国型华夷秩序"的逆反。他们以神国的独特性和大和魂的纯洁性主张日本对中国的优越性，或构建以日本为盟主的中日同盟，或以中国为需要防备或可以占领的"假想敌"，由此最终克服日本人长期以来的"崇华"意识。他们提出了"宇内混同论""皇化万国论""海外雄飞论"等向中国乃至世界扩张的主张,并形成了极少数对中国的否定性或蔑视性论述。当然,这些论述不仅是日本人自卑意识的一种表现,也完全是一种不切实际的"天下帝国"的臆想。在后阶段,随着鸦片战争后清朝对外交往的失败,不少日本学者"听闻"或"目睹"了中国的"衰败"和"落后",由此认为日本在"道德""制度""技术"各个方面都要优于中国,从而形成了一种"蔑视中国"的思维和认识。这种认识也以被体验的"中国的落后"为依据,象征着前一阶段的"贬华"思维从"想象"向"经验"的转变,同时为它提供了某种程度的客观性和可信性。

在神国优越观的阶段,日本早期民族主义者如本多利明、会泽正志斋等在构建日本国体优越性的同时,也提出了向中国乃至世界扩张的问题。不过,此时期的国体论和扩张论是基于皇国中心主义的"天下帝国"的构想,基本上止步于"观念"的层次。与这一主张相伴的是极少数学者产生了"蔑视中国"的思维,其中的代表是佐藤信渊。

师从平田笃胤而活跃于19世纪的佐藤信渊(1769—1850)是继丰臣秀吉后对日本皇国扩张战略思想的继承和发展有过重要影响的代表人物。其"宇内混同"论的理论依据是"皇国乃大地最初生成之国,乃世界万国之根本"的神国优越意识。他认为,"安抚世界万国之苍生"乃是皇国之主要使命,故使"世界悉为皇国之郡县,万国之君皆为皇国之臣仆"就是日本"当仁不让"的神圣使命。其扩张策略是先夺取中国满洲,再分别夺取北京、南京,徐图东南亚和南亚各国。对于首选中国的原因,他从地理、国民性等角度做了解释。他认为,"当今,世界万国之中,皇国易为攻取之地,莫如支那国满洲",因为不仅"满洲人急躁乏谋,支那人胆小怕事"[①],日本也占据了易攻易守的地理优位。不难看出,这种皇国中心论和扩张论体现了对中国的"蔑视",是对中国古代文明国家形象的严重冲击;同时"满洲人急躁乏谋,支那人胆小怕事"这种对中国人国民性的嘲讽也代表了其后日本人"蔑视中国"的一个方向。

在鸦片战争以前,佐藤信渊的"中国蔑视论"虽然不是孤立的存在,却绝不是当时知识界的主流;这种中国认识也完全只是一种观念性的存

---

① 佐藤信渊:『混同秘策』(1823年)、『日本思想大系』45、岩波書店、1977年、431頁。

在，并不具有任何"现实的"意义。然而，中国于鸦片战争的惨败，就成为日本学者看待中国和中国文化的重要转折点。本来，因为国学者、后期水户学派等从内部对华夷观念的解构以及兰学者从外部对华夷观念的批判，中国的"天朝"形象已大不如往昔。鸦片战争的失败更使中国的先生形象和"文化古国""天朝上邦"的形象趋于崩溃。同时，一种认为中国在道德、制度等各个层面都落后于日本的"中国蔑视观"迅速形成，并通过国家舆论机器、知识分子著述等多种途径，逐渐实现了向下层民众的渗透，最终在近代成为一种主流意识形态。

以鸦片战争为重要契机，不少日本人也逐渐由原先对中国的批判立场，自觉或不自觉地转变成了嘲讽、蔑视的态度。杉田成卿认为，清朝失败的主要原因是夜郎自大、闭塞无知："近岁，清朝视英吉利为夷，而不察其技巧之所有，率然结兵，屡取败衄，非鉴戒乎？"[①] 斋藤竹堂也批判道："支那人动辄以'中华'自高，矜夸太遇，视诸蕃如禽兽，殊不知天地之气运愈久愈开……支那人眼孔如豆。"盐谷宕阴则揭露了清朝统治者对于外国情况的无知：只知"夷狄禽兽，心在贪货"，不知"禽兽有知其深情不可测也"；只知夷狄长于火攻，"中国有仁义节制之师"，不知"其仁义节制与昔异也"；只知"西洋去中国六七万里，不必来寇也"，不知"其床波涛，与属洲在比邻也"[②]。显然，中国在日本人眼中的地位已陡转直下，且就"支那人眼孔如豆"的说法来看，日本人已产生了明显的蔑华意识。这可以说是幕末"中国蔑视观"形成的第一步。

随着西洋认识的加深和主体意识的增强，日本人开始跳出传统的华夷观来批判乃至嘲讽中国的无知和落伍，并使这种批判更具针对性和说服力。这是幕末中国蔑视观形成的第二步。佐久间象山、横井小楠、吉田松阴等相关论述奠定了此期蔑华意识的基础和基调。佐久间象山基于"尚力"思想对儒学的批判，不仅使日本开始"跳脱"儒教文化圈，也使"圣人之道"与西洋学问成为日本的"他者"："汉土与欧俄，于我俱殊域。皇国崇神教，取善自补翊。彼美固可参，其瑕何须匿。王道无偏党，

[①] 转引自日本史学会『明治維新史研究』、富山房、1929 年、436 頁。
[②] 转引自郝秉键《江户时代日本人"华夷观"的变迁》，《世界历史》1994 年第 2 期，第 75 页。

平平归有极。咄哉陋儒子，无乃怀大惑。"① 横井小楠不是以西洋，而是以"三代之治道"为标准的自他认识反而从本体论上颠覆了传统的华夷观念，也使其中国批判具有了更强的说服力。不难看出，两人的论述为日本人的中国批判乃至蔑视扫除了逻辑障碍。

与此相对，吉田松阴则对中国于鸦片战争的失败、太平天国运动兴起的原因等做了具体分析。他认为"汉奸"问题是导致中国对外战争失败的重要原因，"余观清廷鸦片之乱，大患在汉奸自内勾引"②，而其背后则是"盖由邻里乡党之制废，而伴助扶持之教荒耳矣"。在此基础上，他也分析了太平天国爆发的原因，认为"支那国内虽人民繁衍极盛，而贫困之徒最伙。……然汉土虽具存圣人之典籍，而王政已扫地"③。显然，在他眼中，导致中国在面对西洋强敌时一败涂地的根源在于基层制度和教化的失效、民众的贫困和清朝政治的腐败。这种含有为日本"龟鉴"意味的论述采取客观叙述和评价中国的立场反而为中国蔑视观的形成提供了物质的基础。

作为这种认识的结果，就是一时盛行的萨摩藩主岛津齐彬的"清朝柔弱、病入膏肓"论。既然中国已经羸弱至此，那就不应该再是日本学习的榜样，而是日本克服对外危机首先应该"利用的对象"即"征服的对象"或"可为日本屏障的对象"。

萨摩藩主岛津齐彬在 1852 年听到英法联军攻占北京后，大发感慨："万没想到，清国竟至如此惰弱，真正之柔弱之国也。……自先年鸦片之乱兴，已历数年，而内政依然不整。……帝王不得不避难偏僻之地，实不知羞辱之甚也。恐早已病入膏肓，无可救治也。"④ 他主张乘机侵略中国："以今日之形势而论，宜先出师取清之一省，置根据于东亚大陆之上。内以增日本之势力，外以昭勇武于宇内，则英法虽强盛，或不敢干

---

① 转引自丸山真男『幕末における座视の变革』、『丸山真男集』第 9 卷、岩波书店、1996 年、218 页。
② 『随笔』（1850 年）、『吉田松阴全集』第 1 卷、岩波书店、1936 年、357 页。
③ 『讲孟余话』、『吉田松阴全集』第 2 卷、276—277 页。
④ 转引自稻页岩吉『支那近世史讲话』、日本评论社、1938 年、260 页。

涉我矣。""彼英法远隔重洋，尚不惮用兵之劳以取之，况我日本乎？"①吉田松阴在西方的强势面前，也提出了"失之欧洲、取自亚洲"的扩张策略。他认为，日本暂时不能与之抗衡，而应该首先把朝鲜、中国等周临国家作为征服对象。"今急修武备，舰略具，炮略足，则宜开垦虾夷，封建诸侯；乘间夺取堪察加、鄂霍次克；谕琉球，使之会同朝觐，一如内地诸侯；责朝鲜，使之纳币进贡，有如古之盛时；北割满洲之地，南收台湾、吕宋诸岛，渐示进取之势。然后爱民养土，慎守边围，则可谓善保国矣。"这种转嫁日本的对外危机而向大陆扩张的想法几乎是当时知识分子的普遍认识。山田方谷（满洲）、平野国臣（三韩、渤海）、真木保臣（朝鲜、满洲、支那）等，也都主张经略大陆，将其纳入日本的统治。

与此相对，一些文人也主张以中国为日本对抗西洋的"屏障"，建立以日本为盟主的中日联盟，克服日益严重的对外危机。佐藤信渊的《存华挫狄论》（1849）可谓代表：

清朝也为夷狄，英吉利亦为夷狄。然愚老欲挫英吉利而存清朝者，盖因清朝一统中华，数代仁明之君继出，奉天意而行政，以此中华人民大为蕃息，及于古代之三倍。故余有怀赏其功之意。且又，彼之清朝乃今世之世界大邦，然却无蒙古忽必烈般侵凌我邦之行。……若清国于此上益发式微，则当虑西夷贪而无厌之祸，或东渐以至我邦。故而，愚老希冀，使清朝君主苦心焦思、赈贫吊死，上下同甘共苦，练兵数年，乃起复仇义兵，征伐英夷而大为打破之，悉尽恢复失地，使之永为本邦之西屏。②

主张日俄同盟的桥本左内则认为，为了保持日本之独立，必须合并山丹、满洲和朝鲜，进而在美国各州和印度获得土地。"以亚洲为我之东

---

① 转引自王芸生《六十年来中国与日本》第1卷，生活·读书·新知三联书店1979年版，第63—64页。
② 『存華挫狄論』、『佐藤信淵武学集』上（日本武学大系22）、岩波書店、1943年、514—515頁。

藩，西洋为我之所属，以俄国为我之兄弟唇齿，掠夺邻近国家，乃我之第一要务。"①

由上可见，保全独立与海外扩张、防卫与膨胀的观念密不可分地联系起来，并逐步成为幕末维新期日本人的普遍认识。在这种认识下，中国已被当成日本应对国际形势而应该"利用的对象"，不仅失去了作为日本昔日师国的形象，还成为一个可以被日本侵略，可以被日本蔑视的对象。

与这种"听闻中国"而产生的中国扩张乃至蔑视论相应，幕末不少日本人也来到中国，目睹并记录了中国社会的"落后""脏乱"与"贫穷"。例如，多次发表对中国蔑视言论的福泽谕吉（1835—1901）就曾坦言，他憎恶儒家的精神，甚至要打倒所有中国派的东西，始自就学绪方学塾之时。1862年他随幕府遣欧使团经过香港时，曾写道："香港的土人，风俗极其卑陋，完全为英国人所使唤。"当然，对幕末日本的中国蔑视观形成产生决定性影响的是1862年"千岁丸"的上海之行。该船主要来上海进行实地考察，随行日本人共计51人，在上海逗留59天。他们目睹了上海的混乱、腐败和残破景象，不由产生对中国的失望乃至蔑视情绪。纳富介次郎在考察了居民区后写道："上海市街通衢之污秽，简直无可言状。……人或语曰：一出市街，即为荒野，荒草没路，棺椁纵横，亦有人死后仅用草席一领包裹而弃者。且炎暑之际，臭气穿鼻。于是可知清国之乱政矣。"峰源藏在参观兵营后扬言："士兵皆蔽衣、垢面、跣足、光头、无刀，人人如乞丐般颓然，无一人而见英武之气。如斯之士兵，则我国之一人，可抵其五人也。若率一万骑之士兵征讨彼等，直可纵横全清国矣！"孔孟之道也已失往昔之光彩，"学校化为英人之军营，圣像已不知散乱何处，欲觅亦无踪影。形势实可衰，实可令人叹息也！"②

"千岁丸"回国后，随行成员就此公开发表了大量的考察日记、见闻录等。于是，通过多渠道的书面、口头的信息交流，日本人对中国的认

---

① 『先生より村田氏壽へ』（1857年）、『橋本景岳全集』上卷、畝傍書房、1939年、553—554頁。

② 转引自刘天纯等《日本对外政策与中日关系》，人民出版社2004年版，第52、56页。

识和看法，短时间内发生了剧烈转变，即由原来的尊敬变为失望乃至鄙视。如果说此前对中国的蔑视还只限于那些先觉者，那么"千岁丸"上海之行则使这种意识在各阶层之间普及开来。这不仅为明治启蒙思想家全面评判中国文化，彻底清算日本人的崇华中国观准备了条件，也为新的世界秩序观的形成和日本大陆政策的制定，提供了最低限度的思想和群众基础。于是，维新以后随着文明开化的推进，日本往昔极端的慕华情绪，便迅速转变为蔑华和欧美一边倒的社会风潮。

如此，中国不仅以一个在政治、军事和文化上极其"落后"的他者形象，在一定程度上打消了知识分子对中华文明的长期崇拜心理，也促使日本人转向水户学者等早已备好的"国体"和从传统文化中寻找身份的确认，从而强化了日本人的民族认同；这在一定程度上刺激了日本人征服、控制中国的欲望并增强了其合法性，不仅使"失之欧洲、取自亚洲"的扩张政策具备了最低限度的现实可能性，也为日本社会从观念上的"崇华""贬华"转向"实际的中国蔑视"提供了可能性。

不过，一些历史事实也说明，江户后期乃至幕末仍只是日本的中国蔑视观的起点或形成阶段。因为在此时期虽然有一些学者形成了"中国蔑视"的思维，然却很难说它就代表了日本社会的整体意见。例如，前来叩关的佩里一行被当成"唐人"对待，就连普通庶民都深感其非，"唐土应作为日本的师国予以敬重，然竟将逆贼美国人指为唐人，何其愚哉"[①]。再如，在近代被公认为中国蔑称的"支那"一词，在此时期未必就是对中国的蔑称。这点从黄遵宪赞颂吉田松阴之爱国精神的诗歌"丈夫四方志，胡乃死槛车。倘遂七生愿，祝君生支那"[②] 便可略见一斑。它充分证明，当时我国的知识分子并不以"支那"为日本对我国的蔑称。这些都说明自江户后期起，日本学界虽然形成了蔑视中国的思维，而它确实也对日本破除传统的华夷观念和崇华意识发挥了重要作用，然这种"中国蔑视论"仍具有较强的观念性、有限的接受和传播等局限性，因而只能说是它的一个初始阶段。

---

① 芝原拓自：『日本の歴史』23（開国）、小学館、1975 年、17 頁。
② 黄遵宪著，钱仲联笺注：《人境庐诗草笺注》上（卷三），上海古籍出版社 1981 年版，第 286 页。

第四节　国学者的中国批判和自我建构

　　国学（Native Studies）是江户日本少数知识分子为了"自我认识、自我再发现、自我同定的学问"[1]，是为了确立日本人的民族同一性而发现所谓"纯粹的"日本精神的思想和运动。对于这种"发现日本"的民族主义思潮来说，中国是一个"不能忘记的他者"[2]，因此"发现日本"也就意味着"发现中国"。从这个角度上说，国学又是对儒教的反动，是江户日本试图摆脱中国文化的影响而塑造自己的民族认同的努力，是对以儒佛为代表的中国文化进行重新认识和评价的思想与运动。虽然都是为了确立日本人的同一性，"发现日本"旨在通过创建以大和语、物哀、神道思想为代表的日本精神（大和魂）的方式为日本人的身份建构提供本体论的依据，"发现中国"则旨在以排斥儒佛及中国的方式即通过消除以儒佛为代表的中国文化对日本的影响而确立日本的主体性乃至对中国文化的优越性。对他们来说，"发现中国"是"发现日本"不可或缺的条件，两者占有同等重要的地位。因为只有强有力地完成中国的"他者化"，彻底清除一切外来文化对日本文化的所谓"污染"，才能主张日本及日本文化的主体性。可以说，国学不仅是一种将中国"他者化"甚至"矮小化"的作业，而且是一种自我"特征化"乃至"神圣化"的作业。它意味着对国学者来说，自我和他者都是一种"可以被解释"的存在，然而自我却具有绝对的价值，他者则只有相对的价值；国学者的自他认识建构既因受到中国文化范式的影响，又因只是一种情绪化的表达，而只是一种相对的、主观的和非理性的作业；国学者的自他认识被自觉地赋予了为彰显大和魂而与中国文化对抗的意识形态性和暴力性。这就是江户国学者的自他认识的基本构造。

　　因为"异国"文化带给日本人的痛苦，最终只能通过对它的排斥和否定才能得到消解。国学的称呼本身也显示出与汉学相对抗的意识，因

---

[1]　上田賢治：『国学の光と影』、載内野吾郎編『民族と文化の発見』、大明堂、1978 年、125 頁。

[2]　三谷博：『明治維新とナショナリズム』、22 頁。

而又称"和学""皇朝学"等。国学家提出，日本乃神国，故是世界上最伟大的国家。基于这个基本立场，他们认为，儒学所代表的"唐心"因为无视了与生俱来的人的自然感情，从而导致日本精神受到"污染"，因此为了复活"原本的"日本精神，不仅必须摒弃"唐心"，还必须复归日本人信奉儒教之前的纯粹"大和心"。总之，国学家是要彻底否定日本遵从儒家、仰慕中国的传统的历史。因此，与古学派回归孔孟的做法相比，国学家的理论依据是以皇国史观为原点的复古神道，也即源于"记纪"的建国神话和天皇神话。这种思考路径虽然曾受到古学派的影响，其目标却与古学派大相径庭：国学"与追索中国古代理想社会的儒家的研究相对，要努力从日本自身古代社会中挖掘出更高的理想社会，这即是支撑国学运动的强烈的信念"①。为实现这一"崇高的"目标，江户国学者掀起了一场对"古道和原乡（nostalgia）的探求"②的思想和运动，由此走上了一条极端排斥儒佛等外来文化的日本主义道路。

　　国学作为一种思潮和运动，起源于17世纪歌学者对日本古典、古语的研究。在其孕育阶段，户田茂睡、下河边长流、契冲等提倡歌道之复古，展开了对《万叶集》等古典的注释和研究，特别是契冲开创了考证的文献学的研究方法，被认为是国学的开端或"孕育阶段"。这一时期，他们的自他认识还有浓厚的中世色彩，仍停留在"神儒佛三教调和论"的框架下。在国学的第二阶段即其确立阶段，荷田春满对歌学糅入"道学"的因素，而贺茂真渊则继承和发展了这种方法论和本体论。他们尝试着创建独自的话语体系，开始在"古道"与"儒佛"的对立图式下展开自他叙述，即视儒佛为造成内部之邪恶的"外部的"异质元素而加以排斥。在国学的第三阶段即其大成阶段，本居宣长不仅从语言、文学、国体等方面展开了对儒佛的全面批判，还将"记纪神话"直接当成事实，开始从宇宙论的角度确立古道对儒佛的形而上的优越性，试图以神学世界观彻底颠覆儒教合理主义的价值体系。平田笃胤不仅继承了这种古道

---

① 開国百年記念文化事業会：『明治文化史』5、洋洋社、1954 年、480 頁。
② P・ノスコ『江戸社会と国学：原郷への回帰』、17 頁。"Nostalgia"一词最初出现在17世纪末，为"homesick"之意，即指由于空间的隔离所造成的痛苦。后来，随着人类生活的复杂化，它已不再单纯指空间的隔离感——乡愁，也开始指人的历史和时间的隔离感。

观，还进一步强化了其神道主义与国粹主义的性格。

国学代表了江户时代文化民族主义的最高水平，不仅标志着日本人文化同一性的理论建设基本完成，还确立了一种以所谓"日本精神"来否定和排斥儒教及中国的绝对日本主义的中国观。发现他者，本来就含着压迫他者的意味，江户国学者的中国观所强调的日本优越地位观念和尊皇观念"还隐藏着向国外扩张的冲动"① 以及使这种扩张合法化的理论资源。他们的中国观是一种借助所谓"日本的"传统来建立其中国认识的类型，与幕末洋学者用所谓"近代的"概念和范式来建构其中国认识的思路正好相反。前者着重从特殊性的角度，后者则是从普遍性的角度确立日本的主体性和对中国的优越性。国学者的中国认识也是极端自我和排外的民族主义情绪的表现，因而在非理性的环境或面临危机的时候易被发挥和利用。他们的中国认识虽然并非江户思想的主流，却作为江户知识阶层中国观的一种重要类型，不仅与洋学者的中国观一道为幕末维新期中国蔑视观的形成准备了思想基础，事实上在明治维新后也被重新发掘而用于主张日本东亚政略的正当性。

一　神儒佛三教一致下的中国认识和自我认识

户田茂睡、契冲等作为国学的先驱，一方面开始批判中世和歌的秘事口传主义，倡导歌道之复古，坚持以神道为中心和本原，宣告了新时代的到来；另一方面他们在方法论上仍未完全摆脱前代的秘事口传主义，其思想亦拘囿于以神道为主的神儒佛三教一致说。所以，即便他们对异国及其文化产生了作为他者的"自觉"，甚至开始展现出排斥儒佛的倾向，其中国认识和自我认识仍局限于"神儒佛三教一致"这一话语框架下。

（一）复古思潮与国学的萌芽

相异是相同的必然结局。儒教传入日本后，它的价值体系便构成了日本人"文化自我"的根基。这导致了日本人"政治的自我"与"文化的自我"的分裂乃至紧张关系。国学实际上就是江户少数国学者为消除

---

① ［日］信夫清三郎：《日本政治史》第一卷，周启乾译，上海译文出版社1982年版，第53页。

这一紧张关系而展开的最为典型的文学和思想政治运动。对日本来说，中国是他们文化的"故国"；毕竟他们身处日本，中国又是他们政治上的"异乡"①。此种状况的长期存在，不仅不能塑造日本人的文化主体意识，反而导致了日本人的自卑心理和强烈的危机感。因此，为主张自我的独立存在，日本必须自行推进与中国及其文化的差异化。只有强有力地完成中国的"他者化"，才能主张日本及日本文化的主体性。这意味着为确定自我的主体性，日本不仅需要重建对待外来文化的态度（发现他者），同时需要创建"日本的"传统（发现日本）。在这种思维下，只要是异于儒教中国或佛教的文化成分，就被认为是"日本的"元素。江户时代以后，一种被认为能将日本和中国区分开来的思维和精神，就开始被以国学者为代表的民族主义者创造和发现出来。

当然，江户时代前后古典儒教共同体的衰落、神国思想的发展、日本式情绪的形成与发展、空间的均质化等社会结构条件的变化，为日本"自主化"的倾向提供了基础和可能。而促使这种倾向最终成为一种现实的思潮和运动，还得益于17世纪前后经济的发展、学问的普及和发达、日本的对外交往和新接触等国内外环境的改变。

第一，江户初期，德川家康通过实行"参觐交代"、四民制度和独尊朱子学等措施，严密控制了国内各种政治势力，牢固确立了天皇、幕府和大名三种政治势力"各得其所"的幕藩体制，日本由此进入了幕藩体制下的天下太平时期。至此，国内和平稳定，人人安于其身份，为经济的发展和学问的普及准备了条件。

17世纪中期以后农业和商品经济迅速发展，农业开始出现了剩余，町人的经济实力不断扩大。因此，庶民对学问和教育的需求、消费也随之增加，这也成为学问普及和发达的一个重要推动力。特别是随着町人阶层的崛起，统治阶级之外新的社会阶层逐渐掌握了经济和文化的主导权。因此，作为经济发展和学问普及的结果，庶民的文化主体地位开始形成，"十五至十六世纪，文化的创造，从僧侣和武士阶级逐渐转移到民众方面，至十七世纪末期完成了这种转移。文化的主力军，在日本历史

---

① 黄俊杰：《从中日比较思想史的视野论经典诠释的"脉络性转换"问题》，《台大历史学报》2004年第34期。

上开始基本上从统治阶级转移到被统治阶级"①。庶民成为文化创造的主体,是日本文化史上一次划时代的转变,不仅意味着庶民开始分享贵族和武士阶级的文化,还预示着全民文化共同体的形成成为可能。于是,各阶层之间的文化交流更加频繁,并有了稳定的渠道,学问也因此迅速普及开来。而且,町人、平民也依据自己文艺娱乐的需要,创造了许多新的文艺形式,迎来了繁荣的平民文学时代。

和歌的变化最为明显。在中世,歌学的主力仍然是继承了平安传统的公卿贵族,而和歌则是他们借以对抗武士,保证其文化正统性和优越性的自我防卫工具。因此,歌学被规定了种种形式主义的限制,妨碍了感情的自由表达。② 17 世纪左右,这种情况开始发生改变。随着町人经济实力的增长,一个讴歌"资本"的崭新时代终于到来。无论道学,还是文学领域,都出现了肯定人欲的时代风潮,从而形成了自由豁达的世风。和歌也不再为公卿所垄断,开始从"殿堂转入民间",成为庶民"追求情意满足"的重要方式。于是,追求自由、素朴、纯粹感情表现之歌风的下河边长流、契冲、户田茂睡等歌学者,终于作为中世歌学的批判者登上了历史舞台。这种"人性的自觉"的时代思潮恰恰是复古国学兴起的内在根源。

第二,在经济发展、学问普及等背景下,学问研究出现了前所未有的繁荣,知识界也出现了自由研究、复古和批判的思想倾向。而 17 世纪 40 年代随着"锁国"的完成,日本与各国的文化交流几乎停滞下来,这事实上又使日本人"文化的兴趣面向了内部,以致日本文化开始实现独自的内在的发酵"③,同时也造成了"排外意识的抬头"。这一转变意味着外来文化必须完成它的"本土化"(日本化)的历程。它包含着两层意味:一是异域文化被吸收、融合而沉淀为新的民族文化;二是异于外来文化的新文化不断被发现和创造出来。无论从哪个角度说,这种新生文化都被赋予了对抗异域文化的功能和力量。

---

① [日]井上清:《日本历史》,闫伯纬译,天津人民出版社 1974 年版,第 374 页。
② 野崎守英:『国学の思想』、载『日本思想史講座』4(近世の思想 1)、雄山閣、1976 年、207 頁。
③ 岩崎允胤:『日本近世思想史序説』上、新日本出版社、1997 年、319 頁。

在这样的背景下，幕府独尊朱子学和中国发生"华夷变态"则成为促使日本积极谋求主体地位的两大催化剂。17世纪中叶，清朝取代明朝，被江户儒者认为是"华夷变态"，从而极大地促使日本产生"自主化"乃至"中华化"的倾向。"华夷变态"的提出，表明以儒教为基础的东亚秩序的传统认同开始瓦解，日本需要在东亚世界内重新确定自己的位置。它不仅造成了日本人的文化认同（对儒教的认同）危机，而且，更重要的是为"以日本为中心"的华夷秩序观的建立提供了可能。从此，日本认为中国已转为"夷狄"，自己争取成为"中华"的契机已然到来，而以汉唐正统自居，开始以中国为"他者"进行东亚中心的自我想象。这种想象以复古儒教古典的方式，以解构儒教之道为手段，形成了以"文化向内部收敛"为特征的日本主义思潮。古学派的创立者——山鹿素行就试图扭转以中国为中心的传统华夷秩序观，自称日本为"中国""中华""中朝"①，并说在智、仁、勇上日本远胜中国。他意图摆脱当时社会对中国的盲目崇拜，极力赞美日本的一切："夫中国之水土，卓尔于万邦，而人物精秀于八纮，故神明之洋洋，圣治之绵延，焕乎文物，赫乎武德，以可比天壤也。"显然，这种源自儒教内部的复古排儒的倾向也是国学诞生的思想根源之一。

幕府独尊朱子学实际上也孕育了日本排斥儒教的倾向。在幕藩体制下，儒教是幕府统制思想的工具，而且幕府普及并奖励儒教的措施客观上也导致了学问研究的热潮，促进了学问的普及。同时，这种措施还导致了另一个后果：即使尊中国、卑日本的风潮在儒者之间扩大开来，比如，林罗山就认为中国的吴太伯是日本人的祖先，而这一说法首先招致了德川光国的严厉批评，以致他要设立史局，究明日本的历史而摆脱文化上对中国的附属地位。可以说，"尊儒"思潮不可避免地酿造了它自身的对立物——反儒、排儒的思想和运动。于是，17世纪中后期，日本出现了意图与朱子学相抗衡的古学、阳明学等学术流派。它们虽然作为源自内部的对朱子学的反动，而与朱子学保持着内在联系，却也出现了反儒的倾向。因为对后世儒学（朱子学）的疑惑和不满，引发了他们要复古儒教古典而"释道"的趋势。当然，这种复古的方法论后来被国学者

---

① 在此，"中华"等称谓已不再是国家实体的名称，而是文化正统性和优越性的代名词。

所模仿和继承，以致他们也要面向日本的古典去寻找道之"真谛"，发现"日本的传统"。

第三，17世纪前后，由于西欧资本主义的兴起并由此引起的向东扩张，除传统的中国、朝鲜外，日本开始了与东南亚、西欧一些国家的接触。尤其是16世纪中期以后，天主教的传来急遽扩大了日本人的文化和地理视野，也扩充了他们关于人类可能的生活形式的概念，并促进了日本人对本国历史和文化的自觉。例如，幕府统治者开始以"日本为神国"作为依据禁止天主教传播，自觉或不自觉地进行着神国日本的想象；知识阶层则以"复古"之名，从改造与否定儒教的两个方向对儒教进行重构或批判，意图颠覆古典的东亚儒教共同体。

日本人也开始重新认识本国的历史，因而从政府到民间都兴起了大规模的修史事业。至17世纪中期，作为"御三卿"的水户藩藩主德川光国为了提倡儒教的"大义名分"思想而设立史局，广招人才，编纂纪传体的《大日本史》。这种修史风潮是江户国学兴起的直接契机，因为编写历史就必须对日本的古典和古语进行研究。于是，精通古语的下河边长流和契冲被邀请加入水户藩的修史队伍，最后契冲完成了鸿篇巨著《万叶代匠记》（40卷），开创了国学研究的先河。

综上而言，上述几个因素共同指向了"文化向内部收敛"的倾向，由此为"日本文物"的发现和创造准备了基础。随着天下太平时期的到来，由排斥儒教等外来文化而引发的"发现日本"的复古思潮和运动便兴盛起来。

虽说都是"复古"，与古学者从儒教古典的解释出发而解构儒教中国的"外部视角"相比，国学者则是从"内部"发掘相异于中国的"日本的文物"，即从他们自认为体现了本民族纯粹性的"日本古典"来寻找否定儒教道统的依据。这种区别的形成缘于国学者自认为承担了确立民族认同的"重任"有关，即彻底清除历史上外来文化对日本的影响，从而发现所谓的"日本精神"以确立日本人的主体性和同一性。因此，对国学者来说，受外来文化影响之前的日本古代，就被看成了自行保持着协调的理想社会。彼时彼地，人、神和自然浑然一体、和谐圆满，一切都是最真、最善和最美的。最关键的是，这种社会还被认为保留着纯粹的民族精神。这种思想决定了国学以一种对"古道和原乡的探求"的形式表现出来。

"向原乡的回归"实际上就是对历史和祖先文化的"发明"和"创建",是对历史记忆的唤起和知识化。祖先文化和历史的共有不仅是作为民族共同体独特感的源泉,也连接着"我们"的过去、现在和未来。就如印度民族主义者巴纳吉所说"怀着崇敬之念走近你们祖先留下的神圣记录吧。千万不要忘记,你们学到的是受到尊崇的祖先的言行。正是有了它,你们今日的存在才被认同"①,在民族的形成期,为了民族的觉醒而对祖先历史的言及是最有效的。由于现在的文化通常都受到了外来文化的"污染",所以对"纯粹的"祖先文化的回归便成为唯一的方法。通常对有关民族性的思维方法加以体系化的主要是一些历史学家和诗人,他们也常常是依据祖先神话、古代历史和诗歌而发现民族性的依据的。江户日本也不例外,作为起源于和歌革新运动的国学思潮和运动,就立足于《古事记》《日本书纪》《万叶集》等日本古典,进行着所谓"纯粹的"文化的创建,以期消除儒佛之道等外来文化对它的污染,回到儒佛传入之前的理想状态,从而确定日本人的主体意识。从契冲的《万叶集》研究,到春满的《日本书纪》研究,再到真渊的《万叶集》研究,进而到宣长的《古事记》研究,国学者的研究领域几乎囊括了他们自认为体现了"日本精神"的所有古典。在这个意义上,近世日本国学也可以说是"创造型的文化民族主义"的原型。也正是如此,国学者就将江户日本"解构儒教"和"重构日本"两个倾向统一起来并推到了极致。

对国学者来说,他们所要创建的纯粹的日本精神就是日本古典所体现的"古语古义"。即是说,它们必须是异于或自认为异于儒教中国或佛教的文化成分,这大体包括三个方面的内容:一是最先由户田茂睡、契冲等提出的以情为先的"真心"或"和歌之道",经荷田春满和贺茂真渊的发展,最终以本居宣长为完成者的、以物哀为基础而与儒教劝善惩恶文艺观相对的主情主义思想;二是由契冲所开创的对语言本身的研究,经贺茂真渊、本居宣长和平田笃胤的发展,而使语言本身成为区分自他的最重要标识,以致最终以一种"大和语优越论"的立场排斥汉字的语言民族主义思想;三是从仍主张神儒佛一致的户田茂睡、契冲开始,经

---

① 转引自吉野耕作『文化ナショナリズムの社会学』、60頁。

荷田春满、贺茂真渊的发展，以本居宣长和平田笃胤为完成者的以尊天皇为旨趣而与儒教圣人之道全面相对的复古神道。

对建构日本人的民族认同来说，古语（大和语）的发现最为重要。它可以说是从最本质的层面追问日本精神的存立问题，而与试图以解构儒道而创建日本人同一性的古学派等形成了鲜明的对照。真渊、宣长等之所以要求排斥汉字并回归口诵的古语，一方面是为了排除对日本古典的"汉意"和"后世意"这种所谓主观、随意的解释，另一方面是因为语言本身的意义太过重要：语言是民族灵魂之所在，是文化纯粹性的最重要的保证，甚至是"决定民族归属的唯一指标"。对他们来说，汉语是对古语的破坏者和侵入者，因而对汉字的排斥本身就意味着"内部"的形成。只有在和歌或古典这种"纯粹的"环境下才能寻找和发现"独特的"古语，才能为物哀、尊皇的神道思想等"纯粹的"日本精神提供保证。例如，国学者以物哀为基础建构的主情主义思想，根本不是如多数近现代日本学者所说的那般，完全是"文学自律"的结果，因为它既是与儒教劝惩文学观相区别的产物，又被赋予了与儒教相对抗的政治功能，它是与大和语一起为日本排斥儒佛乃至建立尊皇的神国观提供理论支持的"政治化"的文学概念。

国学者不仅以大和语、物哀（歌学）和复古神道（神学）等所谓纯粹的日本精神来建设日本的主体性和同一性，还以此全面排斥儒教及中国，进而建立极端日本中心主义的中国观。他们的中国认识不仅旨在全面否定中国文化对日本文化的积极意义，因而从理论上摧毁儒教的价值体系，还意在拉开中日两国的距离。同时它作为一种以传统来主张日本优越性的思潮，与仍在儒教话语的框架下建立日本型华夷秩序观的古学等一起，对江户日本慕华、崇华的一般意识投下了巨大的阴影。

（二）国学先驱者的自他认识——户田茂睡

国学起源于对日本的古典、古语的研究。作为城市知识分子发起的文学运动，最初只是对中世歌学的革新，其代表人物有户田茂睡、下河边长流和契冲。

户田茂睡（1629—1706）出身于直属德川将军的名门世家，具有作为武士的强烈的"选民意识"。他虽然在政治上极不得意，几乎被迫过着隐居的生活，却始终维持着作为武士的"自我认同"。这使他有更多的时间思考现实政治、生活等问题。他所生活的元禄年间，正是和歌深入市井，成为町人文化的重要方面的时代。因此，他怀着"圣朝有古道，荒芜少人迹。我来试登攀，悠悠忆往昔"①的心情，对中世形式主义的公卿歌学做了尖锐抨击，提倡歌学上的"古道"，因而被誉为"凡于歌道称古学者，此人为近世之魁，可与秦之陈涉相比"②。

以元禄年间肯定人欲的时代风潮为背景，户田茂睡大力倡导歌道之复古，强调和歌的本质在于"情"。他认为，中世歌学受限于制词、秘事口传、偏佛教的解释等因素，而这些都是导致和歌衰退的端由。和歌应以《万叶集》和"三代集"为典范，不应为某个阶层所独占，也不应受到任何限制，因为"和歌是大和语，因而没有不歌咏人所言之口语的和歌"③，所以它的本来面貌是"唯用大和语率直地咏唱自己的心情"。显然，以"口语"（人性）与大和语（特殊性）的内在联系为和歌的根本，足以使茂睡成为"复古国学的发端"。

尽管茂睡主张"和歌之道以情为先，故不嫌恋爱之道"④，然又如他自己所言"和歌始自上代，出自天子之御心，乃一治国守身之道也"⑤"所谓和歌，调和人心，使人知物哀者也。后成既符仁德，又赖佛道之道，所极者与儒佛之教相同。……人有智慧，故会招致邪欲而蒙蔽本心，故有儒佛之教，欲明人之本心。其在佛道则谓发明，在儒道则谓明德，在和歌则谓情"⑥，他的和歌论归根结底只是一种神儒佛一致论下的和歌功能论，因而与本居宣长旨在使和歌纯洁化的"物哀文艺观"有着显著分别。同时，它不仅没有接触到文学的本质，亦带有强烈的道德性和伦理性。

茂睡关于神儒佛的理解也与他的和歌论一样呈现出相同的思维构造，即仍未能超出当时已成为民间常识的中世吉田神道的"根叶花实说"，即

---

① 户田茂睡：『寛文五年文詞』、『日本思想大系』39、266頁。
② 伴蒿蹊著、森銑三校註：『近世畸人伝』、岩波書店、1940年、215頁。
③ 户田茂睡：『寛文五年文詞』、『日本思想大系』39、266頁。
④ 转引自上田賢治『国学の研究』、大明堂、1981年、72頁。
⑤ 户田茂睡：『僻言調』、『戸田茂睡全集』、国書刊行会、1915年、428—429頁。
⑥ 转引自上田賢治『国学の研究』、72頁。

"神道为万法之根源，儒教为枝叶，佛教为花实"①。尽管这种认识构造还有着强烈的中世思维的色彩，然而又因受到江户初期排佛思潮的影响，他的佛教观已超越了中世日本的认识框架。在他看来，佛教最大的问题在于其重视"来世"的立场，因而背离了神法、人道，不外乎"邪道""非道"："人生于此国，食此土之五谷而助命。然欲立出家之佛法用于人，而打破神法、人道者，大外道心也。"② 因此，他明确指出，佛教不符合神国日本的历史、风俗和阴阳和合之道，"此国神国也。……此国之肇始，此国之御主，此国人之祖先，天照大神也。佛法不合天照大神之御心，方乃道理也"③，要求排除佛教对和歌及神道的负面影响。

显然，茂睡排佛论所依据的是神道、儒教和阴阳道的原理。对理解和歌与神道来说，佛教值得排斥，儒学和阴阳道则是应该依赖的对象，它们与神道是一种"以枝叶表现本原"的关系。因此，他坚持"神道第一"的立场，以儒教为神道的辅助和末端："人道者，恒常之作法也。立仁义礼智信之五常者，儒道也。人心诚少成，背人道，故立此教。所谓老庄之道超仁义者，此故也。神道者大道也，人道者，神道之末也。"④他同时借助阴阳道来理解神道，认为"配阴阳之二元于天地之万象，以此二元之作用，说天地成立之道理"⑤。这些都说明，茂睡的儒教和中国认识尽管还拘囿于三教一致论的思维范式，却已体现出作为江户初期学问一环的时代特征。

归根结底，茂睡的中国认识与他对"内部"（神道）的认识密切相关。他所理解的神道不仅体现出偏儒教的解释，还表现出偏幕府的武士立场而强调"公武分离"的江户初期的时代特征。这意味着他并未形成对"神道作为日本固有之道"的自觉，因此也就未能像契冲那样基于语言—文献学的方法来追问神道的独立和本质等问题。同时，他虽然也主张"和歌乃神道之枝叶"⑥，事实上却并未建立起歌道与神道之间的内在

---

① 戶田茂睡：『梨本書』、『日本思想大系』39、304頁。
② 戶田茂睡：『梨本書』、『日本思想大系』39、296頁。
③ 戶田茂睡：『梨本書』、『日本思想大系』39、295頁。
④ 戶田茂睡：『梨本書』、『日本思想大系』39、275頁。
⑤ 佐々木信綱：『茂睡考解説』、民友社、1999年、9頁。
⑥ 戶田茂睡：『僻言調』、『戶田茂睡全集』、431頁。

关联，也不像后来的国学者那样以神道为和歌的基础。总之，对茂睡来说，无论是歌论、神道观，还是中国认识，都明显受到了中世或江户初期神儒佛一致论的限制，因为这点他又被有些学者（本居宣长等）排除在国学者的行列。

（三）国学先驱者的自他认识——契冲

虽与茂睡处同一时代，又有着类似的出身和境遇，真言宗僧侣出身的契冲（1640—1701）却以一种"根据古书而破近来之妄说，始发现歌学本来之面目"[①]的复古立场排斥中世以来的秘事口传主义。他弃佛儒而依日本古典，意图以此突破中世歌学及仍深陷其中的当代歌学（如"茂睡歌学"）所受的制约，以发现歌道的本质。这是日本和歌史上的一次重要转变，对后世歌学产生了深刻影响。据本居宣长自述，他也是由此"始悟道之本义"。1683年，由下河边长流（1627—1686）[②]的推荐，契冲受命于水户藩主德川光国，开始对《万叶集》进行注释和评论，据此写出著名的《万叶代匠记》。与长流、茂睡不同，契冲开创了对古典的语言学—文献学研究，即开始基于古典文献学的方法探讨古道的本质，因而从形式和内容上都奠定了复古国学的基础，也由此被视为国学的始祖："我国古学，早经契冲开始。"[③] 此后，被大国隆正称为"国学四大人"的春满、真渊、宣长、笃胤都继承了由契冲开创的国学传统，不仅逐渐自古典引出了复古神道、物哀等独特的思想体系，还对以儒佛为代表的中国文化进行了批判，甚至否认中国文化对日本文化的积极作用。

文献学的终极目的是以一种选择性和区别性的注释、文本批评、语言史等方式来阐明和发现国民文化，因而本身也不可避免地染上了暴力性。例如，就语音和文字来说，契冲主张"本朝之音"因为"能通梵

[①] 『あしわけおぶね』、『増補本居宣長全集』第10卷、吉川弘文館、1927年、193頁。

[②] 下河边长流是江户前期的歌人、国学的先驱。他倾慕万叶古风，对《万叶集》展开了文献学的研究，完成了《万叶集管见》《万叶集抄》《僻考集》等注释书，编撰了江户时代最初的庶民歌集——《林叶累尘集》，著有《晚花集》《延宝集》等歌集。他的意义只是作为契冲国学的源流：他与契冲关系密切，对其歌学有很大影响（《万叶代匠记》多引长流之说）；又向德川光国推荐契冲注释《万叶集》。他虽然倡导歌道之复古，以"真心"（magokoro）为和歌的本质，却仍未能摆脱佛教的羁绊，也就未能超出中世歌学的旧窠，所以经常被排除在国学者的行列。

[③] 『あしわけおぶね』、『増補本居宣長全集』第10卷、179頁。

音",故比不符合梵文的中国音和朝鲜音"详雅"、优越。① 虽然这种语音优越论是以梵文为基准,也与具有明确"自他认识"的汉字排斥论有着本质区别,然而,这种方法论的特性也确实影响着契冲乃至此后国学者的中国认识。不过,在契冲乃至随后的荷田春满那里,语言仍然只是理解古代文化的方法和手段,及至真渊、宣长,语言不仅具备了方法论的意义,本身也成为区分自我乃至建立自我对他者优越性的本体性依据。当然,这种作业恰恰是"发现他者"的最为基础的工作。

基于对古典的文献学研究,契冲建立了其独特的歌道观、神道观及立足于此的儒佛认识。关于和歌,他说"由家至国,由国至天下,为用者不少。世之荣衰,亦与和歌同也。况此歌乃神所创始之道,我朝无双之事也。此故《藤原敦光朝臣和歌序》云,我朝风俗以和歌为本,生于志形于言,记一事咏一物,诚为讽喻之端,长显君臣之美"②,认为和歌具有唯一性、道德性和政治性的鲜明特征。这说明他的和歌观是一个矛盾的复合体,即体现了和歌的文学性与道德性之间的两难。

第一,契冲强调和歌是由神道所派生即由神所开创的神圣之道,所以是日本独自的"不变的"传统,因而即便歌道呈衰落之势却"仍未消亡",由此通过探求和歌之道,也就可以实现祖宗之道。他又强调和歌与神儒佛三道相通,具有辅助修身和治国的道德性和政治性。基于教化意义上的一致性,他还欲以和歌来包容、统一"互忘主宾、交资峙立"的神儒佛三道:"道之所行曰域,其大者有三焉:曰神道,曰儒教,曰佛法。……三道犹如经之缕缕有别。经必待纬始成蜀棉,出吴绫。连接三道而恰似纬者,唯和歌而已。"③

第二,契冲强调和歌是自然纯真之感情的流露,"和歌(之真义)乃……世间真情之满足""歌乃拂扫胸中俗尘之玉帚"④。这种强调人类纯朴心情之解放的歌道观体现了朴素的人本主义的萌芽,而被誉为"物哀文艺观的最初形态"⑤。契冲和歌论所体现的文学性却源自其道德性和

---

① 『万葉代匠記総釈』、『契冲全集』第 1 卷、岩波書店、1973 年、182 頁。
② 『古今余材抄』、『契冲全集』第 8 卷、岩波書店、1973 年、7 頁。
③ 『厚顔抄』、『契冲全集』第 7 卷、岩波書店、1974 年、457—458 頁。
④ 『万葉代匠記惣釈』、『日本思想大系』39、311 頁。
⑤ 野崎守英:『国学の思想』、載『日本思想史講座』4(近世の思想 1)、211 頁。

实践性。在契冲看来，正因为和歌是神所创始的无上之道，所以必然对人们的日常道德生活发挥规范的作用。在这点上，契冲的和歌论与宣长的物哀论并无本质的区别。它们不同的是，契冲并不像宣长那样由此引出和歌或物语对儒教劝惩文艺观的优越性。显然，对和歌道德性的"拘泥"，不仅是契冲自身无法超越的界限，也是后来的国学者无法克服的逻辑困境。

契冲的神道观同样体现了这种两难。他一方面强调神道为日本独有的传统和文化的根本，显示了对日本古代精神的憧憬："本朝神国也，故史籍、公事均以神为先、人为后。上古唯以神道治天下。"① 因为神道为日本所独有，所以必然与儒佛存在差异，即"奇哉神道：神神自知只适性、圣圣亲行不矫情、不说不学无字无书"②。另一方面，他又特别重视神道的道德教化意义，以此解释神儒佛之间乃至它与和歌的共通性。例如，他认为神儒佛三教在"柔和"这一性质上存在一致性：日本以"倭"为名，"倭"与"和"音义相同，意指"柔顺"；儒教崇尚"以和为贵"，"儒即柔也"；佛教也以"柔和忍辱"为宗旨。正因为"神道有与佛法、儒道相通之处"，所以"咏歌之人应以神道为本，兼取儒佛，不宜有取舍之心"③。因此，在作为教化之道的意义上，神儒佛三教仍被契冲置于同等的地位。这说明契冲虽然提出了神道的独自性等问题，却不能像本居宣长那样自神道与和歌中发现"独自的、日本的"意义，更不能由此建立起它们对儒佛之道的优越性。这也意味着契冲的儒佛认识仍受到"神儒佛一致论"和作为一个真言宗僧人的自我认同的影响。他的神道观和儒佛认识吸取了两部神道的元素，带有浓厚的神儒佛习合色彩；契冲很早就出家了，终生没有还俗，始终维持着一个真言宗僧人的自我归属，而以"即身成佛为理想之境"④。

虽然契冲的思想还有明显的"神儒佛三教一致说"的痕迹，却与中

---

① 『万葉代匠記惣釈』、『日本思想大系』39、310 页。
② 『厚顔抄』、『契冲全集』第 7 卷、457 页。
③ 契冲：『万葉代匠記惣釈』、『日本思想大系』39、315 页。
④ 正是因为契冲僧人的身份和立场，平田笃胤反对将他看作国学的始祖。他认为，"道之本义"乃神道，而非歌道，更不是佛道，后世歌作者称契冲、真渊、宣长为"国学三哲"，是不知道之本义之故。

世的神儒佛认识呈现出不同的思维构造,即它蕴涵了神道自我纯洁化的路径及脱离三教一致论的倾向。首先,契冲的神道观及儒佛认识已开始立足于"日本的"风土,着力于揭示神道纯粹性的问题。例如,他批评垂迹思想说:"凡不测谓为神,故不可动辄以权迹论。……神代亦然,依儒道佛道则常有相违之事"①。关于日本古代的近亲结婚,他也解释说,"本朝以神道为本,既然是神代以来发生的事情,则不可胡乱议论"②。可见,关于神道的理解,他排除了来自儒佛的演绎与应用,始终坚持以神道为中心,也即"神及神道的观念已成为契冲思想的基础"③。不仅如此,在契冲看来,即便是在儒佛传来后,神道仍保持了它的纯粹性。他认为,由于神道淳朴而无文字,所以只有《先代旧事本纪》《古事记》等古书记载了诸神的事迹,只有朝廷的公事、神社的祭祀体现了它的遗风。可见,契冲虽然没有明确提出"回归古代"的问题,却首次揭示了它的路径和可能性,因而是其后国学者古道观的重要阶梯。

其次,契冲不仅区分了神道与儒佛的异同,还提出了神道的独自性乃至优越性的问题。譬如,他批判中国说,频繁更迭的王朝造成杀戮,移世改姓,不及万世一系的日本:"此国原为日神传皇统,至于人代亦是一姓永相续,连绵至今,地虽逼于东海,亦是谓为中华之汉朝者所不及也。此乃神力使然也。"④ 这一主张不仅被后来的国学者所继承和发扬,到江户后期也成为日本人展开儒教和中国批判的一般论述。

最后,契冲虽然并不全面排斥儒教的思想和伦理,却也萌生了排儒的意识。对他来说,儒教在日本具有意义,是因为它作为教化之道而有利于天下、国家、家庭,却终究不过是外朝之道。因此,他坚决反对当时儒家神道普遍接受的"天照大神即太伯"说,强调"我等居于此岛,全赖神之恩赐"⑤。

总之,无论是方法论,还是歌道论、神道论及立足于此的儒佛认识,

---

① 『万葉代匠記』、『契冲全集』第 1 卷、522 頁。
② 『勢語臆断』、『契冲全集』第 9 卷、岩波書店、1974 年、101 頁。
③ 参见野崎守英［『国学の思想』、載『日本思想史講座』4（近世の思想 1）、211 頁］、岩崎允胤（『日本近世思想史序説』上、333 頁）、上田賢治（『国学の研究』、28 頁）等相关论述。
④ 『万葉代匠記』、『契冲全集』第 1 卷、400 頁。
⑤ 『万葉代匠記』、『契冲全集』第 1 卷、400 頁。

契冲都超越了长流和茂睡的局限，因而从内容（古道观）和形式（研究方法）上都奠定了复古国学的基础。他不仅建立了歌道与神道的直接联系，视它们为日本独自的传统，还以歌道与神道为中心，建立了异于中世"神儒佛三教一致论"的"神儒佛调和说"和自我身份构建的基础。

二 国学话语体系的创建与儒佛的排斥

荷田春满与贺茂真渊继承了契冲所开创的古学传统，开始了欲摆脱旧的世界观而建立独自的国学话语体系的尝试，并由此展开了对中国和自我的重新认识和评价。前者首次明确了国学的目的、研究对象和研究方法，由此建立了"发现日本"与"发现中国"之间的内在关联，即开创了为复兴古道而否定、排斥儒佛的先河，奠定了其后国学者自他认识的基调。因为他的古学观尚受到汉学的深刻影响，所以他既无法建立起完整的国学思想体系，也无力对儒佛展开有效而彻底的批判。后者则以"儒佛传来之前"的日本上代为基准，开始超越"华夷思想"的思考框架，建立了一种自认为体现了日本独自性和优越性的自然主义世界观（话语体系），并以这种"自然的"古语、歌道、神道等为依据建构自我，同时展开了对儒教和佛教的全面批判，形成了近世国学者中国认识和自我认识的"骨骼"。

（一）荷田春满的自他认识

荷田春满（1668—1736）出身于京都伏见稻荷神社的神官家庭，自幼便受到家传歌学和稻荷神道的熏陶与影响。他不仅继承并发展了契冲在歌学方面的遗产，还转向了对《日本书纪》等古典的研究和注释，大力提倡并提出了独自的复古神道体系，赋予国学一种作为"道学"的规范性，也打开了使国学脱离实证的、客观的古典研究而转向"主观的"道学的路径。为究明并复兴古道，他的研究和著述集中于神祇道学和歌学，并扩展到了国史学、国语学、律令制度等领域。其代表作有《万叶集僻案抄》《伊势物语童子问》《日本书纪神代卷箚记》等。他曾在江户和京都收徒讲授歌学和神道，门徒有荷田在满、贺茂真渊等，对近世知识阶层的神道观及儒佛认识有较大影响。

与局限于"神儒佛调和说"的契冲相比，荷田春满以复兴古道为宗旨，开始了为摆脱这一思维构造而建立独自话语体系和世界观的尝试。

他一方面比契冲更致力于纯粹的"日本精神"（歌道和神祇道学）的探究，另一方面着手排斥作为"异端邪说"的儒佛，要求消除它们对日本古道的蒙蔽和污染。同时，他发展了由契冲开创的古典语言学、文献学的研究方法，明确提出了"古语—古义—古道"的思考范式，进一步明确了国学的目的、对象和研究方法。因为春满国学的复古主义和国粹主义性格，所以他被幕末占国学主流的平田派国学者称为"复古主义国学的始祖""引出神道之真，开创道统的人"。

1. 荷田春满的歌道观及其中国认识

与局限于和歌与物语的契冲古学相比，荷田春满提出了与"儒教的古学""汉学"相对的"本朝的古学"即"古学"等自我规定性的概念，欲从内部（神道、歌道、国史学等）和外部（律令制度、有职之学等）来把握日本古代的文化精神。从此，神道、歌道、国史学、语言学等都在"古学"或"古道"（日本精神）的名义下获得一致性。它们在被不断发现和创造的同时，又被赋予与儒教相对抗的意识形态性。

他奉行《日本书纪》至上主义，该书的"神代卷"更是其古学的源泉和出发点。对他来说，只有《日本书纪》等古典才体现了纯粹的日本风土和日本精神，只是由于儒佛的传入，歌道被赋予"虚空"的意义而不断衰落，神道也变得杂而不纯，日益衰败。因此，为复兴日本的古道，进而树立日本对世界万国的优越性，他一方面致力于自日本古典发现独自的文化传统，另一方面又展开了对以儒佛为代表的中国文化的批判乃至排斥，开启了为宣扬古道而排斥外来文化的先河。

歌道是荷田春满构建其古学的基础。在他看来，古代的歌道以歌咏"事实"为宗旨，而后世歌学由于偏离了《万叶集》、掺入了儒佛因素等，造成了它的衰落和变质。因此，为恢复古代的歌道，他一方面强烈抨击了当时占统治地位的传统歌学，数落其对《万叶集》的背叛、对秘传密授的拘泥等弊端，指出和歌作为日本独自的传统必须以《万叶集》为本原，"歌学之源，惟在于万叶集"[①]，而相对于《日本书纪》，《万叶集》

---

① 『伊勢物語童子問』、『荷田全集』第 1 巻、名著普及会、1990 年、89 頁。

也不过为末梢："万叶集末也，日本书纪本也。"①另一方面，他认为必须排除歌学所渗入的儒佛因素，强调和歌只能用歌道的道理来解释。他指出，古代的歌道表现"真实"（makoto），"以求实为歌之道"②，是体现了"实情"即"真实之人情"的歌道，它"皆咏事实"，而不像佛教那样"唱虚空景物"，也不像儒教那样"咏不遇之境"。儒教关于歌学的"仁义礼智之说，牵强附会也"③，因而是复兴歌道应该排除的德目；佛教关于歌道的解释亦尽是"邪说伪说""于歌书之注引仙老之书而得其意者，佛老者之所为也。引神书、佛书而论者，亦同也。歌书当以歌书方知其意。佛老者不知歌道，歌学者不知佛老，唯欲高尚其理，以致多生牵强附会之说，皆不足取"④。显然，为了摆脱儒佛加于和歌的道德性束缚，春满的歌道观已出现了抑儒而排佛的倾向。

尽管如此，他的和歌观并非要否定歌道的道德性，因为他所理解的"实情"并不是文学自律的结果，而是指不包括"俚俗之情"在内的"雅情"，仍具有鲜明的道德性。譬如，他认为好色和色道背人伦，是歌道衰败之根源，主张"大凡著书，乃为道，为世，为人"⑤，强调和歌的道德教化意义。对他来说，儒佛尤其是佛教赋予和歌的道德性应予以否定，和歌应向作为"万世之教圣"的《日本书纪》和作为"不易的劝善惩恶之书"的《万叶集》寻求"劝惩的教诫"，以神道为其规范性的基础："宜学作为正道的《日本书纪·神代卷》，观神代善恶之神的言行，而求劝善惩恶之教诫。"⑥

显然，这种和歌观及其对和歌所做的价值性判断说明，春满的歌道认识仍受到儒教及劝惩主义的深刻影响。可以说，汉学的影响不仅体现于他的古学上，还体现于他的方法论上。⑦一个明显的事例是，他经常用《论语》的有关论述来说明他的歌学和神祇道学。例如，他援用《论语·

---

① 『万葉集童子問』、『荷田全集』第 1 巻、481 頁。
② 『伊勢物語童子問』、『荷田全集』第 1 巻、309 頁。
③ 『伊勢物語童子問』、『荷田全集』第 1 巻、295 頁。
④ 『伊勢物語童子問』、『荷田全集』第 1 巻、162 頁。
⑤ 『伊勢物語童子問』、『荷田全集』第 1 巻、28 頁。
⑥ 『伊勢物語童子問』、『荷田全集』第 1 巻、210 頁。
⑦ 参見三宅清『荷田春満』、畝傍書房、1942 年、578—579 頁。

学而》的"子贡曰：贫而无谄，富而无骄，何如"说："《三代实录》的'有常传'亦写'性清警有仪望'，当有'贫而无谄'之意。"① 他关于《万叶集抄》的写作动机则对此进行了总结性的说明："我作《万叶集抄》，不拘事实，只以咏道为本。此本朝神祇道学德风之所依，窃可比于孔子之不作诗也。"② 可见，这种对孔子及《论语》的异常重视和尊重，说明他在很多方面仍是古典的"儒教内容的遵奉者"③。

2. 荷田春满的神道观及其中国认识

神道是荷田春满构建其古学的根本和出发点。④ 对他来说，讨论神道之前必须先对它"正名"。他认为，"道"只意味着"神道"，虽与歌道同为"日本精神"的重要部分而保持着一致性，但两者却是完全异质的概念。"此歌之意，乃云神代六首之歌。其成至极之传授，专为诸家极秘者也。知本朝之道之人甚少，故以和歌认作本朝之道的根本，乃立传授者也。和歌仅是用语言表达当然之思者也。以此为道之根本，大谬也。本朝之道，简化于神代上下卷者也。……以歌认作道，则有大谬也。"⑤ 显然，肯定"道"的排他性，为他依据《日本书纪·神代卷》而提出独自的神道观做了准备。

他认为，所谓"道"或"古道"就是"神道""神祇道""本朝之道"，是与儒佛相对的概念："此神武帝时代之道，虽无神道之名，却是真正之神道王道。后世儒佛杂入，始有神道之名也。"⑥ 即是说，神道是一个依据日本风土独自发展起来的概念："我国之教是神代以来的古老之教，故立一道，既不见于儒书之教，亦不识于佛书之教。国亦称为神国，道亦称为神道，教亦称为神教。"⑦ 同样，它作为规范人们生活方式的"本朝之教""神教"，也与"异国之教"存在根本差异："日本之教若以

---

① 『伊勢物語童子問』、『荷田全集』第 1 卷、101 頁。
② 荷田春满：『万葉集抄』。转引自三宅清『荷田春満』、588 頁。
③ 三宅清：『荷田春満』、畝傍書房、1942 年、585 頁。
④ 他关于神道的研究集中在其青年时期（出府以前的时代，即 1700 年以前）和中年时期（1700—1723 年），关于歌学的研究则集中在中年和晚年时期（1723—1736 年）。
⑤ 荷田春满：『日本書紀神代卷箚記』、『荷田全集』第 6 卷、名著普及会、1990 年、90 頁。
⑥ 荷田春满：『日本書紀釈訓』。转引自三宅清『荷田春満』、240 頁。
⑦ 荷田春满：『日本書紀問答鈔』。转引自三宅清『荷田春満』、241—242 頁。

道理则不教，唐土之教则以理而传。当可知在我国什么皆是以物相传，以作为相传，比于器物相传之意。若不辨此意，则神祇道不通。"① 因为神道是完全自主的道，所以保持了自身的独立性和纯粹性。"本国之说，依本教，既不随佛教，亦不随周公孔子，随本国、本教之说为我道。"② 他坚信，神道、神教为神国日本所独有，故具有对儒佛乃至世界万国之道的形而上的优越性："日本乃神裔所存之国，胜于万国，教亦胜于万国也。"③ 可见，在他眼中，神道不仅是优于儒佛的自主的道，而且是一种绝对至上的道。

这种神道观显然已定下了春满的儒佛认识的基调，即他对儒佛形成了作为"异国之道"或"异国之教"的明确自觉，开始试图以一种新的世界观来重新认识和把握。于是，他的儒佛认识就在下述语境下展开：为了复兴神道，一方面必须依据《日本书纪·神代卷》而发现日本独自的"神道"，另一方面必须排斥各种习合神道学说，即排除"杂入"神道的儒佛因素。

第一，在他看来，佛教是"虚空"之教，不符合日本的风土和王道，因而是应该予以否定和排斥的"异国之教"。由此他对佛教的末世、极乐、轮回思想等展开了激烈批判。佛法常以末法思想论述"末世人之肤浅"，而神道论及人时"绝无本世、末世之差别"④；佛教云善人死后入极乐，恶人陷地狱，"此非神道之意"⑤，神道是以天为本，生于天而归于天；佛教谈轮回，与神道也不一致，在佛教是"千人死则千人生"的"肃杀"，神道则是"伊奘冉尊日杀一千，伊奘诺尊则日生一千五百"的"发生"⑥。不仅如此，他甚至还以神道的原理对一些佛教习俗进行解释。譬如，他认为，当今僧侣的葬礼之法不是依据佛教之说，而是依据本朝之法。由上可知，在春满那里，佛教以"虚空寂灭"为宗旨，而与以"生生不穷"为第一原则的神道格格不入，因而排除佛教对日本的影响则

---

① 荷田春满：『日本書紀神代卷剳記』、『荷田全集』第 6 卷、10 頁。
② 荷田春满：『東丸神代答記』。转引自三宅清『荷田春满』、242 頁。
③ 荷田春满：『日本書紀神代卷剳記』、『荷田全集』第 6 卷、63 頁。
④ 『伊勢物語童子問』、『荷田全集』第 1 卷、168 頁。
⑤ 『日本書紀神代卷抄』、『荷田全集』第 6 卷、163 頁。
⑥ 『日本書紀神代卷抄』、『荷田全集』第 6 卷、171 頁。

是复兴古道必不可少的工作。

　　第二，相比排佛的态度，春满对儒教的态度则相对宽容。认为日本是神国、神道和神教相一致的国家，并以此主张日本对中国和儒教的优越性，是春满儒教观的根本。在此基础上，他也表现出贬低和排斥儒教及中国的倾向。他举例说，日本的王位"宝祚之隆，当与天壤无穷者矣"，而中国的圣人则是汤王、武王等"弑主而为君者"，故日本远胜于中国："本邦之帝位，绝非异域之杀夺而以暴制暴之君位。自国常立尊至当今天皇，帝位从不移他姓，便有皇统相续之神道、神教，故绝无以人力夺帝位之事。此后至万世犹如此。"① 又如，他认为日本"以正直为本"②，所以"性善则不立也"，故比"立性善"的异国之教优越。再如，他嘲笑说，日本的伊奘诺尊和伊奘冉尊立于"磤驭卢岛"而造"八寻殿"，相比而言，作为汉族始祖的有巢氏只会做鸟虫都会的事情，"为什么不知建造住房呢？"③

　　尽管露出了排儒的意思，然春满的世界观仍受到儒教的深刻影响。譬如，他深受儒教"天命观"的影响，认为神道的本质为王道即所谓道德教训，"本邦之教皆以天为本，乃云帝皇为天孙，人臣为天神之后裔，道之本原乃基于天之教"④；他关于天地造化的观点，更说明了他"排佛容儒"的基本态度，"佛家关于天地的言说较特殊，儒说则大概同意也"⑤。可见，春满的古学观不仅"仍未能摆脱儒意"⑥，甚至可以说仍以儒教为其基础和参照。譬如，他经常援用儒教的原理来排斥佛教或说明日本的事物：他以神道"生育不止不尽之理"比照汉学的"阳长阴不足之学说"⑦，从而批判佛教的轮回思想；他在对《伊势物语》里出现的"竹子"做解释时，道出了自己兼顾儒教的立场："当先以我朝之佳例为本，也旁及异国之故事。"⑧ 显然，这种带有浓厚儒教色彩的世界观制约

---

① 『万葉集僻案抄』、『荷田全集』第 1 卷、462—463 頁。
② 『日本書紀神代卷箚記別本』、『荷田全集』第 6 卷、136 頁。
③ 『日本書紀神代卷抄』、『荷田全集』第 6 卷、168 頁。
④ 『伊勢物語童子問』、『荷田全集』第 1 卷、543—544 頁。
⑤ 『日本書紀神代卷箚記別本』、『荷田全集』第 6 卷、127 頁。
⑥ 三宅清：『荷田春満』、588 頁。
⑦ 『日本書紀神代卷箚記』、『荷田全集』第 6 卷、31 頁。
⑧ 『伊勢物語童子問』、『荷田全集』第 1 卷、250 頁。

了他对儒教和佛教的认识和评价。

不仅如此，以《日本书纪·神代卷》为绝对的神道教理，是荷田春满神道观和儒佛观的认识论基础，这意味着他关于神典解释的方法论是基于一种超越客观认识的"绝对的信念"[1]。这种与实证态度相异的"主观主张的扩大"，就使他的神祇道学及儒佛认识陷入了不可知论和主观唯心的神秘主义。这同时也是江户国学者共同的方法论缺陷。显然，这种为建立内部共同体而产生的情绪化心理决定了春满无法对其神祇道学及儒佛认识进行客观、实证的证明，最终不得不陷入"是秘说也"[2]的秘传主义。可以说，他着力建设的神道世界观"仍未完全脱离旧神道的范围和类型"[3]，而这种内容和方法论的局限导致他无力建立起古道的坚实基础，也难以展开对佛教乃至儒教的有效批判。

总之，对"彼（中国）我（日本）"之间的差异，荷田春满并不像真渊、宣长那样有充分的自觉。因此，他并不是一个成功的儒佛价值体系的破坏者，也不是一个成功的"日本精神"的建设者。他作为国学者的价值在于走出了"排斥儒佛"与"建设日本精神"的关键一步。或者说，他虽然没有完整地建立作为世界观的国学的思想体系，却确立了复古国学的思想方法论，也打开了"排斥儒佛"这一重新认识和评价中国文化的大门，从而"为国学者的'日本精神'哲学作了思想准备"[4]。

3.《创学校启》的自他认识

《创学校启》（1728）是荷田春满晚年所写的一篇文章。该文篇幅不长，却确立了国学的目的和研究方法，尤其是提出了强烈的排儒排佛主张，因而被认为是近世国学的经典文献。该文是他向幕府要求复兴古学的"请愿文"，后来出现多个版本，对江户国学者的古道观及儒佛认识都有很大影响。

《创学校启》第一次明确地提出"国学"的目的是"开皇倭之学"[5]，也即复兴"本朝的古学"。除"古学""古道"外，"国学""皇倭之学"

---

[1] 大久保正：『江戸時代の国学』、至文堂、1963年、103頁。
[2] 『日本書紀神代巻抄』、『荷田全集』第6巻、171頁。
[3] 三枝康高：『国学の運動』、風間書房、1966年、99頁。
[4] 朱谦之：《日本哲学史》，人民出版社2002年版，第96页。
[5] 荷田春満：『創学校啓』、載『神道大系』論説編23、精興社、1983年、62頁。

（灵渊本）、"皇国之学""神皇之教""国家之学"等概念的首次提出，说明晚年的春满对本民族的独特精神有了更进一步的自觉。这种"民族主义意识"的成长不仅意味着对自我的重新认识，还必然要求对外来文化进行重新认识和定位。

为此，春满首次明确地提出了"古语—古义—古道"的"国学的"研究方法和思考范式。在他看来，古道仍见于日本古典，"《万叶集》者国风纯粹，学焉无面墙之讥；《古今集》者歌咏精选，不知则有无言之诫"，只是由于"国学之不讲实六百年矣，言语之有释，仅三四人耳"，所以导致了"古道之溃"。因此，欲挽回此颓势而恢复古道，首先必须学习古语。"古语不通则古义不明焉，古义不明则古学不复焉。先王之风拂迹，前贤之意近荒，一由不讲语学。是所以臣终身精力用尽古语也。"①显然，这种从语言文献学出发的古典注释和研究，虽说旨在重新"发现日本"，却也提示了国学者"发现中国"的方法论，同时隐藏了其中国认识的选民意识和暴力性。这就是说，虽然荷田春满尚未注意从"古语"本身展开对"日本精神"的探求，却为贺茂真渊、本居宣长等从语言、和歌、物语、神道等方面展开对儒佛的全面批判和自我的全面构建奠定了基础。

对他来说，为了复兴古道，还必须排除儒佛对古道的蒙蔽和污染。在他看来，作为"异国之教"的儒佛传入日本后，至今已是家喻户晓，甚至成为学问的全部，"今也洙泗之学随处而起，瞿云之教逐日而盛，家讲仁义步卒厮养解言诗，户事诵经庵童壶女识谈空"。与此相对，"神皇之教"则日益衰落，无人有志于复古之学："民业一改我道渐衰。……神皇之教陵夷，一年甚于一年。国家之学废坠，存十一于千百。格律之书泯灭，复古之学谁云问？咏歌之道败阙，大雅之风何能奋？"不但如此，"古学"也逐渐失去其本来面貌，变得杂而不纯："今之谈神道者，是皆阴阳五行家之说。世之讲咏歌者，大率圆钝四教仪之解。非唐宋诸儒之糟粕，则胎金两部之余沥。非凿空钻穴之妄说，则无证不稽之私言。"②因此，他对以儒佛为代表的中国文化进行了激烈批判。"悲哉，先儒之无

---

① 荷田春满：『創学校啓』、『日本思想大系』39、337頁。
② 荷田春満：『創学校啓』、『日本思想大系』39、333頁。

识，无一及皇国之学；痛矣，后学之卤莽，谁能叹古道之溃？是故，异教如彼盛矣，街谈巷议无所不至；吾道如此衰矣，邪说暴行乘虚而入。怜臣愚忠，创业于国学。"正因面对国学的如此荒颓之势，春满才上书幕府要求创立"国学校"，声称"臣自少无寝无食，以排击异端为念。以学以思，不兴复古道无止"①。显然，在他眼中，原本作为先进文化代表的儒佛已成为"异端邪说"，因为它们在日本的传播和盛行，才导致了日本古道的衰微和"失真"。这样，他否定了中国文化对日本文化的积极作用，甚至将中国文化对日本文化的促进作用做了相反的解释。②

可见，荷田春满开创了"将后世内部的虚伪看成外部的'异质'而加以排斥"③，进而建设日本人文化同一性的道路。这意味着"发现日本"和"发现中国"开始被置于同一层面加以讨论："发现中国"也就意味着"发现日本"，反之亦然。可以说，《创学校启》不仅提示了江户日本文化民族主义的思维构造，也奠定了江户国学者自他认识的基调。

(二) 贺茂真渊的自他认识

贺茂真渊（1697—1769）出身于远江国（现静冈县）有着浓厚歌学传统的神官家庭，幼时师从渡边蒙庵，又与服部南郭交往密切，所以受到了徂徕学的深刻影响。后师从荷田春满，深得信赖，始欲通过《万叶集》等上代经典探究日本古代的独特精神。1737 年移住江户，开坛讲授国学，其间参与了由荷田在满、田安宗武引起的"国歌八论"论争，确立了复古主义的万叶主义歌风，给当时歌坛以很大影响。1746 年以后，以和学仕从田安宗武，对《源氏物语》及"祝词""冠辞"等进行了考据学的研究，确立了自己独特的国学思想。晚年与本居宣长"松坂一夜"长谈后，促进了《古事记》的研究倾向，成为宣长学的先驱。据说门生有 340 余人，以本居宣长、村田春海等"县门十二大家"为最，故被称为"县居学派"。著述达 50 余种，值得关注的是《冠辞考》《万叶考》《祝词考》《宇比麻那备》《尔飞麻那微》及宣扬和极端美化上古文化的"五考书"（《国意考》《歌意考》《语意考》《文意考》《书意考》）。这些

---

① 荷田春满：『創学校啓』、『日本思想大系』39、335 页。
② 牛建科：《试析日本国学家的中国观》，《延边大学学报》（社会科学版）2007 年第 4 期。
③ 子安宣邦：『江戸思想史講義』、岩波書店、1998 年、263 页。

著作在反映他古学思想精华的同时，也反映了他否定并排斥儒教的中国观。因为后者，他受到本居宣长很高的评价："廓清唐心，专攻古词心之学，以吾县居大人始。"①

与仍受限于儒佛世界观的契冲、荷田春满等相比，贺茂真渊开始了欲摆脱儒佛束缚而立足于"日本风土"的自然主义世界观的构建，并由此展开了对儒佛的重新认识和评价。他的古道观和儒佛认识，凭靠他众多的著述与教学活动，不仅对18世纪中期以后日本的知识界产生了很大影响，还使国学成为影响整个社会的巨大思潮。

1. 贺茂真渊的古语观及其汉字排斥论

贺茂真渊继承了荷田春满"古语—古意—古道"的"国学的"方法论和思考范式，却比他更重视古语对于建立自足的文化共同体和排除"汉意"的意义。在他看来，纯粹的古语不仅是"古道"的承载者，其本身也是日本精神的重要表现，因而不仅具有方法论上的意义，也具有本体论上的意义。

与以往的思想家相比，贺茂真渊对古语之于古道的意义有了更明确的自觉，相信理解古代的关键在于理解古代的语言，因而最先明确提出了语言纯粹性的问题。在他看来，纯粹的古语不仅是古道得以成立的唯一保证，也是认识它的唯一途径，因而发现"排除了汉意"的"纯粹古语"不仅是理解古道的第一步，也是彻底排除"汉意"的首要条件。他指出，《万叶集》的古歌、《古事记》及其有关神皇的宣命、祝词等"全古代之文也"②，《日本书纪》《续日本纪》等则次之，只是残留了"古事、古言"，因而只要按次序对它们进行研究，就可以发现"合乎天地自然"的神皇之道。

> 先学古歌而咏古风之歌，次学古文而作古风之文，再细读《古事记》，再细读《日本书纪》，再读《续日本纪》及以下的各种史书，查阅式［弘仁式等］、仪式［内里仪式等］或诸种记录，阅读假名书物。取其残留之古事、古言，思考古代之琴、笛、衣服、器具

---

① 本居宣長：『玉かつま』、『増補本居宣長全集』第 8 巻、吉川弘文館、1926 年、6 頁。
② 賀茂真淵：『邇飛麻那微』、『日本思想大系』39、367 頁。

所载之事，其余诸事可于阅读、思考上述史籍间得知。于是，穷尽皇朝之古后，便可窥知神代之事。唯如此，方可得知合天地自然、统治神代的古代神皇之道。①

可见，贺茂真渊以"古言、古意、古事"三位一体的崭新视角，确立了全面复古的万叶主义和《古事记》至上主义，并以此建设他的日本精神哲学观及对儒佛的优越性。

纯粹的古语不仅是真渊构建古道观的出发点和工具，其本身也是事关本体（日本精神）存立问题的最根本要素。对他来说，正是异国之教导致了古道的衰落，而汉字则是"罪恶的元凶"②，因为用"异国文字"思考并记述自我的历史，本身就意味着本国文化的灾难。因此，对汉字的排斥，就成为他创建日本人文化同一性的先决条件。针对当时认为日本没有固有文字的流行观点，他反驳道，日本有"自然的"表音文字，由天而得，因而"国治争止"③，它就如印度的声音文字，日本仅五十个音（假名）就可以充分表达世界。这样，"五十音"本身就被神秘化，而被当成古代日本"有秩序的天地自然"的象征。相比而言，作为表意文字的汉字数目繁多，不仅无益烦琐，又易出错，远不及日本的假名文字。他强调说，日本的古代只是借用汉字之音，而不取汉字之意，所以"以古语为主，而以汉字为奴，故任随心意而用汉字"，只是日本后来丢弃了以古语为主的传统，所以"古语乃变为汉字之奴隶"。依真渊，中国的文字不仅阻碍了日本文字的发达，还造成日本人对古代事情的一无所知，而使真道不显，祸害无穷。可见，作为国学者，贺茂真渊最先发现了与语言相关的自我同一性的危机，也由此第一次赋予国学作为"压制汉字"的抵抗体系的性格。④ 他坚持古语的自然性和优越性，说明他已触及了民族主义最本质的问题，因为只有语言共同体的成立才能使文化共同体的成立成为可能。随后，本居宣长、平田笃胤等也继承了这种语言民族主

---

① 贺茂真渊：『迩飛麻那微』、『日本思想大系』39、363頁。
② 村井纪：『文字の抑圧：国学イデオロギーの成立』、青弓社、1989年、69頁。
③ 贺茂真渊：『国意考』、『日本思想大系』39、381頁。
④ 村井纪：『文字の抑圧：国学イデオロギーの成立』、69—70頁。

义的立场和思维，为创建大和魂文化共同体而展开了对汉字及其承载的儒教思想的激进批判。

2. 贺茂真渊的歌道观及其中国批判

歌道观（人观）是贺茂真渊构建古学观和排斥儒教的思想基础。因为和歌被认为最真实地保存了古语，故对它的研究就成为真渊国学的出发点。"以古歌知古意、古语，依此而知古代之貌。知古代之貌，再往上追溯，便可知神代之貌。"① 根据对《万叶集》和歌等所做的研究，真渊确信他发现了日本所独有的"万叶精神"，即一种以"雄壮之心"（oosikigokoro）、"直心"（naokigokoro）和"真心"（magokoro）② 为表征的"合乎天地自然"的"高直的大和魂"③。

> 古歌专重格调，因是歌唱之物也。其格调之大概，无论悠闲、明朗、清脆、深远，皆每人自然得来而成，贯之以清高正直之心。且其高中有雅，直中有雄壮之心也。何哉，作为世界万物之父母的天地，乃成春夏秋冬。……是以为了知晓古事，今观其格调之状，可知大和之国乃丈夫之国，其时弱女亦学习丈夫，故万叶集之歌，大都丈夫风格也。……抑夫上古各朝其在大和国建都时，以雄猛之皇威显于外，以宽和成于内，制服天下，是以国家日益繁荣，民一心尊上，自己亦以正直传于世。然自从迁都山背之国，令人敬畏的皇威日益衰落，民亦附此阿彼，其心日趋邪恶。是何故耶，此乃不要丈夫之道，酿成欣赏弱女风格之国风，加之唐之国风盛行，民不畏上，出现奸心之故也。④

在真渊看来，"雄壮之心"和"直心"皆来自自然，以"直心"一以贯之，反映了古代日本人生活根底的真情，故是日本精神的根基。因为歌道立足于天地自然，以"直心"为根本，故具有不同于儒教劝惩主

---

① 贺茂真渊：『国意考』、『日本思想大系』39、381頁。
② 他曾指出，"古代之歌即所有人之真心也"（『邇飛麻那微』、『日本思想大系』39、361頁）。
③ 『賀茂翁遺草』、『賀茂真淵全集』第21巻、続群書類従完成会、1982年、330頁。
④ 贺茂真渊：『邇飛麻那微』、『日本思想大系』39、358—359頁。

义的"知世之治乱、动天地、哀鬼神、和男女、慰武士之心"的治世功能。他指出,"直心"包含"抗邪"(正义之心)、"坚强雄壮"(刚直之心)、"不掩所思之事"(正直之心,即"心皆被打动而服从")三项内容①,意味着统治者"遵循在天神祖之道,天皇以庄严雄壮为表,臣下以武勇正直是专,治理天下"②,被统治者则借由和歌实现对政治的自觉服从,最终达到"直心一体"的君臣和乐的理想之境。这就是说,受儒教影响之前的日本古代秉承自然的意志,故人民"不教而教",自觉模范地遵守人伦之道,人心正直而无争端,崇尚武道而追求正义,上下一体而君民和谐,一切都顺乎天地自然之道而运行,"我大王之御代,依日月天地而行,就像日月是圆的、一年有四季那样,一切事情都在无休止地运转"③。因此,日本只要废弃"人为"的儒教而以自然主义的歌道治国安邦,便可回归理想的政治和社会制度:"歌乃咏人之本心。……凡物必依道理,则无异于死物。与天地自然而成之事,方乃有用之活物。世上万物大凡为恶,或倾向于恶,此乃人之不良天性。知之而舍之即可。唯和歌,即便咏的是所欲所恶之事,本心则不乱,而使物物流畅,万事流通。"④显然,真渊的歌道具有"正直""尚武"⑤"尊皇"三大特征,表现了古道的一个侧面,因而与其主张的"神国""神皇""神统"三位一体的神道构成了日本独特的古道。所以说,歌道既是他主张日本独特性而确立日本人文化同一性的基点,也是他全面排斥儒教的根据之一。

相反,儒教则是"人为"的道理,依靠仁义礼智信等严厉的道理说教来"劝善惩恶",扭曲了人性,导致"奸心"和"慧黠心"横流于世。"儒教有所谓道,解释为天下之理。此似无懈可击,然理强将天地之心缩小,故难同意也。……即使有儒教道理,认为天下之人皆同此心似的,实则人心各异,表面上虽极相合,本心却不可得知。因为儒教传入我国,

---

① 贺茂真渊:『邇飛麻那微』、『日本思想大系』39、369頁。
② 『万葉集大考』、『校本賀茂真淵全集』思想篇上、弘文堂書房、1942年、148—149頁。
③ 贺茂真渊:『書意』、『日本思想大系』39、445頁。
④ 贺茂真渊:『国意考』、『日本思想大系』39、377—378頁。
⑤ 真渊认为,《万叶集》所体现的"男子风格"(masuraoburi)或"雄壮之心"的歌风,说明古代日本人崇尚武道,是古道优于儒教的表现之一。比如,他曾说,"真正之武道径直高远,无疏(不切实际)无私,自然而然国泰民安"(『国意考』、『日本思想大系』39、391頁)。

说在中国这道理如何有治世之效，全都只是胡说八道而已。"① 按他之意，儒教是主观的产物，是狭隘的空理，违反了天地自然之心和事实的真相，所以无法协调人伦关系，不但不能治世，反倒是乱世之道。"大凡儒道，使人心日趋慧黠，表面上崇敬君主，使之过分尊贵，于是天下便归臣心矣。……儒道不只乱了中华，甚至牵累到日本。"② 不仅如此，儒教自传入日本后，其所谓"道理"还催生了"慧黠心"，扰乱了日益繁荣的"皇国皇道"："中古以后，采纳宣传外国人制定之许多烦琐政令，臣下亦分为文司、武司，贵文而贱武，于是吾皇神之道衰微，人心不直矣。"③ 显然，在这种自然主义哲学观的价值体系下，原本为"内部的"人性之间的对立就被转化为内部（直心）与外部（奸心、慧黠心）之间的对立，同时后世内部的虚伪也被看成是外部的"异质"而加以排斥。

总之，对真渊来说，"自然的"就是日本的、最善的，"人为"的就是儒教的、最恶的，反之亦然。它们之间的对立是根本的、全面的，也是无法调和的，因此"排斥儒教"就等于与邪恶做斗争，就等于构建"最善、最美的日本"。真渊关于儒教和自我的这种认识，上承《创学校启》，下为本居宣长等所继承，构成了18世纪中叶以后国学者自他认识的基础。

3. 贺茂真渊的神道观及其中国批判

对贺茂真渊来说，神道即是道，是古道和歌道的根本，故要讨论它，就要先"辨道"，即为神道正名。享保末年，徂徕的高徒太宰春台刊行了著名的《辨道书》（1735），他指出日本原本没有固有的神道，当今所谓的"神道"不过是"配剂了七八分佛法、二三分儒道"的"巫祝之道"："日本原来无道，近来说神道者俨然以为我国之道，虽高妙般云云，皆后世所言及之虚谈妄说也。日本无道之证据在于仁义礼乐孝悌之字无和训也。凡日本原有之事，则必有和训也。无和训乃日本原来无此事之故也。"④ 依春台，神道并非与儒佛并列的日本固有宗教，而是"神道本在

---

① 贺茂真渊：『国意考』、『日本思想大系』39、376頁。
② 贺茂真渊：『国意考』、『日本思想大系』39、377頁。
③ 贺茂真渊：『贺茂翁家集』、『贺茂真渊全集』第21卷、64頁。
④ 太宰春台：『弁道書』、載鷲尾順敬編『日本思想闘諍史料』第三卷、66頁。

圣人之道之中"。这番话一面世，即刻就受到真渊的激烈批判，以致后来本居宣长、平田笃胤等国学者或神道家也纷纷加入批判的行列，形成了日本18世纪中期以后最重要的知识活动——"国儒论争"。这场论争一直持续到幕末，对江户日本的神儒佛认识产生了重大影响。

在真渊看来，春台关于神儒佛的言说事关自我存立的根本，因而不仅多次与本居宣长通信讨论，还著成《国意考》（1769），对春台儒教中心论的思想进行攻击。"国意"即是皇国精神的意思，即以自然为依据的"皇国之道"。该文最集中体现了真渊的日本精神哲学，不仅是排斥儒佛的急先锋，也是近代日本尊皇思想的源流之一，因而是继《创学校启》后江户国学者中国认识的又一经典文献。

贺茂真渊认为，神道或古道"就像大凡世间有荒山、荒野而自然形成道那般"①，原本为日本古代相传下来的纯粹的天地自然之大道，也即"皇神之道""天皇之大道""神皇之道""皇朝之大道""清正之千代古道"等。因为神道立足于"世界万物之父母"的天地自然，所以是活物，具有超时空的永恒性和无限的普遍性②，"只要天地不绝，古道就不会绝"；相反，儒教不过是狭隘的、烦琐的、复杂的、抽象的空理妄说，就像"凡物必依道理则无异于死物"那般，是"无用之教"，既违反了自然之心，又不合于具体的历史事实，更不具有普遍的意义："彼之以为根本的孔子之教，实际上中国各时代都没有用过，难道传入我国便有什么益处了吗？"③ 同理，神道也具有作为日本固有之道的独特性（特殊性），既圆又平④，而与"由人之制作而成，像箱子般又方又尖"⑤ 的儒道有着本质的区别。依真渊，神道与儒教体现了"自然"和"作为"之间不可调和的矛盾和对立，所以前者对后者具有绝对的优越地位。因而，就像没有能与春天匹敌之季节一样，"亦无胜于樱花之花，亦无与大和匹敌之

---

① 贺茂真渊：『国意考』、『日本思想大系』39、377頁。
② 虽然贺茂真渊并不就此特别强调神道的普遍性，然他的言说已隐含了这一逻辑。伴随着历史的前进，这一思维不断为后人所演绎与扩大，用于主张日本作为古道唯一承继者的优越性。
③ 贺茂真渊：『国意考』、『日本思想大系』39、387頁。
④ 贺茂真渊：『国意考』、『日本思想大系』39、384頁。
⑤ 贺茂真渊：『書意』、『日本思想大系』39、445頁。

国家，亦无及于神道之道"①。

既然神道绝对胜于儒教，日本就必须彻底排除儒佛对自我造成的污染，回归古代日本人的生活和精神，即依靠古道（神道与歌道）来安邦治国。基于儒教为祸乱日本之根源的认识和狂妄的日本崇拜思想，他就从国体（道的制定与执行）、制度风俗（道的功能）等方面全面展开了对儒教的严厉批判。

第一，贺茂真渊将天皇及所行之道与儒教的圣人及圣人之道全面相对立。他认为，天皇的存在是自然的，故是日本万世一系的统治者，"凡天下小事姑且不论，天皇世世代代相传为最妙"②。因此，作为"天皇之大道"的神道是自然的道，源自人神相感时的畏惧，所以就像自然那样没有穷尽。古代日本依靠神道治国，故仁义满天下，极其太平繁盛。"大凡世上，如同荒山荒野自然出现道路，我国也是自然开辟出神代之道。此治国之道自然兴旺，使我国愈发繁盛，周而复始。"③这种尊皇思想后来被本居宣长等发展，成为皇政复古的思想依据之一。

相反，受儒者崇敬的圣人皆为篡夺皇位的不仁不义者：禹名为受禅，实弑君夺位之徒；舜亦如此；武王讨纣，是以臣伐君。恶人所立之道自然为"恶"，不仅不能治世，反而导致人心变恶，纷争不断，政权更迭频繁，故是乱世之根源。儒道不仅乱了中华，甚至牵累到日本，"儒教一旦传来，天武天皇时便引起大动乱。其后奈良时期，礼服、冠帽、用具之类，皆模仿中华。万事只重表面，似乎变得风雅，却多生邪恶之心"④。因而，儒者认为日本必须实行儒教的想法是极其愚蠢的。

第二，贺茂真渊认为，古道和儒教之间的本质区别导致它们在文化心理、伦理道德、制度风俗等方面也存在尖锐的对立。认为"人为的"制度风俗违背了"天地之心"，是贺茂真渊否定儒教的立足点。

他认为，儒教的仁义礼智信五常之道"强将天地之心缩小"，束缚了事物，故是大乱的根源。针对儒者（实指太宰春台）"我国古代无所谓仁义礼

---

① 贺茂真渊：『贺茂翁家集』、『贺茂真渊全集』第21卷、100页。
② 贺茂真渊：『国意考』、『日本思想大系』39、388页。
③ 贺茂真渊：『国意考』、『日本思想大系』39、377页。
④ 贺茂真渊：『国意考』、『日本思想大系』39、377页。

智，亦无其和语，故极为卑贱"一说，他即以四季之运行为例反驳说，天地之行是平缓而至，并不如中国所言，立春后便突然变暖，立夏后便急速变热。"此乃中国之教违背天地自然，急速佉屈也。……凡天下之物，犹如有四时之分，自然有仁爱、愤怒、道理、领悟，犹如有四时而不绝。以此用于人，又取仁义礼智之名，故而束缚了事物。完全没有这些名字，一任天地之心，岂不更好？"① 依他看，"仁爱""愤怒""道理""领悟"等是自然原本就有的人情，故不需特立名目，即可保"长治久安"，因而远胜于中国"以人心而作，以致万事相违者甚多"的仁义礼智制度。

他随即又以婚姻制度为例，批判儒教"同姓不娶"的观念，论证神道胜于儒教。针对"只有同姓不娶才好，兄弟姐妹通婚无异于禽兽"的儒教主张，他批驳道：

> 天意几时说到人与鸟兽相违，一切受生者，皆同也。暂立制度者是人，故其制度亦因国、因地不同，就如草木鸟兽之异。然随其国之宜而设立之制度，天地自然之教也。在我国古代，以亲族为兄弟，不以异母为兄弟，因此古代人情径直，故无亲族之通婚，而常有异母兄弟姐妹之通婚。……一旦设定制度，便以为天下之人以至后世非遵守不可，何其愚哉！②

为进一步说明他的观点，他同时对儒教"以人为贵"的主张做了批判。依他看，"儒教独以人为贵，视为万物之灵，也是愚蠢之极，它和中国鄙视周边国家为夷狄一样都不符合自然事实"。"由天地自然之目视之，人兽鸟虫皆同。……若认为人有智慧，则天下有一、二人聪慧亦无不可，若人皆聪慧，互竞机巧，则邪恶丛生。"③ 就像人的智慧正是使人相互残杀的祸根那般，儒教对待和处理自然与人、人与人、国与国（华夷观）关系的规则制度，既不符合自然，又不符合历史事实，故只能是邪恶的源泉。

在真渊看来，儒教传入日本，没给日本带来任何好处，反倒是引起

---

① 贺茂真渊：『国意考』、『日本思想大系』39、383—384 页。
② 贺茂真渊：『国意考』、『日本思想大系』39、387—388 页。
③ 贺茂真渊：『国意考』、『日本思想大系』39、386 页。

日本动乱的罪魁祸首。这里，儒教就被定位为一种"作为"的空洞道理和祸乱日本的根源，它对日本文化形成所发挥的积极作用被解读为消极作用；中国也被定位为不是因为拥有"礼"而尊贵，反倒因此而成为应该否定的存在。本居宣长继承了此说，并展开了更激进的反儒教、反中国的叙述。

与对儒教的猛烈攻击相比，贺茂真渊对佛教的批判则相对柔和。他一方面指出了与儒教同作为"异国之教"的佛教对日本的危害。佛教传入日本后，使人心变恶，其负面影响则罄竹难书；又宣传因果报应之妄说，大大妨碍了国民的武勇之德，侵蚀着以武道立国的国家根本。所以，对要回归古代生活和精神的日本来说，佛教信仰应该予以排除。"佛是他国之神，是毫无用处的，地狱、现世、来世之说，全是骗人的。"① 另一方面他又肯定了真正的佛教的意义，认为佛教有真诚的佛心，它原本不是特别的恶，应受到谴责的是僧侣，因为他们为了满足自己的欲望而利用佛来宣说人有罪，以此迷惑人，而这些主张实际上是毫无根据的。

尽管真渊否定了儒佛之道，其哲学思想却受到老、庄的影响，他本人亦对老庄哲学很是推崇，"故老子所言之天地自然，才符合天下之道"②。他虽欲彻底否定儒教的道理，有时却自觉或不自觉地引述儒教的说法来说明他的观点。比如，他以"孔子不舍诗歌而置于上卷"主张"歌乃咏人之本心"的观点。③ 从这种意义上说，即便不考虑汉字本身的影响，无论怎么纯洁的国学者，也难以彻底摆脱中华文明的影响。

总之，贺茂真渊以自然之道攻击儒佛，开始具有了解构儒教和华夷思想的巨大冲击力。它不仅象征了儒教的没落，也表明国学者开始拒绝以"华夷思想"为思考依据，而是以"自我充足的"古道来建设绝对日本主义的本土思维范式。他所建构的日本精神哲学虽然有助于日本人文化同一性的建设，然其消极面却伴随着历史的前进而不断为后人所演绎与扩大，因而直接为天皇尊崇思想注入了一支强心剂，"成为日本现代法

---

① 贺茂真渊：『県居書簡統編』、『賀茂真淵全集』第 23 卷、続群書類従完成会、1992 年、101 頁。
② 贺茂真渊：『国意考』、『日本思想大系』39、382 頁。
③ 贺茂真渊：『国意考』、『日本思想大系』39、377 頁。

西斯运动的哲学依据"①。

归根结底，真渊是以一种自然主义的神道观排斥儒教的合理主义，既难以从根本上否定儒教，又不可避免地走进了一个"死胡同"②，而突破这一限制的则是同样立足于自然，却将神话当成事实而主张"神授之道"的本居宣长。

三 神道的普遍性与儒佛的特殊性

继贺茂真渊之后，本居宣长和平田笃胤不仅继续构建神道作为"自足的""日本的"价值体系的合法性，也着力构建神道作为形而上的价值体系的普遍性及其优越性。本居宣长继承并发展了贺茂真渊的思想，全盘接受以"记纪神话"为事实的主张，以此展开有关宇宙本原和生成的演绎，欲建立古道对儒佛的形而上的优越性。平田笃胤则重点继承和发展了本居宣长的复古神道论，成为国学的主流。他利用西洋概念等进一步论述其神学世界观体系的合法性和优越性，成为幕末尊皇攘夷和皇政复古的思想支柱。他们的古道论和自他认识已基本上丧失"学问的"证明和意义，而成为自我狂的日本至上主义和激进的排外主义相结合的"民族主义"的产物。他们的作业也促使儒教和佛教成为一种对日本来说"无关痛痒"或"可以无视"的特殊的价值体系。

(一) 本居宣长的自他认识

本居宣长（1730—1801）生长于商业资本重镇伊势松坂的町人之家。这种家学渊源培植了他不同于儒教主义素养之武士的性格，而使他的学问更带有一种庶民的特质。他后出京都，入堀景山门，由契冲的国学而开眼，以至要沿着此人之说探究道之本义。在京都，他还受到徂徕学的熏陶，不仅奠定其学问观的基础，也使他找到了否定和排斥"汉意"的新视角，即以"神授之真道"来排斥和对抗所谓圣人的"制作之道"。34岁时，他与贺茂真渊会面，受其影响后便埋头于《古事记》等古典的研究，最终撰成《古事记传》这一巨著。他一生著述颇多，涉及神道、歌学、语言学、物语、史学等领域，重要作品有《直毗灵》《石上私淑言》

---

① 朱谦之：《日本哲学史》，人民出版社2002年版，第101页。
② 平野豊雄：『国学思想論』、載『講座日本近世史』9、有斐閣、1981年、156—159頁。

《玉胜间》《玉茅百首》《驭戎概言》等。这些著作既集中反映了他天皇绝对主义、日本至上主义的古道思想，又体现了他激进的排外主义的中国观。生前门人约500人，其中有不少贵族和大名。因宣长学对当时知识阶层和一般社会的影响及其学问体系的独特性，故被称为18世纪后半期日本最突出的"知识活动"。

作为江户国学的集大成者，本居宣长对日本人的同一性建构有更明确的自觉，因而在确立大和魂（发现日本）和排斥儒教（发现他者）两个方面都达到了极致。他继承了荷田春满、贺茂真渊的古道论，进而创建了神秘主义的神学世界观，并以此主张对儒佛之道的绝对优越性。作为这一世界观的表现，他系统创建了象征日本特质的"物哀"文艺观及古道论，由此展开了对儒教劝惩文艺观和"圣人之道"的全面批判，欲彻底否定儒佛等外来文化对日本文化的积极作用。

1. 本居宣长的古语观及其汉字排斥论

本居宣长继承了贺茂真渊的语言观。对他来说，"复古"最基础的工作仍是发现"古语"和排斥汉字，不仅因为纯粹的语言才能体现纯粹的文化，才能排除对日本古典的"汉意"和"后世意"这种主观、随意的解释，语言本身也是神圣文化的一部分，"本体论上的真实只能通过一个单一的、拥有特权地位的表象系统，才能理解"①，而且只有这样的语言才能使一个民族实现自己和获得自由。宣长认识到，汉字即是古语的破坏者和侵入者，因而对它的排斥本身也意味着"内部"或"自我"的形成。因此，他要求依据和歌②这种所谓纯粹的环境而发现纯粹的古语，并

---

① ［美］本尼迪克特·安德森：《想象的共同体》，吴叡人译，上海人民出版社2003年版，第16页。

② 对于最初的民族主义者为何总是对古语及和歌产生关注，哈罗特尼安提供了比较合理的解释："语言是从'有形的、可视的、可触知的领域借用词汇，以考古学的方式将它们适用至无形的、不可视的、不可触知的领域这种比喻的扩充'而发展起来的。因此，'随着时间的推移，它们便失去了与可确认出实体的意义的最初语源的联系点，最后留下的就仅仅是不可触知的东西和比喻的扩充。而词汇可让人联想起实体所指的存在本身一旦发生变化，在客观的状况中词汇也就失去了其原来明确所指的侧面。'正因如此，诗人通常所表现出来的直感力就会改变从无形之物到有形之物的顺序，并通过'比喻的扩充'的颠倒，而促使事物向本来关系复原。"国学者对受中国文化影响之前的古代语言和历史产生高度的兴趣，正是由于这种"诗的现实主义"。参见吉野耕作『文化ナショナリズムの社会学』、64頁。

第二章　解构中国和中国文化——发现他者　/　261

以此确立纯粹的大和魂乃至尊皇的神国思想。

本居宣长对语言之于本体的意义有了更明确的自觉，因而与真渊并不否定文字本身的态度相比，他采取了一种彻底的所谓"声音中心主义"的立场。对他来说，汉字传入日本后仍只是作为一种符号体系在发挥作用，它的声音体系并没有被日语吸纳，这就为他利用对日语声音体系的"考古学的发现"① 来排斥汉字提供了可能。例如，他认为"物哀"所体现的"啊""呀"之类，是人随感而发，故古语是"活的语言"，而汉语（言）过分概念化和复杂化，反映的不是生活上的事实（事），因而是"死的语言"。依他看，因为日本是优于万国的"皇大御国"，故其自然的声音和语言作为"皇国之正音"，也具有对外国语言的绝对优越性。"我国是如此尊贵、万国之上之御国，故方位亦居万国之初，乃如人身之元首，万事万物皆优、皆美之中，尤以人之声音与语言之正、之美，亦远优于万国。晴朗时其音极澄明，乃如抬头仰望晴空万里之天空，无丝毫之阴云，又独直而无迂曲之事，真天地间之纯粹正雅之音也。"② 显然，绝对的"皇国"是所谓日语"正、美"的真理性依据。因此，对他来说，日本的五十音就有不证自明的正当性和优越性，"凡人之正音全备于此"，此外的人类声音皆是"近于鸟兽、万物之声"的混浊之音，而"皇国之古言出自五十音。此乃唯用天地之纯粹正雅之音，不杂混浊不正之音之故也"。所以，他认为，日本是一个"言灵所助之国，言灵所幸之国"，其言语之妙"实胜于万国也"③。

基于声音中心主义的立场，本居宣长就以"大和语"（五十音）与"汉字"相对，并树立体现日本精神的最高作品——《古事记》，而与儒教全面对立。他认为《古事记》体现了不受外来文化影响的纯粹的自我环境，故是体现古语与古道的第一书。"以《日本书纪》为正史，然若为歌学探求古语，则以《旧事记》、《古事记》为佳。此二记文章少修饰造作，多记古语之原貌。二记之中，也以《古事记》尤具古质。《日本书

---

① 姜尚中：『ナショナリズム：思考のフロンティア』、岩波書店、2001 年、42 頁。
② 本居宣長：『漢字三音考』、『増補本居宣長全集』第 9 巻、吉川弘文館、1927 年、363 頁。
③ 本居宣長：『くず花』、『増補本居宣長全集』第 5 巻、吉川弘文館、1926 年、457 頁。

纪》文章多造作且悉以汉文书写，故多失古语之意。"① 这样，为了否定和排斥汉字，他依据《古事记》这一"神圣的书籍"，发明了自认为能与汉字区别开来的"大和语（yamatokotoba）"②的概念。他主张和歌"以口语为主，文字为末"，意图通过强调汉字与"口诵古语"的区别来否定汉意。他认为："（与汉诗相比）和歌是神代以来的风俗，通过我国特有的声音和言辞，歌吟种种自然天性的情感，完全没有不明之处。然随着时代的发展，人情、语言均逐渐改变，甚至我国自然产生的和歌之词，至今仍难以明了，它宛如外国语言一般，与我们十分疏远。"依他看，"雅言"是日本自然的语言，然而只有和歌没有失去古代的"雅意雅言"，"及至今天和歌仍避免了俗语，只使用雅言，而不失古歌之风姿"，因此"常读古歌，与之心灵相通，自然就会掌握古之雅言，它无任何难解之词"③。为了说明这点，宣长还对汉字文本的《古事记》用所谓"古语"训出，认为"训读"④才是真正的"大和语"，汉字不过是它的辅助表记："文字为异国之物，不过是借用而已。"⑤最后他总结说，世人虽知和训汉字之害，而无人知汉字于我国之语言有害，因此应予以重视的是日本独特而自然的语言。

不仅如此，宣长还强调日语"てにをは"对于"皇国正音"的重要意义："我国语言比万国语言明确、精细，在于它有'てにをは'。异国语言因缺少它们，故于明确度和精细度上不及我国语言，其意常有不明之处。"依宣长，"てにをは"就是日语优于汉语的一个绝对标志。因此，当有人说"它们是类似汉语助词之类的东西"时，他就十分气愤，对此加以极力否定，"助词乃助文章余势之物，可有可无。'てにをは'则缺

---

① 本居宣長：『蓴庵随筆』、『本居宣長全集』第 13 卷、筑摩書房、1971 年、605 頁。
② 对这一概念，他有时也用"言"或"词"来表示，实际都是指他所说的雅言、古语或口诵的古语。
③ 本居宣長：『あしわけおぶね』、『増補本居宣長全集』第 10 卷、170 頁。
④ 训读是对汉文的一种读法，即是把汉语转读成和语，通过给文章加上送假名、旁注假名、顺序符号等训点，而将汉文环境转换为和文环境来解读汉文文本的读法。与此相对的是"音读"（汉文直读法），即按照汉语的语音和语法结构来解读汉文。江户以前乃至整个江户时代，都同时存在着这两种读法。至江户时代，由于民族意识的成长，汉文开始被获生徂徕、本居宣长等当成是一种"异国"的语言，而被要求采用"训读"的方法来解读。
⑤ 本居宣長：『あしわけおぶね』、『増補本居宣長全集』第 10 卷、154 頁。

一不可，即便弄错一个，话语意思则会不明"①。显然，语言作为古道的体现，它的优劣被宣长扩大、投射至社会生活的领域，因而也成为日本"有序性"和中国"无序性"的证据。

总之，无论是"发现"古语，还是主张其优越性，都体现了本居宣长强烈的语言民族主义的立场。他对《古事记》所作的解释，其意义正如子安宣邦所言：

> 因汉文汉字的引进而成为可能的写作体"大和语"，其基础是从《古事记》文本中以训读的方式读出了神圣的口诵体古语。这样，到了近代在如此"大和语"学说出现的同时，一个新的神话也出现了。因为这种学说表明：由于《古事记》的产生，国语才得以成立，一种被称之为"日本人"的民族意识才得以被叙述，一个叫作"日本"的"内部"才得以成立。②

这说明，古语研究是为揭示古道服务的，因为语言不仅是知晓古道的唯一途径，其本身也是古道的重要表现。

由于民族意识的觉醒，在18世纪，日本的文化精英已较普遍地进行着汉字"异国"文字化的想象和作业，形成了"汉文训读的意识形态"。这实际上就是以一种翻译的方法来解读"外语"的文本，就是为了从根本上抛弃汉语的音声系统，使汉文"和文"化，从而最大限度地减少汉字对日本的影响，以保证他们所创建的文化体系的纯洁性。佐藤喜代治所说"训读的实行，至少对日语来说是一件十分幸运的事情"③，就准确说明了国学者的心态。

2. 本居宣长的物哀观及中国批判

文学观（人间观）是本居宣长展开其皇国绝对优越论的又一场景。宣长认为，因为日本是世界各国的本国，故日本的文化生活也必然有自己的特色。这就是和歌所体现的"真情"或物语所体现的"物哀"。它们

---

① 本居宣长：『あしわけおぶね』、『増補本居宣長全集』第10巻、176頁。
② 子安宣邦：『「宣長問題」とは何か』、青土社、1995年、129頁。
③ 佐藤喜代治：『日本語の精神』、畝傍書房、1944年、132頁。

作为纯粹的日本精神（大和心），正直、淳朴而重实情，因而与虚伪而重说教的"汉心""汉意"或"汉籍意"（karabumigokoro）有着本质的区别。同时，前者立足于主情主义的文学观，后者立足于儒教道德主义的文学观，两者也呈现出尖锐的对立。他同时认为，自儒佛传到日本后，"大和心"便受到了"汉心"的污染和蒙蔽，所以要恢复古道，"汉心"就是必须加以排除的对象。

在他看来，虽然日本精神受到了儒佛的污染，却仍"坚强地"留存于和歌和物语（《源氏物语》①）中，所以它们理应成为重建自我并排斥儒教中国的依据。他认为，和歌以自然的"真情"或"真心"（magokoro）为本旨，与善恶无关且有助于其中任何一方的发展，其本来面貌只是"歌吟心中之所思"或"如实叙述人之真情"②。《源氏物语》同样以"物哀"为本质，即所谓由"哇""啊""呜呼"之类的感叹声所体现的人之实情。③ 他主张，真情是放弃善恶、智愚、巧拙之论而自然流露，不加掩饰也无虚伪的情感，"所谓人之实情，乃如女子稚童而似愚者。成年男子屹然而似偏贤者，非实情也。此为修饰外表者也"④。相反，儒佛则违背自然之情，大谈善恶、是非之论，教人必须压制性情，蒙蔽人之内心，只注重修饰表面，因而是应极力排除的"伪善"。"一切当喜之事而不喜，当哀之事而不哀，当惊之事而不惊，以不为诸事所动为善而尊之，此皆异国式的虚伪，非人之实情也。"⑤ 受儒佛善恶观的影响，原本"多情"的汉诗文也完全无视了人的感情，"唯好咏男子般雄壮之心，耻恋情之纤弱、邪恶而不说"⑥，成为道德训诫的工具。

以白居易的诗歌为例。他认为，白居易对儒教的伦理观持有怀疑，故多做《长恨歌》那种歌颂男女情爱的艳诗，而与自己主张的"知物哀"文艺观十分吻合，所以他就常引《白氏文集·刘家花》的"多情"之例

---

① 《源氏物语》创造于平安时期，它仍保留着"物哀"精神，还意味着自儒教传来之后，日本精神仍是独立发展而来，因而自然也就引出了日本精神的特殊性乃至优越性的命题。
② 本居宣長：『あしわけをぶね』、『増補本居宣長全集』第 10 巻、149 頁。
③ 本居宣長：『源氏物語玉の小櫛』、『増補本居宣長全集』第 7 巻、吉川弘文館、1927 年、490 頁。
④ 本居宣長：『紫文要領』、『増補本居宣長全集』第 10 巻、306 頁。
⑤ 本居宣長：『玉くしげ』、『本居宣長全集』第 8 巻、筑摩書房、1972 年、316 頁。
⑥ 本居宣長：『石上私淑言』、『本居宣長全集』第 2 巻、筑摩書房、1968 年、160 頁。

来论证自己的观点。他坚信,无论古今与国别"纤弱"(memesii)的人情都是人类的共同情感,"所谓人情,无论古今,无论中国、天竺、日本,本来就无不同"①。在他看来,汉诗与和歌都是基于普遍的"人情"的产物,所以它们"原本都应有相同的旨趣",只是后来汉诗受到"汉心"的流毒而像中国"失传"古道那样趋于堕落。

宣长的物哀观否定了文学"辅佐政治""修身齐家"的道德教化意义,主张为艺术而艺术,似是文学自律的结果。然而,物哀观本来即是相对于儒教劝惩文艺观而被发现的产物,不仅来历可疑,又被赋予了与儒教对抗的暴力性。更重要的是,物哀观的目的虽然在于使文学脱离儒佛价值观的束缚,并因此宣称文学与道德无关,实际上却有意识地赋予它一种神道的规范性和道德性。对宣长来说,应该否定的只是儒佛赋予和歌的道德性,也即和歌及其精神(真心)必须以"神道"为依据,因为它不仅是产巢日神"产灵"的产物,也是"神道"的根底和表现。"和歌源自伊奘诺尊和伊奘冉尊二神。其从天降于磔驭卢岛,结成夫妇,围绕天之御柱,互相所唱之歌,即和歌也。"②"所谓真心,是由产巢日神之御灵所生之天然之心也。此真心,有智亦有愚,有巧亦有拙,有善亦有恶,各种各样。天下之人皆不同心,是神代诸神无论善事恶事,皆按各自之真心而行动之故也。"③因此,他主张日本的人心优于万国,"国家亦胜于万国,人心亦优,天生而得直情径行即中正也"④。从这种意义上说,物哀观虽然看似一种"近代的思维",却并不具备值得重视的"近代的意义"。

显然,宣长所理解的"真情论"乃是"神国的人情论"⑤,不仅具有排儒反佛的意识形态性,还隐含着服从天皇及其统治的逻辑和道德性,即它使和歌通过自身与天皇的联系再次与政治发生关联而具有了"作为参与秩序中心的政治的、文化的装置"⑥的资格。他认为,世上一切活物

---

① 本居宣長:『あしわけおぶね』、『増補本居宣長全集』第 10 卷、174 頁。
② 本居宣長:『石上私淑言』、『本居宣長全集』第 2 卷、90 頁。
③ 本居宣長:『くず花』、『増補本居宣長全集』第 5 卷、吉川弘文館、1926 年、481 頁。
④ 本居宣長:『くず花』、『増補本居宣長全集』第 5 卷、510 頁。
⑤ 子安宣邦:『江戸思想史講義』、岩波書店、1998 年、311—314 頁。
⑥ 百川敬仁:『内なる宣長』、東京大学出版会、1987 年、59 頁。

甚至包括鸟兽，都是由产巢日神的御灵所生①，所以人一生下来就知道所当行之道，所当为之为，因而能"不教而教"，自觉尊奉天皇，孝敬父母，祭奠先祖，怜妻儿，友朋友。因为一切都依据神的所作所为，所以古代日本就是"自足的"真善美的世界，"一切神道，决没有儒佛之道所谓善恶、是非之理论，唯多妙合丰饶悠然之雅物、歌之趣向"②。相比而言，因为中国"本来"就是充满邪恶的"难治之国"③，才强行制作极不自然的圣人之道，故形成严辨善恶之风习，终究不过为"伪善"。总之，依宣长，日本人在文化和生活方面对中国人拥有"先验的"优越性，它既无法选择，也不会随时间流逝而改变。

对宣长来说，以物哀为基础的"大和心"并不只是一种抽象的存在，还是日常生活里真实可见、可接触的情感，因为它有外在的表象和标志，即和歌、物语和山樱花④等。比如，他自称"樱奴"，大肆赞美樱花："人问敷岛大和心，朝日烂漫山樱花。"樱花从此跟大和心、大和魂挂上了钩，成为日本精神哲学的象征。同时，物哀思想也是源自并迎合了出仕无门又有强大影响力的町人阶层的生活，所以一经提出便引起广泛共鸣，被认为"真实地"反映了上代至中世日本人主情主义的精神生活，因而是日本精神优越性的表现之一。通过这样的作业，"大和魂"开始从虚在变成实在，也逐渐由知识精英的"纸上之言"变成庶民亦可分享的真实情感。这种转变不仅有利于"大和魂文化共同体"的创建，也有利于形成反儒教、反中国的文化基础和社会土壤。

3. 本居宣长的国体观及其中国批判

本居宣长认为，日本是诞生出普照四海的天照大神的国家，故为万国之本国："皇大御国（sumeraoomikuni）是言之都可畏的诸神之祖先神——天照大神所出生之国。日本胜于万国之根由，首先就显著地体现

---

① 本居宣長：『直毘霊』、『増補本居宣長全集』第1卷、吉川弘文館、1926年、63頁。
② 本居宣長：『宇比山踏』、『増補本居宣長全集』第9卷、94頁。
③ 本居宣長：『直毘霊』、『増補本居宣長全集』第1卷、64頁。
④ 以樱花明确主张日本对中国的优越性，始自贝原益轩。1698年他刊行《花谱》，首次提出山樱为日本原产之说，即"日本之所谓樱者，中华无之"。随后，新井白石还拉出朱舜水来作证：连明朝大儒都说中国没有，那就是真的没有。此后，山樱花、富士山等作为实在，对日本欲摆脱中华文化而确立自我同一性发挥了甚为重要的作用。

于此。天下万国没有不蒙受天照大神之恩德者。"① 一切都出自神之"御心",都由神的作为所决定,而唯独日本是神皇、神道、神国相一致的国家,又是"唯一古道正传的国家"②,故日本对万国、天皇对圣人、神道对儒佛就有先验的、绝对的优越性。同时,它们也因此具有先验的真善美的品格,故神国本善美,神皇本神圣,神道本正直。古代日本依据立足于此的社会和政治制度治国,故万事万物皆按"真心"运行,无须压制人们"作为天理的人欲"③,也没有任何儒佛那样的空理和烦琐之教,自然维持着神皇、神国、臣民和谐一体的社会状态:臣民以天皇之心为本人之心即绝对的行动原理,毫无利己之私心,唯自觉尊奉天皇而不乱;天皇则以"天神之心为本人之心",不以偏贤而独断万事,有疑则占卜问神意而行事,一切唯依神代古事而治国,故历代天皇之政治就是神之政治。因为天神、天皇、臣民都以"真心"而贯之,故"国家平稳而治,作为天神之子孙的天皇永继皇位"④。与此相反,中国原本就是一个邪恶横流的"难治"之国,由此才出现圣人并制作儒道来治国。然而,由于圣人及圣人之道本身也是邪恶的,所以是乱国的根源,不仅造成中国"越发难治",也给日本带来了动乱。基于这一逻辑,本居宣长就对中国、圣人及圣人之道以及日本的儒者展开了激烈的批判。

第一,他认为,中国本为恶国、乱国,圣人本为恶人。这是因为异国(中国)并非天照大神(所治)之国⑤的缘故。因此,在中国,没有固定的君主,苍蝇般的诸多恶神肆虐施暴,以致人心不正,风俗淫乱,而只要是窃国,则下贱之人瞬间亦可成为君主,所以上下时刻处于防止自己地位被夺或乘隙夺取他人地位的敌视状态,故国家自古就难以和平而治。这才导致出现儒教所说的圣人,然而,由于他们都是"夺人之国、灭君主"之"所谓贤者",他本人亦"背道而行""非但不是好人,实为极恶之人"。在宣长看来,"臣谏君可以,然篡其位则是外国(中国)的

---

① 本居宣長:『直毘霊』、『増補本居宣長全集』第 1 卷、52 頁。
② 本居宣長:『玉くしげ』、『本居宣長全集』第 8 卷、筑摩書房、1972 年、309 頁。
③ 本居宣長:『直毘霊』、『増補本居宣長全集』第 1 卷、64 頁。
④ 本居宣長:『直毘霊』、『増補本居宣長全集』第 1 卷、55 頁。
⑤ 本居宣長:『直毘霊』、『増補本居宣長全集』第 1 卷、53 頁。

恶风俗，大背真道"①，所以"一味尊信圣人之言，认为其所说皆为道之最高级，实可谓愚哉"。

显然，本居宣长否定了中国"有德者王"的思想，认为它不过是篡位者进行自我正当化的逻辑。在他看来，易姓革命实为"恶风俗"，"贱无德"才是祸乱的根源，"因异国尊德之风俗，故以为即便庶人，有德故尊，便自然有侮上之心，终致篡夺之祸"②。这已由中国的历史所证明，而近来的清窃明就是极好之例。它"奉仰原本贱为夷狄者为天子"，说明中国还是一个"极其卑劣之国"。相比而言，他认为，在皇国日本，天皇之尊贵"不依德，而唯依血统"，所以至万万年君臣之位都会屹然不动。可见，这种血统论不仅排除了儒教以"礼""德"为基准的华夷观念，还依据血统原理确立了尊卑观念的新体系。

第二，圣人既是这等"邪恶"之人，圣人之道也就不外乎是"窃夺他人之国与防止他人窃国"的窃国之道，是严厉教化世人"仁义礼让孝悌"之类人为制定的烦琐德目的邪门歪道。"圣人之道原本不正，所以才制作道来正道，而（儒者）却以为其十分伟大，真是可笑极了。"他还进一步嘲笑儒教所得意的"先王之道"："儒者责难后世的法律违背了先王之道，难道先王之道不也是古代的法律吗？他们甚至捏造出《周易》之类，摆出一副似乎十分高深，而又穷天理之态，其实不过是奴役、支配世人之计略。"依宣长，圣人之道名为道而结果与道相反，正所谓"道失而后有教"，实际只是圣人之教（仁义礼智忠孝等），不但无一人遵守，也从来没有实行过，最终不得不沦落为"后世儒者对人说三道四的无用之辩"③，无益而有害。所以，"圣人之道本为治国而作，反而成为乱国之基"。不仅如此，阴阳五行说更不足道，它也是依圣人之私智而虚构的道理，实际并不存在。他总结说："世间万事都以汉土（为主）作为标准来决定善恶的风习，是完全没有道理的"④，因而日本的儒者言必称"六经"，什么都以中国为尊，唯以圣人之道为正道，"甚谬也"⑤。

---

① 本居宣長：『くず花』、『増補本居宣長全集』第 5 卷、482 頁。
② 本居宣長：『くず花』、『増補本居宣長全集』第 5 卷、487 頁。
③ 本居宣長：『直毘霊』、『増補本居宣長全集』第 1 卷、54 頁。
④ 本居宣長：『古事記傳』、『増補本居宣長全集』第 1 卷、5 頁。
⑤ 本居宣長：『直毘霊』、『増補本居宣長全集』第 1 卷、54 頁。

在他看来，儒佛之道不仅乱了中国，传到日本后还造成了日本的动乱。例如，它们导致天皇政治、天下制度等一切都模仿中国，以中国为尊，甚至连庶民之心都转为"汉意""不再以天皇之心为心，而皆以汉心为心"[1]，因而给原本安稳和平的日本带来了迷乱，爆发了各种与异国（中国）相似的问题。更可悲的是，世人不论贤愚都为儒佛因果、天命之说所惑，不知"吉凶万事悉皆神之所为"，甚至连理应通过读古书而自明的本国学者，都不明白此意。因此，他强烈呼吁彻底排除毒害日本甚深的"汉意""佛意"，依据日本古典而回归古代依神道治世的清明世界。显然，本居宣长关于神儒佛本原和功能的论述立足于一种荒谬的神学世界观，不仅摧毁了以礼文为基准的华夷观念，扭转了神道与儒佛的优劣关系，还彻底否定了儒佛对日本文化形成所发挥的积极作用。

不仅如此，他在用一种价值体系取代另一种价值体系后，又立足于神道原理的尊卑观念，企图通过对历史的检讨建立日本对中国的优越性。这一讨论集中体现于他晚年所著的《驭戎慨言》（1778年脱稿，1796年出版）中。他慨然论述日本应统御"西戎"，即本书书名之义。该书撰著的目的在于企图以外交事例证明日本优越而中国、朝鲜卑劣，力主明确尊内卑外立场，可以说是近代日本亚洲蔑视论的源流[2]，因而是体现国学者中国认识的又一重要文献。该书还被宣长的医学之师武川幸顺呈于摄政九条尚实阅览，对幕末朝廷有很大影响。

《驭戎慨言》批判了日本为政者从古代到丰臣秀吉出兵朝鲜前对中、朝外交的指导思想，否定了日本皇室曾向中国朝贡的历史，极力歌颂北条时宗的强硬态度和丰臣秀吉的侵略政策。该书视中国、朝鲜为西戎，对华夷思想和日本儒者的崇华意识做了激烈的批判。在他那里，因为神道和皇国史观已上升为"天地间的最高规范"，故为他对华夷秩序的批判扫除了哲理上的任何障碍。

他严厉批评了当时儒者的慕华思想，认为自称为东夷的儒者"与叛逆罪人相同""儒者心目中无其他国家能超越唐土，推崇其王为天子，视

---

[1] 本居宣長：『直毘靈』、『增補本居宣長全集』第 1 卷、56 頁。
[2] 参见竹内和夫『アジア蔑視の源流、本居宣長』、『部落問題』（152）、2001/06。

如天地自然之理，此最最不可理解"①。他认为华夷秩序违背了天地自然的"真道"，中国自称"中华"没有任何道理，只是"妄自尊大"。他认为，日本由于是神国，得天地唯一之"真道"，所以应该以日本为"华"，以其他各国为"夷狄"。"如此，自东照宫大神治理天下以来，断绝与中国的无益之关系，愈加尊崇本国天皇。……遥远各国皆来进贡。……大将军之威势照耀于天地之间。彼国国王遂照理称臣，顺服于我，可庆可敬。"② 为论证以日本为中心的华夷秩序的合理性，他还比山鹿素行更深入地探讨了"外国诸种朝贡"的历史。同时，他用"戎国""戎狄""西戎""戎狄国"称呼中国，认为"由皇国观之，无论蒙古或明朝，不过同为戎狄耳"③。显然，这种立足于神道的尊卑观念彻底颠覆了以中国为中心的华夷秩序观，也象征了华夷思想的解体。这项工作的完成，反过来又为"日本为世界母国"的神道论提供了合法性。而且，"这种认为日本是中华，把其他一切国家都看作夷狄的倾向，明显地表示出在德川封建制走向衰落时期诞生了的国权主义"④ "还隐藏着向国外扩张的冲动"⑤。

可以认为，本居宣长的自他认识构成了此后国学者自他认识的基础，对近代日本的自他认识也有深刻的影响。它同时显示出几个鲜明的特点。首先，这种自他认识是天皇绝对主义、神国至上主义和神道至上主义相结合的产物。因此，他关于"日本精神"哲学、儒教及中国的认识论也以一种绝对的宗教信仰为依据，是一种彻底的不可知论。这也导致他在排除儒教的规范后，又陷入了另一个形而上学的困境——神道规范主义的囚笼。

其次，因为本居宣长对儒教和中国不加以区分，所以他对儒教的批判也就直接导致了他对中国的憎恨、敌视。这意味着他对儒教及中国的批判是一种极端民族主义意识的产物，它非但得不到"学问的"证明和支持，也难以得到当时占据学界主流的儒者的认可。

---

① 本居宣長：『馭戎慨言』、『本居宣長全集』第8卷、筑摩書房、1972年、67頁。
② 本居宣長：『馭戎慨言』、『本居宣長全集』第8卷、117—118頁。
③ 本居宣長：『馭戎慨言』、『本居宣長全集』第8卷、77頁。
④ ［日］永田广志：《日本哲学思想史》，商务印书馆1982年版，第162页。
⑤ ［日］信夫清三郎：《日本政治史——西欧的冲击与开国》第一卷，周启乾译，上海译文出版社1982年版，第53页。

最后，尽管本居宣长对"中国的"一切事物极其反感，却意外地对给予平安文学以深刻影响的白居易抱有特别的亲近感。[1] 虽然"真实的人情"是为本居宣长主张其古道和人情的普遍性服务的，即他认为只有日本才是古道和真情唯一"正传"的国家，然而基于"人情"这一共同的基础，本居宣长的"真心"与白居易的"多情"却产生了跨越国境和文化的"共鸣"。这不仅显示了宣长学在本原论上的摇摆性（不确定性），也说明即便是"最纯粹"的日本主义者也难以彻底摆脱儒教文明的影响。这还因为"与中国的比较"本身就是制约其自我认识与中国认识的逻辑囚笼。

总之，本居宣长的国体观及中国批判既显示了他的自大狂妄，又显示了他对中国实情的无知，是一个从来没有去过中国的日本主义者的"纸上妄言"，也只有在一种极端的环境下才拥有生命力。也正是因为这点，这种言论才被平田笃胤等国学者所继承、发展，直到"非理性的"明治时期被再度发现，成为日本亚洲蔑视观的源流之一。

（二）平田笃胤的自他认识

全面继承本居宣长的神道观并将之与现实政治联系得更为紧密的是平田笃胤（1776—1843）。他出身于秋田藩的一个武士家庭，幼时便师从暗斋学派的中山青莪学习汉学。据说，他直到20岁都认为儒学是"十分优秀、伟大的学问"，却也自行培植了日本主义的精神。[2] 20岁时他只身出奔江户，成为其学问的重大转机。他由此接受宣长学的影响，自称宣长的"殁后门人"和国学正统。一生著述达140余部，涉及古道学、历学、玄学等多个领域，自称"八家之学"。虽然涉猎广泛，其著述却均围绕神道学及儒佛批判展开，代表作有《呵妄书》（1801）、《大道或问》《鬼神新论》（1805）、《古道大意》（1811）、《灵能真柱》（1813）、《古史成文》《古史征》《古史传》《西籍概论》（又名"儒道大意"）、《佛道大意》（又名"出定笑语"）等。其生前门人达553人，以平田铁胤、大国隆正、佐藤信渊、铃木重胤、矢野玄道等最为活跃，对江户后期的思

---

[1] 参见诸田龍美「多情と物のあはれ——白居易の宣長の共鳴」、愛媛大学法文学部論集人文学科編第20号、2006年。

[2] 村岡典嗣：『日本思想史研究』第3卷（宣長と篤胤）、創文社、1957年、30頁。

想界有巨大影响。平田派国学者作为幕末国学的主流，或持尊皇主义，或主扩张主义，不仅主导了幕末的尊攘思想和运动，还成为明治初期神祇官的主流，构成了国家神道的支柱。由于平田笃胤十分重视出版有关古道的通俗读物，故又极大地推动了其国学思想和儒佛观向町人、豪农等广大庶民阶层的渗透。

平田笃胤继承了本居宣长的道学思想，仍注意从宇宙生成论的角度论证神道的普遍性和绝对性以及日本对世界各国的形而上的优越性。由于他所活跃的时代是江户后期，随着西方的天文、地理知识传到日本和外来危机的日益突出，所以又与宣长不同，平田笃胤得以站在"和魂、汉才、洋学"[1]的立场，尽可能地利用外国（西洋、印度、中国等）的教和学来建设其古道学，因而以《灵能真柱》为标志，确立了独特的复古国学体系和极其荒谬的神国中心论。关于对自我和中国的认识，平田笃胤虽然基本沿袭了宣长的观点，却与以古代作为"事实"来把握的宣长不同，完全是依据一种荒唐的神学世界观而从宇宙本原、文化、地理等领域建构绝对的自我并展开了对佛教和儒教中国的批判。

以日本为所谓创世主的产灵神所创生并最钟爱的神道、神国、神皇相一致的皇国，进而强调它与外国的本质区别，是平田笃胤建构其自他认识的认识论基础。"皇国受天神之特别恩眷，以致神灵产生，故我国乃高贵优秀之国，与世界万国有天壤之别。"[2] 因为日本是"万国的本国、祖国"，各国都是"末国的枝国"[3]，故其一切事物对世界各国都有形而上的优越性："皇国即天地之根源，所有事物均较万国为优。"[4] 除神道、国体观外，他还从学问、语言、文化、地理位置、生物物产等方面展开了他荒谬绝伦的神国中心主义叙述和中国批判。

第一，他认为日本的学问优于世界各国，是万国之本学。他继承宣长"所谓学问，乃言皇朝之学问也"[5] 这种日本中心主义的立场，称日本的学问为古学、古道学或皇国学，即"以儒佛之道还未传到日本之前的

---

[1] 朱谦之：《日本哲学史》，人民出版社2002年版，第105页。
[2] 平田篤胤：『古道大意』，『新修平田篤胤全集』第8卷、名著出版、1976年、29頁。
[3] 平田篤胤：『霊の真柱』，『日本思想大系』50、岩波書店、1973年、21頁。
[4] 平田篤胤：『古道大意』，『新修平田篤胤全集』第8卷、47—48頁。
[5] 本居宣長：『うひ山ぶみ』，『増補本居宣長全集』第9卷、483頁。

古代纯粹的古意、古语以及朴素地表现自开辟以来的事实为基础，在此事实上再阐明日本拥有真道的学问"①。他强调说："世间学问有种种，而以神国学问为第一。其中，又以神道为第一，次以歌道为主的歌学，次律令学，次以《伊势物语》、《源氏物语》为主的物语学，次历史学，次古礼仪之学。……世上再没有比皇国学问更大的了。"可见，这种学问观完全是宣长学的继续和发展，虽极其荒诞无稽，却是他欲摆脱边缘文化意识而走向自我中心主义的重要步骤和表现。

第二，在他看来，日本既为万国之本，其优越性也必然体现于语言文字方面。因此，与仅以古代日本的声音体系来对抗汉字的宣长不同，笃胤极力搜寻神代存在文字的证据，而以《释日本纪》为基础，提出所谓"神代文字说"，认为它在起源上优于汉字、朝鲜谚文、印度梵文等文字。他主要依据"龟卜之术者，起自神代。……无文字者，岂可成卜哉"②等说法，又受新井白石《同文通考》的影响，认为神代存在"真字"（mana）这种象形文字③和"和字"（yamatomoji）这种声音文字，强调神代文字自然圆滑、优美而成"华丽之画风"，汉字则字体诘诎而成"真诘诎之风"，故传到日本后，其弊常造成"浮华竞兴，错混古事之根源"等问题。④因此，他强烈要求日本人尽可能用假名书写，而"以汉字为倭语之奴隶"⑤，进而形成"书记之辞能达，著文之技万国无法比类"这种暗合神心的"皇国之风"。

他认为，"神代文字"不仅优于中国，还为古道的纯粹性提供了保证。他指出，日本原本即是"言灵"所宠幸之国，所以有专守言语之道的神祇，故其言语蕴涵了100%精密的真道之旨趣。⑥因此他认为，日本有用"古语"记载的古来相传的书籍，例如《古事记》就如实记载了古

---

① 平田篤胤：『古道大意』、『新修平田篤胤全集』第8巻、15頁。
② 『釈日本紀』、『国史大系』第7巻、経済雑誌社、1898年、514頁。
③ 他虽然认为"真字"是象形文字，却认为它不同于《说文解字》所说的"象形"："今熟思之，因神代文字是以太兆之验象为本而造成，故其虽曰象形，却与《说文解字》所谓象形之意不同。"参见平田篤胤『神字日文伝』、『新修平田篤胤全集』第15巻、名著出版、1978年、235頁。
④ 平田篤胤著、山田孝雄校訂：『古史徵開題記』、岩波書店、1936年、63—64頁。
⑤ 平田篤胤著、山田孝雄校訂：『古史徵開題記』、76頁。
⑥ 平田篤胤：『古道大意』、『新修平田篤胤全集』第8巻、24頁。

来相传之事实，所以其"意、事、言"三者一致，最忠实地体现了日本的古道，故为知晓真道的第一书；与此相比，《日本纪》①乃模仿中国史书而作，又用汉字，因而多修饰造作，以致"以后世之意记上代之事，以汉土之语记我国之意"②，故已失古之真道。显然，平田笃胤所谓的"神代文字"不仅本身即是"神国优越论"的表现之一，还是他建设日本对万国优越性的基础和前提。

第三，他认为，因为日本为神国、君子国，故自古就自然具有被称为"大和心"或"大和魂"的"真正之心"③，所以在文化、道德方面优于世界各国。对他来说，所谓"大和心"即是"国魂"，即是"神心"或其外在表现，是独特而优越的日本文化的象征。其一，古代日本人心正直、清善，因为是依天神之灵所生，故无丝毫之虚伪，也无任何之邪恶。人们天生就具有"仁义礼智"这种天神所赋予的"真心""真情"④。只是由于儒佛传到日本，才导致人心移其风，日本人的本心受到蒙蔽。与此相比，外国人心皆虚伪⑤，就连其所谓圣人也不过是"杀主之国贼"，故"大道不立，治世无纪纲模范"。其二，皇国以武为本，是自然之势。⑥产灵神创世时所用的"天琼矛"即是日本人崇尚武勇的象征，所以就像皇统万世一系那样，武道同样也会永续。他举例说，德川家康以武德而治天下，其仁德无所不至，由此人们得悟忠孝之道，辨尊内卑外之旨；儿童自幼便被实施武勇之教育，大人相聚时则以谈论古人之武功为第一，所以即便长期保持太平之世，日本人也不会变得柔弱。所以，在笃胤看来，大和魂就像"武士片刻不离其所佩之刀"那样，是日本人须臾不可离的自然情感。

实际上，平田笃胤所极力宣扬的"大和心"是神道（正直）和武士

---

① 他不同意将《纪》说成是《日本纪》或《日本书纪》。他认为汉土国名代代更替，其史书才冠以《汉书》《唐书》之类，而日本皇统世代不变，故单说《纪》即可。参见平田篤胤『古道大意』、『新修平田篤胤全集』第8卷、28頁。
② 平田篤胤：『古道大意』、『新修平田篤胤全集』第8卷、24頁。
③ 平田篤胤：『古道大意』、『新修平田篤胤全集』第8卷、11頁。
④ 平田篤胤：『古道大意』、『新修平田篤胤全集』第8卷、69頁。
⑤ 平田篤胤：『霊の真柱』、『日本思想大系』50、14頁。
⑥ 平田篤胤：『大道或問』、『新修平田篤胤全集』第8卷、82頁。

道（武勇）①的复合体。这不仅是他主张日本优越性并建设日本人同一性的根本，也以尊皇为宗旨。

第四，平田笃胤认为，日本在地理位置、生物物产等方面也优于万国。基于神创世论，他认为日本位处"大地的顶上""天地间的蒂之处"，因而是广阔地球之"根本"。所以日本作为世界各国的元首和中心，"不仅地势坚固，连所生之人，一切都卓越于万国"②。在他看来，日本的优越地位是创世神所决定的，即"天地造化之神赐予日本的特殊的恩惠"③，因而是先验的、不容任何质疑的事实，所以日本人尤其儒者常有自卑的小国、拼凑而成的岛国、物资不足等自我认识，其根本就是错误的。

因此，针对"日本是小国，开化亦晚"等儒者的自我体认，笃胤认为它意图"贬低日本"，对此感到极为气愤，多次著文进行反驳：

> 不仅国土，万物之尊卑、美恶皆不依形状之大小。正如宣长师所言，数丈之大石不及方寸之宝玉，牛马虽大却不及人。国家不论多广，恶国仍乃恶国，即便狭小，善国仍乃善国。近来观万国地图，乃知南极下方有一极大之国，近乎世界各国面积之三分之一，却不能住人，连草木亦不能生。若以大小论国之好坏，那它岂不正是最善之国？鉴于我皇国之文明开化迟于西方诸国，有人便说，我皇国之人无胸襟开阔、贤明处世之品格，此胡说八道也。皇国乃万国之祖国、本国，近以草木之果实为例，皇国因位于蒂之处，所谓地气厚实，故不论何事均无丝毫自作聪明而皆慷慨大方。瓜果、桃果之逐渐长大，均由蒂之处向尖端生长，其成熟之顺序，相反乃由尖端始，"蒂之处"后熟。……正如日出东方时不热而随着西移逐渐变热般，天地间所有事均源于东方而从西方开始变化。④

---

① 以"武勇"的所谓武士道主张日本的独特性乃至优越性，是近世日本知识阶层的一般认识。就国学者而言，贺茂真渊也曾强调古代日本"以武直为专"的独特精神。参见『贺茂翁家集』、『贺茂真渊全集』第21卷、64页。
② 平田笃胤：『霊の真柱』、『日本思想大系』50、29页。
③ 平田笃胤：『霊の真柱』、『日本思想大系』50、33页。
④ 平田笃胤：『霊の真柱』、『日本思想大系』50、34—35页。

对笃胤来说，"小"非但是日本的不足，反倒是日本优于万国的证据。因为日本国土不大不小，其人情、风俗、民情混合统一，易于管理，"岂非缘于水土神妙之故哉？"相比中国等国家，因为国土极大，所以人情、风俗亦多种多样，难以统一，故导致"辰旦之王统变乱而难久"①。

在他看来，"上国"与"下国"、"善国"与"恶国"的差别既不取决于国之大小，也不取决于文明开化的早晚，而取决于国家的物产和整体的风土②，因而常遭人批评的"岛国"属性就恰恰体现了日本作为"万国之本国"的优越性，证明了日本作为"受到天神特别恩赐的国家"的这一特征。由此，笃胤便采用《日本水土考》、地球球体说、外国人的证词等，详述岛国日本在地理位置及生物学方面的优越表现。

"我国地形东西较长，南北狭窄。稍稍弯曲，如龙垂首。我国位于万国最东方，乃朝日最早照射之国，阳气最初发生之地。'日本'之名最符其义。我国即神国乃水土自然之理。《史记》也说东北乃神宿之所"，所以日本水土清阳中正，四季中正温和；大地为球体，国家之寒热及善恶均依"天地之度数"而定，因"日本刚好位于北纬30度至40度之间"，因而是地球360度内最好的风土，故"国土肥沃、人民愉快……人口众多、房屋鳞次栉比，物产丰富，稻米之美味尤优于万国"，没有任何不足，因此不与外国交易，也可万事无欠，更可避免因此而带来的风俗紊乱等弊端；因为日本处于"万国之头"的位置，同时"与大国隔一波涛汹涌之大海"，所以难受外国的攻击，又"日本要害坚固乃万国之最上乘"，日本人"住于安全的大城，拥有充足的武器"；日本人武勇强盛，非万国所能及，又"爱好清净洁白、朴素纯真。此乃仁勇之道，智也自然兼备。此皆为我国自然的神妙之德"；日本的手工艺胜于万国，日本刀更为世界最优；日本皇统自开辟至今无变，为世界唯一，也是得益于"水土之神妙"，等等。③

可见，依据所谓神的意图，平田笃胤极力宣扬了神国至上主义信仰，

---

① 平田笃胤：『古道大意』、『新修平田笃胤全集』第8卷、59页。
② 平田笃胤：『古道大意』、『新修平田笃胤全集』第8卷、48页。
③ 平田笃胤：『霊の真柱』、『日本思想大系』50、32—35页；『古道大意』、『新修平田笃胤全集』第8卷、47—48、58—60页。

极端美化了日本的一切。这是一种依据荒谬的神学世界观而对日本优越性所做的荒谬绝伦的论证，因而也只有在一种非理性的环境下才可能具有意义，而且是一种"自言自语"的意义。

总之，认为万事万物都由神的作为所决定，是宣长学和笃胤学的共同基础和前提。因为后者的宇宙论利用了西洋的太阳中心说等原理，所以比宣长学显得更为合理，也更有说服力而易被人所接受，因而与其幽冥论①一道成为复古神道的基石，对幕末及明治初期的天皇论、神国论及立足于此的中国认识具有决定性的意义。一方面，笃胤继承了本居宣长建设天皇的克里斯玛（charisma）思维，以宇宙论、幽冥论对"记纪神话"的重组，进一步论证了天之御中主神—产灵二神—天照大神—天皇的绝对谱系以及天皇、神国、万民之间的一致性，并从实践的层面要求民众对天皇的绝对服从。另一方面，他依据所谓"和魂、汉才、洋学"所确立的"皇国为万国之本国、万事万物卓越于万国之缘由、天皇作为万国大君之真理"②的有关皇国自然神圣的观念，虽然极其荒谬，却打破了儒教和佛教的世界形象③，促使儒教世界观及华夷观念的进一步瓦解，也为幕末明治期日本的亚洲蔑视论提供了思想源泉。

四　国学者的中国认识与日本人的身份建构

国学是江户国学者以中国为他者而确立自我认同的民族主义思潮和运动的重要环节。与儒者仍在儒教世界观及华夷思想的框架下展开其

---

① 关于现世（显世）和后世（幽世）的意义，笃胤与宣长所见不同。宣长认为，不论贵贱善恶，人死后灵魂必归黄泉国（yomi）——邪恶的地下秽国。笃胤虽然承认黄泉国的存在，却认为人死后灵魂并非去往该地，而是必赴由大国主命（ookuninusi）所司的幽冥，指出"现世只是试定人之善恶，故为暂时之寓世，幽世才是本世"，提出了"死后安心"的观念。人死后灵魂才开始过真正的生活，由大国主神对其生前的所为做最终的善恶祸福的裁定。幽世并非与现世完全隔离，虽然不是人们所能眼见的世界却存在于现世的任何场所。因为幽世就在人们的身边，故灵魂就通过祭祀而与生者保持交流。显然，这种"死后安心说"强调一种极端的尊皇观念，即它欲使对神（天皇）的敬畏成为人们内在的情感和精神（所谓"大和心"），自觉地服从天皇。自笃胤以后，这一大国主命的幽冥界主宰神说成为复古神道的基本教义，也由此强力支持着幕末"一君万民"的尊皇意识形态的形成和传播。直至明治初年，平田派国学者关于自他的这种认识都没有超出这种宇宙论和幽冥论的思考范式。

② 平田笃胤：『霊の真柱』，『日本思想大系』50、13页。

③ ［日］永田广志：《日本哲学思想史》，姜晚成等译，商务印书馆1983年版，第234页。

"相对日本主义"的叙述相比,国学者则意图通过价值体系的重建而彻底摆脱儒佛思维的影响,确立绝对日本主义的民族认同或"愈加纯洁和彻底化"① 的日本中心主义思想。在国学者那里,日本价值体系的真正重建,始自贺茂真渊的自然主义哲学观,最后归结于本居宣长、平田笃胤的神学世界观。它立足于所谓世界最高和普遍原理的"神之道"(kaminomiti),构建了一种绝对而荒谬的日本优越论。在这一语境下,国学者展开了关于"自我"与"他者"的重新叙述和定位。正如永田广志所说:

> 复古国学世界观的特殊之处,乃是相对于佛教和儒教而提出了日本人的古道;此时,这一古道的核心,是在天皇统治下统一的超人为的(人为以上的)社会生活中发现的。……所以,自宣长以来,复古国学的尊皇思想总是与一种神道说不可分割地结合在一起,关于本国的尊严和天皇神圣的见解,从神学的立场得到突出强调,平田笃胤进一步加强了这一倾向。②

发现日本"与"发现中国"被置于同一平面上加以讨论,正构成了国学者自我认识和中国认识的思维结构。即他们或是通过排除中国的语言和思维来明确所谓日本古代以来的事实,或是通过阐明日本古代以来的事实来排斥中国的语言和思维。因此,他们的中国认识和自我认识具有不可分割的密切联系,也表现出如下特点。

首先,神国、神皇神统、神道(真道)意识及立足于此的"大和魂主义"是日本国学者自他认识的基础和前提。或者说,国学者的中国认识是基于他们对神国、神道等民族文化自觉的产物。应该明确指出的是,强调日本为神国及神统万世一系的特殊性,是中世以来逐渐形成的观念,它在江户时代以后则几乎成为包括国学者和儒者在内的知识阶层的共识。简而言之,镰仓时代元军两次伐日,极大地促使了日本人对神国的自觉。

---

① [日]信夫清三郎:《日本政治史》第一卷,周启乾译,上海译文出版社1988年版,第52页。
② [日]永田广志:《日本封建制意识形态》,刘绩生译,商务印书馆2003年版,第224页。

随后主张南朝正统的北畠亲房更明确地提出了"大日本者神国也。天祖始创基，日神永传统。唯我国有此事，异朝无此类，此故曰神国也"① 的神国思想，对后世日本人的自我认识影响很大。因此，可以说到中世末期"日本为神国"的自我认识就已成为一般化的思想。例如江户初期的大儒林罗山就多次强调，"夫本朝者神国也，神武帝继天建极以来，相续相承，皇绪不绝，王道唯弘，是我天神之所授道也"。他还指出皇道和神道的一致性，"我国天照大神以降，神以传神，皇以传皇，皇道神道岂二哉"②，甚至以此主张日本对中国的优越性："神武以来，皇统一种，百世绵绵，虽中华及异域，未有如此之悠久矣，美哉。"③ 这一立场不仅说明了江户日本确立文化主体性的迫切性，也说明了知识分子对本国独特性的自觉、尊重及发现。

尽管如此，儒者的神国和神统意识与国学者仍有本质的区别。儒者基本是以儒教世界观（儒道）为基准而展开其日本特殊性乃至优越性论述的，强调"道"或"理"的普遍性，因而其关于自我优越性的论述仍然是一种相对日本主义的思想。这种有关自他优越性的论述以"礼乐"为判断基准，因而是可变的。国学先驱者如户田茂睡、契冲的神国意识也明显保留着这一特征。与此相比，自贺茂真渊起，国学者开始基于作为真道的神道的普遍性来确立其神国论，随后本居宣长和平田笃胤更是结合宇宙论系统地阐述了神国思想："吾皇大御国，尤其作为伊邪那岐、伊邪那美两神所生成之国，天照大神所出生之国，皇孙与天地共久远治理之御国，尤胜于万国而为四海之宗国。"④ 在他们看来，日本的一切都被赋予了神性，所谓神国、神皇神统、神道、神心（大和魂）、神代的古语等，一切都最善、最美、最真，具有对包括中国在内的世界万国的形而上的优越性。所以，古代日本是一个顺乎天地自然、上下和谐、神皇神统连绵不断的理想之国。显然，这类日本中心主义的思想以作为宇宙最高原理的神道为衡量的标准，因而它关于自他优越性的认识是固定不

---

① 北畠親房：『神皇正統記』、『日本古典文学大系』87、41頁。
② 林羅山：『本朝神社考』、載『神道大系』論説編20、91頁。
③ 林羅山：『本朝王代系図跋』、『羅山林先生文集』卷二（卷55）、206頁。
④ 平田篤胤：『霊の真柱』、『日本思想大系』50、14頁。

变的。这种自我绝对化和神圣化的理念是国学者自我认识的根底，也是其看待世界万国的基础和前提。

其次，基于所谓神国的绝对优越性，国学者不仅否定了儒道的普遍性以及当时儒者以中国为上国的崇华意识，还批判了所谓儒道的伪善性及给日本造成的"祸害"，认定中国是远逊于日本的下国、恶国。一方面，在他们看来，中国非但不是日本大多数儒者所承认的天朝上国、善国，相反原本就是礼崩乐坏、争战频繁的乱国、下国、恶国。因而，中国非但不是日本应该学习和尊敬的对象，反而是它应该服从于作为世界中心的日本。另一方面，国学者认为，儒道非但不是治国之大道，相反却是原本邪恶的圣人（先王）所立之人为之教，因而是祸国之根源。由此，儒、佛就被降格为一种只有依赖特定的风土才发生意义的道德训诫。在他们看来，儒佛之道及其文物不仅乱了中国，在其传到日本后还导致了日本社会的动荡不安，致使日本人原有的正直、武勇的"大和魂"和古道也遭蒙蔽和歪曲。因此，国学者对历史上以儒教、佛教（半中国化的思想）为主要代表的中国文化对日本的政治经济、文化艺术、宗教思想、伦理道德、语言文字等各个领域所产生的正面的促进作用，正好做了相反的解释，否认了中国文化对日本文化的积极作用。[①]

尽管国学者意图彻底颠覆儒佛的价值体系并否定其对日本文化的促进作用，然而，由于他们自身所无法克服的矛盾和局限性，导致其对儒佛及中国的批判仍只是一种相对的批判。换句话说，他们无法彻底摆脱儒佛世界观及其文物对自身的影响甚至拘束：（1）在儒佛传入日本后，它们的某些要素已经内化为所谓"日本精神"的一部分。国学者虽然对此极欲否定，却无法改变这一事实。因为即便是所谓"最纯粹"的日本主义者如宣长和笃胤，他们的思维结构和方式都有意或无意地显示出儒佛的深刻烙印。譬如，正如太宰春台所批判的，国学者认为"万事万物是由神所决定""神之作为神秘不可测"等思维，本身就是中国式思维的基本构造。[②] 再如，国学者常常"祖述"孔孟之说来证明自己的观点，所

---

① 牛建科：《试析日本国学家的中国观》，《延边大学学报》（社会科学版）2007 年第 4 期。

② 太宰春台：『弁道書』、載『日本思想闘諍史料』第 3 巻、44—45 頁。

以虽然他们极力否定圣人（先王）和宋儒，即便是宣长和笃胤，对孔子及其学说都采取了"消极或积极的肯定立场"①。比如"仁义礼智"等儒教德目被笃胤置换为"真心""真情"，就是很好的证明。②（2）无论国学者如何强调训读的重要性、如何排斥汉字及儒教的思维，然而只要汉字未被废除，日本人就无法彻底摆脱汉字及其所承载之文化和思维的影响。所以说，汉字始终是日本人主体性确立的最大障碍，因此就连继承了江户国学者衣钵的津田左右吉也不得不承认："支那的文字不适合于日本的语言，日语与支那的文字性质完全不同。……日本拥有优越的文化，由此又不断推动着日本文化的前进，但是，在此最大的障碍就是日本人使用着汉字。"③ 可以说，汉字的存在是造成日本人政治自我与文化自我紧张关系的源泉，也是导致当今日本人"既非东方，又非西方"这种认识困境的原因之一。所以，国学者创建的所谓纯粹的"日本精神"，归根结底只能是他们自欺欺人的妄说私言。他们关于"自我"与"他者"的认识始终都只是一种民族主义情绪的极端宣泄。这种"主观的批判"不可能得到学问的、合理的证明，所以也难以动摇儒佛世界观体系的根本。

不但国学者自身无法彻底摆脱儒佛世界观的束缚，他们的学说也不是时代思潮的主流，故其社会影响毕竟有限。他们关于"神道""儒佛"的叙述和认识，不仅难以得到当时儒者的认同，就连国学者内部也有反对的声音④，也更难以得到一般民众的支持。至于今日，江户国学者及其学问之所以获得"崇高的"地位，乃是近代以来被国家机器和带有民族主义倾向的知识分子不断发现和夸大的结果。

---

① 松浦光修：『国学者の孔子观：宣长・笃胤を中心として』、『神道史研究』第 52 卷第 2 号、2004 年 11 月。
② 平田笃胤：『古道大意』、『新修平田笃胤全集』第 8 卷、69 頁。
③ 转引自［日］小森阳一《日本近代国语批判》，陈多友译，吉林人民出版社 2003 年版，第 3 页。
④ 例如，上田秋成曾与本居宣长就日本在世界上的地位展开争论（主要记录在宣长的《呵刈葭》中），批判了其自我中心主义思维的狭隘性和非理性。他以荷兰的地图为证说，"若看我皇国在地图里的位置，不过如宽阔之池塘水面上散落的一片树叶般的小岛。然却对外国人说，正因此小岛开辟于万邦之先，而是照临世界之日月所出现的本国，故万邦无不接受吾国之恩光，因而要奉贡来朝"，认为这种自我神秘化的荒唐主张不会得到他国的承认和信服。参见『上田秋成全集』第 1 卷、国书刊行会、1969 年、425—426 頁。

总之，江户国学归根结底是一种民族主义的思潮和运动，具有鲜明的双重性格，因此它有关儒教中国和神国日本的论述同样具有两面性。一方面，国学者强调的日本优越地位观念和尊皇观念唤起了日本民族意识的觉醒，促使了日本人文化同一性和主体意识的形成，因而满足了近世日本人确定"自我"和确认日本在东亚甚至世界上位置的需要，也适应了在西欧的冲击下必须实现权力集中的政治走向。从历史上说，维新以前的日本一直处于中华文明的影响之下，古代中国是日本人的"文化故园"，因此难免造成日本人一种潜在的文化自卑心理。国学者极力排斥儒佛并贬低中国，创建所谓"纯粹的"复古神道及大和魂，在一定程度上是对文化自卑心理的修复，因而对江户日本摆脱外来文化的束缚并确定日本人的同一性具有积极的意义。从这个角度上说，19世纪日本国学家的这种中国观以及由此而衍生的对西方国家的认识，曾是唤起日本本土文化自觉、民族意识觉醒的一剂良药，同时也是抵御即将对日本构成威胁的西方文化的一种精神支柱。[①]

另一方面，江户国学的消极意义也同样显著。不难想象，国学者诋毁中国完全是出于一种极端狭隘的民族主义。他们所构建的绝对主义神国观是极端地排他的神秘神学，是一种文化倒退，因为这种日本中心主义的理论体系比他们批判的对象更原始、更落后。同时，他们强调的日本优越性观念还蕴藏着扩张的冲动及使这种扩张合法化的理论资源。他们以中国为他者的"自他认识"主张"日本为万国之本国"，原本就是一种极端自我的民族主义的情绪表达，不仅含有"压迫他者"的意味，还自足地提供着扩张的合理逻辑，因而在一个非理性的环境或缺少国际主义关怀的时代，就很容易演化为狭隘的、狂热的排外民族主义。正因如此，明治维新以后江户国学的某些观念才被重新发现，成为近代日本亚洲蔑视观甚至向亚洲扩张的理论来源之一。

与此同时，国学者所强调的尊皇观念要求民众对天皇政治无条件地服从。无论是本居宣长，还是平田笃胤都多次提到，"所谓政治，大凡在君主治国的万事之中，祭祀神祇乃最为重要之事，故其余之事在过去被

[①] 牛建科：《试析日本国学家的中国观》，《延边大学学报》（社会科学版）2007年第4期。

称为祭事，谁都皆以为是，然犹熟思之，言之本非在其由，而在服从。即天下之臣无论官吏，皆是奉天皇之大命，各奉其职，是天下之政也"①。这种神道论表明天皇政治是这一理念的逻辑归结。于是，国学在排斥了儒佛的规范后，又通过神道创建了绝对主义的天皇政治规范，从而陷入了另一个形而上的困境——神道规范主义的囚笼。因而，国学的某些思想不仅成为明治专制主义思想体系的重要环节之一，还为没有自主性的"战争奴隶"的形成准备了思想基础，从而为江户国学者排斥儒佛并贬低中国的"纸上妄言"转为实际的扩张提供了某种程度的支持。

即便是在二战后，仍有不少日本主流学者有意或无意地继承了江户国学者的衣钵，例如津田左右吉②、丸山真男③等。他们或是否认中国文化对日本的影响，或是致力于发现日本文化的"原型"（"古层"或"执拗的低音"），极力强调日本文化的特殊性甚至优越性。综观日本近世史和近代史，这种带有日本主义倾向的自他认识和叙述值得重视，也应该予以足够的批判。

第五节　中国的发现与日本人的身份建构

众所周知，中国文化自古以来便构成了日本文化的基础，因此当日本人开始尝试建构"自我身份"之时，中国与中国文化就成为一个无法回避的根本问题。这就如日本著名思想史学者子安宣邦所言，"中国及其文化是日本及其文化成立的重大前提。中国对日本来说是一个巨大的他者"④，从某种程度上可以说，"发现中国"实际上也就是"发现日本"。

江户日本"发现中国"和"发现日本"的逻辑思维基础和路径可以归为四种基本类型。第一种是依据中国思维范式解构中国和构建自我身份的类型。在这种思维下，江户前中期的一些学者如山崎暗斋、山鹿素行等坚持儒学的普遍性，以圣人之道的正统继承者自居，推进儒学的

---

① 本居宣長：『古事記伝』、『増補本居宣長全集』第 2 巻、吉川弘文館、1926 年、918 頁。
② 参见津田左右吉的《中国思想与日本》（岩波书店，1938 年）等著作。
③ 参见丸山真男的《日本的思想》（1978）、《日本政治思想史研究》（2000）等著作。
④ ［日］子安宣邦：《东亚论：日本现代思想批判》，赵京华译，吉林人民出版社 2004 年版，第 78 页。

"自我化"和中国的"他者化",由此构建日本作为"中华"的地位及基于普遍主义的日本特殊性价值;荻生徂徕等学者虽然仍依据先王之道构建作为特殊性的日本价值,却割裂了文化中国与现实中国之间的联系;吉田松阴、佐藤信渊、会泽正志斋、藤田东湖等江户后期学者则抽取了儒学的普遍原理,而以与"儒学无关"的"天(道)"或"人伦之道"为最高哲学范畴,由此构建最受天道眷顾或基于普遍"人伦之道"的日本价值。第二种是基于神道等日本式思维解构中国和构建自我身份的类型。这类学者以江户国学者为典型,也囊括了熊泽蕃山、山崎暗斋、松宫观山等"神儒兼摄学者"。他们大多视基于"记纪神话"的天皇神话为"历史事实",而欲以"神"对抗"人"的思维[1]构建一种兼有本原性(普遍性)和特殊性的日本中心主义价值。这虽然是一种神秘的、荒唐的价值体系,却因民族主义的情绪化力量而获得了自身的正当性和被广泛接受的可能性。第三种是依据西洋知识或思维解构中国和构建自我身份的类型。在江户时代,兰学尤其是天文地理学不仅成为日本学者破解儒教世界观和华夷之辨的有力武器,其相关知识也被有些学者当成构建作为"日出国"或"世界最东国"的日本主体性和优越性的依据。第四种是基于风土解构中国和构建自我身份的类型。这种构建自我的思维和方法因为可以在一定程度上保证自我身份构建的"客观性",所以不仅广泛见于贝原益轩、熊泽蕃山、平田笃胤等江户各类学者的思想中,而且也与前三类构建自我身份的思维相结合,被用于共同创造或增强日本人身份建构的正当性和合理性。前述四种思维共同指向了对中国与中国文化进行"他者化"和"相对化"处置的重大问题。因为中国作为"他者"的特殊性,江户学者在构建自我同一性和主体性之际,经常并不是只依据这四种思维中之一种,往往是兼采其中的几种思维。

可以说,江户日本构建自我身份的思维都与中国及中国文化这个巨大的他者相关,这说明中国与中国文化对构建自我的江户日本来说不仅仅是一个对象客体,还是一个对象主体。这意味着江户日本构建自我的作业有时实际上就是在中国思维范式下对中国文化的重新解释。或者说,

---

[1] 张崑将:《日本德川时代神儒兼摄学者对"神道""儒道"的解释特色》,《台大文史哲学报》2003 年第 58 期,第 141 页。

对江户日本身份建构的作业而言，中国不仅发挥了作为"他者"的作用，还发挥了为这种作业提供知识标准（圣人之道）和国际秩序标准（华夷之辨）的作用。

第一，中国与中国文化为江户日本的身份建构提供了"知识标准"或"知识参照系"。"圣人之道"是以哲学形态表现的中国文化，或者说是中国文化的代名词。在江户前期，因为中国发生"华夷变态"以及日本国内外形势的变化，山崎暗斋、山鹿素行等就以日本为"先王之道"的正统继承者自居，以此构建日本作为"中华"的地位及其同一性；贝原益轩、伊藤仁斋、荻生徂徕等学者仍保持着对中国和中国文化的崇拜，因而依然依据中国思维范式和"历史中国"构建着日本作为"小中华"（"东方君子国"等）的地位及其同一性。它们的共同点是承认中国文化的普遍性，因而依旧是以中国思维范式为标准而构建自我身份。这种情况也延续到了明治维新以前。直到江户后期，大田锦城（1765—1825）、山县太华（1781—1866）仍然极力赞美儒家学说，毫不掩饰对中国的倾慕之情。与这种中国崇拜的思维相比，至江户后期，吉田松阴、会泽正志斋等学者虽然仍未脱离中国思维范式的框架，却剥离了构成儒教政教观念基础的"圣人之道"的普遍性内核，而使其成为与中国无关的普遍性的"人伦之道（五伦之道）"，由此来建构日本作为"神州"的主体地位及同一性。综上可见，中国思维始终构成了江户主流学界构建自我身份的知识基础。

第二，儒教的华夷观为江户日本的身份建构提供了国际关系标准或"反面教材"。在江户时代以前，华夷之辨是规定东亚国际关系的基本准则。尤其是随着江户时代朱子学被定为官方意识形态，日本学者在承认儒教普遍性的同时，不仅接受了中国中心的华夷观关于中国与日本关系的定位，也认可了华夷观这种规定自我和他者关系的观念。

因此，在江户前中期，一方面多数学者在"中华（中国）—夷狄（日本）"的图式下构建日本的特殊性价值，另一方面有些学者则意图在华夷观的框架下构建日本作为"中华"的地位及主体性和优越性。到了江户后期，会泽正志斋、吉田松阴等构建自我的"神州（日本）—夷狄（外国）"的图式也可以认为是华夷观的"变形"。

在江户中后期，本居宣长、平田笃胤等国学者构建自我的作业虽以全面排斥儒教及华夷观为前提，其自我中心化的思维却可以认为是对华夷观的复制或模仿；有些兰学者或具有西洋视角的儒者所展开的构建自我的作业则始自对华夷观的批判和否定。从这种意义上说，在江户时代华夷观既发挥了支持日本人身份建构的作用，也是对日本人身份建构的一大制约。

第三，中国作为"特殊的他者"，为江户日本不同时期的身份建构提供了"适时的"他者。或者说，江户日本学者在不同时期所构建的"中华""唐（土）""支那"等中国形象为日本的身份建构提供或增强了合法性的基础。在江户初期，对日本学者来说中国无疑是作为世界地理、政治和文化中心的"中华"的庞然大物，而随着中国发生"华夷变态"、西方知识的传入和传播等日本国内外环境的变化及其影响，中国的"中华"地位和形象逐渐衰落，中国亦开始被剥夺了"中华性"而被建构为"唐（土）""汉土""震旦""支那"等中性名称所体现的国家。例如，前期水户学的核心人物德川光国就否定了"中国即中华"的固定观念：

> 称唐土而著为文字，当写成震旦、支那等。云汉则限刘汉，云唐则限李唐，云明则限朱明也，不可万世用一代之国号。然以震旦、支那为西域所唱之言而厌之，偏见也。外国从外国之语者多矣。或从彼方（指中国）之俗语，称唐山亦可也。称唐土为中华者，相应于其国人之言也，由日本称之则不可。由我称之，本邦帝都方当称中华也。何以称外国为中华焉？其甚无理也。①

尤其是江户中期以后，一方面随着西方知识在日本的传播和接受，另一方面随着作为中国文化反动的国学思想和运动的兴起，中国与中国文化的合理性和普遍性逐渐受到质疑乃至否定，而使此前日本称呼中国的具有中立意味的"支那"之名称扩大了其影响。至于江户后期尤其是幕末，随着中国文明不断遭到否定，"支那"亦开始具有作为对中国的

---

① 德川光圀：『西山随筆』、載『西山叢書』第 1 輯、郷土研究わらび会、1941 年、66 頁。

"蔑称"的意味。例如，幕末日本最有影响的思想家和教育家吉田松阴所使用的"支那"就含有明显的蔑华意识。"支那人常自尊为中华，贱外国为犬羊，而一变为蒙古，再变为满洲，所谓中华之人，盖不能平矣。……父之所以为贼者，子可以为君；子之所以为君者，孙可以为贼。忠孝之训，虽载诸空言，不能施于实事。凡如此者，彼皆习以为常。"①

随着鸦片战争的失利，中国不仅逐渐被日本学者建构为"落后的他者"，而这也越发加速了他们蔑华乃至侵华思想的形成。不少日本学者开始自信地认为日本在"道德""制度""技术"等各个方面都要优于中国，并由此强化了对"皇国日本"的同一性、主体性和优越性的构建。此后，随着"落后的"中国和"先进的"西洋的见闻、西洋文明崇拜观的形成等多重因素的作用，日本人更加增强了主体性意识，并开始跳出传统的华夷观来批判乃至嘲讽中国的无知和落伍，也使这种批判和蔑视具有一种现实的意味。

如此，从江户初期的"中华"到"唐土"再到江户后期的"支那"，中国最终被日本建构为一个在政治和文化上都极其"落后"的他者。这对相对于中国而构建自我同一性和主体性的日本来说无疑是"千载难逢之良机"。因为它促使日本人从水户学者等早已准备好的"国体"和"优越的"传统文化中去寻找身份的确认，从而为日本人成为"天皇的子民"准备了广泛的社会基础；它也在一定程度上刺激了日本人征服、控制中国的欲望并增强了其合法性，为近代日本通过对外扩张来构建日本人身份的做法提供了最低限度的现实可能性。

不过，江户学者无论如何推进中国与中国文化的他者化和相对化，都难以轻易摆脱中国思维范式的制约，因为中国文化和思维已构成了日本历史和传统的重要部分。即便在江户后期，从主流儒者（如水户学派和佐藤一斋系儒者）的言论中仍可以窥知，中国即便不再被视作崇敬的对象，然而，基于中国文化的思维方式和中日两国文化"同源相通"的认识，依然不经意地支配着日本儒者们的思想意识。这恰如艾尔曼在评价会泽正志斋的《新论》时所说："尽管这意味着日本比中国提前发生了从'天下'（universal empire）到'国家'（nation-state）的观念转变，但

---

① 吉田松阴：『野山獄文稿』、『吉田松陰全集』第 2 卷、10 頁。

会泽仍不过是一个儒者,他是用文言写出的《新论》,其术语完全来自中国的思想资源。"① 也如津田左右吉所言:"(日本人)即便是反抗和敌视中国思想者,在其主张的根底里也潜藏着依据中国古典而发展起来的知识,并为其所制约。"② 可以说,这种源自精神深处的中国文化和思维的影响,虽然依靠日本人在近代对中国文化的"忘记"或"无视"和向"更强大"的西洋文明的转向而获得某种程度的"暂慰",却是日本人建构自我时无法摆脱的宿命。换句话说,即便是再怎么反儒排儒的江户日本知识分子,他们的骨子里仍有"亲近"中国和中国文化的文化基因。

---

① 艾尔曼:《日本是第二个罗马(小中华)吗?》,《中华文史论丛》2008 年第 2 期,第 130 页。

② 津田左右吉:『シナ思想と日本』、岩波書店、1938 年、4 頁。

第 三 章

"大和魂"的创建——发现日本

在当代,"大和魂(yamatodamashi)"、"大和心"或"日本魂"被绝大多数日本人甚至不少外国人当成是日本人自古以来就有的固有精神,是不失特色且体现了日本人民族特性乃至优越性的"大和民族之魂"。

实际上,在江户时代以前,"大和魂(心)"并不是一个具有明确且固定内容的概念,不仅没有被充分地概念化,亦没有被有效地民族化。该词的首次使用是在紫式部所著的《源氏物语》里。当时,该词是指汉才(中国学问)以外的"能用于交游的"[①] 符合日本实情的才能、知识或情绪,而且它只有以中国学问为基础方能发挥效用。同时代的另一位女诗人赤卫染门(956—1041)所作之歌——"即便若如是,大和心兮倘若贤,细乳[②]亦何妨"(《后拾遗和歌集》·1220)也是在这种意义上使用"大和心"的。这里的"大和魂(心)"虽然是一个与"汉才"相对的概念,却并不具有明确的内容,因而尚不足以支持其成为一个表征自我的概念。在随后的《大镜》《今昔物语集》《中外抄》《愚管抄》等作品中虽然也可见到"大和魂(心)"的用例,但同样只是一个相对于"汉才"的模糊概念。而这种情况一直持续到了江户时代。

进入江户时代,通过少数神道学者和国学者的重新发现,"大和魂"的意义发生了完全的转变,即它被赋予了"日本固有精神"的意义,从而逐渐演变成一个表征自我的民族主义概念。

---

① 尾上八郎等:『校註日本文学大系』第六卷(源氏物語上卷)、536 頁。
② 因为日语"乳"和"知"发音相同,故"乳"又意指"学问""知识",而"细乳"则是"大和心"的代名词。

"大和魂"作为日本民族共同体的道德,是由18世纪前期垂加神道的若干学者提出的。若林强斋(1679—1732)在其所著《神道大意》中,提出"日本魂"的概念,是一个包罗"不惜自我,涤清各种黑心,常常私下则崇祭神明,公开则敬奉君上,爱人惜物"等内容的概念;随后松冈雄渊(1701—1783)在其所著《神道学则日本魂》中认为,"悃悃款款祈国祚之永命,护紫极(王宫,暗指"天皇")之靖镇者,此谓之日本魂"①。可见,这些学者的作业使"大和魂"第一次有了明确的内容,即"敬神尊皇",因而它亦成为一个与神道有着密切联系的概念。

稍后,贺茂真渊、本居宣长等国学者不仅继承了垂加派学者关于"大和魂"的思考,还对它做了扩大化的解释。以"五考书"而著称的贺茂真渊认为,"大和魂"是被"邪恶"的中国思维和文化所歪曲的心性,亦是能够正确评价日本自古以来"善道之事"的心性:"万事皆习邪恶,故成心性,而失本来之大和魂,故虽偶闻善道之事,然吾所有之又直又清的千年古道,则难成立矣。"② 在此,"大和魂"的意义发生了明显的扩大,即被解释为日本人自古以来就具有的"善良、正直而纯洁"的心性,同时也是支撑"又直又清的千年古道"成立的基础。稍后,本居宣长则建立了"大和魂(心)"与"唐心(汉意)"全面对抗的图式,不仅使"大和魂"成为一个可以表征、囊括神道、武士道、物哀等在内的日本精神及其独特性的概念,还以"人问敷岛大和心,香吐朝日山樱花"的形象化作业为"大和魂"设定了具象标志。毫无疑问,宣长的作业使大和魂成为一个彻底而又全面、抽象而又形象的自我概念,不仅象征了日本人关于大和魂认识的全面转折,亦奠定了此后乃至近现代日本人"大和魂"认识的基础。从这种意义上说,此后日本学者关于"大和魂"的论述都可以看成是"宣长说"的补充或强调。例如,平田笃胤则使其与"日本为神国"的意识相关联,主张"御国之人,以其为神国之故,自然具正道、正直、真实之心。其自古称大和心,亦云大和魂"③,并以其为全世界最好的民族精神。大国隆正(1793—1871)则撰写了《大和

---

① 松冈仲良:『神道学则日本魂』、『日本思想大系』39、257页。
② 贺茂真渊:『歌意考』、『日本思想大系』51、岩波书店、1972年、353页。
③ 平田笃胤:『古道大意』卷上、载『国民道德丛书』第2卷、博文馆、1912年、314页。

心》(1848),意图从历史上挖掘和系统创建"大和魂"的理论,并将它限定为"国忠""忠心"。由此,"大和魂"就不再主要是宣长学的"风雅"或"物哀",而是"被还原为对主君忠诚的道德"①,尤其是对天皇和国家的忠诚。此外,国学者长野义言(1815—1862)则强调了"大和魂"作为"正道(nori)"②对日本人行为的"规范"意义,"除皇神之正道,当别无追求幸福之可能。和魂但若定,我心无纷扰"③。对幕末维新期的日本有着巨大影响的吉田松阴则向武士乃至世人高歌"虽知如此定如是,万不得已大和魂""纵使身朽武藏野,白骨犹唱大和魂",宣扬"大和魂"是使其为尊皇爱国而不惜生命的内在原动力。

毋庸置疑,经过江户学者对"大和魂"的意义重构,它已经彻底演变成一个表征日本精神甚至是优越性的一个概念。可以说,江户日本身份建构的主要作业就是"发现日本",实际上就是发现"大和魂"。而神道、武士道、以物哀观念为基轴的主情主义三大思维构成了江户时代被发现的"日本精神"的根本。基于此,我们拟重点探讨神道、武士道、主情主义被创建的过程、内容和本质,同时分析作为话语的自我独特性观念实现普及化的原因和条件,进而总结其对江户日本身份建构的意义。

第一节 "神道"的创建

若问日本人"何谓神道?"绝大多数人会不知如何回答。这不是因为他们学识不够,而是神道本身的问题。因为在历史上神道从来就不是一个明确而固定的概念。尽管如此,日本人却以此建立着彼此的同一性。为了消除这种尴尬的局面,不少学者试图对神道作出明确的解释、定义。然而,他们对神道及其历史形态的把握,却如黑田俊雄所担心的那样,大体受限于两种"有问题"的分类。④ 第一种主张"作为宗教"的神道

---

① 前田勉:『大国隆正の「やまとごころ」論』、『近世神道と国学』、ぺりかん社、2002年、471頁。
② "正道"一词被作者注音为"nori",与"规范"相通,说明它具有规范日本人及其行为的意义。
③ 長野義言:『沢能根世利』、『日本思想大系』51、421頁。
④ 黑田俊雄:『黑田俊雄著作集』第4卷、法藏館、1995年、175—177頁。

存在连续性。这一观点现今已成为一般常识,提倡者以神道家和神道学者为甚,如柳田国男、村上重良、安苏谷正彦、高取见男等。第二种主张在历史上始终存在着一种"神道的信念"或"神道思想"。这种观点始自本居宣长,堀一郎(日本文化的潜在意志)、丸山真男(历史意识的"古层")是其代表人物。黑田认为,这两种分类都缺乏历史的依据,尤其是后者因其隐蔽性所导致的片面性和错误更易被人们所忽视。

当然,自柳田国男展开对"国家神道"的批判[①]并创造"真正的神道(makotonosinto)"的概念后,神道开始被普遍认为是"自然形成的日本固有的民族宗教""日本固有的民俗信仰"或"日本固有的多神教的宗教"[②],或是"纯粹的具有日本特性的文化",被当成一种从古至今延续不断且与天皇有着密切关系的、超历史的存在。与这种话语相呼应,日本的神社也被认为是源自稻作农耕仪式的自然发生的产物,具有超历史性。这两种话语相互支撑,隐蔽地创造了神道、万世一系的天皇统治和"作为神国的日本"的超历史性的意识形态,并为其提供着貌似合理的逻辑支撑。显然,这就像柳田自称为"新国学"而承继了本居宣长的接力棒那般,日本人仍在为塑造自己的民族认同而发现和创造着日本的历史。

事实上,在日本只有原始朴素的神祇信仰(这是一种相当原始的自然宗教,包括自然信仰和祖先信仰)才具有超历史性,它也可以说是东亚国家的普遍信仰。当今日本人所说的神道从来都是一种历史的存在,它是被不断发现和创造的"传统",是被不断加入天皇和神国神话、不断被赋予与外来文化相区分的信仰体系。可以说,"发现神道"的过程贯穿在儒佛(尤其是佛教)传至日本后的整个历史阶段,而以近世和近代为著。在近世日本,神道的内容和形态都发生了根本性的变化,也由此奠定了近代乃至现代日本人神道观的基础。这种变化一方面出自理论体系本身自我完善的需要,另一方面也与江户时代以来确立日本主体性和同

---

① 因为"国家神道"背负了颂扬和支持战争的恶名,所以柳田等发明"真正的神道"的概念,意在抛弃"国家神道"的负面影响,从而论证神道的超历史性,并由此论证天皇的万世一系性。就像柳田等自称为"新国学"那样,他之所以创造上述概念,无外乎是因为想谋求由本居宣长等所提出的"国学神道"的复兴。

② 虽然作为一种非主流的声音,也有一部分人坚持"神道非宗教"的观点。参见真弓常忠的《神道的世界——神社与祭祀》(朱鹭书房,1984年)等著述。

一性的自我意识的高涨相关。

因此，以对神道的起源及其历史发展的探究为基础，在"自他意识"的视野下，对近世神道如何被发现和创造的过程及其本质，进而与近代"国家神道"的关联进行探讨，就是一个十分重要的课题。

一 神道的语义及其发展阶段

"神道"原是一个汉语词汇，意指道教，最早出现于《易经·观卦·象传》的开头："观天之神道而四时不忒，圣人以神道设教，而天下服矣。"神道在日本最早出现于《日本书纪》（720），即"天皇信佛法，尊神道""尊佛法，轻神道""诏曰、惟神（惟神者，谓随神道。亦谓自有神道也）。我子应治故寄"三处。这里的神道并非当今意义上的神道，而是指"以万物有灵论的自然信仰为基础的传统的神祇信仰"，是一种自然宗教。当时，用"神道"来指称本土信仰而由此与佛教相区分，不仅是日本，也是东亚国家的普遍做法，其始源则是中国。[①] 在日本，神道最早被解释为用与佛教相对的神祇祭祀之道，即"惟神之道"。可见，最初的神道"并不是一个具有完整仪式和教义的独立宗教"，因而与现在的神道有着本质的区别。后者无疑是受到儒教、道教、佛教等所影响，而不断被发现和创造出来的信仰或文化体系。

对于神道的语义和创建过程，不少学者试图给出解释。津田左右吉（1949）曾列举了它的六个含义：一是"从古代流传下来的作为日本民族风俗习惯的宗教性的信仰（包括咒术）"；二是神的权威、力量、作用、所为，或是作为神而拥有的地位、神的存在或神本身；三是对神代传说进行思想性解释的思想、学说等；四是特定神社的具有宣传性的学说；五是作为政治和道德规范的"神之道"；六是所谓的宗派神道。津田在用词上承认日本对中国文献的借用，在内容上则强调日本神道本质上的独特性。关于神道的发展阶段，他认为神道从《日本书纪》起就是"日本固有的传统的民族宗教"（第一种意义），此后作为一个"与佛教相区

[①] 在中国，当时道教徒为了反击佛教僧众称其为"鬼道"，对其进行贬低、批判的做法，而称自己的宗教为"神道"。道教还将已为国家宗教的儒教称为"俗道"而加以排斥，并将自身称为"真道"而进行强调。

分"的概念不断普及，并成为其他五种意义的根源；在平安时期，神道表示第一或第二种意义，同时由于受佛教思想的影响，也出现了两部神道等第三种意义的神道；在镰仓、室町时期，出现了伊势神道等第四种意义的神道；在江户前半期，出现了儒家神道、复古神道等第五种意义的神道。① 津田的神道观在日本影响至深，已成为通说定论，制约着绝大多数日本学者乃至日本人的神道认识。

与此相对，黑田俊雄（1977）提出了截然不同的观点。他指出，在日本的古代、中世并不存在"民族宗教"意义上的"神道"，而且在平安时代以后直至国家神道确立以前，神道就不是一个能与佛教等相区分的独立宗教，甚至是佛教的附庸。② 他认为，神道的原义是指"一切神祇、神圣状态"，大致经历了指称"神的权威、所为、神本身"的古代、中世（含平安时代，此时期神道又是"佛的化仪"），指称"道、学说、宗派"的近世，指称"日本的民族宗教"的近代三个阶段。这一神道观的基础是其关于中世佛教的显密体制论。该理论认为，神道不能与作为中世社会正统的显密佛教分离，只是佛教的世俗的一个形态或"佛的化仪（佛教化众生的方法）"。虽然显密体制论曾遭质疑，然基于此的神道观却颠覆了以往视神道或"神道思想"为具有历史连续性的价值体系的主流观点，从而引发了广泛的争论。③

作为对黑田神道观的批判性继承和发展，井上宽司不仅肯定了黑田在显密体制下定位神道的重大贡献，也指出了他仅从佛教史出发并以神道的语义为中心，进而在不经意间依据津田神道说来分析神道及其发展阶段的方法论局限。他强调，这种局限导致在"中世"这一神道发展的重要阶段包含民众朴素的对神信仰在内的一般神祇信仰都被黑田当作了"神道"来对待等问题。④ 井上指出，当今日本人所理解的神道是以古代的天皇神话为基础，不断被发现和创造的产物。"神道"这一概念（内容和形态）经过了指"神的权威、所为、神本身"（传统的朴素的神祇信

---

① 津田左右吉：『津田左右吉全集』第9卷、岩波書店、1964年、1—5頁。
② 黑田俊雄：『黑田俊雄著作集』第4卷、法蔵館、1995年、177頁。
③ 譬如，作为日本神道研究的重镇，国学院大学在2006年推出了关于"神道与日本文化"的研究报告和论文集，专门讨论了"神道概念的连续性和非连续性"问题。
④ 井上寬司：『日本の神社と「神道」』、25—28頁。

仰）的古代，神道首次作为一个明确而有具体形态的概念（中世日本纪）正式成立的中世，神道被宗教化的中世末期和近世、神道国教化的近代等阶段。显然，天皇神话和神国思想如何从"神话"转变成"事实"，是井上神道观的重点和主线。这一研究不仅弥补了黑田说的某些不足，也更接近历史事实。

总之，关于神道的语义和发展阶段，虽然学者之间存在不同的理解，却都承认神道是不断被发现和创造的产物。这意味着神道是以传统的神信仰为基础，不断被理论化（吸收佛教和儒教的理论）、政治化（不断被注入天皇神话和神国思想）和世俗化（逐渐以"传统"的名义被民众所接受）的过程。第一，在古代日本，朴素的神信仰在国家权力的推进下被灌入"记纪神话"的内容，同时又企图借助佛教来建立自己的理论体系。这表现为从"记纪神话"到"本地垂迹"的过程，可以说是神道寻求自身理论化的第一次尝试。第二，在中世，主张"神佛分离"的唯一神道等神道流派意图建立囊括朴素的神信仰、天皇神话和神国思想在内的信仰体系，体现了神道"从形而上学向宗教"的转变。第三，在近世前期，林罗山等试图以朱子学的理论体系（儒教）来解释神道，是神道寻求自身理论化的第二次尝试。第四，作为唯一神道等"以我为主型"的中世神道的延长线，近世的复古神道通过全面排斥儒佛，建立了神道的形而上学的世界观。这是神道寻求自身理论化的第三次尝试，大体完成了神道作为独立宗教体系的理论建设。第五，在近代，以复古神道等"自主性"神道为基础，神道被创建成作为政治规范、道德规范和日本固有宗教信仰的"国家神道"。

显然，"传统的神信仰""天皇神话""神国思想"等可以表征自我的概念，是理解神道概念及其历史发展阶段的关键词。它们经过历史的发展和沉淀，最终得以在"神道"的名义下获得"日本固有的民族宗教"的话语地位和规范性价值，成为一个包括天皇神话和神国思想在内、以万物有灵论为基础的自立的宗教体系，发挥着塑造日本人民族认同的重要功能。

二 近世以前的神道

从攀附朴素的原始信仰的"记纪神话"开始，到随后的"神佛习合"

乃至吉田神道（"记纪神话"的重组或"神佛分离"），在日本的古代和中世，"神道并不是一个能与儒教、佛教等区别开来的独立完整的宗教体系"①。这不仅意味着以"记纪神话"为基础的神道不断被创造或理论化的历史，还意味着直到近世神道都是依附于佛教的存在，其理论和方法无不以佛教或儒教为基础。

（一）古代天皇神话——"神信仰"与"神祇信仰"

"神道"一词在日本最早见于《日本书纪》。孝德天皇大化三年（647）4月26日条所记"诏曰、惟神（惟神者，谓随神道。亦谓自有神道也）"，以注的形式对"神道"②做了简单解释。不过，这种解释并不充分，后世学者由此形成了两种不同的理解。前者以津田左右吉为代表，认为这里的"神道"是指"日本的民族宗教"或"日本固有的独自的宗教"，是日本所独有的"惟神之道"③。它不仅与佛教，而且与儒教都有相区分的意义。这种观点虽然在日本已成定论，却对理解神道的内容和历史形态没有什么帮助。它的用意在于混淆朴素的神祇信仰和记纪神话的界限，将它们揉成一体，以此证明神道乃至天皇统治的始源性和历史连续性。后者以黑田俊雄和井上宽司为代表，认为这里的"神道"意指原始朴素的神信仰（神的权威、所为、神本身），因为没有系统的理论和教义，所以并不是一种自立的宗教。④

可见，7世纪左右的神道可能表达了三种意义：第一是传统朴素的神信仰（kamisinko）；第二是《记纪》所体现的古代天皇神话；第三是中国的道教。若抛开中国文化的因素，则日本古代的神道只能表示第三种意

---

① 黑田俊雄：『黑田俊雄著作集』第4卷、177頁；井上寬司：『日本の神社と「神道」』、48頁。

② 此外，在"记纪"里，还出现过将它称为"本教、神习、神教、德教、古道"等名称。

③ 据考证，"惟神之道"一词最早见于谷川士清（1709—1776）的《日本书纪通证》，明治以后开始作为一个官方用语使用（三橋健：『記紀と神道という語』、『古事記研究大系』11、高科書店、1996年、118頁）。依我们看，《日本书纪》的注释已说得很清楚，"惟"是一个动词，为"随、遵从"之意。后世学者为刻意撇开神道所受中国文化的影响（意将日本神道与古代中国的"神道"区分开来），才牵强附会地对它做了重新解读。这种称呼直到日本要刻意与中国相区分的近世才出现，就是有力的证据。

④ 井上寬司还指出了"神道"意指中国道教的用例（『日本の神社と「神道」』、118—119頁）。

义。正因如此，神道才需要借助佛教来完善自身的理论体系。

当然，作为一种被赋予与外来宗教（尤其是佛教）相区分之意义的传统信仰，"神道"被赋予了建立和维持古代天皇统治秩序的政治性。作为对建立律令制国家必需的意识形态，神观念和信仰自天武天皇（673—686年在位）时代起"正式被纳入王权体系"①，或者说，神信仰被有意识地加入帝王神权的内容而作为权力的一环发挥作用。这种欲使"神信仰"②向"神祇信仰"转变的作业，贯穿了官社的创建（神殿的修造）、国史编纂、民间祭祀的王权化（如大尝祭的即位仪式化）等领域，建立了以天皇为顶点的神祇制度。尤其以《古事记》《日本书纪》等书籍的编纂为基础，律令制国家确立了以天皇为"现人神"并掌管本土诸神的最高存在的古代天皇神话。"记纪"所树立的古代天皇神话是神道发展史上的重要里程碑，因为它不仅首次以文字形式使天皇作为宗教权威的地位获得保证，还为后世"天皇神话的重组"提供了思想资源。

在律令制国家"敬神尊佛"的神佛并存政策的推动下，"神祇信仰"（古代天皇神话）③以传统的"神信仰"为基础不断被系统化、体制化，形成了流传至今的所谓"日本神代史"。不过，这种以天皇为中心的"神祇信仰"由于没有自己的理论和教团，不仅缺乏对"神信仰"的形而上学的约束力，也难以与佛教相对抗。在奈良时代，社会上一般的宗教观仍处于自然主义的阶段，"神"一词也是一个非人格的存在。④ 这说明

---

① 铃木靖民：『日本古代の神信仰の展開と仏教信仰』、載『古代日本の異文化交流』、勉誠出版、2008年、377頁。

② 有些学者也称"神信仰"为"传统的本土信仰""本土的氏族信仰"等。"神祇"是从中国传入日本的词汇，为"天神地祇"的缩写。它在日本被赋予了独自的意义，即该词贯穿了使以天皇为中心的政治统治权正当化的主张。到天武、持统时代，它才开始作为上述意义上的名称被使用。参见井上寛司『日本の神社と「神道」』、65頁。

③ 国内外不少研究者分别以"神社神道"和"皇室神道"来称呼上述概念，甚至认为5世纪以后，皇室神道就已成为神社神道的中心（参见王守华《神道思想研究的现代意义》，《日本学刊》1997年第3期）。依我们看，在律令制国家时期，不仅"神道"概念并未定型，"神祇信仰"的影响力也极为有限，因此就冠以"神道"的名称，甚不妥。为了以示区分，我们以"神信仰"来指称日本人的原始信仰"kamisinko"，而以"神祇信仰"来指称在古代不断被创造出来的"皇室神道"或"神道"。

④ 速水侑：『神仏習合の展開』、載井上光貞『東アジア世界における日本古代史講座』第8卷、学生社、1986年、6頁。

"神祇信仰"和"神信仰"不仅没有共有的形而上学体系，前者也没有取得对后者的优势地位。被塑造为拥护古代王权的神信仰不仅有"确立和维护王权"的意识形态即思想的一面，还有"驱除灾异、治愈疾病"的具体的、巫术的一面。① 这正是"神祇信仰"要借助佛教来实现自身的普及化与理论化的原因之一。

因此，从奈良时代起，律令制国家在继续强化神祇信仰的同时，又借助佛教理论及其广泛影响力而大力推进它与佛教的融合。由国家权力来推动"神佛习合"②，一方面是要使"记纪神话"借佛教的普及而普及，获得作为"传统"的合法性；另一方面是要使"神道"借助佛教的理论体系获得作为宗教的普遍性。③ "神道"走上正轨的第一个推动力来自佛教。这意味着作为一种不具有系统理论和教义的信仰，"神道"在被政治化的同时，又以"神佛习合"的形式开始了自身理论化的最初尝试。

天平（729—756）初期，由于频繁发生的灾害和疾病、新罗的"无礼"等内外因素的影响，佛教被赋予了固有神灵所不能成就的效用，由此越发受到以圣武天皇为首的上层贵族的重视。不仅他们自身彻底皈依佛教，玄昉、道镜等僧官也受到格外礼遇。在他们的推动下，神宫寺的建立、神前诵经等象征着"神佛融合"的举动开始在全国范围内展开，神佛开始接近。这样，佛教不仅作为一种具有独立体系的宗教，也作为护国国教而取得了对"神祇信仰"的优势地位。

与此同时，原为地方神的八幡神作为镇守国家的护国神被中央政权承认。八幡神在东大寺修造大佛时得到支持，从而又作为大佛的守护神入京。当时天皇宣称有神助的"神谕"曰："率请天神地祇，必使大佛

---

① 本郷真紹：『律令国家仏教の研究』、法蔵館、2005 年、89 頁。

② 从逻辑上说，"神佛习合"也意味着其反对面——"神佛疏离"。不过，基于下述原因，"神佛疏离"暂时受到了压制。第一，佛和神被认为是具有相同属性的存在。第二，神祇信仰和佛教分担了律令制国家的意识形态功能，即由前者保证天皇的神圣权威，后者作为先进文明的代表分担了镇护国家的功能。第三，"神佛习合"是以佛教为主导的神佛融合，符合神祇信仰理论化和普及化的需要。第四，它得到了民众的支持。随着佛教深入民间，广大民众也逐渐将两者结合，形成所谓自下而上而非自觉的"神佛融合"。

③ 本来，古代日本的神社与"神祇信仰"等宗教机构和祭祀体系的成立，无不以佛教和儒教为历史前提。参见井上寛司『日本の神社と「神道」』、69 頁；王家骅：《儒教与日本文化》，浙江人民出版社1990年版，第327页。

成。"(《续日本纪》卷17)此时,八幡神成了佛和寺院的守护神,而被称为"八幡大菩萨""大自在菩萨""护国灵验威力神通大自在菩萨"。此时的诸神开始被称以菩萨号,纷纷沦为佛的附庸,成了低佛一等的护法神。这种"神喜佛法而拥护佛法"的思想,不仅迎合了社会下层的神佛融合思想,还成为当时中央占支配地位的思想。与这种"护法善神"的思想相关,8世纪中叶后还出现了地方神希望"神身离脱"的现象。例如,多度神和若狭比古神的"神谕"分别说,"吾经久劫,作重罪业,受神道报。今冀永为离神身,欲归依三宝""我禀神身,苦恼甚深,思归依佛法,以免神道"①。这种记述表明,神为众生之一,自身无法摆脱烦恼或避免罪孽,所以必须脱离神身才能得到救赎。这种"靠佛救济"的思想不仅否定了神的存在本身,也与"护法善神"的思想一样,都是以佛教的世界来定位神的存在的佛主神从思想。这是神佛习合的第一阶段。这种思潮不仅加速了神佛习合在全国的展开,也导致了神祇的人格化和体系化。因此,9世纪以后,以菅原道真由怨神转为护国善神为标志,在贵族和民众之间广泛形成了人格神的观念,促使了神佛的进一步接近。这些都直指"神佛习合"的完成形态或第二阶段②——佛主神从的"本地垂迹说"。

与由国家权力推进的神佛习合相应,受国家支持的佛教势力也为消除自己作为"蕃神"的影响或为了"普及佛教的方便"③而依据佛教世界观对"神祇信仰"进行理论化解释,以谋求两者的融合乃至统一。例如,8世纪中叶,行基作为天皇敕使在修造东大寺大佛时,借"神谕"称"日神(天照大神)"为"卢舍那佛",倡导神佛同体思想。由于受中国的影响,11世纪中期以后,神逐渐被视为佛的权化(权现)和垂迹,产生本地垂迹说。这是一种利用佛教理论来解释日本的神,进而主张"佛主神从"的学说。本地垂迹说实际上就是本高迹下的神佛一体思想,强调佛与神的同一性,即日本的神是佛陀的化身,佛是神的"本地",神

---

① 转引自宫城洋一郎『律令国家における神仏習合思想の形成』、载二葉憲香:『統国家と仏教』古代・中世編、永田文昌堂、1981年、131頁。
② 我们虽然对古代日本的神佛习合思想做了两阶段的把握,但并不意味着后者就是由前者发展而来,因为它们原本就是不同系统的思想。
③ 村山修一:『本地垂迹』、吉川弘文館、1974年、48頁。

是佛的"垂迹"。平安末期，这种神佛习合的思想已臻成熟，并广泛渗透到一般社会和民众中。可以说，随着神佛习合思想的展开，一方面神的地位不断提高，在经历了护法善神、菩萨、神即佛（神佛同体）的阶段后，达到了与佛同等的地位。这有利于神或神道摆脱佛或佛教的束缚。另一方面，以佛教的世界观为基础，"神祇信仰"和"神信仰"完全沦为佛教的附庸。虽然到了近世知识阶层兴起了排佛的思想和运动，然直到近代的废佛毁释运动为止，神佛习合思想始终占据着日本社会与文化的主流。

虽然从奈良时代起，"神道"就开始尝试着自身的理论化，然在古代，与其说是"神道"借助佛教来实现理论化，倒不如说是不断被创造的"神道"借助佛教来实现自身的普及。可以肯定，直到平安后期乃至镰仓初期，"神道"仍处在概念形成的阶段。第一，在古代，不仅"神道"这一措辞极少出现，其意义仍是"神的权威、所为、神本身"，或是中国的"道教"。这点可从"六国史"中得到充分的证明。譬如，《续日本纪》第9卷所记"阴阳错谬，灾旱频仍。由是，奉币名山，奠祭神祇"表明，"神祇"仍主要是指原始的自然神。以日本的正史为例，除了《日本书纪》，"神道"一词在"六国史"中仅出现4次：

（1）如不除凶就吉，恐致圣体不豫欤。而陛下因心至性，尚终孝期。今乃医药在御，延引旬日。神道难诬，抑有由焉。（《续日本纪》卷37）

（2）崇高者，天理忌其满盈。卑下者，神道佑其谦虚。古今之攸同，圣哲之遗训。（《日本后纪》卷13）

（3）护持神道，不如一乘之力。转祸作福，亦凭修善之功。（《续日本后纪》卷5）

（4）灵心演觌，伫休历而必臻。神道效祯，在至仁而斯感。（《续日本后纪》卷18）

很明显，（1）（2）（4）是受到中国影响的说法，（3）是与佛教对立的说法。它们都表明当时的"神道"并不是一个明确且固定的概念。

第二，"神祇信仰"本身还处在被创建的过程中，不是一个有系统教义和完整仪式的明确的信仰体系。以神社及其所祭祀的神为例，自圣武天皇时代起，律令国家开始赋予各地神祇以神阶而使之序列化，试图将各地的"有力神社"纳入国家意识形态体系；11世纪初确立以伊势神宫为宗庙的22官社制度，欲使全国的神社及其神祇进入古代天皇神话的信仰体系。这些说明当时的皇室或贵族精英并没有将"神祇信仰"等同于"神道"的自觉，被赋予政治功能的神社仍只是少部分。

第三，不仅神道没有系统的教义，且不同佛教流派和神社对神佛"本地"与"垂迹"关系的解释也不尽一致。譬如天照大神被解释为观音菩萨或大日如来的垂迹，八幡大神是阿弥陀或释迦牟尼的垂迹等。这也说明古代日本没有形成对"神道"的明确理解。

综上而言，"神祇信仰"在古代并未充分理论化，"神道"概念亦尚未定型，正是借助佛教的力量，神祇作为佛的权威化和垂迹，被上升为与佛同等的层次，才摆脱了不成熟的自然神的领域①，而为"神道"概念的形成准备了基础，并预示了本土信仰的自立。譬如，镰仓中期的僧侣无住说："本地垂迹，其体虽同，然临机之利益，暂应有优劣。我国之利益，垂迹之面不亦胜之乎？"②

不仅如此，佛教还具有并发挥了混淆"神信仰"和"神祇信仰"的作用，而为统一的神道体系的创建提供了可能。正是经过与佛教的融合或移植，不仅天皇作为神权政治统治者的地位获得了强化，以天皇为中心的神祇体系也不断被宗教化而获得作为"传统"的合法性，进而逐渐与"神信仰"相混淆、接近。譬如圣武天皇创建东大寺和各地国分寺，以卢舍那佛（天照大神）为本尊，以释迦为本尊的化身，就是意图以佛教的序列关系建立天皇（东大寺本尊）——诸国（国分寺的释迦）——各国人民（百亿释迦）之统治秩序的尝试。另外，从《续日本纪》卷22起，天皇的正式称呼由"现御神"转变为"明神"，也是为了适应这种变化。在天皇统治的正统性不断获得保证的同时，面对新罗所带来的外来

---

① 速水侑：『神仏習合の展開』、載井上光貞『東アジア世界における日本古代史講座』第8巻、22—23页。

② 渡辺綱也：『日本古典文学大系』85（沙石集）、岩波書店、1966年、66页。

危机，自 9 世纪中叶左右起，日本也开始出现"神国"的思想①，这无疑有助于"神道"概念的形成。

（二）中世日本纪——神道学说的兴起与"神道"概念的形成

中世日本是神佛习合思想进一步扩大其影响和势力的时期。它在文化和生活方面的基本特征是整个社会为显密佛教所控制，神为佛的垂迹的观念广泛渗透到一般民众并支配了他们的思维和行动。作为本地垂迹说和佛教思想扎根日本社会的结果，佛教僧侣进一步用佛教的世界观来解释"神道"，提出了强调神佛同体同质的神道学说——习合神道。于是，"神道"在被体系化而获得普遍性的同时，也不可避免地成为佛教的附庸或一部分。

这种以显密佛教和习合神道为主流的世界观，对神祇的世界和"神道"造成了很大影响，并促使其发生某些变化。一方面，以天照大神为顶点的古代记纪神话由于失去了政权的庇护，影响日益减弱，因而摆脱其束缚的中世神祇纷纷作乱或欲成为本地的最高神。②从这种意义上说，中世日本可以说是一个诸神争雄的时代。另一方面，以伊势神道和吉田神道为代表，它们为了摆脱佛教的控制而确立"神道"的优势或维护"神道"的纯粹性，开展了重建本地神祇体系的尝试。这些被称为"社家神道"的各种神道学说大体都以记纪神话为依据，由此对其进行重新解释，共同创造了被称为"中世日本纪"的神祇体系。虽然这些神道学说着重于强调本民族的自主性和纯粹性，然它们不仅仍不得不以佛教的世界观为理论基础，还缺乏政权和民众的支持，故其影响力在当时十分有限。

在神佛习合的展开、各种神道学说的提出及"蒙古来袭"等内外因素的影响下，"神道"不仅进一步实现了自身的理论化和宗教化，也开始作为一个明确的概念即作为一个与神国思想和天皇神话密不可分的概念真正确立起来。③这意味着"神道"从此成为一个可以表达自我历史和独

---

① 作为正史，《日本三代实录》（869）第 16 卷首次记载了日本自称为"神明之国"和"神国"的说法。虽然此前的《日本书纪》也有"神国"的用例，却是出自新罗王之口，说明"日本是神国"的自我体认源自他者的刺激。

② 参见佐藤弘夫『神国日本』、42—46 页。

③ 井上寛司：『日本の神社と「神道」』、56—57 页。

特性的概念，从而具有区分彼此的意义。不过，在就连天照大神和现世天皇都要借助佛教力量而维护自身权威的时代，中世日本的"神道"概念和各种神道学说都不可避免地染上了浓厚的佛教色彩。因此，即便只是在思想的层次而非现实生活的层次，剔除所谓佛教这种"杂质"的作业，都必须等待江户时代的儒者和国学者来开展。

1. 本地垂迹说的发展与习合神道

平安末期，随着律令制的动摇和王权的衰退，作为一种从大陆传来的成熟而先进的信仰体系，佛教开始全面渗透至日本社会，并开始占据日本人精神生活的主导地位。于是，不仅本地垂迹思想朝着更为精密的方向发展，佛教僧众也基于信仰和自身发展的需要，要求并有力地支持佛教对社会生活的一切领域进行解释。"蒙古来袭"后神国思想的高涨，则进一步促使了佛教与"神道"的结合。在此背景下，镰仓中期以后，就产生了用真言宗来解释"神道"的真言神道和用天台宗来解释"神道"的山王神道。它们的共同点是以佛教的世界观来解释"神道"，强调"神佛同质同体"，因而被统称为"习合神道"（两部神道、两部习合神道或佛家神道）。习合神道是神佛习合思想的理论顶峰，不仅构成了中世神道思想的主流，并且直到近代的废佛毁释运动，才失去其神道主流派的地位。

山王神道[①]（天台神道、日吉神道、日枝神道）是以天台宗的立场来解释"神道"的神道论，围绕天台宗总本山比睿山延历寺和镇守神社日吉神社之间的关系展开。在平安末期，寺社都已由天台宗僧侣所掌管，两者"几乎已经一体化"[②]，由此僧侣们出于维护并扩大自身发展的需要，开始拔高镇守神（日吉神即"山王"）和镇守神社的身价，运用天台理论对神道诸神做了重新解释。从镰仓初期到室町时代，山王神道的理论逐

[①] 狭义的山王神道是指江户天台宗僧侣天海（1536—1643）以前的山王神道。江户初期，天海一方面受到吉田神道的影响，一方面依靠德川家康的支持，对山王神道做了有利于确立神道自主性的重新解释。他强调山王是大日如来，是天照大神，宣称它是一切神佛的原神，所有佛、菩萨甚至释迦都是山王的分身或垂迹；他也声称唯有山王神道才是"真正"的神道，故又被称为"山王一实神道"或"一实神道"。这最终使山王神道完成了从佛主神迹向神本佛从的逆转，为神道摆脱本地垂迹说的框架而走向自立准备了条件。

[②] 久保田收：『中世神道の研究』、臨川書店、1959年、269頁。

渐系统化，形成了《耀天记》（山王神道的最早古典，1223）、《溪岚拾叶集》《山家要略记》等主要文献。

所谓"山王"，是指《古事记》所记的日吉神，原本只是古代"记纪神话"神祇体系下比睿山的保护神。为树立山王的正统性和权威性，天台宗僧侣主要以"三谛即一""一念三千"等教理为基础，确立了以山王为"诸神之根本、元首"的神道学说。其宣称释迦如来是山王的本体，故山王作为其唯一的垂迹神，是一切神、一切存在的本体，处于神道诸神第一的位置。该神道援用天台教理、阴阳五行说等对此做了论证。譬如，它认为山王两字的字体结构揭示了天台宗"一心三观"和"三谛即一"的根本原理：两字各由三竖一横和三横一竖组成，均有"三"和"一"，故山王是"不纵不横一念三千内证之法体"[1]。正是因为山王的地位无比尊崇，是"日本无双之灵神、天下第一之名神、诸神中之根本、万社间之起因"[2]，故具有本原的"和光同尘"的利生功用。比如，《耀天记》宣称，如果朝夕参拜日吉神社，仰慕其神德，即可满足现世及来世的一切愿望；即使只参拜一次，也能去往菩萨所在的世界。[3]

虽然山王神道以山王权限为日本的最高神，却并不排斥和否定古代"记纪神话"的神祇体系，反而欲通过对神道诸神的重新诠释，增加山王作为日本最高神的合法性。比如，《耀天记》承袭《日本书纪》的记载，以国常立尊为诸神的始元神；该书还援用神本神迹的原理，宣称天照大神是山王的本体，而山王则是"天照大神的分身"[4]，它或曰日枝，或曰日吉，是因为天照大神"垂迹于睿岳之麓，施威于日下故也"。显然，以山王为天照大神的垂迹，不仅是对以往佛本神迹说的重要突破，也预示了习合神道摆脱佛教束缚而走向自立的一种途径。

随着时代的迁移，山王神道的理论渐次复杂，不仅出现了以"诸佛诸菩萨皆释尊"而确立山王权威的"释迦分身说"等学说，还添加了对天照大神的信仰，强调日吉大宫与伊势神宫、日吉神与天照大神之间的

---

[1] 『金剛秘密山王伝授大事』、載『神道大系』論説編 4（天台神道下）、精興社、1993年、495頁。
[2] 『耀天記』、載『神道大系』神社編 29（日吉）、精興社、1983年、83頁。
[3] 『耀天記』、載『神道大系』神社編 29（日吉）、95頁。
[4] 『耀天記』、載『神道大系』神社編 29（日吉）、44頁。

同体性。

真言神道也即狭义上的两部神道，是以本地垂迹思想为基础，用真言宗的立场来解释"神道"的理论。这一理论深化了神与佛相对应的原理，确立了神道与佛教的一体性即"神是诸佛之魂，佛为诸神之性"以及佛如"水"、神如"波"的两者关系[①]，初步建立了形而上学的神道体系。

首先，两部神道附会真言宗教义，为神道诸神设定了统一的本原和本体。认为《日本书纪》所记的国立常尊、国狭槌尊、丰云野尊分别是大日如来的法身、报身、应身，此三神"无相无为"，三身合一即大日如来，是神道诸神的始元神、主宰神。虽然在用"三身一体"说解释世界的始源方面，两部神道与伊势神道并无明显的分别，前者却着重于其佛教的侧面，一方面强调佛与神的同一性，另一方面论证了日本原本就是"大日如来的佛国"的特性。

其次，两部神道重新解释了神道诸神并使之序列化。认为神道诸神作为真言密教诸佛的垂迹，都是由大日如来所化，并配属于金、胎两部。根据真言宗教义，宇宙万有是大日如来的显现，它由金刚界（心）和胎藏界（色）所构成，故"唯一无二"的大日如来是统一金、胎两部的本体。两部即天地，即伊势神宫的内外两宫，是国立常尊的一体两面：内宫所奉的天照大神（光明大梵的垂迹）是胎藏界的大日如来，外宫所祀的丰受大神（尸弃大梵的垂迹）为金刚界的大日如来，两者"一体无二"。

两部神道还依据神的功能对诸神加以重新组合而使其等级化。根据真言宗教理，它将诸神分成本觉（法性神）、不觉（实迷神）、始觉（实悟神）三种。伊势神宫的内外两宫被尊为法性神，出云众神属于"忘本觉理、住一心三昧、友结缘堕善恶"的实迷神，其他众神则是"贵本觉理、远离邪地、座本有位、守护佛法僧"[②]的实悟神。[③] 显然，借助真言

[①] 安蘇谷正彦：『神道とはなにか』、ぺりかん社、1994 年、150 頁。
[②] 神道大系編纂会：『神道大系』論説編 1（真言神道上）、精興社、1993 年、65 頁。
[③] 张大柘：《论日本历史上佛教与神道教的交融》，《世界宗教研究》2002 年第 2 期。

宗的教义，天照大神被抬到"一切众生父母神"①的最尊神的地位，伊势神宫也由此成为"无比于天下诸社"的最高神社。

最后，两部神道还依据真言宗教理对神道的历史和礼仪等做了重新解释。譬如，它宣称"中臣祓"具有清净内心、救济众生的多重功能，它既是神的谕示，又体现了大日如来的真言②；其重要文献《天地丽气记》则宣称，七代天神即为过去七佛，五代地神为五行神，即"四佛加增舍那"。

作为佛本神迹的神道理论，两部神道不仅对后来的神道学说产生了重要影响，也是中世习合神道的主流。从镰仓末期到室町时期，它还派生出御流神道、三轮神道和云传神道等主要流派。尽管它们名称迥异，却都立足于真言宗教理，对两部神道做了进一步的论证与阐述。

综上而言，以真言神道、山王神道为代表的习合神道，虽然是由佛教僧侣所提出的神佛合一的神道理论，却标志着神道借此初步完成了自己的宗教化和体系化。虽然"神道"理论化的程度还不彻底，各神道学说关于神道的解释也并不一致，甚至同一神道学说在不同时期也有矛盾的情况，然而对于没有经典和教义的神道来说，两部神道的成立确实具有象征的意义。因为这不仅是神道"言语化"的开始，也是神道走向自立的必经之路。而且，两部神道的意义不仅在于使神道理论化，而且在于对《古事记》《日本书纪》等所谓"神道古典"的有效性进行了确认，促进了一个与神国思想和天皇神话相连的"神道"概念的形成。

首先，两部神道关于神祇体系的解释都是以"记纪神话"为依据。这说明无论对于强调日本自主性的神道论，还是习合神道，原本就是"被创造"出来的，《古事记》《日本书纪》等都具有作为"神道古典"的规范意义和价值。

其次，它关于神道诸神的解释也提高了与皇室密切相关的天照大神的地位。真言神道以天照大神为胎藏界的大日如来，奉之为"一切众生父母神"；山王神道以山王为"天照大神的分身"，奉之为"诸神之根本、元首"。随着时代的迁移，天照大神的地位也不断被抬高。比如作为真言

---

① 神道大系编纂会：『神道大系』論説編1（真言神道上）、4頁。
② 张大柘：《论日本历史上佛教与神道教的交融》，《世界宗教研究》2002年第2期。

神道的分支，御流神道宣称天照大神"乃慈悲万行神，信敬之根本"①，三轮神道解释它为法报应三身合一的大日如来，即"天"表示应身的大日如来，"照"是报身的大日如来，"尊"表示法身的大日如来，其"御义"则是"天金轮王光明遍照大日尊"②。

最后，两部神道还促进了中世神国思想的形成与普及。虽然诚如有学者所指出的，中世日本的神国思想与极力排佛的古代不同，而是具有既强调日本的优越性和特殊性，又以佛教世界观为前提而强调日本的普遍性的双重意义③，然自"蒙古袭来"后，前者所体现的日本神圣性和优越性的侧面开始受到重视。到了室町末期，这种特殊性价值也日益成为神国思想的核心。比如，两部神道的著作《天照大神御托宣记》（1521）将"大日本国"解释为"大日之本国"④；《御流神道谈义抄》也以"大日本国"为"大日之本国"，宣称生于神国者"若不与神道结缘，如不知生身父母""若违背此秘法，必受神明惩罚，成恶业罪障之身，可堕无间地狱"⑤；《御流神道竖印信集》同样坚持日本为"大日如来之本国"，并提出了"以佛为迹，以神为本"⑥ 的神本佛迹论。显然，两部神道所强调的"日本即神国"的观念虽然是以神道诸神皆为佛之垂迹的"日本即佛国"的思想为基础，却也促使了神国思想在日本的形成和传播。

总之，习合神道终究只是佛本神从的神道论，依然未脱离"佛本神迹"的本地垂迹思想的窠臼，仍可看作神道附庸于佛教的阶段。虽然如此，它不仅为"神道"的脱习俗化提供了范式，也对以后的神道论产生了重大影响。因此，不仅是为了扭转神道受控于佛教的局面，还是为了维护自身的生存和发展，中世的神官和神道家开始提倡反本地垂迹说，欲通过排佛而建立纯粹的神道学说。

---

① 转引自久保田收『中世神道の研究』、352 頁。
② 转引自久保田收『中世神道の研究』、310 頁。
③ 佐藤弘夫：『神国日本』、120—123 頁。
④ 『天照大神御託宣記』、載『神道大系』論説編2（真言神道下）、精興社、1992 年、585 頁。
⑤ 转引自久保田收『中世神道の研究』、350 頁。
⑥ 『御流神道竪印信集』、載『神道大系』論説編2（真言神道下）、614 頁。

2. 反本地垂迹说与社家神道

平安时代以后占社会主流的本地垂迹思想本身就包含了神本佛迹乃至神本神迹的思想倾向——反本地垂迹说，因此进入中世，神社势力开始倡导强调日本主体性和优越性的伊势神道、吉田神道等神道论，也是逻辑发展的必然。这些神本佛从的神道论作为本地垂迹思想的反动，虽然未能完全摆脱习合思想的范畴，却以对日本自主性的强调而成为神道自主化的转折点，并极大地促使"神道"成为一个与神国思想和天皇神话密不可分的明确概念。

平安后期，一方面由国家权力所主导的佛教不仅全面渗透到了一般社会，甚至掌握了对"神祇信仰"的诠释权。此时，"神道"成为佛教的附庸，这对于依赖"古代天皇神话"而获得权威性的神社尤其是伊势神宫来说，不啻一个重大打击。这种来自经济、政治和文化等方面的打击压缩了神社的生存空间，自然招致了它们的反抗。另一方面，镰仓时期的日本也形成了有利于"神道"发展的社会结构条件。首先，在武家政权下神祇祭祀重新被当作"治世之要道"受到重视，因而给"神信仰"带来了新的发展契机。例如，八幡神就被源赖义定为源氏的氏神和幕府的守护神，从而受到了新兴武士和农民的崇仰。其次，"蒙古来袭"促使日本人国家意识即神国观念的自觉和高涨，而随后的建武中兴和南北朝对立又促进了天皇在政治和军事上的复活，进而促使神国意识朝着以天皇为中心的神国思想转变，因而为强调日本自主性的神道论的出土准备了思想和社会条件。最后，强调众生原本都有佛性的天台本觉思想①在镰仓时代以后得到进一步的发展，也使神佛同等乃至神佛地位（神道对佛教的优越性）的转换成为可能。

在前述条件下，伊势神宫外宫为解决财政窘迫的问题，一方面向全国各地派出"御师"向民众宣扬伊势信仰，另一方面又着手从理论上提高所祭的丰受大神的地位，提出了神本佛迹的"伊势神道"。伊势神道由

---

① 依据本觉思想的理解，我们经验到的现世的存在直接就是觉悟的世界的显现，故在现世以世俗形态而存在的日本诸神直接就是终极的觉悟的世界，甚至比超然物外的佛更加殊胜难得。可以说，本觉思想的盛行为中世日本完成从"佛本神迹"到"神本佛迹"的思想转换提供了可能。

伊势神宫外宫祀官度会行忠（1236—1305）、度会常昌（1264—1339）、度会家行（1266—1351）等创立，又称外宫神道或度会神道。它否定当时盛行的佛本神从的本地垂迹说，认为不是神为佛的化身，而是佛为神的化身。伊势神道为树立"神道"的自主性乃至对儒佛道的优越性，以对《古事记》《日本书纪》等所谓"神道古典"的诠释为依据，创造了被称为"神道五部书"的《御镇座次第记》《御镇座传记》《御镇座本记》《宝基本纪》《倭姬命世记》神道经典，首次从建设神道优越性的角度对"神祇信仰"做了理论化解释。

首先，伊势神道沿袭"记纪"的观点，对神道诸神做了重新解释。它认为宇宙的本原神是国常立尊，该神的创世活动即为天之御中主神，两神同体异名①；从神格、神德等角度论证了伊势神宫内外两宫是"犹如日天、月天同照寰宇"的"两宫一光"关系——神道神世七代的十二神都是国常立尊的"分身"，六代诸神一体含纳而"未现形体"，及至伊奘诺尊和伊奘冉尊"始现尊形"，即"为阴为阳，化生日神（大日霎贵、天照大神）、月神（天御中主霎贵、止由气皇太神或金刚神）"；② 伊势内宫所祭的天照大神是日神，主火气而和光同尘，伊势外宫所奉的丰受大神是水神，主水气而为万物生长的原因，故与具有水德的宇宙本原神——天之御中主神或国常立尊同体，故与同样作为皇祖神的天照大神相互依存。由此，天照大神和丰受大神是"天神地祇之大宗，君臣上下之元祖""豫结幽契，永治天下"。显然，伊势神道虽然着力于提高丰受大神的地位，却也依据"记纪神话"，敬奉与天皇紧密相关的天照大神为"诸神之最贵"③ 的地位。

其次，在宣扬伊势两宫"尊无与二"的同时，伊势神道昭示了神明与天皇一体、神道与皇道一体、神器与皇位一体的"神皇一体"思想。该神道的初成者度会行忠宣扬"神者，君之内证，垂慈悲而同尘。君者，

---

① 度会家行等还认为，万物的本体和始源神是同体异名的国常立尊、天御中主神、天狭雾国狭雾尊，主张"三神同体说"。
② 『類聚神祇本源』、『日本思想大系』19（中世神道論）、岩波書店、1977 年、295—296 頁。
③ 『伊勢二所太神宮神名秘書』、載『度会神道大成』前篇、神宮司庁、1957 年、203 頁。

神之外用，昭俭约而治国"①，称大日本为神国，"依神明之加被，得国家安全；依国家之尊崇，增神明灵威"②，从而强调神国、神明与天皇的一体性。他论证说，天皇受命拥有玉、镜、剑三种至高无上的神器，故"宝祚之隆，当与天壤无穷者也"。行忠的思想后来被"神道五部书"全面继承。显而易见，这一思想虽然源于"记纪神话"等传统神国观，然对天皇与神国、神明、神器的一体性及天皇统治之永恒性的论证和强调，却是伊势神道的发展，而这些都给后世的神国思想提供了理论来源。不可否认，伊势神道所宣扬的神国思想既有强调日本为神国的特殊性的一面，也有与儒教、佛教等普世价值相联系的普遍性的一面。

最后，伊势神道对"何谓神道"做了解释，不仅促进了"神道"的神学化和理论化，还昭示了神道即古道的思想。它吸收中国儒教和道教关于道的观点，指出道或神道"无方（不系于一方，不滞于阴阳）、无体、非阴非阳"，是"无之称也"，且"无不通也，无不由也"③。显然，这里的"道"就是老子所说的"谓道无形混沌而成万物，乃在天地之前"的意思。对于日本的神道，该神道强调说其"所志者，以机前为法。所行者，以清净为先"④。所谓"机前"是指作为宇宙本原神的国常立尊进行创世活动之前，"以机前为法"则意味着"由太极或大日如来等所表象的世界，也即与宇宙本体相一致的纯粹之性、生成万物的根源之力、纯粹的绝对之智"⑤。因为"神道则出于混沌之界，归于混沌之始"⑥，所以这种天地生成之前的"清净无垢的神的境地"便是"神道的极致"，其所表象的清净、正直、对本性的尊重等，不仅是"神道的本质"即所谓神性、神道风俗或神道精神，也是人的"本心"或本性，亦是人达到与神同一的实践方法："人乃天下之神物也，莫伤心神。神垂以祈祷为先，冥加以正直为本。任其本心，皆得大道。神人守混沌之始，屏佛法之息。"⑦

---

① 『伊势二所太神宫神名秘书』、载『度会神道大成』前篇、179 页。
② 『伊势二所太神宫神名秘书』、载『度会神道大成』前篇、216 页。
③ 『类聚神祇本源』、『日本思想大系』19（中世神道论）、285 页。
④ 『类聚神祇本源』、『日本思想大系』19（中世神道论）、293 页。
⑤ 安苏谷正彦：『神道思想の形成』、ぺりかん社、1985 年、83 页。
⑥ 『造伊势二所太神宫宝基本记』、载『神道大系』论说编 5（伊势神道上）、精兴社、1993 年、62 页。
⑦ 『类聚神祇本源』、『日本思想大系』19（中世神道论）、293 页。

因为神性与人心相同，所以人只有通过"清净"心身的内外修行，崇敬神祇，才能达到神人一致的境地，获得神的加护和庇佑。很明显，伊势神道关于"神道"的诠释及其强调神人同一性的"人有神性"的神人观等，不仅促使一个形而上的"神道"概念的形成，还对后世的神道影响很大。同时，它所提出的"屏佛法之息"等有关忌佛的思考也成为后世"反佛教思想的源流"[①]。

总之，伊势神道是神道力图摆脱佛教的影响而着力建立独自思想体系的最初尝试。对于没有经典、教规和教义的"神道"来说，它不仅全面承认了"记纪"作为古典的价值和意义，还创造了"神道五部书"等新的神道经典，由此从建立"自主性神道"的角度对"神道"做了理论化的诠释，开始显示出摆脱佛教束缚而转向神本佛迹乃至神本神迹的征兆，也对后世的神道学说产生极大影响。然而，该神道虽然反对佛本神迹的本地垂迹思想，却并不否定本地垂迹说，也并不意味着全面排斥佛教思想，反而必须援用儒佛道等理论来建设自身的形而上学体系。可以说，以度会家行为集大成者的伊势神道基本上还处在兼收儒教、佛教、道教、《易经》、阴阳五行等多种思想内容的极为庞杂的阶段。显然，"神道"的理论化过程蕴涵了其自身无法解决的矛盾。这不仅是伊势神道，也是后来的吉田神道等所有中世神道说必然会面临而又无法超越的问题。从这个意义上说，无论怎么努力维护自身纯粹性和优越性的中世神道学说，都不得不沦落为以神道为主的神佛不二或以儒佛道为从属的三教一致的思想体系，这恰恰是它们在江户时代受到儒者和国学者所指责的根本原因。

当然，伊势神道更重要的意义在于作为"中世日本纪"的重要接点，促使了与天皇神话、神国思想紧密相连的"神道"概念的形成。作为与皇室联系密切的神道学说和意识形态，它承认天照大神及其神道等为日本开天辟地以来固有的事实和现象，论证了神国日本的特殊性和天皇统治的合法性、永恒性，不仅为建武中兴乃至南朝的统治提供了思想依据，还为后世极力强调日本特殊性的神国思想提供了理论来源。虽然进入室町时代以后，随着王权复兴运动的失败和皇室势力的进一步衰落，伊势

[①] 安蘇谷正彦：『神道とはなにか』、159 頁。

神道的影响力受到严重削弱，然而，由于它适应了下层百姓追求现世利益的需要，后来就以"伊势讲""神明社""伊势参拜"等形式走向普及化，而为民众所接受。

稍后出现的天台宗僧侣慈遍，因与度会常昌等神官交往甚密，不仅全面继承了伊势神道的理论，还对它做了更精密的论证。由于出身神道世家卜部氏，又作为南朝重臣而肩负着为之创设统治合法性的任务，因而慈遍所提倡的神道说虽是伊势神道的延伸，却是比它更为"自洽"和更强调神道自主性的思想体系。首先，就神佛的关系来说，慈遍彻底颠覆了佛主神从的传统观点，视神为根本，提出佛为神的应迹的反本地垂迹说。他强调说，日本原本有神祇，"用托宣而治天下"，后让于佛教和儒教，至于"末世"佛教则会失去其存在理由，所以又会出现以神祇为中心的世界，是所谓"传法诸祖亦注神妙"。所以，"神宣"明确指示，不仅"如来既为皇天垂迹"①，就连诸贤圣德也莫非天皇的应化。因此，就神佛儒三者的关系来说，慈遍认为，只有日本的神祇和神道才是宇宙的根本："论其功用，本在神国，唐掌枝叶，梵得果实。"② 这一主张对后来的神道学说产生极大影响，亦是吉田神道"根叶花实说"的直接理论来源。

其次，慈遍还首次严格区分了神道和佛教、儒教的异同，由此强调神道及日本作为神国的特殊性。他阐述说，神道和佛教都是"以自己的内心体悟真理"的"同一"理论，只是教化众生的方法不同，即"佛与神内证同一，而化仪各别也"③。由于神道"出于混沌之界，守混沌界之始"，即形成于人心淳直的神代，因而与善恶开始分离的"地神之末、人皇之始"才被提倡的佛教有所区别，"所谓神道者，守一法未生之所，以心所生之万物皆为污秽；所谓佛法者，乃二途既分之后，抑此诸迷惑之实象是也"④。这就是说，神道必守本（清净、正直），是基于事物本原的"纯粹的立场"看待世界，而佛教则立真俗之二途、论迷惑与体悟之

---

① 『旧事本纪玄义』、载『神道大系』論説編3（天台神道上）、精興社、1990年、10頁。
② 『旧事本纪玄义』、载『神道大系』論説編3（天台神道上）、69頁。
③ 『豊葦原神風和記』、载『神道大系』論説編3（天台神道上）、223頁。
④ 『豊葦原神風和記』、载『神道大系』論説編3（天台神道上）、223頁。

别，即以破除由本原生成的大千世界的各种迷惑（秽恶）来展示真理。因此，神道对佛教具有先验的优越性。神道与儒教虽然"心神相同"，却"应用二别"，即儒教"执偏""具偏者，离天地也，故非阴阳亦非性相，故嫌变化"，而神道"显不偏""故于天地唯在一灵"，必通真神，变化俱生天地万物。这种应用上的分别也就体现了神道对儒教的优越性。因为神儒佛存在如此显著的差异，所以慈遍要求日本回到"本本任本心"即人心清净正直的神祇世界，依靠神道治国。即便如此，慈遍虽然十分注重神佛儒的差异，却与同时代的北畠亲房不同，不是基于一种特殊性的立场，即不以神道的特殊性来主张神道对佛儒的优越性。

最后，慈遍从皇德、皇位、神器等角度首次系统论证了天皇的绝对地位，由此明确提出了神道即皇道的"神皇一体"思想。《旧事本纪玄义》的第四卷分别从皇位继德、人王崇神、特尊伏敌、群民顺惠、法能治世、政必禁费、奉齐持国、神态任元八个方面，论证了天皇统治日本（皇德）的神圣性、正当性（有德者王）和绝对性。第五卷结合宇宙万物的生成过程阐述了天皇的渊源、皇位及神道的本质，论证了天皇"天无二日、地无二主"的绝对地位。第九卷论证说，天照大神先后授予天皇的十种神宝和三种神器是其永远统治日本的标志：前者象征天道，后者（玉、镜、剑）象征地德，它们名体相同，"俱含天地，而亦互象"[1]。不仅如此，慈遍还附会佛法来增强三种神器作为"神玺"的权威性，"玉者皇天之心珠，矛者觉王之独钴，镜则是三身具足"。由上可见，慈遍提出并论证了一个至关重要的命题：天皇是有别于他国的神国的永恒统治者，这即神道的本质。从此，作为中世日本的思维之一，一种与天皇、神国思想等密切相连的"神道"概念开始形成。

总之，慈遍的神道说不仅进一步促使了"神道"的宗教化，使"神道"从相对的地位上升为绝对的地位[2]，更重要的是还使神道、天皇神话和神国思想紧密联系起来，因而与北畠亲房的神道说一起构成了"中世日本纪"确立的标志。不但如此，与"只是停留在信仰和宗教领域的伊

---

[1] 『豊葦原神風和記』、載『神道大系』論説編3（天台神道上）、81頁。
[2] 久保田収：『中世神道の研究』、158頁。

势神道"① 相比，慈遍作为深受后醍醐天皇信任的南朝重臣，还使自己的神道说具有了鲜明的政治性和意识形态性。

大体与度会家行、慈遍同时代的北畠亲房（1293—1354）继承了伊势神道的核心思想，同时也使它有了进一步的发展。为论证南朝的正统性，他建立了旨在强调神道、神皇、神器、神德和神国相一致的独特的神道论。与偏重于宗教神学、拘囿于秘传主义的伊势神道相比，北畠亲房的神道论是对"神代史"②和"皇代史"的一种"历史叙述"，更是一种政治的、道德的"正理"。

首先，北畠亲房视神为根本，以儒、释诸神及诸圣为神的化身。他否定当时盛行的佛主神从的本地垂迹说，认为日本只是借助佛教和儒教来推广神道，儒、释不过为"权化"之神圣："由应神天皇弘布儒书，由圣德太子盛行释教，此皆权化之神圣，受天照大神之心，可弘深我国之道也。"③ 在坚持以神道诸神为中心方面，北畠亲房与慈遍并无区别，然而前者更少受到本地垂迹说的拘束，更重视对《日本书纪》的诠释和吸取朱子学理论，也由此确立了神儒佛三教一致的神道观。

其次，与慈遍相同，北畠亲房也明确提出了神道即皇道、古道、政道的"神皇一体"思想，然而不同的是，后者始终依据天照大神而以神器和神敕为中心来展开他的论述，甚至以此主张日本的特殊性和优越性。认为神道的本质是"万世一系的天皇为神国日本的永恒统治者"，这是他们的共同主张。以天照大神的血脉（三种神器）与神意（神敕）的继承为正统和神道的根本，却是亲房的发展。对他来说，作为天皇治世的合法性来源和统治的标准，神器及与之相关的"神敕"是神国日本存立的根本。《元元集·神器传授篇》论述了三种神器"乃传国之神玺，无物之可比方"的意义，强调"凡厥神器之在天下，不异三辰之在天上。镜乃日精也，玉乃月精也，剑乃星精也，然则三种见在，为国家之镇卫"④。正因为有三种神器所庇佑，才使"君臣有序，继体无差，乱臣贼子不日

---

① 久保田收：『中世神道の研究』、149 頁。
② 与伊势神道不同，北畠亲房以《日本书纪》《旧事本纪》和《古语拾遗》为基础，建立了对神代史的统一解释。
③ 『神皇正統記』、載『日本古典文学大系』87（神皇正統記・増鏡）、61 頁。
④ 『元元集』、載『神道大系』論説編18（北畠親房上）、精興社、1991 年、192 頁。

而亡，宝祚兴隆"。同时又以儒、释说明三种神器，声称：镜"以随顺感应为德，乃正直之本原"；玉"以柔和善顺为德，乃慈悲之本原"；剑"以刚利决断为德，乃智慧之本原"①。在他眼中，神器是绝对的先验之物，故是判断正统的标志和象征：只有同时拥有三种神器和正直（妙）、慈悲（明）、智慧（断）的三德才是正统的"天孙"，才能统治日本。除神器、神德外，他还首次强调了天照大神的"神敕"（天照大神之心）对于神道的意义，认为它本身即是"保国之要道"②。

他还认为，清净、正直、慈悲等就是"元元本本"的神道精神，它们源自天照大神及由神器和神敕所体现的"道"："大体所谓政道者，宜以正直慈悲为本，有决断之力。此乃天照大神所明示也。"③ 显然，与伊势神道、慈遍等单纯强调神道的精神不同，北畠亲房还将它与天照大神紧密联系起来。对他来说，不仅一切学问、教育的出发点在于天照大神，就连政治、道德和社会生活等一切领域都必须以天照大神为渊源。④ 对他来说，天照大神是日本之所以为神国、天皇之所以为永恒统治者的所以然，它贯穿了神道、神皇、神器、神德、神国等所谓"日本精神"的一切领域，并使它们获得内在的一致性。

与传统神国观⑤不同，北畠亲房还建立了一种新的神国观，即日本是由天照大神等所创造，并由作为天孙的天皇永恒统治的国家。《神皇正统记》（1339）开篇就说："大日本者神国也。天祖始创基，日神永传统。唯我国有此事，异朝无此类，此故曰神国也。"他认为自开辟以来，日本一直秉承日嗣，是真正的万世一系，因而在世界上是独一无二的，也优于常有易姓革命的印度和中国。与仅仅主张神佛差异性的慈遍不同，北畠亲房不仅强调彼此之间的差异性，还开创了以"神创之国"和"国体的万世一系"来主张日本优越性的先河，对后来的"神国国体论"乃至皇室中心主义有很大影响。可见，旨在论证南朝正统性的神道论不仅

---

① 『神皇正統記』、載『日本古典文学大系』87（神皇正統記・増鏡）、60頁。
② 『神皇正統記』、載『日本古典文学大系』87（神皇正統記・増鏡）、60頁。
③ 『神皇正統記』、載『日本古典文学大系』87（神皇正統記・増鏡）、177頁。
④ 久保田收：『中世神道の研究』、184頁。
⑤ 即主张"日本是神国即由神所拥护的国家，所以必须敬神"的神国观。《倭姫命世记》的神国观便是此类。

"证明"了天皇永恒统治的正当性,更重要的是还通过对"神器"的强调,促使了神道或神国思想的"可视化",因而为日本人的"自我特殊性想象"提供了依据。因此,《神皇正统记》在中世被改编为多种版本,近世则受到水户学的极力褒赞,说它"扬神统于已微,以明神器之有归。其明微扶正,诚有合于春秋遗旨"①。

总之,北畠亲房的理论同之前的佛主神从理论已有了质的区别。它不仅象征着古代天皇神话实现了在中世的重组,还标志着一个与天皇神话、神国思想紧密相关的、纯粹的"神道"概念的诞生。这恰恰是"神道"摆脱儒佛之束缚而走向独立的前提。

与伊势神道、北畠亲房等相比,室町时代的儒者一条兼良(1402—1481)提出了更系统、更鲜明的神儒佛三教合一论。世称一条禅阁的兼良屡任摄政、关白之职,博学多闻,精通神儒佛之学,享有"一天无双之才子""第一程朱学者"之誉。他比较了神儒佛三教的异同,试图协调三者之间的矛盾,确立以"一心"为三教一致原理的神儒佛一致论。他奉《日本书纪》神代卷为经典,于1455年左右完成对此解释的《日本书纪纂疏》,试图用神道来统一儒教与佛教。

首先,他指出神道是心性教,"一心"是万物的本体,所谓"心即混沌即神"。三种神器作为"神书之肝心,王法之枢机也"②,是神儒佛一致的极致表现:三种神器是"一心"的标识,相当于儒教的智仁勇"三德"和佛教的真如(法身)、般若(报身)、解脱(应身)的"三因佛性"。由于"儒宗三德本于天性,佛教三因具于本有,统而言之,不离一心。一心者众生之心,天孙以三器随吾身而降于下土者,显而王法,隐而佛法,使一切群生悟有此秘而已"③,所以神道的"一心"是本体,是神儒佛的共同根源,规定了三者之间的内在一致性。神道的玉镜剑、儒教的智仁勇和佛教的三因佛性,都不过是其表现。可见,与重在强调神儒佛之差异性的北畠亲房相比,兼良不仅重视它们的一致性,也更具理

---

① 『「神皇正統記」解説』、載『日本古典文学大系』87(神皇正統記・増鏡)、24頁。
② 『日本書紀纂疏』、載『神道大系』古典注釈編3(日本書紀注釈中)、精興社、1985年、304頁。
③ 『日本書紀纂疏』、載『神道大系』古典注釈編3(日本書紀注釈中)、305頁。

论色彩。

其次，一条兼良还援用佛典和儒说对"神"的本质和"神道"的内核做了解释。他指出："《周易·大传》曰，阴阳不测之谓神。程子曰，鬼神天地之功用，而造化之迹也。张横渠曰，鬼神者二气之良能也。朱晦庵曰，以二气言，则鬼者阴之灵也，神者阳之灵也；以一气言，则至而伸者为神，反而归者为鬼，其实一物而已。"① 显然，这一关于鬼神的表述主要引述了宋学者的观点。以此为基础，他论证了"神道"的本质：神道以"中"为本；神道以正直为本；神道尚清净，恶不净；神道以心为本；幽冥之事为神道。② 虽然都是主张清净正直为神道的精神，兼良的神道观却与慈遍和北畠亲房强调"神道即是皇道"的神道观有着本质的区别。兼良主张的实际是作为"日本人的信仰"的"神道"，与吉田神道等关于"神道"的理解基本一致，代表了中世神道观的另一种类型。虽然兼良还未形成明确的"神皇一体"思想，却在强调天皇的万世一系性上与慈遍等并无明显的分别，即"独吾国，神武皇胤相继而不杂他氏，故大和之名亦百世不易者也"③。

总之，虽然一条兼良受到伊势神道、两部神道等神道学说的影响，然其神道论仍主要得益于吉田说和家学，故仍可归为吉田神道的范畴。因而正如近世儒者林罗山所言，兼良的神道说对吉田兼俱的神道观亦产生了极大的影响。

至室町末期，受慈遍和一条兼良的影响，出身于京都吉田神社且世代是神祇官的吉田兼俱（1435—1511）集家学④之大成，以《神道大意》《唯一神道名法要集》为基本教义，创立了吉田神道（卜部神道）。兼俱无限地提高了自己所创神道的地位，称其是"元元入元初，本本任本心"和"宗万法归一，源诸物开基"的元本宗源神道、"吾国开辟以来的"唯

---

① 『日本書紀纂疏』、载『神道大系』古典注释编3（日本書紀注释中）、157 页。
② 参见安苏谷正彦『一条兼良と吉田兼俱』、『国学院雑誌』82（11），1981 年 11 月。
③ 『日本書紀纂疏』、载『神道大系』古典注释编3（日本書紀注释中）、153 页。
④ 吉田家世代掌神祇官之实权，对各神社负有指导之责，因而很早就重视神道学说的建立和完善。自镰仓中期的吉田兼方撰《释日本纪》而对《日本书纪》进行解说开始，此后兼直、兼夏、兼敦都先后著述《神道大意》，形成了独特的神道家学传统。

一神道①，不仅确立了神道对儒教和佛教的优势地位，也试图对神道进行纯洁化的理论操作。

兼俱神道说的逻辑基础源自其对神道所依凭的"神"的绝对化作业。他认为，神是"定天地、成阴阳"的所以然，是一种贯通天地、万物和人的超验的绝对存在。"夫神者，先天地而定天地，超阴阳而成阴阳，在于天地则云神，在于万物则云灵，在于人则云心。心者，神也，故神者天地之根元也，万物之灵性也，人伦之运命也。无形而能有形，养物者神也。"②因此，在他看来，所谓风波、云雾、动静、温热、善恶之报等莫非"吾神明之所为者也"，天地之心、佛心、鬼畜心、草木心、人伦等亦"皆是心神之所为也"③。因为作为"天地万物之灵宗"的神的绝对性，不仅使神国、神道、神皇和天照大神之间保持着内在的一致性，"国者是神国也，道者是神道也，国主者是神皇也，太祖者是天照大神也。一神之威光，遍照百亿之世界。一神之附属，永传万乘之王道"④，也使日本具有相对于世界万国和儒佛之道的绝对优越性。

他认为，世界"唯有一法"⑤，即作为"神明之直传"的日本所相承的"一气开辟之一法"，是"国常立尊（天之御中主神或大元尊神）""天照大神""天儿屋命（《古事记》和《日本书纪》分别记载的'天岩户神话'和'天孙降临神话'里出现的执掌祭祀的神）"之间相传的"一阴一阳不测之元"的唯一神道，故是日本固有之道；日本是神国，是"以唯一神道之元由"⑥"至唯一神道之行者，可专神国之根源者"⑦；神皇执掌天照大神赐予天孙琼琼杵尊的三种作为"无上灵宝"的神器统治日本，皇祚天壤无穷；神道是真道，而作为"神道初行之名目"的真道则具有"正也，直也，化也，圣也，灵通而妙明"的性质。

可见，以对"神"的绝对化操作为基础，兼俱通过对神国、神道、

---

① 吉田兼俱：『唯一神道名法要集』、『日本思想大系』19（中世神道論）、319頁。
② 吉田兼俱：『神道大意』、載『神道大系』論説編8（卜部神道上）、精興社、1985年、18頁。
③ 吉田兼俱：『唯一神道名法要集』、『日本思想大系』19（中世神道論）、331頁。
④ 吉田兼俱：『唯一神道名法要集』、『日本思想大系』19（中世神道論）、331頁。
⑤ 吉田兼俱：『唯一神道名法要集』、『日本思想大系』19（中世神道論）、331頁。
⑥ 吉田兼俱：『唯一神道名法要集』、『日本思想大系』19（中世神道論）、327頁。
⑦ 吉田兼俱：『唯一神道名法要集』、『日本思想大系』19（中世神道論）、330頁。

天皇神话、神道精神等概念的重新诠释，构建了它们之间具有深刻关联和内在一致性的形而上的神道理论体系。

基于这种思路，他极欲彻底驱逐儒释道三教，故主张说，神道原本是"以天地为书籍，以日月为证明"的"纯一无杂"的唯一之道，"故不可要儒释道之三教"①；也虚构了神道没有受到儒释道影响的"事实"，认为神道是自然发生的日本固有之道，"（神道自）国常立尊以降，至天照大神，玄玄妙妙之相承也。天照大神授赐天儿屋命，自尔以来，至浊世末代之今日，汲一气之元水，遂不尝三教之一滴"②。然而，为了对世界作出统一的解释，同时又面对儒佛东传日本发挥巨大影响的事实，兼俱不得不回归"神主佛从"的老路，提出了神儒佛三教合一论的"根叶花实说"，认为神道是儒教和道教乃至佛教的根源。"吾日本生种子，震旦现枝叶，天竺开花实。故佛教者为万法之花实，儒教者为万法之枝叶，神道者为万法之根本。彼二教者，皆是神道之分化也。"③ 在他看来，儒佛传入日本就像叶落归根那样完全是为了"显其根源"，而日本接受儒释道三教也是"为唯一之润色，为神道之光华，广存三教之才学，专极吾道之渊源者，亦有何妨哉！"④

不难看出，"根叶花实说"虽然是一种折中而又自相矛盾的学说，本身也是杂糅了儒教、佛教、道教、阴阳道等各种学说的杂交品种，却以自我为中心对世界万物做了统一的、形而上的解释，而与前述慈遍的相关论述已有质的区别。如果抛开这一主张，可以说吉田兼俱已基本完成了"神道"的理论化和纯洁化的作业，即初步确立了包括被统一解释的神国、天皇神话、神道精神等相关事项的"相对自足"的"神道"概念。不仅如此，他还创建大元宫斋场所（1484），建立了新的神道仪式，从而推进了"神道"的宗教化（仪式化），即使"神道"成为一个兼有教义和仪式的理论体系。从这个角度上说，兼俱的神道说不仅是中世神道的总括，也是神道发展的新的历史起点。它为本地垂迹说的发展打下了终

---

① 吉田兼俱：『唯一神道名法要集』、『日本思想大系』19（中世神道論）、332頁。
② 吉田兼俱：『唯一神道名法要集』、『日本思想大系』19（中世神道論）、330頁。
③ 吉田兼俱：『唯一神道名法要集』、『日本思想大系』19（中世神道論）、328頁。
④ 吉田兼俱：『唯一神道名法要集』、『日本思想大系』19（中世神道論）、332頁。

止符，是神道开始摆脱佛教及深受其影响的"本迹缘起神道"和"两部习合神道"之束缚的重要转折，也是"与'神国'日本相适应的、以神社·神祇信仰为中心的新的宗教构造和体制的整备"①。

吉田神道不仅建立了比较完整的神道理论体系，而且其《神道大意》《唯一神道名法要集》等文献也与伊势神道的"神道五部书"一起成为江户神道主流派的基本教义和新的经典。尤其是吉田神道，自认是承继了天儿屋命的正统的元本宗源神道，因而在室町后期以后，又越江户时代，在幕府的支持下向全国各地的神社、神职颁发证明位阶、神号、免许状的"宗源宣旨"或"神道裁决状"，推行其神道教义和仪式，不仅以吉田神社为中心对全国的神社和神祇组织进行了重新编组②，而且对理当心地神道、吉川神道、垂加神道等产生了深刻影响，由此一度占据了江户神道界的统治地位；吉田神道又以"神在于万物则云灵，在于人则云心"的理念，宣称神道具有安人心、防鬼神的作用，提倡进行"内清净（内心的清净）"和"外清净（肉体的清净）"的修行，而使其教义渗透到了町人、农民阶层。

3. "神道"概念的形成

在中世日本，虽然佛教始终是占据主流的价值观和思想，然室町时代以后随着神国思想的高涨及强调"众生本来皆具有佛性"而"人人都可以觉悟成佛"的佛教本觉思想的彻底化，佛教只关注主体的心的问题而对客观世界缺乏关注的弱点受到了神道势力的批判，其优势地位发生了动摇。一方面，"蒙古来袭""南北朝的对立"等历史事件所引发的神国思想的发展需要一种新的理论体系对此做出诠释；另一方面，依据本觉思想的理解，我们可以经验到的现世的存在就是觉悟的世界的直接显现，故在现世以世俗形态存在的日本诸神就是终极的觉悟的世界，甚至要比超然物外的佛更加重要和难得。这种围绕佛教的内外环境的变化，不仅导致了显密佛教的衰退，也促使取代其的"神本佛迹"的神道理论及与神国思想、天皇神话、神道精神、神道仪式等密切联系的"神道"概念的形成。

---

① 井上寛司：『日本の神社と「神道」』、148—149 頁。
② 井上寛司：『日本の神社と「神道」』、146 頁。

针对显密佛教掌握神祇解释权的情况，伊势神宫、吉田神社等反佛教势力从天地创造的神话和天皇正统统治的历史出发，援用儒释道三教的思想和教理，基于对《日本书纪》和《古事记》等日本古典的研究，逐步创建了具有神国思想、天皇神话和神道精神等特殊内涵的"神道"概念，而使其成为一个粗具自律教义和仪式的信仰体系。

第一，"神国思想"是神道的一项重要内容，包括"神所庇佑的国家（神佑）""作为神的天皇统治的国家（神治）""国土被宗教般神圣看待的国家（神领）"等内容。这样的神国观念并不是最初就有的思维，而是后来被不断创造和发现的结果。"神国"一词虽然最早见于《日本书纪》，然而日本人产生"日本是神国"的自我认识却是《日本三代实录》（869）刊行前后的事情。即便如此，在江户以前不同信仰和立场的知识精英对"神国思想"的理解也呈现出较大的差异。在院政期（11世纪后半叶—12世纪末）以前，日本古代的神国只是表示"天照大神以下的诸神所守护、天皇所统治的单一空间"[①] 的概念。此后，随着"佛本神迹"的本地垂迹思想的兴盛，显密佛教在掌握了神祇信仰的解释权后又对"神国"做出了不同于此前的诠释。例如，曾鼓吹神国思想并认为"到末世之末，我国仍优于万国之国"的禅僧东严慧安（1225—1277）曾说："今日本以正确的佛法治国以来，天地神祇及其部类、眷族充满国界，草木、土地、山川、丛泽，及于一切，无处莫非垂迹和光之地。各自示其威力，又各自显其伟姿。"[②] 著有《善邻国宝记》（1466）的著名禅僧瑞溪周凤（1392—1473）也自问自答地说：

> 又问：既是神国，然录学佛者往来，何也？曰：未知神国之所以为佛国乎？凡此国诸神，皆垂迹也。其本则三世诸如来、十地（又作"十住"，指大乘菩萨道的十个菩萨行的重要阶位）大萨埵也。……神能如此归佛，非佛国而何耶。……吾国则王承神，神承佛，三即一而，此外无他。太子（指圣德太子）生神国，为王子，四十九年所修之行，无一不佛事焉。尔来圣武帝、清和帝、宇多帝，同是吾

[①] 佐藤弘夫：『神国日本』、106頁。
[②] 转引自佐藤弘夫『神国日本』、103頁。

国明天子，而让位出家，盖异国之所希者乎。……国王既然，将相以降，至于士民，无男无女，垂老薙其发，圆其颅，皆唱南无，为口实，岂非吾国之为佛国也邪，实太子遗风余烈之使然者也。①

显然，对显密佛教来说，构成神国的神皆是佛的垂迹，故神佛根本一致，由此日本是一个"既是神国，又是佛国"的神国。这样的神国观念对欲以"神国"实现自立的日本而言无疑具有强大的拘束力。

因此，与显密佛教的神国观念相对，伊势神道、吉田神道及相关神道势力则试图摆脱垂迹思想的束缚，而在本土语境下对"神国"的概念进行主体性重构。基于"记纪"所构建的创世神话及天皇神话，他们重构了"神国"的含义及其相对于世界万国的优越性②：日本是神所庇佑的国家且人们相信它是这样的国家（神佑和神领），是作为天孙的天皇永恒统治的国家（神治）。这种"自我正当化"的神国思想构成此后日本神国观念的基础。

第二，反垂迹思想的中世神道势力通过对《日本书纪》等"日本的古典"的研究，对依据"记纪"所形成的古代天皇神话进行了重组，构建了足以证明天皇及其统治的本原性、正当性、永恒性乃至相对于外国优越性的"中世天皇神话"：天照大神受创世神天之御中主神或国常立尊的传承，天孙琼琼杵尊则受天照大神之命降临日本，而神皇则执天照大神所赐天孙琼琼杵尊的三种神器统治日本。"中世天皇神话"为天皇神话的进一步理论化和具体化奠定了基础，亦构成了此后尤其是江户学者构建天皇神话的根基。

第三，中世的神道学者还构建了与其所构建的"神道"概念相适应的"神道精神"（"神性"或"神道的本质"）的概念，而它也构成了"神道"概念的重要内容。伊势神道认为，天地生成之前的"清净无垢的神的境地"便是"神道的极致"，其所表象的清净、正直、对本性的尊重

---

① 瑞溪周凤：『善隣國寶記』、載近藤瓶城編『史籍集覽』21、近藤出版部、1926 年、1—2 頁。
② 比如镰仓时代的卜部兼直就已形成了这样的观念："夫吾国者，天地具而神明显座，故国云神国，道曰神道。国者，千界之根本也，故云日本。天竺、汉土者，星之象也，故云月氏、震旦。"（『神道大意』、載『神道大系』論説編 8（卜部神道上）、5 頁。）

等就是"神道的本质"即所谓神性、神道风俗或神道精神,也是人的"本心"或本性;慈遍认为,"本本任本心"即人心清净正直就是"神道的本质";北畠亲房认为,清净、正直(妙)、慈悲(明)、智慧(断)等就是"元元本本"的神道精神;一条兼良认为,神道尚清净,并以"中"为本、以"正直"为本、以"心"为本;吉田兼俱认为,神道具有"正也,直也,化也,圣也,灵通而妙明"的性质,神道传授之时则"忌秽"[1]。由上可见,神道学者不仅构建了一个含有"清净""正直"等内容的统一的"神道精神"的概念,还打通了它与"人的本心"之间的关联,使它具有了世俗的约束力。这种关于神道本质的叙述不仅为神道的仪式化奠定了理论基础,也为此后的神道学者及各神社所继承和发扬。

第四,"神道"要成为一个自律的概念,不仅必须有明确的教义,还必须具有完整的祭祀仪式。对于神道仪式的体系化或创新,中世的伊势神道和吉田神道发挥了各自的重要作用。一方面,日本古代的各种祭祀仪式(神祭)主要由《养老律令》(757年施行)的《神祇令》和《延喜式》(927)所规定,而两者都深受中国祭祀的影响,尤其是前者更是以唐朝的《祠令》为基准制定的。对这种官方神祭的确立,出力最多的是伊势神宫。伊势两宫不仅在平安初期(804年)向神祇官提交《延历仪式帐》(《皇太神宫仪式帐》和《止由气宫仪式帐》),促进了"神祭"的完善,中世以后随着基于《神道五部书》的神道理论的创建,源于外宫的度会神道还对自古以来的"神道"仪礼进行了体系化的作业。另一方面,与伊势两宫偏重于朝廷祭祀仪礼的建立相比,吉田兼俱则重视能够吸纳全国所有神社祭祀在内的一般性神道仪式的建设。因为对他来说,神道不仅必须是"以天皇神话为基轴、立足于中世成立期以来的国家意识形态",而且应该是"以神社祭祀为基轴的神祇道(神社祭祀本身)"[2]。因此,他就以"唯一神道"之名创建了新的神道祭祀和仪礼,又自称"神祇管领长上"而以"宗源宣旨"或"神道裁决状"的形式向全国的神社和神祇组织推广其教义和仪式。同时,兼俱又在京都吉田神

---

[1] 吉田兼俱:『唯一神道名法要集』、『日本思想大系』19(中世神道論)、332頁。
[2] 井上寛司:『日本の神社と「神道」』、151頁。

社内创建了自称是"日本最上神祇斋场""本朝无双之斋场"①的大元宫斋场所，认为其为神武天皇以来的祭祀之根源，全国神社不过是其分祀而已。他以自认为是宇宙根源的大元尊神为核心，不仅对日本全国神社的所有神祇进行祭祀，是所谓"日本国中三千余座、天神地祇八百万神"②，还开展了立坛神道御勤行、天供、弁才天御勤行、宇贺神御神事等祭祀活动。可见，无论是对一般性神道仪式的创建还是对于这种仪式的普及，吉田神道都发挥了重要的作用。

综上可见，中世反垂迹思想的神道学者尤其是吉田兼俱极大地推进了神道的理论化和宗教化的进程，由此构建了一个既具有明确教义（作为意识形态的"神道"），又具有完整的祭祀和仪礼（作为神道仪式的"神祇道"）的明确的"神道"概念。"原本所谓神道者，我国天神、地祇之道也，故云神祇道，云神道。究其元本，则是当时传到吉田家的保持神代原样的唯一神道，为大织冠镰足公（藤原镰足）所仰而以天地为书籍、以日月为证明之道，经天照大神之教导而自高皇产灵尊传于儿屋根命神篱、磐境之道。"③ 显然，这种观念已经基本确立了"自然发生的日本固有宗教"的"神道"概念。

不仅如此，室町时代末期接触到吉田神道学说的天主教徒也在上述"神道"的语义下展开了对"神及关于神之事"的叙述，尤其是1603—1604年耶稣会在长崎编辑出版的《日葡辞书》对日本人的信仰不是采用当时"神道"的常用读音"xindo"或"jindo"，而是用"xinto"来表记。这种做法具有为"神道"正名的作用，无疑也促进了日本人对于作为所谓"日本固有宗教"的"神道"的认识。

由此可以推测，一个象征"自然发生的日本固有宗教"的明确的"神道"概念在室町后期已经确立。虽然这一概念还杂糅着儒释道三教的思想和教理，其影响力也仅限于神社内部及学者之间，然而突破这一限制的工作则由随后的江户学者所完成。

---

① 『神業類要・地』、載『神道大系』論説編8（卜部神道上）、333—334頁。
② 『神業類要・地』、載『神道大系』論説編8（卜部神道上）、332頁。
③ 『神業類要・地』、載『神道大系』論説編8（卜部神道上）、226頁。

三 神道的自立与近世日本人的身份建构

从镰仓末期到德川幕府的建立，日本历史进入了一个巨大的转变期。这种变化不仅体现在政治、经济、生活等方面，而且体现在思想文化领域。一个显著的特征是，16、17世纪，随着神国思想的高涨、空间的均质化、经济发展所导致的文化主导权的转移、学问的普及和发达所导致的复古和批判风格的思想倾向、对外的新接触等社会结构条件的变化[1]，为确定自我的同一性或文化主体性，日本出现了"文化向内部收敛"的自主化倾向。这不仅意味着日本人对文化的兴趣"面向了内部"，还意味着"日本文化开始实现独自的内在的发酵"[2]。这种本体自立的愿望一方面是由国内外环境的改变所导致，另一方面也是思想本身逻辑发展的结局。

随着新时代的到来，作为本体最重要的象征，神道也不可避免地开始谋求自身的独立化和纯洁化。然而，由于原始的"神道"没有经典和系统的教义，因而从其依据佛教世界观而实现宗教化和理论化的古代到中世，"神道"始终处于对佛教的依附地位。[3] 因此，为实现本体的自立，就必须冲破佛教的沉重枷锁。

尽管占据中世社会主流的习合思潮压制了神道的自主化倾向，但同时也孕育了有助于神道自立的因素。第一，相异是相同的必然结局，从逻辑上说，神佛习合思想从一开始就必然意味着其反对面——神佛分离。虽然在整个中世，即便是欲脱离佛教而谋求自立的吉田神道等从本质上仍属习合思想的范畴，然其对佛教的反抗却早已埋下了神佛分离乃至神道自立的种子。第二，到了中世，"神道"作为一个明确的概念即作为一个与神国思想和天皇神话密不可分的概念真正确立起来。[4] 这意味着"神道"从此成为一个可以表达自我历史和独特性的概念，从而具有区分彼此的意义。

---

[1] 参见向卿《日本近代民族主义》，社会科学文献出版社2007年版，第52—69页。
[2] 岩崎允胤：『日本近世思想史序説』上、新日本出版社、1997年、319页。
[3] 黑田俊雄：『黒田俊雄著作集』第4卷、177页。
[4] 井上寛司：『日本の神社と「神道」』、56—57页。

尽管如此，神道要成为一个"自然发生的日本固有的民族宗教"并被日本人如此消费而由此建立彼此之间的同一性，却必须保证神道是一个"完全自洽的"纯粹的价值体系及具有实现全民化的可能性和路径。因此，对江户日本来说，下述工作则是不可或缺的："剔除"神道所含的"各种杂质"或是混淆其来源而将其"占为己有"；进一步推进神道的理论化而构建其形而上的合理性基础；神道意识实现了对庶民的全面渗透。

因此，基于神道与日本人身份建构的关系，江户神道的发展大体可以分为三个阶段：第一阶段是基于儒家哲学而致力于排除佛教色彩的理当心地神道、吉川神道、垂加神道等。这类神道的出现使神道知识的一般化成为可能。第二阶段则是致力于彻底排斥儒佛而建构纯粹神道体系的复古神道。它对神道成为"自然发生的日本固有的民族宗教"具有决定性的意义。第三阶段则是黑住教、天理教、金光教等民众宗教对神道思想的宣扬和传播。它与富士讲、伊势讲等一起，对江户时代神道成为一种国民信仰具有重要的意义。

（一）神道的自立愿望——儒学神道

对江户日本的知识精英来说，要确立民族的同一性，首先必须使本体摆脱佛教世界观的束缚。林罗山在近世率先对佛教和以佛教为中心的神儒佛一致说展开了激烈的批判，以此为出发点，尝试用经他进一步发展的朱子学——"日本朱子学"——的宇宙论来重新解释神道，由此推出了自称为"理当心地神道"的儒家神道，欲使它成为一种体现日本独特性的信仰和伦理体系。罗山的神道观是排佛论、日本朱子学和对本国独特性的自觉等因素相结合的产物，表现出了强烈的本体自立的愿望。林罗山不仅追求神道的普遍性，也强调神道的特殊性，即他试图以对神道及神社的历史性把握，从而确立日本精神的连续性，因而可谓江户时代"敬神爱国者的先锋"[①]。

此后，吉川惟足、山崎暗斋沿着林罗山的思路分别创立了吉川神道、垂加神道。他们都致力于排除"神道"的佛教要素，基于神儒一致的思想而依赖朱子学的理论对"神道"进行理论化的诠释。虽然他们的神道学说仍受制于儒教的思维和原理，然他们对"神道"作为本国独特信仰

---

① 有馬祐政：『羅山の神道観』、『東洋哲学』第13编第1号、1906年、19頁。

体系的认识和构建思路已与随后国学者的复古神道没有根本的差别。

1. 理当心地神道

欲以"本地垂迹说"囊括并垄断神佛信仰的统一解释的佛教自一开始就不仅隐含了自身无法解决的自我和他者之间的逻辑矛盾,还具有缺乏对现实和宇宙生成论的关注的先天弱点。中世的伊势神道、吉田神道就是对"本地垂迹说"的反动。随着江户日本知识精英自我意识的急剧成长,佛教掌握神祇信仰解释权的局面不得不遭受了"最后的"清算。其起点就是林罗山提倡的"理当心地神道"。

(1) 作为"异端"的佛教

虽然都由佛转儒,与"仍处室町时代五山禅僧儒佛调和论的延长线"①上的藤原惺窝相比,很早就离开建仁寺而鲜受佛教影响的林罗山不仅继承了其师推进儒佛分离的工作,又在近世最先展开了对佛教的激烈批判。在他看来,佛教已不符合时代的要求,并束缚了清净正直的日本传统,因而他终生都致力于反佛排佛,欲消除其对日本的"流毒";写下了《神道传授》《本朝神社考》等神道著作,致力于反对佛教和构建自我的宣传。可以说,排佛论是林罗山思想活动的起点和"神道志向的基本原因"②。

林罗山的排佛论以朱子哲学和对本国独特性的强调为依据,是近世从普遍性和特殊性的角度对佛教的首次公开清算。

第一,受朱熹"排佛毁释"思想的影响,林罗山认为,只有纲常人伦才是从古至今恒久不变的最本真的道理,而佛教作为"外道",最大的问题是灭"人伦之真",绝仁义忠孝之道,因而根本就是一种"妖道邪说"和"异端"。"夫道者,教人伦而已。伦理之外何别有道。彼云出世间云游方外,然则舍人伦而求虚无寂灭。实是无此理。"③"浮屠氏毕竟以山河大地为假、人伦之为幻妄,遂绝灭义理,有罪于我道。故曰事君必忠,事亲必孝。彼去君臣弃父子以求道。我未问君父之外别有所谓道,

---

① 石田一良:『前期幕藩体制のイデオロギーと朱子学派の思想』、載『日本思想大系』28(藤原惺窩・林羅山)、岩波書店、1975 年、421 頁。

② 安蘇谷正彦:『林羅山の神道思想形成について』、『神道宗教』第 156 号、1994 年。

③ 林羅山:『釈老』、『羅山林先生文集』卷二(卷56)、226 頁。

故曰吾道非彼所谓道也。"① 显然，以宋学理论及其现实主义的立场为根据，林罗山批判了佛教"虚空"的形而上观念和厌世倾向，从哲理上划清了"我道"与佛教的界限；正因为佛教是"外道"，所以就有任何时候都值得不懈反对和排斥的意义。

对他来说，不仅作为"异端"的佛教本身为恶，佛教徒也恃强作乱。这点尤为林罗山所痛恨，因而他还从政治、经济等角度谴责了僧侣"恣睢横行，或夺神户，掠有封，而纳之于寺院"② 的罪恶，呼吁本朝神明对其进行惩罚。

第二，因为"天下惑于佛教久矣"，所以佛教还对"神国日本"造成了严重的污染和毒害。显然，神道就是林罗山排佛论的本体论依据。这里，他所理解的神道是"神代之道"，是囊括了神国思想、"清净淳直"的上古精神、本朝风俗等内容的"我道"，这也是他倡导的"理当心地神道"所要明确和恢复的内容。

神国观念萌芽于平安后期，至中世已成为一般化的思想和神道的重要部分，并具有区分"自我"与"他者"的强烈的选民性。日本既然是神国，就必然有体现其自身独特性和纯粹性的神道。罗山坚持日本神道立国的传统，强调说："夫我邦者，神国也。我等皆莫非神之孙裔，同气相感，因缘弥深。"③ 他认为，佛教传入日本后，不仅造成了对神及本朝风俗的污染，还导致了神道的衰微。

夫本朝者神国也，神武帝继天建极以来，相续相承，皇绪不绝，王道惟弘，是我天神之所授道也。中世寝微，佛氏乘隙，移彼西天之法，变吾东域之俗。王道既衰，神道渐废，而以其异端离我而难立。……遂至令神社佛寺混杂而不疑，巫祝沙门同住而共居。呜呼，神在而如亡。神如为神，其奈何哉。④

夫佛者，一點胡而夷狄之法也。变神国为點胡之国。譬如下乔

---

① 林羅山：『論三人』、『羅山林先生文集』卷二（卷56）、228頁。
② 林羅山：『本朝神社考』、載『神道大系』論説編20（藤原惺窩・林羅山）、48頁。
③ 林羅山：『本朝神社考』、載『神道大系』論説編20（藤原惺窩・林羅山）、81頁。
④ 林羅山：『神社考序』、『羅山林先生文集』卷二（卷48）、118頁。

木而入幽谷，君子之所不取也。我见两部习合者，彼潜窃我《旧事纪》《古事记》《日本书纪》之言，饰佛剥神，世人不察之也，遂至令神书殆乎绝。①

显然，与惺窝消极的排佛论相比，林罗山已将佛教提升到妨碍本体自立的高度。因而，他的排佛论还是一种剔除"杂质"的作业。这也是他走向理当心地神道的根本原因。

佛教既然如此恶劣，因而要排除它对日本的消极影响，不仅需要反佛排佛（比如他对圣德太子、以神为菩萨的习合思想及主张神佛一致说的吉田神道等所展开的系列批判），而且需要完成对本体的建构，所以他才费最大的力气去"寻遗篇、访耆老、伺缘起"，试图以对作为神之垂迹的"神社"的历时性考察，发现或创建本朝独特的精神传统。在他看来，虽然神道被佛教所污染，幸好日本还有《日本书纪》《延喜式》等古书，也有不接受沙门的伊势神宫、不信佛法的敏达帝等"上古的遗风余烈"，所以神道仍保持着其连续性，这就为他"破邪显正"，重建或恢复"正统的"神道提供了可能。从这种意义上说，林罗山不仅是一个旧体系的破坏者，还是一个本体的建设者。

总之，林罗山的排佛论已体现了浓厚的复古主义和日本主义倾向。这不仅意味着他对本国独特性的自觉和尊重，还预示了一个新时代的到来。

（2）神儒一致说与"中华"的相对化

虽然在中世出现了欲摆脱佛教的"根叶花实说"，然而，它毕竟只是以儒释道为指导理念的"神儒佛一致说"。随着近世统一社会的形成和神国意识的成长，一方面作为压制和统治佛教势力的思想，另一方面作为克服中世的道德颓废而使社会秩序化的意识形态，儒教（朱子学）开始受到重视。藤原惺窝由此首倡神儒合一思想，欲建立"儒教的神道观"。他说："日本之神道，亦以正我心、怜万民、施慈悲为奥秘，尧舜之道，亦以此为奥秘也。唐土曰儒道，日本曰神道，名变而心一也。"② 然而，

---

① 林羅山：『本朝神社考』、載『神道大系』論説編20（藤原惺窩・林羅山）、90—91頁。
② 藤原惺窩：『仮名性理』、載『神道大系』論説編20（藤原惺窩・林羅山）、18頁。

惺窝也不过是一个过渡性的人物，继承其衣钵并欲使神道摆脱佛教束缚的是日本朱子学的开创者——林罗山。

朱子哲学是其世界观的出发点。林罗山接受了朱子学以太极—阴阳作为哲学基本概念的思想："夫太极生阴阳，阴阳生五行，变化生克生万物。太极理也，阴阳气也，所以阴阳者道也，五行一阴阳也，阴阳一太极也。"① 对他来说，太极（理）就是世界的本原和所以然，也是世界的普遍真理，具有不证自明的先验性。

虽然仍是在朱子学的理论框架内，却因受到阳明学和朝鲜朱子学的影响，在理气论和心性论等问题上，林罗山已表现出对理学（朱子学和阳明学）的反思和修正，并提出了自己的看法。② 他与朱子学的主要分歧在于主张一元论，试图以"理气不可分论"的宇宙论为基础，重建本体论和心性论相统一的形而上学体系。

> 命、性、道、教，元是一也，故《中庸·天命》下句乃云喜怒发与未发，即是不外乎心也。心也者，即是理也。若谓"理贯万事而在一心"，则是似分析心与理为二也。此心此理，天下古今之所同然也，愿闻心与理之同不同。③

> 理之所主谓之帝也，理之所出谓之天也，理之所生谓之性也，理之所聚谓之心也。心也者，形之君而人之神明也；性也者，心之所具之理；而天也者，又理之所从出者；而帝也者，乃是理之主宰者也。帝也、天也、性也、心也，通古今、亘万世而一也，天人亦一也，理一也。④

很明显，与朱子学只强调"理"的理论相比，林罗山更注意从本体论上强调心与理的同一即心与理一、心与理同。⑤ 对他来说，若以"理"

---

① 林羅山：『西銘講解』、『羅山林先生文集』卷一（卷30）、337頁。
② 参见陈来《林罗山理学思想研究》，《哲学门》2002年第2期，第1—5页。
③ 林羅山：『心理』、『羅山林先生文集』卷一（卷34）、380頁。
④ 林羅山：『夢帝賚良弼論』、『羅山林先生文集』卷一（卷24）、266頁。
⑤ 林罗山"心即理"的说法源自其本体论的理气合一论，与陆王学派从功夫论出发所讲的"心即理"有所区别。参见陈来《林罗山理学思想研究》，《哲学门》2002年第2期，第4页。

为基点，帝、天、性、心都是一理的不同表现：理的主宰为帝，理的源头是天，理在人则为性，理在一身之集中则为心。若以"理气归于一心"为基准，因为心与帝、天、性相通，所以它们也是心的统一体：帝即我心之帝也，天即我心之天也，心所具之理即性也。这种心性论虽然与朱子学并没有什么明显的分别，却也体现了林罗山的神道志向：神既是理，也是心。因为他不仅要以作为"一心之主宰"的"敬"实现格物论，即"故格物致知诚意正心，悉是敬也"①，还要以此赋予"敬神"以合法性，而使"敬神"成为人们内在、自然的感情，即所谓"心外无神"②。可以说，对"心"的强调不仅是林罗山学问的特色，也是导致其倡导"理当心地神道"的重要原因。

一方面由于排佛论所导致的神道志向，另一方面由于对本国历史和传统的自觉，林罗山就以他所开创的"日本朱子学"来解释神道，欲使神道和儒道调和起来。他依据"理一分殊"的思想，主要从道、理、德、心等方面来说明神儒的一致性：

或问神道与儒道如何别之？曰：自我观之，理一而已矣。……道，吾所谓儒道也，非所谓外道也；外道，佛道也。③

神意人心本是一理，以器而言之，剑、玺、镜也，以道言之，勇、信、知也。……即是王道也，儒道也，圣贤之道也，《易》云"圣人以神道设教而天下服"。④

从理的方面说，神道与儒道同理，所谓"理一而已"。它们都是作为普遍真理的"理"或"道"的表现形式，仅名称不同而已，故"神儒一理"或"神儒一道"。在他看来，儒道即《大学》所讲的"道"，甚至是普遍真理的最好体现，所以此理、此道就是四书五经、君臣父子、格物致知、诚意正心、修身齐家、治国平天下的道理。⑤ 与此同时，因为日本

---

① 林羅山：『敬義説』、『羅山林先生文集』卷一（卷27）、311頁。
② 林羅山：『高雄山神護寺募縁記』、『羅山林先生文集』卷一（卷15）、170頁。
③ 林羅山：『随筆二』、『羅山林先生文集』卷二（卷66）、360—361頁。
④ 林羅山：『神祇寶典序』、『羅山林先生文集』卷二（卷48）、116頁。
⑤ 林羅山：『菅諫議圓爾問答辯』、『羅山林先生文集』卷一（卷26）、300頁。

是神国，故神道是足以与儒道并立的日本的"王道"①。这种"绝对化"的儒道观虽然有助于林罗山建设其德治主义政治和规范化的伦理生活，却也体现了他在普遍（儒教）和特殊（神道）之间的两难。

从德的方面来说，神道的三种神器即是儒家的三德，玺象征"信"（或仁），剑象征"勇"，镜象征"智"。所以敬神也即人心的敬德，这应成为神道的核心。从心的方面说，正如"心为宅，神为主，敬亦为一心之主宰。故有敬则神来格，若无敬则亡本心，故为空宅，神何为来？"②就如所体现的"神道内向化"的主张那般，林罗山欲以"敬"建立"心"与"神"的必然联系，以此包容祭祀神道，要求人们形成"敬德"和"敬神"的自然情感。

虽然林罗山的神儒一致说是儒本佛从的合一论③，却由于强烈的国家意识和对本国独特性的自觉和尊重，与对待佛教一样，他对儒教中国亦采取了他者化的立场和态度："佛法本是西天之法，儒教亦是东鲁之教。若论远近，五十步百步之别。其非本朝神敕也。"④同时，他还经常使用"神国"这类字眼，不仅把"日本"与"神国"联系在一起加以想象，还以之为与中国相对的依据。这种意识不仅深化了对于"自我"的认识，也预示了日后日本民族主义者的语言：我们的"民族"是最好的。

虽然林罗山的自他认识与随后强调自他差异的日本主义相比，首先仍是宣扬基于同一之"理"的普遍性，却也体现了本体自立的愿望。这种倾向在他晚年专注于神道后，表现得更为强烈。例如，他曾以"社稷"和"神器"为例，说明中日两国的不同：

> 在日本云社稷，乃拥护朝廷、国家之神也。在中华，称土神为后土，以祭地为社；稷乃云祭五谷之神也。是日本、中华之不同也。⑤

---

① 林羅山：『随筆二』、『羅山林先生文集』卷二（卷48）、360頁。
② 林羅山：『随筆二』、『羅山林先生文集』卷二（卷66）、360頁。
③ 谷義彦：『林羅山の排佛論と神道説』、『歷史科学』第9号、青木書店、1935年、42頁。
④ 林羅山：『辨正錄』、載鷲尾順敬編『日本思想闘諍史料』第一巻、360頁。
⑤ 『神道秘伝折中俗解』、載『神道大系』論説編20（藤原惺窩・林羅山）、442頁。

中华历代帝王所传授之宝器，皆有始作之时代，可谓人作也。三种神器乃始自神代之宝，本来自然之器也。既名神器时，宜知非人作也。①

在此，林罗山不仅是在说明中日两国的差异，也是在强调本朝风俗或文物的正统性和独特性。这不仅说明他对中国抱有一定的距离感，也对朱子学采取了"相对化"和"他者化"的立场。这种神儒一致说所隐藏的"中国相对化"的思维，不仅说明他开始着力发现"日本的""内部的"风物即提出"理当心地神道"，还为其后"发现他者（中国）"的日本主义思潮奠定了方法论的基础。

(3) 理当心地神道的提倡

自由佛转儒时起，林罗山事实上就处于一个自己并未认识到的两难之境：一方面必须借助朱子学而使神道摆脱佛教的束缚，另一方面由排佛论、神国意识等导致的对本国独特性的自觉和尊重，又使他欲对适合于维护现行统治秩序的意识形态（朱子学）采取相对化的立场，从而借助"本朝精神"的重建确立日本人的文化认同。在他看来，中世神道如吉田神道等不仅在本质上仍未摆脱神佛习合的限制，在传承上也拘泥于秘传主义，所以无法依赖它们建立"我等皆莫非神之孙裔"的同一性。正因中世神道已受污染，所以林罗山才要创造一个新的名称，不仅显示与以往神道的诀别，使德川幕府独占对"神道"的解释，还要恢复"神道"的本来面貌并以此重构日本的主体性，同时使德川政权正当化。

1641年林罗山完成了其神道巨著——《本朝神社考》。该书以对既往神道学说的批判性继承为基础，首次提出了"理当心地神道"："吉田家说曰唯一宗源，是中臣卜部所传授也。社家者说曰本迹缘起，又名社例传记，是巫祝古老所秘称也。真言者说曰两部习合，是显密诸师以佛神为一而所教习也。殊不知理当心地之义。我国天照大神以降，神以传神，皇以传皇，皇道神道岂二哉。谓之理当心地。"②"心地"原为禅宗用语，即"心之本性"之意，所以"理当心地神道"就是基于"心外别无神，

---

① 『神道秘伝折中俗解』、載『神道大系』論説編20（藤原惺窩・林羅山）、444頁。
② 林羅山：『本朝神社考』、載『神道大系』論説編20（藤原惺窩・林羅山）、91頁。

别无理""神意人心本是一理"的思想而主张"理即心、神"的理论神道，而不是一种"具体的信仰"①。

既强调神道的特殊性，又强调神道的普遍性，是林罗山神道观的基本特征。它一方面体现了他对本朝特殊性的自觉和尊重，另一方面又基于朱子学的理论而强调神道的伦理性、政治性和普遍性，以使之适应现行统治的需要。

林罗山的神道体系是一项以"神"比附朱子学的"理"的简单作业。基于"理气合一论"，他推导出"神气合一"，以"神"来替换"理"："神虽无形而有灵，气之为故也。一气不萌时、萌之后，本有此理。无音无臭无始无终，生气、生神之缘由，即是理也。"② 在此，神等同于理，是世界万物的本体和根源，"神乃天地之根、万物之体也。无神，万物不生，天地亦灭。……似空而不空，虽虚而有灵"③。依据《日本书纪》等"古书"的记载，他认为，包含阴阳的"国常立尊"就是"一切诸神之根本"。因而他就以"理一分殊"思想诠释了"国常立尊"创造诸神和世界万物的过程："天地开时之神称国常立尊，天神七代之第一也。此一神分身而成诸神之总体。譬如天上之月一轮，万水皆映其影。"④ "此一神千变万化，成世上所有之神。一气分阴阳，阴阳分五行，五行相克相生而生万物之理也。"⑤ 既然神为世界的本原和所以然，"神道"自然也就是超越时空的普遍真理："神道即理也。万事非理之外。理，自然之真实也。……以知此正理为神道。"⑥

基于这种宇宙论，林罗山便抛出了"理当心地神道"："此神道则王道也。心外别无神，别无理。心清明，神之光也。行迹正，神之姿也。政行，神之德也。国治，神之力也。是天照大神以来相传、神武以来代代帝王一人统治之事也。"⑦ 显然，"日本为神国""神道即王道（皇道）"

---

① 今中寛司:『近世日本政治思想の成立——惺窩学と羅山学』、創文社、1972 年、289 頁。
② 林羅山:『神道伝授』、載『神道大系』論説編20（藤原惺窩·林羅山）、359 頁。
③ 林羅山:『神道伝授』、載『神道大系』論説編20（藤原惺窩·林羅山）、386 頁。
④ 林羅山:『神道伝授』、載『神道大系』論説編20（藤原惺窩·林羅山）、331 頁。
⑤ 『神道秘伝折中俗解』、載『神道大系』論説編20（藤原惺窩·林羅山）、435 頁。
⑥ 林羅山:『神道伝授』、載『神道大系』論説編20（藤原惺窩·林羅山）、386—387 頁。
⑦ 林羅山:『神道伝授』、載『神道大系』論説編20（藤原惺窩·林羅山）、343—344 頁。

"神道即人道"等便构成了林罗山神道观的基本内容。

第一，日本为神国。这是中世就已一般化的思想，依据宋学理论，林罗山对此做了进一步的论证和诠释。从日本的起源和历史方面说，日本是由神创造的国家，"神灵之所挺生而复栖舍也，故推称神国"，所以日本的一切皆与神相关，"其宝号神器，守其大宝则曰神皇，其征伐则曰神兵，其所由行则曰神道"①；日本历史的延续也是出自神的意志和安排，"夫本朝者神国也，神武帝继天建极以来，相续相承，皇绪不绝，王道惟弘，是我天神之所授道也"。而且，在他看来，这种表现并非凭空杜撰，而是有实实在在的证据："神也者，既记于国史，载于延喜，则其所由来久远，而有福于社稷，必不可诬，则不可不敬，不可不崇。呜呼，神之德之功共天地俱不穷，神之威名与山岳齐高大者耶。"② 从现实政治和生活的角度来说，神无时无处不在，它的力量无时无处不显，"心清明""行迹正""政行""国治"等都是神的"作为"。这种神国观表明，中世的神国观念不仅被儒家神道所继承，还成为近世日本人建设文化同一性的重要基础。

第二，神道即王道（皇道）。林罗山所说的"王道"并非古代中国历史上"王霸之辩"意义上的王道，也不是神职人员在祭礼、神事时打扫社内或诵念祓祝词、宣命等，而是像"玺象仁也，剑象勇也，镜象智也……我朝三神器者自然之天成而不假人为，是亦有以哉，可贵可敬焉"③ 等所体现的三种神器及其优越性那样，特指具有自然优越性的天皇统治之道即"天照大神以来相传、神武以来代代帝王一人统治之事"。在此基础上，他基于吉田神道关于神的系谱，论证了神道的延续性和神道血脉的无始无终。他指出，"神道血脉"始自天神七代，国常立尊为第一，传承至地神五代，天照大神为第一，至"人皇之始神武天皇以来千二百余年之间，守神国之风，更无别法"④。显然，在主张天皇的万世一系性等问题上，林罗山的神道观仍受到了中世神道的影响。不仅如此，

---

① 林羅山：『神祇寶典序』、『羅山林先生文集』卷二（卷48）、114頁。
② 林羅山：『越後国伊夜比古神廟記』、『羅山林先生文集』卷一（卷15）、172—173頁。
③ 林羅山：『随筆五』、『羅山林先生文集』卷二（卷69）、419頁。
④ 林羅山：『神道伝授』、載『神道大系』論説編20（藤原惺窩・林羅山）、374頁。

他甚至以此主张日本对中国的优越性:"神武以来,皇统一种,百世绵绵,虽中华及异域,未有如此之悠久矣。美哉!"① 对一个朱子学者来说,林罗山的这一立场值得重视。它不仅说明近世日本确立文化主体性的迫切性,也是近世日本建设以国体的万世一系主张对中国优越性的意识形态的重要环节。

第三,神道即人道。上述两种思想相互论证和支持,共同指向了林罗山"神道即人道"的思想。他所主张的神道不仅是一种统治之道,还是一种道德之道,具有鲜明的人伦色彩和道德性征。在他看来,因为人类道德实践的根据在于"理","民,神之主也。所谓民,人间之事也。有人才崇神,若无人,谁崇神?然治民,敬神之本也"②,而"神意"与"人心"同理,故"神道"与"人道"同一理。因此,儒教的纲常伦理也就是"神道的实理":"知善而行,知恶而不为。忠于君,孝于亲,知贵贱之品。自古至于末代,无所不诚。是云神道之实理。"③ "穷理格物"也就意味着"敬神",所以人心必须向善,以期合乎神明:"为善,则我心随神,故符合天道。为恶,则我心背神,故受罪。诸神与人心之神,本同理故也。"④ 对他来说,忠孝诚等是人类道德的普遍需要,而"我心随神"则又隐含着他对独特的日本风物的强调,因为只有如此才能"免浮屠之余习",重建上古"清净淳直"的民族精神。"庶几世人之崇我神而排彼佛也。然则,国家复上古之淳直,民俗致内外之清净,不亦可乎?"⑤

总之,对近世日本来说,理当心地神道具有象征的意义。林罗山以朱子学的"理"为神道奠定了新的理性主义的基础。他的神道论不仅体现了对本国独特性的自觉、尊重及再发现,还作为一种与中国相对的思想,开启了近世"发现日本"和"发现中国"的日本主义思潮的序幕。同时,它不仅宣告了神道摆脱佛教世界观而开始谋求自主化的道路,还指向了本体走向纯洁化的日本主义的路程。

---

① 林羅山:『本朝王代系図跋』、『羅山林先生文集』卷二(卷55)、206頁。
② 林羅山:『神道伝授』、載『神道大系』論説編20(藤原惺窩・林羅山)、332頁。
③ 林羅山:『神道伝授』、載『神道大系』論説編20(藤原惺窩・林羅山)、384頁。
④ 林羅山:『神道伝授』、載『神道大系』論説編20(藤原惺窩・林羅山)、329頁。
⑤ 林羅山:『本朝神社考』、載『神道大系』論説編20(藤原惺窩・林羅山)、32頁。

第一，正如石田一良所说，"思考罗山思想时最重要的是，他的思想史是从佛教批判开始的"①，林罗山神道观的最大意义在于以宋学为基础重建了神道的形而上学体系，从而使神道从哲理上摆脱了佛教的束缚，还为将佛教清除出主流意识形态奠定了思想基础。这种神佛关系的逆转，不仅是神道实现自立的前提，也象征着本体走出了其自主化最艰难的一步。林罗山因此成为江户日本通过排斥佛教而确立民族同一性的先驱。

第二，林罗山用宋学理论所重构的神道体系，不仅使神道成为统治阶级意识形态的一部分，又使神道本身成为区分自他的"民族传统"准备了基础。他虽然没有认识到朱子学与本体自立之间的内在矛盾，却也对儒教中国采取了"他者化"和"相对化"的立场，从而加深了日本对中国这个他者的认识，而这恰恰是本体实现自立的重要前提。从这个意义上说，罗山的神道论事实上已经埋下了分解他者的种子，因而是江户日本"发现中国"的出发点。

不仅如此，对日本来说，林罗山用于重构本体的朱子学还含有几个自身无法解决的缺陷：虽然朱子学是一个严密的形而上学体系，然而由于其完全立基于"理"，因而只要它被破坏，整个体系就会产生动摇。这个工作由随后的仁斋、徂徕等所推进。同时，与佛教相同，儒教到底也只是一种外来的思想，因而从原理上说它易被复古的思维所摧毁，林罗山事实上已展现了这种复古的倾向。这一作业后来被国学者推至极致。再者，林罗山的作业还隐藏着"儒教即是作为其具象化的朱子学"的图式，这不仅使儒教被简单化，也开创了"将宋明儒学相对化而接受的道路"②，从而为江户日本知识阶层从解体朱子学而解体儒教，进而为确定自我提供了便利。

此外，林罗山所致力建构的朱子学被尊为官学，从逻辑上也孕育了其反对面。幕府奖励儒教的措施一方面导致了学问研究的热潮和学问的普及，也导致了尊中国、卑日本的风潮在儒者之间扩大开来。比如，林罗山就认为吴太伯是日本人的祖先。这种说法首先招致了德川光国的批

---

① 石田一良：『林羅山の思想』、『日本思想大系』28（藤原惺窩・林羅山）、471 頁。
② 近世初期，这种"自得"的学问方法是普遍的，佑生木庵、熊泽蕃山等也有类似主张。参见柴田純『宋明学の受容と日本型中華意識』、『思想史における近世』、257 頁。

评，以致他要设立史局，究明日本的历史而摆脱日本在文化上对中国的附属地位。可以说，"尊儒"不可避免地酿造了它自身的对立物——排儒、反儒的思想和运动。因为对后世儒学（朱子学）的疑惑和不满，也引发了儒者要复古儒教古典而"释道"的趋势。这种复古的方法论后来被国学者所模仿和继承，以致他们也要面向日本的古典去寻找道之"真谛"，发现"日本的传统"。

第三，作为林罗山对本国独特性的自觉和尊重的产物，"理当心地神道"的提出，无论是从本体论还是方法论上，都为其后儒家神道（度会神道、垂加神道等）"发现日本"的日本主义思潮奠定了基础，还成为绝对强调本国独特性的复古神道的先驱。

综上而言，林罗山不但是近世日本朱子学的开创者，同时也是近世日本主义的先驱。因此，不能仅仅因为他坚持吴太伯苗裔说，或不是一个纯粹的民族主义者，就无视甚至否认其学问对江户日本文化同一性建设的意义。因此像井上哲次郎所说的日本朱子学派作为"朱子的精神奴隶"仅仅是对朱子学的简单复述[①]、丸山真男所谓林罗山的"言论完全是对朱子学的忠实介绍"[②]等说法，乃是对日本精神之纯粹性的过度追求所导致的错误言论。

2. 吉川神道与度会神道

在江户初期，日本的神道界仍呈现出多种势力并存的局面。受到幕府公认的吉田神道通过"宗源宣旨"或"神道裁决状"掌握了全国的多数神社，而白川家的伯家神道则管辖着与朝廷有关的神社；比睿山系的山王一实神道、高野山系的两部神道及神宫系的伊势神道也在各自的领域发挥着作用。

由于民族自觉意识的高涨，江户前期几大神道派别的神道理论也得到进一步的发展，出现了要完善神道理论体系的倾向。这种源自神道内部的日本主义，从另一个侧面体现了17世纪日本所形成的"超越他者""向内部文化收敛"的历史潮流，其代表理论则是基于神儒一致的吉川神道和度会神道。

---

① 井上哲次郎：『日本朱子学派之哲学』、富山房、1909 年、598 页。
② ［日］丸山真男：《日本政治思想史研究》，聂长振译，商务印书馆1990 年版，第22 页。

江户初期，随着德川家康和吉田家家主的相继去世，遵循"神道秘传"的吉田神道一度走向了衰落。师从吉田分家萩原兼从（1588—1660）的吉川惟足（1615—1697）则继承并发扬了吉田神道，即导入儒学理论开创了自称为"理学神道"的吉川神道。主要著作有《神代卷惟足抄》《神道大意注》《日本神道学则》《神祇要编》《神道大意讲谈》等。他的神道思想主张排除佛教色彩，符合当时知识界排佛反佛的时代潮流；立足于神儒一致并以神道为"君臣之道"，因而带有强烈的道德观倾向，由此受到德川赖宣、保科正之等大名的信任和支持，并于1682年被任命为幕府寺社奉行的"神道方"。虽然惟足并没有使其神道思想反映到幕府的文教政策中，却通过《诸社祢宜神主法度》（1665）确立了吉田神道的正统地位及对全国神社的统制力，加强并扩大了吉田神道及吉川神道在神道界的影响力。

虽然继承了吉田兼俱创立的唯一神道思想，惟足却从神道本身的立场出发，建立了比较彻底的日本主义的神道论，即以基于儒学理论的创世说和"神人合一说"构建了独具特色的神道理论体系，并以此构建了神国日本相对于外国、神道相对于儒释道的优越性。

第一，与同时期的儒学神道无异，吉川神道同样利用朱子学的"理"而使神道实现了理论化。吉川惟足认为，国常立尊是朱子学所说的世界的所以然之理即宇宙的根本神，虽无形无名，却是生成有形有名的根本。其在道教云"虚无"或"大元"，在神道称"混沌未分"，在儒教则云"无极而太极"。基于"国常立尊创世说"，他认为"神"与"神道"有两个层次：绝对的无形之神和作为其具现的诸神、绝对的神道和作为其具现的"习道"。"所谓神（国常立尊），非有形之神，而是先于天地而存在，定天地、生天地的所以然之理；神代《记》、《纪》所描述的诸神，不过是理的具现。神道是此绝对的原理，天照大神以后的道是此原理的具现，即习道也。"[①] 按照这一逻辑，他构建了神道及日本的绝对性和先验优越性：神道是第一位的绝对原理、宇宙的根本原理，习道是第二位的；神道是万教的本原，儒教和佛教作为习道，都是由神道派生出来的分支，是适应各自的土地和人情而形成的教法，根本不适合日本的风土，

[①] 转引自村冈典嗣『日本思想史研究』第1卷（神道史）、創文社、1956年、78頁。

"三国之道各因于土地之自然也"①。从这种意义上说，三者并不是同等的存在，因而主张三教一致的、习合的见解是完全错误的。不过，异教与神道也有一致之处，因此基于儒佛的见解并引证其思想或语句来解释神道是完全正当的方法；日本作为神道具现的神国，是最先由无形之神所创造的国家，故是万国的根本。这样，以神道为无形无名之神之道即绝对的原理，不仅提出了复古的方法论，也确立了形而上学的日本主义。

第二，基于"国常立尊创世说"提出"神人合一"的主张，吉川惟足极为重视神道的伦理性侧面，并以此构建日本的特殊性价值。他认为，人类受太极之理和阴阳之气而生，故其理必内在于人，此即为性或心。神在于物则为灵，在于人则为心，也即心是神明之舍、混沌之宫，亦是神、混沌和理之所宿。作为世界所以然之理的国常立尊必然内在于所有人的人心，故神人一体。"诚"（正直、无一丝阴影）即是神之道，亦是天地生成的原理，而达到"诚"之道则是"敬"（tsutsusimi）即人道，它也是天地之理和人道之所以然。因此，"敬神崇祖"则应是作为神之子孙的日本人的当然伦理原理。基于这种"神人合一"的神道观念，他认为绝对的君臣关系、"武德"等体现了日本和中国的差异。首先，他认为五伦是人道之当然，故神道和儒教皆同。只是两国的人伦道德有先后之别，中国以"孝"为第一，而日本则以"忠"为第一。② 由此，他强调日本绝对的君臣关系和皇统的万世一系，并以此为神道的本质和日本的特色。其次，他认为，就像上古神道治世之要在于以"天琼矛之德"为基准那样，是否以武艺为根本而施仁惠，也是日本和中国的显著差别。

可以说，吉川神道是神儒习合神道的一个典型，受到保科正之、山崎暗斋等大名和知识精英的支持、继承和发扬，尤其是其关于神道的本质即为君臣之道的思想对此后的尊王论产生了深刻的影响。

度会延佳（1616—1693）出生并成长于伊势神宫外宫的祠官家庭，因而对伊势神道抱有天然的亲近感，由此致力于其复兴。主要著作有《阳复记》《太神宫神道或问》《神宫秘传问答》《伊势太神宫异记》《中臣祓瑞穗抄》《神代卷讲述抄》等。其学说基本继承了伊势神道的观点，

---

① 吉川惟足：『土金之秘訣』、『日本思想大系』39（神道論・前期国学）、70 頁。
② 转引自村冈典嗣『日本思想史研究』第 1 卷（神道史）、79 頁。

其特色在于摆脱神佛习合的中世思想而依据儒教理论对神道做了自我中心化的重新解释，因此虽然被认为是一个独立的学派神道，却仍可视为对伊势神道的复兴和发展。

度会延佳在理论上并没有什么独创，而是以宋学理论来附会神道的历史，因而仍超不出当时儒学神道的范围。他基于神主儒从的立场主张神、儒一致，以元始神天御中主神为"明理"之本，以神道为"日域相传的中极之道"。基于这一立场，他认为神道和儒教是道的不同表现形式。"神道、易道皆合自然，故合道理……然非由易而生神道。……神道，日本之道也。儒道，震旦之道也，佛道，天竺之道也。"① 他的特别之处在于产生了明确的"我国"与"异国"的意识，因而虽然主张神儒同理，却强调中国与日本在"制度与文为"方面的差异。"作为理，异国之理与我国之理无二；作为法，因乃理之表现，故有差别。"通过这种逻辑转换，他就将人们的目光引向了日本的内部即神道，认为真正的儒道和儒者凡事皆是以本国为先。"舍我国宗庙社稷之神，又尊何神耶？尊异国之神，合力于异国，而祈愿我国之衰微者，无异于夷狄之法、吉利支丹之类，为真儒所不取。"② 可见，延佳神道论的逻辑基础与暗斋学极为接近，由此确立了尊神道、崇国法的日本主义。

吉川惟足和度会延佳从神道出发的日本主义思想，为随后暗斋学派的垂加神道和国学者的复古神道奠定了方法论和本体论的基础。

3. 垂加神道

可以说，江户前期儒学神道的最高峰是山崎暗斋提倡并由其众多门人所继承和发展的垂加神道。该神道尊《日本书纪》《中臣祓》《神道五部书》《旧事本纪》《古语拾遗》为神道圣典。如其取自中世伊势神道基本文献《倭姬命世记》"神垂以祈祷为先，冥加以正直为本"的名称那般，垂加神道承伊势神道、唯一神道之道统，又受到御灵信仰、稻荷神道等各种神道思想的影响，因而其最大特色也在于以"守护皇统"（作为天照大神子孙的天皇所统治之道即为神道）和构建日本的主体性为最高

---

① 转引自村冈典嗣『日本思想史研究』第 1 卷（神道史）、81—82 頁。
② 度会延佳：『陽復記』、『日本思想大系』39（近世神道論・前期国学）、岩波書店、1977 年、99 頁。

价值，故是一种体现了强烈的日本主义精神的价值体系。垂加神道是江户前期神道界的主流，对江户日本的神道界和思想界产生了很大影响，也由此对江户日本的身份建构具有重要意义。

垂加神道的提出是山崎暗斋借助朱子学理论而欲使神道实现自主、自立的重要环节。他以朱子学的相关概念附会和解释日本的神道，比如以朱子学的"理"为神道的"神"（天照大神），以儒学的"敬"为"tsutsusimi"，意图对神道进行形而上学的理论化解释，并由此建构日本的主体性乃至优越性。

山崎暗斋继承并发展了吉川惟足"神人一体"的观点，又将其发展为基于"妙契"的"神人唯一"，以为构建"自主"神道的哲学基础。与朱子学以"理"为本原和所以然而主张天道、物理与人道（规范）相一致的"天人合一"观念不同，"天人唯一"不仅包含了朱子学"天人合一"的意味，即认为天人之间唯有一个理——在天地人之间贯穿着根本的"理"或"道"，而且认为"理"或"道"是通过未生与已生、造化与人事表现出来的"神"或神的意志。"二尊立于大浮桥上，至礔驭卢屿，此言天之阴阳和合之道也。二神降居彼岛而下，此言人之男女和合之道也。或以未生言已生，或以已生言未生，皆所以明天人唯一之理也。"① 这意味着天与人由"神"或"理"得到统一：神既是造化之神，又是人神；天地的生成之道与人类的男女和合之道根本一致，即理气阴阳变化的自然世界也就是神生万物的神道世界，是所谓"道贯天人，是为唯一"。这种源自吉川惟足并与其相差无几的神道观念正如近藤启吾所评价："很明显，天人唯一出自宋学极为重视的天人合一观念。……一旦把视野转换到《神代卷》上来，天人唯一观念的展开就表现为神的世界，即高天原的世界，与汉土的天是不同的，它是我们血脉上的父祖的世界。这就是暗斋用天人唯一的观念表现我国历史的真实用意"②，不仅将日本的历史和日本人的信仰统一起来，也体现了欲摆脱儒教而使神道自立的强烈愿望。

虽然"唯有一个理"这种正统性的思考解决了神道的普遍性问题，

---

① 山崎闇齋：『垂加社語』、『日本思想大系』39（近世神道論・前期国学）、124 頁。
② 转引自王维先等《从天人合一到天人唯一》，《山东大学学报》2003 年第 5 期。

却没有解决神道的独立性问题。因此，暗斋提出"妙契"的新概念，认为朱子学和神道既"妙契"于唯一之理，又分别保持着各自的独立性和自主性。"我倭开国之古，伊奘诺尊、伊奘冉尊奉天神卜合之教，顺阴阳之理，正彝伦之始。盖宇宙唯一理，则神圣之生，虽日出处日没处之异，然其道自有妙契者存焉。是我人所当敬以致思也。"① 这就是说，朱子学与神道的妙契之处在于，理产生神，神体现理；理学有道统，神代有神统，而天皇的祖先是天照大神，故人代就有皇统。天皇秉承神的意志，其统治当万世一系，绵绵不绝。可见，"妙契论"归根结底是一种纯神道或纯儒教的立场，意味着神道是在独立地叙述着日本独自的道，儒教的经典则是独立地叙述着中国的道，任何一方都不是从他处借来的，也不是由他处输入的。作为其逻辑结果，一是纯儒教与纯神道的对等和并立，因中国被认为已失圣人之道，这种倾向事实上已不可能；二是纯神道优于纯儒教，据此产生日本优于中国的观念。这预示着暗斋学终究会在日本的历史和风土中解决正统性及日本人的同一性问题。

　　解决了神道的独立性问题后，暗斋又将"以天言人，以人言天"思想运用于对日本神代的解释，而将对历史的真实性认识转化为主体对客体的意向性把握，即主体赋予自身随意解释客体的权利。② 换句话说，作为意志自由的主体可以全凭自己的意志去解释自己的历史和世界，构建自我的主体性乃至优越性。由此，暗斋自由地建立了所谓"本原神""神道""神统""皇统""神国"等根本一致的"独立的"神道体系。他认为，"道则大日孁贵（指天照大神）之道，教则猿田彦神之教也"③，提高了日本神道的普遍性地位；亦认为道是作为"帝王之元祖"的本原神所创建的"君臣相守之道"，即"国常立尊、天御中主尊，同体异名也。然国之所以立，则帝王之任也，故为帝王之元祖。《日本书纪》国常立尊为首，此义也。中者君臣相守之道也，故为君臣之两祖也"④，解决了尊王的理据问题；又认为"太神赐皇孙琼琼杵尊八坂琼曲玉、八咫镜、天

---

① 山崎闇斎：『垂加草』、『新編山崎闇斎全集』第 1 巻、ぺりかん社、1978 年、73—74 頁。
② 王维先等：《从天人合一到天人唯一》，《山东大学学报》2003 年第 5 期。
③ 山崎闇斎：『風葉集』、『新編山崎闇斎全集』第 5 巻、ぺりかん社、1978 年、27 頁。
④ 山崎闇斎：『風水草』、『新編山崎闇斎全集』第 5 巻、364 頁。

从云剑三种宝物，为此国之主。因敕曰，是吾子孙可王之地也，宜尔就而治焉。行矣，宝祚之隆，当与天壤无穷者矣。是王道之元也。……又敕天儿屋命、天太玉命，同侍殿内，善为防护，是神道之祖也"①，解决了神统和皇统的一致性即天皇统治的合法性和永恒性问题。因此，作为世界本原的"天"或"神"所创建的"神国""中国"，暗斋认为日本自然具有其所以为日本的特征乃至优越性：

> 自有天地则有我神国，而伊奘诺尊、伊奘册尊继神建国，中柱为大八洲，任诸子各有其境，谓之浦安国，以四海安靖也。又谓细戈千足国，以军器具足也。又谓矶轮上秀国，以秀出万土也。逮生天照皇太神，授以天上之事。太神以皇孙琼琼杵尊为此国之主，称曰丰苇原中国。丰苇原者，苇牙发生之盛也；中国者，当天地之中，日月照正直之顶也。又呼曰千五百秋瑞穗国。瑞穗是养人之物，千五百秋，则祝言之也。②

不难看出，原本欲在普遍性的视角下解决神道独立性问题的山崎暗斋最终归于一种与复古神道相近的"自我神圣化"的特殊化立场。他因此要求纯洁神道，并与弟子立下誓约，声称"传授神道为罕有之恩义""不可杂说异国之道"，同时认为习合了儒释道等外来思想的神道皆是"俗神道"而须加以排除。

显然，垂加神道是一种以"皇统护持"为宗旨、对内要求尊皇爱国而对外要求确立日本主体地位的极具日本主义色彩的神道。这种关于神道的基本观点后来被浅见絅斋、正亲町公通、迹部良显、玉木正英、大山为起、吉见幸和、谷秦山、栗山潜锋、三宅观澜、谷川士清、涉川春海、松冈仲良、竹内式部、山县大贰、若林强斋、伴部安崇等诸多门徒所继承和发展，并极大地拓展了日本主体性和优越性的领域。

浅见絅斋（1652—1711）是暗斋的忠实继承者。他不仅在崎门学派

---

① 山崎闇斎：『垂加草』、『新編山崎闇斎全集』第 1 卷、68 頁。
② 山崎嘉：『会津風土記序』、載源正之編『会津風土記』上、早稲田大学図書館古典籍総合データベース、1b—2b 頁。

内部掀起了激烈的"夷狄中国"论争,从天或道的普遍性角度解构了中国的"中华"地位,也更进一步推进了基于"天地之道"的神道的自我主体性和优越性的建设。他自称日本"天地开辟以来,从不立于他国的庇荫之下,神代以来正统无丝毫纷乱"①,所以在皇统、武士魂、气质风俗等方面具有对他国的绝对优越性:"吾国天地开辟以来,正统相续,万世君臣之大纲不变,是乃三纲之大者,他国之所不及也。其外,武毅刚强,廉耻正直之风,根植于天性,是我国之所卓越也。"② 可见,他极为重视"君臣之大义"等体现的日本主体性,又倡导"赤心报国",鼓励日本人形成对本国文化和传统的自信和认同。

继承暗斋及絅斋学问体系的谷秦山(1663—1718)则以一种近乎彻底的神道主义和日本主义立场展开了日本主体性和优越性的叙述。他认为,日本因是"神皇之正统",故得"天地之正统",又能以"一道"而贯之,故皇统万世一系,日本亦为世界最优之国:"神定的"君臣各安其位,"更千秋而万岁无二道者也",成"一本之国也"③;"本朝君臣之正统正,故天地之正统正"④,所以日本是最受天所眷顾的"神国";"日本名分之正,冠绝乎万国也",故"我朝终古不受外国之侵辱"⑤,等等。

迹部良显(1659—1729)则继承絅斋之思想,又采《会津风土记序》《洪范全书》《文会笔录》等观点,提出"神道中国之说",进一步论证日本为世界中心的必然性。他认为,日本因为有阴阳二神所生的天照大神之道,所以才能称为"中国":"夫中国夷狄之事,舍人亲王编《日本书纪》三十卷,除儒神之习合,明确揭出神代之正传,显皇胤之正统,永为后世之龟鉴也。此书以我国为中国,虽云尧舜之国却以为西土(指中国)。由是,生于我国之人当尊信此也。故我国之外不可有云中国者。"⑥ 基于这一思维,他不仅严厉批判日本的佛教徒,认为他们是"于

---

① 浅见絅斋:『靖献遺言講義』、載『国民道徳叢書』第 3 卷、博文館、1912 年、177 頁。
② 浅见絅斋:『中国辨』、『日本思想大系』31(山崎闇斎学派)、416 頁。
③ 谷重遠:『秦山集』義(卷十一)、谷干城、1910 年、12a 頁。
④ 谷秦山:『秦山先生手簡卷上』。转引自桂島宣弘『思想史の十九世紀:「他者」としての德川日本』、171 頁。
⑤ 谷重遠:『秦山集』義(卷十)、13a 頁。
⑥ 跡部良顕:『神道中国之説』、東大宗教(正057、マイクロ)、No. 049。

宫社之神体立本地垂迹，秽我国、害神道"的"神的罪人"，并指出日本的儒者"虽排佛道而明义理，说忠孝之大义"，却在"贱我国、谤神道"上比佛教徒更甚。

若林强斋（1679—1732）不仅继承了暗斋学派一贯的"神皇之正统代表了天地之正统"的观点，又依据"天无二日，民无二王"的观点，提出了天皇当为"世界唯一之王"的激进主张。"万国虽多，由天地看却只是一个天地，故无事无不尽由神明之妙用所立者，其神明之永益之处在吾国。……故天无二日而照万国，国无二王而临万国，实可谓在吾国。由是观之，万国君臣之位常变，亦天地自然之理也；吾国神皇正统之共天壤无穷者，亦天地自然之理也。"①"天日自唐看，自日本看，自天竺看，皆一日也，故天子万国亦当为一人矣。故异国之云天子者诸侯之格也，本来非所云天子者。与天地共立之天日相等之天子者唯日本，当与天地共久。由是，国号亦云日本焉。天人唯一亦在此，云神道者亦如斯处。"②可见，这虽是一种极其荒谬的极端自我中心主义的"皇化万国"的主张，却是暗斋派尊皇论的逻辑归宿。

由上可见，暗斋学派的学者建构日本主体性和优越性的逻辑依据是日本得"天地之正统正"的思维。这是一种"正邪相对"的思维，不仅预设了普遍性的"天地"而使他们所主张的以神道和神皇观念为象征的日本主体性和优越性获得合法性和正当性，也最大限度地获得了解释本国历史传统和外来文化的自由和合法性。他们可以自由地构建自我主体性，也可以自由地定位佛教或儒教为"邪恶"而加以彻底排除，或可以自由定位儒教为"神道的补充""神道虽未尝异邦三教之一滴，却妙契于儒道，故以神道为本，以儒道为润色"③。因此，对他们来说，日本的主体性和优越性不应当只体现于神国、神道、神孙（皇统）等领域，还应体现在基于神道的日本精神（日本魂或大和魂）、武士道、语言、和歌、风俗等诸多领域。换句话说，他们还推动着神道与"大和魂""国学""武士道"等所谓的"内部概念"的结合，并由此论证日本的主体性和优

---

① 若林強斎著、岡直養編：『強斎先生雑話筆記』8、虎文斎、1937年、8頁。
② 若林強斎著、岡直養編：『強斎先生雑話筆記』8、虎文斎、1937年、39頁。
③ 转引自後藤三郎『闇斎学統の国体思想』、金港堂、1941年、303頁。

越性。

若林强斋在暗斋学派内部最早开始了"大和魂（日本魂）"的自我叙述和建构。他认为，与"道则神道、君则神孙、国则神国"相应，"大和魂"是"天神所下赐的御魂"，即"彻底拥立天神所下赐的御魂为忠孝之御魂，进而复命于天神，而到成为八百万神列于下座，护奉君上，镇护国家之灵神"① 的"我国之意"，它们一起构成了"神道大意"。在此，强斋所说的"大和魂"实际上就是包括武士魂在内的具有内在正当性的绝对尊王精神，或是"日本人的魂""日本人始终不忘的本心"："其歌曰，吾身佩带日本刀，瞬刻不忘日本魂。……所谓日本魂者，神道有口授者也。《源氏》乙女卷可见云日本魂者。所谓日本魂者，持我国人之魂而不失者也。所谓我国人之魂者，敬仰尊奉君主，始终不忘而贯彻本心者也。"② 而且，在他看来，这种精神也就是和歌学者所说的"日本心"③。不难看出，若林强斋第一次对"大和魂"作为日本精神象征的性格和内容做了明确的规定，而使它成为一个与"神道"相依存又可以表现日本主体性和优越性的概念。这种作业无疑对江户日本人的身份建构具有重要的意义。因此，继他之后，吉见幸和（1673—1761）又提出"神道者国学也"④ 的观点，不仅包含了"神道即天皇之道（皇道）"的崭新主张，还以"国学"作为"神道""皇道"或"日本魂"的代名词："神道者，我国天皇之道，不可不尊敬也。开辟以来以神圣治国之功劳，君臣之道严且祭政之法正者，以国史官牒考事实者，国学之先务也。"⑤ 在他看来，尊外是"唐魂"，而神道则是日本人"为日本魂之人"的所以然，所以对日本人来说"神道者须臾不可离也"⑥。可以说，吉见幸和的神道观进一步拓展了"日本魂"的可能领域，并赋予其新的生命力。

稍后，与强斋同为幸和门徒的松冈仲良（1701—1783）则提出了"神道学即日本魂"的观点，欲以"神道学"为媒介，建立"神道"与

---

① 若林強齋：『神道大意』、載『垂加神道』上卷、春陽堂、1935 年、516 頁。
② 若林強斎著、岡直養編：『強斎先生雑話筆記』4、虎文斎、1937 年、3b 頁。
③ 若林強斎著、岡直養編：『強斎先生雑話筆記』9、虎文斎、1937 年、23 頁。
④ 吉見幸和：『五十鈴川記』卷上。转引自後藤三郎『闇斎学統の国体思想』、355 頁。
⑤ 吉見幸和：『學規の大綱』、載『神道叢説』、国書刊行会、1911 年、218 頁。
⑥ 吉見幸和：『神道大綱』。转引自後藤三郎『闇斎学統の国体思想』、356 頁。

"日本魂"之间的内在联系。他认为，日本作为"国常立尊之所统、天地精灵之所钟"的神国，拥有"造太中至诚之极、尽仁义中庸之蕴"的神道和"天统丕承而一姓以传无穷、与日月同照而极天罔坠"[①] 的皇统（皇极），因而日本的国体是宇宙最优。这种万国无法比拟的优越性也即"神国、神道之名称"必然"特存于诸风俗也"，而这便是"日本魂"——"悃悃款款祈国祚之永命、护紫极靖镇者"[②]。简单地说，"日本魂"就是一种保护日本国体优越性的存在和因国体优越性而自然具有优越性的存在，是一种以绝对的尊皇为最高价值的精神体系。不用说，这种思维范式的形成，不仅确立了作为日本主体性和优越性之象征的"大和魂"的概念，还构建了这一概念的正当性和合法性，因而也就为其后学者以此构建自我奠定了逻辑基础。

不仅是"大和魂"，谷川士清、山县大贰等亦基于前述神道世界观论证了神道与武士道的联系，从而确立了它们被统一论述的思想和价值体系。此外，暗斋学派学者还基于神道的优越性论证了日本诸多风物的优越性。例如，曾随山崎暗斋学习神道又以制定"贞享历"而闻名的涩川春海（1639—1715）认为，因为各国国体不同，所以"国风有天然之隔"，尤其"日本之野，当张翼，而太微宫全掩之。张翼己宫，物生不穷之象。太微为天子庭，帝坐太子，月卿云客，上下济济，班列不忒，坚垣限域，将相护卫，每日临天，四极受法。本朝皇统磐石，外夷绝窥。其符有如此者矣"[③]。若林强斋也认为，日本位处"神明所在方位"的"丑寅隅"[④]，所以"皇统天地无穷"；他同时认为，"唐者，倒语之国也"，而"日语之形正也"[⑤]。迹部良显亦认为，日本有优越的"神代文字"，之所以引入汉字，是因为它"可为神道之羽翼"[⑥]，等等。不难看出，暗斋学派学者构建主体性和优越性的作业体现了从基于"记纪神话"

[①] 松岡仲良：『神道学則日本魂』、『日本思想大系』39（近世神道論・前期国学）、253頁。

[②] 松岡仲良：『神道学則日本魂』、『日本思想大系』39（近世神道論・前期国学）、257頁。

[③] 谷重遠：『秦山集』信（卷四十三）、谷干城、1910年、5a—5b頁。

[④] 若林強斎著、岡直養編：『強斎先生雑話筆記』5、虎文斎、1937年、23a頁。

[⑤] 若林強斎著、岡直養編：『強斎先生雑話筆記』5、23a頁。

[⑥] 敬義撰：『垂加翁神説』、国文学研究資料館（200000541、マイクロ）、No.114。

的神道观念出发而扩展至日本风俗和风物的倾向,而这也是江户学者构建主体性和同一性的基本思路。这种局面的出现,不仅说明了他们构建自我身份的神秘性倾向,也说明了其作业的脆弱性。

综上可见,暗斋学派神道学说的最大特点在于尊皇,宣传以日本为世界中心的日本优越性思想。由于门人与暗斋人格与思想的高度同一性(佐藤直方和三宅尚斋除外),自暗斋,经浅见絅斋,到谷秦山等,暗斋学逐渐从"妙契论"的相对主义转变为彻底的日本主义,其学问体系越来越窄,最终以神道为其归宿,而与国学者封闭的神道日本主义思想合流。垂加神道不仅构成了江户时代神道学说的一大主流,也对国学和水户学尊皇思想的形成乃至江户思想界产生了巨大的影响,因而对江户日本的身份建构具有重要意义。

4. 与神道相关的日本主体性和优越性论述

与系统的神道流派构建日本同一性的思维和做法相对,在江户前中期不少学者也从"神之国"的特性出发,从不同角度构建着日本的主体性和优越性。它们有着眼于日本历史和风俗的《大日本史》(1657年开始编撰、1906年完成)、《和论语》(1669)、《异称日本传》(1688)、《人国记》(1701)等,也有着眼于国家性质的神国论、武国论、阳国论、仁国论等,亦有着眼于日本风物优越性的论述等。

对构建民族主体性和同一性的作业来说,对本国历史和文化的研究、正当化甚至美化是一项不可或缺的基础性工作。这正如水户藩将初始的史局(1657)更名为"彰考馆"(1672),又取其史书为"大日本史"那般,其目的就在于考察、彰显"大日本辉煌而正统的历史",即"详内略外,正史固存体裁(指国体)"[1]。换句话说,《大日本史》就是构建日本主体性和优越性的民族中心主义(ethnocentrism)叙事,并"示日本之不下于中国耳"[2]。第一,对内坚持明正皇室之正统和发扬国体的皇室中心主义。该书以承神统、执神器而万世一系的天皇统治为日本的国体,"盖自人皇肇基二千余年,神裔相承,列圣继统,奸贼未尝生觊觎之心。神

---

[1] 『進「大日本史」表』、『大日本史』第2册(卷1)、吉川半七、1900年、1b頁。

[2] 周一良:《〈大日本史〉之史学(代序)》,载德川光国《日本史记》第一册,安徽人民出版社2013年版,第17页。

器所在，与日月并照，猗欤盛哉！"① 并认为这种国体具有"皇化所被""威灵远播""绝奸宄之窥觎"等对内和对外的自然优越性："伏惟，太阳攸照，率土莫非日域；皇化所被，环海咸仰天朝。帝王授受三器，征神圣之谟训（按：谋略和训诲），宝祚之隆与天壤无穷。国家治乱一统，绝奸宄之窥觎，威灵之远，于华夷有光。"② 《大日本史》不仅贯穿了这种国体独立性和优越性的思维，还将这种思维延展到国风民俗等层面。例如，其编者之一、前期水户学集大成者的安积澹泊（1656—1737）为《大日本史》"义烈"所作序说："国朝风气刚劲，敦尚廉耻。武夫悍将，立懂（按：树立威勇）以怒寇，临难不苟免，视死如归者，世不乏人。其慷慨壮烈，一（按：全）出于天性，而非讲之有素，处之有道，皆于造次颠沛之际，决然行之而不疑。"③ 另一位重要编者三宅观澜（1674—1718）亦是盛赞日本的"强刚之风"："四方八风之气，各异也。或强刚，或柔弱，其种不可胜举。而可以克揉之、反其正者，不在柔弱，而在强刚焉。吾国士夫之风，所谓强刚之气，盖魁万国矣。朝出焉，试其马；暮归焉，鸣其剑。跅驰（按：放逸不羁）矫健，壮烈慷慨。口羞道不忠之事，躬不踏不信之行。……是以举世之风，廉耻成俗。盖刚毅近仁，而一变至道之资也"④，又专门论及"日本优于万国之国风"⑤："夫我邦五金之旺，实盛乎万国，发为义气。内肃外刚，怀廉知耻，决于取舍而明于死生。虽自以华夏文明而处者，不能之若。故金者斯民所禀之秀，而我土所萃之精也。"⑥ 日本也有不逊于我国唐朝张巡那般的忠贞之士——楠木正成，"湊川之战，正成将自杀，闻正季（按：正成之弟）欲托生灭敌之语，含笑入地。其视巡（按：张巡）之临死，誓为厉鬼以杀贼，又何相似也。此其忠义之心，穷天地亘万古，而不可灭。身虽死而其不死者，固自若也"⑦。

---

① 『「大日本史」叙』、『大日本史』第 2 册（卷 1）、2a—2b 頁。
② 『進「大日本史」表』、『大日本史』第 2 册（卷 1）、1a—1b 頁。
③ 『大日本史』第 23 册（卷 223）、吉川半七、1900 年、1b 頁。
④ 三宅観瀾：『送佐藤先生之東武詩并序』、『観瀾集』1、国立国会図書館デジタルコレクション、No. 004。
⑤ 三宅観瀾：『中興鑑言』、載『国民道徳叢書』第 1 卷、博文館、1912 年、205 頁。
⑥ 三宅観瀾：『中興鑑言』、載『国民道徳叢書』第 1 卷、299 頁。
⑦ 『楠木正成伝賛』、載『大日本史論賛集』第 1 卷、大正書院、1916 年、257 頁。

第二，对外坚持维护神国之独立性和自主性的日本中心主义。对《大日本史》的编者来说，当时大多数日本儒者所接受的"中国为中华、日本为夷狄"的华夷观念是他们构建日本主体性和同一性的最大障碍。为了消除这一障碍，他们从多个角度对这一观念的合理性做了否定。德川光国（1628—1701）从自他的立场否定了"中国即中华"的固定观念："称唐土为中华者，相应于其国人之言也，自日本称之则不可。自我称之，本邦帝都方当称中华也。何以称外国为中华焉？其甚无理也。"① 并认为应当称中国为"震旦""支那""唐山"等，从而剥夺中国的"中华性"："称唐土而著为文字，当写成震旦、支那等。云汉则限刘汉，云唐则限李唐，云明则限朱明也，不可万世用一代之国号。然以震旦、支那为西域所唱之言而厌之，偏见也。外国从外国之语者多矣。或从彼方（按：中国）之俗语，称唐山亦可也。"② 栗山潜锋（1671—1706）也基于"华夷可变"的观点否定了以中国为世界中心的华夷观：

> 华夷何常之有。华而用夷礼则夷也，夷而进于华则华之，古之制也。聊尝论之。夫地者，天根之凝聚于中也。天乃地气之游环于外也。天地之间，何往而不中，又何往而不天下。故彼此皆自称曰中国。盖对外国之通称，而固非言此土在堪舆之正中也。至其或为神州，或为神国，且海内为天下，而外为夷为藩，则虽俱非九九总域之通言，亦各国自称，彼此无相害。③

可以说，德川光国和栗山潜锋的这番言论④虽然可能瓦解了"中国即中华"的华夷观，却并不意味着对华夷观念的否定。相反，《大日本史》常以"中国"指称日本，亦将我国隋唐宋元明等历代王朝与新罗、百济等同列于"诸蕃"，意图构建基于"以日本为中心"的华夷之辨和历史叙

---

① 德川光圀：『西山随筆』、載『西山叢書』第 1 輯、郷土研究わらび会、1941 年、66 頁。
② 德川光圀：『西山随筆』、載『西山叢書』第 1 輯、66 頁。
③ 栗山愿：『保建大记』、中央堂、1891 年、36—37 頁。
④ 栗山潜锋的言论有自相矛盾之处。一方面他提出了彻底破坏华夷观念的新思维，另一方面又承认"华夷可变"，而事实上并没有摆脱传统华夷观的束缚。

述。为达此目的,他们不惜任意篡改日本对外交往的历史,也不惜对本国史进行美化。例如,该书声称"地广人多,自上古圣贤之君以道德仁义,化导其民,典章制度大备;下及近古,而其礼仪文物,人材财用,亦非诸国之比"[①]的隋朝就曾有向日本"远修朝贡"[②]的历史。

由上可见,《大日本史》的编撰虽然是"日本不自量的表现"[③],其所展开的日本主体性和优越性的历史叙述,却为江户日本构建主体性和自我同一性奠定了历史的基础,实际上对于提高日本人的民族自信心和对天皇国家的认同也发挥了重要作用。

与水户学派基于民族中心主义构建本国历史的立场不同,江户前期医生兼儒者的松下见林(1637—1703)则聚焦于中国、朝鲜典籍对日本历史的记述,"释同异而正嫌疑",并由此进行跨文化的自我同一性构建。他出身于大阪的医生世家,自幼随古林见宜(1579—1657)学习医学、儒学,兼修日本历史和古典。后于京都开设医馆,同时校订《三代实录》,又完成了对日本的自我历史叙述和同一性建设有重要意义的《异称日本传》(1688)。

该书之"序"首先声称日本是有着"神道文明"和"仁政"而吸引周边各国人民纷纷"皈依"的神国,不仅有着充分的自主性,亦显示了日本国体的尊严乃至优越性:"大日本国者,神灵所扶,自开辟神圣出,而崇尚其道,神明其位,拓土贻统,杰于百派千流朝宗之中。中华以为礼仪之国,质直有雅风。吴败姬氏来奔,秦暴徐福逃入,至于任那、新罗屈膝,鲁侯赤帝之后,莫不依归。此岂得非神道文明,有仁民爱物之政哉?"[④]其正文则从多个角度对所谓日本的这一特性做了具体论证。日本因是神国,不仅获得神助而使周边国家"面缚降于日本国"[⑤],亦无革命而皇统一姓相传,故为外国所称叹,亦为外国之垂范,"上(按:宋太

---

① 『大日本史』第 25 册(卷 242)、吉川半七、1900 年、1a 页。
② 『大日本史』第 25 册(卷 242)、2a 页。
③ 周一良:《〈大日本史〉之史学(代序)》,载[日]德川光国《日本史记》第一册,安徽人民出版社 2013 年版,第 25 页。
④ 松下见林:『異稱日本傳序』、載近藤瓶城編『史籍集覽』20、近藤出版部、1926 年、1 页。
⑤ 松下见林:『異稱日本傳』卷上一、載近藤瓶城編『史籍集覽』20、12 页。

宗）闻其国王一姓传继，臣下皆世官，因叹息谓宰相曰，此岛夷耳，乃世祚遐久，其臣亦继袭不绝，此盖古之道也"[1]；日本学问是本原性的学问，亦是独立发展的结果，"盖我通中国在神代之末，至神武天皇通晓文字，及应神天皇经学盛行乎，日本之学非始于徐福也"[2]；日本有地理、地势之优，"天险神威不可犯"[3]。这些被重构甚至虚构的日本主体性或优越性叙事与《大日本史》等内部的主体性论述形成了互补，极大地推进了江户日本的身份建设。

与这种日本历史正统化和自我中心化的论述并行，江户时代也有从文化和风俗方面构建日本主体性和同一性的论述，例如江户前中期的《和论语》和《人国记》。前者收录了神谕和天皇、公卿、武将、贵女、僧侣的"名言警句"，而被日本学界看成是"教训书"。实际上该书从内容和形式上都是对《论语》的模仿，因此就不能简单地将其视为"教训书"而忽视其文化史和思想史的意义。正如"世代史官不可以汉字写此书，当用倭字也。此为先王之法令且又吾日本之至言也"[4] 所示，该书正是与中国文化相抗衡的日本主体意识或民族优位意识的重要表现。首先，《和论语》提出并反复论述了以神道为本、儒佛等外国宗教为神道之润色的观点和立场。它不仅反复引述鹿岛大明神、建石胜大明神等所谓"若为我神道之润色，则用之可矣。一向舍本近末而失本心，苦哉"[5] 之类的"神谕"，也引用舍人亲王、平重盛、行教等所谓"当今之世，无论贵贱皆弃我神明之敕，而以外国之教为专。是如舍父母而爱他人之父母也"[6] 之类的"金句"来证明"神本外次"的观点。其次，日本是神所赐予特别恩惠的神国，不仅可以"退却异朝之凶徒，摧毁天魔地魔之攻击"[7]，亦形成了日本"无物无人不蒙赐神德"的优越地位，即日本是优于世界各国的"宝山国""君子国"；日本人民和万物都有通于天地而又符合

---

[1] 松下見林：『異稱日本傳』卷上二、載近藤瓶城編『史籍集覽』20、65頁。
[2] 松下見林：『異稱日本傳』卷上一、載近藤瓶城編『史籍集覽』20、18頁。
[3] 松下見林：『異稱日本傳』卷上三、載近藤瓶城編『史籍集覽』20、143頁。
[4] 本社出版部編：『和論語』本、仏教図書出版、1900年、3頁。
[5] 本社出版部編：『和論語』本、13—14頁。
[6] 本社出版部編：『和論語』本、68頁。
[7] 本社出版部編：『和論語』本、13頁。

"天神之心"的"正直之心"①，而唐人即便有"直心"却伴随着"邪恶"；在日本，"人心和而亲，故可以德而治"；中国是"吕之国，无律音"，而日本是"单律之国，无吕音而刚毅"②。

1701年刊行的《人国记》是从水土的角度论证日本独特民族性的著作，由地志学学者关祖衡对室町末期成立的"人国记"改编而成，因此又被称作"新人国记"。该书虽然讨论的是日本各藩国的人情风俗和地理环境的关系，却如其"后记"所言，实际上是在综合各国之风俗而述"本邦之风俗"。该书依据"盖人情取决于国之风水"的观点，在日本历史上首次系统论述了风俗与水土、时间的关系及其合理性，"盖民情犹植物，因土地异荣瘁，因灌溉遂其性。是故有北方强，有南方强。膏土民不才，瘠土民向义。险阻幽谷，木直而隘；平原海滨，文辩而放。此皆风气水土所以使然也。但其善恶厚薄，与时偕变化矣"③。亦认为风俗之美恶与国家治乱有着重要关系。《人国记》虽然并未提出适用于整个日本的民族风俗，却为风水与民族性的联系提供了合理性基础，并促使日本人对基于风土的民族性的自觉。

与此同时，森尚谦、贝原益轩、度会常彰等亦基于风土、风俗或神道提出了日本优越性的各种具体表现。曾参与编纂《大日本史》的儒者森尚谦（1653—1721）在江户时代最早系统提出了构建日本主体性和优越性的"二十四论"（1698），即"唐不可学者八""唐可学者八"和"日本胜唐者八"。森尚谦认为，中日两国"殊土远域"，所以必然有着各自的独特性和主体性。他由此批判了当时学术界凡事须效仿中国的主张和思维，强调要对中日两国的文化事项进行"甄别"，从而确立日本的自主精神和价值。

> 世之学者，必本于唐，所以求彼圣人之道，谁敢间然。虽然偏从唐风，则损吾邦体，亦可畏矣。至于言唐法必可据、多书可羡、郡县可行、食馔可效，粗见不精，遂化外域之俗，自忘本朝之宜，

---

① 本社出版部编：『和論語』本、32頁。
② 本社出版部编：『和論語』末、453頁。
③ 渡辺徹编：『旧新人国記』、世界社、1948年、332頁。

可叹息焉。……夫如是，则后学宜谨简（按：甄别）在我心，不宜偏取、偏舍者也。……愚暇日举其不可学者、可学者及我所胜者各八事，谨记所见。凡称唐不称中华，义见篇末。①

基于这种"自他必异"的立场，森尚谦分别列出了多书、长爪、变革、郡县、小人、复仇议、道家、募卒八项"唐不可学者"，又举出了经学、谏官、谋臣、广见、医道、巧制度、考试、教令八项"唐可学者"，最后列出了皇祚（附"敬神"）、义勇、带剑、袭封、无外患、无宦者、食馔、武艺八项"日本胜唐者"。不难看出，三个项目的区分说明森尚谦并没有采取彻底否定中国文化的极端立场，而这也使他的日本优越论具有了某种程度的客观性，从而更容易得到日本人的认同。而且，这种基于风土论的日本优越性主要表现为皇道或神道、武士道、无外患等，显示了与江户大多数此类论者的共通之处。这也说明，森尚谦的做法体现了江户日本构建自我同一性的基本思维和原理。

同时代的贝原益轩亦有类似主张。他认为，民族精神固然与"性（天性）"有很大关系，而在更大程度上则取决于"习俗"和"地（土地或风土）"的不同：

《兵录》云，勇怯者性，强弱者地。愚谓，勇怯固各人之性也，不拘方土。然本邦之人，比于异邦甚勇悍，此虽非其土性，盖习俗之令然耶。且本邦之中，如关东之人，其体力最强刚，此强弱由地也。朝鲜之人，亦比之本邦之人，其体力强，然其勇不及日本人，此皆因土地而然。诚如《兵录》所云。②

这番文字见于益轩晚年所著的《慎思录》（1714），是他依据"土地"构建日本优越性的一贯思维的延续和发展，即增加"习俗"为日本优越性的又一重要依据。在此之前，成书时间不详的《神祇训》仍主要是以神秘的神国特性兼顾"天地之形势"的水土论构建日本的主体性和

---

① 森尚謙：『二十四論序』、載『儼塾集』卷1、柳枝軒、1706年、5—6頁。
② 貝原益軒：『慎思錄』、載『日本倫理彙編』卷八、174頁。

优越性。他一方面声称，日本是最受神之眷爱的神国，又有作为"天道"的自然而又无二的神道①，所以具有充分的自主性乃至优越性："秋津洲为神之所治之国，故君静而民安。日本为神国，故生于此土之人当尊神道并知神道。若不知神道，则不可通神心。神心以诚为主而清净正直，自古至今君随是，民亦随上之德化，皆当以忠实、淳直、清洁为心。"②另一方面，他又依据日本独特的"天地之形势"主张日本的主体性乃至对中国的优越性。

  天地之形势，以东为初，以西为终。东为阳气之初，故如春。春者，阳气发生之初也。日本在世界之东，为阳之初，故受天地之气，清洁而温和。且为阳气发生之初，故其气强。因清洁，故不贪，廉直也；因温和，故有仁慈而情深；因气强，故有武勇而不怯。宇宙之形势，以东为初，故日本世界第一之最上国也。……唐土在天地之中央，是乃文明之国，自古圣人代代而出之世界第一地也，故万事万物皆备。虽为上国，不及东方偏土之日本者亦多。日本虽为偏地，因为天地阳气发生之初，故胜于中华者亦多。③

  随即，基于这种风土论，他又不厌其烦地举出了日本对中国优越性的若干具体事项：日本人不贪不污不秽而又廉直；日本人有仁慈而情深；即便武士，像中国那般好杀人者亦少；不像异国那般吃人；有武勇而不怯战，临节而不惜命；对君臣、父子则有上下礼义，人伦交际则有礼；即便奴仆，也慎小节，法外开恩者很少，等等。

  至晚年，贝原益轩开始视"习俗"（国俗）为与"土地"并列的日本优越性的重要依据。这种思想最集中体现于他于1712年刊行的《自娱集》中。该书收录了《吾道不外求论》《国俗论》《汉字用倭音论》《倭语说》等体现其民族主义思想的文章，提出了以"土宜（风俗和土地）"区分自他并构建自我的主张："盖君子之道修其教不易其俗，齐其政不易

---

① 貝原益軒：『神祇訓』、『益軒全集』卷三、益軒全集刊行部、1911年、642頁。
② 貝原益軒：『神祇訓』、『益軒全集』卷三、641頁。
③ 貝原益軒：『神祇訓』、『益軒全集』卷三、670頁。

其宜。……如华音者非国俗之所宜也。何则方土异宜，倭汉殊俗。"① 尤其是《本邦七美论》秉持"盖我邦风俗淳美，逾于群国"② 和"本邦风俗本自淳美，超轶华夏者亦多矣"③ 的立场，以我国史书称日本为"君子国"为证据，自称日本"居仁"，系统地提出了时气正、谷食美、器服备、民俗淳、法律严、无外侮、通文字七种风土之美。至后来的《慎思录》，他继续贯彻此前以"风俗"和"土地"构建日本主体性和优越性的民族主义立场，不仅对"中华之俗，比之我邦不仁""仁而寿"等民族优越性反复论述，还扩展了它的实际领域和范围。例如，他认为，和歌就是适合日本风俗而可以与汉诗对抗的诗文形式："和歌者，我国俗之所宜。而词意易通晓，故古人之歌咏极精绝也。古昔虽妇女，亦能之者多矣。唐诗者，非本邦风土之所宜，其词韵异于国俗之言语，虽模仿于中华，故虽古昔之名家，其所作拙劣，不及于和歌也远矣。我邦只可以和歌言其志、述其情，不要作拙诗以招岁痴符之消。"④ 综上可见，依据"习俗"与"土地"这种相对客观的原理，益轩在某种程度上构建了日本主体性和优越性的客观性和可信性，因而对江户日本的身份建构有着重要意义。

稍后，受出口延佳和山崎暗斋神道思想影响的度会常彰（1675—1752）嫌贝原益轩所列的"本邦七美"不能完全概括日本国风之美，由此又补出"神明助""灵器守""宝祚固""言词和""金银多""武无敌"六美，合为十三美，并意犹未尽地说："若细细思量，当犹有也。是此方乃水土正之神国也，数倍胜于万国。……唯受生于此水土优美之国度，人人都可悦享也。"⑤ 不难看出，新添的日本优越性项目主要增加了神道和武士道的相关内容，它们原本是益轩初始提倡而后来又不太提及的非理性和神秘性项目，不仅成为度会常彰构建日本主体性和优越性的核心内容，亦被以"水土"的名义赋予了正当性：

---

① 貝原益軒：『漢字用倭音論』、『益軒全集』卷二、益軒全集刊行部、1911年、209頁。
② 貝原益軒：『本邦七美説』、『益軒全集』卷二、201頁。
③ 貝原益軒：『国俗論』、『益軒全集』卷二、204頁。
④ 貝原益軒：『慎思録』、載『日本倫理彙編』卷八、172頁。
⑤ 度会常彰：『日本国風』、国文学研究資料館、新日本古典籍総合データベース、No. 031。

夫日本在东方，阳气始发之地也，其气极盛也。禀其极盛之气而生来，故众庶生质武勇也，是水土所使然也。……吾神明以正直之心受清净之心，驱邪以诱众人，此亦载于《和论语》。又《松浦物语》以和国为兵之国，而云"其虽小，然深得神佑，人心亦贤"。《八幡愚童训》云，异国之人则以贵人一人对十人。一书云，二神以天之琼矛所生之州国，故胜于万国，而金气之盛者亦可见。如此，此国原本勇武之国，故兵之道不绝而传于世世代代。今天下太平，率土之滨亦能治，武气之所镇也。①

可见，借助"水土"的名义，常彰不仅确立了"本邦十三美"的合法性，也建立了江户时代最为全面的日本优越性话语体系。

当然，度会常彰以神道为核心的日本优越性话语在江户前中期虽然并不常见，却也不是一种孤立的主张。熊泽蕃山（神国、阳国或日出之国、仁国、武国）、西川如见（神国、阳国、中正之国、仁国、武国）、松下郡高（神国、阳国、尊国、武国）等具有强烈民族观念的学者的相关论述亦显示了与常彰日本优越论之间的相通性，因而它们不仅构成了江户日本知识阶层构建自我同一性的重要内容，其中的某些内容实际上也被近代日本所继承和发展。

（二）"自立的"神道——复古神道

对于意图构建主体性和同一性的江户学者来说，一种"日本的"自足的价值体系的构建是重中之重。根据日本历史和传统的"连续性"和"纯洁性"的程度，"自足的"神道的创建便是最方便的选择。虽然在江户前期山崎暗斋等也展开了神道理论化和民族化的建设，其逻辑原理却立足于儒教，因而在国学者看来，其作业不仅难以实现神道及日本价值的完全自立，更不能建立一种与儒佛相抗衡的独立价值体系。

因此，为了与当时以儒佛为基础的主流学问相对抗，国学者通过对《古事记》《日本书纪》《万叶集》等日本古典的研究，意图发现所谓受儒佛等外来文化影响之前的日本独特的思想和文化，此即为所谓的"古道"，亦称为"国学"。除本居宣长等提倡的以"物哀"为基调的主情主

---

① 度会常彰：『日本国風』、載『武士道叢書』下卷、博文館、1905 年、128—129 頁。

义情绪，复古神道是国学最重要的内容。这种神道思想的主要建构者则是贺茂真渊、本居宣长和平田笃胤。

他们认为，神道是没有受到儒佛等外来文化"污染"的日本固有的天地之大道：在贺茂真渊那里，神道即"惟神之道"是日本自古流传下来的纯粹的天地自然之大道；在本居宣长那里，神道则是胚胎于创世神高御产巢日神而又由天照大神所传行之天地唯一之"真道"；在平田笃胤那里，神道则是天地开辟时皇祖神等所开创及永恒相传的"天皇统治天下之道"即"皇道"，亦是天地间唯一的真理。

与以往的神道学说相比，复古神道的最大特点是试图彻底摆脱儒佛思想的影响而建立一种"自立的"神道，即一个价值自足的形而上的价值体系，或一个可以完全表征自我的价值系统。即便这个价值系统实际上并没有也无法彻底摆脱儒佛思想的影响，国学者也可以通过"我们认为"的方式最大限度地消除其影响。由此，独立的创世神话、证明天皇统治正当性的天皇神话和神道的绝对优越性就成为复古神道的关注重心和论证重点，而这不仅与江户儒者的"日本型华夷思想"、后期水户学的"自我神州化（自我中心化）"思想等形成了强烈的呼应，而且以一种对它们超越的形式完成了"本体的重构"，因而对于构建日本文化的主体性和日本人的同一性具有基础性的意义。

国学者所提倡的排他性和排外性的复古神道不仅对其门人、信徒产生了直接影响，也通过其著述、与儒者的论争和实践活动等获得了广泛影响。例如，本居宣长生前约有500门人，不少贵族和大名都随他学习，在政治、经济和社会的各个方面都向他咨询意见。因宣长学对当时社会的影响之深，而被称为18世纪后半期日本最突出的"知识活动"；平田笃胤则以其学问的宗教性和极端排外性受到了幕末神社势力、勤王志士和豪农阶层的广泛支持，因而平田国学不仅构成了幕末尊攘运动的指导思想，还作为对日本影响至深的佛教的总清算，构成了明治政府所推动的以"神佛分离"为特征的神道国教化的思想基础。

1. 贺茂真渊的"古道"和"惟神之道"

贺茂真渊虽然继承了荷田春满关于古学的学问，却不满意于其保留外来文化的折中立场。对他所极力构建的古道来说，独自性才是最根本的问题。他认识到，古道的纯粹性只有依据纯粹的风土才能得以表征，唯如此，这种表征才有意义。既然古道在儒佛传来后受到了它们的蒙蔽和污染，那么回归儒佛传来之前的古代就可以"完美地"解决这一问题。而且，这种对古代的回归也是可能的。因为《万叶集》等古典所用的"古语"及其所载"古义"，就体现了纯粹的日本风土，故只要对它们进行研究，就可以排除"汉意"而发现日本的独自价值乃至对儒佛的优越性。因此，在他那里，因儒佛所导致的日本人的"政治自我"与"文化自我"之间的紧张关系，就以对"理想化的过去的思念"的形式表现出来。

真渊严格区分了"儒佛传来之前"和"之后"对古道所具有的不同意义。受荻生徂徕古文辞学的影响，他将"自然"与"作为"当作区分古道与儒佛的基准。依他看，日本古代是一个维系着"自然状态"的"原型的时代"，因而是一个最真、最善、最美的"理想世界"；儒教是"作为"的"异端邪说"，所以导致了日本社会的虚伪和邪恶。对日本来说，儒佛的传播和兴盛不是一件幸事，而是一场灾难。在"儒佛传来之前"的日本古代，自然与人类处于"同化一体"的"有序"状态，而现在由于儒教的影响，不仅导致自然与人类发生分离、异化，连古道也难以知晓。"唐国之学，其始乃以人心而作，只因有棱有角，故易于知晓。我皇国之古道，一任天地自然，既圆又平。又因人心难以尽言，故后人难以知晓。因之，世人皆言古道已绝，然只要天地不绝，乃绝不会绝。古道之不知，乃易知之唐道所致。虑天地之悠久，五百年、千年乃一瞬而已。"[1] 显然，真渊已开始基于"自然"与"作为"的二元对立图式来把握和区分"日本精神"（古道）和"汉意"（儒佛），显示了认识和评价儒教的新视角。对他来说，儒佛之教就是导致"纯一的内部共同体"发生龟裂的"外部的异质"[2]，因而是日本复归古代"自足的共同体"所必须排除的杂质、有害物质。显然，对"无序的、人为的、外部的"儒佛之道的批判，也就意味着"有序的、自然的、内部的"日本精神的确立，反之亦然。

"顺乎天地自然"是真渊世界观和神道观的根底，显示了与荷田春满

---

[1] 贺茂真渊：『国意考』、『日本思想大系』39、384 页。
[2] 子安宣邦：『江戸思想史講義』、岩波書店、1998 年、265 页。

的诀别。真渊坚信,古代日本必然存在"自然的""纯粹的"古道,它不仅是建立日本人文化同一性的本体依据,也是日本优于儒教中国的根本保证。换句话说,古道是他反儒反佛的根基。显然,这种对外来文化的认识是一种情绪化的日本至上主义的产物。这种极端的自我中心主义意识导致他无法对外来文化形成学问的、合理的认识和证明,而只能产生一种非理性的排斥和怨恨。

立足于这种认识论和自然主义哲学观,贺茂真渊就以受儒佛影响之前的日本上古为标准,展开了日本独自性的探讨,而神道则是其根基。对他来说,神道即是道,是古道和歌道的根本。针对"神道不过是配剂了七八分佛法、二三分儒道的巫祝之道"等盛行于主流儒者之间的神道否定论,他不仅做了严厉批判,还基于自然主义的哲学观提出了神道作为日本价值体系的自然性和先验性问题,树立了神道作为"自然之道"的形而上的绝对地位和优越性。他认为,神道或古道"就像大凡世间有荒山、荒野而自然形成道那样"[①] 原本即为日本古代相传下来的纯粹的天地自然之大道,也即"皇国之道""皇神之道""天皇之大道""神皇之道""皇朝之大道""清正之千代古道"等。因为神道立足于"世界万物之父母"的天地自然,所以是活物,具有超时空的永恒性和无限的普遍性[②],"只要天地不绝,古道就不会绝"[③];同时,神道也具有作为日本固有之道的独特性(特殊性),既圆又平,而与"由人之制作而成,像箱子般又方又尖"[④] 的儒道有着本质的区别。依真渊,神道与儒教体现了"自然"和"作为"之间的不可调和的矛盾和对立,所以前者对后者具有绝对优越性。

既然神道绝对胜于儒教,那么日本就必须彻底排除儒佛对自我造成的污染,回归古代日本人的生活和精神,即依靠古道(神道与歌道)来安邦治国和构建日本人的民族认同。

[①] 贺茂真渊:『国意考』、『日本思想大系』39、377 页。
[②] 虽然他并不因此而特别强调神道的普遍性,然而他的言说已隐含了这一逻辑。伴随着历史的发展,这一思维不断为后人所演绎与扩大,用于主张日本作为古道唯一承继者的优越性。
[③] 贺茂真渊:『国意考』、『日本思想大系』39、384 页。
[④] 贺茂真渊:『書意』、『日本思想大系』39、445 页。

2. 本居宣长的"天照大神之道"

与贺茂真渊相同，本居宣长最先也是以"自然"为其古道论和儒佛排斥论的依据。他认为，《古事记》所讲之道，意指山路、田野之路那样的道路（mitsi），除此之外，上代并没有"道"之称呼。道不是道德的道，而是"广及于天地之间"的真道或"唯物中所行"的古道，是"自然之神道"即"天地开辟神代以来所有的道"①。道理、说教之类，并非人类普遍的教义，仅为异国的做法，日本上代并没有儒教那种规范化的"说教"②。"神道无教典，此即真道之证也。然以为无教便无道，唯乃模仿外国之小道，不知真道之故也。无教故尊，以教为旨者，人作之小道也。"③ 其所以谓"神道"，乃"由于与彼外国之诸道易混淆，故叫作神，又借汉土之名称，才称之为道"④。依宣长，在日本古代君民共同尊奉"自然的神道"，由此身心"不修而修"，天下"不治而治"，根本不需要什么"圣人之道"。

随着对"记纪神话"研究的深入，本居宣长最终采取"神道"（kaminomiti）这一概念而与"圣人之道"相对。因此，与将"上代"当成自然的"人世"来理解的真渊不同，本居宣长则将它上升为一个绝对神圣的空间，而当成自然的"神代"来理解。他明确说道："别人以人事论神代，我则以神代来理解人事。详说其意，则是因为世间的所有事情、历朝历代吉善之事、凶恶之事不断推移下去的道理，大大小小全赖此神代之初之旨趣。"⑤ 依宣长，世间的万事万物都不是"自然之事"，而是"神的所作所为"，因而所谓"（神）道""原本均为神之所为，是神秘不可思议之物，非人之有限的智慧所能推测"⑥，既不是"天地自然而成之道"（老庄、真渊），也不是"人为制作之道"（儒家），而是古代日本"诸神的事迹"。这样，"记纪神话"就被宣长完全当成事实来对待，日本古代就由依靠"万叶古歌"所表现的"易失真的"声音世界转为《古事

---

① 本居宣长：『あしわけおぶね』、『増補本居宣長全集』第 10 卷、173 頁。
② 本居宣长：『直毘霊』、『増補本居宣長全集』第 1 卷、53 頁。
③ 本居宣长：『答問録』、『増補本居宣長全集』第 6 卷、吉川弘文館、1926 年、122 頁。
④ 本居宣长：『直毘霊』、『増補本居宣長全集』第 1 卷、56 頁。
⑤ 本居宣长：『古事記伝』、『増補本居宣長全集』第 1 卷、322—323 頁。
⑥ 本居宣长：『直毘霊』、『増補本居宣長全集』第 1 卷、55 頁。

记》所体现的"确实的"文本（text）世界。这一作业的完成，便为宣长依据所谓神代"事实"构建其宇宙论提供了可能。

对宣长来说，他的一切工作都必须通过"明皇国之道"这一单一的、普遍的组织原则才发生意义。以他自认为唯一正确地记述了世界始源的《古事记》为依据，本居宣长开始对"古道""真道"进行形而上的理论论证。他认为世界的本原、万物的祖神、创造事物的根本原理为产巢日神（高皇产灵神和神皇产灵神）①，"世上所有事物，皆由产巢日神之灵而生成。皇祖神伊邪那岐、伊邪那美乃由此创始，世间一切事物，皆从此二神而开始"②。这意味着包括神在内的世间万事万物皆是"奇妙的"产巢日神"产灵"的产物，因而中国以"盘古氏"左右眼为日月的古传，不过为伊邪那歧生出天照大神之古传在中国的"讹传"，是中国人运用自己的私智想象出来的产物。③ 显然，通过对中国古传说的存在意义的否定，作为唯一古道正传的日本的正统性和优越性就成为无须辩驳的事实。

以宇宙生成论为基础，本居宣长就开始建立其独特的形而上学的世界观：作为"帝王之大祖"的天照大神受伊邪那岐、伊邪那美的委托，以"天津日神"的身份统治高天原，传承了胚胎于世界本原神（高御产巢日神）的道，故其所传行之道才是天地间唯一之"真道"，是宇宙间的普遍原理："道"原本为"天照大神之道，天皇统治天下之道，且广及于四海万国，只传于日本"④。显然，具有内在自足性的真道就以永恒性（皇祖神之间相传）、唯一性（只传于日本）、普遍性（广及于四海万国）的特点，具备了对儒佛形而上意义上的优越性。

（1）永恒性

宣长的神道观不以众神产生顺序决定其尊卑，而是依据与天照大神的关系和皇室崇敬的程度来决定众神的尊卑。⑤ 由此他改变了以国常立神

---

① 宣长所说的"产巢日神"既是一个具体的实体（万物的祖神），又是一种抽象的原理、机制（有关万物产生、创造的原理）。
② 本居宣长：『直毘靈』、『增補本居宣長全集』第1卷、61頁。
③ 本居宣長：『くずばな』、『增補本居宣長全集』第5卷、464頁。
④ 本居宣長：『うひ山ぶみ』、『增補本居宣長全集』第9卷、吉川弘文館、1927年、480頁。
⑤ 参见［日］永田广志《日本哲学思想史》，姜晚成等译，商务印书馆1983年版，第160页。

或天御中主神为最高神的传统观点，建立了高御产巢日神（世界本原、皇祖神）、伊邪那岐和伊邪那美（皇祖神）、天照大神（最高神）及其子孙之间的直接关系。按照这种逻辑，"道"也就成了天照大神及其子孙所传行之道、天皇统治天下之道。天照大神的后裔自太古以来从未断绝，以现人神的形式君临日本。这不仅是日本与世界万国最根本的区别，也是日本优越性的根本体现。

当然，尊皇观念是宣长神道观的本质。复古神道明显抬高了现世天皇的地位，是近世天皇在理论上复活的重要阶段。[①] 宣长通过天皇的神格化操作，不仅使天皇摆脱了"天"（或"道"）的束缚，还成为一个本身就具有终极价值的神圣存在。随着天照大神、现世之天皇及其所传行之"神道""皇国之道"的绝对化，天皇最终转为一个拥有绝对人格的存在。例如，他严格区分了圣人和天皇，"言之都可畏的吾之天皇，与前述贱国（按：中国）之王，不可同列。是依生成此国之神祖之命，亲自所赐之皇统；是由天地之始祖神所定，天皇统治之天下。故天照大神之命，人人不会因是恶天皇而不听。无论天皇之善恶，皆不会乘机从旁篡夺皇位"[②]。这样，原先儒学神道所构建的天皇与规范的关系发生逆转，天皇的存在本身被看作最高的规范。

可以说，宣长神道观的意义在于建立作为"人类普遍真理"的神道和作为日本文化或情绪的象征——神圣化了的天皇。于是，神道乃至天皇又作为"固有的"日本精神的根基，成为他创建近世日本人同一性和排斥儒佛的基础。

（2）唯一性

宣长认为，只有日本的神道才是真道，高出万国所有之道。"真道广及于天地之间，无论何国皆乃一条道，然此道唯我皇国得其正传，外国自上古皆已失传；故异国便另说种种之道，并以为正道，殊不知异国之道皆是务末的枝叶之道，非古来之真道也。"[③]

依他看，神道是依照神意从神代传下来的"真道"，因而与作为"古

[①] 参见向卿《日本近代民族主义》，社科文献出版社2007年版，第125页。
[②] 本居宣长：『直毘霊』、『増補本居宣長全集』第1卷、59页。
[③] 本居宣长：『玉くしげ』、『本居宣長全集』第8卷、筑摩书房、1972年、309页。

道失传后而说出"的儒佛之道有本质的区别：神道是宇宙空间绝对的、普遍的、最高的原理，儒佛之道则是特殊的、相对的、次生的道理即"广义神道之末梢的枝道"①。这意味着世上一切事情全部出自神的意志或神的安排，都是诸神的所作所为，而儒佛思想根本就是违背神理的私智妄作。②譬如，本居宣长指出，祸津日神等神祇是人世间善恶相分、吉凶相移、祸福相依的根源，因而儒佛所谓"阴德阳报说""因果报应说"皆违背了神道的原理。对他来说，由于它们之间存在高低、优劣之别，所以不能用儒佛来说明神道，而只能是相反："中国、印度及其余各国，直至天地间的万国，只要是蒙受天津日神恩德之国的人，不论国王还是臣下、百姓，都应尊奉其德。"③

显然，神道的绝对性是宣长反儒反佛的立足点。他反对儒学以"理"来说明万物生成的道理，认为儒教所谓"阴阳""太极""八卦"等抽象之理是"中国圣人的妄作"，坚信宇宙的万事万物皆是产巢日神"奇妙的"产灵的产物。"在外国（中国），因为正道不传，故不知此神产灵之作用，或以天地万物之理，或以阴阳八卦、五行之理来说明之，此皆为基于人智之妄说。"④同样，他反对用儒佛思想来解释神道，指出"吾邦，皇祚与天壤无穷，依太神之神敕万万代代赫然相传之自然之神道，岂能用异邦之五行相生相克之理来解释，其不测之妙，岂人智所能测知哉"⑤。因此，他严厉批判了日本中世以来神道家用阴阳五行、儒教之理来解释神道的做法，"今之神道家，都是以支那儒者之道为本来理解吾邦之神道，故大失神道之意，愚不可及"⑥。不仅如此，在他看来，正是由于儒佛等中国文化的输入，才导致古道的光芒被遮蔽，以致连社会上的有识之士也无从知道何为真正的"古道"。为此，他极力要求彻底清除"汉

---

① 本居宣长：『玉鉾百首』、『増補本居宣長全集』第10卷、113頁。
② 旨在彻底排斥儒佛的这一主张不得不将人之胡作非为也全归于神，而这明显与他一贯坚持的儒佛才导致了日本的"恶"的主张相矛盾。而且，排儒的功利性还导致了宣长神学的一个矛盾，即他既将人世间的恶归结于神，又将孝德天皇以后的"恶"等仍归罪于儒教的"窃国之道"，体现了自身主张的矛盾和局限性。
③ 本居宣长：『伊勢二宮さき竹の辨』、『本居宣長全集』第8卷、476頁。
④ 本居宣长：『玉くしげ』、『本居宣長全集』第8卷、309—310頁。
⑤ 本居宣长：『葦庵随筆』、『本居宣長全集』第13卷、筑摩書房、1971年、599頁。
⑥ 本居宣长：『葦庵随筆』、『本居宣長全集』第13卷、601頁。

意""佛心"对"大和心"的毒害和污染,依据《古事记》等古典的神圣而纯粹的空间来究明真正的神道。

(3) 普遍性

宣长认为,因为天照大神是普照世界的太阳,故其所行之道就应及于世界万国,也应该具有超越时空的永恒性。"至于本朝的皇统,即是普照四方的天照大神的后嗣,正如天壤无穷的神敕所说,直到万世后代也不动摇,只要天地不灭,就会一直传续下去。"①

因为只有日本继承了天地之真道,受天照大神之恩德,所以是世界上"最优秀的国家":"天津日嗣的高座,与天地同其悠久不变。此即为我国灵妙神秘之道,较之外国所有之道,远为真正高贵的凭证。"② 依宣长,因为日本是"普照四海的天照大神所生之本国"③,故日本不仅是万国之本原,也应支配世界各国。因此,作为皇国优越性的具体表现,他认为日本的米质最良、物产丰富而不需要外货的输入、田地人口稠密故"丰饶殷富、勇武强盛"而无一国所能及。④

总之,本居宣长从宇宙论出发的"绝对日本主义"的自我叙述,虽然强化了近世日本神国主义、天皇绝对主义的侧面,在一定程度上也有利于日本人主体性的理论建设,然而,反儒教、反中国的极端民族主义心理又促使他完全将"记纪神话"当作事实、真理,因而在认识论和方法论上不可避免地陷入了极端的主观唯心主义,导致其世界观也是一种"完全以古典为依据的荒谬绝伦的神话的世界观"⑤。这种荒谬之说后来也被平田笃胤所继承、放大,并被加入了更浓厚的国粹主义色彩。

3. 平田笃胤的"神之道"

从宇宙论的角度论证神道的普遍性和绝对性,而展开神道、天皇、神国中心论的自我叙述和儒佛批判,是笃胤学和宣长学的共同旨趣。笃胤接受服部中庸《三大考》的思想,利用地动说、基督教创世论等学说,对《古事记》等记载的创世神话(日本的古传)进行了重新解读而构建

---

① 本居宣長:『玉くしげ』、『本居宣長全集』第 8 卷、10 頁。
② 本居宣長:『直毘霊』、『増補本居宣長全集』第 1 卷、60 頁。
③ 本居宣長:『玉くしげ』、『本居宣長全集』第 8 卷、311 頁。
④ 本居宣長:『玉くしげ』、『本居宣長全集』第 8 卷、311—313 頁。
⑤ 朱谦之:《日本哲学史》,人民出版社 2002 年版,第 105 页。

了独特的宇宙论，意图进一步证明日本对万国的形而上的优越性。

他认为，天之御中主神才是造化的原理和世界的本原。该神产生于大虚空的"古天地未生出之时"，是宇宙间唯一的造化主和大元祖神，故"宇宙万物，悉其主宰"①。他指出，宣长以为造化原理的产灵二神只是天之御中主神的分身，高皇产灵神司掌神事之"显事"，神皇产灵神掌管神事之"幽事"。它们坐于虚空，产生"一物"，"一物"不久又分裂为天（日）、地、泉（月），然后再产生各种神祇和万事万物。

平田笃胤解释说，世界上只有日本是受天神特别恩眷的国家。皇祖神伊邪那岐、伊邪那美二柱神生出日本，皇祖神天照大神诞生于此，作为日神而统治"天"即高天原，并委派天孙永久统治此国，故日本为广阔地球的"根本"②。天地开辟之始，一物向上萌腾而为天，其残迹成为地，与天正好上下相对之处就是日本，故日本位于"大地的顶上""天地间的蒂之处"③。"位于万国之东头"的日本被造出后，随着国土与海水逐渐分离，海水的潮沫自然凝固，泥土聚集而形成的大大小小的国家就是外国。外国虽然也是产灵神之产灵所生，却不是伊邪那岐、伊邪那美二柱神所生之国，也不是天照大神出生的本国，所以从本原上就与日本有"尊卑善恶的差别"④。它们与"被全宇宙公认为神国"⑤的日本相比，都是"极其卑劣"⑥的国家。

在他看来，因为有关创世说的日本古传是"由创造天地的高皇产灵神、神皇产灵神亲自传下来的"⑦，所以是"真实的古传"。不仅如此，它还可以由作为日本古传之"讹传"的外国古传得到证明。他承继宣长的观点说，中国有盘古开天地之说，即言其左眼生日，右眼生月，与伊邪那岐、伊邪那美从眼中生出日神、月神的古传非常类似，所以是日本古传说之"讹传"⑧；在西方国家，也有上帝造完天地后，再造亚当（男

---

① 平田篤胤：『古史傳』、『新修平田篤胤全集』第1卷、名著出版、1977年、100頁。
② 平田篤胤：『霊の真柱』、『日本思想大系』50、29頁。
③ 平田篤胤：『霊の真柱』、『日本思想大系』50、34頁。
④ 平田篤胤：『霊の真柱』、『日本思想大系』50、33頁。
⑤ 平田篤胤：『古道大意』、『新修平田篤胤全集』第8卷、29頁。
⑥ 平田篤胤：『霊の真柱』、『日本思想大系』50、32頁。
⑦ 平田篤胤：『霊の真柱』、『日本思想大系』50、32頁。
⑧ 平田篤胤：『古道大意』、『新修平田篤胤全集』第8卷、40頁。

神）和夏娃（女神）而生成国土之说，因与日本造化三神创生天地万物的古传极为相似，所以也完全是日本创世古传的"讹传"①。所以，世界万物皆源于日本，盘古、三皇、神农、黄帝等都是日本的神，"其所谓盘古氏实际就是日本的皇产灵大神，燧人氏就是日本的大国主神在中国的称呼。……究其原因，还是在于日本的造化三神开辟了世界万国，其事迹必然留在这些国家，虽为讹传，却仍是存在的"②。在他看来，外国的这些古传虽因"以讹传讹"而失真，却传达了日本古传的片段，反倒证明了日本古传的正确性。显然，与彻底否定外国古传真实性的宣长相比，笃胤通过承认外国古传的相对价值，旨在从另一个角度说明日本古传的普遍性和绝对性，进而证明日本作为神国的绝对性。

基于这种宇宙创世论，平田笃胤展开了其神道绝对主义的论述。认为神道是天照大神传承下来的"天皇统治天下之道"，并以"自然"与"人为""道"与"教"区分神道与儒佛，是笃胤与宣长神学观的共同特征。平田笃胤同样以神道为绝对的、普遍的原理，儒佛为相对的、特殊的"异国之教"，强调日本是唯一古道正传的国家，在此思维构造下展开自我与他者的叙述。

首先，他认为，"神道"（kaminomiti）是儒佛传到日本之前"以纯粹古意和古语不加修饰地表现天地开辟以来的事实"③的大道、真道，又是"专守古传、不杂任何小贤"④的自然之道，故是宇宙间的绝对真理。"真实之神道十分独特，其学天下之正道，故称为大道之学问、显幽无敌之道。"⑤ 神道还是天地开辟时皇祖神等所创并永恒相传的"天皇统治天下之道"即"皇道"⑥，因而又是天地间唯一的真理，即所谓"帝道唯一"。相比而言，外国的儒教、佛教、诸子百家等虽名为道，实际却只是与"极其卑贱"⑦的俗神道等并称的人为制作之教，是从道派生出来的教

---

① 平田篤胤：『霊の真柱』、『日本思想大系』50、32頁。
② 平田篤胤：『悟道辨』、『新修平田篤胤全集』第10卷、名著出版、1977年、563頁。
③ 平田篤胤：『古道大意』、『新修平田篤胤全集』第8卷、15頁。
④ 平田篤胤：『霊の真柱』、『日本思想大系』50、岩波書店、1973年、19頁。
⑤ 平田篤胤：『大道或問』、『新修平田篤胤全集』第8卷、88頁。
⑥ 平田篤胤：『呵妄書』、『新修平田篤胤全集』第8卷、151頁。
⑦ 平田篤胤：『大道或問』、『新修平田篤胤全集』第8卷、88頁。

训。依笃胤,"道"与"教"旨趣各异,道是古代元始的事实,为自然之真道、正道,教是后来才产生的,不过是空理、妄说。"所谓教训,远比道低级。有真道则无须教,无真道才始生教。老子所云'大道废,有仁义'即是指弃真道而以仁义为教。"①

与此相比,在日本,"知神国之所以为神国的国体,学习神所为之事,行正人之道,乃称真实的神道。所有世上之忠臣孝子,其外不背离于人道者,皆真实的神道也"②。因为有此万国无一能比之真道,天皇、臣民、神国之间保持了内在的一致性,"自开辟以来,帝位如一,君臣之等,万世不动,彝伦之叙自然而具"③,所以"人心正直,无丝毫之虚伪"④ 而天下自然大治。

其次,在平田笃胤看来,相对于儒佛之教,神道不仅具有本原意义上的优越性,还具有历史的优越性。即便是儒佛传到日本后,神道不仅保持了自身的纯粹性,还是天地间唯一正确相传的古道。因此,针对太宰春台"日本古来无道。后世所倡之神道由儒教派生而来,故不过为巫祝之道、旁门左道,远不及佛道和亚流的宋儒之道"的说法,他十分气愤,专门写下《呵妄书》等进行批判。依据真道的神秘性和实体神观念,平田笃胤坚持日本存在真道且是唯一古道正传的国家。他解释说,正像产灵神神秘地产灵那样,真正的道也因神秘难知而不传,只可通过占卜祭祀而问神意。⑤ 因为在日本,无论君主、臣民都以天神之心为心,一切都按神代之事实运行,故真道永传。相反,异国之道原本是立足于佛、圣人悉知万事万物之理而立之道,违背了一切事物都是神的作为而难知的道理,故它们根本就难以成立。

他还认为,神都是实在的神,遍在于人们的周围,通过占卜祭祀而与生者保持交流。神道即是这样的祭政一致之道,所以与天壤般无穷。在他看来,古代中国也曾有视神为实体的思想,比如《尚书》《毛诗》等就称"天"为上帝、天帝、后帝、皇天,不过后来被误解为"托言"。直

---

① 平田篤胤:『古道大意』、『新修平田篤胤全集』第8卷、21頁。
② 平田篤胤:『大道或問』、『新修平田篤胤全集』第8卷、87頁。
③ 太宰春台:『弁道書』、載鷲尾順敬編『日本思想闘諍史料』第三卷、66頁。
④ 平田篤胤:『霊の真柱』、『日本思想大系』50、14頁。
⑤ 平田篤胤:『霊の真柱』、『日本思想大系』50、19頁。

至孔子，再度提出实体神的思想，因而常言"君子畏天命，小人不知天命而不畏也""知我者其天乎"等。后世之人尤其是宋儒，由于"没有理解孔子的真心"，单纯以儒教为政教（教训）之手段，以致真道失传。①正因古道失传，儒佛才立太极、无极、阴阳、五行、八卦等原本不存在的道理来解释天地万物。譬如，它们关于天地生成的看法均是"自以为是而虚伪的东西"："印度之说不过为欺女子儿童的妄说""中国之说因稍有穷理之味，似乎很有道理，实也不过妄说"②。

总之，对平田笃胤来说，神道为世界诸宗教之根源，拥有对儒、佛等外国宗教的先验优越性。它不仅是作为"万国之本国"的神国优越性的具体表现和证据，也是作为"帝道唯一"的神皇一统政治的具体表现和证据。因此，日本作为神国，又是唯一古道真传的国家，所以是"四海之宗国""万国之祖国""万国之祖国、本国"③，具有对世界各国的本体论上的优越性。这意味着日本的一切包括神道、国体、伦理道德、文化、地理位置、物产等，无论什么都"卓越于万国"④。因此，日本作为世界万国的中心，可以要求包括中国在内的世界诸国都必须服从日本，也即"世界万国，都应服从皇国，是不言而喻的"⑤。

此后，平田笃胤这种荒谬的神道思想被活跃在日本各地的国学者桂誉重（1817—1871）、宫负定雄（1797—1858）、六人部是香（1798—1864）、平田铁胤（1799—1880）、矢野玄道（1823—1887）、福羽美静（1831—1907）等继承和传播。这不仅对幕末志士的尊攘运动发挥了指导思想的作用，也使复古神道更广泛地扩散到日本各地，促进了日本人对作为"民族精神"的神道的自觉及与它的结合。

综上而言，神道的纯洁化和绝对化是江户时代复古神道的根本宗旨。这种意在构建独立日本价值的思想虽然立足于一种自我中心化的封闭思维，却大体反映了当时主流神道界的价值要求。因此，复古神道不仅成为此后神道界的主流，同时也对包括神道学界的日本思想界产生了深刻

---

① 平田篤胤：『古道大意』、『新修平田篤胤全集』第 8 卷、名著出版、1976 年、23 頁。
② 平田篤胤：『霊の真柱』、『日本思想大系』50、14 頁。
③ 平田篤胤：『霊の真柱』、『日本思想大系』50、34 頁。
④ 平田篤胤：『霊の真柱』、『日本思想大系』50、29 頁。
⑤ 平田篤胤：『大道或問』、『新修平田篤胤全集』第 8 卷、82 頁。

的影响。比如，真言宗的僧侣慈云饮光（1718—1804）倡导立足于"记纪"等日本古典的云传神道。他采取了十分接近于复古神道的"回归日本古典"的立场，视习合了儒佛思想的神道为"俗神道"而加以排斥，从而坚持以"赤心""君臣大义"等为神道的奥义而构建独立的神道价值体系。可以说，复古神道所倡导的以自我叙述自我的立场和观点符合江户日本学界构建主体性和同一性的要求，因而即便其主张有着很大程度的荒诞性和想象性，却可以借助民族主义的情绪和力量消除自身的逻辑不足，从而使其主张获得被日本社会普遍认可的可能性。

四 "神道"的继承和传播

除了学者持续建构可以表征自我的神道价值体系外，德川幕府的神道政策和平民对神道的积极介入还极大地促进了神道与日本人的结合。后期水户学所构建的"国体论"则直接促使了"天皇的复活"，并促使天皇统治神话成为神道价值体系的最核心内容。

（一）德川幕府的神道政策

神道和朱子学是德川幕府统治合法性的两大源泉，即便这两种价值体系都蕴含了从内部颠覆幕府统治合法性的逻辑。前者被幕府确定为官方意识形态，后者则受到了幕府的保护和支持。

德川幕府继承了丰臣秀吉禁止和驱逐基督教的做法，其依据亦是"日本是神国"的神道思想。不仅如此，神道也是德川幕府建立其统治合法性和有效统治的依据，所以"幕府在政治上重视天皇的宗教权威和与民众密切相关的神社的作用"，而对神道采取了"在封建统治范畴内加以保护的方针"[1]，形成了以佛教为主的佛教、神道双重国教的宗教体制。

在江户初期，虽然幕府的相关宗教政策加强了佛教在日本的地位，但它实际上也促进了神道和神社地位的提升。例如，幕府的檀家制度和禁教令所引起的民众改宗虽然导致不少神社开始内设佛教寺庙，反而给民众造成"寺庙为神社的陪衬"的印象；初代将军德川家康死后虽然是依据神佛习合的山王神道的理念而被追封为"东照大权现"的，但这种自我神格化的作业反而显示了德川幕府对神道的依赖。

---

[1] ［日］村上重良：《国家神道》，聂长振译，商务印书馆1990年版，第54页。

1665年，幕府颁布了管理神社和神职的《诸社神主祢宜法度》和管理寺庙和僧侣的《寺院法度》，构成了幕府宗教政策的基础。前者是受到醉心神道尤其是吉田神道的保科正之等大名的大力支持而颁布的法令，共有"诸社之祢宜、神主等，其所敬之神体，弥可存知之。有来神道、祭礼可勤之，向后于令怠慢者可取消神职""社家之位阶，从前以传奏遂升进之辈者，弥可为其通""无位之社人可着白张，其外之装束者，以吉田之许状可着之""神领一切不可买卖，不可入于质物""神社小破之时，其相应常常可加修理"五条具体措施及"右之条条可坚守之，若有违犯之辈，随科之轻重可裁定者也"的总规。① 该法令不仅支持并强化了"强调自我"的吉田神道对神社的支配，亦弱化了主张神佛习合的山王神道的作用，从而极大地提高了神道和神社的神圣地位。

　　虽然德川幕府的宗教制度加强了对神社和神职的统制，亦使神社"整体上处于从属佛教的地位"②，然而，幕府从来就没有实现过对全国神社和神职的全方位的一元性辖制，其推崇佛教的宗教政策从江户前期起也受到了不少大名、幕府官员（如林罗山）和知识界（如山崎暗斋）的质疑和批判，并由此形成了否定神佛习合而提倡神佛分离的思想和运动。

　　其中，作为幕藩体制的重要组成部分，对领地拥有绝对影响力的藩国大名关于神佛的思想和政策则具有知识精英所无法拥有的影响力。江户前期，会津藩主保科正之（1611—1673）、水户藩主德川光国（1628—1701）、冈山藩主池田光政（1609—1682）等大名基于神道的立场在各自的藩国内采取了寺院整理、一村一镇守制等政策，积极推动神道与佛教的分离，对佛教采取了明显的压制政策。这导致三藩内近半数的佛教寺院被毁坏，神佛习合的思想遭到否定。其后，直到明治维新以前，这种压制佛教、尊奉神道的政策在三藩都得到了继承和发扬，因而对提升神道的地位和强化天皇统治神话都发挥了极其重要的作用。

　　保科正之是一个热忱的朱子学徒，亦推崇和信奉神道。他不仅推荐主张吉川神道的吉川惟足为神道方，还于1665年招聘山崎暗斋为宾师，并重用两人，在会津藩内推行神佛分离和寺院整理等压制佛教的政策。

---

① 司法大臣官房庶務課編：『德川禁令考・前聚』第5帙、吉川弘文館、1932年、10頁。
② ［日］村上重良：《国家神道》，聂长振译，商务印书馆1990年版，第55页。

他不仅编撰了《会津神社志》《会津风土记》等有关神道和神社的书籍，还留下了以尊皇和神道精神为基础的《会津藩家训十五条》，并要求死后照神式办理葬事，而以"土津灵神"之名被祭祀于新建的土津神社。受此影响，此后会津藩主代代都敬奉皇室，信奉垂加神道，从而形成了"尊皇"的藩风。

德川光国作为水户的二代藩主亦奖励儒学，尊奉神道而排斥佛教。他不仅基于大义名分的思想提倡尊皇论，为此设立名为彰考馆的史局而命令编撰《大日本史》，还在藩内展开了大规模的废佛和排佛运动，导致水户藩境内半数的寺庙被毁弃。受其影响而成立的水户学也形成了强烈的尊神道而轻佛教并推进神佛分离的思想潮流。这种思想随后亦受到该藩的继承和发展，尤其是九代藩主德川齐昭（1800—1860）重用藤田幽谷、会泽正志斋等中下级藩士，设立藩校弘道馆，推动以"敬神废佛"为特征的藩政改革。他们大力提倡"忠君爱国"的国体论，并对佛教进行了严厉的弹压。天保年间（1830—1844），水户藩宣称要制作大炮，不仅没收了寺院的梵钟、鳄口、佛像等佛具，还实行了废寺、撤除路旁的地藏菩萨等"废佛弃释"的措施，最终导致藩内190余所寺庙遭到毁弃。不仅如此，该藩要求每村必须设立神社和氏子账，废止由僧侣管理民众的寺请制度而改为由神官管理的"神道请"，亦废止了不少佛教色彩浓厚的年中行事。毫无疑问，水户藩推行的压制佛教和重视神道的政策构成了明治初期神佛分离、废佛毁释运动的先驱，其所提倡的尊皇论也为天皇的"复活"准备了思想基础，不仅对幕末思想界及勤皇志士产生了极大的影响，也极大地促进了民众对作为民族宗教的神道的自觉。

冈山藩主池田光政则与幕府奖励的朱子学相异，起用了主张神儒一致的阳明学者熊泽蕃山，以阳明学和心学为藩学，推进藩政改革。受此影响，在宗教方面，冈山藩亦采取了压制佛教而以神道为中心的政策，大力推动神佛分离。不仅废止了寺请制度而导入神道请制度，还对日莲宗不受不施派、法华宗等佛教流派进行弹压，同时对那些被认为是"淫祠""邪教"的佛教寺院进行清理、整顿。

毫无疑问，三藩实行的抑佛尊神的政策作为幕府神道政策的重要补充，不仅构建了江户时代"自上而下"的优待神道的制度保证，亦发挥了幕府双重国教政策无法实现的神道自我中心化的作用。总之，德川幕府对神道的保护和依赖政策不仅与知识精英以神道构建自我、民众对神道的自我体认形成了呼应，也为这种倾向的形成奠定了制度基础。

（二）江户后期的"国体论"

江户后期是日本历史上极为特殊的"狂叫正名的思想空间"。与江户前中期塑造天皇的宗教、精神和民族权威的各种神道论相比，江户后期的国体论不仅继承了此前神道论的内容，还开始重塑天皇的政治权威地位，即从现实政治的角度统一解释天皇作为日本"万世一系"的统治者的绝对地位。可以认为，江户中期山县大贰反幕府的神道论是这种国体论的先驱，也对吉田松阴等学者的国体论产生了深刻影响。到了江户后期，后期水户学者首倡国体论，虽然旨在确立天皇在宗教、政治等方面的权威地位，却也坚持了敬幕的立场；赖山阳则从历史的角度构建了天皇绝对权威地位的合理性和合法性；吉田松阴则系统提出"一君万民论"而欲重构以天皇为中心的国家体制。贯穿这种国体论的则是"大义名分"的思想。可以说，江户后期的国体论为近代天皇绝对主义体制的形成奠定了思想基础。

与江户前中期从思想或概念层面构建尊皇论和神道论的多数学者不同，山县大贰（1725—1767）不仅从概念的层面，而且以"尊皇斥霸"为"具体实践的行动纲领"[①]而构建了当时独树一帜的尊皇论，成为江户后期国体论的先驱。他出身于甲斐国（现山梨县）的乡士（按：在村的武士）之家，少年时随暗斋学派的神官加贺美樱坞学习"皇学"，又随太宰春台的高徒五味釜川学习儒学，精通和汉儒佛之学、兵学和天文地理学。这种特别的经历尤其是暗斋学统的影响使他很早就养成了"慨然复兴皇室之意"[②]。又受与其有密切往来的尊皇论者竹内式部（1712—1767）等受到幕府处罚的宝历事件（1758）的刺激，最终完成了激烈批判幕府并倡导"行动的"尊皇论的著作——《柳子新论》（1755年起稿，1759年完成）。在此，他的尊皇论已不同于神道及国学者从神话、信仰或民族

[①] 奈良本辰也：『解题』、载『日本思想大系』38（近世政道论）、岩波书店、1976年、465页。

[②] 『山县大弐伝』、载『武士道丛书』下卷、133页。

情感出发的尊皇论①,而是从儒学的大义名分论出发并有了倒幕行动论色彩的尊皇论。

山县大贰认为,凡事须先"正名",更何况事关国家富强和社会发展的政道。在他看来,日本自古就是不输于中国三代之治的"完美国家":"我东方之为国也,神皇肇基,缉熙(按:光明)穆穆(按:美),力作利用厚生之道,明明其德,光被于四海者,一千有余年。立衣冠之制,设礼乐之教,有若周召,有若伊传,民到于今,无不被其化矣。自此厥后……绵绵共社,日盛月隆,郁郁文物,几乎不让于三代之时。"②这就是说,这种完美国家形态的实现完全是神皇统治日本的结果,暗指幕府是窃取"大义"和"大权"的"盗贼"。他进而指出,天皇之亲政不仅符合"天无二日,民无二王,忠臣不事二君,烈女不更二夫"③的人类社会组织的根本原理即"道",也是日本作为国家的根本。基于这种大义名分的思想,他不仅严厉批评了"保元平治之乱"后武家政治对大义名分的破坏,也批评其"万机之事一切武断""以不常(尚武)为常(尚文)"等"不德、不肖、不仁"④的统治思想和政策所造成的"朝权衰落""武威日盛""民生凋敝"等"世非其世,国非其国"⑤的严重政治、经济和社会乱象。可见,这种尊皇论蕴含了倒幕的思想,亦构成了对武家统治的严重挑战。不仅如此,在提出这种尊皇论后,山县大贰还在江户开设私塾,广招各藩藩士、浪人等门生数百人,教授含有尊皇论和幕政批判意味的儒学和兵学;又留居因宝历事件逃亡的当时另一著名尊皇反幕论者藤井右门(1720—1767)。这些都被幕府视为现实的威胁,而致1766年大贰与右门被幕府逮捕并于次年被处死(明和事件)。

可以说,山县大贰、竹内式部、藤井右门等学者的思想和实践直指幕府统治合法性的先天性缺陷即"大政委任论"本身无法克服的逻辑矛盾,因而构成了江户后期国体论的先驱,也由此对吉田松阴及门下弟子的尊皇讨幕思想和实践产生了影响。不过,一方面"宝历明和之变"作

---

① 刘岳兵:《十八世纪日本的变革思想和批判精神》,《日本研究》2010年第1期。
② 山县大贰:『柳子新論』、載『日本倫理彙編』卷七、585頁。
③ 山县大贰:『柳子新論』、載『日本倫理彙編』卷七、587頁。
④ 山县大贰:『柳子新論』、載『日本倫理彙編』卷七、611頁。
⑤ 山县大贰:『柳子新論』、載『日本倫理彙編』卷七、593頁。

为相对孤立的历史事件"与其说是客观上成熟的反幕运动,不如说是因幕府的神经过敏而夸大其事",因而也只是在结果上"被看成是幕末勤皇运动的滥觞"①;另一方面,因为对武家政治的批判立场,山县大贰的尊皇论也并不认为尚武或武士道精神构成了日本的特色,相反对其加以极力否定,因而又是一种以"神皇论"牺牲武士道论的两难主张。

当然,"大政委任论"本身亦内含了权威的集中和统一(尊皇)的逻辑,因此当"政治的集中"成为社会的迫切需要时,为了政治统一的尊皇论和国体论也就开始兴盛和蔓延开来。宽政期(1789—1800)以后,日本面临着内忧外患的危机尤其是严重的外来威胁,因而后期水户学者打出了"尊皇攘夷"的旗号,提出了"尊皇的国体论"。

藤田幽谷(1774—1828)基于儒教大义名分论和华夷之辨,最早提出以"尊皇斥霸""我神州、外夷狄"为主要内容的国体论。

> 赫赫日本,自皇祖开辟,父天母地,圣子神孙,世继明德以照临四海,四海之内尊之曰天皇。八洲之广,兆民之众,虽有绝伦之力,高世之智,自古至今未尝一日有庶姓奸天位者也。盖君臣之名,上下之分正且严,犹天地之不可易也,是以皇统之悠远,国祚之长久,舟车所至,人力所通,殊庭绝域,未有若我邦也,岂不伟哉!②

这一国体论至少包含了两层意味:第一是皇统的始源绝对性、历史连续性和优越性,"天朝开辟以来,皇统一姓,传之无穷,拥神器握宝图,礼乐旧章,率由不改。天皇之尊,宇内无二,则崇而事之"③;第二是日本作为与"天"同一的天祖天孙所统治的"神州"或"神国"的"中国性"和优越性,"天祖垂统,天孙继承,奉三器以照临宇内,皇统绵绵,与天壤无穷,是神州之所以冠四海万国之所以也"④。可见,他根

---

① [日]丸山真男:《日本政治思想史研究》,聂长振译,商务印书馆1990年版,第221页。
② 藤田幽谷:『正名論』、『日本思想大系』53(水戶学)、370頁。
③ 藤田幽谷:『正名論』、『日本思想大系』53(水戶学)、371頁。
④ 坂井松梁:『先哲叢話』、春畝堂、1913年、139頁。

据"君臣、上下、尊卑和贵贱之分是人类社会自然原理"①的名分论，赋予日本的国体以形而上学的意义，促使了日本人对天皇之忠诚和对国家秩序之服从的绝对化，同时也构建了攘夷的合法性和正当性；这种国体论不仅与国学者的天皇观一脉相承，也奠定了后期水户学"儒教的"国体论的哲学基础。

除幽谷所谓国体论的两层意味外，德川齐昭（1800—1860）等还发展了国体论的另两层意义即神道的始源绝对性和优越性、日本风俗及文物的完美性和优越性，并重构了国体论的哲学基础。德川齐昭认为，"神国之道"是"天地之大道""恭惟上古神圣立极垂统，天地位焉，万物育焉，其所以照临六合、统御宇内者，未尝不由斯道也"②，因而构成了日本国体优越论的根本缘由，而孔子之道只是使"神国之道益明、制度愈备"③的补充，即"取西土之教（指儒教）"④。在此，与国学者无异，他对孔孟之道做了矮小化的解释，而这也得到了其后会泽正志斋等学者的继承。⑤不但如此，他亦认为，因为日本有"神国之大道"，所以"风俗之美优于异邦，威稜之健奋于四夷，一无所缺"⑥。显然，他的国体论是一种意图以"神国之道"为逻辑基础，又以神州、皇统和文物风俗的优越性为表征，进而以此统一天下人心而实现尊皇攘夷的日本主体性和优越性话语体系。它反映了国体论的逻辑基础从儒教名分论向"本原的"神道的转变，并标志着这种国体论的初步形成。

将这种国体论进一步体系化并推至极端的是会泽正志斋（1782—1863）。他在《新论》（1825）一书里首次对"国体"的概念及日本的独特国体做了系统论述。他认为，所谓国体是国家之所以国家的本质和原因即"国家所宜恃者""国之为体其何如也，夫四体不具不可以为人，国而无体何以为国也"⑦，所以日本的国体便主要表现为"神圣以忠孝建

---

① 藤田幽谷：『正名論』、『日本思想大系』53（水戶学）、370頁。
② 德川齐昭：『弘道館記』、『日本思想大系』53（水戶学）、231頁。
③ 德川齐昭：『告志篇』、『日本思想大系』53（水戶学）、213頁。
④ 德川齐昭：『弘道館記』、『日本思想大系』53（水戶学）、231頁。
⑤ 会沢正志斎：『退食問話』、『日本思想大系』53（水戶学）、254頁。
⑥ 德川齐昭：『告志篇』、『日本思想大系』53（水戶学）、213頁。
⑦ 会沢正志斎：『新論』、『日本思想大系』53（水戶学）、389頁。

国"及基于此的"尚武""重民命"等"日本的"理念。

第一,"神圣以忠孝建国"是指作为"天地之道"的"万世一系"的天皇绝对统治及其优越性,具体体现为:其一,神统与皇统皆代表"天",因而具有永恒性和根本一致性:

> 昔者,天祖肇建鸿基,位即天位,德即天德,以经纶天业,细大之事,无一非天者。比德于玉,比明于镜,比威于剑,体天之仁,则天之明,奋天之威,以照临万邦,迨以天下传于皇孙,而手授三器,以为天位之信,以象天德,而代天工治天职。然后传之千万世,天胤之尊,严乎不可犯,君臣之分定,而大义以明矣。①

其二,祭祀(神道)与政治完全一致即"天祖在天,照临下土,天孙尽诚敬于下,以报天祖,祭政唯一"②,故"以神道设教":"昔者神圣既以神道设教,所以缉收民心者,专出于一,固有成规焉。而事天祀先之意,传之后世,民知报本反始之义矣。"③显然,这一主张实际上使神道被纳入了国体的统一范畴,进而实现了神道与天皇统治的深层次结合。其三,天皇与亿兆完全一致即所谓"天人一致":"夫君臣也,父子也,天伦之最大者,而至恩隆于内,大义明于外。忠孝立,而天人之大道昭昭乎其著矣。忠以贵贵,孝以亲亲,亿兆之能一心,上下之能相亲,良有以也。"④ 其四,日本是"天日之嗣"永远统治的国家,为"大地之元首",代表着"朝气""正气",因而理应负有"皇化"万国而成为"万国之纲纪"的责任:"神州者太阳之所出,元气之所始,天日之嗣,世御宸极,终古不易。固大地之元首,而万国之纲纪也。诚宜照临宇内,皇化所暨,无有远迩矣。"⑤ 可见,这些对天皇及其统治的永恒化和绝对化操作,不仅为天皇在政治领域的复活提供了理论依据,也直接导致其后日本人"天皇即国家"这一精神结构的形成,或者说,它为无条件服从

---

① 会沢正志斎:『新論』、『日本思想大系』53(水戸学)、382頁。
② 会沢正志斎:『新論』、『日本思想大系』53(水戸学)、382頁。
③ 会沢正志斎:『新論』、『日本思想大系』53(水戸学)、387頁。
④ 会沢正志斎:『新論』、『日本思想大系』53(水戸学)、382頁。
⑤ 会沢正志斎:『新論』、『日本思想大系』53(水戸学)、381頁。

天皇和国家成为日本人内在的精神生活奠定了基础；它又以一套非合理主义的逻辑构建了日本是"万国之元首"的虚妄观念，而为攘夷提供了无限的正义性和正当性。

第二，"尚武"被纳入国体的统一范畴，并被当成是具有始源性和绝对性的日本特征。会泽正志斋认为，尚武是日本"神圣之大道"所规定的日本特征之一，"天朝以武建国，诘戎方行，由来旧矣。弧矢之利，戈矛之用，既见于神代，宝剑与居三器之一，故号曰细戈千足之国"，所以日本负有攘夷和"开疆拓土"的充分能力和可能性："于是乎立政明教，兵必受命于天神，天人为一，亿兆同心，觌光扬烈，宣国威于海外，攘除夷狄，开拓土宇（按：疆土），则天祖之贻谋，天孙之继述，深意所存者，实于是乎在焉。"①

第三，"重民命"是指所谓"天祖"极重民命，所以"肇开苍生衣食之源"②，赐米谷等万物于万民。这一主张原本旨在"藏谷于日本"而拒绝与西洋国家的往来和贸易，反倒对日本的"万物"进行了神圣化的操作，从而构建了日本文物优越性的逻辑基础。

可以说，包括天皇统治在内的日本一切事物"本来神圣"所以"神圣"，就是会泽正志斋国体论的本质。这种国体论构建了天皇统治和日本人绝对服从天皇国家形而上学的依据。因其系统化的理论，他的著作尤其是《新论》被奉为幕末尊攘论的圣典，发挥了"幕末志士几乎无人不读"的重大影响。

水户学的最后一个代表人物是藤田东湖（1806—1855）。他不仅大力宣扬"堂堂神州，天日之嗣世奉神器，君临万方，上下内外之分，犹天地之不可易焉"③的国体论，还依据这种国体论重点强调了日本的主体性和优越性。这一论述以他关于神道（皇道）的阐述为中心展开。他认为，水户藩学者所说的神道是"自天地之始至明宫（按：应神天皇）时代，异邦之教未渡来时的状况，而当为纯粹的皇朝之道"④，而不是"世俗所

---

① 会沢正志斋：『新論』、『日本思想大系』53（水户学）、393 頁。
② 会沢正志斋：『新論』、『日本思想大系』53（水户学）、393 頁。
③ 藤田東湖：『弘道館記述義』、『日本思想大系』53（水户学）、434 頁。
④ 藤田東湖：『常陸帶』、『藤田東湖選集』、読書新報社出版部、1943 年、138 頁。

谓神道者流附会阴阳五行或背地里取儒佛之意而设的神道"。它不限于"神道"之称，还可以称为"皇朝之道""大和之道"或"皇道大道"。这种皇道观虽然显示了与国学者神道观的共通性，却并不是对儒教的全面否定。在这点上，东湖继承了水户学派"以神道为根本、以儒教为资助"的观点，并在这种基础上主张日本的主体性和优越性。他由此批判了汉学者"神道为小道，而无法与儒道相提并论"①的观点，认为"皇朝之风俗虽优于万国而无比高贵，然以文学为首，万事之未开者，乃中国之所胜也。取其所胜者，以为皇朝之助，何耻之有哉？"亦认为武道源自"道之本"的神道，所以"本来神国之武勇胜于万国，其中，刀剑术之强之锐，非蛮夷戎狄所能企及"②；他还认为"神之道乃大和魂之本，神国之元气也"③，并断言"神国之人无论贵贱，皆满涨大和魂，一心一意仰奉天照大神之恩赐"④。可以说，以具有所谓"自主性和优越性"的皇道为基础，东湖构建了皇道、皇朝或皇国、皇统和大和魂的一体化联系。而且，他所坚持和继承的后期水户学派的"以儒教为神道之资助"的立场，也使其中的中国文化的某些元素被自由无碍地纳入神道体系，进而被"无视"乃至"忘记"成为可能。

当然，作为水户学的最后代表，藤田东湖对水户学的贡献不仅在于对国体论的理论建设，更在于作为尊攘家而对这种国体论的实践。基于"尊王攘夷者，实志士仁人尽忠报国之大义也"⑤的认识，他于1824年亲赴大津，举攘夷之事；作为下级武士的中心，他是水户藩天保改革的主要推动者，致力于藩政改革和藩校弘道馆的设立等。正如德富苏峰所说"东湖先生不单以学问文章鼓吹指导天下之大势，先生其人实是活的水户学的权化"⑥，他的名著《回天诗史》和《常陆带》，慷慨激昂，都是标识自己政治活动的自传，不仅被认为"最完美地体现了水户政教学派的

---

① 藤田東湖：『常陸帶』、『藤田東湖選集』、読書新報社出版部、1943年、138頁。
② 藤田東湖：『常陸帶』、『藤田東湖選集』、144頁。
③ 藤田東湖：『常陸帶』、『藤田東湖選集』、140頁。
④ 藤田東湖：『常陸帶』、『藤田東湖選集』、159頁。
⑤ 藤田東湖：『弘道館記述義』、『日本思想大系』53（水戸学）、434頁。
⑥ 转引自朱谦之《日本的朱子学》，第498页。

骨髓特色和长处"①,也被松下村塾列为"必读之好书"。尤以《正气歌》借文天祥的"正气"和孟子的"浩然之气",在一定意义上摆脱了"君臣之义"和"华夷之辨"之名分论的限制,赋予"尊王攘夷"以正义性。诗云:"天地正大气,粹然钟神州。……忠诚敬皇室,孝敬事天神。修文与修武,誓欲清胡尘。……生当雪君冤,复见张纲维。死为忠义鬼,极天护皇基。"② 这首诗蕴藏了精神能量的无限可能性,因而被誉为"能量的哲学"。它赋予幕末志士尊皇攘夷的革命使命感和正义感,极力促使中下级武士尊皇爱国的民族主义的发展。

综上可见,后期水户学派的国体论虽以自身无法克服的愚民观和"敬幕论"构成了近代国家形成的阻碍③,却以国体的绝对性奠定了天皇永恒统治、绝对之忠孝和日本优越性的自然性和正当性的基础,对江户日本人的身份建构发挥了重要作用。它不仅促使了神道与天皇统治、神道与大和魂的结合,对幕末武士尊皇爱国的绝对观念的形成发挥了重要作用,也构成了支撑明治国家观念体系的重要内容;他们所建立的日本优越性话语体系也成为幕末至明治时代日本优越论乃至扩张政策的思想渊源。因此,"直到太平洋战争时期,尊王攘夷在近代所变形的忠君爱国及军国主义的观念成为国民道德的核心,并与汇集了对民族传统之自豪意识的国体观念一起,通过教育广泛地普及到了国民中间"④。

与后期水户学者从攘夷角度提出的国体论不同,江户后期汉诗人、历史学家和思想家赖山阳(1780—1832)则从历史的角度提出了基于大义名分的国体论,试图对武家兴起后"天皇未能亲政"的问题作出理论回答,由此为要求天皇亲政的尊皇论提供了合法性依据。他出身于儒学世家,其父赖春水(1746—1816)、叔父赖杏坪(1756—1834)都是名动一时的名士。他自幼饱读经史,先后师从尾藤二洲、服部栗斋等儒者,不仅培养了尊皇的思想和历史观,亦以诗文独霸关西文坛。他编撰了与当时通行的《大日本史》相对的《日本外史》(22卷,1826年成稿,

---

① 高须芳次郎:『常陸带解題』、『藤田東湖選集』、70頁。
② 『水戸学集成』2(水戸学精髄)、国書刊行会、1941年、702—703頁。
③ 向卿:《日本近代民族主义》,第117—119页。
④ 尾藤正英:『水戸学の特質』、載『日本思想大系』53(水戸学)、559頁。

1836年刊行)、《日本政记》(1832)等通俗史书，提出了独具特色的尊皇论。尤其是描写武家历史的《日本外史》① 仿《史记》体裁，文笔质朴，批判幕府和武家政治，贯穿了强烈的尊皇精神，成为幕末维新期知识分子和志士的必读书物，对尊皇攘夷、倒幕维新以及后来日本走上扩张道路发挥了精神原动力的重要作用。

赖山阳采用"天"与"不变""封建之势"与"变"两组概念来说明"天皇未能亲政"的武家历史，进而鼓吹王政复古并恢复天皇亲政的政治。他认为，天皇的统治受命于"天"，故具有不证自明的绝对性和自然性："此瑞穗之国，我祖宗之所受于天……奉三种神器于正殿。曰剑，曰镜，曰玺。"② 因此，他认为皇统"垂统千叶，一姓不替"，具有"永恒不变"的特性和对他国的优越性，"盖大日灵贵(按：天照大神)之德，虽不可窥测，征之神器，如有可得而言焉。……故以遗子孙曰，视此犹视我，国祚之隆，当与天壤无穷。"③ 基于这点，他指出，幕府的武家政治对日本来说完全多余，因为古代的天皇亲政体制足以保持日本的昌盛国运，更何况文武之分乃是模仿唐制的结果：

> 盖我朝之最初建国也，政体简易，文武一途，举海内皆兵，而天子为之元帅，大臣、大连(按：日本古代官职名)为之褊裨，未尝别置将帅也。岂复有所谓武门、武士者哉！故天下无事则已，有事则天子必亲政伐之劳。否则皇子皇后代之，不敢委之臣下也。是以大权在上，能制服海内，施及三韩、肃慎，无不来王也。④

因为这点，他尊奉没有幕府的南朝为正统，正如久米邦武所言："《外史》抑武人政治，以劝勤王，此其所以为号也。吉野之朝无幕府，宜立天皇正记，以示反正。"⑤ 不仅如此，为表大义名分而使天下之士

---

① 照我们看，赖山阳所以称之为"外史"，而不是"正史"或"日本史"，本身就体现出其尊皇斥霸的思想。
② 頼山陽：『日本政記』卷之一、『日本思想大系』49（頼山陽）、459頁。
③ 頼山陽：『日本政記』卷之一、『日本思想大系』49（頼山陽）、462—463頁。
④ 頼山陽：『日本外史』卷之一、『重訂日本外史』、博文館、1908年、1頁。
⑤ 『外史総評』、『重訂日本外史』、9頁。

"始知王室之可贵"①，他又对绝对忠于吉野朝的楠木正成（1294—1336）做了史无前例的赞扬和肯定，称"勤王之功，余以楠氏为第一""不愧武臣之名矣"②"忠义无出楠氏右者……一日无楠氏，是无南朝也"③，从而树立了一个"献策帝阍不得达，决志军务岂生还。且余儿辈继微志，全家血肉歼王事。……想见诀儿呼弟来战此，刀折矢尽臣事毕。北向再拜天日阴，七生人间灭此贼。碧血痕化五百岁，茫茫春芜长大麦。……何如忠臣孝子萃一门，万世之下一片石，留无数英雄之泪痕"④的千古忠臣形象，并使这种形象的楠木正成成为后世尊皇爱国武士道乃至军国主义的精神图腾。显然，对于日本天皇统治的"万世一系"和优越性，赖山阳有着极强的自豪感和民族自觉，这也正是他批判幕府而要求改变天皇"名实之不相应"⑤地位的原因所在。

因此，对于武家兴起后天皇失去实权而其名得以延续的状况，赖山阳借用"势""封建""变"等概念做了合理化的解释。依据"势极即变，变即成"的基本原理，他参考我国学界关于"封建（按：封土建国，即"分封制"）"的看法，认为"封建"是国家必然经历的阶段，所谓"封建，势也；制势，人也"⑥。这就是说，虽然"制势（政权之势）"乃是人为决定，而"封建"却是人力所不能控制的国家间的普遍现象。拿日本来说，"封建之成势于我邦也，其来远矣。在昔王家，郡县七道，治以守介，田以口分……此时未有封建之势也。自相门世权，所在封户日多……封建之势始矣。……封建之势始于源氏而成于足利氏，足利氏未享其利而不胜其弊，织田、丰臣承其弊而不知裁之之术，盖皆有待于我德川氏也"⑦。这种以"封建"为历史范畴的观点暗示其消亡即德川政权盛极必衰的结局⑧，而为天皇亲政的恢复提供了逻辑基础。不仅如

---

① 『外史総評』、『重訂日本外史』、9頁。
② 赖山阳：『日本外史』卷之五、『重訂日本外史』、147頁。
③ 赖山阳：『日本政記』卷之十四、『日本思想大系』49（赖山陽）、594頁。
④ 赖襄：『山陽詩鈔』、石塚松雲堂、1897年、6—7頁。
⑤ 赖山阳：『日本外史』卷之五、『重訂日本外史』、145頁。
⑥ 赖山阳：『日本外史』卷之十三、『重訂日本外史』、391頁。
⑦ 赖山阳：『日本外史』卷之十三、『重訂日本外史』、389—390頁。
⑧ 赖山阳关于日本历史的"封建论"后被日本学界所继承，成为他们解释武家社会的一种基本观点。

此，他还以其一贯的"天皇统治天授"的立场认为，日本的"封建"不同于中国："变至此极，而不变者（按：皇统）存焉……是我国之异彼殷·周·秦·汉·唐·宋·明者也。……是以虽不得已而收其实，而终存其名，而不变尔。……无他，天为之保证也。故受知于天深者，久而不绝；故受知于天浅者，未久而断。彼我皆然。如我王家，深之至者也。"① 这就是说，因为日本皇室"受知于天深"，所以即便武士政权不断更替，天皇之名却能始终保存，这不仅体现了日本对中国的优越性，而且从根本上消除了武家篡位成功的可能，最终为天皇亲政的政治提供了可能。可见，以"天"的普遍性和"受知于天深"的特殊性，赖山阳构建了日本独特国体的正当性和优越性，即一种或可称为"基于普遍性的正当性和优越性"。由上可知，这种关于天皇统治的"名实论"是当时日本学界少见的对"天皇万世一系统治"作出的较具合理性的回答，而这或许可以解释《日本外史》在幕末维新期受到志士和知识分子追捧的原因。

可以说，赖山阳构建的基于"名实论"的尊皇论为"天皇万世一系的统治"及"天皇亲政"提供了貌似合理的解释，不仅为幕末尊皇运动提供了理论依据，事实上也成为幕末勤皇志士的精神支柱，并对后来的日本历史进程产生了很大影响。

兼采江户各家国体论，或者说受到各家国体论的影响，对其进行系统阐述又使其具有较强的行动性，进而对幕末维新产生最大影响的当属吉田松阴（1830—1859）的国体论。他的国体论是囊括尊皇、武士道和大和魂等内容而又使其构成了统一整体的庞大思想体系，不仅为尊皇倒幕运动提供了理论指导，后来也成为明治政府的重要精神支柱，并且为日本军国主义思想奠定了理论基础。

吉田松阴系统地重构了日本独特国体的正当性、合法性及优越性。他认为，如同孟子"羊枣和脍炙、姓和名，一同，一独也。食同而不食独，讳独而不讳同"所言，任何事物都有普遍性和特殊性的侧面，国家亦是如此：它们虽然都立足于"天下公共之道"，然每个国家都有自己独特的国体。日本无疑也有独特的"优于世界万国"的国体。

---

① 赖山阳：『日本政记』卷之一、『日本思想大系』49（赖山阳）、617—618页。

道者，天下公共之道，所谓同也。国体者，一国之体，所谓独也。君臣父子夫妇长幼朋友，五者天下同也。如皇朝，君臣之义卓越于万国者，一国之独也。如匈奴，壮者食肥美而老者饮食其余，贵壮健而贱老弱，父死则妻其后母而兄弟死则皆取其妻，亦其一国之独也。以讳名而不食羊枣之义推是，可知国体最重。然，道者总名也，故大小精粗皆云是道。然国体亦道也。……然如一老先生（按：山县太华）之说云，道者天地之间一理也，其大原出自天，无我与人之差，无我国与他国之别。皇国之君臣与汉土之君臣沦为同一，余所万万不服也。……大抵五大洲有公共之道，各一洲有公共之道，皇国、汉土、诸属国有公共之道，六十六国（按：日本诸藩国）有公共之道，皆所谓同也。至其独，则一家之道异于邻家也，一村一郡之道异于邻村邻郡也，一国之道有异于邻国者。故于一家则守庭训，于一村一郡则存村郡之古风，于一国则奉国法。居皇国则仰皇国之体，然后可学汉土圣人之道，可问天竺释氏之教，皇国之事自勿论也。①

在此，松阴所谓的"道"或"天下公共之道"虽然亦是"最高的、普遍的，因而也是唯一的、绝对的道"②，一方面仍体现了与处于儒教思维范式下的贝原益轩等所说的"天道"、山鹿素行等所说的"道"等概念之间的相通性，另一方面又显示出对它们的超越。因为松阴所谓的"道"实际上接近了意图超越儒教立场的德川齐昭、赖山阳等所说的"天地之道"或"天"的概念，即包含了被认为是非儒教的"忠孝节义"等人伦基本规范在内的来源和指称都十分暧昧的人类社会组织的共通原理。不过，与赖山阳主张的"基于普遍性的正当性和优越性"的国体论不同，松阴所说的日本独特国体及其优越性并不立足于"普遍性的道"，而是立足于一种"特殊性的道"。对此，我们可以称之为一种"基于特殊性的正当性和优越性"。可以说，以牺牲日本国体的普遍性为代价，松阴反而构建了它的正当性和合理性，而最重要的是它从根本上打击或瓦解了儒教

---

① 吉田松陰：『講孟餘話』、『吉田松陰全集』第 2 卷、480 頁。
② 唐利国：《日本武士道论视野中的中国儒学》，《世界历史》2014 年第 1 期。

(圣人之道)的普遍适用性，使儒教降落为与同是特殊性的"皇国之体"相平等的东西。这就使他得以从原理上摆脱儒教价值规范下的世界观和中国文化的影响①，从而自由地进行民族同一性的建构，最终形成与后期水户学派"以我为本，以儒佛为资助"的自我绝对化立场相近而又有着本质区别的"居皇国则仰皇国之体，然后可学汉土圣人之道，可问天竺释氏之教"的立场。

可见，吉田松阴关于"道"的"同独关系论"以一种特殊性（相对性）而不是普遍性（绝对性）的方式构建了日本"皇国之体"的正当性和优越性。而按照"身生皇国，而不知皇国之为皇国，何以立于天地？故先读《日本书纪》三十卷，继之以《续日本纪》四十卷。其间有古昔慑服四夷之术，可法于后世者，必抄出录之，名为皇国雄略"②的解释，这种国体实际上就是根据"记纪神话"所构建的以天皇神话为核心的"皇道"或"神州之道"，以天皇的绝对统治、臣民的绝对忠诚和"可展皇国雄略"的扩张主义为其基本内容。"皇统绵绵，传于千万世而不变易，绝非偶然，即皇道之基本亦在于此也。盖天照大神传神器于天孙琼琼杵尊焉，有'宝祚之隆，与天壤无穷'之誓。吾虽不知汉土、天竺之臣道，然在皇国，宝祚素无穷，故臣道亦无穷也。"③ "谨按，我大八州者，皇祖所肇，而传万世子孙，与天壤无穷者，非他人可觊觎焉。其为一人之天下亦明矣。……虽然普天率土之民，皆以天下为己任，尽死以事天子，不以贵贱尊卑为之隔限，是则神州之道也。"④ 不难看出，松阴的国体论既避免了与儒道和佛教相纠缠的"神道"概念的负面效应，从而为摆脱它们所象征的价值体系提供了可能，或者说它可以避免日本儒者在处理与普遍性和特殊性相关的"神道和儒教，谁代表着普遍""若承认忠孝节义的普遍性，则当如何看待以其为根本的儒教"等问题时的两难之境，又可以避免本居宣长等所构建的完全封闭的"自我神圣化臆想"的负面效应。换言之，这种国体论可以在避免"自我中心化"和"自我

---

① 依据他关于中日两国"气风相近，道亦大同""居皇国则仰皇国之体，然后可学汉土圣人之道"等论述，可以推测，吉田松阴实际上尚未彻底摆脱儒家思维的影响。
② 吉田松陰:『睡余事録』、『吉田松陰全集』第7卷、283頁。
③ 吉田松陰:『坐獄日録』、『吉田松陰全集』第4卷、459頁。
④ 吉田松陰:『丙辰幽室文稿』、『吉田松陰全集』第3卷、31頁。

矮小化"这两种有关自我认识的负面思维下实现与江户日本或近代日本民族主义者所欲实现的"自我中心化"相同的目标，即为他们非理性甚至是"非法的"作业提供正当性和合法性。而这或许也是"皇道""皇国"等概念在近代风行一时的根本原因。

吉田松阴的国体论还是一种具有极强行动性的尊皇论。它不仅驱使着他自己走上了激进的尊皇讨幕道路，也鼓动幕末志士主动地讨伐"不思国患，不顾国辱，而不奉天敕，是征夷（大将军）之罪，而天地不容，神人皆愤"[1] 的幕府而为天皇国家绝对尽忠。这不仅促使了幕末政治的集中及志士们以此构建民族同一性的作业，也对维新期日本人形成绝对的尊皇爱国观念发挥了重要作用。同时，按吉田松阴自己所言"余幽闭一间之室，日夜谋欲吞并五大洲"[2]，他的国体论也蕴含了"慑服四夷"的民族中心主义乃至扩张主义的倾向。"为今之计，和亲以制二虏，乘间富国强兵，垦虾夷，夺满洲，来朝鲜，并南地，然后拉美折欧，则事无不克矣。"[3] 这种对外侵略的主张及其可能带来的巨大经济利益对于激发日本人对天皇国家的主体性认同具有特别的能量和吸引力。

又如吉田松阴所言"大抵一国自然之俗成一国之体格时，是谓国体"[4]，他所说的"国体"还是囊括"国俗"即那些被认为是"日本的"思维或习俗的日本精神体系的总称。因而，它既可以用松阴所咏"虽知如此定如是，万不得已大和魂""纵使身朽武藏野，白骨犹唱大和魂"等和歌所提示的"大和魂"来替代，也是包括了基于尊皇爱国（对天皇的绝对忠诚和对国家的绝对的爱）这种所谓自然情感的武士道精神在内的"日本精神"。

总之，无论是"基于普遍性的正当性和优越性"的国体论，还是"基于特殊性的正当性和优越性"的国体论，它们都指向了同一个目标，即它们的核心和最终归宿就是"忠君爱国"的民族主义和神皇统治的永恒性和优越性话语。这也如被近代日本极力颂扬的江户后期汉诗人大洼

---

[1] 吉田松陰：『戊午幽室文稿』、『吉田松陰全集』第4卷、88—89頁。
[2] 吉田松陰：『講孟餘話』、『吉田松陰全集』第2卷、441頁。
[3] 吉田松陰：『野山獄文稿』、『吉田松陰全集』第2卷、22頁。
[4] 吉田松陰：『講孟餘話』、『吉田松陰全集』第2卷、480頁。

诗佛（1767—1837）的"皇统歌"所云："天地开辟来，大统长相传。天子无姓氏，正知姓是天。天皇如日月，万古无变迁。谁道周德盛，劣能八百年。为嬴为刘后，至今已二千。其间几姓氏，相代互忽焉。如何日出国，相传自绵绵。"① 这种国体论不仅被"前赴后继"的幕末知识分子和志士们所继承、消费，也被他们所实践、传播，从而对日本民族同一性的形成及幕末维新期天皇绝对主义意识形态的形成发挥了重要作用。

（三）江户民众的神道体验

在江户时代，围绕民众生活的宗教环境发生了明显的变化。朱子学被幕府尊为官方意识形态而被大力提倡和推行，不过其对日本民众而言在任何时候都是一个远离现实生活的"高高在上"的政治性和知识性存在。佛教虽因"寺请证文制度""宗旨人别帐"（指户籍制）等幕府制度而维护了其"护国宗教"的地位并获得了管理民众的极大权势，但这在事实上也形成了对民众结婚、旅行、就职、移居、葬礼等日常生活的诸多限制，从而使佛教及僧侣招致了民众的极大反感。其中一个证据就是当时僧侣们用汉文所念的晦涩难懂的经开始被民众戏称为"白痴经"；同时，依赖政权的佛教僧侣亦沉溺于养尊处优的生活和争权夺利中，不仅使"佛教的思想创造力丧失殆尽"②，也使僧侣的腐败和腐化现象日益严重，进而导致"佛教在民众心目中的权威逐渐丧失"③；况且佛教自身无法避免的背离人伦、不关心现世等自我规定性也导致其对民众的现实精神需求和经济需求漠不关心。因为这些原因而逐渐失去创造力和权威性的佛教不仅受到了江户民众的厌恶和抵触，也受到了江户知识界的强烈排斥和否定性批判。这不仅为"神道的发展准备了广泛的地盘"，也促进了神道在理论上的发展。不仅如此，神道也得到了丰臣秀吉、德川家康等武士政权的扶持，比如他们禁止天主教的依据之一便是"日本是神国"。江户幕府成立后，神道亦被推至"准国教"的地位。

由此，围绕民众的宗教环境的重大变化就使民众向神社或"神的信仰"靠拢，而这对于以"神道"构建日本人同一性的江户时代具有重要

---

① 池永潤軒编：『和漢名詩講話』（再版）、京文社書店、235—236页。
② ［日］永田广志：《日本哲学思想史》，姜晚成等译，商务印书馆1983年版，第39页。
③ ［日］永田广志：《日本哲学思想史》，姜晚成等译，商务印书馆1983年版，第42页。

意义。因为对民众来说，不管神社或"神道"的内容如何，也不论它们发生何种变化，无处不在的神社、祭祀活动等有关"神"的存在都会赋予他们一种彼此间的一体性认识：我们都是神的子民，我们的国家亦是神所庇佑的国家。

首先，江户时代是日本历史上神社数量呈爆发式增长的时代，从而为民众营造了神社无处不在、无神则无可活的局面。这些急剧增加的神社主要有三种类型。一是以根植于民众生活的自然物、动物等为祭祀对象的"庶民设立型神社"，如各地新建的"浅间神社""猿田神社"等。二是劝请"明神"以为本地镇守的"劝请型神社"，如各地新建的"八幡社""鹿岛大明神""熊野权现""稻荷明神"等。以当时的东京为例，在江户时代就有富冈八幡宫（江东区）、市谷龟冈八幡神社（新宿区）、龟户天神社（江东区）、金刀比罗宫（港区）、住吉明神（中央区）、下谷稻荷（台东区）、金纲稻荷神社（千代田区）等神社被先后创建。三是祭祀江户时代"伟人或义士"之灵的神社，如祭祀德川家康的东照宫（日光、上野、浅草等）、祭祀保科正之的土津神社、祭祀黑住宗忠的宗忠神社等。

以水户藩为例，德川光国在该藩实施了积极的神社保护政策，推进了"一村一镇守（神社）"制度。① 因此，该藩的"村镇守"就从1663年《镇守开基帐》所记的186社激增到1696年的593社，而其镇守神则呈现八幡社（105社）、鹿岛明神（83社）、熊野权现（33社）、谏访明神（24社）、香取明神（23社）、稻荷明神（22社）等序列化的神祇结构。② 毋庸置言，遍布于民众生活环境中的神社及神无疑促进了民众向神社及其信仰的皈依。

其次，随着江户时代经济的发展和政治的稳定，庶民可体验的神社祭祀活动不仅大幅增多，也呈现出惯例化的倾向。这些祭祀活动既包括了庶民积极参与的氏神参拜、惠方参、七五三等村落祭祀，也包括围绕庶民的大型神社所举行的定例祭祀。它们保证了民众五官式的全方位

---

① 明治以后，日本政府在全国范围内推行"一村一社"运动，进一步塑造了日本无处不神社、神无所不在的氛围。

② 圭室文雄：『江戸時代の村鎮守の実態』、明治大学教養論集（368）、2003、2—3頁。

"神祇信仰体验"的实现,最直接地促使了民众向神社及其信仰的凝聚和一体化归属感的形成。

村落祭祀不仅是民间神道(神社神道)的重要组成,同时也是其主要内容。它意味着村民通过共同的祭祀而以"氏子"的身份彼此联系着,而且这种无论"新旧"的祭典还发挥了维护并支撑神社神道的历史连续性的作用。以明治以后被塑造为"国民仪礼"而现今被当成日本传统的"初诣"① 之前身的"惠方参"来说,就是在江户时代逐渐确立起来的风俗。对江户民众来说,神灵都是可以给自己带来"幸福"的极为亲近的存在,因而为了祈求丰收、安全等神佛之庇佑,他们在正月一般都要参拜周边该年"惠方"的神社或寺庙。以尾张国(现爱知县)为例,《尾张年中行事绘抄》《名阳见闻图会》等书籍的记载就明确表明,"惠方参"已成为该地的固定祭典。可以说,江户时代被发现或开始盛行的村落祭典构成了"神道"的广大基础,即体现了"自下而上"的"神道共同体"的成立愿望。

在江户时代,不仅庶民的自发性村落祭祀活动甚为发达,受幕府或朝廷扶助或官方认定的各地神社所举行的大型祭祀活动也开始惯例化,并极为兴隆。以江户为例,不仅有闻名全国而被称为"江户三大祭"的山王祭(日枝神社)、神田祭(神田明神)和深川八幡祭(富冈八幡宫),还有三社祭(浅草神社)、根津权现祭(根津神社)、鸟越祭(鸟越神社)、浅草鹫神社的"酉市"(庙会)等。这类祭祀活动构建了民众从"五官的盛宴"这种身体的自觉到基于神祇信仰的精神自觉的一体感和寄托。

再次,与以地缘性的氏神、产土、镇守为代表的神社信仰相辅相成,出于对健康、开运等现世利益的祈愿,江户时代亦出现了超越地缘神社信仰的跨地区甚至是全国性的信仰集团。这便是当时遍布全国的各种各样的"讲",如鹿岛讲、香取讲、熊野讲、天神讲、住吉讲等。其中最典型的则是富士讲和伊势讲。前者是基于富士山登拜修行而获得神之护佑

---

① 关于明治以后"初诣"这种"国民仪礼"的创造问题,可参考岩本通弥(『可视化される习俗』、『国立歴史民族博物馆研究报告』第141集、2008年3月)、有泉贞夫(『明治国家と祝祭日』、『歴史学研究』341号、1968年10月)等学者的有关论述。

的宗教信仰团体，其由长谷川角行（1541—1646）所开创，曾在江户时代一度呈爆发式流行。其信徒相信富士山是"世界之柱"[①]"天地开辟国土之柱而万物出生之根元也。人体之始而国之元也"[②]，因而登拜修行即可驱除病魔，达到国治民安；信奉浅间大神（有时与作为天孙之妻的木花开耶姬合二为一，有时又被区分开来），以为国之镇守。后者则是以伊势神宫参拜为主、祈求天照大神护佑现世功利的宗教团体。其组织特点是以家庭为单位与伊势神宫的御师结成师檀关系，构建了信徒与作为国家神和现世利益保佑神的天照大神的一体化联系。不难看出，江户时代"讲"的流行不仅"为建立和发展融合神道系统的创唱宗教准备了广泛的地盘"[③]，实际上也为后来以"忠君爱国"为核心的国家神道的普及奠定了广泛的社会基础。

总之，江户时代民众丰富而多样的"神道"体验不仅为"神道"的始源性、连续性、民族性（日本人之间基于神道的一体性）乃至优越性思维的构建和传播提供了有效的保证和广泛的社会基础，也为后来的"国家神道"借"神道"之名统摄各神道流派和思想提供了可能。

（四）幕末民众宗教

江户时代的社会结构条件、主流知识界批佛而倡导神道的知识倾向及民众为追求现世利益而向神道的积极靠拢等社会形势促使了全体日本人对神及神道的关心，也促使了他们对日本作为神国的自觉。这导致江户后期尤其是幕末时期神道的兴隆。作为其动向的标志之一，便是超地域的"讲"的流行。与此同时，一种超越神社及地域限制而以创始者和教义为核心的民间信仰组织也应运而生。这便是被称为"教派神道"的创唱宗教。这些在幕末激增的民众宗教团体在内容上可视为神社神道的普遍化发展，却超越了幕府所设定的宗教统制的框架，兼具习合神道和山岳信仰（修验道）的特征而又立足于民众生活，即以"救世安民"的民众现世利益救济为目的，故在幕末维新期受到了民众的极大欢迎。它们不仅促进了神道从礼仪宗教向教义宗教的发展，而且有助于神道的民

[①] 村上重良编：『日本思想大系』67（民衆宗教の思想）、岩波書店、1971年、459頁。
[②] 村上重良编：『日本思想大系』67（民衆宗教の思想）、岩波書店、1971年、473頁。
[③] ［日］村上重良：《国家神道》，聂长振译，商务印书馆1990年版，第57页。

众化。①

在幕末，这些民众宗教团体以黑住教、金光教、天理教为代表，它们大多倡导"惟神之道"，因而为神道共同体的建立奠定了广泛的群众基础。

黑住教是1814年冈山县今村宫神官黑住宗忠（1780—1850）创立的宗教，以其所著《黑住教教书》（"歌集"和"文集"）为经典。其教旨的形成与黑住宗忠长期被肺结核所折磨的亲身经历密切相关。这使得被绝对化和全能化的天照大神及其与"我们"的一体化关系构成了黑住教教义的根基。该教教义认为：天照大神不仅是神国日本的本原、皇室的祖先，还是宇宙创造、万物化育的主宰神和唯一神，"生天地间万物，成就任何事情"②；人心是天照大神的分心，两者之间无所隔，"若天照大神之心与人心合一，人就可以克服任何困苦并神魂不灭"③；天照大神之道是天地间唯一之道④，其通过"诚"显现出来，"诚"即天照大神的意志，也就是超越了"有无"的所谓"天地之诚"，故人应当舍弃"身、我、心"即放弃形、欲、有，而"任凭天照大神，则可实现自我救济，以致国泰民安"⑤。不难看出，黑住教"自下而上地"构建了一种立足于民众现世利益和日常生活，又体现了天照大神与民众之间绝对关系的"神人合一"的信仰体系，即民众对绝对化和人格化的天照大神的绝对顺从的民众宗教。因此，它完全可以认为是"复古神道"在民间的回应、补充，不仅在幕末最直接地支持并宣扬了以天照大神为核心的神道思想，促使神国思想向民众的普及，更是以其强大的影响力形成了冈山、京都等地区尊攘运动的群众基础。

天理教是由出身于奈良的农妇中山美伎（1798—1887）于1838年创立的民众宗教，以被称为"三原典"的《御神乐歌》（修行时的唱词）、《御笔先》（记载"神示"的和歌）、《御指图》为基本教典。该教的创始、祭神及其原理、教典的文字表达、教旨等情况都表明，天理教是一

---

① 张大柘：《日本的教派神道研究》，《世界宗教研究》1998年第2期。
② 『黑住教教书・文集』、『日本思想大系』67（民衆宗教の思想）、150頁。
③ 『黑住教教书・歌集』、『日本思想大系』67（民衆宗教の思想）、45頁。
④ 『黑住教教书・歌集』、『日本思想大系』67（民衆宗教の思想）、70頁。
⑤ 『黑住教教书・歌集』、『日本思想大系』67（民衆宗教の思想）、67頁。

个"高度庶民化"的宗教。该教的创始源自中山美伎为其长子治病的祈祷仪式，其时中山美伎自称神灵"附体"，得到"天启"，由是开创天理教："吾乃宇宙元神、万界真神，此宅院因有因缘，今为拯救人类而降临世间。欲将美伎做吾神龛（kaminoyasiro）。"[1] 该教信仰的创世神即被认为创造并护佑世界和人类的"天理王命"（天理王、天理大神）或父母神（oyagami）是具有一元意义的神。这表明该教的合法性源泉乃是"天""天理"或"天道"，因而其祭神有时也用"月日"这种具体的名称表示；该教所构建的神人关系乃是依靠父母与子女的模拟关系原理。这是一种类似基督教原理的信仰体系，有利于其宣称的信徒遵照神意而从事"神圣劳动"、平等博爱及互相帮助等教理的实现，进而最终由此达到人类被拯救并实现"康乐生活"的教旨。显然，天理教所主张的一元祭神体系及其具有普遍意义的教义等都与当时强调"尊皇爱国"的神道思想格格不入，因而反倒是对以天照大神为核心的神道教的反动。因此该教虽然在幕末以平安分娩和治疗疾病为号召拥有了不少信徒，却在其后很长一段时间内遭到了明治政府的压制。不过，自1888年被公认为"神道天理教会"而被纳入"神道教"体系后，天理教就在国家神道的体制下做了教义、仪式等方面的修正。其中最突出的一点是，其唯一的祭神"天理王命"开始被解释为国常立尊、国狭槌尊、丰斟渟尊（丰云野神）、伊奘诺尊、伊奘册尊、大日霎尊（天照大神）等10柱神的总称。[2] 总之，天理教虽然自创立起就与主流的神道教保持着相当的距离，但它的意义在于从另一个角度加强了日本人的"神"意识，强化了日本人与神之间的关联和自我体认。

金光教是冈山县农民赤泽文治（1814—1883，后改称金光大神）于1859年创设的民间信仰组织。他声称，其于生病卧床时得到金神的神示而被授予"生神金光大神"之号，从而创教。该教是在对阴阳五行、习合神道等民间信仰的诸多概念进行抽象化、纯洁化后创立的宗教。该教所信奉的主祭神"金（乃）神"或"天地金（乃）神"原本是源自阴阳五行学说的金神（五行之一金的精灵）。金神在民间信仰下原本是"作

---

[1] 天理教教会本部编：『天理教教典』、天理教道友社、1949年、3页。
[2] 中山新治郎编：『天理教教典』、花村永次郎、1903年、1页。

崇"的凶神,而金光教却将其改造为与民众日常生活相关的救济神、爱神,同时又以它为宇宙的本体神、天地之祖神、日本乃至世界的总氏神,认为正是由于金神的神德,万物才得以生长化育。显然,金光教所信奉的金神是超越了国家、民族而具有绝对神和最高神格的普遍神,因而与既有的以天皇神话为中心的神道信仰呈现出激烈的紧张关系:"若伊邪那岐、伊邪那美是人,天照大神亦是人,则其继承者的天皇不亦人乎?黑住宗忠之神不亦同乎?其虽云神,是皆自天地之神(按:金神)而受人体者也。……由此可见,天地金乃神是更上一级的神,是神中之神也。"[1]从这种意义上说,金光教其实与天理教一样都具有"把信众引导到更高层次信仰状态的力量"[2],即"获得了将天照大神的特殊神性相对化的视点,也从原理上到达了切断与神国思想的联系的世界宗教的地平面"[3]。也正因如此,金光教才受到了明治天皇制国家的长期打压。但不可否认的是,"天地金(乃)神"又是"在民间金神信仰的基础上统合了日天四、月天四信仰而生成的神"[4],因而以其为主祭神的金光教自身也包含了支持日本神国化、鼓吹敬神爱国的内在逻辑。事实上,明治以后金光教也不得不走向了融入国家神道的历史进程。

综上而言,对幕末兴起的民众宗教来说,无论是直接支持以天照大神为核心的神道思想的黑住教,还是具有普遍性思维的天理教和金光教,它们事实上都强化了日本人的"神"意识,并以"神之道"的名义为日本人同一性的建立奠定了广泛的群众基础。

五 小结

以天皇神话为主要内容的神道不仅是江户日本构建主体性和同一性的重要内容,甚至也是为武士道、物哀等"自足的"日本精神提供正当性基础的价值体系。这种自古以来被不断建构的神道的内容及其合理性在很大程度上决定了江户日本身份建构的性格和适用性。

---

[1] 『金光大神理解』、『日本思想大系』67(民衆宗教の思想)、373頁。
[2] 鹤藤几太:《教派神道研究》,转引自张大柘《日本的教派神道研究》,《世界宗教研究》1998年第2期。
[3] 桂岛宣弘:『幕末民衆思想の研究——幕末国学と民衆宗教』、文理閣、1992年、38頁。
[4] 桂岛宣弘:『幕末民衆思想の研究——幕末国学と民衆宗教』、36頁。

第一,"神道"从来就是一个历史的范畴,是不断被变更内容和形式的"被发现"的宗教。江户时代被构建的旨在确立日本主体性和同一性的"神道",一方面都是立足于"记纪神话"而又继承了"中世日本纪"的神道(吉川神道、垂加神道等儒学神道和复古神道均是如此);另一方面,这些神道也都是结合了神国、皇统、神道精神等内容的价值体系,因而到江户后期有时也被解释为"皇道"。可以说,尽管以天皇神话为主体的神道是多次反复地"人为再创造"的产物,或者说它是"被虚构的神话"的多次神话化(自我中心化和正当化)的结果,却在江户时代完成了作为独立而自足的日本价值体系的创建,形成了与近代天皇绝对主义体制下的神道观相差无几的神道观念。这就为日本人依据神道构建民族同一性奠定了坚实的历史和思想基础。

第二,江户时代被构建的"神道"不仅继承了此前以"记纪神话"为合法性源泉的观点,有些还发展了以普遍性的"天"(最受天恩赐的中正之国)、"万国之东"(阳国)的水土论等构建其合法性的新思维。而这种可以证明神道合法性的"客观性理据"的构建,在一定程度上消除了以往只是依据"记纪神话"而构建神道合理性的负面影响。或者说,它不仅使"神道"自身获得某种程度的客观性和可信性,也使基于"神道"的日本主体性和优越性(如武士道)获得了某种程度的客观性,而这对于实现神道的普及,进而对日本人的身份建构都有重要意义。

第三,作为主体性和同一性之基础而被构建的"神道"虽然在江户神道界具有极大的影响,却因其荒诞性和神秘性而没有得到主流学界即儒学界的普遍认可。这种状况在江户前中期还是比较突出和严重的。当时不少日本主义者对这一情况的担忧足以证明这点。例如,在江户前中期,暗斋学派的迹部良显承认,"然近来立经学而行于身之儒者,甚贱我国而嘲神道。垂加翁之门人中此类亦多。陷溺于儒书之过也"①,故极为悲愤地说"不觉而成国敌之心,呜呼哉,可悲也";同一学统的谷秦山也对神道的"失落"和佐藤直方等门人"以神道为邪说"的行为感到气愤,不惜歪曲历史而声称:

---

① 迹部良显:『神道中国之説』、東大宗教(正057、マイクロ)、No.056。

> 神道者我国之道也，学者所当切要讲究。往古，我国以神道治天下，不杂他道数千岁，国家义安（按：太平无事）。中古儒佛二教入于我国，学者耽彼广大精妙之说，忘我质朴简淡之味，二教满国，神道如无。偶说之者，杂儒混佛，和泥合水，无若我垂加社焉。何者？垂加无偏私，扣诸家之奥秘，集而大成也。然门人弟子尚且或以神道为邪说，以垂加为偏见，是诚数仞之墙也。[①]

因为主流学界对神道的抵触，所以才在江户中期产生了徂徕学派的主流儒者与本居宣长等极端民族主义者之间的"国儒论争"。作为徂徕高徒的太宰春台就强烈批判了以神道为日本之道而使其与儒佛鼎立的观点，指出日本原本无道，真正的神道当是圣人之神道，"本在圣人之道之中"[②]，除此之外并没有一个能与儒教并立的"神道"。他认为，当世神道家所谓的"神道"不过是真言宗传入日本后"被创造出来的配剂了七八分佛法和二三分儒教的一种道"[③]，归根结底只是"巫祝之所传，乃极小之道"[④]，因而与"专治心法"的佛教一样都不能成为"治国之道"。显然，"国儒论争"作为江户中期极为重要的文化活动，反而说明江户时代以构建主体性和同一性为目标的神道思想的影响比较有限，也说明了江户知识界对普遍性的追求和对中国及中国文化的"故乡情结"。

不但如此，神道的荒唐性和狭隘性也受到江户中后期不少兰学者的批判。例如，前野良泽（1723—1803）对儒佛道等东方宗教进行了激烈批判，认为它们"不过是人类宗教之支流，而天主教才是适用于人类大多数的理想宗教"[⑤]。稍后的山片蟠桃（1746—1821）亦运用西洋的自然科学知识，对日本的神道、神国思想和记纪神话做了更直接和更尖锐的批判：

> 后世之和学者、唱神道学之辈，唯以《日本纪》（按：《日本书

---

① 谷重遠：『秦山集』禮（卷十五）、谷干城、1910 年、2b 頁。
② 太宰純：『辯道書』、載鷲尾順敬編『日本思想闘諍史料』第三卷、44 頁。
③ 太宰純：『辯道書』、載鷲尾順敬編『日本思想闘諍史料』第三卷、46 頁。
④ 太宰純：『辯道書』、載鷲尾順敬編『日本思想闘諍史料』第三卷、48 頁。
⑤ 赵德宇等：《近代以来日本的中国观》第二卷，江苏人民出版社 2012 年版，第 182 页。

纪》）为金科玉条，维护妆点，逐句注释，一字一句无不穿凿解义，枝蔓繁衍。……自古讲神代卷之人不鲜，中世为博士家之业……其后以北畠准后亲房公、一条禅阁兼良公为始，度会延佳、山崎垂加、白井宗因、多田义俊、贺茂真渊，又当世之追从本居宣长者之辈，妄说牵强无处不在。①

兰学者的神道批判说明，以天皇神话为核心的神道不过是日本民族主义者的"呓语"，不会也不可能得到近代科学的支持。它之所以在江户时代被塑造为日本民族精神的核心，完全是因为江户日本民族主义者借宗教之名的强力推进。

到江户后期尤其是幕末，随着政治集中的需要，尊皇思想和实践更多地作为一种"方便"的措施而受到重视，这无疑就使天皇逐渐被"解冻"和复活，进而使以天皇神话为主体的神道思想极大地扩大了其影响。即便如此，这种尊皇的神道思想并不是没有它的反对者和批判者。例如，幕末武士兼儒者的山县太华（1781—1866）就对水户学者和吉田松阴所提倡的基于"万世一系、君臣一体、忠孝一致"的国体论做了激烈批判。他依据"地圆说"否定了会泽正志斋认为日本是"日出之地""元气之源"的说法，指责它们不过是"儿童之见"的荒谬可笑之言：

所谓国体者，宋时之书等往往有之，我邦之书未尝见。于水府（按：水户学者）始说出，彼《新论》欲言国体，云我邦为太阳之所出、元气之所源、高天原之皇大神，而于形体如言诸洲之首，固迂谬之言也。如前所述，太阳大于地球，一周外天则需一昼一夜，丝毫无休而照世界万国，何出自我邦焉？若言出自东，我国之东有亚墨利加洲，亚墨利加之东有西洋诸国。天地圆体，东西何常有之焉？又气充满于天地之间，包大地而无处不在，云何原委之有焉？且地有形体，云我邦当首，尤儿童之见，甚可笑也。②

---

① 转引自赵德宇等《近代以来日本的中国观》第二卷，第191—192页。
② 『講孟箚記評語』下之二、『吉田松陰全集』第2卷、546頁。

他还依据理即人伦五常之道的普遍性举例批判了松阴的"我国君臣之义卓越于万国"①等主张。与此相对，意图构建尊皇国体论的赖山阳（1780—1832）所述"世之称神道者，悠谬荒诞，而无益于民，皆崇神之罪人也"②，反而从另一个角度说明了当时学界关于神道看法的分歧和神道不被普遍认可的严重状态。

尽管江户学术界关于神道的看法存在较大分歧，相比于物哀、武士道等所谓日本精神，江户日本民众却有可能因为无处不在的"神信仰"、根深蒂固的"神国意识"而对以天皇神话为核心内容的"神道"产生一体化认识，进而认同这种神道。

总之，江户日本构建旨在确立日本主体性和同一性的"神道"的思想和行为，本身即是其主体思维和意识的重要表现。它不仅为江户日本以与"神"相关的内容展开自我建构提供了合理性基础，也奠定了近代乃至当今日本神道认识的基础和范式。

第二节　武士道的创建与"武国"的自觉

说起武士道，人们自然就会想到日本，认为它是日本固有的民族精神，或是日本人自古以来就信奉和遵守的"国民道德"。实际上，这样的武士道完全是近世乃至近代以后被创造和发现的产物。武士道从来就是一个历史的范畴，经历了江户时代以前的旧型武士道（粗鄙的"武者之习""兵之道"等实践道德）、江户时代的新型武士道（根据儒学等思想使其理论化和自我特征化的武士道）和明治维新后转化为近代军人精神及国民道德的近代武士道等发展阶段。③

在江户时代以前，武士道并不是一个完整的价值体系，也不是一个作为日本独特的价值体系而被认识的自足的概念，不过是一种以"弓矢之道""武者之习""兵之道"等名目存在的实践道德。江户时代以后，日本学者开始意识到"武"及基于此的"武国""武士道"等是日本区

---

① 『講孟箚記評語』下の二、『吉田松陰全集』第 2 卷、546 頁。
② 賴山陽：『日本政記』卷之一、『日本思想大系』49（賴山陽）、463 頁。
③ 汤重南：《日本军国主义思想是庞杂的思想糟粕》，《日本学刊》2005 年第 4 期。

分于中国这个他者的重要标志，因此开始自觉地构建作为"自我特征"的武国及武士道的理论体系，并使作为民族精神和道德规范的武士道的观念实现社会化的普及。

可以说，江户时代是日本武士道发展最为重要的阶段，因为它不仅主要借助儒学理论实现了自身的理论化而成为一种具有相对完整的价值体系的行为和道德规范，还被建构为日本独有的民族精神，并开始其平民化的历程。这种状况的形成就为近世乃至近代日本依赖武士道构建民族认同奠定了基础并提供了可能。

一 江户时代以前的"弓矢之道"

虽然有日本学者主张，日本早期氏族社会就具有"尚武"的精神[1]，但这不过是对"被发现"的作为民族特有精神的"武士道"进行历史连续性和始源性操作的"事后"作业，并不代表和反映武士道的真实的历史。在我们看来，"武士道"是平安时代以后随着武士的出现而逐步形成的武士所应该信奉与遵守的道德规范和行为准则。它自诞生后的很长时间内不仅没有统一的称谓，亦没有固定而明确的内容。

就其称谓来说，在平安、镰仓、室町时代它被称为"武士之道""弓矢之习""弓矢之道""弓矢之礼""弓马之道""坂东武者之习""兵之道"等，至战国时代始有"武士道"之称。该词的最早正式使用被认为是《甲阳军鉴》，而且它在江户时代的使用也被认为非常短暂，在很长时间内实际上也只是"对兵法和武艺的称谓"[2]。即便在江户时代，"武道"和"士道"也是十分常见的用词，同时亦被称为"武士之道""武者道""武教""弓箭之道""弓矢之道""弓马之道"等。直到 1899 年新渡户稻造的《武士道》出版后，日本社会才开始频繁使用"武士道"来表述作为所谓"日本固有的民族精神"的武士的道德规范。[3]

就其内容来说，如《竹马抄》（1383）、《太平记》（南北朝时代）、《源平盛衰记》（镰仓时代）等所载"为了天子或立推为弓箭将军之大

---

[1] 村冈典嗣：『日本思想史研究』4（日本思想史概説）、334 頁。
[2] 韩东育：《关于"武士道"死亡价值观的文化检视》，《历史研究》2009 年第 4 期。
[3] 丸山敏秋：『道徳力』、風雲舎、1999 年、163 頁。

事，则舍弃身体和生命为武士之本意"①"向天下君主引弓放矢者，不蒙天罚哉？……生于弓马之家者，当唯名是惜而不惜死"②"执弓马者之习也，乃是撞上敌矢而替主君之命。此故所知也"③，亦如平知盛（1152—1185）、森迫亲正（1535—1551）等所说"虽是无比之名将、勇士，倘若天命当绝，则是人力所不及。然当唯名是惜，不可向东国之人示弱。惜命当为何时？唯为此时耳"④"比之生命，当唯名是惜，倘若不行可替代'武士之道'之道"⑤，江户以前的"武士之道"虽然也强调忠诚、名誉、武勇等武者的道德和训诫，而且它也被武士政权视为统治的道德基础，甚至作为国家意志而被大力推行，却仍然摆脱不了其原始的、粗鄙的、脆弱的性格。而且，如《竹马抄》所言"执弓箭者不仅是为了自身，也是为了子孙之名"⑥，这种"被大力提倡"的道德的实施基础并不是基于一种绝对的信仰关系，而是在很大程度上取决于主君与武士之间的脆弱的经济利益关系。不仅如此，基于兵农一体的武士自身的相对独立性、主君的不确定性等因素也制约了普遍的武士道德伦理的形成。

可以说，江户时代以前的"武士之道"既没有被特殊化，也没有被理论化，因而仍只是没有固定内容，亦没有强制约束力的道德训诫。不过，它的最大意义在于为武士道提供了可供挖掘的历史资源，同时为后世提供了忠勇武士的典范或标杆。比如，主张"我的唯一愿望是七生生于同样之世，消灭朝廷的敌人"⑦的楠木正成和楠木正季兄弟、被称为"日本第一兵"的真田信繁、百折不挠的源义经、忠义勤皇之士的新田义贞、宣扬日本"肇国悠久"的北畠亲房等。这些"英勇的"武士及其思想和行动在江户时代以后不仅受到热烈的追捧，也被用作证明后世已被理论化和民族化的"武士道"具有原始性和历史连续性的重要依据。

---

① 斯波義將：『竹馬抄』、載井上哲次郎『武士道叢書』中卷、博文館、1909 年、29 頁。
② 永井一孝校：『太平記』上、有朋堂、1927 年、437—438 頁。
③ 『校註日本文学大系』第 16 卷（源平盛衰記下卷）、国民図書、1926 年、665 頁。
④ 『平家物語』、『校註日本文学大系』第 14 卷、国民図書、1925 年、786 頁。
⑤ 湯浅元禎編：『常山紀談』後、聚栄堂、1921 年、119 頁。
⑥ 斯波義將：『竹馬抄』、載井上哲次郎『武士道叢書』中卷、29 頁。
⑦ 永井一孝校：『太平記』上、543 頁。

二 江户前期的武士道

江户时代以后，随着日本国内外环境的变化，知识层开始对自我产生了明确的自觉，由此有意识地开始了民族身份的建构即自我特征化和类型化的作业。"武士道"的构建（其理论化和民族化）便是其中的重要环节。

武士道作为武士阶级的道德规范，从性质上可分为两种：一是经验主义的习惯，是理论性的认识。[①] 江户时代以前的"弓马之道"仍属于一种粗陋的武者之经验、习惯，它要成为一种具有规范和普遍意义的道德规则，必须实现其理论化。当然，"从习惯转向原则不是自发完成的"，它需要知识分子的理论思考和研究。在江户前期，德川幕府确立儒学为官学，同时又推行以武力为本的统治政策，而为"经验性的武士道向理论性的武士道转变提供了哲学基础和政治基础"；中江藤树、熊泽蕃山、贝原益轩等学者借助儒教理论从对"文武两道"范畴内的"武"的重新解释出发，大力推动并展开了对"武士道"的理论化和民族化作业。尤其是山鹿素行，他不仅最终建构了以自我特征化为指向并占据江户主流的"士道"，还显示了意图超越儒教理论而依据本土资源构建武士道价值体系的倾向；与借助儒教理论构建武士道的思维相比，西川如见、吉川惟足等则主要依据风土或神道这种本土资源展开了武士道或日本作为武国的特殊性乃至优越性的自我构建。

（一）对"（尚）武"的自觉

"文武"原本是我国儒教人才判定和国家治理的一个重要尺度。在我国古代，虽如"文武双全""能文能武""文武兼修"等词语所示，以"文"和"武"的结合为理想，但它们并不是同等重要的存在。如"夫兵者，不祥之器，物或恶之，故有道者不处。君子居则贵左，用兵则贵右。兵者不祥之器，非君子之器，不得已而用之，恬淡为上。胜而不美，而美之者，是乐杀人。夫乐杀人者，则不可以得志于天下矣。"（《道德经》第三十一章）"夫文者，武之君也；武者，文之备也。"（唐王真

[①] 王志：《日本武士道的演变及其理论化》，《东北师大学报》（哲学社会科学版）2007年第4期。

《道德经论兵要义述·叙表》)"兵"或"武"被认为是"不祥之器"或"死地",因而只是"人不归"时"不得已而用之"的补充或备用手段。可以说,文是武的基础和前提,武是文的延续和补充,代表了我国宋代以前知识界关于文武的基本看法。宋代以后,我国实际上形成了重文轻武而使两者发生割裂的历史局面。

江户以前日本的文武观基本受限于前述中国范式,但日本独特的政治结构及江户前后日本国内外环境的变化,亦为日本脱离中国文武观而以"(尚)武"及"武士道"构建独特自我的认识和作业提供了可能。

首先,镰仓幕府成立后,日本建立了以武士为统治阶级的武家政权,此后尚武不仅成为武家社会主导的精神观念,也成为社会的主要风俗。这种状况不仅被日本人所意识到,"汉土专以文成俗,我邦以武建基"[①],也为利玛窦等西方传教士所体察,日本"俗尚强力""其民多习武,少习文"(《坤舆万国全图》,1602)。显然,这种长期存在并对日本社会发挥重要作用的尚武观念和习俗潜移默化地影响着日本人的心理,也为日本人以此构建自我提供了历史合理性和社会基础。与此同时,中世后期对西方的接触也促进了日本对于尚武的自觉。

其次,江户前后日本知识界重新解释了"文"和"武"的关系,为"武"正名而使其摆脱了不祥之器的负面形象,为日本以"武"进行自我特征化的思维和行为提供了正义性。例如,德川初期的兵法大师柳生宗矩(1571—1646)比照春花秋叶落的自然法则,提出了基于天道而看待"兵"的新标准。他虽然承认"兵者不祥之器也",亦认为其为"天道所恶",却同时主张"不获止而用兵"是符合天道的。[②] 这种兵法论不仅提高了"兵"或"武"的地位,也体现了原本作为"弓马之道"的武艺向武道转变的倾向。这一思想后来得到山鹿素行等学者的继承和发展。他以"天地之间事物皆有道,凡有行之仪,悉由道,其间唯以达道为的也"的原理构建了武道的绝对性和形而上依据,由此从积极的角度肯定了尚

[①] 充斥着民族主义气息的《日本魂研究》声称,此文出自丰臣秀吉的外征令,然我们却未能发现其确实出处。参见亘理章三郎『日本魂の研究』、中文館書店、1943年、103頁。

[②] 柳生宗矩:『兵法家伝書』、『日本思想大系』61(近世芸道論)、岩波書店、1972年、307頁。

武的意义和合理性："武者所以止戈也。止戈者求天下安宁也，安宁则天下人心归之。人心所归，天以与之。"① 由上可见，柳生宗矩、山鹿素行等学者的文武观是一种为"（尚）武"正名的作业，为日本以此构建自我同一性扫除了逻辑障碍。

再次，被江户日本学者认为是"华夷变态"的明清交替作为17世纪中叶东亚世界的重大事件，不仅促使他们重新追问中国作为中华的合理性，也提供了他们重新认识和评价尚文和尚武的意义及合理性的契机。而且，明末遗臣向日本求援更增加了日本学者对尚武的自觉和自信。由是，一些学者武断地认为，中国频繁发生的政权更替是尚文导致的后果，由此主张尚武对尚文的优越性，进而主张作为武国的日本对中国的优越性。例如，西川如见主张，儒教典籍皆为修身齐家治国平天下之用，至宋、明学术大成以至完备，俨然"世界第一之上国之学术"②，却无助于中国免除蒙古和北狄之祸，感叹道"其德用何在哉？"相比而言，日本受益于"自然之神德"，因而"以武勇为本、文笔为末，是百世不易的要害之国，而为世界第一也"。贝原益轩亦认为，日本虽然在文学上远不如中国，却崇尚武勇，"故日本应是世界上最优秀的武国"③。新井白石强调日本文化以"武威"为基础，"我国优于万国，自古号称尚武"④。山鹿素行则批评了儒教的文治主义政策，认为它造成了王朝政治的衰败：

> 窃惟武者乃今日柳营（按：幕府）之当务也。若不勤守武道，则必生怠惰。况承平日久，人皆为文治而易疏于武功，故应尽心竭力于此。我朝以武起，以武治，忘武则必致弃本失基。考其上古，本朝之最初以武立，人皇之中朝以武治。世久，朝廷遂疏于武事，视其为卑贱。由是，治承、建武之乱后，武家伸张武力以守护朝廷，终使天下政事归于武家。然治平日久，武德世世昌盛，柳营频频晋升大官、大职，群臣愈发皆设冠带而正列。由此装饰礼容，以优美

---

① 山鹿素行：『謫居随筆』、『山鹿素行集』第1卷、目黒書店、1943年、166頁。
② 西川如見：『町人囊底拂』下、『町人囊』、求林堂、1898年、9b頁。
③ 贝原益轩：『武訓』、載『武士道叢書』上卷、博文館、1905年、258頁。
④ 新井白石：《折焚柴记》，周一良译，北京大学出版社1998年版，第173页。

为事，终致忘其职分，大凡是人常见之弊也。①

由此他提出以"尚武"为"治国平天下之要法"，并认为它是武家政治的当然法则："古者，朝廷之政以武为后，今者，武家之政道以武为先，乃当然之法则。"② 由上可见，江户幕府建立后日本知识界不仅对"（尚）武"有了更明确的自觉，也重构了"（尚）武"的正面价值和意义体系。这不仅构成了以"武"构建自我甚至是自我优越性作业的一环，也为这种作业奠定了合法性的基础。

最后，德川幕府确定朱子学为统治思想，不但不是对武士道发展的束缚，反而为以忠为核心价值的武士道体系的建立奠定了哲学基础。一方面，儒家思想注重上下身份秩序，崇尚名分礼节，为江户时代"士农工商"的身份制度、政治秩序和武士道价值体系提供了理论基础；另一方面，儒学取代长期占据社会主流价值形态的佛教成为政治信念，促进了合理主义和现实主义思维方式的形成和发展，而这对江户前期的文化繁荣产生了重大影响，也由此为武士道理论体系的确立奠定了思想基础。因此，中江藤树、山鹿素行等儒者在总结武家社会历史的基础上，用儒家思想和本土思想重新解释武士阶级长期以来形成的信仰和行为准则，不仅为武家社会和武士的统治地位树立了合理的、历史的依据，也由此将武士的行为习惯提高为理论原则，进而使以忠、勇、德等为核心价值的武士道被理论化和体系化。

综上而言，江户前后日本国内外环境的变化促使日本社会对"（尚）武"及"武国"产生明确的自觉，也为作为其象征的武士道的理论化和民族化提供了契机和思想基础。

（二）德川幕府的武道观和政策

德川幕府成立后，虽然确定儒学为统治思想，然其本质仍是武家政权，武道仍然构成了江户社会的道德基础和政治基础，而它之所以需要儒学是因为"确确实实地需要在武力统制以外另有一种思想的统制力量，

---

① 山鹿素行：『治平旧事』、『山鹿素行集』第1卷、595頁。
② 山鹿素行：『謫居童問』、『山鹿素行集』第6卷、目黒書店、1944年、448頁。

即幕府的御用学说"①，而为武士本位的等级秩序和政治统治提供合法性。其目的则在于建立一种社会各阶层都被秩序化的身份及基于此的行为规范，即一方面德川幕府力图通过信仰和宣扬儒家教义，使他们凭借武力所确立的封建身份秩序变成合乎自然规律的理所当然的道德秩序，另一方面又企图通过儒家所提供的名分论，为包括武士在内的各个阶级规定生活方式和行为模式。毫无疑问，这种武力统制和思想统制的结合促使了各个阶层的独特生活方式（如"武士道""商人道"等）的形成，并为其提供了哲学和思想基础。从这种意义上说，江户时代的武士道理论正是儒教理论、传统的武士行为规范和本土思想资源（如"神道"）相结合的产物。

武家政权的本质决定了儒家思想终究不过是德川幕府维护武士和武家统治的存在。因此，幕府虽然大力宣扬文教并鼓励学问，却也同时大力提倡尚武之风，实行以武力为本的统治政策。其提倡文教在很大程度上也是从"武"出发，从而要求武士成为具有武艺和学问的文武兼备之"士"，这与中国对士大夫的要求标准截然相反。在这种意义上，他们认为"文"和"武"是同等重要的存在。被幕府当作"治国平天下之大纲"的《德川成宪百条》（1605）不仅强调了武道对于武士的重要性，"不辨武之为武道，不明士之为士理，则愚将、鄙将也，不称良将。韬略知计虽胜人，须知不足当征夷将军"②，还以"仁"的合理性来建构"文武"尤其是"武"的合理性，以消除世人对"武"的负面印象，"文武皆出于仁，虽千经万机其断同。须知治国平天下之法在于兹"。随后，幕府颁布实施的《武家诸法度》（1615）亦规定："文武弓马之道，专可相嗜。左文右武，古之法也。不可不兼备矣。弓马者是武家之要枢也。号兵为凶器，不得已而用之。治不忘乱，何不励修炼乎。"③ 不难看出，前述两个文献作为德川政权实施的指南，是大名及全体武士必须遵守的法典；它们都是以武为立国之本，即以"弓马之道"为武士安身立命和保

---

① 朱谦之：《日本的朱子学》，人民出版社2000年版，第59页。
② 『德川成憲百箇条』、『日本思想大系』27（近世武家思想）、岩波書店、1974年、472頁。
③ 『武家諸法度』、『日本思想大系』27（近世武家思想）、454頁。

持统治地位的"要枢"。在此基础上,幕府强调武道与文道的结合,要求武士必须"互相研习、精进"文武之道。

德川幕府的基本政策体现了以武为本的统治思想,这自然与幕政的统领者和主要参与者的尚武思想密切相关。他们的尚武思想既体现于幕府政治而具有意识形态的规范意义,同时也作为一种权威和主流的学说促使了尚武观念的社会普及。林罗山于江户幕府建立之初就成为幕府的政治顾问,大受德川家康的宠信,"起朝仪、定律令,大府(指幕府)所需之文书,无不经其手。谓我叔孙通"(《先哲丛谈》卷一)。他不仅是推动幕府选定朱子学为统治思想的主要人物,又作为具有高度自我意识的官僚和学者,不仅没有对朱子学原班照用,反而借此对神道、武道等日本特殊性价值做了合理化或理论化的论证。在此基础上,他大力提倡并宣扬忠君尚武的武道精神,极大地推动了武道的发展。相比于儒教的忠孝观,他鼓吹以忠为本、以忠为孝之终极目标的忠孝一体观,成为此后武道精神的理论支柱。

> 求忠臣于孝子之门,忠孝岂二哉!故曰身体、发肤不敢毁伤,孝之始也。……夫身者父母之遗体也,而所以载道也。孝亦道也,忠亦道也,非他,只一心而已。若夫战阵无勇,则虽苟免而偷生,然此心之义既亡,与行尸视肉无以异之。奈何无羞恶哉!若无羞恶则不义也,不孝也,不忠也。曰"竭其力",曰"致其身",曰"为臣死忠,为子死孝",然二者不可得而兼也,舍轻而取重可也。[①]

在他看来,忠孝原本一致,而两者一旦相冲突,便是取忠而舍孝。林罗山不仅以此构建了独特的武道理论,还先后写成《楠木正成传》《日本武将传》《源义经赞》《镰仓将军谱》《京都将军谱》《织田信长谱》《丰臣秀吉谱》等武士传记,通过这些武将的事迹和武功来宣扬武士的忠君尚武精神。

德川家康(1543—1616)作为德川幕府的开创者,其思想和国家指导理念亦充分反映了为维护武家政治而使尚武精神与文道精神相结合并

---

① 『羅山林先生文集』卷一(卷三十二)、351頁。

以武道为根基的"治国平天下之要法"。这种思想不仅体现于构成幕府施政指南的《德川成宪百条》《武家诸法度》等规范性文件中，还充分体现于家康对家族和臣属的遗训——《东照宫御遗训》里。该家训原是德川家康一生从军、从政经验的总结，是"传授守天下之心法给子孙和权臣的真挚恳切的告诫"。它后来经贝原益轩改正和润色而于1681年向社会出版发行，因此不仅为武士阶级所重视和普遍践行，"遵行此遗训，则君必保国与天下，臣必保家与自身，当是日本之宝鉴也"①，亦作为统治阶级的国训宝典，对江户日本社会产生了深远影响。该书以武道为本，宣扬尚武精神，初步构建了系统的武道理论。第一，该书认为，武道源自日本神道信仰的三种神器，因而具有先验的、绝对的合法性。

> 武家的大宝乃武道也。原本和汉有古今不易之大宝，而当初日本的大宝云三种神器。此三种者神玺、宝剑、内侍所也。神玺云神之印，其理正直；宝剑云村云之剑，其理慈悲；内侍所为镜，其理智慧。此三种神德乃万事之根元也。此慈悲、智慧和正直称三种六字也，先以慈悲为一切之根元。出自慈悲的正直乃诚的正直，无慈悲之正直乃云刻薄，为不正直也；又，出自慈悲的智慧乃诚的智慧，无慈悲之智慧乃邪智也。汉土云此大宝为智仁勇三德。住吉大明神托宣云：我无神体，以慈悲为神体；我无神力，以正直为神力；我无神通，以智慧为神通。②

在此，德川家康以慈悲即"仁道"为万事之根元，从而构建了崇尚武道和武德的尚武精神及以武治国的政治理念的合法性。不过，以三种神器或神德比附智仁勇三德、"天下太平、长治久安乃是因为有为上者的慈悲"等思想亦表明，德川家康关于武道合法性的论证仍受到了中国思想的深刻影响。

第二，该书以武道为武家的天职和本分，并认为其在对内和对外上

---

① 『東照宮御遺訓』、載『日本教育文庫』家訓篇、同文館、1910年、311頁。
② 『東照宮御遺訓』、載『日本教育文庫』家訓篇、256頁。

具有重要的意义。对武士来说，"武道之外无他事"①，武道是武士无论治乱还是安身立命的基础，是武士存在的所以然和价值所在。"不知武道者于太平之世丧失武道，则如同其用木刀也，木刀形似刀而无真用。不知武道之武士亦虽形是武士，其用则劣于百姓町人。故武家达于武道者，是云知家职，天下之宝也"②，故"治世达于武道者方为真武士"。对武家统治来说，武道是治国安邦的基础和武家社会的核心价值取向，也是构建太平社会的根本保证。德川家康指出，祭祀是天子的家职，文道则是关白（朝廷）的天职，而"讨天下恶逆而助有道"的武道则是武家的天职，也即"天下是将军之身，而武道则是将军之心"。因此，"不知武道本意者，必为国之障碍"；"武家不论治乱，不可疏于武道"，若武家不知此理而像"公家那般柔弱，忘武道，专务诗歌"，则必然导致天下大乱，最终亡国、亡家。对于国家的对外关系来说，尚武不仅可以使日本免于外患，"不舍武道乃我朝本意也，其故日本太平而怠于武道时，异国窥伺日本；又，异国太平而怠于武道时，鞑靼、日本窥伺大明，彼秀吉朝鲜之军亦是也"，还可以为日本的大陆扩张积累武备力量，"若闻异国乱，则于九州选有能武将，使其征服异国。……倭汉之争，败是为日本国之耻，胜则是日本国之誉，最重要之事莫过于与异国之相争"③。

不难看出，《东照宫御遗训》构建了武道作为统治思想的合法性基础，也由此重点强调了"无论治乱皆不可忘武道"的主题。虽然该书仍有中国文化思想影响的痕迹，其训诫的受众也限于武士阶级，然全篇却充满了对尚武精神的自觉及合法性论述，从而发挥了引领武士阶级甚至民众对"武道"的自觉和民族归属感的重要作用。不但如此，作为江户统治阶级的大名或武士家训也几乎承袭了《东照宫御遗训》所强调的"治世不忘武道"的内容，以保持尚武精神作为家训的重点，如"武备不可息"（《保科正之家训》）、"武士之道日夜不可忘"（《石川丈山家训》）、"故武士之道内以忠孝义理为本，外以习武艺、不乏武备为勤"（《贝原益轩家训》）等。

---

① 『東照宮御遺訓』、載『日本教育文庫』家訓篇、296頁。
② 『東照宮御遺訓』、載『日本教育文庫』家訓篇、308頁。
③ 『東照宮御遺訓』、載『日本教育文庫』家訓篇、308頁。

可以说，德川幕府的武道观和政策既是自觉为日本精神的"武士道"构建的重要一环，也为这种武士道的构建奠定了哲学、思想基础及广泛的群众基础。

（三）江户前期武士道的理论化和民族化

自"（尚）武"被江户知识层意识为自我的重要特征后，他们自然追问"何谓武士道""何谓武国"等问题及与此相关的诸问题，并由此进行作为价值观和自我独特思维的"武士道"的体系化建设。从这种意义上说，武士道的体系化实际上包含了理论化和民族化两方面的内容。

在江户前期，武士道的体系化建设按内容大体又可分成两种类型。一是借助儒学理论推进武士道的理论化和民族化建设，主要代表是中江藤树、贝原益轩、山鹿素行等。他们所构建的深受儒学影响的武士道构成了江户武士道思想的主流。二是依据神道而构建武士道或日本作为武国的特殊性甚至是优越性的思维，主要代表是浅见絅斋、吉川惟足等。他们的相关论述虽然不过是一种断片的思维，却因其合法性立足于神道这种本土资源，反而更容易激发日本人对武士道的认同感和自信心。

1. 基于儒教理论的武士道的理论化和民族化

由于受到作为统治思想的儒教的影响，中国自古就形成了"尚文轻武"的文化传统。在这种价值体系下，文道和武道被认为是两种相互冲突而具有不同价值指向的政治理念：以仁义之政或德政为价值取向的文道被认为是王道，具有在任何时候都值得提倡的合法性、正义性和本原性；相反，以武力、刑罚等为价值取向的武道被认为属于霸道，应当只适用于乱世，由此亦只具有相对的、有限的、枝末的价值和意义。这样的文武观显然不符合日本崇尚武力的武家统治的历史和现状。德川幕府之所以选定儒学为官学，是因为它"不仅要为幕府的身份统治提供理论依据，而且要为幕府的武力统治提供理论依据"[①]。由此，江户时代的儒者和兵学者们必须为"武（道）"正名，即使其从一个具有相对和有限价值的概念成为一个具有绝对正义性价值的概念。这便是对文武关系的重新阐释。它既是武道的理论化，又是武道的民族化，即体现了不同于中国的日本文武观和武道观的形成。当然，在江户初期，要完成这项工作，

[①] 王志：《日本武士阶级的文武合一思想》，《古代文明》2008 年第 2 卷第 4 期。

学者们所倚且所能借助的便是儒学的理论。

在江户初期，林罗山基于忠孝观、德川家康基于三种神器或神德的文武观等都是对文武关系重新阐释的重要环节，而最早的系统性论述则是儒者中江藤树的文武合一论。这一思想主要体现于《文武问答》和《翁问答》（1641）中，然而，这两书关于文武之道的论述大同小异，并没有太大区别。藤树基于儒教理论，从政治哲学等角度对文武关系和武道做了系统的理论阐释，由此构建了不同于中国的独特武道观。

第一，要为"武（道）"正名，藤树对"文"和"武"做了统一的理论解释。他认为，江户时代以前日本武士基于经验形成的文武两道观割裂了"文"和"武"的内在联系，并不能反映两者的真实关系，因为两者在本质上是一致的，即"本来文武为同一明德"。首先，他认为文武关系就如同儒家的阴阳关系，并不是一种相互冲突的矛盾关系，而是一种相互依靠而成立的同一关系。它们既是彼此互相包孕、互不可缺的互补关系，"本来文武乃一德，非各别之物。其如天地造化乃一气而有阴阳之别，人性之感通亦是一德而有文武之别，故无武之文非真实之文，无文之武非真实之武"[1]，也是互为根本的同一关系，"如同阴是阳之根、阳是阴之根般，文是武之根，武是文之根"。这意味着文武合而为一才是"文"或"武"的本质，两者既没有主次之分，也不能偏废。其次，他认为文武或文武之道都是源自并服务于儒家所提倡的"孝悌忠信之道"的人道，它们同样构成了"同为一德"的同一互补关系。所谓"文"即是"依照人道而施行孝悌忠信之道"，"武"即是"消除或主动扑灭孝悌忠信之障碍"之道，所以"（武道）乃是欲行文道的武道，故武道之根乃文也；（文道）乃是以武道之威而治的文道，故文道之根乃武也"。按照这一观点，他进而指出，文武之道即是仁义之道，"文乃仁道之异名，武乃义道之异名也。因仁与义同为人性之一德，故文武亦同为一德，非各别之物也。……违背仁之文，虽名为文，实非文；违背义之武，虽名为武，实非武"[2]。显然，这种文武观颠覆了源自中国并广泛流传于日本的"以

---

[1] 『文武問答』、『中江藤樹文集』、有朋堂書店、1926 年、403 頁。
[2] 『文武問答』、『中江藤樹文集』、404—405 頁。

文武为仁义之具的观念"①，即通过使文武成为仁义本身而使其获得了绝对的价值。可见，这种文武合一论构建了"文武"或"文武之道"的绝对价值，并由此确立了被认为是民族精神之表现的"尚武精神"的正当性和合法性，即便在中江藤树那里它尚未被充分意识到。

第二，武道不仅是文武合一的武道，还应是兼具武德和武艺的武道。中江藤树认为，文武都有"德"和"艺"的本末之分："仁乃文德，文艺之根本也；文艺、礼乐、书数乃文艺，文德之枝叶也。义乃武德，武艺之根本也；军法、射御、兵法等乃武艺，武德之枝叶也。"② 进一步说，所谓"德"是指"文武合一之德"，所谓"艺"是指"才能"即"执行天下国家万事的文艺、武艺的才智、才能"③。它们虽有本末之分，然而对一名真正的武士或儒者来说却不可或缺："第一应努力学根本之德，第二应习枝叶之艺，做到本末兼备，文武合一，方可称为真实的文武、真实的儒者。"显然，这一武道观不仅树立了"真正的武士"的理想人格，还以其德艺观进一步构建了武道的伦理价值和政治价值的合法性和正当性。

第三，作为武道要义或内核的"勇"是仁义之勇，必须以"守义理行道"为价值基准。日本武士自产生以来，作为其道德规范的"执弓矢者之习"就是毫无保留且痛快地为主君献身。④ 在中江藤树看来，这种"忠勇"的行为没有顾及仁义之道，因而缺乏正当性和内在的支撑力量。为了解决这一问题，他区别了"仁义之勇"和"血气之勇"，认为真正的武士应当践行基于"明明德"的"仁义之勇"即"大勇"或"真实的武道"，而以"守义行道，别无所求"的正当性和内在动力实现"丝毫没有惧死、贪生之念，故能立于天地之间而无所畏惧"的"无敌于天下的至大之勇"；抛弃"不辨道理与无理、义与不义""以欲为本""仅凭血气"的"血气之勇"即"小勇"。不难看出，以儒教的理论为指导，中江藤树的武勇观构建了"勇"的伦理价值和政治价值的合法性和正当性。

---

① 王志：《日本武士阶级的文武合一思想》，《古代文明》2008 年第 2 卷第 4 期。
② 『文武問答』、『中江藤樹文集』、405 頁。
③ 『文武問答』、『中江藤樹文集』、414 頁。
④ 王志：《日本武士阶级的文武合一思想》，《古代文明》2008 年第 2 卷第 4 期。

综上可见，中江藤树武道观的最大特点在于借助儒教的理论构建了"武（道）"的哲理依据和正当性，并以"仁""义""勇"等核心概念使武道成为一个规范性的范畴，因而其自身不仅是江户武士道理论化的重要环节，也为武士道理论的形成奠定了基础。不仅如此，尽管中江藤树对其所建构的武道观并没有作为自我特征的明确自觉，它实际上反映了不同于中国的日本武道观的形成，因而也可以认为是武士道民族化的重要环节及体现。

中江藤树的弟子熊泽蕃山继承了其师的文武合一论，亦借助儒教理论对文武之道做了进一步的理论化阐释。关于文武关系及其本质、"仁义之勇"与"血气之勇"的区分等，他虽然大体沿袭了其师的说法，"学问之道有文武，文武有德艺之本末。文之德，仁也；武之德，义也。仁义之本立后，而有弓马、书数、礼乐、诗歌之游。又弓马、书数、礼乐、诗歌乃助文武之德者也"①，却也形成了不同于前者的新主张。

首先，熊泽蕃山指出，学问应是武士安身立命的根本，"所谓本者，学问之道也"。在他看来，以"古代士君子"为模范的"好武士"应当以学问为本，研习文武之道，由此行孝悌忠信之道，以实现"治国平天下"的政治理想。

其次，熊泽蕃山的文武观体现了以"智仁勇"或"学问之道"统摄文武并使其一体化的倾向，"夫智仁勇文武之德也，礼乐、弓马、书数则文武之艺也"②。这种情况的出现或许与蕃山对日本作为神国的高度自觉有关，"因是尊神之子，故我身则乃神舍，我精神则同于天神。仁义礼智，天神之德也，因故行常侍天也。用其礼而祭则有福，背其道而祭则祸至，义也。日本神国也，昔礼仪虽不备，然神明之德威严厉也"③。这也显示出熊泽蕃山对"武士道"④产生了作为自我特征的明确意识。

最后，在区分"血气之勇"和"义理之勇"的基础上，熊泽蕃山对"犬死"和"义死"做了明确的区分，从而为武士的"死"及基于此的

---

① 『集義和書』、『日本思想大系』30（熊沢蕃山）、29頁。
② 『集義和書』、『日本思想大系』30（熊沢蕃山）、8頁。
③ 『集義和書』、『日本思想大系』30（熊沢蕃山）、42頁。
④ 『集義和書』、『日本思想大系』30（熊沢蕃山）、39頁。

"勇"提供了正义性基础。他认为，武士若为私欲而为怒火所侵，像狗般互相撕咬，则是"犬死"，相反"夫武士，君之干城也，而具自然之用。受其禄，却为私欲之火气所侵而死，不义也；常为无礼，非人道。死于战场者，有何火气焉？唯因有当死之义，故死也。君子之义，死则尽理、尽义，为义之必然而死也"[①]。在此，"义死"之概念的提出使武士的忠义之死获得了崇高和绝对的价值，也使基于这一概念的武士道伦理获得了正义性和崇高性，进而使其成为武士乃至日本人的行动原理，使行动美学具有了可能性。从这种意义上说，熊泽蕃山的"义死"观在日本武士道的发展史上具有十分重要的意义。

显然，与中江藤树相比，蕃山虽然也提倡文武合一论，却对武士道和武国产生了作为自我特征的明确自觉，因而也更积极地推动着武士道的民族化。例如，为了彰显日本的这种特性并防备清朝的进攻，他在江户时期最早提出恢复"兵农合一"的政策，主张"若农兵制得到实行，日本之武勇将分外增强，宜将符合真正武国之名"[②]。他同时也认为，八幡帝是"日本之所以为武国的缘由"[③]，所以日本是"文武兼备"的真正"武国"，因为"仁"故"武"，因为"武勇"故讲"德义"，不仅胜于武艺衰败的旧日中国，而且优于"不仁而近禽兽"的清朝之类的"勇国"[④]。

继中江藤树后，江户前期的著名儒学家和教育家贝原益轩也用儒家思想对文武关系及武道做了系统的论证。据记载，益轩素有倾力普通教育之念，因而用通俗易懂的文体写下了《家道训》《大和俗训》《童子训》《五常训》《文武训》等面向武士和平民的书籍，推动其武道思想向一般社会的渗透。他关于武士道的思想主要体现于《文武训》中。虽然在文武关系及其哲学基础的阐释等方面，贝原益轩与藤树师徒都因借助了儒教理论而保持了高度的内在一致性，然其文武观和武道观在某些方面却有鲜明的特色，或者说更接近于熊泽蕃山的观点。

[①] 『集義和書』、『日本思想大系』30（熊沢蕃山）、218頁。
[②] 『集義和書』、『日本思想大系』30（熊沢蕃山）、443頁。
[③] 『三輪物語』卷六、『蕃山全集』第5冊、蕃山全集刊行会、1942年、60頁。
[④] 『集義和書』、『日本思想大系』30（熊沢蕃山）、179—180頁。

第一，贝原益轩依据"道的唯一性"的儒教思维，系统构建了文武之道的哲学基础——仁义之道（人道）。他认为，天地虽大，却唯有一道，无论日本之道还是中国之道，无论兵道还是儒者之道，无论中国的武道还是日本的武道，无论古之道还是今之道，其道相同，都可以归结为"天道（阴阳之道）"或"人道"。而人道即仁义之道，"仁义之外，别无可为人道者"①。因此，仁义之道自然是文武之道的根本，"仁义为道之本，体也。文武乃行仁义之用也。……故仁义之道外无文武，文武之外无治法、无兵术"。在这种基础上，他主张文武合一论，"文武只一德。文中有武，武中有文，犹阴阳互为其根"②，进而强调了"文"对"武"的重要性和意义，"故无文之武非真正之武"。可见，这一论述彻底构建了"文武"或"文武之道"的绝对的形而上价值，并由此为日本作为武国的特殊性及武道精神提供了正当性和合法性。

第二，他虽然也认为"武有本末"之分，却对"武"做了武德、兵法（敌万人之术）和兵术（武艺或敌一人之术）的独特区分。他指出："武有本末。忠孝义勇，兵法之本也，武德也。节制谋略，兵法也。……弓矢、剑戟等兵器之术，兵法之末也，武艺也。以本末皆备为好。武艺以兵法为本，兵法以仁义为本。当知有此三品，而分其序，知其轻重"③。基于这种区分，他提出了武士道的含义，"故武士之道内则以忠孝义理为本，而知兵法；外则习武艺，以武备不缺为助"，并对有司、将、小身之士等不同层级的武士提出了不同的要求。可见，"武"的三分法不仅对于武士乃至平民找准自己的定位具有十分积极的作用，也为武士道的普及提供了结构性的条件。

第三，在区分"义理之勇（君子之勇）"和"血气之勇（小人之勇）"的基础上，贝原益轩也着重强调了"义死"和"犬死"的区别，认为武士"不合道而死，则是犬死"，其生死应当合乎义理（仁义忠孝之道）这个唯一的标准。"武士研习学问而知义理，则符合生死之理。"④

---

① 貝原益軒：『武訓』、載『武士道叢書』上卷、254 頁。
② 貝原益軒：『武訓序』、載『武士道叢書』上卷、243 頁。
③ 貝原益軒：『武訓』、載『武士道叢書』上卷、245 頁。
④ 貝原益軒：『武訓』、載『武士道叢書』上卷、251 頁。

不难看出，与蕃山几乎无异的益轩生死观继承了中江藤树武勇观的核心内容，标志着在江户前期武士生死的崇高性和正义性已得到完全确立，这实际上也为江户后期武士的忠诚对象由主君转向"大义名分"之象征的天皇、国家奠定了思想基础。

第四，除"仁""义""忠""勇"等武道的核心概念外，益轩还认为"信"亦是仁义之道的重要内容，并强调了它对于武士、武道乃至人道的重要作用。他指出："夫仁义之道正直而无伪，是信也。无论中国与日本，无论古与今，无信则人道不立。若人道不立，武道亦不能行"①。在他看来，若主将无信，则难得士卒万民之心，故断言"兵之道在于以仁义为本，以信而服诸人之心"；若将无信，则不会有士卒守信、为主君行忠义、舍命死节的行为。不仅如此，他还以"勇"为中心论证了前述几个核心概念的关系。"误勇之人不当死而死，是背仁而轻生，非孝也；无勇之人当死而不死，是背义而惜生、不知耻，非忠也。"② 由上可见，中江藤树、贝原益轩等儒者通过"仁""义""忠""勇""信"等核心概念及"仁义""仁信""忠义""义勇""忠勇""忠信"等相互关联的联合概念的建构，不仅逐渐建立了完整的武道价值体系，同时也赋予其正义性，从而为武士道理论的形成奠定了基础。

第五，与熊泽蕃山一样，益轩也对日本的武士道及日本作为武国的特征有明确的自觉。他认为，"有士气而不畏死"是中日两国的共同风俗："中国人生而有忠义，风俗亦尊气节，且有文字而知谏之道"，是中国之所长，而"日本人天性武勇刚毅，且自古有重名之风俗"，则是日本之长。由此他指出，因为中日两国所志者不同，故国之习俗导致两国有尚文和尚武的差异。正因为这点，他强调"日本当是世界上最优秀的武国。与中国相比，惟文学甚劣而已"。显然，他虽然承认日本在文道上不及中国，却也充分意识到了中日两国之间的差异即日本作为武国的自我特征，而这可以认为是江户武士道民族化的重要思维和环节。

综上而言，中江藤树等借助儒教的知识和理论，对基于经验形成的、粗浅的弓马之道行作了理论化的改造，构建了独特的武道价值体系。这

---

① 贝原益軒：『武訓』、載『武士道叢書』上卷、254—255 頁。
② 贝原益軒：『武訓』、載『武士道叢書』上卷、258 頁。

种价值体系以仁义忠孝为根本和核心价值，或者说，它本质上就是被认为具有普遍性的仁义忠孝之道（人道）。而仁义忠孝之道既可以认为是中国的思维，也可以认为是普遍性的思维。因此他们所构建的武道既可以认为是"中国的"儒家思想与日本尚武传统的结合，也可以认为是"普遍性的"人道思想与日本尚武传统的结合。正是因为这种普遍性，武道获得了作为治国思想和武士行为规范的绝对性和正义性。因此，这种价值体系的确立既意味着武道的理论化，也意味着武道的民族化，或者意味着两者的结合，从而为日本武士道及其理论的形成奠定了基础。

不可否认，这种武道价值体系对作为"自足"价值体系的日本武士道的形成也不只是发挥着积极的促进作用。一方面，中江藤树等儒者都是在文武关系即文道和武道的对比结构下讨论和界定武道的，它实际上使得武道成为儒教等上位概念的次级概念，而这对欲"自立"的武道来说是一个不小的阻碍。另一方面，日本江户儒者无论多么崇尚中国及儒教，其思想却始终包含着尚武精神和主体意识。熊泽蕃山、贝原益轩等儒者对日本作为武国及其特性的强调，就是明显的例证；又如，极端崇敬朱子学而甘愿"学朱子而谬，与朱子共谬"的江户初期大儒山崎暗斋的"孔孟之道论"，亦是以自我（主体）为最高价值的典范："问：方今彼邦以孔子为大将、孟子为副将，率骑数万来攻我邦。则吾党学孔孟之道者，如何为之？……答曰：不幸若逢此厄，则吾党身披甲、手执锐，与之一战，擒孔孟以报国恩，此即孔孟之道也。"① 显然，这种对武国及其特性的主体性自觉无疑为武道的民族化提供了源源不断的内在动力。总之，江户前期儒者所构建的武道体系具有有利于和不利于武士道形成的两面性，而其中的不利因素则在其后逐步得到了"克服"或"超越"。

在江户前期，尝试超越前述武道价值体系并对"武士道"理论的形成发挥关键作用的则是被公认为日本武士道开山鼻祖的山鹿素行。他虽以儒家自居，却对儒教采取了相对化和他者化的态度。他贬斥朱子学和阳明学为异端，宣称孔子逝世后圣人的道统到宋朝就已泯灭，故提倡恢复周公、孔孟之"圣教"。因为反主流儒学的立场和享有过高的声誉，山鹿素行遭到嫉恨，不仅被幕府流放，而且"作为一个儒者并没有多大影

---

① 源了円等校注：『先哲叢談』卷之三、平凡社、1994 年、118 頁。

响，也没有继承者"①。他最重要的工作在于武士道理论体系的构建，"是一个把儒教首先作为维持武士阶层的特权地位和这个阶层内部的现有秩序的行为规范之学而全面加以应用的思想家"②，也以士道论和兵学闻名于当世并对后世产生极大影响，"称门人者殆四千有余人，声价振于朝野"③。

与中江藤树等基于儒教理论在文武关系下定义武道的做法相比，同样借助儒教理论而改造原有武士道理论的山鹿素行则在武士道的哲学基础、思想依据、德目、实践性及其自觉、民族性等方面体现了既强调武道的普遍性又强调其特殊性的新内容。换句话说，他所构建的士道论不仅在理论体系上更为系统和完整，也更强调武士道的民族性和自主性。

第一，山鹿素行以"道"为其士道论的哲学基础，而以"圣学"或"圣教"为其思想依据，并以"武教"为其前提和必由路径。他接受了我国古代哲学关于"道"的概念，认为"道"是统摄天地间万事万物的规则和条理。天地万物皆有"道"，亦须遵照其"道"运行，并以"达道"为目标。"道者日用所共由当行，有条理之名也。天能运，地能载，人物能云为，各有其道不可违。道有所行也，日用不可以由行，则不道；圣人之道者人道也，通古今恒上下，可以由行也。若涉作为造设，我可行彼不可行，古可行今不可行，则非人道，非率性之道。"④ 在此，素行所说的"道"是不涉及"作为造设"的自然的、先验的、绝对的规则和原理即天地之道和圣人之道。前者是宇宙的自然规律与法则，后者是人们应共同遵守的原则、规范人际关系的准则与道理。显然，"道"拥有无限的权威性和绝对性，是自然和社会的最高价值准则，因而也是包括武士在内的所有人必须遵行的必然法则和衡量一切事物与行为的绝对标准。这种关于"道"的理论，构成了素行士道理论的哲学基础。这种对普遍性的"道"的强调，也是其士道理论被称为"道的觉悟"武士道的缘由。

他又以基于古典儒教伦理道德的"圣学"（圣人之学）或"圣教"

---

① ［日］永田广志：《日本哲学思想史》，姜晚成等译，商务印书馆1983年版，第88页。
② ［日］永田广志：《日本哲学思想史》，姜晚成等译，第92页。
③ 朱谦之：《日本的古学及阳明学》，人民出版社2000年版，第19页。
④ 山鹿素行：『聖教要録』、『日本思想大系』32（山鹿素行）、343頁。

（圣人之教）为其士道论的思想依据。他曾以自问自答的形式指出："圣学何为乎，学为人之道也；圣教何为乎，教为人之道也。"① 在他看来，"为人之道"即"为武士之道"只能通过"学"或"教"才能获得，即学于"古训"和"日用卑近"之学问而"施日用也"。因为中日两国风俗不同，而且"孔子没而圣人之统殆尽"，所以他反对弃本国之学而习异国之教，认为欲学士道则必须依据并学习日本的"武教"。关于这点，其门人弟子所作的《武教小学序》有明确的说明：

> 然俗殊时变，倭俗之士所用尤泥著（按：拘执），则居全国而慕异域之俗，或学礼仪用异风，或为祭礼用异样，皆是不究理之误也。学者为格物致知，而非为效异国之俗也。况为士之道，其俗殆足用异俗乎？习之于幼稚之时，欲其习与智长、化与心成之事者，诚先圣之实也。山鹿先生武教之垂戒，其教甚明也。于先生之门，欲学士之道者，必以此教为戒。②

显然，对山鹿素行来说，"武教"是定义其士道的一个重要概念。一方面，武教是武士习得士道的前提和必由途径，即所谓"武不因教，则失日用当然之理"③；另一方面，无论"武教"还是"士道"都必须依照"本国之俗"，否则就会陷入"忘倭俗而欲汉样"④的弊害。基于这种思维，他不仅按照《朱子小学》的模式写成武家教科书《武教小学》（1656），还先后写成《武教要录》（1656）、《山鹿语类》（1663—1665）、《武家事纪》（1673）等有关武士道的书籍，规定了武士应有的行动伦理并构建了武士道精神的教育体系。这些书籍被誉为日本国民道德的权威、武士道精神的真谛，不仅在近世社会广为流传，对幕末的维新运动发挥了不可估量的作用，还对日本近现代历史进程产生了深远的影响。

不难看出，通过"道""人道""圣学""士道""武教"等概念的

---
① 山鹿素行：『聖教要録』、『日本思想大系』32（山鹿素行）、341頁。
② 『武教小学序』、『山鹿素行全集思想篇』第1卷、岩波書店、1942年、500頁。
③ 『武教本論』、『山鹿素行全集思想篇』第1卷、563頁。
④ 『武教小学』、『山鹿素行全集思想篇』第1卷、511頁。

建构，山鹿素行不仅构建了系统化的士道理论的形而上基础，还强调了士道和武教必须基于"本国之俗"的民族性和独特性，体现了山鹿素行对待外国文化时所表现出的独立意识。

第二，与中江藤树等儒者不同，山鹿素行基于日用性和行为实践性而以"本—用"的一体化图式构建了系统的士道理论。这里的"本"包括了作为最高价值的"道"和作为武士行为规范的"士道"，而"用"则是指武士的实践行为。因而前述图式实际上又表现为"道—士道（"仁""义""忠""勇""信"等伦理规范）—用"的一体化图式。它不仅构建了三者之间的内在一致性，使它们成为互相包含和互相支持的有机体，还最大限度地提升了"用"的价值，体现了山鹿素行对武士道实践性的重视。关于这点，《武教本论》的"自叙"做了明确交代："夫武者勇之所因，人未尝无勇。不从教而学，则于猛于乱，其害是多。于教于学，不论本，则劳而无功。此三篇者（按：《武教本论》上、中、下三篇）论本而悉（按：详悉）用，能学能习，则大小精粗无不尽矣。"①可以说，他关于武士道的重要著作《武教小学》《武教本论》《武教要录》《山鹿语类》等都毫无例外地体现了前述思维，而以《山鹿语类》最为典型。

《山鹿语类》是山鹿素行的弟子收集他的日常讲义编辑而成的著作，集中体现了他的士道理论。该书共45卷，其中第21卷是《士道》，分"立本""明心术""详威仪""慎日用"四大项目，基于"本用一致"的思想对武士道做了重点阐述。其一，"立本"从理论上确定了武士的存在理由和价值（"本"），此即"职分""道"（"其所志"），规定了武士所必须践行的行为及其自觉性（"用"），此即"知（职分）""志（于道）""勤行（其所志）"。山鹿素行指出，武士的职分在于"顾其身，得主人而尽奉公之忠，交朋辈而厚信，慎独而专义"，因而作为武士必须先"知己之职分"，即"外足剑戟弓马之用，内勤君臣朋友父子兄弟夫妇之道，文道足于心，武备备于外。三民自以其为师，尊武士而遵其教，知其本末"②；武士既知"己之职分"，还必须"志于道"，即以实现道为目

---

① 『武教本論』、『山鹿素行全集思想篇』第1卷、544頁。
② 山鹿素行：『山鹿語類』卷21、『日本思想大系』32（山鹿素行）、32頁。

标，就是知晓自己所作所为的目的和所以然，从而获得自觉行动的内在动力，否则"士虽知己之职分，而无所志道，则有知而无行，故不全也。尤详可究理也"；武士既知其职分，又立其志道之志，还必须"勤行其所志"，否则就"只是说说而已，无其实也"①，而且其行为必须是"一生勤于此，死而后已"。由上可见，"知己职分""志于道""勤行其所志"相互联系的三项要求规定了武士的本分（知己之职分和成为三民的楷模）、所当为及其目标，构成了山鹿素行士道理论体系的核心和基础。

其二，山鹿素行以孟子所说的"富贵不能淫，贫贱不能移，威武不能屈"的大丈夫气概作为武士的理想人格，要求武士必须进行从内在（才能和品德）到外在（言行举止和日常礼仪）符合其本分和道义的严格修炼。"明心术"便是要求武士加强内心的道德修养，包括"养气存心（养气、度量、志气、温藉、风度、辨义利、安命、清廉、正直、刚操）""练德全才（励忠孝、处仁义、详事物、博学文）""自省（自戒）"三大项目；"详威仪"和"慎日用"是"明心术"的外在表现，要求武士严守日常生活的各种礼仪，为人处世要"敬"，举止言行要谨慎等。不难看出，"明心术""详威仪""慎日用"等对武士的要求亦打通了"道"、士道规范和武士实践行为（"用"）之间的联系。这意味着"仁""义""忠""孝""敬""正直""勇""诚"等士道的核心德目不再停留于"理"或价值概念的空洞层面，而是同时成为一个具有极强实践性和自觉性的道德项目。这种对士道实践性的强调，可以说是素行士道论的一大特色。

由上可见，依据儒教思想而基于"本—用"的图式，山鹿素行全面构建了士道伦理和武士行为的形而上基础和合理性，即使"合乎道义"成为判断生死、仁义、忠孝、武勇等士道规范和行为的标准。从此，披上了"道义"之道德外衣的武士道获得了其在日本流行的正义性和内在原动力。它同时也提升了武士道德及其实践行为的价值，即"其价值也由最初的武士自我意识和团体意识上升为社会意识和国家意识"②，从而为武士的忠诚对象转向"大义名分"的天皇和国家准备了思想基础。不

---

① 山鹿素行：『山鹿語類』卷 21、『日本思想大系』32（山鹿素行）、34—35 頁。
② 王志：《日本近世儒学中的尚武思想》，《大连大学学报》2012 年第 5 期。

仅如此，这种士道论还"具有适合各阶层的普遍性"①，不仅由此被武士阶级所接受而成为"主导近世武士思想的武士道理论"，也对近世乃至近现代日本社会产生了深刻的影响。

第三，山鹿素行之所以采用儒教理论作为构建士道的理论依据，在很大程度上是认为儒教的伦理观和政治观代表并反映了人类普遍的思维，他实际上并不模仿和照搬儒学理论，而是比此前的任何一个儒者都强调日本作为武国及尚武风俗的独特性乃至优越性，这其实也构成了其士道理论的另一个思想基础和来源。这种对自我的主张及强调在其较早的著作《武教小学》里就有明确的体现，而最集中的论述则体现于《谪居童问》（1668）、《中朝事实》《谪居随笔》（1668）、《配所残笔》《治平要录》（1677）等晚年著作中。这些书籍亦反映了他向日本主义的转向，这便是以武国和武士道构建自我同一性和主体性的强烈意志。

其一，他认为，尚武是日本自古就有的习俗和惯例，不仅是武家政治的当然法则，也是日本所以能保持长治久安和兴盛的关键所在。早在《武教小学》刊行前后，他对日本的尚武习俗就已有明确的自觉，也由此依据"俗殊时变"而作《武教小学》，要求培养保持尚武传统、文武兼备而能"修身正心治国平天下"②的武士，而不是"以记诵词章为教"而只知读书作文的文士。这无疑显示了山鹿素行相对于儒家文治主义政策的以武治国的政治理念及以武构建自我的自主意识。到了撰写《谪居童问》的晚年时期，他更是认为尚武是日本自古以来的"惯例"："人皇之初乃神武帝，天下静谧在于垂仁、景行朝，皆以武为先，是本朝之例。"此后，天下承平日久，朝廷武备衰落，才导致武臣盛其威以致"近代俗悉化为武威：服以戎服为宗，居以武家之宅为本，食以武家之礼为专"，故"今者武家之政道以武为先，乃当然之法则"③。因此，在他看来，尚武是"治国平天下之要法"，事关国家的兴衰存亡：王朝政治因尚文而衰，武家政治却以尚武而兴。他由此对受儒教思想影响而盛行于日本儒

---

① 王志：《日本武士道的演变及其理论化》，《东北师大学报》（哲学社会科学版）2007年第4期。

② 『武教小学序』、『山鹿素行全集思想篇』第1卷、500頁。

③ 山鹿素行：『謫居童問』、『山鹿素行集』第6卷、448頁。

者之间的"武招乱"的主张做了相反的解释:"圣人今出世,必以武可治天下。文武之重,治天下人民之用也,故文武唯与时为先后。自清盛(按:平清盛)以来,皆以武治天下,故后世皆为武治。忘武治而以文教,则亡败。"①基于这种认识,他认为"文乃招乱之本"而断言"武修礼,文招乱"②,从日本历史的角度完全肯定了"(尚)武"的意义和价值。通过这样的操作,"(尚)武"的历史正义性、连续性和民族性得到了伸张,成为一种可以表征自我乃至自我优越性的正当的价值。

其二,山鹿素行还从"记纪神话"和水土这种本土资源论证尚武的渊源和合法性,以说明尚武是"自足的"日本价值。他完全接受"记纪神话"关于日本民族起源及国土生成的观点,认为它就是真实的民族历史,以此鼓吹尚武与日本"神圣历史"之间的一致性。

> 天神谓伊奘诺尊、伊奘册尊,曰:"有丰苇原千五百秋瑞穗之地,汝宜往循之"。乃赐天琼戈。于是二神立于天上浮桥,投戈求地,戈锋垂落之潮,结而为屿,名曰磤驭卢屿。高皇产灵尊遣经津主神、武瓮槌神平中国(按:日本),天孙降临之日,天忍日命装戎衣先启。神武帝之东征建极,未有不以武德。久而忘古,士于狃治,武威不振者,亡乱之机,殆非神圣经营于中国之遗则也。③

具体来说,日本是天神用"天琼戈"所建即以武建国,又是皇室祖先神以武治国的"神圣"国家:"天祖杳察,开国以戈。神灵平不顺,以武威。天孙先武人,圣祖以英武建基。其所由根如此,是天命不僭之道也。"一言以蔽之,"武"是天神授予日本的政治遗产,"其道至纯不驳,其土、其人物灵于武、英于文,以出至诚之中",具有无须证明的合法性和不受任何外来思想影响的内源性。

山鹿素行不仅以"上天之命"(或记纪神话所记载的"神圣之灵")

---

① 山鹿素行:『山鹿随筆』、『山鹿素行集』第 8 卷、目黑書店、1943 年、403 頁。
② 山鹿素行:『山鹿随筆』、『山鹿素行全集思想篇』第 11 卷、岩波書店、1942 年、544 頁。
③ 山鹿素行:『謫居随筆』、『山鹿素行集』第 1 卷、168 頁。

为尚武的历史依据和合法性源泉，还认为它造就了日本"形似天琼矛"的独特自然环境，从而亦规定了日本尚武的自然特性。他强调说："水土之天险，自用武之象也，故四夷不窥觎，外朝（按：中国）亦不得施其制。"①"大八州（按：日本）之成，出于天琼矛，其形乃似天琼矛，故号细戈千足国，宜哉。中国（按：日本）之雄武乎，凡开辟以来，神器灵物甚多，而以天琼矛为初，是乃尊武德以表雄义也。"②可见，山鹿素行立足于本土资源的神定尚武论完全抛开了中国儒教思想的文武论，虽然极其牵强和荒诞，却使尚武观念成为一种"神圣而自然"的绝对存在。不得不说，这种关于尚武的思维对于自古就崇拜神权、崇尚自然的日本人来说是一个恰切的解释，因为它不仅使尚武具有了规范的力量而成为武士乃至平民"必须遵守的神启和自然法则"③，也使"（尚）武"具有了"自足的"价值而成为一个可以表征自我乃至自我优越性的概念。

其三，在山鹿素行看来，既然"（尚）武"源自日本神祇的授予等本土资源，那它必然也体现了日本民族的主体性和优越性。这种认识倾向在其晚年表现得尤为显著。如其自传体著作《配所残笔》（1675）所述，《中朝事实》（1669）是他彻底转向日本主义的里程碑。在该书的序言中，他声称自己"生于中华（按：日本）文明之土，未知其美"，却"专嗜外朝（按：中国）之经典，嘐嘐（按：虚夸）慕其人物"，认为这是"放心""丧志""好奇"和"尚异"所导致的后果。"梦醒后"的他由此对包括"士道论"在内的以往主张进行了反省，提出了张扬日本主体性和优越性的"日本为中华（中国）"的全新主张，并从水土、人物、神明、皇统、文物、武德等角度对其做了概述。"夫中国之水土，卓尔于万邦，而人物精秀于八纮，故神明之洋洋（按：美善），圣治之绵绵，焕乎文物，赫乎武德，以可比天壤也。"④可见，这时的山鹿素行完全希望在自我语境下构建万世一系的皇统、尚武等日本民族精神的价值体系，而尚武则在其中占有非常重要的地位。

---

① 山鹿素行：『謫居随筆』、『山鹿素行集』第1卷、168頁。
② 山鹿素行：『中朝事実』、『山鹿素行集』第6卷、128頁。
③ 王志：《日本近世儒学中的尚武思想》，《大连大学学报》2012年第5期。
④ 山鹿素行：『中朝事実』、『山鹿素行集』第6卷、3頁。

他认为，"（尚）武"是天神之"神敕"所规定的"日本的"价值，因而也是"日本之为中国"的重要表现："本朝之为中国，天地自然之势也。神神相生，圣皇连绵，文武事情之精秀，实以相应，是岂诬称之乎？"① 与此相应，尚武又表现为武威、武德、武勇等内容，它们都是日本民族优越性的重要体现。

日本的武威为外国所不及，亦为外国所恐惧：

> 神代之灵器不一，而天祖授二神以琼矛，任以开基。琼者玉也，矛者兵器也，矛以玉者，圣武而不杀也。盖草昧之时，拨平于暴邪，驱去于残贼，非武威终不可得也，故天孙之降临亦矛玉自从是也。凡中国之威武，外朝（按：中国）及诸夷竟不可企望之，尤有由也。②

> 中朝之文物，更不愧于外朝，如其武威，外朝亦不可比伦，故外朝之海防，唯要倭寇。倭寇者何？西州（按：日本西部）之边民房掠于彼也，非官兵之寇，而其落胆战股然，大明太祖三遣使于我国，请寇疆之禁……是恐其威武之余风也。③

日本的武德乃是"武义之德"，是"执琼矛等神器以天征"④，具有"替天行道"的合理性，因而远远胜于中国。换句话说，因为"盖神代之兵武也，唯神唯圣，而天讨也，天兵也，其将帅军伍皆灵神也"⑤，所以古代日本征伐东夷、西戎等国家，武威耀于四海，以致"中国之武德至此大盛矣"。

日本之武勇基于"自神代迄今之万古一系的皇统"，因此不仅具有中国无法比拟的优越性，也为世界各国所认可。

本朝之武勇连外国（按：中国）都有所畏惧，然自外国攻取本

---

① 山鹿素行：『中朝事実』、『山鹿素行集』第6卷、13頁。
② 山鹿素行：『中朝事実』、『山鹿素行集』第6卷、32頁。
③ 山鹿素行：『中朝事実』、『山鹿素行集』第6卷、32頁。
④ 山鹿素行：『中朝事実』、『山鹿素行集』第6卷、140頁。
⑤ 山鹿素行：『中朝事実』、『山鹿素行集』第6卷、139頁。

朝之事暂且不论，遂无一地为其所夺而成彼地。故武具、马具、剑戟之制、兵法、军法、战略之品，彼国之非所及。然智仁勇之三乃圣人之三德也，此三德缺一则非圣人之道。今以此三德立标记而一一考量本朝和异朝，则本朝远胜异朝。本朝诚可称中国之地，其分明也。此非私云，天下之公论也。①

综上可见，山鹿素行晚年的尚武观完全是针对中国而形成的民族优越意识的反映，也是武力扩张主义和日本主义的结合——武力日本主义。这种思想不仅具有侵略主义的本质，也自行披上了"天道"的合法外衣。例如，对古代日本的东征西讨（平定三韩、倭寇对外烧杀虏掠、丰臣秀吉征伐朝鲜等）等侵略行为，他解释为基于神敕而实现人伦之道的正义之举和"民族光荣的象征"。而且，这种思想还依据日本民族神话宣扬的所谓"天理"或"神敕"构建了武士道、皇统等相互支持、相互促进的"日本的"独特价值体系及其合法性和优越性。譬如，他认为，日本因为得天地之中而是真正的"中国"，故是在孔孟之前就践行着圣人之道的"神圣"国家："天地之至诚，乃天地之为天地之由，生生无息、造物者之无尽藏、悠久而无疆之道也。圣人法此而立天下万世之皇极，使人民依此之所以也。"② 这一论述不仅使天神所建立的皇统和神教获得对孔孟之道的优位，也使其原来的士道论所述的"仁""义""忠""孝""敬""正直""勇""诚"等核心德目同时成为神道价值体系的概念。因此，对他来说，三种神器所象征的智仁勇三德必然比中国优越；对天皇的忠义也才称得上真正的忠义，等等。

总之，这种武力日本主义的尚武观显示了与基于儒教的武士道论的诀别。它预示了这种武士道的最终归宿和目标是转向立足于本土历史和传统的武士道，并揭示了其两大理论依据——神皇论和水土论。从这种角度上可以说，它是对中国文化的逆反，因而在构建江户日本人的同一性方面发挥了极为重要的作用。与此同时，它又是一种以"德"为"武"

---

① 山鹿素行：『配所残笔』、『日本思想大系』32（山鹿素行）、333—334 頁。
② 山鹿素行：『謫居童問』、『山鹿素行全集思想篇』第 12 卷、岩波書店、1940 年、192 頁。

正名的思想，不仅隐藏着扩张的内在冲动，也隐藏了使这种扩张合法化的功能。正是因为这点，山鹿素行的民族优越论和尚武论不仅被吉田松阴等幕末民族主义者所追捧，也在近代以后为日本军国主义者所推崇，成为他们煽动民族主义情绪的一个理论依据，也由此为近代日本推行对外侵略扩张的政策提供了理论指导。

2. 基于本土资源的"武士道"的民族化

与中江藤树等基于儒教理论推进武士道理论化和民族化的思维相对，江户前期也出现了基于神道构建日本作为武国的特殊性乃至优越性的思维。持这一主张的大多是一些神道学者。他们的相关论述虽因比较零碎而常受到我国学界的忽视，但其理论依据乃是神道这种所谓的本土资源，因而对欲构建同一性和主体性的日本人来说反而更有意义，亦由此对江户日本乃至近代日本产生了深刻的影响。

与晚年的山鹿素行相似，开创吉川神道的吉川惟足亦以日本民族神话的"天神创世说"为日本尚武特性的哲学基础，并以此构建日本的主体性和同一性。这一思想虽然散见于吉川的相关著作，却集中体现于垂加派神道学者冈田正利（1661—1744）所写的吉川惟足的传记——《神学承传记》。惟足认为，天地开辟的历史证明了日本对世界各国的优越性，而"（尚）武"作为"天琼矛之德"的表象和"自然之风俗"，是"武义"和"仁惠"的结合体，不仅具有先验的合法性，亦是日本优越性的具体表现。

> 夫吾国者，天地肇始，先立于万州而显，乃优胜于世界各国之国也。此大八洲国开辟之时，伊奘诺尊、伊奘册尊气化而坐，俱生神、耦生神等诸神亦气化而坐，然此神坐于大德之神明，故各国皆以其为君而崇贵，受命令，窥天命，建五伦之道而教导万民，故以君臣之道立为五伦之本，又见万民好勇义之自然风俗，故以勇义为政道之本，施仁惠而治四海，是云天琼矛之德。琼矛者武器也，琼者玉之名，王之名者登之谓也。有勇义而施恩惠时，有威而疑从，四海安静而治，以此理传于御子天照大神而治天下。至于天照大神，述琼矛之德为三而传三种神器，以事理而传御孙琼琼杵尊，以此世

代相传，尊为帝业之重器。①

在此，惟足对神学（神道）与儒学的真实关系做了完全相反的解释：神学先于儒教而存在，五伦之道亦不是由儒教而是由"神"所建立。因此，"天琼矛之德"既是日本上古"以先于儒教的神学而治世"的原理，又是决定尚武特性作为"日本的自足价值"的合法性和优越性的根本依据。"以武义为本而施仁义，是则天琼矛之德也。以琼矛为道之体，而为治世之本。以是治时，上盛武备，仁惠敷于民，平平安安，四海静谧而治。自神代伊奘诺、天照大神至人代，上代之政法如此。"② 基于这种认识，他严厉指责了外来文化进入日本后对日本尚武风俗的"破坏"："推古天皇以后，异国之教盛行，随之吾道衰落，异域文国之风仪移入朝廷，武日废，文日盛，以致勇气荡于诗歌管弦之戏，志气变得柔弱。"由上可见，吉川惟足构建尚武之独特性和合法性的做法完全是对真实历史的篡改、伪造和歪曲，是一种极端民族主义情绪的表现。然而，这种非理性的做法却迎合了江户日本构建自我同一性的需求，因而不仅受到山崎暗斋等神道学者的追捧，也被近代日本知识分子所大力宣扬。③

与吉川惟足、山鹿素行等依据神道构建尚武的民族性和优越性的做法相比，浅见䌹斋则认为尚武源自日本的天性，与万世一系的皇统一样都是日本优越性的重要表现。作为江户初期著名神道家兼日本主义者山崎暗斋的三大高徒之一，浅见䌹斋继承了其师"自民族中心主义"（self-orientated nationalism）的思想，而以"大义名分论"和"中国夷狄论"为其尚武论的政治基础，由此构建其民族性和优越性。首先，他认为，因为世界各国"其土地风俗之所限，其地各戴其天，各各乃一分之天下，故相互无尊卑、贵贱之别"，所以中国儒者所主张的"以九州为中国而以其外为夷狄"的华夷之辨违背了"天地之实理"，不过是偏私的错误做法。由此，他严厉批评接受了这一观点的日本儒者，指责他们"不知名分大义之实"，进而以皇统和尚武主张日本对中国的优越性："况吾国天

---

① 冈田正利：『神学承伝記』、载『日本教育文庫』宗教篇、同文館、1911年、190頁。
② 冈田正利：『神学承伝記』、载『日本教育文庫』宗教篇、196頁。
③ 参见亘理章三郎『日本魂の研究』、190頁。

地开辟以来,正统相续,万世君臣之大纲不变,此乃三纲之大者,是他国所不及也。其外,武毅丈夫而又廉耻正直之风,乃根植于天性,是吾国之所胜也。"① 可见,他关于日本尚武风俗之源泉的论述虽然有别于吉川惟足和山鹿素行的主张,却在构建尚武及其合法性的"本土理据"上呈现出高度的一致性。其次,浅见䌹斋根据"大义名分论"不仅提出了判定武士行为是否忠义的标准和原则即尊皇和爱国,还仿《朱子小学》写成"武士小学"——《靖献遗言》(1684—1687)并向其弟子宣讲(《靖献遗言讲义》,1689),大力宣扬尊皇忠君思想。

> 大抵吾国近世为士者,大率不好学,偶有学者,不过以为记诵词章之资。有英气、志义者,视以为,学问读书无益于事而讪笑之。殊不知,不学则不能辨大义,亦不知用丈夫之英气、志义,但因倡此学者之误,而致此弊也。故此篇特使为士者知大义之究竟而切磨,非学则一步亦不可动其身。事君处己,皆非幸,故识其妄而不欲疑。以此为武士之小学,亦可也。②

显然,对他来说,只有为了天皇和国家的忠义才是真正的忠义;只要是为了天皇和国家,武士的行为就具有绝对的合法性,而无须考虑天皇和国家自身作为存在及其行为的合理性。因此,为了培养武士尊皇忠君的精神,浅见䌹斋不仅终生不仕而致力于门人的忠君之教育,还常带长刀,并刻"赤心报国"四字于刀之裹布③,以树立忠君爱国之武士的典范形象。

由上可见,浅见䌹斋的尚武思想本质上就是对"尊皇思想"的鼓吹,它由此构建了武士对天皇的绝对忠义观,反映了江户武士道思想的一次重大转变。正因如此,他的思想对幕末尊皇倒幕志士产生了巨大的影响,由此也使《靖献遗言》成为幕末"志士们"的圣书,成为"使读者勃然

---

① 浅见䌹斋:『靖献遺言講義』、載『国民道徳叢書』第3卷、179頁。
② 浅见䌹斋:『靖献遺言講義』、載『国民道徳叢書』第3卷、123—124頁。
③ 有馬祐政:『浅見䌹斎傳』、載『国民道徳叢書』第3卷、2頁。

沛然，兴起忠义之心"①之精神和行动的原动力和模范。

在江户前期，尽管绝大多数学者对尚武产生了作为民族特性的自觉，然而像吉川惟足、山鹿素行、浅见絅斋等依据本土思想构建尚武的自足价值和优越性的做法，仍难以说是一种普遍的现象。多数学者仍可能因为受到中国思想的影响而对尚武保持着负面的看法，这在一定条件下构成了江户学者以武士道构建自我同一性的障碍。

三 江户中期的武士道

江户中期是日本武士道形成史上的一个重要转折点。这就是说，在此阶段不仅武士道的民族化倾向越发显著，亦开始出现了平民化的倾向，因而为这种文化共同体的形成奠定了思想和社会基础。首先，虽然仍有不少学者如室鸠巢（《骏台杂话》）、山县大贰（《柳子新论》）、井泽蟠龙、北条竹凤（《士道心得书》）等依然以儒学理论为指导来构建武士道理论，然而，强调其本原性和民族性的主张也越发盛行，如井泽蟠龙等。其次，与此前山鹿素行等提倡的"道的觉悟"的武士道不同，山本常朝、大道寺友山等提出了"死的觉悟"的武士道，体现了另一种超越中国思维范式的日本武士道的形成。再次，随着武士逐渐丧失对文化和教育的垄断地位，作为三民之楷模的武士的价值观念——武士道这种"普遍的高层次文化"也开始为平民所理解、模仿和分享，从而开始了它的世俗化历程。尤其是元禄赤穗事件的发生，更是引发了江户时代社会各阶层的武士道狂欢，不仅引起了知识分子的广泛讨论和自我同化，也被大量改编为面向庶民的文艺形式而对其价值观产生了巨大冲击及同化效应。

（一）武士道的自我本原化和民族化

在整个江户时代，为了构建自我的主体性和同一性，不少学者竭力发现各种可以证明日本特殊性乃至优越性的理论依据。在江户前期，山鹿素行等学者已开始依据神道、水土等本土资源来开展构建武士道的本原性、自然性、民族性乃至优越性的作业。这种作业在江户中期也得到了进一步的继承和发扬，并确立了构建武士道本原性的三大依据和路径——神道论、水土论和国民之天性论。井泽蟠龙、津轻政方等是依据

---

① 吉田松阴：『野山狱文稿』、『吉田松阴全集』第2卷、9页。

神道论构建武士道本原性的代表,西川如见、松宫观山等是依据水土论构建武士道本原性的代表,度会常彰是兼顾神道论和水土论构建武士道本原性的代表,谷川士清则是依据国民之天性论构建武士道本原性的代表。

井泽蟠龙(1668—1731)是江户前中期的神道学家,曾随日本主义者山崎暗斋及其门人学习垂加神道,这种特殊经历使他具有强烈的日本主义情绪,因而写下了关注日本民族生活和历史的《广益俗说辨》(1706)、《武士训》(1715)、《神道天琼矛记》等著作。因此,他虽受儒教思想的影响而以文武兼备为武士的理想人格,却以神道为武士道的源泉:"本来,但问武士之始,则乃神代之往昔。天御中主尊、天照大神盟誓天津彦彦火琼琼杵尊曰:天皇以八坂琼(神玺)如勾之曲妙而治天下之政,以白铜剑(八尺镜)之分明而看行山川、海原。提此灵剑(草薙剑)而平天下,使利万民也。"[①] 在他看来,这三种神器代表了柔顺、至刚无欲、正直三种至高的道德规则,故是修身齐家治国平天下之根本大法,亦由此派生出儒教所说的"智仁勇三德"。基于这种认识,他对神道、皇道和武士道做了统一的解释:"此神道乃皇道,文武两道也。"不难看出,认为神道、皇道和武士道之间具有内在的一致性,是井泽蟠龙武士道论的一大特点。这导致他关于武士道的主要著作《武士训》(全5卷)在享保年间(1716—1735)被世人广泛阅读和接受,并在1720年被改名并增补出版(《广益武士训》,全10卷)。这也说明这种武士道神授论在江户时代拥有较大的影响力。

与井泽蟠龙同时代的津轻政方(1682—1729)也持武士道神授论的主张,并以此作为构建日本民族特征的基础。他是江户中期陆奥弘前藩的武士,又名津轻耕道轩、喜多村政方等。作为山鹿素行的外孙,他虽然继承了其武力日本主义的立场,致力于山鹿流兵学的"祖述"而写下了《兵机全集》《原源发机句读大全》《武治提要》《山鹿志》等众多兵学著作,却也基于区分中国和日本的思维提出了关于武士道的新主张。首先,他认为,"武"为天神所授予,是日本治道之根本:"窃以井蛙之见溯观本邦上古光景,神世之开基无不悉赖琼矛之武德,人代之帝祖亦

[①] 井沢蟠竜:『武士訓』、載『武士道叢書』上卷、448 頁。

以干戈而立百王之模范"①。它因此是具有独立价值的绝对存在,并不是儒教文武观范式内的"受制于三才之号"的"武":"武者,六合之间独往独来之号也,本朝治道之大源也,而非'以文为左、以武为右'般的'武'。其意幽微,其味尤深重也。"其次,基于"武"的先验性,津轻政方认为,日本自古是拥有"真武德"的武国,因而这种武德不仅贯穿了日本历史和生活的全部而成了日本的重要特征:"以武修吾,武德之始也。以武治士,武德之终也。以武化天下,武德之极功也。始终本末贯通而不残,是真武德也。本邦乃武国,赖朝公以来大一统出于武门,故不以武德而立治平之基盘时,其根蒂易软弱而倾废。武德之实甚深重也。"② 还是日本区分于中国的重要标志:"其武亦不同于本朝之武。……外国所谓治四海之德,其用以仁为主,故文德也。武门所谓治天下之德,其用以义为主,故武德也。"③ 再次,基于前述思想,他还认为,对日本来说武治就相当于中国所说的王治,武教就相当于中国所信奉的圣教,"此故,上古之治乃王治,其实皆武治也"④,因而"武教与圣教其实同,其迹异也"。就是说,外国之治(文治)和本国之治(武治)都具有各自的合理性,都体现了各自的风土和人情特征,因而并无高低优劣之分、"常事"与"变事"之别:"外国之治譬如治瘦虚之疾,多以温补为主。本朝之治譬如治肥实之疾,多以泻凉为主。此乃水土之所以然,天下之人情、其俗之所为不同之故也。故武教与圣教,其实其功相同,而其形迹、事迹不同也。"⑤ 由上可见,津轻政方欲证明和表达的是,武国、武道和武治是日本相对于中国的民族特征,它们都具有自然的、先验的合理性。

综合两者之论述,可以指出,虽然他们都依据神授论而极力构建武士道作为日本的特殊价值及其合理性,然其相关思维仍未能完全摆脱儒教理论的束缚。这也从另一个角度说明,武士道神授论等自我特征化的主张在江户中期并不是日本学者的共识。例如,江户中期的崎门派儒者

① 津軽耕道子:『武治提要』、載『武士道叢書』上巻、394頁。
② 津軽耕道子:『武治提要』、載『武士道叢書』上巻、399頁。
③ 津軽耕道子:『武治提要』、載『武士道叢書』上巻、400—401頁。
④ 津軽耕道子:『武治提要』、載『武士道叢書』上巻、394頁。
⑤ 津軽耕道子:『武治提要』、載『武士道叢書』上巻、395頁。

蟹养斋（1705—1778）就明确反对并批判了以"神授之武"构建自我的主张。

> 又曰：我国自神代以武治，而云我国为武国，中国为文国，此又误也。我国和中国，镇乱时皆以武为主，治世则以文为主。我国之始，因有不从王化之人，故专于用武，就此虽亦有甚赞武力整备之言语，然更不见仅以武而能治之事。……又，我国之人有以下之说，武气自然而盛，故唯当尊武。若为武气兴盛之国，尤更需要尊文学，以文武兼备为佳，而当无仅仅培育兴盛之武气之理。①

这一论述说明近现代日本人不加怀疑地以为民族固有精神的武士道完全是江户时代被发现和创造的产物，同时日本的民族历史也从来都是被解释的历史。

与以神授论构建武士道民族性的做法相应，西川如见等也基于水土论展开了武士道本原化和民族化的作业。与此前熊泽蕃山、山鹿素行等在华夷思想的框架下所展开的论述不同，受到西方知识影响的西川如见则意图超越传统的华夷之辨而建构日本的世界中心地位。他声称，为了避免"故乡自大"情结的偏狭性，必须依据世界地图和水土自然之理（风土）这种普遍的原理建立有关日本和世界秩序的叙述。他认为，按照前述原理，日本乃是世界各国所公认的"上国"即"世界第一国"，而神国、武国、中正之国和万国之东（生命发祥之地）等则是其优越性的最重要表现。以地理位置而言，他认为，日本在万国之东头，是朝阳始照之地、阳气发生之最初、震雷奋起之元土，所以日本人形成了"多仁爱之心、专勇武之意，好清丽洁白"等"自然之民情"②。以风水而言，他认为，日本风水要害得益于"自然之神德"，所以为"万国最上"，同时显示了"武德永久而与天地无穷"的武国特性及其优越性："号浦安国者，要害坚固之仪也；号细矛千足国者，勇武全备之所谓也。住乎浦安之大城，备乎千矛之武德而永久与天地无穷矣。此民者神明之孙裔，而

---

① 蟹養齋：『武家須知』、載『武士道叢書』中卷、176—177 頁。
② 西川如見：『日本水土考』（西川如見遺書第九編）、求林堂、1898 年、3a—4a 頁。

此道者神明之遗训也。爱清净洁白，乐质素朴实者，则仁勇之道而智自足也。是此国自然神德也，岂不贵哉！"① 换言之，正是因为受益于"自然之神德"，故日本"以武勇为本、文笔为末，是百世不易的要害之国，而为世界第一也"。可见，依据所谓"自然之水土"，他全面而系统地构建了日本作为武国及神国的"自足的"的价值体系及其合法性、优越性。因此，从完整性的角度来说，西川如见可谓基于风土而推进江户日本身份建设的第一人。因为日本的独特风土可以为武士道的民族性和自然性提供强有力的证明②，所以他的思想也在江户后期被平田笃胤、中村元恒、会泽正志斋等民族主义者所继承，成为江户日本构建主体性和同一性的重要内容。

江户中期的兵学家和儒者松宫观山（1686—1780）同样是基于水土的原理构建日本的主体性和优越性的，其中最重要的表现就是武士道和神道。他认为，"道"和"性"取决于"天然之水土"，"道循性而立，犹饲鱼于池中、畜兽于山林。性出自天。天然之水土，四方不同，性亦从而异"③，故"神人、圣人各生其国，立适性之道，亦天理之自然"。基于这种认识，他严厉批评了日本某些儒者坚持的"我国初始无道无教"等主张以及"华彼夷我"④的态度，指责他们犯了"不知日本有神传"的错误，并认为"儒之华彼夷我者"是对日本的"非礼"，即"本是出于贱恶我国之心，则不敬甚于浮屠者"⑤。在他看来，神儒佛三道非但原本没有高低、优劣之分，相反，日本因为拥有位处"东方之首"的水土地理优势，而在武士道和神道上具有"万国无法比拟"的优越性：

　　本邦旭日之所煦，孟子之所谓夜气存，孙子之所谓朝气锐者也。

---

① 西川如见:『日本水土考』（西川如见遗书第九编）、6b页。
② 例如，江户中后期的经世家林子平（1738—1793）亦认为日本拥有"国土自然的勇气"（『海国兵谈自序』、载『武士道丛书』下卷、161页）。
③ 松宫觀山:『三教要論』、载関儀一郎编『日本儒林叢書』第6册、鳳出版、1971年、1页。
④ 可以说，对"华彼夷我"的批判几乎是松宫观山门徒的共同态度。例如，其弟子中条信敬为《学论》作跋说："今也虽文学盛行，然武备大弛，一味华乎彼，而不知以我国为本。"（中条信敬:『学論跋』、载関儀一郎编『日本儒林叢書』第5册、鳳出版、1971年、56页）
⑤ 松宫觀山:『学論』卷上、载関儀一郎编『日本儒林叢書』第5册、3页。

故人性质直，其气锐而好武，成刚悍之风。兹以神教以简易、正直为教，以祝祓为事，以天地为书籍，以日月为证明。此盖天造自然。"①

神道本于天，其教以天语人，以人语天。天人一体，幽明不二。……尤其，国俗尊神胤皇统之情，人人自具其性。此日德遍满之证，为神国之所以也。兹以百王一胤，万国无比类。②

可见，松宫观山是在神道和武士道一致的框架下看待和认识武士道的。因此，这位曾随北条氏如（1666—1727）学习兵学而又在江户开塾教授兵学的民族主义者也像他激烈批判儒教那般对大多数日本儒者"或以为谈武非吾事""今日儒生废武"等轻武之举进行了指责。在他看来，武士道是日本本原的道，"顾夫国朝武备始于天照大神，迨天孙之降也，有宝镜、宝剑、神玺之传焉。儿屋根、太玉两祢，所执持之神篱、磐境、严矛有焉"③，不仅是具有充分合理性的"天下大道"，还是日本区分于中国的根本标志："尝闻观澜先生曰，彼以文立，我以武立。学者须先识此体制，可谓得要矣。"由上可见，松宫观山即便是立足于水土原理而构建武士道的合理性，然最终的归结仍指向了虚幻的神道传说。这也恰如其门人大八木高充所说："本邦之所以杰出于万国者，盖天人一体，高古草昧之时，教道既全备矣。而今证之。三种神器有智仁勇之德，而皇统绵绵，百王不易。父子相承之礼，出于天性；君臣上下之分，则于天地。圣文和疆内，神武偃海外。"④ 这一方面显示了江户学者构建武士道理据的狭小化倾向，另一方面却如松宫观山所说"近日儒士谈武，徂徕物子一人而已耳"，武士道的合法性及其作为日本特征的性格即使在江户中期仍没有得到日本儒者的广泛承认。

因此，对具有独立意识的江户知识层来说，构建日本主体性乃至优越性的最重要课题是解决其理据问题。由此，神道论、水土论、民族天

---

① 松宫観山：『三教要論』、載関儀一郎編『日本儒林叢書』第6冊、2頁。
② 松宫観山：『三教要論』、載関儀一郎編『日本儒林叢書』第6冊、5—6頁。
③ 松宫観山：『学論』卷上、載関儀一郎編『日本儒林叢書』第5冊、11頁。
④ 大八木高充：『三教要論後序』、載関儀一郎編『日本儒林叢書』第6冊、1頁。

性论、阴阳五行说等才相继被少数学者（主要是神道学者、兵学家和国学者）发现为构建自我特征的原理。对他们来说，本土的神道是最方便的存在，故最为他们所重视。其中，也有少数学者最大可能地利用多种原理进行主体性和自我同一性的建构。在江户前期，山鹿素行是兼以神道和水土构建武士道这种"自足的"价值的代表，而度会常彰则是江户中期的代表。度会常彰出身于神道世家，后来成为伊势神宫外宫的神官。这种神道学者的身份及素养使他"最嗜和学"，写成了《倭魂国风》《日本国风》《神道明辨》《神道考证》等致力于"神道的发挥和国风的发扬"①的著作。对他来说，武士道自然是具有独立价值的"日本国风"之一。由此，他结合神道论和水土论对"兵道（武士道）"做了自我特征化及合法化的论证。

他认为，天地之开辟和独特的水土决定了日本作为武国及尊奉武士道的特性及优越性，这也为日本的历史书籍所记载：

> 夫日本在东方，阳气始发之地也。其气极盛也，禀其极盛之气而生来，故众庶生质武勇也，是水土所使然也。……《神代卷》有八千戈神，《纂疏》有云"或兵器备足，盖军神也"。又有经津主神、武瓮槌神之两神，承天照大神之敕，降于苇原中国，悉平定，是军将之权舆（按：起始或萌芽）也，而此二神始倡武。且神功皇后敕云，作为我军神之最上而与此日本之天地长久荣守焉。应神天皇敕云，唯愿吾日之本（按：日本）有武心，其必至我前，而成神皇世世代代之守护。吾神明以直心承清净之心，驱邪以导众人。此亦载于《和论语》。又《松浦物语》以和国为兵之国，云"其虽小，然深得神佑，人心亦贤"。《八幡愚童训》云，贵方一人可对异国之十人。一书云，二神以天之琼矛所生之州国，故胜于万国，而金气之盛者亦可见。如此，此国原本勇武之国，故兵之道不绝而传于世世代代。今天下太平，率土之滨亦能治，武气之所镇也。②

---

① 『度会常彰传』、载『武士道丛书』下卷、125页。
② 度会常彰：『日本国风』、载『武士道丛书』下卷、128—129页。

不难看出，这些长篇累牍的文字唯有一个目的，就是证明武士道是一种先验的、不容置疑的、独立的日本价值，也是水土所赋予日本的无与伦比的"国美"之一。在他看来，贝原益轩《自娱集》所列的"本邦七美"并不能完全概括日本国风之美，由此又补出"神明助""灵器守""宝祚固""言词和""金银多""武无敌"六美，合为十三美，并意犹未尽地说："若细细思量，当犹有也。是此方乃水土正之神国也，数倍胜于万国。……唯受生于此水土优美之国度，人人都可悦享也。"① 基于前述认识，他认为神功皇后西征、日本武尊东征等都是遵照神意的"义战"，是"示神策、武威"②的正义性行为。由是，它不但使新罗，也使外国悉皆畏服日本，而使日本成为"永远不会受到侵犯"的国家。可见，度会常彰亦是将日本的神话当成真实的历史，而以虚虚实实、自卖自夸的方式建构着武士道的合法性及优越性。

与依据神道或水土构建武士道本原性和优越性的思维相呼应，有些学者还从"国风"即国民天性的角度建立武士道的民族性和优越性。这种倾向其实也见于松宫观山、度会常彰等不少学者的论述，其中突出的提倡者则是谷川士清、浅见絅斋。谷川士清（1709—1776）是江户中期的国学者兼神道家，虽然出生于医生世家并以医为业，却对日本的古典、古语等有着浓厚的兴趣。他曾随玉木正英（1671—1736）学习垂加神道，后又创设私塾研究并教授日本古典和神道，并由此与本居宣长等国学者有密切交往。这种独特的经历和素养及对日本精神的自觉不仅使他完成了《日本书纪通证》（1751年脱稿、1762年刊行）、《和训刊》（1775）等体现日本民族精神的著作，还使他从日本魂的角度看待和定义武士道。关于"mononofu"，他曾有这样的论述："《风雅集》云'轻命方成武士道，重于此者道有何？'命因义而为轻之义也。在我国，自古称武士之道者不同于西土之教，当为日本魂之教也。古歌云'吾名为了谁，惜名甚于身。虚幻无常物，唯当武士道。'其云此名者，忠孝节义之名教也，非

---

① 度会常彰：『日本国風』、国文学研究資料館、新日本古典籍総合データベース、No.031。

② 度会常彰：『日本国風』、載『武士道叢書』下巻、130頁。

名声利欲之名。"① 显然，对谷川士清来说，武士道是日本魂所规定的武士的忠孝节义等行为及生活，所以武士魂（日本魂）也就是日本民族所具有的独特精神。在这样的操作下，武士道也就被纳入了日本魂的价值体系之内。

综上可见，松宫观山、度会常彰等作为具有强烈民族主义观念的神道学者或兵学家，所构建的武士道的民族性和自然性的原理（神授论、水土论等）都毫无例外地最终指向了依据"记纪神话"的自我历史叙事。而这一叙事却是以尊皇为终极目标和最高要求的自我神圣化和正当化的叙事，故其武士道论就必然表现出尊皇论或神武一体论的倾向。前者最主要的代表就是山县大贰，后者最重要的提倡者则是松下郡高。

山县大贰（1725—1767）是江户中期的兵学家和儒学家，通晓儒学、佛学和兵学，初始以医为业，1756年到江户开塾讲授兵学，门人数百人。1759年著《柳子新论》，反对武家统治的国家体制，宣扬基于儒学大义名分论的尊皇论。他由此被幕府逮捕并被处死，同时为该书撰写跋文的松宫观山也因这一事件（史称"明和事件"）受到连坐而被流放。这一事例说明，对江户知识层来说，构建武士道本原性、民族性和优越性的作业最终必然归结于日本的历史和传统，而基于"记纪神话"的神道说恰恰是最方便的存在，这就必然导致"原夫本邦君臣之定分，犹天地之不可易也。人人尊皇胤之心，各具其性"②这种尊皇论的产生，也必然会形成构建武士道和神道的内在联系或一致性的思维，如井泽蟠龙、松宫观山等提倡的武士道论。松下郡高的神武一体论则可谓这种思维和叙事的顶点。这种武士道论立足于其神道固有论和相对于儒佛之道的神道优越论：

> 夫所谓日本之神道，神代诸神以此国为安国而平治也。其道之正，胜于万国，故自神代血统绵绵而百有余代皇位盛大相传。虽云小国，却独立而不随外国。岂非神国之功，神之为神之道者乎？所谓日本神道之正道，乃使此国自神代丰治也。如中国，势强者各从己意而夺世，服从于此国，屈服于彼国，今日之主人明天则为家臣，

---

① 谷川士清：『和訓栞』三、成美堂、1899年、323—324页。
② 松宫观山：『復山大弍書』、载『日本倫理彙編』卷七、621页。

天子之血统代代更替，而成儒者自夸之儒道般的国风焉。①

这意味着包含神道精神和武士道精神在内的日本风俗体现了日本人自然的优越性，且它亦被中国等外国所承认，使日本获得"君子国""尊国""太阳国""神国"等"美名"。"日本之风俗乃是喜人之繁昌和子孙长久，祈愿长命，好使万事繁盛者为盛，以健成勇阳之气为本。此风俗是神国之印也。"②"中华、外国之人最终倒是称美日本，取名日本为尊国。此皆由中华所说之事也。"③ 基于这种认识，他认为神道即是武道，且日本自古以来的国风就是"神武一体"："神道则此国之武道也。神和武非分而有二者，其乃一体，乃如权衡般无甲乙、轻重之替。"④ 具体来说，神武构成了体用一致的一体关系："神则上古之人也，其神常行之道曰武。神乃体，武则用也。体用一致，故神武两者之间毫厘无甲乙，其本乃一，而如权衡。"⑤ 综上可见，松下郡高的"神武一体权衡论"代表了江户时代从神道和武士道关系的角度论证武士道的本原性和优越性的极致。这种极端民族主义的思想虽然可能对江户日本主体性和同一性的构建有着积极作用，却亦是以一种非理性的、粗暴的方式掩饰真实的历史为代价的。

毋庸置疑，江户中期日本神道学界和兵学界兴起的以基于"记纪神话"的神话体系为最终指向的武士道论虽然是一种虚构和想象，却为日本人以这样的武士道构建自我同一性奠定了合法性基础，同时也为江户后期开始盛行的"尊皇爱国的武士道"的确立奠定了思想基础和社会基础。

当然，在江户中期甚至整个江户时代并不是所有学者都以尚武或武士精神为日本的特征，也并非全都毫无理由地肯定其对日本的积极作用。例如，大力提倡尊王论而批判幕府的山县大贰就认为武只是"处变"的

---

① 松下郡高：『神武権衡録』、載『日本思想闘諍史料』第四巻、東方書院、1931 年、494 頁。
② 松下郡高：『神武権衡録』、載『日本思想闘諍史料』第四巻、405 頁。
③ 松下郡高：『神武権衡録』、載『日本思想闘諍史料』第四巻、476 頁。
④ 松下郡高：『神武権衡録』、載『日本思想闘諍史料』第四巻、496 頁。
⑤ 松下郡高：『神武権衡録』、載『日本思想闘諍史料』第四巻、508 頁。

应急之策，不应成为正常国家的根本大法："夫文以守常，武以处变者，古今通途，而天下达道也。"① 在他看来，尚武非但不会对日本有益，反而作为"蛮夷之言"会给日本造成莫大的损害："政之移于关东也，鄙人奋其威，陪臣专其权，尔来五百有余年矣。人唯知尚武，不知尚文，不尚文之弊，礼乐并坏，士不胜其鄙俗。尚武之弊，刑罚孤行，民不胜其苛刻。俗吏乃谓，用文之迂，不如任武之急；为礼之难，不如为刑之易。古何足以稽，道何足以学也。是特蛮夷之言耳。"② 虽然这种尚武否定论源自山县大贰批判幕府的尊皇论，却也说明不少受到儒教影响的江户学者存在着接受武士道为日本国家特征的抵抗心理。

（二）两种基于"死的觉悟"的武士道

与依据儒教或神道构建基于"道的觉悟"的武士道相对，江户中期的日本知识界还形成了两种基于"死的觉悟"的武士道理论，主要倡导者是大道寺友山和山本常朝。其各自的代表作《武道初心集》和《叶隐》同被称为武士道著作的"双璧"。他们的武士道思想不仅因为注重"死"的觉悟而被认为更切合武士的身份和职分，也因此被认为更准确和忠实地体现了日本的民族精神，而对"疯狂的"近代日本社会产生了深刻影响。前者可以说是基于"道的觉悟"的武士道理论的进一步发展，因而强调武士的生死、言行等必须合乎"道"即"义理"，即要求武士必须做到"该活时活，该死时死"，因而其所主张的"生死"和"义理"都只有相对的价值，例如"死"有"义死"和"犬死"之分，"义"有"正义"和"不义"之别，故可以说仍属于一种理性化的武士道。后者则强调一种无条件的绝对的生死和忠诚，即它强调武士行为的效忠对象和行为本身的绝对性。即是说，武士的行为只要是为了主君就是符合义理的行为，武士的死亡只要是为了主君就是合乎义理的死亡。这种武士道以"死的自觉"为根本，是一种承继和发展了战国时期充满杀伐之气的非理性的、野蛮的武士道。显然，二者之间的最大分歧主要体现于对"生死"和"义理"的认识和态度的不同，其具体表现恰如荻生徂徕和山本常朝对待赤穗武士复仇行为的不同态度。

---

① 山县大弐：『柳子新論』、載『日本倫理彙編』卷七、586頁。
② 山县大弐：『柳子新論』、載『日本倫理彙編』卷七、594頁。

山本常朝（1659—1719）出身于佐贺藩的武士家庭，9 岁时便成为两代藩主锅岛光茂的侍从，其后忠心侍主长达 30 余年。其间，他又师从禅僧湛然和石田一鼎，分别向他们学习了佛道和儒学，形成了"决死尽忠""尊奉武道不落后于人""作为家臣，当心悬本藩之学也"① 等思想。1700 年，光茂去世后，常朝本想剖腹自尽以示忠诚，无奈此前幕府已颁法令禁止殉死②，故决定出家而开始了隐居生活。这种独特的人生经历和教养使他形成了一种"完全摒弃自我而只为主君"的武士道理论，而其最重要的表现便是由山本常朝口述、田代阵基笔录的《叶隐》（1716）。该书虽名为武士的修养书，其核心却是"对死的觉悟"，构建了一种绝对的忠诚观和绝对的生死观，因而可以说是一种疯狂的、反人伦的极端思想。从这种意义上说，《叶隐》武士道是一种反儒教且又异质于中国士道思想的武士道理论。

第一，山本常朝构建了一种绝对的生死观，不仅使"死"成为武士道的核心，又使"死"上升为武士行为的最终目的。《叶隐》开卷即说：

> 所谓武士道，就是发现死之所在。盖于生死两难之际，唯慨然决意择死也。此别无缘由可言，唯从容不迫而勇往直前也。那种说"若目标没有达成，则是犬死"，乃是上方风的自大式武士道。因为生死两难之时，谁都无法知道目标是否能够实现。……每朝每夕，一再悟死，则成常住死身，于武道乃得自由，一生无误地恪尽家臣之职也。③

显然，在他眼中，"武士道即是死之道"，即武士只有做到"常住死身"，并在面临生死抉择时做到果断地死、毫不留恋地死、毫不犹豫地死、毫无缘由地死，才能体现武士的真正价值和意义。因为"死"本身上升为绝对的价值，所以即便是"犬死"也不会成为武士的"耻辱"，相

---

① 山本常朝：『葉隠』上、三教書院、1937 年、1 頁。
② 田代阵基对幕府这一禁令不满的发言——"古以义殉死者，乃感于情而志之所责也。今为何禁此而挫操乎？"（『葉隠』上、3 頁）——可以认为是这种绝对忠诚观的最好表现。
③ 山本常朝：『葉隠』上、5—6 頁。

反"死"在任何时候都具有终极的意义和价值。

第二,"狂"是与"死"密切相关的山本常朝武士道论的另一个核心概念。在《叶隐》里,"死狂"之言,俯拾皆是。所以对山本常朝来说,武士道也即"死狂之道"。"狂"是武士对待死亡的态度和武士行为的根本准则。具体来说,它是指武士行为尤其是赴死的缘由、结果等并不重要,行为本身才有意义,即它无须讲究兵法谋划、无须考虑是否符合道理("义理")、无须考虑胜负、无须考虑自我,而只须毫不犹豫地"勇往直前"即可。"武士道者死狂也。……仅凭正气难成大业,非得气狂而至死狂不可也。又,倘若实践武士道时细细辨别是非,则早已落后于人。忠孝亦皆可不理,实践武道唯当念死狂,而忠孝自然含于其内也。"① "为武士者,以武勇且无使人超越己身而具死狂之觉悟为关键。"② 可见,山本常朝的"死狂论"追求的是一种"死的纯洁",即不使"死"被附加任何条件。这其实也就使武士的死和行动有了被美学化的可能。当然,这种"死狂论"虽然无视了自我、是非等观念,却也并非对善恶、是非、对错等观念的彻底否定。这就是说,在他那里,义理是一种便利的工具,既有绝对性的一面,又具有相对性的一面。这点从他对赤穗武士复仇行为的评判上便可窥知一二。在18世纪初期,与室鸠巢和佐藤直方所进行的"赤穗武士的复仇行为是否符合义理"的争论相比,山本常朝虽然十分赞赏赤穗浪士的复仇行为,却从"死狂论"这种超越常识的角度对赤穗武士做了批评,认为其行为存在"复仇没有当机立断""复仇后没有立即在泉岳寺切腹"等瑕疵,并由此对武士的所当为提出了要求:

  尤其,武道者,当以不可知今日之事为念,而每朝每夕分立条目,以作深思熟虑者也。其因时运而当有胜负。不使自己蒙羞之行为则另当别论,否则一死而已。若当时未能赴死,则须即刻复仇,而不需任何智慧或技巧。异于三民之武士,当无须考虑成败,唯无二无三而死狂也。依是而梦觉也。③

---

① 山本常朝:『葉隠』上、55頁。
② 山本常朝:『葉隠』上、102頁。
③ 山本常朝:『葉隠』上、32頁。

第三，山本常朝武士道论的另一个核心概念是"绝对的忠"或"愚忠"。这就是说，忠不仅是武士存在之真正意义，也是武士道的本质，因而武士道也即"忠之道"。这里的"忠"包含了两个层面的意思。其一，《叶隐》多次强调，面对主君，武士必须"无我无欲"，抛身弃命，而无条件地向主君尽忠即"悬命奉公"。"为家臣者，须始终站在主君一方，善恶不论而皆任主君，为其舍身弃命，除此别无他事。"① "若说武士大概之次第，先以笃奉身命于主君为根本。"② 其二，山本常朝虽然认为忠孝一本，却认为孝必须服从于忠。"忠孝虽似是二物，然尽忠节于主君则孝行于父母也，故皆极于忠之一也。"③ "孝依附忠也。同物也。"④ "每日清晨礼拜之做法，当先拜主君，次父母，然后再拜神佛。唯若尊奉主君，父母方亦欢欣，神佛亦当接受也哉。"⑤ 不难看出，忠优先于孝并使孝收敛于忠的价值体系是绝对的"忠"观念所导致的必然结果，不仅显示了与当时盛行于日本社会的"武士最关心的大事是保家，是使其子孙昌盛，对主人效忠只不过是一种手段"⑥的武士道观的差异，也显示了与我国儒教忠孝观的根本区别。

第四，山本常朝认为，武士道是异于儒道、佛道的日本独特之道，是日本武士必须奉行的唯一之道、纯洁之道。他指出，道若混入杂物，则不能称之为"道"⑦，因为"'道'之字虽同，然闻儒道、佛道之谓武士道者，道之所不合也"，所以他极力主张"武士道者一也，不可有求他道之意"。因为对这种武士道和藩国之风保持着极度的自豪感，所以山本常朝认为它们都不容任何批评和诋毁："若有人对武道和吾藩政治加以责难，则必须不留情面地予以斥责。平日当有此觉悟。"⑧

由上可见，山本常朝的武士道理论实际上是一种基于绝对忠诚的"死狂哲学"，即以忠君、死和武勇为最高追求的哲学，是对理性武士道

---

① 山本常朝：『葉隠』上、10 頁。
② 山本常朝：『葉隠』上、88 頁。
③ 山本常朝：『愚見集』、載川上清吉『石田一鼎』、霞ヶ関書房、1942 年、250 頁。
④ 山本常朝：『葉隠』上、15 頁。
⑤ 山本常朝：『葉隠』上、19 頁。
⑥ [日] 家永三郎：《日本文化史》，刘绩生译，商务印书馆 1992 年版，第 90 页。
⑦ 山本常朝：『葉隠』上、64 頁。
⑧ 山本常朝：『葉隠』上、117 頁。

的一种挑战。这种理论虽然并不彻底否定正义和道理，却因为它完全消灭了自我，因而就使本该约束其行为的义理变得无关紧要甚至被忽视，最终成为一种可以为完全不顾伦理和正义的疯狂行为提供"合法性"的遮羞布。因为这点，《叶隐》这部直到近代日本才被称为"锅岛论语"而被奉为圭臬的著作在江户时代除了在佐贺藩受到一定程度的认可外，其影响力可以说微乎其微，甚至被幕府列为禁书。① 也就是说，这部武士修养书蕴含了极强的战争能量和破坏力，因为它只须将忠诚的对象修正为天皇和国家，就可以收获无数没有自我意识和是非观念的战争机器和奴隶。换句话说，疯狂的书籍只有在疯狂的时代或是对那些疯狂的人（如三岛由纪夫）才真正具有意义。纵观日本近代史，《叶隐》被尊为武士道精神的源头和圣经宝典，是近代尤其是太平洋战争以后随着日本法西斯军国主义侵略战争的加深，日本政府和知识界出于战时武士道宣传的需要而对其进行重新发掘的结果。② 由此，这部宣扬"死的觉悟"的书籍才会成为战时日本国民教育的必读教科书，其所宣扬的武士道也才成为战时法西斯军人的精神支柱。

可以说，山本常朝和《叶隐》在江户时代都属于特异的存在，其所构建的基于"死的觉悟"的死狂武士道在近代以前的影响是极为有限的。与此相反，江户中期的兵法家大道寺友山（1639—1730）则提出了基于儒教思想而强调"死的觉悟"的武士道理论。他先后随北条氏长、山鹿素行等研修兵法，辗转会津、越前等藩，向藩主游说其儒教式的武士道思想。因此，体现其思想的主要著作《武道初心集》（成书于1725年左右）后来成为中下级武士的入门书，在幕末维新期具有广泛影响。该书针对当时武士疏于武道、安逸之风蔓延、贪欲之心膨胀等所谓"流俗之弊"，提出并强调了"死的觉悟"的武士道。"为武士者，自正月元日晨以箸取杂煮糍粑之刻始至其年岁末除夕之夜止，当以日夜常充死念于心为本意第一者也。唯若常充死念于心，故亦能相合忠孝之两道，亦能免所有恶事、灾难，其身则无病息灾、寿命长久也。不啻如此，其人品亦

---

① 山本博文：『武士道のことが面白いほどわかる本』、中経出版、2003年、163頁。
② 可参见 "1930年代の日本における『葉隠』の普及過程"（谷口真子、WASEDA RILAS JOURNAL 6、2018年10月）等论述。

能美成，其德亦能愈发伟大矣。"① 在此，他所强调的"死的觉悟"的武士道理论乃是根据时势对武士的存在状况及意义所做的规定，旨在通过消除贪欲之心等树立"生于静谧时代"的武士践行武士道的自觉性和主体性，因而具有比较鲜明的特点。

第一，这种"常充死念于心"的生死观既是儒学"杀身成仁、舍生取义"精神的进一步发挥，也是对其师山鹿素行"能勤而安命者大丈夫之心也，故匹夫在于常充死念于心而勤物，勤而安命也"（《山鹿语类·士谈》）之主张的继承和发扬。这种"死的觉悟"的武士道不但不否定"惜命"，反而如山鹿素行"人不知命时，以心无所安于此而无安乐之事，亦无思定而果敢决断之事，人之第一重者命也。重视此命者，自贵贱上下至老幼皆同一理也"②所言，是以对生命的肯定和重视为前提的。因而其目的在于要求武士珍惜每时每刻，勤而安命，尽最大可能实现作为三民之首的职分即人伦之道。这点与《叶隐》所强调的"死狂"武士道有着明显的不同。

第二，大道寺友山明确指出，武士的生死必须受到忠孝义理等人伦规范和善恶等是非观念的制约。在他看来，义理是武士之所以存在的依据和武士行为的标准，"不知义理者，难以称为武士"③，故"为武士者，心中须善懂义与不义。倘若其觉悟须专务义而戒不义，则武士道相立也。所谓义不义，善恶也。义即善，不义即恶也"。显然，这种武士道论非但没有脱离江户时代占主流的"道的觉悟"武士道的范畴，反而可以说是它的进一步延伸和具体化。

第三，他认为，武士道是"以有刚强之心地为第一"的日本独特之道。在他看来，"时、所、位"所导致的"义"的不同是日本形成独特的武士道的缘由："大略觉悟异国、本朝之义，仔细合计时、所、位之三者，而随其宜，妥善处世。"④ 而这也就形成了武国日本独具特色的武士道："为武士者，行住坐卧、二六时中，不忘胜负之气，且以置此于心为

---

① 大道寺友山：『武道初心集』、载『武士道丛书』上卷、281頁。
② 山鹿素行：『山鹿語類』第3（卷第25）、国書刊行会、1910年、54—55頁。
③ 大道寺友山：『武道初心集』、载『武士道丛书』上卷、284頁。
④ 大道寺友山：『武道初心集』、载『武士道丛书』上卷、347頁。

紧要也。本朝之义异于异国。无论如何轻微之百姓、町人、职人，亦相应地嗜好腰佩一生锈之刀，是日本武国之风俗也。"①

不难看出，大道寺友山所主张的基于"死的觉悟"的武士道仍重视生命，亦讲究忠孝义理，因而仍可归为江户主流武士道论的系谱。它虽然与《叶隐》武士道在对待"生死"和"义理"上呈现出一定的差异，然而，它们在促进"死"的"日常化"②和"精神化（价值化和规范化）"上却表现出了高度的一致性。这不仅显示了两种武士道基于某种缘由（如"幕末尊皇爱国的大义名分"）而实现结合的可能性，也预示了它们陷入一种完全无视自我和他者、完全无视正义的狭隘思想体系的可能性。

（三）元禄赤穗事件与"武士道的狂欢"

日本历史上曾有三次著名的武士复仇行动，分别是曾我兄弟事件（1193）、键屋之辻决斗事件（1634）和元禄赤穗浪人事件。其中，对后世影响最大的莫过于赤穗事件。该事件是指以大石内藏助为首的赤穗藩武士为报主公浅野长矩（1667—1701）之仇，攻入吉良义央宅邸并将其杀死，最终参与复仇的46名武士被判集体剖腹的事件。这一事件的原因、过程和结果都很简单，却引发了幕府内部、武士阶层、知识分子和民众对包含"赤穗四十七士复仇行为"在内的武士行为及其正当性的"大讨论"，成为江户时代社会参与度最高、影响最大的武士道构建和传播活动。换句话说，这次事件引起了江户时代各阶层都参与的"武士道的狂欢"，而对武士道的重构及向民众的传播发挥了巨大作用。

它的起因是松之廊下事件及其引发的幕府处罚。1701年，赤穗藩主浅野长矩被幕府任命为负责接待按惯例巡视江户的天皇敕使的"御驰走役"。他因为出身地方，不擅接待礼仪，因而需要向与自己历来不和的高家笔头吉良义央寻求指导。他没有按惯例缴纳"指导费"，又顾及赤穗藩的财政而削减了接待费用，由此在接待前和接待时都受到吉良义央的嘲讽和刁难。认为受到"侮辱"的浅野最终在接待大殿的"松之廊下"拔

---

① 大道寺友山：『武道初心集』、载『武士道丛书』上卷、288页。
② 按丸山真男的说法，"死的觉悟"只是武士"对于极致状况的日常设定"。参见韩东育《关于"武士道"死亡价值观的文化检视》，《历史研究》2009年第4期。

刀砍伤了吉良义央。五代将军德川纲吉（1646—1709）闻此勃然大怒，认为浅野玷污了仪式、损害了将军威严，因而不顾武家政治"喧哗两成败"（无关对错冲突双方皆须受罚）的传统习惯、幕府处理重大问题时的通常程序和多门传八郎等幕臣的请求，而令浅野切腹，并没收其领地、俸禄和财产，却对吉良义央没做任何处罚。最终，浅野长矩留下"风吹花兮花惜春，我犹胜花兮，无计留春驻"的辞世之句剖腹，后被葬于泉岳寺。同时，赤穗被废藩，300余名武士家臣成为浪人。

以大石内藏助为首的赤穗武士认为藩主和赤穗藩都受到了不公正待遇，因而认为不以死报仇则不能挽回藩之名誉和自己作为武士的名誉，故誓约向导致这一后果而又逍遥法外的"祸首"吉良义央报仇。他们积极谋划，隐姓埋名，暗中积累力量，等待时机复仇。1702年12月14日晚，大石率领原赤穗藩武士46名，袭击了吉良义央官邸，割其首级，又大摇大摆地列队走到泉岳寺，献首级于浅野坟头。随后，赤穗浪人于原地向幕府自首，束手就擒。数月后，参与复仇行动的46名（原为47人，其中一人在行动结束后作为事件的见证人逃离现场）赤穗浪士被幕府判令集体切腹，其遗骸也和藩主浅野长矩一样葬于泉岳寺。

四十七士的复仇行动就像一声惊雷炸响了承平日久的江户社会。围绕它是"喧哗"还是"义举"、对赤穗武士该如何处理等问题，不仅幕府及知识阶层展开了激烈的争论，一般武士和庶民也给予了强烈关注。

面对武士复仇这种大规模的群体性突发事件，幕府初始不知如何处理，其内部也产生了严重分歧。事件发生后，幕府评定所在讨论该事时虽然出现了"死罪""流放""监禁""无罪释放"等诸多意见，最终所做的决定（《评定所一座存寄书》）却高度肯定了武士的"义举"，认为他们"继承了亡主之志"，肯定他们不惜生命的复仇行为是"真实的忠义"，亦完全符合《武家诸法度》所规定的"励文武忠孝、正礼仪"的条款。与评定所一味褒扬的立场不同，掌幕府文教而深受纲吉宠爱的大学头林凤冈（1645—1732）总体上对赤穗武士的行为表示肯定，认为其是人道之常理："此度浅野之旧臣以大石为首，继亡主之遗恨而讨吉良，是义之所当也。其始末丝毫不背公仪，尽人臣之诚忠，当称赏之处置也……若强行判决此辈严刑，不但将取天下之笑，忠义之道亦必定坠落于地也。"① 因此，他虽然认为应从道德和法律的不同角度对此加以区分看待："窃取经传之意以议之，以彼心论之，则不同天之深仇，寝苫枕刃，以复之可也。偷生忍耻，非士之道也。据法律论之，则仇法者必诛。彼虽继亡君之遗志，不免仇天下之法，是悖傲而凌上也。执而诛之，示天下后世，所以明国家之典也。"但他也认为这种矛盾乃是源自道德和法律自身的矛盾性，并不影响其内在的一致性："二者虽有不同，并行而不相悖。上有仁君贤臣，以明法下令；下有忠臣义士，以摅愤遂志。为法伏诛，于彼心岂有悔哉！"② 他还认为，赤穗武士的行为打破了承平日久后武士"沐浴膏泽，而怠惰之心生，游谈聚议，习为软熟"的享乐和懈怠之风，激发了他们"奋发兴起"之志和忠义之心，因而对促使社会风气的好转具有积极的意义。他由此写下了"精诚贯日死何悔，义气拔山生太轻。四十六人齐伏刃，上天无意佐忠贞"③ 等盛赞赤穗武士的诗句。可见，林凤冈的意见其实与后来幕府关于赤穗武士和吉良家的处理（领地被幕府没收，家主吉良义周被流放）很是相符，或因暗含批评将军纲吉的内容，最初并没有被幕府所采纳。

与评定所和林凤冈毫无怀疑地肯定赤穗武士复仇为义举的观点不同，仕于柳泽吉保（1659—1714）而又备受纲吉宠爱的大儒荻生徂徕并不赞赏赤穗武士"愚忠式"的誓死效忠行为，认为他们只是"田横海岛五百人之伦"，而不是佃奴市兵卫所实践的合适的"忠主之道"。在他看来，其主君长矩的所思所为本为"邪志""不义"，因而其复仇也难以称为"义举"："夫长矩欲杀义央，非义央之杀长矩，不可谓君仇也。赤穗因杀义央而国亡，非义央之灭赤穗，可谓君仇乎？长矩一朝之忿，忘其祖先，而从事匹夫之勇，欲杀义央而不能，可谓不义也。四十有七人者，可谓能继其君之邪志也，可谓义乎？"④ 可见，徂徕并不赞成那种不顾正义和是非对错的武士行为。不过，他也不拘泥于"物理"，而是认为若从武士的角度考虑，则应对"生不能救其君于不义，宁死以成其君不义之志"

---

① 杉原夷山编：『元禄快挙赤穂義士伝』、日の丸出版社、1928 年、188 頁。
② 林鳳岡：『復讐論』、『日本思想大系』27（近世武家思想）、岩波书店、1974 年、374 頁。
③ 林鳳岡：『復讐論』、『日本思想大系』27（近世武家思想）、75 頁。
④ 荻生徂徕：『論四十七士事』、『日本思想大系』27（近世武家思想）、401 頁。

的行为给予理解和肯定："是推其情，不亦大可悯乎？……推其志，亦可谓义也已。"基于这种既批评又悯惜的复杂心理，徂徕向柳泽吉保提出了处理赤穗武士的建议：根据幕府历来重视并以为政务第一的"忠孝之道"，同时为遂武士舍死效忠之"夙愿"，又为世上之警示，当判赤穗武士剖腹。这一建议通过柳泽吉保报告给纲吉，最终为其所采纳。可以说，徂徕的建议和幕府的最终处置在日本武士道的发展史上具有十分重要的意义。一方面，徂徕作为江户主流知识界的领袖和最有影响力的学者，他关于"赤穗四十七士不义"的基本认识对此后太宰春台等学者的赤穗武士批判提供了思想依据，也促使了这场论争长期持续并受到强烈关注，进而在客观上起到了促使武士道传播的作用。另一方面，幕府的剖腹决定保全了赤穗浪人作为武士的名誉，构成对其复仇行为的事实上的肯定，反而为日本再度树立了"永传芳名"的忠臣榜样。"此度四十六人一同就死，致其忠义之名声日隆，直至后世亦当成为世上之榜样，显然也。虑此梦幻之世上光景，赐彼等以死，反成永久传其芳名之缘由也。"① 从这种意义上说，幕府的决定反倒成就了赤穗武士的"千古忠义"，推动了江户时代非武士阶层对武士道的理解和接受。

不仅是幕府，赤穗事件亦引发了其后直至天保年间（1830—1844）几乎整个日本知识分子之间的赞否大论争。这一论争持续时间之长、波及范围之广，足以说明它是18世纪日本知识界最重要的知识活动。这场跨世纪的大论争又可分为两个主要波次或阶段。在第一阶段，以室鸠巢为代表的多数学者肯定赤穗武士的复仇行为为义举，而以佐藤直方为代表的少数学者则对它做了批判和否定。约30年后，太宰春台以对赤穗武士的批判重提旧事，随后受到松宫观山、五井兰洲等学者的批判，形成了关于赤穗四十七士复仇行为正义性与否的第二波次的大范围论争。

赤穗事件发生后不久，伊藤东涯、藤井懒斋（1628—1709）等京都学者率先发声，高度称赞赤穗武士的复仇义举。东涯作为当时与徂徕并称的东（江户）西（京都）两大知识领袖之一，以较为自在的在野立场作《义士行》长诗，颂扬赤穗武士的忠义之举："一片义气盖壤间，白虹贯日气如神。碧血千年磨弥明，谁识而今目击真。……一夫倡义众左袒，

---

① 杉原夷山编：『元禄快挙赤穗義士伝』、194頁。

第三章　"大和魂"的创建——发现日本　/　449

纠率四十又六人。……朝野自是争哗传，万口齐唱是忠臣。诸镇闻忠馆厚待，留止荏苒十余旬。公义私情难两全，盘水加剑俱殉身。……了得是君未了事，千古公论不可泯。"① 藤井懒斋同样作为在野的京都著名儒者，也赋诗"醉弹长铗忘春秋，箫鼓任他多少楼。岂啻新莺怡吾耳，又闻义士报君仇"，认为赤穗武士的义举是歌舞升平之世间的希望。由上可见，在野的京都知识阶层基本都对赤穗武士持赞赏的态度。

稍后，对伊藤东涯极为推崇又十分重视京都知识界意见的室鸠巢写成《赤穗义人录》（1703），形成了称颂赤穗义士忠烈精神的代表性论述。此前，他曾致信稻生若水，一方面询问以伊藤东涯为首的京都知识界关于赤穗事件的看法，另一方面盛赞赤穗武士的忠义精神："江户旧腊十四日，浅野氏旧臣讨杀君仇吉良上野介，前代未闻。忠义之气凛凛，当为名教之助益。赤穗士风之厚亦由是而知，亦唯因内匠头养育人才之功显著也。"基于对浅野长矩和赤穗武士的全面肯定，室鸠巢将赤穗四十七士比作"孤竹二子"的伯夷和叔齐，盛赞他们为忠义之士的榜样。由此，《赤穗义人录》不仅概述了赤穗武士复仇的缘由和大致过程，还为他们列传，更是描写了近松行重的"节母"和片冈高房的"义仆"两个忠贞人物。② 该书全文声情并茂，使人感同身受，又催人泪下，极具感染力和煽动力。可以说，作为木门五先生之一的著名儒者，后又作为将军侍讲的幕府重要官员，室鸠巢的看法奠定了江户时代赤穗义士论的基础，对后世学者和社会产生了深远的影响。

对于室鸠巢等学者的四十六士肯定论，佐藤直方（1650—1719）、荻生徂徕等少数学者提出了否定的意见。照前所述，徂徕虽对赤穗武士的行为持批判态度，却也肯定了其舍命护主的忠烈精神。因此，佐藤直方的《四十六人之笔记》（1718）、《浅野吉良非喧哗论》、《四十六士非义士论》等则构成了赤穗武士非义论的典型论述。首先，他认为，赤穗武士复仇行为的依据和对象皆有问题。义央并不是"彼等之仇"；他们之所以为"君仇"的长矩与义央之争，原本就不是因为"喧哗"，而是因为长

---

①　足立栗園：『赤穗義士評論：先哲』、積文社、1910年、5—6頁。
②　室鳩巢：『赤穗義人録』、『日本思想大系』27（近世武家思想）、368—370頁。

矩所犯下的"背大法、犯上"① 之大罪；幕府令长矩剖腹、没收其领地等处置亦是"事理之当然"。其次，赤穗武士不悲主君之大罪，反而违背上令，带兵具，又采用隐语、暗号而以战场之法讨伐义央，是再次犯下"大罪"。再次，赤穗武士具有很强的私心和私欲。他们报仇后没有立即在泉岳寺自杀，而是声称要"待幕府之令"，实非"穷死之辈之所为"，而实际上是"欲得人之赞赏而遁死、得禄之谋"。不难看出，佐藤直方通过对浅野长矩之行为的彻底否定，"上野介一人之无道，以致杀众多之人，成武江之骚动，生人心之惑，可恶其者也"②，从而否定了赤穗武士复仇行为的正义性和合法性。不仅如此，他还据此对当时认定赤穗武士为义士的林凤冈等多数派学者提出批评，指责他们有"不明义理之过"并误导了世俗之人："凡读圣贤之书者，云一言之理也，世俗以是而误。述传迷惑众人之心之事，引'君父之仇，弗与共戴天'之语，是大非也。"

直方的赤穗武士否定论发表后，随即引发了崎门内部的大争论。以浅见絅斋（《四十六士论》）为首，三宅尚斋（《重固问目》）、三宅观澜（《烈士报仇录》）等声称"四十六人之辈没有混淆忠义之大要"③，赞美他们体现了对主君的"绝对的忠义"，因而可以说是依照《武家诸法度》行事的不折不扣的"忠之士"。可见，这场争论直指武士的忠义及行为是否要考虑到义理和是非的根本问题，也涉及武士对大名之忠和对幕府将军之忠（即"对上令的遵守"）的幕藩体制问题。显然，对这一问题江户知识界不可能有统一的见解，因而有关赤穗武士行为的正义性论争自崎门内部的激烈争论之后虽然暂告一段落，但知识界对这一问题的关注和讨论却不会停止。

1732年，与服部南郭并称为"萱园双雄"的徂徕高徒太宰春台刊行《赤穗四十六士论》，再次对赤穗武士义士论提出批判，掀起了知识界新一波次的大论争。春台虽然继承了其师"赤穗士不知义，其杀吉良子，乃山鹿氏之兵法也已"的主张，却不是以过去判定武士行为合法性的忠

---

① 佐藤直方：『四十六人之笔记』、『日本思想大系』27（近世武家思想）、379页。
② 佐藤直方：『四十六人之笔记』、『日本思想大系』27（近世武家思想）、380页。
③ 浅见絅斋：『四十六士论』、『日本思想大系』27（近世武家思想）、390页。

孝或义理观念，而是以日本武士道的标准或"人臣之义"批评赤穗武士的"不义"和"不果断"。首先，他认为，赤穗浪士弄错了复仇的对象，又违背了日本武士道的精神，所以为"不义"："且我东方之士，自有一道，见其君长之死，立即心乱发狂，不旋踵赴其难，但以死为义，不复问其当否。自仁者观之，虽或不免为徒死，而国家因存是道，亦足以厉士气，故不可弃也。今良雄等不怨其所怨，而怨吉良子，进退以畏县官为辞，不啻不知人臣之义，亦失此方之士所以为道，岂不哀哉。"① 其次，他认为，赤穗浪士的复仇行为含有私心，也不"果断"，所以为"不义"。赤穗武士没有"背城与使者一战"，而是"拱手授使者城，可谓失策矣"；他们既不能战死赤穗城，又不能立即前往江户而果断报仇，是无可以"塞责也"；他们"悠悠待时，徒用阴谋密计，以求杀吉良子"，而其志在于"济事成功以要名利"，是"鄙哉"。不难看出，春台的赤穗武士否定论乃是立足于其狭隘的"人臣之义"，可以说是不论正义和是非的"伪否定论"，它虽与直方、徂徕之主张同为否定论，却有了本质的区别。从这种意义上说，春台的赤穗武士否定论倒是更接近《叶隐》武士道的立场：名为否定，实际却是肯定。

针对春台提出的别样的赤穗义士否定论，五井兰州（《驳太宰纯赤穗四十六士论》）、松宫观山（《读四十六士论》）等随即撰文进行反驳。他们认为，春台对赤穗武士的要求或过于苛刻——"但惜其所论，不失之疏漏，则失之刻薄"②，或违背了天下共同的义理——"义者，天下之所同。其所为也当义，何为自有一道。苟不当义，则亦弗足以为道。是皆武人俗吏之谈，非士君子之辞矣"③。不难看出，这一波次的论争既可视为第一波次论争的延续，又反映了与它的思维差异，即提出了判断武士行为正义性与否的另一标准——是否符合日本的武士道。因此，这次论争实际上体现了超越普遍义理的日本武士道的"义理观"在日本的形成和演变。从这种意义上说，两个波次的赤穗武士论争的逻辑基础是关于

---

① 太宰春台：『赤穗四十六士論』、『日本思想大系』27（近世武家思想）、410頁。
② 松宮観山：『読四十六士論』、『日本思想大系』27（近世武家思想）、416頁。
③ 五井蘭洲：『駁太宰純赤穗四十六士論』、『日本思想大系』27（近世武家思想）、423頁。

"义"的两种不同看法，因此它既反映了江户时代两种武士道即重普遍义理的儒教式武士道和不顾普遍义理的日本武士道之间的冲突，又反映了基于绝对和相对忠诚观念的日本武士道"义理观"之间的冲突。因此，在春台和兰洲、观山的论争发生之后，无论是河口静斋（《四十七士论》）、横井也有（《野夫谈》）、伊势贞丈（《浅野家忠臣》）、山本北山（《义士雪冤》）、佐久间太华（《断复仇论》）、赤松沧州（《太宰德夫赤穗四十六士论评》）、平山兵原（《赤穗义士报仇论》）、泽熊山（《赤穗义士论》）等学者的赤穗武士义士论，还是伊奈忠贤（《四十六士论》）、野村公台（《大石良雄复仇论》）、牧野直友（《大石论七章》）、伊良子大洲（《四十六士论》）等赤穗武士非义士论，都是在前述两种冲突观念的框架下展开的赤穗武士行为的论述和评判。

由上可言，认为赤穗武士是"义士"的学者占据了江户学者的多数，而批评其行为是"非义"的学者始终只是少数。这意味着《叶隐》式的基于绝对忠诚观念的武士道即"不考虑普遍正义、不考虑他者、不论主君是非"的武士道得到了多数学者的支持，这不但是武士道民族化的重要表现，恰恰也是武士道蕴含着巨大建设力和巨大破坏力的缘由。

对于赤穗武士的行为，虽然幕府和知识分子之间存在着一定的分歧，大名、一般武士和民众则对他们表现出几乎一边倒的支持和肯定。大名由于主君的立场和身份而如《浅野仇讨记》所言："若赐死讨主君之仇者，则明日一旦有事，谁愿为主君舍命焉？"[①] 自然对赤穗武士的忠主行为大为赞赏。例如，负责监管赤穗武士的四家大名在押解他们从泉岳寺回各自府邸时，"此皆以义士优之，不比他囚也"[②]；越中守细川纲利对赤穗义士极为优待，对良雄等武士说"寡人日夜，庶几与卿等共生全之欢，今闻朝命，大失望矣"[③]；赤穗武士剖腹后，四家大名均遵其遗言，厚葬其于泉岳寺浅野长矩墓侧，并"筑坟立碑以识之"。一般武士亦由于自身的立场而高度赞扬、敬仰赤穗武士的复仇行为；庶民及竹田出云等"忠臣藏"的作者则基于大名和武士的主从关系，认为赤穗浪人为主君复仇，

---

① 田原嗣郎：『赤穗四十六士論』，吉川弘文館、1978 年、8 頁。
② 室鳩巣：『赤穗義人録』、『日本思想大系』27（近世武家思想）、357 頁。
③ 室鳩巣：『赤穗義人録』、『日本思想大系』27（近世武家思想）、358 頁。

完全符合大义，不仅应予以无罪释放，还应对其英勇无畏的忠烈精神予以表彰。因此，当赤穗武士复仇行动结束后，整个社会舆论几乎一边倒地为之叫好："赤穗四十六士者，世所谓义士也。是以自学士大夫、缙绅先生，下自挽夫驭子，莫不抚髀（按：以手拍股）叹称其义。于今三十年，犹一日也。"① "世皆付和雷同，称四十六人为忠臣义士。"② 可以说，赤穗武士的复仇行为唤起了人们对武士道的记忆，进而也紧紧地抓住了人心。江户乃至全国百姓都视赤穗事件为壮举，赤穗武士自尽后亦成为江户男女老幼祭拜和瞻仰的对象："都下人闻之，往吊祭者，日成群焉，以致数月不已。皆流涕欷歔，久之乃去。"③ 不仅如此，赤穗武士和江户百姓还共同造就了泉岳寺这一无声的武士的精神图腾。由于四十六士的缘故，这座原本不太出名的寺庙一夜之间成为武士道的象征，变成了武士道精神的祭祀场和武士道教育、传播的圣地。

当然，一度引起江户社会轰动的赤穗事件的影响到此还远没有结束。因为"赤穗事件"原本就极具戏剧性，所以事件发生后不久，它就迅速被搬上了歌舞伎、文乐（木偶剧）的舞台，成为此后受到日本人格外喜爱的经久不衰的"忠臣藏"故事。因此，它很早就成为日本人之间最广流传而又妇孺皆知的忠义故事。直到今天，以"忠臣藏"为题材的电影、电视剧仍在不断上演。

赤穗浪人剖腹次年（1703），《曙曾我夜讨》在江户中村座上演。该剧目假托曾我兄弟的复仇故事，歌颂了赤穗浪人的不屈精神。它在三天后便被明令禁止，显示了幕府对类似事件引发社会不安的警惕，也显示了江户百姓对赤穗事件的兴奋。1706年近松门左卫门创作的净琉璃《棋盘太平记》在大阪竹本座上演。该剧假托《太平记》的故事，是以虚构手法表现赤穗武士复仇行为的最早净琉璃，构成了"忠臣藏"作品的先驱。1710年《鬼鹿毛无佐志镫》在大阪篠塚座上演，在当时取得了异乎寻常的大成功。

当然，"忠臣藏"的集大成者和最著名的版本是1748年在大阪竹本

---

① 太宰春台：『赤穂四十六士論』、『日本思想大系』27（近世武家思想）、409頁。
② 佐藤直方：『四十六人之筆記』、『日本思想大系』27（近世武家思想）、378頁。
③ 室鳩巣：『赤穂義人録』、『日本思想大系』27（近世武家思想）、359頁。

座首演的人形净琉璃——《假名手本忠臣藏》。此剧目由竹田出云等根据真实的历史事件创作，又进行了一番粉饰，而使其人物形象变得更加饱满，情节变得更加曲折、丰富。因此，该剧一经上演，就再次引起社会的轰动，而以绝对的人气成为此后日本二百年来长盛不衰的经典剧目，也奠定了类似义士题材故事的基础。从此，不仅"忠臣藏"一词成了一切描写赤穗四十七士及其"仇讨"的戏剧作品的代名词，《假名手本忠臣藏》的戏剧也进入了日本人的日常生活。此后，以净琉璃和歌舞伎为形式的义士主题剧，更是迎来了它的一个高潮。《忠臣金短册》《忠臣伊吕波军记》《忠臣伊吕波夜讨》《忠臣伊吕波实记》等类似的剧目，更是不胜枚举。

赤穗武士的复仇不仅被频频搬上戏剧的舞台，还成为后来江户画家所钟爱的重要题材，如歌川国芳（1798—1861）的义士主题系列画作（《忠臣藏夜讨图》《义士讨入图》《诚忠义士肖像》等）、歌川广重（1797—1858）的《义士仇讨之图》、歌川芳员的《诚忠义士讨入姓名》、花岳寺所藏的《赤穗义士出立图》、描写大石内藏助剖腹的《义士切腹之图》等。这些目不暇接的画作从另一个角度固化并宣扬了忠臣义士的形象。

可以说，赤穗事件发生后，忠臣义士的故事构成了对江户日本人"无处不在""无时不在"的武士道文化的冲击。这场"武士道的狂欢"创造了日本历史上从未有过的各阶层的同时性武士道体验，从而极大地促进了武士道文化共同体的形成。

四 江户后期的武士道

江户后期是日本历史上具有特殊意义的时期，它意味着围绕日本的时空环境发生了巨大的改变。这一时期是江户日本知识界开始全面构建武士道民族性的重要时期。在此阶段，除鹈殿长锐（《肝要工夫录》，1812）、斋藤拙堂（《士道要论》，1837）等少数学者仍以儒学理论为指导构建"日本的"武士道外，更多的学者则试图超越儒教的忠孝观或文武观而构建一种立足于自我价值体系的武士道。这造成江户后期的武士道既呈现出与此前武士道的联系，又体现了更强调武士道的本原性和民族性，更强调武士道与神道的一致性及基于此的尊皇性等新的倾向。第一，以风土（自然环境和人文环境）构建武士道民族性乃至优越性的作业不仅得到继承，还获得进一步发展，而其代表则是中村中倧所提出的"武士道即自然之道"论。第二，会泽正志斋、吉田松阴等通过重构"忠"的观念，而以"大义名分"的名义推进了武士道和尊皇的结合，从而构建了以"尊皇爱国"为核心价值的尊皇武士道的基础。前述两种武士道论代表了江户时代以风土和神道构建武士道民族性的两种基本思路，并意味着它们亦达到了各自的最高形态。第三，真木和泉、桥本左内等幕末志士的尊攘运动作为尊皇武士道的实践，不仅进一步促使了武士道与尊皇的结合，也进一步促进了武士道的普及。

总之，江户后期的武士道思想和实践既是对前一时期武士道民族化思想的继承，又进一步发展了尊皇爱国等新的内容，因而为以天皇为忠诚对象的统一的、全民的近代武士道的形成奠定了思想基础和广泛的群众基础。

（一）"武士道即自然之道"

以风土主张武士道的独特性，是此前山鹿素行、西川如见、松宫观山等不少学者的共同做法。在江户后期，这种倾向得到了继承，如林子平就认为日本具有"国土自然的勇气"，而将其推到极致的则是中村中倧（1778—1851）"武士道即自然之道"的主张。

在江户后期，日本不仅面临着西方列强入侵的严重危机，又在经历了近二百年的和平后整个社会被认为流于文弱和骄奢。因此，作为此时期大力提倡尚武精神的众多儒者之一，曾任高远藩儒官的中村中倧针对"唯恐太平之久，人就逸乐，流骄奢，忘义求利，去实务虚，丧诚怀诈，离悫（按：诚实，厚道）随便，其极致失武德"[①]的社会现状，基于强烈的主体意识撰写了《尚武论》，以尚武、武国和武士道为日本民族的最重要特征，并对此进行自我特征化、合法化和优越化的全面论述。

他认为，武国是日本最本原和最本质的特性，而这种特性乃是源自日本独特的自然环境和人文环境的规定性。日本处"震卦"之位，故造就了与中国完全不同的"武国"风土与风俗：

[①] 中村中倧：『尚武論』、载『武士道叢書』中卷、334頁。

> 余乃以卦推之，我邦配震卦。《说卦》曰，震为龙。《西川求林》曰，我国形有游龙之象。真然。我邦称丈夫，犹彼国称君子。西土文国，其邦已主文，则以君子为尚，自不同耳。我邦武夫，岂可以君子称之乎哉？……况我邦之于彼邦，相距几百里，其风绝异，人情不同，恶获同其道耶！君子修其教，不易其俗；齐其政，不易其宜，故我邦之武不可废弃也。①

在他看来，日本的这种特性也有各种具体的表现和证据。"曰瑞穗国，米粟狼戾（按：丰足）之谓也；曰细戈千足国，武器精备之谓也。武器精，米粟足，非武国而何？又曰磯驭卢岛，犹西土曰丈夫国，丈夫即武夫之称也。曰浦安国，取外贼不能侵，四边安宁之义也。此则所以为武国也。"基于这些理由他认为，"固为武国"的风土和风俗（历史传统）便规定了日本民族尚武的自我特征，所以尚武或武士道也便是日本的"自然之道"："我邦武国也，西土文国也。文国尚文，武国尚武，固其所矣！……我邦有武，我邦自然之道也，可尚哉。"

可见，依据"武国"和"自然之道"两个核心概念，中村中倧构建了尚武或武士道作为日本国家原理、民族特征和自足价值体系的性格，亦由此建立了其本原性、合法性乃至优越性的历史和理论基础。

第一，武士道是没有受到儒佛等外来文化影响而自古至今保持着历史连续性的"日本本原之道"，具有本原性、历史连续性、独立性（自主性或纯洁性）等特点。中村中倧认为，武士道是日本的固有之道："夫上古数百年之间……当时儒教未入，佛法未兴，何以然乎？唯武之治耳。"②他由此批判了荻生徂徕、山崎暗斋等"以武士道为恶习、异端""武士道创于战国"的观点，认为武士道是与日本皇统一样"与天地悠久"般长存的"天助之道"：

> 天之所助，即在于武也。神代诺册二神，琼矛定天下。历世之久，天下复乱。神武天皇，一旦勘定之。所谓一治一乱是也。尔后

---

① 中村中倧：『尚武論』、載『武士道叢書』中卷、329頁。
② 中村中倧：『尚武論』、載『武士道叢書』中卷、329頁。

亦朝廷文弱，臻足利氏季，衰乱极矣。迨神君龙兴，其所用莫非罴熊之士，遂克服天下，天下归于一，海内安宁，以至今日，不亦盛乎？是则天地神明所佑。神武天皇之后，亘数千载，皇统繁衍，继续不绝。乃如我神君，亦其种胤，代代蔓衍，充于天下。武德之盛，实度越前古。神明所佑，可以知也。乃知武威与皇统并立，几百万岁，与天地悠久。①

他亦认为，武士道是日本自古就有且没有受到任何外来文化影响的独立之道："我邦武国，自有武士道，此不假儒道，不用佛意，我邦自然之道也。"② 由上可见，中村中倧的武士道论否定了当时学术界公认的武士道兴起于平安时代的观点，而对武士道的起源和历史做了彻头彻尾的美化和夸大。也即是说，为了塑造武士道作为独立的日本价值的目的，他不惜歪曲历史事实，一方面伪造了武士道的"古老的"起源形象和历史连续性，另一方面则完全否定了儒学和佛教对武士道发挥了重要影响的历史事实。

第二，中村中倧还认为，武士道不仅是武士之道，也是日本社会的普遍风俗，更是贯穿了日本历史的国家之道；尚武不仅是武家政治的治国之策，而且是日本任何时候都需要的"根本大法"。因为文武的对立区分即"我邦武国也，西土文国也。文国尚文，武国尚武"是他构建日本武士道合法性和普遍性的哲学基础，因而对他来说，尚武或武士道必定是贯穿日本历史和日本社会的国家根本大道，是日本能保持长治久安和兴盛的基础。这就意味着尚武或武士道是足以被外国认可的日本国家的本质，"孔子若乘桴浮于海，既在我方，则必以武为尚，未必以文为尚也"③，也是被日本各个阶层所普遍熟知的"自然之道"，"他如妇人女子、杀身立节操者，彼等初非学道者，我邦自然武士道，自然而识之也"；日本是武国，天助在武，故应以武为本、以武立教，"我邦武之所在，则势之所存。有武者盛，无武者衰"；在日本能称为"道"者也仅限

---

① 中村中倧：『尚武論』、載『武士道叢書』中卷、333—334 頁。
② 中村中倧：『尚武論』、載『武士道叢書』中卷、335 頁。
③ 中村中倧：『尚武論』、載『武士道叢書』中卷、329 頁。

于武士道，朝廷缙绅"以和歌为道"等都是错误的做法。[1] 总之，在他看来，尚武是日本的本质特征，也是日本存立和兴衰更替的基础，"我邦固为武国，则有武而国昌，无武而国衰。国之兴替唯在武事盛衰耳"[2]。因此即便要学习中国的"圣人之道"，也必须是学习去掉了"文华"和"空谈"的"真儒之道"，而不可拘泥于"西土之文"，更不能"以文害武"，而应宜风宜俗，"循国土之道"。

第三，尚武既是日本所以为日本的根本特征，自然也是日本与世界各国尤其是尚文的中国相区别的根本标志。它不仅体现了日本价值的独立性和自主性，也体现了日本价值的优越性。他多次重点强调，中国尚文，而日本尚武，这种差异不仅导致了两国价值观的不同，"文国尚孝，武国尚忠"，还形成并规定了"我邦之善有冠于世界者也""我邦之武冠于诸国""国自如磐石坚固""夫上古数百年之间，逆臣不凌，外寇不入，上安下平，四方无事"等"武尊于文"的日本独特性乃至优越性。而这也恰如竹庵广濑所言"夫有武士道，乃吾邦之所以强于万国也"[3]。可见，基于文武对立区分的中倧尚武论突破了流行于江户主流儒者之间的"忠孝一本""文武一途"的观念，虽然并不像《中朝事实》那般直接而露骨地宣扬日本的优越性，却通过新的文武范式的构建最大限度地提高了武士道的地位，一方面彰显并突出了日本的主体性，另一方面则为日本优越性的发扬提供了更为"理性的"支持力量。

综上可言，中村中倧的"尚武论"作为以武为核心的武士道论，虽然继承了此前山鹿素行等学者的民族优越论和尚武思想，却在两个方面体现了与它们的差异。中村中倧的尚武论基于日本的风土和历史，因而比山鹿素行等基于神道神话的武士道论更具合理性，也更易获得支持的力量；他的尚武论基于文武的对立区分，不仅体现了对儒教文武观的超越，从而更有利于彰显日本的主体性乃至优越性，也更能获得主体的自觉认同。正因如此，中村中倧虽然在江户日本思想史上几乎默默无名，

---

[1] 中村中倧：『尚武論』、载『武士道叢書』中卷、335頁。
[2] 中村中倧：『尚武論』、载『武士道叢書』中卷、331頁。
[3] 转引自中村中倧『尚武論』、载『武士道叢書』中卷、327頁。

其《尚武论》却作为"非常出色的武士道论"[1]在日本武士道史上具有较大影响。例如，虽因"乖时好"[2]而被雪藏的《尚武论》一经刊行后，便获得各派学者的一致好评。增仪（《尚武》）、湖山太平农（《读尚武论》）、樗园长山贯（《寄中倧翁》）、铃木尚太郎（《题尚武论》）等学者纷纷称赞说："干地旋天气象雄，堂堂辨破夏夷风""近岁夷舶频过海，朝野汹汹议边防。自是先生见机早，已向劲敌着先鞭。寄语世间纨绔子，要知国体读此编。"[3]冈田龟为《尚武论》作序，声称该书能述龙溪老师之志；佐藤嘉重为《尚武论》作跋，从儒教正统论的立场对他及其著作给予极高评价：

> 中倧先生学术纯正，识见高明，乃悟曰，我邦为武国，我邦之有武也，犹汉土之有文，是自然之性也。尝著《尚武论》。呜呼，先生之于此著也，以山为山，以海为海。自似违先王孔子之道，而不背先王孔子之意，固非世之腐儒辈拘理气、泥章句之比也。于是，先王孔子之道，再明于世。而我邦神明之武德，亦可起哉。其功可谓伟矣！[4]

总之，中村中倧以自我特征化和合法化为主旨的"尚武论"显示了与江户国学者共通的欲摆脱儒教思维范式而构建自我的思维和旨趣，因而可以说构成了江户日本构建"纯洁的"日本精神的重要环节。这是一种以尚武和"忠"为国家价值取向的武力日本主义思想，不仅为武士道的全民化奠定了哲学基础，也为武士道与尊皇爱国的结合提供了理论依据。

（二）作为大和魂的尊皇武士道

在江户后期，认为武士道是日本民族的独特精神，几乎成为学者的共识。而自本居宣长提出所谓排除了外来文化的"大和魂"的概念后，

---

[1] 高橋富雄：『武士道の歷史』3、新人物往来社、1986年、31頁。
[2] 中村中倧：『尚武論』、載『武士道叢書』中卷、326頁。
[3] 中村中倧：『尚武論』、載『武士道叢書』中卷、325頁。
[4] 中村中倧：『尚武論』、載『武士道叢書』中卷、339頁。

包括武士道在内的任何"日本的思维"都可以毫无障碍地被纳入统一的大和魂价值体系。这意味着武士道可以在一种所谓"自足的价值体系"内被自由地构建,或者说被"大和魂"所吸纳,从而形成江户日本武士道民族化的终极形态——作为大和魂的尊皇武士道。这是一种以忠君爱国为核心的武士道即尊皇爱国的大和魂思想,是使武士的忠诚对象从主君转为天皇国家并使忠君爱国成为武士自发的内在情感的武士道。它同时也是一种与神道具有相同旨趣的强调武士行为目的即尊皇爱国的政治和思想层面的大和魂,而与以"物哀"为表征的文学层面的大和魂形成了对比和呼应。

后期水户学者的"国体论"、江户后期国学者的"大和魂论"等作为尊皇武士道的思想基础对尊皇武士道的形成发挥了重要作用,而将"国体论"和"大和魂论"紧密结合在一起并推到极致的则是吉田松阴的武士道论。

在江户前中期,武士的忠是主从之忠,而不是君臣之忠;武士的忠是面向主君(领主、大名或幕府)的具体的忠,而不是面向国家的抽象的忠。到江户后期,随着政治动荡、民族危机的加剧,学者和武士们逐渐意识到主从之忠的不合理和不合时宜,开始基于大义名分而强调忠君爱国的"忠"。这促使了武士道与尊皇、爱国的结合,由此尊皇武士道开始形成。

后期水户学者提出"国体论",最先倡导尊皇。该学派的先驱及代表人物藤田幽谷基于"天无二日、国无二主"的大义名分论,认为天皇为各国所尊,也必为日本人所"崇奉":"赫赫日本,自皇祖开辟,父天母地,圣子神孙,世继明德以照临四海,四海之内尊之曰天皇。""天朝开辟以来,皇统一姓,传之无穷,拥神器握宝图,礼乐旧章,率由不改,天皇之尊,宇内无二,应崇奉而事之。"① 可见,以天皇统治的先验性和绝对性为基础,藤田幽谷构建了日本人"崇奉"天皇的必然性。即便他强调尊皇,然出于维护幕藩体制的需要,却并不要求万民直接平等地尊奉天皇,而是"让其忠于自己直属的主君来间接履行尊皇义务"②。"是

---

① 藤田幽谷:『正名論』、『日本思想大系』53(水戶学)、371頁。
② 王志、王晓峰:《日本近世武士的忠诚观念及其演变》,《史学集刊》2015年第1期。

故幕府尊皇室,则诸侯崇幕府,则卿大夫敬诸侯。夫然后上下相保,万邦协和。甚矣,名分之不可不正且严也。"① 这意味着幽谷的尊皇论并没有变革权力二元化的现存秩序的愿望,其最终目的反倒是要维持这种幕藩体制的等级秩序。这种有限的尊皇论或尊皇敬幕论可以说是后期水户学者的共同主张。会泽正志斋认为,服从自己直属的主君,便是尊皇的具体实践,"皇孙绍述,爱育黎庶,大将军翼戴帝室,以镇护国家,邦君各统治疆内,使民皆安其生而免寇盗。今共邦君之令,奉幕府之法,所以戴天朝,而报天祖也"②。幽谷之子藤田东湖亦强调尊皇的等级秩序,认为武士不可越级尊皇,而唯有直接效忠主君才是尊皇,否则就是"僭乱""若慢其君父,欲直尽忠于朝廷和霸府,则犯分逾等之甚者,适足以取僭乱之罪而已"③。

虽然水户学者的国体论只是建立了基于万民与天皇之间的间接忠诚关系,却以国体的绝对性构建了天皇的绝对地位,因而不仅自身蕴含了天皇被万民直接且绝对尊奉的逻辑,也隐含了自身无法消除的二元忠诚体系之间的矛盾和冲突,从而提供了德川等级秩序被内部打破的理据。这种先天的脆弱性决定了前述国体论无法应对"一旦有事"的动荡局面,更不用说有效应对面临着日益严重的民族危机的幕末情势。因此,不用说幕末志士的尊攘运动是对这种尊皇论的内部破坏,就连会泽正志斋的国体论和藤田东湖的尊皇实践都构成了对前述尊皇论的实质性冲击。④ 而且,与江户时代仍然盛行的以私人主从关系("私义")为基础的非理性的武士道相对,山鹿素行、佐藤直方、荻生徂徕等儒学家所倡导的基于"道"或"义理"的武士道也日益扩大其影响。这亦促使武士的忠诚观念产生出对"道"或"原理"的忠诚⑤,它也恰如江户后期国学者大国隆正所提倡的忠诚观念。这种忠诚观克服了基于主从关系的武士道与"大

---

① 藤田幽谷:『正名論』、『日本思想大系』53(水户学)、371 页。
② 会沢正志斎:『新論』、『日本思想大系』53(水户学)、420 页。
③ 藤田東湖:『弘道館記述義』、『日本思想大系』53(水户学)、447 页。
④ 向卿:《日本近代民族主义》,社会科学文献出版社 2007 年版,第 114—117 页。
⑤ [日]丸山真男:《福泽谕吉与日本近代化》,区建英译,学林出版社 1992 年版,第 121 页。

名分义"的矛盾,从而构成了尊皇论形成的思想基础。①

不但如此,水户学者所理解的国体事实上还囊括了武士道,即武士道被纳入了依"记纪神话"所建立的"神圣之道(神道)"的统一体系之内。对水户学者来说,他们所要弘扬的"道"是包括武士道在内的"宝祚以之无穷,国体以之尊严,苍生以之安宁,蛮夷戎狄以之率服"②且具有充分自足性的本原之道。德川齐昭(1800—1860)指出其"道"的特点:"吾自幼学神圣之道,熟思之,君臣父子之大伦自不必论,自崇祭祀、报本之道至尚武勇、知耻之义,皆自神代之昔所备之事也,唯无忠孝文武等文字而已,其道正乃神国之大道也。"③ 基于这种"神国大道",齐昭便提出了其"忠孝一致、文武一致"(或"忠孝无二、文武不歧")的武道观。显然,这种文武一致论是一种以我为本的思想即不是从儒教理论而是从"自足的"本土价值来理解武士道的思维,显示了与此前"儒教的"文武合一论的本质区别。会泽正志斋亦继承了这一思想④,不仅肯定了尚武的日本独特性和本原性:"天朝以武建国,诘戎方行,由来久矣。弧矢之利,戈矛之用,既见于神代,宝剑与居三器之一,故号曰细戈千足之国……天朝建国尚武之意亦可见也"⑤,也更为具体地论述了武士道与尊皇爱国之间的联系:"不失大道之本意,学文武之道而熟练其艺,集众思,宣群力,尽忠孝而报国恩,以至神圣之灵降临。此须臾不可忘也。"⑥ 不难看出,他们提倡的武士道不仅体现了武士道与神道的结合,也必然以忠君爱国为逻辑顶点和最终归宿。

相对于国体论框架下的武士道论,平田笃胤、大国隆正等国学者则结合国体论和大和魂论进一步论证了日本的尚武精神或武士道。他们继承了松冈雄渊、本居宣长等以"大和魂"(大和心)为"日本固有精神"的思维,同时又对其做了扩大化的重新解释。对于作为大和魂的武士道构建,与宣长相比平田笃胤更多地继承了贺茂真渊的思想,认为"大和

---

① 王志、王晓峰:《日本近世武士的忠诚观念及其演变》,《史学集刊》2015年第1期。
② 德川齐昭:『弘道館記』、『日本思想大系』53(水户学)、231頁。
③ 德川齐昭:『告志篇』、『日本思想大系』53(水户学)、213頁。
④ 会沢正志斎:『退食間話』、『日本思想大系』53(水户学)、254頁。
⑤ 会沢正志斎:『新論』、『日本思想大系』53(水户学)、389—390頁。
⑥ 会沢正志斎:『退食間話』、『日本思想大系』53(水户学)、257頁。

心"是神道精神（清、正、直）和武士道（武勇）的复合体："我国人生而有武、正、直之心，是可谓大和心，亦可谓御国魂。"① 他同时认为"武勇"是日本人的本原精神，只是受到外国学说的影响，才致"人心变得邪恶、狡猾，亦变得女人般柔弱"②。不仅如此，他还借肯伯（1690年赴日而滞日两年的荷兰商馆医生）之口，强调说"直、正、清、善"③或"自然雄雄而武强"④ 的大和魂也得到了外国人的承认。在此，神道和武士道在大和魂的名义下获得了一体化和本原化的统一解释，这实际上就为尊皇和武士道的完全融合扫除了逻辑的障碍。

不过，幕末著名国学者大国隆正（1793—1871）对其师平田笃胤等关于大和心的解释似乎并不满意，因而特撰《大和心》（1848）之长文，对其做了历时性的系统考察和重新解释。在他看来，"大和魂"既不是本居宣长"敷岛歌"所提倡的"大和魂"，也不是那种"武勇强烈"的大和魂，而是"按古人之用例而言的大和心"⑤。这就是《菅家遗训》《后拾遗集》《源氏物语》等著作称为"忠心""倭魂"或"国忠"（yamato-gokoro）的东西。具体来说，它即是对具有一体性关系的"神""天皇"和"国家"的忠诚，也即"敬神忠君爱国"："日本人无论何地都应推戴遵照宝祚无穷神敕之大和魂，而鄙劣其他小事也。"⑥ "唯我国之大道，君为本而臣民不顾我。依此，唯我国皇统连绵不绝，而今仍与上古无异。"⑦ "民皆平日常常唯为自己家业死拼，丝毫不顾自己之快乐。一旦国家有事，则唯为国死拼，丝毫不顾自身。"⑧ 对他来说，作为"大和心"本质的"忠勇"观念还充分体现了日本的优越性："虽有忠而无勇者当无意义，虽有勇而无忠者当无益处。如天忍日命之誓言，日本国之忠勇，乃外国无法比拟。"⑨ 由上可见，随着"大和心"被解释为"国忠""忠

---

① 平田篤胤：『古道大意』卷下、載『国民道徳叢書』第2卷、404頁。
② 平田篤胤：『霊の真柱』、『日本思想大系』50、81頁。
③ 平田篤胤：『古道大意』卷下、載『国民道徳叢書』第2卷、404頁。
④ 平田篤胤：『古道大意』卷下、載『国民道徳叢書』第2卷、402頁。
⑤ 大国隆正：『大和心』、『増補大国隆正全集』第3卷、国書刊行会、2001年、5頁。
⑥ 大国隆正：『大和心・異本』、『増補大国隆正全集』第3卷、190頁。
⑦ 大国隆正：『大和心』、『増補大国隆正全集』第3卷、21頁。
⑧ 大国隆正：『大和心』、『増補大国隆正全集』第3卷、24頁。
⑨ 大国隆正：『大和心・異本』、『増補大国隆正全集』第3卷、116頁。

心",它也就不再主要是宣长学所说的"风雅"或"物哀",而是"被还原为对主君忠诚的道德"①,尤其是对天皇和国家的忠诚。同时,在忠孝贞的道德顺序上,对天皇的忠诚也被置于"大和魂"文化体系的最上位。

由上可见,在江户后期,作为概念的"国体"和"大和魂"不仅具有"尊皇"的共同旨趣,也分别具有吸纳和统一包括武士道在内的所有被认为是"日本的精神"的功能。从这种意义上说,它们不仅在构建日本人的同一性上具有高度一致性,也奠定了神道与武士道的彻底融合形态——尊皇武士道——形成的思想基础。

在江户末期,将这种尊皇武士道推到极致的则是对幕末维新期有着巨大影响的思想家吉田松阴。正如他向武士乃至世人高歌"虽知如此定如是,万不得已大和魂""纵使身朽武藏野,白骨犹唱大和魂"那样,他完全是在"大和魂"的统一视域下理解和把握尊皇和武士道,并使其成为日本人不惜生命而尊皇爱国的内在原动力。换言之,其尊皇武士道"从思想和行动上完成了忠诚与叛逆的转换,最终确立了对天皇的忠诚",又使日本人对天皇的忠诚同民族主义彻底结合,进而使"忠诚的内涵上升到了民族国家的高度"②。

吉田松阴不仅是幕末最具影响力的思想家和兵学家,还是这一思想的实践者和传播者。他的思想可以概括为"尊皇攘夷"四字。这说明他是在"尊皇"和"攘夷(爱国)"的层面认识和传播其武士道的,或者说"尊皇攘夷"就是其尊皇武士道的本质。他不仅继承并发展了山鹿素行的士道理论,"自幼以山鹿氏兵学为业,学习武士道,常充死念于心"③,还继承并发展了山鹿素行、山县大贰等尊皇派学者的尊皇思想,并体现了不同于以往的打破幕藩体制而构建以天皇为顶点的统一国家的意愿。这一思想明确体现于他为自己创办的松下村塾所写的教育纲领——《松下村塾记》(1856):

> 人之所最重者,君臣之义也,国之所最大者,华夷之辨也。今

---

① 前田勉:『近世神道と国学』、471頁。
② 王志、王晓峰:《日本近世武士的忠诚观念及其演变》,《史学集刊》2015年第1期。
③ 田原嗣郎:『日本の名著』12、中央公論社、1971年、15頁。

天下何如时也。君臣之义，不讲六百余年，至近时，合华夷之辨而又失之……生神州之地，蒙皇室之恩，内失君臣之义，外忘华夷之辨，则学之所以为学，人之所以为人，其安在哉。……上明君臣之义、华夷之辨，下又不失孝悌忠信。①

这里所说的"君臣之义、华夷之辨"是指尊皇爱国，其当为武士学习和为人的所以然和根本目标；它又决定了武士应当遵守的"孝悌忠信"的根本行为准则。如果说《松下村塾记》规定了尊皇武士道的本质，则可以认为，他此前在狱中完成的《士规七则》（1855）是其具体表现。

1. 凡生为人，宜知人所以异于禽兽。盖人有五伦，而君臣、父子为最大，故人之所以为人，忠孝为本。
2. 凡生皇国，宜知吾所以尊于宇内。盖皇朝万叶一统，邦国士夫世袭禄位。人君养民，以续祖业；臣民忠君，以继父志。君臣一体，忠孝一致，唯吾国为然。
3. 士道莫大于义。义因勇行，勇因义长。
4. 士行以质实不欺为要，以巧诈文过为耻，光明正大皆由是出。
5. 人不通古今，不师圣贤，则鄙夫耳。读书尚友，君子之事也。
6. 成德达才，师恩友益，居多焉。故君子慎交游。
7. 死而后已四字，言简而义广，坚忍果决，确乎不可拔者。舍是无术也。②

《士规七则》乃模仿"论语七则"而立，体现了吉田松阴使其尊皇武士道思想规范化的意图。它对武士道的本质和所以然、纲领和道德行为规范等进行了提纲挈领式的简要说明，不仅对幕末武士产生了极大影响，也在近代以后被日本人誉为"武士道宪法"③。

第一，第一条强调了武士道的普遍性和合道德性，构建了"尊皇爱

---

① 吉田松陰：『丙辰幽室文稿』、『吉田松陰全集』第 3 卷、53 頁。
② 吉田松陰：『野山獄文稿』、『吉田松陰全集』第 2 卷、13—15 頁。
③ 武士道学会：『武士道入門』、ふたら書房、1941 年、210 頁。

国"的普遍性道德基础。吉田松阴认为,武士道以普遍的五伦为其道德基础,是"人之所以为人"的根本。而"君臣、父子"为五伦之要,所以"尊皇孝亲"是具有先验性的普遍价值规范,也应成为武士与生俱来的自发情感。可以说,这种以君臣关系比拟父子关系的东方式做法体现了与后期水户学者相一致的家族国家观的倾向。由此,通过父子、夫妇等伦理关系的自然性构建,吉田松阴也就确立了武士忠于天皇的绝对性和普遍性。

第二,第二条强调了基于国体的武士道的本原性和民族性,构建了万民"尊皇爱国"的价值本原性和历史正义性。吉田松阴强调,"万叶一统""君臣一体"和"忠孝一致"的国体是武士道的所以然和思想基础,也是日本独特性乃至优越性的根本体现。一方面,武士道必须"唯吾国为然",即以万世一系的皇国为其存立的依据。以神国论(皇道)为尊皇武士道的理论支柱,其实与后期水户学者的主张并无二致。他多次强调说:"皇统绵绵,传于千万世而不变易,绝非偶然,即皇道之基本亦在于此也。盖天照大神传神器于天孙琼琼杵尊焉,有'宝祚之隆,与天壤无穷'之誓。吾虽不知汉土、天竺之臣道,然在皇国,宝祚素无穷,故臣道亦无穷也。"① 这里的"臣道"就是以对天皇死忠(绝对的忠)为支柱的武士道:"若问臣道者何?天忍日命之誓言曰:'海行兮,愿为水中浮尸,山行兮,愿为野草没吾尸,吾唯为君亡,决不安乐死。'无是,则焉有臣道耶?"这首松阴改编自《万叶集》(卷18·4094)的"海行兮"在明治时期被收入《军舰进行曲》,对向皇国民众灌输"忠孝一体"的伦理观发挥了重要作用。另一方面,他认为,日本的特殊国体决定了"忠君爱国"是武士的最高行为规范。面对幕末日益加剧的内外矛盾,吉田松阴已有用尊皇爱国来统一全民意志的强烈意愿,因而其尊皇论已不同于后期水户学的尊皇秩序论,而是最初就体现了要求万民直接忠诚于天皇的倾向:

> 天下非一人之天下,是支那人语。支那则然,在神州,有断断不然者。谨按,我大八州者,皇祖所肇,而传万世子孙,与天壤无

---

① 吉田松陰:『坐獄日録』、『吉田松陰全集』第 4 卷、岩波書店、1934 年、459 頁。

穷者，非他人可觊觎焉。其为一人之天下亦明矣。……故曰："天下一人之天下。而其非一人之天下云者，特支那人语耳。"虽然普天率土之民，皆以天下为己任，尽死以事天子，不以贵贱尊卑为之隔限，是则神州之道也。①

在他看来，日本国家的兴废盛衰都在天皇，因而极力强调日本人无论"贵贱尊卑"，都必须"以天下为己任，尽死以事天子"。因此，他虽然在初期也谈"敬幕"，主张"无分幕臣、王臣，皆应尊朝廷、敬幕府、攘夷狄、爱苍生。忘此四者，逆贼也"②，却不过以其为权宜之计，本意在于希望幕府在攘夷爱国上有所作为，落脚点仍在于建立以天皇为最高权力者的一君万民的天皇制统一国家："不忠吾主，安能忠皇朝；不忠皇朝，安能忠吾主。分皇朝、吾主而二之，习俗之见也。"③ 在他看来，幕府的合法性源自朝廷，故幕府应当与万民一起"共尊天朝"："以为重天朝者即轻幕府，浅浅之见也。有天朝方有幕府，故尊天朝者安皇国之大计也，即幕府亦当自重也。"④ 因此，当他得知幕府未经朝廷同意而擅自与美签订了不平等通商条约后就完全转向了"倒幕"："今幕府明明违敕，罪塞天地。天下诸侯，想当雷同阿附，颠倒是非，拜犬羊为皇帝，辱至尊为寓公，自以为得计，是可悲也。……尊奉敕旨，天下之公义。幕府或不以为然，吾藩直请天子而决事矣，决不能阿同也。"⑤ 鉴于幕府和诸侯已彻底沉沦，松阴于是提倡"草莽崛起"论，号召日本各阶层直接效忠天皇，倒幕以救国。"今日之幕府、诸侯皆早已为醉人，故无扶持之术，非草莽崛起之人无所望矣。"⑥ 不难看出，这种旨在建立天皇制统一国家的尊皇论已具有打破德川日本"纵向的身份等级的封闭性和横向的各藩割据的封闭性"的要求。因此，它成为促使"日本武士等级递进的

---

① 吉田松陰：『丙辰幽室文稿』、『吉田松陰全集』第 3 卷、31 頁。
② 吉田松陰：『講孟箚記評語草稿の反評』、『吉田松陰全集』第 2 卷、527 頁。
③ 吉田松陰：『講孟箚記評語草稿』、『吉田松陰全集』第 2 卷、521 頁。
④ 吉田松陰：『講孟箚記評語草稿の反評』、『吉田松陰全集』第 2 卷、527 頁。
⑤ 吉田松陰：『戊午幽室文稿』、『吉田松陰全集』第 4 卷、78 頁。
⑥ 吉田松陰：『北山安世に與ふ』、『吉田松陰全集』第 4 卷、287 頁。

封建忠诚完成了向单一的、直接的对天皇忠诚的转变"[1] 的重要因素，并象征着尊皇武士道的形成。当然，这种思想也显示了他与后期水户学者的差异，亦充分显示了他与山县太华等正统派儒者的决裂，或者进一步说，显示了除江户国学者以外的江户儒者对中国文化的逆反和决裂。

第三，第三、第四、第七条贯穿了基于源自日本独特国体的"大义名分"的思想，又以此为基础构建了尊皇武士道的行动原理、行动规范及其精神。首先，松阴所说的"士道莫大于义"包含了两层意味。一是这里的"义"是指尊皇爱国的"大义"，而不是各国所普遍公认的"正义"；二是它构成了武士道的理论基础和行动原理。关于这点，他曾有多次说明。在《讲孟余话》的开头，他就以"明君臣大义"为解决民族危机的前提："我将以何制是，无他，明前所论之我国体与外国所以相异之大义矣。阖国之人为阖国而死，阖藩之人为阖藩而死，臣为君而死，子为父而死之志确乎，何畏诸蛮焉？"[2] 又在《讲孟余话》之结尾，再次对此做了强调："《箚记》的开卷第一义在于国体人伦，故首论君臣之大义。"[3] 此后，他又以"勤皇之义"[4] "尊皇攘夷之义"[5] 等词语来表示"义"的概念。可见，这种大义名分论以为了天皇和国家为绝对标准，完全是一种不顾及他者和正义是非的狭隘的、非理性的正义观。其次，第四条强调武士的行为必须以"正""直""诚"等为纲要，构建了与神道学者所提倡的"清、正、直"的神道精神的一致性。最后，第七条则要求武士为了绝对的"君臣大义"而不惜生命，勇敢果决地赴死。这种不顾自我和他者的生死观同《叶隐》所强调的"死的觉悟"的生死观在本质上并无二致，不仅构成了吉田松阴尊皇武士道的重要内容，也为反人性和非理性的近代日本武士道的形成提供了理论基础。

第四，第五、第六条讲述了尊皇武士道的知识和道德修养方法。吉田松阴认为，合格的武士必须通过"读书尚友""慎交游"而努力使自己成为世人所敬仰的"君子"，成为有知识的尊皇爱国的榜样。

---

[1] 王志、王晓峰：《日本近世武士的忠诚观念及其演变》，《史学集刊》2015 年第 1 期。
[2] 吉田松陰：『講孟箚記』卷一、『吉田松陰全集』第 2 卷、264 頁。
[3] 吉田松陰：『講孟箚記』卷四、『吉田松陰全集』第 2 卷、487 頁。
[4] 吉田松陰：『戊午幽室文稿』、『吉田松陰全集』第 4 卷、57 頁。
[5] 吉田松陰：『戊午幽室文稿』、『吉田松陰全集』第 4 卷、61 頁。

可以说，以吉田松阴为完成形态的尊皇武士道以"大义名分"和国体论的名义为武士乃至日本人效忠天皇提供了坚实的理论基础。换句话说，其重要意义在于打破了六百年武士的效忠传统，实现了使武士对主君的封建忠诚转换为对天皇国家的一元化忠诚的理论建构，并努力将这种忠诚观念普及到普通民众。而这种忠诚一元化观念的形成，又为近代日本天皇制中央集权国家的建立奠定了思想基础。[1]

吉田松阴不仅是尊皇武士道思想的构建者，而且是这一思想的传播者和实践者。因为他充分意识到，武士对天皇国家统一的忠诚观念的形成绝非一件简单的事情。在他看来，六百年武家社会所塑造的武士忠诚观念即基于经济利益及切身感受的武士对主君的忠诚观念决定了对天皇的忠诚不可能是旧的忠诚观念在时间上的自然延长，也不可能是从"藩"的忠诚扩大到国家的空间上的自然延伸。因为就连他自身都曾面临着这种忠诚观念转换的苦恼和困惑："仆者，毛利家之臣也，故日夜练磨奉公于毛利也。毛利家者，天子之臣也，故日夜奉公于天子也。吾等忠勤于国主，即忠勤于天子也。然六百年来我主断竭忠勤于天子者多矣，确实自知大罪。祈愿我主偿六百年之忠勤于今日，亦乃我之本意也。"[2] 因此，为了促使对天皇国家的一元化忠诚观念的形成，他并不满足于单纯的理论建构，而是采取了多方面的实际行动。1858年他开设松下村塾，意在培养为天皇国家不惜牺牲的志士，以此来担当实现"尊皇攘夷"的大任；亦上书《时事论》，欲唤起尊皇攘夷的有识之士中兴日本；又意图刺杀弹压攘夷志士的幕府老中间部诠胜，事败后自首而立自己为"慷慨赴死"的榜样。

综上可言，作为思想和行动上的"维新革命里的一个急先锋"[3]，吉田松阴不仅使武士道成为尊皇爱国或大和魂的代名词，也培养了高杉晋作、久坂玄瑞、山县有朋、伊藤博文等众多尊皇攘夷之士和明治维新的领导人，还致幕末不少武士唱着"纵使身朽武藏野，白骨犹唱大和魂"而为天皇国家慷慨赴死。从这种意义上说，他所构建的实现了尊皇、大

---

[1] 王志、王晓峰：《日本近世武士的忠诚观念及其演变》，《史学集刊》2015年第1期。
[2] 吉田松陰：『黙霖と往復』、『吉田松陰全集』第5巻、岩波書店、1934年、410頁。
[3] 德富蘇峰：『吉田松陰』、岩波書店、1984年、20頁。

和魂和武士道结合的尊皇武士道不仅对幕末志士以极大的影响，还对近代武士道乃至天皇制意识形态的形成发挥了巨大的作用，即为近代日本以武士道建构民族身份奠定了思想基础。

（三）幕末"志士"的武士道思想及实践

山鹿素行、山本朝常、会泽正志斋、吉田松阴等完成了江户武士道民族化和体系化的理论作业，因而为日本人以武士道建构民族身份奠定了思想基础。受此影响的尊攘和维新志士则以为天皇国家"慷慨赴死"的信念和行动促使了日本人对天皇制国家的自觉，也促使了他们对包括武士道在内的日本民族精神的自觉。尤其是一大批为了天皇制国家"奋勇献身"的幕末武士，其所作所为作为江户时代被发现的武士道思想的实践，构成了对这种武士道的"传统化"和"本原化"的作业，对唤醒日本人"尊皇"和"崇奉武士道"的所谓历史记忆发挥了巨大作用。

幕末尊皇攘夷或尊皇倒幕运动的核心人物有桥本左内、真木和泉、武市瑞山、久坂玄瑞等。他们作为出身中下级武士家庭的"平民英雄"，在传播尊皇和武士道观念上发挥了极为重要的表率作用。

桥本左内（1834—1859）是少年便已成名的尊攘派早期代表人物，与吉田松阴等"并称天下志士领袖"[1]。他出生于福井藩医之家，自幼便学习儒学、中医，被称为神童、天才。15岁时因仰慕岳飞而取号景岳，并撰写《启发录》（1848），不仅记下了自己精忠报国的誓愿，又大力呼吁武士成为"自觉的武士"而复活义勇、有谋略的武士道精神。[2] 这说明"人重忠义、士尚武道，则为我皇国之国是也"[3] 的武士道观构成其思想的基础。16岁赴大阪，入读绪方洪庵（1810—1863）主持的适塾，学习兰学和西洋医学，随后成为藩医。1854—1855年，他游学江户，入杉田成卿门，又与藤田东湖、西乡隆盛、横井小楠、佐久间象山、藤森弘庵等当时有名的尊攘派志士交往，加深了对国内外局势的认识，也形成了"政体之宗旨在于专一奉行天帝之意"[4] 的统一国家构想。1856年，他被

---

[1] 伊藤博文：『橋本景岳全集序』、載『橋本景岳全集』上卷、景岳会、1939年。
[2] 橋本景岳：『啓発録』、載『武士道叢書』下卷、587頁。
[3] 『橋本景岳伝』、載『武士道叢書』下卷、582頁。
[4] 橋本景岳：『西洋事情書』、『橋本景岳全集』上卷、154頁。

召回藩，相继受命担任藩校明道馆的干事和学监，开始在明道馆和福井藩进行改革，欲"明道"而构建"尊皇攘夷"的举国一致体制。受藤田东湖《弘道馆记》的影响而完成的《明道馆之记》（1856）清楚地记述了他的这一目的。

> 上古神圣建极垂统，列圣继明以照四方。道之明，亦无以尚。而又资文教于汉土，以赞我神武，于是此道愈明。皇化遍布，黎庶时雍，四夷宾服，所以宝祚与天地无穷者，岂偶然哉。中世以降，此道渐衰，异端乘其间，皇化不振，祸乱相踵矣。……故今设此馆，与士大夫讲明此道，推及于众庶。文武相资，政教一致，伦理整正，上下诚一，庶几塞藩篱万一之责，报国家无穷之恩，以不坠祖宗之业云尔。①

不过，桥本左内虽然倡导"尊皇攘夷"，却并不反对幕府，反而坚持与后期水户学者一致的"敬幕"立场。"而我东照宫，天纵英武，又明斯道，以弘济艰难。内尊皇室，外攘夷狄，遂置天下于泰山之安，二百有余年于此，不亦烈哉！"② 因为这种立场，他并不认为天皇为幕末政治所必需，因而在他被任命为藩主松平庆永的政治顾问（1857年8月）而参与幕政后，反倒是主张建立以雄藩联合为基础的统一国家，又游说朝廷批准通商条约并采取"开国进取"政策。在他看来，锁国难以维持日本之独立，故日本应改革图强以占领他国而实现"独立"，"不吞山丹、满洲之边、朝鲜国，且不于亚墨利加洲（按：南北美洲）或印度地内拥有领地，则甚不如所望也"③；同时应与世界两雄之一的俄国联合，并拉拢美国，同意其通商、设使要求，由此通过官府控制对外贸易而使日本成为"真正之强国"："且视亚（按：美国）为一个东藩，变西洋为我所属，以鲁（按：俄国）为兄弟唇齿，掠夺近国，当为第一紧要。"④ 可

---

① 橋本景岳：『明道館之記』、『橋本景岳全集』上卷、233—234 頁。
② 橋本景岳：『明道館之記』、『橋本景岳全集』上卷、234 頁。
③ 橋本景岳：『先生より村田氏寿へ』、『橋本景岳全集』上卷、553 頁。
④ 橋本景岳：『先生より村田氏寿へ』、『橋本景岳全集』上卷、554 頁。

见，他的天皇观虽与同时代的尊攘志士存在根本差异，却在鼓吹武士道和对外扩张方面始终站在幕末思想家的前列。

随后，因为将军继嗣运动的失败，桥本左内反倒被以怠慢幕府、效忠朝廷的罪名而被捕入狱，与尊攘派一同被处死。在狱中，因为"壮志未酬"的遗憾和深感主君松平庆永和自己的冤屈，出身平民家庭而至高位的左内极为悲痛，故写下七绝二首相赠同在狱中的吉田松阴[1]，显示了"二十六年梦里过，顾思平昔感滋多。天祥大节尝心折，土室犹吟正气歌"[2] 的"大义凛然"的志士风范。从某种意义上说，桥本左内是安政大狱造就的尊攘英雄，也正是如此，桥本左内、吉田松阴等死后，日本政局的发展趋势随即发生了重大变化。尊皇攘夷志士逐渐抛弃了对幕府的幻想，开始以尊皇为旗号，在政治上尊奉原来就已被神格化的天皇为新的国家统一和国民统合的象征，并将忠诚武勇的武士道精神推到了极致。

继幕府擅自签署《日美修好通商条约》后，安政大狱（1858—1859）进一步使幕府丧失人心，权威扫地，故可谓幕府的"自掘坟墓"之举。它反倒激发了尊攘志士与幕府之间的矛盾，促使包括最初尚对幕府抱以幻想的武士亦纷纷向保皇讨幕或倒幕的方向转变。例如，1860年水户藩激进攘夷势力组织的刺杀幕府大老井伊直弼的"樱田门外之变"就是这一转变的极端表现和重要标志。又如，因安政大狱而被流放奄美岛的维新三杰之一西乡隆盛（1828—1877）就写诗明志，决意舍生忘死以卫护天皇："朝蒙恩遇夕焚坑，人生浮沉似晦明。纵不回光葵向日，若无开运意推诚。洛阳知己皆为鬼，南屿俘囚独窃生。生死何疑天赋与，愿留魂魄护皇城。"[3] 其中，受松阴直接影响的真木和泉、武市瑞山、久坂玄瑞等志士则成为此后一段时间内尊皇讨幕运动的领袖。他们以"发扬大和魂，团结异姓兄弟，不掺一点私意，共谋而裨补国家复兴之万一"[4] 为目标，为了天皇国家的建立锲而不舍地发动一次次讨幕运动，又以"从容

---

[1] 其一为：磊落轩昂义气豪，闻言夫君胆生毛。想看痛饮京城夕，扼腕频睨日本刀。参见『橋本景岳全集』下卷、景岳会、1939年、1181頁。

[2] 『先生獄中の作』、『橋本景岳全集』上卷、1182頁。

[3] 西郷隆盛：『辛未作』、載内山正如編『維新元勲三傑詩文集』、東京堂、1892年、11頁。

[4] 日本史籍協会編：『武市瑞山関係文書』第一、日本史籍協会、1916年、37頁。

而英勇就义"的不屈形象宣扬了爱国尊皇的忠勇武士道精神。

真木和泉（1813—1864）出身于久留米藩的神官家庭，是文久期（1861—1863）尊攘运动的领袖之一。他最初醉心于倡导尊皇攘夷的水户学，因而30岁后便游学水户，师从会泽正志斋，确立了自己的尊皇志向。受此影响，1852年他曾上书藩主改革，却遭蛰居处分。其后十年间，他勤于读书，又受吉田松阴和佐久间象山的影响，因而以朝廷之绝对忠臣义士自居，不仅形成了自己讨幕和皇政复古的主张，亦在每年5月举行楠公祭，盛赞"楠子之忠义，亦与天壤无穷者哉"，进而鼓吹基于绝对忠义观的尊皇武士道："我既以之死于此，子亦以之死于此，孙亦以之死于此，兄弟叔侄亦以之死于此，而举族无孑遗……而必知皇统之不可不继矣。"① 这是一种将武士道与天皇的实际统治联系起来，同时又使这样的天皇国家向外扩张的主张。1861年，他所著的《经纬愚说》再度阐述了这一构想：天地以生生为德，而佛教和基督教则以"寂灭"立教，因而将宇内之道全部改造成"生生之道"便成为天皇的使命。根据这一逻辑，他认为天皇负有统治世界的使命，"威权常高高在上""大事悉由天皇自行英断"；作为皇国的日本曾有"皇化虾夷、肃慎、渤海、三韩、琉球"的"光荣历史"，又有"我国居大地之元首，以地理之利，向四方伸展甚为方便"的便利，故日本应当尽快建立天皇集权的举国一致国家而示"神州之武威"："虽一世或不能成就，则自今日始定其规模，以明向东向西伸展至何处，尔后随其宜举事，遥遂天祖、列圣之御志，唯此，始可谓天子之孝也。"② 不难看出，这完全是一种尊皇扩张主义的思想，而它亦以"所有日用之事皆以忠孝之大义而行"③ 的武士道精神为前提。为了实现这一目标，1862年真木和泉特意脱藩上京从事尊皇讨幕运动，先后参与了寺田屋骚动（1862）、八月十八日政变（1863）、"七卿流亡"等事件，并提出了"天皇攘夷亲征""行幸大和"等计划，使尊攘运动完成了从"为攘夷而尊皇"向"为尊皇而攘夷"的实质性转变；同时也提出了通过武力攘除已为"天下殆背"的幕府而恢复朝廷权力的主张。由

---

① 真木保臣：『何傷錄』、『真木和泉守遺文』、伯爵有馬家修史所、1913年、711頁。
② 真木保臣：『経緯愚説』、『真木和泉守遺文』、6頁。
③ 真木保臣：『何傷錄』、『真木和泉守遺文』、725頁。

此，1864年7月，他与久坂玄瑞等志士又发动"禁门之变"，兵败后拒绝逃亡长州的建议，而是在天王山与16位志士一同剖腹自杀。如他辞世时所咏"大山峰岩下，埋我忠王骨。毕生所求兮，勤王大和魂"①，真木和泉欲以死而使日本人对尊皇和武士道的体验变成本原的"历史记忆"，从而将原本只属于武士阶层的"武士道精神"灌输给全体日本人。

武市瑞山（1829—1865）则是慨于安政大狱而奋起的土佐藩（现高知县）尊攘派领袖，亦是因为"三文字"的剖腹方式而被后世日本人崇拜的武士道精神领袖。他出身于乡士之家，自幼嗜和汉之学，又研习剑术并以此闻名。安政大狱尤其是樱田门外之变（1860）后，他以剑术修行为名，率学生周游北九州等地，探查国内外形势。1861年6月，因文武修行再度前往江户，而与下级武士出身的尊攘论者交流密切，不仅与长州藩的久坂玄瑞等商定了先定藩是为勤皇而率兵进京的计划，也与同乡大石弥太郎等歃血结盟，以复兴"自古相传之大和魂"而勤皇为己任。其《血盟书》曰："堂堂神州，受夷狄之辱，自古相传之大和魂今亦已绝，帝为此甚为叹息。……我等在此誓于神明，上奉朝廷之旨，继我老公（按：山内容堂）之志，下扫万民之忧。"② 这表明瑞山的勤皇行为以为了君臣义理和恩情而不惜"赴汤蹈火"的武士道为精神支柱，而这也正是他一生行为的真实写照。

同年8月，瑞山回藩，从各方面宣传尊皇攘夷，并以徒士、足轻等下级武士及乡士、庄屋等"草莽之士"为中心组建了土佐勤皇党。其成员有与瑞山并称"海南三杰"的坂本龙马和中冈慎太郎。勤皇党是一个与幕藩权力秩序相对抗的组织，意图以天皇为中心实现国家的集中，因而与当时主张佐幕开国而主导藩政的土佐藩参政吉田东洋发生了严重的对立。为了实现举藩勤皇的主张，1862年4月瑞山组织勤皇党暗杀了吉田东洋，引导藩论转向尊攘。随后率志士进京勤皇，领导了京都的尊攘运动，并使其达到了一个高潮。此时期，他以藩主的名义向朝廷提交建议书，提出"加强朝廷的力量""修改幕府的参觐交代制，以富国御外""正名分，以使一切政令自朝廷施行，诸侯亦立即参觐朝廷"三条急务，

---

① 真木保臣：『辞世』、『真木和泉守遗文』、906頁。
② 日本史籍協会編：『武市瑞山関係文書』第一、36—37頁。

并认为"当今正是挽回神州英武之气、恢复皇室的大好时机"①。这完全是一种尊皇武士道的思想，体现了他一贯主张的以粉身碎骨之念报"君臣之大义"的"唯天意而进退"的思想和实践。同年秋，瑞山又随同给幕府下达"攘夷诏书"的朝廷敕使前往江户宣旨，不仅大大提高了皇室的地位，也获得了自己作为下级武士身份的最高荣誉。

但自1863年春起，山内容堂以公武合体的立场弹压勤皇派后，瑞山亦被命回藩并最终被投狱。其时，在他被捕入狱前，久坂玄瑞曾屡次劝他亡命长州藩，皆被瑞山以君臣义理等理由拒绝。这正如其狱中自画像题诗"花依清香爱，人以仁义荣。幽囚何可耻，只有赤心明"②所示，瑞山认为"杀身成仁"才是他报皇恩、刷污政、醒民众而彻底贯彻武士道精神的最好途径。因此，在狱中他毫不屈服，以岳飞、屈原自喻，从容不迫，并留下了不少自画像和美人图等美术作品。1865年5月，瑞山被以"酉年（1861）以来，乘天下形势私自结党，酿造人心煽动之根基。尔来屡屡对京师显官冒失建言，亦频频对山内藩主无礼。丧臣下之职分，轻蔑上威，紊乱国宪，无理之至、无法之至、无礼之至"③的名义判切腹。对此，瑞山选择了被认为是最崇高和最坚忍的"三文字切腹"，至死也欲贯穿武士之道。武市瑞山采取了日本历史上从来没有人做到过的剖腹方式，又以出身低微的武士通过奋斗成为一代尊皇领袖的榜样，受到其后不少日本人的极端崇拜，而被称为武士道精神的领袖和"真正的勤皇主义者"。到明治时期，他不仅被追封为正四位，其灵亦奉诏被合祭于靖国神社，供后人膜拜。可以说，武市瑞山的思想和实践对近代日本武士道的形成和普及发挥了重要作用。

与瑞山同样作为尊攘派领袖的久坂玄瑞（1840—1864）亦具有强烈的尊皇武士道思想，同时也是这一思想的重要实践者。当然，作为文久期尊攘运动的组织者和领导者，玄瑞的思想和实践不仅受到其师吉田松阴尊皇武士道思想的影响，亦始终立于激进的尊攘运动的先头，展开了

---

① 『武市瑞山建議書』、『日本思想大系』56（幕末政治論集）、岩波書店、1976年、290頁。
② 日本史籍協会編：『武市瑞山関係文書』第二、日本史籍協会、1916年、293頁。
③ 日本史籍協会編：『武市瑞山関係文書』第二、577頁。

他作为忠君爱国志士的武士道实践。

　　玄瑞出身于长州藩医之家,初始学于藩校明伦馆,后师从吉田松阴,虽与高杉晋作并称"松下村塾"双璧,反倒更为其师所重,也得娶松阴之妹为妻。1858年7月松阴曾致信高杉晋作,对两人的才品做了评价。他认为,"玄瑞之才原诸气,而畅夫(按:高杉晋作)之识发诸气",尤其玄瑞是成就尊皇攘夷不可缺失的"第一流人才":"玄瑞向在东,便欲死皇事。及东下后,又谋驾大舰赴黑龙江,其遇事不辞难易,奋身为之,率常如斯。然吾独忧其或失于多歧也。畅夫、玄瑞固相得也,以畅夫之识,行玄瑞之才,气皆其素有,何为而不成。畅夫畅夫,天下固多才矣,然唯一玄瑞不可失也。"① 显然,松阴十分看重玄瑞坚忍不拔而"欲死皇事"的行动性。玄瑞此后的人生也正如松阴所评,是为尊皇攘夷而激奋行动的志士典范。

　　吉田松阴因安政大狱被处死后,1860年久坂玄瑞就前往江户,祭奠其灵,又与长州、水户、萨摩、土佐等藩的尊攘志士交流,并为四藩的尊攘派结盟而努力,从而成为尊攘运动及反幕运动的领袖。次年,竭力反对并阻止以和宫下嫁和长井雅乐的《航海远略策》(1861)为代表的公武合体运动,认为必须追究幕府的责任才是实现航海雄图的前提:"公武合体之意图,当然亦为使幕吏尊奉天皇敕命,若辅助幕府而压制皇室,则愚意以为无论如何不相宜也。"② 鉴于阻止长州藩公武合体运动的失败,玄瑞于是转向组织"草莽志士纠合"。1861年12月,为了加强以松下村塾学生为中心的长州志士的团结,创造了"一灯钱申合"的尊攘组织。1862年春,他托坂本龙马转致武市瑞山书信,进一步阐明了"草莽志士纠合"的思想:"诸侯终不足恃,公卿不足恃,我等同志诸人商量,以为除草莽志士纠合义举之外,别无他策。即使贵藩和敝藩皆亡,因事属大义,故不以为苦。"③ 在此,他表现出为了尊皇之大义而不惜藩国灭亡的豪情。稍后,他脱藩进京,游说朝廷和长州藩,不仅使长州藩藩论转为尊皇攘夷,又在三条实美等大臣的支持下促使朝廷接受"攘夷亲征"的

---

① 吉田松陰:『戊午幽室文稿』,『吉田松陰全集』第4卷、97頁。
② 转引自〔日〕信夫清三郎《日本政治史》第一卷,商务印书馆1997年版,第289页。
③ 日本史籍協会编:『武市瑞山関係文書』第一、60頁。

建议。此时，玄瑞写下了《回澜条议》（1862 年 8 月）和《解腕痴言》，意图以"杀身殉国之志益发迫切"① 的大勇猛断之姿制夷、追究幕府罪责和尊崇皇室，建立以天皇为中心的国家体制，为当时的尊攘运动提供了理论指导。1862 年冬，他随"攘夷督促使"前往江户，又同高杉晋作、伊藤博文等十几名志士纵火焚烧了品川御殿山在建的英国公使馆；次年 4 月，他来到下关，率领松门同窗建立了超越藩国界限的尊攘组织——光明寺党，随后参加了长州藩对外国船无差别炮击的行动。玄瑞不仅展开了激进的攘夷行动，也依靠极端的"天诛"暗杀手段攻击公武合体派与佐幕派，又积极谋划天皇的"攘夷亲征""大和行幸"等尊皇行动。从这种意义上说，玄瑞在尊皇攘夷倒幕方面做到了当时作为一个武士所能达到的极致。稍后，因"八月十八日政变"而使尊攘运动遭遇挫折，为了恢复朝廷尊攘态势，1864 年 6 月他率兵攻打京都，与来岛又兵卫、真木和泉等发动"禁门之变"。政变失败后，玄瑞在鹰司邸内和寺岛忠三郎互刺而自杀身亡。他以切腹的武士之死完成了"欲死皇事"的忠义人生，这也恰如他为松阴所咏"七生期灭贼，忠魂何尝死。大义百世师，廿一回猛士"② 所示。可以说，久坂玄瑞演绎了一个"遇事不辞难易，奋身为之，率常如斯"的忠君爱国的志士形象，而这也使得他在明治以后受到政府的大力宣扬，也因此在 1891 年被追赠正四位。

总之，幕末是日本历史上武士作为"英雄"而辈出的时代，也是被其后日本人深刻记忆和津津乐道的时代。除桥本左内、真木和泉、武市瑞山、久坂玄瑞等，被日本人所崇拜的尊攘或倒幕志士还有平野国臣（1828—1864）、有马新七（1825—1867）、高杉晋作（1839—1867）、坂本龙马（1836—1867）等。而且，即便是与尊攘派处于相反立场的佐幕派代表人物土方岁三（1835—1869）亦遵循着武士道义无反顾的忠义和勇烈精神。从这种意义上说，幕末武士的所作所为一方面大大提高了天皇的地位而为天皇政治体制的建立准备了广泛的思想和政治基础，另一方面也为日本人树立了"永久的"武士典范和楷模，极大地宣扬了忠君爱国的武士道精神，促进了武士道的普及。

---

① 『回瀾條議』、『日本思想大系』56（幕末政治論集）、276 頁。
② 久坂玄瑞：『江月斎遺集』坤、久坂道明、1877 年、7a 頁。

五 江户时代武士道的平民化

日本和我国很多学者认为武士道的平民化始于明治维新以后，而且是一种官方主导的武士伦理的泛化。如柳田国男曾说："明治维新以后，过去只占日本人少数的武士阶级的生活方式成了日本全体国民的理想。"[①] 在我们看来，自武士诞生之日起，它的平民化历程就已开始，而至江户时代，随着国内太平的到来，外来文化的"日本化"趋势加强，武士道最终完善了它的理论，同时加速了它的平民化历程，使之迅速实现了向下层的渗透，化为日本的"国风"。而且，武士道的泛化也并非完全是官方主导的结果，江户时期随着各个阶层之间文化交流的增多，特别是17世纪末期以后町人市民的崛起，分享武士阶级的文化、接受并发挥武士道精神也成为平民的自觉要求。

武士道的平民化使武士道作为一种日本独特的文化和价值体系而为日本所认知、模仿，也由此为其成为一种民族精神和全民道德奠定了基础。

（一）武士道平民化的社会前提

武士道之所以能实现平民化，与武士和平民之间没有直接的经济利益冲突相关，同时还有着深刻的思想、文化和社会根源。

首先，自武士诞生之日起，武士与平民之间就没有直接的经济利益冲突。中根千枝说："武士与农民初看似乎是非常疏远的存在，其实两者具有共通性。第一是（两者之间）没有经济的流动。"[②] 这一主张道出了一定的历史事实。在日本历史上，自9世纪中期起，为了保卫和扩大庄园，强大的庄官逐渐组织起以自己的宗族为骨干的私人武装力量。这种以宗族和主从关系结合的武士团，其成员有出身本宗族的从者，也有出身非宗族的从者，他们战时须向主君尽军事义务，平时则耕种土地，兼有战斗员和生产者的双重身份。后来丰臣秀吉实行"兵农分离"政策，武士脱离了与土地的关系，成为职业军人，从而确立了"四民"封建等级制度。这种制度为随后的德川家康所继承，并比以往实行得更为严厉。

[①] 转引自刘岳兵《日本近代儒学》，商务印书馆2003年版，第99页。
[②] 大石慎太郎、中根千枝：『江戸時代と近代化』、筑摩書房、1986年、422頁。

武士至此完全成为一个世袭的寄生特权阶层，其成员的来源也被限定为武士。尽管统治者与被统治者的世界被明确划分，然而，绝大多数武士并不与农民发生直接的经济关系。武士是靠农民上交藩主的贡租，通过藩主以俸禄配给的形式而获得经济来源，以此有别于中国前近代社会里地主与农民之间的关系。从表面上看，与农民发生直接利益冲突的是代表藩主征收贡租的代官、领主，农民"一揆"只针对代官、领主，并不针对整个武士阶级，就是最好的证明。于是，通过代官、领主的媒介，幕藩体制部分转移和消除了武士与农民之间的矛盾。西方一些学者认为，只有前近代的西欧和日本才是严格意义上的封建社会，它最本质的特征表现为政治权威的"分裂"，包括土地在内的不动产的分封和相应的封臣对领主的个人效忠。[1] 梅棹忠夫为了证明日本近代化的内源性，也认为"真正经历了封建制度的只有欧洲和日本"[2]。这一说法虽然并不一定完全正确，却至少可以说明这样一个事实：江户时代武士与平民的关系不是最重要的关系，它们之间也不呈现出经济上的尖锐冲突。因此，武士阶级的伦理规范向平民的渗透就少了经济上的阻碍。

其次，自源赖朝开创幕府以来，王朝观念日渐淡薄，武士阶级成为政治、文化的主导者。到了江户时代，德川家康更是设幕府于远离京都的关东，避开了宫廷贵族文化的熏染。武士由于最初的来源不限定阶级，往往被人们认为是努力奋斗的结果，是一种"起点平等"的权贵化，这也使武士文化更带有一种平民的性格。同时，武士被置于四民之首，其行为方式、人生哲学，自然成为农工商三民所崇敬和学习的对象。正如俗语"花唯樱花，人唯武士"所说，武士道由于一种崇拜的心理而为三民所想象和模仿，以至于形成一种文化的共同体。而且，武士道的形成经历了镰仓、室町等几个时代，历经几百年，更使庶民对它的想象具有一种古老而自然的力量。

再次，武士道最主要的渊源是儒学，其思想要素"忠诚、牺牲、信义、廉耻、礼仪、洁白、朴素、俭约、名誉、勤学"等，也都是儒家的道德项目。这些德目包容了人类共有之美德，体现了人类普遍的价值诉

---

[1] 转引自阮炜《中国与西方》，社会科学文献出版社2002年版，第122—125页。
[2] 梅棹忠夫：《何谓日本》，杨芳玲等译，百花文艺出版社2001年版，第34页。

求，而这些正是武士道泛化的思想根源。后来它又与神道教密切结合，并经山鹿素行等人的改造和系统化，成为所谓"日本固有的东西"，故而消除了因异域文化而带来的日本人在观念上的排斥。"武士道对这些美德进行批判性的继承，同时包容了儒教、佛教和神道教某些易为人们接受的内容，从而使'武士阶级的伦理在儒教与佛教的影响下得到充分普及，因而能够成为全民的伦理'。"① 同时，江户时代儒教的发达和上升为官学形态，从而导致儒教教育的普及，也为武士伦理的平民化创造了极为有利的环境。一方面，幕府为了维护士农工商的身份等级制度，巩固其封建统治，推崇朱子学以至于"独尊"，而且从德川家康以后历代将军均致力于儒教的普及。比如，八代将军吉宗训点清顺治九年颁行的《六谕衍义》，即"孝顺父母、尊敬长上、和睦乡里、教训子弟、各安生理、毋作非为"六项德目。吉宗随后又对它进行和解，成《圣谕广训》，并许民间书店私刻，定为民众习字的手本，成为家喻户晓的畅销书。另一方面，一些著名的儒学家如林罗山、藤原惺窝、室鸠巢等亦努力钻研儒家学问，著书立说，广收门徒，致力于儒学的普及。而随着儒教的普及，它与庶民教育结合起来，成为主要的教育内容。例如，室鸠巢著《六谕衍义大意》《五常五伦名义》，成为当时幕府实行庶民道德教化的重要教材。编有广为流布的庶民教材《和俗童子训》的著名学者贝原益轩，在《贝原笃信家训》里系统记录了他的教育观，即"七岁时可开始读《孝经》，教孝悌忠信礼义廉耻，亦可大量教授五常、五伦、三纲、六纪、四端、七情、四等等名目。……一切让小孩能写会读皆此法也"②。于是，作为儒教普及的结果，在实践的层次上"农、工、商三者与武士之间逐步平等，这样，圣人之道就不单是为政者之道，儒教也不单为武士所有，因而形成了共同的价值观念"③。可以说，儒教的普及既是武士道平民化的历史前提之一，又是它得以实现的路径之一。

---

① 娄贵书：《武士道初探》，《浙江师范大学学报》（社会科学版）2000年第6期，第30页。

② 转引自［日］源了圆《日本文化与日本人性格的形成》，郭连友等译，北京出版社1992年版，第152页。

③ 相良亨：『誠実と日本人』。转引自王中田《江户时代日儒学研究》，中国社会科学出版社1994年版，第67页。

最后，江户时代迎来了长达二百多年的天下太平时期。至此，国内平静，人人各得其所，为经济的发展和学问的普及准备了条件。17世纪中期以后农业和商品货币经济迅速发展，农民开始有了剩余产品，町人的经济势力不断扩大。特别是随着町人阶层的崛起，经济文化的实权逐渐落入町人平民之手。他们依据自己文艺娱乐的需要，创造了许多新的文艺形式，因而迎来了繁荣的平民文学时代。"15至16世纪，文化的创造从僧侣和武士阶级逐渐转移到民众方面，至17世纪末期完成了这种转移。文化的主力军，在日本历史上，开始基本上从统治阶级转移到被统治阶级。"①

武士道的平民化还得益于江户时代教育的发达，主要担负庶民教育的"寺子屋"遍及日本全国，至后期"乡校"也广布各地。"于是古代只在统治阶级上层施行的'有意图的教育'开始逐渐扩大范围并渗透到了国民之中。尤其到了江户后期，教育在整个日本普及开来并深深地渗透到了普通百姓当中。"② 教育的普及意味着庶民"能够接触文化"，即"能够接触到由于他是另一种文化的成员而不是因为他没有受过'教育'而不能接触的（人类意义上的）文化"③。于是，武士丧失了对文化和教育的垄断地位，武士道这种"普遍的高层次文化"也就为平民所分享，开始了它的世俗化历程，以至于到了江户后期，"武士与町人的阶层差别也日趋模糊"④。

（二）武士道平民化的实现形式

江户时代，随着外来文化本土化的加剧，日本民族文化被充分意识到，逐渐被建构为一种"自足的"价值体系。武士道也逐渐沉淀为民族文化和民族传统，成为全民的道德和民族精神的核心。它能实现向农工商阶层的渗透，得益于民众的主体性活动、民众娱乐和民众教育等多种渠道。

---

① ［日］井上清：《日本历史》，闫伯纬译，天津人民出版社1974年版，第374页。
② ［日］源了圆：《日本文化与日本人性格的形成》，郭连友等译，北京出版社1992年版，第157—158页。
③ ［英］厄内斯特·盖尔纳：《民族与民族主义》，韩红译，中央编译出版社2002年版，第122页。
④ ［日］梅棹忠夫：《何谓日本》，杨芳玲译，百花文艺出版社2001年版，第68页。

首先，民众积极参与对武士及其行为的讨论与评判，甚至按照武士规范而行动，介入了武士道的形成和发展过程。在这一民众主体性活动的影响下，武士的价值观自然会逐渐内化为庶民的性格。其实，武士伦理对平民的影响早在江户之前就已开始。自镰仓时代起，一批批忠勇的武士相继诞生，其形象随着统治阶级的宣扬和知识分子的手笔而日渐渗入普通民众的精神生活。例如，13世纪初，在源实朝担任镰仓幕府将军时，和田义盛与时任"执权"的北条义时发生权力之争，曾举兵暴动。当时，和田义盛的同族均参加了反对幕府的暴动，唯独义盛的侄子一人未参加暴动，反而加入了幕府军并因此丧命。对义盛之侄来说，"忠"的观念优先于"孝"，他由此被世人视为英雄，受到了大力称赞。再如，南朝武将楠木正成欲恢复皇权，举兵讨幕勤皇，1336年与足利直义战于湊川，他身负数伤，为了"七生报国"，与其胞弟正季两人互刺而死。正成的忠诚事迹受到了日本人的赞扬和好评，他的死受到了后人的极端崇拜。《太平记》则将他描写成智仁勇兼备的良将、忠臣义士的楷模。随着此书的广泛流传，楠木正成更成为日本各阶层所崇拜的对象。

到了江户时代，站在民众立场上的"义士""义民"更是层出不穷，并形成了"义民传承"的传统。"义士"们为民而死，民众则为"义"，或是为其树碑立传，或是口头相传，颂扬他们的"义举"。"义民六人众"[①] 便为一例。位于东海道旁的新井宿村为木原家的"所领"，从延宝元年（1673年）开始，连年干旱、河川泛滥造成饥荒，新井宿村的名主、本百姓联名向木原氏要求减免年贡，遭到拒绝。于是，村名主酒井权左卫门等六人便越级上诉，不幸被人出卖以致遭到斩首。当地日莲宗善庆寺打破不埋葬和不供养处死者的传统，将他们葬于寺内，并为其立碑，当地的村民也尊称他们为"义民六人众"，悄然传诵着他们的义举。另外，1762年"箱诉"事件（田安家领地内名主向幕府最高裁判机关评定所直接投诉、要求减税的事件）的三个被处死者，被葬于轮光院并为世人所供养，居民建立"义民显彰之碑"以怀念他们为民请命的大义之举。这样的例子有很多，最有名的当属"赤穗四十七士"事件。1701年，赤穗藩主浅野长矩砍伤幕府官员吉良义央，此事激怒了将军德川纲吉，即

---

① 尼河直太郎『江戸民衆史』上、文理閣、1982年、154—155頁。

命浅野长矩剖腹，又将其家人贬为平民。以大石内藏助为首的47位赤穗藩家臣发誓报仇，于次年斩杀了吉良义央，而幕府则以"结党暴动"为由命其剖腹。这47位家臣反而成为世人心目中的忠贞"义士"，因为在人们看来，剖腹对武士来说，算不上一种处罚。此后，以这件事为蓝本的《忠臣藏》被改编成歌舞伎、净琉璃和狂言，深受世人的喜爱。

不难看出，此时期"义"的观念已经深入人心，而且为民众所大量实践。"义"属于我们后面将要谈到的庶民"义理"的内容之一，其本质特征是"灭私奉公"。

其次，江户时代，特别是元禄以后町人开始掌握了经济文化的实权，以至于俳句、净琉璃、浮世草子、歌舞伎、浮世绘、川柳、滑稽本等新的通俗文艺形式大量兴起，促进了武士道的平民化。此时期文艺方面继承了以往劝善惩恶的路线，单就小说而言，宣扬仁义勇之武士的作品不计其数，最有影响的则是曲亭马琴（1767—1848）的《南总里见八犬传》。八犬意指八个武士，他们均为仁义道德的化身，其举手投足无不体现出武士应具的品格。小说讲述了他们与邪恶展开的一系列斗争，并最后战胜邪恶，一同侍奉仁义之君里见将军。小说的字里行间透露着对武士及其伦理道德的肯定和赞美。例如，患有难治之症的番作欲借"剖腹"来消除儿子信乃（八犬之一）酿成的"大错"，遭其阻挠，乃声色俱厉地说："该死之时而不死，比死还耻辱。嘉吉年间在结城，未能得死是为了主君和父亲。"[①] 可见，对一名武士来说，活着的意义则完全是为了"主君和父亲"，在此"忠义"具有至高无上的重要性。据说，马琴为使妇幼均能读懂此书，特意采用了通俗易懂的文字，并在字旁注上了假名。因此，该书一问世便受到了读者的热烈欢迎，"三都七道，边陬僻邑，公侯贵富，士农工商，提小说必称《八犬传》为巨擘"[②]。江户时代小说的普及与影响力可见一斑。

小说的普及得益于印刷技术的发展，同时又是印刷出版业发达的原因之一，"购买书籍的人已不限于特权阶层的知识分子，而是扩大到了一

[①] ［日］曲亭马琴：《南总里见八犬传》（一），南开大学出版社1992年版，第174页。
[②] 依田百川：『譚海』、鳳文館、1884年。转引自［日］曲亭马琴《南总里见八犬传》（一），第1页。

般市民阶层。……在17世纪前半期，新书的发行量只有30种，但到了17世纪末，估计每年平均出版170种新书"①。于是，通过印刷技术和小说的结合，人们所崇拜的武士被大批量地再现出来；同时孕育了一种全新的同时性的观念，即"同质的，空洞的时间"观念，使得社会各阶层即便身处异境，也能几乎同时分享着一种同质的文化。这样，武士的人生哲学也就自然为他们所"同时消费（想象）"，从而形成一种武士精神的共同体。它被本尼迪克特·安德森认为是民族主义产生的文化根源之一，即它们为"重现"民族这种想象的共同体，提供了技术上的手段。②人们很难想象，日本人在除夕一边玩"歌留多（一种纸牌）"，一边欣赏着印在纸牌上的名言警句，会导致什么样的后果。

武士还被批量生产于歌舞伎、谣曲、净琉璃、狂言、浪花节等戏曲中。切腹自杀的源义经是它们最偏好的对象，歌舞伎《劝进帐》、谣曲《屋岛》等诸多戏曲都表现着他的英勇事迹。民间更是产生了许多关于他的传说和故事，深信义经北行而"不死"，最后成为成吉思汗。随着历史的推移，这些民间传说又发展为单独的小说——《义经记》，为日本人创造了一个令人神往和崇拜的英雄人物。明治以后，"义经即成吉思汗"这一传说更是被一些学者所放大，成为侵华战争的依据之一。

如果说歌舞伎、狂言之类对平民来说有些"高不可攀"，那么"讲谈"（评书）则是接近庶民性格的演艺形式。据说，它起源于江户初期流浪武士在街头对战争故事的讲演，元禄年间，自称为南朝武将后裔的清左卫门被幕府准许在浅草经营《太平记》的评书场，从此"讲谈"兴盛起来。评书的内容当然主要是武士小说，也有评述时政的。尼河直太郎对这种庶民文艺给予极高评价："在哭笑之间给平民以年中行事的礼仪、历史和人生态度的教育"③。

再次，在长期的和平环境下，通过共享茶道、神道、花道、书道、年中行事等文化形式，武士与农工商因而在思想和文化上能互相影响、

---

① ［日］梅棹忠夫：《何谓日本》，杨芳玲译，百花文艺出版社2001年版，第80页。
② ［美］本尼迪克特·安德森：《想象的共同体》，吴叡人译，上海人民出版社2003年版，第26页。
③ 尼河直太郎：『江戸民衆史』下、文理閣、1982年、30頁。

互相渗透。这些超越政治和阶层差别的文化形式是他们之间交流的可靠纽带，强化了日本人的一体意识和同质性。尤其是茶道，它对统一的民族意识的形成发挥了十分重要的作用。千利休首创"佗茶"，使茶和禅宗精神结合起来，将武士精神的"死生如一"的一面发展到了极致。而且，在茶道的世界里没有身份等级之别，没有"自我"与"他者"之分。不论是谁，他诉诸茶道的唯一目的只能是修养身心，获得"和静清寂"的高远境地。这种不分彼此的艺术形式投射到思想上，随着时间的推移便自然会产生举国一致的行动，武士的伦理规范也就不再只是武士阶级的专利品，而成为人人皆可修得的一种品格。遍及全国的"年中行事"也是一种上下沟通的手段，并以一种类似宗教的力量将社会各阶层联为一体。

最后，在江户时代，家的重要性日益突出，成为社会组织的最基本单位。依照儒家的"五常五伦"观，父亲在家庭里拥有家长的绝对权威，所谓"严父慈母"常被视为家庭的理想形态。日本人往往将孩子视为神灵般的存在而倍加珍惜，对家庭内的儿童教育自然十分关心。"具有武士那样的品格""不说谎"是近世庶民家庭对儿童进行家教的重要内容。"农夫围着茅屋中的炉火，毫不疲倦地反复说着源义经及其忠臣辨庆，或者勇敢的曾我兄弟的故事，那些黝黑色的小淘气包张着嘴巴津津有味地倾听，最后一根柴薪已经烧完，余烬也熄灭了，而由于方才听到的故事，内心却还在燃烧。"[1] 平民家庭在小孩十二三岁时就把他们送到人家去干活，以培养其坚韧的性格，而武士则是他们的榜样，"许多少年在跨越他父亲的门槛时，内心就发誓：除非在世上成了名，否则就决不再跨进这个门槛"。

武士道之所以能成为全民的道德，并非完全是一种"自上而下"的渗透，在一定意义上，它是士农工商在长期的生活实践中互相学习与交流的结果，即他们共同缔造了武士道。"武士道便从它最初产生的社会阶级经由多种途径流传开来，在大众中间起到了酵母的作用，随着时间的推移，成为国民全体的景仰灵感。"[2]

---

[1] ［日］新渡户稻造：《武士道》，张俊彦译，商务印书馆1993年版，第90页。
[2] 新渡户稻造：《武士道》，张俊彦译，商务印书馆1993年版，第91页。

（三）平民化武士道的表现形式及其评价

新渡户稻造在其所著的《武士道》里，列举了作为道德体系的武士道的主要德目：忠、义、勇、名誉、礼、诚、克己、仁。作者后来又认为，除此之外还应加上"孝"。作为江户时代武士道平民化的结果，当时的民众道德应该对此有所体现。因此对江户民众的"忠、诚、仁、勇"等道德项目进行考察，便可以大体窥知武士道在江户时代的平民化情况和程度。

第一，"忠"是武士的最高价值。日本近世儒学提倡忠孝一致，强调"忠"的大义名分。"君不君，而臣不可不臣"，故"忠"是第一位的，为绝对的价值，而"孝"是第二位的，是相对的价值。对庶民而言，忠优于孝的观念虽不如武士那样强烈，但也以此有别于中国。在他们看来，"孝只是一种漠然的对父母的尊重"。依田熹家分析了产生这种现象的原因，即"江户时代的日本，武士阶级的基本关系主要是对主君的忠，而不是同族团的结合；在农村中已由同族团的结合过渡到地缘的村组结合；从社会整体来看，均已（从亲族协作型）过渡到非亲族协作型的社会"[①]。

不过，忠毕竟还只是武士阶级内部的道德，它在平民中的表现形式则是"义理"即"变形的忠"[②]。两者相比，武士的"忠"是一种"没有真情和精神"[③]、纯粹基于经济关系的"义理"，而平民的"义理"则基于"情"的基础之上，内容也要宽泛得多，还可以用"耻""面子""职责"[④]等词语来代替。《义理与人情》概括了西鹤、近松的庶民"义理"观，并将它分为四类：（1）基于法律上的近亲关系而产生的道德义务；（2）基于世间习俗的义理；（3）作为人之常情而对他人应行之道（儒教的义理）；（4）报答个人间的信赖、约定、契约之上的义理。[⑤] 第一类有如"对姻亲家属应负的一切义务""入赘养子所承受的'情义'"等，这些义务，不论要付出多大代价，都必须履行。其他三类囊括了武士道的

---

① ［日］依田熹家：《日中两国近代化比较研究》，北京大学出版社1991年版，第198页。
② ［日］依田熹家：《日中两国近代化比较研究》，第199页。
③ 高尾一彦：『近世の庶民文化』、岩波書店、1968年、238頁。
④ 高尾一彦：『近世の庶民文化』、239頁。
⑤ ［日］源了圆：《义理与人情》，李果树等译，天津人民出版社1996年版，第87—88页。

"智（知人伦之道）""义""名誉"等几项内容。庶民家庭的儿童在"不要做出让世人耻笑的事"的家教下，长大后必会为了"义理"而保全名誉。

可见，在江户时代"义理"已凌驾于"孝"的观念之上，平民经常是为了"义理"而牺牲"孝"，即"灭私奉公"。

> 在平民中间……把牺牲亲族为他人效力当作美谈。在江户时代的平民的戏剧歌舞伎的节目中，强调对主君忠的《忠臣藏》最受人欢迎，对平民来说，牺牲亲人同他人讲"义理"内容的节目也比以"孝"为内容的节目更受欢迎。"浪花节"的内容主要是讲"义理"，强调对非亲族的诚实，直到现在仍然根深蒂固地在平民中间拥有爱好者。①

第二，"诚"被认为是武士最基本的道德。它在一定意义上与"真""实""信"相通，在古代称"清明心"，在中世称"正直"，在近世才称为"诚"。"诚"由"言"和"成"组合而成，所以日本人认为说谎将导致惩罚，而使"诚"具有某种神秘的宗教力量。在近世日本的普通家庭里不说谎是最基本的道德教育。手岛堵庵所著《前训》就视"不说谎"为最重要的道德教育，而且认为它是做人的前提。② 安丸良夫由此指出，江户中期以后"'勤勉、节俭、谦虚、孝顺、正直、献身'等一系列通俗道德的德目，已朝着民众主体化的方向展开，即这些德目已经从传统的生活习惯这一外在的规范，开始内化为主体的实践性德目，并在18世纪以后以全民族的规模展开"③。

第三，"仁"意指爱、宽容、爱情、同情和怜悯，即"常备人伦之道"。它自古就被当作日本人的最高美德，也是武士与平民最为相通的道德。它们共同基于《源氏物语》的"物哀"情感和儒家伦理之上。然而，

---

① ［日］依田憙家：《日中两国近代化比较研究》，北京大学出版社1991年版，第199页。
② ［日］源了圆：《日本文化与日本人性格的形成》，郭连友等译，北京出版社1992年版，第162页。
③ 安丸良夫：『日本の近代化と民衆思想』、青木書店、1974年、4—55頁。

两者并不完全相同。武士的"仁"是一种"带着自豪的归顺，保持着尊严的顺从，在隶服中也是满心怀着高度自由的精神的服从"①。而江户以前的庶民之"仁"还是一种不自觉的被动的爱，直到江户后期，才成为自觉意识的产物，并以"统治者不仁"作为改变世道的依据之一，即"通过儒教道德和通俗道德之纯化，使之成为批判统治阶级意识形态的武器"②。

第四，"勇"是武士的三大价值之一，即"常践人伦之道"。它体现为一种敢作敢为、不屈不挠的精神。江户时代，无论是武士还是庶民之子，自幼便被严格磨炼，以期养成诸如刚毅、大胆、镇定自若等品质。庶民之子更是能随着"讲（游山拜庙团体）"而自由出走，经历肉体和精神的严峻考验。可以说，"勇"是日本人崇拜强者意识的原型，至幕末它已经深深扎根于庶民精神之中。

通过以上考察我们认为，虽然平民未能达到武士的道德高度，但两者在思想与实践上已经体现出高度的内在一致性，武士道已经发展成为日本民族精神的表现。尤其是在武士道的核心德目"忠"与"孝"的关系上，"忠"已完全凌驾于"孝"的观念之上，获得了至高无上的绝对价值。于是，主要源于中国儒家道德而又有别于它的"武士道"，才由此被认为是"日本土地上固有的花朵"。这显然与国学者否定《记纪》之"汉意"的思想一脉相承，目的十分明显，即借以证明日本文化的优越性，再就是借以抗衡当时的中国，摆脱日本人的边缘文化意识。比如，井上哲次郎在其《国民道德概论》里说："所谓国民道德，最重要的是与（天皇制）国体、国家神道和武士道结合在一起的'忠孝一本'。"③ 至当代，丸山真男则多次强调："我认为，无论是儒学史中的古学派还是国学运动的登场，都是在'锁国'等条件下因'古层'隆起而发生的一个过程中的不同表现。"④ 按他的主张，武士道当然是"日本文化的古层"。于是，"经过过渡时期存留下来的高层次文化，不再是僧侣阶层或者宫廷

---

① ［日］新渡户稻造：《武士道》，张俊彦译，商务印书馆1993年版，第30页。
② 安丸良夫：『日本の近代化と民衆思想』，53页。
③ 安丸良夫：『日本の近代化と民衆思想』，67页。
④ 转引自韩东育《日本近世新法家研究》，中华书局2003年版，第393页。

的媒介和标志，而是成为一个民族的媒介和象征"①。即是说，一方面，在江户时代，武士道与主要由于国学者所极力倡导的物哀理念、神国思想构成了"大和魂"的三大基石，而使日本人实现了文化上的自我同一性，发现并创造出了日本的"他者（the other）"——中国。另一方面，江户时期武士的"忠"还只限于藩的狭小范围，指向性非常明确，是一种以身份关系为前提的前近代的观念。对平民来说，由于长期的武家统治，天皇对他们来说只是一个空洞的存在。因此，对幕末民族主义者而言，"解冻"天皇是他们的首要任务，即要使武士与平民的"忠诚"全部指向天皇。于是，维新时期的统治者以近代国家或近代诉求为名，采取了一系列重树天皇绝对权威的举措，以加强国民对国家和天皇的认同。只强调单方面义务的武士封建伦理由此被纳入天皇制意识形态，并与利益诱导的对外扩张成为近代日本"国民不在"这一历史条件下统合民众的两大手段，其精神道德的物质化能量也即为统治者所驱使，而在以后的侵略战争中释放出了巨大的能量。

六　小结

在江户时代，武士道基本完成了其民族化和理论化的建设，也开始了其平民化的历史进程。换言之，武士道被确立为具有特殊性的"日本的"伦理道德，成为一种自觉性和理论性的道德规范。这不仅对江户日本的身份建构具有重要意义，也对其后日本人的身份建构、道德实践和政治发展产生了重大影响。

第一，武士道是一种根植于绝对忠诚观念的伦理道德，因而是一种"封建的"或"变态的"道德观念和规范。无论是强调对主君忠诚的武士道，还是幕末强调对天皇或国家忠诚的武士道，它们毫无例外都以"绝对的忠"为最高价值。这就使得正义成为武士道的次位价值，或者说"不顾正义和是非"构成了日本武士道的最大特点。这种价值指向导致了武士及信奉武士道的日本人行动的封闭性和狭隘性倾向。一方面，它导致了尊奉武士道的日本人被手段化而成为不顾自我、没有自我目的性的

---

① ［英］厄内斯特·盖尔纳：《民族与民族主义》，韩红译，中央编译出版社2002年版，第102页。

工具。也就是说，武士道是信奉它的日本人成为自由主体的一个枷锁。另一方面，它导致尊奉武士道的日本人的行为不会顾及普遍的正义和是非观念，更不会顾及"他者"的正当权益。这种价值倾向从日本人对赤穗武士复仇行为的态度上便可略见一斑。无论是否正义，赤穗武士复仇成功后，他们都得到了日本社会的普遍称颂和赞誉。对日本人来说，无论手段如何，基于忠诚观念的"复仇"本身就是最大的正义。这种非理性的扭曲的忠诚观念导致了变态的、奇异的行为和景象：复仇的杀人犯受到举国上下的敬仰，而受害人却被所有人所唾弃。基于民众对赤穗武士的态度，我们可以认为，这种是非不分的价值观念在江户时代就已经深深地烙进了日本民族的骨髓，成为日本人思维方式的重要特色。这也就为此后近代日本政府实施军国主义的武士道教育提供了文化基础。近代日本军国主义者正是利用这些思想向军队和国民灌输武士道精神，而使日本人民自觉地为对外侵略战争服务，并由此推动着日本在近代走上了一条疯狂和毁灭的道路。

第二，在江户时代，武士道被建构成一种具有普遍性的日本特殊性价值，因而被认为是一种既具有历史连续性又能"武运长久"的日本的道德，同时也是一种可以成为全民道德的价值。一方面，武士道所要求的忠孝节义等被认为是一种具有普遍性的道德价值，因而它作为一种伦理道德体系有成为日本人全民道德的哲学基础。另一方面，武士道又被认为是源自日本独特地理环境和历史传统（例如，武士道所要求的"正直""诚"等价值被认为与"清""正""直"的神道精神相通、相连）的民族道德，体现了日本的主体性和独特性。从这种意义上说，相比于神道、物哀，具有平民性的武士道有着最被日本人认可的潜在性格，事实上在江户时代也确实如此。

可以说，江户日本关于武士道的理论建构及其传播为日本人以此构建同一性即形成武士道文化共同体奠定了坚实的物质基础。正是如此，武士道才在近代日本民族主义的作用下被进一步构建（修补、美化等）为"自古以来存在于日本的一种特异的长处""其形骸或方法虽随时势和境遇而不免千变万化，其精神却一贯古今而无丝毫变化"[①] 的日本民族之

[①] 井上哲次郎：『武士道叢書序』、载『武士道叢書』上卷、3頁。

特长，或被建构为日本的"国粹""忠君爱国"之道，成为以天皇国家为中心的民族精神的精髓和国民道德实践的基础。

第三节 以"物哀"为基础的主情主义思维的创建

在哲学、文学、教育学等领域，主情主义（emotionalism）是一种以人的自然性情为优位的价值观和思想。它强调基于人的自然情感而认识事物并行动，是与主智主义、主意主义相对的概念。在江户日本，作为对儒教劝惩主义文艺观的反动，主情主义思维被当作"日本的传统"而创造出来。它在江户时代的发展极致就是本居宣长的"物哀"论。江户日本的主情主义思想不仅具有合理、进步的一面，而且作为异质于中国的"日本式思维"发挥了建构日本人同一性的重要功能。

迄今为止，国内外学界关于江户日本主情主义的研究，大多侧重于挖掘主情主义思维的"近代"价值和意义，即考察其对日本近代化的促进作用，而忽视了它担负着建构近世日本人的同一性的一面。这种方法论上的限制和不足，不仅影响了对近世主情主义的全面考察和评价，甚至导致了过高评价其对于日本近代化的促进作用的局面。因此，基于文化民族主义的视角，采用"历时"和"共时"相结合的方法对主情主义与江户日本人的身份建构这一重大命题进行系统的考察就具有特别重要的意义。

一 主情主义思维的产生根源

江户时代是日本知识界开始全面"发现自我（日本精神）"的时代。这种自我也必然被认为体现于政治、文化、道德、艺术等一切领域。在政治和道德领域，神道、武士道被日本知识界意识到并建构为表现自我的存在。与此相对，在文学和艺术领域以"物哀"为典型形态的主情主义思维也被意识到并被建构为日本民族精神。可以说，它们都是自我"被明确意识到后"被重构的产物，是相对于中国这个他者的自我特征化和类型化的作业的结果。换句话说，神道、武士道、主情主义思维等被认为可以表现自我的日本精神都是相对于中国这个他者的产物。

这意味着与他者"相区分"是包含主情主义在内的日本精神在江户时代被大力发现和构建的思想根源。儒教传入日本后，它的价值体系便构成了日本人"文化自我"的根基。对日本来说，中国是他们文化的"故国"；毕竟他们身处日本，中国又是他们政治上的"异乡"①。此种状况的长期存在，不仅不能塑造日本人的文化主体意识，反而导致了日本人的自卑心理和强烈的危机感。因此，为主张自我的独立存在，日本必须自行推进与中国及其文化的差异化。只有强有力地完成中国的"他者化"，才能主张日本及日本文化的主体性。这意味着为确定自我的主体性，日本不仅需要排斥外来的各种文化（发现他者），同时需要创造"日本的"传统（发现日本）。在这种思维下，只要是异于儒教中国的文化成分，就被认为是"日本的"文化。主情主义恰恰是一种被认为能将日本和中国区分开来的"思维"，而被那些先觉的民族主义者所创造和发现出来。

当然，为了增强自我建构的合法性和正当性，自我的发现也并不意味着仅仅是对现实的完全虚构，而是通常以对历史和传统的重构为前提。也即是说，只有具有始源性和历史连续性的自我才能最大限度地保证"我们"的自由和自立。在江户时代以前，基于特殊的自然环境和人文环境，即便没有作为日本的民族精神被明确意识到，日本人仍然形成了强调和重视感性、真情的"日本式情绪"，而这恰恰为这种情绪被自觉和重构为日本独特的民族精神即建构自我主体性和同一性奠定了物质和历史的基础。这便是主情主义在江户时代被大力发现和构建的历史渊源。

在日本，江户时代前后古典儒教共同体的衰落、神国思想的发展、空间的均质化等社会结构条件的变化，不仅共同指向了江户日本"文化向内部收敛"的倾向，也为日本知识界发现自我的"自主化"倾向提供了基础和可能，即为包括主情主义在内的"日本精神"的发现和创造准备了基础。江户时代以后经济的发展、学问的普及和发达、日本的对外交往和新接触等国内外环境的改变，则成为促使主情主义被大力发现的

---

① 黄俊杰：《从中日比较思想史的视野论经典诠释的"脉络性转换"问题》，《台大历史学报》第34期。

重要契机。

二 "道"的解构与主情主义的发展

朱子学是对主客观世界作统一解释的合理主义哲学体系和价值体系。它的哲学基础是作为世界本原、依据和所以然的"道"或"理"。这种形而上的思想体系在人伦上以仁义礼智信等为绝对的天理,而与被认为是"邪恶"并应该被消灭的"人欲"相对。这种"存天理、灭人欲"的道德观和文学观(基于理性的自然和人的统一)显然与重视感性、真情的日本传统和实际生活(基于感性的自然和人的统一)并不相符,因此作为对朱子学合理主义思维的反动,江户时代无论是欲复古儒学的古学派学者,还是欲复古"日本精神"的国学者,他们通过对古典儒教或古代自我的重新解释,都抽取出了主情主义思想的内核,尤其是国学者还使它作为与中国相对的"日本精神"加以叙述。

如同古学是对朱子学的反动,主情主义也是对儒教劝惩文艺观的反动。因此,古学者为对抗朱子学而对"道"(或"理")所作的连续性分解的过程,就体现了他们对主情主义的日本式重构。他们因为不满朱子学对儒教的解释,要求还原儒教古典的真义。从原理上说,发掘异于朱子学的儒教古典的价值,便成为伊藤仁斋等古学者的中心任务。他们从对儒教古典的重新阐释出发,试图解构朱子学以"理"来统摄世界万物的世界观,其结果是最终打击了"理"的无限扩张性,极大地提高了人欲或人情的地位。山鹿素行的"人欲论"、伊藤仁斋的"仁爱说"、荻生徂徕的"人情论"等从儒教内部瓦解了劝惩文艺观的根基,成了为"人情"或"人欲"正名的理论作业的源泉。

作为古学派的先导者,山鹿素行以"回归儒教古典"的方式最先展开了对朱子学的"道"的分解,并明确将中国作为一个"他者"来对待。他否定了"理"的超越的、形而上学的侧面,主张直接向事物本身逼近①,强调"天地万物,其形象因阴阳五行,其本一也。而既为天地,既为万物,则不可以一理论之。圣人既曰格物,则以穷理不可易之。……凡穷理者,穷尽其条理也,物与事皆有道有理,不谓物与事,而唯谓穷理,

---

① [日]丸山真男:《日本政治思想史研究》,聂长振译,商务印书馆1990年版,第28页。

则性命之说而分殊不明"。

以此为基础,他在人性论上率先突破了朱子学的束缚,即他切断了规范(礼乐)与人性(人欲)之间的连续性,取消了天理与人欲之间的对立。他极力反对区分本然之性与气质之性,认为气质之性就是本然之性,正因如此,情欲才需要"礼"这种外部的、客观的东西来制约。他认为"圣人有欲",说明情欲是一种普遍的东西,同时也是一种无法被压制的东西:"人物之情欲,各不得已也。无气禀形质,则情欲无可发。先儒以无欲论之,夫差谬之甚也。"① 很明显,他不仅肯定了人欲的自然性,还以情欲为一切行为的基础,从而从朱子学"道德自律"的立场彻底转向了"道德他律"的立场。"人之知及万物,故其利心、欲心亦尽万物。故好色而求天下之美人,好声而求天下之美声。不得美之至极不止。是乃人性之本,知识秀于万物之故也。"这种作业为礼乐与情欲各自走向"自我纯化"的道路奠定了基础。

与山鹿素行仍以"条理"来统摄天地万物的矛盾态度相比,欲借复古来纯化儒学伦理思想的伊藤仁斋,却促进了道的连续性解体。他明确区分了天道、(人)道、天命、理、仁义礼智、性等诸如此类的概念。"《说卦》明言:立天之道,曰阴曰阳;立地之道,曰柔曰刚;立人之道,曰仁曰义。不可混而一之。不可以阴阳为人之道,犹如不可以仁义为天之道者也。"阴阳这种自然界的范畴完全属于天道,而仁义这种道德的范畴则属于人道。在此,天与人之间的纽带被切断,理被限制为"物理",道则被限制为"人道"。"圣人曰天道,曰人道,未尝以理字命之。《易曰》:穷理尽性以至于命。盖穷理以物言,尽性以人言,至命以天言。自物至人而天,其措词自有次序。可见以理字属之于事物,而不系之天与人。"② "凡圣人所谓道者,皆以人道而言之。"由此,(人)道就与天道、物理相分离而走上了独立化的道路,从而动摇了朱子学合理主义的根基。

以独立的人道为基础,伊藤仁斋便构建了以"仁"为道之根本的"仁爱说"。他对孔门之学阐释说,仁义礼智信即为道(人道或道德),仁则为"圣门第一字"。仁并非抽象、虚幻的存在,相反却是人伦日用当行

---

① 『山鹿語類』卷三十三、『日本思想大系』32(山鹿素行)、362 頁。
② 伊藤仁斎:『語孟字義』、『日本思想大系』33(伊藤仁斎・伊藤東涯)、31 頁。

之道、人世本身的基本构造："仁，人之安宅也，义，人之正路也。"进一步说，仁即是爱本身，出自无任何自私、丑恶等的"慈爱之心"，否则即为"伪仁"。由此他批判了宋儒以性为理的做法，认为性是气质之性，从而主张必须扩充"仁爱"而约束人的私心和欲望，以达到最高的王道之境。于是，通过对宋学人性论的否定，仁斋的"仁爱说"回避了以善恶来划分人性的价值判断，从而承认和肯定了人情（性情）的自然性和合理性："盖穷天理之极，非人人所能也。无丝毫人欲之私，亦具形骸、有人情者非所能也。"① "苟有以礼义裁之，则情即是道，欲即是义，此有何恶哉！"

不仅如此，他还以"诚"为仁爱的根基，认为"无诚则无仁"。"诚"是一种对自己与他人都没有伪装的纯粹、自然的感情，又与日本自古以来的"清明心"相通。这种思想的提出还表明，形而上的、规范的日本儒学开始向现实的、主情主义的儒学转换。

无论是作为民族主义者，还是作为古文辞学的开创者，荻生徂徕对江户日本人身份建构的最大贡献在于进一步促使对朱子学"道"的连续性分解，即切断了天地自然之理与人类原理之间的连续性，从而颠覆了宋学合理主义的思想体系。他继承了仁斋关于道的思想，并进一步将道限定为先王之道（圣人之道）。他说："夫道，先王之道也。""先王之道，先王所造也，非天地自然之道也。"道是先王所"制作"的道，实际上就是礼乐刑政等规范，不同于专指个人修养而蕴涵着多种可能性的"德"。继而他又以"先王之道，安天下之道也"以及"是圣人不可学而至焉"，排除了"人人皆可成为圣人"的可能性，从而使制作和实践先王之道成为统治者的特权。同时，徂徕还把道的不变性和有效性系于圣人的政治人格，否定了道的先验性，客观上为国学者通过攻击圣人而摧毁儒道准备了方法论基础。

因为宋学的永恒常道被转换为统治者所创造的外部规范，这就为徂徕彻底转向"事实"（koto）提供了可能。这自然也引出了他的"人情论"。徂徕认为，人的本质特征就是"情"或"人情"，"人情"本身是没有任何矫饰或思虑发生前人的自然欲求和欲望。"大抵心、情之分，以

---

① 『童子問』、『日本古典文学大系』97（近世思想家文集）、岩波書店、1966 年、103 頁。

其所思虑者为心，以不涉思虑者为情""故心能有所矫饰，而情莫有所矫饰"。人情是人自然表露的各种情感，是"人在没有任何价值附加时的真实存在状态"①。由于"人情"常"以欲为主"，所以它们都为"人之所必有"："人欲者，人之所必有而不可去者也。程、朱乃言'人欲净尽，天理流行'，岂不妄哉！"② 由此，徂徕不仅打倒了朱子学的"天理"对"人欲"的压制，否定了"善恶论"这种关于人性的价值判断，反倒使"人情"成为判断政治是否合理的标准："至道固不悖人情，人情岂必皆合道哉！"

显然，古学派重视日用性和实践性的道德论，被徂徕推到了极致。"人之性万品，刚柔轻重，迟疾动静，不可得而变矣。然皆以善移为其性，习善则善，习恶则恶。""凡人者，天生的能力和才智各不相同，天地之间没有完全相同的人，故有古语云'人心之不同如其面焉'。"③ 素行和仁斋关于情欲的理解，被徂徕推进到了人的个性上，而使情欲摆脱了规范的制约，为人的内部世界多样化的形成提供了极大的可能性。

综上所述，通过古学者对"道"的连续性分解，日本学者对理和人情的理解也发生了很大变化：理失去了其统摄一切的功能，而被限制为"物理"；与朱子学的"理"同等的道，先是被降为"人道"，最后转变为可变的先王"制作"之道；人欲也不再与天理对立，而是获得自然而然的性格。由此，道不仅脱离了物理的束缚，也摆脱了道德的约束，而成为一种纯粹外部的、客观的东西，从而丧失了绝对性。这种作业瓦解了宋学以理为最高哲学范畴的合理主义思维，为18世纪"日本的"文化体系的创建扫除了哲理上的障碍，进而使"日本的风物"的建设成为可能。同时，超越了朱子学人性论的人情论使"道"合乎"人情"而不是相反，成为判断理想政治的标准，这就使形而上朝形而下、价值判断向事实判断、"儒教中国的风物"朝"日本的风物"转变，在近世日本思想界首次成为可能。④ 这表明徂徕等在摧毁了外来的理的哲学体系后，已经

---

① 韩东育：《关于荻生徂徕的"人情论"》，《思想史研究》第4号（东京），2004年3月。
② 转引自韩东育《关于荻生徂徕的"人情论"》，《思想史研究》第4号（东京），2004年3月。
③ 『政談』卷三、『日本思想大系』36（荻生徂徕）、375頁。
④ 韩东育：《关于荻生徂徕的"人情论"》，《思想史研究》第4号（东京），2004年3月。

将目光转向了日本内部的历史和传统。他们主张以人情为本,发掘了以"事实"为依据的人情论,就为彻底摆脱道德束缚的国学主情主义的人论提供了理论依据,也从根本上为日本人主体性的确立奠定了基础。

不过,正如朱子学只是对儒教古典的一种解释一样,古学者对"道"的分解以及由此提出的"人情论",同样也只是对儒教古典的一种解释,甚至还存在着以宋学理论为哲学基础的局限性,因而并不拥有像本民族的独特传统那样的"绝对真理"的约束力。古学者虽然极大地打击了朱子学形而上的思维,然这种从"外部"到"外部"的作业却未能将人和文艺从道德的束缚下彻底解放出来,并置于纯粹的日本风土之下。因为这种限制以及他们所坚持的"人情普遍论"的立场,古学者对"人情"作为日本人自我归属的标识也缺乏明确的自觉,即他们并没有意识到"人情论"可以上升为日本的文化传统,并以此来确定日本人的同一性。而继承这一思维并在"人情特殊论"的立场下最终完成这一工作的,则是江户国学者。

三 国学与主情主义思维的确立

如果说主情主义是近世日本将中国"他者化"的产物,则可以认为从它的诞生到完成大致经历了古学与国学(native studies)两个阶段。古学者是从对儒教古典的解释出发否定朱子学的,其"人情论"源自对儒教的破坏,可以说是其解构中国(发现他者)的附带产物。与这种"外部的视角"相对,国学者则是从"内部"发掘异于中国的"日本的文物",即从他们自认为体现了本民族纯粹性的"日本古典"来寻找否定儒教道统的依据。源自古学者的"人情论"以及超越它的国学主情主义,便成为主要的依据。

由于现在的文化通常都受到了外来文化的"污染",所以在民族的创建阶段,对纯粹的祖先文化的回归便成为唯一的方法。于是,国学者高举复古的旗帜,首先在文学领域开始了对"古道和原乡(nostalgia)的探求"运动。"向原乡的回归"实际上是对祖先起源和祖先文化的发明和创建,是对历史记忆的唤起和知识化。起源于和歌革新运动的国学作为"向原乡的回归"运动,就大量进行着所谓"纯粹文化"的创建。从春满的《日本书纪》研究,到真渊的《万叶集》研究,再到宣长的《古事记》研究，国学者的研究领域几乎囊括了他们自认为体现了"日本精神"的所有古典文献。他们主张回归以《古事记》等为代表的日本古典，消除儒佛之道等外来文化对"日本精神"的污染，回到儒佛传入之前的理想状态，以此确定日本人的同一性和主体性。因为依据的是"纯粹的"日本风土，国学者就将近世日本"解构儒教"和"重构日本"的两个倾向都推到了极致。"发现日本"就是指确立"大和魂"，即发现异于中国的日本人共同的精神气质。

国学最初是作为一种文学思潮和运动登场的，后来逐步染上政治色彩，至平田笃胤则完全变成一种政治运动。作为文学运动的国学，经契冲、荷田春满和贺茂真渊的发展，最终以本居宣长为完成者，创建了以物哀为基础的主情主义；作为政治运动的国学，经贺茂真渊和本居宣长的发展，以平田笃胤为完成者，创建了尊皇的复古神道。它们与武士道一起构成了近世"大和魂"的三大支柱，标志着近世日本人身份建构的理论建设的大体完成。

（一）主情主义思维的再发现

国学起源于对日本的古典、古语的研究。作为城市知识分子发起的纯粹的文学运动，最初不过是对中世歌学的革新，其代表人物有下河边长流、户田茂睡和契冲。他们强烈批判了中世的秘事口传主义，宣告了新时代的到来。长流、茂睡虽倡导歌道之复古，也由此提出了"歌之心"及"以情为先的和歌之道"，然前者仍未摆脱佛教的羁绊，后者仍停留在"根叶花实说"[①]的认识阶段。于是，国学的先驱通常被认为是契冲，这不仅因为他首创了古典语言学—文献学的研究，还因为他批判儒教的立场和态度。

契冲（1640—1701）作为国学始祖，其贡献是与中世以宗教或道德为基础的诗歌论相对抗，开创了主情主义的文艺论。他强调文学不应附加任何伦理价值的判断和宗教的教养，认为和歌是自然纯真之感情的流露，"和歌（之真义）乃……世间真情之满足""歌宛如拂胸中俗尘之玉帚"[②]。这种文艺观排除了儒教的劝惩主义，意图使文学摆脱道德的束缚，

---

① 即"神道为万法之根源，儒教为枝叶，佛教为花实"。
② 『万葉代匠記総釈』、『日本思想大系』39（近世神道論・前期国学）、310頁。

体现了朴素的人本主义（humanism）的萌芽，因而被称为"宣长'物哀'文艺观的最初形态"①。契冲还给予和歌以重要地位，视它为联系神儒佛三教的唯一之物。"道之行于日本者，其大者有三。曰神道，曰儒教，曰佛法。……三道犹如经之缕缕，乃异物。经必待纬始成蜀棉，而不出吴绫。连接三道而恰似纬者，唯和歌矣。"②对契冲而言，探求和歌之道，"并非仅仅是实现祖宗之道，而是兼备神儒佛三道并凌超于它们之上"。显然，这种主情主义的歌道观虽然仍带有浓厚的折中主义色彩，也暗示了即要脱离儒佛之道的自主化倾向。

荷田春满全面继承了契冲的遗产。他出生于京都伏见稻荷神社的一个神官家庭，幼时便受到了稻荷神道的熏陶。这不仅影响了他对神道的看法，也使他的古典研究开始脱离文学的领域，加入了更多的政治色彩，赋予国学一种新的道学性格。因此，在思想倾向上，他比契冲更致力于"日本精神"的探究，同时排斥儒佛，以复兴古道为宗旨。

他明确提出了通过古语阐明古义以恢复古道、古学的方法。他认为"《万叶集》者国风纯粹，学焉无面墙之讥；《古今集》者歌咏精选，不知则有无言之诫"。可是，"国学之不讲实六百年矣，言语之有释，仅三四人耳"。欲挽回此颓势而恢复古道，他主张首先必须学习古语。"古语不通则古义不明焉，古义不明则古语不复焉。先王之风拂迹，前贤之意近荒，一由不讲古语，是所以臣终身精力，用尽古语也"③。因为这种复古主义的国粹性格，荷田春满因此被平田笃胤及该派国学者称为"复古主义国学的始祖""引出神道之真，开创道统的人"。

他也主张"真情实意（mamegokoro）"的歌道，与契冲之歌道观不谋而合。他认为"我歌学表现真，以求真为歌之道。……古之和歌皆咏事实而无虚，绝非当今歌学咏不遇之境、唱虚空景物之类""（歌学的）仁义礼智之说，牵强附会也"④。不过，他所提倡的新古今主义的歌道观仍没有超出儒教劝惩主义的范围。他依然认为好色和色道背人伦，是歌道

---

① 野崎守英：『初期国学』、載『日本思想史講座』4（近世の思想1）、211頁。
② 上田賢治：『国学の研究』、大明堂、1981年、23頁。
③ 『創学校啓』、『日本思想大系』39（近世神道論・前期国学）、337頁。
④ 稲荷神社編：『荷田春満全集』第1卷、六合書院、1944年、295頁。

衰败之根源，"大凡著书，乃为道，为世，为人"①，强调和歌的道德教化作用。

总的来说，荷田春满对"彼（中国）我（日本）"在文化思维上的差异不像贺茂真渊、本居宣长那样有充分的自觉，因而其歌道和古道观仍然受到了儒教的强烈影响，以致其文艺观仍处于过渡阶段。

（二）主情主义思维的基础

与契冲、荷田春满等仍有儒佛因素的歌道观相比，贺茂真渊则试图突破这种限制。他出身于远江的神官家庭，幼时师从渡边蒙庵，与服部南郭是亲交，后师从荷田春满，专注于《万叶集》《日本书纪》《伊势物语》等上代、中世经典的研究，曾参与"国歌八论"的论争，从而确立了不同于荷田春满新古今主义的万叶主义歌风。晚年与本居宣长"松坂一夜"长谈后，促进了《古事记》的研究倾向。由于受到徂徕学的深刻影响，他不仅进一步推进了国学作为文学运动的发展，而且促使了国学作为排斥儒佛的政治运动的发展，由此成为宣长学的先驱者。

贺茂真渊认为，纯粹的"日本精神"只存在于儒佛传来前的上代，而恢复到这种纯粹的环境，就可以解除日本长期以来政治自我与文化自我之间的紧张关系，从而建立日本人的主体性和同一性。所以，他全面研究了上代的政治、个人、艺术和伦理生活，由此极端美化上代的一切，以自然状态的上代为"理想世"，确立了盲目尊崇古代生活的自然主义世界观。他指出："唐国之学，其始乃人为之物，只因有棱有角，故易于知晓。我皇国之古道，一任天地自然，既圆亦平。又因人之心词难以尽言，故后人难以知晓。因之，世人皆言古道已绝，然只要天地不绝，乃绝不会绝。古道之不知，乃易知晓之唐道所致。"② 这就是说，在日本的古代，人与自然处于"同化一体"的协调状态，而现在由于受了儒教的污染，"自然与人已经分离、异化"，故古道也难以知晓。然而天地之心下的古代日本人的生活"以实在的自然为基础"，故在道理上可以恢复。

以自然主义的立场为基础，他进而认为，和歌保留了"古语"并

---

① 稻荷神社编：『荷田春满全集』第 1 卷、27 页。
② 『国意考』、『日本思想大系』39（近世神道论・前期国学）、384 页。

体现了古代日本人的"本心",所以通过对《万叶集》《古事记》等古典的研究,就可以发现纯粹的"日本精神"。因此,与以往的思想家相比,他对古语之于古道的意义已有了更明确的自觉,认为只有古语才是"古道"的承载者,并确信理解古代的关键在于好好理解古代的语言。因而为了追求语言乃至文化的纯粹性,他认为只有《古事记》所传才是古书古义,并将其确定为体现日本精神的第一书,推翻了其师以"汉意"为主的《日本书纪》至上主义。为彻底排除日本古典所藏匿的"汉意",继荷田春满后,贺茂真渊又系统开创了"古言—古道"的方法论。

他认为,"古道"是神代"自然的道",也即主情主义的歌道。这个情不是通常的情,而是整个生活的真情,特别是指古代日本人生活根底的真情。在此,他完全排除了歌道的儒佛因素,提出"本心""真实之心"等主情主义的概念,以情为歌的本质。他指出,《万叶集》所体现的"直情径行"的"万叶精神"就是一种日本所特有的"丈夫风格的"大和魂,它以"雄壮之心"和"直心"为特征。

他认为自儒教传入日本后,日本的"本心"(古道和歌道)已遭蒙蔽,而儒教的"道理"则是祸乱之根源,因此力主回归儒教影响之前的古代"自然之世",以主情主义的歌道来治国安邦。"歌乃咏人之本心……凡物必依道理,则无异于死物,毫无用处。与天地自然而成之事,方乃有用之活物。世上万物大凡为恶,或倾向于恶,此乃人之不良天性。知之而舍之即可。唯和歌,即便歌的是心曲所恶所欲之事,本心则不乱,而使物物流畅,万事流通。"[①] 依他之意,只要提倡日本古代唯美主义的歌道,便可以和谐万民、平定天下。显然,在对待歌道的态度上,他比荷田春满更强调其现实的政教意义,说它具有知晓世之治乱、动天地、哀鬼神、和男女、慰藉武士之心的作用。

总之,贺茂真渊以"自然之道"来攻击儒教,不仅意味着儒教的没落,也标志着国学者已开始拒绝以"华夷思想"为思考的依据,而是以具有自我充足性的"日本的文物"来建设日本主义。不过,以一种主情主义的自然观来对抗儒教的合理主义制度,他既难以从根本上否定儒教,

---

① 『国意考』、『日本思想大系』39(近世神道論・前期国学)、377—378 頁。

又不可避免地走进了一个"死胡同"①，而超越此束缚的则是主张物哀观和复古神道的本居宣长。

（三）主情主义思维的完成

与贺茂真渊相比，本居宣长对于构建日本人的同一性有着更明确的自觉，因而他在确立大和魂和排斥儒教这两个方面都达到了极致。当然，在他那里，重构日本和排斥儒教并不是同等重要的，前者才是后者的目的。他一方面更强调"柔纤、女子气"的"大和魂"的日本独特性，系统地创建了象征日本特质的"物哀"文艺观，另一方面又以此为基础创建了所谓"真道"，并以此与儒教文艺观和"圣人之道"全面对立。

就方法论而言，本居宣长继承了国学者的复古传统，并在推进文学的非政治化和神道的绝对化方面达到了顶峰。对他来说，"复古"最基础的工作仍是"发现古语"，因为只有纯洁的语言才能体现纯粹的文化，因而要建立纯粹的日本精神，就必须排斥汉字，建立纯粹的语言文字系统。他认识到，对汉字的排斥本身也意味着"内部"或"自我"的形成。他对汉字产生了"异国"文字的明确自觉，视之为对古语的破坏者和侵入者。因此，他要求通过和歌等体现了纯粹日本文化的环境来寻找和发现古语，并以语言的纯粹性确立纯粹的大和魂。由于汉字传入日本后只是作为一种符号体系发挥着作用，这就为本居宣长利用对"物哀"这种声音体系的"考古学的发现"来对抗汉字提供了可能。比如，他认为"物哀"所表现的"啊""呀"之类，是人随感而发的自然之物，因而古语是"活的语言"，而汉语（言）则过分概念化和复杂化了，反映的不是生活中的事实（事），而是"死的语言"。即是说，在日本古代，"言（kotoba）""意（kokoro）"和"事（koto）"呈现出三位一体的构造。②

因此，为了否定汉字，他发明了自认能与它区别开来的"大和语（yamatokotoba）"③的概念，认为它就是日本独特的古语，而其最佳保存者则是和歌。因此，他主张和歌"以词为主，文字为末"，意图通过强调

---

① 平野豊雄：『国学思想論』、載『講座日本近世史』9（近世思想論）、有斐閣、1981年、156—159頁。

② 小森陽一：『日本語の近代』、岩波書店、2000年、4頁。

③ 对这一概念，他有时也用"言"或"词"（kotoba）来表示，实际上就是他所说的雅言、古语或口诵的古语。

汉语与"词"的区别来否定汉意。他认为:"(与汉诗相比)和歌是神代以来的风俗,通过我国特有的声音和言辞,歌吟种种自然天性的情感,完全没有不明之处。""雅言"是日本自然的语言,然只有和歌没有失去古代的"雅意雅言"。因而只要通过对和歌的研究,恢复了古语,就可以建立纯粹的日本精神。

基于这种声音中心主义的立场,以纯洁的语言为前提和基础,本居宣长自京都游学回来后,就开始了自己漫长的"发现传统"的文化之旅。他最先在和歌与物语的文学领域致力于"大和心"的发现与构建,以此来否定"唐心"。在他看来,若纯粹的"大和心"得以建立,"唐心"必是不攻自破。因此,他追本溯源,发现了自认为体现了纯粹日本精神的"物哀"观念,以为大和魂的基础。他通过自己的"考古学的发现",认定"物哀"便是《源氏物语》的基本情调,是一种纯粹的日本精神。他认为,"物语"这种文艺形式与以劝善惩恶的儒佛经典不同,本质在于"知物哀"。《源氏物语》以歌咏"幽情"为主题,又是儒佛传入日本后不久诞生的作品,体现着已去掉儒佛之意的"日本的"纯粹环境,理应成为体现"物哀情调"的最高古典。显然,这种推进与中国的差异化的作业,促使本居宣长发现并系统地创建了作为主情主义完成形态的"物哀"文艺观。

《排芦小船》是本居宣长最早创造的和歌论。自此他开始主张和歌作为文学对于日本的特殊价值,认为和歌乃至文学不应只有"辅佐政治""修身齐家""应只合神佛之心"的道德教化意义,而是与善恶无关且有助于其任何一方的发展。和歌应以日本古代的"风雅"为本旨,其本来面貌只是"歌吟心中之所思"或"如实叙述人之真情"。因此,他主张,和歌的效用出现大小、善恶之别,是歌之用途不同所致,与歌之本来面貌无涉,故道德方面的事情不是和歌所要讨论和解决的问题。后世之人由于"误解了纪贯之所言",以至于歌道衰退而"越发走到狭窄的路上"。显然,和歌乃至文学被本居宣长看成是超阶级、超政治的独立存在,其价值只在于自由地表现日本人的真情。至此,是否符合自然的人情而不是道德成为判断文学价值的唯一因素。这种作业也就使"日本的文学"摆脱了儒教规范主义和唯理主义的束缚。

本居宣长随后创作的《石上私淑言》(和歌论)、《紫文要领》(物语论），进一步将"歌吟心中之所思"的文学观发展为"知物哀"。据他的解释，"物哀"是日本人对一切事物自然流露出的情感，即"哇""啊""呜呼"之类的感叹之声。他主张，"知物哀"就是有顺乎天地自然的人情，而歌道、物语之本义是放弃善恶之论而知物哀，知物哀则可知物心，知物心则可知世事而通人情。"物哀""歌之情趣"或"幽情"由此被提升为神道和日本文学的本质和原点，被认为是"排除了世人对古典真义的一切牵强附会"①。可见，本居宣长通过对平安文学的彻底化作业，完全转向了上古的"事实"，给主情主义打上了纯粹的民族文化的标签。不仅如此，他还以"人欲即天理说"建立了主情主义的哲学依据。他强调说："以天理为道，实大谬也。又以背其道之心为人欲而憎之，亦错矣。本来之人欲，自何时因何故生耶？其亦非由当然之理，乃于理前生焉，人欲即是天理矣。"② 显然，与徂徕等古学者对人情的消极承认相比，本居宣长认为，人的本质是拥有自然的情感，从而赋予主情主义一种彻底的自然性，摆脱了儒教文艺观的最后制约。

所以，"物哀"观一经提出便迅速为日本人所认同并引起强烈共鸣③，无论当时还是现在，日本人几乎都认为，它"真实地"反映了上代至中世日本人主情主义的精神生活，因而是一种纯粹的"日本精神"。从这种意义上说，它体现了日本民族意识的自觉，对日本人的身份建构具有深远的意义：第一，本居宣长从《源氏物语》中发现"物哀"，意味着自儒教传来之后日本精神仍然保持了独立的发展，从而引出了日本精神的连续性乃至优越性的命题；第二，"物哀观"比较完整地构建了"日本精神"的基础，第一次明确地赋予大和魂以真切而充实的内容；第三，在本居宣长及其支持者看来，"物哀"有外在的表象和标志如和歌、物语和山樱花等，故它不仅是一种可以区分自我与他者的文学精神，还是一种日常生活里真实可见、可接触的情感。比如，他自称"樱奴"，大肆赞美樱花："人问敷岛大和心，香吐朝日山樱花。"通过这种操作，樱花从此跟大和心、大和魂挂上了钩，成为"日本精神"哲学的象征；"大和魂"

---

① 村岡典嗣：『日本思想史研究』第 3 卷（宣長と篤胤）、創文社、1957 年、23 頁。
② 『直毘靈』、『増補本居宣長全集』第一卷、吉川弘文館、1902 年、64 頁。
③ 例如，近代致力于发现日本美的著名文学家川端康成就认为"物哀即是日本美的源流"。

也第一次从虚在变成了实在，由知识精英的专属物变成了连庶民也可分享的情感。这种不同于异国的"固有"精神，从此被贴上原生的、自然的标签，不仅为"大和魂文化共同体"的创建提供了极为有利的条件，也为日本人同一性的建构奠定了坚实的基础。

可以说，从古学者的人情论，到契冲的"和歌是纯真感情的流露"，再到荷田春满的"真情实意"，再至贺茂真渊的"直情径行"的"万叶精神"，最后到本居宣长"纤细优美之情趣"的"物哀"，主情主义是始终贯穿其中的基底意识。作为其完成形态的物哀观念，不仅标志着日本文学脱离了儒教道德和政治的束缚而获得独立的地位，其本身还被置于纯粹的日本风土而获得了作为日本固有价值的力量，为国学者以此强调与中国的异质性而建设日本人的文化认同提供了可能。虽然我们承认物哀观念对于江户日本人的身份建构具有重要的意义，并不意味着承认它是一种所谓"近代的思维"，因为本居宣长在使日本文学摆脱儒教伦理的同时，又给它套上了神道规范主义的枷锁。

四　主情主义思维的继承与传播

与古学者和国学者在"自他"的视野下建设主情主义的做法相比，町人（the merchant class）对"自我与他者"并没有明确的自觉，也不明确要求确立日本对中国的主体乃至优势地位。相反，他们作为体制外的被压迫的存在，因为掌握了经济和文化的主导权而具有"自我表达"的强烈需要。因此，作为对体制的反抗或发泄，町人阶层高举"人欲本能"的旗帜，要求打破压制人情人欲的儒教道德的枷锁，从而在现实生活的层面创造出了肯定现世和人欲的主情主义思想。可以说，国学者和町人分别从"确定自我"的复古主义和"表现自我"的现实主义立场促进了主情主义思想的发展。后者由于拥有强大的经济和文化实力，更是作为主情主义的发掘者、践行者和传播者，促使了主情主义渗透、普及到一般社会，从而推进了江户日本人"自我身份"的建设。

江户时代以后，随着商品经济发展和城市的膨胀，町人日益掌握了经济和文化的实权，终于至元禄时代创造出了反映町人价值观、代表着时代精神的"元禄文化"。这种异质于贵族和武士文化的町人文化是对"存天理、灭人欲"的儒教道德的反动，以肯定人欲自然性的主情主义为基本特征。它源自并迎合了出仕无门，又有着强大影响力的町人阶级的奢侈享乐之风，因而在文艺、绘画、歌舞、乐曲等各个方面被发掘并扩散开来。

町人思想家如井原西鹤、近松左卫门、松尾芭蕉等，发展了诞生于中世的御伽草子、净琉璃、俳谐等扎根于庶民生活的文艺形式并使之成熟定型，通过它们向社会发出了"人性解放"的时代强音，推进了町人主情主义思想的发展、成熟，并促使其实现向庶民乃至武士阶层的渗透和扩张。作为元禄三文豪之首的井原西鹤（1642—1693）开创了以讴歌人情为主题的"浮世草子"这种通俗小说形式，强调人欲人情是人类自然的本能和人生第一要义，"世间最可悲者莫过于义理矣"。其"好色小说"系列如《好色一代男》等大力宣扬了"人本为欲望之化身""利欲、物欲、色欲乃人之常情和共性"[①]的思想，并努力使之获得作为天理的神圣性。随着这种小说的大量刊行和被广大庶民尤其是都市町人广泛阅读，他的反禁欲的主情主义思想"最终成为元禄町人社会普遍认同和流行的一种伦理价值取向和精神"。

与西鹤将人情的观念限定在町人的世界相比，近松左卫门（1653—1724）则试图将"义理"与"人情"统一起来，并使它们作为一个彼此不可阙如的整体被纳入其"世话物"的主题，从而将"人情"导入了武士世界，又将武士阶级所独占的义理观念导入了町人世界。[②]这不仅意味着原先不被武士义理承认的町人所提倡的人欲人情开始具有了伦理性价值，还说明人情向武士阶级的扩张成为可能，进而使主情主义的文化共同体的形成也成为可能。当然，对这位被誉为"日本的莎士比亚"的大戏剧家来说，"人情"而不是"义理"，才是由他最终完善的歌舞伎、净琉璃等庶民文艺形式的重点和永恒主题。正因为在人情和义理的纠葛下彰显了爱情的神圣和人欲的本能，近松的"世话物"才"赢得了当时广大观众的满腔同情和热泪"。因此，与西鹤等以"文本"的方式来表现不同，近松以戏剧这种独特而富有强大感染力的"声音"的方式，促使了

[①] 刘金才：《町人伦理思想研究：日本近代化动因新论》，北京大学出版社2001年版，第97页。

[②] 刘金才：《町人伦理思想研究：日本近代化动因新论》，第125页。

主情主义思想向武士和平民的浸润。

作为"俳谐"这种庶民文艺的完成者,松尾芭蕉(1644—1694)不仅进一步扩展了俳谐的庶民性格,还将其提升为一种深刻的艺术形式。其作业表明,芭蕉试图在歌学领域解决传统性与时代性、庶民性和唯美性的对立和统一问题,而为社会各个阶层提供共通的审美趣味。按照这种思路,他以日本传统的"真实"(makoto)为媒介,不仅发展完善了古代"闲寂"(sabi)的文学理念并使之走向成熟,并于晚年创造了比"闲寂"更高层次的"轻松自在"(karumi)的美学观。这种思想强调:回归自然的本情和现实的生活,实现人与自然之间的"融通无碍";率直自如地表达源自日常事物和生活的本质的美。显然,芭蕉的主情主义思想不仅受到了庄子的影响,也根植于"物哀"的文学理念。[①] 不过,与本居宣长的"物哀观"不同,松尾芭蕉的思想不仅以庶民的生活为基础,还为町人和武士创造了一个共通的世界——俳谐,因而他在推进主情主义思想的传播方面发挥了与宣长不同的作用。

总之,元禄文豪们摆脱了宗教世界观和儒教劝惩主义对日本文学和人性的束缚,大力赞美并歌颂被儒教道统斥为"私欲"而加以否定的人的自然性情,使人性本然的人情、人欲获得了具有普遍性的伦理性价值和意义。而且,随着町人的奢侈享乐之风成为城市生活的一种主要倾向和"无法制止"的社会风气[②],这种主情主义思想也逐渐向社会各阶层渗透,并为他们所接受。当然,印刷资本主义的发达、较高的识字率、各个阶层共享的通俗文艺形式的繁荣等[③],也都极大地促进了主情主义思想的传播,并由此促使江户日本形成以主情主义、神道、武士道等为支柱的"大和魂文化共同体"。

五 作为构建日本人同一性的主情主义

因为主情主义思维是对压抑人性的儒教规范主义的反动,所以通常被认为是一种"近代的思维"或至少是"近代式观点的萌芽"。这种观点

[①] 叶渭渠:《日本古代文学思潮史》,中国社会科学出版社1996年版,第197页。
[②] 刘金才:《町人伦理思想研究:日本近代化动因新论》,第85页。
[③] 参见向卿《试论江户时代武士道的平民化》,《日本学刊》2004年第4期。

在国内外已深入人心，几成定论。而且，国内外不少著名学者如丸山真男（《日本政治思想史研究》）、刘金才（《町人伦理思想研究：日本近代化动因新论》）、梅棹忠夫（《何谓日本》）、大石慎太郎（《江户时代与近代化》）等，或是为了证明日本近代化的内源性，或是为了解释日本在明治维新后迅速近代化的原因，纷纷将目光聚焦于江户时代，试图在物质和精神方面探寻此时期有利于日本近代化的因素。其结果是，肯定人欲自然性的主情主义思想等则被当成促成日本快速近代化的近代因素，而被发现和受到高度评价。

不可否认，主情主义思想强调人性的解放，确实具有近代合理主义的因素，也体现了历史的进步，却由此将主情主义等视为促动日本近代化的"原动力"或"最主要的精神驱动力"，仍存在不少问题。因为这种操作包含着这样的逻辑缺陷：与清朝失败的现代化改革相比，日本的明治维新取得了成功，因而前近代的日本就比中国更具"近代性"，或只要是异于儒教且合乎西方的概念、思维等就代表着"近代性"。应该指出，日本的近代化虽得益于维新前后的政治体制、经济结构、国际环境等多种有利因素，其基本模式却与中国并无二致，都是费正清所说的"冲击—反应"的类型。所以，近世日本主情主义思想最重要的价值和意义不在于一种所谓"近代的思维"，而在于一种能将日本与中国区分开来的"日本的思维"。从古学者到国学者，主情主义始终被定位为一种异质于儒教中国的思想，并经过国学者有意识地传播和町人无意识地推广，而在确定近世日本人的同一性和主体性方面具有重要意义。

第一，主情主义作为近世日本文化民族主义思潮的产物，被认为是一种纯粹、独特的"日本精神"，因而本身即是日本人建设同一性的支柱之一。以物哀为基础和完成形态的主情主义摆脱了华夷秩序观和佛教宗教观的束缚，建构了一个完全迥异于儒教的世界。这就是被称为"大和魂"的世界。正是以这种所谓"纯粹的"日本精神为基础，"大和魂"文化共同体的建构才成为可能。以贺茂真渊和本居宣长为例，他们所发现的"本心""物哀"等概念，不仅是足以将日本与中国甚至西洋区分开来的标识，而且以此可以排除儒教对日本文化的"污染"，从而恢复日本人精神生活的本来面貌。尤其是后者还以对《源氏物语》的发现，证明了在儒教传来后，纯粹的物哀精神仍作为日本文化的"中流砥柱"连续地发挥着作用。显然，这些工作都为近世日本确立对中国的主体性乃至优越性奠定了基础，并明显地加强了日本人对本国文化的认同感和民族优越意识。

第二，以物哀为基调的主情主义还是复古神道乃至武道的基础和哲理依据，发挥着支持神道或天皇作为近世日本人身份建设的依据的功能。作为从文学运动出发的国学，最终的归结仍是政治运动。在国学者那里，主情主义思想不仅有否定儒佛的功利性目的，还具有"作为为了参与秩序中心的政治的、文化的装置"① 的资格。也就是说，国学者在使日本文学摆脱儒教道德和政治之束缚的同时，又使文学再度政治化，赋予它以新的政治意义。正是以主情主义为基础，国学者尤其是本居宣长和平田笃胤才构建了尊皇的绝对主义神道体系。

例如，贺茂真渊认为，作为神代"自然之道"的神道，也即主情主义的歌道。神道源自人神相感时的畏惧，体现了儒教传来之前的自然之真，古代日本依靠神道治国，故仁义满天下，极其太平繁盛；儒教传入日本，没给日本带来任何好处，反倒是日本发生祸乱的罪魁祸首。由此，他要求彻底摒弃儒教，恢复古代之神道。此外，他还强调日本武道的独特性，认为它也体现了天地自然的状态，"真正之武道径直高远，无丝毫草率，亦无私无我，自然而然国泰民安"②。显然，这种排外主义思想虽然有助于日本人同一性的建设，却直接为天皇尊崇的思想注入了一支强心剂，"也成为日本现代法西斯运动的哲学依据"③。

本居宣长更是以神道作为国学运动的核心，并以主情主义及其所代表的纯粹风土作为建设绝对尊崇天皇的复古神道的依据。他指出："一切神道，皆无儒佛之道所谓善恶是非之论，唯多妙合雅物、歌之情趣。"④这样，文学不仅被赋予了政治的功能，其精神本身（物哀）还被原封不动地提升为神道的本质。因为主情主义被认为彻底排除了外来文化的污染，在这种意义上才意味着"纯粹的"神道的建设成为可能。这种对

---

① 百川敬仁：『内なる宣長』、東京大学出版会、1987 年、59 頁。
② 『国意考』、『日本思想大系』39（近世神道論・前期国学）、391 頁。
③ 朱谦之：《日本哲学史》，人民出版社 2002 年版，第 101 页。
④ 『うひ山ふみ』、『増補本居宣長全集』第九巻、吉川弘文館、1927 年、494 頁。

"记纪神话"的真实性操作及形而上的理论建设不仅确立了神道的本体论依据,使之成为具有普遍意义的绝对真理,也使天皇成为一个本身就具有终极价值的绝对存在。于是,神道乃至天皇又作为固有的"日本精神"的根基,为建立近世日本人的同一性提供了重要依据。[1] 可见,国学者通过物哀、纯粹神道等所谓"国粹"的发明和创建,大体完成了江户日本人文化同一性的理论建设。

总之,以物哀为基调的主情主义、神道思想及由山鹿素行等理论化了的武士道作为异于儒教中国的民族独特精神,构成了"大和魂"的基础,是江户日本人确定自我的三大支柱。它们的广泛流布,则日益促使近世日本形成一种大和魂的"文化共同体"。

---

[1] 参见向卿《国学与近世日本人的文化认同》,《日本研究》2006 年第 2 期。

第 四 章

"大和魂"象征的创建——
以樱花和富士山为例

在现代，若说到日本的代表性风物或象征，人们一般会想到樱花、富士山、歌舞伎、浮世绘、折扇、寿司、刺身、温泉等，其中当首推樱花和富士山。作为自然物，它们因为自然性、可视性、可体验性和高凸显性等特征在任何时候都比被赋予了价值观的人造物更易被人认可。在现代，它们都已成为不容置疑的日本及其精神的象征，具有当之无愧的代表性。所以富士山有"自有名山常不负，千秋辞赋试仙才"（高野兰亭《冬日登楼望芙蓉》）之说；樱花也有"此花飞后春无色，何处吹来风有情"（广濑旭窗《樱花》）的美誉。日本汉诗与和歌里吟咏富士山及樱花的诗作多到汗牛充栋，不可胜数。著名汉诗有石川丈山的《富士山》、草场船山的《樱花》等，著名和歌有山部赤人的"出得田儿浦，遥看富士山。真白富士巅，飞雪任沉浮"（《万叶集》卷3·318）、西行的"富士起云烟，随风飘天边。不知消何处，宛若吾思哉"（《新古今和歌集》·1613）等。

这些所谓日本的象征，除了富士山和樱花是从江户时代以后就被有意识地创建的民族象征物外，其余的基本都是近代以后基于文化交涉而有意或无意地"被生产"的风物。从这种意义上说，富士山和樱花成为日本的象征有着特别的形成原理和机制，而明确这点对于考察江户日本的身份建构具有极其重要的意义。

在江户时代以前，虽然日本人对樱花和富士山形成了特别的情感，也认为它们对日本来说是一个特别的存在，然而，在此之前它们并没有被差异化和特殊化，即没有被当成是可以表征自我的存在。以樱花为例，在江户时代以前，对广大民众来说樱花只是作为"生的樱花"的华美的存在，而它被赋予"洁死"等意义则完全是在江户时代被发现的结果。也是在江户时代以后，随着日本人民族意识的成长，樱花才逐渐成为或被塑造为日本文化民族主义的象征，即日本人才开始视樱花为日本的"国家之花"。可以说，樱花和富士山成为日本与大和魂的象征，是江户日本文化民族主义思维的产物，即为了确立主体性和同一性而对它们的意义进行重新建构的结果。作为其结果，樱花和富士山在江户时代实现了从"风景"到"精神的故乡"、从"寄托情思的对象"到"主体的构成要素"的重大转变，从而使"大和魂"这种抽象的价值具备了"可视化"和"可体验"的属性，由此对促进民众、樱花、富士山和大和魂四者之间的结合和互动奠定了坚实的物质基础。

毋庸置疑，江户日本关于樱花和富士山的思维和意义构建在近现代的日本也得到了继承和推进，因而从这种意义上说，江户日本可谓构建樱花和富士山作为大和魂象征物及其意义的最重要的基础阶段。

第一节　大和魂与樱花

在现代，说起樱花，人们自然就会想到日本，而且就像近代日本著名的民族主义者新渡户稻造或和辻哲郎所说，"武士道，如同它的象征樱花一样，是日本土地上固有的花朵"[①]"樱花就是日本人，日本人就是樱花"[②]，认为樱花是日本独有的风物，是日本的国花或日本精神的象征。这种"樱即日本""樱即日本精神"的思维如今不仅成为日本人，也几乎成为多数外国人的固定观念，并由此发挥着话语、意识形态和跨文化交际方面的巨大作用。

实际上，在日本不同的历史时代，樱花曾被赋予了不同的意义和内涵。"樱即日本"的日本人樱花观念的形成并不拥有多么悠久的历史，也不拥有多么复杂的机制。它在江户时代开始形成，最终在近代日本得以

---

① ［日］新渡户稻造：《武士道》，张俊彦译，商务印书馆1993年版，第13页。
② 和辻哲郎：『風土——人間学的考察』、岩波書店、1994年、164頁。

确立；它是客观的樱花审美意识和主观的民族主义情绪相互作用的结果。当然，这种观念的形成和发展始终都与"作为他者的中国"相关，因而是包含了"发现日本"和"发现中国"两个侧面的日本民族主义的产物。可以认为，樱花成为所谓神道、武士道等日本精神的象征，更主要的是江户时代后被不断创造和发现的结果。

虽然在江户时代以前日本人形成了有关樱花的比较特别的美意识，然而，它并没有被差异化和特殊化，也即这种意识并没有与所谓的"日本精神"直接关联。樱花被当成大和魂的象征，是随着江户时代樱花的特殊化即它被确信为"日本独特的风物"后逐步形成的一种民族主义话语，因而是一种"被创造的传统"（invention of tradition）。这种话语依靠民族主义的力量和所谓"学术的证明"[1]，虚构了"日本为樱花的唯一原产国""中国没有樱花"等历史假象[2]，创造了樱花成为日本民族象征的物质基础，导致了江户时代以后樱花作为"大和魂的表象"的文化象征意义的滥觞和泛滥。

---

[1] 比如，日本近代植物学的奠基者兼樱花研究权威的三好学（1862—1939）有关樱花的论述就是很好的证明。这位被日本人称为"世界级科学家""近代的"植物学者先后发表《吉野樱》（1916）、《人生植物学》（1918）、《樱花概说》（1921）、《樱花图谱》（1921）、《樱》（1938）等著作，竭力从所谓"学术的角度"证明"樱花自古就是皇国之花""日本建国以来就是樱花之国"（『吉野の樱』，『大阪朝日新闻』，1916.4.13—4.19）等话语的合法性和历史合理性。同时，他虽然也承认中国西南山区存在樱花的事实，却认为其对我国的国民性没有任何影响和意义，而只是一味地强调日本作为"樱花之国"及樱花作为日本象征的独特性和合理性："在中国，所谓樱者自古就不为一般所知，古籍里也几乎不见有关樱的记载。现今即便知道中国存在樱这一事实，但像中国那样的大国，有樱的地方也只限于其中的偏僻之所，不为一般人所知也很自然。唯作为科学探究变得越发普遍的结果，隐居的樱才为世间所知。那些樱花虽与日本之樱根本不是同类，但从广义的角度说，仍是接近于山樱系列的品种。而且，从中国野生的樱树是否产生了美丽的人工培养的品种也不得而知，由此我认为樱花对中国的国民性没有任何的影响。"（『樱』、富山房、1938年、31页。）

[2] 国内外不少学者都认为樱属植物起源于中国西南山区。例如，我国学者曹东伟、李苗苗、王贤荣等通过生物学的考察，认为中国西南山区为樱属植物的起源和分布中心（王贤荣：《中国樱花品种图志》，科学出版社2014年版，第12页）；《樱大鉴》的作者之一本田正次也认为，若从历史地质学的角度考虑，樱花乃起源于喜马拉雅东部山区，由此向中国长江流域、朝鲜、日本等地区传播，同时发生物种的分化（冈田譲等监修：『樱大鑑』、文化出版局、1975年、180—181页）；三好学在1918年出版的《人生植物学》里也不得不承认："以往以为中国没有樱树，但现今很多樱树在中国西部及西南部的山中被发现。"（『人生植物学』、大仓书店、1918年、546页）

毋庸讳言，江户时代是形成当今日本人樱花观的十分重要的阶段。其间，江户知识分子形成了各种相互缠绕的、繁芜的樱花话语，在其共同作用下，樱花及其文化内涵被重新建构和发现，使它成为与富士山同等的日本民族精神的符号。

一　我国古代的樱花及其意象

因为近代以来樱花观念在日本的强势崛起，造成了"樱为日本独有"或"樱为日本原产"等虚假性话语在日本、中国乃至全世界的泛滥，由此也在我国民众间形成了"言樱必说日本"或"言日本必说樱"的局面。这种状况的形成一方面是江户时代以来日本民族主义情绪强力作用的结果，另一方面又与我国民众对樱花的历时性和共时性认识的不足密切相关。因此，对我国古代的樱花认识进行考察，兼与日本古代的樱花观比较，不仅可以帮助我国民众确立起正确的樱花观，还可以揭示"中国的樱花传自日本"等虚假性叙述的形成原理和机制。

在我国，《尔雅》《礼记》已有关于"樱"的记载，显示出其已是皇家祭祀时敬献宗庙之物。秦汉时期"樱桃"已被栽种于宫苑[①]，成为重要的观赏花卉，由此开始了在我国被介绍和认识的历程。又如"野棠开未落，山樱发欲然"（齐沈约《早发定山诗》）所示，自南北朝时期起，山樱也开始出现于严谨的诗歌作品里，成为文学的重要对象而被赋予审美情趣。至唐代，如"亦知官舍非吾宅，且劚山樱满院栽"（白居易《移山樱桃》）和"西蜀樱桃也自红，野人相赠满筠笼"（杜甫《野人送朱樱》）所示，樱桃不仅已普遍栽种于私家庭院，亦成为我国古代知识精英和民众熟知和喜好的果物和观赏花卉。同时，关于樱桃或山樱的文学意象亦在这一时期得以确立。

可以说，樱属植物自古就与我国人民的生活和审美密切相关，而"东亚""前近代"和"中国文化"是规定我国古代樱桃认识的主要因素。这种规定性决定了我国古代樱桃认识相对于日本樱花认识的鲜明

[①]　关于这点，我国古代文献有着明确记载。例如，《广群芳谱》第二十八卷引《晋宫阁名》曰："式乾殿前樱桃二株，含章殿前樱桃一株，华林园樱桃二百七十株。"参见汪灏《广群芳谱》，上海书店出版社1985年版，第669页。

特征。

第一，我国古代不仅对樱花与樱桃不加区分，而且很少使用"樱花"这一名称。一方面，在古代，樱花和樱桃（花）实际上被混为同一物种，所谓"樱""樱花""樱桃（花）"都是现代植物学意义上的蔷薇科李亚科樱属植物（含园艺品种）的总称。例如，南宋赵师侠的《采桑子》虽然题名采用了"樱桃花"的说法，正文却采用了"梅花谢后樱花绽"的表述。这说明作者是将樱花和樱桃（花）看成了同一物种。琉球人吴继志将"樱桃"训读为"sakura"，并对樱类植物的名称及分类表示了困惑，也是中国樱桃认识范式的题中应有之义。关于这点，以《本草纲目启蒙》（1803）闻世的江户本草学集大成者小野兰山（1729—1810）也有所提及："中华云樱者，朱花也。所云'欲然'，亦见赋于桃及杏，然确非云朱色也，亦可用于樱也。在中华，以樱和樱桃相混也。今下录其证。……红毛也，有樱焉。"① 在此，他不仅批评了日本学者误传误信"中国和西洋无樱"，还列出《日本风土记》《日本杂咏》等文献的相关记载，说明日本也有"以樱和樱桃相混"的情况。

另一方面，相对于"樱花"，我国古代多用"樱桃（花）"指称樱类植物。据考察，采用"樱花"这一称谓的我国典籍极为少见，也仅仅是"何处哀筝随急管，樱花永巷垂杨岸"（唐李商隐《无题四首》）、"听时坐部音中有，唱后樱花叶里无"（唐薛能《赠歌者》）、"春风急，樱花杨柳雨凄凄"（唐薛昭蕴《离别难》）、"樱花落尽阶前月，象床愁倚薰笼"（五代李煜《谢新恩》）、"芍药樱花两斗新"（宋苏轼《浣溪沙》）、"樱花已晚犹烂漫，百株如雪聊可绕"（宋晁补之《饮城西赠金乡宰韩宗恕》）、"桃花樱花红雨零，桑钱榆钱草色青"（宋王洋《题山庵》）、"柳色青堪把，樱花雪未干"（元郭翼《阳春曲》）、"万树樱花春涌寺，一江烟水日萦沙"（明陈仁锡《无梦园初集》干集三）、"三月雨声细，樱花疑杏花"（明于若瀛《舟中杂兴十首》）②、"不知樱树春能早，便把樱花作杏花"（明李梦阳《新买东庄宾友携酒往看十绝句》）、"乘驴归见僧

---

① 小野蘭山述、井岡桜泉記：『大和本草批正・地』卷十二（「花木」の「櫻」）、1837年、国立国会図書館デジタルコレクション、No. 66。
② 转引自汪灏《广群芳谱》，上海书店出版社1985年版，第671—672页。

舍。墙内樱花数枝，花甚繁郁，尚未有结子者"（明王路《花史左编》卷十五）、"自我初识君，樱花已七红"（明张明弼《邗上逢陈雪滩太史假归西蜀》）、"樱花扇底黄金贱，杨柳尊前白璧轻"（明沈颢《香眉小案》）等极少数文献。不仅如此，我国古代所有的词典类、植物学类著作都没有同时收录樱花和樱桃（花）的情形。

以上情况说明，我国古代的樱桃认识虽然有造成中国没有"（日本）樱花"之假象的可能，却并不能证明我国古代就没有樱花。当今日本人常说的所谓"樱桃"或"中国樱桃"（cerasus pseudocerasus）和"日本樱花"（cerasus yedoensis）的区分只是现代植物学分类的结果。[①] 不可否认，我国古代樱桃认识的模糊和"樱花"这一名谓的缺位，确实给晚清以后中国樱花传自日本之误讹的盛行提供了土壤和条件。而我国清末民初有着对日体验的不少学者接受并大力宣扬江户以来日本学界所形成的"樱花为日本独有""樱花为日本象征"等虚实相交、真假相杂的"樱花日本特殊论"的观点，亦对此发挥了推波助澜的重要作用。

俞樾（1821—1907）可以说是前述话语的较早提倡者和重要传播者。作为当时最有声望的经学家，他曾与村山节南、樱井勉等来华日本文人有密切交往。他曾收日本汉学家井上陈政（1862—1900）为徒，获赠樱花树；亦与日本外交官白须直往来密切，获赠樱花树"数本栽盆"。俞樾坦言对樱花极为羡慕、热爱："余观东瀛诗人之诗，无不盛称其国樱花之美，读而慕焉，求之未得。"在获井上赠樱后赋《咏日本国樱花》，对樱花极尽夸张赞美之能事：

> 不是樱桃也号樱，传来异卉自东瀛。白加婆喜通奇语（在东国有赤加婆、白加婆之名），黄栗留惭窃美名。屈曲连根盘老干，缤纷弄影缀繁英。花开却好春三月，一入中华奉夏正。（闻彼国人言，四月开花乃清明前即开花，始讶其早，继乃悟中东之朔，本有一月之差也。……李杜韩苏见未尝（东国诗人广濑吉甫樱花诗云，李杜韩苏谁识而），我今得见试评量。千金声价逾蕳苣，一笑风神敌海棠。

[①] 在笔者看来，现代日本不少辞书认为"只有樱桃（或被称为'实樱'或'中国实樱'）才是中国原产，而且是明治时期才传入日本"的说法是罔顾历史事实的错误观点。

自可靓妆争玉女，未容骄语压花王。(东国人每云，中土有此花，牡丹不得为花王矣。斯言也，余未敢信)。①

在此，俞樾对"中土有此花，牡丹不得为花王矣"表示"未敢信"，符合其身份和知识经验，而他对中日历法"本有一月之差也"的看法则有明显错误，是不知"明治改历"的缘故；他的"中国无樱论"亦是罔顾历史事实的错误看法。鉴于他的学说在当时的中日朝三国都有很大影响，故可以断言，其樱花论不仅增强了日本人对于樱花自我特征化的文化自信，亦对清末以来"中国无樱论"在我国的流行产生了恶劣作用。②

同时期的黄遵宪（1848—1905）也参与了这种不实樱花论的构建和传播，甚至发挥了引领作用。他作为清政府首任驻日参赞，在日期间（1877—1882）目睹了日本人"三月花时，公卿百官，旧皆给假赏花。今亦香车宝马，士女征逐，举国若狂也""倾城看花奈花何！人人同唱樱花歌""十日之游举国狂，岁岁欢虞朝复暮"等赏花之疯狂情景，感叹樱花作为日本花王的绝对地位及其所体现的日本人的民族性："承平以来二百年，不闻鼙鼓闻管弦，呼作花王齐下拜，至夸神国尊如天。"③ 对于樱花，他不仅极其喜爱，同样认为它是日本特有之花："樱花，五大部洲所无。有深红，有浅绛，亦有白者，一重至八重，烂漫极矣。"④ 与俞樾相比，因为其"知日家"的身份，黄遵宪的樱花说对近现代中国的影响更大。例如，晚清著名词人况周颐（1859—1926）就曾引其观点"黄氏诗注云，樱花五大洲所无有"⑤，并由此产生了"何止神州无此花。西方为问美人家"⑥ 的惆怅之感。

---

① 俞樾：《春在堂诗编》乙丙编，清光绪二十五年刻春在堂全书本，第3b、4a页［中国基本古籍库（以下简称"古籍库"）第577、578页］。
② 如著名清末藏书家杨钟义就记载了俞樾受赠樱树后我国学者的赋诗情况："井上陈子德政在曲园先生门下，致四株盆栽命楼下。曲园赋四律，陶心云、马幼眉皆有继咏。"［杨钟义：《雪桥诗话》续集卷八，民国求恕斋丛书本，第78b页（古籍库第3171页）。］
③ 黄遵宪著，钱仲联笺注：《人境庐诗草笺注》上（卷三），第232页。
④ 黄遵宪：《日本杂事诗》，载王晓秋《日本日记 甲午以前日本游记五种 扶桑游记 日本杂事诗（广注）》，岳麓书社1985年版，第712页。
⑤ 况周颐：《蕙风词》卷下，民国刻惜阴堂丛书本，第6a页（古籍库第34页）。
⑥ 况周颐：《蕙风词》卷下，民国刻惜阴堂丛书本，第7a页（古籍库第36页）。

俞樾和黄遵宪的樱花论确立了此后"樱花日本独有论"及"中国无樱论"在我国被普遍接受的认识基础。继他们之后，不少学者亦纷纷提出樱花为日本独有的主张，并对其表现了极度艳羡和赞美之意。程颂万（1865—1932）赋诗："看花倦眼老不殊，洗觞坐对双名姝。扶桑龙气晓缠日，化作此花中国无"①。梁焕奎（1868—1931）赋《题樱花》曰："仙种不传他国土，嘉名如睹上阑花。"② 王先谦（1842—1917）盛赞"樱花日本佳品也"，并感叹"余以未见此花为恨"③。文廷式（1856—1904）引中日两国学者论述，赞同"中国无日本樱花"的观点：

> 宋景濂樱诗曰，赏樱日本盛于唐，娇艳（按：或作'如被'）牡丹兼海棠。恐是赵皇（按：或作'赵昌'）所难画，春风才起雪吹香。贝原笃信《格物余语》云：《文选》沈休文《早发定山诗》云，山樱发欲然。注：樱，果木名，花朱，色如火，欲然。笃信谓，本邦樱花带微红而非朱色，且其子不堪食，决是别物。朝鲜亦有之。④

曾朴（1872—1935）盛赞"尚有日本的樱花，倒在酣艳风流，独占一部"⑤。不但如此，有些学者还以"是否结子"等论证中国不存在"（日本）樱花"的条件，形成了关于中国樱花的真假相杂的认识。例如，况周颐认为："中国樱花不繁而实，日本樱花繁而不实。薛昭蕴词《离别难》云：摇袖立，春风急，樱花杨柳两凄凄。此中国樱花也。入词殆自此始。此花以不繁，故益见娟倩。日本樱花唯绿者最佳。其红者或繁密至八重，清气反为所掩。唯是气象华贵，宜彼都花王奉之。"⑥ 曾任驻日神户领事的黎汝谦不仅极喜日本樱花，亦以"不结子"为其特征并归因

---

① 程颂万：《石巢诗集》卷七，民国十二年武昌刻十发居士全集本，第4a页（古籍库第194页）。
② 梁焕奎：《青郊诗存》卷一，民国元年梁焕均长沙刻本，第19a页（古籍库第38页）。
③ 王先谦：《虚受堂诗存》卷十二，清光绪二十八年苏氏刻增修本，第5a页（古籍库第368页）。
④ 文廷式：《纯常子枝语》卷三十一，民国三十二年刻本，第9a页（古籍库第1826页）。
⑤ 曾朴著，宇文校注：《孽海花》第三回，解放军文艺出版社2000年版，第19页。
⑥ 况周颐：《蕙风词话》卷四，载郭绍虞《蕙风词话、人间词话》，人民文学出版社1960年版，第91页。

于"日本之土性独暖":"日本盛花卉竹篱,茅舍、僻巷、通衢无不杂植花木,而以樱花为百花王。樱似中土西佛海棠,其色粉红,似牡丹开时烂如云锦,而不结实,或带回中土往往蔫萎。盖日本之土性独暖也。"[1]不难看出,我国清末民初学术界几乎一致认为樱花是"日本特有"之花,并形成了一边倒式的赞美之势。除杨钟义(1865—1940)等少数人能对日本人的自大之辞"中国若有此花,牡丹不得称王"[2]提出批评外,当时的知识界似乎已经接受了"中国无樱"的事实。

综上而言,我国古代的樱花认识本来就存在着植物人为分类系统时期的"当然不足",它又经过清末民初知识界非科学性的"误操作",再加上当时知识界对樱类植物科学研究的滞后和落后,更加坐实了"我国没有(日本)樱花"这一百年来的最大谬论。

第二,在我国,"樱桃(花)"虽然自古就受到文人的钟爱,却并没有形成有关它的比较特别和固定的意象。这种情况的形成与很多因素有关。其一,果实特性是樱桃最重要的属性,这一特性决定了其文学意象受到很大的拘束。在古代,樱桃被认为是"众果之先"的果实,故最初是被当成进献宗庙的"祭品",后来又被视为"专朝廷之右地"[3]的朝廷用果。可以说,"樱桃"的果实特性压倒了其作为花卉的"观花性"。这一特点为古代有关樱桃的文学作品所体现、证实。后梁宣帝《樱桃赋》、唐萧颖士《伐樱桃树赋并序》、唐张莒《紫宸殿前樱桃树赋》、元程从龙《樱桃赋并序》、明钱文荐《樱桃赋并序》、明杨大鹤《樱桃赋有序》、明钱榖《摘樱桃赋》等皆是基于樱桃的果实性而兼赋其花、其树,也是在这种意义上认为樱桃是"玩芳诚百花之首,充荐乃众果之先"的嘉果、嘉树和"华林之名品"。"西蜀樱桃也自红,野人相赠满筠笼"(唐杜甫《野人送朱樱》)、"披香殿下樱桃熟,结绮楼前芍药开"(唐温庭筠《题西平王旧赐屏风》)、"仙果人间都未有,今朝忽见下天门。……每年从此长先熟,愿得千春奉至尊"(唐张籍《朝日赐樱桃》)、"樱桃著子如红

---

[1] 黎汝谦:《夷牢溪庐诗抄》卷三,清光绪二十五年羊城刻本,第14b页(古籍库第113页)。

[2] 杨钟义:《雪桥诗话》续集卷八,民国求恕斋丛书本,第78b页(古籍库第3171页)。

[3] 萧颖士:《伐樱桃树赋并序》,载陈元龙《历代赋汇》卷一百二十六,清文渊阁四库全书本,第19b页(古籍库第9275页)。

豆，不管春归"（宋黄庭坚《采桑子》）、"此果非不多，此味良独美"（宋杨万里《樱桃》）等诗词也主要是咏果之作，并在这种意义上认为樱桃是"愿得千春奉至尊"之果。

不仅文学作品，我国古代关于农业、药学、本草学的相关书籍也表明，樱桃首先是被当成一种结子且可食的果木，而不是"花卉"看待的。唐宋以后，除将樱桃列入"草木（部）"或"木（部）"外，绝大多数农业、药学或本草书籍都将其列入了"果部"或"果实类"，如唐欧阳询《艺文类聚》卷八十六果部上、唐徐坚《初学记》卷二十八果木部、宋李昉《太平御览》卷第九百六十九果部六、宋任广《书叙指南》卷九瓜果蔬菜、元胡古愚《树艺篇》果部卷一、元佚名《群书通要》庚集卷六果实门、明郑若庸《类隽》卷二十八果实类、明李时珍《本草纲目》卷三十、清厉荃《事物异名录》卷三十四果蓏部、清张英《渊鉴类函》卷四百一果部三、清华希闵《广事类赋》卷三十三果部、清杨巩《中外农学合编》卷七林类果实等；只有宋陈景沂《全芳备祖》、清汪灏《广群芳谱》等极少数文献将"樱桃（花）"既列入"花部"或"花谱"，又列入了"果部"或"果谱"。

由上可见，樱桃的高贵和不凡乃是源于其"先百果而珍奇"的果实特性，并不取决于其观花性。不过，宋代以后"唐以之昭宠于新科，汉以之均恩于百职，庙羞荐天子之忱，宠赠旌野人之德，忆金銮之殊遇，压珠盘之佳色，何显赫之不常"的樱桃也因"失身于幽侧（按：隐僻鄙陋之处），每被销于凡齿"[①]等原因而发生明显的地位下降乃至衰落。由此，作为果实的樱桃的地位变化自然也对作为花卉的樱桃的地位变化产生了影响。

其二，因为"樱桃（花）"从来都是以果著称，所以在我国传统文化中它从来就不属于著名花卉，不能与梅、兰、菊、牡丹等第一等的名花相提并论，因而其文学意象亦没有得到充分的发展。它虽然有时被认为是"百花之首"，也仅仅是指其时间性地位，且从属于其"众果之先"的果实特性。换句话说，作为花卉出现的樱花并未成为内涵丰富的文化符

[①] 程从龙：《樱桃赋有序》，载陈元龙《历代赋汇》卷一百二十六花果，清文渊阁四库全书本，第17a页（古籍库第9270页）。

号,从而进入中国传统文化的核心。因此,除唐宋时期,我国古代的咏樱诗文不仅数量偏少,其意象也不丰富和发达。樱花通常只是被当成春天的象征,成为表现"春"的意义的众多花卉之一。例如,古代诗歌里常有"柳樱""梅樱""樱笋"等说法,以"梅→柳→樱(笋、蕨、芍药)→桃(杏)→梨"的图式表现"春"或其变迁:"樱桃桃李相续开,间以木兰之秀香裴回"(唐元稹《有酒十章》)、"春风先发苑中梅,樱杏桃梨次第开"(唐白居易《春风》)、"梅樱与桃杏,次第城上发"(唐白居易《花下对酒二首》)、"绕篱生野蕨,空馆发山樱"(唐王维《游化感寺》)、"樱桃花谢梨花发,肠断青春两处愁"(唐韩偓《青春》)、"樱桃未绽梅花老,折得柔条百尺长。"[唐徐铉《柳枝词十首(座中应制)》]、"寂寞园林,柳老樱桃过"(宋苏轼《蝶恋花》)、"杖屦寻春苦未迟。洛城樱笋正当时"(宋陆游《鹧鸪天》)、"樱桃谢了梨花发,红白相催"(宋杜安世《丑奴儿》)、"墙根新笋看成竹。青梅老尽樱桃熟"[宋韩元吉《菩萨蛮(春归)》]、"牡丹破萼樱桃熟,未许飞花减却春"(宋范成大《晚春田园杂兴》)等。可见,樱花承载了"春"的意象,是春天的象征。这无疑是中国文学里"樱桃(花)"最早和最主要的意象。依据这种"春"的意义,樱桃还被用以表现"春愁""时光易逝""生命无常"等意义,如"今朝三月尽,寂寞春事毕。黄鸟渐无声,朱樱新结实"(唐白居易《三月三十日作》)、"逐处花皆好,随年貌自衰。红樱满眼日,白发半头时"(唐白居易《樱桃花下叹白发》)、"樱桃昨夜开如雪,鬓发今年白似霜"(唐白居易《感樱桃花,因招饮客》)、"引手攀红樱,红樱落似霰。仰首看白日,白日走如箭"(唐白居易《花下对酒二首》)、"存亡感月一潸然,月色今宵似往年。何处曾经同望月,樱桃树下后堂前"(唐白居易《感月悲逝者》)、"樱桃落尽春归去,蝶翻金粉双飞"(五代李煜《临江仙》)、"樱桃半点红。怜美景,惜芳容"(宋晏几道《阮郎归》)、"流光容易把人抛,红了樱桃,绿了芭蕉"(宋蒋捷《一剪梅·舟过吴江》)等。又如"樱桃花下送君时,一寸春心逐折枝"(唐元稹《折枝花赠行》)、"相思莫忘樱桃会,一放狂歌一破颜"(唐白居易《天寒晚起引酌咏怀寄许州王尚书、汝州李常侍》)、"杨柳花飘新白雪,樱桃子缀小红珠"(唐白居易《酬舒三员外见赠长句》)、"别来几春未还家,玉窗五见樱桃花"(唐李白《久别离》)、"背人不语向何处?下阶自折樱桃花"

(唐李贺《美人梳头歌》)、"红绽樱桃含白雪,断肠声里唱阳关"(唐李商隐《赠歌妓二首》)、"樱桃著子如红豆,不管春归"(宋黄庭坚《采桑子》)等诗词所示,樱桃还被用于表现"相思""赠别"等意义。可见,依附"春"的意义,唐宋文人尤其是白居易丰富和扩展了樱桃的文学意象,然而这种意象并没有得到进一步的观念化和专门化。

其三,如"失身于幽侧,每被销于凡齿"等原因导致樱桃地位的衰落一般,我国唐宋以后不仅咏樱诗歌的数量呈现出明显的减少趋势,其所发展的樱桃意象也没有被完全继承,由此亦没有得到进一步的发展和普及。一方面,我国咏樱诗歌的高峰集中于唐宋时期,其后咏樱诗文的数量并不多见。唐宋时期,很多著名诗人如李白、杜甫、王维、孟郊、刘禹锡、李贺、陆龟蒙、李煜、欧阳修、黄庭坚、苏轼、李清照、辛弃疾、张孝祥等都留下了不少咏樱诗句,有的甚至成为千古绝唱,如"西蜀樱桃也自红,野人相赠满筠笼"(唐杜甫《野人送朱樱》)、"樱桃花参差,香雨红霏霏"(唐孟郊《清东曲》)、"樱桃千万枝,照耀如雪天"(唐刘禹锡《和乐天宴李周美中丞宅池上赏樱桃花》)等。其中,又以白居易、皮日休、元稹、张籍、韩偓、李商隐、温庭筠、韦庄、晁补之等为要,他们每人至少都创造了5首以上有关樱花的诗歌。特别是白居易,可谓我国古代爱樱诗人之最,不仅写下了高达30首以上的咏樱诗,还丰富和发展了樱花的文学意象。不过,令人遗憾的是,其后我国再也没有出现像白居易那样的爱樱诗人,再也没有出现"樱桃花,一枝两枝千万朵"(唐元稹《樱桃花》)那样的咏樱名句。另一方面,唐宋诗人尤其是白居易发展和丰富了"相思""赠别""时光易逝"等樱花的象征意义,但这种意义却没有完全渗透进我国的传统文化,从而获得普遍的价值;我国古代诗人虽然也写樱桃花落之美,然而除却白居易,他们很少以樱桃表现对生命无常的感慨。[1] 这也是与日本古代咏樱诗的一个显著区别。

综合来说,一方面,我国古代并没有形成关于樱花的比较固定和一贯的意象。与此相对,在古代日本,樱花的意象不仅与恋爱、无常观密切结合,而且樱花很早(平安时代)就获得了"花即樱花"的王者地位。这两者的结合决定了樱花及其意象对日本的特殊意义,奠定了樱花成为

---

[1] 王相飞:《中日"樱花"意象比较研究》,《南京师范大学学报》2007年第2期。

日本文化象征符号的观念和物质基础。另一方面，我国不少唐宋诗人喜爱樱花，同时也创造了相当数量的咏樱诗。鉴于以白居易文学为首的唐宋文学对日本文学的巨大影响，我们或许可以理解为何江户以前几乎没有日本文人以"樱的唯一性"这一命题来主张日本民族同一性的问题。当然，随着唐宋以后咏樱诗文的减少及樱花意象的不确定，就为民族主义情绪日渐浓厚的江户日本学者"忘记"或"无视"中国樱花提供了可能。同时，我国古代所使用的"樱桃（花）"这一称谓本身也隐藏了它被"（日本）樱花"（sakura）相区分的性格，并使前述倾向进一步成为可能。

第三，与樱桃（花）意象的断层与不确定性相比，山樱的文学意象在我国古代也没有得到很好的发展。在我国，如"野棠开未落，山樱发欲然"（齐沈约《早发定山诗》）[①]、"涧水初流碧，山樱早发红"（梁萧琪《春日贻刘孝绰》）、"水苔宜溜色，山樱助落晖"（隋江总《春》）、"海榴舒欲尽，山樱开未飞"（隋杨广《宴东堂》）等诗歌所示，山樱虽然很早就进入了文学作品，然而它作为春天象征的意象并没有茁壮发展起来，对文学也几乎没有产生大的影响。[②] 与数量庞大的咏樱桃（花）诗词相比，我国文学史上歌咏"山樱"的诗歌不仅数量很少，且大体集中在南北朝、隋唐宋时期；而且，唐以后山樱的文学意义也没有得到进一步的发展。比如，除"每候山樱发，时同海燕归"（唐王维《送钱少府还蓝田》）、"病中不用君相忆，折取山樱寄一枝"（唐皮日休《鲁望春日多寻野景日休抱疾杜门因有是寄》）等少数诗歌用山樱表示"相思""赠别"的意义，多数诗歌如"绕篱生野蕨，空馆发山樱"（唐王维《游化感寺》）、"偶寻黄溪日欲没，早梅未尽山樱发"（唐吕温《衡州早春偶游黄溪口号》）、"洛阳归客滞巴东，处处山樱雪满丛"（唐羊士谔《登郡前山》）、"二月草菲菲，山樱花未稀"（唐李德裕《鸳鸯篇》）、"隔箔山樱熟，褰帷桂烛残"（唐李商隐《晓起》）、"殷勤莫怪求医切，只为山樱欲放红"（唐皮日休《病中书情寄上崔谏议》）、"雨霁山樱红欲烂，谷莺迁"（唐五代欧阳炯《春光好·花滴露》）、"山樱抱石荫松枝，比并余花

---

① 吴小如等：《汉魏六朝诗鉴赏辞典》，上海辞书出版社1992年版，第1000页。
② 王相飞：《中日"樱花"意象比较研究》，《南京师范大学学报》2007年第2期。

发最迟"（宋王安石《山樱》）、"陌上风光浓处。日暖山樱红露"（宋李弥逊《十样花》）、"山樱晚，一树高红争熟"（宋毛开《瑞鹤仙》）等所描写的山樱仍停留于其原初意象——春天的象征。可以说，唐以后"山樱"诗歌的剧减主要是因为"樱桃花完成了转移并承担山樱的意象功能"[①]，并以绝对优势占据了樱文学领域的缘故。当然，我国山樱诗歌的不振实际上也为江户知识分子虚构"（山）樱的日本唯一性"提供了便利。

综上而言，我国古代"樱花"名称的缺位、樱桃（花）意象的断层和不确定性、山樱意象的贫弱等，构成了我国古代相对于日本樱花认识的突出特征。这些特征不仅为江户日本知识分子构建樱花的"日本唯一性"及其作为日本精神象征的历史性虚构提供了想象空间，也对"中国无樱花"之误讹的形成发挥了自证其言及推波助澜的作用。

二　江户时代以前日本的樱花认识

樱花不是日本原产，也不为日本所独有，这是毋庸置疑的历史事实。然在江户时代以前，日本知识精英已形成了对樱花的特别情感：平安末期的西行法师痴迷于樱花，游历全国而留下了大量樱花诗，由此被称为樱花诗人；平安以后王公贵族乃至武士阶层为了显示自身的政治权威而定期召开盛大的"（樱）花宴"；文人墨客大幅着墨樱花之落，并借此表现生命无常的感慨；等等。这些无不说明樱花很早就成为日本诗歌、绘画等文学领域的重要对象，还成为精英阶层日常生活的"活生生的对象"，甚至获得"花即樱花"的垄断地位。

尽管如此，在江户以前，没有任何一位日本知识分子可以自信地断言，当然他们也从来没有主张说樱花是日本固有的、独特的风物，更不会以它为日本精神的象征。因为对那些一直以中国学问为理想和标准的知识分子来说，中国文学里不乏有关（朱）樱、樱花、樱桃（花）或山樱的记述，且其意象也一度为日本诗歌所模仿。这意味着在江户以前樱花的不确定性不足以支持它成为表征日本文化的符号，因为它不具有区分自我和他者的意义和价值。

---

① 王相飞：《中日"樱花"意象比较研究》，《南京师范大学学报》2007年第2期。

在我们看来，正是因为民族主义的情绪才导致了"樱花为日本所独有"等虚假性言说在江户时代的出笼，而且，至近现代这一虚假性言说在日本成为压倒性的主流意志。

（一）《古今集》以前日本的樱花认识

"樱"一词被认为最早见于成书于712年的《古事记》。该书有如是记载："尔问谁女，答曰之：'大山津见神之女，名神阿多都比卖，亦名谓木花之佐久夜毗卖'。"① 因为"佐久夜毗卖"采用的是万叶假名，所以它出现后引发了各种争议。据笔者所见，在日本最早将"木花之佐久夜"（konohanasakuya）解释为"樱花"的文献是中世伊势神道的有关著述，江户中期狂热而偏狭的民族主义者——本居宣长则继承并发扬了这一说法。他解释说，"木花"顾名思义就是"树木之花"的意思，"佐久夜（sakuya）"原本为"灿烂地开放［开光映（sakihaya）］"，其中的"ki"和"ha"缩减为"ka"，又因"ka"与"ku"相通，所以成为"久（ku）"。② 他继而认为："斯所有木花之中，樱胜而美，尤负'开光映'之名，故云'佐久良（sakura）'。'夜'和'良'，横向相通之音也［乃如小孩尚未能好好绕舌期间之发音，有云'rarirurero'为'yaiyueyo'者，亦有云'樱（sakura）'为'佐久夜（sakuya）'者。此自然相通之音也］。"由此，依据所谓"开光映"及"ya"和"ra"的相通说，他荒唐地认为"佐久夜"就是后来的"佐久良"。也许他自己对这一解释也缺乏自信，因而随后又将"木花"解释为"樱"，意图给自己的说法加上双保险："然故此御名也，不指任何之花，唯云木花灿烂开放，即主要依据樱花，故云然也。稍后，亦有云木花为樱者，《古今集》序有'木花开耶难波津'③ 之和歌，是也。"④ 事实上，本居宣长不遗余力地将"木花之佐久夜"解释为樱花，是为了证明"日本在'神代'就已有樱花，因而

---

① 太安万侣：『古事记』、柏悦堂、1870 年、55 頁。
② 『古事記伝（神代之部・神武天皇）』、『本居宣長全集』第 2、吉川弘文館、1926 年、803 頁。
③ 本居宣长将"難波津に咲くやこの花"里的"この花"解释为表樱花的"木（之）花"，是十分主观且荒谬的说法。因为"この花"更多的是被解释为"此花"，更何况此处的"この花"已被公认是指梅花，例如《古今集》的"假名序"所言"此花者，则当梅矣"（紀貫之：『古今和歌集』、三教書院、1936 年、2 頁）。
④ 『古事記伝（神代之部・神武天皇）』、『本居宣長全集』第 2、803 頁。

是日本'固有风物'"这一民族中心主义的主张,并进而以樱花的固有性确保其所发现的大和魂的纯洁性。从这种意义上说,这一解释本来就是一种牵强附会的想象①,是他"发现日本"的极端民族主义思想的重要环节。更何况《古事记》完全是对虚拟时空(神代)的虚构叙事(神话),因而根本不能证明和支持"樱花为日本固有风物"的结论。也因为这点,本居宣长这一非科学的荒唐主张在江户主流学界并没有什么市场,而是因为民族主义的力量才在近现代受到了日本人的追捧,并成为一种压倒性的主流观点。同时,以本居宣长为起点的这种解释也逐渐使樱花成为所谓"神木"而被神圣化②,由此对我国不少缺乏客观思考的学者产生了负面影响。

日本古代最早出现"樱"之记载的文献是《日本书纪》。该书除了"稚樱宫""樱井""樱井田部连""樱井皇子""樱井寺"等纯粹表示人名和地名的用例,只有两处专门提到了"樱":

(履中)天皇泛两枝船于磐余市矶池,与皇妃各分乘而游宴。膳

---

① 关于"木花之佐久夜毗卖"的意义,比《古事记》稍晚出现的《日本书纪》其实已给出了很明确的说法。后者将它表记为"木花开耶姬"或"木花咲耶姬",就清楚地表明"佐久夜"里的"佐久"当解释为动词"咲く","夜"则应解释为表示语调调整的间投助词"耶"。

② 此后,具有民族主义倾向的日本学者大体都继承了本居宣长的这一思想,而且不少人还意图从多个角度论证樱花的日本固有性和"神性"。以与他同时代的谷川士清为代表,神道学者或国学者大肆引证所谓神社的秘传、轶事以证明樱花的"神性":"神代纪有木花开耶姬,而伊势朝熊神社以樱树为其灵之事,见于古记,故亦称樱宫,有西行之歌。《伊势二所太神宫神名秘书》的'苔虫神'亦云'樱大刀自'之神体坐于形石而生苔。恩圆上人'文永十年记'记,小朝熊宫西南角有耸立之岩,其上有樱木,高三尺许,此木往古以来不枯,是樱大刀自命之神体也。《一宫记》所载的骏河国浅间神社亦以其为'木花开耶姬',富士亦同。与伊势国朝明郡的布自神社、樱神社相并列,甲斐国的金樱神社亦祭此神。故云,'sakura'乃'开耶'之转也"(谷川士清:『和訓栞』2、成美堂、1898年、17頁)。著名语言学家山田孝雄则直接继承本居宣长的观点,认为古日语存在"ra"转用为"ya"的情况,所以"sakuya"其实就是"樱花"(sakura)(山田孝雄:『桜史』、講談社、1993年、21頁)。以柳田国男、折口信夫、樱井满等为代表的民俗学者,则从所谓民俗学的角度论证樱花与稻作相关,以此说明樱花的"神性"。他们认为,"樱"源自"sa"(稻灵)和"kura"(神座)的组合。以"sa"为例,他们解释说,在古日语里,栽种水稻之月用"satuki"(五月)表示,对插秧不可缺少的雨则用"samidare"(五月雨)表示,水稻秧苗则用"sanae"(早苗)表示,插秧的女子则用"saotome"(五月少女)表示,在插秧结束时进行的田神祭则用"sanobori"表示,这些都说明"sa"与水稻密不可分,也说明樱花与稻作密切相关。

臣余矶献酒，时樱花落于御盏。天皇异之，则召物部长真胆连，诏之曰："是花也。非时而来，其何处之花矣。汝自可求。"于是，长真胆连独寻花，获于掖上室山而献之。天皇欢其稀有，即为宫名，故谓磐余稚樱宫。其此之缘也。是日，改长真胆连之本姓曰稚樱部造，又号膳臣余矶曰稚樱部臣。①

明旦，（允恭）天皇见井旁樱花，而歌之曰："花妙爱樱甚，此爱当亦然。愿得早爱汝，我所爱君兮"。②

显然，前述两位天皇虽都极爱樱花，却只因为它是一种"异于寻常的稀有妙花"；后者的爱情故事则为樱花增添了"恋爱""相思"的浪漫色彩。由此可以断言，至少在"记纪时代"日本人还没有形成明确的樱花观念。

随后记载有"樱花"的历史文献是《怀风藻》（751）。这是日本最初的汉诗集，整部诗集充满了浓厚的模仿中国文化的色彩。该诗集共有两首有关樱花的诗歌，分别是采女朝臣比良夫的"叶绿圆柳月，花红山樱春"（《春日侍宴应诏》）和长屋王的"松烟双吐翠，樱柳分含新"（《元日宴应诏》）。众所周知，7—8世纪是日本律令贵族埋头学习、模仿和引进中国先进文化的时代，因而实际上他们只是不自觉地模仿中国樱花的意象。例如中日学者几乎一致认为，前者根本就是以对日本古代文学影响至深的《文选》所收的"早发定山诗"为蓝本。③ 或者更准确地说，日本律令知识分子从根本上讲还没有达到模仿中国樱花意象的程度，他们之所以提及或是赞美樱花，仅仅是因为中国诗文里出现了相关的说法（如"樱柳"）而已。因此可以断言，这一时期的日本律令贵族并没有形成也无力形成固定的、独特的樱花意识。

开始大量出现咏樱诗的文献是成书稍晚于《怀风藻》的《万叶集》。该书共收录了44首有关樱花的诗歌（含诗题），位居万叶植物的第四位。

---

① 『日本書紀』、『国史大系』第一卷、経済雑誌社、1897年、215頁。
② 『日本書紀』、『国史大系』第一卷、225—226頁。
③ 例如，我国学者曾指出，《怀风藻》所收录的"春日侍宴"和"初春于作宝楼置酒"等两首诗的樱花叙事就模仿了南朝诗人沈约的"早发定山诗"。参见胡稹《樱花在日本古典文学中的象征意义》，《日语学习与研究》2005年第1期。

因而单就数量来说，咏樱诗的数量远逊于咏梅诗（118 首），这说明对日本律令贵族来说作为"雅"之象征的梅花的地位远非樱花所比，这种状况一直持续到三大敕撰汉诗集（《凌云集》《文华秀丽集》《经国集》）的时代。不仅如此，纵观《万叶集》咏樱诗所表现的"春天的象征""依依不舍""恋爱""惜花落"等樱花意象，也可以确认它是对中国诗文的模仿和借鉴。尤其是"春天的象征""惜别"的樱花意象更掩饰不了中国文化的痕迹，前者如"春之香具山，春霞若炊烟，春至松风吹，池中浪回旋，樱花亦盛开，花开树树妍"（卷三·257）、"开盛梅花后，飘飞似落霞，继之开出者，岂不是樱花"（卷五·829）、"春雨催花急，樱花难与争，门前花树上，已有樱花呈"（卷十·1869）等，后者如"一瓣樱花里，千言万语难，赠君君记取，莫作等闲看"（卷八·1456）、"一瓣樱花里，千言万语难，劝君休折取，折取恐花残"（卷八·1457）、"播磨山顶上，正值樱花开，春日樱花盛，君思正入怀"（卷九·1776）、"樱花开已落，重见在何时，此处分离者，当年又是谁"（卷十二·3129）等。若要说《万叶集》与同时代中国诗文樱花意象的区别，那就是万叶诗人不仅赞叹花开之美，还更惜花落而表现世事的无常和细腻的爱情：一方面"万叶诗人更乐意写散落的樱花"[①]，以此表现时光易逝和世事的变幻无常，如"门户有樱花，令人只叹嗟，松风吹入疾，满地落如麻"（卷八·1458）、"世上无常事，如何有叹嗟，顷时分散者，岂只是樱花"（卷八·1459）[②]、"春至樱花发，原思插满头，樱花今已谢，散落令人愁"（卷十六·3786）；另一方面，万叶诗人更喜欢以花开花落来表现爱情，以花寓情、以花比人，细腻而幽微，如"记得去年春，逢君且恋君，樱花今日发，迎驾有芬芳"（卷八·1430）、"上下行坡道，樱花坡路开，欲观花景美，今日有人来"（卷九·1752）、"樱木作门户，终扇一扇开，谁能留客住，我直待君来"（卷十一·2617）、"少女如樱花，盛开令人夸，我今思念汝，汝定思念吾"（卷十三·3305）、"山上樱花开，人人瞩目来，与君同得见，吾恋亦悠哉"（卷十七·3970）等。据粗略统计，写花落的诗多

[①] 王相飞：《中日"樱花"意象比较研究》，《南京师范大学学报》2007 年第 2 期。
[②] 佐佐木信纲曾评论说，这首《万叶集》诗歌里体现樱花与无常观相结合的集中而唯一的和歌。参见佐竹昭广校注『新日本古典文学大系』2（万葉集 2）、岩波书店、2000 年、241 頁。

达 13 首（1458、1459、1747、1748、1749、1751、1864、1866、1867、1870、3129、3786、4395），写爱情的诗也多达 10 首（1430、1458、1459、1752、2617、3305、3309、3786、3787、3970），分别约占《万叶集》咏樱诗的三分之一和四分之一。这种数量上的差异体现了与同时代中国咏樱诗的细微差别，即以花开花落表现日本人的无常感受和细腻真情的独特文化倾向初步雏形。当然，应该指出的是，在《万叶集》的时代，樱花的无常意象还只是刚刚起步，相关的诗歌（卷八·1459）也极为少见。

（二）《古今和歌集》以后日本的樱花认识

《古今和歌集》可以说象征了日本樱花认识的一个重要转折点。即是说，此后日本知识精英不仅开始有意或无意地塑造樱花在日本的特殊地位，还积极地创造独特的樱花美意识。虽然在江户时代以前，这种被特殊化的樱花及其意象仍然根植于儒佛这种普遍的思维，却为此后樱花及其精神的民族化创造了物质的基础。

1. 樱花意象的特殊化

平安中期尤其是《古今和歌集》以后，樱花的独特文化倾向得到了进一步的发展和强化。以《古今和歌集》咏花诗的数量为例，可以发现，"樱"与"梅"的关系发生了逆转：咏樱诗的数量跃居《古今和歌集》的第一位，稍后樱花也获得了"花即樱花"的垄断地位。而《古今和歌集》咏樱诗所表现的意象也显示出，感叹生命、人生和爱情的无常已成为其文学意象的基调，同时无常和恋情亦成为其压倒性的两大主题。

如果说万叶诗人还停留在对万事无常的粗浅体验上，《古今和歌集》诗人的樱花审美取向则实现了与佛教无常观的全面契合，因而借樱花感叹无常不仅渗透到知识分子日常生活的各个领域，还开始具备了理念化的倾向，即自觉地使"无常"成为其后咏樱诗乃至日本文学的基本意象和核心理念。这类诗歌（53、61、62、63、67、68、69、71、73、74、77、79、80、81、82、83、84、351、832、850 等）占据了《古今集》咏樱诗的三分之一，如"诸君见访来，但见樱花开，他日樱花落，人情未可衰"（卷一春歌上·67）、"斯世似空蝉，人间有变迁，樱花开复谢，顷刻散如烟"（卷二春歌下·73）、"花自枝上落，飘散竟无常，花落随流水，空如泡沫光"（卷二春歌下·81）等。不仅如此，以"无常"为基础和直接源泉,诗人们还发展并形成了借花落等自然现象表示万事皆"儚(hakanasa)"["短暂,短命;瞬间,刹那间;(变幻)无常;虚幻;暂时,非永恒,容易消散;可怜"]的理念和意象,并进一步丰富和扩展了"无常"在文学领域的功能和意象,如"万物皆无常,群花终必散,区区此寸分,愿逐群芳畔"(卷二春歌下·132)、"秋菊盛开日,折花插满头,身先花后落,知在几时休"(卷五秋歌下·276)等。

这些都说明在《古今和歌集》及其后的时代,"花落"越发受到日本知识精英的关心和重视,并呈现出进一步发展的趋势。如著名歌人在原业平(825—880)曾咏"世间若无樱花艳,春心何处得长闲?"(卷一春歌上·53),表现出对樱花的悸动心情,而"樱花飘散方可贵,世间何物得永恒"[1] 作为前述和歌的"返歌",对其心境作出了最好注释:世事无常,樱花正是因为凋零方显美丽。而《古今和歌集》收录的另一首咏樱诗"樱花落尽方可贵,人间万事终归忧"(卷二春歌下·71)则更加说明"唯花落才美"已成为当时较为普遍的樱花认识。

从《古今和歌集》时代开始,"无常"或"儚"已逐渐成为日本文学的基本理念和意象。由此,落樱作为一个最重要的契机,丰富了律令贵族对自然和人生的真情实感,也即所谓"爱花、羡鸟、哀霞、悲露之心,托以千辞,而化万态"[2] 的古代日本风俗。这催发了日本知识分子一种"根于心地"而又"通情"[3] 的独特审美意识的发酵,这便是后来被认为是日本美意识的"物哀"的雏形。据统计,《古今和歌集》含"aware(哀)"一词的和歌共 20 首(33、37、136、244、474、502、602、805、857、867、873、897、904、939、940、943、984、1001、1002、1003),甚至出现了含有"あはれてふこと"(所谓"哀")之类的和歌 5 首(136、502、939、940、1002),说明"aware(哀)"已成为日本文学一个重要的命题。有学者指出,这些诗文所含的"aware"概念明显受到了佛教思想和中国诗文的影响,却也出现了"异化"并由此自立的倾

---

[1] 『伊勢物語』、『校註日本文学大系』第 2 巻、国民図書株式会社、1925 年、76 頁。
[2] 紀貫之:『古今和歌集』、2 頁。
[3] [日]纪贯之等:《古今和歌集》,杨烈译,复旦大学出版社 1983 年版,第 5 页。

第四章 "大和魂"象征的创建——以樱花和富士山为例 / 531

向。① 当然，这种倾向或许与女性重感性的性别特征相通，因而在女性作家身上表现得最为明显。② 平安初期的著名女诗人小野小町就是其代表。她对作为文学用语和观念的"aware"的形成发挥了重要作用。她不仅以花落、花色和朝霞等表现人心易变和世事的无常，伤感"花色终移易，衰颜代盛颜，此身徒涉世，光景指弹间"（卷二春歌下·113）、"世上人心事，犹如各色花，色花容易变，心变多如麻"（卷十五恋歌五·797）、"秋风吹稻粒，纷叶亦何悲。我已成空幻，此身那可思"（卷十五恋歌五·822）；也以"哀"为人生之本质，感叹"问哀是何物，直绊我思念人世，不离不弃"（卷十八杂歌下·939）、"哀也我身后，浅绿时节付荼毘，终为野边霞"（《新古今和歌集》卷八·758），认为"哀"正是贯穿生与死的"羁绊"。显然，"落樱"与"哀"的结合实际上也就意味着律令贵族樱花意识特殊化的开始，即樱花慢慢地展开了发生学意义上的转换。

以樱花隐喻恋情，是包括《古今和歌集》在内的日本古代咏樱诗的另一大意象和主题。当然，诗人们并不仅仅是赞叹恋情的美好，更主要的是感叹恋情的无常。这类诗歌（52、62、63、64、479、588、590、684等）的数量也有不少，如"论年诚老矣，老矣又何妨，今见樱花盛，愁思已尽忘"（卷一春歌上·52）、"春霞笼罩里，仿佛见山樱，未睹斯人面，先生恋爱情"（卷十一恋歌·479）等。以恋情无常的意象为基础，樱花也进一步被用于象征生或死的无常及人心的易变。如《古今和歌集》的编者纪贯之以风中落樱比作人心的飘忽不定："莫叹樱花落，风吹始落迟，人心飘忽早，不待急风吹"（卷二春歌下·83），而小野小町则以花色隐喻人心的易变："世上人心事，犹如各色花，色花容易变，心变多如麻"（卷十五恋歌五·797）。可见，以樱花隐喻恋情，直指人心（hitonokokoro）和人情（hitonokokoro），显示了日本古代文学偏重"人情"的基本倾向。这种倾向与随后提到的"唯花落才美"的立场隐含了与我国的

---

① 大塚英子：『小野小町における「あはれてふこと」成立考』、駒澤國文 38、2001 年、210 頁。

② 比如纪贯之曾评价说"小野小町，古衣通姬之流也。然爱怜而无气力，譬犹美人之有忧思。盖无气力者，女歌之谓欤"（紀貫之：『古今和歌集』、6 頁）。

樱花意象相区分的逻辑，也共同指向了以无常为基础的日本古代樱花意识特殊化的发展方向和路径。

纵观《古今和歌集》中的樱花意象，可以明显见到它与同时代中国诗文的樱花意象相区分的内容，因而可以说它是日本独特樱花意象形成的重要节点。在当今看来，这或许可以说是与中国相对的日本式思维或是其中的重要环节。它也如同《古今和歌集》的主要编者纪贯之高喊"自大津皇子之初作诗赋，词人才子慕风继尘，移彼汉家之字，化我日域之俗，民业一改，和歌渐衰"[1]，并以"和歌"与汉诗相对，以使用假名的"口语文体"与汉文相对的思维一般。即便我们今天可以承认这一点，但必须指出的是，樱花所象征的这种与中国相区分的思维绝不是当时日本律令贵族的普遍看法。或者更准确地说，他们对异于中国的樱花意象并没有足够的把握和自觉，这也恰恰是江户时代以前日本知识精英樱花认识的基本规定性。这一方面是因为他们的樱花美学认识所倚靠的无常观是其三国世界观下的普遍思想[2]，另一方面《古今和歌集》的美学规范本身仍是根植于中国诗文的教养。[3] 这意味着日本式樱花意象的形成必须完成"脱无常"和"去中国"的作业。反过来说，在江户时代以前，这些因素对日本知识精英樱花意识的特殊化和自足化仍有着强大的约束力。

不可否认，《古今和歌集》以后日本知识精英以"无常"及与其相关的"儚"为基调的樱花意象及其审美取向得到了进一步发展，即越发往特殊化和理念化的方向发展，最终在中世确立了日本民族独特的樱花美学意识。

《古今和歌集》以后樱花的无常意象不仅得到进一步的发展和强化，还增添了"脱无常"的新内容。当然，这种本体上的变化是随着"花落"及其价值被不断中心化、扩大化而变化的。可以说，"花落"不仅本身蕴含了与中国式樱花审美价值相区分的逻辑，也显示了与我国相区分的日

---

[1] ［日］纪贯之等：《古今和歌集》，杨烈译，复旦大学出版社1983年版，第6页。

[2] 如著名樱花诗人西行所咏"愿在花下死，如月望日时""此身百年后，若有行人相悼念，当奉樱花献我佛"等诗歌都是根植于以樱花为"世界之花"的理念，完全见不到"樱花特殊化"的狭隘思想倾向。

[3] 如纪友则的"樱花开烂漫，香色昔时同，唯有人年老，渐成白发翁"（卷一春歌上·樱花下叹年老·57）明显就是对白居易"樱桃花下叹白发"等诗歌的模仿。

第四章 "大和魂"象征的创建——以樱花和富士山为例 / 533

本独特樱花意识的形成过程和原理。《古今和歌集》以后,被赞叹的樱花形态不仅进一步从"花开"转向"花落",同时也增加了"花落后(新的花开)"这一新的事项。与此同时,樱花的美学意象结构也进一步从"生之美"转向"寂灭之美"以及由"寂灭"所象征的"新生之美",并由此确立了以"寂灭(花落)"为至高理想和中心环节,并贯穿"生(花开)"和"新生(花落后)"的樱花美学图式和生死观。因此,樱花盛开的绚烂美景,只是表象和假象;樱花盛开也就意味着凋零,凋零则意味着"新生",这才是樱花的本真。这种审美范式的转换正是樱花意象在日本实现特殊化和理念化的集中体现。

《古今和歌集》以后,经清少纳言、西行、吉田兼好等诗人的发展,以"唯落才美"为基调的樱花无常意象进一步朝着理念化和特殊化的道路发展,即进一步与表现人生各种情感的"哀"或与其近似的概念①相连。例如,平安期著名女性作家清少纳言(966—1025)直接提出了与"をかし(okasi)"相对的"哀(aware)"的概念。在她看来,"夕日照耀,近映山际,乌鸦返巢,三只、四只、两只地飞过",让人平添"伤感(aware)",而"雁影小小,列队飞过远空",则尤饶"风情(okasi)"。因而,对于中纳言轻易出家为僧,她觉得很是"哀伤"(aware),因而感叹道"樱花散落,亦犹人世之常态也"②。可见,在她的眼中,花落是常态,又为"哀"的具象。

稍后的著名樱花诗人西行(1118—1190)也歌唱"春风吹樱落,所梦终归醒,如此心中亦骚然""此世倘若花不落,月不阴,我身无所

---

① 关于"物哀"思想,目前国内外学界都公认它是日本文学最重要的理念,是囊括悲哀、悲伤、悲惨、哀怜、同情、感动、壮美等意思的美感世界,是包括对人的感动(以恋情最为突出)、对自然的感动(尤其是季节带来的无常感)和对世相的感动三个层次的结构。实际上,在平安时代及其后很长一段时间里,"哀"或"物哀"仅指一种原始的、纷繁杂乱的贵族优雅情调或情绪,并没有被充分地概念化。至江户时代,虽然本居宣长提出所谓"物哀论",貌似使它成为一个"自足的"文学概念,但在很大程度上仍是"皇国神道至上的原教旨主义邪念"(参见雷晓敏《本居宣长"物哀"论的三个误区》,《外国文学研究》2014年第6期)等极端排外的狭隘民族主义思想的产物。到近代,经过佐佐木信纲、久松潜一等学者的进一步阐发,"物哀"似乎确立为日本文学的一个基本概念,却始终隐含了文学他者化和暴力化的影子。

② 『枕草子』、『校註日本文学大系』第3卷、国民図書株式会社、1925年、485頁。

思"①，认为花落是搅动人心的催化剂，并以为是人生各种情感（哀）的象征和表现。同时，"哀（aware）"也成为西行诗歌乃至其咏樱诗的一个重要概念，更是主客体一致的理念："殊见兮，老木之花亦哀也，能有几度逢春开？""花当如何思我哀，常数过往几度春"②。在此，"老木之花"与"花"既是"我"，又是引起我感动和思考的对象③，这也如西行自己所说"我本无心人，知哀亦有时。鹬鸟立水边，寒秋夕暮里"（《新古今和歌集》卷4·362），此情此景，即便是出家的"无心人"也会在不知不觉间产生"知哀"之感动。这也如他自己所咏"我身明明皆舍去，何故樱花染我心"④，对于放弃了自我（我身和我心）、执着、世俗而走向佛教之路的西行来说，原本所有的一切都应已经放下，然"超脱了的我心"仍唯独被樱花"所染"，最终成为他终生唯一的身心依托。在此，主体和客体已彻底融为一体：樱花成为西行生命的一部分，是支撑他走完人生之路的终极关怀。显然，这种樱花意识不仅使"无常观"脱离佛教而转移到樱花，从而提升了花开和花落的哲理性和美学价值，也使樱花对日本人来说成为一个超越了的"精神问题"，确立了樱花的开放凋零与人生相互重叠的美学图式。这确立了以月圆月缺、潮起潮落、四季更迭等自然物或现象来比照人生的日本式情绪的美学基础和统一性，进而为基于"哀（aware）"之情绪的民族化奠定了逻辑基础。关于这一点，其后的后鸟羽天皇（1180—1239）、松尾芭蕉等都有中肯的评论："西行有趣，且又心深而哀，能表现难以相兼之情，十分难得。真乃天生之歌人"⑤"惟藤原俊成、西行之词，即若随意所说之徒戏言，其所哀者甚多"⑥。可以说，西行以其数量庞大的咏樱诗及对主客体同一的"哀"的阐发，折射出了日本民族有别于其他民族的独特心理，亦代表了古代日本樱花意象特殊化的重要转折。

---

① 佐佐木信綱校訂：『山家集』、岩波書店、1957年、38、31頁。
② 佐佐木信綱校訂：『山家集』、26、34頁。
③ 体现这种主客体一致思维的和歌在平安后期已很常见，类似的和歌还有"天地寂寥中，同为可怜人。除却山樱外，复谁知我心"（前大僧正行尊《小仓百人一首》·66）等。
④ 佐佐木信綱校訂：『山家集』、38、31頁。
⑤ 後鳥羽天皇：『後鳥羽院御口伝』、載『新校群書類従』第十三巻、内外書籍株式会社、1937年、286頁。
⑥ 関根正直編：『江戸文学選』、明治書院、1923年、25頁。

中世著名诗人兼随笔家吉田兼好（1180—1239）可以说是西行的同道者，也对散落的樱花有特别的关注和理解：

> 岂有独看盛花与圆月之理耶？对雨恋月，垂帘蛰居而不知春之踪，犹哀且情深。反倒是含苞欲放之枝条、花谢满地之庭院，可见者多矣。……人其谁不恨花谢月倾，然彼顽而无情者，皆曰："这枝那梢飘零矣，今也不复可观。"凡事万物亦皆于始于终更有情趣。……不囿花月，世上万物岂有独用眼看之理耶？即若春不离家，月夜居闺寝，于心中描绘思花月之貌，方更显生趣。①

这段文字虽是具有强烈王朝怀旧情结的兼好极力批判庶民粗暴赏樱和唯花开为美的文字，同时也不足以证明知识分子"以不足为美""以未完为美"的审美意识，却反映了当时知识分子之间盛行的"唯花落才美"的樱花观及"于心中描绘花月之貌"这种主客体合一的思维。这其实也意味着樱花自身的哲学化，即樱花逐渐由一种纯粹的"景物之花"成为一种超越时空的观念和精神之花，这就是兼好自己所说的"风未吹却注定飘零的人心之花"②。事实上，贯穿生与死的"花落"本身就蕴含了樱花被观念化的逻辑，不仅构成了日本古代樱花意象特殊化的重要内容，也从不同的角度支持着上述作业的实现。

毋庸讳言，日本知识分子对"花落"的特别爱好，不仅促进了"哀"及其近似概念的发展，还促使其樱花审美意识的"脱无常"和樱花本身的哲学化。因为花落不仅是贯穿"花开"和"花落后（花开）"的中心环节，本身亦意味着"花开"。对他们来说，花落并不仅仅意味着消极，自身也包含了积极的内容：樱花的凋谢不仅代表了寂灭，也象征着美好事物的到来。例如：

> 春风诱花落，不知花所踪，惜花之心常驻身。（西行《山家集》）
> 花虽飘零去，惜花心不止，亦可来春爱樱种。（西行《山家集》）

---

① 『徒然草』、『校註日本文学大系』第3卷、808—809頁。
② 『徒然草』、『校註日本文学大系』第3卷、756頁。

春风吹樱落，所梦终归醒，如此心中亦骚然。（西行《山家集》）

诱花落成阵，云中花瓣飘，暂来留香春山风。（藤原雅经《新古今和歌集》卷二春歌下·145）

惜哉不得时，樱花散尽春已老，今唯孑然独观梢。（后白河院《新古今和歌集》卷二春歌下·146）

故乡花盛虽已过，面影不离春空哉。（源经信《新古今和歌集》卷二春歌下·148）

西行诗歌所述"惜花之心常驻身""如此心中亦骚然"及藤原雅经等所说的"留香""观梢""面影不离"等字眼都是对花落后的余韵或痕迹的歌唱，不仅体现了樱花自身的观念化，也表现了一种以残缺弥补不足的独特审美倾向。"亦可来春爱樱种"则更说明他们也是从超越时空的"积极的角度"看待"花落"的，也即从无常的有限世界演绎出无限的美。这明显就是一种"脱无常"的思维，因而从另一个角度表现了知识分子樱花审美意识的特殊化倾向。同时，这类咏花诗文的大量存在，也说明这一思想在平安后期已成为一般化的认识。

对"花"和花落的意义进行理论化的阐释，首推室町初期剧作家和能乐理论的集大成者——世阿弥（1363—1443）。他的能乐论以"幽玄"为最高审美理念，而以"花"为审美理念的最高表现，建立了两者之间不可分割的联系。他说："所谓'花''趣''新奇'，此三者同心也。无论何花，皆必凋谢，正因会凋谢，故花开时为新奇。能亦无所住（按：不止于一种风格而不断变化），宜先知此即为花也。"[①] 在此，他以花喻"能"甚至万物，认为"花"是演员不断变化的新奇、有趣的演技及与观众产生同样感动的统一，是主体内心之"花""新奇""趣"（艺术特征）。显然，这里的"花"一方面是被符号化、艺术化的"主观之花"，以其开放和凋零喻指能的各种审美表现；另一方面，"无论何花，皆必凋谢"又可以是一种客观之花，蕴含了从时空的连续性和非连续性相统一的视角认识花的思维，也即世阿弥是从十分积极的角度看待"花落"的。也许觉得这种对"花"的解释过于含混，他后来又对三者的关系做了统

---

① 世阿弥、能势朝次校訂：『校注花伝書·能伝書』、新日本図書株式会社、1947年、83頁。

一的阐释:"以前所述,所谓'趣''花''新奇',此三者一体异名也。是虽云'妙''花''趣'三也,实为一色,又有上中下之差别。妙者,绝言语,心行所灭也。以此为妙则为花也,添一分则为趣也。"① 这就是说,"妙""花""趣"实为一体,都是"生于无心之境的感动",而以"妙"为最高境界。所谓"妙"是超越了语言和思考的无我无心的纯粹境界,"花"则是感受到这种纯粹境界的表现,而"趣"则是它"添一分"的结果。

由上可见,世阿弥的能乐论虽然使"花"上升成为一个重要的美学概念,然其重心却并不指向樱花等客观的现实之花,同时其理论又因秘事口传的局限而长期不为人所知,故可断定它对日本樱花意识的特殊化所起的作用比较有限。不仅如此,在他看来,樱花体现了"幽曲之姿",仅是表示五大音曲的花木之一,也是"构成中国和日本春色的景物"②。这说明他并不视樱花为日本独特的风物,不认为樱花具有区分日本和中国的意义。当然,世阿弥也是一个极度喜爱樱花的作家,不仅编写了《西行樱》等有关樱花的谣曲,也以樱花为"诸木中的灵木"③、以樱花比喻幽曲等。这些思想暗合了日本古代樱花意象特殊化的潮流,因而又构成了可被"考古的"樱花特殊化的思想资源。

总之,日本知识分子对樱花"唯花落才美"的独特认识和立场孕育并促进了日本樱花意象的特殊化倾向即转向"脱无常"和"哀"及其近似概念。与此同时,樱花地位的提升也体现并加速了这一倾向的形成。

2. 樱花自身的特殊化

随着古代日本人樱花意识特殊化倾向的日益加剧,樱花自身的地位也获得了相应的提高,即它不断被神圣化(圣木化或神木化、圣地化)、原始化和绝对化(唯一性和优越性),并在平安后期获得"花即樱花"的绝对优越地位。虽然樱花的上述性格在当今被日本人当成一个"自古如此的"而不言自明的"事实",却无法掩饰其"被创造"的历史痕迹。

---

① 久松潜一、西尾实编:『日本古典文学大系』65(歌論集・能楽論集)、岩波書店、1961 年、458 頁。
② 能勢朝次:『世阿弥十六部集評釈』下巻、岩波書店、1944 年、152 頁。
③ 能勢朝次:『世阿弥十六部集評釈』下巻、152 頁。

因为樱花自身的上述变化也意味着它的民族化，或者说它是古代日本人樱花意识民族化的产物，并反过来促进了前述日本人樱花意识的特殊化倾向。

在《万叶集》的时代及其后较长的一段时间里，樱花并不是最受重视的花木。《万叶集》和《怀风藻》的咏花诗显示：咏梅诗的数量压倒性地超过了樱花；相关诗歌所体现的日本知识精英的樱花意象也并不发达，又以对中国诗文的模仿为基础。即便是在梅樱地位发生逆转的平安中期，日本知识分子的"梅崇拜"依然没有褪色。例如，大纳言藤原公任（966—1041）与藤原赖通（992—1074）关于"春花秋叶"之优劣的争论便可略见一斑。当时，赖通认为"春当樱花，秋为枫叶"，而公任则反驳说："春既已有梅，何独以樱为第一焉？"[①] 这一争论一方面说明平安中期已出现"以樱为第一"的倾向，另一方面也说明仍有不少知识分子保持"崇尚梅花"的情结及其所隐含的亲近中国文化的姿态。

不可否认，平安时代尤其是平安中期以后，随着日本民族观念的成长和对中国文化态度的转变，日本知识分子的赏花重心整体上仍逐渐从梅花转向樱花。[②] 这种倾向在早期的突出表现是象征樱取代梅的"左近之樱"的出现和为了观樱的樱会、樱狩（sakuragari）、樱花宴的兴盛。

据《东大寺樱会缘起》记载，早在圣武天皇（701—756）在位期间的 746 年 3 月 16 日，良辨为了宣扬法华经，开始在东大寺举行"樱会（法樱会）"，是有"樱花散叶，遗气犹香"[③] 之说。"樱会"是负有镇护国家之责的东大寺举行的例行活动，说明樱花对于当时的佛教国家来说具有"国花"的重要作用。在此后百余年间，东大寺每年都举行樱会，由此不难推测它对律令贵族赏樱活动乃至樱花认识的重大影响。

从稍后出现的《万叶集》中的咏樱诗亦可推知，自 8 世纪中叶起赏

[①] 『古今著聞集』、『国史大系』第 15 卷、経済雑誌社、1901 年、574—575 頁。

[②] 关于平安贵族赏花对象的转变，有学者认为，这是因为樱花作为"本土自生"的花卉开始受到重视的缘故（舒方鸿：《日本樱花象征意义的考察》，《日本学刊》2009 年第 2 期）。据笔者看，梅花、橘树等都来自中国，是大家所公认的事实，然而樱花究竟是否日本自生，平安时代及以前的历史文献都没有明确的说法，以致今天都没有定论。平安中期以后，樱花开始受到重视，这肯定与日本人民族观念的自觉有关，也不排除樱花自身的美感高、受中国诗文的影响（如对平安文学影响甚深的白居易就著有大量咏樱诗）等其他可能。

[③] 辻憲男：『「東大寺桜会縁起」を読む』、『親和國文』33、1998 年、16 頁。

樱活动在皇室贵族间就已十分盛行。在该诗集收录的44首咏樱诗中，除了一般性谈论或"想象"樱花的诗歌外，不少咏樱诗（1866、1867、1869等）都是观樱时所作。其后，成书于平安初期的《伊势物语》则记载了几个有名的"樱狩"故事。其一描写了一个久未来访的人于樱花盛开时节前来赏花，而与幽怨的女主人进行诗歌对唱的故事。[①] 女主人唱曰："世人说我心易变，犹如樱花易凋零。我自心坚如磐石，仍候年中稀客来。"来客（在原业平）答唱道："今不来兮明散尽，樱花飘零似雪降。纵使不消花散在，何能玩花怜思人。"另一个则是著名的"交野渚院赏樱"[②]。该故事讲述了一位叫惟乔亲王的皇子每年于樱花盛开之时，率左右去其乡野离宫狩猎、观樱。该皇子对狩猎毫无兴趣，只爱在樱花树下"饮酒而咏唱大和歌"。有一次出猎，皇子来到交野渚院，见到一株樱花树，觉得"甚是有趣"，便手折花枝，插在头上。于是，上中下者一齐吟咏诗歌。"右马头"咏诗曰："世间若无樱花艳，春心何处得长闲？"另一人则曰："樱花飘散方可贵，世间何物得永恒。"这两则故事充分说明赏樱已成皇室贵族每年的惯例活动，且其赏樱趣味的重心都是"散落的樱花"，显示了与我国文人赏樱旨趣的不同。

樱花地位提升的另一标志性事件是宫廷樱花宴的出现及常态化。据成书于840年的《日本后纪》记载，812年嵯峨天皇（809—823年在位）在平安京神泉苑举行了第一次宫廷樱花宴："幸神泉苑，览花树，命文人赋诗，赐绵有差。花宴之节，始于此矣。"与此相对，受嵯峨天皇之命编撰的《凌云集》（814）亦收录了平城天皇（806—809年在位）的一首著名咏樱诗——《赋樱花》："昔在幽岩下，光华照四方。忽逢攀折客，含笑互三阳。送气时多少，乘阴复短长。如此何一物，擅美九春场。"显然，这首诗说明在诗人眼中樱花已是从"幽岩下"走入宫廷或贵族生活的"擅美九春场"的花中翘楚。该诗第一次以樱花为第一等的花，因而颇受后世日本人的推崇。

可见，平安初期以后，赏樱已成为日本皇室贵族最重要的例行聚会，与此同时，樱花在日本的地位也被不断强化。例如，稍晚出现的

[①] 『伊勢物語』、『校註日本文学大系』第2卷、国民図書株式会社、1925年、45—46頁。
[②] 『伊勢物語』、『校註日本文学大系』第2卷、75—76頁。

《源氏物语》更是专设"花宴"章,专门描写了宫中樱花宴的详细情形:"二月二十九日,宫中在南殿举行樱花之宴。……尤其今日这种隆重盛大的日子……亲王和公卿以下,凡是精于文学之道者,皆于御前探韵作诗。……不消说,舞乐等节目的准备是充分的。"① 这一文字记述了平安贵族吟诗作歌、载歌载舞的盛大花宴,也说明赏樱成了平安贵族精神生活不可或缺的重要活动。

随着樱会、樱花宴等赏樱活动的惯例化,樱花取代梅花似成为一种不可逆转的趋势。② 据记载,794 年恒武天皇(737—806)迁都京都后,皇宫紫宸殿南庭的东西两侧分别种植了梅树和橘树(两种花卉均来自中国),而至仁明天皇(833—850 年在位)时③,梅树已为樱树所替代,始有"左近之樱"之说法。"南殿樱树者,本是梅树也,恒武天皇迁都之时所被植也。而及承和年中(834—838)枯失,乃仁明天皇改植也。其后天德四年(960)内里烧亡而烧失,仍造内里时乃移植重明亲王家樱木也(据说该木本为吉野山樱木)。"④ 这段文字虽然只是提供了"平安贵族的赏花趣味发生重大变化""吉野山作为樱花产地受到重视"等信息,然结合前后樱花宴、樱狩盛行等情况,仍可以推知樱花取代梅花、樱文化超越梅文化的趋势已不可逆转。

随着上述趋势的延展,少数知识分子对樱花产生了代表日本的花卉的自觉,即便这种思维在当时是碎片的,也不占知识界的主流。例如,作为曾向朝廷建议终止遣唐使派遣的菅原道真的恩师兼岳父,著名诗人岛田忠臣(828—892)有一首著名的汉诗——"惜樱花":"宿昔犹枯木,迎晨一半红。国香知有异,凡树见无同。折欲妨人锁,含应禁鸟笼。此花嫌早落,争奈赂春风。"⑤ 诗人认为樱花是代表日本的最上等花卉,其"国香"与其他的平凡花卉"有异",亦非"凡树"所能比拟,因而花开

---

① 紫式部:《源氏物语》(一),林文月译,译林出版社 2011 年版,第 167 页。
② 其表现之一便是,平安后期以后贵族们对樱花的热爱开始从文学扩大到了日常生活的领域,即樱花的纹样开始被日常用具、服装、工艺美术品(文台、文箱、陶器等)等物品所采用。
③ 据《日本三代实录》(901)贞观十六年八月二十四日条记载"大风雨,折树发屋。紫宸殿前樱、东宫红梅、侍从局大梨等树木,有名皆吹倒",可以推知仁明天皇改植者当为樱木。
④ 『古事談』、『国史大系』第 15 巻、経済雑誌社、1901 年、131 頁。
⑤ 島田忠臣:『田氏家集』、載『群書類従』第六輯、経済雑誌社、1899 年、812—813 頁。

花落都值得特别保护。显然，这一言论已明显体现出樱花民族化的倾向，也表现了少数知识分子对中国文化态度的转变。

毫无疑问，象征樱梅地位发生逆转的最重要标志当属成书于905年的《古今和歌集》。该诗集收录的咏樱诗（近70首）首次跃居咏花诗的第一位，数量也约为咏梅诗（约30首）的一倍。这说明，与梅花相比，以纪贯之为首的《古今和歌集》编者更加重视樱花及其象征意义。这种"被选择"的咏花诗的变化，实际上是当时一些日本知识精英对待中国文化的态度发生转变的体现。拿纪贯之来说，他可以说是当时少数具有强烈的本族中心主义观念的诗人，不仅以和歌（yamatouta）与汉诗相对，还努力使和歌自立而摆脱汉诗的影响。例如，他认为和歌"肇始于天地开辟之时"，欲从起源上否定汉诗与和歌的渊源关系。"然今传之歌，于恒久天界，始作于下照姬；于苇原荒土，则始兴于素盏鸣尊。"① 在他看来，梅花是象征中国文化的外来花卉，因而不能成为体现"和歌"及其精神的第一花。因此，纪贯之及其后的知识分子才推崇他们自认为本土自生的樱花并以之为百花之王，认为它才是表现和歌及其精神的最佳花木。

以《古今和歌集》为最重要的节点，樱花不断地被绝对化，其优越性和唯一性也由此被反复提及并固定下来。例如，纪贯之极度追捧樱花，以之为花中之最："春季无花胜于樱，由是他木岂称花？"②"兼盛弟"亦是对樱花产生了日本独有的思维："朝日日本国，细观绽放樱之色，深思他国亦无哉。"（《拾遗和歌集》卷十六）③ 稍后，酷爱樱花的西行也坚信樱花优于其他各类名花，唱诵了"无类美花开枝头，缘故无花与樱齐""何故耶，纵使花中得珍名，何花又可胜于樱？"④ 等盛赞樱花的诗歌。可见，以纪贯之、西行两大爱樱诗人为首，一些平安贵族都尝试从自我的角度确立樱花的王者地位。这种作业可以说是当时樱花民族化的典型表现，不仅构成了日本历史上樱花被绝对化的重要环节，也支持着樱花承载日本独特的美意识的可能。

---

① 紀貫之：『古今和歌集』、1—2頁。
② 松下大三郎編：『古今和歌六帖』、載『続国歌大観・歌集』、紀元社、1925年、1021頁。
③ 大和田五月、藤倉喜代丸校訂：『二十一代集』第2、太洋社、1926年、188頁。
④ 佐佐木信綱校訂：『山家集』、31頁。

随着樱花地位的不断提高,"花"的内涵和所指也发生着变化,即逐渐由以前泛指梅花的概念向泛指樱花的概念转变。众所周知,在奈良时代甚至平安初期,"花"通常是指梅花。而至《古今和歌集》,单独出现的"花"大多数被认为是指樱花,虽然也不乏指称"梅花"的用例。[①]即以该诗集"春之部"收录的咏花诗(约110首)为例,诗题或诗文明确含有"樱(花)"或"山樱"的咏樱诗是41首(49—89),咏梅诗是17首(32—48),棣棠花是5首(121—125),藤花是3首(119、120、133);剩余41首含"花"字的和歌多数被认为是咏樱诗[②],例如"花色终移易,衰颜代盛颜,此身徒涉世,光景指弹间"(《古今和歌集》卷二春歌下·113)等。由上可见,在《古今和歌集》的时代,"花"虽然还没有完全获得指称"樱花"的专属地位,却已表现出这样的强烈倾向。

究竟"花"专指樱花的意义何时被固定下来,已不可详考,然结合"莺宿梅"的故事和与皇族相关的寺院陆续出现"左近之樱"的情况,或可窥知一二。据成立于平安后期的《大镜》记载,村上天皇在位期间(946—967),清凉殿的梅花因故枯萎,天皇遂命纪贯之的女儿纪内侍奉献梅树。纪内侍不舍其梅,遂赋歌一首系于梅枝:"皇命催,实难违,春莺若问休憩处,将何言语回?"村上天皇深为感动,遂将其梅命名"莺宿梅"并退返,而改种了樱树。[③]这则故事本身并不能说明樱花意义的重大变化,反倒说明了平安贵族对梅花的依恋。然而,继紫宸殿改种"左近之樱"后,清凉殿及仁和寺(887—897年在位的宇多天皇出家后在该寺宸殿前东西两侧栽种"右近之橘、左近之樱")等先后出现取代梅花的"左近之樱",说明平安中期以后大内栽种樱树已为习惯[④],这无疑为

[①] 例如,该诗集收录的"人去心不知,今日访故地。唯有花常在,芬芳似旧时"(《古今和歌集》卷一·42)、"每春流水畔,水中可见花。流水不得折,徒湿衣袖矣"(《古今和歌集》卷一·43)、"经年又累月,流水成花镜。水中花飘零,犹如镜蒙尘"(《古今和歌集》卷一·44)三首和歌,因为题皆含"梅花",故可认定其中的"花"是指梅花。

[②] 当然,仍有不少含"花"的和歌如"侍女来春野,欲摘春菜回。散乱花中路,迷途不知归"(《古今和歌集》卷二·116)无法确定其所咏花的种类,也有些是花的总称。

[③] 『大鏡』、『校註日本文学大系』第12卷、国民図書株式会社、1926年、313—314頁。

[④] 日本最早的庭院书《作庭记》(11世纪后期)曾专门论及树对庭院的重要性,指出"东当植花树(樱花树)"(『作庭記』、载『群書類従』第12辑、经济杂志社、1894年、717頁)。这说明持有大量土地的平安贵族已开始广泛种植樱花,也有了在自家庭园赏樱的习惯。

第四章 "大和魂"象征的创建——以樱花和富士山为例 / 543

"花"的意义的固化起到了示范作用。因此，依据顺德天皇（1197—1242）所著歌论书——《八云御抄》所说"古歌亦有梅唯独为花者，近代只云花者皆樱也"①，我们可以推测，"花唯指樱花"当是平安中期（《古今和歌集》或村上天皇）以后的事情。因此，成书于江户后期的《古今要览稿》援用《日本后纪》的相关记载说"嵯峨天皇时期已仅称樱花为花"②，应当与历史事实相去甚远。当然，这一概念的确立也非一朝一夕可以完成，而在中世出现"花唯樱花，人唯武士"③ "樱之于我国也，人不曰樱曰花，如洛之牡丹、蜀之海棠，盖所以贵之也。普贤堂（按：又名普贤香，樱之一种）者，天下第一也"④ 等说法，则说明"花唯指樱花"自此已成为一个不言自明的命题。可以说，这种局面的形成也为樱花的民族化准备了比较充分的物质基础。

在樱花被绝对化的同时，它也日益被神圣化（圣木化或神木化、圣地化）和原始化。这种作业对樱花的民族化发挥了不可替代的重要作用。

目前，日本多数学者从"樱"的语源出发，认为它与古代日本人的农耕生活密切相关，因而主张樱花自古就被当成是神木或圣木。实际上，在《万叶集》时代及以前，日本很少有关于樱花的记述，甚至平安时代百科全书式的书籍（如《篆隶万象名义》《类聚名义抄》《和名类聚抄》等）也没有关于"樱为神木"的明确记载。在我们看来，樱花的神圣化始终与日本古代美学意识和宗教信仰的建构相关。

抛开以樱为神木的传闻和《古事记》所记"木花之佐久夜毗卖"的有争议说法，日本关于樱花的最早记载出现于《日本书纪》，此后它的神性和原始性就开始被隐晦地提及。《日本书纪》"履中天皇三年条"记载，樱花是"非时而来"⑤ 的稀有之花，即以为宫名（磐余稚樱宫），暗示了樱花的神秘性格；它又是长真胆连在"掖上室山"发现的花木，意味着

---

① 『八雲御抄』、載『御撰集』第二卷、列聖全集編纂会、1915年、326—327頁。
② 屋代弘賢：『古今要覽稿』第4卷（草木部上）、国書刊行会、1906年、102頁。
③ 日本学界一般认为此表达确立于中世，最早见于楠木正成（1294—1336）、一休宗纯（1394—1481）等人的相关论述。据调查，江户时代的《假名手本忠臣藏》等作品才出现了"花唯樱木，人唯武士"等说法。这表明，该说还有诸多不明之处，也是一个值得研究的问题。
④ 横川景三：『補菴京華集』卷二、慈照院、国立国会図書館デジタルコレクション、No. 030。
⑤ 『日本書紀』、『国史大系』第一卷、経済雜誌社、1897年、215頁。

可以被后世日本人解读为日本山野自生的原始花木。可见，不论《日本书纪》的记载是否真实，前述言论却反映了樱花被神圣化和原始化的倾向和可能。

随后的《万叶集》开始出现大量有关樱花的记述，亦不乏谈论樱花神性的文字。例如，鸭君足人的"或本歌云"（卷三杂歌·260）认为，樱花是"神祇自天所降之地"——香具山的花木，田边福麻吕的"悲奈良故京作歌一首并短歌"（卷六杂歌·1047）则认为，樱花是"皇族神之御代以来就统治大和国"的都城——平城京春日山的山野花木。显然，这些诗歌都将樱花当成伴神而生的花木，不仅意味着它是"神代以来"就有的、山野自生的日本原始花木，还是具有充分神性的花木。不仅如此，该诗集所收"此花一瓣内，隐藏百种言。君宜当记取，莫作等闲看"（卷八春杂歌·1456）及其反歌"此花一瓣内，难待百种言。花开直须折，莫待空折枝"（卷八春杂歌·1457），更是以对青春和爱情的大胆歌唱，暗示了樱花"隐百种言"的神性问题。

由上可见，"伴神而生"体现了奈良期知识分子关于樱花起源和性格的基本看法。这种看法虽然依赖虚构的神话而略显荒唐，却确立了樱花被神圣化和原始化的基本思维和路径，并具有支撑实现上述作业的强大力量。这意味着它可以依据民族主义的力量为樱花的绝对化、神圣化和原始化提供支持，进而成为将樱花民族化乃至特殊化的支撑，甚至还可以为日本知识分子割裂其与中国樱花诗的关联提供支撑。

它同时表明樱花的神性问题实际上包含了使自身始源化的逻辑，即它的固有属性可以通过建立其与神的关联而得到解决，事实上这也成了后世学者（尤其是江户学者）主张樱花为日本固有风物的主要依据之一。从这种意义上说，即使江户时代以前没有出现以樱花（山樱）为日本固有风物的明确主张，它的"固有属性"仍可以在"精神或情绪的"层面得到解决，而使樱花被"自由地"叙述。同时，奈良期各种文献所描述的樱花几乎都是香具山、播磨山、春日山等山野自生之物，因而其固有属性问题实际上在"物质的"层面也可以不被视为问题。可以说，此后樱花的固有属性已然被当成一个不证自明的事实。例如，平安初期平城天皇所咏《赋樱花》关于樱花"昔在幽岩下，光华照四方"的论述，便是明显的例子。显然，在平安时代以后，随着樱花地位的不断提升，其神性也被进一步论述，并逐渐被当成一个不言自明的事实。当然，樱花的神圣化叙述主要是围绕着它的圣地化和神木化展开的。

樱花圣地的出现既是樱花神圣化的重要环节，也是樱花意象民族化和平民化的重要体现。对现代日本人来说，樱花圣地首推吉野山，而与富士山一道构成了"可视的"日本人的精神家园。可以说，平安时期以后樱花在日本的滥觞与吉野（山）密切相关，即它通过天武天皇关于吉野种樱的裁决、西行高赞吉野之樱、南朝开创、丰臣秀吉办赏樱大会等虚实相交的历史文化事件的发酵，使吉野逐渐成为樱花的圣地乃至日本精神的象征。

吉野（山）原为佛教圣地，自古就被当成灵峰、仙境，却并不是《古事记》《万叶集》等奈良期的文献所提及的樱花名所。关于它与樱花的关联，首先不得不提到"天武天皇的裁决""役小角的植树"两则有关吉野山樱花起源的传闻。[1] 前者传闻，674年天武天皇敕命在吉野山种植樱树，此后无论贵族还是平民，参拜该山神祠者皆须种樱而敬神。[2] 此传闻又与修验道的寺院——"樱本坊"等地流传的天武天皇梦樱传闻[3]相互缠绕，增添了樱花作为花王的权威性和神性。后者传闻，修验道鼻祖役小角在吉野山苦修而感得藏王权现，遂刻其像于樱木，其后，当地人恐受其伤害并为了向藏王权现祈福，便以樱木为敬献神灵的"神木"而禁止对其随意砍伐、折枝并用作薪柴[4]；弘仁年间（810—824），山中之灵托一童女告曰："我乃爱樱之神，以后但有伤樱者，立刻给予惩罚。"[5] 不难看出，这两则传闻体现了塑造樱花"作为宗教信仰的对象"的意图，而不仅仅是以它为日常生活的把玩对象和文学审美的对象。这些直到近代前后才被明确记载的传闻意图复古樱花的神圣性格：樱在日本自古就

---

[1] 中冈清一：『吉野名所誌』、吉野山同窓会、1917年改訂四版、5頁。

[2] 金井紫雲编：『芸術資料』第1期第1冊（桜）、芸艸堂、1922年、28頁。

[3] 樱本坊等寺院文献记载，壬申之乱前夕的671年，出家而隐居于吉野离宫的大海人皇子（后来的天武天皇）于寒冬日梦见山中一株樱树盛开，故命役小角的高徒日雄角乘解梦，是曰"樱为花王，是殿下将为王的吉兆"。次年，大海人皇子获胜称王，故在该樱树下建立寺院，迎角乘为住持，是为"樱本坊"的前身。

[4] 中冈清一：『吉野名所誌』、5—7頁；藤井佐兵衛编：『役行者御伝記』、藤井文政堂、1908年、3—4頁；山田孝雄：『桜史』、桜書房、1941年、41頁。

[5] 金井紫雲编：『芸術資料』第1期第1冊（桜）、28頁。

被当成神木、圣木。毫无疑问，这种樱神圣化的作业在很大程度上源于依据樱花构建日本人的民族认同的需要，因而不免有造作的痕迹，比如"《枕草子》等所提及的折枝赏樱的习俗""樱与藏王权现的关系有文献可考，是室町时代以后的事情"① 等无不说明，平安期仍是樱花的神圣形象被构建的初始阶段。不过，此类传闻虚实相交，又符合古代日本樱花地位不断提升的趋势和日本人构建自我认同的需要，因而能最大限度地消除其虚构面所导致的影响，更可以借民族主义的力量而使樱花的神圣性具有古老的形象和力量。

虽然这些传闻及奈良期的历史文献不足以说明樱花的"神木"性格，然平安期以后取代梅花的"左近之樱"乃是移自吉野山，却也说明吉野山及其樱花对平安贵族和当地居民来说已是一个重要而特别的存在。尤其是到了《古今和歌集》的时代，随着樱花地位的抬升，吉野山的形象和樱花进一步结合，显现出被特殊化处理的倾向。《古今和歌集》序言唯一提及的樱花便是吉野山的山樱，而且它被与原本与此无关的著名诗人柿本人麻吕（约662—约706）相关联，是为"春日曙晨，吉野山间，山樱盛开，感于人麿之心，犹观云霞"②。这难以排除纪贯之借人麻吕之影响而对吉野山及樱花进行神圣化的意图。不仅如此，该书收录的近70首咏樱诗所含有的三首歌颂吉野樱的诗歌，却皆为纪氏兄弟所作："吉野山边樱，盛开如玉洁。山深春到迟，犹自疑残雪"（卷一春歌上·60）、"此时御吉野，白雪降霏霏。山下风吹急，如花漫天飞"（卷七贺歌·363）、"未越大和国，先闻吉野樱。樱美如春心，何仅人传哉"（卷十二恋歌二·588）。显然，与《古今和歌集》其他泛泛而谈樱花的诗歌相比，这三首和歌突出了吉野山及其与樱花的关联，也显示出这种关联开始具有了跨越"大和国"的影响。

虽然在《古今和歌集》的时代，吉野已开始具备赏樱名所的地位，

---

① 三条西公条（1487—1536）所著的《吉野诣记》（1553）即是此类文献。它记载了吉野山参拜者种樱而祈神之事，"但顾四边，被告曰，皆因立愿（按：向藏王权现祈愿）而种之樱也。百木之内，系有户札（按：古代良民的户籍）者，其高二尺有余，想必今后三四年内当成繁花盛开之树"[『吉野詣記』、載『群書類従』第11輯（卷338）、経済雑誌社、1899年、1252頁]。

② 紀貫之：『古今和歌集』、5頁。

却远不如它作为赏雪圣地的形象,而使吉野的形象集中于樱花并使之向大众普及的,则是被誉为"天生歌人"的西行。西行痴情樱花,不仅多次游历诸国而咏各地之樱,还为了却自己对樱花的特别情绪而在奥吉野的金峰神社附近结庵隐居。他一生创作了230余首咏樱诗歌,其中明确含"吉野(山)""芳野山"等字样的和歌就高达50余首,为日本之最。对他来说,爱吉野是因为爱樱,爱吉野也就是爱樱,因为"不同寻常兮,四方山边花。皆自吉野山,始散樱花种"①。正是通过对以吉野山为中心的樱花的描写,西行首次明确建立了可以作为信仰的神圣对象的樱花形象,并塑造了吉野山作为其承载者的形象并使之固定下来。

毋庸置疑,如同"此身百年后,若有行人相吊念,当奉樱花献我佛""此生无所愿,但唯如月月圆时,花下长眠伴我佛""花落雪纷飞,吾身执着虽全舍,何故心间染花情"等和歌所吟唱的那样,一方面,西行的樱花情结具有当时流行的三国世界观下的普遍性元素,即它明显是以樱花为"如来的化身"②或"唯美的彼岸所开之花"③,而以樱花投射人生或世事的无常。另一方面,他的樱花情结也具有明显的"日本的元素":基于无常的观念,西行不仅继承了随自然万物而"意动"(哀)且追求"率直素朴真情"的传统,还发展了不仅仅是"我身",也包括"心随明月行,心如明月清。心月融一体,此心终迷蒙"④所言的"我心"和"我思"都全部与自然融为一体的"幽玄"等审美观念。这意味着如同"染花之心何以残,我身明明皆舍去""自观吉野梢花绽,我心离身归何处""花憧我心虽迷蒙,山樱散后归身乎"等和歌⑤所述,在西行那里"我心"既超越了"我身"这一主体的存在,又超越了引起"我心"骚动的风花雪月等客体的存在,还贯穿着两者的主题和核心理念。可以说,因为西行的出现,樱花对日本人来说就成为"心"的问题。这一观念极大地拓展了樱花及其意象的艺术空间和意义,也使得樱花成为具有"与死亡相结合的花"等多种可能性的"现实与超现实相结合"的精神之花。

---

① 佐佐木信綱校訂:『山家集』、272頁。
② 小川和佑:『桜の文学史』、文芸春秋、2004年、93頁。
③ 牧野和春:『新桜の精神史』、中央公論社、2002年、61頁。
④ 三教書院編輯部:『山家集』、三教書院、1936年、43頁。
⑤ 佐佐木信綱校訂:『山家集』、31、30頁。

不仅如此，又如"若春至，无谁不思吉野花，其心当有深缘乎""花狂如若我，谁亦寻花来。踏开山苔成小路，沿岩攀登吉野山"等诗歌[1]所言，西行还有意识地寻求和创造与读者认知樱花和吉野山的一体化途径和思维，积极使山樱和吉野走向世俗大众的世界。

显然，西行的樱花意识不仅蕴含着丰富的内容，还契合了日本人与大自然融合的民族心理，象征着日本人樱花意识的重要转折。它不仅提升了樱花作为精神存在的性格，还最大限度地促使樱花及其意象的普及，因而使樱花成为此后日本人一个不可或缺的存在。它同时建立了包含"吉野即樱花"[2]在内的"西行·吉野·樱花"的文化图式，第一次完整地构建了吉野（山）作为赏樱圣地的形象并使之固定下来。

其后，后醍醐天皇（1288—1339）在吉野建立与北朝相对的南朝（1318—1424），而它后来又被认为是皇室正统（如北畠亲房的《神皇正统记》、德川光国的《大日本史》等）。这不仅使原本就有"咒术灵力"的吉野增添了所谓"王者之地"的权威和神性力量，也进一步促使吉野和樱花的结合，而使樱花成为象征皇室正统的神圣之花。后醍醐天皇不仅极爱樱花，也借樱花寄托自己的哀思，"花寝亦可乎，吉野吉水旁。枕下濑古川，涓涓走石声"[3]，并以花开隐喻"荣归京都"的政治理想，"吉野守山人，问之将来事。今有樱满地，何日当花开？"[4]"此处虽开云井樱（按：喻指'京都禁庭之樱'），却唯一时栖身地"[5]。而且，后醍醐天皇去世后，为了纪念他并寄托"回归京都"的梦想，栗田久盛等开始在其陵墓及如意轮寺（后醍醐天皇的敕愿寺）周边大量种植樱树，"有南朝武士栗田久盛者，决意当种千本樱于御陵旁，故年年种樱。渐渐花亦

---

[1] 佐佐木信綱校訂：『山家集』、25、26頁。
[2] 例如，稍后主持编写《新古今和歌集》的后鸟羽天皇及其近臣九条良经、藤原家隆等都曾赋诗盛赞吉野之樱："吉野高岭樱既落，至于山风白春曙"（《新古今和歌集》卷二春歌上·133）、"樱花故乡是吉野，花落空枝春风吹"（《新古今和歌集》卷二春歌上·147）、"吉野河边棣既开，岭上樱花散尽乎"（《新古今和歌集》卷二春歌下·158）。这说明"吉野即樱"的图式在《新古今和歌集》时代就已确立并在知识界和上层社会得到了认可和传播。
[3] 柳田国男校：『紀行文集』、博文館、1930年、200頁。
[4] 太洋社編：『新後拾遺和歌集·新統古今和歌集』（二十一代集第10）、太洋社、1925年、14頁。
[5] 『新葉和歌集』、載松下大三郎、渡辺文雄編『国歌大観』、教文社、1918年、819頁。

绽放，而歌曰'种樱若不断，苔下御幸迹，花满吉野山'"，并要求入山参拜者有偿植樱以敬献神灵。这不仅促使了吉野樱山的形成，还极大地促使了吉野山种樱的风俗化及樱花形象的普及。可以说，吉野朝廷及其对樱花的态度和行动建立了"皇室正统·吉野·樱花"的文化图式，不仅增强了樱花的神圣性和绝对性，还促使吉野作为皇室正统乃至日本代名词的隐喻意义的发展，而这些在其后的江户时代则屡被知识界提及。

随后，在中世末期，继织田信长后统一日本的丰臣秀吉为向世人宣告其至高的政治权力并附庸风雅（追求与贵族之间的同一性），1594年率领德川家康等武士大名、茶人、连歌师等共计5000人声势浩大地造访吉野山，参观了藏王堂、后醍醐天皇遗迹、吉水院等吉野赏樱名所，举行了盛大、豪华而绚烂的赏樱大会（包括能会、歌会、茶会、假装行列等）。丰臣秀吉本人不仅极爱樱花，咏唱了十余首咏樱歌，还带领部下在是年2月29日的歌会上按"花祝""花愿""不散花风""泷上花""神前花"等类别歌咏了近百首赞美樱花的和歌[1]，创下了日本历史上当日咏樱诗歌的数量之最。可以说，这次赏樱大会不仅是第一次以带有平民性质的武士为主体的歌会，也给从大阪到吉野的沿途民众以巨大的冲击，所以无论从规模和影响上都创下了日本之最，象征了日本人樱花审美由"圣"到"俗"的重大转变。它也和后来的"醍醐花见"一起构建了"平民·吉野·樱花"的文化图式，不仅极大地促进了吉野作为樱花圣地形象的形成和普及，也极大地推动了日本人共通的樱花审美意识的普及，以致"樱花文化共同体"的形成，而这项工作则在随后的江户时代得以最终实现。

可以说，"吉野和樱花"这一文化图式的建立体现了樱花及其意象的特殊化和普及化，不仅使吉野具备了作为民族象征符号的意义，也构成了"花唯指樱花"的樱花绝对性和神圣性话语之确立的重要环节并强化了这种倾向。

与樱花圣地化的推进相应，与日本人樱花意识确立相关的另一个重大问题即樱花的"神木化"也在平安末期以后得到了极大的发展。如前所述，奈良平安期有关樱花的"伴神而生""稚樱宫"等话语只是隐性地

---

[1] 近藤瓶城编：『太閤記』、載『史籍集覧』第6冊、近藤出版部、1919年、384—391頁。

谈及了樱花的神性问题，并没有明言樱花是"神木"。平安末期以后，有关樱为"神木"的话语开始在朝熊神社（伊势神宫的摄社）、浅间神社等神社层面展开。平安末期诗人西行常以樱花献佛，同样也用它敬神，因为他抱有当时流行一时的本地垂迹思想，认为天照大神即是大日如来的垂迹："榊叶挂木棉，用心向神祈。如来垂本地，我神亦我佛。"① 因此，西行对伊势神宫也抱有特别之情，多次参拜神宫各神社并一度移住伊势，并在自身、神佛和樱花三者相融合的思维下把握"神与樱花"的关系："天照大御神，推开天岩户。樱花久等待，是谁始种欤？""任凭神风吹，樱心乃始安。樱心亦我心，樱宫花正盛。""伊势神路山，樱花隐标绳。天照大御神，乐其盛也哉。"② 这些诗歌表明樱花不仅被当成敬神之物③，其本身也成为被祭祀的对象——樱宫（朝熊神社）的神体。④ 樱花被祭祀于朝熊神社，是目前笔者所见有文字可考的"樱花神木化"的标志性事件，同时也是其最重要的作业，因而对樱花的神圣化起到了决定性的影响。

继西行之后，"樱为神木"的记述开始见于镰仓时期伊势神道的有关文献。镰仓初期成书的《伊势二所皇太神御镇座传记》关于朝熊神社的"樱大刀神"有如是记载："灵花木座也。大八洲樱树始从天上降居也。因以为花开姬命也。"⑤ 这篇传记虽然成文时间未详，首次被提及却是在度会行忠于1285年所写的《伊势二所太神宫神名秘书》中。因为这一关系，该书关于"樱大刀神"也有类似的记录："灵花木座。日本洲樱树始

---

① 佐佐木信纲校订：『山家集』、124页。
② 佐佐木信纲校订：『山家集』、125、280页。
③ 随后，《源平盛衰记》（1250年左右）记载了平安末期藤原成范向天照大神等祈求为樱花延命的故事。该书称，藤原成范是一个优雅深情之人，因为钟爱吉野的樱花，而在其居住的小城及房屋四周遍植樱花，故被称为"樱町中纳言"。又因他怜惜樱花的花期只有7天之短，故向泰山府君和天照大神祈求延其生命。神灵为此感动，而延花期至21天。这则故事说明，樱花被当成了与神有特殊关系的花木，或是具有充分神性的花木。参见『校註日本文学大系』第15卷（源平盛衰记上卷）、国民图书株式会社、1926年、52页。
④ 关于樱宫，京都医师坂十佛在1342年参拜伊势神宫时曾有明确的记载："樱宫位于大神宫跟前，却没有神殿，唯以一根樱树为神体。"参见『伊势太神宫参诣记』、载『大神宫丛书』第四、西浓印刷岐阜支店、1937年、89—90页。
⑤ 『伊势二所皇太神御镇座伝记』、载『神道大系』论说编5（伊势神道上）、精兴社、1993年、24页。

第四章 "大和魂"象征的创建——以樱花和富士山为例 / 551

今之时生也。一云，花开姬灵木也。"① 被推测是度会行忠所撰的《神皇实录》② 也以樱树为朝熊神社的祭神："履中天皇御宇，神饶日命六世孙大水神，献樱树于天照大神形灵，以来宫人等斋祭也。从此，而若樱姓始赐矣。件大水神、朝熊小刀子姬神灵，以大刀子二十枚、小刀子十二枚，樱树本祭藏焉。今世称樱社也。"③ 这三篇记述都与度会行忠相关，而他则是伊势神宫外宫（丰受大神宫）的神官，也是伊势神道的集大成者。这些论述说明他依据以往有关樱花的虚实相交的记载或传说④，以樱花为"樱大刀神"的神体，又以"花开姬"之名将《日本书纪》等所提及的"木花开耶姬"解释为樱花。这一作业打通了樱花与《古事记》等古代叙事之间的联系，第一次完整地重构了樱花"神圣的"和"原始的"形象。它不仅对樱花的神圣化具有十分重要的意义，而且为其民族化奠定了基础。

与朝熊神社有关樱花的记述并行，《延喜式神名帐》（927）所记的骏河（现静冈县中部及东北部）的浅间神社和甲斐（现山梨县）的浅间神社、伊势的布自（fuzi）神社和樱神社、甲斐的金樱神社等后来也都声称以"木花开耶姬"为祭神。例如，成书于室町末期的《大日本国一宫记》关于骏河和甲斐的浅间大明神，就有如是记载："号富士权现，大山祇女木花开耶姬。"⑤ 毋庸讳言，这些神社的记述在其后的时代（尤其是江户时代）相互支撑和影响，一同建立了"木花开耶姬""大山祇女"和"樱大刀神"之间的联系，而使"木花开耶姬"被确定地解释为樱花，并使这种解释具有古老的力量。

当然，这种源自神道内部的话语的影响力比较有限，它主要是通过参拜者的言说进行传播。例如，1342年，京都医师坂十佛参拜伊势神宫时所著的《太神宫参诣记》就是其中的典型。该文记载说："彼（西大寺

---

① 『伊勢二所太神宮神名秘書』、載『神道大系』論説編5（伊勢神道上）、219頁。
② 『解題』、『神道大系』論説編5（伊勢神道上）、62頁。
③ 『神皇実録』、『神道大系』論説編5（伊勢神道上）、167頁。
④ 例如，据说是804年成立的《皇太神宫仪式帐》关于"小朝熊神社"有如是记载："称神栉玉命儿、大岁儿、樱大刀自，形石坐。又苔虫神，形石坐。又大山罪命子、朝熊水神，形石坐。倭姬内亲王御世定祝。"（『皇太神宮儀式帳』、載塙保己一編：『群書類従』第壹輯、経済雑誌社、1898年、18—19頁。）
⑤ 『大日本国一宮記』、載塙保己一編『群書類従』第壹輯、805頁。

恩圆上人）记录云，小朝熊宫坤（按：西南）角约六七段以下有奇岩，其上有樱木，高三尺许也。此木往昔以来迎春、开花、结实，至今不枯。有云此即樱刀自命之神体也。去彼樱木之西三尺许，神镜两枚相并，面南而对，倚立于岩上。"① 又如，镰仓中期的著名僧人隆辨（1208—1283）曾于某年4月闭关于富士山浅间神社，时见樱花盛开，因而咏下一首著名的和歌："富士之岭分，当习乃花开。犹不知时节，美哉乎山樱。"（《续后撰和歌集》卷十六·1046）

综合前述神社内部及其参拜者的叙述，再结合中世一般文学作品以樱花为"灵木"②的记述，我们可以断言，樱花神圣化和原始化的作业在日本中世就已基本完成。这种樱花特殊化的作业又支持着日本樱花审美意识的特殊化，从而为樱花承载所谓"纯粹的"日本精神准备了物质基础。

（三）小结

在江户时代以前，日本已经形成了不同于中国的独特的樱花观念，即被特殊化的樱花审美意识和被特殊化的樱花。这种特殊性体现和规定了此时期中日樱花意象和赏樱习俗的差异。关于这点，我国的学者也予以了肯定和认可。例如，元末明初的著名政治家兼文学家宋濂曾赋七绝诗《樱花》，感叹说"赏樱日本盛于唐，如被牡丹兼海棠"③。

但是，这种相对于中国的特殊性要成为能区分自我和他者的民族特征，还必须摆脱两个根本条件的制约，即便这种束缚在以后高涨的民族主义情绪面前毫无抵抗能力。首先，这种差异是基于共同性基础上的差异。也即是说，古代日本人的樱花观念还未能完全摆脱佛教及儒教思想的影响，或者更准确地说，樱花的无常意象及基于此的"哀"意象等仍立足于佛教的无常观，而这正是日本古代樱花观念的核心和基础。例如，西行法师的"此生无所愿，但唯如月月圆时，花下长眠伴我佛"，长谷川等伯、久藏父子所作的"智积院壁画（樱图）"等和歌及绘画，无不是将樱花当成了三国世界观下的普遍之花。其次，这种差异也不是"自觉"

---

① 『太神宮参詣記』、載『大神宮叢書』第四、39頁。
② 能勢朝次：『世阿弥十六部集評釈』下巻、岩波書店、1944年、152頁。
③ 转引自金井紫雲編『芸術資料』第1期第1冊（桜）、23頁。

的产物，而是"自然"的结果，即它不是在明确的"自他相区分"的思维下被创造的产物。因此，无论是古代极其稀有的具有强烈民族观念的纪贯之，还是酷爱樱花的西行，江户以前的知识分子几乎都没有明言和断言樱花是"日本唯有"的固有花卉的主张。不过，有个别学者如室町时代的临济宗僧人横川景三（1429—1493）对"中国是否有樱花"也产生了疑问："本朝有名花。春则樱花，秋则仙翁花。予曾就此问南游者（按：曾来我国留学的日本人），说曰，樱花在唐宋元明诗中颇多，而未见其种，然仙翁花则诸诗无之。"[1] 与此同时，有极个别的学者如室町时期著名的五山文学者惟肖得严（1360—1437）也产生了以樱花为"日本唯有"花卉的明确主张："抑樱者，花中殊绝者也，而怪唐宋诸贤集中不得见之。尝质南游者，说云，彼方无此种，实然耶。则吾邦花品，他域不齿，愈可珍也。"[2] 在他看来，樱花是一种很特别的花，因而对唐宋先贤没有提及很是诧异，又询问南游中国之人，确信"彼方无此种"，因而主张日本应当珍惜"吾邦花品"。显然，即便得严有关樱花的"唐宋诸贤集中不得见之""彼方无此种"等主张不符合历史事实，也不论其影响如何，却蕴含了以樱花区分日本和中国的思维，预示了此后樱花及其"花品"在日本波澜壮阔的命运。

显然，在江户时代以前，中日两国有关樱花及其认识的差异对此后日本人樱花观念的建构具有重要的意义。它不仅为樱花成为日本及日本精神的象征准备了"物质的"基础，还使它被进一步差异化提供了可能，并使这种差异化的作业具有历史合法性和古老的力量。

三　作为日本象征的樱花的创建和樱花精神的重构

日本人开始深信樱花是日本唯有的固有风物，究竟始于何时？毫无疑问，这就是江户时代。江户时期，日本迎来了社会平稳、经济发展和教育普及的良好发展局面。这种社会结构条件的改变，为日本知识分子

---

[1] 转引自芳澤勝弘『仙翁花——室町文化の余光（三）』、『季刊禅文化』187号、禅文化研究所、2003年。

[2] 惟肖得嚴：『東海瓊華集』、載『五山文学新集』第2卷、東京大学出版会、1968年、773頁。

进行"文化重构"准备了物质和观念的基础,而文化主体性和同一性的建构则是其中最重要的环节和内容。因此,在江户时期,与中国相对的日本民族主义思维得到极大的发展,从而为"日本精神"及其象征物的创造和发现提供了可能和温床。"樱花为日本原产""樱花为日本所独有""木花之佐久夜姬即樱花"等各种虚实相交的言论也由此被虚构或扩大化,以致樱花成为所谓"大和魂"的象征。这种重构樱花及樱花精神的言论可以依靠此前形成的日本独特的樱花观念而使其具有某种客观性,又可以依靠主观化的民族主义思维而具有掩盖或消除有关樱花的虚假性陈述之消极作用的"创造性"。两种性格的合力则使樱花及其精神的重构具备了所谓历史的正当性和合法性。

（一）作为日本象征的樱花的创建

在江户时代以前,樱花在日本即已获得"唯以花相称"的花王地位。纵观江户时代的历史文献,它表明这种认识已是学者的共识,甚至是常识。[1] 基于这一基础并出于创建民族身份的需要,不少学者对此并不满足,而是极为迫切地开始了所谓民族象征物的创建,对樱花、富士山等日本人业已抱有特别情感的存在进行了新语境下的重构。因此,他们比此前任何一个时代都要关注樱花的称谓、原产地等问题,形成了有关樱花的各种繁芜复杂又相互缠绕的话语,其中又以日本固有说、与前者密切相关的"樱桃非樱说"和海棠说为代表。它们的共通之处就是都体现了以樱花创建日本民族同一性和主体性的自我意识。

1. 日本固有说——从"樱花原产论"到"樱花国民性论"

有关樱花日本固有的言论在江户时代集中出现,是受到以樱花为区分日本和中国的日本民族主义思维的影响,而其结果则是对樱花优越性乃至日本优越性的发现和宣扬。这种关于樱花的认识模式可以说是贯穿江户的日本大多数学者的共同思维。

例如,江户初期的著名儒者、幕府侍讲林罗山就以樱花为区分日本

---

[1] 类似的论述在江户学者中十分常见。比如,江户前期的著名歌人乌丸光广所著"百椿图序"（1634）就说,"凡日本云花者樱也"［转引自伊藤圭介『錦窠植物図説』第 42 册（梅谱・食用）、名古屋大学附属図書館、Vol. 042、No. 058］;江户中期的国学者槙岛昭武也说,"支那以牡丹为花王,日本以樱为花王,故国俗只呼称花者樱而已。又本朝赏樱,权兴于履中帝稚樱宫"（槙岛昭武:『和漢音釈書言字考節用集』卷第六、村上平楽寺、1717 年、26 頁）。

第四章 "大和魂"象征的创建——以樱花和富士山为例 / 555

和中国的标志，并以此构建日本人的文化身份："何须白露在蒹葭，吹雪山樱蘤以加。唐国牡丹薪尽了，金铃高护我朝花。"① 在他看来，与重视牡丹和海棠的中国相比，日本自古便推崇并爱赏樱花，所谓"名花久赏我朝人""独领百花名本朝"，故自古唯以樱花为花："洛人谓牡丹为花，蜀人谓海棠为花，本朝自古不斥名而称花者，独樱而已。词客、歌人题咏不可胜言也。"② 相比而言，他认为，中国不仅咏樱的诗文极少，而且其所咏之"山樱""樱桃"等皆是指"樱桃"，不同于"日本称樱花者"：

> 日本称樱花曰花，犹如洛阳牡丹、成都海棠也。中夏诗文，未多咏樱花者。我朝文字禅者取王荆公"山樱抱石映松枝"诗以为是。虽然余尝见《全芳备祖》"樱桃"载，此诗则与我朝所称之花不同。然则中华诗人所咏樱花是樱桃也。古诗"山樱发欲燃"、唐诗"白樱桃下紫纶巾"皆是欤？③

不难看出，林罗山虽然很想认定中日两国樱花是不同物种，却又缺乏足够的自信而十分犹豫。这也如他自己所言"他日作花谱、编花史者，还他一双眼，则以为樱花定论者哉"④，期待后世学者能完成辨别中日樱花的任务。实际上，他的这一主张后来受到山崎暗斋等学者的继承和发展，而对江户日本"中国无樱论"的形成产生了不小的影响。当然，林罗山关于樱花的论断虽然并不完全符合历史事实，也没有断言樱花为日本所独有，却对樱花产生了作为"日本风物"的自觉，自己也实践着所谓自古以来的"赏樱"习俗，不仅在江户私塾的周围大量种植樱树，还将其命名为"樱峰塾"。毫无疑问，这种对樱花的观念和实践恰恰是走向"樱花为日本唯有"的思想基础。

1689 年，被誉为"日本李时珍"的著名朱子学者、本草学家贝原益轩刊行《花谱》，不仅提出了与林罗山类似的主张，"樱自古在日本为第

---

① 林羅山：『羅山林先生詩集』下卷（卷五十二）、平安考古学会、1921 年、133 頁。
② 林羅山：『羅山林先生詩集』下卷（卷五十一）、124 頁。
③ 林羅山：『随筆十』、『羅山林先生文集』卷 1（卷 74）、480 頁。
④ 林羅山：『罗山林先生詩集』下卷（卷五十二）、134 頁。

一爱赏之花，故唯称花者，樱也，乃如唐之洛阳称牡丹为花，蜀云海棠为花"[1]，还首次提出"樱为日本原产"之说："《文选》有诗云，山樱，果名、花朱、色如火，非日本之樱。唐文（按：中国诗文）记曰，未见如日本之樱者。余在长崎，曾问唐人，答曰无之。"[2] 显然，此说是日本主张"中国不存在樱花"的最早起源，体现了日本知识精英樱花观念的重大转变。照他所言，这一主张一方面依据所谓山樱和日本樱花的区分，另一方面又得到长崎中国商人的确认，因而具有相当高的"可信度"。为了增强这一说法的"可靠性"，他在随后刊行的《大和本草》（1709）里又举出前著所引"唐人"的实名，说"是中华之所言樱者，朱花（按：所指不明）也。日本之所谓樱者，中华无之之由，乃延宝年中来长崎的何清甫所言。若有之，则必记于中华之书、述作于诗文。然云无此树，当为实说也。朝鲜则有"[3]。不仅如此，他还借助所谓"刻书用材""称谓""习俗""品种"等有关樱花的各种中日差异，论证中国没有"日本之所谓樱者"，并认为这是"土宜"所导致的"自然之理"："中华以梓刻书，日本则用樱，木坚而良才也。凡依土宜而有物品之有无，是自然之理也，不可疑。……日本昔云梅为花，中世以来称樱为花。在日本，赏花以赏樱为第一，樱花之品甚多，难以胜数。"[4] 他也试图摆脱中国语境而独立探讨"樱"（sakura）的语源，结果却形成了关于"樱"的极为牵强的解释："裂（sakuru）也。其物之皮自立而横裂之物也。'ra'和'ru'相通。"[5] 由上可见，益轩樱花说的关键依据是中国诗文"没有"关于樱花的各种记述，而这并不符合历史事实。然而，他却由此立足于所谓（日本）樱花与中国"山樱""朱花"的区分，构建了所谓"樱花日本原产"说的合法性，因而为此后日本人形成这一固定观念并走上一条不一样的精神道路奠定了基础。

同时期日本第一流的本草学者、儒者稻若水（1655—1715）亦可谓贝原益轩的同道者，也对樱花产生了作为日本独有风物的强烈自觉。稻

---

[1]『花譜』、『益軒全集』卷之一、益軒全集刊行部、1910年、144—145頁。
[2]『花譜』、『益軒全集』卷之一、145頁。
[3] 貝原篤信：『大和本草』卷十二、皇都書林、1709年、3—4頁。
[4] 貝原篤信：『大和本草』卷十二、4頁。
[5]『日本釋名』、『益軒全集』卷之一、63頁。

若水又名稻生若水，曾随当时的大儒木下顺庵（1621—1699）、伊藤仁斋等学习儒学，又受加贺藩主前田纲纪的命令编撰《庶物类纂》。该书由当时的著名儒者室鸠巢（1658—1734）作序，在稻若水去世前完成了362卷，后由其弟子丹羽正伯（1691—1756）等续写638卷、增补514卷，最终于1747年成稿。或许是尚未全部完成，前362卷并没有关于"樱"的条目，虽然也提到了"樱桃"（花属卷二十七），却基本上是沿袭我国学者的说法。可以说，他关于樱花为日本独特风物的叙述集中体现在他与朝鲜通信使的笔谈记录中。作为接待第八次来日通信使（1711）的幕府官员，他曾向随行的制述官兼医生李东郭确认朝鲜是否有樱花。其问曰：

> 此树我邦名樱花，树高二三丈，叶与垂丝海棠一样，惟枝条不柔软为异也。三月初生叶开花，略似蔷薇、长春花形，其色有白者、红者，又有重瓣、单瓣之异。……花品甚多，至数十百品。……丰腴艳丽，群芳皆在下风。遍查古今载籍，率收垂丝海棠，而不云有是花，岂以中原之地所稀有而入不及见耶。贵国与敝邦相邻，地气当不相远，其或有是花名字焉，以何称之也。①

显然，在若水看来，我国的古今书籍都没有"樱花"的记载，类似植物均被列入"垂丝海棠"，故樱花为中国"所稀有"②，因而只要确定与日本地气相近的朝鲜有无樱花，就能证明樱花为日本所特有的事实。而李东郭的回答③也正好为若水的前述主张提供了支持，也正是因为这点，两者的问答被同时期的著名学者新井白石所引。实际上，此前的朝

---

① 濑尾用拙斋：『鸡林唱和集』卷之四、京师书坊、1712年、8b—9b页。
② 例如，江户前期的著名农学者宫崎安贞（1623—1697）也持这种观点，其所著《农业全书》（1697）记载说"樱乃本朝名物，见知乃是唐及其他各国稀有之物"（『農業全書』、学友馆、1894年、286页）。这说明，认为"樱为中国所稀有"已是江户前期日本知识分子较为普遍的看法。
③ 其答为："俺始到马州，得见贵邦所谓白樱桃……而第恨已后花时，不得见其花色之烂漫耳。我国樱桃，树高不过一二丈，不过郁密丛生，其实有红白两种，而花色亦零碎。婆娑不甚美好，故种之者只为食其实而已。与贵国之樱，绝不相类矣。"（濑尾用拙斋：『鸡林唱和集』卷之四、9b页。）

鲜通信使也多有类似的记述。如第二次通信使（1617）从事官李景稷的《扶桑录》记载说："花草则别无奇异草，而以木樱为第一。其木如我国山樱，而枝柯袅袅而长，其叶团团而大。"第六次通信使（1655）从事官南龙翼的《扶桑录》也记载说："其中我国之所无者有之，云樱是也。"① 很明显，这些言论无疑为当时日本学者断定"朝鲜无樱"进而主张"樱为日本唯有"提供了便利。

不但如此，稻若水认为，李东郭的回答还澄清了不少日本人长期以来视樱花为樱桃的错误。记录两人问答的"记录者"亦记载说："余有博物癖，乃折樱花、红树之枝以问李重叔（按：李东郭）矣。樱花与樱桃，其种本异，而红树亦非枫类也。吾国人以红树为枫，樱花为樱桃，其误久矣。以意度之，李入吾境，有人以此二树作樱桃、枫树问者，故其答如此也。"② 在此，朝鲜通信使关于樱花与樱桃为不同植物的叙述，进一步为日本知识分子形成"樱为日本唯有"的思维打开了方便之门。

同时代的另一位百科全书式的大学者新井白石也在其著名的语言学论著《东雅》（1717）里提出了与益轩、若水相类似的主张。"昔问朱舜水此处樱花之事，答曰，樱桃非此处所云樱花，即若唐山，若有此处所说之樱花，则当如梨花海棠，不可胜数。此我师者所言也。"③ 这里，"我师者"是指培养了新井白石、室鸠巢、雨森芳洲等儒学大儒的朱子学者木下顺庵，朱舜水（1600—1682）则是指流亡日本而对水户学派产生很大影响的明末大儒。在白石看来，连朱舜水这位儒学大家都说中国没有樱花，那自然就真的不存在。虽然白石的主张立足于朱舜水不知中国内地存在樱花的错误认识，却进一步增强了前述何清甫关于中日樱花情报的"正确性"。同时，他也与益轩一样试图通过文献学的考察证明中国的樱桃（朱樱）不是日本樱花：

《倭名抄》引《文字集略》曰，樱名佐久良，子大如指端，有赤

---

① 参见佐藤信一『日鲜植物交换史実の二三に就て』、『林学会雑誌』15（10）、1933年、97頁。
② 瀬尾用拙斎：『鶏林唱和集』巻之四、11頁。
③ 新井白石：『東雅』巻十六、吉川半七、1903年、465頁。

第四章 "大和魂"象征的创建——以樱花和富士山为例 / 559

白黑者也。在我国，闻赏此花之事始自履中天皇时磐余稚樱宫，而自允恭天皇歌咏藤原宫樱花以来，世人赏咏此花之习日渐兴盛，如今其种亦及数十百品。未闻异国（按：中国）有如我国之花者，故未见于《倭名抄》所引之书籍，其唯道出事实之真相耳，乃如其对樱桃施注，而未见如有云此处所言樱者。①

又引《本草》，注云，樱桃一名朱樱（波波加），一云迩波佐久良。读为樱桃而云波波加者，与太古之时所闻婆婆迦者，其名同，今其物相异乎？又，其云迩波佐久良者，与今日俗称为 nihasakura 者不同。②

这些文字表明，白石对樱花产生了作为日本名物的强烈自觉以及将它从中国本草经典的叙事中剥离开来的急切愿望。

因此，与益轩不能排除朝鲜等国也有樱花的主张相比，新井白石则竭力证明樱花为"日本所唯有"。在《大和本草》的"枫"条目里，他记述说：

我过去曾遇荷兰人，问及此物（按：枫树）之事。彼国原本僻于西北，其地极寒，春虽来，却花开迟。故如草木之花者，胜过此国之物者甚多。但如此国云樱、称枫者，彼处没有。西南洋之间，彼国人来往之各国，大小凡百二三十国内，未曾见如此二种者。③

在该书的"樱"条目里，他又写道：

曾问及对马之人，朝鲜是否有此物（按：樱）。答曰，在彼处使馆（按：釜山的倭馆），曾移植此地云杨贵妃之樱者，其花开之时，王城之人来而见之，问曰，彼处亦有也，其树名云椋者也。正德聘使（按：第八次来日的朝鲜通信使）之时，见其学士（按：李东郭）与

---

① 新井白石：『東雅』卷十六、464—465 頁。
② 新井白石：『東雅』卷十六、465—466 頁。
③ 新井白石：『東雅』卷十六、463 頁。

稻若水之问答，乃知彼国无此物也。可见，其以"榛"字作答，乃云"榛"亦作"柰"者也。①

显然，与贝原益轩相比，白石作为幕府官员，可以较轻易地接触外国人并获得相关信息，因而通过荷兰人、朝鲜人等外国人的所谓证言，排除了西洋、南洋、朝鲜等各国存在樱花的可能，从而完成了贝原益轩未竟的工作——证明樱花为日本所"独有"。显然，从"日本原产"到"日本独有"，代表了日本知识精英樱花观念的又一次重大转变。这也为他们以樱花叙述自我乃至自我优越性扫除了最终的物质障碍，即便这种障碍在民族主义的力量面前完全不堪一击。

综上可见，前述三位江户前期的著名学者都不遗余力地塑造着樱花作为日本独有风物的性格，他们有关樱花的"日本原产论"或"日本唯有论"事实上也以所谓樱花和樱桃（或朱花）的区别建立了樱花日本独有的合法性及其后日本人樱花认识的一种基本模式。他们不仅都是当时的一流学者，又都跟随木下顺庵学习儒学，因而也是当时的主流学者，其樱花观念的转变尤其是认为中国没有樱花的新思维，不仅给当时的日本知识分子造成强烈的冲击，也对此后日本人的樱花认识产生了巨大影响，即使这种樱花认识成为其后日本知识分子的普遍观念。

或是受到当时"中国无樱论"的影响，即便是受中国文化影响的宫崎安贞（1623—1697）、寺岛良安（1654—?）等也开始对中国是否有樱花产生了怀疑。前者于1697年编写了日本首部系统的农书《农业全书》，不仅区分了樱桃（第八卷·果木之类·樱桃第九）和樱（第九卷·诸木之类·樱第七），也认为"樱者，本朝之名物也，是唐、其他各国稀有之物"②。后者于1712年编撰了日本最早的插图百科全书——《和汉三才图会》。该书的"樱"条目先是说，"唐（按：中国）则如无樱花，而不载本草及三才图会、草木画谱等，诗人亦不赏之也。于鱼也，鲷亦然矣"，随即又引宋濂的《樱花》（赏樱日本盛于唐，如被牡丹兼海棠。恐是赵昌所难画，春风才起雪吹香）和王安石的《山樱》（山樱抱石荫松枝，比并

---

① 新井白石：『東雅』卷十六、465 頁。
② 宫崎安贞：『農業全書』、学友館、1894 年、286 頁。

余花发最迟。只有春风嫌寂寞，吹香渡水报人知）而断言说"观此则中国亦非无樱"①。可以说，他们关于樱花的矛盾叙述体现了日本知识界从传统樱花观向新式樱花观的过渡，甚至是从中国文化范式向日本文化范式的过渡。

如果说新井白石等关于樱花的"日本独有论"仍是立足于"区分樱花和樱桃"的自他的相对立场，那么这也决定了其话语的局限性，比如仍受到《本草纲目》等中国本草经典叙事的束缚、只得以《日本书纪》的相关记述为樱花叙述的起点等有关樱花起源和性格的自我叙述的束缚等。而此后的国学者则试图从自我的角度论证樱花的日本固有属性，而为樱花"正名"即建立其"自足的"价值，进而构建以樱花为象征的大和魂的自足价值。因此，为了塑造樱花作为日本象征的古老和神圣形象，江户中期以后国学者开始为樱花的日本固有性和独有性寻找新的合法性依据。他们由此对樱花的"日本独有论"做了自我语境下的重新解释，提出"木花（开耶姬）即樱"说等观点，并形成了"樱花日本独有论"的两种理据——"日出之国说"和"神道说"。

"日出之国说"的主要提倡者是江户中期的著名民族主义者贺茂真渊。其思维的基础是春对夏秋冬、樱花对万花、日本对万国、神道对万国之道具有内在一致的先验优越性。他认为，春对夏秋冬具有绝对的优越地位，所以樱花也具有对万花的绝对优越性，"数四时行也，亦无时可及春，虽汇集而十二月立也，无月可比弥生（按：旧历三月）焉。如此，一年中珍稀之弥生之天空也，春光明媚，风和日丽，如斯春心生成，樱花吐香而绽放焉。其优于万千之花，不宜乎？此花不生于中国，唯绽放于上天眷顾的大和国，方乃真也"②。当然，在他看来，春和樱花的绝对优越性是取决于"日本是太阳最早升起的国家"的"先验事实"。"大凡以四方之国喻为四时，则大和乃日出最先之国，由于春，故万物皆瑞瑞，人心皆丽和也。而唐国则为日经之中国，当于夏，故万事皆烦扰，人心亦甚也。西国乃日落之国，准于秋，故万事皆老，人心及于黄泉也。"③

---

① 寺岛良安编：『和漢三才図会』下之卷、中近堂、1888年、1010頁。
② 『賀茂翁家集』卷四、『賀茂真淵全集』第21卷、続群書類従完成会、1982年、99頁。
③ 『賀茂翁家集』卷四、『賀茂真淵全集』第21卷、99頁。

他由此认为，中国人喜爱的梅花"形苦"，桃花则"色烦"；相比而言，为日本人各个阶层所喜好的樱花则是"色浅""无可命名之词""开满于山岗"的上天厚赐之物，其顺天地而致治和，继天日而使万代知，是"可知皇大御世之姿"的"神皇"之花。基于这种思维，他总结说："无时及于春，无花胜于樱，无国比于大和，无道及于神道。日本人知此而顺从天心，不知不觉而用心尽力，在盛开的樱花下赏游、唱歌。"[①] 不难看出，贺茂真渊的"樱花日本独有论"虽然立论极为荒谬，却继承了自古以来日本以"日出国"主张自我优越性的思维，同时也创建了樱花与神道、神皇之间的联系，而为本土语境下的樱花叙事提供了可能。

"神道说"的主要提倡者是江户中期的国学者谷川士清和本居宣长。其主张和思维的逻辑是，日本是最受神钟爱的国家，所以有优于万国之道的神道，也有作为其象征的世界第一花——樱花。对他们来说，因为历史文献关于江户以前的樱花记述暧昧不清，所以他们就以"木花（开耶姬）即樱"的论证为中心展开了樱花的"日本独有性"、优越性和连续性的叙事。

谷川士清（1709—1776）是最早从神道立场主张"木花（开耶姬）即樱"说的代表。他与本居宣长并称伊势两大国学者，两人有过密切交往，也曾就众多问题交换意见。他生前撰写了日本第一部按五十音图排列的国语辞典——《倭训栞》，受到后世学者的极大重视。照他临去世前所建"反古冢"所刻碑的背面诗文——"人问何故碎身哉，答此日本魂"来看，他也是一位强烈的民族主义者。他曾随神道家松冈仲良学习垂加神道，这使他得以从神道的立场展开对"木花（开耶姬）即樱"的叙述。该书关于"sakura"的条目记载道：

> 借"樱"而读。沈约有诗"山樱花欲然"，其有注"果木名、朱色、如火，然也"，王安石有诗"山樱抱石映松枝"，司马光有诗"红樱零落杏花开"，其所见者当为别品。《神代纪》有木花开耶姬，而伊势朝熊神社以樱树为其灵之事，见于古记，故亦称樱宫，有西行之歌。《伊势二所太神宫神名秘书》的"苔虫神"亦云"樱大刀

[①] 『贺茂翁家集』卷四、『贺茂真渊全集』第21卷、100頁。

自命"之神体坐于形石而生苔。恩圆上人"文永十年记"记载，小朝熊宫西南角有耸立之岩，其上有樱木，高三尺许，此木往古以来不枯，是樱大刀自命之神体也。《一宫记》载，骏河国浅间神社亦以其为"木花开耶姬"，富士亦同。与伊势国朝明郡的布自神社、樱神社相并列，甲斐国的金樱神社亦祭此神。故云"sakura"乃"开耶"之转也。或以之为簇开（sakimuragaru）之训义，"ki""mu"反切也。花木中，开落皆美者，无物能及樱。故至于后世，若只说花，则为樱之专称也。纪贯之有歌云"无花胜于樱。其他草木皆非物，却唯樱花独称王"，清少纳言亦云樱花是"绘于画而劣于实物者"，宋濂作诗"恐是赵昌所难画"，乃云西土、万国亦皆绝无此种也。《拾遗集》云"一看灿烂日本樱，惟让我思他国无"。[1]

显然，这是一种对樱花的神圣化和日本唯有化的阐释。其论述又明显受到中世伊势神道的影响，这也导致其论述的臆测成分较多，因而并非完全意义上真实的"樱花历史"。然而，与以往学者的樱花叙述不同，谷川士清的樱花神圣论和"日本独有论"却是一种从自我出发的主体性叙事，既源于他构建民族认同的思维，又可借助这种民族主义的思维获得无限的正当性。从这种意义上说，这种樱花叙事具有无视他者和历史的暴力性，因为"他者"和"历史"在这种思维下都只是一种"方便的存在"。

与谷川士清同时期的本居宣长则更全面地论证了"木花即樱"的观点。他力主驱逐儒佛，恢复古道，并以樱花为实现这一作业的重要支撑。因而他自称"樱奴"，不仅撰写了《樱花三百首》等大量有关樱花的诗文，还对包括樱花在内的日本精神史进行了春秋笔法式的重构。他尤其以《古事记》为体现日本精神的第一书，因而从1764年到1798年专注于《古事记》《源氏物语》等日本古典的研究，最终完成了"皇皇巨著"《古事记传》，并通过对该书"木花之佐久夜毗卖"的牵强附会的辩说，系统地论述了"木花即樱"的观点。

---

[1] 谷川士清：『和訓栞』2、成美堂、1883年、17頁。

木花之佐久夜毗卖（sakuyahime），前述大山津见神之女，亦云木花知流毗卖（chiruhime）。考其名之意，木花者如其字意，佐久夜则是开光映（sakihaya）的"伎波（kiha）"缩为"加（ka）"，使相通而云"久（ku）"者也。【若"子（wakago）"云"和久碁（wakago）"之类也】话说，"光映（hae）"所以云"波夜（haya）"，乃如为上者之下照毗卖（按：大国主命之女）之歌有"阿那陀麻波夜（anadamahaya）"，而所含之"波夜（haya）"一般。【此详见于"传十三之七十叶"】斯所有木花之中，樱胜而美，尤负"开光映"之名，故云佐久良（sakura）。"夜（ya）"和"良（ra）"，横向相通之音也。【乃如小孩尚未能好好绕舌时之发音，有云"rarirurero"为"yaiyueyo"者，亦有云"樱（sakura）"为"佐久夜（sakuya）"者。此自然相通之音也。话说，此名也，若照"庭鸟之鸡（kake）"、"野鸟之雉"（kigisi）之例，亦当直接说木花之樱也，然则亦有云"木花之流毗卖"者。综合来看，佐久夜乃云"开光映"之意也。若即为樱，以下如"木花之荣"，又"木花之阿摩比（amahi）"等所云，亦当只有直接云如"佐久夜之荣"又"佐久夜之阿摩比"者。非然也，乃此"佐久夜"非花名之故也】故此名也，不指何花，唯云木花灿烂开放，即主要依据樱花，故云然也。稍后，亦有云木花为樱者，《古今集》序有"木花开耶难波津"之和歌，是也。【虽有云，此亦不指何花，唯当以为木花，非然也。又没有理由以之为梅花。其乃误解"隆冬已过今为春"之语，臆测而定之错谬也。然拘泥于此说，且谓此名之木花为梅花之说，愈发不足为道也】又《万叶集》卷八所收藤原广嗣"樱花赠娘子歌"有"此花乃云云"，其唱和之歌亦咏"此花乃云云"，是指赠花也。【如其字般】虽是云此花，实乃云樱为木花，故似兼其而闻也。话说，愈到后来，若唯谓花，则专指樱也。【此亦自合上代之意】[①]

基于此，本居宣长恣意地称赞和宣扬樱花的日本独有性："唐国虽开

[①] 『古事記伝（神代之部・神武天皇）』、『増補本居宣長全集』第二、吉川弘文館、1926年、802—803頁。

花千种，惟闻独独樱仅无"，以此盛赞其与日本精神的关系："无类樱花兮，不论何时观。皆可知我兮，大君国之心"（《枕山》），进而认为我国国人定会折服于樱花的魔力："若让唐人观得樱，归国爱花岂非无?"①

显然，前述文字是本居宣长在自我语境下对樱花起源和称谓的自辩。这一叙述体现了江户学者樱花意识的又一次重大转变，即它改变或重建了当时日本人关于樱花的诸多认识：颠覆了《古今和歌集》"难波津之歌"等"以此花为梅"的观点②；重建了"花唯指樱花"的历史合理性基础，即它不仅"自合上代之意"，还符合具有历史连续性的日本古典的记述——"唯云花而为樱者，迄《古今集》时期未所闻也。如契冲法师《余材抄》所详述，《源氏物语》'若菜（上）'云梅花之事，而有云'真欲花（按：樱花）盛并赏哉'，此正是分梅樱而云樱为花者也"③；提出了"sakura"是由"开光映"转化而成的主张，并成为后来樱起源说的一种重要观点。更为重要的是，这些有关樱花的叙事打通了樱花与所谓"神代"、皇室的关联④，不仅构建了樱花作为日本固有风物的神圣、古老、纯洁并具有历史连续性的"神代之花"的形象，还构建了樱花作为"皇室之花"或"皇国之花"的权威形象。从根本上说，这种知识考古式的作业旨在确立樱花的自足价值，而为樱花成为大和魂的象征提供保证。因此，从他高唱"人问敷岛大和心，香吐朝日山樱花"的时候起，就使樱花确立了作为大和魂象征的意义和价值，并使其成为一种不证自明的绝对价值。在这种价值体系下，日本知识精英就可以完全无视他者和历史而"自由地"进行樱花及其精神的构建。

可以说，贺茂真渊、谷川士清、本居宣长等国学者的樱花新思维构建了此后日本人樱花认识的基本范式，自然也对江户后期学者的樱花观念产生了深刻影响。因为它依据民族主义的力量，不仅具有清除或吸收

---

① 本居宣长：『まくらの山』、『増補本居宣長全集』第九、756頁。
② 正因为"难波津之歌"所记的"此花"被解释为樱花，该首歌在近代才受到佐佐木信纲等国文学者的大肆宣扬，又被用作"竞技歌留多"的首唱之歌，用来歌颂日本天皇万世一系的统治。
③ 本居宣长：『玉勝間』、『増補本居宣長全集』第八、吉川弘文館、1926年、102頁。
④ 因为"木花之佐久夜姬"是《古事记》记载的天照大神之孙琼琼杵尊的妻子、神武天皇曾祖母，因而樱花自然就是创世之国花；而"难波津之歌"则"御始于仁德帝也"，是歌颂天皇开始统治天下的和歌，所以樱花也被认为是"建国以来之国花"。

与其相异的樱花认识的能量，也有使越来越多的日本人从此不再相信"中国亦有樱花"这一事实的魔力。

江户中后期以只画樱而著称的"三熊派"画家即是这一樱花观念的坚信者。该画派的创始人三熊思考（1730—1794）是一位对樱花抱有执拗、执着狂热的画家，认为樱花是日本独有的最美"奇种""最所宜殚精究巧"[1]，因而终生只画樱花，并以之为自己的使命。他因此自称"花颠"，常以"三熊花颠"的名号示人。1798 年，他继伴蒿蹊（1733—1806）后编写出版《续近世畸人传》，特撰"三熊花颠传"，记述了自己终生只画樱花的缘由："樱乃皇国之尤物，而异国则无。画此花，国民之情操矣。然《枕草子》记樱为'绘于画而劣于实物者'，自古方才无善画樱花之人。嗟乎，当勉其所不足也。"[2] 不难看出，他不仅对樱产生了作为"皇国之尤物"的自觉，也产生了自己作为"皇国之民"的自觉，因而才以终生画樱并画好樱为其"爱国的节操"，创造了画面仅有樱花的独具一格的"樱画"世界。三熊思考去世后，他的意志被其妹妹三熊露香、弟子广赖花隐、织田瑟瑟等被称为"樱狂"的画家所继承，一起构建了从绘画领域表现"樱花即大和魂象征"的历史和文化画卷。

江户后期的国学者狩谷棭斋（1775—1835）则受到了本居宣长樱花观的直接影响。作为考证学者，他专注于日本古典的考证和注释，1827 年完成日本最早且影响最大的百科全书式的书籍——《倭名类聚抄》（934 年左右）的考释。关于"樱"的起源，他直接引用了本居宣长的文字，"本居氏曰，佐久良，开光映之转，是谓花开有光映，胜他木也，'也''良'通韵"，对其观点持肯定态度。随即，他又援用中国经典关于樱的记述，以证明"佐久良"为日本所独有：

> 《玉篇》：樱，含桃也。《上林赋》：樱桃也。又有楌字，云，今谓之樱桃也，亦作含。《广韵》亦云，樱含桃，然则樱即樱桃，樱桃以莺所含得名，故非樱桃外别有单呼樱者。源君分条两载，非是。按，加婆佐久良，当是山樱桃，佐久良亦山樱桃之一种，但浓华艳

---

[1] 正宗敦夫编纂：『続近世畸人伝』、日本古典全集刊行会、1929 年、214 页。
[2] 正宗敦夫编纂：『続近世畸人伝』、216 页。

丽，非加婆佐久良之比，是树西土所无，故无别汉名之可充也。①

这番论述说明，他的樱花观念仍呈现出较大的摇摆性：一方面没有完全摆脱中国本草叙述方式的制约；另一方面又以"佐久良"为"西土所无"的日本独特品种，从另一个角度对"中国无樱论"做出了呼应。

与狩谷棭斋略显暧昧的态度相比，茅原虚斋（1774—1840）、小山田与清（1783—1847）等学者则基本承继了谷川土清和本居宣长的樱花新思维。前者是江户后期的医师兼本草家，先后刊行《诗经名物集成》（1808）、《茅窗漫录》（1833）等书籍。《茅窗漫录》是百科事典类的随笔，不仅讨论了樱的起源，也对"木花即樱"的合理性做了文献学的考察：

> 自《古今集》"序细注"后，木花千载以来成梅花之名。然考索其起源，非梅花，樱花也。"木花开耶姬"五字，以"神代纪下·一书第二"所记"妾是大山祇神之子，名神吾田鹿苇津姬，亦名木花开耶姬"为发端。【亦又有木华之称】木花乃樱树，《镇座传记》云伊势朝熊神社以樱树为木花开耶姬灵。【"sakura"和"sakuya"音通，见延经（按：出口延经）之注】此朝熊社，亦云樱宫，有西行之歌。《神名秘书》之"苔虫神社"条亦云，樱大刀自命之神体坐于形石而生苔。恩圆上人"文永十年记"记曰，"小朝熊宫西南角有耸立之岩，其上有樱木，高三尺许，此树往古以来不枯，是樱大刀自命之神体也"，是也。此外，祭樱树，以为木花开耶姬者，骏河的浅间、富士亦同，见于《一宫纪》。《神名式》云"甲斐国山梨郡金樱神社在金峰山"，《三代实录》亦有"贞观七年十二月二十日丁卯，令甲斐国于山梨郡致祭浅间明神"之记载，皆与伊势朝明郡布自神社、樱神社同，一体一神也。王仁曾咏，此樱树木花开耶姬也，故《万叶集》第二十卷有"樱花今盛也，大海亮晶晶。照耀难波宫，治理普天下"，是含王仁所咏"此花常开难波津，寒冬闭羞颜。已是春光照碧浪，此花吐芬芳"，皆咏樱花之歌也。……樱是此邦山野自然

---

① 狩谷棭斋：『笺注倭名类聚抄』下卷、曙社出版部、1931年、987页。

所生之树，木花开耶之转音也。【"sakuya"即"sakura"】一说亦云，簇开（sakimuragaru）之训也【"ki""mu"之反切】，最初命名为花而赏美。……自神代木花樱始，入王仁难波津之咏，历代帝王开花宴，诗歌墨客所赞美，当知其实为日本第一之木花也。①

不难看出，茅原虚斋的樱花论述了无新意，几乎是谷川士清和本居宣长樱花观点的复制。

小山田与清作为国学者，师从与本居宣长有同门之谊的江户派国学领袖村田春海（1746—1811），其也与平田笃胤、伴信友并称为"国学三大家"。1831 年他又出仕史馆（彰考馆），对后期水户学乃至江户后期的学术有较大影响。他精通类书，自 1818 年到 1845 年撰写了百科事典类的随笔——《松屋笔记》（120 卷），对政治、社会、文化、经济等方面的若干事项做了考证、评论。该书关于"樱"记载说："客问云，西土无樱，朝鲜则有樱，其为信乎？答云，西土之书不见樱，去戊辰之年尝问朝鲜人，云，有樱而真也。【头注】樱之始见于《伊势二所皇太神宫御镇座传记》②，云樱为花，梅花无尽藏。"③ 由上可见，小山田与清的樱花观念明显受到了伊势神道的影响，而与谷川士清的立场基本一致。然而，他又十分纠结于"西土有无樱树"的问题，这说明对日本文化有深刻影响的中国文化体系仍对他造成了强大的压力。

当然，自本居宣长后，认为樱花是日本独有风物或日本象征的思想不再限于国学者，而是普遍见于江户后期文人学者的论述。例如，日谦（1746—1829）赋诗《樱花》，"自是三春第一芳，杏桃粗俗岂争光。若是唐山生此树，牡丹不敢僭花王"④，认为它是胜过牡丹等中国所有花卉的日本独特风物；被我国学者称为"东国诗人之冠"的著名儒者兼汉诗人

---

① 茅原虚斎：『茅窓漫録』、載『日本経済叢書』巻 19、日本経済叢書刊行会、1915 年、98—102 頁。
② 《伊势二所皇太神御镇座传记》关于朝熊神社的"樱大刀神"有如是记载："灵花木座也。大八洲樱树始从天上降居也。因以为花开姬命也。"[『伊勢二所皇太神御鎮座伝記』、載『神道大系』論説編 5（伊勢神道上）、24 頁。]
③ 小山田与清：『松屋筆記』第 1、国書刊行会、1908 年、434 頁。
④ 結城蓄堂：『和漢名詩鈔続』、文会堂書店、1915 年、245—246 頁。

第四章 "大和魂"象征的创建——以樱花和富士山为例 / 569

的广濑旭庄（1807—1863）也曾赋"樱花"："嫣然一顾乃倾城，薄晕摩空冉冉轻。李杜韩苏谁识面，梨桃梅杏总虚名。此花飞后春无色，何处吹来风有情。寄语啼莺须自惜，垂杨树杪莫劳声"①，认为樱花是日本的独特花木，造就了日本独特的"春有色"的美丽图景。江户后期的大名京极高朗（1798—1874）也赋"樱"诗："托得芳根东海边，琼英开遍养花天。轻云罩日暄尤好，飞雪翻飞霁更妍。万朵婵娟含露重，一林烂漫映霞鲜。倘教此树在西土，当如赵昌图里传。"② 曾师从古贺侗庵的汉学者草场船山（1819—1887）的《樱花》亦云："西土牡丹徒自夸，不知东海有名葩。徐生当日求仙处，看做祥云是此花。"③ 这些樱花叙事的一个共同点是认为樱花为日本所独有，是远胜牡丹等中国名花的"东海名葩"。这些论述是江户日本建构樱花为日本象征的重要环节，本身也构成了近现代日本人以樱花构建自我身份的思想资源。

如果说前述学者仍只是从"私人"的立场或各自的学术领域展开各自的樱花叙事，那么屋代弘贤编撰的《古今要览稿》（560卷）则代表官方立场对从古至今的樱花叙述进行了全面总结和系统的自我化叙述。屋代弘贤（1758—1841）是江户后期的幕府御家人（右笔）兼国学者，曾随贺茂真渊的高徒、著名文献学者——塙保己一（1746—1821）学习国学，因而参与了《群书类丛》的编辑；也与同时代的著名藏书家小山田与清、大田南亩（1749—1823）等密切交往。受幕府之命，他在1821年至1842年编撰完成《古今要览稿》。该书是江户日本最大的百科事典，按神祇、姓氏、时令、地理等二十个项目，对其起源和历史做了全面而系统的文献学考察。该书第274卷"草木部第1"专列"sakura"和"木花（hana）"两个条目，对与其相关的历史文献做了迄时最完整的梳理、考释。

关于"sakura"，该书记道：

sakura初见于物，是神功皇后之御世移都大和国磐余，命名稚樱

---

① 塚本哲三编：『新撰名家詩集』、有朋堂書店、1923年、344頁。
② 京極高朗：『琴峯詩鈔』卷二、謙光堂藏版、1864年、5頁。
③ 菊地隆雄编：『新書漢文大系』7（日本漢詩）、明治書院、1996年、171頁。

宫也【《日本书纪》】。但有书云，大山津见神之女谓为佐久夜毗卖，乃比于此花而命名【《古事记传》】。其名早就起于神代，撰写《日本书纪》时充"樱"字而用，嵯峨天皇之御时唯仅称花也【《日本后纪》】。盖在此御世，便知西土所云樱者与此处之 sakura 不同也乎。然在位不久而让位，故淳和天皇之御世复如前用"樱"字。然此花非同于西土之樱，此于镰仓将军之时元朝沙门祖元、清拙两人来朝归化之际见樱花而作"仿佛垂丝蜀海棠"，则可知也【《贞和集》】。既云"仿佛"，仅是说与垂丝海棠相似，非确以为其物也。然稻若水云，西土之垂丝海棠乃皇朝之丝樱也，松冈玄达、江村白圭则以垂丝海棠为 sakura，以软条海棠为丝樱。盖当是未尝读《贞和集》也。小野兰山则直云，称其为樱亦无碍，其所以为证者，则是舜举（按：我国元代画家钱选）之画本及贯穿于大黄（按：多年生高大草本）之枯枝也。然画本绝非写真，而仅其形容（按：形状和容貌）相似，定不可依此而决也。又，关于其贯穿于大黄枯枝之说，难以接受也。①

显然，以上论述不仅主要继承了新井白石、本居宣长等关于樱花的看法，还在一些关键问题上提出了新的见解。首先，它将日本区分"海棠和樱花"的思维追溯到了更早的时间。该书不仅引用了祖元、清拙的诗文"珑璁一树玉云香，仿佛垂丝蜀海棠。雨过石岩春正暖，国师面目不曾亡"，又引用五山文学著名学者义堂周信（1325—1388）的诗歌"海棠不入杜陵篇，流落巴云蜀水边。幸是樱花无此恨，开颜得近法王筵"，认为"义堂亦知海棠与樱非一物也"②。其次，它将日本认为"中国无樱"的思维追溯到了室町时期。该书引用著名五山学者惟肖得严的文字"抑樱者，花中殊绝者也，而怪唐宋诸贤集中不得见之。尝质南游者，说云，彼方无此种，实然耶。则吾邦花品，他域不齿，愈可珍也"，并据此认为"当知西土之樱非皇朝之 sakura，其唯记为花者乃嵯峨天皇时期，而云西土无皇朝之 sakura，则是自祖元、清拙等来朝后的事情，故惟肖得严

---

① 屋代弘賢：『古今要覽稿』第 4 卷（草木部上）、国書刊行会、1906 年、102 頁。
② 屋代弘賢：『古今要覽稿』第 4 卷（草木部上）、104 頁。

如此记述，当是沿其说而言"①。最后，该书首次对稻若水、松冈玄达、江村如圭、小野兰山等认为"中国有樱"的观点进行了批判，维护并巩固了江户以来形成的"樱花日本唯有论"的合法性。

关于"木花"，该书几乎完全沿袭了本居宣长的说法②，从而进一步强化了"樱花为日本唯有"的合法性。

总之，无论《古今要览稿》的樱花论述是否科学、是否符合历史事实，都对江户以来形成的"樱花日本唯有论"等话语给予了官方的权威性认定，并以穷尽式的樱花文献史的考察给予上述话语以"历史和学术的"证明，从而为樱花成为日本和日本精神的象征奠定了坚实的基础。因此，该书与明治政府组织编撰的《古事类苑》（1879年开始编撰，1896年至1914年陆续出版，共1000卷）一起对清除与"日本唯有论"相异的樱花认识，进而形成近现代日本人统一的樱花意识发挥了重大作用。

可以说，从江户前期的"樱花日本原产论"到中后期的"樱花国民性论"，日本的樱花观念达到了它的终点：被发现的绝对的樱花被当成被发现的绝对的日本精神的象征。这种观念构建了樱花和大和魂互为表里的一体化关系，又由此强化和支持着彼此之间的合法性和正当性，从而形成了此后日本人樱花认识的基本模式。

2. 樱桃非"sakura"说

"樱桃非樱说"与樱花的"日本固有说"密切相关，或者说是从另一个角度论证樱花为日本固有的主张，或者是它的重要证据。在日本，自平安时代以后，与"樱（sakura）"有牵扯的植物主要有三种，分别是樱桃、海棠和桦（kaba或kabazakura）。因为前两者都是现代植物学意义上的蔷薇科植物，所以其细微差别往往难以把握，故到近代仍常被混同、误读。

江户时代以前，日本学者的植物认识基本都是以中国的本草经典为标准，其对樱类植物的认识也不例外。在日本，"樱"最早见于《日本书

---

① 屋代弘贤：『古今要覧稿』第4卷（草木部上）、104頁。
② 屋代弘贤：『古今要覧稿』第4卷（草木部上）、107—114頁。

纪》，亦同时有万叶假名"佐区罗（sakura）"① 之表记。随后的《万叶集》也是如此，不过对于"sakura"则采用了"作乐"（卷十三·3309）、"佐久良"（卷十七·3967）等说法。显然，奈良文献并不能说明当时的"樱"和"sakura"就是完全相同的概念。平安时代以后，898—901年出现的《新撰字镜》首次以"sakura"充当"樱"的训读。② 此后，樱类植物开始被本草书籍、类书所记述。日本最早的药物辞典《本草和名》（约918）关于"樱桃"记道：

> 樱桃：一名朱樱、胡颓子（凌冬不凋）。一名朱桃，一名麦英，一名楔（革点反），一名荆桃（以上四名出《释药性》【按：我国已佚的古医籍】）。禄子（味酸，出《崔禹》）。樱桃一名含桃，一名荆桃，一名麦桃（以上三名出《兼名苑》【按：我国梁代名物辞典】）。和名波波加乃美（hahakanomi），一名加尔波佐久良乃美（kani-hasakuranomi）。③

该书同时又收录了"山樱桃"和"婴桃"的品种，认为前者包括"白桃子（味苦不中食）"和"黑樱子（味甜美中食，出七卷《食经》【按：我国已失传的古饮食著作】）"两种④，后者则是"一名牛桃，一名英豆（此非今果实婴桃）"⑤ 的品种。不难看出，《本草和名》关于"樱桃""山樱桃"和"婴桃"的区分及其解说无不是以中国的本草经典为依据。稍后，源顺（911—983）所撰日本最早、影响最大的类书《和名类聚抄》（934）同样以中国文献为规范展开论述，不过分列了"樱"和"朱樱"两个条目。"樱：《文字集略》【按：梁阮孝绪编撰的字书】云，樱（乌茎反，和名佐久良），子大如柏端，有赤白黑者也。""朱樱：《本

---

① 『日本書紀』、『国史大系』第一卷、経済雑誌社、1897年、226頁。
② 参见湯城吉信『中井履軒の名物学——その「左九羅帖」「画」を読む』、『杏雨』(11)、2008年。
③ 深根輔仁著、与謝野寛等編：『本草和名』下卷、日本古典全集刊行会、1926年、30a頁。
④ 深根輔仁著、与謝野寛等編：『本草和名』下卷、33a頁。
⑤ 深根輔仁著、与謝野寛等編：『本草和名』下卷、51a頁。

草》云：樱桃，一名朱樱（和名波波加，一云迩波佐久良）。"① 前述两书是日本樱类植物认识的经典，确立了日本古代樱类植物认识的基本范式。它说明，日本学者对樱类植物的原初认识不仅比较模糊，也基本未脱离中国本草范式的范围。当然，两书以樱为"sakura"、樱桃为"haha-ka""nihasakura"或"kanihasakura"，既包含了樱桃被当成樱之一种的可能性，也包含了两者被区分的可能性。

受此影响，江户以前的文献基本沿用了前述辞书关于樱类植物的记述。例如，平安后期的辞书《伊吕波字类抄》（1180）虽然区分了"朱樱"和"樱"，认识却比较混乱："朱樱，和名 nihasakura。樱桃同"②；"樱（sakura），鸟茎反，含桃也"③。平安中期的文学作品如《宇津保物语》（约 970）、《源氏物语》（约 1007）等亦出现了"桦樱（kabazakura）"之类的用语，前者如"自（吹上）宫以东大海也，其海边沿岸巨松挂藤，二十町许并立也。其次，桦樱（kabazakura）一列并立也"④，后者如"觉得是春天朝霞间看到有趣的桦樱（kabazakura）盛开般的心情"⑤。据四辻善成（1326—1402）关于《源氏物语》的注释书——《河海抄》（约 1367）所言"kahasakura（按：古日语清浊音不分，故'kahasakura'也即'kabazakura'）者，花色薄红，格外艳丽之花也。和名写为朱樱，《古今集》有 kanihazakura，是也"⑥。这里的"桦樱"显然就是指樱桃（朱樱），是与"kahasakura""kanihasakura"等意义相同的概念。

镰仓前期的歌论书《八云御抄》也在"樱"条目下对"kabazakura"做了解释："《源氏物语》云，有趣的桦樱盛开的芬香。芬香亦在于其颜色"⑦。这说明该书对樱类植物的认识仍比较模糊。室町后期的辞书《运

---

① 源順著、那波道円校：『倭名類聚抄』卷 20、1617 年、23—24 頁。
② 橘忠兼編：『色葉字類抄』一（仁部植物）、竹屋蔵書、1827 年、早稲田大学図書館、No. 029。
③ 橘忠兼編：『色葉字類抄』三（左部植物付植物貝）、竹屋蔵書、1827 年、早稲田大学図書館、No. 024。
④ 武笠三校訂：『宇津保物語』上、有朋堂書店、1926 年、316 頁。
⑤ 尾上八郎等：『校注日本文学大系』第六卷（源氏物語上卷）、652 頁。
⑥ 四辻善成：『河海抄』第六（卷第十一玉鬘並六野分・暴風）、九曜文庫、国立国会図書館デジタルコレクション、No. 013。
⑦ 順徳天皇：『八雲御抄』、載『御撰集』第二卷、列聖全集編纂会、1915 年、327 頁。

步色叶集》（约 1548，静嘉堂本）首次列举了"樱"的不同品种："普贤堂。普贤象（象自鼻之脇牙出也。此花亦自花蕊间叶出）。地主（在清水）。太山府君。塩竃。桦樱（kabazakura；一重也，开故云也）。丝樱（itozakura）。山樱。迟樱。"① 在此，作者显然认为"桦樱"是樱的一种，这也说明其对樱类植物的认识比较混乱。

　　由上可见，在江户时代以前，各类辞书和本草书籍对樱和樱桃的记述都是比较含糊的。即便如此，《和名类聚抄》等有关樱桃的记述仍隐含了樱桃与樱（花）被区分的文献学依据，因而也为江户学者通过两者的区分摆脱中国樱桃叙事范式，进而构建日本人的同一性提供了便利和可能性。

　　江户时代以后，主流学者的樱花论述虽然仍受限于中国本草范式，然出于以樱确定自我身份的需要，他们开始明确区分樱和樱桃，不仅显示了摆脱中国樱桃叙事的倾向，也开始构建"中国无樱论"的本草学依据和一种解释"樱（花）"的自我语境。为此，他们开始挖掘历史资源的一切可能性，竭力论证区分樱和樱桃的合法性：贝原益轩、寺岛良安等确立了樱桃的新名称——yusura，构建了一种江户中期以后被普遍认可的区分樱和樱桃的新思维。当然，这一过程也伴随了山崎暗斋、佐藤一斋等基本只是依靠"主观臆断"②而判定樱桃不是日本樱花的极端主张。

　　与《和名类聚抄》等提及的樱桃名称不同，在江户前期，"yusura"作为樱桃的新名称开始被大力提倡。比如，被誉为日本古典园艺书"白眉"的《花坛地锦抄》（1695）记载说："樱桃（yusura）：花白，小轮。如小梅，成赤实也。不云为梅，亦非桃，与樱（sakura）亦有异。"③ 宫崎安贞所著日本首部系统的农书《农业全书》（1697）也区分了樱桃（第八卷果木之类）和樱（第九卷诸木之类），其关于"樱桃（yusura）"和"樱（sakura）"分别记载道："yusura 者，叶似手毬花而小。花实俱可爱，先百果熟之珍物也。是有红紫二色，三月熟时可盐腌，亦可蜜煎收

---

① 『運步色葉集』（静嘉堂文庫本）、白帝社、1961 年、457 頁。
② 佐藤一斎：『桜花譜跋』、載『愛日楼文』3、和泉屋吉兵衛、1829 年、17—18 頁。
③ 伊藤伊兵衛：『花壇地錦抄』、京都園芸倶楽部、1933 年、65 頁。

置而久用。尤宜用作篱笆。"① "樱者，本朝之名物也，是唐、其他各国稀有之物。花事自不待言，多植于山林，用于木材、薪亦优良。……赏花、用材。多植而助国用之良木也。尤为本朝之名木，故宜取子必植。"② 可见，两书关于樱桃的论述虽然仍受到中国樱花叙事的影响，却从称谓和植物特性的角度对樱桃和樱花做了区分，而后者更是开始了构建解释"樱（花）"的自我语境的尝试。这种作业虽然仍偏重于两者在植物学意义上的区分，却为其后学者对它们做文化上的区分准备了物质基础。

同时期的著名学者贝原益轩也开始用"yusura"来指称樱桃，由此确立了另一种区分樱和樱桃的新思维。其所著《花谱》（1694）和《大和本草》（1709）分别视樱桃和樱为"果木类"和"花木类"的不同植物。《大和本草》被称为近代以前日本史上最高峰的生物学书籍，其关于"樱桃"记载说：

> 《本草》宗奭曰：形肖桃。颂曰：其木多阴，先百果熟。小而红者，谓之樱珠，极大者，有若弹丸，核细而肉厚，尤难得。又曰：三月末四月初熟。时珍曰：树不甚高。春初开白花，繁英如雪。叶团，有尖及细齿。结子一枝数十颗。又"榛"条曰：叶如初生樱桃叶。今按，yusura 叶之初生，甚似榛叶。笃信思考前记两说，认为，本邦所有而云 yusura 者，甚合小树。《事类合璧》云，有大如拇指者，依土地、种类而当有大小矣。③

由上可见，益轩关于樱桃的论述基本都是对中国文献的祖述，然而他为了保证区分樱和樱桃的有效性，不仅认定樱桃之名为"yusura"，还认为日本的樱桃只是其中的"小树"。而且，他还明确认为以前被视为樱桃名称的"kabazakura"等是樱的一个种类："彻书记（按：正彻，室町时代临济宗僧侣）云：kabazakura 者，一重樱也。或曰，所谓彼岸樱之薄

---

① 宫崎安贞：『農業全書』、学友館、1894 年、259 頁。
② 宫崎安贞：『農業全書』、286—287 頁。
③ 贝原笃信：『大和本草』卷十、皇都書林、1709 年、26—27 頁。

红者，《古今集》所云 kanihazakura 是也。"① 在此，樱桃被限定为"yusura"，从而缩小了它的指称范围，构成了江户日本关于樱桃的狭义认识，而与将"yusura""kahasakura""kanihasakura"等都视为樱桃之称谓的广义认识相对。这种做法回避了樱桃被当成樱的一个品种而使两者混同的问题，为其"中国无樱"的主张提供了支持。与宫崎安贞一样，益轩关于"樱"的论述亦体现了全面构建解释"樱"的自我语境并论证"中国无樱"的作业。

与前述植物学的樱花叙事相比，在江户前期，少数对本国事物极为自恋和自负的日本主义者亦开始主张"樱（花）"和"樱桃"的区别。著名儒者兼神道家的山崎暗斋是其代表。他认为："中夏诗文，未多有咏樱花者。我朝文字禅者取王荆公'山樱抱石映松枝'诗，以为是。虽然余尝见《全芳备祖》'樱桃'条载此诗，则与我朝所称之花不同。然则中华诗人所咏樱花是樱桃也。古诗'山樱发欲燃'、唐诗'白樱桃下紫纶巾'，皆是欤。"② 在他看来，中国诗文不仅很少咏唱樱花，其所提及的"山樱""樱桃"等也都不是日本的樱花。这其实暗示了"樱花为日本特有"的问题。

综上可以认为，江户前期主流知识界的樱桃认识仍囿于中国本草范式的框架，这种状况也基本延续到近代。而他们的"樱"认识则比较复杂，既有宫崎安贞、贝原益轩等构建"樱"的自我范式的尝试，也有《图解本草》（下津元知，1685）等"恪守"中国本草叙事的论述。这也说明，主流学界的"樱"论述出现了动摇，即产生了摆脱中国本草范式的倾向。

毋庸置疑，江户中期以后区分樱和樱桃已经成为学者之间较为普遍的认识。寺岛良安、槇岛昭武、新井白石、稻若水等主流学者皆是如此。他们的樱桃认识基本未脱离中国本草范式，然樱花认识却呈现出较大差异。寺岛良安所编《和汉三才图会》（1712）在"卷八十七山果类"下分列"樱"和"樱桃"为两个条目，分别采用"sakura"和"yusura"（或"yusuraume"）来表示，原意是对两者进行区分。不过，其关于

---

① 贝原笃信：『大和本草』卷十二、皇都書林、1709 年、4 頁。
② 山崎闇斎：『櫻之弁』、山城屋佐兵衛、1856 年、3a 頁。

"樱"的论述较为特别，呈现出很大的摇摆性。他以"诸木花无比之"而将"樱"归为"山果"；又认为"桦""山樱"都是樱的下位品种；虽有"唐则如无樱花而不载"的想法，却又依宋濂和王安石的相关诗歌而不得不承认，"观此则中国亦非无樱"①。

槙岛昭武所著辞书《书言字考节用集》（1717）则将樱类植物区分为"樱桃""桦"和"樱"。关于"樱桃"，该书采用了"樱桃（nihazakura）""含桃""繫梅（yusura）"等名称②；认为"桦（kabazakura）"与"朱樱（kanihasakura）"相同；③ 认为"樱"是日本特殊而独特的植物："樱：支那以牡丹为花王，日本以樱为花王。故国俗止呼，称花者樱而已。本朝赏樱，权兴于履中帝稚樱宫。"④

同时代的另一位百科全书式的大学者新井白石一方面通过中国、朝鲜、荷兰等国学者的"证言"排除了"樱桃即樱花"的可能性，另一方面依据中日历史文献的记载、中日祭祀所用木种的不同等考察了《和名类聚抄》提出的作为樱桃名称的"波波加"和"迩波佐久良"的具体所指，从而提出了"樱桃不是樱花"以及"中国无樱"的问题：

> 《倭名抄》引《文字集略》曰，樱名佐久良，子大如指端，有赤白黑者也。在我国，闻赏此花之事始自履中天皇时磐余稚樱宫；自允恭天皇咏藤原宫樱花以来，世人赏咏此花之习日渐兴盛，如今其种亦及数十百品。未闻异国（按：中国）有如我国之花者，故未见于《倭名抄》所引之书籍，其唯道出事实之真相耳，乃如其对樱桃施注，而未见如有云此处所言樱者。⑤

显然，这一作业尚有较多主观臆测的成分，却代表了江户日本区分樱和樱桃的一种重要思路，也对此后相关话语的形成和传播发挥了引领作用。

---

① 寺岛良安编：『和漢三才図会』87卷、冈田三郎右衛門等、1713年、24頁。
② 槙岛昭武：『和漢音釈書言字考節用集』卷第六、村上平樂寺、1717年、4b、28a頁。
③ 槙岛昭武：『和汉音释书言字考節用集』卷第六、10a頁。
④ 槙岛昭武：『和汉音释书言字考節用集』卷第六、26a頁。
⑤ 新井白石：『東雅』卷十六、吉川半七、1903年、464—465頁。

江户中期的主流儒者荻生徂徕也强调中国的"樱桃"或"樱"皆是指"山樱桃",从而主张"sakura(日本樱花或日本樱桃花)"的日本特有性。他一方面是江户时期中国学术崇拜的代表,另一方面也开始产生了较强的民族自我意识,而以日本文明能力或优越性的象征求诸富士山或琵琶湖等具象性存在。① 他同样十分关注和介意"sakura"的日本独有性问题,并就此向赴日中国人求证。1707 年,他与清代赴日禅僧悦峰道章(1655—1734)用中文笔谈,询问中日两国樱花之别:"(徂)日本的樱花不识是樱桃花么,或者海棠花么?(悦)海棠不是樱桃,日本樱花唐国不能相及。"② 虽然悦峰的回答并没有肯定日本樱花和中国樱桃花之间的异同,却也隐含了"中国樱花不及日本"甚至是"中国没有日本樱花"的逻辑。稍后,他又与赴日的"华客"就此问题再次交谈(《华客答问录》,18 世纪 20 年代左右):

> (徂徕)问(南京话):想必你们曾看见樱桃花了。前边唐人看见日本的樱桃花叫作海棠,又叫作杏花,其实不晓得樱桃花。然而宋景濂有一句说道:爱樱日本胜于唐。其外,古人诗句里头说樱桃花的人也多,据此看来,唐山自然是有的。难道是没有,或者唐山日本的不同,有两样么?还是唐山的樱桃花,都是日本的山樱桃花之类么?不知怎么样?
>
> (华客)答:日本那样的樱桃花,唐山没有。唐山的樱桃花,就是日本的山樱桃花之类。花叶树是差不多。海棠、杏花,另是一种,不是日本樱桃花那样的。日本那样的樱桃花,唐山没有。唐山的樱桃花,都是山樱桃花之类。③

这段问答不仅帮助徂徕确定了"中国的樱桃花是山樱桃花"之类的问题,也解答了他很长时间内疑惑不解的"中国有无日本樱花

---

① 向卿:《日本近代民族主义》,社会科学文献出版社 2007 年版,第 87 页。
② 『荻生徂徕新黄蘗章悦峯筆語』、載石崎又造:『近世日本に於ける支那俗語文学史』、弘文堂書房、1940 年、59 頁。
③ 『華客答問錄』、国立公文書館デジタルアーカイブ、No. 004—005。

(sakura)"的疑问。它无疑增强了徂徕对樱花作为日本独有风物的自信，并以此构建自我乃至自我优越性的自信。作为江户有影响力的徂徕学派的鼻祖，可以认为，徂徕关于中日两国樱花的这种看法对其门下诸徒皆有影响，同时亦不能排除它对包括国学者在内的江户知识界的樱花观的影响。从这种意义上说，徂徕的樱花认识可算是江户日本区分"樱桃"和"sakura"以及近代日本区分"中国实樱"和"日本樱花"的源泉之一。

与此相对，当时日本第一流本草学者兼儒者稻若水的樱桃认识则完全是对中国经典的祖述。他虽有"樱花为日本独有"的强烈意向，却接受垂丝海棠"是由樱桃树接之而成者"的中国本草叙述，并认为它即是日本的丝樱，即"一名软条【《洛阳花木记》】。俗名异秃索骨赖(itosakura)"①。这种"樱为垂丝海棠"说后来得到其徒丹羽正伯（1691—1756）等学者的继承：

> 谨按，古来以樱训煞孤拉（sakura），由来久矣。盖古之风，人依有沈休文"山樱花欲燃"、王荆公"山樱抱石映松枝"、司马温公"红樱零落杏花开"之句，遂为以煞孤拉充樱之口实，然皆是红花之樱桃也。樱桃，本邦俗名有思拉（yusura），而非今之樱也。……享保癸卯（按：1723年），奉命到于长崎，连日会舶商，时秋间无花携枝叶，究问，皆言本土未之见，适到日本国时见之而已。又会支那僧道木独攵、竹庵全岩等问之，言尝历回数省而遍徙于山林，然未识此树矣。……花主园丁，遂夺天功，而其变态终为其固有也。华土素无此种，苏颂不图，东璧（按：李时珍）不收。后世稍有西府垂丝之称，以花之生机仅相似而强铭海棠之名耳，全非等类，而风韵亦过之、远加之。以樱之命名，既千有余岁，而海棠之称渐出于清朝之书，故今断以樱为本名，而西府海棠为别名，又题释名若干

---

① 稻生若水等：『庶物類纂［89］』卷322、323、花属卷之二十六（垂糸海棠）、1738年、国立国会図書館デジタルコレクション、No. 005。

铭备览。①

当然，"樱为垂丝海棠"说虽然本在于证明"樱为日本独有"，却是受中国本草经典影响的结果："樱：一名西府海棠【《秘传花镜》】。一名海红树（同上）。一名黄海棠（同上）。一名垂丝花【《嘉兴府志》】。俗名煞孤拉（sakura）。"②

不难看出，江户中期的代表性学者关于樱桃的名称及叙述仍比较含混、模糊，显示出其受到中国本草经典强大影响的事实；他们虽然都产生了"中国无樱"或"樱为日本独有"的思维，其叙述内容、论证方式等仍未能摆脱中国本草范式的束缚。不过，其区分樱和樱桃的立场和思维始终为"中国无樱论"提供着物质的支持。

在江户后期，主流学界虽然仍坚持区分"sakura"和樱桃的思维，却对"以sakura充樱"的提法表示了质疑，由此对其名称和所指做了多样化的解释，显示了区分"sakura"和樱桃的多种途径；他们的樱类植物叙事受中国影响的程度也呈现出较大的差异。曾任幕府太医的著名本草学者小野兰山（1729—1810）关于"樱桃（yusuraume、yusura、yusurago、yurisan）"和"山樱桃（yamazakura）"的论述基本未脱离中国本草经典的范围。关于"sakura"，他赞同"江村氏曰：圭按，日本称佐屈罗（sakura）曰樱，其谬也，久矣。樱，樱桃也。是乃郁李之属而与佐屈罗迥别"③的观点，认为历史上单字的"樱"皆是指"樱桃"，而"sakura"即"本邦称樱花者"或"今樱花"则是指"垂丝海棠"，两者是完全不同的植物。同时，他也认为，"樱花"亦见于中国，其有着文献学和地理学依据，而它在日本受到特别重视和彰显，是由于"盖樱花性喜寒，故我东方最饶产之，其品亦不为不多，而直谓之为花"④的缘故。另外，他也批判了当时日本学界仅以"维登佐屈罗（itozakura、丝樱）"为"垂丝

---

① 稻生若水等：『増補庶物類纂［134］』卷398、399、花属卷之一（樱）、1747年、国立国会図書館デジタルコレクション、No.005—007。
② 稻生若水等：『増補庶物類纂［134］』卷398、399、花属卷之一（樱）、1747年、国立国会図書館デジタルコレクション、No.004。
③ 『蠹筵小牘』、須原善五郎、1808年、13a頁。
④ 『蠹筵小牘』、須原善五郎、1808年、17a、17b頁。

海棠"的观点，称其"亦欠精审"而认为"樱名、樱色甚多，实本邦春树之荣观，无胜于此者"①。

剧作家大田南亩（1749—1823）的樱花叙事也受到中国本草经典的很大影响。不过，与小野兰山相比，他认为用汉字表记的"樱桃"或"樱"是指'yusura'，由此不仅区分了樱桃和"sakura"，还赋予"sakura"以"樱棠花"的新名称。

> 若单云樱，乃指樱桃，yusura 是也。《文选》诗"山樱发欲燃"等亦非指山樱（yamazakura），樱桃是也。《罗山集》、《仁斋集》等书籍亦以樱为海棠，尤其垂丝海棠，它虽被看成此处之丝樱（sidarezakura），然海棠与樱大异。今沈南苹之画有云"樱棠"者，当确指此处之 sakura 也。按，中华古无此树而近来有之，因命名樱棠而以为海棠之一种者欤？不可知也。明宋景濂"日东曲"云"赏樱日本盛于唐，如被牡丹兼海棠"，故日本云 sakura 为樱，当为华人所知也。【又云，垂丝海棠近来见于种树家，非 sidarezakura 也】后见佐藤一见所编《新传秘书》，方知清人云"山樱桃为 sakura，野樱桃则 yusura 也"之缘由，黄檗僧之诗亦有"东来初见樱桃花"之赋。②

显然，在他看来，历史文献记载的"樱"和"山樱"皆指樱桃，是不同于（垂丝）海棠的植物；sakura 为日本原产，后被充作樱，又传入中国而被命名为"樱棠"。基于这种认识，他就以"樱棠花"的新名称构建了 sakura 为日本固有的另一种叙述。这同时也说明江户学者对 sakura 的认识仍然比较模糊。

这一时期，针对此前有关樱桃的"yusura（含'yusuraume'）"③、"hahaka"和"kahasakura（含'nihazakura'、'kanihasakura'等）"三组名称的混用情况，国学者狩谷棭斋尝试进行了文献学的梳理、辨析。关

---

① 島田充房、小野蘭山：『花彙・木之一二三四』，大路儀右衛門，1765 年、3a 頁。
② 大田南畝：『蜀山人全集』卷4（増訂一話一言），吉川弘文館，1907 年、92—93 頁。
③ 在江户后期，将樱桃读为"yusura"或"yusuraume"已被普遍认可。松冈玄达（《樱品》"丝樱"条）、江村如圭（《聚芳带图左编》卷1"樱桃"条）、小野兰山（《本草纲目启蒙》卷26"樱桃"条）等都持此主张。

于"朱樱",他论述道:

> 按,迦尔波佐久良,今俗呼赤加婆,当以山樱桃充之;樱桃,今呼由须良宇米(yusuraume)者,是也。源君以樱桃为迦尔波佐久良者,非是。又按,波波迦,盖今俗呼白加婆者,非迦尔波佐久良之名,辅仁以其名同,混同也。说详"木具"桦条、伊势广本"脱是"条。①

在他看来,"迦尔波佐久良"是指山樱桃,樱桃则是"由须良宇米"而非"迦尔波佐久良",而"波波迦"则是指"桦"("盖桦古名波波迦"②),三者虽然同类,却是不同的植物。基于这种认识,他批评了源顺分列"樱"和"樱桃"的观点:"然则樱即樱桃。樱桃以莺所含得名,故非樱桃外别有单呼樱者。源君分条两载,非是。"进而主张说:"按,加婆佐久良,当是山樱桃,佐久良亦山樱桃之一种,但秾华艳丽,非加婆佐久良之比,是西土所无,故无别汉名之可充也。"③ 不难看出,这种樱类植物认识显示了与贝原益轩的相似性及摆脱中国本草范式的倾向:基于对"佐久良"的缩小性解释即"西土所无的一种山樱桃"而构建"中国无樱论"的合理性基础。

与前述对"樱(花)"的植物学解释相比,江户后期的一些日本主义者也展开了论证樱花日本独有的文献学考察。例如,佐藤一斋(1772—1859)断言"美如花中子都"的樱花"彼无有也":

> 我樱之非彼樱也,昭昭矣。南橘北枳,土宜则然。乃说者纷纷,曰有曰无,竟不一定。余谓此燕说郢书耳,自非茝而枕之,安能判然无疑。虽然我弗往观矣,而彼宁弗来观耶,必使彼断之,是不辩之辩也。则先举莒亭(按:陈莒亭,1719年东渡日本)之诗曰,东来初见此花奇,一句道尽。又举沙子雨之语曰,此为海外异种,亦

---

① 狩谷棭斋:『笺注倭名类聚抄』下卷、曙社出版部、1931年、987—988页。
② 狩谷棭斋:『笺注倭名类聚抄』下卷、1013页。
③ 狩谷棭斋:『笺注倭名类聚抄』下卷、987页。

第四章 "大和魂"象征的创建——以樱花和富士山为例 / 583

非瞒语。继而证之，有即非（按：明末渡日高僧，黄檗宗即非如一禅师）之咏，有独湛（按：独湛性莹，1654年随隐元东渡日本）之图，并皆无不一见激赏，以为东海名葩。然后其为彼之所无者，划然一决无疑也。尝怪世之以多识自标者，必欲得彼之名，或充以白樱桃，或拟以垂丝海棠，又或题以桦；以玉蕊则诬，亦滋甚矣。而未尝有一人为明辨之以雪其冤者。何其名葩之不幸也。①

在此，他依据所谓"土宜"和黄檗宗诸高僧的诗画，断定"我樱之非彼樱"，并对此前以中国文化范式为标准而进行樱花叙事，由此视樱为白樱桃、垂丝海棠（松冈玄达、江村白圭等）和桦（中井竹山等）的学者及其做法提出了严厉批评。当然，对于这种臆测成分居多的樱花叙事，其后也有日本学者给予了批评："佐藤一斋氏断然高举其证，以为西土无此花，其实不免寡闻、固陋也。"② 然而不得不说，这种偏主观的樱花叙事仍与《古今要览稿》等考究性的樱花叙述形成了相互支撑的话语体系，而对日本的樱桃叙事摆脱中国范式及构建作为日本象征的樱花具有重要意义。

如果说此前学者区分樱和樱桃的叙述和思维仍根基于中国的本草思维，屋代弘贤编撰的《古今要览稿》则试图突破这种限制，尝试从自我的角度确立区分樱和樱桃的合理性基础。该书"桦樱（kabazakura）"条记载云：

> 弘贤曰，省"kanibazakura"之"ni"，而云"kabazakura"也。《倭名抄》注，樱桃一名朱樱（hahaka、一云nihazakura），故引为"kabazakura"之证，误也。契冲所言无稽也。《和名抄》引辅仁之《本草和名》，原书有"ka"字，故今本《倭名抄》脱字也。《河海抄》所引之本则有"ka"字焉。按，《本草和名》一书里樱桃一名甚多，读为"hahakanomi"、"kanihazakura"，而收草部，然《倭名抄》

---

① 佐藤一斋：『桜花譜跋』、載『愛日楼文』3、和泉屋吉兵衛、1829年、17頁。
② 伊藤圭介：『錦窠植物図説』第47冊（樱谱）、名古屋大学附属図書館、Vol. 047、No. 031。

则移至木部，省略"nomi"两字。樱桃是 yusuraume，非樱也，虽为人所公认，然"樱"字既已读为 sakura，故 kabazakura 因花色红而借用"朱樱"之字也，非云此处（按：日本）之 kabazakura 是彼处（按：中国）之樱桃也。①

不难看出，通过对《倭名抄》等"内部"历史文献的批评，屋代弘贤从另一个角度提出了与贝原益轩、狩谷棭斋等相似的观点：樱桃是"yusuraume"而非樱，"桦樱（kabazakura）"是樱而非樱桃。

综上而言，樱桃名称从"kanihasakura"到"yusura"的转变，体现了樱桃和樱花被区分的原理和过程，也即樱花被塑造为日本民族象征的原理和过程。这些樱花叙事最典型地反映了江户日本的本草叙事受到中国影响的事实，也同时体现了江户日本欲摆脱中国本草叙事的思维和倾向。它实际上也是江户日本"去中国化"思维的一种表现，不仅为江户时代樱花的民族化提供了最直接的动力和支撑，也可以为此后基于这种变化的日本人樱花观的形成提供源源不断的物质能量和历史资源。

3. 海棠说

与前述区分樱和樱桃的思维相比，江户时期也有学者以樱为"海棠（或'垂丝海棠'）"或"桦（kaba 或 kabazakura）"。持后一主张的学者人数甚少，影响也极为有限，在此略去不谈。②

在江户时代，认为樱为"海棠"或"垂丝海棠"的主要人物是以古义学派的开创者伊藤仁斋为起始的本草派学者③、中井竹山等。据江户后

---

① 屋代弘賢：『古今要覽稿』第 4 卷（草木部上）、124 頁。
② 例如，江户后期怀德堂派的代表人物中井履轩（1732—1817）、博物学者山冈恭安（『本草正正譌』，1778）等就是主张樱为桦的为数不多的学者。这一主张一方面如贝原益轩所述，"将桦训读为 kabazakura，非也。所谓 kabazakura 者，一重樱也。樱和桦大异也，非同物"（『大和本草』卷十二、皇都书林、1709 年、42—43 页），既缺乏依据，影响也极为有限；另一方面又如汤城吉信所言，它体现了中井履轩的日本意识，即其根底存在着"以日本之物囊括中国之物的日本中心主义"。参见汤城吉信的有关著述［『中井履軒の名物学——その「左九罗帖」「画」を読む』、『杏雨』（11）、2008 年、569—618 页；『中井履軒「左九罗帖」「画」本文・注釈』、『杏雨』（11）、2008 年、619—701 页］。
③ 据山本四郎《京都兰学史要》［日本医史学会关西支部编：『医譚』（31）、1957 年］介绍，"伊藤仁斋—稻若水—松冈玄达（野吕元丈）—小野兰山—三谷公器"是具有该学统关系的学者。

第四章 "大和魂"象征的创建——以樱花和富士山为例 / 585

期著名狂歌师大田南亩所言，"《萝山集》（按：我国明初学者宋濂的著作）、《仁斋集》等书籍亦以樱为海棠"①，伊藤仁斋是江户期较早主张"樱为海棠"的学者。又据仁斋之子长胤所撰《先府君古学先生行状》介绍"尝号仁斋。所居堂前有海棠一株，因又号棠隐"②，并结合他所咏和歌"无意厌世中，自然樱本隐家庵"③ 等情况，可以断定他是"樱为海棠"的提倡者。这种观念的形成明显是受我国赴日黄檗宗僧侣影响的结果④，亦真实地反映了中国文化及其思维范式对江户日本保持着强大影响力的客观事实。因此，伊藤仁斋不得不直面这一事实，然而作为拥有"神皇正统亿万岁，一姓相传日月光。市井小臣尝窃祝，愿教文教胜虞唐"⑤ 这种国体论思想的学者，他对樱花产生了"日本名花擅古今，一枝何翅价千金。开时须爱落还好，亭榭高峦共可寻"⑥ 的主体性意识和优越感。然而，伊藤仁斋似乎并没有意识到，对于要以樱花构建自我身份的日本而言，"海棠说"可能导致的自我和他者的紧张。

与对"海棠说"尚缺乏充分认识的仁斋相比，作为其弟子的著名本草学者稻若水虽然也提出了"樱为垂丝海棠"的主张，却对此表现出极大的动摇。一方面，或是怀着"欲为后世正名物"⑦ 的想法，抑或是对中国文化的崇敬⑧，稻若水的本草叙述基本都是依据或沿袭中国本草经典的说法。其一，其编写的《庶物类纂》（前362卷）、《炮灸全书》（1692）、《本草图翼》（1714）、《结毦居别集》（1714）等本草书籍几乎都列有

---

① 大田南畝：『蜀山人全集巻』4（増訂一話一言）、吉川弘文館、1907年、92頁。
② 伊藤仁斎：『古学先生文集』、古義堂、1717年、11頁。
③ 《古学先生和歌集》对这首和歌有详细介绍："家有樱木一株，云江户樱。使唐僧见樱花，故闻其曰海棠也，并作海棠诗。考合本草之文，见其大体云海棠，因自号棠隐居士，或亦云樱隐。"参见伊藤仁斎『古学先生和歌集』、载神沢貞幹編『校訂翁草』第12、五車楼書店、1906年、84頁。
④ 小野兰山对此曾提出了批评。"稻若水子曰，黄檗唐僧以索古赖（sakura）为海棠，盖以此花为垂丝海棠之别。……人见其为唐僧，而每一闻其说，信以为然，过也"［『蠢筵小牘』、須原善五郎、1808年、11b—12a頁］。
⑤ 伊藤仁斎：『古学先生詩集』巻之二、玉樹堂、1717年、19頁。
⑥ 伊藤仁斎：『古学先生詩集』巻之二、14頁。
⑦ 室鳩巣：『結毦居別集序』、载稻若水『結毦居別集』巻一、二、白井文庫、1714年、2頁。
⑧ 他后来自己改名为"稻若水"，或可说明这点。

"樱桃"和"垂丝海棠"条目,却没有列出"樱"的条目,而唯独列有"樱"条目的《物色摘录》,其内容则完全是对《和汉三才图会》"樱"条目的引用①;其二,他完全认同垂丝海棠"是由樱桃树接之而成者"的中国本草叙述,并认为它即是日本的丝樱,即"一名软条【《洛阳花木记》】。俗名异秃索骨赖(itosakura)"②。另一方面,他在接待第八次朝鲜通信使(1711)时又对樱花表现出作为日本独有风物的强烈自觉并对此进行确认的急切愿望。因而,他不仅区分了樱花和樱桃,还认为中国的古今书籍都没有"樱花"的记载,类似植物均被列入"垂丝海棠",故断定樱花为中国"所稀有":"遍查古今载籍,率收垂丝海棠,而不云有是花,岂以中原之地所稀有而入不及见耶。"可见,他显然意识到了"海棠说"所蕴含的自我和他者、中国本草叙述和自我叙述之间的紧张关系,并开始了突破这种紧张关系的尝试。

继稻若水之后,其高徒丹羽正伯(1691—1756)、稻生新助等又先后完成《庶物类纂》(后编 638 卷,1738)、《增补庶物类纂》(54 卷,1747),而对稻若水的"海棠说"做了进一步论述。丹羽正伯等虽然仍维持着"樱为海棠"的观点,却让它们之间的联系止于名称上的形式关联,并大力转向了"樱为 sakura"的自我叙述。因此,就名称来说,丹羽正伯等一方面依据我国学者陈淏子所著《秘传花镜》等本草书籍的说法"樱:一名西府海棠【《秘传花镜》】。一名海红树(同上)。一名黄海棠(同上)。一名垂丝花【《嘉兴府志》】",另一方面又说樱花"俗名煞孤拉(sakura)"③。就内容来说,他们已完全走向了"中国无樱论"的立场,以樱花为日本的象征:

谨按,古来以樱训煞孤拉,由来久矣。盖古之风,人依有沈休

---

① 寺島良安編:『和漢三才図会』下巻、中近堂、1888 年、1010 頁;稲生若水:『物色摘録』4(山果類八十七)、白井文庫、1715 年、国立国会図書館デジタルコレクション、No. 020、021。
② 稲生若水等編:『庶物類纂』89(巻 322、323)、花属巻之二十六(垂糸海棠)、1738年、国立国会図書館デジタルコレクション、No. 005。
③ 稲生若水等編:『増補庶物類纂[134]』巻 398、399、花属巻之一「櫻」、1747 年、国立国会図書館デジタルコレクション、No. 004。

文"山樱花欲燃"、王荆公"山樱抱石映松枝"、司马温公"红樱零落杏花开"之句,遂为以煞孤拉(sakura)充樱之口实,然皆是红花之樱桃也。樱桃,本邦俗名有思拉(yusura),而非今之樱也。本邦古以梅偏称花,从中世以樱为春间之尤物,词人骚士特称花者是也。古昔学士聘使来往于唐宋之朝者,不为鲜然,不说彼土有此花木矣。逝世每有华僧蛮商到,或将译士究讯焉,或用文干寻索焉,然皆未得实证。享保癸卯(按:1723年),奉命到于长崎,连日会舶商,时秋间无花携枝叶,究问,皆言本土未之见,适到日本国时见之而已。又会支那僧道木独夕、竹庵全岩等问之,言尝历回数省而遍徙于山林,然未识此树矣。或云朝鲜有之,名奈木,二三月间开淡红白花,可爱未知其然否。本邦此树品类甚饶……若大和州芳野之壮观,古今为宇宙第一之春色矣。……星霜千岁,屡经好事之灌培而到品类之变态,犹牡丹、梅花、兰菊之种类无限际也。凡物,人好之则聚聚,则其中自有奇品,有异产。花主园丁,遂夺天功,而其变态终为其固有也。华土素无此种,苏颂不图,东璧(按:李时珍)不收。后世稍有西府垂丝之称,以花之生机仅相似而强铭海棠之名耳,全非等类,而风韵亦过之、远加之。以樱之命名,既千有余岁,而海棠之称渐出于清朝之书,故今断以樱为本名,而西府海棠为别名。①

不难看出,丹羽正伯等虽然尚未完全摆脱中国本草叙事的束缚而放弃"海棠说",却在其思维框架下最大可能地转向了基于"中国无樱"的"樱为sakura""樱为日本固有尤物"和"樱为本名,而西府海棠为别名"的自我叙述和论证,而这反倒使原本是制约自我叙述的"海棠说"成为支撑其樱花民族化的另类视角。

此后,继承了丹羽正伯思想却并不是稻若水学统的学者,是江户中后期京阪儒学界的核心人物、怀德派的第四代学主——中井竹山(1730—1804)。他虽然也主张"樱是海棠",却完全欲以"作为母本的日本海棠"来统一中日相关植物。

---

① 稻生若水等编:『増補庶物類纂［134］』卷398、399、花属卷之一「樱」、1747年、国立国会图书馆デジタルコレクション、No. 005 - 007。

邦俗谓装玖罗（sakura）为樱，沿袭之讹，实海棠是也。本草家往往言是邦种，非海棠，辩证多端。然华人所说海棠状，多吻合者，何以断其异。籍令其小不类，江都荠如蕨，乃地气使然，胡害乎其同。李德裕曰：花木以海为名者，悉从海上来，若海棠是也。安知非即从我邦传焉？蜀人谓海棠为花，我邦亦单以花称，盖以其超绝群芳也，尊贵之意，万里相符。岂他凡花庸卉，名状龌龊，不可酌识之比也哉！乃装玖罗之为海棠，昭昭。①

不难看出，这种"海棠说"即企图用自我叙事覆盖日本一直以来奉为圭臬的中国本草叙事的极端化思想，其根底存在着"以日本之物囊括中国之物的日本中心主义"②。

同样作为稻若水的高徒，又曾随山崎暗斋和伊藤仁斋学习儒学的松冈玄达（1668—1746）则是从纯粹本草学的角度论证了"佐久良是垂丝海棠"的观点。《樱品》中"丝樱"条论述道：

花与彼岸樱全同，但枝梗柔软袅袅如柳枝。往昔访问黄檗之唐僧时，云垂丝海棠也。按，垂丝枝海棠之名出《海棠谱》。按，《洛阳花木记》云，垂枝一名软条，合今之丝樱之形状。然《二如亭群芳谱》"垂枝海棠"条云，西府出海棠，茎枝稍坚。然西府海棠似今之樱，虽云垂枝，却非指枝条下垂，是云自苞中吐出丝而于其尖端花垂也。然垂丝乃今之樱之总名也，不独指丝樱。自唐僧偶指丝樱而云垂丝以来，习而不察，不知丝樱乃软条而非垂枝。……毕竟今之樱乃海棠之一种而非"樱"，其所谓"樱"即樱桃，今之 yusuraume 也，与垂枝类自别也。又按，垂丝海棠有两种，同名别物也。一种古来所称丝樱，一种乃今之樱是也。按，《行厨集》花木门"垂丝海棠"条曰，吐丝向下，花似地棠花，而今之樱皆茎长下垂，

---

① 中井积善：『芳山纪行』、载『乡土先儒遗著聚英』、小林写真製版所出版部、1938 年、国立国会図書館デジタルコレクション、No. 036。
② 汤城吉信：『中井履轩「左九罗帖」「画」本文・注释』、『杏雨』（11）、2008 年、619—701 頁。

吐丝则非枝条下垂。《海棠谱》及《圆机活法》所云垂丝海棠者，今之丝樱也，也即《行厨集》所云"诸樱"，此分明也。据云，近世大德寺觉印问之唐僧，则答曰垂丝海棠乃诸樱之通称也，重叶之垂丝乃八重樱也，是与《行厨集》之说相符。敬义（按：山崎暗斋）的《樱之辨》亦误以樱桃为日本之樱，不知樱即樱桃而本非佐久良。佐久良之名日本所私名，而非汉土之樱也。[①]

在他看来，自古以来日本学者关于樱类植物的认识存在不少问题或错谬："垂丝（海棠）"是"今之樱"或"我邦之樱"的总名或通称；"丝樱"则为"软条海棠"，只是海棠的一种；日本自古所称的"樱"及"山樱抱石映松枝"所载的"山樱"（非"山中樱花"）[②] 皆是指樱桃（yusuraume），是为"郁李之属"；"佐久良"即樱花，乃是中国没有的品种。由上可见，无论前述认识的真伪或正误如何，松冈玄达仍可被归于在中国本草叙事的框架内进行樱花所指的学术性探究的学者，而与丹羽正伯的樱花自我性论述形成了鲜明的对比。然而，不可忽略的是，玄达的樱花叙事虽然旨在弄清日本樱花的真正名谓和含义，然结合他关于樱花的"洛阳牡丹、西蜀海棠、日本樱花，单称花而不名之，而人皆知，其为牡丹，为海棠，为樱花，其为人所贵重也，可知矣""夫樱花者，天下之奇观，群芳之魁首，可以与玉蕊、丹桂相伯仲。上至王公，下至世庶，莫不爱赏者。……异种代出，奇花年新，不知其几百千种也。景濂所谓'爱樱日本盛于唐'，信哉。夫三春之壮观独称此花……"[③] 等论述，亦可看出他通过"樱花日本独有"而建构自我身份的强烈倾向。

作为松冈玄达的高徒，江村如圭（？—1732）可以说最好地继承了其师关于樱花的主张和立场。他不仅继承了其师"一卉、一木、一毛、一羽，莫不究其理、明其原"[④] 的学术探究精神，也主张"樱是垂丝海棠"，并认为它是中国常见之花卉："垂丝海棠（sakura）：花如碗大，树

---

① 松冈玄达：『桜品』、载山崎闇斋『桜之弁』、山城屋佐兵衛、1856 年、2a—3a 頁。
② 松冈玄达：『怡顔斎桜品叙』、『怡顔斎桜品』、安藤八左衛門、1758 年、4 頁。
③ 松冈玄达：『怡顔斎桜品叙』、『怡顔斎桜品』、4—5 頁。
④ 江村如圭著、松冈玄达鉴定：『詩経名物弁解自叙』、『詩経名物弁解』卷一、林伊兵衛、1731 年、2 頁。

合抱苍，开烂如红霞，即垂丝海棠。高数丈，每当春时鲜媚殊常，真人间尤物。自大理至永昌，沿山历涧往往而是。【《名山胜概记》》"① 同样认为"丝樱"则是"软条海棠（itozakura）"②。显然，玄达和如圭师徒的"海棠说"是对江户时代兴起的"中国无樱论"的反击，对于欲以樱花的日本唯有性而构建自我身份的学者来说并不是一个令人满意的消息。这也说明，江户日本学者关于樱花的认知仍呈现出复杂而多样的状态。

综上可见，江户期的"海棠说"又可分为两个学派。一是以伊藤仁斋、稻若水和丹羽正伯为代表的国粹派，他们虽然主张"樱为海棠"，却又完全以樱花作为构建自我身份的标志。二是以松冈恕庵和江村如圭为代表的科学派，他们基于一种学术探究的精神而主张"樱为垂丝海棠"，却也承认樱花对日本具有特殊的意义。从这种意义上说，"海棠说"最直接地反映了江户学者一方面不得不依据中国本草经典的叙述范式，另一方面又想超越这种范式进行自我叙述的两难和矛盾。

不过，江户时期的"海棠说"毕竟只是学者之间流传的"话语"，其主张者和传播者也只限于伊藤仁斋学统及中井竹山等少数学者。而且，在江户时代这样一个民族主义情绪不断高涨的时代，与以樱花进行自我宣扬的宏大叙事相比，"海棠说"可以说是一种"逆时代"的潮流，也正因此它受到了代表官方意识形态的《古今要览稿》的严厉批评："稻若水云，西土之垂丝海棠乃皇朝之丝樱也，松冈玄达、江村白圭则以垂丝海棠为 sakura，以软条海棠为丝樱。盖当是未尝读《贞和集》也。"③ 此中，最后一句以不得不让人承认其正当性的强制力量和"正义裁判者"的口吻宣布了"海棠说"在其后的短暂命运。

4. 小结

可以说，"中国无樱论"等江户有关樱花的各种话语反映了江户知识分子既依靠又欲摆脱中国本草叙事的束缚而以樱花构建自我身份的思维和心理。这一状况使得此时期的樱花叙事不可避免地具有一些自身无法克服的问题和特征。

---

① 江村如圭：『聚芳带図左編』卷一、山本榕室書写本、1727 年、32 頁。
② 江村如圭：『聚芳带図左編』卷一、31 頁。
③ 屋代弘賢：『古今要覧稿』第 4 卷（草木部上）、102 頁。

第一，江户时代的樱花叙事整体上处于既依赖又欲摆脱中国樱花叙事的过渡时期，因而它一方面无论从内容和形式上都具有"前近代的""模糊的"性格，另一方面也具有"复古的""主体的"性格。江户学者意图通过关于日本樱花的文献学和生物学考察，同时通过对汉字"樱"所代表的植物的重新解读即认为"樱是樱桃"，重构区分"日本樱花（佐久良，sakura）"和"中国樱桃"的标准。这种作业在很大程度上获得了成功，不仅为谷川士清、本居宣长、大田南亩等众多学者视樱花为日本固有风物提供了证据，也奠定了近代日本区分"日本樱花"和"中国实樱"的基础。不过，他们关于"佐久良（sakura）"的本体描写和称谓描写不仅仍然比较混乱，而且为了区分日本樱花和中国樱桃，被认为是樱花本来名称的"佐久良（sakura）"被无限度地拔高和强调。

第二，江户时代的樱花叙事在很大程度上受到了民族主义情绪的左右，因而导致它具有浓厚的"主观的""虚构的"性格，其中"中国无樱论"则完全是彻头彻尾的误传误信。例如，以《本草纲目启蒙》（1803）闻世的江户本草学集大成者小野兰山就曾对贝原益轩等的错误主张做了"批正"："中华云樱者，朱花也。所云'欲燃'，亦见赋于桃及杏，然确非云朱色也，亦可用于樱也。在中华，以樱和樱桃相混也。今下录其证。……红毛也，有樱焉。"[①] 在此，他不仅明确指出贝原益轩等关于"中国和西洋无樱"的误传误信，还专门列出《日本风土记》《日本杂咏》等文献的相关记载，说明日本也有"樱和樱桃相混"的情况。

第三，与樱花被塑造为日本象征的作业相呼应，伊藤仁斋、贝原益轩、宫崎安贞等不少学者还极力建构樱花本身的优越性话语体系和对于日本的特殊意义。例如，伊藤仁斋大力宣扬樱花胜于万木的独特性和优越性，是所谓"一枝何翅价千金"；贝原益轩强调了樱花对于日本的无可替代的经济实用价值，"中华以梓刻书，日本则用樱，木坚而良才也"；宫崎安贞则从精神价值和经济价值两个角度论述了樱花对日本的特殊意义和优越性所在，并认为它正是因为符合日本风土才具备强大的生命力：

[①] 小野蘭山述、井岡桜泉記：『大和本草批正・地』卷十二（「花木」の「櫻」）、1837年、国立国会図書館デジタルコレクション、No. 66。

> 樱乃本朝名物，见知乃是唐及其他各国稀有之物。花事自不待言，其多植于山林，亦是用于木材、薪柴之优良之木。以刻书之板言，无木可超是木。……赏花、用材而多植，助国用之良木也。殊本朝之名木，故取子而置则必可植。……兼好法师虽写道，"八重樱，异样之物也"，今见洛阳（按：京都）之名木、奈良初濑之花，方生忘尘世、忽出世外而游于仙境之心地。①

综上可见，江户时代樱花的民族化也即意味着樱花特殊性和优越性的建构。照贝原益轩所言，这是基于"土宜"所导致的"自然之理"，或照本居宣长所说，乃是基于樱花作为"神代之花"的本性使然。这些主张都使樱花的优越性具有了"不证自明的"合理性和正当性。

即便江户日本文人的樱花认识具有前近代和反事实的性格，也呈现出复杂多样而模糊的形态，却有着一个共同的特点即以樱花为构建民族身份的象征。这意味着随着樱花与民族主义在江户日本的首次结合，尤其是随着江户后期"尊皇攘夷"和"脱儒去中"的民族主义思潮和运动的高涨，"樱花为日本唯有""樱花为日本象征"等樱花民族化的话语日益成为社会的压倒性思想，并被明治民族主义所继承。这种樱花认识不仅借助民族主义的力量获得了无限的"正当性"和掩盖科学真理的力量，还随着江户时代樱花与平民的结合而获得广泛、深厚的社会基础和经久不衰的生命力，以致形成"樱花盛开兮，此方和国景色哉"② 的樱花精神共同体。

（二）樱花精神的重构

江户时代是樱花与民族主义开始全面结合的时代。这种结合包含了两个方面的内容：一是樱花被塑造为日本的象征，二是与此相适应的樱花精神的重构，即樱花被塑造为大和魂的象征。后者意味着此前以"物哀"为基调的独特樱花意识被进一步特殊化和民族化，即实现与日本精神即被认为是体现了日本国民性乃至优越性的神道、武士道和物哀观念

---

① 宫崎安贞：『農業全書』、学友館、1894 年、286—287 頁。
② 高桑闌更：『半化坊発句集』、載勝峰晋风编『日本俳書大系』第 11 卷（蕪村時代 4・天明名家句選）、日本俳書大系刊行会、1927 年、368 頁。

的结合。

在江户前期和中期，谷秦山、青木昆阳等著名学者就有类似的明确主张。出身于神职世家的谷秦山（1663—1718）继承了其师山崎暗斋和浅见絅斋的日本主义观点，以爱樱、赏樱为日本"习尚"即国民性的重要表现："我国爱樱花，西土爱牡丹；我国嗜鹤，西土嗜牛。两国习尚不同多类此。"① 江户中期的著名儒者兼兰学者青木昆阳（1698—1769）则认为，赏樱使日本人形成了"人情一丝不违"的国民性。"《鹤林玉露》云，洛阳人谓牡丹为花，成都人谓海棠为花，尊贵之也。我国人云樱为花，亦依赏玩此花而人情一丝不违也。"②

毋庸讳言，这种作业的集中表现和象征就是江户中后期著名国学者本居宣长晚年的著名和歌："人问敷岛大和心，香吐朝日山樱花。"此和歌以"人"这个外部的存在为媒介，构建了"敷岛""大和心""朝日""山樱（花）"四位一体的紧密联系：抽象的"大和心"分别以"敷岛""朝日"和"山樱花"的具象表现出来，"大和心"即"敷岛""朝日""山樱花"。它喻指日本是日神（天照大神）子孙所统治（"敷岛"的隐喻）的、最受日神眷顾（"朝日"的隐喻）的神国，而这种日本优越性的表现就是抽象的"大和心"和具象的"山樱花"。它还意味着樱花与富士山、神国、大和魂等成为可以互为彼此、互相表征的文化符号，并由此获得彼此的象征意义。而且，这首和歌不仅使"大和心"与"山樱花"第一次有了观念和视觉、嗅觉的自觉互动，还构建了一种樱花至上主义和日本至上主义的文化图式："高丽唐土珍花比，色香不饱樱花哉（本居宣长四十四岁自画像）"③"观无敌无类樱花，知吾大君国之心"④。这意味着一切"日本的"都是最优的，一切"日本的"就是大和心，一切"日本的"就是"旭日辉映下芬芳吐香的山樱花"；樱花就是最适合于象征日本历史和文化传统的国民之花或"国华"，因此知晓樱花之美即是知晓日本精神之美，叙说樱花即是叙说日本和日本人。这样，那些"永远

---

① 谷重遠：『秦山集・智』卷二十七、谷乾城、1910 年、1 頁。
② 青木昆陽：『昆陽漫録』、国文学研究資料館（酒田市立光丘文庫）、No. 029。
③ 本居宣長：『鈴屋集一』、載本居清造『増補本居宣長全集』第九、吉川弘文館、1927 年、594 頁。
④ 本居宣長：『まくらの山』、載本居清造『増補本居宣長全集』第九、756 頁。

都不会令人厌倦"的日本独特性如神道、物哀观念、武士道等都可以表现于樱花，也可以通过樱花诱发出来，也正如松尾芭蕉所咏"令我思万般，惟有樱花哉"①。

从这种意义上说，这首和歌代表了日本樱花精神重构史上的全面转折。它不仅使樱花成为象征国粹和国华的意识形态之花，还使此前樱花承载的独特美学意识转变为日本人应当引以为豪的民族精神；它既是对此前樱花和民族主义结合的全面总结，使以前樱花和大和心的零散的与断片的结合实现了统一和整体的结合，又确立了此后樱花和大和魂互为表里的日本樱花观的发展道路和方向。

因此，在江户后期尤其是幕末，无论国学者还是儒者，他们几乎都在前述樱花文化图式的框架下展开其樱花叙事。例如，国学者服部敏夏认为："一望则可知，其即大和心。外国无樱花，樱花色香佳，我等当自豪。"（《玩花》）② 二宫正祯赋："敬畏吾神兮，木花开耶姬。美丽樱花兮，大名持（按：大国主神）又少彦名，神代亦如斯也哉。朝鲜中国花虽多，唯独此花稀，难解此花意。"（《樱花》）③ 该诗认为中国人和朝鲜人不能理解"樱花之意"。民族主义者兼汉学者赖山阳则更为极端，宣称"吉野自花明，一望春日曙。唐人高丽人，当须成就大和心"④。尊攘派的著名僧人月性（1817—1853）赋诗曰："西人爱牡丹，全盛极李唐。称色曰国色，称香曰天香。君临桃李上，僭为百花王。放开无忌惮，富贵骄群芳。一朝越海至，日东观国光。何图君子国，别有花天皇。开成一正统，芳德敷扶桑。魏紫姚黄辈，斥在外臣行。春风吹未开，含羞自包藏。似使白樱花，擅美于东方。"（《未闻牡丹》）"七里江山付犬羊，震余春色定荒凉。樱花不带腥膻气，独映朝阳薰国香。"（《无题》）⑤ 他斥责牡丹在中国只是"僭盗"为花王，而樱花则是"芳德敷扶桑""独映朝阳薰国香"的花天皇。

---

① 颍原退藏编、松尾芭蕉著：『新校芭蕉俳句全集』、全国書房、1947 年、34 頁。
② 引自新稲法子『江湖詩社の桜花詠』、『待兼山論叢・文学篇』（25）、1990 年、26 頁。
③ 引自新稲法子『江湖詩社の桜花詠』、『待兼山論叢・文学篇』（25）、1990 年、27 頁。
④ 引自荻原隆『志賀重昂の「日本風景論」』、『名古屋学院大学論集社会科学篇』46(2)、2009 年。
⑤ 月性：『清狂遺稿』下、田中治兵衛、1892 年、24、36 頁。

1. 樱花与神道

樱花在江户时代之所以被塑造为日本和大和魂的象征，是因为它被认为符合并"最完美地"演绎了日本的自然风土和人文风俗。[1] 依据这种原理，樱花必然会被建构为与神道具有一体两面关系的精神象征符号。这正如江户中期的神道家松冈仲良（1701—1783）和本居宣长的合唱："神道学即日本魂"[2] "日本魂即山樱花"。

江户日本所构建的樱花和神道的一体关系体现为被创建的"樱国"和神国、皇国的结合，即樱花被全面地神圣化和绝对化，又被视为神国日本的象征（神国之花和皇国之花）以及包含清净、正直等内容的神道精神的承载者。

在江户时代以前，樱花或"木花开耶姬"已被当成祭神或神木出现于与伊势神道相关的诸神社（朝熊神社、布自神社、樱神社）、与富士信仰相关的诸神社［富士山本宫浅间大社、静冈浅间神社、甲斐国一宫浅间神社、稻毛浅间神社、多摩川浅间神社、新仓富士浅间神社、春木富士浅间神社（今爱知县爱知郡）、富士浅间神社（今群马县藤冈市）等］、与履中天皇赏樱有关的诸神社［磐余稚樱神社、若樱神社（今奈良县樱井市大字谷）］、金樱神社（境内现以"郁金樱"著称）、京都平野神社、樱木神社（今千叶县野田市）、会津磐椅神社（相殿神是木花开耶姬，境内现以"大鹿樱"著称）、素樱神社（今长野县长野市，境内现以"神代樱"著称）、箱根神社等。这些神社的地域、祭神等情况表明，江户以前樱花的神圣化仍面临着两个重要问题：一是与樱花相关的神社主要集中于与伊势神道和富士信仰相关的神社，因而此前樱花在日本的神圣化与普及化程度仍然比较有限；二是在江户时代以前只有伊势神道的

---

[1] 近代以后日本学者对樱花与日本风土的关系又做了各种解释。其中，有关樱花起源的"sa・kura"说则是其中的代表。该学说认为，sakura 乃由 sa 和 kura 所构成，sa 意指稻神，kura 则为神座，故 sakura 则是稻神之所宿，而插秧前祈愿丰收的神道仪式是花见的起源或残留形式。在我们看来，这一学说是折口信夫（《花之话》）、和歌森太郎（《花和日本人》）、樱井满（《花之民俗学》）等民俗学者对樱花进行再度神圣化、复古化和自我正当化的操作，是一种十分牵强的解释。它之所以能超越民俗学界而获得现代一般日本人的认可（如《岩波古语辞典》），是因为它吻合了日本人以樱花建构自我的民族主义心理。

[2] 松冈仲良：『神道学则日本魂』，载山本信哉编『神道丛说』、国书刊行会、1911 年、328 页。

诸神社将"木花开耶姬"明确解释为樱花,这也说明"木花开耶姬即樱花"的图式在江户时代以前并没有完全确立起来。

这两个问题最终在江户时代得到解决,并由此促进了樱花与神国日本的结合。一方面,江户时代以后与樱花相关的神社被不断创建,并通过"劝请神灵"或"攀附古传说"的形式模糊自身的起源及叙事,而使自己具有了古老的力量和正当性。例如,随着江户时代富士浅间信仰的盛行和广泛流传,日本全国各地纷纷结成"富士讲"并建立各自的浅间神社,如浅草富士浅间神社(元禄年间创建)、大森浅间神社(享保年间创建)等。这些神社都以浅间大神即木花开耶姬为祭神,迄今在日本全国已高达1300余座。可以说,浅间信仰的传播和各地浅间神社的建立无疑为樱花成为神国日本的象征准备了广泛的社会基础。

另一方面,江户不少学者亦曾尝试构建和完善"木花(开耶姬)即樱花"的文化图式,从而构建樱花作为神国日本象征的历史合法性。在江户初期,著名朱子学者兼神道家山崎暗斋是其中的代表人物。他为了证明"中华诗人所咏樱花是樱桃"而非樱花的情况,专著《樱辨》,又特意追溯了履中天皇、平城天皇、嵯峨天皇、文德天皇、宇多天皇等有记载的历代天皇赏樱史,说明樱花与神、皇室和日本有着密切的联系。"在和国,所谓花者专云樱也,咏樱之歌亦不计其数。此花自神代而有乎哉?是乃大山祇之女自天上降于樱木,而谓木花开耶姬也。"[①] 在江户中后期,谷川士清(《倭训栞》)、本居宣长(《古事记传》)、茅原虚斋(《茅窗漫录》)、屋代弘贤(《古今要览稿》)等则从自我的角度构建了证明"木花(开耶姬)即樱花"的比较完整的文化体系,由此确立了樱花作为日本固有风物的神圣、古老、纯洁并具有历史连续性的"神代之花""神国之花"及"皇国之花"的权威形象。综上可见,至少到了江户中期"木花(开耶姬)即樱花"的文化图式已经基本确立。

伴随着樱花全面神圣化之作业的展开,樱花与神道的内在联系也开始被建构起来。这以本居宣长为其中的重要转折。在他之前,江户学者关于樱花与神道关系的论述可以说是零碎的、片段的,本居宣长则全面建立了樱花(山樱)作为神国之花、皇国之花的形象及其独一无二的超

---

① 山崎闇斎:『桜辯』、載松岡玄達『怡顔斎櫻品』、安藤八左衛門、1758年、11頁。

凡地位："花唯樱花。其中，又以叶红而光亮、叶细而疏杂、花繁而盛开之山樱，为无敌无比之品，亦不可认为是浮世之物。"① 首先，他依据所谓"开光映"说，虚拟了樱花即木花开耶姬的"客观事实"，超越了此前三宅观澜等学者的主观臆测，而使樱花与"天孙迩迩芸神之妻"的关联具有了"神的意志"般的信服力。其次，他认为日本作为神国，"五谷、百草、万木都受到天照大神的恩泽才无比繁盛"②，而樱花作为与天皇相关的神木，一切都取决于神的所作所为并受到了"神的特别恩泽"③：花开花落皆"神之恩赐"，花枝胜于"通向杳杳天路的桥"，花盛时花色"只应天上有"，当可"动天地""哀鬼神"，亦可"抚恶神"，花香"世上无物可以比拟"，赏花可致"世清明而使弃世之人亦难弃"。他由此对"吉野如此樱花盛，花开耶姬也，神代如何播种焉"④ 的"神之鬼斧神工"充满了惊叹，又对"生于天照神之国，樱花可赏，实幸哉"的日本特殊性充满了自豪。再次，樱花在日本是"八千种花木之母"，所以自古就"仅称樱为花"⑤，也由此才成为"心直行善"⑥ 的所谓皇国精神的象征。它不仅构成了全体日本人都不得不看的"神代以来日本永恒不变的春天美景"⑦，并可以使人产生"爱樱之心无极限，愿得一年四季开"（《枕山》）的百看不厌的心情，以致使人为此"不惜生命"。最后，本居宣长在中日朝三国的视域内展开了"樱花是日本独有花木"的论述。他声称"唐国虽开花千种，惟闻独独樱仅无"（《枕山》），因而其人定会折服于樱花的魔力，"若让唐人观得樱，归国爱花岂非无？"（《枕山》）；正是因为没有樱花，所以中国人和朝鲜人都心无所托，精神生活甚是贫乏、凄惨："朝鲜中国樱花无，其国之人也，何以遣心焉？"⑧ 这不仅体现了他

---

① 本居宣長：『玉勝間』、載本居清造『増補本居宣長全集』第八、吉川弘文館、1926 年、162 頁。
② 本居宣長：『玉鉾百首』、載本居清造『増補本居宣長全集』第十、吉川弘文館、1927年、113 頁。
③ 本居宣長：『まくらの山』、載本居清造『増補本居宣長全集』第九、756 頁。
④ 本居宣長：『鈴屋集一』、載本居清造『増補本居宣長全集』第九、593 頁。
⑤ 本居宣長：『まくらの山』、載本居清造『増補本居宣長全集』第九、756 頁。
⑥ 本居宣長：『玉鉾百首』、載本居清造『増補本居宣長全集』第十、111 頁。
⑦ 本居宣長：『まくらの山』、載本居清造『増補本居宣長全集』第九、757 頁。
⑧ 本居宣長：『鈴屋集一』、載本居清造『増補本居宣長全集』第九、594 頁。

以此主张日本对中国和朝鲜的优越性思维，还暗示了樱花的神圣性、绝对性以及"日本是受神之特别佑护的神国"的问题。

由上可见，以樱是受到神之特别恩赐的神木为基点，本居宣长构建了樱花与神道的本原性联系，并由此使春天和樱花的关系发生彻底逆转，即原本是春天象征的樱花变成了超越春天的绝对存在——"春是樱之奴"。这虽然是一种将"孤芳自赏"的幻想视为本国历史事实的作业，却比较全面地构建了樱花作为神木和日本象征的历史合法性和正当性。

鉴于樱为神木的"本性"，他还认为，樱花对神国日本来说具有无可替代的宗教意义和价值。在他看来，人无论贵贱、好坏，都有相应的灵魂，"其死后虽然去往夜见国（按：黄泉国），灵魂却留于此世，为福或为祸，而同于神。但随其人位之尊卑、心之智愚、强弱等，其魂留于此世亦有所区别"[①]。按照这种神道生死观，死亡不可避免，而死后唯一的救济就是灵魂可以留于此世，但作福还是作恶都取决于其生前之喜好、尊卑等。正因如此，对自称"樱奴"的本居宣长来说，作为大和魂之象征的樱花就是他死后寻求救济的最佳选择，他也由此才要求死后在自己的墓地旁栽种一株自己偏爱的樱树。显然，这一作业对日本人的"爱樱行为"做了宗教学的诠释，而使樱花成为一种可以实现"自我救赎"的日本式风物。这就使全体日本人对樱花的"绝对皈依"成为可能，而从根本上为江户日本樱花共同体的形成奠定了基础。总之，它不仅彻底打通了樱花与神道的关联，还为"樱花花下死"或"像樱花凋零般死"的生死观念提供了宗教的意义和依据，并由此促使了樱花与武士道的结合。

可以说，本居宣长的樱花叙事打开并提升了江户后期樱花作为神国、皇国之花的话语空间和传播通道。因此，其后学者纷纷提出所谓"樱乃皇国之尤物，而异国则无"[②]"樱者，神国所产之名花，异域未闻之灵葩也"[③]"独托芳根向八洲，天然富贵自无俦。牡丹已让花王号，休问人间

[①] 本居宣長:『古事記伝』巻三十、『増補本居宣長全集』第三、吉川弘文館、1926年、1593—1594頁。

[②] 正宗敦夫編纂:『続近世畸人伝』、日本古典全集刊行会、1929年、216頁。

[③] 荒川常春:『櫻百絶』、白井文庫、1836年、国立国会図書館デジタルコレクション、No. 002。

第几流"①等主张，或是像桥本左内（1834—1859）那样因受本居宣长咏樱诗的影响而自称"樱花晴晖楼"等。特别是幕末勤皇志士的相关言论和活动更进一步促进了樱花和神道的结合，并使樱花作为"神皇之花"的权威形象获得广泛传播。

江户后期体现樱花与神道结合的典型叙事是幕末勤皇者的樱花诗文、藤田东湖的《正气歌》（1845）、佐久间象山的《樱赋》（1860）、佐久良东雄的《姜园歌集》、屋代弘贤编撰的《古今要览稿》等。与其他从本草学或专门性视角论证樱花神圣性的叙事相比，这类诗文可以说比较全面地论证了樱花与神国、皇室之间的一体化联系。

随着江户后期日本政治和社会环境的变化，尤其是幕末尊皇攘夷思想和运动的展开，"樱花·吉野·南朝""樱花·富士山·神国"等组合图式的樱花叙事也越发突出，形成并固化了在这种组合图式下被理解和认识的樱花形象。

"樱花·吉野·南朝"是这类樱花叙事的最典型范例，又可细分为"樱花·吉野·天皇亲政"和"樱花·吉野·忠义"两个下位图式。以汉诗为例，前者的代表性作品主要有以"芳野怀古"为主题的系列作品。这类诗歌皆为幕末著名的勤皇者所作，以樱花喻指掌握"三种神器"的后醍醐天皇等南朝的正统统治，甚至以其为"曾经护佑南朝"的神圣之花，或是借樱花表达自己勤皇的意志和期待天皇亲政的愿望。

古陵松柏吼天飙，山寺寻春春寂寥。眉雪老僧时报帚，落花深处说南朝。（藤井竹外《芳野》）②

今来古往事茫茫，石马无声抔土荒。春入樱花满山白，南朝天子御魂香。（梁川星岩《芳野怀古》）③

山禽叫断夜寥寥，无限春风恨未销。露卧延元陵下月，满身花影梦南朝。（河野铁兜《芳野》）④

---

① 藤森弘庵：『春雨楼詩鈔』下（卷八）、上和泉屋金右衛門、1854年、9頁。
② 藤井啓：『竹外二十八字詩』上、西湖堂、1878年、9頁。
③ 高瀬武次郎編：『新修日本外史鈔』、星野書店、1939年、108頁。
④ 河野鉄兜：『鉄兜遺稿』卷上、河野天瑞、1878年、32頁。

万人买醉搅芳丛，感慨谁能与我同。恨杀残红飞向北，延元陵上落花风。(赖杏坪《游芳野》)①

　　叠叠春山别有天，花开花落镇依然。可怜万树香云暖，曾护南朝五十年。(赖山阳《芳山》)②

后者的代表作品有菅茶山（1748—1827）的《备后三郎题诗樱树图》、赖山阳的《十字诗》等。这类诗歌以备后三郎（儿岛高德）救护后醍醐天皇的故事③为引，盛赞并宣扬了备后三郎的忠义之举。作者以樱花为忠义的象征，表现了自己作为尊皇爱国的"忠臣"的自觉。

　　骑马击贼下马橄，三郎奇才世无敌。夜穿虎豹达行在，卫骑眠熟析声寂。慨然白树写幽愤，行云不动天亦忿。中兴谁旌首事功，一门犹怀贯日忠。金与再南乾坤变，五字樱花千古恨。(菅茶山《备后三郎题诗樱树图》)④

　　君勾践，臣范蠡。一树花，十字诗。南山万树花如雪，重埋銮舆无还期。蠡也自许亦徒为，谁使越王忘会稽。吴无西施，越有西施。(赖山阳《十字诗》)⑤

综上可见，"樱花·吉野·南朝"等樱花叙事不仅加速了樱花作为皇国之花形象的形成和普及，也促使了樱花与武士的结合及这种樱花形象的普及。

与前述樱花叙事相并行，藤田东湖、佐久间象山、佐久良东雄等幕末尊皇志士则在大和魂这种更宏大的叙事结构下展开了樱花与神皇乃至

---

① 简野道明编：『和漢名詩類選評釈』、明治書院、1915 年、416 頁。
② 佐竹昭広：『新日本古典文学大系』66、岩波書店、1966 年、276 頁。
③ 据《太平记》记载，"元弘之变"（1331 年）后，后醍醐天皇被流放隐岐。途中，备后三郎赶来救驾，夜晚潜入天皇暂居寓所。时庭前有一树白樱，遂刻字树干，是为"白樱十字诗"："天莫空勾践，时非无范蠡。"备后三郎由此与新田义贞、楠木正成、名和长年等并称为"南朝的大忠臣"，随着幕末尊攘运动的展开，他们的所作所为开始被大力宣扬，并在近代以后被树立为忠君爱国义士的典范。
④ 佐竹昭広：『新日本古典文学大系』66、79—80 頁。
⑤ 赖山阳：『日本樂府』、丁子屋荣助、1870 年、19 頁。

第四章 "大和魂"象征的创建——以樱花和富士山为例 / 601

樱花与武士道的论述。藤田东湖既是水户学的最后一个代表人物，又是幕末"尊攘"运动的领导者。其《正气歌》慷慨激昂，气势恢弘，描绘了一幅波澜壮阔、荡气回肠的"仰天皇、尊皇室、护国基"的历史画卷，而富士山、樱花等则是其中的重要象征。诗云：

> 天地正大气，粹然钟神州。秀为不二岳（按：富士山），巍巍耸千秋。注为大瀛水，洋洋环八洲。发为万朵樱，众芳难与俦。……神州执君临，万古仰天皇。皇风洽六合，明德侔太阳。不世无污隆，正气时放光。……谁能扶持之，卓立东海滨。忠诚尊皇室，孝敬事天神。……嗟予虽万死，岂忍与汝离。屈伸付天地，生死又何疑。生当雪君冤，复见张四维。死为忠义鬼，极天护皇基。①

藤田东湖又高唱《回天诗史》："三决死矣而不死，二十五回渡刀水。五乞闲地不得闲，三十九年七处从。邦家隆替非偶然，人生得失岂徒尔。自惊尘垢盈皮肤，犹余忠义填骨髓。嫖姚（按：霍去病）定远不可期，丘明马迁空自企。苟明大义正人心，皇道奚患不兴起。斯心奋发誓神明，古人云毙而后已"，提出为了"明大义、正人心、兴皇道"而要使"忠义填骨髓"。这两首诗蕴藏了精神能量的无限可能性，不仅赋予幕末志士"尊皇攘夷"的革命使命感和正义感，还极大地促进了樱花与神国、皇室、武士道的结合并使这种樱花形象向中下层武士及平民渗透和扩散。

佐久间象山则是幕末最著名的开国论思想家，其思想对维新前后的日本产生了巨大影响。他不仅以主张"东洋道德，西洋艺术"的开国论著称，还写下了讴歌日本两大象征——樱花和富士山的《樱赋》和《望岳赋》。前者被日本人称为"古今独步"②的名作，对樱花的特性、樱花与日本（人）的历史关联等做了"日本式的""神圣的"全面诠释。

> 有皇国之名华。钟九阳之灵和，翳列树之本尊，鲜樱枝之交加，禀妙色于自然，煌妍茂而无瑕，冠群卉而特秀，亘终古而不

---

① 藤田東湖：『正気歌』、載『水戸学集成』2（水戸学精髄）、701—703頁。
② 雑賀博愛監修：『佐久間象山集』、興文社、1942年、86頁。

差。故咏浪津于皇嗣，命开耶于邦媛，国舅忘老于染殿，王孙发感于渚院。既乃惠风微动，冲气淑清，庶草始绿，百鸟和鸣。于是红苞舒荣，飘蕊吐芬，光色炫耀，盼响丰醇，霏丹霞之晴辉，散白日之景昕，滋鲜丽于晨露，敛绚采于夕曛。……固千象而万趣，羌难得而备谭。……观斯花者，莫不爱而色悦，神感而情动。……夫何兹树之奇特，泯景响于枫汉，挺芬蕤于日域，攒壮观于神甸，资丰壤之粹泽，应皇化之炳焕，实仪光之独异，空宇内而莫先。散谱类而夷考，岂桃李之足算，乃作颂曰：贞树祓服，育神州兮。受命特立，终不流兮。莹洁无瑕，岂不可喜兮。窈窕自持，章天地兮。澹然不衒，嘉宾聚兮。帝宫神宇，无弗可兮。深林穷谷，膺天光兮。阒其无人，自芬芳兮。①

这首樱赋以超出人之正常想象和笔力的梦幻般的笔触描写了作为"皇国之名花"的樱花至善、至美、至优的形象，并使这种形象归因于日本作为"神国"和"皇国"的独特性和优越性。该赋对一般日本人而言虽然极其晦涩难懂、神秘莫测，而恰恰是这种文章形式增强了樱花的"夺造化之功"的神性及其与神国日本之间的关联，即它可以使日本人对"爱樱""尊皇"和"爱国"产生"宿命如此"的自然情感和"彼此皆如此"的一体感。从这种意义上说，《樱赋》的最大价值就在于它是一种"崇高的存在"。综上可见，《樱赋》不仅构建了樱花、神国和皇国的一体化联系，也促使这种樱花形象在明治维新前后的普及，并为近代以后的日本提供了樱花本国化的一个"经典文本"和可供考古的思想资源。

佐久良东雄（1811—1860）则是一位以樱自比，而又构建了樱花与神皇一体化联系的幕末著名尊皇主义者。他幼时出家随康哉学习《万叶集》等日本古典，被其师教导说："我虽自幼入桑门，真意唯在于求皇道隆运，为神国尽力。你好好讲究古典，当须竭力为王家，而报列圣之洪恩。"② 因为身怀满腔勤皇报国之志，他后又随平田笃胤学习国学，并与会泽正志斋、藤田东湖、藤井弘森等尊皇志士相交，坚定其彰显皇室和

---

① 雑賀博愛監修：『佐久間象山集』、83—86頁。
② 山田孝雄：『桜史』、桜書房、1941年、316頁。

日本精神的意志："大凡为人者，若不用心于忠孝二字，假令阅读万卷书籍，宁不如无学而愚直。欲立身行道，首当以楠夫子为龟鉴。"① 对于这种以尊皇为根基的日本精神，佐久良东雄以樱花为其外在象征和标志。1843年6月，他于鹿岛神宫前洁斋还俗，捐赠千株樱树苗，并改名为佐久良东雄，以示勤皇并为此英勇赴死之决意：

> 春秋开花之草木虽多，然无花可胜于此花，亦无花可比于此花，故其神名亦称木花开耶姬……明媚春日下绽放吐香之姿不合此花，而狂风暴雨下散乱之状方显一心一意为天皇尽忠壮士之赤心，此即面向千军万马，勇敢而献身之心地也。此天神当可见，地祇亦可知。此故，其不开于污秽之八十戎国，其高贵也，仅于我皇大御国、此日之本之大倭国，自神代盛开于国内各地之山野，宜哉宜哉。其乃最合吾皇大御国之花也。②

不难看出，佐久良东雄不仅构建了樱花与尊皇的绝对联系，同样也构建了樱花与"散华"——武士道的绝对联系。从这种意义上说，他是江户国学者樱花观的最忠诚的继承者。不过，与他们仅仅停留于"言辞"的思想相比，佐久良东雄还以尊皇为最崇高和唯一的"事业"，积极参与尊皇运动，最终被幕府逮捕问斩。这也正如神道家渡边重石丸（1837—1915）为其植树而撰写的碑文所述："丰苇原中国，有木云樱，而花之最美者，莫若樱花。本居翁咏樱花辉旭日之歌，发挥皇道之蕴奥，而学者喻此妙旨者鲜。常陆有伟人，曰佐久良，先生忠义之人也。先生精气原典，发而为言辞，显而成事业。所谓樱花旭日，先生岂其人乎？"③ 他过去曾咏的一首诗"若为事则为天皇，人们当应如此死"④ 恰好是其思想和人生的最好写照。可见，在以樱花表现尊皇和武士道上佐久良东雄是幕末日本做到极致的志士之一，也由此对其后日本人的樱花观念产生很大

---

① 山田孝雄：『桜史』、317 页。
② 望月茂：『佐久良東雄』、講談社、1942 年、112—113 页。
③ 望月茂：『佐久良東雄』、115 页。
④ 山田孝雄：『桜史』、320 页。

影响。① 换句话说，他所构建的以樱花、神皇与武士道三者之间的绝对联系为基础的樱花观是一种反人性、反近代和病态的观念，却在近代得到了日本政府和社会的全力支持和弘扬，并成为近代日本樱花观的主流。

随着樱花被建构为"神皇之花"作业的展开，日本作为"樱国"的自我形象和自我特征也逐渐被建构出来，而从另一个角度促进了樱花与神国日本的结合。在江户时代，樱国形象的确立是包括官方和民间在内的全体日本人共同狂欢的结果。德川家康、秀忠、家光、吉宗等幕府将军甚好樱花，曾下令在江户各处种植樱花，而参加"参觐交代"的各大名也纷纷移植各地的樱花名种至江户，以致仅当时的江户就有约250—260种樱花②；随着江户政治、经济和社会结构的变化，原本只是在权贵间盛行的赏樱活动通过浮世绘、浮世草子、谣曲、歌舞伎等通俗文艺形式逐渐向庶民普及，并渗透到其日常生活的各个领域，形成了不异于当今日本人赏花习俗的"花见"风俗，强化了日本人之间"同一时空""同一体验"的民族同一性；为了维护樱花在日本的王者地位并顺应全民化的赏樱浪潮，不少学者怀着"凡至尊者不名而知，不特帝王侯伯而已。于树花亦然。洛阳牡丹、西蜀海棠、日本樱是也。牡丹、海棠皆各有谱，余独憾樱之未也"③ 的自豪感开始编辑出版"樱谱"（如奈波道圆的《樱谱》、松冈玄达的《樱品》、坂本浩然的《樱花谱》和《长者丸樱谱》、松平定信的《樱花谱》、广赖花隐的《花隐樱花贴》等）、樱花名所指南和赏樱画册（安藤广重的《名所江户百景》、冈山鸟的《江户名所花历》、斋藤幸雄的《江户名所图会》）等各种樱类读物，为江户日本人形成对樱花的同时性体验发挥了重要作用；随着江户时代园艺技术的发展和赏樱活动的需要，樱花的品种也不断改良、进化，不仅拥有了300余种的惊人数量，还形成了普贤象、江户彼岸、丝樱等著名品种，尤其是江户后期被改良的"染井吉野"更是以其"群生""一齐开放""散落时刹那的美和梦幻"的视觉冲击使全体日本人产生了"惟有樱国有此景"的

---

① 据《佐久良东雄》介绍，曾作为特攻队参加偷袭珍珠港而阵亡、由此被称为"军神"的少校古野繁实实际上就是东雄精神的发扬（望月茂：『佐久良東雄』、351—352 頁）。
② 大貫惠美子：『ねじ曲げられた桜』、岩波書店、2003 年、109 頁。
③ 奈波道円：『桜譜序』、載松岡玄達『怡顔齋櫻品』、安藤八左衛門、1758 年、8 頁。

民族认同和优越感。显然，对日本作为"樱花国度"的自觉，就使樱花成为"欲成名则必有樱"的神社寺庙等地域不可或缺的风物①，而这也必然会促进日本人对于日本作为神国、樱花作为神国之花的自觉。从这个角度来说，樱花与日本的结合，也即意味着樱花与神国的结合。

可以说，正是江户时代樱花才被真正地构建为神国日本的象征，开始被认为对日本人具有"自足"而"神圣"的价值和意义。这种樱花形象也被近代日本所继承和发展，并使樱花真正成为全体日本人所共有的文化符号。

2. 樱花与以"物哀"为基础的日本式情绪

任何民族的文化都与风土相关。日本的风土孕育了日本文化的"独特性的侧面"即对自然、社会和人生的独特感受。佛教传入日本后，其无常观契合了根植于日本风土的古代日本人的心性并由此成为其心理基础，进而促使了日本人心性的进一步发展，逐渐形成了新的"根植于日本风土的日本人心性"："不受压抑"的真情（喜怒哀乐的种种感动和体验）表露、主体和客体的感性同一（感性的物我共振和同情）、一体两面的生死和善恶观念（相对的生死观和善恶观）。这种以"无常""感性""真情"和"相对"为关键词的文化唯一性在江户时代被本居宣长做了"比较感性的"理论化阐释。此即为"物哀"。由此，"物哀"不仅成为一个文学和审美的概念，也成为一个表征自我即区分自我和他者的政治概念。

樱花自奈良时代起就为贵族所喜好，平安中期以后也逐渐取得了独占的花王地位。根据樱花自身的性质并随着地位的提升，它开始被当成表现日本人心性的最佳风物，尤其是经过《古今和歌集》诗人、清少纳言、西行、吉田兼好等学者的樱花叙事，在江户时代以前以"无常"为基础的日本独特的樱花审美意识就已基本确立。至江户时代，这种特殊化的樱花审美意识又真正与日本国民性结合起来，而本居宣长及其诗文则代表了其中的全面转折。以此为界，江户前期的樱花意识可以说是日本传统樱花美意识的延伸，松尾芭蕉则是其中最重要的叙事者。江户中期则以与谢芜村、本居宣长为代表，后者又全面构建了樱花与日本国民

---

① 大貫恵美子：『ねじ曲げられた桜』、110頁。

性即大和魂的联系。江户后期则以小林一茶、小野兰山、香川景树为代表，虽然仍在传统樱花观的世界内建设樱花与"物哀"的美学图式，却促进了樱花与日本精神的进一步结合。

松尾芭蕉可以说是西行法师的忠实追随者，又对樱花与日本人心性的关系做出了新的解释。他对奉献一生于旅途和歌道而探得歌道奥义的西行十分敬服和憧憬，不仅两次造访吉野，还以不畏雨打日晒甚至不惜生命的旅行周游日本各地，欲以此探究俳谐之道的极致。1684 年，他开始了第一次吉野之旅（非樱花盛开季节），其间遇到多年未见的好友，咏下了一首著名的樱花诗："活于你我两生命，生生不息樱花哉。"① 这首诗不仅以生生不息的樱花暗示了芭蕉与朋友的心意相通，也暗示了与其仰慕的爱樱诗人西行的相通，甚至是日本人之间因为樱花而建立的同一性。在此，樱花被看成贯通主体之间内在联系的重要桥梁。1688 年，芭蕉在樱花盛开的季节第二次造访吉野，随着对道之认识的加深，而对眼前的樱花美景产生了不同于第一次的特别感受。

> 为吉野之樱驻足三日，面对拂晓、黄昏之景色，"有明之月之哀"等，迫于胸而充于心。时而为摄政公之咏（按：往昔谁植樱之种，春日吉野成樱山？）所夺心，时而迷于西行之"折枝"（按：去年吉野山，折枝成道标。寻花未尝见，今改旧时路），时而为安原贞室之"这是这是"（按：这是这是，惟能言如此，花之吉野山）所打动。我欲语却无言，唯闭口不语，亦甚觉憾也。故虽有吟咏秀句佳诗之风流意气，至此索然无兴也。②

在此，芭蕉因赏樱而产生的"迫于胸而充于心"的"有明之月之哀"等万千感慨，就是他此前经过家乡伊贺上野时所咏诗歌"令我思万般，惟有樱花哉"③ 所说的"思万般"，也即著名俳谐大师安原贞室（1610—

---

① 松尾芭蕉：『甲子吟行』、『日本古典全集・芭蕉全集前编』、日本古典全集刊行会、1926 年、81 页。
② 松尾芭蕉：『卯辰纪行』、『日本古典全集・芭蕉全集前编』、93—94 页。
③ 松尾芭蕉：『卯辰纪行』、『日本古典全集・芭蕉全集前编』、90 页。

1673）面对无上樱花美景时无言以对的"这是这是"的具体化。这种"日本式的"不受任何抑制的万千感慨，也即所谓的"物哀"，其哲理依据则是此前芭蕉所主张的主客体同一的"风雅之道"："西行之和歌、宗祇之连歌、雪舟之绘画、利休之茶道，其贯道者一也。然风雅之道者，随造化（按：自然）而友四时。所见无不是花，所思无不是月。所见非花时，等同夷狄；所思非花时，类于鸟兽。故应出夷狄，离鸟兽，随造化而归于造化。"① 显然，在芭蕉眼中，樱花不仅是一种美丽的具体存在，也是一种超越时空的精神性存在，可以使"我们"在"更深的层次"上紧紧联系在一起。这种"随造化而归于造化"的艺术观不仅为偏感性而重真情的日本人心性提供了合理的解释，也深化了樱花与日本人心性之间的逻辑联系。

虽然如此，对于认定樱花所体现的"思万般"就是日本精神，芭蕉似乎并没有足够的自觉和自信，而这可能与他对中国文化的崇敬意识和求道思想相关。在江户以前及江户前期，支配日本知识精英的主流思想仍是崇华、敬华，芭蕉也不例外。因而，他的文章不仅常常有对《庄子》等中国古典的引用，也有以日本文物类比中国风物的事例："此山（按：吉野山）比为唐土之庐山，不亦宜乎？"②"松岛扶桑第一好风景，凡不羞洞庭与西湖"③。这说明芭蕉对本国的文物仍缺乏足够的文化自信，也因此只是在传统樱花观的范围内最大可能地推进了樱花和"物哀"的关系。

到了江户中期，在传统樱花观下构建樱花与"物哀"关系的工作得到了继续推进。极度倾慕松尾芭蕉的与谢芜村、加藤晓台、高桑阑更和大岛蓼太是此时期十分重要的叙事者。与谢芜村（1716—1783）与芭蕉被并称两大俳圣，是俳谐的中兴之祖和俳画的创始人。这位在近代才被发现而被誉为咏唱了"真正的俳句"的"乡愁诗人"开创了一种具有"浪漫的青春性"的轻快而又自由自在的独特俳风。④ 这种俳风与自西行

---

① 松尾芭蕉：『卯辰紀行』、『日本古典全集・芭蕉全集前編』、86 頁。
② 松尾芭蕉：『甲子吟行』、『日本古典全集・芭蕉全集前編』、78 頁。
③ 松尾芭蕉：『奥の細道』、『日本古典全集・芭蕉全集前編』、109 頁。
④ 萩原朔太郎：『郷愁の詩人・与謝蕪村』、小学館、1946 年、14 頁。

以来就一直占据文学主流并为松尾芭蕉继承和发扬的基于无常观念的幽玄式诗风形成了鲜明的对比,因而又被认为是一种"与奈良朝时代的万叶歌境有某种共通性"① 即具有日本古典趣味的诗歌风格。从这种意义上说,与谢芜村和松尾芭蕉的诗歌可以认为是立足于所谓"本质的"和"本然的"人类诗情②的"日本式情绪"的不同表现。芜村的独特俳风也充分体现于其浪漫、自由而又明快的樱花叙事中。

> 芳菲散尽春将去,樱花逡巡迟迟开。
> 醉赏樱香客忘归,美人几分腹减却。
> 三更有梦手为枕,发间插满樱花哉。
> 红日海上照我来,映日山樱别样红。
> 人间鸣黄鹂,山樱竞绽放。
> 远花近樱兮,吉野川自流。
> 我自独寂寥,山樱花既燃。
> 月光悄然洒向西,惹得花影步向东。
> 赏花到日暮,远离我家野道哉。
> 花香人自来,嵯峨灯四起。人去灯消时,花香犹自怜。
> 木下蹄风乎,纷纷落樱花。
> 散者樱,落者花,昨夜东风骤。
> 花落已成堆,竹筏亦演花梢哉。
> 花落无人知,已成林间寺。③

在我们看来,芜村所建构的阳光而又浪漫的樱花意象是对此前日本盛行的"幽玄式"樱花意象的补充,丰富了樱花所承载的"日本式情绪"的内容。

与芜村有密切交往的加藤晓台(1732—1792)和高桑阑更(1726—1798)都是安永・天明期(1772—1789)倡导蕉风复兴运动的重要诗人,

---

① 萩原朔太郎:『郷愁の詩人・与謝蕪村』、11 頁。
② 萩原朔太郎:『郷愁の詩人・与謝蕪村』、14 頁。
③ 与謝蕪村:『蕪村名句集』、文進堂書店、1934 年、17 頁。

第四章 "大和魂"象征的创建——以樱花和富士山为例 / 609

并由此发展了樱花和日本式情绪的关系。前者是当时名古屋俳坛的中心人物，1772年刊行《秋日》，由此成为蕉风复兴运动的先驱。晓台留下了不少有关樱花的名句，如"开花若被堵，迟樱绽放心放下""雨中樱花落，世人常思昨日盛""落落落，狂风岭上花之声""千般不舍花沉沦，岚山赏樱永圣地"等。其"花和我，我和樱，不离不弃两人影"则更是以主客体的同一宣告了樱花与"我们"及"我们的文化"之间的深刻联系。后者则是当时京都俳坛的中心人物，其爱樱之心不亚芭蕉，因而晚年曾获"花之本宗匠"的称号。他不仅留下了"樱开又樱落，吾亦愈老衰""一日不欠来赏花，无可奈何花落去""金阁寺，经历花开越菜花""樱花正落本无情，酒醉抱樱恋不舍""不逊樱花松风起，悄然已是明月夜"等诸多名句，更是自豪地宣扬"樱花盛开兮，此方和国景色哉"①，明确产生了樱花作为日本象征的高度自觉，从而接近了本居宣长等国学者的樱花意识和立场。

同样致力于芭蕉诗文注释和宣扬的大岛蓼太（1718—1787）也极力构建樱花与"日本式情绪"的关联。他曾仿效西行和芭蕉，先后出游30余次，收徒300余人，是江户俳坛的中心人物，被认为对俳坛的中兴发挥了超越与谢芜村的作用。他著有《蓼太句集》，极其尊重并发展了芭蕉所开创的"平易的炭俵调"的俳风，拓展了樱花与"物哀"的多种联系的可能性。这也正如大田南亩的《蓼太集序》所称："和歌者，国诗也。变而为连歌，为俳谐歌。……彼（按：中国）以其诗，我以吾歌，各称盈耳。"② 在大岛蓼太眼中，俳谐就是俳句诗人用来表现日本人心性的"国诗"。

　　真奇妙，独株樱木下芳野。
　　世间三日隔，举目樱花哉（或"不见方三日，世上满樱花"）。
　　夜赏樱花乎，三味线弹起，人来又人往。
　　拾一撮花瓣，白云帮我赠友人，樱花哉。

---

① 高桑闌更：『半化坊発句集』、载『日本俳書大系』第11卷（天明名家句選）、日本俳書大系刊行会、1927年、368頁。
② 勝峰晋風編：『日本俳書大系』第11卷（天明名家句選）、231頁。

早蕨爪弹间，飘落是樱花。
落者无鸟拾，樱花花正盛。①

和与谢芜村、加藤晓台等在传统樱花观下构建樱花与"物哀"关系的作业相比，贺茂真渊、本居宣长等国学者则以"樱花日本独有论"为基础，直接以樱花为日本或大和魂的象征，并试图在这种"自我语境"下建构樱花的"物哀式"文学意象。贺茂真渊用樱花表现"我心"这种独特的日本人心情，高歌"樱花开正盛，疑是天上云，心亦随此空中飘""世间万物中，'见'胜'闻'者何其多。惟有吉野樱，当是最难得""山深意外见樱花，让我心停足柄关""明媚悠闲三月（按：阴历三月）天，山樱吐香春光里"等。作为绝对肯定和倡导日本文化主体性的国学者，他对樱花与日本人情绪之间的特别关系显得极为自豪，更是想让我国之人见识"吉野山的樱花"，感叹说"祈望唐人看一看，吉野山樱花"②。不仅如此，他还以春优于夏秋冬的自然原理类比构建"樱花""日本"和"神道"的先验优越性："无时及于春，无花胜于樱，无国比于大和，无道及于神道。日本人知此而顺从天心，不知不觉而用心尽力，在盛开的樱花下赏游、唱歌。"③可见，这种"樱花日本特殊论"虽然立论荒谬，却继承了自古以来日本以"日出国"主张自我优越性的思维，同时也创建了樱花与神道等日本精神之间的联系。

本居宣长则是继西行、芭蕉后最痴迷于樱花的诗人，甚至是"樱花狂人"。他不仅在自家庭院遍种樱树，其44岁和61岁的自画像也都以山樱为主题，并自称"吉野水分神社的神赐之子"，生前还自取谥号为"秋津彦美豆樱根大人"。他一生著述樱花诗歌高达数百首，如《樱花三百首》（又名《枕山》）、《吉野百首》等。他以樱花为表现"神国日本"及其独特精神心向的独一无二的象征，尤其认为"脱尘离俗"的山樱花最好地表现了日本人独特的情感，如"花以樱为最，樱以山樱佳，尤以叶

---

① 大島蓼太：『蓼太句集』、載『日本俳書大系』第11卷（天明名家句選）、237—238頁。
② 山本饒編：『校本賀茂真淵全集』思想篇下、弘文堂、1942年、872頁。
③ 『賀茂翁家集』卷四、『賀茂真淵全集』第21卷、続群書類従完成会、1982年、100頁。

红而照、细枝稀疏相交、花繁而开者，无物可与其比类，亦不可以为浮世之物（《玉胜间》卷六）"。再如：

丝樱使人忘苦旅，顺道赏花树荫下。（《菅笠日记》）
冷冷涧谷深，披荆斩棘终可入。多武山樱花，别样花色惹人怜。（《菅笠日记》）
为何心为此花惑，明明我非樱之亲。（《枕山》）
看花折枝插满头，整日赏花百不厌，如此樱花犹如何。（《枕山》）
每逢春至樱吐芳，必去赏花三月里。流连美景几忘归，惟感吾神之奇恩。（《枕山》）
我心无休累不止，春乃樱之奴。（《枕山》）
春来花开八千种，其中樱花独称王。宜故古来兮，呼樱而为花。（《枕山》）
世间无物可比兮，春日樱花香满天。（《枕山》）
樱花虽不显深色，千般浸染我心哉。（《枕山》）
引得天照出岩户，朝日吐芳山樱花。春日多有趣，樱花正盛时。（《铃屋集》卷三）

与贺茂真渊一样，本居宣长对吉野山的樱花也有特别的情感，并以之为日本的自豪。因此，他也咏唱说："祈愿唐人看一看，日本花盛吉野山。"他如此追求与樱花的同一化，是因为在他眼中樱花即是大和魂的象征，因而爱樱就是爱日本、爱大和魂。这种情感的最好诠释就是其晚年的自画像："人问敷岛大和心，香吐朝日山樱花。"

由上可见，两人关于樱花的明确的自我特征化叙事体现了江户日本樱花认识的重大转折。它不仅全面地建立了樱花与日本精神的关联，也确立了日本人通过具体而有形的樱花进行统一的"日本精神体验"的可能性和路径。也就是说，它不仅使樱花成为一个可以承载"日本式情绪"的具体存在，也使其成为一个可以承载武士道、神道等日本独特精神的具体存在，并使基于这种观念和逻辑的大和魂具有了外在的象征和表现，从而更容易被民众接受和认同。

在江户后期，良宽、小野兰山、小林一茶、香川景树等著名诗人则从不同的侧面继续推进着构建樱花与日本式情绪的文化图式的工作。无论他们对通过樱花所表现的情绪有无作为日本式情绪的自觉，都不妨碍其对这种文化图式的建设和完善。

良宽（1758—1831）是江户后期著名的曹洞宗僧人兼诗人，晚年尤爱《万叶集》，形成了独自的正直而纯真的"万叶调式"歌风。他亦用樱花表现自己独自的"枯淡"境地，留下了不少著名的樱花诗歌，如"樱飘落，残樱亦终落""迄至白雪飘无垠，满天飞舞唯樱花""吾命若不死，又可逢春至，此园花盛开"等。

小野兰山则是江户本草学的集大成者，其代表作《本草纲目启蒙》（48卷）作为本草百科事典，被认为是江户时代内容最充实的药物研究书。因为本草学的杰出成就，他被西博尔德称为"东洋的林奈"。或许是研究植物的关系，他写下了不少描写各类樱花姿态的诗歌，如"山樱一味开，白花日增吉野春"（《花鉴》）"一重嫩木樱，正月到秋季，花开不歇真稀奇"（《花鉴》）等，丰富了樱花与日本人心情的关联。

小林一茶（1763—1827）是江户后期的俳谐巨星。他境遇不佳，感情曲折，却性格坚韧。这种特别的生活经验造就了他既不同于芭蕉派的闲寂，又不同于贞德派的诙谐的人道主义的俳句风格，由此被周作人评价说："他的俳谐是人情的。"他亦用樱花尤其是凋零的樱花来表现他对人情的体验和感悟，丰富了樱花的"物哀式"文学意象。如：

> 为死快准备准备，相催樱花哉。
> 佛亦调头面向此，全是樱花故。
> 岁月催人老，樱开亦唠叨。
> 让人忘记旧时光，樱花盛开时。
> 流连不愿归，樱花落木屐。
> 樱花何不足，散落急匆匆。
> 樱花随风飘，吹飞亵衣汗。
> 樱花独自开片隅，物欲横流浮世中。
> 樱花落无痕，日没往生寺。
> 花落如吹雪，我着泥草鞋，花下悠然过。

如此活着不思议，花阴独思量。

深受小泽芦庵（1723—1801）歌论影响的著名诗人香川景树（1768—1843）则提倡和歌"自然成调"，主张"今世之歌当用今世之词，当有今世之调"，不仅对日本中世的传统歌学做了否定，也对贺茂真渊的复古主义歌学和古代精神复活的主张做了否定。他认为，和歌应忠实地表现根植于天地自然的人本来所有的真情和诚，从而开创了重视纯粹感情的"桂园派"。其门生约1000余人，歌风亦由此对江户后期的歌坛产生了巨大影响。可以说，他虽然反对贺茂真渊等提倡的复古主义歌学而强调和歌的时代性，却在和歌应当表现人之真情的功能论上与其无本质区别，反而从另一个角度论证了和歌表现"日本式情绪"的可能性，还可以排除"复古主义"可能造成的负面效应。事实上，香川景树和歌论的重点在于随时代变化而变化的特殊美，而不在于贺茂真渊所强调的古典性的绝对美。从这种意义上说，两者实际上构成了一种互为补充、互为促进的关系。他有关樱花的和歌亦充分体现了其歌学主张，如"春日有限不停息，落樱飞舞向蓝天""当时共我赏花人，点检如今无一人。故乡樱花开正盛，今朝有谁可相邀？""樱花散去人尽离，不闻不问是世人，其似有心实则无"等。

总之，自从贝原益轩等宣称樱花为日本独有、贺茂真渊和本居宣长等明确樱花为大和魂的象征后，日本自古以来以及此后通过樱花而表现的一切情绪都可以被视为具有历史连续性的"日本精神"，并由此获得历史的合法性和正当性。显然，这种樱花与日本精神的唯一性关系的建立不仅使江户日本以樱花构建主体性和同一性的作业成为可能，并为这种作业奠定了广泛的社会基础。

3. 樱花与武士道

对日本人来说，樱花与武士道具有可以类比的经验和客观基础。樱花尤其是成规模的樱花盛开之时，繁花似锦，云蒸霞蔚，极尽绚烂；凋谢之时，繁花漫天飞舞，落英缤纷，极尽浪漫。因此，樱花的盛开和凋零都被认为是一种美的极致，正好可以拿来写照整天与刀弓相伴的武士们的人生和死亡。由此，樱花也就被认为是最能表现日本人武士道精神的文化符号。

在江户时代以前，樱花与武士道并没有确定的关联，即便有所联系，亦只是零碎的、断片的联系。这不仅因为武士道在此前仍不是一个确定的概念，也因为樱花承载的主要是贵族式的"风花雪月"的文学内涵和意义。可以说，樱花与武士道的确定性意义关系是江户日本乃至近代日本被不断建构的产物。在江户时代，对樱花与武士道的意义关系建构发挥重要作用的则是《义经千本樱》《假名手本忠臣藏》《叶隐闻书》，本居宣长、赖山阳、幕末志士等人的著作和具有强烈民族主义思想的学者。

以樱花的固有性乃至日本独有性主张日本的独特性是江户时代以后不少日本学者的共同做法。然而，促使樱花及其意义与武士产生明确联系的却是同属江户歌舞伎名作的《义经千本樱》（1747）和《假名手本忠臣藏》（1748）。《义经千本樱》（竹田出云等）以源义经、天皇制、樱花、狐狸、吉野等为关键词，建立了武士及其形象与樱花意义的一致联系。如该歌舞伎的开头所说"忠者哉，忠，信者哉，信。达勾践本意之范蠡功成名遂而身退。……时兴皆白旗，而武威益盛也"①，旨在颂扬似于我国范蠡的源义经的"忠信"之举。因此，该剧不仅极力塑造了此后被日本人热捧的源义经及其家臣武藏坊弁庆、佐藤忠信、佐藤继信等"舍生忘死、武勇、忠信而重名誉"的武士形象，而且基于"忠诚"的观念确立并宣扬了"死亡"的正当性意义和价值，并暗示武士统治的合法性源泉乃是天皇的"神授"。不难看出，经过《义经千本樱》的有关叙事，樱花作为文化符号的意义发生了很大的变化，即樱花除了具有承载传统的"日本式情绪"的意义外，还开始被赋予承载前述武士精神的意义和内涵。

《义经千本樱》虽然初步构建了樱花与武士的意义关系，然而，该剧关于樱花的直接论述却甚为少见，初演的舞台亦没有以灿烂盛开的樱花为背景的场面②，故该剧也被称为"无花的千本樱"或"无花的吉野"。因此，其意义关系的建立在很大程度上是观众对"吉野山、樱花、武士"

---

① 三島才二編：『日本戯曲名作大系院本正本』第1卷、聚芳閣、1925年、1頁。
② 虽然现行"文乐"和"歌舞伎"的《义经千本樱》的第四段"道行初音旅"和"河连法眼馆"之幕采用了樱花盛开的背景，然而该剧的初演剧本全段都没有描写樱花盛开的场面。这是由于该剧描写吉野山的部分均不是樱花盛开的时节。

三者关系的一体化联想，故它对樱花与武士意义关系的确立所发挥的作用并没有随后的《假名手本忠臣藏》那样明显。

《假名手本忠臣藏》（竹田出云等）以元禄赤穗事件（1701—1703）为主题，描绘了47位赤穗武士为了给主君浅野长矩报仇，忍辱负重，最后杀死仇敌，随后受命全体剖腹自杀的故事。这部歌舞伎是江户时代构建樱花与武士的意义关系并宣扬这种关系的最有影响力的文本。该剧大力倡导"花唯樱花，人唯武士"[1]，宣扬作为日本极致的武士道与樱花的绝对一体关系：武士及其所体现的绝对忠诚观念、武勇、"洁死"等精神应当为日本人的最高理想和典范，而"美丽地盛开"和"美丽地凋零"的樱花则是武士及其精神的投影和象征。该剧大力赞扬赤穗四十七士及其复仇行动，认为他们是体现了具有"忠""武勇"等武士精神的"好武士"的典范，"虽有佳肴，弗食，不知其味也。国治而好武士之'忠'，'武勇'虽隐而不见，然就如星星不见于白昼而至夜晚才纷纷出现般，即使此'假名书'之太平时代之政，忠义之武士必当存在"[2]，尤其定义和提升了"有价值的死"的绝对意义和价值，认为忠诚于主君的"死"是作为武士的最有价值的生命终结方式，即所谓"若为忠义可舍命，因子故舍父母心"[3]。例如，该歌舞伎设定了浅野长矩切腹自杀时樱花美丽凋零的场景，以"洁散"的樱花喻指武士追求的"洁死"精神，并由此对这种死亡做了绝对的美化。显然，该剧宣扬了一种绝对的忠诚观念和"绝对的""有意义的"人生和死亡的概念，尤其是以樱花凋零的美类比"死亡"而对其做了极端的美化，由此使樱花成为歌颂武士不惜生死、忠于主君的"武士道美德"的一种美学符号：武士都应像樱花般美丽地开放而又美丽地凋零，这样的人生和死亡才是最有价值的，而且应当成为全体日本人的理想。

显然，通过《假名手本忠臣藏》的唯美演绎，"花唯樱花，人唯武士"很快成为人们竞相传颂的谚语，而樱花不仅从展现"物哀"之美转

---

[1] 『仮名手本忠臣蔵』、載塚本哲三等編『浄瑠璃傑作集』、有朋堂書店、1917年、292頁。

[2] 『仮名手本忠臣蔵』、載塚本哲三等編『浄瑠璃傑作集』、207頁。

[3] 『仮名手本忠臣蔵』、載塚本哲三等編『浄瑠璃傑作集』、282頁。

向了展现包含"物哀"之美和武士道精神的综合体,也成为日本民族精神的重要象征。这无疑是江户时代樱花意义的一次重大转变。

本来,赤穗武士复仇行动结束后就引起了广泛的社会关注,其英勇无畏的行为也被江户百姓视为壮举。因此,赤穗事件很早就受到演艺界的关注,并被大量搬上银幕,如《倾城阿佐间曾我》(江户山村座,1703)、《倾城三车》(近松门左卫门,1703)、《曙曾我夜讨》(江户中村座,1703)、《鬼鹿毛无佐志镫》(吾妻三八,1710)、《碁盘太平记》(近松门左卫门,1710)、《忠臣金短册》(并木宗助等,1732)、《铠樱故乡锦》(江户中村座,1735)等。1748年上演的《假名手本忠臣藏》则可谓此类"忠臣藏"的集大成者,其上演不仅引起了日本的轰动,也成为此后人形净琉璃长盛不衰的一个题材,并使赤穗事件成为文学、音乐、绘画等诸多领域极受欢迎的题材,最终成为日本家喻户晓的经典故事。这对武士道的泛化及武士道与樱花关系的普及发挥了极其重要的作用。也就是说,这种平民风格的宣传形式及其强烈的情感感染力可以使日本民族的各个阶层迅速形成一种名为"大和魂"的独特审美观念。

可以认为,《假名手本忠臣藏》所宣扬的绝对忠诚观念和死亡观念是《叶隐闻书》(1716)所提倡的武士道的进一步发展和应用。"叶隐"顾名思义即是"在目不可见处为主君舍身"的意思。该书主张"所谓武士道,就是发现死亡"的"死的觉悟(omoisi)"的武士道观,以忠于主君为武士"生死"的绝对判断标准,"无论山奥土下,生生世世守护主人之心乃锅岛武士之觉悟、吾等之真髓"。在该书作者山本常朝生活的时代,武士形成了这样的常识:被主君认可的切腹——"殉死"则意味着名誉,而追腹则意味着"犬死"。因此,自己从小服侍的佐贺藩主锅岛光茂去世后,山本常朝曾产生了"殉死"的觉悟,又因光茂生前颁布了"追腹禁止令"而令他十分紧张不安。由此,他提出了取代"追腹"的"思死(omoisi)"的概念,以"守护主人之心"为武士的最高觉悟,提出了为主君效忠而"果断地死、毫不留恋地死、毫不犹豫地死"的武士道生死观。基于这种超越了"生死"的武士道美学思维,他对赤穗武士的复仇行为做了价值和程序性的评判。山本常朝虽然十分赞赏被称为"义士"的赤穗武士的复仇行为,却也对其行为的某些瑕疵做了批评:"浅野浪人夜晚复仇后,没有在泉岳寺切腹,过错一也。又,为复主君之仇而讨敌

第四章 "大和魂"象征的创建——以樱花和富士山为例 / 617

之事却再三拖延也。其时若吉良病死,则遗憾万千也。上方人虽有小聪明,也善于做出令世人夸奖之举,却不能像'长崎喧哗'的浪人那般毫无思虑地立即复仇"①。显然,这是在鼓吹一种"极为干净的"生死,而它恰恰为其与美丽开放和美丽凋零(洁散)的樱花形象的结合提供了最大限度的可能性和一致性。

此后,本居宣长则以"人问敷岛大和心,香吐朝日山樱花"等樱花叙事建立了樱花与大和魂具有完全一致性意义关系的文化图式,而使武士道成为与日本式情绪、神道等并列的日本精神的核心内容。它们由此都被认为是符合"日本的风土和人情"的内部产物,并被纳入统一的大和魂的概念范畴。在本居宣长看来,作为大和魂之根本的武士道乃是立足于去掉了虚伪和虚假的"汉心"的"人与生俱来的真心",而它恰恰是日本自古以来就极为看重的"大和心":"想吃好东西,想住好房子,欲得财宝,想被人尊敬,欲长生,皆人之真心也。然以此皆为恶事,而以己不愿之事为重,全然不欲而显不愿之脸色者多存于世,乃是那个令人讨厌的虚伪也。"② 显然,通过对他认为的"那个令人讨厌的虚伪"的儒教道德的批判,本居宣长就对以武士道为核心的大和魂做了自我正当化和历史合理化的处理,并使武士道精神及其实践成为一种基于日本人"真心"的自然情感,同时又是全体日本人都会基于主体意识而尊奉的实践道德。从某种意义上说,这种樱花叙事为武士道与樱花意义关系的结合及其传播提供了学理的基础,也为后世学者重构樱花与武士道的关系提供了理论依据和思想资源。例如,新渡户稻造就视武士道为大和魂的同义语,他自豪地说:

> 武士道最初是作为优秀分子的光荣而起步的,随着时间的推移,成了国民全体的景仰和灵感。……"大和魂"终于发展成为岛国帝国的民族精神的表现。……本居宣长在吟咏"如何问什么是宝岛的大和心?那就是旭日中飘香的山樱花!"的诗句时,表达了我国国民未说出的心里话。的确,樱花自古以来就是我国国民所喜爱的花,

---

① 山本常朝:『葉隠』上、三教書院、1937 年、31—32 頁。
② 『玉勝間』、『増補本居宣長全集』第 8 巻、吉川弘文館、1926 年、121 頁。

是我国国民性的象征。尤其请注意诗人所吟咏的"旭日中飘香的山樱花"一句。①

折口信夫（1887—1953）亦为其因战争去世的养子赋诗，高歌樱花与日本人之间的同一性："为战而逝兮，可怜吾爱子。此故今年樱花落，寄吾哀思为君悲。"（《竟未还》）

可以说，这种以樱花为大和魂象征的樱花观实现了樱花与民族主义的紧密结合，不仅为其后樱花与武士道的全面且自由的结合扫清了"障碍"，也被本居宣长的门人和幕末志士所继承和发扬。他们不仅更加强调樱花"洁散"的象征意义——为了国家和天皇尽忠（洁死），还使原先向主君的忠转向对天皇这一特定对象的忠诚。面临18世纪末的对外危机，作为本居宣长的继承者——大国隆正以其敷岛歌为基础，咏唱"人问敷岛大和心，吓破外国敌人胆""人问敷岛大和心，若为吾君不顾身"② 等极具煽情的和歌，呼吁日本人应当具有不畏外敌而自行培养为天皇舍生忘死的"大和魂精神"。

继本居宣长后，对推进樱花与武士道意义关系的确立发挥重要作用的是江户后期的著名历史学家兼诗人赖山阳。他不仅是江户时代孝顺父母的典范，同时也是践行尊皇爱国民族主义的典范。他先后完成《日本外史》《日本乐府》《日本政记》等著作，极力歌颂日本"万世一系"的天皇统治，以此显示"国体的精华"和相对于中国的优越性："日出处、日没处，两头天子皆天署。扶桑鸡号朝已盈，长安洛阳天未曙。嬴颠刘蹶趁日没，东海一轮依旧出。"③ 他还极力赞颂因勤皇而提倡"七生报国"的楠木正成的忠义观："摄山逶迤海水碧，吾来下马兵库驿。想见诀儿呼弟来战此，刀折矢尽臣事毕。北向再拜天日阴，七生人间灭此贼。碧血痕化五百岁，茫茫春芜长大麦。君不见君臣相图、骨肉相吞，九叶十三世何所存。何如忠臣孝子萃一门，万世之下一片石，留无数英雄之

---

① [日] 新渡户稻造：《武士道》，商务印书馆1993年版，第91—92页。
② 大国隆正：『大和心・異本』、『増補大国隆正全集』第3卷、国書刊行会、2001年、194頁。
③ 賴山陽：『日本楽府』、丁子屋栄助、1870年、1頁。

泪痕。"(《谒楠河州坟有作》)① 在他看来，日本刀和樱花皆体现了这种尊皇和忠义的武士精神，因而他赋诗高喊：

> 君勾践，臣范蠡。一树花，十字诗。南山万树花如雪，重埋銮舆无还期。蠡也自许亦徒为，谁使越王忘会稽。吴无西施，越有西施。
>
> 筑海飓气连天黑，蔽海而来者何贼？蒙古来，来自北，东西次第期吞食。吓得赵家老寡妇，持此来拟男儿国。相模太郎胆如瓮，防海将士人各力。蒙古来，吾不怖。吾怖关东令如山，直前斫贼不许顾。倒吾樯，登虏舰，擒虏将，吾军喊。可恨东风一驱附大涛，不使膻血尽膏日本刀！②

由此建立了"日本刀"与樱花的密切联系：它们都是武士道精神和尊皇攘夷思想的象征。不难看出，赖山阳基于民族主义观念所构建的樱花和日本刀的一体性关系，以尊皇和忠义为宗旨，不仅成为幕末尊皇攘夷思想的强大催化剂，也对同时代及其后的知识分子和民众产生了巨大的影响。③

至幕末，随着对外危机的迫近，日本文人志士的民族主义情绪也日益高涨，他们遂大力提倡尊皇思想和"忠义、武勇、洁死"的武士道精神，不仅以樱花及其象征的大和魂作为构建民族身份的根本元素，而且以"洁散"的樱花表现"为天皇或国家不惜生死"的所谓"散华"的武士道美学精神。在这样的历史和文化背景下，幕末志士和知识精英一时展开了关于樱花与武士道或大和魂之密切关系的集中论述。

月性咏《闻下田开港》，"七里江山付犬羊，震余春色定荒凉。樱花不带腥膻气，独映朝阳薰国香"，以樱花为大和魂的象征，并借樱花表示"攘夷"的决心。桥本左内咏唱《樱花三首》，其中两首——"帝制人间

---

① 赖襄：『山陽詩鈔』、石塚松雲堂、1897年、6—7頁。
② 赖山阳：『日本樂府』、17—18頁。
③ 例如，桥本左内在狱中赠给吉田松阴的汉诗就有"想看痛饮京城夕，扼腕频睨日本刀"（『橋本景岳全集』下卷、1181頁）的诗句。

第一芳，玉英琼瓣耀扶桑。残阳风动莺笙碎，丽日云温蝶梦长。色带清芬知国色，香兼融冶即天香。密枝层影不曾俗，个处此花真是王。""畴夺天孙云锦纱，散成芳林岭头霞。温容已异伪君子，寒态脱来真大家。寄身末路武臣嗟，警句一联忠士志。知君美爵元非僭，尝护往时皇帝车。"[①]——用樱花彰显尊皇和忠义的武士精神。黑泽忠三郎（1840—1861）高唱《绝命诗》："呼狂呼贼任他评，几岁妖云一旦晴。正是樱花好时节，樱田门外血如樱"，以樱花表现武士慷慨赴死的忠义精神。久坂玄瑞（1840—1864）作《应天正气歌》："春雪压城鸥尾高，白旗骢马振荣戟。忽见暴风卷雪暗，雷霆落地声霹雳。青龙出没紫丹迸，高呼云际贼首攫。呜呼十四夜雪上已雪，上帝暗助大义成。千岁芳名何愍灭，男儿颜与樱花明。四十七士既已邈，海内艳说十七名。君不见搏浪铁椎尚方剑，蹉跌终难抑贼焰。又不见翟义敬业徒切齿，胡诠椒山空愤死。九天九地渺茫际，日出处生此烈士"，呼吁"日本男儿"当如樱花飘落般为皇国尽忠。高杉晋作咏《樱山七绝》[②]——"落花斜日恨无穷，自愧残骸泣晚风。休怪移家华表下，暮朝欲拂庙前红。"——以"落花"等喻指自己无力报国的遗憾，而以"移家华表下"等表示对忠义报国之士的祈祷和祝愿。吉田松阴则高唱"樱花风韵百花王，一朵犹看杨国香。七道五畿春色遍，丹心人孰映朝阳"（《狱奴以樱花一枝为赠有感》）、"纵使身朽武藏野，生生不息大和魂""虽知斯为必致斯，不得不为大和魂"等流行一时的名歌，呼吁赤胆忠义之士当像樱花般发扬"大和魂"。佐久间象山作被称为"千古绝唱"的《樱赋》——

  有皇国之名华。钟九阳之灵和，翳列树之本尊，鲜樛枝之交加，禀妙色于自然，煌妍茂而无暇，冠群卉而特秀，亘终古而不差。故

[①] 橋本左内：『橋本景岳全集』上巻、景岳会、1939 年、1283 頁。
[②] 1890 年，他的生死好友伊藤博文也咏《樱山招魂场志感》，盛赞樱花与大和魂的一体化关系："樱山枕碧海，四面群围囷。气象万千变，朝岚夕夕霏。回忆当年事，涕泗暗沾衣。外寇犯边海，内讧迫禁闱。天下如乱麻，王道叹式微。长防弹丸地，率先杨义旅。破敌于四境，扫贼于京畿。剑光如电闪，炮弹如雨飞。民倾产不顾，士视死如归。邦君王佐器，精忠排群讥。勤王循祖训，正气为发挥。一朝遭国难，上下识所依。断行鬼神避，先天天不违。皇政终复古，赫赫仰天威。草木欣荣色，日月生光辉。呜呼忠义士，功烈何巍巍。英灵聚此土，众目俱瞻眎。芳名万万古，长与樱花霏。"

第四章 "大和魂"象征的创建——以樱花和富士山为例 / 621

咏浪津于皇嗣，命开耶于邦媛，国舅忘老于染殿，王孙发感于渚院。既乃惠风微动，冲气淑清，庶草始绿，百鸟和鸣。于是红苞舒荣，飘蕊吐芬，光色炫耀，胗响丰醇，霏丹霞之晴辉，散白日之景烁，滋鲜丽于晨露，敛绚采于夕曛。……固千象而万趣，羌难得而备谭。……观斯花者，莫不爱而色悦，神感而情动。……夫何兹树之奇特，泯景响于枫汉，挺芬葳于日域，攒壮观于神甸，资丰壤之粹泽，应皇化之焕焕，实仪光之独异，空宇内而莫先。散谱类而夷考，岂桃李之足算，乃作颂曰：贞树袾服，育神州兮。受命特立，终不流兮。莹洁无瑕，岂不可喜兮。窈窕自持，章天地兮。澹然不炫，嘉宾聚兮。帝宫神宇，无弗可兮。深林穷谷，膺天光兮。阒其无人，自芬芳兮。①

以深山不为人知而美丽凋零的樱花自喻，表达了自己的忧国之至情和勤皇忠义之志；又闻《樱赋》被天皇所览，"不胜荣幸，庆喜之至"而作五首绝句，其一为"樱花颂上紫云霄，荣幸何人能得超。皇国多年有萧统，选中亦自不寒寥"②，充分表现了自己所致力于构建的樱花与尊皇忠诚观之间的绝对联系。

毫无疑问，幕末志士尤其是吉田松阴和佐久间象山的樱花观念极大地促进了"落樱（洁散）""死亡（洁死）"和"大和魂"的结合，尤其是他们对"樱花式的死亡"做了进一步的美化，使其成为一种日本式的武士道美德。这种观念不仅对同时代的志士产生了巨大的影响，也被明治日本所继承和发扬，并使"为了天皇、国家而像樱花美丽凋零般地英勇赴死"这种原本盛行于幕末武士间的道德要求成为全民族的道德理想和规范。而当这种以死亡为美的思维方式与狭隘的民族主义及扩张政策相结合之时，它就变成了在无视他人生命价值的同时也那样对待自己生命的疯狂信念，变为矛盾而又统一的虐杀狂和自虐狂式的精神统制。

---

① 佐久間象山：『桜賦』、載雜賀博愛監修『佐久間象山集』、興文社、1942 年、83—86 頁。

② 佐久間象山：『桜賦』、載雜賀博愛監修『佐久間象山集』、123 頁。

四 小结

在江户时代以前，日本人对樱花形成了特别的情感。而自江户时代起，樱花又开始被认为是事关主体和自我成立的一个标志性元素。这种意识的产生最终使樱花及其意义朝着成为日本或大和魂象征的方向发生着改变。这就是说，在江户时代围绕樱花的诸多事项发生了巨大的变化，如樱花的公共化（国土化和赏樱习俗的平民化）、日本独有化、樱花意义的自我特征化等，而这些变化则有力地促使樱花从"花王"的序列性概念和地位逐渐转向作为民族象征的"国花"的文化性乃至政治性概念和地位。

自江户时代起，樱花品种被不断改良、进化，同时也被大量栽种于庭院、路边、寺社等公共空间，以致一到春天，整个日本国土就形成了"繁花似锦如云霞，落英缤纷似吹雪"的壮观图画，对全体日本人造成了巨大的心理和视觉冲击。尤其是在江户末期，随着作为江户彼岸和大岛樱的杂交种的"染井吉野"的开发和普及，使日本各个阶层之间最终确立起"花即樱花"的认识。与此同时，随着樱花的国土化和小金井、向岛、上野、樱川等赏樱名所的建成，赏花活动已不再是皇亲贵族的特权，而是逐渐向庶民扩散，成为日本各个阶层共通的一项传统民俗活动。由是樱花及赏花活动的日益"公共化"不仅对樱花在日本的定位提出了新要求，也为被重新发现的樱花及其意义的普及奠定了坚实的社会基础，进而使樱花文化共同体的成立成为可能。

与樱花的公共化相呼应并基于以樱花建构民族身份的自觉，贝原益轩、新井白石、本居宣长等不少学者开始了论证樱花为日本独有的作业。虽然他们间或有人提及了朝鲜、西洋，却都是借助所谓文献学的考察或证言等认定其不存在樱花，更多的则是无视朝鲜、西洋等国家的樱花实情。因此，他们论证樱花为日本独有的逻辑基础实际上是一种与中国差异化的思维，即只要证明中国没有樱花，就能说明樱花为日本独有的"事实"。而且，这种论证也并非以中国樱花状况的实际事实为依据，完全是基于"虚假的风传"和"有限的、选择性的文献"分析的结果。可以说，这种樱花日本特有化的叙述即便脱离了事实，或者说具有其自身无法克服的先天性缺陷，却可以借助"我们认为"的民族主义思维掩盖或弥补其缺陷、错误，进而为其提供正当性和合法性的依据。

樱花日本独有化的叙事实际上也是使樱花被植入民族、国家这一共同体的作业，即通过各种"言说"的演绎使樱花成为日本和大和魂的象征。更具体地说，它是使樱花从"被欣赏的风景"到"精神家园"、从客体到主体的宏伟叙事。毫无疑问，这一过程也伴随了樱花意义的重构，衍生出名为"大和魂"的日本独特的美学思想、价值观和生命观，即樱花被赋予神道精神、日本式情绪、武士道等日本精神载体的象征意义。显然，樱花和大和魂的结合不仅使樱花成为既矛盾又统一的"生"和"死"的象征，也对"暴力"和"死亡"做了"美学化"的处理，以致近代以后樱花最终被塑造为有着充分"自足性"和"正当性"的皇国之花、军国之花和靖国之花。

毋庸置疑，江户日本塑造樱花为日本和大和魂象征的思维及其象征意义都被近代日本所继承，不仅如此，樱花及其象征意义还在近代被进一步地绝对化和自我化（国华化），以致被军国主义者所利用，导致近代乃至当今日本人形成了对樱花的绝对信仰和归附。

第二节　大和魂与富士山

在现代，富士山作为与樱花同等的日本或大和魂的重要象征，被日本人称为"圣岳"，在日本人心中有着崇高和神圣的地位："富士山是理想化了的日本人的姿态，是品格高尚的神的容貌。"[1]"所谓象征是指一个标志，即是说由此可以如实地知道国家本身或国民结合的实际形态。一看到富士山就知道美丽的日本国，一见到樱花就知道平和安详的日本春天，大致就是那个意思。"[2] 不仅如此，如同2013年富士山申遗时的注册名称"富士山——信仰的对象与艺术的源泉"所示，日本人也极力向世界推广富士山作为日本重要国家象征的形象并使之被世界各国所认识。然而，富士山成为日本或大和魂的象征，是江户时代以后富士山及其形象被不断发现或重构的结果。换句话说，它作为日本象征的形象在很大

---

[1] 青弓社编辑部编：《富士山与日本人》，第4页。
[2] 宪法普及会编：『新しい憲法・明るい生活』、憲法普及会、1947年、第2頁。

程度上是江户时代以来日本民族主义意识的产物。

富士山作为日本国内第一高峰，原本就具有成为日本象征的潜质。在江户时代以前，富士山就被视作神山、灵峰而被加以特殊化对待。基于这种对富士山的特别情感和认识，江户日本重构了富士山作为日本精神象征的意义和价值。

一　江户以前的富士山——被特殊化的神山、灵峰

富士山是日本国内最高峰，又作为活火山在历史上频繁喷发，因而自古就被赋予了特殊的象征意义。其名称除"福慈岳""芙蓉峰""富岳"外，亦有"不二山""不尽山""不死山""不二的高岭"等，表示它在日本是一座无与伦比、独一无二的神山、灵峰。

富士山被神圣化，依赖的是道教神仙思想、其自身的神秘性、宗教信仰（本土信仰及佛教信仰）三大路径或理据。由此，富士山自古也相应地形成了"神仙游萃之所（仙山）""神秘莫测的灵山""被信仰的神山、净土"等神圣的形象。或者更准确地说，三者的合力共同塑造了相互交叉而又相互缠绕的富士山的神圣形象。

随着富士山的神圣化和自然环境的变化，它与日本人之间的时空距离也随之发生了明显变化。尤其是中世以后，随着登山运动和富士信仰的展开，富士山逐渐从被畏敬和远眺的对象转为可亲近和体验的对象，并最终从一个外部的存在转换为可以"表征自我"的内部存在。毋庸置疑，在江户时代以前，富士山形象的转换仍停留在第一阶段，也即并没有完成从"自然风景"和"被信仰的对象"到引发日本人"乡愁（nostalgia）"的"精神家园"的转变，因为文人们对它并没有产生作为大和魂象征的明确自觉。至江户时代，随着民族意识的高涨，文人们才基于此前被神圣化和特殊化的富士山形象重构了它作为日本民族象征而对于日本人身份建构的意义和价值。

（一）富士山的神圣化与特殊化

在古代，富士山作为日本国内第一高峰，又作为活火山，具有与日本其他山峰不一样的"不可测知"的独特自然特征，例如不定期地喷火

或喷烟①、山顶常年被积雪覆盖、高耸入天等。这种自然属性造就了富士山无与伦比的美景，也造就了其难以捉摸的神秘性和恐怖性。因此，就像它很早就被称为"不尽山""不二山""不死山"那般，古代日本人相信富士山具有不可思议的力量，由此"在憧憬和恐惧之间"形成了有关富士山的独特意象——神秘莫测而变幻无端，神奇而绝美的神山、灵峰。这意味着富士山及与其相关的一切事物都具有别样的神性，而"山之形""山之高""山之物（"雪""烟"等）"则被认为是其中的集中表现。

目前可见的关于富士山的最早记录是《常陆国风土记》（717—724）。该文讲述了"祖神尊"巡视各国，逢日暮而欲借宿，遭到福慈岳山神（福慈神）拒绝的故事。受拒的祖神尊十分恼怒地说："汝所居山，生涯之极，冬夏雪霜，冷寒重袭，人民不登，饮食勿奠者。"② 这段文字表明富士山"冬夏雪霜"等性格是"神"所决定的，故它对当时的日本人来说是一座"不得登临"的令人敬畏的灵山。而"夏有雪"则如"《山海经》曰：由首之山，小威之山，空桑之山，并冬夏有雪"（《艺文类聚》卷二·天部下·雪），是一座山具有灵性的重要标志。该文另一方面也说明，富士山在当时即已是朴素的山岳信仰的对象。

稍后的《万叶集》（759年左右）则收录了更多关于富士山的叙述，并从积极的角度对富士山的神性展开了无尽的赞叹和赞美。

　　天地初分时，神山立骏河，高贵富士山，直耸入苍穹。抬头遥相望，高岭在天空，丽日为遮颜，月光亦不见。白云不得行，非时飘白雪，后世永传颂，数说神高峰。（山部赤人《望不尽山歌一首并短歌》，《万叶集》卷三·317）

　　出得田儿浦，遥看富士山。真白富士巅，飞雪任沉浮。③（山部赤人《反歌》，《万叶集》卷三·318）

---

① 关于富士山喷发的最早文字记录是《续日本纪》。该书记录了781年富士山喷灰的情形："富士山下雨灰，灰之所及，木叶凋萎。"（『国史大系』第2卷（続日本紀）、経済雑誌社、1897年、665頁）其后，富士山共发生18次大喷发，最后一次则是江户时代的"宝永大喷发"（1707年），此后它即变成了休眠火山。

② 『常陸国風土記』、载『群書類従』第17辑、経済雑誌社、1894年、1113頁。

③ 这首诗后又收入《新古今和歌集》（卷六·675），而"真白"则被改为"白妙"。

甲斐骏河间，万国正中央，富士高岭兮，直耸入苍穹。天云不得过，飞鸟亦难越，燎火雪以灭，落雪火以消。说也不得言，名亦无可名，但为奇灵妙，神灵坐于此。有名石花海，堰塞成湖者，渡人富士川，其山激水成。唯此富士山，神圣镇四方，日本之守护，大和国之宝。骏河富士山，长见不知足。（高桥虫麻吕《咏不尽山歌一首并短歌》，《万叶集》卷三·319）

不尽之高岭，积雪常不消。六月望旦消片刻，入夜又飞飘。（高桥虫麻吕《咏不尽山歌一首并短歌》，《万叶集》卷三·320）

富士山岭高，敬畏留心间。天云飞到此，踌躇不前行。（高桥虫麻吕《反歌》，《万叶集》卷三·321）

欲见姑娘却无缘，骏河高岭惟独叹。相思深深意何切，恰如燃火富士巅。（《万叶集》卷十一·2695）

你我流言若纷飞，相恋不了实可惜。富士高岭燃不尽，两情久长沉心中。（《万叶集》卷十一·2697）

富士直耸入天原，与君相约柴山下。木下黄昏暗寂临，意恐今生难相逢。（《万叶集》卷十四·3355）

富士山岭间，山路悠漫漫。来会吾妹故，无吟轻身来。（《万叶集》卷十四·3356）

云霞笼富士，山麓妹所居。若我将来到，妹又叹何方？（《万叶集》卷十四·3357）

共寝时何短，恋情尔许长。犹如富士巅，鸣泽岩声扬。（《万叶集》卷十四·3358）

相逢瞬息间，难舍更缠绵。恋情如白雪，常覆富士巅。（《一本歌曰》，《万叶集》卷十四·3358 S2）

这 12 首和歌从神圣化和特殊化（民族化）的角度构建了富士山作为"神山灵峰"的性格、意象及其与日本人情感之间的关联。第一，富士山是天地开辟时就已存在的高贵而美丽的神山。这种神性首先体现于"山之高"，不仅"直耸入苍穹"，还遮日闭月、阻天云、拒飞鸟，更是"非时飘白雪"；其神性还体现于"不知时节的雪"，富士山不仅积雪常不消，六月亦是雪飘飞；其神性亦体现于神秘莫测的喷火、喷烟、喷火与飘雪的交融，造成了诸如"燎火雪以灭，落雪火以消"等无法言说的神秘和绝美之景……这种空间无限性、非时性、神秘莫测性等时空的异常性塑造了富士山的神圣与庄严，也形成了主体无法言说的绝对美景。第二，富士山是镇护大和国的神山、重宝。它诞生于"天地初分时"，是与神同在的绝对存在；它位于"万国正中央"，又是俯视四方的日本最高峰，故是万山之盟主，又是"日出之国"的镇护神和大和国之重宝。第三，富士山是寄托相思相恋之情的存在。前引的后7首和歌分别以富士山的烟火、云霞、"鸣泽岩声扬"、白雪等比喻强烈的思恋之情，使富士山充满了爱情的浪漫色彩。尤其是以《万叶集》为起点，"富士之烟（火）"不仅被认为是富士山神性的重要表现和绝美的风景，亦被赋予相思相恋的固定意象。由上可知，《万叶集》的富士山叙事说明，充满着恐怖、神秘和神圣气息的富士山自古就对日本有着特殊的意义，"有时它是信仰的对象，有时它是美的化身，有时它又是思恋的象征，它与日本人的情感紧紧地结合在一起，为人们所热爱"[①]。这意味着万叶时代的日本人以"长见不知足""敬畏留心间""后世永传颂"等复杂的心情，塑造了"憧憬与恐惧相交融"的富士山的特殊形象，确立了此后很长一段时间内日本人富士山认识的基本范式。从这种意义上说，《万叶集》构成了日本人富士观的原型，对古代富士山及其形象的特殊化有着奠基性的作用。

与《万叶集》关于富士山的零散叙述相比，平安前期的著名汉诗人都良香（834—879）的《富士山记》则系统而全面地构建了有关富士山神性的认识图式，因而被称为"富士山信仰的原典"。该文不仅记载了证明富士山神性的诸多传说，还对富士山及与其相关的事物做了极尽可能的神圣化和特殊化描述。

> 富士山者，在骏河国。峰如削成，直耸属天，其高不可测。历览史籍所记，未有高于此山者也。其耸峰郁起，见在天际，临瞰海中。观其灵基所盘连，亘数千里间。行旅之人，经历数日，乃过其下。去之顾望，犹在山下。盖神仙之所游萃也。承和年中，从山峰落来珠玉，玉有小孔，盖是仙帝之贯珠也。又贞观十七年十一月五

[①] 青弓社编辑部编：《富士山与日本人》，第158页。

日，吏民仍旧致祭，日加午天甚美晴，仰观山峰，有白衣美女二人，双舞山巅上，去巅一尺余，土人共见。古老传云：山名富士，取郡名也。山有神，名浅间大神。此山高，极云表，不知几丈。顶上有平地，广一许里。其顶中央洼下，体如炊甑。甑底有神池，池中有大石，石体惊奇，宛如蹲虎。亦其甑中，常有气蒸出，其色纯青。窥其甑底，如汤沸腾，其在远望者，常见烟火。亦其顶上，匝池生竹，青绀柔愞。宿雪春夏不消。山腰以下，生小松，腹以上，无复生木。白沙成山，其攀登者，止于腹下，不得达上，以白沙流下也。相传：昔有役居士，得登其顶，后攀登者，皆点额于腹下。有大泉，出自腹下，遂成大河，其流寒暑水旱，无有盈缩。山东脚下，有小山，土俗谓之新山，本平地也。延历廿一年三月，云雾晦暝，十日而后成山，盖神造也。①

由上可见，《富士山记》杂糅神仙思想和本土宗教信仰，又通过对与富士山有关名物的神圣化，全面地阐释了富士山之所以神圣的理据，由此对它做了最大可能的神圣化操作。第一，富士山是"神仙之所游萃"的仙山、仙境。其有作为"仙帝之贯珠"的珠玉，又有"白衣美女二人，双舞山巅上"的仙女。第二，富士山有神，是为"浅间大神"，自古便是日本人"致祭"和信仰的对象。第三，富士山的名物皆是神造或灵异之物。例如"峰如削成，直耸属天，其高不可测"的山峰、"亘数千里间"的山峰灵基、"神池""石体惊奇，宛如蹲虎"的大石、"其色纯青"的气、"烟火""青绀柔愞"的竹、"春夏不消"的宿雪、成山的白沙、"寒暑水旱，无有盈缩"的大河、神造的小山等。不难看出，无论是为富士山的神圣化寻找依据，还是对富士山名物的神圣化，《富士山记》都做到了当时的极致，以致其后无出其右者。不过，它毕竟只是一部游记，因而极少涉及富士山与日本人心性的内容，在这点上它又不及《万叶集》。总的来说，两者互补式地完整地构建了富士山的神圣形象及其与日本人心性的关系，因而都可谓是日本人富士山认识的"原典"。

---

① 都良香：『富士山記』、載小島憲之編『日本古典文学大系』69、岩波書店、1964 年、415—417 頁。

稍后的《竹取物语》（10世纪初）、《更级日记》（1059年左右）等在对富士山进行神圣化描写的同时，也对它做了特殊化的描写。例如，前者描写它为赫夜姬留下"不死之药"而不断喷火的"不死之山"，后者则描写其"非人间之山"的特异形态："其山之形状，实非人间所能见之样也。特异的山形好像涂了一层绀青的颜色，积雪经年不消，看上去就好像深色的单衣上套着一件袙衣般。自山顶稍平处冒烟，黄昏还可见到燃火。"[①]

此后直到江户时代，日本人的富士山叙事大体都是沿着这一方向展开的，而其重点则在于"不知时节的雪"和"富士之（云）烟"，不仅以此表现富士山的神圣性格，也以此表现适应这种独特风土的日本人心性。

如《日本书纪》所提示的"非时"的樱花一般，富士山"夏降雪"或"夏积雪"的现象自古就被认为是富士山神性的重要表现，因而受到古代日本文人的特别对待和颂扬。平安朝及其后的诗人继承了万叶诗人关于富士山的"夏雪"意象，又进一步提出山樱、杜鹃鸟等不知时节之物，全面构建了"不知时节"的富士山形象及神性，如"富士不知时令改，终年积雪满山巅"（《伊势物语》第九段"东下·骏河国"）[②]、"不知时节是此山，积雪终年满山头。唯此皑皑富士巅，冬来雪亦越发飘"（藤原基雅《续后撰和歌集》卷八·510）、"富士山巅兮，花开之习兮，不知时犹山樱"（法印隆辨《续后撰和歌集》卷十六·1046）、"烟起富士巅，降雪意外不消融"（《续千载和歌集》卷十二·674）、"不知时节杜鹃鸣，直至方才雪亦飘，是惜富士山音焉"（祝部行氏《新拾遗和歌集》卷四·271）、"正有不知时节山，夏夜明月下，富士川波凝"（二品法亲王圣尊《新叶和歌集》卷三·226）等。不但如此，诗人们还以富士山顶的"（冬）雪"作为与吉野樱花、葛城红叶同等地体现日本人心性的重要标志。例如，"自立田山起春霞而思初花的春，夏则是相恋的甘南备山的

[①] 『更级日记』、『校註日本文学大系』第3卷、337页。
[②] 该诗后又收入《新古今和歌集》（卷十七·1616），其时又增加了一个标题"五月晦日见富士山降白雪而咏"。由此，《伊势物语》也被认为是"高岭之雪作为构成富士山形象的定型景物而确立的契机"。

杜鹃鸟，秋则是飘落于风的葛城红叶，而至冬则积雪于白妙富士山巅的年末[①]，皆当应时而生之情"（《新古今和歌集》假名序）、"积雪富士巅，经年永不消。犹如我之思，惟愿得见君"（大纳言经信《新拾遗和歌集》卷 18 · 1720）等诗文便是明证。综上可见，自平安前期起，富士山顶的"冠雪"就成了象征"永恒"的定型化的景物，而"夏日冠雪"自平安后期起也被确定为"东国的歌枕"[②]。这说明在江户时代以前"夏雪"是建构"不知时节之神山"的富士山形象的固定表现。由此，日本古代诗人们不仅以"雪"塑造了富士山作为"神异空间"的"异乡性"形象[③]，也塑造了其表现日本人心性的"故乡性"的形象。

"富士之烟（火）"亦因为其神秘性和美而受到了日本古代文人的特殊看待。在万叶时代，诗人们就开始用"烟（火）"来表现富士山的神性，并形成了"烟（火）"隐喻"相思相恋"的思维范式。这种范式也被其后的文人所继承和发展，并受到特殊化的处理，从而形成了一种固定的文化图式。即是说，其后的日本文人不仅进一步强化了"烟·云·火"的"燃·消"与"思·恋"之间的隐喻关系，还构建了它与日本人心性之间的特殊关联。

《万叶集》之后，对构建这种文化图式发挥基础性作用的文学作品首先是《古今和歌集》。该诗集的"假名序"列举了各种引发不同情感的事物（如"以吉野川河，怨红尘之僄幻"），而以"富士之云烟"或其缩略形式的"富士山"为"寄慕他乡之伊人"这种男女相思相恋之情的象征："美人虽不知，我心常思恋。骏河富士山，宛若吾之身"（《古今和歌集》卷十一 · 534）、"若为伊人事，无论相逢或不逢，一如富士山巅火，我恋常燃无绝时"（藤原忠行《古今和歌集》卷十四 · 680）、"相思皆因相逢少，恰似云雨无晴时。富士山巅烟不绝，宛如我心恨难逢"（《古今和歌集》卷十九 · 1001）、"世人常相思，骏河富士巅，我心如燃火，相思不得解"（纪贯之《古今和歌集》卷十九 · 1002）、"终归无果恋，宛若富

[①] 这里关于春夏秋冬的描写分别源自前人所咏关于春夏秋冬标志性景物的四首著名和歌。
[②] 石田千寻：『富士山像の形成と展開——上代から中世までの文学作品を通して』、『山梨英和大学紀要』10、2011 年、12 頁。
[③] 石田千寻：『富士山像の形成と展開——上代から中世までの文学作品を通して』、『山梨英和大学紀要』10、2011 年、9 頁。

士巅，神亦不可消，烟兮空自燃"（纪乳母《古今和歌集》卷十九·1028）等。不但如此，《古今和歌集》还隐晦地提出了富士山及其云烟所象征的恋情与日本人心性之间的关联，而建构两者之联系的则是被认为比汉诗更有利于"通情"的和歌，所谓"当此之时，或吟悲，或述怀，或发愤，能慰身心者，莫宜于咏歌"或"唯咏和歌，能慰心性也"。即是说，只有"托其根于心地"的和歌（yamatouta）才能表现日本人的心性，而富士山及其云烟则是其最为重要的源泉之一，如"骏河富士山，宛若吾之身"。不过，这种暧昧的关系在当时并没有被充分自觉到，因而在很长一段时间里都保持着一种模棱两可的状态。

与偏重于表现富士山神圣性的"夏雪"相比，既可以表现富士山神性又可以表现恋情这种明确文学意象的"富士之云烟"更受到日本文人的重视，因此从古代到中世与后者相关的和歌数量远远超过了前者，相关的文学意象亦更为丰富。例如：

  独我心燃烧，激情消磨尽。经年富士巅，烟不成火思不达。（平定文《后撰和歌集》·647）

  他乡听闻富士巅，今日我思念，燃烧似云烟。（朝赖朝臣《后撰和歌集》·1014）

  信浓浅间山亦燃，何故富士烟无果？（佚名《后撰和歌集》·1039）

  相思相恋终有时，恰似富士山顶挂白云。（相模《后拾遗和歌集》·825）

  夜中云隐富士顶，整晚月澄清美关。（左京大夫显辅《词花和歌集》·303）

  富士之烟入云霄，靡于春霞黎明天。（前大僧正慈元《新古今和歌集》·33）

  旅途不辨富士烟，晴方片刻天空色。（前右大将赖朝《新古今和歌集》·975）

  无果之恋如飞烟，纷入云中不可辨。此情当如富士火，经世累月无停时。（纪贯之《新古今和歌集》·1008）

  吾恋如烟升，伊人却不知。孤苦又伶仃，惟向富士泣。（藤原深

养父《新古今和歌集》·1009）

富士山巅烟犹升，永无止境如吾思。（家隆朝臣《新古今和歌集》·1132）

心高厌红尘，富士之烟为吾思。（前大僧正慈丹《新古今和歌集》·1614）

富士起云烟，随风飘天边。不知消何处，宛若吾思哉。（西行法师《新古今和歌集》·1615）

综上可见，无论是富士山之雪还是云烟，抑或两者之共存，它们首先都是体现并塑造富士山神山性格的固定景物，而且它们本身及其所承载的象征意义也建构了富士山与日本人心性之间的联系，即便这种联系在江户时代以前并没有被充分意识到，因而并不十分彰显和明朗，也由此为江户时代以后富士山的民族象征化奠定了物质的基础。

(二) 富士山的神圣化与宗教化

按照古代东亚共通的"万物有灵论"及富士山自身的神秘莫测性，富士山自古就成为日本人所信仰的对象。不过，富士（山）信仰是本土的神祇信仰与外来宗教相结合的产物。它最早源自朴素的山岳信仰，9世纪以后这种信仰又逐渐被纳入国家的祭祀体系。平安末期以后，它又与佛教（密教）、道教（神仙思想）习合而致"修验道"异常发达，而室町末期以后庶民登山参拜富士山的"富士讲"开始盛行，至幕末维新期最终形成"教派神道"，由此完成了自身的宗教化（仪式化）、世俗化和民族化。随着这一过程的展开，富士山自身的性格也发生了明显的转变：一是被多角度的神格化，富士山最初是被视为本土信仰的神山，后来又增添了"净土""修验道的灵场"等神圣性格；二是被日益亲近化，即富士山从最初"不得登临的神山"转变为"修行者或修验者可以修行的灵场""民众可以登山朝拜的神山灵峰"。显然，富士山自身的这一变化无疑也为其民族化奠定了坚实的基础。

关于富士信仰的最早记录是奈良时代的相关文献。《常陆国风土记》提及了镇护福慈岳的福慈神（山神），《万叶集》也记述了有关富士山的神祇"灵母座神香闻"。这说明至少从奈良时代起富士山就开始作为"神体山"而被神格化了，有关其神名及意义的情况也表明，这种信仰不过是一种基于"万物有灵论"的原始信仰。平安时代以后，富士信仰开始摆脱其原始性，主要以具有固定神名、祭祀及场所（社殿）的"浅间信仰"的形式展现出来。都良香的《富士山记》曾明确指出官民共同"致祭"富士山的事实，也指出富士山有神祇而名"浅间大神"。与此相呼应，都良香参加编写的《日本文德天皇实录》（879）等平安前期的官方史书也记载了浅间大神（浅间神、浅间名神）被授予神阶而纳入国家祭祀体系的情况。该书载曰"以骏河国浅间神，预于名神"（卷五），言指853年浅间神就已被大和朝廷列为名神。稍后的《日本三代实录》（藤原时平等编，901年）更多地记载了浅间大神被律令国家祭祀的情形。"骏河国从三位浅间神，正三位"（卷二）表明，859年浅间神被朝廷擢升为正三位的神阶；"富士郡正三位浅间大神大山，火"（卷八）、"下知甲斐国司云：'骏河国富士山火，彼国言上。'决之蓍龟云：'浅间名神祢宜、祝等，不勤斋敬之所致也。仍应镇谢之状，告知国讫，宜亦奉币解谢焉'"（卷九）等表明，为了抑制富士山喷火，朝廷已在富士山建立神社（富士山本宫浅间大社）而祭祀浅间大神；"（贞观七年12月）9日丙辰，敕：'甲斐国八代郡立浅间明神祠，列于官社，即置祝、祢宜，随时致祭。'……'我浅间明神，欲得此国斋祭。顷年为国吏成凶咎，为百姓病死，然未曾觉悟，仍成此怪，须早定神社，兼任祝、祢宜。宜洁斋奉祭。'……望请，斋祭兼预官社。从之"（卷十一）等论述显示，出于对地震、喷火等灾害的恐惧，甲斐国亦建立了浅间神社并将其列为官社。这也说明在国家的支持下浅间信仰逐渐向周边地区扩展。

　　随着浅间信仰的确立，围绕这一信仰的内外环境也发生了很大的变化，因而使富士山及富士信仰发生了重大变化。一是随着神佛习合及本地垂迹思想在日本的展开，浅间大神也被当成是浅间大菩萨，富士山也由此被认为是"地上的他界"——净土。二是12世纪左右作为活火山的富士山的喷火活动暂时平息，而使登山成为可能，从而使修行者或修验者在此进行宗教修行成为可能，富士山亦由此成为"修验道的灵场"，并开启了其从畏敬和远眺的神圣对象转为可亲近和体验的神圣对象而最终成为民族象征的路程。

　　这两大转变都与日本人的富士山登顶或登山密切相关，因此在讨论这一问题之前必须提到平安时代开始流传的有关富士山登顶的两大传说。

一是甲斐黑驹传承，记述了圣德太子骑乘甲斐国所献数百黑驹里的唯一白马（神马）飞赴东国、越富士山顶、经三日而返都城的故事。① 二是被流放伊豆大岛的役小角每晚秘密出逃而登顶富士山修炼的传说。② 这两则传说均为虚构，极为荒诞，却反映了日本人构建与富士山之间古老而又神圣联系的自我想象。不过，依都良香《富士山记》关于富士山的描写，可以推知平安初期就已有人登临富士山。

当然，目前文献可以确认的最早的富士山修行者是被称为"富士山开山之祖"和"村山修验之祖"的末代上人。据《浅间大菩萨缘起》（镰仓期）记载，出生于骏河国的末代上人自幼便于山林苦修，巡历各地灵山。久安五年（1149）四月，他于富士山顶建立大日寺，又在此埋纳"一切经"，成为促使富士信仰向神佛一体（如"浅间大神与浅间大菩萨的一体化"）的"新富士信仰"转变的重大契机。"此事是骏河国有一上人，号富士山人，其名称末代，攀登富士山，已及数百度，山顶构佛阁，号之大日寺。"③ 他亦于富士山山麓的村山建立伽蓝，开创了富士山登山的"村山口"（南口）。他由此成为此地"即身佛"，入定后作为"大栋梁权现"而被世人祭祀，致使富士山成为闻名四方的"灵验所"和修验道的"道场"之一。④ 显然，末代上人的宗教活动不仅促使神佛一体的新富士信仰的形成，也使富士山作为修验道的灵场而被认识，从而促使民众参与的"村山修验"形成。

此后，随着御室（北面的修验据点）、圆乐寺等修验据点的形成、兴法寺及各地浅间神社等相关寺社的创建及其宗教活动、日莲（1222—1282）等僧侣或修验者的相关宗教活动的展开，富士山及富士信仰的神佛一体化程度和民众参与度越来越高。依据本地垂迹说，富士山尤其是其山顶开始被认为是佛所住的曼陀罗的世界，因而登顶和在此修验亦被

---

① 该传说是随着太子信仰的形成而产生的诸多传说之一，见于平安时代的《圣德太子传历》（917）、《扶桑略记》（平安末期）等作品。
② 役小角是奈良时代修神仙鬼神之术的咒术师，因其咒术被认为惑人而被流放伊豆。随着平安时代山岳宗教与密教的融合，他被认为是修验道的鼻祖而被普遍信仰。他登顶富士山的传说见于《日本灵异记》（822），为"夜往骏河，富岻岭而修"。
③ 信西编：『本朝世纪』、『国史大系』第 8 卷、经济杂誌社、1908 年、709 页。
④ 後白河法皇编：『梁尘秘抄』、载『御選集』第二卷、列圣全集编纂会、1915 年、63—64 页。

认为具有特别的意义。其结果是，一方面，本土的神及信仰被融入了极其浓厚的佛教色彩，如作为"富士之神"的浅间大神被当成大日如来的本地佛（浅间大菩萨）、"富士八岭"被描写为佛教的八叶莲花座等。这一情况可以由《吾妻镜》（镰仓时代）、《词林采叶抄》（1379年左右）、《绢本着色富士曼荼罗图》（室町时代后期）、《富士人穴草子》（室町时代）等文献得到确认。例如，天台僧仙觉（1203—1272）的《万叶集注释》（1269）记载："骏河国，有称富士山、苇高山者高山两座。富士山顶有八叶之岭，云浅间大菩萨，本地胎藏界大日也。苇高山有五岭，云苇高大明神，本地金刚界之大日也。"① 与此同时，如《曾我物语》（真名本、镰仓后期）、《神道集》（1358年左右）、《三国传记》（1407）等文献所记，富士山作为"灵山仙境"与作为"佛教净土"的形象也开始重叠，因而为富士山的神圣化和宗教化提供了多元而又统一的支持。另一方面，为了获取神力或灵力，镰仓时代以后全国的修行者或修验者纷纷前往作为"修验道灵场"的富士山修行。受此影响，如《妙法寺记》所载"往富士山的登拜者无穷无尽"②，15、16世纪以后由修验者所引领的普通民众的"信仰登山"也盛行起来。这就为江户时代民众大规模登拜的"富士讲"的流行准备了条件。

综上可言，神佛习合不仅促进了富士山的宗教化和神圣化，也促进了修验道的发达，而这些都为神圣化的富士山的民族化（民族象征化和民众化）奠定了坚实的文化和社会基础。

（三）神仙游萃之所

徐福东渡日本寻找长生不老药的传说在日本流传甚广。这一传说其实源自我国古代神话传说的道教神仙思想。按道教的说法，我国东方的海中有神山，山上有长生不死药。《史记·秦始皇本纪》："齐人徐市等上书，言海中有三神山，名曰蓬莱、方丈、瀛洲，仙人居之。"《史记·封禅书》："自威、宣、燕昭，使人入海求蓬莱、方丈、瀛洲。此三神山者，其传在渤海中，去人不远，患且至，则船风引而去。盖尝有至者，诸仙人及不死之药皆在焉，其物禽兽尽白，而黄金白银为宫阙。未至，望之

---

① 仙觉：『万葉集注釈』卷第三、『仙覚全集』、古今書院、1926年、110頁。
② 『妙法寺記』卷上、載『甲斐志料集成』7、大和屋書店、1933年、7頁。

如云；及到，三神山反居水下；临之，风辄引去，终莫能至。"显然，这些文献提出并定义了"有仙人""有不死药""物禽兽尽白""黄金白银为宫阙""常年为云雾所笼罩"等仙山的几个基本特征。

日本位于亚洲大陆东面的海中，富士山既是其最高峰，其名物亦十分符合我国关于仙山的想象和定义，因而古代日本人关于富士山的认识受到了我国神仙思想的强烈影响。这就是说，神仙思想不仅是富士山神圣化的理论依据之一，它自古以来事实上也被描绘成如此之"仙山"——"神仙游萃之所"或"蓬莱"。具体地说，山名、山形（三峰富士）、山之名物（仙人、不死药、常年冠雪等）、祭神的演变等都体现了富士山被"仙境化"的思维及过程。

最早提及富士山的奈良期文献《常陆国风土记》《万叶集》等选用"福慈""不死""不二"等名称呼富士山，就和神仙思想密切相关。受此影响，富士山后来甚至直接被当成了"蓬莱（山）"。如江户初期的著名儒者林罗山就曾以我国后周（951—960）时期的《义楚六帖》所述文字"日本国，亦名倭国。……又东北千余里有山，名富士，亦名蓬莱。其山峻，三面是海，一朵上耸，顶有火烟"为证，主张说富士山被"命名为蓬莱山"[①]。

平安时代以后，以"仙山"展开富士山认识的思维持续发酵，甚至成为支持富士山神圣化的主导力量。平安前期的《富士山记》的核心思想即富士山为"神仙游萃之所"。该文指出了富士山所以为"仙山"的诸多特征：仙帝之贯珠、白衣美女二人双舞于山巅、宿雪春夏不消等。可以说，该文的相关论述建立了以富士山为仙山这一观念的依据和认识范式，对此后日本人的富士山认识产生了深远的影响。该文由此被《海道记》《平家物语》《帝王编年记》《东关纪行》《词林采叶抄》等后世文献所频繁引用。尤其是该文关于"白衣仙女"的论述更使富士山神（浅间大神）被女性化，先后相继被当成赫屋姬（中世以后）、木花开耶姬（近世以后）的思想源泉。

如果说《富士山记》只是列举了富士山作为仙山的诸要素，同时期的《竹取物语》（9世纪末）则对这些要素进行了有机的故事化叙事。该

[①] 林羅山：『丙辰紀行』、載塚本哲三校『日記紀行集』、有朋堂書店、1922年、179頁。

物语的结尾描写道：原本为仙女的赫屋姬（赫夜姬）从迎她回月宫的天人处获得了长生不死药，为了结与皇帝（mikado）的尘世之情，她致信并赠药于皇帝。皇帝获悉后，悲恸异常，询问诸大臣："何处山岳，最近于天？"有大臣奏答："骏河国有山，既临此都，且最近于天矣！"皇帝闻奏，喟然长叹，赋诗曰："佳人不复逢，我身断肠泪涕下，不死之药焉何益？"遂遣使于该山山顶，焚烧此诗和不死之药。是以此山不死，遂名富士山（不死山）；而其所燃烟者，今日仍升立云中，至于天际，永无止息。综上可说，《竹取物语》以虚构富士山起源的形式建构了该山为仙山的合法性依据，不仅构成了富士山仙山化的重要环节，亦对后世日本人的富士山认识产生了巨大影响。它同时也暗示了其与皇帝（天皇）的关联，而这恰恰是富士山后来被当成大山祇神之女、天孙琼琼杵尊之妻——木花开耶姬的最早起源。从这种意义上说，《竹取物语》提供了富士山被民族化的思想资源。

随后，随着本地垂迹说的展开，至镰仓时代浅间大神作为本地佛大日如来的垂迹，又被当成了浅间大菩萨。受此影响，在南北朝前后浅间大菩萨开始被女性化，即被当成是与"帝"或"国司"结婚的"赫夜姬"（"赫野姬""赫屋姬""赫奕姬"等）的女性形象，前者如《海道记》（1223）、《古今和歌集序闻书三流抄》（镰仓期）、《词林采叶抄》《富士山大缘起》《源氏物语提要》等，后者如《神道集》（1358年左右）。关于"富士浅间大菩萨"，《神道集》记载道：

> 日本人王二十二代帝雄略天皇时，骏河国富士郡有老翁夫妇，朝朝暮暮心思无子嗣之事。……后苑竹林，见龄五、六岁女子一人化来。……时国司宠爱，夫妇语浅，如此年岁逝去，翁夫妇无成共墓。其后，赫野姬语国司云：我是富士山仙女。……其后，赫野姬和国司神显，云富士浅间大菩萨，男体女体御在。委见于《日本纪》（按：《日本书纪》），以《日本纪》之意而书富士之缘起。①

这段文字表明，"浅间大菩萨"具有男体（赫野姬）和女体（国司）

---

① 安居院：『神道集』卷八、角川书店、1959 年、245—246 頁。

的双重性，而这种神祇意识显然又是基于对"记纪神话"等日本古代神话的重新解释。

不仅如此，稍晚于《神道集》的《尘荆抄》（1482）则显示，室町时代以后以浅间大菩萨为女神的认识得到了进一步的发展。该书记载说：

> 僧正谨曰，天照大神原坐于兜率天（按：欲界六天的第四层天）也，以致富士浅间大菩萨生恋，而咏一首和歌相送。……故白衣仙女即显现于富士峰头，烧返魂香，鸣驿铃，览容貌而慰大日霎（按：天照大神）之心，相恋之暗路由是乃晴，富士之烟故亦绝矣。彼称千眼（按：浅间）大菩萨，爱染明王（按：此佛之形象多为一身两面，一面为男，一面为女）之垂迹，具三十二相之女体神也。①

可见，《尘荆抄》不仅继承了《神道集》关于浅间大菩萨的神格定位，还进一步限定其为女体神，象征着富士山祭神的重大转变。尤其是它还由此建立了浅间大菩萨与天照大神的密切联系，使富士山祭神的女性化与民族化结合起来，而为富士山神的新神格——木花开耶姬——的诞生提供了合理性基础。

除山名、山之名物、祭神等受到神仙思想的影响外，日本人关于富士山形状的描写与认识也特别地受到了道教的影响。按照《道德经》所载"道生一，一生二，二生三，三生万物"的说法，"三"被认为是宇宙生成的一个重要概念，或者说它就代表了宇宙本身。从平安时代到室町时代，日本人所想象的富士山经历了从"三层（多层）形象"到"三峰形象"的转变②，这点尤其在当时的绘画上得到了最明显的体现。不过，画家们想象并描绘的富士山实际上是"非现实的、观念中的神山，也就是中国虚构的神仙乡"③。日本现存最早的富士山绘画——《圣德太子绘传》（1069）所描绘的就是具有三层（多层）山峰的富士山形象，而这明显就是受到中国关于神山定义之影响的产物。镰仓时代以后，如《伊

---

① 『塵荊抄十一』（5）、国立国会図書館デジタルコレクション、No. 089 - 090。
② 青弓社编辑部编：《富士山与日本人》，第6页。
③ 青弓社编辑部编：《富士山与日本人》，第9页。

势物语绘卷》《曾我物语》中的"富士卷狩图"、《绢本着色富士曼荼罗图》（室町时代后期）等绘画所示，富士山顶是由三峰构成的"三峰型富士"的形象和概念成为固定的富士山形象，而这与我国关于仙山观念的转变完全相应。[①] 此后，"三峰富士"的形象及其意义即便被"现实化""民族化"等力量的不断冲刷，直至今日却仍被继承下来，始终未曾中断。

综上而言，神仙思想是江户时代以前富士山被神圣化的最重要的理论依据和路径之一，甚至可以说它塑造了原初的富士山的神山形象："原型的富士山被看作虚构的神仙乡或蓬莱山，即把它当作了蓬莱山的映像。"[②] 不过，这种基于神仙思想的富士山神圣化过程也体现了富士山被特殊化（如"祭神被女体化"）甚至是被民族化（如"富士山的祭神与天照大神挂钩"）的倾向，而这就为江户时代富士山的民族化提供了一种合法性源泉。

（四）小结

综合而言，与富士山的神圣化、特殊化及可登拜所伴随的平民化体现了江户时代以前日本人富士山认识的主要倾向和基本特征。第一，依据本土信仰、佛教和道教的思想，古代日本人对富士山进行了"神圣化"的操作，确立了以富士山为信仰对象的富士信仰。这种信仰的确立同时又伴随着富士山特殊化的内容和逻辑，并为其提供着正当性。第二，依据日本最高峰、常喷火或喷烟等自身特性，富士山在被神圣化的同时又被特殊化，即它被赋予了镇护国家、其云烟则象征着我心或我身等独特的性格。这就使得富士山成为"日本艺术的源泉"。第三，随着富士山神圣化和特殊化的展开及富士山火山活动的平静，平安末期以后民众登拜富士山不仅成为可能，也呈现出日益扩大化的趋势。由此，富士信仰不仅日益收获其信众，其被神圣化和特殊化的富士形象也日益被民众所接受。这为其后富士山成为日本及民族精神的象征奠定了社会基础。

可以说，在江户时代以前，日本人对富士山已有特别的感情，这也为日后富士山的民族化提供了宗教、文学艺术的背景和源泉。然而，这

[①] 青弓社编辑部编：《富士山与日本人》，第10页。
[②] 青弓社编辑部编：《富士山与日本人》，第8页。

并不意味着江户以前的日本人对富士山具有作为民族精神象征的明确自觉。与樱花一样，富士山获得民族象征的性格是江户时代以后被不断"发现"的结果。

二 江户时代的富士山——作为日本和大和魂象征的神山

江户时代以后，随着日本人自我意识的提高，日本知识分子不仅承继了原有的富士山形象和意义，还开始塑造富士山作为日本和大和魂象征的意义和价值。而这恰恰与他们建构樱花民族性的思维如出一辙。富士山的民族化包含了富士山祭神的重组、三国第一山的意义构建、富士山与樱花的一体化、富士山的生活化等内容。而受这种意识影响的江户时代外国人的富士山认识反过来作为该意识的催化剂，促进了江户日本人对于富士山作为日本象征的自觉。

不过，江户日本人的富士山形象重构虽然确立了富士山被民族化的思维原理和路径，也为其后日本人的自我想象提供了历史依据和思想资源，但仍不过是富士山被塑造为民族象征这一漫长历史过程中的重要节点。这就是说，富士山成为日本民族的重要象征和日本人身份建构的源泉，亦离不开近代以后官民合力对富士山的进一步"发现"，以致在近代以后形成了盛行于世界各国的普遍认识：富士山是日本或日本精神的象征，这是一个"不证自明"的问题。实际上，这种认识的形成在某种程度上掩盖了富士山"被发现"的历史，也遮蔽了它作为日本精神象征的"暴力性"和"意识形态性"的侧面和特征。

（一）富士山名物的意义转换与民族化

富士山名物是富士山的重要构成，其形象和意义在很大程度上决定了富士山的形象和意义。这些名物按性质可分为三类：一是云、烟、雪、水、石等与富士山有关的具体事物，二是山形、山高等有关富士山形态的称呼，三是山名、山之祭神等抽象事物。在江户时代以前，其中的多数已形成比较明确的意义，且其后也没有发生明显的变化。例如，"高岭之雪"尤其是"终年冠雪"使富士山形成了"不知时节"的神山、灵峰形象，富士烟（火）不仅用来表现富士山的神性，还被当作固定地表现缥缈无定而又不可测知的相思相恋的景物；山高则如《望不尽山歌一首并短歌》《竹取物语》《富士山记》等所示，是"直耸入苍穹"，故被当成表现富士山神性和灵性的重要标志；富士山自始就被赋予"不二""不死""不尽""福慈"等名称，表明了它在古代日本人心中的特殊形象——充满着神性、奇异性和独特性的神山。可以说，在江户时代以前，富士山及其名物都被认为具有别样的神性，它们合力塑造了富士山难以捉摸的神秘性和恐怖性，也由此使日本人"在憧憬和恐惧之间"形成了有关富士山的独特意象——神秘莫测而变幻无端，神奇而绝美的神山、灵峰。这些都为其后富士山的民族化奠定了基础。

江户时代以后，随着日本人民族意识的成长，富士山开始被建构为日本和日本精神的象征。与此同时，富士山名物的意义也朝着这一方向被重新建构，成为支撑其民族化的物质的、内部的因素。这种基于富士山民族化而又支持其民族化的意义转换对富士山的民族化发挥了不可替代的重要作用。其中，以山之祭神、山形、云等名物的意义变化最为典型，分别代表了摆脱外来思维影响的意义重构和新意义生成的两种类型。

1. 富士山祭神的转换——从"赫夜姬"到"木花开耶姬"

在现代，多数浅间神社的祭神呈现出这样的结构：主祭神是浅间大神（木花开耶姬）、偏殿神（配祭神）是琼琼杵尊和大山祇神。这样的祭神结构在江户时代以前是难以想象的，完全是江户时代才建构出来的一种不伦不类的祭神组合。关于富士山神"浅间大神"的最早明确记录是平安初期的《富士山记》，然其关于该神来源及神力领域（后来一般被解释为"火山之神"）的记载却十分模糊。可以说，浅间大神是一个"来历不明"的神。后来，因为受到神仙思想的影响，该神则被女性化而一度被解释为"赫夜姬"。而该神被确定为"木花开耶姬"，则是江户时代以后的事情，是知识分子依据"记纪神话"而对富士山祭神进行重新解释的结果。这种解释根植于富士山民族化的思维原理和逻辑，亦是"构建了近世知识体系的知识分子隐蔽的荒唐无稽的世界"[①] 的一种具体表现。

在江户初期，最早对富士山祭神体系进行重新解释的是师从藤原惺窝的儒者堀杏庵（1585—1643）和林罗山。他们分别从神佛习合和排佛

---

① 権東祐：『神話解釈史から見る富士山の祭神変貌論：その歴史叙述を中心として』、『日本研究』第56号、2017年。

论的角度提出了富士山神体为木花开耶姬的主张。

> 土人传说，此山者，孝灵帝（按：日本的孝灵天皇）时巨灵一夜擘，近江国开江湖，运土石筑成，江州覆一簣，今三上山是也。常菴袭其说，琵琶湖开兮，富士山出矣。遍览本朝古籍，三部旧记不载其说。以愚视之，神代之古，化生山河大地，是吾邦之奇灵，而非外国之所及。然二神生之，至孝灵帝时王化远布，东国归向，初奏山之灵欤。不然孝灵帝去神代不远，而现此奇瑞欤？盛唐之昔，新丰山出。三岛之灵，海中岛生。和汉之所有，而今古之所知也。山巅祭木花开耶媛，灵威揭焉。（《杏阴集》）

堀杏庵对当时盛行的"孝灵帝时巨灵一夜擘"的富士山起源说做了重新解释，而将其纳入了"记纪神话"虚构的"二神（伊邪那岐和伊邪那美）化生万物"的创世说，由此在记纪神祇体系的序列下定位富士山及作为富士山神的"木花开耶媛"。因为按照"记纪"的解释，该神是受天照大神委派统治日本的天孙琼琼杵尊之妻，是日本神祇体系下具有特殊地位的重要神祇。同时，他还强调了包括木花开耶姬在内的日本神祇的"灵验"，认为它们"非外国之所及"，显示了自己的民族优越意识。不过，由于仍受神佛习合思想的影响，他未能在"纯粹的"民族语境下构建有关富士山的"木花开耶姬神话"，而是强调了富士权现（浅间大菩萨）和木花开耶姬的一体化："富士权现乃奉祭木花开耶姬，据闻此浅间亦一体也。"①

与前者仍带习合性质的主张不同，林罗山则试图依据本土资源，通过对"记纪神话"的重新解读而建立富士山神为"木花开耶媛"的合法性。实际上，在堀杏庵之前，林罗山的《丙辰纪行》（1616）就已提出类似主张："伊豆之三岛，昔迁自伊予国，而祝祭大山祇神。其何时耶，于相国之御前，世间久口传，云'三岛与富士，父子之神也'。有此传言，故断定富士之大神为木花开耶姬，亦当符合《日本书纪》之意也。"② 可

---

① 堀杏庵：『杏陰稿』、载『浅間神社史料』、名著出版、1974 年、172 頁。
② 林羅山：『丙辰紀行』、载塚本哲三校『日記紀行集』、177 頁。

见，此主张的主要依据是"三岛与富士，父子之神"的传言，其判断标准则是"符合《日本书纪》之意"。该文是日本较早主张富士山祭神为木花开耶姬的文献，对后世产生了很大影响。

稍后，林罗山又著《本朝神社考》（1638—1645），以《竹取物语》和都良香的《富士山记》的相关论述为依据，论证了"木花开耶姬"是兼具男（天子）女双重性的"浅间大神"。"女出迎微笑曰，愿天子住此，因共入堀中，王冠所在，积石以为陵云。延历二十四年，托曰我号浅间大神。"① 基于这些所谓的"证据"，他对受神佛习合思想影响的富士山祭神说等做了严厉批评：

> 余在骏府侍幕下。次见富士浅间缘起，聊标出其要，以记于此如右，其余不足观也。或曰天竺有此山而飞来，或曰浅间大明神是本地大日如来，爱鹰大明神则为本地昆沙门。又曰不动明王，或曰弘法造诸尊石像，或曰智证作理智一门记。皆是浮屠氏之夸谩，而世人多信之，余所不取也。且又以竹中之女为桓武天皇之时事，以使者为坂上田村丸。是等大谬说也。余观《万叶集》，既载竹姬之事，又《竹取物语》曰，赫夜姬者，不云其时世。国史云，桓武天皇葬山城国柏原陵，然则何得入富士堀中耶？②

虽然两者确定富士山祭神为木花开耶姬的角度不同，却并不妨碍其观点的一致性：他们都视"记纪神话"为"真实的历史"，并以此为构建富士山与樱花一体化的合法性源泉。可以说，这一作业代表了"富士山神即木花开耶姬"这一认识范式的确立，奠定了江户时代富士山民族化和符号化的宗教基础。由于两人都是当时的主流权威学者，又都出仕幕府，因而他们有关富士山神的"木花开耶姬说"对当时及后来的知识界、民众和神社都产生了深远影响。例如，江户前期的净土真宗僧侣浅井了意（1612—1691）就沿袭"三岛与富士，父子之神"的观点，提出了"所谓三岛和富士，父子之神也，富士权现即木花开耶姬也。三岛乃父

---

① 林道春：『本朝神社考』中卷、改造社、1942年、222—223页。
② 林道春：『本朝神社考』中卷、223页。

神，《竹取物语》所写赫夜姬者，岂非后世之事乎？称三岛，而坐于伊予、摄津、伊豆三所之缘由，载于《延喜式》之神明帐"①的主张。此文出自江户时代甚受读者欢迎的游记——《东海道名所记》（1658），可见"木花开耶姬说"对江户日本之影响。

不过，有关富士山神的"木花开耶姬说"在江户前期并未完全确定，因为中世确立的"赫夜姬说"仍有相当的市场。著名俳句诗人大淀三千风（1639—1707）的有关论述就是明证。"首先此山之开始，乃十分贤明之圣君——孝安天皇九十二年五月一夜内，江州涌出凹湖，浮岛之原忽然生出凸起富峰。然故，乃于八层之下阴而留皇帝之陵。且承役角仙（按：役小角）之信托，忝天照大神之生御灵（ikimitama）、市杵岛姬之幸魂（sakimitama）、加久夜姬命（按：赫夜姬）者，则此山之本主也。"② 虽然这一主张未能摆脱盛行于中世的"赫夜姬说"的束缚，却也使富士山祭神与天照大神联系起来。

尽管知识界关于富士山祭神的认识在江户前期仍呈现出复杂而多元的状态，然"木花开耶姬说"却在江户前期向中期过渡的时节迅速扩展开来，不仅为知识界所接受，也被不少神社所采纳。活跃在江户前中期的著名俳句诗人山口素堂（1642—1716）所咏一首俳句之用词的改变或可说明一二。其原收录于《六百番发句合》（1677）中的俳句"富士之山耶，伏天土用干，山巅白无垢，山麓白鹿斑"曾被歌会的同行评判说，俳句的后半部分已足以表达"富士山"之意，因而为了避免重复，他后来将其中的"富士山"改为"山姬"即"木花开耶姬"③。这说明，木花开耶姬在当时已被当成了富士山的代名词。与素堂有密切交往的松尾芭蕉所著《奥州小路》（1702）中的一段文字"诣室八岛。同行曾良曰：'此神称木花开耶姬神，与富士一体也'"④，亦说明有关富士山神的"木花开耶姬说"几乎成了当时知识分子的共识。因此，江户中期以后，《角

---

① 浅井了意：『東海道名所記』2、米山堂、1935 年、6b 頁。
② 大淀三千風：『日本行脚文集』、載『甲斐志料集成』1、大和屋書店、1935 年、559—560 頁。
③ 山口素堂：『とくとくの句合』、珍書会、1914 年、12—13 頁。
④ 松尾芭蕉：『奥の細道』、『日本古典全集・芭蕉全集前編』、101 頁。

行藤佛杓记》①《富士日记》(1790)②、《富士浅间三国一夜物语》(1806)③、《富士山绘赞》④ 等很多作品都出现了以木花开耶姬为富士山祭神或浅间大神⑤的记载。

与知识界关于富士山祭神认识的转变相呼应,不少神社尤其是浅间神社也开始劝请"木花开耶姬",以为富士山镇护神。据记载,除很早就以"木花开耶姬"为祭神或配祭神的濑名利仓神社(1528⑥)、北麻机浅间神社(1611)等外,江户中期以后,仅静冈境内就有足久口组浅间神社(1705)、圣一色浅间神社(1774)、小黑浅间神社(1774)、羽鸟浅间神社(1783)、柚木浅间神社(1788)等神社开始劝请并祭祀"木花开耶姬"⑦。

由上可见,"富士山祭神为木花开耶姬"的观念在江户中期已完全确立,而且它亦随着信奉这种观念的富士讲信众的传播而迅速向全国扩展。例如江户后期图文兼备的通俗导游书——《江都近郊名胜一览》(1847)就明确记载"富士浅间社"的祭神为"木花咲耶姬"⑧。富士山祭神的这种转换无疑为其民族化奠定了广泛的社会基础。

总的来说,江户时代有关富士山祭神的"木花开耶姬说"的确立和普及对富士山的民族化乃至江户日本人的身份建构有着特别的意义。首先,它使富士山与"记纪神话"、天皇神话紧密结合起来,而使富士山信仰成为神道信仰的重要部分。随着它被纳入"记纪"文化体系,富士山

---

① 村上重良等:『日本思想大系』67(民衆宗教の思想)、453 頁。据考察,该文是江户中期以后"富士讲的村上派对其始祖长谷川角行的传记进行美化而创造"(《日本思想大系》,第648 页)的产物。
② 加茂季鷹:『富士日記』、載『甲斐叢書』第 1 卷、甲斐叢書刊行会、1934 年、51、54 頁。
③ 曲亭馬琴:『富士浅間三国一夜物語』、共隆社、1887 年、8 頁。
④ 大田南畝:『蜀山人全集』卷二、吉川弘文館、1907 年、35 頁。
⑤ 例如,百井塘雨的《笈埃随笔》记载说:"木花开耶姬则称浅间大权现"(『日本随筆大成』第 2 期第 6 卷、吉川弘文館、1929 年、360 頁)。
⑥ 此年份为"木花开耶姬"被劝请、合祭或神社再建等祭祀活动的年份。下文的 1611 年亦如此。
⑦ 天野忍:『近世富士山信仰の展開(三)』、『常葉大学教育学部紀要』第 36 号、2016 年。
⑧ 松亭金水:『江都近郊名勝一覧』、三河屋善兵衞、1858 年、72 頁。

也成为表征它的重要符号。这不仅为富士山的民族象征化提供了本土的依据,还使它的这一形象能够借助本土信仰的力量而迅速得到普及。其次,这一作业实际上也打通了富士山和樱花的一体化联系,而使一方的民族化可获得另一方力量的支持。因为在江户时代,富士山祭神被解释为"木花开耶姬"的过程也伴随着"木花开耶姬"被解释为樱花,进而樱花被独有化和特殊化的过程。因此可以认为,江户时代才开始形成的有关富士山祭神的"木花开耶姬说"奠定了其后富士山被民族化的理论基础并为近代以后这一观念的重构提供了"富士山自古如此"的思想资源和历史正当性。

2. 富士山山形的意义转换——三名的竞争与山形的"完美性"

山形和山高通常是描写一座山峰的两大指标。就富士山而言,它被当成神往人间的通道——神山、灵峰,最初就是因为它的山高。这点已由山部赤人的《望不尽山歌一首并短歌》、高桥虫麻吕的《咏不尽山歌一首并短歌》、佚名的《竹取物语》、都良香的《富士山记》等文献所证实。在江户时代,富士山"接天之山"的神山形象不仅得到了继承和巩固,甚至还被塑造为"高八十里"① 的荒诞形象。这种"危哉!奇哉!异矣哉!"② 的山高为富士山的神圣化和民族化提供了极为有利的条件,也成为江户时代支撑富士山民族化和自我优越化的一个"不容置疑"的指标,并发挥了重要作用。例如,江户后期的汉诗人广濑旭庄曾指出,日本人之间有"尊富士而卑泰山"之意:"曾思,泰山与富士山高低如何。有茶翁(按:菅茶山)之说③云,古人之句,清晨上泰山,下山未昏黑。然比于富士山,当远为卑小也。"④

与此相对,日本人关于富士山山形(山容)的认识则经历了较为明显的历史变化。在奈良平安时代,日本人对其山形并没有形成确定的印象。平安以后随着佛教在日本的兴盛,日本人社会生活的各个层面和领域都染上了浓厚的佛教色彩。因为受到佛教"八叶莲华"思想的影响,

---

① 南竜翼:『扶桑录』、载『朝鲜群书大系统々』第五辑、同文馆、1914 年、340 頁。
② 南竜翼:『扶桑录』、载『朝鲜群书大系统々』第五辑、340 頁。
③ 菅茶山曾说:"《登岱五十韵》,钱谦益之诗也。见其所言'清晨上泰山,下山未昏黑',亦不见为那等之高山"(菅茶山:『筆のすさび』、载『名家随筆集』下、522 頁)。
④ 广濑旭庄:『九桂草堂随笔』卷七、载『日本儒林丛书』第二书目(随笔部)、178 頁。

镰仓后期僧侣开始用"八叶（峰）"来描述富士山山顶，如"雪贯四时磨碧玉，岳分八叶削芙蓉"（虎关师炼《济北集》卷二）、"峰冥圆顿之宝相，显三密同体之理。八叶白莲之灵岳，五智金刚之正体也"[1]"其形合莲花似，顶上八叶也"（《尘荆抄》十一）等。这些论述不仅说明在室町后期佛教人士已普遍形成对富士山的"八叶峰"的印象[2]，还说明了富士山的一个雅称——"芙蓉峰"[3]的起源。可以说，"八叶峰"乃至"芙蓉峰"之名称的形成从佛教和东亚文化的视角增添了富士山的神性、灵性及其权威性。不过，这也意味着古代日本关于富士山形象的诸多论述受到了佛教和东亚文化思维的影响。

江户时代以后，日本人关于富士山山形的印象开始出现明显的分化，不仅原有的"八叶峰""芙蓉峰"等形象得到了进一步发展，还形成了基于民族自我意识的"红富士""宝石富士"等新的形象。而且，随着时代的演进尤其是对富士山作为民族象征意识的增强及其作业的展开，其新形象的意义也越发重要，影响日益扩大。与此同时，江户中期以后，不少学者开始了论述其山形的"完美性"与民族性的作业，并使两者紧密结合。

基于佛教思维的"八叶峰"形象在江户时代得到了进一步发展，特别是八峰都被赋予了相应的佛教名称。《八叶九尊图》（正福寺，1680）、《富士山禅定图》（村山兴法寺，天明年间）、《富岳之记》（中谷顾山，1733）、《骏河国新风土记》（新庄道雄，1816—1834）、《富士日记》（芙蓉亭蚁乘，1823）、《富士参诣名所图会》（1852）、《富士山路标》（1860）、《富士山略缘起》（大镜坊，年代不详）等图文都以"八叶峰"为富士山的确定性形象。通过对这些图文的分析，我们发现这种富士山描写基本上局限于佛教界，或是中谷顾山（江户中期的古钱研究家）、新

---

[1] 玄栋：『三国伝記』、载『大日本仏教全書』148、仏書刊行会、1912年、322页。
[2] 石田千寻：『僧道興の和歌と修験』、『山梨県立富士山世界遺産センター研究紀要』2018年第2集、8页。
[3] 在我国古代，"芙蓉"原指美人，如晋葛洪《西京杂记》卷二云："文君姣好，眉色如望远山，脸际常若芙蓉，肌肤柔滑如脂。"后来，晋盛弘之《荆州记》又载："衡山有三峰极秀。一峰名芙蓉峰，最为竦桀，自非清霁素朝，不可望见。"可见，"芙蓉"有"美丽"和"极高"的意象，又因"芙蓉"是莲花的别名，故富士山又有了"芙蓉峰"之雅称。另也有学者主张说"芙蓉峰"之称源自我国的"博山炉"。

庄道雄（出身于豪商的江户后期国学者）等非主流的富士山参拜者。这也说明，富士山的"八叶峰"形象虽然在佛教界已为固定的认识，却没有得到排斥佛教的主流学术界的认可。① 不过，这并不意味着这样的富士山形象就没有影响力，相反，随着富士讲和富士巡礼参拜的盛行，"八叶峰"的富士山形象在日本民众中传播甚广，并拥有非凡的影响力。1703年，作为民间戏剧形式的"狂言"《日本八叶峰》在京都的布袋屋梅之丞座上演，就是极好的证明。可以说，这种控制着佛教界和民众的富士山形象或者说富士山的佛教色彩直到明治时期的"废佛毁释运动"后才逐渐被清除。

与"八叶峰"在佛教界及其信徒间流行的局面相对，主流知识界因为民族意识的提高和排佛的思想倾向，而采用了自认为未受佛教影响的"芙蓉（峰）"来指富士山。自熊本藩儒秋山玉山（1702—1764）的《望芙蓉峰》（帝掬昆仑雪，置之扶桑东。突兀五千仞，芙蓉插碧空）② 之后，主流知识界用"芙蓉（峰）"指称富士山的诗文便急剧增长，甚至连江户时代异常发达的绘画也出现了类似题诗。③ 江村北海编辑的《日本诗选》（1773）便可确证这点。通过对"日本儒林丛书"所载相关诗文④的考察，我们发现有些学者如秋山玉山意识到"芙蓉（峰）"一词是受到中国神话世界观影响的概念，甚至有学者明确指出，"芙蓉（峰）"之称不是源自佛教，完全是因为富士山形似"博山炉"才有此名，并认为富士山"雅俗无定名，随时而转"：

芙蓉之岳，秀美盖无比。图画传于外国，播于歌颂，岂虚美也

---

① 不过，也有极个别学者如江户中期具有强烈民族意识的松宫观山对"八叶"之名并不在意，反而以其为日本优越性的重要表现。参见松宫観山『続三教要論』、載『続続日本儒林叢書』第2册（随筆部及雑部）、東洋図書刊行会、1937年、4頁。
② 塚本哲三編：『新撰名家詩集』、有朋堂書店、1923年、129頁。
③ 如江户时代很有影响的《百富士》的"松间"就收录了这样一首题诗："秀出玉芙蓉，不厌隔松树。绿叶与山光，相映自成趣。"参见河村岷雪『百富士』（古典籍総合データベース）、1767年、19b頁。
④ 笔者以"芙蓉"为关键词对"日本儒林丛书全文数据库"（http：//www2.sal.tohoku.ac.jp/jurin）做了检索，计得76例。除少数用例是指植物的"芙蓉"而与富士山无关外，大多数都是指富士山。

第四章 "大和魂"象征的创建——以樱花和富士山为例 / 649

哉。《遵生八笺》（按：我国明代的养生专著）载，孙总监者，千金市绿玉一块，嵯峨如山，命工冶之。作博山炉（按：我国汉晋时期民间常见的焚香器具），顶上暗出香烟，名不二山，即谓芙蓉也。汉人作炉，名不二，可谓好事之雅赏矣。即使邦人为之邪，其俗可呕，是故雅俗无定名，随时而转。①

不过，荻生徂徕（《送人之骏州》"苍茫天际孤帆影，直指芙蓉万丈山"）、中井竹山（《白营观潮阪》"观潮阪上松林里，认得芙蓉白云巅"）、兄藏（《题扇面富士山》"六十余州不二山，芙蓉矣兀尘束关"）、源义根（《送人游葛城山》"海南遥望玉芙蓉，千障相连紫气重"）等多数学者对于"芙蓉（峰）"之名是否受过中国思维的影响并不在意，或者说他们并没有意识到这一点。对他们来说，或许"芙蓉（峰）"是比"八叶（峰）"更能体现日本自主性和更适合描写富士山之美丽的"雅称"，这点从江户后期的日本主义者藤田东湖仍使用"骏台西指玉芙蓉，烂烂朝晖豁雪峰"②（《登骏台望富岳》）便可略见一斑。

由上可见，主流学界的"芙蓉（峰）"和佛教界的"八叶（峰）"几乎是一种互不干涉的平行竞争关系，也构成了江户时代富士山山形描述的主流。不过，这种具有外来文化痕迹的富士山形象在经过时间的作用而成为"传统"之前，并不利于支持富士山民族化的作业。因此，在江户后期，画家们塑造了"红富士""黑富士""宝石富士"等自主的富士山形象及意义。

其中，以"红富士"最为典型。初始，铃木芙蓉（1752—1816）绘《赤富士升龙图》（1771），野吕介石（1747—1828）绘《红玉芙蓉峰图》（1821），开始了塑造作为"赤富士"的富士山新形象和意义。换句话说，它们虽然可能还有东亚共通的某些文化因素（如"龙""芙蓉峰"），实际上又如"赤富士"所示，也体现了使富士山特殊化的思维。稍后，浮世绘大师葛饰北斋完成《富岳三十六景》（1831—1833），其中的"凯风快晴"更是创造了较为彻底的民族化和生活化的"红富士"形象。以

---

① 中井履轩：『水哉子』、载関儀一郎编『続日本儒林叢書』第 1 书目（随筆部）、34 页。
② 高须芳次郎：『新釈藤田東湖全集』第三卷、研文書院、1944 年、207 页。

"红富士"为首，画师们所描绘的基于本土语境的生活化富士山形象在当时受到了日本人的追捧，而对它成为日本的民族象征发挥了极为重要的作用。因为它不仅确立了日本人关于富士山的同时性想象，推进了富士山成为日本象征符号的作业，还为这种作业提供了可供挖掘和反复自我特征化的历史资源。

由上可见，江户时代关于富士山的三个名称几乎互不交叉、互不干涉，分别在各自的领域拥有影响力。"八叶（峰）"大体限于佛教界及其信徒，"芙蓉（峰）"限于主流知识界，"红富士"限于美术界及其阅读者。虽然富士山山形的形象及意义也体现了逐渐脱离外来文化影响的倾向，然基于自我语境的"红富士"等形象和意义却并不能占据压倒性的优势。不过，这对于推进富士山民族化的学者来说只是一个无关痛痒的问题。他们并不拘泥于这些关于富士山山形的描述，而是着眼于富士山山形的"完美性"和独特性，并以此与日本的民族性相连，从而证明两者之间的一致性和优越性。

在江户中期，松宫观山、贺茂真渊、平泽旭山（1733—1791）等作为其中的代表，都意图在"本土语境"下构建富士山山形的完美性及其与日本民族优越性之间的一体化联系。有着强烈民族意识的松宫观山认为，富士山是"三国第一高山"，其神圣性、"八叶玉莲之峰形"等都是外国无法匹敌的日本神性和"民性"的重要表现：

> （日本）神圣之所生，其地乃灵，集乾坤之气。本土四面带大海，备百二之固。中央有三国第一之高山，峰削八叶玉莲，影浮万里沧海，四时常住雪，千岁不时烟。蜻洲有是物而妆宇宙之风景。惟降岳神而君臣世世，不乏哲人。道人相续，仁而寿，被称君子国。五谷秀美，金铁纯粹，实三才精英之所凝。民风刚悍，号古细戈千足国（有国星传）。仰神威，尊国王之义气，具于民性者，非异方之所比伦。[1]

---

[1] 松宮観山：『統三教要論』、載『続続日本儒林叢書』第 2 冊（随筆部及雑部）、3—4頁。

显然，他不仅完全无视源自佛教的"八叶玉莲"之山形的意义，也完全是基于一种"学者徒眩他美，有不省自己所居者，可谓忘君子安命之要也"的自我立场来构建富士山作为神国日本的象征和表现。

作为主张恢复日本精神的国学者代表，贺茂真渊不仅对樱花、富士山等产生了"日本固有风物"的明确自觉，也尝试建立富士山"自足"且"完美的"价值，并将它归结于日本的神国特性及优越性。富士山山形的"完美性"则是其重要依据：

> （富士山）立于日出国，而闻及日入国。日经与日维、阴面与背面之形均相等，无所曲折，亦无些许隐藏之阴影，直斜式倾斜，裳裾宽般宽，有神坐于斯。然故，天皇以平稳、棱威之政为本，而无狭立之教，草民亦不置心于黝隐，尤其不云反对，天长地久而治，见之使人满、思之让人足者，乃此神在于高岭之面矣！①

此段文字塑造了富士山"完美的"圆锥形状，构成了江户日本盛赞富士山之美的一种典型论述。该文收于《观富士岭所记》（1763），说明到18世纪中叶左右，日本人的富士山认识已悄然发生了重大变化。即是说，不少学者形成了这样的认识：正是因为日本的神国特性及其优越性才造就了富士山的"完美性"和优越性。实际上，这种认识不仅盛行于国学者之间，也开始见于主流儒者。例如，曾入昌平坂而又师从片山北海的儒者平泽旭山就有类似思维。其有名的游记文《登富士山记》载："何况容貌绝美，其孰企及？盖天地间独我天皇，万古一姓，莫有革命者。是其无疆之镇，亦有兴于兹哉。特立于天下而无比伦，不亦宜乎？"②由上可见，他们都是将富士山的完美性格归因于万世一系的天皇统治，从而开创了构建富士山的自我封闭式民族象征意义的道路。

至江户后期，构建富士山这种形象和意义的倾向进一步增强。此时，各个领域的学者都参与这项所谓"神圣的"工作。他们大多以富士山"完美无缺"的山形为基础，对富士山的起源、形状、高度等做了极尽可

---

① 久松潜一编：『贺茂真渊全集』第21卷、统群书类従完成会、1982年、100—101页。
② 平沢旭山：『漫遊文草』第一卷、万笈阁、1887年、20a页。

能的赞美,以此强化富士山优越性的合法性基础。例如,日本洋画创始人司马江汉(1738—1818)主张说:

> 此山之形世界中绝无……于此,雕富士山图于板行、又经无边式按压而成版画,兰人往来时,竟需数枚。然,此山乃自神代以前烧出,经数千年,吹降砂石于四面,成如此之形貌。……山岳皆世界未开前之物,而有波涛之形。仅富士山,造出之山也,宜远望而不可登山也。①

林吕亮的《富士山记》(1805)也强烈地表达了类似意味。该文基本仿照平安时代的《富士山记》,盛赞富士山之美:

> 富士山者本邦之名山也。盖古久远之时神造。……其丽美嘉祥之状,言而不可尽。……山形入图画,万邦赏美之。史籍所载,人口相传,当知异域亦无有所比等焉。实神明所扶持,灵仙所游萃之处也。……至顶,始知天下无二山。……岂是皆以有富岳之壮观也,穷峻秀以示灵,启群奇以致兆,不啻人言,不虚纵令,移八湘奚可及哉!故岳在日东哉,一国之奇镇,而万邦均所美慕,其仰胜名,亦惟不虚谈。②

佐久间象山则歌咏了与其《樱赋》并称的另一"千古绝唱"——《望岳赋》(1841),以众多晦涩难懂的"好词""美文"对富士山做了极其夸张的美化:

> 神岳崛岰其特秀兮,棍岚彩(按:犹岚光)于穹苍。……八面玲珑其峭直兮,若刿劂(按:刻镂的刀具)之以施扢拭(按:擦拭)。……儿昆仑而孙嵩衡兮,镇皇舆以立极。……群仙集于天末兮,双阙崃于云际。……于是,钟坤灵之富有兮,兴宝藏之鬼戟

---

① 司馬江漢:『春波楼筆記』、載武笠三『名家随筆集』下、419頁。
② 長野県上伊那郡教育会編:『蓙原拾葉』第8輯、鮎沢印刷所、1940年、63—65頁。

（按：高大雄伟）。①

此赋极度追求辞藻的华丽和对仗工整，虽然对庶民来说不啻天书，却首次构建了富士山"八面玲珑"的"完美无缺"形象并使这种形象极其"富赡有力"②，因此随后便被刻入碑文，又被通俗化地阐释③，对其后富士山民族优越性意识的普及发挥了重要作用。

综上可见，在江户时代即便在山形的名称上还残留着外来文化的痕迹，然这些可以被忽略而实际上也被无视的因素却并不妨碍关于富士山山形之新形象和意义的生成，而它们恰恰是富士山民族化的重要环节和不可缺少的内容。

3. 富士山风物的意义生成——"斗笠云"的确立及其意义

对富士山的风物来说，雪、烟在江户以前就已形成了日本化的固定意义，而云的意义则不太确定，除了表示与"烟"一样缥缈无定的恋情（如"吾恋终归去，独留我心空荒芜，富士高岭挂白云"（《后拾遗和歌集》·825）、"无迹烟纷纭，无果是我恋，经夜富士燃"（《新古今和歌集》·1008），还可以表示山高（如"世人不及我，我恋深如海，高于富士云"[《拾遗和歌集》·891)]等意义。至江户时代，雪和烟的象征意义几乎没有发生变化，而"云"则随着江户绘画艺术的发展而成为表现富士山形象的一个重要指标，比如对"富士越龙""红富士"等富士景象来说，"云"都是一个不可或缺的存在。同时，它又因与民众日常生活密切相关而得到了异常的发展，形成了"斗笠云""吊云""山旗云"等新的物象和意义及基于此的富士山形象（"斗笠富士"）和意义。其中，以"斗笠云"最为典型。

"斗笠云"的形象在江户时代异常发达的原因有二。一是因为"斗笠云"被认为创造了富士山绝美的形态——"斗笠富士"，甚至被认为增添了富士山的神秘感。比如，河村岷雪的《百富士》（1767）、葛饰北斋的

---

① 佐久间象山：『象山浄稿』、『象山全集』卷一（增订版）、信濃毎日新聞、1935年、9—10頁。
② 佐久间象山：『象山浄稿』、『象山全集』卷一（增订版）、11頁。
③ 如平林有明的《樱赋望岳赋读法解释》（1907）等。

《富岳百景》("笠不二")和《富岳三十六景》("甲州三岛越")等描写了富士山的"斗笠云",被认为创造了山和云完美结合的"斗笠富士"形象。二是因为"斗笠云"被当成了观测富士山天气的重要指标。它不仅与富士山周边民众的日常生活密切相关,也与富士山参拜者和观光者的登山行为相关。虽然早在江户前期,俳谐诗人道之就提出"斗笠云"[①] 的说法,然不能确定它是不是指富士山。到了江户中期,河村岷雪所绘《百富士》之一就有"山顶云着笠之日也,富士参拜"[②] 之题句,说明是以"斗笠云"为判断是否登山参拜的指标。稍后,江户时代最出名的畅销小说家曲亭马琴对它做了进一步说明:"富士参拜,朔日……每朝云起覆山顶,此谓斗笠云。彼国之人曰,其云向西行时不出三日则有雨,向东行时则天气快晴也。"(《俳谐岁时记》上,1803)这段文字表示"斗笠云"已深度介入了"彼国之人"(骏河国居民)的生活,也作为"常识"而对富士山参拜者产生了影响。当然,前述两个文献在江户时代都极有影响,尤其是前者更是多次重版,成为画师们的"模范"而对江户美术界和知识界具有重要影响。这种状况极大地促进了"斗笠云"及基于此的"斗笠富士"之形象和意义的形成和传播,因而不仅在富士山周边居民间形成了"富士山若戴帽,近日会下雨""一重帽下雨,二重帽刮风又小雨"等确定性的语言形式——谚语,也在江户后期形成了更具体、更多类型的富士山"斗笠云"的形象(如1830年刊行的江户风俗事典《嬉游笑览》就记录了30种以上的"斗笠云")。

毋庸置疑,绘画、谚语等通俗文艺形式所确立和传播的生活化和日常化的"斗笠富士"不仅进一步增强了富士山的神性和美,也极大地缩小了民众(周边居民、参拜观光者、远眺富士山的旅人)与富士山之间的心理距离,甚至可以说创造了现实和想象相结合的民众与富士山的一体感。换句话说,它在促使富士山的民族化和形成富士山共同体意识上发挥了超越"斗笠云"本身的作用。

(二)"三国第一山"与富士山的民族象征化

"三国第一山"的意义建构及宣扬是江户日本构建富士山作为日本民

[①] 转引自北村湖春『続山井』、1667 年、早稲田大学図書館古典籍総合データベース、No. 045。

[②] 河村岷雪:『百富士』(古典籍総合データベース)、1767 年、22b 頁。

族象征的典型叙事。它一方面意味着富士山的民族象征化，另一方面意味着富士山优越性的建构。而富士山信仰的重建、富士山之美的重新发现（主要是山形、山高）等构成了支撑这一作业的宗教和物质基础。

在现代，悬挂于新仓富士浅间神社和北口本宫富士浅间神社鸟居的"三国第一山"匾额无不在向世人宣告，无论是过去、现在，还是将来，富士山对日本人来说都是一座具有特别意义的山。不过，在江户时代所谓"三国"有时是指骏河国（静冈县）、甲斐国（山梨县）、相模国（神奈川县）这三个日本的藩国，有时是指中国、日本和印度，而按照中世日本人的世界观，它就代表了整个世界。所以，"三国第一山"有时是指"骏甲相第一山"，有时是指"世界第一山"。在江户时代，因受民族主义思想的影响，日本人关于"三国第一山"的认识和解读也有着明显的变化。在江户前期，几乎不见关于富士山的"三国第一山"之说法，而随着民族意识的成长和对富士山作为民族象征的自觉，江户中期以后"三国第一山"的提法开始流行，并被解释为"中日印第一山"即"世界第一山"。这种新解释的核心和实质就是富士山乃日本象征，或者说"三国第一山"就是富士山的代名词，体现了"作为风景的富士山乃世界最优"的民族优越意识和"唯日本才最受造物神钟爱"的选民意识。这类话语在现代或显得荒谬，因而或被付之一笑，或被人诟病，在江户时代乃至近代[①]却发挥了支持富士山民族象征化的重要作用。

在江户以前，日本知识阶层几乎没有对富士山产生作为民族象征的意识，自然也没有以其为"三国第一山"的明确记载。前述两个神社所述"三国第一山"的缘起皆是出自其"社传"，并没有其他文献作为依据。前者的"社传"记述说，807年，富士山火山喷发，平城天皇遣使前来神社，举行了保护国土安泰的富士山镇火祭，并同时授予该社"三国第一山"的封号及亲笔匾额。后者的"社传"则记载道，为了祭祀日本武尊，该社于1480年建立了当时日本第一的大鸟居，其匾额则写了"三国第一山"。可以说，两个神社关于富士山"三国第一山"的传说虽然疑窦丛丛，却仍具有使富士山的这一性格获得"古老"而"神圣"力量的

[①] 例如，在作曲家下村菐的《月下怀乡》、小说家林不忘（1900—1935）的《丹下左膳》、冲野岩三郎（1876—1956）的《迷信的故事》等作品中仍可见"三国第一山"的说法或主张。

物质结构。

江户时代以后,随着民族自我意识的提高,日本知识界开始对富士山、樱花等产生了作为民族象征的自觉并开始了塑造它们这一形象的作业。与以樱花进行自我象征化的思维类似,林罗山也以富士山为日本最重要的象征。其游记《丙辰纪行》大量引用中日两国关于富士山的诗歌及典故,以该文最大的篇幅对它做了自我特征化的美化描述。

> 富士山之名,不惟独鸣于我朝,亦远闻及于中华矣。(山部)赤人之歌载于《万叶集》,都良香之记见于《本朝文萃》。徐福寻药而止于此山,称此为蓬莱山者,见于"义楚之帖"。……诚我朝无双之名山也。……一山高出众峰巅,炎里雪冰云上烟。大古若同仁者乐,蓬莱何必觅神仙。[1]

这些文字显示了他借助富士山构建自我身份的意识,然对中国文献的大量引用及"我朝无双之名山"等受限制的用语也说明,他对富士山的民族象征化仍缺乏足够的文化自信。

在推进富士山的民族化上,以暗斋学派的栗山潜锋(1671—1706)、谷秦山等最为积极。该学派是江户前中期民族意识极为强烈的学者群体。栗山潜锋被德川光国聘请参与《大日本史》的编撰,并曾任彰考馆总裁。这种独特经历培养了他强烈的民族意识,不仅促使他撰写了《保建大记》《倭史后编》等力倡尊皇论的著作,而且展开了富士山与日本民族性的关联性论述。

> 富山天下之望也。望之温然玉立,茫乎无垠。虽不知其中何所韬畜亭毒(按:成长、化育),而道德之士,固有所仰止仪刑(按:效法)。而凡功名词章、争时斗智之徒,下至都市贩缯、田亩饭牛之家,莫不愿与之比高、比大、比富厚也。甲申季冬,江府(按:江户)人服氏适梦其山之屹然乎门中,觉犹如有所见。府之俗以梦之而为祥,因请所相识题咏之,令予序其首。盖梦者心之影,心之所

---

[1] 林羅山:『丙辰紀行』、載塚本哲三校『日記紀行集』、179—181頁。

第四章 "大和魂"象征的创建——以樱花和富士山为例 / 657

向，影必从之。服氏之道德功名富贵，其将何所向也。①

照此说法，日本人无论贩夫走卒还是"道德之士"都十分敬仰富士山。因为心中有富士山，"服氏"才会梦到它"屹然乎门中，觉犹如有所见"；梦到富士山则意味着祥瑞，也已成为江户的"风俗"。全面继承了暗斋及絅斋学问体系的谷秦山也对富士山抱有作为民族象征的强烈自觉和自豪。他声称"千古富士留白头"②，盛赞它是乾坤世界无法比拟的山峰，就连中国大文豪欧阳修和苏轼都难以赋出适合它的诗词。他甚至认为，富士山见证了"万国来朝"的景象："富士恭己群峰服，何物乾坤得匹俦（按：匹敌）。大地俯临尘一点，高天仰见雪千秋。八洲督府联青麓，万国贡船望白头。面面看来无苦窳（按：粗糙质劣），谁佣匠石削琼球。"③ 在此，富士山显然已被当成了日本人构建同一性的重要标志。

与林罗山等代表的知识界的转变相应，江户前期的俳谐界亦出现了以富士山构建自我身份的动向。以松尾芭蕉、山口素堂、上岛鬼贯为代表的俳句诗人不仅继承了日本人原有的富士山情思而展开了富士山精神的重构式叙事，也对它产生了日本"特有景物"的自觉。例如，山口素堂题为"九月十三夜"（1688）的俳句就说"唐土若有富士山，还请看看今夜月"④，意指中国既没有富士山，也没有"十三夜之月"⑤，因为它们都是"日本独特的景物"⑥。显然，这是以富士山为区分中国和日本的标志的思维。以主张"诚之外无俳谐"的上岛鬼贯（1661—1738）所咏"富士雪永恒，叶花一时吉野山"⑦ 则以对比的形式隐晦地提出了"富士（雪）"和"吉野（樱花）"这种象征自我的存在。松尾芭蕉则聚焦于富士山作为"完美之山"的独特性和超越神山的性格；"远闻昆仑、蓬莱、

---

① 栗山潜鋒：『弊帚集』上、山城屋佐兵衛、1856 年、12 頁。
② 谷重遠：『秦山集』仁（卷五）、谷乾城、1910 年、9b 頁。
③ 谷重遠：『秦山集』仁（卷五）、10a 頁。
④ 勝峰晋風編：『芭蕉七部集定本』、岩波書店、1925 年、104—105 頁。
⑤ 据《躬恒集》（平安中期）记载，919 年 9 月 13 日，醍醐天皇在清凉殿举办了赏月宴，是为"十三夜之月"之始。因而，依素堂，"八月十五夜"是中国传来的文化，而"九月十三夜"则为日本独创的风俗。
⑥ 勝峰晋風編：『芭蕉七部集定本』、、105 頁。
⑦ 大野洒竹編：『鬼貫全集』、春陽堂、1898 年、30 頁。

方丈者仙地也。眼前，富士山拔地而支苍天，是为日月而开云门乎？所向皆表，美景千变。诗人不能尽句，才子文人亦绝言，画工亦舍笔而走。若藐姑射（按：我国神话里的仙山）之山有神人，能作其诗乎，能绘其画欤？"① 依芭蕉，富士山是超越世俗乃至"中国仙山"的完美无缺的存在，具有"云雾紫峦时，须臾穷百景"的无尽风貌和"支苍天"的无穷力量，也因此无法被语言"所描述"。

不仅如此，江户前期的佛教界也出现了构建作为日本象征的富士山的思维和作业。1655 年赴日的朝鲜通信使南龙翼（1628—1692）所记"达柏两僧（中达和绍柏）"接连呈上的富士山系列诗歌就是很好的说明。其代表性的诗歌有：

噫吁嚱，危哉，奇哉，异矣哉，富士之山！……忆昔共工头触不周山，山崩地维缺，东南之土化诸西北。上帝恶不均，却命夸娥掷此山于嵎夷（按：东表之地）旸谷（按：日出之处）之天表，巍巍几万仞，远远几万步。……观此山不啻天壤杳，此山犹不屈服五岳与三山。尉佗魁居自在圣化外，有若南越尉佗之僭娇。我自耳惯五岳目三山，闻此不惊见亦藐。我愿上帝更命夸娥掷此山于中国、我国间，俾霑雨露制强骄。

玉立秋山势最尊，山头积雪四时存。天倾杞国撑为柱，地缺炎方补作根。冲北夜争星斗迥，压东朝凝日车翻。三韩形胜谁高下，欲唤仙人仔细论。

千山环拱一山尊，斗觉名山此地存。析木天东为巨峙，蟠桃海上共灵根。鳌头缩短难堪戴，鹏翼低垂未易翻。若使夸娥移禹甸，雄奇当与太行论。

飘渺秋山露半天，海门苍翠万峰连。寒光尚带鸿蒙雪，爽气遥含碣石烟。若有神仙应在此，虽无载籍亦堪传。凉凉一雨朝来过，石骨云容更洒然。②

---

① 佐佐醒雪等校：『名家俳句集』、博文館、1913 年、35 頁。
② 南竜翼：『扶桑録』、載『朝鮮群書大系続々』第五輯、340—343 頁。

可见，两位僧人已对富士山产生了强烈的民族自豪感和优越意识，并欲使其认识为朝鲜学者接受。这些主张虽然被南龙翼以"颇有夸大之意"定性，却在一定程度上反映了当时日本知识界日益成长的富士山民族化意识。

可以说，在江户前期（1603—1680），明确用富士山来区分中国和日本的思维并不普遍，多数学者的富士山认识仍处于从普遍性视角向特殊性视角过渡的阶段。例如，有"爱山之癖"并咏关于富士山的诗歌600余首的加藤利正的诗句——"君子国中神德风，四时吹雪失青空。若令孔圣浮沧海，直指富山入日东"[1]，被誉为"诗仙"的著名汉诗人石川丈山（1583—1672）的诗句——"仙客来游云外巅，神龙栖老洞中渊。雪如纨素烟如柄，白扇倒悬东海天"（《富士山》）[2]，室鸠巢（1658—1734）的诗句——"上帝高居白玉台，千秋积雪拥蓬莱。金鸡咿喔人寰夜，海底红轮飞影来"（《富岳》）等，既反映了诗人们一定程度的民族意识和本土崇拜，也体现了东亚的普遍性思维和价值。而且，此时期几乎见不到以富士山为"三国第一山"的说法，仅有极个别的类似用法，例如"富士山乃三国无双之名山，故代代之人咏成之和歌、作成之汉诗不可胜数"（《百物语》，1659）。[3] 结合其引文后面所举藤原家隆、藤原定家、宋濂三人所作诗歌，可以推测这里的"三国"可能是指中日印三国，也可能是指"骏甲相"三国。不过，即便江户前期是富士山民族化的起始阶段，也充分体现了江户日本通过重构富士山的形象和意义而重构自我的民族意识及作业。

江户中期（1681—1780）以后，富士山民族象征化的建设迎来了一个历史性的转折。知识界不仅对它有了作为民族象征的更明确的自觉，还试图重构它与本土信仰之间的联系及其所体现的优越性；基于本土信仰的平民性的"富士讲"和面向民众的"咄本"则极力强调富士山作为"三国第一山"的性格和优越性，而对富士山民族化和符号化的意义构建和传播发挥了不可替代的重要作用。

---

[1] 加藤利正：『富士百咏』、武江書林、1676年。
[2] 塚本哲三编：『新撰名家詩集』、有朋堂書店、1923年、11頁。
[3] 『百物語』、载武藤禎夫『噺本大系』第一卷、東京堂出版、1975年、245頁。

在主流知识界，荻生徂徕、柴野栗山（1736—1807）等开始以日本文明能力或优越性的象征求诸富士山、琵琶湖等具象的存在。例如，荻生徂徕在致黄檗宗僧侣道章的信里说："秋色将尽，芙蓉峰上雪，寒色照人，不识中华有此好屋颜否？岱华（按：泰山与华山）当相伯仲耳。琵琶与西湖终如何？"① 其逻辑是，富士山是世界第一山，而这样的山连世界文明中心的中国都没有，所以日本胜于中国，亦优于世界万国。关于这点，他的早期门人安藤东野（1683—1719）在《萱园随笔》（1714）刊行时所作的"序"里做了解释："徂徕先生其芙蓉白雪耶。芙蓉临天，不独我东方，彼航而泛洋者皆言森茫汗漫之中，见埵堁天际者芙蓉已。则芙蓉大乎天下，非吾之党言也。独怪名山大川，天下淑灵之气所钟，不于中国而于东方，抑何诸？呜呼，吾知之矣！"② 依安藤，富士山是"天下淑灵之气所钟"，不见于世界文明之中心的中国，因而是"名副其实"的世界第一山。这点不仅是"吾之党"的日本人所主张，也为"彼航而泛洋者"的外国人所承认。可见，与山鹿素行等以抽象的武士道构建日本优越性的思维相比，徂徕及其学派开创了将日本的优越性求诸富士山等实在的先河，而它们作为"可视的"具体存在，在激发日本人的民族优越感和确定日本人的身份方面更有作用。随后本居宣长大肆宣扬"山樱花"的日本特殊性，也是这个道理。幕府儒官柴野栗山还认为富士山为"众岳之宗"，强调其无可比拟的优越性："谁将东海水，濯出玉芙蓉。蟠地三州尽，插天八叶重。云霞蒸大麓，日月避中峰。独立原无竞，自为众岳宗。"③ 这里，从"八叶峰"到"八叶重"的转变还表明，原本受儒佛影响的富士山神圣化思维开始了向本土语境的转换。

这说明此时期主流知识界的富士山认识虽然尚未完全摆脱儒佛等东亚文化的束缚，却也表现出强烈的自主化倾向。与此相对，贺茂真渊、平泽旭山、松宫观山等具有强烈自我意识的学者则意图在"本土语境"下重构富士山的优越性及其与本土信仰之间的联系。照前所述，这些都

---

① 荻生徂徕：『徂徕集』、载平石直昭编『近世儒家文集集成』第三卷、314—315 页。
② 荻生徂徕：『蘐園随筆』、载関儀一郎编『続日本儒林叢書』第 1 書目（随筆部）、1 页。
③ 塚本哲三编：『新撰名家詩集』、155 页。

集中体现于他们对富士山"完美"山形的构建上。他们不仅以富士山为区分中国和日本的标志，还开始强调富士山的独立价值及其优越性。这也说明江户知识界已开始从精神和存在两个方面来构建日本人的同一性，因而使"日本风物"的发现和标签成为18世纪日本文化民族主义的基本特征。

与知识界展开的富士山民族化的两种路径相比，江户时代盛行于日本的富士讲在推进富士山的民族化方面则更为激进，对庶民的影响也更为深刻。江户中期以后，如"江户八百八讲，讲中八万人"所称，长谷川角行（1541—1646）开创的富士讲经过村上光清（1683—1759）、食行身禄（1671—1733）等宗教领袖的大力推动，就以江户为中心爆发式地向全国扩展，而使庶民对富士山的信仰具有了一种社会运动的特征。随着富士讲在全国的展开，富士山也被塑造为"日本之御柱、三国无双之灵山"[①]"三国第一山"，甚至是"三国之根元也，万物之元、日月之体也"[②]"世界之柱、人体之元"："夫当山者，天地开辟国土之柱也，又万物之根元也。先自世界空空之时始，水凝固而御山出现。……伊奘诺、伊奘弥立而引四方，是云天之御中主命。初生山，是大山祇命也。又生海，成海三神。……生于世界者，皆一仙之元。万事自水始而以为元也。"[③] 由上可见，富士讲在日本创世神话的体系下定义富士山，从而无限拔高了它作为日本象征的神圣地位和本原优越性。"此山，天地间由是出生也。阴阳之本也。……为人而万民皆由是出生也。此山，日月明星三光之阴气、阳气也。"[④] 不仅如此，它的这种地位和性格还被当成了日本优越性的依据。"一切之事皆说明，日本远比唐、天竺开通。……世界有东西南北，而东则为日月开辟之元，此岂非日本乎？"[⑤] 综上可见，以"仙元大菩萨"或"仙元大日"为依据，富士讲虚构了富士山作为日本之御柱、三国第一山和万物之元的激进价值体系，构成了江户时代富士山民族象征化的重要环节。即便这种极其荒谬的价值体系只是一种落后和

[①] 村上重良等：『日本思想大系』67（民衆宗教の思想）、454頁。
[②] 村上重良等：『日本思想大系』67（民衆宗教の思想）、443頁。
[③] 村上重良等：『日本思想大系』67（民衆宗教の思想）、459頁。
[④] 村上重良等：『日本思想大系』67（民衆宗教の思想）、647—648頁。
[⑤] 村上重良等：『日本思想大系』67（民衆宗教の思想）、443頁。

封闭的自我中心化的"癔症式叙事",也是杂糅了记纪神话、佛教和阴阳五行等思想的大杂烩,却具有很强的欺骗性,因而随着富士讲的流行而对富士山这一形象的普及发挥了巨大作用。

与此同时,含有"三国第一山""三国无双名山"之类说法的"咄本"大量刊行,也极大地促进了富士山优越性的意义建构和传播。据考察,《新竹斋》("三国第一",1687)、《轻口耳过宝》("三国无双",1742)、《闻上手》("三国第一的名山",1773)、《管卷》("三国之名山",1777)等笑话集都使用了该类说法。这里的"三国"虽然有些可能是指"骏甲相",然结合《正直咄大鉴》(1694)所述"古之歌人亦尽心,尤其羡慕可以早晚看到天竺、汉土、日本之三国无双之名山——富士山"①,可以推断,它们也完全可以被理解和解释为"中日印三国第一山"。而且,这种认识一旦形成,还具有溯源的解释力,即使原本暧昧不明或不是指"世界第一山"的说法转为该意义。这也从另一个角度说明富士山优越性的意义建构在江户中期已是一种普遍的作业,表明这种属性的富士山形象在民众之间得到了广泛的传播和相当的普及。

由上可知,江户中期是富士山被塑造为日本民族象征及其形象得到广泛普及的重要阶段。对此,以民众为主体的富士讲、面向民众的笑话集和知识界的富士山叙事不仅发挥了互补的作用,也对江户后期(1781—1867)日本人的富士山认识产生了深远影响。

以"三国第一山"来说,这种此前一般只见于富士讲、笑话集等文献的极端主张,至江户后期不仅为知识界所认可,也始见于一些通俗作家或画家的富士山论述。例如,江户最有名的畅销小说家曲亭马琴(1767—1848)就认为:"(富士山)实三国第一番之名山,蓬莱不死之仙境也。"② 曾游览日本各地的医生橘南溪(1753—1805)不仅自赞富士山为"天下"最高山,还以其为"天下"名山的标准:"余自幼好山水,逢他邦之人必问名山大川,皆各各自赞其国山川,以为天下第一。是为甚难信也。既巡游天下而以公心论是,山之高者以富士为第一。……皆

---

① 『正直咄大鑑』、載武藤禎夫『噺本大系』第五卷、東京堂出版、1975年、260頁。
② 曲亭馬琴:『富士浅間三国一夜物語』、8頁。

甚似富士，一峰秀出，则如绘画一般。"①虽然他所言的"天下"是指"日本"，却留下了以后被扩大解释为"世界"的可能性。著名旅行家百井塘雨则认为富士山之美为各国所承认："原本富士峰之秀丽，不独为本朝古今所赏美，异国之书籍亦详也。……云其为三国第一山，实不为耻。"②幕臣兼狂歌师的大田南亩不仅高咏"富士入苍穹，三国第一山。唐人若欲见，请到日本来"，表现了对它作为世界第一山的民族自豪感，还企图在"言西行必说樱""言西行必说吉野"的图式下另建"言西行必说富士山"的文化图式，进而构建西行、富士山和樱花之间的一体性联系："说西行则思富士，说富士则觉西行，此山、此人当为古今一对也。呜呼，又出赫夜姬，不替吾言矣。"③幕末浮世绘大师五云亭贞秀（1807—1879）则将这一主张贯彻到绘画的世界，先后绘制了《三国第一山之图》（1849年左右）和《大日本富士山绝顶之图》（1857），形象地构建了"三国第一山"和"大日本"之间的象征关系。

不但如此，继江户中期后，更多面向民众的笑话集如《轻口笔彦噺》（"三国第一"，1795）、《新玉帚》（"三国第一之大山"，1798）、《笑嘉登》（"三国第一"，1813）、《十二支紫》（"三国第一"，1832）、《新作落噺》（"三国第一"，1844）、《落噺千里薮》（"三国第一"）、《落噺笑种苻》（"三国第一之名山"，1856）等都采用了"三国第一山"的说法，有些作品甚至还将有关富士山生成的"巨灵一夜擘""终年冠雪""完美山形"等故事与"三国第一山"联系起来，以说明富士山作为日本象征的合理性："西面是琵琶湖出而形成的山，即有四条登山口，被称为东海之天的芙蓉峰，亦命名'二十山'。此即是世上所说的三国第一山，无论山形，还是山高，富士山都无可挑剔。什么？那座山也只是看上去高，若去掉其积雪，也就只有其一半高了。"④这说明，至江户后期"富士山是三国第一山"的认识已相当通俗化，这无疑对它成为日本优越性的象征发挥了重要的支撑作用。

---

① 橘南谿：『東西游記・北窓瑣談』、有朋堂書店、1922年、192—194頁。
② 百井塘雨：『笈埃随筆』卷五、載『日本随筆大成』第2期第6卷、359頁。
③ 大田南畝：『蜀山人全集』卷二、吉川弘文館、1907年、33—34頁。
④ 『面白艸紙噺図会』、載武藤禎夫『噺本大系』第16卷、東京堂出版、1979年、87頁。

由上可见，富士山为世界第一山的认识在江户后期几乎已成为知识界的共识。一方面他们继续构建并宣扬富士山的"完美性"，以此强化其优越性的合法性基础。这类论述大多以其"完美无缺"的山形为基础，对它的起源、形状、高度等做了极尽可能的赞美。另一方面，不少学者还展开了对中国名山的矮小化作业，以突出富士山的伟岸、神圣及其合法性。他们或以富士山为中国昆仑山的源头，或是对泰山做矮小化的描述。前者的典型论述是江户后期著名民族主义者赖山阳的《题富岳图》。他声称该图的两首汉诗均是"戏翻"自秋山玉山的"望芙蓉峰"（帝掬昆仑雪，置之扶桑东。突兀五千仞，芙蓉插碧空）①，却对昆仑山与富士山的关系做了完全相反的解释："帝掬芙蓉雪，置之赤县西。凝作昆仑山，敢欲较高低。""帝掬芙蓉雪，抛作昆仑山。雪汁即黄河，却向东海还。"② 显然，诗文反映了赖山阳以富士山为日本象征并建构日本文化之本原性的民族主义思想。后者的典型是广濑青村（1819—1884）的《富士山图》。其题诗"一岳排东海，三峰撑北斗。置之齐鲁间，泰山是培塿"③，贬泰山为"小土堆"，却对富士山极尽溢美。毋庸讳言，这些富士山论虽然体现了江户后期日本知识界日益高涨的"去中国化"的思想，然其所表现的与"他者"比较的思维也恰恰说明，他们对作为日本优越性象征的富士山乃至本国文化仍缺乏足够的自信。这也意味着富士山在江户时代仍没有成为一个具有"完全自足价值"的文化符号。

总的来说，江户知识界开始了塑造富士山为日本民族象征的作业，甚至少数人也尝试在本土语境下构建"主体性"的富士山，同时也使这种富士山形象通过知识传播和宗教传播得到了相当程度的普及。尤其是"三国第一山"之意义的形成和传播更是树立了日本人对富士山作为日本象征及其符号意义的自信和自豪。不过，相关论述无论如何强调富士山的壮美及其优越性，都未能完全摆脱儒教和佛教的思维范式。例如，《富士山记》《望岳赋》等有关论述以及"秦皇采药竟难逢，东海仙山是此峰。万古天风吹不断，青空一朵玉芙蓉"（安积艮斋《富士山》）等对后

---

① 塚本哲三编：『新撰名家詩集』、129 頁。
② 赖山阳：『山陽遺稿』、千代田書房、1911 年、16 頁。
③ 简野道明：『和漢名詩類選評釈（4 版）』、明治書院、1915 年、273 頁。

世产生极大影响的诗文,亦莫不如此。这意味着构建这种富士山形象的理论支撑仍不能称得上"纯粹",而是杂糅了中国文化和佛教文化诸多要素的"杂种"。因此,对有关富士山的这些所谓"外来文化元素"的清除或无视乃至彻底否定[1],就成为近代日本构建富士山作为日本象征的形象、意义及其优越性的必然选择。从这种意义上说,江户时代仍只能说是日本人推进富士山民族化的重要节点。

(三) 富士山的日常化与民族化——"被同时生产、消费"的富士山

虽然富士山自古以来就是日本人所憧憬和敬畏的对象,然与其产生"知识性"联系的一般都只限于知识界和佛教界,他们也都是在文学、绘画等艺术或宗教领域塑造着富士山的形象和意义。然至江户时代,富士山与日本人之间的关联发生了较大的变化。就是说,富士山的日常生活化和自我特征化(民族化)获得了异常的发展,因而成为日本人有关富士山叙事的主流。前者意味着富士山成了庶民极易亲近的"身边"的存在。庶民不仅较大程度地参与了富士山形象和意义的塑造,也通过江户时代极为发达的通俗小说、浮世绘、净琉璃等通俗文艺形式分享着知识界所塑造的富士山形象和意义。后者意味着知识界和民众合力生产并共同消费着富士山的特性乃至优越性,形成了对这种富士山形象和意义的"同时性想象",促进了它作为日本象征符号的形象和意义的形成。

可以说,富士山的日常生活化为它的民族化奠定了坚实的基础,而民族化又为它的日常化提供了动力和支持。两者的结合就是富士山作为日本民族象征之新意义的生成和传播。

1. 有关富士山的新故事及其意义的生成

听、讲或阅读故事即叙事,是在描述自己,也是在描述他者。这种行为是人类的本然行为之一,不仅能给人类带来"高级的快感",还可以团结凝聚群体、发挥社会关系的黏合剂和知识传播的重要作用。同样,有关富士山的"故事"也发挥了形成共同体、塑造民族及其传承的作用。

在江户时代以前,日本人关于富士山形成了"圣德太子骑白马越富士山""赫夜姬传说""役行者每晚登顶富士山修行"等故事,它们主要

---

[1] 这种作业实际上是一项永远不能完成的工作,因而近代日本所展开的这种工作只是一种"主观的作业",并不是一种"对事实的作业"。

发挥了塑造并增强富士山神性的作用。至江户时代，类似的新故事被大量创造出来，如"巨灵一夜擘""一富士二鹰三茄子""富士见西行"等。其显著特点是不仅庶民参与了新故事的创造，它们本身也有着极强的生活化和日常化色彩，因而易被庶民所接受，又通过各种通俗文艺形式向日本全国广泛传播。因此，这些新故事的生成及其传播对江户时代以富士山为媒介的文化共同体的形成发挥了重要作用。

"一富士二鹰三茄子"所体现的"初梦富士"是江户时代以民众为主体创造的新故事的典型。它是指每年正月初一晚至初二早晨所做的第一个梦（初梦），若梦见富士山、老鹰和茄子，则意味着平安长寿（buji）、高贵（taka）和成功（nasu）。即是说，它们被认为是日本吉祥的三大象征，而以富士山为第一。这一故事不仅增添了富士山的神性和灵性，也塑造了它的亲民性。而且，如狂歌《巴人集》（1784）的"初梦"所述"确实梦见了，一富士二鹰三茄子。施得魔法做好梦，不为貘所食"①和《笈埃随笔》所记"世人以梦见此山时为吉瑞，云一富士二鹰三茄子，以为同样之吉兆"②，据此我们可以推测，这一故事在江户前期就已形成，至江户中期已在民众中广为流布。至江户后期，这一故事不仅被平户藩主松浦静山的随笔《甲子夜话》（1821—1841）、歌川芳虎的浮世绘《新板初梦双六》等全国各地文人的作品所提及，还被收录至《嬉游笑览》（风俗百科事典，1830）、《俚言集览》（国语辞典，19世纪前期）等辞书著作。例如，福山藩汉学者太田全斋对它做了解释："一富士二鹰三茄子，云瑞梦之次第。一说认为云骏河国之特产，是一富士二鹰三茄子四扇五烟草六座头"③。这一论述表明，日本人关于该故事之意义的看法虽有分歧，认为它表示"瑞梦之顺序"，却是当时的一致意见。不仅如此，《鹿子饼》《管卷》《年忘嘶角力》《时势话纲目》《春笑一刻》《初登》《夜明乌》《落话花之家抄》《笑话之林》《春袋》《岁旦话》《福喜多留》《庚申讲》《正月之物》等在民众间流行的"咄本"也都提到了"初梦富

---

① 大田南畝：『巴人集』、『蜀山人全集』卷二、227頁。
② 百井塘雨：『笈埃随筆』卷五、載『日本随筆大成』第2期第6卷、361頁。
③ 村田了阿編：『俚言集覽』上卷、皇典講究所印刷部、1899年、168頁。

士"的故事，甚至出现了以其为"日本第一梦"①的说法。这进一步说明，这一故事及其塑造的富士山形象不仅在江户各阶层之间，也在全国范围内得到了广泛传播，从而有力地促使了这种富士山文化共同体的形成。

在江户时代，增添富士山神性和亲民性的另一个典型故事是关于其生成的"巨灵一夜擘"。该故事认为，日本孝灵天皇时"巨灵一夜擘"，其凹陷形成了琵琶湖，而其原来近江国的土石则形成了富士山。因为近江与富士山的这种联系，日本人认为若近江人登富士山则不会有"坠死之虞"。按江户前期儒者堀杏庵所述——"土人传说，此山者，孝灵帝时巨灵一夜擘，近江国开江湖，运土石筑成，江州覆一簣，今三上山是也。常菴袭其说，琵琶湖开兮，富士山出矣"——可以推测，这一故事在江户初期就已在富士山周边地区流行，同时随着富士参拜和观光的盛行而向全国传播。这点也可以从1636年赴日的第一次朝鲜通信使金世濂"遥望"富士山的相关记载中得到证实："从富士山南麓行……游观者若不一月斋戒，必有坠死之患。若近江人则不然，盖琵琶湖拆而富士山耸出故也。"② 到江户中后期，《春袋》（1777）、《百福物语》（1788）、《庚申讲》（1797）、《面白草纸嘛图会》（1844）等笑话集都对此有所提及，甚至形成了以琵琶湖为"富士山故乡"的说法："这个春天的梦，真是一个完全的好梦。比梦见富士山还好。那是什么梦啊。梦见了近江之湖。什么？梦见了湖。那它为什么好呢？那是因为它是富士山的故乡。"③ 这说明"琵琶湖拆而富士山耸出"的故事在日本全国范围内得到了广泛传播，甚至成了民众的固定认识。这一故事的形成对富士山的民族化具有重要意义。因为它不仅增添了富士山的神秘性，还如同关于富士山祭神的"木花开耶姬说"构建了富士山与樱花的一体性联系一般，打通了日本最高山和最大湖之间的联系，并使富士山成为极有可能成为日本象征的三大具象性存在的中心。

---

① 『初登』、载武藤祯夫『噺本大系』第十一卷、东京堂出版、1979年、292页。
② 金世濂：『海槎録』、载『朝鲜群书大系』统々第四辑（海行摠载二）、同文馆、1914年、431页。
③ 『春袋』、载武藤祯夫『噺本大系』第十一卷、29页。

江户时代被创造出来而发挥了塑造富士山神性和民族性的故事还有"富士三里艾灸""富士人穴""富士与龙"等。"富士三里艾灸"是源自中医界的故事，意指在富士山三里之内用艾灸治病，可以包治百病。该故事很早就被收录于"咄本"——《醒睡笑》（1623），是为"有患中风者。去医生处看病，使其诊脉，仅用药则难治之证也……富士山者，众所周知之大山也。传说在富士山三里之内，若施以艾灸，则不论何病皆可治好，然原本艾灸可持久吗？雄长老曰，艾灸均赖富士之烟，只要其不绝……"① 稍后，这一故事亦被《竹斋之话》（1672）、《秋夜之友》（1677）、《轻口露之话》（1691）等"咄本"提及，说明实现了超越中医界的广泛传播。"富士人穴"原是因火山喷发而在富士山上形成的溶洞，因 16 世纪末富士讲鼻祖长谷川角行在此修道大彻大悟而著名。江户时代以后，随着富士讲的盛行，它也成为其信徒登山时必须到访的"圣地"。这一故事极大地增强了富士山的神性，也随着《醒睡笑》《新竹斋》《宇喜藏主古今咄揃》《百福物语》等笑话集的流传和富士讲在日本全国的展开而向各地传播。"富士与龙"则是铃木芙蓉（《赤富士升龙图》）、葛饰北斋（《富士越龙图》）、狩野永泰（《富士越龙之图》）等浮世绘画家所创造的故事。它借助龙的神性而增强了富士山的神秘性，并随着这些画作的流行而在全国范围内得到传播。

与这些塑造富士山神性的故事相比，"富士见西行"则是江户日本重新发现日本人人生观和美意识的典型叙事。西行本被称为"花（樱花）月歌人""旅途和草庵歌人"，是通过旅途发现"日本之美"的诗人代表。正因为这点，江户以后西行不仅受到松尾芭蕉、本居宣长等致力于重构"日本之美"的知识分子的推崇和效仿，也因此受到了美术界和演剧界的重视。这就是"富士见西行"的诞生。作为画题，它描述了西行穿蓑戴笠、身背行包而远眺富士山的背影图，不仅是文人画和浮世绘的重要主题，如狩野尚信（1607—1650）的《富士见西行·大原御幸图屏风》、葛饰北斋的《富士见西行图》等，还被绘于雕刻、陶瓷、玩具等日用品上；作为艺题，它被歌舞伎和净琉璃的舞台世界所演绎，如 1742 年

---

① 安楽庵策伝：『醒睡笑』、載武藤禎夫『噺本大系』第二卷、東京堂出版、1976 年、92 頁。

3月在江户市村座初演的"富士见西行"、1746年2月在京都中村粂太郎座初演的"军法富士见西行"等。可以说，该故事不仅本身就是对日本独特审美意识的再发现，也使富士山与这种审美意识紧密结合起来，甚至被赋予了作为三种神器之象征的意味："富士山者，三国之名山。虽云八叶峰，绘于画时则为三峰，是日本之神宝——三种神器所体现之山。"[1]

由上可见，有关富士山的新故事的不断生成是富士山被高度民族化的重要体现。随着这些故事的广泛传播，富士山对于日本的特殊意义也逐渐被日本人所认识和接受。其中，日本全国各地仿效富士山而称呼本地名山为"……富士"就是一个明显的证据。这一名称很早就已出现，据说类似于富士山的饭野山被称为"赞岐富士"，就是源自据说是西行所作的和歌"赞岐称其为富士，朝气之烟饭野山，无日不生焉"[2]。至江户时代，更是出现了"有马富士""津轻富士""萨摩富士""浅草富士"（《俳谐岁时记·江户浅间祭》）等"拟富士"之称，如"旅人天明起床，议论昨夜之初梦，有云梦见江户之富士山者。一人说，啊，我初梦梦见了有马的富士山。另一人又说，我嘛，梦见了萨摩的富士山"[3]。与此同时，为了照顾和满足信徒因故无法实现攀登富士山的愿望，以1780年高田水稻荷神社内建造的"富士冢"（微型富士）为开端，关东乃至全国各地迅速建成各种"富士冢"，从而极大地推动了富士山形象在全国的普及。显然，自江户时代起，"富士山"已向全国快速扩展、渗透，而这意味着它的形象及意义在日本全国范围内的广泛传播，成为全国民众的"故乡之山"。这无疑对富士山成为日本民族及精神的象征具有十分重要的意义。

2. 日常化和生活化的富士山俳句和绘画

在江户时代以前，日本知识界虽然以山高、山形、山名为中心构建了富士山的特殊形象，却集中于对其作为风景的秀美性和作为神山仙境的神圣性描写。江户时代以后，知识界不仅继承了这一传统，也更注重对富士山的"生活化"和"空间化"描述，从而构建了一幅幅生动活泼

---

[1] 『軍法富士見西行』、載水谷不倒生『並木宗輔浄瑠璃集』、博文館、1900年、848頁。
[2] 小西可春編：『玉藻集』、載香川県編『香川叢書』第三、1943年、18頁。
[3] 『歳旦話』、載武藤禎夫『噺本大系』第十二巻、東京堂出版、1979年、57頁。

的、各个阶层都可以亲近和体验的"日常的景观",反而增强了富士山"超日常"的神圣性。这种作业无疑对富士山作为民族象征形象的形成和普及发挥了重要作用。

富士山的"生活化"是指使富士山与日常生活的事物或场景联系起来的作业,即通过文学、绘画、家具、日常用具、照片、身上的装饰等文艺形式、道具或技术使作为"眼前的仙乡"的富士山进入日本人的日常生活,从而使日本人通过置身其中产生与"具有人格的、自然的"富士山的共鸣。[①] 与此相连的则是富士山的时间化和空间化,即主要通过非宗教的日常绘画、俳句等使富士山成为一个可视化、可再现和可想象的"实际的"和"身边的"存在,不仅使它所象征的意义和价值"具象化",也使日本人建立起"超现实""超时空"的富士山体验和情感共享,最终形成日本人与富士山之间的"同时空""同文化"的一体感。显然,这种作业不仅构建了富士山与日本人精神生活之间的不可分割的联系,还以"时空共享"的方式促使各阶层形成对富士山的共同经验和感受,进而引发他们对于富士山的全民式狂欢和以富士山为媒介的一体化意识。

在江户时代,与注重富士山神圣化描写的汉诗相比,俳句和绘画对它的生活化和日常化形象描写发挥了十分重要的作用。就俳句来说,江户各时期的俳句大师如山口素堂(1642—1716)、松尾芭蕉、宝井其角(1661—1707)、上岛鬼贯(1661—1738)、与谢芜村(1716—1784)、小林一茶(1763—1828)等不再仅局限于以往诗人们所偏爱的雪、烟、火等被认为最能体现富士山特征的名物,而是尽可能地将富士山与身边的日常事物相连,塑造了它的亲和性和大众化面孔,而为日本社会各阶层共享富士山提供了可能性和便利。例如:

　　唐土若有富士山,还请看看今夜月。(山口素堂)
　　富士山也哉,远近不论人拭汗。(山口素堂)
　　其富士也哉,五月晦目二里旅。(山口素堂)
　　晴夜自江户,雾近不二山。(山口素堂)

[①] 青弓社编辑部编:《富士山与日本人》,第22页。

第四章 "大和魂"象征的创建——以樱花和富士山为例 / 671

长空又芦原，穿行不二阵雨哉。（山口素堂）

华藏世界海，欲沉翠绿不二山。（山口素堂）

鸭巢乎，富士高挂诹访池。（山口素堂）

剃落富士山巅雪（或"富士山巅雪，剃落将如何"）。（山口素堂）

时晴又时阴，富士山日记。（宝井其角）

扇载富士风，江户土产耳。（松尾芭蕉）

云为根兮杉为姿，富士高耸入苍穹。（松尾芭蕉）

富士积雪为那般，卢生一夜梦筑成。（松尾芭蕉）

雾雨藏富士，别是一番趣。（松尾芭蕉）

富士入苍穹，白雪覆山巅。尾根黑云罩，疑是时雨来。（松尾芭蕉）

富士山何形，茶白盖也哉。（松尾芭蕉）

云散突入我眼帘，五月富士尤为美。（松尾芭蕉）

哦哟哦哟哟，秋空富士山。（上岛鬼贯）

因雪成富士，或因不尽而为雪，莫测富士雪。（上岛鬼贯）

富士雪永恒，叶花一时吉野山。（上岛鬼贯）

京都八云立，我立秋立富士山。（上岛鬼贯）

秋立哉，背后富士山远去，云淡风轻是归途。（上岛鬼贯）

我心怎可忘，夏雪穿越富士山。（上岛鬼贯）

千树新绿隐花红，生机一片五月中。不见群山好风景，只有富士破苍穹。（与谢芜村）

秀丽富士山，疑是花间出。（小林一茶）

早起抛秧入水田，犹如投向富士巅。（小林一茶）

不知岁月度，惟有富士烟常在。（小林一茶）

朝阳不二山，屠苏铫子嘴。（小林一茶）

不二才露容，已见杜鹃飞。（小林一茶）

快起快起来看看，蝇未出前不二山。（小林一茶）

富士放晴茄上市，皆是骏河吉祥物。（小林一茶）

不二形贝壳，淅淅春雨生。（小林一茶）

蜗牛一寸寸，攀登富士山。（小林一茶）

不二山脚下，螳螂悬挂哉。（小林一茶）

如斯如斯如斯乎，牛虻引我不二诣。（小林一茶）

龟殿多少岁，不二山永恒。（小林一茶）

就松尾芭蕉和小林一茶来说，他们都是江户俳句界的宗师级人物，都对富士山的生活化发挥了重要作用。实际上，前者关于富士山的俳句并不算多，却对其名物、山形、山高等做了十分形象而又极其生活化的描述，如"扇载富士风""卢生一夜做梦而筑成的积雪""高耸杉树般的山形""茶臼盖般的山形""以云为根般的山高"等；与此相对，小林一茶则歌咏了大量有关富士山的俳句，尤其喜欢以日常生活的用具（铫子、扇、帚等）及与日常生活相关的动植物（蛙、时鸟、鲣、猫、河豚、鹭、鹡鸰、蜻蜓、蝶、虻、蚊、蝇、螳螂、蜗牛等；早苗、茄子、白梅、油菜花等）来表现富士山，构建了生活化或大众化的富士山形象。显然，这种以富士山与"日常的风物"或"日本的风物"（如"十三夜"）相关联的作业虽是一种典型的封闭式自我叙事，却消除了富士山与日本人之间的时空距离，也建构了知识分子和民众关于富士山认识和体验的文化同一性，进而为富士山精神共同体的形成奠定了基础。

与俳句界生活化的富士山叙事相比，江户时代的富士山绘画则呈现出"梦幻化"和"生活化"两大趋势。一方面，它虽然表现出摆脱宗教色彩的绘画风格（如《绢本着色富士曼荼罗图》、狩野元信的《富士参诣曼荼罗图》、仲安真康的《富岳图》等）的趋势，却保留了对它进行神圣化的"梦幻"式描写的叙事风格。例如，"富士"与"龙"的组合便是其中的一个重要题材，其意表示富士山是神龙栖息之所，旨在通过具有神秘力量的龙的形象塑造它的神秘性和神圣性。这类题材和风格的代表画作有铃木芙蓉（1752—1816）的《赤富士升龙图》（1771）、葛饰北斋（1760—1849）的《富士越龙图》（1849）、狩野永泰的《富士越龙之图》、狩野永岳（1790—1867）的《富士山登龙图》（1852）、冷泉为恭（1823—1864）的《富士山登龙图》等。此类画作虽然可能体现了东亚共通的某些文化因素，而实际上又如"赤富士"[①]所示，亦体现了使富士山

[①] 它是指夏末到初秋富士山被黎明的朝阳染成红色的景象，被认为是一种独特的日本景色。

特殊化的思维。

另一方面，江户时代以后经济的发展和文化的发达也推动了南画（南宗画）、圆山四条派、洋风画等画派的兴盛及其交流，进而促使了富士山绘画的个性化和多样化发展和繁荣。因此，此时期不仅几乎没有不画富士山的画师，它也被直接画入了屏风画、挂轴、画卷、参拜导游图、衣服纹样、日常用具（陶瓷、扇子等）、工艺品、武器等日常生活的世界。而且，绘画艺术的繁荣也使得画师们能够更为自由地描画富士山，由此形成了建构富士山的民族化和生活化形象的绘画风格。这类绘画数量甚多，代表作有狩野山雪（1590—1651）的《富士三保松原图屏风》、狩野探幽（1602—1674）的《富士山图》（1667）、池大雅（1723—1767）的《富士白丝滝图》（1762）、河村岷雪的《百富士》（1767，富士图的连作）、丹羽嘉言（1742—1786）的《神州奇观图》（1770）、小田野直武（1749—1780）的《富岳图》（1777年左右）、与谢芜村的《富岳列松图》（1778—1784）、狩野惟信（1753—1808）的《富岳十二月图卷》（1781—1783，富士图的连作）、橘保国（1715—1792）的《东海道富士图》（1786）、铃木芙蓉的《清水港晓望富士图》（江户后期）、长泽芦雪（1754—1799）的《富士越鹤图》（1794）、圆山应举（1733—1795）的《富岳图》（1795）、山口素绚（1759—1818）的《富岳图》（18世纪末）、墨江武禅（1734—1806）的《芙蓉峰细见之图》（1799）、小泉檀山（1770—1854）的《富士登岳图卷》（1801年以后）、司马江汉（1747—1818）的《马入川富士远望图》（18世纪末）、《骏州萨陀山富士远望图》（1804）和《长沼村富士眺望图》（文化年间）、横山华山（1784—1837）的《清见潟富士图》（1819）、野吕介石（1747—1828）的《红玉芙蓉峰图》（1821）、原在中（1750—1837）的《富士三保松原图》（1822）、谷文晁（1763—1841）的《富士山图屏风》（1835）、平井显斋（1802—1856）的《白丝瀑布真景图》（1843）、五云亭贞秀（1807—1879）的《富士山真景全图》（1848年左右）、歌川芳几（1833—1904）的《富士山北口女人登山之图》（1860）等。这些绘画描述了从不同季节和角度所能观察到的种种"现实的"和独特的"神州奇观""红玉芙蓉"，建立了日本人关于富士山乃至自我的同时性想象，因而在推进富士山成为日本精神象征的文化符号方面发挥了极为特别的作用。

　　当然，对富士山的符号化发挥了十分重要作用的绘画作品则是江户后期浮世绘大师葛饰北斋的《富岳三十六景》（1831—1833）和歌川广重（1797—1858）的《不二三十六景》（1852）、《富士三十六景》（1858）。前者是以富士山为题材的 46 幅系列风景版画，受到河村岷雪《百富士》的影响。对于富士山成为日本的民族象征，它发挥了比此前任何同类画作都深刻的作用。葛饰北斋完全是从庶民生活的角度观察富士山的，因而画题大多是一般百姓的生产和生活场景，这也使其作品受到当时人们的热烈欢迎，并使这样的富士山形象及其特殊性价值（如《凯风快晴》和《山下白雨》所描绘的"赤富士"和"黑富士"）得到认可，引起共鸣；他又采用西洋画和东方画技法相结合的革命性的表现形式，运用大胆的构图、远近法、蓝摺绘（靛蓝印画）及点描等技法，通过与庶民日常生活事物的对比来把握富士山的千姿百态（如《神奈川冲浪里》的"大波浪"与"小富士"），不仅更加突显了富士山高大而完美的形象，亦拉近了富士山与日本人的距离（如《诸人登山》）。后者则是歌川广重受北斋《富岳三十六景》的成功所触发而分别创造的"富士山三十六景"的系列风景画。在此之前，歌川广重于 1833—1834 年创作的风景画系列《东海道五十三次》确立了他作为有史以来最受欢迎的浮世绘画家的地位。他同样运用东西方元素相结合的表现形式，聚焦庶民的日常生活场景，描绘了一幅幅饱含细腻景趣和日本趣味的富士山风景图。

　　显然，两者的富士山风景版画不仅是日本精神和文化的体现，也是从画题、表现手法、旨趣等角度竭力塑造富士山作为日本及日本文化象征符号的作业。这种作业通过生活化和日常化的表现形式推动了庶民对这种富士山形象的接受和认同。该系列画作尤其是前者更是被认为"再一次集中地展现了日本绘画以往的所有成就"的不朽杰作，因而其绘画风格及所构建的富士山图像也对欧洲印象派和后印象派的画家产生了很大影响，从而在欧洲催生了一种名为"日本主义"美术的流行。这同时也使富士山作为日本和日本文化象征符号的形象和意义被刻入西方人的精神世界，并被其所接受。关于这点，美国当代山岳研究者埃德温·伯恩鲍姆（Edwin Bernbaum）在其《世界圣山》一书里做了肯定式论述：

与中国不同，日本有着富士山这样一座特别震撼人心的山，因其单纯的形体而被运用了各种不同的描写法。通过采用普遍而定型的手法而被描写为初期的风景画，富士山由此成为19世纪日本艺术中最受瞩目的存在，甚至广为西洋社会所知晓。具有一致外观的圆锥形的富士山，对于那种强调具有平缓的、几何学形体和均质色彩的团块的木版浮世绘来说，是十分理想的绘画对象。①

当然，这种"广为西洋社会所知晓"的富士山形象及其符号化意义反过来又通过跨文化交际的作用增强了日本人对它作为民族象征符号的自我认识。

综上所言，以俳句界和绘画界为中心的江户知识界通过有关富士山的"十三夜月""神州奇观"等自我特征化的叙述，不仅初步构建了富士山民族象征化的认识模式和文化形象，也使这种形象随着各种文本的流行而为一般民众所接受和共享，从而为富士山精神共同体的成立奠定了基础，即"通过拥有与吸纳富士山风景的文学、绘画、宗教、历史以及科学方面的积累的共同感受，日本人的心性得以磨炼"②。

3. 富士讲与富士山参拜、观光——信仰的扩大和美的共享

对日本人来说，富士山自古以来就是一座"被信仰"的神山、灵山。即是说，日本人自古就对富士山形成了既亲近又恐惧的特别情感。在江户时代，随着经济发展、社会稳定和富士山自身的相对沉寂，日本人与富士山的关联方式也发生了很大的变化。无论是富士山的信众还是旅人，他们既可以像以往那样"远眺"富士山，也可以做到以往只有少数人才可以做到的"阅读富士山""登顶参拜或观光富士山"。这不仅意味着富士山信仰的扩大，还意味着这种信仰和富士山的美可以在更大的范围内得到分享，从而形成富士山文化共同体。

富士山的参拜登山是当时江户及周边地区民众之间极为流行的活动。因为这种参拜不仅因为富士山本身的神秘和壮观秀丽，还因为它是由富士讲这样的团体所组织。因为即便当时的富士山相对沉寂，登山仍然是

---

① Edwin Bernbaum, *Sacred Mountains of the World*, San Francisco: Sierra Club Books, 1990.
② 青弓社编辑部编:《富士山与日本人》，第22页。

一件十分危险的事情。富士讲要求信徒每年夏季集体登山一次,每次参加者为集团成员的三分之一到五分之一,以便在3—5年内实现全员登山的目标。他们在登山前也被要求先参拜山麓的浅间神社,沐浴净身,然后头戴草帽,身着白衣,一起攀登富士山,最后参拜山顶的神社。这种仪式化的"崇高的"活动不仅构成了富士山一道道流动的人文风景,也被葛饰北斋(《富岳三十六景·诸人登山》)等描绘成画,成为信徒及观者心中永恒的精神寄托。因为这项活动不仅可以带给信徒超乎寻常的精神快感和审美享受,还可以护佑他们及其家族,所以逐渐从江户扩展到了更远的地区,形成了"江户八百八讲,讲中八万人"的繁盛局面。除了登山,信徒们还可以"远眺"富士山尤其是"初富士"①,也可以"初梦富士"。显然,富士讲的存在不仅使民众对富士山保持着作为"信仰对象"的神秘感和敬畏感,也增进了他们对它的亲近感,还构建了信徒之间的一体感。这也就使高桥虫麻吕所歌颂的"唯此富士山,神圣镇四方,日本之守护,大和国之宝"的富士山形象和意义能够向更广泛的人群和地区渗透。

随着富士讲的盛行,便于富士山登顶的登山路、住宿设施、导游图等也逐渐完善起来,因而为文人和一般游客的登山提供了可能,也使富士山成为"行乐的对象",促使了与"信仰登山"相对的"观光登山"的兴盛。一方面,它改变了知识分子与富士山的关联和记述方式。与都良香《富士山记》等"仰望富士山"的记述相对,文人们可以登顶富士山,展开他们重新发现富士山之美及其与日本人心性之间关系的"文化之旅",如破村学人的《登富士山记》、平泽旭山的《登富士山记》等。另一方面,与富士讲一样,它增强了一般游客对富士山的亲近感乃至"日本有此神山奇峰"的自豪感。

当然,对文人或旅人来说,非得攀登富士山才能对富士山产生特别的情感。旅途之中对它的"远眺"足以让他们对富士山产生作为圣地美景乃至日本象征的自豪。而这也成为旅人乃至全体日本人共享富士山信仰和美的主要途径。在江户时代,随着东海道等交通要路的整备、商品

---

① 据《东都岁事记》(1838)的记载,"初富士"是指富士讲的信徒必须在每年正月元旦清晨朝着富士山朝拜,即站在可望见富士山的高处向它行注目礼。

经济的发达、"参觐交代"的推行等经济、政治条件的改变,不仅因贸易和公务往返于故乡与江户之间的旅人剧增,周游日本各地的文人墨客也比以前任何一个时代都要多得多。他们形成了从各种角度观察、描写乃至赞美富士山的文字,完成了富士山自我特征化乃至优越化的文学建构。比如,松尾芭蕉在一次翻越箱根关时,因下雨而使富士山被云所覆,便咏"大雾时雨起,是有不见富士日。不见又何妨,别是一番趣"①,描写了不受自然左右的心中"永恒的富士山";活跃于关西的俳句大师与谢芜村回忆自己的江户之旅,咏"一切都遮住,独留富士立,嫩叶哉"②,描写了富士山不被任何力量所支配的绝对性和神圣性。不仅如此,安藤广重(《东海道五十三次·原·朝之富士》)、葛饰北斋等浮世绘画家更是创造了"红富士""神奈川冲浪里"等富士山的完美形象并使之永恒化。毋庸讳言,"旅行"进一步促进了富士山形象和意义向日本各阶层和全国各地区的传播,因而对富士山的民族化具有重要意义。

综上可见,富士讲及与富士山有关的旅行极大地缩小了日本人与富士山之间的时空距离和心理距离,因而对富士山与日本人的心性相连并使它成为日本精神的象征发挥了重要作用。

(四)富士山民族化的催化剂——外国人眼中的富士山

江户幕府虽然在对外方面采取了闭关锁国政策,却仍保留了一定程度的开放。被准许"江户参府"的朝鲜通信使、荷兰商馆人员、幕末西方外交官等由此留下了不少关于富士山的记录。他们关于富士山日本化的描述和认识作为"外部的视角"极大地推动了日本人富士山自我象征化的作业,也增强了他们这一认识的自信乃至正当性。

江户时代以后,对富士山极尽赞美式描述的外国人首推朝鲜通信使。壬辰倭乱后,从1607年到1811年朝鲜王朝共向江户幕府派遣了12批外交使节。他们在日时留下了不少有关日本各地风土人情的记录,其中也不乏关于富士山的美化式描述。其中,江户前期和中期的代表性论述分别是金世濂(1593—1646)的《海槎录》和申维翰(1681—?)的《海游录》。

---

① 松尾芭蕉:『甲子吟行』、『日本古典全集·芭蕉全集前编』、75页。
② 与谢芜村:『芜村名句集』、99页。

关于富士山，1636年受邀赴日的第一批朝鲜通信使副使金世濂曾有这样的记载：

> 从富士山南麓行。山甚高壮，不作星峰，又无枝脚。一峰特起，四面如一，自下渐尖，状如覆鼎。高八十里，四时有雪。行路四五百里之间，皆可瞻望。峰上有井如池，山腰有穴生风，盖国中名山。游观者若不一月斋戒，必有坠死之患。若近江人则不然，盖琵琶湖拆而富士山耸出故也。①

不难看出，上述文字基本上都沿用了此前日本人关于富士山的看法，说明金世濂不仅对此十分认同，亦对富士山表现出格外的欣赏之情。因此，他还特意赋诗八首，盛赞富士山之壮观、美丽。如"已觉兹行富览观，富山千叠白巑岏。西走骏河盘绝险，北来江户作长安。中天半插圆峰起，积雪高临大壑寒。绝顶飞升最奇事，欲将孤剑指（原缺，'指'为笔者所补）云端"（其二）、"富山千叠雪中看，削出琼瑶万古寒。圆顶突为孤凤舞，众峰分作六螺盘。雄蹲大地知无敌，独立中天孰敢干。闻自太初留积素，欲将长白较巑岏"（其六）②等。不仅金世濂如此，随行的朝鲜文人也作了不少有关富士山的汉诗，而且他们关于富士山的描述和认识也对当时的日本学者产生了不可忽视的影响。关于这点，《海槎录》也有明确的记载："十三日癸丑阴，平明发行，中火洲股，夕抵大垣。璘西堂送歌词两首曰：此乃乌丸大纳言（按：乌丸光广）所制，闻使臣富士山诗，脍炙国中，因此咏歌云。"③虽然金世濂也指出乌丸光广（1579—1638）的评价不过"赞美之辞"，却也反映了一定程度的实况。

1719年，为庆贺德川吉宗袭位而赴日的第九批朝鲜通信使书记官申维翰亦盛赞富士山之美，洋洋洒洒地写下一篇盛赞富士山的文章——《富士山赋》，极力颂扬富士山的独特性和优越性。

---

① 金世濂：『海槎録』、载『朝鮮群書大系』続々第四輯（海行摠二）、同文館、1914年、431頁。
② 金世濂：『槎上録』、载『朝鮮群書大系』続々第五輯（海行摠三）、同文館、1914年、31頁。
③ 金世濂：『海槎録』、载『朝鮮群書大系』続々第四輯（海行摠二）、454頁。

异倭（按：轿夫）东指云际，噪而呼曰富士山。余为停舆而望之。即一朵亭亭如白玉簪，直插青霄，半腹以下，云霞晻翳（按：遮蔽貌）。又似太华山玉井露出白莲花矣，殆非世间所恒见。若使秦皇帝得此光景于琅邪台，当复驾沧海呼真仙耳。闻此距其山之趾四百余里，而今已在吾眼中。度海外诸山，无与富士山抗者。

所馆富士山趾。是日，天晴日朗，云雾四豁。倭人以得见其山真面目为贺。盖其高峰万丈，屹然撑空，状若圆簪。而脑顶以上白如玉，一尘不染。自山腰以下，亦生草木而不至郁茂，望之濯濯然。①

显然，上述文字不仅说明当时的日本人无论知识分子还是民众都对富士山抱有特别的情感，也说明申维翰本人对富士山极度崇敬，而这作为外国人赞美富士山的典型论述对于强化日本人富士山的自我特征化和优越化的认识是"恰好的证明"。

当然，朝鲜通信使对富士山也不是一味赞美，他们对日本人使其神圣化和神秘化的某些做法亦提出了批评。例如，1655年赴日的南龙翼声称"达栢两僧"所呈富士山诗歌"颇有夸大之意"②，也认为"富士山为国内第一名山，高八十里。……池旁水穴形如初日"实为"夸诞不经之说"③。申维翰则对日本人所信奉的"富士山一日自出，琵琶湖一日自开""游观者必斋戒而后免于殃祸"等主张给予了根本性的批驳。④

不过，朝鲜通信使总体上对富士山之美仍是表现出极度赞美的态度。因此，不仅仅是金世濂和申维翰，江户时代几乎所有赴日的朝鲜通信使及随同人员都留下了赞美富士山的文字，如赵絅（赵龙洲）的《东槎录》（1643）、申濡（申竹堂）的《海槎录》（1643）、金指南的《东槎日录》（1682）等。这些文字作为"来自东方的认可"无疑增强了江户日本人对富士山所展开的民族化的作业及其认识的文化自信。

---

① 申維翰：『海游錄』、載『朝鮮群書大系』續々第三輯（海行摠一）、同文館、1914年、267、270頁。
② 南竜翼：『扶桑錄』、載『朝鮮群書大系』續々第五輯（海行摠三）、340—342頁。
③ 南竜翼：『扶桑錄』、載『朝鮮群書大系』續々第五輯（海行摠三）、340頁。
④ 申維翰：『海游錄』、載『朝鮮群書大系』續々第三輯（海行摠一）、319頁。

与同处东亚（山岳）文化下的朝鲜通信使的富士山赞美相比，江户西洋人的富士山叙事不仅因为东西方文化的异质性而不排斥此前流行于日本人之间的富士山神秘化的荒诞叙事，也因一体化的时空感而可以在"世界"的范围内来定义和认识富士山的美丽，因而使富士山的美具有成为一种"普遍的"价值和意义的可能。从这种意义上说，江户西方人的富士山赞美虽然同样作为一种"外部的视角"，却在促使富士山成为日本优越性象征方面发挥了远超朝鲜人富士山认识的作用。尤其是幕末以后，随着西方被认为是"文明的标杆"和日本的榜样，它对日本人富士山自我优越性认识的形成则发挥了更有力和更重要的作用。

在江户时代，西洋人的富士山描述和认识大致可分为"16、17 世纪""17 世纪末到幕末"和"幕末"三个阶段。这些描述具有明显的阶段性特征，即从对富士山的客观和特殊化描述向对富士山的普遍化赞美的转变。

16 世纪中叶，随着天主教传入日本，赴日传教士形成了西洋人关于富士山的最早记述。他们每年都要向欧洲发送不少关于日本历史、宗教、政治及风土人情的报告，其中就不乏关于富士山的描述。罗德里格斯（Joao Rodriguez，1558—1633）是 1577 年赴日的耶稣会传教士，在日从事传教活动 30 余年（1577—1610），游历日本各地，留下了关于富士山的详细记载：

> 骏河国有日本最有名、最高和最美的山，称富士山。……富士山为圆形……山顶由突出于同一山体的三峰组成，从山腰到山顶全是像灰一样干燥、松散的软土，山顶常年积雪。山顶有巨穴，中有火山口，不断喷烟。此处是日本全国各地巡礼者所来之地，因为山顶甚冷，故只有夏季土用时节才能至此。因此，土用前后众多巡礼者均来攀顶。因为非常险峻，故登顶需花费一昼夜。登山季节，中途会设有面向巡礼者的食物店。巡礼者会向巨穴的火山口投入蛮刀、短剑等武器以进献……下山时，则跌跌撞撞地奔于松散的软土，稍许即可下山。有时很多人会由此摔倒，并使不少人窒息而死。但这种死法被认为是一种极为幸福之事，因为他们之间流传着这种传说，那些死去的人已在幸福的地方，其证据便是他们后来会再度出现于

死者的家庭。这或许是恶魔为了让人们相信其迷信而编造的故事。此山甚高，故无论从多远的地方看均呈圆形，其景色异常美丽。……有对此山之高进行夸张并广为流传的二行诗（和歌）曰，云总是飘过最高之群山的山顶，来富士山时则只是过其山腰而已。有时呈麦秆帽子或帽子形状的圆而小的白云会悬于山顶，据当地有经验的人说，这是暴风雨将来的前兆。……此山的南端被大海所洗涤。山腰的横断面有一个被称为"富士人穴"的细长洞穴，入其中而行，不可知其终点。据说，其中有放置了偶像的寺庙和祭坛。①

稍后赴日的范礼安（Alessandro Valignano，1539—1606）的富士山描述也继承了这样的观察视角。

在日本，富士山无疑是最高的山，而且它无论是什么角度都呈现同等的圆形。直到山腰，树木都十分茂盛，万年覆雪。由此至山顶则全为裸土，不长一木。顶上有巨大的火山口，深而不可见底。常常喷烟，不时喷火，故极为恐怖，看上去就像地狱的入口。②

基于此前传教士的观察记录，费尔诺·格雷罗（Fernao Guerreiro，1550—1617）编辑的《十六七世纪耶稣会日本报告集》对富士山做了概括性的"完美描写"：

途中有一座名为富士山的山岳，常被日本文人或画家称赞其高、其美。该山颇高……故依其高而支配着一切。其高者，甚为特别，抵达该山前，三日间皆可见到。……此山无论什么角度都呈同等的圆形，此形状直达山顶，就像金字塔般优美地向上延伸。山腰很深，充满极为茂密的树林，由此向上则全为裸土，几乎常年为积雪所覆，故不长一木。因其堪称完美的形状，又因其树林以及平常包围山顶

---

① ジョアン・ロドリーゲス：『日本教會史』、岩波書店、1967年、227—228頁。
② 转引自中山和芳『開国以前、西洋人の見た富士山（下）』、『東京外国語大学論集45』、1992年、93頁。

的雪、云、雾变化多端，由此为观望此山的人们提供了愉快而美丽的景观。……其山脚和山麓有好几处被偶像般崇拜的寺院，其主要者则是该山被整体奉献的浅间神社。因此，在日本，此山被这些蒙昧的异教徒当成是神圣的山。……此国民通常对灵魂的救济所抱有的希冀和期待如此般愚蠢地被恶魔欺骗……①

由上可见，传教士虽然承认并赞美富士山的美丽和高耸，甚至认为它有"堪称完美的形状"，却是以一种特殊化的眼光看待富士山，即完全视其为一座"异国的"山峰；他们虽然对富士山信仰和平民的巡礼情况做了一定程度的客观介绍，却也认为它是"蒙昧的异教徒"被"恶魔之教"所欺骗的结果。显然，传教士的富士山认识包含了对富士山及其名物的赞美和对富士山信仰的否定等两方面的内容。当然，随着德川初期天主教被禁，此后西洋人的富士山论述或不再过多涉及宗教的内容，或转向了对富士山信仰的客观描述乃至肯定，这也使得赞美成为此后西洋人富士山描述和认识的主流。

继传教士后，被准许"江户参府"的荷兰商馆人员也留下了一些关于富士山的记载。他们可能是因为工作性质和兴趣的缘故，在 17 世纪以前对富士山并没有表现出太多的关注。因此，此时期其富士山描述的主要著作《日本传闻记》（1649，瓦伦纽斯，1622—1650）和《日本志》（1669，蒙塔纳斯，1625—1683）都只是根据耶稣会记录、荷兰商馆记录等编撰的日本国情介绍，不仅关于富士山的记载篇幅不多，也几乎都是对它的特殊化描述。它们都偏重于富士山山高的客观描述，"其高达数英里，垂直而立，出于云上和半空中"②，几乎不见对富士山的赞美之辞；只是后者基于罗德里格斯的描述，对富士山信仰和巡礼者的参拜行为进行了奇异化的描述。

总之，17 世纪以前西洋人的富士山描写和认识由于过多地受到宗教

---

① 岡村多希子訳：『十六・七世紀イエズス会日本報告集』第 1 期第 5 卷、同朋社、1988 年、227—228 頁。

② ベルンハルドゥス・ヴァレニウス、宮内芳明訳：『日本伝聞記』、大明堂、1975 年、70 頁；モンタヌス、和田万吉訳：『モンタヌス日本誌』、丙午出版社、1926 年、66 頁。

因素的影响，而大多对富士山信仰持怀疑和否定态度。他们虽然是以一种特殊化的视角看待富士山，却也大体承认富士山之高之美，而这点不仅被后来的西方人所继承，成为其富士山认识的主流，而且被推到了一个新的高度。

从17世纪末到幕末，从肯伯到西博尔德，荷兰商馆的不少医师、植物学家等都对富士山进行了普遍化的"极具好感式"的赞美。这些论述不仅对日本人的富士山自我优越化认识，也对西洋人的富士山认识产生了深刻的影响。

1690年赴日而在日本滞留两年的商馆医生肯伯（Engelbert Kämpfer, 1651—1716）是江户时代对富士山展开"普遍化"而发出"艳羡式"赞美的西洋第一人。在日期间，他曾两次参府旅行，留下了其著名的富士山描述。

> 由此第一次仰望到了足以令人吃惊的高峰、世界上最美的山——富士山。①
>
> 此山与特内里费岛一样具有令人难以置信的高度，周围的群山与其相比，只不过是低矮的丘陵。因此，从很远处开始富士山就成了我们旅途中的路标，尤其是它还成了我制作地图时的一个标准。其形状为圆锥形，左右之形相等，姿态绝美，规模雄大，当可谓世界上最美之山。……山伏（按：修验者）在此建立祭拜风神的宗教团体，"富士山"这个词是他们进行乞讨或其他说法时所使用的暗号。日本的诗人和画家们无论如何称赞、描绘此山之美，都不能认为是充分的。②

不难看出，肯伯对富士山极为喜好，甚至到了崇拜的程度。因此，他不仅在世界范围内定义富士山，认为它是"世界上最美的山"，还嫌弃日本诗人和画家未能充分描绘出富士山之美。当然，不仅是对富士山，这位来自德国的医生兼博物学者似乎对日本的一切都极为喜好，故其旅

---

① 『ケンプェル江戸参府紀行』異国叢書第6、駿南社、1931年、374頁。
② ケンペル：『江戸参府旅行日記』、平凡社、1977年、147—148頁。

行录里充斥着"美丽壮观的城池""美丽的寺院""美丽的城市""拥有美丽花叶的野生植物""美丽的景色""肥沃的农田""世界上稀有的幸福的国民"等赞美日本风情和风物的字眼。而且,肯伯回国后还写作了关于日本的见闻记,相关内容则在其去世后以《日本志》(1727)的书名在英国出版。该书出版后迅速被译成欧洲各国语言,并被广泛阅读,不仅对18世纪欧洲日本观的形成产生了巨大影响[1],也对幕末及近代日本人的自我认识产生了深刻影响。可见,肯伯包含富士山在内的日本论述使富士山之高、之美具有了普遍的意义和价值,亦开创了西方国家"全面发现日本之美"的历史。这对富士山成为日本民族的象征无疑具有重要的支撑作用。

继肯伯后,1775年赴日的瑞典医生兼植物学家通贝里(Carl Peter Thunberg,1743—1828)同样对包含富士山在内的日本风景、日本人的勤劳等极为赞赏。在江户参府途中,他自述说:"除去在荷兰国内,我从没经历过如此愉快的旅行。在我看来,荷兰的景色丝毫不逊于此时节可眺望的景色。目前之美景即便简单也无法绘成画而让诸君观看,甚是遗憾。然稻田被巧妙耕作,众多村落相接,旅客都无法确定其边界的美丽景色,为何像我这样的生手都会产生绘之于画的大胆举动呢?"[2] 通贝里的这番话其实具有了两层含义:一是日本的景色美得无法绘于画,再就是它让我这样的外行也有了绘画的举动,言下之意就是:"日本风景冠绝全球。"因此,在江户参府的往返途中,他对富士山亦做了极具好感式的描述:

> 此山乃此岛第一高山,常为雪所覆盖。山顶白雪皑皑,令人眩目,直冲云端,又透过云彩而熠熠发光。山麓宽大,至顶而成尖形,故侧面呈塔糖或犀牛角之形。日本人因祭拜风神而登此山,到山顶6000步,需花费三日。
>
> 这次比以前更注意眺望高峰富士山。它让人觉得,其一侧山脚下平缓的原野一直向远处扩散。山顶高耸入云,透过四周的云彩而

---

[1] 参见约瑟夫·库拉伊那(Josef Kreiner)所编的《肯伯所见的德川日本》(六兴出版、1992年)。

[2] 山田珠樹訳註:『ツンベルグ日本紀行』、奥川書房、1941年、130—131頁。

熠熠发光。①

不难看出，通贝里的描述虽然并没有太多新意和独特之处，却充分显示出其对富士山的赞美和欣赏之情。

在德川后期，菲舍尔（Johan Frederik van Overmeer Fisscher，1800—1848）是继肯伯后对日本进行全面而纵情礼赞的又一代表人物。他作为荷兰商馆职员，滞留日本长达九年（1820—1829），对日本及其文化极为迷恋并对其做了发自内心的尽情赞美。他声称，自己通过江户参府旅行（1822）等见闻了日本各地的美丽景色和风土人情，由此被其魅力所完全折服。"我完全被这个国家的魅力所迷住，但若要令人十分满意地描述出这个地上之天国极其美丽的自然和形状，则完全非我力之所能及。""日本的景色极其美丽，即便与我在瑞士、意大利等见过的地方比较，也绝无丝毫夸张之言。"② 在菲舍尔眼中，日本不仅是风景极美的国家，甚至可说是最受造物主眷爱的富饶之国："日本这个美丽的国家，是最受神之恩惠的风土""它就像自太古时代起就被选为大地全体的储藏库那样，对人和动物提供着非常富裕的产物"③。对日本抱有强烈"选民意识"的菲舍尔自然也对富士山做了毫不掩饰的颂扬：

> 此日天气特别晴朗，富士山的全貌如今完全落入我们的眼帘。我们沿着山麓不断前行，此地是最美而又最富饶的地方，其美丽之环境远超我心中之想象。日本人欲以各种线画、写生画介绍此山，丝毫不足为奇。我们对此眺望无一丝厌倦，多次驻足观看，赞赏此美丽而又足以令人自豪的自然。此附近之地尤其人口稠密，又特别富饶。再者，富士山很长时间以来都没有再喷火，人们可以在此安居乐业，亦再无担心今后爆发之忧。④

---

① 山田珠樹訳註：『ツンベルグ日本紀行』，146、182—183頁。
② フィッセル：『日本風俗備考』1、平凡社、1978年、102、116頁。
③ フィッセル：『日本風俗備考』2、平凡社、1978年、86頁。
④ フィッセル：『日本風俗備考』2、221—222頁。

因为这种发自肺腑的富士山热爱，他声称自己能够充分理解日本人对富士山的迷恋情结："这也是我亲眼所见，就像那些描写了富士山形状的大量绘画、各种各样的铸件及歌咏了该山的众多小说、诗歌等所证明的一样，日本人不知腻烦地心醉于此山及其周边之美丽、肥沃，对此我亦能够充分地理解。"① 由上可见，这种对富士山乃至日本的由衷式礼赞无疑对日本人富士山优越性意识的确立具有强大的支撑作用。

与菲舍尔几乎同时赴日的德国医生兼博物学家西博尔德（Philipp Franz von Siebold，1796—1866）同样对包括富士山在内的日本风景和物品充满了兴趣和好感。在日期间（1823—1829），他不仅通过治病、教学等扩大其学说对日本人的影响，也全身心地收集植物标本、工艺美术品（包括几张描绘了富士山的图画）等日本物品，又在回国后撰写了《日本》《日本动物志》《日本植物志》等著作，全力向欧洲介绍日本的美丽和特别。从这点上说，西博尔德是一位对西方的日本认识和日本人的自我认识都产生了巨大影响的学者。

关于富士山及其名物的描述，主要集中于他于1826年江户参府旅行时的记载。这次旅行充分体现了他对富士山乃至日本之美的着迷和由衷赞赏。

得益于绝佳春天天气的我们离开蒲原，在岩松村用经线仪进行经度观测，欣赏着可以看见富士山的绝妙景色。（我得以从日本的写生画师手里弄到了一张画有富士山喷火口的风景图。）山的三分之一仍为雪所覆盖。我们乘坐一艘具有很高舟缘的独特小船渡过了尚在快速涨水中的富士川。②

在江户停留期间，不时所见的富士山实在是美丽极了。尤其是在凉爽的早晨，视野清晰，直耸苍穹的金字塔形的高山看上去就像在眼前似的。可以清楚地见到古火山的性质及尚为雪所覆盖的山顶所陷没的火山口。山腰自上则圆形隆起或呈尖峰形，其处爆发后的伤痕在清澈的大气中描绘着尖细的轮廓，这些景象直入眼帘，可遗

---

① フィッセル：『日本風俗備考』1、114 頁。
② ジーボルト：『江戸参府紀行』、平凡社、1967 年、179 頁。

憾的是只是在极短的时间内呈现。这是因为随着稍后白昼温度的上升以致灰白色的面纱覆盖了白发的头部的缘故。白色的卷发逐渐隐于雾中，遮蔽了火山力所创造的这幅巨大的作品。①

因是朦胧的阴天，故不能看见富士山。可中午左右天气稍稍变好，我又情不自禁地为被雪覆盖且高耸入云的山顶感叹并凝视着它。毫无疑问，只有朝着山下的深深的山褶处才为雪所盖，构成一条长长的白带，从山顶到半山腰散发着熠熠光芒。欣赏山麓异常美丽的景色，亦十分让人愉悦。②

显然，与此前商馆职员单纯的富士山赞美相比，西博尔德不仅对富士山及其相关景物充满了赞美之情，也对它进行了"崇高化"的描述，认为它是一座"不时地展现出崇高姿态"③的无上荣光的山。而且，他还在普遍化的视角下展开了富士山民族化的论述："让我们将目光稍稍离开这些画看看。于是，在我们的眼前就有日本这样的国土，有一个绝妙的火山高耸入云、又被冉冉升起的朝阳所映照的和平的岛国。"④可见，这是一种以富士山为日本象征的明确论述，也清晰地显示了江户西方人富士山叙事的价值取向和最终归宿。

相比于江户初期，18世纪以后赴日西方人在普遍的视角下展开了对富士山及其相关景物的一边倒式的赞美及富士山日本化乃至优越化的论述。这一作业不仅使富士山的美具有了普遍的意义和价值，还肯定并认可了富士山作为日本精神象征的意义和价值，因而为日本人以此构建自我及自我优越性的作业提供了"外部的证明"。而且，这种一边倒式的富士山礼赞不仅对幕末日本人的富士山认识产生了巨大影响，也几乎被幕末赴日的西方外交官和学者所继承。

在幕末，随着日本国门的打开，出于公务或对东方异国的好奇，不少英美等西方国家的外交官、学者等纷纷前往日本，留下了不少赞美富

---

① ジーボルト：『江戸参府紀行』、220頁。
② ジーボルト：『江戸参府紀行』、222頁。
③ シーボルト：『日本』第2巻、雄松堂、1978年、144頁。
④ シーボルト：『日本』図録第1巻、雄松堂、1978年、2頁。

士山和日本的记录。他们除了对日本人的混浴、淫荡和迷信等提出批评外，几乎对日本的一切都很着迷并予以肯定。例如，他们对日本人的纯朴、朴素、勤劳、爱清洁等国民性予以高度赞扬，亦对包括富士山在内的日本风景之美表示了由衷赞赏，甚至认为日本是"得到上天厚爱的国度"①，并由此担心"强加给日本的西方文明"会给原本幸福的日本"带来莫大的罪恶"或"不可预知的灾难"。

可以说，幕末赴日西方人对岛国日本所拥有的"庄严的自然光景"②几乎都是一味地褒扬和赞美，对富士山更是如此。哈里斯、休斯根、阿礼国、萨道义等外交官的富士山叙事则是其中的典型。

汤森·哈里斯（Townsend Harris，1804—1878）是1856年赴日的美国首任驻日公使。在日期间（1856—1862），他对日本人的国民性和日本风景高度赞赏，曾自述说："我们一行都对日本人的容姿和态度甚为满意。我曾反复地说，日本人比好望角以东的任何民族都要优秀。"③这位对日本抱有极大好感的外交官同样对富士山大为赞赏："这是无以名状的伟大的景象。……它为白雪所覆盖，在熠熠发光的太阳下看上去就像是被冻住的银山一般。其庄严孤高的姿态，我甚至认为比我于1855年1月间看到的喜马拉雅山脉著名的道拉吉里峰还要令人耳目一新。"④ 显然，在哈里斯眼中，富士山完全是一座"伟大"而"孤高"的山峰。

作为哈里斯的翻译兼秘书，与其一同赴日的休斯根（Henry Heusken，1832—1861）对日本及富士山的热爱则显得更为疯狂。他不仅对日本人的质朴、国土的富饶、人民之幸福等给予最高礼赞，而且以一种无比激动的心情表达了对富士山的热爱和赞美。

> 我一眼就知道那是富士山。今天是第一次看到山的姿态，足以让我终生难忘。我并不认为，世上还有什么东西能够匹敌此山之

---

① カッテンディーケ：『長崎海軍伝習所の日々』、平凡社、1964 年、208 頁。
② カッテンディーケ：『長崎海軍伝習所の日々』、207 頁。
③ タウンゼント・ハリス：『ハリス日本滞在記』中、岩波書店、1953 年、24 頁。
④ 青弓社编辑部编：《富士山与日本人》，第 202—203 页。

美。……无与伦比的富士山的流畅的棱线保持着左右的匀称而高耸入云，清净的白雪映于夕阳，宛如光之山（按：重109克拉的世界著名钻石）一般，使青绿的山脉被遮蔽为淡墨色。我激动无比，不自觉地勒住了马的缰绳，摘下帽子，高声喊道："壮丽的富士山！"头冠悠久的白雪，威震四方而高耸于满目苍绿的日本原野。此东海的王者，愿你有永久之荣光！举世无双的秀丽风貌真令人羡慕不已！①

不难看出，休斯根完全是以最高级的词汇来定义和表现富士山的美、自己对它的感动和赞美，可谓迄今西方人对富士山的最高评价。

稍晚赴日的英国首任驻日公使阿礼国（Sir Rutherford Alcock，1809—1897）同样对富士山这座"几乎完美的圆锥形"的灵峰表现出极度的好奇和赞美。他由此成为首位登顶富士山（1860）的西方人，并使其富士山论述受到当时日本社会各界和西方世界（其登山之事被登载于当时的《泰晤士报》）的关注。关于富士山，他几乎是借肯伯的话来表达自己的赞美之情的。

"远胜其他山峰而大放异彩"的富士山，就如肯伯所言，"在美丽这点上恐再无与其匹敌之山。"……总之，对非世界人（Cosmopolitan）的日本人来说，正如肯伯所言，它或许是一座"诗人无法找到合适的语言，画家亦无法找到他们认为合适的、再现此山所需要的充分的技术和色彩"的"独一无二"的存在。②

不难看出，阿礼国的富士山礼赞虽然没有太多新鲜的内容，却进一步固化了富士山是"世界第一山"和日本象征的西方认识并由此增强了日本人对这一认识的自信。

---

① ヘンリー・ヒュースケン：『ヒュースケン日本日記・1855—1861』、岩波書店、1989年。转引自『世界遺産一覧表への記推薦書　富士山』、2012年、41頁。
② オールコック：『大君の都：幕末日本滞在記』中、岩波書店、1962年。转引自『世界遺産一覧表への記推薦書　富士山』、2012年、42頁。

稍后赴日的英国外交官萨道义（Sir Ernest Mason Satow，1843—1929）亦对日本和富士山抱有特别的热爱之情。这位曾两度赴日任职的英国爵士在1869年休假回国时哽咽难言，表达了对日本的依依难舍之情。[①] 在此（1867）之前，他曾和画家查尔斯·沃格曼一同从大阪前往江户，途中见到了"富士山的秀丽姿态"。两人时而"入迷地凝视左侧低矮的连绵群山之上的美丽的富士山顶"，时而驻足观望"伟大的"富士山及其周边的秀丽景色："远眺前方，这座伟大的山峰脚下的原野隐入了一直延伸到蒲原附近海滨的低矮群山后面，山腰处则白云翻卷。沃格曼立刻坐下来开始写生，而我至今还保留着他那时所绘的一幅作品。"[②] 显然，"入迷地凝视""伟大的"等关于主客体的情绪化描写充分表现了萨道义对富士山的赞美之情。

当然，除前述西方外交官外，幕末赴日的绝大多数西方人如罗伯特·福特尼（Robert Fortune，1812—1880）、卫三畏（Samuel Wells Williams，1812—1884）、额尔金（Laurence Oliphant，1829—1888）、艾林波（Friedrich Albrecht Graf zu Eulenburg，1815—1881）、艾米·亨伯特（Aime Humbert，1819—1900）、巴夏礼（Sir Harry Smith Parkes，1828—1885）、维托里奥·阿尔曼容（Vittorio F. Arminjon，1830—1896）等都留下了有关盛赞富士山的文字。这些论述前继肯伯、通贝里等荷兰商馆职员的观点，后对明治以后赴日的小泉八云（1850—1904）、保罗·克洛岱尔（Paul Claudel，1868—1955）等西方人的富士山认识产生了深刻影响。

不但如此，江户时代赴日西方人关于富士山的赞美式论述也被不少日本学者所引述，用以证明富士山的绝美风貌和作为日本象征的合法性。例如，江户前期的诗人大淀三千风就曾指出："大小异国均赞美富士山是蓬莱宝山，亦理也。"[③] 到了江户中后期，这类借外国人之口而论证富士山独特性和优越性的主张已是俯拾皆是。例如，著名旅行家百井塘雨认为富士山之美为各国所承认，他自豪地说："原本富士峰之秀丽，不独为

---

① アーネスト・サトウ:『一外交官の見た明治維新』下、岩波書店、1960年、255頁。
② アーネスト・サトウ:『一外交官の見た明治維新』上、岩波書店、1960年、287頁。
③ 大淀三千風:『日本行脚文集』、載『甲斐志料集成』1、大和屋書店、1935年、559頁。

本朝古今所赞美，异国之书籍亦详也。"① 林吕亮（《富士山记》，1805）对富士山之美也极为自豪："其丽美嘉祥之状，言而不可尽。……山形入图画，万邦赏美之。"② 日本洋画创始人司马江汉（1738—1818）则以"亲历者"的口吻讲述了其对西洋人购富士山风景画的自豪和惊讶："此山之形世界中绝无。原本市场者，卖白酒之地也。于此，雕富士山图于板行、又经无边式按压而成版画，兰人往来时，竟需数枚。"③ 江户后期国学者黑泽翁满（1795—1859）以肯伯《日本志》（1727）的日译本《锁国论》（志筑忠雄译）为基础编辑而成的《异人恐怖传》（1850）亦清楚地记载了这一情况："今世，因西洋舶来之书，人们竞相持之并以为荣。此书非为受彼之国风所夺魂之类，而是由荷兰人肯伯之口确实地称赞我大日本的国风为天下无比之好国风，又敬畏我国人之强大当是天下无双之书籍。"④ 由上可见，江户外国人的富士山论述已发挥出极强的"跨文化交际"效应，即它对江户日本学者的富士山认识产生了重大影响，从而在促使富士山的符号化即使它成为日本及日本文化的象征方面发挥了重要作用。

总的来说，江户访日外国人总体上对富士山持高度肯定和赞美的立场。这种论述恰好与江户日本知识界塑造作为"日本象征"的富士山的作业形成了呼应。在日本知识界开始全面构建日本民族精神及其象征物的江户时代，樱花和富士山是他们选中的两大重要的"具象性"存在。因此，继江户时代以前富士山被特殊化和神圣化的思维和操作后，江户日本知识界对富士山产生了"作为日本象征"的明确意识，并开始了塑造富士山这一形象的各种作业。而江户外国人的富士山赞美作为"外部的证明"不仅为这种作业提供了某种程度的合法性，实际上也作为催化剂发挥了促使富士山民族化的重要作用。

（五）小结

江户时代是一个日本开始全面构建民族精神及其象征的时代。继江

---

① 百井塘雨：『笈埃随筆』、載『日本随筆大成』第2期第6卷、359頁。
② 長野県上伊那郡教育会编：『蕗原拾葉』第8輯、鮎沢印刷所、1940年、63頁。
③ 司馬江漢：『春波楼筆記』、載武笠三编『名家随筆集』下、419頁。
④ 黒沢翁満：『異人恐怖伝』、載『文明源流叢書』第3、国書刊行会、1914年、226頁。

户时代以前富士山特殊化和神圣化的思维和操作后，江户日本知识界和民众对富士山产生了作为"日本象征"的明确意识，并开始了塑造富士山这一形象的各种作业。这种富士山民族性乃至优越性构建的作业以"富士山祭神为木花开耶姬""三国第一山"等意义的建构和确立为主要标志，又集中体现于宗教、文学、绘画、工艺品、日常用具等各个领域的富士山叙事上，并通过这些途径逐渐实现了向民众的渗透。与知识界构建并传播富士山这一形象的作业相呼应，江户民众则通过富士讲、富士山巡礼等主体性体验自行培养了他们对富士山的民族自豪感。它们的结合更是奠定了富士山精神共同体的形成基础。同时，朝鲜通信使和赴日西方人的富士山论述则作为"外部的证明"支持并促进了富士山作为日本民族象征的符号化意义的形成。可以说，富士山被创建为日本的民族象征，是"前近代"的江户日本构建民族身份的重要环节，亦具有鲜明的特点。

第一，民族象征的创建反映了"自足的"民族精神尤其是价值体系和判断标准的创建，或者说是其具体化的表现。它们一起构成了身份建构的"体系化的作业"，互相支撑，互相补充，共同支持着民族文化身份的建设。在江户时代，富士山与樱花被建构为大和魂的两大象征，是江户日本身份建构的重要内容。不但如此，相比于抽象的大和魂，它们以"可视的"和"可体验的"具象存在使民族身份构建的作业更具有"真实性"和"可靠性"，故在凝聚日本人人心方面也发挥了"更积极"的作用。

第二，民族象征的创建是一种连接"我们"的过去、现在和未来的作业。可以说，历史连续性是这一作业自我正当化的重要理论依据。通过对历史和传统的挖掘和发现，它可以使被发现的民族精神及其象征具有一种"自古如此"的本原力量和性格；而我们现在关于民族精神及其象征的"发现"也可以为未来提供新的依据和资源。从这种意义上说，基于历史和传统发现的江户日本的富士山意义重构虽然确立了富士山被民族化的思维原理和路径，也为其后日本人的自我想象提供了历史依据和思想资源，仍不过是它被塑造为民族象征这一漫长历史过程的重要节点。可以说，富士山成为一个彻底的、全民性的民族象征符号，亦离不开近代以后官①民②合力对富士山的进一步"发现"。

第三，民族象征的创建不是近代民族国家所独有的现象，也可见于近代以前的异文化之间。换句话说，只要存在"我们"所认为的"他者"，就会有自我及其象征。可以断言，不是"近代性"，而是文化同一性才是民族象征被创建的根源和动力。因此，一切可能表征自我的存在的事物都有被民族化（纯洁化、主体化等）的可能性。在江户时代，不仅是富士山，樱花也开始被意识到是这样的存在，也由此被构建为表征自我乃至自我优越性的日本独特存在。

第四，江户时代富士山被创建为日本的象征，是近代以前"恐惧"和"极致"创造民族象征的典型代表。一方面，恐惧感和神秘感可以制造距离，而距离则会制造信仰，信仰则在形成共同体的同时，又塑造着共同体的文化，最终塑造出共同体的象征。可以说，"恐惧"以及基于此的神秘感和不确定性是一切信仰的基础，而日本人形成对富士山的信仰并建构它为日本的象征，在很大程度上乃是源自对它的恐惧和敬畏。另一方面，"极致"也可以因为特殊性或独特性而形成"我们"与对象之间的最强关联，因此可以成为"我们"的最佳表征。"完美无缺的"山形、"耸立入云"的日本最高峰等独一无二的特征无不显示出，富士山对日本来说就是一座"极致的"山峰，而这奠定了它成为日本象征的物质基础。尤其是"中日印三国第一山"的富士山属性的发现，更是强化了它成为日本象征的倾向。可以说，与因"极致"而被塑造为日本象征的樱花相比，富士山则是"恐惧"和"极致"合力创造的日本民族象征。

可以说，民族精神及其象征的创建是时空的作用及这种时空下主体的主体化意识的产物。它既是一种历史的过程，也是一种历史的作业；

---

① 近代日本政府在宗教、教育等方面实施了促使富士山民族化的政策，例如富士山的国有化（1871）、富士讲的神道化、浅间大菩萨称号的禁止、教科书的富士山民族化叙述、文部省歌唱"富士山"的推广等。

② 近代日本构建富士山作为日本及日本文化象征的论述可谓汗牛充栋，代表性论述有志贺重昂的《日本风景论》、北村透谷的《思富岳诗神》、野中千代子的富士山诗歌、北原白秋的《黎明的不二》和《初花樱》、木暮理太郎的《关于二、三之山名》、坂村真民的《日本，愿你永远》、金森德次郎的《为了少年少女的宪法故事》等。

既是一种主体的主体化过程，也是一种与他者的差异化过程。富士山之所以能成为当今日本"不容置疑的"民族文化象征，乃是因为江户时代及其后的日本以此前的有关传统为基础，对富士山进行了持续的发现。

第 五 章

作为他者的"西方"与
江户日本人的身份建构

他者是确认"我们"的同一性或身份归属的前提。就人类集团的同一性而言,"我们"的同一性,是通过相对于"他们"的差异性而被类型化、特征化的。同一性始终以"与他者的差异意识"为前提,蕴涵着排斥和压迫他者的逻辑冲动。

关于幕末乃至近代日本的他者意识,尹健次有中肯的论述。他认为,近代日本的民族认同有三大支柱:

> 一是欧美列强对日本的侵略,对欧美各先进国来说,意味着获得新的资本主义市场;二是为了与此对抗,日本创造出天皇制国家,以谋求以天皇为中心的国家建设和国民统合;三是这还不足以对抗现实中的强大侵略,因而为了确保日本自身的独立,走上了侵略亚洲的道路。从作为国家意识形态装置的国民教育的角度来说,是用西洋崇拜思想、天皇制意识形态、亚洲蔑视观这三个支柱塑造出了日本"国民"的同一性。[1]

毫无疑问,西洋或西方自 16 世纪中叶以后就成为日本的一个他者。不过,在幕末以前,它仍然是作为一个整体即"不知礼仪"的"南蛮"或非我族类的"红毛"而被认识和想象的。后期水户学的西洋认识就是

---

[1] 尹健次:『ナショナリズムと殖民地支配』、載『講座戦争と現代』4(ナショナリズムと戦争)、大月書店、2004 年、196—197 頁。

很好的说明。也就是说，对日本来说，西洋在长时间里都只是一个停留在日本想象空间的"沉默的"他者，其存在价值只是以科学技术的形式而为一些日本知识分子提供了解构华夷观念和秩序的武器，因而对18世纪以前日本人的身份建构几乎没有产生直接的作用。然而，随着18世纪末西方国家向东方的扩张及由此而催生的"海防论"的登场，西方开始从一个原来只是被想象的存在成为一个具有威胁的现实存在。这种西欧冲击所带来的西方形象的转变不仅直接促使了日本近代意义上民族意识的产生和发展，也提供了日本人重新认识西方和自我的机会。就是说，"外压"本身成为18世纪末期以后日本人确定身份归属的依据。这种冲击例如"培里叩关""哈里斯来日""萨英战争"等重大历史事件，被提炼为文化符号，发挥了幕末日本人认同对象物的功能。在严重的外来危机面前，日本国内的政治力量迅速凝聚起来，走向了内部的政治统一；近代意义上的"日本"及"日本人"的概念也成长起来。"由于认识了外国的存在，特别是视为敌人的外国的存在，便从潜伏的反封建意识里面，唤起了明确的民族自觉心。"[①] 西欧的冲击也促使日本早期民族主义者面向本国的历史传统而寻求存立的精神支柱，由此发展和创造出神国思想、国体、大和魂等表征自我的概念，欲从内部培植日本人的同一性。

第一节　作为"夷狄""兰学国"的西方与江户前中期日本人的身份建构

在整个江户时代，西方大体上是作为一个整体而被当作"夷狄"认识的，或者说，在江户前中期是被当作一个"可以无视的存在"而被认识的，即它为江户日本人的身份建构提供了一个可以被忽略的"劣于日本"的他者。这种西洋认识自然对江户日本在"神国—夷狄"或"神州—夷狄"的范式下建构自我及自我优越性提供了便利。与此同时，西方国家传入日本的"兰学"也为江户日本解构中国及其思维范式，进而建构日本主体性和优越性提供了物质基础和条件。同时期西方的日本赞美式

[①] 野吕荣太郎：《日本资本主义发展史》，生活・读书・新知三联书店1955年版，第41页。

叙述也增强了江户日本的民族自信心和优越感。作为"他者"的西方的这些不同面貌对江户日本人的身份建构发挥了重要作用。

一 作为"夷狄"的西方与江户前中期日本人的身份建构

对于16世纪中叶以后突然出现于日本社会、形貌又迥异于东方人的西方人，受华夷思想影响的日本人以"夷狄"待之，是自然之理。在日本，直到江户后期西洋基本都是被当成一个整体而被视为"不知礼乐刑政"的"无道之国"——"南蛮"或"夷狄"对待的。这种"西洋夷狄化"的认识首先体现于日本人关于西方人"禽兽化"的形貌描写上。江户初期日本人曾这样描述荷兰人："彼等目色似犬，小便时抬一足，与人类不同，皆近于兽，彼等淫乱嗜酒，无长寿者。"[1] 直到江户后期，仍有人认为，西方人是"不知古圣帝王所立之道的夷狄，虽形状类人，亦禽兽也"。本多利明（1743—1820）关于日本人西洋认识的批判——"我邦之人对西域（按：西洋）之事不加辨别，乃称和兰陀国（按：荷兰）者畜生国也，与日本人等大为不同"[2]——也说明"西洋的夷狄化对待"是贯穿江户日本的主流观念。

江户日本知识分子从形体、形貌等西洋人的外在身体特征出发，进而推及其文化和政治，几乎都认为西洋国家是不知"人伦之大道"或"正道"的夷狄。例如，江户后期的幕府官员平山行藏（1759—1828）认为，西洋人不讲道理或没有道德："其心贪残无耻，可以威服而不可以德怀也"[3]；新井白石则认为，基督教不过是佛教的"亚流""荒诞浅陋，不足为辨"[4]；《切支丹宗门来朝实记》（1783）亦认为，"彼宗（按：耶稣教）诚自南蛮国所渡来之邪法也"[5]；水户学的代表思想家会泽正志斋亦认为，"戎狄者屏居于四肢，暮气也，邪气也。暮气邪气是为阴"，由

---

[1] 转引自田毅鹏《中日两国对近代西方认识的比较研究》，《历史教学》1989年第3期。

[2] 本多利明：『西域物语』上、『日本思想大系』44、岩波书店、1970年、89頁。

[3] 平山行藏：『上北闕書』。转引自田毅鹏《中日两国对近代西方认识的比较研究》，《历史教学》1989年第3期。

[4] 新井白石：『西洋紀聞』、『日本思想大系』35、78頁。

[5] 『切支丹宗門來朝實記』、教林文庫、1783年、早稲田大学図書館、Vol. 07-00885、No. 002.

此造就了西洋国家"邪恶浅陋，固无足论"[1]的耶稣教和"故索隐行怪，灭裂人道，而幽冥之说是讲；亵天媚鬼，而荒唐之语是悦。寂灭万物，而专由阴晦不祥之途"[2]的"夷狄之道"，等等。不但如此，在江户日本人看来，西洋或西洋人不仅是"无人样""无道"或"无教"的民族，其学术也仅仅是"形而下的东西"而已。例如，即便是对西洋学术持肯定态度的新井白石也认为，西方国家有优秀的物质文明却没有"形而上者"，不仅在仁义道德上远不及日本，甚至可称为"野蛮国家"："在此可知，彼方之学唯精于形与器。所谓唯知形而下者，而形而上者尚未与闻也。"[3] 不仅如此，有人还认为西洋学术是"异端妖术""是故，蛮学者邪见偏僻也，而劝过去未来之说时，幻化之说多矣。实异端妖术也"[4]。显然，这种从"人""教""术"等角度认定西洋为"夷狄"的思维为江户日本人的身份建构设立了一个"恰好的"他者，从而为江户知识阶层从"神夷""华夷（日本为华）"这种东方的思维范式或"新世界观"的视角建构日本的主体性和优越性提供了便利。

在江户前中期，有着"西洋"意识而以"华夷思想"来构建日本主体性和优越性的代表思想家是西川如见和寺岛良安。前者所著的《华夷通商考》（1695年刊行，1708年增补）以日本为"世界第一国"，进而区分其他各国为"中华"（指中国）"外国""外夷"三种类型。"中华"是世界地理、文化和政治的核心和模范，"外国"主要是"从中华之命、用中华之文字而三教通达"的汉字文化圈的国家，如朝鲜、琉球、交趾等。"外夷"则是汉字文化圈以外的国家，主要指东南亚、欧洲各国。[5] 这种世界观不仅使日本成为世界的中心之一，也使得他可以"自由地"建构日本作为神国和武国的独特性乃至优越性。后者所著的《和汉三才图会》（1712）也以"外夷用横文字，不识中华文

---

[1] 会沢正志斎：『新論』、『日本思想大系』53（水戸学）、398頁。
[2] 会沢正志斎：『新論』、『日本思想大系』53（水戸学）、417頁。
[3] 新井白石：『西洋紀聞』、『日本思想大系』35、19頁。
[4] 向井元升：『乾坤弁説』、載『文明源流叢書』第2、国書刊行会、1914年、7頁。
[5] 西川如見：『増補華夷通商考』巻三、『西川如見遺書』第四編、求林堂、1899年、1頁。

字而食物亦不用箸，而手撮食也"① 这种是否归属于汉字文化圈的标准，区分世界各国为"大日本国""异国（我国、朝鲜等日本的亚洲邻国）""外夷（荷兰等西方国家）"等类型，又坚决否定了"神武天皇为吴太伯后裔""日本人为徐福后裔"等观点②，进而构建日本作为"神国"的主体性。

当然，随着作为"夷狄"的西洋介入东方和日本人对外部世界认识的深入，在一定程度上改变了江户知识阶层的世界观，也由此造成了他们建构自他认识的多种可能性。例如，江户初期儒者向井元升（1609—1677）则在中世三国世界观的基础上提出了日本、震旦（中国）、天竺、南蛮的"四国世界观"，并由此构建着日本的主体性和优越性："日本虽为粟散偏地之小国，才干、知行、道义、心术诚为天性自然之尊品，故震旦亦不可坐其左，天竺、南蛮尤当侍于其下。"③ 新井白石则构建了区分全球为五大洲的世界观："大地海水相连，其形圆，若球体。……其地分，成五大洲。一曰欧洲，二曰非洲，三曰亚洲，四曰北美洲，五曰南美洲"④，并在此基础上构建了日本作为"万国之先"的优越地位。实际上，这类具有西洋视角的日本主体性和优越性论述在江户前中期并不少见。⑤ 这意味着不仅西洋作为"日本之下"的"夷狄"突显了日本主体性和优越性的合法性，同时加入了西洋的新世界观也为这种日本优越性提供了"合理性基础"。

"西洋夷狄化"的思维基本延续到幕末，并构成了江户日本西洋认识的基础。它不仅促使了日本人对于本国的兴趣、关切乃至自我建设，也为这种作业提供了某种程度的合法性。

---

① 寺岛良安：『和漢三才図会』上之卷、中近堂、1888年、689頁。
② 寺岛良安：『和漢三才図会』中之卷、中近堂、1888年、1029頁。
③ 向井元升：『乾坤弁説』、载『文明源流叢書』第2、6頁。
④ 新井白石：『西洋紀聞』、『日本思想大系』35、27頁。
⑤ 不可否认，随着西洋的介入并对它认识的加深，江户知识界也形成了多样化的世界认识。例如，本草学家后藤梨春（1696—1771）在《红毛谈》（1765）一书里就提出了"世界之广大，难尽于笔纸。其各国之风土，各不相同，人物亦各异。有贤国，有愚国，或又有土产丰饶之国，亦有不毛之国"（『紅毛談』卷上、载『文明源流叢書』第1、国書刊行会、1914年、435頁）等合理性主张，也对荷兰的风土人情等做了比肩于中国和日本的赞美。

二 作为"兰学国"的西方与江户前中期日本人的身份建构

在江户日本,西洋不仅是作为"夷狄"的存在,还是作为"兰学承载者"(我们姑且称之为"兰学国")的存在。后者的存在意义在于以"兰学"为媒介,为江户日本在一定程度上削弱或扫除了其主体性建构的思想障碍,即为日本主体性的建构提供了合法性。也就是说,一方面,它动摇了东亚世界的传统世界观和华夷秩序观,为江户日本解构中国及其文化提供了合理性的理论基础。另一方面,它培养了江户日本的实证精神和合理主义的思维,为日本主体性和优越性的建构提供了某种程度的"内在合理性"。

众所周知,江户幕府虽然自建立伊始就实施了严格的锁国政策,却依然与荷兰、中国、朝鲜等国保持着贸易和人文往来,而使与基督教无关的欧洲新知识和新技术借汉译和荷译的方式陆续传入日本。尤其是1720年洋书解禁令发布后,进一步促进了欧洲书籍的流入和在日本的译介、传播。实际上,17世纪以后随着近代工业的蓬勃发展,欧洲的天文学、地理学、航海学、医学、博物学等已达到了相当高的水准。因此,它们被引入日本后便迅速得到承认。就天文地理学来说,当时的日本社会就普遍形成了"有关天文地理之说以天主教之学问为最优"[1]的观点。这些相继被"证实"和承认的西洋学术对江户日本的身份建构具有重要的意义,即它不仅对江户日本以"去中国化"和"自我特征化"为中心的身份建构提供了一条不同于基于华夷观的重构而构建自我的道路,也提供了一种新的理据。

(一) 兰学与中国思维范式的解构

可以说,兰学是江户日本解构中国思维范式的一种重要的理论武器。如大槻玄泽所言"若世之有志者学得此学,医术之事自不待言,于天文地学之道,也可补益我国用"[2],尤其是其天文地理学和医学从世界观到

---

[1] 村上陽一郎:『日本近代科学の歩み』、三省堂、1977年、68頁。
[2] 大槻玄沢:『蘭訳梯航』上。转引自赵德宇等《近代以来日本的中国观》第二卷,江苏人民出版社2012年版,第185页。

文化价值观都"动摇了儒学的传统地位"①，打击了长期占据日本学术主流、同时又被一些日本学者认为是其身份建构之一大阻碍的中国文化及思维范式的正当性。

在天文地理学方面，一些学者借助欧洲的相关知识解构了传统的世界观和以中国为中心的华夷观，因而为日本主体性的构建提供了新路径和新逻辑。在江户时代以前，形成日本世界观基础的是基于佛教"须弥山天界说"和儒教"天圆地方说"的三国世界观。② 这种世界观导致中国和日本分别被认为是"世界地理的中心""粟散边土之国"，极不利于日本主体性的确立。江户时代以后，随着西欧天文地理学传入日本，一些学者逐渐意识到其谬误，进而开始了重建世界观的作业或对基于传统世界观的"中国中心说"进行了批判。在其传入日本的早期，西川如见、新井白石等先后提出"四大境（日本、中华、外国、外夷）世界观""五大洲世界观"等，掀起了基于兰学知识解构和否定传统世界观与中国型华夷秩序的先河。稍后，不仅前野良泽、杉田玄白等兰学者继续推进了解构中国及中国思维范式的工作，甚至平田笃胤等国学者也开始吸取西欧科学知识来"破除"原来以中国为中心的世界观。

前野良泽（1723—1803）是受八代将军德川吉宗之命学习荷兰语的兰学先驱青木昆阳（1698—1769）的高徒。因为对西欧科学知识的了解和赞赏，他改变了以往以中国学术为唯一知识标准而导致的盛行于日本知识界的"言日本必说中国"的传统观念，认为只有"西洋科学知识才具有普遍意义"③。他由此对基于中国思维范式的宇宙本体论、世界观及中国历史文化进行了激烈批判。他认为，西洋人提出的基本物质由土、水、火、风四元素所构成的说法是"浑天浑地之公言"，而批判以木、火、土、金、水五行解释物质世界的"阴阳五行说"为"仅支那一区之私言"④；他亦批判中国的天圆地方说为"虚说"，认为西方的地圆说才

---

① 王家骅：《幕末日本人西洋观的变迁》，《历史研究》1980年第6期，第146页。
② 赵德宇等：《近代以来日本的中国观》第二卷，江苏人民出版社2012年版，第162页。
③ 赵德宇等：《近代以来日本的中国观》第二卷，第181页。
④ 前野良沢：『管蠡秘言』、『日本思想大系』64（洋学上）、135页。

反映了真实的世界地理形态："支那古时不知地之本形，而称地为方如棋局，或云地下有四柱，成此等虚说。至后世，因传欧罗巴天地学始称地球。"① 基于这些认识，他批判并否定了称中国为"中华""中国"的做法，认为"支那""唐（土）"等才是日本以及包含印度等在内的西土称呼中国的"古今之通称"②。可见，前野良泽从哲学世界观和形式两个角度对中国思维范式进行了解构，完成了对"中国文明的绝对权威的相对化、儒教的自然观的解体和中国的中华主义的相对化"③ 作业。这种"崇洋批中"的认识也使他扩大到了对中国社会历史的批判：

> 《易经》称汤武革命，谓之顺天应人。然，尚伯夷叩马而诽之，后世议者纷纷。况自殷周以下至明，革命者二十余主，非篡夺者稀也。故胜败兴亡之移，如环无端焉。欧罗巴之洲中，自古无以篡夺而得为天下国家之君者。上无骄奢无道之桀纣，故下无革命罚罪之汤武。然于明也，此时（按：利玛窦来时）四边内外虽有交寇，却不究其本然，虽天变地妖屡至却不省其原由，只顾泰然随己肆意所欲。后经三十年，鞑靼入而都北京、称帝，无多时而大宝忽为清所有也。利玛窦"危哉"之叹，果非虚谈。其所见，呜呼远乎？因云，前所谓天地运行有过犹不及者，其原在人为。伐尽山林而则旱魃、烈风至，大军屯于山壑则迅雷至，烧亡县邑则暴雨、地震至，使民不以时则有蝗有饥。如此之类，不可胜计。④

这番议论虽然并不代表江户思想的主流，却从历史和实践的角度摧

---

① 前野良泽：『管蠡秘言』、『日本思想大系』64（洋学上）、142 頁。
② 前野良泽：『管蠡秘言』、『日本思想大系』64（洋学上）、142 頁。与江户不少学者（如水户学者）称中国为"唐（土）""震旦"那样，"支那"一词的使用也是意在"剥夺中国的中华性"。在这种意义上使用"支那"一词，始自 18 世纪后期的兰学家。他们出于追随西洋的角度遵从荷兰语的"China"而时常使用"支那"一词，虽然并无强烈的褒贬色彩，却暗示着不再崇拜中华文化并具有使中国文化相对化的意味。这与近代以来日本人称呼中国为"支那"的语义有着明显的不同。参见赵德宇等《近代以来日本的中国观》第二卷，第 174 页。
③ 清水教好：『華夷思想と 19 世紀』、載『江戸の思想』7、ぺりかん社、1997 年、130 頁。
④ 前野良泽：『管蠡秘言』、『日本思想大系』64（洋学上）、162—163 頁。

毁了中国思维范式的合理性基础,也使中国及中国学术成为一个对日本来说"虽是必须提及"却又"无关紧要"的他者。

同为青木昆阳高足的杉田玄白同样从地理和文化上激烈批判中国中心的世界观、华夷之辨和圣人之道,并连带斥责了崇敬中国文化的日本学者的无知、迂腐。

> 腐儒庸医不知天地大也,少闻东洋二三国之事,以支那为万国之冠。又少读其书,则漠然自称曰,夷狄其俗固无礼乐也。夫礼乐文物,以为分尊卑也。何国无尊卑?何国无礼乐?……以是观之,则衣冠文物明尊卑之分,不必以支那为是,以从风土之宜为是也。道者,非支那圣人所立,天地之道也。日月所照,霜露所下,有国有人有道。道者何乎?去恶进善也。去恶进善,则人伦之道明也,他者皆风俗也。风俗者国各异焉,未闻生四目两口之国,只闻风俗之异而已。……况又腐儒庸医从支那之书,以其国为中土。夫地者一大球也,万国配居于此,所居皆中也,何国可为中土焉?支那亦仅东海一隅之小国也。①

可见,杉田玄白利用"地圆说"打击了中国的"世界地理中心"的地位,而使中国降格为"东海一隅之小国",又基于礼乐和道的普遍性打击了中国的"世界文化中心"地位,亦使"圣人之道"降格为"去恶进善"之普遍大道下的"中国风俗"。或者说,"他以西洋文化为参照系,将作为中华之国的中国降到万国之一国的地位,从而也否定了中国文化的唯一绝对性,将中国文化降至世界诸多文化之一的位置"②。

有前野良泽和杉田玄白两师领头,大槻玄泽(1757—1827)也完全继承了他们批判华夷之辨和以中国为中心的世界观的立场和逻辑。根据"地圆说",他认为"中国"或"中土"皆是没有任何科学依据的各国之"傲称"(自大式称呼),既不是被普遍认可的真理、事实,也不应该成为

---

① 杉田玄白:『狂医之言』、『日本思想大系』64(洋学上)、239—240页。
② 赵德宇等:《近代以来日本的中国观》第二卷,江苏人民出版社2012年版,第179—180页。

对中国的固定称呼；相反，不少日本学者长期以来却错误地形成了对中国中心的地理观和"中华之道"的"盲信"以及"唯以汉土为师"的守株心态：

> 腐儒庸医不知天地世界广大之所以，妄眩惑支那之诸说，效彼而唱中国，或称中华之道者，误也。舆地一大球，万国配居皆乃其中，虽自分区域，然自尊我之所居，支那称己为中土、中原、中华、中国，或华洛、神州，荷兰称本国为中土，吾邦自唱为中津国（按：中之国），英国以其都邑为天度之初（按：子午线），诸如此类，自称本国时始有左右之分也。若以坤舆方域之大而言，惟当以非洲所属之埃及地区为世界中央，支那、日本之分野位于东隅，荷兰诸国在西北，此地球之形也。然，由吾方以支那之傲称而唱中华之国，称华人、华舶、华物等，有何凭据焉？惟慕效年久，无缘由喜彼之道而不顾其他，更昧于地理之事，以致耳闻目见所限，只知唐、天竺之辈，甚至认为荷兰亦为支那所属，或以为支那之外皆蛮夷而不足论。其学何其粗且隘哉！①

显然，大槻玄泽是从地理学出发展开对中国中心的世界观批判的，同时顺延到了对中国文化的批判，而最终落脚点则是对支撑着中国文化之权威性的华夷观念的批判。"于汉土称自国为华夏，称外域为蛮夷者，尊此卑彼之名也。故其实乃私言而不可称公论。"② 在他看来，"华夏"和"蛮夷"各有得失，而判断它们的标准只能是"唯道正术精者方称华夏，道不正术粗者乃云蛮夷"。可见，他以"道之正与不正"和"术之精粗"重设了区分国家序列的标准，"既否定了传统的以中国为中心的华夷之辨，也否定了国学家们以日本为中心的日本式华夷观念"③，又以"道（道德或宗教）"与"术（学术或技术）"的分离开创了一条"中国文化相对化"的新路径。

---

① 大槻玄泽：『蘭学階梯』、『日本思想大系』64（洋学上）、339 页。
② 大槻玄泽：『蘭訳梯航』上、『日本思想大系』64（洋学上）、375 页。
③ 赵德宇等：《近代以来日本的中国观》第二卷，江苏人民出版社 2012 年版，第 184 页。

与此类似的论述还见于本多利明、渡边华山、司马江汉等江户中后期的兰学者。在这点上，可以说从天文地理学的角度批判中国中心的世界观和华夷之辨几乎是当时兰学者的共同做法。① 这一作业不仅体现于他们称呼中国时名称的变化上，也体现于其地理著作对中国描述的转变②等诸多方面。这样，它釜底抽薪式地瓦解了中国思维范式的世界观基础（天圆地方说）和思想基础（华夷之辨），亦促进了中国文化的相对化并对其造成了某种程度的打击。③

与从天文地理学角度解构中国的作业相应，一些兰学者还从医学的角度展开了对中国思维范式及尊奉这一范式的日本儒者和儒医的批判。在19世纪以前，中医和汉方一直是日本的主流医学，而受到清代关于古代医方"古今之辨"争论的影响，18世纪的日本医学界也掀起了"古医方派"和"后世派"的激烈论争。这场论争导致"古医方派"儒医（如中川壶山）的极端者在对宋代以后的医学进行批判的同时，同时对中国的文化传统进行了批判。④ 他们也"试图僭称儒学和古方是日本的，以便剥离其中国背景"⑤，从而"将儒术据为己有，并挑战中国的中心地位"。与这种儒医内部的中国文化批判相比，兰学者则基于实证主义和合理主义的思维对中医、汉方及其所依据的儒教思维进行了批判。它最早始自江户医学者对人体解剖的研究。在18世纪中期以前，基于阴阳五行的中医五脏六腑说支配着江户医学界。随着西洋医学的传入，不少医学者逐渐对此产生了怀疑。山胁东洋（1705—1762）不顾幕府禁令最早在日本

---

① 例如，当时另一著名兰学者司马江汉（1738—1818）也声称："万国各有其邦之圣教而治国民。如称支那为中华，称吾邦为苇原之中津邦，则世无不为中央之邦者。此恰如以管窥天，坐井而观天矣。若由天而定，则当云赤道线下之邦为中央耳"[『和蘭天說』、『日本思想大系』64（洋学上）、449頁]，否定了以中国或日本为世界中心的流行观念。

② 参见徐静波《大航海时代以后日本人对外界和自身的新认识》，《日本学刊》2009年第5期。

③ 因为"圣人之道"又被认为代表了人伦之道的普遍性，所以他们对基于此的中国文化也表现出了两难和摇摆的态度。参见赵德宇等《近代以来日本的中国观》第二卷，第180—188页。

④ 参见艾尔曼《日本是第二个罗马（小中华）吗？》，《中华文史论丛》2008年第2期，第118—127页。

⑤ 艾尔曼：《日本是第二个罗马（小中华）吗？》，《中华文史论丛》2008年第2期，第130页。

做了人体解剖，证明了中国医书所载脏腑说的许多错误，并将解剖结果写成《藏志》（1759）进行宣传。这一作业不仅构成了对中医及其理论基础（阴阳五行论）的巨大冲击，也以"实证科学"（实验科学）的名义为它自身提供了合法性。众所周知，作为玄学的阴阳五行论不仅是中医的理论基础，同时也是中国思维范式的理论基础之一。因此可以认为，从解剖学出发对中医的批判蕴含着解构中医乃至中国思维范式的巨大能量。

这种从解剖学出发的中医批判不仅受到此后学者的继承，而且被推进至对中医及其理论基础的全面批判。1774年，前野良泽和杉田玄白据解剖尸体的经验，译出《解体新书》附图谱共5卷，立即在日本社会引起巨大反响，亦掀起了江户时代关于中医的大论争。为了应对传统中医的责难，1775年杉田玄白又著《狂医之言》，从医学出发对中医、中国圣贤之书做了批判，并结合欧洲天文地理学知识对中华世界中心论做了否定。

《狂医之言》借"狂医"与朋友问答的形式展开了对中医和中国思维范式的批判。杉田玄白依据解剖人体的经验，批评中国医书和圣人之书都是"欺人之书"：

> 近世所行有《神农本经》者，上品之药120种，皆说久服轻身延年，未闻一人服之有其效者，则可谓欺人之书也。黄帝亦圣人也，传云，《灵素》者黄帝与岐伯辈问答之书也。上自五运六气，下至经脉、骨度、脏腑、关节、疾病、针灸等，无一不辨焉。然今剖刑尸观其脏，则其位置、脏象与之异也。质之物与之异，则亦欺人之书也。①

在他看来，除张仲景外，中国各家之医说也"皆是臆度附会，人人阿其所好，以我意决事，不足为正鹄"的"欺人之说"，因而其医说不仅对治病没用，反而造成"读书愈明则施治愈昧也"②的情形。由此，他对

---

① 杉田玄白：『狂医之言』、『日本思想大系』64（洋学上）、240頁。
② 杉田玄白：『狂医之言』、『日本思想大系』64（洋学上）、241頁。

中医作出了一个"其本（按：医理）不明，其法（按：医术）不正"[1]的全面否定的评价[2]，奠定了其后兰学者批判中医的基础。显然，对中医的否定也为他的中国文化批判提供了一个视角。因此，结合当时的欧洲天文地理学知识，他激烈批判了日本"儒庸医从支那之书，以其国为中土"的中国文明崇拜意识，釜底抽薪式地摧毁了中国中心的华夷之辨，构成了对中国思维范式的严重打击。此后，大槻玄泽、平贺源内（1728—1779）等具有兰学背景的知识精英也大体继承了批判中医进而批判中国文化的立场和思维。

总之，以天文地理学和医学为中心的"兰学"作为评判中国文化乃至日本文化的外部性力量和视角，构成了对当时流行的"华夷观念"和中华世界论的一次具有意义的巨大冲击。它虽然并没有对江户国学者等开展的"自我中心化"的作业提供直接的支持，却严重打击了华夷之辨和中国思维范式的合法性，不仅在一定程度上为日本主体性的构建扫除了哲理障碍，实际上也导致了中国形象在日本的逐渐衰减，进而为近代日本"科学地评判"或"忘记"中国提供了可能。

（二）兰学与日本主体性的重构

虽然兰学为日本兰学者提供解构中国思维范式的武器和力量，却并不意味着兰学者就必然赞成江户国学者等构建日本主体性和优越性的主张。相反，兰学不仅具有解构儒教思维的能力，也同样具有解构神道思维的能力。因此，对兰学者而言，兰学既可以用来证明日本的优越性，也可以用作对日本文化的批判。古屋野意春是利用欧洲地理学知识构建日本主体性和优越地位的兰学者之一。

> 大日本国在亚细亚之东极，所谓处不偏不斜之地带而寒暑温凉随节，五谷丰饶，世界第一之上国也。故其风俗自古昔忠臣义士多，智勇胜于万国。加之，于海岛之国也，则乃世界万国无可比拟之大

---

[1] 杉田玄白：『狂医之言』、『日本思想大系』64（洋学上）、241頁。
[2] 当然，晚年的他又对《狂医之言》时代全面否定中医的做法做了反思，肯定了"汉方医学"的某些价值。参见向卿、赵德宇《近代以来日本的中国观》第二卷，江苏人民出版社2012年版，第177—179页。

洲。山海之固天然而备，诸物亦不乏之国也。故古来虽自异国数度成寇，终不能加害于此国，不亦宜乎?①

大槻玄泽亦基于欧洲地理学而构建日本作为"万国不易帝爵"的优越性："我日本虽比于异域，土地狭小也，然乃皇统一世万古不易帝爵之国号而优于其他诸邦，外域尤尊重畏服之所以也。"② 可以认为，利用天文地理学构建日本优越性几乎是当时兰学者的一般做法。当然，这种作业并不意味着兰学者自我认识的全部。相反，前野良泽、山片蟠桃等兰学者反倒依据兰学的合理主义思维对以神道为代表的日本文化做了激烈批判。

可以说，在利用兰学来构建自我方面，兰学者并不是最积极的知识阶层，因而难以称得上是日本主体性和优越性的好的建设者。不过，重要的是，兰学的天文地理学却在江户后期产生了"跨学际"的效应，即它被江户国学者、后期水户学者等民族主义者用作构建日本主体性和优越性的依据——"最东国"或"日出国"及其所象征的意义。例如，平田笃胤借助地圆说，认为日本位处"大地的顶上""天地间的蒂之处"，因而是广阔地球之"根本"，故在地理位置上具有相对于万国的先验优越性；会泽正志斋认为，位于地球最东的日本是"太阳之所出，元气之所始"的"大地之元首"，亦有对世界各国的绝对优越性；佐藤信渊修习西方的天文、地理学，却用之来证明日本对于万国的"本国"地位，认为"皇国乃大地最初生成之国，世界万国之根本也。故宜经纬其根本之时，世界悉当为皇国之郡县，万国君主皆当为皇国之臣仆"③；广濑旭庄则认为地球有"自东并西"和"自北制南"之理，故日本具有地理的先验优越性，"东者，日之所出，而称精华之气也。我邦，自西州，神武兴而开国也"④，等等。

可以认为，欧洲的天文地理学为日本很早就有的"日出处"的自我

---

① 古屋野意春：『萬國一覽圖説』乾、香山樓社中、1810 年、10a 頁。
② 杉本つとむ：『環海異聞：本文と研究』、八坂書房、1986 年、429—430 頁。
③ 佐藤信淵：『混同秘策』、『日本思想大系』45、426 頁。
④ 広瀬旭荘：『九桂草堂随筆』、載『日本儒林叢書』第二書目（随筆部）、129 頁。

优越性认识提供了新的依据,因而对江户日本人的身份建构发挥了重要的支撑作用。

三 西方的日本叙述与江户前中期日本人的身份建构

在江户时代以前,因为中国文明和佛教文明的绝对先进性及在其规定下形成的世界观的影响,不仅一般日本人就连知识分子都很少思考过自己的身份,亦没有比较明确的日本人意识。即便偶有纪贯之(872—945)那种具有较强民族观念的学者,也因受到各种限制,而无法也没有形成对自我的有效性和连续性的明确意识。16世纪中叶以后,西方作为具有异样人种和宗教的特别存在介入日本,则成为促使日本人自我觉醒的一个重要契机。可以说,西方的介入一方面扩大了日本人的国际视野和国际交往,另一方面也导致了因"禁教""锁国"等事件所造成的日本执政者和知识阶层对自我的认知(如"对神国的自觉")。在这种转变发生的同时,东亚世界和日本国内环境也发生了巨大的变化,这些因素共同促使日本知识精英产生了明确的民族自觉,开始思考并创建民族的身份。因为"我们"常常需要通过他人对自己的态度与评价来认识自己,所以在自我认识形成的初期,他人对自己的评价具有十分重要的意义。它作为一种"外部的"评价,不仅能帮助我们更全面地认识、了解自己,也可以为我们的这种认识提供"客观的"支撑。江户时代西方人的日本叙事尤其是日本赞美实际上就发挥了增强日本人的民族自信心和身份建构之合法性的重要作用。

随着16世纪中叶天主教传入日本,赴日传教士每年都要向欧洲发送不少关于日本历史、宗教、政治及风土人情的报告,形成了西洋人关于日本的最早记述。最初,与日本视他们为"南蛮"一般,传教士同样是以特殊化的视角看待和认识日本,从而形成了对日本褒贬不一的评价。因为传教士的身份所限,他们对日本的宗教基本持否定态度。例如,费尔诺·格雷罗(Fernao Guerreiro,1550—1617)就批评神道之神为"恶魔"、其信者为"蒙昧的异教徒",声称"此国民通常对灵魂的救济所抱有的希冀和期待如此般愚蠢地被恶魔欺骗"①。与此相反,这时期也有不

---

① フェルナン・ゲレイロ:『十六・七世紀イエズス会日本報告集』第1期第5卷、228頁。

少传教士对日本的国民性给予了高度评价。最早赴日传教的沙勿略（1506—1552）1549年11月致信在印度果阿的朋友说："在我迄今新发现的国家和地区中日本人是最优秀的，可以说，在异教徒中你不会发现还有比日本人更优秀的民族。他们重礼节，一般是善良的而不怀恶意，重视名誉胜过一切。这些都让人十分吃惊。"① 稍后赴日的范礼安（1539—1606）也称赞日本人"天生思虑周详，又有才智"②，并盛赞日本人在木材和竹材加工、木材制品的涂漆等方面拥有"超越世界各国的独特技术"。

西方对日本的叙述发生重大转变，则始自日本"锁国"之后。这时摆脱了原先的宗教束缚和特殊化视角而被准许"江户参府旅行"的荷兰商馆职员（包括荷兰、德国、瑞典等西方国家的医生、植物学家）开始形成一边倒的日本赞美，并使之成为此后西洋人日本叙述的主流。从17世纪末到幕末，从肯伯到西博尔德，荷兰商馆的不少医师、植物学家等都对日本及其风物做了普遍化的"极具好感式"的赞美。他们的论述不仅对西洋人的日本认识产生了很大影响，在江户时代也大多被译介到日本而被日本学者所引证，从而为江户日本的主体性和自我优越性构建提供了"外部的"有力证明。

1690年赴日的德国籍商馆医生肯伯是江户时代"全面发现并赞美日本之美"的西洋第一人。在日滞留的两年间，他对观察到的日本一切事物都极为喜好和赞美。作为医生兼博物学家，肯伯对日本的植物不吝溢美之词，称赞日本"有着美丽花叶的野生植物，比其他国家多得多。这些花在不同季节里美丽地装饰着广阔的原野、山间和峡谷。而且，这些野生植物亦被移植、栽培到居住的庭院，而被改良成各种品种。其中，品位高者有山茶花、杜鹃花、石楠花"③；他盛赞日本自然条件优越，物产丰富，从而养成了日本人极为优秀的国民性，"在习俗、道德、技艺、举止动作方面，日本人胜过世界任何民族。国内交易繁盛，受益于肥沃

---

① 村上直次郎訳注：『耶蘇会士日本通信・豊後篇』上卷、帝国教育会出版部、1936年、7頁。
② 耶蘇会編：『耶蘇会の日本年報』第1輯、拓文堂、1943年、355頁。
③ ケンペル：『日本誌：日本の歴史と紀行』上卷、霞ヶ関出版、1973年、231頁。

的田地，拥有顽健强壮的肉体和勇敢的天性，生活必需品富足到有剩余，国内和平不断持续。如此，日本人是世界上极为少见的幸福的国民"①。他也极其羡慕和赞美日本人拥有很高的技术，声称"在手指灵巧、头脑聪慧方面，他们比其他民族都要更胜一筹，特别是在对金银铜等各种矿物的加工技术上非常出色"②。肯伯回国后还写作了关于日本的见闻记，后以《日本志》（1727）的书名在英国出版。该书出版后迅速被译成欧洲各国语言，并被广泛阅读，因而对18世纪欧洲日本观的形成产生了巨大影响。③ 该书的部分内容后来被志筑忠雄编译成《锁国论》（1801）在日本出版，后又被黑泽翁满（1795—1859）编译为《异人恐怖传》（1850）再版，从而对幕末及近代日本人的自我认识产生了深刻影响，即使肯伯原来的日本论述作为"外部的客观证明"对江户日本自我优越性的构建和验证提供了支撑。

继肯伯后，1775年受林奈派遣而赴日做植物调查的瑞典植物学家通贝里同样对日本风景、工艺品、日本人的国民性等极为赞赏。在日旅行期间，他自称为日本风景之美所着迷："目前之美景即便简单也无法绘成画而让诸君观看，甚是遗憾。然稻田被巧妙耕作，众多村落相接，旅客都无法确定其边界的美丽景色，为何像我这样的生手都会产生绘之于画的大胆举动呢？"④ 这番话其实就表达了一个意思，即"日本风景之美无与伦比"。关于日本的国民性、政治及文明状态，通贝里几乎给予了最高级的赞美和评价。

> 在居住于地球三大部分的民族中，日本人堪称与欧洲人比肩的第一级的民族。……其国民性随处可见的坚实、法律执行和职务履行时可见的不变性、追求有用且欲极力促进它的国民不懈的热情及其他事项，无不让我等惊叹不已。……虽然宛如一个密闭的国家，法律亦几千年未经改正，然法律之执行无须诉之暴力，且无关人物

---

① 小堀桂一郎：『鎖国の思想：ケンペルの世界史的使命』、中央公論社、1974年、100頁。
② ケンペル：『日本誌：日本の歴史と紀行』下巻、霞ヶ関出版、1973年、454—455頁。
③ 参见ヨーゼフ・クライナー編『ケンペルのみたトクガワ・ジャパン』、六興出版、1992年。
④ ツンベルグ：『ツンベルグ日本紀行』、奥川書房、1941年、130—131頁。

之身份得到执行；政府亦非独裁，亦不倾向于私情；君主臣民均平等地穿着独特的民族服装，既无须采用他国的样式，亦无须在国内创造出新的服装；几百年间从未受过外国的战争攻击，且国内的不稳定亦被永久地防止；各种宗教的宗派和平共存；几乎不知饥饿和饥馑，即便有也极其稀少，等等。这些均令人难以置信，对大多数欧洲人亦苦于理解，但它们的确是事实，足以引起最大的注目。关于日本国民，我尽量原样记述，既不夸大式地称赞其长处，亦不故意论辩其短处。①

在"尽量原样记述"日本国民的西方人看来，日本人实际上有着"不逊于西方文明国民"的优秀国民性："一般而言，国民性贤明而思虑周详；既自由，又顺从而礼仪正；富有好奇心；勤勉而灵巧；节约而不饮酒；好清洁；善良而重友情；率直而公正，正直而诚实；虽然疑心强，迷信重，又十分高傲，却宽容，对恶毫不留情，勇敢而不屈。"② 显然，在通贝里眼中，日本人的国民性近乎完美，因此即便他们有迷信重而又十分自负，以致疑心强等国民缺点也可以由其优秀的国民性得到"弥补"③。不仅如此，他还认为，日本人关于刀剑、漆器等工艺品的制作技术在世界上首屈一指：

> 工艺制作举国非常兴盛。一些工艺品制作得近乎完美，有些亦超过了欧洲的艺术品，但有些仍未达到欧洲的水准。日本人使用铁、铜等可以做出很好的工具。丝绸、棉花类产品有些超过了来自印度的产品，却大体处于同一程度。漆器制品尤其是其中的古代之物，亦超过了迄今其他任何民族生产的制品。④

综上可见，通贝里的日本论述其实可以归为一个结论：18 世纪末的

---

① ツュンベリー：『江戸参府随行記』、平凡社、1994 年、13—14 頁。
② ツュンベリー：『江戸参府随行記』、219 頁。
③ ツンベルグ：『ツンベルグ日本紀行』、204 頁。
④ ツュンベリー：『江戸参府随行記』、287 頁。

日本文明完全处于与欧洲相等的水平上。

可以说，肯伯和通贝里从普遍角度出发的日本赞美奠定了其后西方世界日本礼赞式论述的基础。这种对日本的全面赞美不仅被江户后期赴日的菲舍尔、西博尔德等商馆人员所继承，也被幕末赴日的汤森·哈里斯、休斯根、阿礼国、萨道义、托里奥·阿尔曼容等西方外交官、军官和学者所继承，进而形成了"我完全被这个国家的魅力所迷住，但若要令人十分满意地描述出这个地上之天国及其美丽的自然和形状，则完全非我力之所能及"①"它就像自太古时代起就被选为大地全体的储藏库那般，对人和动物提供着非常富裕的产物"②"我们一行都对日本人的容姿和态度甚为满意。我曾反复地说，日本人比好望角以东的任何民族都要优秀"③ 等颂赞日本之美具有普遍性下的"选民性（最受神之恩惠的风土）"和极致性的各种论述。同时，肯伯等开创的"全面赞美日本"的论述在江户时代也大多被介绍到日本，因而为日本人据此构建自我及自我优越性的作业提供了"外部的"和"普遍的"证明。例如，黑泽翁满的《异人恐怖传》就声称："今世，因西洋舶来之书，人们竞相持之并以为荣。此书非为受彼之国风所夺魂之类，而是由荷兰人肯伯之口确实地称赞我大日本的国风为天下无比之好国风，又敬畏我国人之强大当是天下无双之书籍"④。

毫无疑问，这些西方人的日本赞美极大地鼓舞了日本人构建自我优越性的作业，而且这一作业还得到了欧洲天文地理学的支持。山村才助（1770—1807）旨在改正《采览异言》的错误而修订的《订正增译采览异言》就改日本国名为"大日本"，从而构建日本作为"万古不易神灵传统之帝国"的优越地位。他认为，按西书所载，日本等国"势头强盛，自立而不属于他国，因各称雄一方，西人又呼为帝国"⑤，故"大日本"的称谓完全具有历史和现实的正当性："吾邦古来用浮屠氏之说，或称粟散边土小国等，自贱己之本国，可谓愚昧之甚者。如彼浮屠氏之国，古则

---

① フィッセル：『日本風俗備考』1、102 頁。
② フィッセル：『日本風俗備考』2、86 頁。
③ タウンゼント・ハリス：『ハリス日本滞在記』中、岩波書店、1953 年、24 頁。
④ 黒沢翁満：『異人恐怖伝』、載『文明源流叢書』第 3、226 頁。
⑤ 山村才助：『訂正増訳采覽異言』上、青史社、1979 年、135 頁。

为希腊所破，帝王遭擒，今则为莫卧儿所并而成回回教之土，岂可与我万古不易神灵传统之帝国作同日之谈焉！"① 箕作省吾（1821—1846）亦自述引用"西书"数十本著成《坤舆图识》，构建日本作为"神州"或"皇国"的优越地位。该书一方面声称日本是"夫神州位四海之中，当万国之冲，揆文教奋武卫，卓然独立，不容外寇觊觎者。万古一日，天下孰加之"②的"神州"，另一方面又以日本为与"汉土"同等的帝国或包含了"野作（北海道）、八丈（八丈岛）、琉球、奥虾夷、萨哈连"等"属国"的"皇国"③。可以说，他们的世界意识和自我帝国化认识与本居宣长、平田笃胤、佐藤信渊等抬举日本文化、抨击佛教和儒学的民族主义思想有着共同的旨趣和目标。④

由上可见，江户西方人的日本叙述和欧洲天文地理学知识对江户日本的身份建构发挥了叠加的效用。它们既增强了日本人建构自我优越性的合法性，也增强了他们对所建构的日本优越性的信心。从这种意义上说，"西方"对江户日本的身份建构发挥了"远超夷狄"的重要作用。

第二节　西方的多重形象与江户后期日本人的身份建构

在江户后期，西方对日本来说具有多重形象，因而对日本人的身份建构也分别具有不同的意义。如"尊皇攘夷"所示，西方仍主要被视为"夷狄"，而为日本"自我优越化"的同一性建设提供了必要的"卑劣的他者"。同时，西方也作为"现实的威胁"促进了日本人向内部的"事实的凝聚"。

决定西方作为"现实威胁者"形象的主要因素是它们在初始被认为是"技术先进"的国家，后来又逐渐被认为是一个"技术""制度""道德"等各方面均领先于东方的"强国"。西方从"技术先进国"到"强

---

① 山村才助：『訂正増訳釆覧異言』下、青史社、1979 年、1058—1059 頁。
② 箕作省吾：『坤輿図識・序』、須原屋伊八、1847 年、1 頁。
③ 箕作省吾：『坤輿図識』巻一、須原屋伊八、1847 年、2 頁。
④ 前田勉：『江戸後期の思想空間』、ぺりかん社、2009 年、114 頁。

国"的形象转变，为江户日本摆脱东亚思维范式乃至亚洲身份而以"西方"为参照构建自我的作业提供了可能。

一 作为"夷狄"和"现实威胁"的西方与江户后期日本人的身份建构

到了江户后期，西方开始具有了作为"夷狄"和"现实威胁者"的双重形象，因而作为对日本来说越来越重要的他者，它对江户日本的身份建构也发挥了越来越重要的作用。它不仅进一步促进了日本人对自我同一性的自觉和建设，还促使了这种同一性的实现。当然，西方引发的这种同一性建设问题又以知识阶层对被认为构成了日本同一性建设障碍的中国思维范式的解构、对具有实践意义的神国（皇国）和武国的自觉、建设和靠拢为主要内容。

江户后期的海防论者、后期水户学派、富国强兵论者和尊攘派是基于作为"夷狄"和"现实威胁"的西方而构建自我同一性并促使其实现的典型。18世纪下半叶，来自北方的俄罗斯的威胁首先促使了江户知识阶层的自我觉醒和向内部的凝聚。仙台等北部诸藩的藩士在率先要求加强武备和海防的同时，也提出建构日本中心地位、凝聚全国人民意志抵御"外夷"等主张。为抵御俄罗斯的南下威胁，仙台藩士林子平（1738—1793）认为，作为"后王（按：天子）遇待夷狄之法"[①]，最紧迫的是先解决日本与周边邻国的关系。他为此专门出版《三国通览图说》（1785）和《海国兵谈》（1786），认为朝鲜、琉球、虾夷三国都有从属于日本的历史，所以首先扩张并占领三邻国当为日本防御唐山（按：中国）、俄罗斯等海寇的急务。他由此要求日本人无论贵贱文武"当知此三国地理也"[②]，做到"三国之分内了然"，以便应变时"提日本之雄士兵进入此三国"[③]。显然，构建以日本为中心的日本与周边国家的秩序是林子平海防论的重要内容。为达此目的，他对内批判了那些他认为"徒依唐山之书，唯空论军理"的学者，要求日本人形成"上下大小各应其分，

---

① 桂川甫周：『三国通覧図説序』、載林子平『三国通覧図説』、裳華房、1923年、1頁。
② 林子平：『三国通覧図説』、3頁。
③ 林子平：『海国兵談』、図南社、1916年、253頁。

会得文武之大度，治贫，财足而应张武"的"对今日有益而海国所以具有的大宝"。

与林子平等强调海防和对外关系重要性的做法相比，松前藩士大原左金吾（1761—1810）则强调破除"诸侯各贪自国之功"的割据局面而形成举国体制来抵御"外寇"。他认为日本不仅面临着来自"赤夷（按：俄罗斯）"的现实威胁，亦面临着"尤其英法，称为武事胜、制作妙的世界第一国，以是横行天下，即便千万里的远国亦为其通行之要路，故攻取而成各自之属国"[①]的潜在威胁，故主张"外寇乃天下之寇，非限一国（按：藩）之寇。当尽全国之智力，而为其备"[②]。又极力主张抛弃上下贵贱之别，不拘一格选拔人才，要求"无论汉法、蛮法，凡用之有益者，即应采纳而不遗漏"。他还强调了"日本古来从无被外国所侵之例""我国人自古义勇胜于他邦"等突显日本独立性和优越性的内容。显然，这种海防论既具有主张日本优越性的内容，又体现了超越德川体制的等级制度和地域割据形成"国民"的倾向，对江户日本的身份建构有一定的促进作用。

照《北地危言》（1797）所言，19世纪初，继俄国之后英美又构成了对日本的新的威胁。海防论由此更加尖锐起来，致使日本知识阶层关注的焦点也日渐转向"内部"，更加注重探讨举国体制的建立和自我身份的构建。佐贺儒者古贺精里和侗庵父子的相关论述反映了这一趋势。前者认为，幕府严禁任何政治批判的统制政策造成了日本"上下隔离""百姓离心"的状态，因而必须以"开言论以防壅蔽"作为建立举国体制而抵抗外夷的"急务"。

> 进言开边之策而被褫夺俸禄者有之；著书言夷狄之边患而被囚之者有之。街谈巷议略涉边防之事，则被捕下狱。因以得罪者累累相踵。处刑之失，措画之谬，群臣明知其非而不敢言。……上有灾患，下之人泛然若不闻；下有殃苦，上之人蔑焉犹不知……上下之

---

① 大原左金吾：『北地危言』、日报社、1888年、2頁。
② 大原左金吾：『北地危言』、55頁。

第五章 作为他者的"西方"与江户日本人的身份建构 / 717

势，壅隔如此。一旦有变，唯涣然瓦解耳！①

与精里批判幕府的海防论相比，侗庵则认为，为应对外来的危机首先应该破除日本儒者"自幼迄老，沈酣唐人之书，阿其所好而不觉其弊"②的中国崇拜和迷信。由是，继国学者之后他对中国历史文化及其思想基础的华夷之辨等进行了"近于裂眦骂詈"的全面否定和批判③，并在此基础上构建日本作为"神州"的主体性和优越性：

> 我神武开天辟地，垂万世之丕基；安宁、懿德诸帝，无为之治、不宰之功；崇神德被威光，远夷宾服；仁德劳来辅翼，无一物不获其所；天智经文纬武，同符神武。皆古圣人也。乃天下后世咸被其覆载生成之泽，而人或不知其为圣，此尤圣德之盛，所谓荡荡乎，民无能名焉？帝之力于我何有者，猗欤休矣。不独本邦为然，夫尧舜禅代，唐人嗟称，以为亘古无匹者，虞夏之后，莫能踵行。踵行者，不过莽操懿裕逆篡之徒，假以济其奸而已。而西洋意大里亚等国，自古皆就欧逻巴洲，遴选贤者，立以为君。然而祸乱不作，篡夺不萌。斯其美，比之尧舜不多让焉。断非唐人所能翘企万一也。呜呼，万国大矣，吾不能一一周知，即此一事，吾更有以知他国多圣人，而齐州（按：中国）少圣人矣。④

可以说，古贺侗庵对中国王朝更替的批判虽然有其勉强之处⑤，某些方面也"殊中肯綮"，因而是对中国文化及思维的又一次重大冲击，也因此成为日本主体性和优越性构建的重要环节。

与知识界应对西洋威胁的举措相呼应，此时期的幕府也算有所作为。

---

① 转引自 ［日］丸山真男《日本政治思想史研究》，王中江译，生活·读书·新知三联书店 2000 年版，第 282—283 页。
② 古贺侗庵：『殷鑑論』、天香楼叢書四、1b 頁。
③ 参见刘岳兵《近代日本中国认识的原型及其变化机制》，《历史研究》2010 年第 6 期。
④ 古贺侗庵：『殷鑑論』、天香楼叢書四、4b—5a 頁。
⑤ 他对自己所构建的日本作为"神州"的优越性不仅缺乏足够的自信，因而也不得不拉西洋以做证明，其论证自我优越性的思维仍未能完全超出中国思维范式的框架。

1793年在拉克斯曼回国后，老中松平定信采取了加强海防和吸收西方之"理"的两项新政策。他说："余自宽政四、五年，搜集红毛之书。蛮国精于理。……然此等书籍不宜过多落入轻率者之手中，而应奉献于幕府书库。然无人阅读，只成蠹虫之巢穴。如我买下，则不致流传于世，用时立即可得。"① 在对待虾夷地的问题上，幕府也采取了"积极开拓"的措施，从而唤起了日本人的这样一种意识，即认为"国防是超越了幕藩体制的国民的课题"。可以认为，在18世纪90年代，幕府以加强海防和对"理"的探讨来回答西欧的冲击，不仅促使了日本人向内部的凝聚，也成了日本在19世纪走上西欧化道路的开端。

海防论是江户统治层和知识阶层对西方冲击的最初反应，故未能超出传统华夷思考方式的框架。所以，对他们来说，对外的危机与其说是政治、军事的危机，倒不如说是道德的危机。这一思想也为后期水户学派所继承。他们第一次在名分论的相同次元对待外来的威胁，促使了"神州（优于万国的神国）与西洋诸国（可恶的夷狄）"相对立的"华夷之辨"观念的形成。例如，会泽正志斋认为对外的危机首先是道德危机，"耶稣教"才是日本最大的威胁，西方欲入侵日本是"蛮夷凌驾上国"，其"倾人国家"的伎俩就是"唱夷教，以煽惑民心"：："夷狄是偏气之国，故其所为教为邪僻，人伦不明者多矣。"② 既然外患主要是道德危机，就要靠道德的途径去解决，即应该"明夏夷之邪正"，明确日本对西洋的主体性和优越性。照德川齐昭的说法就是"弘道"："明神皇之大道，拒夷狄之邪教，为海防之要也。"③ 这种"变形的华夷观念"也就成为水户学者构建日本相对于西洋的绝对优越性的依据。

> 神州位于天地之首，朝气也，正气也。朝气、正气是为阳，故其道正大光明，明人伦以奉天心，尊天神以尽人事。发育万物，以体天地生养之德。戎狄者屏居于四肢，暮气也，邪气也。暮气、邪

---

① 转引自［日］信夫清三郎《日本政治史》第一卷，周启乾译，上海译文出版社1982年版，第88页。
② 会沢正志斎：『退食間話』、『日本思想大系』53（水戸学）、252頁。
③ 转引自植手通有『日本近代思想の形成』、岩波書店、1974年、26頁。

气是为阴，故索隐行怪，灭裂人道，而幽冥之说是讲；亵天媚鬼，而荒唐之语是悦。寂灭万物，而专由阴晦不祥之途。①

不难看出，这是一种日本模仿中国的神州概念而展开的自我神州化的作业，开创了江户后期日本自我中心化的一条新道路。这与其说是相对于中国，倒不如说是相对于"夷狄西洋"的观念和作业。可以说，源自后期水户学者的这种自我神州化的作业构成了江户后期日本自我中心化的重要内容，也被后来的佐藤信渊、吉田松阴等所继承和发展。

当然，随着19世纪初幕藩体制所导致且自身无法解决的幕府财政危机、武士和农民的贫困化等社会结构性矛盾的激化，有些学者逐渐认识到，要充实海防并克服当前的内外危机，必须谋求经济的安定和国家的富强。这就使江户日本产生了主张重商主义即通过"航海通商"立国以使日本"由富裕而强盛"的富国强兵论者。他们也不再将对外危机主要看成是道德危机，同时也看成是军事和政治的危机。与此同时，他们针对西方列强的"夷狄"观念也发生了分裂。前者如被称为"经世家"的佐藤信渊（1769—1850），虽然主张重商主义，却仍坚持荒诞的日本中心主义，继续在"神州（皇国）—夷狄"的范式下构建日本相对于西洋的主体性和优越性。他认为，亚细亚人学礼、行义，各自确然守其境界，不侵伐他国，亦很少有夺取他人财物之念，而欧罗巴人则唯利是图、欺瞒抢夺，是"侵略东洋的夷狄"②；他也认为，日本是"夺天地造化"的皇国，"旋转天地、发育万物而为造化之首者，皆系于我皇祖产灵神搅回之神迹矣。……盖皇国成于大地之最初者也，则天地开辟事实，无论乎当传于皇国矣"，所以"审世界地理"也证明日本具有相对于世界万国的绝对优越地位："皇国乃大地最初生成之国，世界万国之根本也。故宜经纬其根本之时，世界悉当为皇国之郡县，万国君主皆当为皇国之臣仆。"③基于这种先验的优越性，他认为日本完全有能力"混同世界，统一万国"，成为"世界第一之大国"：

---

① 会沢正志斎：『新論』、『日本思想大系』53（水戸学）、417頁。
② 佐藤信淵：『存華挫狄論』、『佐藤信淵武学集』上、岩波書店、1943年、432頁。
③ 佐藤信淵：『混同秘策』、『日本思想大系』45、426頁。

> 今夫详知万国之地理，以明察我日本全国之形势，则知日本自赤道之北三十度起至四十五度止，气候温和，土壤肥沃，万种物产，应有尽有。四周皆临大洋，船舶海运其为便利者万国无双，地灵而人杰，勇敢无畏，迥异他邦。其势堂堂，自胜于万国，鞭挞宇内之实力，当天然全备焉。若以此神州之雄威，征伐夷狄之蠢类，混同世界而统一万国，何难之有哉！①

显然，佐藤信渊所建立的具有扩张意味的荒唐的皇国中心主义观念与平田笃胤等国学者的皇国观一脉相承，不仅奠定了其后盛行于日本的皇国观的基础，亦构成了近世乃至近代日本人同一性构建的重要依据。

与极端保守的佐藤信渊相比，另一位富国强兵论者本多利明（1743—1820）因为自身的洋学素养而对西洋及其学问采取了一定程度的肯定态度。他批评了当时日本学者所崇拜的"即便支那之外有各国，亦皆夷国，其不应有圣人之道，或圣人之道之外即便有道亦皆非人道"②的观点，认为国土之贫富强弱在于"制度和教示（按：宗教）"③，进而承认在这点上东方落后于西方："涉渡海洋之光明正法，西洋诸国以制度为第一国务，乃一国的风俗习惯。其制度务在使人人竭力尽义务，以使自国空前富强。然东洋诸国，迄今无其制，遗憾之至！"④ 他由此要求改变以往称西方国家为"夷狄"的做法，主张称为"西洋"或"西域"⑤。显然，与佐藤信渊不同的是，本多利明的自他认识在很大程度上摆脱了"神州—夷狄"这一思考范式的束缚。因此，他是在承认西洋文明的前提下构建日本的主体性和优越性的。在他看来，日本不仅具有对中国的地理优越性——"日本位于赤道以北三十一度自四十一度之间，寒暑等分，气候最良也。支那之气候亦大体同于日本，然西北是与他国相连的山国，

---

① 佐藤信淵：『混同秘策』、『日本思想大系』45、426页。
② 本多利明：『西域物語』上、『日本思想大系』44、89页。
③ 本多利明：『西域物語』中、『日本思想大系』44、141页。
④ 转引自［日］丸山真男《日本政治思想史研究》，聂长振译，商务印书馆1990年版，第284页。
⑤ 本多利明：『西域物語』上、『日本思想大系』44、111页。

故有猛兽进入而国民之灾害则多"①，也具有对中国的历史优越性——"由支那观日本，日本则甚值得夸耀，自神武以来皇孙未曾间断，也未曾为他国所侵，而成如此可贵之日本风俗。总之，以支那之风俗为龟鉴，实乃愚蠢之举"②。不仅如此，他还认为日本若实行贸易和"即使侵略他国也应增殖本国"的"增殖"政策，不仅可以使日本成为"东南西三方皆以日本为长国"的永久不动的大良国、大刚国，"国家一旦大富饶、大刚健，则遂武国之名，以致邻国威服，成为日本之属岛焉"③，亦可使日本成为"世界第一的大富饶、大刚强之国"或是与西洋的英国并列的"天下大世界的两大大富饶、大刚强之国"。

可以说，虽然两者赖以构建日本主体性和优越性的思想依据有所不同，然共通的富国和殖民的要求又使他们一致地提出了与日本人身份建构密切相关的政治集中（天皇的绝对政治权威）和扩大化的主张。所谓政治的集中即是消除横亘在"天皇（国君）"与"万民"之间的中间势力而建立统一的绝对主义国家，政治的扩大化则是指形成认同并服从国家的同质和平等的国民。本多利明通过硝石、锗金、船舶和开发属岛四大急务，要求建立的是国民一致而忠于天皇的"世界第一国"：

> 再兴古以武国著称之大日本国，渐渐开拓，成就丰功伟业……确可成世界第一大富饶、大刚强之国。……若遇善待，则天下英雄豪杰辈出，成为手足而尽忠节，天下之金银自然云集，如意融通，天下万民皆欲谋求竭尽忠节于国君，信向方内，万民内心一致而扶持制度，既无侵国政者，亦鲜有罪人。④

作为实现"宇内混同"之扩张政策的前提，佐藤信渊要求确立国内的绝对统治，即建立三台、六府、八民的严格"垂统组织"。按照这种组织，传统的四民阶级完全解体，成为平等的万民；国君则牢固、自由地

---

① 本多利明：『西域物語』上、『日本思想大系』44、91 頁。
② 本多利明：『西域物語』下、『日本思想大系』44、149 頁。
③ 本多利明：『経世秘策』、『日本思想大系』44、22 頁。
④ 本多利明：『経世秘策』、『日本思想大系』44、43 頁。

掌握日本全国。这种"垂统"国家通过国土经营、开发物产和对外贸易，使日本成为永远不会衰微的"举世无双的繁荣之国"，形成"上下共尽至诚之道"的举国体制，即"其讲师教化万民而使其颂赞、咏叹天地之恩和国君之恩，使境内之男女老少归服于道德，各各皆从自己内心自然地感发报恩谢德之念，以赤心报国之至诚所组织之事业也"①。

由上可见，西方作为"夷狄"和"现实的外来威胁"，不仅促使日本知识阶层向本国的历史传统寻求存立依据而展开了日本优越性构建的作业，也促使了江户日本多元政治力量的一元化（原本作为伦理和宗教价值中心的天皇被推入政治领域，成为统合国家和民众的最高政治权威）和政治的扩大化。作为前述两种面貌出现的西方对江户日本的最终作用则是江户后期的尊皇攘夷论。这即是说，胚胎于富国强兵论的尊皇攘夷论继承了前者推进日本主体性和优越性建设及推进政治的集中和扩大化两方面的内容，并使其达到了极致。

尊皇攘夷论的代表是幕末著名思想家、兵学家和教育家吉田松阴。他所主张的尊皇国体论和武士道论及基于此的日本民族优越论不仅是相对于中国，而且更主要的是相对于作为"夷狄"和"现实威胁"的西洋才能形成并有意义。他根据"道"的"同独关系论"，认定西洋是"人伦之大道有所缺失"的夷狄，"但于欧罗巴、米利坚、利未亚诸洲，是因土地悬隔而气风不通之故乎？人伦之大道亦有失其义者"②。因而对待这种公共之道有所不足的"夷狄"的威胁，他主张通过"明日本国体"并由此建立举国一致的体制来解决："闻近世海外诸蛮，各推举其贤者，革新其政治，骎骎然有凌侮上国之势。我何以制之焉？无他，明前所论我国体所以异于外国之大义，阖国之人为阖国死、阖藩之人为阖藩死、臣为君死、子为父死之志若确乎不易，何畏诸蛮乎？"③ 这番话告诉我们，"尊皇攘夷"所规定的"西洋"形象在幕末极大地促使日本向内部的实际凝聚，即它对日本人以尊皇爱国情感为基础的身份建构发挥了极为重要的作用。

---

① 佐藤信淵：『泉原法略說』、『日本思想大系』45、481—482頁。
② 吉田松陰：『講孟餘話』、『吉田松陰全集』第 2 卷、480 頁。
③ 吉田松陰：『講孟餘話』、『吉田松陰全集』第 2 卷、264 頁。

毫无疑问，尊皇攘夷论既是江户日本"西洋夷狄化认识"的顶点，也是其终点。随着幕末日本国内外形势的演变，至维新前夕"攘夷"已明显被手段化，只是成为倒幕的一个借口。① 这时，"攘夷"也就迅速转化为"爱国"，这恰如大隈重信所言："（现在也）继续进行着'攘夷'，唯把其名改成了'爱国'，因此，只不过是改变了其实行的形式而已。"②可见，西洋作为"夷狄"最终仅仅是以"夷狄之名"的形式促使了日本人的同一性建构，而它同时也意味着作为"夷狄"的西洋的消亡。

二 作为"技术先进国"和"强国"的西方与江户后期日本人的身份建构

若以技术、制度和道德的三个层次论江户日本的西洋认识或西洋对江户日本的意义，则大体可分为三个阶段。第一阶段是以西洋为夷狄的阶段，第二阶段是主流学界仍以西洋为夷狄而部分兰学者却承认其技术乃至制度或道德的先进性的阶段，第三阶段是佐久间象山明确要求废止对西洋的夷狄称呼而承认西洋为技术、制度、道德的先进国家——"强国"的阶段。在这三个阶段，西洋作为他者对江户日本人的身份建构发挥了不同的作用。

对西洋的有限或部分承认始自江户中期的兰学者。他们不仅肯定了西洋科学技术的先进性，有些甚至还承认其制度、道德的先进性。著名荷兰语翻译吉雄永章（1724—1800）对西洋技术极为推崇："阿兰之国精乎技术也。凡人之殚心力尽智巧而所为者，宇宙无出其右者也。故上自天文医术，下至器械衣服，其精妙工致，无不使观者爽然生奇想焉。"③杉田玄白亦盛赞西洋医学技术等达到了"极致"："盖和兰之国，精乎技术。知巧之所及，无不致者矣。而速有德乎四海者，医为最焉。"④ 司马

---

① 例如，1867 年 12 月岩仓具视曾问萨摩藩士桐野利秋："此战一结束就必须进行攘夷，做好准备吗？"桐野答道："攘夷之类，不应由您的口中说出。这只是为了讨幕的口实才提倡的尊王攘夷，实际上绝不是要攘夷，相反是要与世界各国交通，取西洋之长以补我邦之短，而逐渐发挥我之所长，宣扬帝国之威势。"
② 大隈重信：『開国大勢史』、早稲田大学出版部、1913 年、1222 頁。
③ 吉雄永章：『解体新書序』、『日本思想大系』65（洋学下）、岩波書店、1972 年、319 頁。
④ 杉田玄白等：『解体新書』、『日本思想大系』65（洋学下）、321 頁。

江汉认为,西洋学术讲究穷理,远胜"不好穷万物之理,不好天文地理"的日本:"夫万国中最先创者,英格兰、法兰西、荷兰之三都也。故其国之学,兼通三才,穷极物理,巧思深虑,靡所不至,圣圣比肩,贤贤接踵,穷之又究,盖如书所云矣。"① 大槻玄泽不仅承认"其学(按:兰学)精密",也认为兰学对日本有很大助益:"若世之有志者学得此学,医术之事自不待言,于天文地学之道,也可补益我国用。"②

可以说,承认西洋技术的先进性几乎是当时兰学者或洋学者的共通观念,甚至一些学者还认为西洋在制度乃至道德方面也具有东方国家无法比拟的优越性。前野良泽一方面承认"斯学之高远正大",另一方面则盛赞西方国家在道德教化上的本原优越性:"其立教也,即三才万物而穷其本原固有之理,名曰本然学也。是以敬天尊神,秉政修行,明事理精术艺,正物品利器用。而帝王布德教,公侯保社稷,四民安业,百工尽巧。盖其教化之所至,实为远大也。"③ 本多利明不仅称赞西洋技术之优越,"长器(按:船舶等器械)之创制,皆始于欧罗巴。天文、历数、算法乃国王之功课,通晓天地之义理,以教导庶民。故而,可以说天下万国之国产、宝货皆群集于欧罗巴"④,还认为西洋国家在制度上具有相对于东洋的优越性:"涉渡海洋之光明正法,西洋诸国,以制度为第一国务,乃一国的风俗习惯。其制度务在使人人竭力尽义务,以使自国空前富强。然东洋诸国,迄今无其制,遗憾之至!"渡边华山(1793—1841)也承认西洋各国"艺术之精博,教政之羽翼鼓舞,似为唐山(按:中国)所不及"⑤。显然,这种西洋优越性的最终归结就是"道者,不在支那圣人之处也"。

如渡边华山所说"定唐土一国为中华,置眼于国之古代记述,乃邹衍驾迁之说,山海妄诞之论也,城如南柯一梦。依之,若不能平心待之,去偏见,一洗旧习,则无益处矣!"⑥ 作为"先进国家"的西洋及其

---

① 司馬江漢:『和蘭天説跋』、『日本思想大系』64(洋学上)、487 頁。
② 大槻玄沢:『蘭訳梯航』上、『日本思想大系』64(洋学上)、373 頁。
③ 前野良沢:『管蠡秘言·序』、『日本思想大系』64(洋学上)、130 頁。
④ 本多利明:『経世秘策』、『日本思想大系』44、30 頁。
⑤ 渡边崋山:『慎機論』、『日本思想大系』55、岩波書店、1971 年、69 頁。
⑥ 渡边崋山:『再稿西洋事情書』、『日本思想大系』55、45 頁。

学术不仅为江户日本提供了一种解构中国及中国思维范式的路径和逻辑，削弱了中国中心的华夷观、世界观及日本学者"慕华"的基础，也为江户日本主体性和优越性建构提供了一种新的路径和逻辑。它不仅标志着少数日本知识精英中国文明崇拜观的崩溃，也提示了其西洋文明崇拜观的形成及基于这种文明观而在"忘记或无视中国这个巨大的他者"语境下进行自我身份建构的思想发展方向。

如果说在江户中后期这种西洋崇拜的观念还仅见于那些具有西洋学问背景的兰学者或洋学者，那么随着日本对西方社会认识的加深和国内外环境的变化，日本主流学术界也逐渐认识到西洋是在技术、制度、道德等方面比东洋更先进的"强国"，由此认为日本要克服对外危机并保持自我的独立性和主体性，必须确立从技术到价值观"全面向西方学习"的"进步方向"。这种转变的象征便是佐久间象山要求明确取消对西洋的"夷狄"之称呼。

佐久间象山是幕末具有很大影响力的思想家和教育家。他曾是诚笃的朱子学者，对后期水户学也十分景仰，初始亦是基于华夷思想来看待西洋。不过因为目睹清朝于鸦片战争的失败、日本被迫开国等国内外形势的变化，他开始承认西方国家在学问、制度、文物等方面具有优越性，并称它们为"有力之大国"。他认为"斥东西洋之大国而贱其为夷狄，唯属此国的无礼之举"，故于1862年9月上书幕府建议取消对外国"戎狄、夷狄"的称呼，而改称为"蕃"或"外蕃"：

> 凡戎狄、夷狄之称，都是汉土中国指称四边外邦之辞，就如本邦，历代之历史皆收于东夷传。……然本邦又仿效汉人的错误，只管贬外邦他国，亦称学问和品行、技巧、制度、文物比本邦完备的有力之大国为戎狄、夷狄，甚无理矣。……于本邦可称"夷"者，除"虾夷"外无他，其他皆被称为"蕃"矣。[①]

显然，他抛弃了日本曾仿效中国的华夷观念并基于此视西洋为夷狄的传统外交观，而使"国力之强弱"成为判断国家优劣的标准。作为这

[①] 佐久間象山：『時政に関する幕府宛上書稿』、『日本思想大系』55、314頁。

种西洋认识的表现,就是他此前提出的"东洋道德,西洋艺术(按:技术)"的东西洋折中、互补调和的主张。这也就是其"幕府上书"所说的"道德、仁义、孝悌、忠信等道德之教,尽从汉土圣人之教,天文、地理、航海、测量、万物穷理、炮兵之术、商法、医术、器械、工作等皆以西洋为主,集五世界之所长而成皇国之大学问"①。可见,这是一种积极的保守主义②,或可称为"变形的华夷秩序观"。它既维护了东方的文化传统和日本的主体性,又确立了日本学习西方科学技术的发展方向,并显示了强权崇拜的倾向。这一观点被其门人胜海州、坂本龙马、桥本左内、西村茂盛等继承下来,对幕末维新期的日本产生了很大影响。例如,1857 年,桥本左内也提出"取彼之器械艺术,存我之仁义忠孝"的主张。总的来说,象山派学者吸取西洋技术的目的虽然仍是维护"东洋道德"的主体性和优越性③,却极大地提高了西洋的地位。

与此相比,与佐久间象山齐名的开国论者横井小楠的欧美认识则显得更为开明。1855 年小楠读罢魏源的《海国图志》,不仅主张引进西方的技术,还希望以西方国家的政治制度和道德为典范。他十分赞赏欧美各国的政治制度:"美利坚华盛顿以来,立三大规模……曰全国大总统之权柄,让贤不传子,废君臣之义,专以公共和平为务""于英吉利也,政体一秉民情,官无论大小,必尽依民议,随其所便而不强其所恶"④。不过,他称赞美国、英国的政治制度,理由是它们"符合三代之治教"。他提出的改造日本社会的纲领是"返回三代",期待的理想政治是"唐虞三代之治"。同年,他在费力研究欧美各国的情况后指出:"西洋有正教(洋人自称正教),其教以上帝为本。以戒律导人,劝善惩恶,上下信奉之。因教而立法制,治教不分,以此激励诸人。"⑤ 对照被自己奉为理想政治的"唐虞之道",他认为,它在欧美诸国业已得到实现,即其已实行了"政教一致"的政治。而日本却没有符合"唐虞之道"的大道:"我皇国迄今大道之教拂地无之。一国有三道之形,然圣人之道只为学者之玩物;

---

① 佐久間象山:『時政に関する幕府宛上書稿』、『日本思想大系』55、312 頁。
② 王屏:《近代日本的亚细亚主义》,商务印书馆 2004 年版,第 5 页。
③ 照桥本左内的说法就是"补助我义理纯明之学"(山口宗之:『橋本左内』、75 頁)。
④ 横井小楠:《国是三论》(1860 年),中国物资出版社 2000 年版,第 42 页。
⑤ 山崎正董編:『沼山閑居雑詩十首』、『横井小楠遺稿』、881 頁。

□□〔神道〕完全荒唐无经，无丝毫条理；佛教唯欺愚夫愚妇，其实亦讲上下、贵贱，全无信心之大道。"1857 年 5 月，他又从哲理的层面论述了这种关系，"〔三代之〕道乃天地之道也，非独云我国与外国。虽为外夷，因其乃道之所在，中华也。如为无道，虽我国、中国，亦夷也。非自始即称中华、称夷也。国学者流之见解甚谬。中国与我国已成愚昧之国，远劣于西洋。"① 在此，日本、中国和西洋各国在衡量社会合理性的规范——"三代之道"面前，成了平等的国家，传统的华夷观念遭到了彻底否定。欧美诸国反倒成为"有道之国"，中国和日本则成了"无道之国"。因此，要克服对外的危机，仅仅加强武备绝对不够，还必须"明唐虞之道"而实现"政教一致"的政治。1866 年他对即将赴美的两个侄子所说——"若明尧舜孔子之道，尽西洋器械之术，何止富国强兵哉，必将布大义于五洲四海"②——可谓其开国论的归结。总的来说，横井小楠的思想虽然仍处在"东洋道德、西洋艺术"论的阶段，然这种从特殊出发的普遍主义立场却从原理上提升了西洋的地位，也为日本的"全面西化"和对包括华夷观念在内的中国文化的"清算"扫除了逻辑障碍。

可以说，佐久间象山和横井小楠从不同方面展开的对华夷思想的批判或否定，促使基于这种观念的对外观迅速解体。"彼有大舰，我亦造之；彼有巨炮，我亦造之"③ 这种"尚力"的思想显示出知识阶层向强权政治观的转变。终究，他们的东洋批判并没有触及道德的内容，小楠所谓的"三代之治教"反而促使了"绝对主义的国体"与道德的结合，成为江户日本身份建构和近代天皇制的理论依据之一。不过，他们也勾画出西洋国家的"强国"形象，反倒为日本的"自我强国化"即"自我西洋化"树立了标杆。

19 世纪 60 年代左右，日本普遍接受了西洋为强国的观念并开始形成弱肉强食的强权政治观，而这不仅奠定了日本走向西欧化道路的基础，也为日本对中国文化的清算乃至对外扩张提供了条件和合法性。大桥讷

---

① 山崎正董编：『横井小楠伝』上卷、290 頁。
② 横井小楠：『左平太、太平二甥の洋行に際して』、『日本の名著』38、中央公論社、1970 年、467 頁。
③ 佐久間象山：『小寺常之助宛書簡』、『日本思想大系』55、347 頁。

庵曾呼吁:"今日之西洋,吞噬蚕食诸邦,与豺狼同性,久蓄觊觎邪念之贼也。怀觊觎邪念之贼,即国家之大敌也。""若要防止西洋之贼,只管模仿它便可。为人者,欲与狗斗,我亦非学狗咬不可也!"① 这番话明确预示了华夷观的归结。而鸦片战争又使清朝成为日本一个"坏的样板",进一步促使了日本权力政治观的形成。幕末日本知识分子转向强权政治观,主要也是基于这点。横井小楠说:

> 宜鉴支那。彼为亚西亚之大邦,往古大圣相继勃兴,文物先于万国开放……(今之清朝)……海外诸国往往穷理开智,施仁崇义,国富兵强,不知诸夏之落伍,仍待之以昔日夷狄,蔑视等于禽兽,终于道光年间,因鸦片之乱而为英国所挫,不得已而立和亲条约。然朝野之习气,骄傲侮慢,守约不坚,条约数变。

可见,他们对华夷观念的批判,最终以嘲讽中国这种形态表现出来。横井小楠的长篇巨论更是奠定了幕末乃至明治日本"中国蔑视观"的基调;因而为了避免重蹈清朝"覆辙",他们开始以西方列强为学习的榜样,并认识到国际关系就是凭力量说话的"弱肉强食"。

与此同时,早先的尊攘论者也相继完成了向权力政治观的转变,确立了其扩张主义的价值取向。五代友厚鉴于萨英战争的教训认识到,"五洲乱如麻,和则缔盟约,通贸易,不和则相互交兵,攻伐侵吞"是"地球上一般之风俗""天然之理"。1866年,中冈慎太郎写出《秘示知己论》和《愚论秘示知己之人》,要求日本效仿"英法等国方兴未盛之时",高举"攘夷"之旗帜,"上下一致,励学术,养兵力,早立攘夷之大法,一新诸港之条约,甚而征服远海之各国"②。上述主张体现了知识阶层对外观的普遍转变,即由华夷秩序观转向强权政治的国际观。

1862年出访欧洲的使节,根据实地考察,也形成了对西欧国家秩序下强权政治的认识,并在回国后向幕府提出五项国策,其中两项是:"第

---

① 大橋訥菴:『闢邪小言』、載『明治文化全集』第15卷(思想篇)、73頁。
② 转引自[日]信夫清三郎《日本政治史》第二卷,周启乾等译,上海译文出版社1988年版,第102—103页。

二，希望不仅同欧洲，而且同宇内一切独立国家缔结友好条约，以为必要之时伐谋伐交之方略；第三，海陆两军之方法自不待言，即使治国经济之道，亦宜取西洋之所长，故应派遣留学生前往学习……"这种"伐谋伐交之方略"不仅宣告了幕府向强权政治观的转变，也奠定了明治政府构建自我身份和对外政策的基础。

在幕末，作为"强国"的西洋，不仅为日本提供了"西洋化"的自我身份建构的新路径，也提供了一套扩张有理的逻辑。因此，作为对"华夷"观念的否定而产生的权力政治观，"不仅妨碍了对华夷思想的完全克服，也使对外膨胀的态度变得异常肥大化"[1]。尊攘派转向倒幕开国，"不是对攘夷的否定，他们依然是一边怀着基于中华思想的国体论，一边又高喊着多少改变了些色彩、实际仍不过为攘夷观念之翻版的'海外雄飞论''国威发扬论'等思想"[2]。可见，在幕末甚至近代，西洋作为"强国"的"他者"形象，不仅促使了日本人向内部的凝聚（identity），也刺激了日本人跻身强国而构建自我并进行对外扩张的欲望，同时还提供了使其合法化的逻辑。

---

[1] 植手通有：『対外観の転回』、載『近代日本思想史大系』3（近代日本政治思想史1）、34頁。

[2] 遠山茂樹：『尊王攘夷思想とナショナリズム』、載『東洋文化講座』第2卷、白日書院、1948年、37頁。

结　　论

江户日本人身份建构的逻辑和性格

　　江户日本是日本知识界开始集中地主张与中国的差异性，而以此构建主体性和自我同一性的时代。这意味着发现中国和发现日本是江户日本人身份建构问题的不同侧面。可以说，发现中国和发现日本互为前提和动力，形成并支撑着与中国的相异性就是"日本的"独特性的认识。也就是说，这种被发现的异质性可以与事实无关，因为"发现中国"的失真可以通过"我们认为"等方式获得合法性。基于这种差异化的思维，江户日本则依据所谓"风土""我们认为"等展开了自我和他者的发现和创建。此即为江户日本人身份建构的逻辑和原理。

　　江户日本的主体性和同一性建构还是一种自我中心化甚至是自我神圣化的作业。这意味着自我不仅被建构为世界的中心，如江户中后期的日本自称为"神州""中国"，还意味着这种自我建构具有暴力性，即"自我"利用语言、意识形态、武力等手段对"他者"行使霸权，对其进行"想象的"和"自慰式"的排挤、压迫和支配。此即江户日本身份建构的性格。

第一节　创造与忘记

　　身份或同一性问题是规定自我和他者关系的基本范畴。因而身份建构的作业实际上包含着两个方面的内容：一是主体性的建立即构建"自足的"价值，再就是同质性（一致性）的建立即构建可以使彼此互相认同的"同质化的"价值。当外来文化被意识到是"他者"时，"自我"便开始自己生产概念和范畴，形成判断，也即开始主体性和同一性的建设。在此阶段，自他关系大多处于自他（主客）未分化或自他一体的状态，以致自我与他者之间的紧张关系没有被充分认识到，因而不太明显和突出。当外来文化被认为是主体性建设的障碍时，自我不仅开始重视主体性的建设，也十分重视其传播，进而以此建设彼此之间的同一性。在这一阶段，自他之间的紧张关系开始被有意或无意地放大，同时自我为了消除这种紧张关系通常亦展开了对他者的相对化甚至是矮小化作业。当然，前述两个阶段并不必然是必须经历的阶段，它们有时并没有明显的分界线，有时甚至会出现重叠的情况。

　　古代日本人的身份建构呈现出明显的阶段特征。在江户时代以前，自他之间的关系和地位极不对等：构成了日本文化根基和标准的中国文化对于日本来说是一个绝对的、压倒性的存在，因而当时的中国或中国文化即便被意识到为"他者"，也是一个绝对的他者；而日本作为"自我"，在某种程度上是受"中国"这个他者所规定的存在，或者说，是一个否定性和特异性的被动存在。在这种情况下，日本对于中国及中国文化的他者意识不仅十分薄弱，亦不是普遍地存在，因而"自我"也无法生产出解构既是自我又是他者的中国及中国文化的足够条件和能力。到了江户时代，随着日本社会结构条件、外部环境（例如中国被认为发生了"华夷变态"）等国内外形势的变化，日本知识层开始依靠"风土""传统""我们认为"等物质和精神上的"本土化资源"，展开"发现日本"即重构和传播日本精神的作业。这就是基于身份建构的自我同一性的"创造"。对他们来说，此时的中国及中国文化不再是以往一种可以不加批判而必须崇敬的对象，而应该是自我构建时所需要的他者之一。因此，中国及中国文化被逐渐地相对化和他者化，甚至遭到了彻底和全面否定。这就是基于身份建构的对中国及中国文化的"忘记"。这种创造和忘记的作业构成了互为补充、互相支持的关系，同时也体现了江户日本人身份建构的两个基本视角：一是基于内部的视角，着眼于对被认为体现了纯粹日本精神的日本历史和传统的"发现"；另一个则是基于与中国差异化的视角，着眼于对受中国文化影响的日本历史和传统甚至中国文化的"忘记"。

　　江户日本人的身份建构及其作业虽然具有使自身正当化和合法化的理由和力量，然它并不意味着日本可以在短时间内摆脱受中国文化之绝对影响的东亚思维范式，并由此重构独立于这一范式的自我中心化的价值体系及基于此的自足的日本精神。直至江户后期，西方作为一个"有效的他者"介入原先基本只涉及日本和中国的自他关系，才为此前日本以中国为他者的身份建构提供了"充分的"合法性和外在的驱动力、加速力。因为西方作为代表着科学和文明、象征着"现代性"的先进的"他者"被日本知识层所认识，并由此被引入对旧有价值体系的评判中，才最终使中国及中国文化成为一种"落后的""神秘的""怪异的"他者。毋庸置疑，这种可以称作"优越第三者评价"的他者不仅为江户日本对中国文化的"忘记"提供了无限的正义性，实际上也为江户日本乃至近代日本对日本文化所含的中国文化元素的无视或侵占提供了可能。

（一）江户日本人身份建构的理据——"我们认为"与"传统""风土"

"我们"的身份建构肯定且必须与"我们"相关。或者更准确地说，我们始终相信，"我们"能够自己生产"自我"（价值和判断），并为其提供不证自明的合法性（自我证明）。在此，与"我们"紧密相关的"我们认为"（we believe）和"我们所处的独特环境"即"风土"（climate、natural conditions and social customs）以及"我们的传统"经常被当成是"我们"的同一性及其建构的理据或合法性源泉，也因此成为一个民族构建自我身份的常用选项。"我们认为"是"自我认定和评价"这种以主观形态存在的"精神"的言语表达形式，对民族身份建构来说是一种最重要且必需的方式；"风土"则是一个地方或民族特有的自然环境（土地、山川、气候、物产等）和风俗、习惯的总称，因具有客观性、形象性等特征，可以在某种程度上弥补因"我们认为"的主观性和抽象性所导致的对身份建构的不利影响，故经常被利用来作为建构一个民族身份的重要理据。"我们的传统"则是可以获得最大限度认同的价值体系，因而在定义和确立自我上被认为具有不可选择和更改的宿命性以及在任何时候都优先于"他者价值体系"的绝对优势地位。

对一个民族来说，"我们认为"之所以重要，是因为它本身就是自我主体性的语言表现形式。它具有"自我规定性""由己性""自足性"等特征：自我是自由的，既可以不受他者的限制，也可以忽视他者的存在甚至不需要他者的承认；它是由自我出发而不是由他者出发处理自他的关系；它是自我限制自我，自我决定自我，自我可以自行赋予"我们"以"自足的"意义和价值；"我们认为"所指涉的有关"他者"的内容可以与"他者"的真实情况无关，也可以与"我们的"真实的历史无关。

毫无疑问，依据"我们认为"所构建的自我价值和意义不可避免地具有主观化的偏向和臆测的缺陷，因而有时需要借助一些客观的存在以增强其信服力和合法性。"风土"则是其中一个十分重要的可选项，不仅包含着自然地理环境的意思，也包含了主体生存和活动的背景（历史和文化）的意思，因此经常被用作主张自我主体性或民族独特性的依据。自古希腊时期起，希波克拉底（《论空气、水和环境》）、亚里士多德（《政治学》）、让·博丹（《共和国》）、孟德斯鸠（《论法的精神》）等不少欧洲思想家就十分重视"风土"对主体形成的重要作用，也对它与民族性、国家、政治形态等要素的关联进行了考察。

风土是人类所依存的时空环境，它不仅意味着一种自然的地理环境，也意味着一种人文的时空环境。从这种意义上说，风土具有唯一性和独特性的特点，对于集团意识的形成亦具有重要的意义。虽然对于占据一定空间的民族来说，完全相同的"风土"实际上并不存在，所谓统一的、民族的"风土"也完全是被想象和创造的产物。可以说，风土只有在与外国相对时才是有意义的一个概念，也常常被当成"周边文化"走向自立乃至中心化的突破口。

就日本来说，气候多变、景观多样的"岛国"构成其不同于东亚其他国家的独特自然地理环境。以"变幻无常"的自然和"岛国"为特色的独特风土也造就了日本民族性格独特的一面。例如，自佛教无常观传入日本后，日本人就基于独特的风土而逐渐形成了"自然乃至人生皆是变幻无常"的特别认识。进入江户时代后，随着民族意识的自觉和提高，日本知识界不仅出版了《日本水土考》（西川如见，1700）、《人国记》（1701）等专门论述日本风土与民族性格的论著，不少学者如贝原益轩、熊泽蕃山、三宅观澜、西川如见、山鹿素行、山崎暗斋、吉川惟足、贺茂真渊、平田笃胤、伊藤东涯、中村元恒等还纷纷肯定日本风土的独特性和优越性，并以此主张日本精神、人种和政治制度的优越性。这恰恰构成了江户知识界建构自我的一种基本思维和原理。

可以说，"风土"不仅可以为"我们的历史和传统"提供合理性，还可以为"历史和传统的创造"即"我们认为"提供合理性。而这种"传统的创造"的反复作业则使"被创造的传统"披上"传统"的外衣，从而塑造"传统"的"历史连续性""固有性"或"始源性"。这不仅由此赋予了"传统"以合法性和合理性，还可以减少乃至消除"我们认为"的主观性和"风土"的自然决定论对自我形成的不利影响。换句话说，"我们的传统"因为是历史的传统，不仅可以依靠自身获得合理性的基础，还可以最大限度地依据"我们认为"和"风土"获得合法性。从这种意义上说，江户日本人的身份建构其实就是"传统"被重新创造的历史。在江户时代，构成日本人身份建构之三大支柱的武士道、神道和以"物哀"为终极形态的"主情主义思维"就是"被发现的"代表性的传统。它们既与"我们认为"密切相关，也与"风土"密切相关。这是一种"自言自语"的自我价值构建，其合法性是我们自行赋予的，并没有得到他者的承认，即便它可能不需要或完全不在意他者的认可。

就"武士道"而言，在江户时代以前它并没有作为日本特殊性而被认识，至江户时代才开始被认为是日本区别于中国的重要特征，由此被知识界用作构建日本同一性的重要元素而被重新建构。本来"文武之分"是源自并盛行于中国的人才评价标准和国家治理思维，而且江户时代及其以前的日本社会都深受这种思维的影响。而江户知识界为了构建自我身份，开始普遍地以武国、武士道等所体现的"武"或"尚武"作为自我的重要特征，并展开了以此进行自我特征化、合法化乃至优越化的作业。例如，江户中期的儒者冈岛冠山（1674—1728）在接待朝鲜通信使（1711）时，曾向其宣扬日本"尚武"的特点，"日本人学问虽不如，却精通武艺。刺枪使棒，射弓跑马，般般在行"①；新井白石强调日本文化以"武威"为基础，"我国优于万国，自古号称尚武"②；西川如见认为，日本受益于"自然之神德"，因而"以武勇为本、文笔为末，是百世不易的要害之国，而为世界第一也"③；贝原益轩基于各国习俗存在差异的思维主张说，日本虽然在文学上远不如尚文的中国，却因为尚武，所以

---

① 濑尾用拙斋：『鸡林唱和集』卷之三、京师书坊、1712年、9a页。
② [日]新井白石：《折焚柴记》，周一良译，北京大学出版社1998年版，第173页。
③ 西川如见：『町人囊底拂』下、『町人囊』、9a页。

"应是世界上最优秀的武国"①；海保青陵（1755—1817）认为，"（日本）惟武国之故，其气之强，远超支那等国，故可畏也"②；青木兴胜（1762—1812）强调说，"日本自古有武国之名"③，因而具有"神国之武威"。可见，以"武"主张日本的特殊性和优越性几乎是江户知识界的一般认识。而构建这种认识合法性的依据是"日本是神国""日本是武家社会"等"我们认为"的特殊性和"日本为阳国"等所谓的水土论。

"我们认为""传统"和"水土"构成了江户日本人身份建构的三大理据。它们相辅相成，共同形成了江户日本身份建构的正当性和合法性。在江户日本，"我们认为"虽然是从神秘主义的思维来定义日本和构建自我，然而其中的荒诞内容却可以依靠民族主义情绪的发泄而获得认同和支持。基于风土和传统来定义日本，则具有一定的合理性，而且更易被一般日本人所接受。不仅如此，对日本人来说，这种基于"日本的"风土和传统而构建的日本主体性和优越性（如神道和武士道）也具有不证自明的意义和价值，因而自然具有无限的、不容置疑的绝对合法性。

（二）江户日本人身份建构的路径——"差异化""忘记"与"优越第三者的评价"

与依据风土等构建自我同一性的作业并行，江户日本还依靠"发现"与中国的差异性来构建自我及其合法性。在西方、天竺等基本作为"局外人"的江户，日本的民族主义者认为，只要是异质于中国的思维或文物便是"日本的"思维或文物，而它们必然也体现了日本的主体性和同一性并有利于其建构，必然能使日本摆脱中国文化的影响。

以"主情主义思维"为例。众所周知，在儒教价值观下，人欲或人情被当成"天理"的对立物而遭到否定。这种重视伦理的思维具有压制人性的结构性缺陷，也由此与自古就重视"真情"和"自然感受"的日本传统思维有冲突之处。这也恰恰为江户学者以此重构"日本式情绪"提供了可能。因此，江户时代以后不少日本学者（如山鹿素行、伊藤仁

---

① 貝原益軒：『武訓』、載『武士道叢書』上卷、258 頁。
② 海保青陵：『稽古談』卷二、載橫川四郎『近世社会経済学説大系』第 2、誠文堂、1935 年、45 頁。
③ 青木定遠：『答問十策』、載滝本誠一『日本経済叢書』卷 12、日本経済叢書刊行会、1915 年、253 頁。

斋、中井履轩等）不仅对儒教的人情观进行了批判，还提升了"人欲"作为自然之理的先验地位。例如，山鹿素行强调说，"人物之情欲，各不得已也。无气禀形质，则情欲无可发。先儒以无欲论之，夫差谬之甚也"[1]，认为天理与人欲之间并不存在深刻的对立，并以情欲为一切行为的基础。虽然这些儒者并没有对"人情"产生作为日本独特性的自觉，却提示了"人情"被日本化的可能性和路径，或者说为重人情、重感性的主情主义思维被建构为"日本式情绪"奠定了基础。因此，从江户中期起，国学者就开始了基于人情而构建自我的系统作业，其完成形态则是本居宣长的"物哀论"——一个具有概括日本式独特审美情绪又可以区分自我和他者的精神概念。因为基于"人情"这一民族共同经验的日本精神——"物哀"不仅可以通过"根植于风土"和"根植于自我"而被特殊化和合法化，也可以由此被赋予更易被日本人认可的民族性。显然，这一概念不仅契合了日本传统精神的旨趣，还暗合了"我们认为"的主体性认定（意思自治）的原则，由此也就具有不容置疑的历史和现实的合理性和合法性。

　　毋庸讳言，这种差异化的逻辑基础乃是基于对历史和传统的"忘记"。因为不仅"发现"可以使人得到重生，"忘记"同样可以使人得到重生。这其实是说明，"忘记"也即意味着"人为的"重构，不仅是对他者的"无视"，甚至可以是对"他者"及其文化的"占有"。从这种角度来说，无论是代表着江户主流知识界而又具有较强自我意识的儒者所选择的"有意或无意的部分忘记"，还是具有极端自我中心主义思想的国学者所选择的"有意识的全部忘记"，其目标和追求都具有高度的内在一致性，即都是为了建立自我的主体性和同一性，或者说是构建"一种对民族的爱"；其内容虽有程度的差异，却无本质的分别。因此，一方面，他们依据"忘记"所建立的价值不仅可能有相互重叠的内容，也可以为彼此提供合法性的依据。另一方面，"忘记"也意味着对历史和传统的否定和破坏，因而它不仅可以使人得到重生，也可以使人走向毁灭。如果新的历史和传统及其合法性基础不能得到及时而有效的构建，一个民族也就不可避免地会陷入民族身份的危机。这时，处于原有"自他关系"以

---

[1] 山鹿素行：『山鹿語類』卷三十三、『日本思想大系』32、362頁。

外的"他者"的出现往往就成为必须。对江户日本来说，这个他者就是作为整体出现的"兰学（洋学）"及作为其载体的"兰学国（江户后期以后逐渐以'西方'的面貌出现）"。不过，在很长的一段时间内，自我意识开始觉醒的江户日本知识精英也只是利用天文学、医学、植物学等形而下的知识来零敲碎打地打击原有的价值体系。这虽然可以动摇原先的以中国学问为主的价值体系，却不足以从根本上颠覆它。从这种意义上说，"忘记中国"在江户时代就是一个不可能完成的任务。也正是从江户中后期起，西方及其价值体系逐渐被认为是"最先进的"文明的代表，才使它具有了彻底破坏原有价值体系的动能的可能性。这即是说，因为自身价值体系的"先进性"和立场的"客观性"，"优越第三者"对自我和他者的认识、定义和评价也就具有了"符合历史发展的"强制性和普遍性，从而就具有了颠覆原有的自他关系的逻辑和能量。从这种意义上说，正是由于"文明的"西方的存在，才使近现代日本"不留痕迹"而又"毫无痛苦地""忘记中国"的作业成为可能，即便这种"忘记"是对历史真实的歪曲或无视，或者说并不是对历史的真实反映。因为这种"忘记"所伴随的"发现"重塑了历史（即便是被歪曲了的历史）的合法性和正当性。从这种角度上说，江户时代日本人的主体性和同一性建设只能是近代日本人自我建设的起点和基础，它或许可以为近代日本人的身份建构提供历史资源和思想基础，却并不意味着这种身份建构的完成。

总之，依赖对中国的差异化和对中国文化的"忘记"，江户日本展开了其自我特征化和自我正当化的作业，其结果是以神道、武士道和日本式情绪为主要内容的"大和魂"的发现和创建。虽然这种日本精神在江户时代可能还并未完全定型，却确立了其后日本人构建自我的方向，并具有了使自我正当化和合法化的性格。同时，"先进的"西方作为"优越第三者"，它的价值体系和关于自他关系（中国和日本）的认识及评价也为日本的身份建构提供了"内在的""合法性"依据，进一步使日本对中国的差异化以及对中国文化的"忘记""无视"乃至"占有"成为可能。

第二节　自我神圣化与对他者的暴力性

江户日本的身份建构是一种自我中心化的作业，亦是自我神圣化的作业。江户日本构建自我所依据的"日本型华夷思想""复古主义的绝对主义自我观""绝对主义的国体论"和"强权政治观"等思维范式无不体现了自我中心化和神圣化的倾向。依据儒者所建构的日本型华夷思想，日本被建构为"中国""中华"，又被称为"神圣的国土"；依据国学者所建构的复古主义的绝对自我观，日本被建构为优于世界万国的母国、神国和皇国；依据后期水户学者等建构的绝对主义国体论，日本被建构为优于世界万国的"神州"；依据幕末学者所建构的强权政治观，日本被建构为作为神孙的天皇永恒统治的神国和皇国，等等。显然，江户日本构建主体性的一个重要内容就是对自我进行神圣化的作业，即构建基于"神"的神道、神皇、神国和皇国的一体化联系并以此进行自我特征化和类型化的作业。这种作业为近代日本绝对主义天皇制的成立奠定了思想基础。

当然，这种自我中心化和神圣化的作业也体现了对他者的压迫和排斥。因为强调自我的唯一性、绝对性和正当性是身份建构的本质属性，所以自我和他者的形成必须发生在二元对立的关系之内，而且对立的双方存在着某种不平等或压迫关系。因此，身份建构也是一种区别于外来文化或摆脱外来文化的强大影响的作业。这种作业通常是通过对外来文化的"忘记"或"吞噬"来实现的，对他者的排斥亦是其题中之义。这意味着暴力性也是身份建构的本质属性，即便它所导致的对外来文化的压迫有着显性和隐性之别、程度之差异。从这种意义上说，身份建构也是矛盾和仇恨的制造者，可以较容易地使"我们"对一种文化体系的感恩转化为对它的仇恨。不过，这种暴力性体现的只是一种话语的秩序，因而终究不过是一种"思维"的暴力性，未必一定为其后的时代所继承，亦未必一定在其后的时代所实现。

因为中国文化自古便构成了日本文化的根基，所以对江户日本的身份建构来说，中国始终是一个特别的存在，是日本构建主体性和同一性的一个无法避免的"巨大的他者"。因此江户日本的身份建构实际上是一种欲摆脱中国文化的强大影响即"去中国化"的作业,无疑具有对中国及中国文化实施压迫和排斥的暴力性。这种暴力性从日本学者关于中国称谓的变化(中华→汉土→支那)及中国认识的变化(崇华→贬华)便可窥见一斑。不过,这种暴力性仍不过是自他认识的逻辑所自带的"观念的暴力性",也并非必然为其后的时代所继承和实现。然而,近代日本不仅继承并发扬了江户日本压迫中国的思维的侧面,又借助西方的文明原理使之"正当化",并随着自身国力的提升而使这种思维的暴力性具备了现实的可能性。从这种意义上说,江户日本为构建自我而形成的对他者观念的暴力性就为近代日本排斥和压迫中国提供了思想资源和历史的合法性。不过,在江户时代汉字及其思维终究未能消除,这就决定了江户日本人身份建构归根结底只是一种不彻底且自身无法克服其"内在障碍"的较为牵强的作业。即便它可以通过"忘记"或"吞噬"这种"我们认为"的方式暂时抹杀或消除不利于我们身份建构的某些历史记忆,汉字及其思维却始终是无法被彻底"清算"的客观存在。这不仅是江户日本人身份建构无法避免的宿命,也是近代日本乃至当今日本无法克服的宿命。

在江户前期和中期,对日本来说,西方是作为想象的"夷狄"的存在,其对日本人的身份建构并不具有真正的意义。到了江户后期,"西方"作为一个整体才成为日本构建自我的一个重要他者。就如"尊皇攘夷"一词所示,江户后期以后西洋才作为一个"真实的"危险的"夷狄"促使了日本向内部的凝聚,即促使了日本依据以"神州"为表现的自我神圣化和自我中心化的狭隘思维进行的自我想象和构建。这种自我认识自然亦具有对西洋进行压迫和排斥的性格。到了幕末,西洋又作为代表世界先进文化的"文明国家"而被日本人认识,因而成为日本学习和追捧的对象。即使幕末维新期日本关于西洋的认识发生了明确的变化,依据以神国化和皇国化为特征的自我神圣化而构建自我及优越性的作业始终都占据着日本人身份建构的主流地位。

毋庸置疑,天皇神话和神国神话始终都是江户日本人进行身份建构的重要内容。这实际上是一种十分荒谬而神秘的思维,它虽然有助于日本人快捷地构建主体性和自我同一性,却具有使日本人在内部被客体化的极大危险,也由此使原本是对他者的"观念的暴力性"具备了被极端化和现实化的较大可能性。

第三节　江户日本人身份建构的完成度

　　因为身份是被创造或构建的产物，所以才存在一个"完成度"的问题。从这个意义上说，身份建构是一种"永远在路上"的作业。换言之，即便"我们认为""风土"等因素为身份建构提供着合法性和正当性，仍不能改变其"被创造物"的属性。这是身份建构的普遍性的侧面。当然，身份建构的普遍性还体现在它是一种区别于外来文化或摆脱外来文化影响的作业。这不仅体现了身份建构的暴力性问题，同时也体现了它的"完成度"问题。综合而言，"完成度"（completeness）是衡量身份建构的一个十分重要的指标。当然，它包括了两个方面或维度的内容：一是有关自我身份的理论构建的完成程度，二是这种被构建的身份认同的话语体系被认可的程度即普及化程度。

　　就江户日本而言，知识分子发现并创建了"大和魂"的价值体系并以此构建自我同一性，而它则主要表现为与"神"相关的价值体系[①]、武士道、以"物哀"为基础的主情主义情绪三大文化和价值体系。从这种角度上说，这三大文化体系的理论构建和普及化程度也就体现了江户日本人身份建构的完成度。

　　以与"神"相关的价值体系而言，作为其三大支柱的神信仰、神国神话、天皇神话在江户时代的理论建设程度和被认可程度显然是有差异的。应该说，"神信仰"作为宗教信仰，既因为它被认为是具有始源性和历史连续性的"可信的"价值体系，又因为日本各地无处不在的神社、经常举行的"祭"等各种客观事物的存在，因而最大限度地获得了民众的认可和支持，甚至内化为民众日常生活和精神的一部分。同时，具有宗教性格和力量的"神信仰"也为政治性和意识形态性的神国神话、天皇神话成为日本人身份建构的依据奠定了物质的基础并提供着合法性。

[①] 为了方便，学者们通常用"神道"来表示这一概念。在我们看来，"神道"这一概念具有掩饰和混淆其内容组成和本质属性（比如，宗教性和政治性的混淆）的不足，故采用"与神相关的价值体系"这一概念，并认为它主要由"神信仰"、神国观念、天皇神话三部分组成。

换言之，它们可以借助"神信仰"而被不断地"宗教化"，从而披上宗教的外衣以获得合法性。就神国神话和天皇神话而言，虽然可以肯定它们对江户日本人身份建构所起的作用，却不能过高估量。因为对民众来说，他们始终是"沉默的军事和政治的客体"[①]，所以很难断定其对政治性的神国神话和天皇神话的认可达到了何种程度。对崇敬中国的江户知识分子来说，神国神话和天皇神话尤其是后者无外乎是一种极端自我的自大式臆想，既没有历史的确实依据，也没有广泛的群众基础。江户中期的主流儒者太宰春台对神道的批判就足以说明这点。同时，在日美通商条约谈判时哈里斯记录的幕府官员对待天皇的态度——"他们在谈到天皇时，无不使用近乎轻蔑的口吻，而当我使用日本人对天皇表示尊敬的某些词句时，他们哈哈大笑起来。据他们说，天皇既没有钱，又没有政治权力，在日本受到尊重的东西，他什么也没有。他不过是个一文不名之士。"[②]——也是明显的例证。这些情况说明，在江户时代神国神话和天皇神话对江户日本人身份建构所起的作用仍较为有限，而这也恰恰是天皇神话在近代日本被最大力气地重新编织（天皇被塑造为现人神，成为日本政治、民族和宗教的权威）的最大原因。[③]

以武士道而言，它虽然原本只是武士阶层必须尊奉的道德规范，却因为幕府和知识阶层对它的重构及宣传、民众对武士道的主体性体验活动等有利于武士道全民化的因素的影响，而在江户时代实现了较大程度的普及，因而对江户日本人的身份建构发挥了较大的作用。

就"以物哀为基础的主情主义情绪"而言，虽然这种"日本式情绪"直到江户时代才被明确化和概念化，然而，它既基于历史上日本人对于自然和人生的特别感受，又经过本居宣长等知识分子的理论化和民族化重构，再加上町人文艺家对它的践行和宣扬，它对民众来说虽然有一定的"滞后效应"（近代以后，才作为一种民族的观念逐渐被民众所普遍意识到并实践），却仍旧对江户日本的身份建构发挥了一定的作用。

---

① 向卿：《日本近代民族主义》，社会科学文献出版社2007年版，第170页。
② 转引自［日］升味准之辅《日本政治史》第一册，董果良等译，商务印书馆1997年版，第60页。
③ 当然，在近代，日本"神国神话"因为其观念的落后性而鲜被日本人提及，取而代之的则是维护天皇万世一系之神圣统治的皇国神话。

综上而言，江户日本人身份建构的两个维度的完成度说明，身份建构对于江户日本人来说只是一个"未竟"的作业。或者说，它在很大程度上是一种为了构建日本人同一性和主体性的努力或"思想的作业"，既没有达到"普遍的"文化认同的层次，更不是一种被普遍认可的民族认同乃至国家认同。可以说，江户日本人的身份建构体现了知识分子对自我的觉醒和建设，因而可以称为一种"有限的"文化认同。它的意义在于为一种普遍的文化及基于此的文化认同的构建奠定了思想和历史的基础，同时也为其后基于此的民族认同和政治认同奠定了物质和精神的基础。换言之，江户日本人的身份建构为自身从"有限的认同"转向"普遍的认同"、从"想象的认同"转向"现实的认同"提供了思想基础和历史依据。历史也确实如此。江户日本人身份建构的思维、原理和内容在近代日本得到了继承和进一步的发展，并形成了现今日本人身份建构的基础。

第四节 "我在故我在"——"自我身份建构"的合理性和主体性

自我身份建构是一种"我在故我在"的作业。我自己的存在是我唯一可以确定而又不容自我和他者怀疑的"存在"。"我在"是绝对的、先验的，构成了"故我在（我们之所以在）"的前提和条件。换句话说，"我就是我"：因为"我在"，所以"我"必然具有主体性和独特的自我身份，因此自我身份的建构也具有不容他者质疑和不需要他者同意的合理性；因为"我在"，所以"我们认为"也必然具有逻辑的合理性。这种合理性决定了身份建构具有创造性和主体性的性质与特点。

"自我身份建构"是现在的自我与历史的自我之间的交往、对话。这种对自我的重新发现和创造因为"我在"的绝对性而被赋予了足够的自由。这意味着"我（们）认为"是身份建构的基本原理，即自我可以自由地发现自我的历史和文化，而无须关心其历史和文化传统的真实性。这也说明自我身份建构依赖的是一种"解释的合理性"，而并不一定是逻辑的合理性。因此，这种作业所构建的自我及其特征可以根据需要被解释为"普遍性"，也可以根据需要被解释为"特殊性"；它可以根据需要被无限制地"古老化"或"本原化",也可以根据需要被自由地"终结"。从这种意义上说,历史和传统都是被解释的历史和传统,它可以被反复地发现和创造而成为新的历史和传统,而"我在"则为这种作业提供了不证自明的合理性。

"自我身份建构"又是自我与他者之间的交往、对话。从这种意义上说,身份建构所构建的主体性既可能是主体的存在,也可能是主体间的共在(主体间性)。前者是一种基于主客体对立的二元论的主体性,强调主体的特殊性、纯洁性、个体性、单一性、唯我性、自为性、排他性等。在这种情况下,主体可以自由地"想象他者",而无须受到他者的历史和现实情况的束缚。江户时代本居宣长等国学者构建自我的极端民族主义思想便是其典型。后者是企图超越主客体对立的自我主体与对象主体间的同在关系,认为主体性只有在主体间性下才是其所是。这种主体性受到普遍性或共同性的制约,也因此强调主体间的统一性、互为性、联结性、共在性等。江户学者基于普遍的"天"或"人伦之道"来构建自我的思维便是这种类型。

"我在"为我们的同一性建构提供了合法性,而被不断发现和重构的我们共同的历史、文化、语言等所代表的主体性则为我们的同一性建构提供了基础和保证。

后 记

　　二十年弹指一挥间。时间掩饰了事物，也成就了事物；时间制造了距离，也成就了距离之美；时间无时不在宣泄着变化，同时也造就了沉淀和连续性。

　　2003年9月，我开始在南开大学日本研究院攻读博士学位，其间认识到日本人的身份建构是讨论日本文学和日本文化不可回避的一个基础性问题，很有研究的价值和意义。而这一问题当时在国内却没有受到足够的重视，遂决定以此作为自己的研究课题和研究方向。我的博士学位论文《日本近代民族主义研究》便是与此有深度牵连的项目，或者说它是这一问题在"近代的"、政治上的表现。对我来说，这是一个很重要却很有难度的题目，也真正奠定了我关于日本研究的基础。在此，我必须再次对我的导师王振锁教授表示由衷的敬意和深深的感谢。同时，我还必须感谢日本研究院米庆余教授、杨栋梁教授、李卓教授、赵德宇教授、宋志勇教授的悉心指导，必须感谢汤重南研究员、蒋立峰研究员、张健研究员、宋成有教授、刘金才教授、周颂伦教授等对我的热情指导和帮助，也必须感谢在读博期间及其后与学友的知识交流以及他们对我的帮助和鼓励。

　　关于"江户日本人身份建构"的研究，也始于南开求学之时。其间申请了日本住友财团的项目——"近世日本人同一性研究"（2004年），开始了对本课题的长时间思考和探索。现在想来，当时的思考在研究主体性和独创性等方面还有很大的局限，这些问题在后来逐步得到了改善。

　　若要研究日本人的身份或认同问题，江户时代是无法避开的一个重要时期。或者更准确地说，对日本的自我建立乃至中日关系来说江户时代都是十分重要的时期之一。一方面江户时代是日本知识阶层开始觉醒自我并全面构建自我的时代，也是他们有意或无意地开始与中国相区分的一个时代，可谓中日两国开始产生"疏离"的真正起点；另一方面也是日本知识精英开始借用西方原理来解构中国乃至"东方思维范式"的时代，而这不仅为日本建构自我和解构中国提供了某种程度的合法性，也为日本走向西洋化的"近代化"准备了极为有利的条件。鉴于这一原因，在博士学业结束后，我的研究重点一直集中于江户时代，也由此申请了国家留基委的博士后项目，作为中国政府派遣研究员于2009年4月赴立命馆大学桂岛宣弘教授研究室从事相关研究。该大学人文气氛浓厚，文献资料齐全；桂岛宣弘教授的讨论课非常活跃，有很高的水准，本人从中获益良多，也受到先生的多方照拂；还与研究室的学友们有着热烈而有效的交流。其间，特别收集了关于日本神道的相关资料，也撰写了一些文章。在此，我必须对桂岛宣弘教授及同研究室的学友表示由衷的感谢！在此前后，还承蒙南开大学日本研究院诸先生尤其是赵德宇教授的错爱，承担了杨栋梁教授主持的教育部重大攻关项目"近代以来日本的对华认识及其行动选择研究"的子课题，负责撰写江户日本儒学家和国学家的中国认识，本稿的部分章节就是在该部分内容的基础上修改而成的。在此，必须对日本研究院各位先生尤其是赵教授表示深深的谢意！

2013年6月，我申请的"江户时代日本人的身份建构研究"获批国家社科基金一般项目，由此又开始了长达五六年的相关思考和研究。在2019年结题时，承蒙几位匿名评审专家的肯定，以"优秀"等级结题。尔后再根据他们的中肯意见，对文稿做了进一步的调整和改善，于是形成了今日本书的样子。在此，我必须对评审专家们表示由衷的敬意和谢意。

本书是我多年思考的结晶，也受到了诸多前辈先贤的悉心指导。不过，本书所研究的江户日本人身份建构问题，是日本历史上一个"承上启下"之时代的重要问题，既有关于日本历史和文化的溯源，也事关其在近代的进一步发展，因而是一个很有难度的课题。我尽可能秉着"主体性的、学术的、历时的"理念来接近并研究问题，然由于我研究水平和资料收集的限制，定有许多错谬和不足之处。这一方面有待来日再做进一步深入的探讨，另一方面敬请专家、读者不吝赐教，给予批评指正。

向 卿

于湖南师范大学上游村寓所

2021 年 7 月 14 日